Wolters' Ster Woor

Duits-Nederlanc

Wolters' Ster Woordenboeken

Nederlands

Engels-Nederlands

Nederlands-Engels

Frans-Nederlands

Nederlands-Frans

Spaans-Nederlands

Nederlands-Spaans

Nederlands-Duits

Duits-Nederlands

Wolters' Ster Woordenboek

Duits-Nederlands

Bewerkt door

Drs. F.R. Bos

H.C. Dijksma

Tweede druk

Wolters' Woordenboeken

Groningen – Utrecht – Antwerpen

CIP-GEGEVENS KONINKLIJKE BIBLIOTHEEK, DEN HAAG

Wolters' Ster Woordenboek Duits-Nederlands / bew. door
F.R. Bos, H.C. Dijksma. - Groningen [etc.]:
Wolters' Woordenboeken (Wolters' Ster Woordenboek)
1e dr.: Groningen : Wolters-Noordhoff, 1984. - Met reg.
ISBN 90-6648-664-3 (D-N)
ISBN 90-6648-654-6 (N-D en D-N)
NUGI 503
Trefw.: Duitse taal ; woordenboeken.
Depotnr. D/1994/0108/801

Inhoud

Voorwoord

Dit is een deel van de geheel herziene serie Wolters' Ster Woordenboeken. Deze serie is vooral bestemd voor de leerlingen van het beginnend secundair onderwijs, lbo, mbo, mavo en de onderbouw van havo en vwo. Wolters' Ster Woordenboeken zijn minder uitvoerig dan Wolters' Handwoordenboeken, maar even duidelijk en overzichtelijk ingericht. Door hun formaat en hun uitermate solide uitvoering zijn Wolters' Ster Woordenboeken ook bij uitstek geschikt om mee te nemen op reis.

De woordenschat van levende talen verandert voortdurend. Er komen woorden bij, terwijl andere in onbruik raken. Een woordenboek vraagt daardoor regelmatig om herziening, omdat nieuwe woorden, nieuwe betekenissen en nieuwe uitdrukkingen worden toegevoegd, en verouderde termen worden geschrapt.

Omdat Wolters' Ster Woordenboeken in Nederland en in België worden geraadpleegd, is in deze tweede druk van een aantal belangrijke begrippen behalve het Nederlandse woord ook de term opgenomen die in België gebruikelijk is.

In deze nieuwe druk is gestreefd naar nog grotere duidelijkheid. In de delen Vreemde Taal-Nederlands staan voortaan alle trefwoorden voluit. In de delen Nederlands-Vreemde Taal zijn de meeste trefwoorden voluit gezet. Alleen samenstellingen zijn soms nog verkort weergegeven: van een reeks samenstellingen die het eerste deel gemeenschappelijk hebben, staat alleen het eerste trefwoord voluit. Ook in andere opzichten zijn Wolters' Ster Woordenboeken toegankelijker geworden. Er zijn minder afkortingen gebruikt en er is meer aandacht besteed aan verklarende voorbeelden.

Bijzonderheden over de inrichting van het woordenboek zijn te vinden in de wegwijzer op p.10

Groningen, februari 1991

Wolters' Woordenboeken

Afkortingen

aanw vnw	aanwijzend voornaamwoord
aardr	aardrijkskunde
abstr	abstract
afk	afkorting
algem	algemeen
anat	anatomie
astron	astronomie
attr	attributief
Belg	België, Belgisch
bet	betekent, betekenis(sen)
betr vnw	betrekkelijk voornaamwoord
bez vnw	bezittelijk voornaamwoord
bijb	bijbel
bijv	bijvoorbeeld
biol	biologie
bouwk	bouwkunde, architectuur
bn	bijvoeglijk naamwoord
bw	bijwoord
ca	circa, ongeveer, omstreeks
chem	chemie, scheikunde
chir	chirurgie, heelkunde
concr	concreet
dierk	dierkunde
div	diverse
Dui	Duits, Duitsland
e.a.	en andere
econ	economie
e.d.	en dergelijke
eig	eigenlijk(e betekenis)
elektr	elektriciteit
Eng	Engels
enz, etc	enzovoort
ev	enkelvoud
fam	familiair, gemeenzaam
farm	farmacie
fig	figuurlijk
fil	filosofie
fin	financiën, financiële term
fon	fonetiek
fot	fotografie
Fr	Frankrijk, Frans
fys	fysiologie
geol	geologie
germ	germanisme
godsd	godsdienst
gramm	grammatica
h	met *haben* vervoegd
her	heraldiek, wapenkunde
hist	historisch
id	idem, gelijk woord of gelijke uitdrukking
iem(s)	iemand(s)
inf	infinitief, onbepaalde wijs
intr	intransitief, onovergankelijk
inz	inzonderheid, in het bijzonder
i pl v	in plaats van
iron	ironisch
Ital	Italiaans, Italië
jag	jagersterm
jem.(s)	jemand(s)
jur	juridisch
landb	landbouw
lett	letterlijk
lit	literair
luchtv	luchtvaart
lw	lidwoord
m	mannelijk
mech	mechanica
med	medisch
meetk	meetkunde
mijnb	mijnbouw
mil	militair
min	minachtend
mmv	mannelijk meervoud
muz	muziek
mv	meervoud
myth	mythologie
N	noord(en), noordelijk
natuurk	natuurkunde
nl	namelijk
nv	naamval

O	oost(en), oostelijk
o dw	onvoltooid deelwoord
onbep (*w*)	onbepaald(e wijs)
oneig	oneigenlijk
ong	ongunstig
ongebr	ongebruikelijk
ongev	ongeveer, vergelijkbaar met
österr	österreichisch
ott	onvoltooid tegenwoordige tijd
oudh	oudheid
ovt	onvoltooid verleden tijd
pers	persoon, personen
plantk	plantkunde
pol	politiek, politicologie
pop	populair
pred	predikatief
prot	protestant(s)
psych	psychologie, psychiatrie
rekenk	rekenkunde
r-k	rooms-katholiek
s	met *sein* vervoegd
sam	samenstelling(en)
scheepv	scheepvaart
scherts	schertsend
schilderk	schilderkunst
schn	scheldnaam
sp	sport en spel
Sp	Spaans, Spanje
spoorw	spoorwegen
staatk	staatkunde
stud	studententaal
südd	süddeutsch
techn	techniek
tegenst	tegenstelling
telec	telecommunicatie
telw	telwoord
theat	theater, toneel, dramaturgie
theol	theologie, theologisch
tlk	taalkunde
tr	transitief (werkwoord)
tw	tussenwerpsel
typ	typografie, drukkunst
u.a.	unter anderem, unter anderen
u.ä.	und ähnliche(s)
usw	und so weiter
v	vrouwelijk
v dw	voltooid deelwoord
vero	verouder(en)d, ouderwets
vgl	vergelijk
vlg	volgend(e)
vnl	voornamelijk
vrag vnw	vragend voornaamwoord
vw	voegwoord
vz	voorzetsel
W	west(en), westelijk
weerk	weerkunde, meteorologie
wisk	wiskunde
wtsch	wetenschappelijk
ww	werkwoord
Z	zuid(en), zuid
z.B.	zum Beispiel
zelfst	zelfstandig
zgn	zogenaamd
zn	zelfstandig naamwoord
Z-Ned	Zuidnederlands
Zwits	Zwitserland, Zwitsers

Wegwijzer

De gebruikte afkortingen worden verklaard op blz 8.

De trefwoorden zijn vet gedrukt.

barsch bars, nors, ruw

In woorden van meer dan één lettergreep wordt de klemtoon aangegeven door een klemtoonteken dat vóór de beklemtoonde lettergreep staat.

'baldig spoedig
ba'nal alledaags, plat

Soms staan er op de plaats van het trefwoord twee woorden die veel op elkaar lijken. Dit zijn varianten die dezelfde betekenis hebben en die, omdat ze alfabetisch direct op elkaar volgen, als één term behandeld kunnen worden.

'baldigst, **'baldmöglichst** zo spoedig, zo gauw mogelijk

Na het trefwoord volgen, indien nodig, grammaticale gegevens. Deze staan steeds tussen punthaken.
Achter een zelfstandig naamwoord staat het lidwoord, de 2e-naamvalsuitgang en de meervoudsuitgang. Kan het woord niet in het meervoud gebruikt worden, dan staat dit vermeld.

'Backpfeife ‹*die*; -, -*n*› oorvijg
'Bargeld ‹*das*; -(*e*)*s*, *geen mv*› contant geld

Sommige woorden komen alleen in het meervoud voor.

'Baulichkeiten ‹*mv*› gebouwen

Een zelfstandig gebruikt bijvoeglijk naamwoord is een zelfstandig naamwoord dat zich gedraagt als een bijvoeglijk naamwoord.
De (r) *achter het woord is de uitgang van de 1e naamval mannelijk:* ein Bahnbeamter; *een spoorwegbeambte kan echter ook een vrouw zijn:* eine Bahnbamte

'Bahnbeamte(r) ‹*bn als zn*› spoorwegbeambte

Achter een werkwoord staat altijd aangegeven of het met haben *of met* sein *vervoegd wordt.*

'baggern ‹*h*› baggeren

Als een werkwoord sterk is wordt dat vermeld ‹*st.*›*, vervolgens wordt aangegeven of het met haben of sein vervoegd wordt, en ten slotte volgen de stamklinker(s) van onvoltooid verleden tijd en voltooid deelwoord, e-i Wechsel of Umlaut.*

be'tragen ‹*st.h; u-a; ä*› 1 bedragen; 2 *sich* ~ zich gedragen
be'trügen ‹*st.h; o-o*› bedriegen, oplichten

Achter een voorzetsel wordt vermeld welke naamval het regeert.

be'gierig begerig, verlangend; ~ *auf* (+4) begerig naar
Be'gleitung ‹*die*; -, -*en*› 1 begeleiding; *in* ~ (+2) vergezeld van; 2 escorte

Een indeling met romeinse cijfers wordt gegeven bij trefwoorden die tot meer dan één grammaticale categorie gerekend kunnen worden.
De grammaticale gegevens staan dan achter het romeinse cijfer vermeld.

Ber'liner I ‹*der; -s, -*› Berlijner; II ‹*bn*› Berlijns

De vertaling van het trefwoord staat romein.

'bahnbrechend baanbrekend

Vertalingen die zeer dicht bij elkaar liggen, worden gescheiden door een komma.

Bai ‹*die; -, -en*› baai, inham, bocht

Wanneer het trefwoord verschillende betekenissen heeft, worden de vertalingen genummerd met 1, 2, *enz.*

Be'förderung ‹*die; -, -en*› 1 transport, vervoer; 2 bevordering, promotie

Soms is bij de vertaling een toelichting nodig, een beperking van het gebruik van een woord, een vakgebied, een korte verklaring. Deze staat cursief tussen haakjes.

'Ballen ‹*der; -s, -*› 1 pak, baal; 2 bal (*van hand,- voet*)

De vertaling kan worden gevolgd door voorbeelden en uitdrukkingen. Deze staan cursief; het trefwoord wordt weergegeven door een slangetje. Voorbeelden en uitdrukkingen worden altijd gevolgd door een vertaling. Deze staat altijd romein.

'bargeldlos zonder contant geld; *~er Zahlungsverkehr* giroverkeer

Soms wordt een trefwoord alleen in één of meer uitdrukkingen gegeven, zonder dat het zelf vertaald wordt. De uitdrukking volgt dan na een dubbele punt.

Be'tracht ‹*der*›: *etwas in ~ ziehen* iets in aanmerking nemen; *in ~ komen* in aanmerking komen; *außer ~ bleiben* niet in aanmerking komen; *außer ~ lassen* buiten beschouwing laten

Als een uitdrukking meer dan één betekenis heeft, worden de vertalingen onderscheiden met a), b) enz.

be'merkbar merkbaar, zichtbaar, waarneembaar; *sich ~ machen: a*) te bemerken zijn, zich doen gevoelen; *b*) de aandacht trekken

Aa*a*

Aal ‹*der; -(e)s, -e*› aal, paling

Aas I ‹*das; -es, -e*› kadaver, rottend dier; II ‹*das; -es, Äser*› kreng, loeder, schoft || *kein ~ ist zu sehen* er is geen hond te zien; '**Aasgeier** ‹*der; -s, -*› (*lett en fig*) aasgier

ab I *vz* vanaf; *~ Mainz am Rhein entlang* vanaf Mainz langs de Rijn; (*handel*) *~ Werk* af fabriek; *Verkauf ~ Produzent* verkoop rechtstreeks van de producent; *~ heute* vanaf heden, vandaag; *Personen ~ 18 Jahren* personen van 18 jaar en ouder; (*handel*) *~ 1000 Stück* vanaf 1000 stuks; II ‹*bw*› af; *~ ins Bett!* naar bed!; *~ und an, ~ und zu* nu en dan, soms, af en toe; *ich bin völlig ~* ik ben doodmoe, doodop

'**abackern, sich** zich rot werken, afbeulen

'**abändern** ‹*h*› veranderen, wijzigen

'**abarbeiten** ‹*h*› 1 afmaken, voltooien; 2 (*ein Werkzeug*) *~* verslijten; 3 *etwas von einem Muster ~* iets van een voorbeeld namaken; 4 *sich ~* zich afsloven, zich doodwerken; (*Belg*) labeuren

'**Abart** ‹*die; -, en*› variëteit; '**abarten** ‹*s*› afwijken; '**abartig** 1 abnormaal, ziekelijk afwijkend; 2 afwijkend, vreemd

'**Abbau** I ‹*der; -(e)s, geen mv*› 1 winning, ontginning; 2 demontage; 3 (*chem, biol*) afbraak; 4 afvloeiing, inkrimping (*personeel*); 5 verlaging, vermindering; 6 afneming van krachten; 7 vermindering van kwaliteit; 8 het geleidelijke opheffen of verdwijnen; II ‹*der; -(e)s, -e*› delfplaats, winplaats; '**abbauen** ‹*h*› 1 (*bodemschatten*) winnen, delven; ontginnen; 2 afbreken, demonteren; 3 (*chem, biol*) afbreken; 4 doen afvloeien, inkrimpen; 5 (*lonen, prijzen e.d.*) verlagen; 6 in kracht afnemen, verzwakken; 7 minder worden in kwaliteit; 8 geleidelijk opheffen of afschaffen

'**abbeißen** ‹*st.h; i-i*› afbijten

'**abbekommen** ‹*st.h; a-o*› 1 krijgen; 2 (*iets ergens*) afkrijgen; 3 *etwas ~: a*) gewond raken; *b*) beschadigd worden; *c*) iets overhouden (van ziekte, ongeval)

'**abberufen** ‹*st.h; ie-u*› terugroepen; (*Gott hat ihn*) *~* tot zich geroepen

'**abbestellen** ‹*h*› afbestellen, afzeggen

'**abbezahlen** ‹*h*› afbetalen

'**abbiegen** I ‹*st.s; o-o*› afbuigen, een andere richting inslaan; *in eine Straße ~* een straat inslaan; *vom Weg ~* een andere richting inslaan; *nach rechts ~* rechts afslaan; *vom Kurs ~* van de koers afwijken; II ‹*st.h; o-o*› buigen, krommen

'**Abbild** ‹*das; -(e)s, -er*› 1 evenbeeld, kopie; 2 (*fig*) weerspiegeling; '**abbilden** ‹*h*› 1 afbeelden, voorstellen; 2 (*fig*) (af)schilderen; '**Abbildung** ‹*die; -, -en*› 1 het afbeelden; 2 afbeelding

'**abbinden** ‹*st.h; a-u*› 1 losmaken, afdoen; 2 afbinden; 3 hard worden (*van cement, lijm*); 4 (*soep, saus*) binden

'**abbitten** ‹*st.h; a-e*› *einem etwas ~: a*) iem om vergiffenis voor iets vragen; *b*) iem iets afsmeken

'**abblasen** ‹*st.h; ie-a; ä*› 1 wegblazen, afblazen; 2 afblazen; 3 afgelasten

'**abblättern** ‹*h*› 1 afbladderen, afschilferen; 2 de bladeren verliezen

'**abblenden** ‹*h*› (*lamp, licht*) dimmen; '**Abblendlicht** ‹*das; -(e)s, geen mv*› dimlicht

'**abblitzen** ‹*s*› *bei einem ~* bij iem geen succes hebben; *einen ~ lassen* iem een blauwtje laten lopen, afwijzen

'**abblocken** ‹*h*› 1 (*sp*) afblokken; 2 (*fig*) verhinderen

'**abbrausen** I ‹*s*› wegscheuren, -racen; II ‹*h*› afspoelen (onder douche); *sich ~* zich douchen

'**abbrechen** ‹*st.h en s; a-o; i*› 1 afbreken; 2 (*bloemen, fruit e.d.*) plukken; 3 afbreken, slopen; 4 (*kamp, tent*) afbreken, opbreken; 5 afbreken, staken, plotseling ophouden; (*betrekkingen, verbindingen*) verbreken

abbremsen ‹*h*› (*lett en fig*) afremmen

'**abbrennen** ‹*onr. h en s*› 1 af-, opbranden; 2 (*vuurwerk*) afsteken

'**abbringen** ‹*onr.h*› (*iem ergens van*) afbrengen; *einen von seiner Meinung ~* iemands mening veranderen

'**abbröckeln** ‹*h en s*› 1 afbrokkelen, kruimelen; 2 (*koersen, prijzen*) afbrokkelen, dalen

'**Abbruch** ‹*der; -(e)s, geen mv*› 1 het afbreken, afbraak, sloop; 2 het af-, opbreken; 3 het af-, verbreken, het staken; 4 *~ tun* afbreuk doen; '**abbruchreif** rijp voor de sloop

'**abbrummen** (*een straf*) uitzitten

'**abbürsten** ‹*h*› af-, wegborstelen

'**abbüßen** ‹*h*› 1 boeten voor; 2 (*een straf*) uitzitten

'**abdampfen** I ‹*h*› laten verdampen; II ‹*s*› 1 ver-, uitdampen; 2 vertrekken

'**abdanken** ‹*h*› 1 ontslaan; 2 afdanken; 3 zijn ontslag nemen, aftreden; 4 afstand doen van de troon; '**Abdankung** ‹*die; -, -en*› vgl *abdanken*

'**abdecken** ‹*h*› 1 wegnemen, afhalen; 2 (*een bed*) afhalen; 3 (*de tafel*) afruimen; 4 be-, af-, toedekken; 5 (*sp*) (af)dekken, afschermen; 6 (*schulden*) voldoen, aflossen; 7 (*een risico*) dekken; 8 voorzien in (*behoefte*); '**Abdeckung** ‹*die; -, -en*› zie *abdecken*

'**abdichten** ‹*h*› 1 dichten, afdichten; 2 (*tegen lawaai, zon*) afsluiten; '**Abdichtung** ‹*die; -, -en*› 1 (*techn*) pakking; 2 tochtstrip

'**abdrängen** ‹*h*› ver-, wegdringen

'**abdrehen** ‹*h*› 1 uitdraaien, uitdoen, afzetten; 2

(er) afdraaien; 3 *einem die Gurgel oder den Hals* ~ (*fig*) iem de nek omdraaien; 4 *sich* ~: *a*) zich afwenden; *b*) van richting of koers veranderen

'abdrosseln ‹*h*› afsluiten (*benzine-, gastoevoer*); *den Motor* ~ gas minderen, de motor smoren

'Abdruck I ‹*der; -(e)s, -e*› 1 het drukken, het afdrukken (*boek, tekst*); 2 druk, editie; 3 afdruk (*foto*); **II** ‹*der; -(e)s, -ë*› afdruk (*voet*); **'abdrucken** ‹*h*› (af)drukken

'abdrücken ‹*h*› 1 afvuren, afschieten (*wapen*); 2 afduwen; 3 *einem die Luft* ~ iems keel dichtknijpen; 4 dichtdrukken, -knijpen; 5 (*een kind*) ~ knuffelen; 6 afdrukken; 7 (*sp*) hard schieten (*voetbal*)

'abebben ‹*s*› afnemen, verminderen, wegebben

'abend: *gestern, heute, morgen* ~ gisteravond, vanavond, morgenavond; **'Abend** ‹*der; -s, -e*› 1 avond; *am* ~ 's avonds; *auf den* ~ *zugehen* tegen de avond lopen; *zu* ~ *essen, speisen* het avondeten gebruiken, souperen; *der Heilige* ~ kerstavond (24 dec.); 2 *er kann mich am* ~ *besuchen* hij kan verrekken; *es ist noch nicht aller Tage* ~ er kan nog van alles gebeuren; **'Abendausgabe** ‹*die; -, -en*› avondeditie; **'Abendbrot** ‹*das; -(e)s, geen mv*› avondbrood; **'Abenddämmerung** ‹*die; -, -en*› (*Belg*) valavond; **'Abendkleid** ‹*das; -(e)s, -er*› avondjapon; **'Abendkurs** ‹*der; -es, -e*› avondcursus; **'abendlich** in de avond, avond...; **'Abendmahl** ‹*das, -(e)s, -e*› 1 avondmaaltijd, -eten; 2 *das* (*heilige*) ~ het (Heilige) Avondmaal; **'abends** 's avonds; **'Abendschicht** ‹*die; -, -en*› avondploeg

'Abenteuer ‹*das; -s, -*› avontuur; **'abenteuerlich** 1 avontuurlijk; 2 zonderling

'aber I ‹*vw*› maar, echter; *dú bist* ~ *groß geworden!* wat ben jij ...! ~ *ja!* ja, natuurlijk! *das war* ~ *ein Genuß!* dat was nog eens heerlijk! (*fam*) ~, ~! foei dan toch! ~ *nein!* nee toch, natuurlijk niet! *nun* ~ nu; *oder* ~ dan wel, of wel; ~ *dennoch* toch, nochtans; (*von ihm ist nichts,*) ~ *auch gar nichts* (*zu erwarten*) maar dan ook niets; ~ *auch nicht geschenkt!* zelfs niet cadeau!; **II** ‹*bw*› nog eens; ~ *und* ~*mals* telkens en telkens weer; *tausend und* ~ *tausend* duizend en nog eens duizend; **'Aber** ‹*das; -s, - of -s*› 1 maar; *kein* ~! niets te maren; 2 *die Sache hat ein* ~ de zaak heeft een nadeel; **'Aberglaube** ‹*der; -ns, geen mv*› bijgeloof

'aberkennen ‹*onr.h*› *einem etwas* ~ ontzeggen; **'Aberkennung** ‹*die; -, -en*› ontzegging

'abermals nog eens, weer, opnieuw

'Abertausende ‹*mv*› ~ *von Menschen* vele duizenden mensen

'Aberwitz ‹*der; -es, geen mv*› waanzin, dwaasheid

'abessen ‹*st.h; a-e; i*› afeten

'abfackeln ‹*h*› verbranden (overtollig gas)

'abfahren I ‹*st.s; u-a; ä*› 1 vertrekken, wegrijden, -varen; 2 *fahr ab!* maak dat je wegkomt! schiet op!; 3 sterven; 4 afdalen (*op ski's*); 5 een blauwtje lopen, afgepoeierd worden; 6 (*seine Beine wurden*) *abgefahren* afgereden; 7 (*telec*) *eine Sendung* ~ een uitzending beginnen; **II** ‹*st.h*› 1 wegbrengen; 2 (*een band*) verslijten; **'Abfahrt** ‹*die; -, -en*› 1 vertrek, afvaart; 2 (*sp*) afdaling; 3 (*sp*) helling; 4 afrit (*van autoweg*); 5 het afvoeren, wegbrengen; **'Abfahrtslauf** ‹*der; -(e)s, -ë*› (*sp*) afdaling; **'Abfahrtsrennen** ‹*das; -s, -*› (*skisport*) afdaling

'Abfall ‹*der; -(e)s, -ë*› 1 het schuin aflopen; 2 afval, ontrouw; 3 (vaak *mv*) afval; 4 vermindering, het teruglopen, daling; **'Abfalleimer** ‹*der; -s, -*› afvalemmer, vuilnisemmer, -bak; **'abfallen** ‹*st.s, ie-a; ä*› 1 schuin aflopen, afhellen; 2 afvallen (*bladeren enz*); 3 afvallig, ontrouw worden; 4 verminderen, achteruitgaan, verzwakken; 5 afvallen, overblijven (*materiaal, geld*); 6 afvallen, vermageren

'abfällig 1 afkeurend, ongunstig; 2 ~ *beschieden werden* een weigerend antwoord krijgen

'Abfallprodukt ‹*das; -(e)s, -e*› afvalprodukt; **'Abfallverwertung** ‹*die; -, geen mv*› 1 afvalverwerking; 2 recycling

'abfälschen ‹*h*› (*sp*) van richting doen veranderen (*bal*)

'abfangen ‹*st.h; i-a*› 1 opvangen, opwachten; 2 tegenhouden; 3 (*brief, bericht, vijand, vliegtuig*) onderscheppen; 4 stutten, schoren, schragen; 5 (*sp*) een aanval opvangen, afslaan; 6 (*voer-, vliegtuig*) weer in zijn macht krijgen

'abfärben ‹*h*› 1 verkleuren, de kleur verliezen; 2 afgeven; 3 ~ *auf* (+ 4) invloed hebben op

'abfassen ‹*h*› schrijven, opstellen, redigeren; **'Abfassung** ‹*die; -, -en*› het schrijven, het opstellen, redactie

'abfegen ‹*h*› (af)vegen, afstoffen

'abfertigen ‹*h*› 1 (*trein e.d.*) gereedmaken om te vertrekken; 2 verzendklaar maken; 3 (*klanten*) bedienen, helpen; 4 controleren, afhandelen (*aan de grens*); 5 (*iem*) afschepen; **'Abfertigung** ‹*die; -, -en*› 1 het gereedmaken om te vertrekken enz.; 2 goederenbureau; douane; 3 afhandeling, controle (*aan de grens*)

'abfeuern ‹*h*› (*schot*) lossen, (*salvo*) geven; (*vuurwapen*) afschieten

'abfinden ‹*st.h; a-u*› (gedeeltelijk) schadeloos stellen; tevreden stellen; *sich mit etwas* ~ zich in iets schikken, in iets berusten, tevreden zijn met iets; *sich mit einem* ~ met iem tot een akkoord komen; **'Abfindung** ‹*die; -, -en*› schadeloosstelling

'abflachen ‹*h*› 1 vlak maken, afschuinen; 2 (*fig*) dalen (*van niveau, inhoud, kwaliteit*); 3 *sich* ~ platter worden

'abflauen ‹*h*› 1 gaan liggen (*wind*); 2 afnemen, minder worden; flauw worden (*stemming op de beurs*)

'abfliegen ‹*st.s en h; o-o*› 1 wegvliegen, vertrekken, starten; 2 vanuit de lucht inspecteren; 3 eraf vliegen (*deksel, knoop*)

'**abfließen** ‹*st.h; o-o*› af-, wegvloeien, wegstromen
'**Abflug** ‹*der; (e)s, -ë*› vertrek, start (*vliegtuig*)
'**Abfluß** ‹*der; Abflusses, Abflüsse*› 1 het weglopen, het wegstromen; 2 afvoer; 3 ~ *von Geld* (*ins Ausland*) het wegvloeien van geld; '**Abflußrohr** ‹*das; -(e)s, -e*› afvoerpijp
'**abfordern** ‹*h*› *einem etwas* ~ van iem eisen
'**abfragen** ‹*h*› 1 (*les*) overhoren; 2 door te vragen te weten komen
'**Abfuhr** ‹*die; -, -en*› 1 afvoer; 2 (*sp*) nederlaag; 3 terechtwijzing
'**abführen** ‹*h*› 1 opbrengen (*van arrestant*); wegbrengen (*na verhoor*); 2 afvoeren (*van water e.d.*); 3 (*van de goede weg, het onderwerp*) afbrengen; 4 (*geld*) afdragen; 5 purgeren, laxeren; '**Abführmittel** ‹*das; -s, -*› laxeermiddel
'**abfüllen** ‹*h*› 1 vullen; 2 (over)tappen; *auf Flaschen* ~ bottelen; '**Abfüllung** ‹*die; -, -en*› 1 het overtappen; 2 gebottelde inhoud
'**Abgabe** ‹*die; -, -n*› 1 afgifte, levering, het afgeven; 2 (*sp*) 't verlies (*set, punt, titel*); 3 (*sp*) het afgeven (*van de bal*); 4 verkoop; 5 (*mil*) het lossen (*van schot*); 6 het geven (*van advies, verklaring*); 7 *die* ~ *der Stimmen* het stemmen; 8 ‹*mv*› belastingen; rechten; heffingen; '**Abgabenpflicht** ‹*die; -, -en*› belastingplicht
'**Abgang** ‹*der; -(e)s, -ë*› 1 vertrek, het weggaan; het afgaan (*van toneel*); *der natürliche* ~ het natuurlijk verloop (*van personeel*); het verlaten (*van de school*); 2 dood, het sterven; 3 het verzenden; 4 verkoop, afzet (*dieser Artikel*) *hat, findet guten* ~ gaat goed van de hand; 5 (*med*) het uitscheiden; 6 (*med*) *einen* ~ *haben* een miskraam hebben; 7 *sich einen guten* ~ *verschaffen* een goede indruk achterlaten; '**Abgangszeugnis** ‹*das; -ses, -se*› getuigschrift (*bij verlaten van school zonder eindexamen*)
'**Abgas** ‹*das; -es, -e*› verbrandingsgas; uitlaatgas; '**abgasarm** (*motor*) schoon
'**abgeben** ‹*st.h; a-e; i*› 1 afgeven, overhandigen; 2 (*schoolwerk*) inleveren; 3 (*boeken*) teruggeven; 4 ter bewaring afgeven; 5 afstaan, geven; *einem die Hälfte* ~ iem de helft afstaan; 6 (*warmte*) afgeven; 7 (*sp*) afgeven, afspelen; 8 (*leiding, personeel, bezit*) afstaan, overdoen, overgeven; 9 (*leiding, punten*) (*sp*) afstaan; 10 *einen Schuß* ~ vuren, een schot lossen; 11 (*verklaring*) afleggen, (*advies*) geven, uitbrengen, (*belofte*) doen; 12 (*stem*) uitbrengen; 13 zijn, vormen, fungeren als; *er gibt einen guten Fachmann ab* hij is een goede vakman; 14 *sich* ~ *mit* zich bemoeien met, (*ong*) zich afgeven
'**abgebrannt** (*fig*) blut, platzak; vgl *abbrennen*
'**abgebrüht** 1 afgestompt; 2 sluw, geslepen
'**abgedroschen** 1 versleten, kapot; 2 afgezaagd
'**abgegriffen** 1 oud, afgedragen, versleten; 2 beduimeld, stukgelezen; 3 afgezaagd
'**abgehackt**: ~ *sprechen* hortend spreken
'**abgehärmt** door verdriet verteerd; ~ *aussehen* er afgetobd uitzien
'**abgehen** I ‹*st.h; i-a*› bekijken, inspecteren; doen; (*terrein*) aflopen, afzoeken; II ‹*st.s; i-a*› 1 weggaan, vertrekken; 2 afgaan (*van toneel*); 3 (*goederen, post*) verzonden worden; 4 lossen (een schot); 5 van school gaan; 6 ~ *von* opgeven, afwijken van (*mening, eis, gewoonte*); 7 afslaan (*van weg*); 8 eraf gaan; 9 *es geht ihr nichts ab!* zij komt niets tekort!
'**abgekämpft** moe gestreden; bekaf, doodmoe
'**abgekartet** bekonkeld; *eine* ~*e Sache* doorgestoken kaart
'**abgeklärt** helder, wijs; gelouterd, rijp (mens); '**Abgeklärtheit** ‹*die; -, geen mv*› helderheid, bezonnenheid; vgl *abklären*
'**abgelebt** 1 afgeleefd, oud; 2 achterhaald, ouderwets
'**abgelegen** afgelegen
'**abgeleiert** afgezaagd (*woorden*)
'**abgelten** ‹*h*› betalen, afdoen
'**abgemacht**! akkoord! afgesproken
'**abgemeldet**: *bei mir ist er* ~ bij mij heeft hij afgedaan, ligt hij eruit
'**abgemessen** afgemeten
'**abgeneigt**: *nicht* ~ *sein* voelen voor
'**abgenutzt** versleten, afgedragen
'**Abgeordnete(r)** ‹*bn als zn*› afgevaardigde; '**Abgeordnetenhaus** ‹*das; -es, -ër*› huis van afgevaardigden
'**abgerissen** 1 afgebroken; onderbroken (*gesprek*); verbroken (*verbinding*); 2 onsamenhangend (*rede*); 3 haveloos, in lompen gekleed (*personen*); 4 versleten, afgedragen (*kleding*)
'**abgerundet** (*fig*) afgerond, voltooid
'**Abgesandte(r)** ‹*bn als zn*› (af)gezant, afgevaardigde
'**abgeschabt** kaal, versleten (kleding)
'**abgeschafft** afgesloofd, -getobd
'**abgeschieden** 1 eenzaam, afgelegen; 2 overleden, dood; '**Abgeschiedene(r)** ‹*bn als zn*› overledene, dode; '**Abgeschiedenheit** ‹*die; -, geen mv*› afzondering
'**abgeschlossen** 1 afgesloten (*deur, woning enz*); 2 afgesloten, voltooid; 3 afgezonderd, eenzaam
'**abgeschmackt** smakeloos, laf, flauw, afgezaagd
'**Abgesondertheit** ‹*die; -, -en*› afzondering
'**abgespannt** doodmoe, afgemat
'**abgespielt** afgedraaid, stuk gedraaid (*film, plaat*)
'**abgestanden** 1 verschaald (*bier*); bedorven, niet fris (*lucht*); 2 afgezaagd (*woorden*)
'**abgestorben** 1 dood, afgestorven (*takken*); 2 dood, gevoelloos, ingeslapen (*vingers e.d.*)
'**abgestumpft** 1 bot (*mes*); 2 afgestompt, gevoelloos; immuun
'**abgetakelt** afgetakeld
'**abgetan** afgedaan
'**abgewetzt** glimmend, kaal, versleten
'**abgewinnen** ‹*st.h; a-o*› 1 winnen van; veroveren op; 2 (*ich kann*) *diesem Spiel keinen Geschmack* ~ geen aardigheid vinden in dat spel

'abgewirtschaftet 1 te gronde gegaan, geruïneerd (*bedrijf, onderneming*); 2 ~ *haben* afgedaan hebben

'abgewöhnen ‹*h*› afwennen, afleren

'abgezehrt geheel vermagerd, uitgeteerd

'abgießen ‹*st.h; o-o*› afgieten

'Abglanz ‹*der; -es, geen mv*› 1 weerschijn, -glans; 2 afstraling; restje, glimp

'abgleiten ‹*st.h; i-i*› 1 afglijden, uitglijden; 2 afdwalen

'Abgott ‹*der; -(e)s, -ër*› afgod (*ook fig*); **Abgötte'rei** ‹*die -, -en*› afgoderij; *mit einem ~ treiben* iem verafgoden (*fig*), verafgoding

'abgraben ‹*st.h; u-a; ä*› af-, weggraven

'abgrämen, sich ‹*h*› door verdriet verteerd worden

'abgrasen ‹*h*› 1 af-, weggrazen; 2 afzoeken (*stad, gebied*); 3 *ein Gebiet, ein Thema ~* (*lett en fig*) een gebied, een onderwerp afgrazen

'abgrenzen ‹*h*› afgrenzen, afbakenen; **'Abgrenzung** ‹*die; -, -en*› afgrenzing, afbakening, begrenzing

'Abgrund ‹*der; -(e)s, -ë*› 1 (*lett en fig*) afgrond; 2 (*fig*) kloof, tegenstelling; **'abgründig** 1 ondoorgrondelijk, mysterieus; 2 onvoorstelbaar, buitengewoon (*woede, haat*); 3 *~ gemein* heel, zeer, ontzettend gemeen

'abgucken ‹*h*› afzien, -kijken; spieken

'Abguß ‹*der; Abgusses, Abgüsse*› 1 afgietsel; 2 afgietsel, afdruk; 3 goot, gootsteen

'abhaben ‹*onr.h*› 1 af hebben (*hoed enz*); 2 eraf hebben (*baard e.d.*); 3 (*er will*) *etwas ~* er wat van hebben; (*der Junge hat*) *sein(en) Teil ab* zijn portie of zijn straf te pakken

'abhaken ‹*h*› 1 afhaken; 2 een teken zetten bij; afchecken

'abhalten ‹*st.h; ie-a; ä*› 1 (*etwas oder einen von einem oder etwas*) ~ afhouden, weghouden; 2 (*ein Kind*) ~ zijn behoefte laten doen; 3 (*hitte, regen e.d.*) tegenhouden, bescherming bieden tegen; 4 (*iem van iets*) afhouden, weerhouden; 5 (*lassen Sie sich durch mich nicht*) ~ storen; 6 organiseren, houden; **'Abhaltung** vgl *abhalten*

'abhandeln ‹*h*› 1 kopen van; 2 afdingen; 3 (*onderwerp, thema*) behandelen

ab'handen weg, zoek; *es ist mir ~ gekommen* ik ben het kwijt geraakt

'Abhandlung ‹*die; -, -en*› 1 uitvoerige behandeling (*thema*); 2 verhandeling

'Abhang ‹*der; -(e)s, -ë*› helling, glooiing, afloop

'abhängen I ‹*st.h; i-a; ä*› 1 (*das*) *hängt vom Wetter ab* hangt van het weer af; 2 (*von einem*) ~ afhankelijk zijn; **II** ‹*zw.h*› 1 (*ein Bild von der Wand*) ~ afhalen; 2 af-, loskoppelen; 3 *sie hat ihn abgehängt* zij heeft hem de bons gegeven; (*einen unerwünschten Begleiter*) ~ afschudden; 4 iem achter zich laten, voorbijstreven; 5 (*sp*) afschudden, lossen; **'abhängig** afhankelijk; **'Abhängigkeit** ‹*die; -, -en*› afhankelijkheid

'abhärten ‹*h*› harden

'abhauen 1 ‹*st.hieb/haute-abgehauen*› afhouwen, -hakken, -slaan; 2 ‹*haute-abgehauen*› overschrijven (*werk van medeleerling*); 3 ‹*s; haute-abgehauen*› ervandoor gaan, 'm smeren

'abheben ‹*st.h; o-o*› 1 af-, wegnemen, afbeuren, -tillen; 2 opstijgen, de lucht ingaan (*vliegtuig, raket*); 3 opnemen (*geld van bank*); 4 afhalen (*geld van spaarbank*); 5 (*telec*) de hoorn van de haak nemen; 6 *sich ~ von* afsteken, zich aftekenen tegen; 7 *auf etwas ~* op iets zinspelen; **'Abhebung** ‹*die; -, -en*› zie *abheben*

'abhelfen ‹*st.h; a-o; i*› (*einer Sache*) ~ verhelpen, in orde brengen; (*einer Schwierigkeit*) ~ uit de weg ruimen

'abhetzen ‹*h*› 1 afjagen, halfdood jagen (*dieren*); 2 *sich ~* jachten, zich rot haasten

'Abhilfe ‹*die; -, geen mv*› hulp, uitkomst; het een eind maken aan een misstand; *für ~ sorgen, ~ schaffen* ervoor zorgen dat iets wordt verholpen; *~ suchen* hulp zoeken

'abhold (+ 3) ongenegen tot, wars van, afkerig van

'abholen ‹*h*› 1 afhalen; 2 oppakken, ophalen, arresteren

'abholzen ‹*h*› 1 (*bomen*) vellen; 2 *einen Wald ~* een bos kappen

'abhorchen ‹*h*› af-, beluisteren

'abhören ‹*h*› 1 afluisteren; 2 (*med*) af-, beluisteren; 3 beluisteren, luisteren naar (*muziek enz*); 4 (*einem eine Lektion, einen*) overhoren

'Abi ‹*das; -s, geen mv*› *Abitur*

Abi'tur ‹*das; -s, -e*› eindexamen (*vwo*); *~ machen* examen doen; (*Belg*) maturiteitsdiploma; **Abituri'ent** ‹*der -en, -en*› abituriënt

'abjagen ‹*h*› 1 *einem etwas ~* iem iets afhandig maken, ontfutselen, afnemen; 2 *sich ~* jachten

'abkämmen ‹*h*› uitkammen (*lett en fig*)

abkämpfen ‹*h*› *sich ~* zich doodmoe strijden

'abkanzeln ‹*h*› *einen ~* iem kapittelen, eens flink de waarheid zeggen

'abkapiteln ‹*h*› zie *abkanzeln*

'abkapseln ‹*h*› (*med*) inkapselen; *sich ~ von* zich afsluiten voor, zich afzonderen van

'abkassieren ‹*h*› incasseren, geld innen van, afrekenen met

'abkaufen 1 *einem etwas ~* iets van iemand kopen; 2 *das kaufe ich dir nicht ab* dat geloof ik niet; dat maak je mij niet wijs

'Abkehr ‹*die; -, geen mv*› het zich afkeren van; **'abkehren** ‹*h*› 1 af, wegvegen; (*de vloer*) vegen; 2 afwenden, afkeren (van)

abklappern ‹*h*› aflopen, afzoeken

'abklären ‹*h*› verklaren, duidelijk maken; vgl *abgeklärt*

'Abklatsch ‹*der; -(e)s, -e*› *ein billiger ~* een goedkoop namaaksel, een goedkope imitatie; **'abklatschen** ‹*h*› 1 (slecht) namaken of schilderen; 2 onderbreken (*door in de handen te klappen*); 3 (*sp*) (*de bal*) met de handen tegenhouden

'**abklingen** ‹*st.s; a-u*› afnemen, verminderen; (*geluid*) wegsterven, zwakker worden

abklopfen ‹*h*› 1 (*stof, vuil*) afkloppen; (*sp*) afkloppen; 2 (*muur*) afbikken; 3 (*kleed*) uitkloppen; 4 aftikken (*bij het dirigeren*); 5 (*med*) bekloppen; 6 aflopen, afzoeken

'**abknabbern** ‹*h*› afknabbelen, afbijten

'**abknallen** ‹*h*› afschieten; neerknallen

'**abknicken** ‹*h*› 1 afbreken, knakken; 2 een knik maken (*weg*)

'**abknöpfen** ‹*h*› 1 los-, afknopen; 2 (*fig*) aftroggelen

'**abknüpfen** ‹*h*› losknopen, -maken

'**abknutschen** ‹*h*› knuffelen, eens lekker pakken

'**abkochen** ‹*h*› 1 koken; 2 (*medische instrumenten*) uitkoken, (*drinkwater*) afkoken; 3 in de open lucht koken; 4 (*kruiden*) aftrekken

'**abkommandieren** ‹*h*› detacheren; *in die Küche* ~ naar de keuken sturen

'**abkommen** ‹*st.s; a-o*› 1 afkomen, zich verwijderen; *vom Weg* ~ de weg kwijtraken, verdwalen; van de weg afraken; *vom Thema* ~ van zijn onderwerp afdwalen; 2 *von einem Plan* ~ een plan opgeven; 3 (*sp*) starten, wegkomen; 4 in onbruik raken, ouderwets worden

'**Abkommen** ‹*das; -s, -*› overeenkomst, akkoord; verdrag

'**Abkömmling** ‹*der; -s, -e*› afstammeling, nakomeling

'**abkoppeln** ‹*h*› afkoppelen, loskoppelen

'**abkratzen** I ‹*h*› afkrabben, -schrappen; II ‹*s*› 1 ervandoor gaan; 2 de pijp uitgaan

'**abkriegen** ‹*h*› 1 krijgen; 2 *eins oder etwas* ~ slaag, een oplawaai of straf, een standje krijgen; 3 (*deksel e.d.*) eraf krijgen, (*vlek*) eruit krijgen; 4 beschadigd worden; 5 verwonding(en) oplopen

'**abkühlen** ‹*h*› af-, verkoelen; *sich* ~ afkoelen, zich verfrissen; '**Abkühlung** zie *abkühlen*

'**abkündigen** ‹*h*› afkondigen

'**Abkunft** ‹*die; -, geen mv*› oorsprong, afkomst

'**abkuppeln** ‹*h*› af-, loskoppelen

'**abkürzen** ‹*h*› af-, be-, ver-, inkorten; '**Abkürzung** ‹*die; -, -en*› afkorting enz.

'**abladen** ‹*st.h; u-a; ä*› 1 afladen, lossen; 2 afzetten (*iem ergens*); 3 (*geld*) afgeven, dokken; 4 (*etwas auf andere*) ~ afwentelen

'**Ablage** ‹*die; -, -en*› 1 opbergplaats; 2 het opbergen; 3 archief; 4 garderobe

'**ablagern** ‹*h en s*› 1 (*slib, zand*) afzetten; 2 (*puin*) storten; 3 (*waren*) opslaan; 4 ~ *lassen* nog laten liggen (*wijn*); 5 *sich* ~ neerslaan, zich afzetten of bezinken (*van stoffen*); '**Ablagerung** ‹*die; -, -en*› zie *ablagern*

'**Ablaß** ‹*der; Ablasses, Ablässe*› 1 het laten wegstromen, -lopen, -vloeien, uitstromen (*vloeistof*); 2 het aftappen, het laten leeglopen (*badkuip, vijver*); 3 *ohne* ~ onophoudelijk; '**ablassen** ‹*st.h; ie-a; ä*› 1 aftappen; 2 laten leeg-, weglopen; lozen; 3 lossen, loslaten; 4 (*etwas vom Preis*) ~ afdoen, laten vallen; 5 (*einen Plan*) ~ afzien van, opgeven; 6 verkopen; 7 (*hoed e.d.*) aflaten, (*knoop*) eraf laten; 8 *mit Bitten nicht* ~ niet ophouden te vragen; '**Ablassung** ‹*die; -, -en*› zie *ablassen*

'**Ablauf** ‹*der; -(e)s, -ë*› 1 het weglopen, het wegvloeien; 2 afvoer (*van wasbak e.d.*); 3 verloop (*van gebeurtenissen e.d.*); 4 *nach* ~ (*einer Stunde*) na verloop; 5 afloop, einde; 6 het verlopen, het ongeldig worden; 7 (*sp*) start; '**ablaufen** I ‹*st.s; ie-au; äu*› 1 beginnen te lopen; (*sp*) starten; 2 weg-, aflopen (*van water*), afnemen (*van bloed*); 3 (*scheepv*) van stapel lopen; 4 leeglopen (*van vat e.d.*); 5 afdruipen (*vaatwerk*); 6 aflopen (*van film, uurwerk e.d.*); 7 aflopen, eindigen; 8 verstrijken (*termijn*); 9 verlopen (*paspoort*); II ‹*st.h; ie-au; äu*› 1 *einen* ~ *lassen* iem afschepen; 2 (*die ganze Stadt*) ~ aflopen

'**Ableben** ‹*das; -s, geen mv*› overlijden, dood

'**ablecken** ‹*h*› aflikken

'**ablegen** ‹*h*› 1 uitdoen, uittrekken, afleggen, afdoen; *bitte legen Sie ab!* doet u uw jas uit!; 2 (*brieven, de post*) opbergen; 3 (*kleding*) niet meer dragen; 4 afleren, afwennen; 5 (*argwaan, wantrouwen*) opgeven; 6 (*eed, bekentenis, examen, getuigenis, rekenschap, gelofte*) afleggen; 7 *es auf etwas* ~ het er op aanleggen

'**Ableger** ‹*der; -s, -*› 1 loot, stek; 2 spruit, kind; 3 filiaal

'**ablehnen** ‹*h*› 1 (*iets*) afwijzen, weigeren, bedanken voor, van de hand wijzen, afslaan; 2 (*iemand*) afwijzen, niet te woord staan; 3 (*rechter, getuige*) niet erkennen, wraken; 4 afwijzend staan tegenover; 5 (*wetsontwerp*) verwerpen; 6 *dankend* ~ bedanken voor (iets); *etwas glatt* ~ iets beslist weigeren of van de hand wijzen; '**Ablehnung** ‹*die; -, -en*› zie *ablehnen*

'**ableiern** ‹*h*› 1 (*gedicht, les enz*) opdreunen, afdraaien; 2 voordracht spelen (*muziek*); 3 steeds met hetzelfde komen (*leuzen, verhalen e.d.*)

ableisten ‹*h*› 1 *seine Wehrpflicht* ~ zijn dienstplicht vervullen; 2 (*eine Schuld*) ~ afdoen, vereffenen

'**ableiten** ‹*h*› 1 (*bliksem, water*) afleiden; (*rivier*) verleggen; 2 (*toorn*) afwenden; 3 (*einen von seinem Entschluß*) ~ afbrengen; 4 afleiden (van, uit); '**Ableitung** ‹*die; -, -en*› zie *ableiten*

'**ablenken** ‹*h*› 1 *einen Wagen von der Straße* ~ afslaan (met zijn auto); 2 *vom Kurs abgelenkt werden* uit de koers raken; 3 (*sich nicht von der Arbeit*) ~ *lassen* laten afleiden; 4 (*einen vom rechten Weg*) ~ afbrengen; 5 afleiding bezorgen; '**Ablenkung** ‹*die; -, -en*› 1 afwending; 2 afleiding; 3 afwijking (*van kompasnaald*); 4 afbuiging

'**ablesen** ‹*st.h; a-e; ie*› 1 voor-, aflezen; 2 stand opnemen, aflezen; 3 *etwas von jems Gesicht* ~ iets op iems gezicht lezen; 4 (*Raupen vom Kohl, Steine vom Acker*) ~ halen, verwijderen; 5 plukken

'ableugnen ‹*h*› ontkennen

'ablichten ‹*h*› een fotokopie maken (van); **'Ablichtung** ‹*die; -, -en*› fotokopie

'abliefern ‹*h*› (af)leveren, overhandigen; **'Ablieferung** ‹*die; -, -en*› zie *abliefern*

'ablöschen ‹*h*› 1 doven, blussen; 2 afvloeien (*wat op papier staat*); 3 uitvegen (*wat op een bord staat*)

ablösen ‹*h*› 1 losmaken, halen van; 2 (*iem, de wacht*) aflossen; 3 *ein Jahr löst das andere ab* het ene jaar volgt op het andere; 4 betalen, afkopen; 5 (*sp*) de kop overnemen (*wielrennen*); 6 (*schuld*) vereffenen, aflossen; **sich** ~ elkaar aflossen; loslaten, zich afscheiden; **'Ablösesumme** ‹*die; -, -n*› 1 afkoopsom; aflossingsbedrag; 2 (*sp*) transferbedrag; **'Ablösung** ‹*die; -, -en*› 1 het losgaan; 2 het losmaken; 3 aflossing; 4 betaling, het afkopen

'abmachen ‹*h*› 1 afhalen, -nemen, -doen, -schroeven; *den Preis* ~ het prijsje er afhalen; 2 (*mil*) uitdienen; 3 (*straf*) uitzitten; 4 (*eine Angelegenheit*) *im guten mit einem* ~ in der minne met iem schikken; 5 *etwas mit sich allein* ~ iets alleen verwerken; 6 overeenkomen, afspreken; **'Abmachung** ‹*die; -, -en*› 1 schikking, regeling; 2 afspraak, overeenkomst

'abmagern ‹*s*› vermageren

'abmatten ‹*h*› afmatten

'abmelden ‹*h*› 1 (*sich oder einen*) ~ afmelden; 2 (*sp*) (*einen Gegner*) ~ geen enkele kans geven

'abmessen ‹*st.h; a-e; i*› 1 (af-, op)meten; 2 *einen abmessend anschauen* iem onderzoekend aankijken; 3 (*seine Worte genau*) ~ overwegen, taxeren; **'Abmessung** ‹*die; -, -en*› 1 het af-, opmeten; 2 afmeting, grootte

'abmontieren ‹*h*› demonteren

'abmühen, sich ‹*h*› zich afmatten, afsloven

'Abnahme ‹*die; -, -n*› 1 het af-, weghalen; ~ *eines Gliedes* amputatie; ~ *vom Kreuze* kruisafneming; 2 afname, het kopen; ~ *finden* aftrek vinden; 3 afneming, vermindering; 4 het afnemen (*van de maan*), het korten (*van de dagen*); 5 het afnemen (*examen, parade, eed*); **'abnehmen** ‹*st.h; a-o; i*› 1 afhalen, afnemen, verwijderen; (*hoed*) afnemen; (*med*) afzetten, amputeren; (*den Bart*) ~ afscheren; plukken; *den Hörer* ~ de hoorn opnemen (*telefoon*); 2 in beslag nemen; afpikken, stelen; 3 rekenen, vragen (*een prijs*); 4 van iem iets overnemen (*zware tas e.d.*); 5 kopen; 6 kopiëren, nemen (*vingerafdruk*); 7 (*examen, eed, parade*) afnemen; 8 afnemen, verminderen; 9 korten (*van de dagen*), afnemen (*van de maan*); 10 afvallen; 11 inspecteren; **'Abnehmer** ‹*der; -s, -*› afnemer, koper, klant

'Abneigung ‹*die; -, geen mv*› ~ *gegen* afkeer van

Abnormi'tät ‹*die; -, -en*› 1 abnorm(al)iteit, (ziekelijke) afwijking; 2 misvormd wezen

'abnötigen ‹*h*› afdwingen

'abnutzen, 'abnützen, ook **sich** ~ ‹*h*› (af-, ver)slijten; **'Abnutzung** ‹*die; -, geen mv*› het afslijten, slijtage

Abonne'ment ‹*das; -s, -s of -e*› abonnement; **Abon'nent** ‹*der; -en, -en*› abonnee; **abon'nieren** ‹*s*› (*eine Zeitung*) ~ zich abonneren op

'abordnen ‹*h*› afvaardigen, deputeren; **'Abordnung** ‹*die; -, -en*› afvaardiging, delegatie

Ab'ort ‹*der; -(e)s, -e*› W.C.

abor'tieren ‹*h*› een miskraam hebben

'abpacken ‹*h*› verpakken

'abpassen ‹*h*› 1 (af)passen, pasklaar maken; 2 (*gelegenheid*) afwachten; (*das hast du*) *gut abgepaßt* goed afgemikt; 3 *einen* ~ iem opwachten

'abpfeifen ‹*st.h; i-i*› (*sp*) fluiten, affluiten; het eindsignaal geven; **'Abpfiff** ‹*der; -(e)s, -e*› (*sp*) het affluiten; eindsignaal; het fluitsignaal

'abplagen, sich ‹*h*› zich afsloven, zwoegen

'Abprall ‹*der; -(e)s, -e*› het terugspringen, terugkaatsing, het afstuiten; **'abprallen** ‹*s*› afstuiten, terugspringen, -kaatse; **'Abpraller** ‹*der; -s, -*› (*sp*) terugspringende bal

'abpressen ‹*h*› 1 af-, wegpersen, leegpersen; 2 (*fig*) *einem den Atem* ~ iems keel dichtsnoeren; 3 (*fig*) afpersen, afdwingen

'abpumpen ‹*h*› 1 wegpompen; 2 *einem Geld* ~ geld van iem lenen

'abputzen ‹*h*› schoonmaken; afvegen (mond)

'abquälen, sich ‹*h*› 1 zich afsloven, zwoegen; 2 (*sich eine Antwort*) ~ zich dwingen tot

'abquetschen ‹*h*› (*sich einen Finger*) ~ afklemmen

'abrackern, sich ‹*h*› zich afsloven

'abrahmen ‹*h*› afromen (*ook fig*)

'abraten ‹*ie -a; ä*› *einem* (*von*) *etwas* ~ iem iets af-, ontraden

'Abraum ‹*der; -(e)s, geen mv*› 1 afval, puin; 2 grondmassa; steenmassa

'abräumen ‹*h*› afruimen; op-, wegruimen

'abrechnen ‹*h*› 1 aftrekken; 2 afrekenen (*ook fig*); 3 (*schuld*) vereffenen; **'Abrechnung** ‹*die; -, -en*› 1 aftrek, vermindering; 2 afrekening; 3 vereffening

'Abrede ‹*die; -, geen mv*› afspraak, overeenkomst; *etwas in* ~ *stellen* iets ontkennen, betwisten; **'abreden** ‹*h*› (*jmdm von etwas*) ~ ont-, afraden

'abregen, sich ‹*h*› kalmeren, bedaren

'abreiben ‹*st.h; ie-ie*› 1 af-, wegwrijven; 2 (*nootmuskaat*) raspen; 3 droog-, schoonwrijven; 4 afdrogen, een pak slaag geven; **'Abreibung** ‹*die; -, -en*› 1 het afwrijven enz. (vgl *abreiben* 1,2,3); 2 pak slaag; uitbrander

'Abreise ‹*die; -, geen mv*› vertrek; **'abreisen** ‹*s*› vertrekken

'Abreißblock ‹*der; -(e)s, -s of -ë*› blocnote; **'abreißen** ‹*st. h en s; i-i*› 1 aftrekken, -scheuren, -breken; 2 (*bril, muts enz*) snel afnemen, afzetten; 3 (*fig*) *einem die Maske* (*vom Gesicht*) ~ iem ontmaskeren; 4 (*knoop*) eraf springen; 5 (*veter*) kapot gaan, knappen; 6 verbroken worden (*telefoonverbing*); 7 *nicht* ~ niet ophouden; 8 afbreken, slopen; 9 (ver)slijten

'abreiten I ‹*st.h; i-i*› (*paard*) afrijden, -jakkeren; **II** ‹*s*› wegrijden

'abrennen ‹*onr. h en s*› 1 wegrennen, -hollen; 2 aflopen (*die ganze Stadt*)

'abrichten ‹*h*› africhten, dresseren

'Abrieb ‹ *m; -(e)s, geen mv*› slijtage

'abriegeln ‹*h*› (af)grendelen, afsluiten

'abringen ‹*st.h; a-u*› ontworstelen

'abrinnen ‹*st.s; a-a*› afvloeien, -lopen

'Abriß ‹*der; Abrisses, Abrisse*› 1 schets, beknopt of kort overzicht; 2 het afbreken, slopen; 3 strook (*om afgescheurd te worden van entreebiljetten e.d.*)

'Abrißgebäude ‹*das; -s, -*› slooppand

'abrollen I ‹*h*› af-, ontrollen; II ‹*s*› 1 wegrijden; 2 (*film*) afdraaien; 3 verlopen

'abrücken I ‹*h*› wegzetten, verzetten, wegschuiven; II ‹*s*› 1 (*mil*) weggaan, vertrekken; 2 ervandoor gaan, 'm smeren; 3 wegschuiven; 4 (*fig*) zich distantiëren van

'Abruf ‹*der; -(e)s, geen mv*› 1 wegroepen, het weggeroepen worden, terugroeping; 2 het opvragen, het afroepen, de afroep; **'abrufen** ‹*st.h; ie-u*› 1 wegroepen; 2 (*een ambassadeur*) terugroepen; 3 *ins Jenseits abgerufen werden* sterven; 4 afroepen, opvragen; 5 (*geld*) opnemen; 6 (*vertrektijden, namen*) afroepen

'abrunden ‹*h*› afronden; **'Abrundung** ‹*die; -, geen mv*› afronding

'abrüsten ‹*h*› ontwapenen; **'Abrüstung** ‹*die; -, geen mv*› ontwapening, wapenvermindering

'abrutschen ‹*s*› 1 uitglijden; 2 afglijden (van); 3 wegglijden; 4 (*luchtv*) afglijden; 5 dalen, minder worden (*van cijfers, peil, prestaties*)

'absacken I ‹*h*› in zakken doen; II ‹*s*› 1 zinken (*van schip*); 2 (*luchtv*) hoogte verliezen; 3 verzakken; wegzakken; 4 slechter of minder worden, achteruitgaan; 5 (*moreel*) afzakken

'Absage ‹*die; -, -n*› 1 afzegging; 2 afwijzing; **'absagen** ‹*h*› 1 afzeggen; 2 afgelasten; 3 afzweren

'Absatz ‹*der; -es, -ë*› 1 hak (*van schoen*); 2 afzetting (*ketelsteen, slib e.d.*); 3 alinea, nieuwe afdeling; 4 hoofdstuk; 5 pauze, rust (*in rede*); 6 (*handel*) afzet, verkoop; **'absatzfähig** gewild; **'Absatzgebiet** ‹*das; -(e)s, -e*› afzetgebied; **'Absatzgenossenschaft** ‹*die; -, -en*› verkoopcoöperatie; **'Absatzmarkt** ‹*der; -(e)s, -ë*› afzetmarkt; **'Absatztrick** ‹*der; -s, -s*› (*sp*) hakje

'absaugen ‹*h*› af-, wegzuigen

'absausen wegrennen

'abschaben ‹*h*› afschrapen, afkrabben (van)

'abschaffen ‹*h*› 1 afschaffen; 2 (*personeel*) ontslaan; (*dier*) wegdoen

'abschalten ‹*h*› 1 uitschakelen, afzetten, uitdoen, het afsluiten (*radio, tv, licht, stroom enz*); 2 (*niet meer luisteren, meedoen, opletten; relaxen*) zich geheel ontspannen; **'Abschaltung** ‹*die; -, -en*› het uitschakelen; het afzetten, het uitdoen, het afsluiten

'abschatten ‹*h*› 1 donkerder maken (*ruimte*); 2 schakeren, nuanceren

'abschätzen ‹*h*› schatten, taxeren, ramen; **'abschätzig** geringschattend, afkeurend; **'Abschätzung** ‹*die; -, -en*› schatting, taxatie

'Abschaum ‹*der*› schuim (*vooral fig*)

'abscheiden I ‹*st.h; ie-ie*› (af)scheiden; II ‹*s*› sterven, overlijden; vgl *abgeschieden*; **'Abscheiden** ‹*das; -s, geen mv*› dood, het overlijden

'Abscheu ‹*der; -(e)s, geen mv of die; -, geen mv*› afschuw, afkeer, hekel

'abscheuern ‹*h*› 1 afboenen, af-, wegschuren; (*huid*) stuk schuren; 2 (*kleren*) slijten; (*sich*) ~ (ver)slijten

'abscheuerregend afschuw, afkeer opwekkend; **ab'scheulich** 1 afschuwelijk, afgrijselijk, weerzinwekkend; 2 verfoeilijk, verwerpelijk

'abschicken ‹*h*› af-, weg-, verzenden; afvaardigen

'abschieben ‹*st.h en s; o-o*› 1 wegschuiven; 2 (*Schuld*) *von sich* ~ van zich afschuiven; 3 *einen* ~ iem lozen; *einen über die Grenze* ~ iem over de grens zetten; *Asylanten* ~ asielzoekers uitwijzen; **'Abschiebung** ‹*die; -, -en*› uitwijzing

'Abschied ‹*der; -(e)s, -e*› 1 afscheid; 2 ontslag; *den ~ geben* ontslag geven, ontslaan

'abschießen ‹*st.h; o-o*› 1 afschieten; afvuren; 2 (*vliegtuig*) neerhalen; *einen Panzer* ~ een tank kapotschieten; 3 afschieten; neerschieten; 4 *einen* ~ iem wegwerken (*uit zijn baan*)

'abschinden ‹*st.h; a-u*› (*sich, jmdn oder etwas*) ~ afbeulen

'Abschlag ‹*der; -(e)s, -ë*› 1 *auf* ~ (*kaufen*) op afbetaling, in termijnen; 2 prijsdaling; 3 voorschot (*op loon, salaris*); 4 (*sp*) uittrap (*voetbal*), bully (*hockey*), face off (*ijshockey*); **'abschlagen** ‹*st.h; u-a; ä*› 1 afslaan, afhakken; 2 afkloppen; 3 (*zeilen*) strijken; 4 (*aanval*) afslaan, (*gevaar*) afweren; 5 afslaan; weigeren; 6 (*sp*) uittrappen (*voetbal*), inslaan (*hockey*), face off nemen (*ijshockey*); 7 *den Wald* ~ alle bomen vellen; 8 afbreken, demonteren

'abschlägig weigerend, afwijzend

'Abschlag(s)zahlung ‹*die; -, -en*› afbetaling, termijnbetaling

'abschleifen ‹*st.h; i-i*› 1 (af-, weg)slijpen; gladslijpen; 2 afwennen, afleren; 3 af-, uitslijten; 4 *sich* ~ (*fig*) minder worden, slijten

'Abschleppdienst ‹*der; -es, -e*› sleepdienst, takelbedrijf; **'abschleppen** ‹*h*› 1 (weg)slepen; 2 *sich* (*mit einem schweren Koffer*) ~ lopen te sjouwen; **'Abschleppseil** ‹*das; -s, -e*› sleepkabel; **'Abschleppwagen** ‹*der; -s, -*› takelwagen

'abschließen ‹*st.h; o-o*› 1 afsluiten, sluiten, op slot doen; 2 afsluiten, beëindigen; 3 voltooien, afsluiten; 4 (*contract, koop, lening*) sluiten; (*transactie*) afsluiten; 5 (*de boeken*) afsluiten; 6 sluiten, eindigen; **sich** ~ zich afzonderen, zich opsluiten; **'abschließend** (af-)sluitend; samenvattend; **'Abschluß** ‹*der; Abschlusses, Abschlüsse*› 1 afsluiting, het sluiten, beëindiging; *eine Sache zum ~ bringen, führen* iets beëindigen, tot een einde brengen; *zum ~ kommen, gelangen* tot een besluit, een einde komen, zijn beslag krijgen; 2 *Abschlüsse tätigen* transacties afsluiten; 3 het afsluiten (*van contract*); 4 akkoord (*bij C.A.O.-onderhandelingen*); 5 *seinen ~ machen* eindexamen doen; 6 afsluiting (*van de boeken*); 7 (*sp*) afwerking; '**Abschlußbericht** ‹*der; -(e)s, -e*› eindrapport; '**Abschlußprüfung** ‹*die; -, -en*› eindexamen; '**Abschlußzeugnis** ‹*das; -ses, -se*› einddiploma

'**abschmecken** op smaak afmaken; proeven (*spijzen en dranken*)

'**abschmieren** ‹*h*› 1 smeren; (*auto*) doorsmeren; 2 slordig overschrijven; stiekem overschrijven (*schoolwerk*)

'**abschnallen** ‹*h*› afgespen

'**abschneiden** ‹*st.h; i-i*› 1 afsnijden (*lett en fig*); 2 (*nagels, haren*) knippen; 3 ontnemen, beroven van (*hoop, mogelijkheid*); 4 (*einem*) *das Wort ~* in de rede vallen; 5 afbreken, een einde maken aan; 6 *gut* (*mit etwas*) ~ het er goed afbrengen, een goed figuur slaan; *schlecht* (*mit etwas*) ~ het er slecht afbrengen

'**Abschnitt** ‹*der; -(e)s, -e*› 1 strook (*van formulier, biljet enz*); 2 hoofdstuk, deel (*van boek, tekst*); 3 periode; 4 segment (*van bol, cirkel*); 5 deel v e traject; 6 (*mil*) sector; 7 bon (*distributie*)

'**abschnüren** ‹*h*› afsnoeren, afbinden (*lett en fig*); belemmeren, blokkeren; '**Abschnürung** ‹*die; -, -en*› het afsnoeren enz.

'**abschöpfen** ‹*h*› 1 afscheppen; 2 (*fig*) afromen

'**abschotten** ‹*h*› afschermen

'**abschrauben** ‹*h*› af-, losschroeven

'**abschrecken** ‹*h*› 1 afschrikken, ontmoedigen; ~ *des Beispiel* afschrikwekkend voorbeeld; 2 (*spijzen*) schrikken; 3 (*metalen*) harden

'**abschreiben** ‹*st.h; ie-ie*› 1 kopiëren, overschrijven; 2 afschrijven (*div bet*); 3 aftrekken (*van de belasting*); '**Abschreibung** ‹*die; -, -en*› vgl *abschreiben*

'**abschreiten** I ‹*st.h; i-i*› 1 afpassen, afmeten; 2 *die Front der Ehrenkompanie ~* de erewacht inspecteren; II ‹*s*› waardig weglopen

'**Abschrift** ‹*die; -, -en*› afschrift, kopie

'**abschuften, sich** ‹*h*› zich afsloven, zich doodwerken

'**Abschuß** ‹*der; Abschusses, Abschüsse*› 1 het afschieten, het afvuren (*wapens*); het lanceren (*raket*); 2 het (af)schieten (*wild*); 3 het neerhalen, het neerschieten

'**abschüssig** sterk hellend, aflopend

'**Abschußrampe** ‹*die; -, -n*› lanceerinrichting, -platform (*voor raketten*)

'**abschütteln** ‹*h*› 1 schudden uit, afschudden; 2 uitschudden, uitkloppen; 3 van zich afschudden; 4 (*juk*) afschudden, afwerpen; (*angst, herinneringen*) ~ van zich afzetten

'**abschwächen** ‹*h*› 1 verzwakken, verminderen; 2 afzwakken; 3 *sich ~* afzwakken, afnemen, verminderen; '**Abschwächung** ‹*die; -, -en*› zie *abschwächen*

'**abschwatzen**, '**abschwätzen** ‹*h*› aftroggelen

'**abschweifen** ‹*s*› afdwalen, uitweiden

'**abschwenken** ‹*s*› 1 zwenken, afwijken; *von der Straße ~* de weg verlaten; 2 (*von einer Meinung usw.*) ~ afstappen

'**abschwören** ‹*st.h; o; u-o*› 1 afzweren; 2 ontkennen

'**Abschwung** ‹*der; -(e)s, -ë*› 1 afzwaai, afsprong; 2 recessie

'**absegeln** ‹*s*› af-, weg-, uitzeilen

'**absegnen** ‹*h*› goedkeuren, zijn zegen geven aan

'**absehbar** 1 afzienbaar; 2 te overzien (*gevolgen, schade, einde*); '**absehen** ‹*st.h; a-e; ie*› 1 (*einem etwas*) ~ afzien, afkijken; 2 afkijken, overschrijven; 3 zien aan, lezen op, aflezen van; 4 *von etwas ~* van iets afzien; 5 (*gevolgen, schade, einde*) overzien; 6 (*es auf jmdn oder etwas*) *abgesehen haben* gemunt hebben

'**abseilen** ‹*h*› (*etwas oder sich*) ~ aan een touw neerlaten

'**abseitig** 1 afgelegen, geïsoleerd; 2 onnatuurlijk, ziekelijk; *~e Neigungen* abnormale neigingen

'**abseits** I ‹*bw*› 1 terzijde, afzijdig; 2 (*sp*) buitenspel; II ‹*vz*› (met *von* of + 3) terzijde (van), ver van; '**Abseits** ‹*das; -, geen mv*› (*sp*) buitenspel; '**Abseitsstellung** ‹*die; -, -en*› (*sp*) buitenspelpositie

'**abseitsverdächtig** met een luchtje van buitenspel

'**absenden** ‹*onr.h*› af-, verzenden, zenden; '**Absender** ‹*der; -s, -*› afzender

'**abservieren** ‹*h*› 1 (*tafel*) afruimen; 2 ontslaan; 3 (*iem*) onschadelijk maken, uitrangeren; 4 (*sp*) inmaken

'**absetzbar** 1 afzetbaar; 2 verkoopbaar; *leicht ~* (*ook*) gewild; 3 (*fiscale term*) aftrekbaar; '**absetzen** ‹*h*› 1 (*bril, hoed enz*) afzetten; 2 (*koffer, tas*) neerzetten; 3 *einen am Bahnhof ~* iem bij het station afzetten; 4 afwerpen (*van paard*); 5 afgelasten; 6 *etwas von der Tagesordnung ~* iets van de agenda afvoeren; 7 stoppen met, niet voortzetten; 8 (*handel*) afzetten, verkopen; 9 (*fiscale term*) aftrekken; 10 ontslaan, afzetten; 11 (*med*) afzetten, amputeren; 12 (*een boot*) afduwen; 13 (*rand, zoom*) afzetten; 14 *ohne abzusetzen* zonder onderbreking, in één adem, in één teug; **sich ~** 1 zich afzetten; 2 stilletjes vertrekken, 'm smeren; 3 (*mil*) *sich vom Feind ~* terugtrekken; 4 (*sp*) *sich ~ von* afstand nemen van, zich verwijderen van; '**Absetzung** ‹*die; -, -en*› zie *absetzen*

'**absichern** ‹*h*› 1 (*sich oder etwas*) ~ beveiligen; 2 *sich ~* zich (in)dekken

'**Absicht** ‹*die; -, -en*› bedoeling, plan, oogmerk; (*ich*) *habe die ~* ben van plan; *in der ~* met het doel, met de bedoeling; *in bester ~* met de beste bedoeling; *mit ~* met opzet; '**absicht-**

lich opzettelijk, met opzet, expres; **'absichtslos** zonder opzet, onopzettelijk; **'absichtsvoll** opzettelijk
'absinken ‹*st.s; a-u*› 1 (*boot*) zinken; 2 dalen; verminderen
'absitzen ‹*st.h; a-e*› 1 (*straf*) uitzitten, (*tijd*) uitdienen; 2 afstijgen (*van zijn paard*); afstappen (*van zijn fiets*)
abso'lut absoluut, volstrekt
Absoluti'on ‹*die; -, -en*› (*r-k*) absolutie
Absolu'tismus ‹*der; -, geen mv*› absolutisme
Absol'vent ‹*der; -en, -en*› abituriënt, afgestudeerde; **absol'vieren** ‹*h*› 1 *eine Prüfung* ~ voor een examen slagen; 2 (*school e.d.*) doorlopen; 3 (*studie*) voltooien; (*programma, taak enz*) afwerken
ab'sonderlich eigenaardig, zonderling
'absondern, (sich) ‹*h*› 1 (zich) afzonderen, isoleren, afscheiden; 2 af-, uitscheiden; **'Absonderung** ‹*die; -, -en*› zie *absondern*
absor'bieren ‹*h*› absorberen; **Absorpti'on** ‹*die; -, -en*› absorptie
'abspalten ‹*zw. en st. h*› 1 (af)splijten; 2 *sich* ~ (*von jmdn oder etwas*) zich afsplitsen, afscheiden
'abspannen ‹*h*› 1 (*paard*) uitspannen; 2 afkoppelen; 3 (*spieren, veer*) ontspannen; 4 (*met kabels e.d.*) vastzetten, tuien
'abspenstig (*jmdm, jmdn oder etwas*) ~ *machen* afpikken
'absperren ‹*h*› 1 (af)sluiten; 2 afzonderen; 3 afzetten, versperren; 4 (*stroom*) afsluiten; **'Absperrung** ‹*die; -, -en*› 1 afsluiting, versperring; 2 afzetting (*door politie*); 3 afzondering
'abspiegeln ‹*h*› 1 afspiegelen, weergeven; 2 weerspiegelen
'Abspiel ‹*das; -s, geen mv*› het afspelen, het af-, doorgeven (*bal*); **'abspielen** ‹*h*› 1 afspelen; 2 (*muz*) van blad spelen; 3 (*bal*) afspelen, af-, doorgeven; 4 *sich* ~ zich afspelen, gebeuren, plaatsvinden
'Absprache ‹*die; -, -n*› afspraak; **'absprechen** ‹*st.h; a-o; i*› 1 afspreken, overeenkomen; 2 ontzeggen; (*jmdm ein Recht*) ~ ontzeggen, weigeren; 3 *jmdm Kenntnisse, Fähigkeiten* ~ ontkennen, dat iem kennis, capaciteiten heeft
'abspringen ‹*st.s; a-u*› 1 wegspringen; 2 springen van of uit; omlaagspringen; 3 af-, losspringen; 4 afstuiten (*bijl*), terugspringen (*bal*); 5 *von einer Partei* ~ onverwachts uit een partij treden; 6 plotseling van iets afstappen, iets opgeven; **'Absprung** ‹*der; -(e)s, -ë*› 1 het springen, sprong; 2 het omlaag springen
'abspulen ‹*h*› 1 afwikkelen, afhaspelen, -winden; 2 (*film*) vertonen; 3 opdreunen
'abstammen ‹*s*› (af)stammen, afkomstig zijn; **'Abstammung** ‹*die-, -en*› afstamming, afherkomst
'Abstand ‹*der; -(e)s, -ë*› 1 afstand; *bitte* ~*!* afstand houden!; 2 tussenpoos; 3 (*sp*) voorsprong; 4 verschil (*in leeftijd*); 5 (*fig*) ~ *nehmen von* zich distantiëren van; 6 (*er ist*) *mit* ~ *der Beste* verreweg de beste
'abstatten ‹*h*› 1 (*bezoek*) afleggen, brengen; 2 (*dank*) betuigen; 3 *einem seinen Glückwunsch* ~ iem gelukwensen; 4 *Bericht* ~ verslag geven, doen
'abstauben ‹*h*› 1 afstoffen, stof afnemen; 2 (*iem*) flink de waarheid zeggen; 3 (*sp*) *ein Tor* ~ een toevals-, of geluksdoelpunt maken; **'Abstauber** ‹*der; -s, -*› (*sp*) geluks-, toevalstreffer
'abstechen ‹*st.h; a-o; i*› 1 doodsteken (*met mes*); 2 (*turf*) steken, (*graszoden*) afsteken; 3 ~ *gegen oder von* afsteken tegen; **'Abstecher** ‹*der; -s, -*› 1 kort uitstapje (*tijdens reis*); 2 het afdwalen (*van thema*)
'abstecken ‹*h*› 1 (*gebied, terrein*) afbakenen; (*parcours*) uitzetten; 2 (*thema*) (*fig*) vaststellen, bepalen; 3 losspelden
'abstehen ‹*onr.h; a-a* › 1 (*eine Zeit*) ~ staand doorbrengen, staan; 2 ~ *von* (*der Wand*) afstaan van; *abstehende Ohren* flaporen; *weit* ~ ver weg staan; 3 afzien van (*von einem Recht, Vorhaben* ~)
'Absteige ‹*die; -, -n*› 1 rendez-voushotel; 2 goedkoop hotel, pension; **'absteigen** ‹*st.s; ie-ie*› 1 afstappen, -stijgen, -dalen; 2 (*fig*) terechtkomen; 3 *in einem Hotel* ~ zijn intrek nemen in een hotel; 4 (*sp*) degraderen; 5 dalen (*weg, lijn*); 6 (*fig*) afdalen, aanzien verliezen; **'Absteigequartier** ‹*das; -s, -e*› vgl *Absteige*; **'Absteiger** ‹*der; -s, -*› (*sp*) degraderende of gedegradeerde club
'Abstellbahnhof ‹*der; -(e)s, -ë*› (*Belg*) stelplaats; **'abstellen** ‹*h*› 1 neerzetten; 2 (*auto*) weg-, neerzetten, parkeren; 3 (*gas*) uitdoen, (*motor, radio*) afzetten, (*kraan*) dichtdraaien, (*klok*) stilzetten, stopzetten; 4 (*leiding*) afsluiten; 5 (*misbruiken*) opheffen, een einde maken aan; 6 ~ *auf* afstemmen op, richten op (*maatregel, politiek*); **'Abstellgleis** ‹*das; -es, -e*› 1 dood spoor, zijspoor; 2 (*fig*) *jmdn auf ein* ~ *schieben* iem op een zijspoor zetten; **'Abstellkammer** ‹*die; -, -n*›, **'Abstellraum** ‹*der; -(e)s, -ë*› bergruimte, rommelkamer
'absterben ‹*st.h; a-o; i*› 1 (af)sterven, overlijden; 2 wegkwijnen; vgl *abgestorben*
'Abstieg ‹*der; -(e)s, -e*› 1 het afdalen; 2 achteruitgang; 3 (*sp*) degradatie; 4 weg naar beneden; **'abstiegsgefährdet** (*sp*) *eine ~e Elf* een elftal in degradatiegevaar
'abstimmen ‹*h*› 1 stemmen (*instrument, bij verkiezing enz*); 2 afstemmen; 3 *sich mit jmdm* ~ tot overeenkomst komen; **'Abstimmung** ‹*die; -, -en*› 1 stemming; (*etwas*) *zur* ~ *bringen* in stemming brengen; 2 afstemming
Absti'nent ‹*der; -en, -en*› geheelonthouder; **Absti'nenzler** ‹*der; -s, -*› geheelonthouder
'abstoppen ‹*h*› 1 stoppen; 2 tot stilstand brengen, doen stoppen; 3 (*produktie, snelheid*) verminderen; 4 (*produktie e.d.*) stopzetten; 5 tijd opnemen (*met stopwatch*); 6 (*bal*) stoppen
'Abstoß ‹*der; -es, -ë*› 1 het afduwen; 2 het van

de hand doen (*voor lage prijs*); 3 (*sp*) doelschop; '**abstoßen** I ‹*st.h; ie-o; ö*› 1 (*sich, jmdn oder etwas*) ~ afduwen; 2 wegvaren; 3 (*schulden*) betalen; 4 (*goederen*) afstoten, snel verkopen; 5 afstoten, beschadigen; 6 *sich* ~ slijten (*schoenen*); 7 (*sein Benehmen*) *stößt mich ab* stoot mij af; 8 een doelschop nemen; II ‹*s*› wegvaren; '**abstoßend** stuitend, afstotend; '**Abstoßung** ‹*die; -, -en*› vgl *abstoßen*

'**abstottern** ‹*h*› (*volkstaal*) afbetalen

'**abstrahlen** ‹*h*› 1 (*natuurk*) uitstralen (*licht, warmte*); 2 (*fig*) ~ *auf* uitwerking hebben op, uitstralen naar

'**abstrampeln, sich** ‹*h*› zich afsloven, zwoegen; zich lam trappen (*op fiets*)

'**abstreichen** ‹*st.h; i-i*› 1 afvegen, -halen; afschrapen, afschrappen; (*bier*) afschuimen; 2 (*terrein*) afzoeken; 3 (*von einer Forderung etwas*) ~ aftrekken; 4 (*die Hälfte von den neuen Plänen*) ~ schrappen

'**abstreifen** I ‹*h*› 1 afdoen, uitdoen, -trekken; 2 afhalen, verwijderen; 3 *sich die Schuhe* ~ zijn voeten vegen; 4 afzoeken; 5 afleggen, afwennen; II ‹*s*› *vom Wege* ~ afdwalen

'**abstreiten** ‹*st.h; i-i*› ontkennen, betwisten

'**Abstrich** ‹*der; -(e)s, -e*› 1 neerhaal; 2 het afgestrekene; 3 (*med*) afstrijksel; 4 aftrek, korting, besnoeiing; *~e am Haushaltsplan machen* in de begroting schrappen

'**abstufen** ‹*h*› 1 trapsgewijs bouwen; 2 rangschikken; 3 in schalen indelen, staffelen, volgens een schaal berekenen

'**abstumpfen** I ‹*h*› afstompen (*lett en fig*); II ‹*s*› stomp, bot worden; '**Abstumpfung** ‹*die; -, geen mv*› afstomping, dofheid

'**Absturz** ‹*der; -es, -ë*› 1 het neerstorten; 2 steile helling; '**abstürzen** ‹*h en s*› 1 neerstorten; 2 steil afhellen

'**abstützen** ‹*h*› 1 stutten; 2 (*fig*) steunen

'**absuchen** ‹*h*› afzoeken

ab'surd absurd

Abs'zeß ‹*der; Abszesses, Abszesse*› (*med*) abces, gezwel

Abt ‹*der; -(e)s, -ë*› abt

'**abtasten** ‹*h*› (*lett en fig*) aftasten

Ab'tei ‹*die; -, -en*› abdij

Ab'teil ‹*das; -s, -e*› 1 coupé; 2 deel (*ve ruimte*); **Ab'teilung** ‹*die; -, -en*› 1 afdeling; 2 ‹*geen mv*› ver-, indeling

'**abtippen** ‹*h*› tikken, typen

Äb'tissin ‹*die; -, -nen*› abdis

'**Abtrag** ‹*der; -(e)s, -ë*› nadeel, afbreuk, schade; ~ *tun* benadelen, afbreuk doen, schaden; '**abtragen** ‹*st.h; u-a, ä*› 1 afgraven; 2 *~de Kraft* (*des Wassers*) eroderende kracht; 3 afbreken, slopen; 4 (*med*) operatief verwijderen; 5 (*eettafel*) afruimen; 6 (*schuld*) aflossen, afbetalen; 7 (*kleding*) afdragen, verslijten; '**abträglich** schadelijk, nadelig

'**Abtransport** ‹*der; -(e)s, -e*› afvoer; '**abtransportieren** ‹*h*› wegbrengen, -voeren

'**abtreiben** I ‹*st.h; ie-ie*› 1 doen afdrijven, afdrijven door; 2 (*med*) aborteren; II ‹*s*› af-, wegdrijven; '**Abtreibung** ‹*die; -, -en*› (*med*) abortus provocatus, vruchtafdrijving

'**abtrennen** ‹*h*› 1 lostornen, afhalen (knopen); 2 afscheiden; 3 afscheuren; '**Abtrennung** ‹*die; -, -en*› zie *abtrennen*

'**abtreten** I ‹*st.h; a-e; i*› 1 (*den Schnee von den Schuhen*) ~ (af)stampen; *sich die Schuhe* ~ zijn voeten vegen; 2 (*plaats*) afstaan; 3 (*rechten, vorderingen*) overdragen; 4 (*kleding, schoenen, trap*) uit-, ver-, afslijten; *sich* ~ (ver)slijten; II ‹*s*› 1 aftreden, heengaan; 2 afgaan (*van het toneel*); 3 weggaan, vertrekken; (*mil*) inrukken; '**Abtritt** ‹*der; -(e)s, -e*› 1 het aftreden, heengaan, (*ook*) dood; 2 (*theat*) het afgaan; 3 toilet, W.C.

'**Abtrockentuch** ‹*das; -(e)s, -ër*› droogdoek; '**abtrocknen** I ‹*h*› (af)drogen; II ‹*s*› 1 droog worden, drogen; 2 verdorren en afvallen

'**abtropfen** ‹*s*› (af)druipen; uitdruipen; (*Salat*) ~ *lassen* laten uitlekken

'**abtrumpfen** ‹*h*› (*lett en fig*) aftroeven

'**abtrünnig** (+ 3) afvallig (van), ontrouw (aan)

'**abtun** ‹*onr.h*› 1 af-, uitdoen; 2 (*gewoonten*) laten varen, afleggen; 3 (*einen Vorschlag als unsinnig*) ~ afdoen; 4 (*eine Angelegenheit*) ~ afhandelen

'**abtupfen** ‹*h*› opnemen (*vocht met een doek*); (*wond*) betten

'**aburteilen** ‹*h*› berechten, veroordelen; *über ein Verbrechen* ~ een misdrijf berechten; '**Aburteilung** ‹*die; -, -en;*› zie *aburteilen*

'**abverlangen** ‹*h*› verlangen, eisen van; (*prijs*) vragen

'**abwägen** ‹*st.h; o-o*› 1 (*lett*) afwegen; 2 (*fig*) af-, overwegen

'**abwählen** ‹*h*› 1 niet herkiezen; 2 (*schoolvak*) laten vallen

'**abwälzen** ‹*h*› 1 wegrollen, -wentelen; 2 (*Verdacht von sich*) ~ afwentelen; 3 ~ *auf* (+ 4) afschuiven, afwentelen op (*lasten, kosten*)

'**abwandeln** ‹*h*› variëren

'**abwandern** I ‹*s*› wegtrekken, heengaan, vertrekken, weggaan; (*sp*) vertrekken (*speler*); II ‹*h en s*› (*eine Gegend*) ~ trekken door; '**Abwanderung** ‹*die; -, -en*› vgl *abwandern*

'**Abwärme** ‹*die; -, geen mv*› afvalwarmte

'**abwarten** ‹*h*› afwachten, wachten op

'**abwärts** af-, benedenwaarts, naar beneden; bergafwaarts; (*fig*) achteruit

'**Abwasch** ‹*der; -es, geen mv*› afwas: *a*) het vaatwassen; *b*) de vaat; '**Abwaschbecken** ‹*der; -s,-*› gootsteen; '**abwaschen** ‹*st.h; u-a, ä*› 1 afwassen, wegwassen; 2 afwassen, de vaat doen

'**Abwasser** ‹*das; -s, -̈*› riool-, afvalwater; '**Abwasserkläranlage** ‹*die; -, -n*› rioolwaterzuiveringsinstallatie

'**abwechseln** ‹*h*› afwisselen; aflossen; *miteinander* ~ elkaar afwisselen, -lossen; '**Abwechs(e)lung** ‹*die; -, -en*› (af)wisseling, verandering, variatie; '**abwechslungshalber** ter afwisseling, voor de verandering

'**Abweg** ‹*der; -(e)s, -e*› (*fig*) verkeerde weg, verkeerd pad; (*fig*) *jmdn auf ~e führen* iem op het verkeerde pad brengen

'**abwegig** 1 onjuist, verkeerd, fout; 2 vreemd, eigenaardig, bespottelijk

'**Abwehr** ‹*die; -, geen mv*› 1 afweer, tegenstand; (*mil en sp*) verdediging; 2 contraspionage

'**abwehren** ‹*h*› afweren; '**Abwehrspiel** ‹*das; -(e)s, -e*› (*sp*) verdedigend spel; '**Abwehrspieler** ‹*der; -s, -*› (*sp*) verdediger

'**abweichen** I ‹*zw. h en s*› afweken, losweken; II ‹*st.s; i-i*› 1 afwijken (*lett en fig*); *voneinander ~* verschillen; 2 afdwalen (*van onderwerp*); '**Abweichung** ‹*die; -, -en*› 1 afwijking; afdwaling; 2 afwijking, verschil

'**abweisen** ‹*st.h; ie-ie*› afslaan, -wijzen, van de hand wijzen, weigeren

'**abwendbar** afwendbaar, te vermijden; '**abwenden** ‹*onr. en zw. h*› 1 (*ogen, gevaar*) afwenden; 2 (*seine Hand von einem*) ~ aftrekken; 3 (*houw, klap*) afweren

'**abwerfen** ‹*st.h; a-o; i*› 1 afwerpen; 2 (*fig*) afschudden, afwerpen; 3 afwerpen, van zich afgooien; 4 (*fig*) (*die Maske*) ~ afwerpen, afdoen; 5 (*sp*) uitwerpen, uitgooien (*bal*); 6 (*sp*) (*speer, discus*) werpen, gooien; 7 (*winst e.d.*) opleveren, opbrengen; 8 (*luchtv*) droppen

'**abwerten** ‹*h*› devalueren; *~d* (*ook*) afwijzend, afkeurend; '**Abwertung** ‹*die; -, -en*› devaluatie

'**abwesend** afwezig (*lett en fig*); '**Abwesende(r)** ‹*bn als zn*› afwezige; '**Abwesenheit** ‹*die; -, geen mv*› afwezigheid; *in ~* (*verurteilen*) bij verstek

'**abwickeln** ‹*h*› 1 afwikkelen, -winden; 2 afwikkelen; afhandelen; '**Abwick(e)lung** ‹*die; -, -en*› het afwikkelen, afwikkeling

'**abwiegen** ‹*st.h; o-o*› wegen, afwegen

'**abwimmeln** ‹*h*› 1 (*iem*) afpoeieren, afschepen; 2 (*fig*) van zich afschuiven (*iets*)

'**abwinden** ‹*st.h; a-u*› afwinden, afrollen

'**abwinken** ‹*h*› 1 *einem ~* iem een afwijzend teken geven; 2 (*sp*) afvlaggen

'**abwirtschaften** ‹*h*› 1 te gronde of failliet gaan; 2 te gronde richten; 3 (*diese Partei; dieser Politiker usw. hat*) *abgewirtschaftet* afgedaan

'**abwischen** ‹*h*› afvegen, schoonmaken

'**abwohnen** ‹*h*› uitwonen

'**Abwurf** ‹*der; -(e)s, -ë*› 1 het afwerpen; vgl *abwerfen*; 2 het droppen; 3 (*sp*) uitgooi

'**abwürgen** ‹*h*› 1 wurgen; 2 (*een motor*) laten afslaan; 3 onmogelijk maken, de kop indrukken, afkappen

'**abzahlen** ‹*h*› afbetalen

'**abzählen** ‹*h*› 1 tellen; aftellen; 2 (*sich*) *etwas an den Fingern ~* iets op zijn vingers narekenen; 3 *abgezähltes Geld* gepast geld

'**Abzahlung** ‹*die; -, -en*› afbetaling

'**abzapfen** ‹*h*› 1 aftappen; 2 aftroggelen

'**abzäunen** ‹*h*› af-, omheinen; afsluiten

'**Abzeichen** ‹*das; -s, -*› 1 onderscheidingsteken, (bijzonder) kenteken; 2 speldje, insigne

'**abzeichnen** ‹*h*› 1 af-, natekenen; 2 tekenen, signeren; 3 *sich ~* aftekenen, uitkomen

'**abziehen** I ‹*st.h; o-o*› 1 af-, uittrekken; (*den Hut vor einem*) afnemen; 2 afhalen (*div bet*); 3 weghalen, onttrekken; 4 (*vuurwapen*) afschieten; 5 (*einen von seinem Vorhaben*) ~ afbrengen; 6 (*sleutel*) uit het slot halen; 7 (*eine Summe, Unkosten, etwas vom Lohn*) ~ aftrekken; 8 kopiëren, een afdruk maken van; (*fot*) afdrukken; 9 (*sp*) uithalen, plotseling hard schieten (*bal*); 10 (*soldaten, troepen enz*) terugtrekken; II ‹*s*› (*rook, troepen*) wegtrekken; weggaan, vertrekken

'**Abziehen** ‹*das; -s, geen mv*› vgl *abziehen*

'**abzielen** ‹*h*› *auf* (+ 4) ~ op iets doelen

'**abzischen** ‹*s*› (*volkstaal*) ervandoor gaan

'**Abzug** ‹*der; -(e)s, -ë*› 1 af-, terugtocht, vertrek; het wegtrekken; 2 korting; 3 *nach ~ der Unkosten* na aftrek van ...; 4 trekker (*van vuurwapen*); 5 (*typ*) afdruk; 6 (*fot*) afdruk; 7 *Abzüge* inhoudingen (*belastingen, sociale premies*); 8 het aftrekken (*van kosten*); '**abzüglich**: *~ der Kosten* verminderd met de (on)kosten; '**abzugsfähig** (*fiscale term*) aftrekbaar; '**abzugsfrei** belastingvrij

'**Abzweig** ‹*der; -(e)s, -e*› aftakking, splitsing (*van weg, autosnelweg*); '**abzweigen** ‹*h*› 1 afbuigen; aftakken; 2 *sich ~* zich splitsen, zich vertakken; 3 (*geld*) bestemmen, achterhouden; '**Abzweigung** ‹*die; -, -en*› 1 splitsing, aftakking (*van weg, spoor*); 2 aftakking

'**abzwicken** ‹*h*› afknijpen, -knippen

'**abzwingen** ‹*st.h; a-u*› afdwingen

ach! ach! och! ach ja! o ja! ja, natuurlijk! *mit Weh und Ach* met luid geklaag; *mit Ach und Krach* ternauwernood; *ach was!* welnee! *ach so!* o! (zit dat zo); *ach, das meinst du?* o, bedoel je dat? *ach, wie schön!* o, wat mooi!

A'chillesferse ‹*die; -, -n*› achilleshiel; (*das ist seine*) ~ zwakke plek; **A'chillessehne** ‹*die; -, -n*› achillespees

'**Achse** ‹*die; -, -n*› as; *per ~* per wagen; (*er ist*) *dauernd auf* (*der*) ~ voortdurend onderweg, op reis

'**Achsel** ‹*die; -, -n*› 1 schouder; 2 oksel; *auf die leichte ~ nehmen* het gemakkelijk opnemen; *einen über die ~ ansehen* uit de hoogte op iem neerzien; *mit den ~n zucken* de schouders ophalen; '**Achselhöhle** ‹*die; -, -n*› oksel, okselholte; '**Achselzucken** ‹*das; -s, geen mv*› het schouderophalen; '**achselzuckend** schouderophalend

'**Achs(en)bruch** ‹*der; -(e)s, -ë*› asbreuk

acht ‹*telw*› acht; *in ~ Tagen* over acht dagen; *wir waren ~ oder zu ~(en)* we waren met z'n achten; **Acht** I ‹*die; -, -en*› acht; *wir fahren mit der ~* wij gaan met lijn 8 (bus, tram); II ‹*die; -, geen mv*› (rijks)ban; (*er wurde*) *von der Gesellschaft in ~ und Bann getan* uit de samenleving gestoten; III ‹*die; -, geen mv*› *außer ~ lassen* buiten beschouwing laten; *auf etwas ~ geben* ergens op letten; *sich in ~ nehmen: a*) zich in acht nemen; *b*) uitkijken; **'Achtel** ‹*das; -s, -*› achtste (deel); *ein achtel Liter* een achtste liter

'achten ‹*h*› 1 achten, acht slaan op; *auf* (+ 4) ~ acht geven, letten op; 2 *gering* ~ geringschatten; 3 eerbiedigen, respecteren

'ächten ‹*h*› 1 in de ban doen, vogelvrij verklaren; 2 uitstoten, uitsluiten; (*maatschappelijk*) doodverklaren; 3 (*die Todesstrafe, Atomwaffen*) ~ veroordelen, scherp afwijzen

'achtenswert achtenswaardig, achtbaar

'Achter ‹*der; -s, -*› 1 achtriemsgiek, acht (roeisport); 2 acht (*figuur bij het kunstrijden op de schaats*); 3 lijn 8 (*bus, tram*); **'Achterbahn** ‹*die; -, -en*› achtbaan (*op kermis*)

'achtgeben ‹*st.h; a-e; i*› *auf* (+ 4) ~ op iets letten

'achthaben ‹*onr.h*› *einer Sache oder auf eine Sache* ~ op iets letten

'achtlos achteloos

'achtsam 1 oplettend; 2 behoedzaam; **'Achtsamkeit** ‹*die; -, geen mv*› oplettendheid enz.

Acht'stundentag ‹*der; -(e)s, -e*› achturige werkdag

'Achtung ‹*die; -, geen mv*› 1 achting, aanzien, eerbied, respect; ~ (*vor den Eltern haben*) eerbied, respect; (*in hoher*) ~ (*bei jmdm stehen*) aanzien; *jmdm ~ einflößen* iem respect afdwingen; 2 oplettendheid; *alle ~!* daar neem ik mijn pet voor af! *~!* attentie! opgelet! voorzichtig!

'Ächtung ‹*die; -, -en*› 1 verbanning; 2 (*maatschappelijke*) uitsluiting, doodverklaring

'achtungsvoll met respect, eerbiedig

'achtziger tachtiger; *ein ~ Jahrgang*: *a*) wijn enz. van het jaar '80; *b*) een in het jaar '80 geborene; *die ~ Jahre* de jaren 80; **'Achtziger** ‹*der; -s, -*› tachtiger; *ein starker ~* een goede tachtiger; *ein hoher ~* iem van ver in de 80; *hoch in den Achtzig(ern)* ver in de 80; (*eine Flasche*) ~ tachtiger (*wijn van '80*)

'ächzen ‹*h*› 1 zuchten, steunen; 2 kraken, knarsen (*planken*)

'Acker ‹*der; -s, -ër*› akker; veld, land; **'Ackerbau** ‹*der; -s, geen mv*› land-, akkerbouw; **'Akkerbauerzeugnisse** ‹*mv*› landbouwprodukten; **'Ackergerät** ‹*das; -(e)s, -e*› landbouwgereedschap(pen); **'ackern** ‹*h*› 1 (be)ploegen, het land bebouwen; 2 hard of zwaar werken; zwoegen, ploeteren; **'Ackerpferd** ‹*das; -(e)s, -e*› (*Belg*) labeurpaard

a.D. *außer Dienst* buiten dienst, gepensioneerd

a.d. *an der* aan de (*in plaatsnamen*)

ADAC *Allgemeiner Deutscher Automobil-Club*

'Adamsapfel ‹*der; -s, -̈*› adamsappel; **'Adamskostüm** ‹*das; -s, -e*› *im ~* in adamskostuum, naakt

adä'quat adequaat, overeenkomstig

ad'dieren ‹*h*› optellen

Additi'on ‹*die; -, -en*› optelling; het optellen

a'de! vaarwel, adieu!

'Adel ‹*der; -s, geen mv*› 1 adel; 2 adellijke titel

'adelig zie *adlig*

'adeln ‹*h*› 1 adelen, in de adelstand verheffen; 2 (*fig*) veredelen, adelen

'Ader ‹*die; -, -n*› 1 ader; *einen zur ~ lassen* (*lett en fig*) iem aderlaten; 2 aanleg, geaardheid; **'aderig, 'äderig** geaderd, gestreept

'Adjektiv ‹*das; -s, -e*› adjectief, bijvoeglijk naamwoord; **'adjektivisch** adjectivisch, bijvoeglijk

'Adler ‹*der; -s, -*› adelaar, arend; **'Adlerblick** ‹*der; -(e)s, -e*› (*fig*) arends-, adelaarsoog

'adlig adellijk, van adel

Administrati'on ‹*die; -, -en*› administratie, bestuur, beheer; **administra'tiv** bestuurlijk

Admi'ral ‹*der; -s, -e*› admiraal; **Admirali'tät** ‹*die; -, -en*› admiraliteit

adop'tieren ‹*h*› adopteren, aannemen (als kind); **Adop'tiveltern** ‹*mv*› pleegouders

Adres'sat ‹*der; -en, -en*› (*Belg*) bestemmeling

A'dreßbuch ‹*das; -(e)s, -ër*› adresboek;

A'dresse ‹*die; -, -n*› 1 adres; (*bei jmdm*) *an die falsche, verkehrte ~ kommen, geraten* (*fig*) aan het verkeerde adres zijn; 2 adres, verzoekschrift; **A'dressenverzeichnis** ‹*das; -ses, -se*› adressenlijst; adressenbestand; **adres'sieren** ‹*h*› adresseren

a'drett keurig; smaakvol

Adria ‹*die*›, **Adri'atisches Meer** ‹*das; -(e)s*› Adriatische Zee

Ad'vent ‹*der; -(e)s, -e*› advent; *erster, zweiter usw.* ~ de eerste, tweede enz. adventzondag

Aerody'namik ‹*die; -, geen mv*› aërodynamica

Aero'gramm ‹*das; -s, -e*› (*Belg*) aërogramm

Af'färe ‹*die; -, -n*› affaire, onaangename kwestie; *sich geschickt aus der ~ heraushalten,* (*heraus*)*ziehen* handig buiten schot blijven

Affe ‹*der; -n -n*› 1 aap; 2 naäper; 3 (*mil*) ransel; 4 roes; *so ein blöder ~!* zo'n ezel, stommeling! *sich einen ~n kaufen,* zich bedrinken; *vom wilden ~n gebissen sein* niet goed snik zijn; *an einem einen ~n gefressen haben* gek op iem zijn; *einen ~n* (*sitzen*) *haben* dronken zijn; *jmdn zum ~ halten* iem voor de gek houden

Af'fekt ‹*der; -(e)s, -e*› affect, gemoedsbeweging; **affek'tiert** geaffecteerd, gemaakt, aanstellerig

'affenartig aapachtig, als (van) een aap; **'Affenfratze** ‹*die; -, -n*› apesmoel, lelijk gezicht; **'Affenhitze** ‹*die; -, geen mv*› bloedhitte, ondraaglijke hitte; **'Affenliebe** ‹*die; -, geen mv*› apeliefde, blinde liefde; **'Affenschande** ‹*die; -, geen mv*› grof schandaal; **'Affentempo** ‹*das; -s, geen mv*› rotvaart, zeer grote snelheid; **'Affentheater** ‹*das; -s, geen mv*› (*fig*) poppenkast

'affig aanstellerig, geaffecteerd, mal

affirma'tiv affirmatief, bevestigend

affi'zieren ‹*h*› ontroeren; *leicht oder schnell affiziert sein* gauw geprikkeld zijn

Afri'kaner ‹*der; -s, -*› Afrikaan; **afri'kanisch** Afrikaans

'After ‹*der; -s, -*› anus, aars

AG 1 *Aktiengesellschaft* NV; 2 *Amtsgericht* kantongerecht

A'genda ‹*die; -, Agenden*› agenda

A'gent ‹*der; -en, -en*› 1 agent, vertegenwoordiger; 2 agent, spion; **Agen'tur** ‹*die; -, -en*› agentschap, agentuur

Agglome'rat ‹*das; -(e)s, -e*› agglomeraat; **Agglomerati'on** ‹*die; -, -en*› agglomeratie

Aggre'gat ‹*das; -(e)s, -e*› aggregaat

Aggressi'on ‹*die; -, -en*› agressie; **aggres'siv** agressief

a'gieren ‹*h*› 1 ageren, handelen, te werk gaan; 2 (*mit den Händen*) ~ schermen, bewegingen maken, in het rond slaan

Agitati'on ‹*die; -, -en*› agitatie; (politieke) propaganda; **Agi'tator** ‹*der; -s, Agita'toren*› agitator

agi'tieren ‹*h*› agiteren, propaganda maken

A'grarerzeugnis ‹*das; -ses, -se*› landbouwprodukt; **A'grarprodukt** ‹*das; -(e)s, -e*› landbouwprodukt; **A'grarstaat** ‹*der; -(e)s, -en*› agrarisch land

'Agroingenieur ‹*der; -s, -e*› landbouwkundig ingenieur; **Agro'nom** ‹*der; -en, -en*› landbouwkundige

Ahn ‹*der; -en, -en*› voor-, stamvader

'ahnden ‹*h*› bestraffen; **'Ahndung** ‹*die; -, -en*› straf, bestraffing

'ähneln ‹*h*› (*einem*) gelijken op

'ahnen ‹*h*› vermoeden, voorgevoel hebben van; *ich ahne nichts Gutes* ik voorzie niet veel goeds; *ich ahnte das schon dunkel* ik had er al een flauw vermoeden van

'ähnlich 1 dergelijk, overeenkomstig, soortgelijk; (*er reagiert*) ~ (*wie sein Bruder*) net zo; *in einem ~en Fall* in een soortgelijk geval; *etwas Ä~es* iets dergelijks, zo iets; *so oder so ~* zo of iets dergelijks; *und ~e(s)* (*afk u.ä.*) en dergelijke; 2 gelijkend, lijkend op; *einem ~ sein, sehen* op iem lijken; *sie sind einander zum Verwechseln, sprechend, täuschend ~* zij lijken sprekend op elkaar; *das sieht ihm ~* dat is net iets voor hem; **'Ähnlichkeit** ‹*die; -, -en*› gelijkenis, overeenkomst

'Ahnung ‹*die; -, -en*› 1 (*ich habe eine*) *dunkle ~* vaag voorgevoel, vermoeden; 2 *keine* (*blasse*) *~* (*von etwas haben*) geen idee; *hast du eine ~!* jij snapt er ook niets van!; *keine ~!* geen idee!; **'ahnungslos** argeloos, nietsvermoedend; **'Ahnungslosigkeit** ‹*die; -, geen mv*› argeloosheid; onwetendheid; **'ahnungsvoll** vol voorgevoelens, veel vermoedend

'Ahorn ‹*der; -(e)s, -e*› esdoorn, ahorn

'Ähre ‹*die; -, -n*› (*plantk*) aar

Akade'mie ‹*die; -, -n*› academie, hogeschool; **Aka'demiker** ‹*der; -s, -*› academicus; **aka'demisch** academisch

akklimati'sieren, sich ‹*h*› acclimatiseren

Ak'kord ‹*der; -(e)s, -e*› 1 akkoord: *a*) samenklank; *b*) overeenkomst, vergelijk; *c*) (*vero*) overeenstemming; *einen ~ abschließen* een akkoord sluiten; 2 stukloon; *im* (zelden: *in, auf*) *~ arbeiten* op stukloon werken; **Ak'kordarbeit** ‹*die; -, -en*› stukwerk

Akkredi'tiv ‹*das; -s, -e*› 1 geloofsbrief; 2 (*handel*) accreditief (*kredietbrief, krediet*)

'Akku ‹*der; -s, -s*› accu

akkumu'lieren ‹*h*› accumuleren, op(een)hopen

akku'rat nauwgezet

'Akkusativ ‹*der; -s, -e*› accusatief, 4de naamval; **'Akkusativobjekt** ‹*das; -(e)s, -e*› lijdend voorwerp, accusatiefobject

Akro'bat ‹*der; -en, -en*› acrobaat

Akt ‹*der; -(e)s, -e*› 1 handeling, daad; 2 plechtigheid; *der ~ der Taufe* de doopplechtigheid; 3 geslachtsdaad, coïtus; 4 (*jur*) procedure; 5 bedrijf (*toneel*), akte (*opera*); 6 nummer (*circus, variété*); 7 naakt (*kunst*)

'Akte ‹*die; -, -n*› (proces)stuk, akte; *etwas zu den ~n legen* iets bij de stukken voegen, (*fig*) als afgedaan beschouwen; **'Aktentasche** ‹*die; -, -n*› aktentas; **'Aktenzeichen** ‹*das; -s, -*› dossiernummer

Ak'teur ‹*der; -s, -e*› 1 acteur, toneelspeler; 2 (*pol*) hoofdfiguur; 3 (*sp*) speler; deelnemer

'Aktie ‹*die; -, -n*› (bewijs van) aandeel; **'Aktiengesellschaft** ‹*die; -, -en*› naamloze vennootschap; **'Aktieninhaber** ‹*der; -s, -*› aandeelhouder; **'Aktienkapital** ‹*das; -s, -e of -ien*› aandelenkapitaal

Akti'on ‹*die; -, -en*› actie; *in ~ treten* in actie komen

Aktio'när ‹*der; -s, -e*› aandeelhouder

Akti'onsradius ‹*der; -, geen mv*› 1 actieradius; 2 (*fig*) draagwijdte; betekenis

ak'tiv 1 actief; (*handelsbalans, kiesrecht*) actief; 2 geactiveerd, actief, snel reagerend (*stoffen*)

'Aktiv ‹*das; -s, geen mv*› (*gramm*) bedrijvende vorm

Ak'tiv ‹*das; -s, -s of -e*› (*in voormalige DDR*) werkgroep

Ak'tiva ‹*mv*› actief (vermogen), activa

akti'vieren ‹*h*› 1 activeren, als actief op de balans zetten; 2 activeren, tot meer activiteit brengen; 3 (*chem*) *aktiviert* geactiveerd; **Akti'vismus** ‹*der; -, geen mv*› activisme; **Aktivi'tät** ‹*die; -, -en*› activiteit; **Ak'tivsaldo** ‹*der; -s, -salden of -s of -saldi*› actief (batig) saldo; **Ak'tivurlaub** ‹*der; -s, -e*› doe-vakantie

'Aktstudie ‹*die; -, -n*› naaktstudie, naaktschilderij

Aktuali'tät ‹*die; -, -en*› actualiteit; **aktu'ell** actueel

Akupunk'tur ‹*die; -, -en*› acupunctuur

A'kustik ‹*die; -, geen mv*› akoestiek; **a'kustisch** akoestisch

a'kut acuut

Ak'zent ‹*der; -(e)s, -e*› accent; **akzentu'ieren** ‹*h*› accentueren

Ak'zept ‹*das; -(e)s, -e*› aanneming, acceptatie (*van een wissel*), accept; geaccepteerde wissel, accept; *~ einholen* laten accepteren; **akzep'tabel** acceptabel, aannemelijk; **akzep'tieren** ‹*h*› aannemen, accepteren

A'larm ‹*der; -(e)s, -e*› alarm; **A'larmanlage**

(die; -, -n) alarminstallatie; **A'larmbereitschaft** *(die; -, geen mv)* staat van alarm; paraatheid; **alar'mieren** *(h)* alarmeren; **A'larmstufe** *(die; -, -n)* alarmfase

'albern 1 onnozel, dom; dwaas, zot, mal; *~es Geschwätz oder Zeug* dom geklets; 2 onbelangrijk, belachelijk; **'Albernheit** *(die; -, -en)* kinderachtig gedrag; gekheid

'Album *(das; -s, Alben)* album

'Alge *(die; -, -n)* *(plantk)* alge, alg

'Algebra *(die; -, geen mv)* algebra; **alge'braisch** algebraïsch

'Alibi *(das; -s, -s)* alibi

Alimentati'on *(die; -, -en)* alimentatie; **Ali'mente** *(mv)* alimentatie

A'linea *(das; -s, -s)* alinea

'Alkohol *(der; -s, -e)* alcohol; **alkoholarm** alcoholarm; **'Alkoholeinfluß** *(der; -einflusses, geen mv;)* invloed van alcohol; *unter ~* onder invloed; **'alkoholfrei** zonder alcohol; **Alko'holiker** *(der; -s, -)* alcoholist; **Alkoho'lismus** *(der; -, geen mv)* alcoholisme; **Alkoholkonsum** *(der; -s, geen mv)* alcoholverbruik; **'alkoholsüchtig** aan alcohol verslaafd; **'Alkoholsünder** *(der; -s, -)* automobilist onder invloed

All *(das; -s, geen mv)* al, heelal

all(er, -e, -es) al(les), allemaal; *alles Schöne* al het mooie; *all das Schöne* al dat mooie; *alle drei Tage* om de drie dagen, eens in de drie dagen; *was tut man nicht alles* (*für die Kinder?*) wat doet men al niet; *wer kommt denn alles?* wie komen er allemaal? *was du dir doch alles für Sorgen machst!* wat maak jij je toch bezorgd! (*er war*) *alles andere als zufrieden* allesbehalve tevreden; ***bei** all und jeder* (*Gelegenheit*) bij elke; ***in** allem* in alles; *in aller Frühe* in alle vroegte; *alles in allem* alles bij elkaar genomen; ***ohne** alle Eile* zonder enige haast; *Freiheit **über** alles* vrijheid bovenal; ***zu** allem Unglück* tot overmaat van ramp

all'abendlich elke avond

'allbekannt welbekend, alom bekend

'alle: (*das Brot, mein Geld usw.*) *ist ~* is op; *ich bin ganz ~* ik ben doodmoe, ik kan niet meer; *~ werden* opraken; (*einen*) *~ machen: a*) vermoorden, (*fig*) kapotmaken; *b*) opmaken (eten)

Al'lee *(die; -, -n)* laan, allee; (*Belg*) lei

al'lein 1 alleen; 2 eenzaam, alleen; 3 maar, echter; 4 uitsluitend, alleen, slechts; *du ~* (*bist an allem Schuld*) uitsluitend, alleen jij; 5 (*schon*) *~ der bloße Gedanke daran* alleen al de gedachte eraan; *das siehst du doch* (*von*) *~!* dat kun je toch zelf wel zien! *von ~* vanzelf; **Al'leinbesitz** *(der; -es, geen mv)* alleenbezit; **Al'leinerbe** *(der; -n, -n)* enig erfgenaam; **Al'leingang** *(der; -(e)s, -ë)* 1 het zijn eigen weg gaan, het solistisch optreden; *etwas im ~ machen* iets op eigen houtje doen; 2 het in zijn eentje iets volbrengen; 3 (*sp*) de solo; **Al'leinherrschaft** *(die; -, geen mv)* alleenheerschappij; **al'lein'seligmachend** alleenzaligmakend; **al'leinstehend** 1 vrijstaand (*huis*); 2 alleenstaand; **Al'leinstehende** *(mv)* alleenstaanden

'allemal telkens; *ein für ~* voor eens en altijd; (*das kannst du*) *~ tun* in ieder geval, zonder bezwaar doen

'allen'falls 1 desnoods, zo nodig; hoogstens, op z'n hoogst; 2 misschien, eventueel

'allent'halben overal, alom, allerwegen

'aller zie *all*

'aller'art allerlei

'aller'dings 1 *~!* zeker! inderdaad!; 2 evenwel, echter; 3 weliswaar

'aller'erst 1 allereerst; *zu~* het allereerst; 2 (*kwaliteit*) allerbest

al'lergisch allergisch; (~) *gegen* voor

'aller'hand 1 allerhande, -lei; 2 heel wat, veel || *das ist ja, doch ~!* dat is niet gering, niet mis! (*ook*) dat is kras!

'aller'höchst allerhoogst

'allerlei allerlei, allerhande; **'Allerlei** *(das; -s, geen mv)* allegaartje, mengelmoes

'allerletzt allerlaatst; *zu~* het allerlaatst, in de allerlaatste plaats; **'allermeist** allermeest; **'allerneu(e)st** allernieuwst; allerlaatst; **'allerschlimmst** allerergst

'allerseits aan alle kanten, allerwegen

Aller'weltskerl *(der; (e)s, -e)* kranige vent

alle'samt allemaal

'Allesfresser *(der; -s,-)* omnivoor, alleseter

'allgegenwärtig alomtegenwoordig

'allgemein algemeen; *im ~en* in, over het algemeen; **Allge'meinbefinden** *(das; -s, geen mv)* algemene toestand; **'allgemeinbildend** algemeen vormend; **Allge'meinbildung** *(die; -, geen mv)* algemene ontwikkeling; **Allge'meinheit** *(die; -, geen mv)* 1 algemeenheid; 2 de buitenwereld; het grote publiek; **allge'meinverständlich** algemeen, voor iedereen begrijpelijk

'Allgewalt *(die; -, geen mv)* almacht

Alli'anz *(die; -, -en)* alliantie, verbond; **Alli'ierte(r)** *(bn als zn)* geallieerden

Alliterati'on *(die; -, -en)* alliteratie, stafrijm; **allite'rieren** *(h)* alliteren

'all'jährlich jaarlijks

'Allmacht *(die; -, geen mv)* almacht, alvermogen; **all'mächtig** almachtig, alvermogend

all'mählich langzamerhand, allengs, geleidelijk

'all'monatlich maandelijks

'Allradantrieb *(der; -(e)s, -e)* aandrijving op alle wielen

'allseitig 1 alzijdig, algemeen; 2 veelzijdig (*opleiding*)

'Alltag *(der; -(e)s, -e)* 1 dagelijks leven, leven van alledag; 2 dagelijkse sleur; **all'täglich** 1 alledaags, gewoon; 2 dagelijks; 3 daags, doordeweeks; **'All'täglichkeit** *(die; -, -en)* alledaagsheid, banaliteit; **'Alltagsleben** *(das; -s, geen mv)* het dagelijkse, het gewone leven;

'Alltagsmensch ‹*der; -en, -en*› alledaags mens; **'Alltagstrott** ‹*der; -s, geen mv*› dagelijkse sleur
'all'wissend alwetend
'allwöchentlich wekelijks
'all'zu al te; **'allzu'viel** al te veel
Alm ‹*die; -, -en*› berg-, alpenweide
'Almanach ‹*der; -s, -e*› almanak
'Almosen ‹*das; -s, -*› aalmoes
Alp I ‹*die; -, -en*› berg-, alpenweide; **II** ‹*der; -(e)s, -e*› **1** nachtmerrie; **2** boze geest; **'Alpdrücken** ‹*das; -s, geen mv*› nachtmerrie
Alpha'bet ‹*das; -(e)s, -e*› alfabet, het abc; **alpha'betisch** alfabetisch; **alphabeti'sieren** ‹*h*› **1** alfabetiseren; **2** in alfabetische orde rangschikken
al'pin van of in de Alpen: alpine
'Alptraum ‹*der; -(e)s, -ë*› nachtmerrie
als 1 als; ~ *Zeuge, Schüler usw.* als getuige, scholier, enz; **2** dan; (*größer, älter, schöner, anders usw.*) ~ dan; (*mehr, weniger*) ~ dan; **3** als ook, evenals; *sowohl der Lehrer ~ auch die Schüler* zowel de leraar als ook de leerlingen; **4** bijvoorbeeld, zoals, namelijk; *eine Menge Obst, ~ da sind Äpfel usw.* veel fruit, bijvoorbeeld, zoals, namelijk appels enz.; **5** toen; *als ich krank war* toen ik ziek was; **6** alsof; *er tat, als wäre er krank, alsob er krank wäre* hij deed, alsof hij ziek was; **7** om; *die Aufgabe ist zu schwierig, ~ daß man sie schnell lösen könnte* de opgave is te moeilijk, om hem snel op te kunnen lossen; **8** daar, omdat, aangezien; *der Verlust ist um so peinlicher, als …* het verlies is des te pijnlijker, daar …, omdat …, aangezien …
als'bald 1 dadelijk, aanstonds; terstond, direct; **2** weldra
'also 1 dus; **2** *na ~!* zie je nu wel! *~ los, wir gehen !* komop, we gaan! *~ gut, ~ schön!* goed, o.k.; *~, gute Nacht!* zo (nou), welterusten!
alt (*älter, ältest*) oud (*alle bet*)
Alt ‹*der; -(e)s, -e*› (*muz*) alt; altstem, -partij
'altansässig van ouds gevestigd
Al'tar ‹*der; -s, -ë*› altaar
'altbacken oudbakken
'Altbau ‹*der; -s, -ten*› oud huis, (ook) oude huizen; **'Altbauwohnung** ‹*die; -, -en*› oud huis
'altbekannt vanouds bekend; **'altbewährt** vanouds beproefd
'Alte I ‹*das; -n, geen mv*› *das ~* het oude, het voorbije; (*alles bleibt beim*) *~n* het oude; **II** ‹*die; -n, -n*› **1** *die ~, eine ~* de oude vrouw; **2** *meine Alte: a*) mijn moeder; *b*) mijn vrouw; **3** cheffin, bazin e.d.; **4** moederdier; **'Alte(r)** ‹*bn als zn*› **1** *der ~, ein ~r* oude man; **2** *mein Alter: a*) mijn ouwe heer, mijn vader; *b*) mijn man; **3** chef, baas e.d.; ouwe
'Altenheim ‹*das; -(e)s, -e*› bejaardentehuis; **'Altenwohnheim** ‹*das; -(e)s, -e*› service-flat
'Alter ‹*das; -s, -*› **1** ouderdom; **2** leeftijd; *in meinem ~* op mijn leeftijd; (*er ist*) *in meinem ~* van mijn leeftijd; *im ~* op hoge leeftijd; *im ~ von 19 Jahren* op negentienjarige leeftijd; *~ schützt vor Torheit nicht* hoe ouder hoe gekker; **3** oude mensen, ouderdom; **'altern 1**‹*s*› oud worden, verouderen; *er ist gealtert* hij is oud geworden; **2**‹*h*› (*wijn*) oud maken
Alterna'tive ‹*die; -, -n*› **1** alternatief; **2** keus
alter'nieren ‹*h*› afwisselen, alterneren
'Altersbeschwerden ‹*mv*› ouderdomskwalen; **'Altersfürsorge** ‹*die; -, geen mv*› bejaardenzorg; **'Altersgenosse** ‹*der; -n, -n*› leeftijdgenoot; **'Altersgrenze** ‹*die; -, -n*› leeftijdsgrens; **'Altersheim** ‹*das; -(e)s, -e*› bejaardentehuis; **'Altersrente** ‹*die; -, -n*› ouderdomspensioen; **'Altersschwäche** ‹*die; -, geen mv*› ouderdomszwakte; **'Altersstufe** ‹*die; -, -n*› leeftijd; leeftijdsklasse; **'Altersversorgung** ‹*die; -, -en*› ouderdomsvoorziening
'Altertum ‹*das; -(e)s, geen mv*› oudheid; **'Altertümer** ‹*mv*› voorwerpen uit de oudheid; **'altertümlich** oud, antiek; ouderwets; **'Altertumsforschung** ‹*die; -, geen mv*› archeologie, oudheidkunde
'Altglas ‹*das; -es, geen mv*› oud glas
alt'hergebracht, alt'herkömmlich traditioneel
'altklug vroegwijs, wijsneuzig
'ältlich ouwelijk, oud aandoend
'Altmetall ‹*das; -(e)s, -e*› oud metaal; schroot
'altmodisch ouderwets
'Altöl ‹*das; -(e)s, -e*› afgewerkte olie; **'Altpapier** ‹*das; -s, geen mv*› oud papier; **'Altstadt** ‹*die; -, -ë*› oude binnenstad
'Altwarenhändler ‹*der; -s, -*› handelaar in tweedehands goederen
Alt'weibergeschwätz ‹*das; -es, geen mv*› bakerpraatje, oudewijvenpraat; **Alt'weiberklatsch** ‹*der; -(e)s, geen mv*› oudewijvenpraat; **Alt'weibersommer** ‹*der; -s, -*› **1** warm najaar, nazomer; **2** herfstdraden
'Alufolie ‹*die; -, -n*› aluminiumfolie
am *an dem* **1** aan de, aan het (*am Ziel, am Stuck, Frankfurt am Main*); **2** aan, bij (*am Fenster*); **3** aan het; *er ist ~ Schreiben* is aan het schrijven; **4** *~ besten, ~ schönsten* het best, het mooist
Ama'teur ‹*der; -s, -e*› amateur; **ama'teurhaft** amateuristisch
ambiti'ös ambitieus
ambiva'lent ambivalent
'Amboß ‹*der; Ambosses, Ambosse*› aambeeld
ambu'lant 1 ambulant; rondtrekkend; *~er Gewerbebetrieb* straathandel, het venten; **2** *~er Patient* lopend patiënt; *~e Behandlung* ambulante behandeling
Ambu'lanz ‹*die; -, -en*› **1** ambulance; **2** ambulancewagen; **3** verbandkamer; **4** polikliniek
'Ameise ‹*die; -, -n*› mier
'Ameisenhaufen ‹*der; -s, -*›, **'Ameisenhügel** ‹*der; -s, -*› mierenhoop
'Amen ‹*das; -s, geen mv*› (*so sicher*) *wie das ~ in der Kirche* als 2 maal 2 vier is; (*sein*) ~ (*zu etwas geben*) goedkeuring

Ameri'kaner ‹*der; -s, -*› 1 Amerikaan; 2 rond gebak met suikerglazuur; **ameri'kanisch** Amerikaans

'Ami ‹*der; -s, -s*› Amerikaan

amnes'tieren ‹*h*› amnestie verlenen

'Amokläufer ‹*der; -s, -*› amokmaker

'amoralisch amoreel

Amortisati'on ‹*die; -, -en*› 1 amortisatie, schulddelging, -aflossing; 2 ongeldigverklaring; **amorti'sieren** ‹*h*› amortiseren, delgen, aflossen

'Ampel ‹*die; -, -n*› 1 (hang)lamp; 2 hangpot (*voor planten*); 3 verkeerslicht

'Ampfer ‹*der; -s, -*› zuring

Am'phibie ‹*die; -, -n*› (*dierk*) amfibie; **Am'phibienfahrzeug** ‹*das; -(e)s, -e*› amfibievoertuig; **Am'phibienflugzeug** ‹*das; -(e)s, -e*› amfibievliegtuig

Am'pulle ‹*die; -, -n*› (*med*) ampul

Amputati'on ‹*die; -, -en*› amputatie; **ampu'tieren** ‹*h*› amputeren

Amt ‹*das; -(e)s, Ämter*› 1 ambt, post, betrekking, functie; *im ~ sein* in functie zijn; *seines ~es walten: a*) zijn ambt uitoefenen; *b*) zijn plicht doen; *von ~s wegen* ambtshalve; 2 bestuur; dienst; instantie; kantoor, bureau; 3 *das Fräulein vom ~* de telefoniste; vgl *auswärtig*; **am'tieren** ‹*h*› 1 een ambt bekleden; 2 in functie zijn, fungeren; 3 (*sp*) *der ~de Weltmeister* de huidige wereldkampioen; **'amtlich** ambtelijk, officieel, ambts..., dienst...; **Amts-** ... (dikwijls) dienst..., officieel; **'Amtsantritt** ‹*der; -s, geen mv*› ambtsaanvaarding, infunctietreding; **'Amtsbereich** ‹*der; -(e)s, -e*› ressort; **'Amtsbezeichnung** ‹*die; -, -en*› ambtstitel; **'Amtsbezirk** ‹*der; -(e)s, -e*› ressort; **'Amtsenthebung** ‹*die; -, -en*›, **'Amtsentsetzung** ‹*die; -, -en*› ontzetting uit een ambt; **'Amtsgericht** ‹*das; -(e)s, -e*› kantongerecht; **'amtshalber** ambtshalve; **'Amtshandlung** ‹*die; -, -en*› officiële handeling, ambtshandeling; **'Amtsperson** ‹*die; -, -en*› functionaris; **'Amtsrichter** ‹*der; -s, -*› kantonrechter; **'Amtsschimmel** ‹*der; -s, geen mv*› bureaucratie; *den ~ reiten* zich overdreven precies aan de voorschriften houden; *hier wiehert der ~* het gaat er hier bureaucratisch aan toe; **'Amtssitz** ‹*der; -es, -e*› bureau, kantoor (*overheidsinstantie*); **'Amtssprache** ‹*die; -, -n*› 1 officiële taal (*van land, internationale organisatie*); 2 ambtelijke taal; 3 (*Belg*) bestuurstaal; **'Amtsträger** ‹*der; -s, -*› functionaris; **'Amtswohnung** ‹*die; -, -en*› dienstwoning

Amu'lett ‹*das; -(e)s, -e*› amulet, talisman

amü'sieren ‹*h*› amuseren

an I ‹*vz* (+ 3) *of* (+ 4)› **aan**: *~ der Wand* aan de muur; *es liegt mir nichts ~ der Sache* er is me niets aan gelegen; *~ der Reihe sein* aan de beurt zijn; *ich sehe ~ der Schrift, wer ...* aan de hand, wie ...; *etwas ~ die Wand hängen* iets aan de muur hangen; *~ die Arbeit gehen* aan het werk gaan; *~ einen denken* aan iem denken; *bis ~ den Abend* tot (aan) de avond; **bij**: *am Ofen sitzen* bij de kachel zitten; *er wohnt am Dom* bij de domkerk; *sich ~ den Ofen setzen;* **in**: (*wenn ich*) *~ Ihrer Stelle wäre* in uw plaats was; (*der Schnee schmiltzt*) *~ der Sonne* in de zon; *am Leben sein* in leven zijn; *wir loben ~ ihm den großen Fleiß* wij prijzen in hem zijn grote vlijt; *einem ~ Kenntnissen nachstehen, gleichstehen, überlegen sein* in kennis bij iem achterstaan, met iem gelijk staan, boven iem staan; **jegens**: *redlich ~* (*einem handeln*) eerlijk jegens; **met**: *am Stab gehen* met een stok lopen; **op**: *am Boden* (*liegen, sitzen*) op de grond; *~ der Börse* op de beurs; *sie hat ~ allem etwas auszusetzen* ze heeft op alles iets aan te merken; *seine Wut ~ einem auslassen* zijn woede op iem koelen; *schreib es mal ~ die Tafel!* schrijf het eens op het bord!; *~ Krücken gehen* op krukken lopen; *sich ~ einem rächen* zich op iem wreken; *Kritik üben ~* (+ 3) kritiek uitoefenen op; *am Abend* op de avond of 's avonds; *am Sonntag* op zondag; *am ersten* (op) de eerste; *~* (*und für*) *sich* op zichzelf (beschouwd); **over**: *ich freue mich, ärgere mich ~ dieser Sache* ik verheug me, erger me over deze zaak; **tegen**: *sich ~ die Wand lehnen* tegen de muur leunen; **tot**: *sich ~ einen wenden* zich tot iem richten; **van**: *es ist nichts Wahres ~* (*der ganzen Geschichte*) er is geen woord van waar; *es liegt nur ~ ihm* het hangt alleen van hem af; *schwach am Geist* (*sein*) zwak van geest; **voor**: *es ist ein Brief ~ Sie da* er is een brief voor u; **zonder vz**: *einem ~ die Hand gehen* iem een handje helpen; *ich tue alles, was ~ mir ist ...* wat ik kan; *am folgenden Tag* de volgende dag; *er kam ~ meinem Hause vorbei* hij kwam langs mijn huis; *sich ~ einen* (*erinnern*) zich iem; **II** ‹*bw*› *Licht ~!* licht aan! *von heute ~* van nu af; *~ die tausend Mann* ongeveer duizend man

Anachro'nismus (*spr: ...kro...*) ‹*der; -, Anachronismen*› anachronisme

a'nal anaal

Analo'gie ‹*die; -, -n*› analogie, overeenkomst; *in ~ zu* naar analogie van

Analpha'bet ‹*der; -en, -en*› analfabeet

'Ananas ‹*die; -, -se*› ananas

Anästhe'sie ‹*die; -, -n*› anesthesie; verdoving; narcose; **Anästhe'sist** ‹*der; -en, -en*› anesthesist

'anbacken I ‹*st.h; u-a; ä*› even bakken; **II** ‹*st.s*› aan-, vastbakken

'anbahnen ‹*h*› (*iets*) voorbereiden, de weg banen voor (verbeteringen e.d.); *eine Verständigung ~* een goede verstandhouding of toenadering teweegbrengen; *eine Verbindung ~* een relatie aanknopen; **sich** ~ beginnen; (*eine neue Freundschaft*) *bahnte sich an* tekende zich af

'anbändeln ‹*h*› 1 *mit einem ~* met iem ruzie zoeken; 2 (*mit einem Mädchen*) *~* liefdesbetrekkingen aanknopen, flirten

'Anbau ‹*der; -(e)s, -ten*› 1 teelt, het verbouwen;

2 het aan-, bijbouwen; 3 aanbouwsel, nieuw gedeelte (*van gebouw*); **'anbauen** ‹*h*› 1 telen, verbouwen; 2 aan-, bijbouwen; **'Anbaufläche** ‹*die; -, -n*› bebouwde oppervlakte, areaal

'Anbeginn ‹*der; -(e)s, geen mv*› begin

'anbehalten ‹*st.h; ie-a; ä*› aanhouden (*kleding*)

an'bei ingesloten, bijgaand

'anbeißen ‹*st.h; i-i*› 1 bijten in of aan; 2 *der Fisch beißt an* de vis bijt, ik krijg beet; 3 (*fig*) toehappen

'anbelangen ‹*h*› betreffen; *was mich anbelangt* wat mij betreft

'anberaumen ‹*h*› vaststellen, bepalen (*termijn e.d.*)

'anbeten ‹*h*› aanbidden; **'Anbeter** ‹*der; -s, -*› aanbidder

'Anbetracht: *in ~ dieser Sache* met het oog op deze zaak

'anbetreffen ‹*st.h; a-o; i*› zie *anbelangen*

'Anbetung ‹*die; -, -en*› aanbidding

'anbiedern ‹*h*› *sich* (*bei*) *einem ~* lief of aardig tegen iem doen (*om in de gunst te komen*)

'anbieten ‹*st.h; o-o*› 1 aanbieden; *zum Verkauf ~* te koop (aan)bieden; 2 het eerste bod doen

'anbinden ‹*st.h; a-u*› 1 vastbinden; 2 (*een schip*) vastleggen, meren; 3 (*mit einem*) ~ beginnen, ruzie maken

'anblasen ‹*st.h; ie-a; ä*› 1 aanblazen, -wakkeren; 2 (*iemand*) afblaffen, uitkafferen

'Anblick ‹*der; -(e)s, -e*› *beim ersten ~* op het eerste gezicht; *bei diesem ~* toen ... dat zag(en); **'anblicken** ‹*h*› aanzien, -kijken

'anblinzeln ‹*h*› (*einen*) knipoogjes geven, knipogen tegen

'anbraten ‹*st.h; ie-a; ä*› even (laten) braden, aanbraden

anbrechen I ‹*st.h; a-o; i*› aanbreken, -snijden, beginnen aan; II ‹*s*› aanbreken, beginnen, komen

'anbrennen I ‹*onr.h*› op-, aansteken; II ‹*s*› 1 vuur vatten, beginnen te branden; 2 aanbranden

'anbringen ‹*onr.h*› 1 aanbrengen, bevestigen, plaatsen; 2 komen aandragen of aanzetten met; 3 onderbrengen, plaatsen (*iem*); 4 verkopen, kwijtraken, aan de man brengen; 5 (*bezwaar, klacht, verzoek*) indienen

'Anbruch ‹*der; -(e)s, geen mv*› het aanbreken, begin

'anbrüllen ‹*h*› (*iemand*) afblaffen, uitkafferen

'Andacht ‹*die; -, -en*› 1 korte godsdienstoefening, (morgen-, avond)wijding; 2 gebed, vrome overpeinzing, meditatie; 3 concentratie; **'andächtig** 1 vroom, devoot; 2 plechtig; 3 geboeid, aandachtig; *~ beten* devoot bidden; *~ zuhören* zeer aandachtig luisteren

'andauern ‹*h*› voortduren, aanhouden

'Andenken ‹*das; -s, -*› 1 herinnering, aandenken, nagedachtenis; 2 aandenken

'ander ander; *am ~en Tage* de volgende dag; *einmal über das ~e* telkens weer; *alles ~e als schön* allesbehalve mooi; (*die Frau ist*) *in ~en Umständen* in verwachting; *einen Tag um den ~en, um den ~en Tag* om de andere dag; *immer einer* (*eins*) *nach dem anderen!* iedereen (alles) op zijn beurt!; *unter ~em* onder anderen (gezegd van pers); *zum ~en* ten tweede, aan de andere kant; *etwas ~es* iets anders; *~er Ansicht, ~en Sinnes werden* van mening veranderen; *sich eines ~en besinnen* zich bezinnen, zich bedenken; *auf der ~en Seite,* zie *andererseits*

'anderenfalls, **'andernfalls** anders, in het andere geval

'anderer'seits aan de andere kant, anderzijds

'ander'mal: *ein ~* een andere keer

'ändern ‹*h*› veranderen, anders maken; vermaken; (*ich kann*) *es nicht ~* er niets aan doen; **sich** ~ veranderen, anders worden; *es läßt sich daran nichts ~* daar is niets aan te veranderen

'anderntags de volgende dag

'anders anders, op een andere wijze, verschillend; *jemand ~* iem anders; (*es wird noch*) *ganz ~ kommen* wel anders worden; *wenn ~, wo ~* tenminste als, mits; *ich habe es mir ~ überlegt* ik heb mijn besluit veranderd; *sich ~ besinnen* van gedachten veranderen; **'andersartig** andersoortig

'ander'seits zie *andererseits*

'andersgläubig andersdenkend (*godsdienst*)

'andersherum, **'andersrum** andersom

'anders'wo ergens anders, elders

'andert'halb anderhalf; *~ Stunden* anderhalf uur

'Änderung ‹*die; -, -en*› verandering, wijziging; **'Änderungsvorschlag** ‹*der; -(e)s, -ë*› wijzigingsvoorstel, amendement

'ander'weitig anders; elders, ergens anders

'andeuten ‹*h*› 1 voorzichtig te kennen geven; 2 zinspelen op, laten doorschemeren; 3 aanduiden; (*die Wolken*) *deuten Regen an* duiden regen aan; 4 globaal, in grote lijnen aangeven; **'Andeutung** ‹*die; -, -en*› 1 aanduiding, -wijzing; 2 zin-, toespeling; 3 het vluchtig aangeven

'andonnern ‹*h*› 1 *einen ~* tegen iem tekeergaan, staan te schreeuwen; 2 *wie angedonnert* als door de bliksem getroffen; 3 *angedonnert kommen* komen aandenderen

'Andrang ‹*der; -(e)s, geen mv*› (aan)drang; toevloed, drukte, toeloop

'andrehen ‹*h*› 1 aandraaien, aanzetten; 2 *einem etwas ~* iem iets aansmeren; 3 vastdraaien, aandraaien

'andrerseits aan de andere kant, anderzijds

'andringen ‹*st.h; a-u*› opdringen

'androhen ‹*h*› *einem etwas ~* iem met iets dreigen

'andrücken ‹*h*› aandrukken, -duwen

'aneignen, sich ‹*h*› 1 zich eigen maken; 2 zich toeëigenen; **'Aneignung** ‹*die; -, -en*› 1 het zich eigen maken; 2 toeëigening

anein'ander aaneen, aan elkander, samen; **anein'andergeraten** ‹*st.s; ie-a; ä*› slaags raken, het met iem aan de stok krijgen

'anekeln ‹*h*› *das ekelt mich an* daar walg ik van; *du ekelst mich an* ik walg van je

'anempfehlen ‹*st.h; a-o; ie*› aanbevelen

'anerkannt erkend; **'anerkennen** ‹*onr.h*› (*auch untrennbar*) 1 erkennen; 2 (*mening*) respecteren; 3 goedkeuren; aanvaarden; 4 (*sp*) *ein Tor nicht* ~ een doelpunt afkeuren; **'Anerkennung** ‹*die; -, -en*› 1 erkenning; 2 respect, waardering; 3 instemming, goedkeuring

'anfahren I ‹*st.h; u-a; ä*› 1 brengen, aanvoeren (*goederen met voertuig*); 2 (*drank, sigaretten*) laten aanrukken; 3 (*iem*) afsnauwen, uitvaren tegen; 4 (*iem*) aanrijden; (*een plaats*) aandoen; **II** ‹*h en s*› 1 beginnen te rijden, optrekken; 2 *angefahren kommen* komen aanrijden; **'Anfahrt** ‹*die; -, -en*› 1 het komen aanrijden; 2 het aanvoeren; 3 tocht, rit; 4 toegangsweg, oprit

'Anfall ‹*der; -(e)s, -ë*› 1 aanval, vlaag; 2 opbrengst; **'anfallen I** ‹*st.h; ie-a; ä*› 1 aan-, overvallen; 2 *Fieber, eine Krankheit fällt einen an* iem krijgt een koortsaanval, een ziekte; **II** ‹*s*› 1 ontstaan; *die ~den Kosten, Zinsen, Nebenprodukte* de hierbij ontstane kosten, rente, bijprodukten; 2 overblijven, vrijkomen; *der ~de Müll* het overblijvende, vrijkomende afval; 3 voorkomen; *alle ~den Arbeiten* alle voorkomende werkzaamheden

'anfällig 1 (*med*) vatbaar; 2 (*fig*) kwetsbaar; **'Anfälligkeit** ‹*die; -, -en*› vatbaarheid, enz.

'Anfang ‹*der; -(e)s, -ë*› 1 aanvang, begin; *am* ~, *im* ~, *zu(m)* ~ in het begin; *von* ~ *an* van het begin af (aan); *von* ~ *bis (zu) Ende* van het begin tot het einde; ~ *am* ... met ingang van ...; ~ *Januar* in het begin van januari, begin januari; *den* ~ *machen* een begin maken, de eerste stap doen; *seinen* ~ *nehmen* beginnen, ontstaan; *von allem* ~ *an* vanaf het eerste begin; *aller* ~ *ist schwer* alle begin is moeilijk; 2 *Anfänge* (*einer Wissenschaft*) beginselen; *erste Anfänge* (ook) eerste begin, eerste ontwikkeling; **'anfangen** ‹*st.h; i-a; ä*› beginnen, aanvangen; *er fing damit an, daß er* ... hij begon te ...; *von Politik* ~ over politiek beginnen; *er fängt immer wieder davon an* hij begint er telkens weer over; (*es ungeschickt, verkehrt*) ~ aanleggen, aanpakken; **'Anfänger** ‹*der; -s, -*› beginneling; **'anfänglich** aanvankelijk; **'anfangs** eerst, in het begin; *gleich* ~ van het (eerste) begin af; **'Anfangsbuchstabe** ‹*der; -n, -n*› beginletter; **'Anfangsgehalt** ‹*das; -(e)s, -ër*› aanvangssalaris; (*Belg*) beginwedde; **'Anfangsstadium** ‹*das; -s, -stadien*› beginstadium; **'Anfangszeit** ‹*die; -, -en*› aanvangstijd

'anfassen ‹*h*› 1 aanraken; 2 vast-, beetpakken; 3 *der Stoff faßt sich weich an* de stof voelt zacht aan; 4 (*mit*) ~ (een handje) helpen; 5 (*eine Aufgabe mit Erfolg*) ~ aanpakken

'anfauchen ‹*h*› 1 blazen, sissen tegen; 2 uitvallen, uitvaren tegen, toesnauwen

'anfechten ‹*st.h; o-o; i*› aanvechten, betwisten

'anfertigen ‹*h*› vervaardigen, fabriceren, maken

'anfeuchten ‹*h*› 1 bevochtigen, een beetje nat maken; 2 (*sich*) *die Kehle* ~ iets drinken

'anfeuern ‹*h*› (*fig*) aanvuren, -wakkeren

'anflehen ‹*h*› *einen* ~ iem smeken, bidden

'anfliegen ‹*st.s; o-o*› 1 (komen) aanvliegen; (vliegend) naderen; 2 (*een luchthaven*) aandoen; (*viele Fluggesellschaften*) *fliegen Berlin an* vliegen op Berlijn; 3 *alles fliegt ihm nur so an* alles waait hem zomaar aan; **'Anflug** ‹*der; -(e)s, -ë*› 1 (*luchtv*) het naderen van een doel; het komen aanvliegen, de nadering; 2 zweem, vleugje, tikje, spoor

'anfordern ‹*h*› 1 (dringend) vragen; 2 (*erfenis, geld, stukken*) opvragen; 3 aanvragen, bestellen; **'Anforderung** ‹*die; -, -en*› 1 (dringend) verzoek; 2 het opvragen; 3 eis; *hohe ~en an einen stellen* hoge eisen aan iem stellen; 4 het aanvragen

'Anfrage ‹*die; -, -n*› informatie, vraag; **'anfragen** ‹*h*› informeren, vragen; *bei einem* ~ bij iem informeren

'anfreunden ‹*h*› *sich mit einem* ~ met iem bevriend raken

'anfühlen ‹*h*› 1 voelen, betasten; 2 *einem etwas* ~ voelen of aan iem merken, dat er met hem iets is; 3 *das fühlt sich kalt an* het voelt koud aan

'Anfuhr ‹*die; -, -en*› het aanvoeren, aanvoer; **'anführen** ‹*h*› 1 aanvoeren, leiden; 2 (*goederen e.d.*) aanvoeren; 3 (*redenen, voorbeelden*) geven, noemen; 4 (*etwas zu seiner Entschuldigung*) ~ aanvoeren; 5 citeren, aanhalen; 6 beetnemen, voor de gek houden; **'Anführer** ‹*der; -s, -*› 1 commandant; 2 aanvoerder; **'Anführungsstriche, 'Anführungszeichen** ‹*mv*› aanhalingstekens

'Angabe ‹*die; -, -n*› 1 gegeven, informatie; (*genaue*) *~n über etwas machen* informatie over iets verstrekken; 2 (*wir bitten um*) ~ (*von Einzelheiten*) opgave; 3 aanwijzing; 4 opschepperij, bluf; 5 het in het spel brengen van de bal

'angaffen ‹*h*› aangapen

'angeben ‹*st.h; a-e; i*› 1 opgeven, noemen, aangeven; 2 aangeven (*das Tempo, den Ton*); 3 *mächtig, eine Stange* ~ flink opscheppen; 4 (*sp*) opslaan, serveren; 5 *er gibt an,* (*krank gewesen zu sein*) hij beweert; **'Angeber** ‹*der; -s, -*› opschepper, bluffer; **Angebe'rei** ‹*die; -, -en*› opschepperij, snoeverij; **'angeberisch** opschepperig

'angeblich zogenaamd, gewaand, vermeend; naar men zegt, beweert

'Angebot ‹*das; -(e)s, -e*› 1 aanbod; 2 aanbod, offerte; 3 aanbieding; 4 eerste bod; 5 aanbod (*van goederen*); ~ *und Nachfrage* vraag en aanbod; **Angebotspa'lette** ‹*die; -, -n*› assortiment

'angebracht passend, gepast, op zijn plaats

'Angedenken ‹*das; -s, geen mv*› nagedachtenis

'angefault aangestoken (*fruit*)

'angegossen als gegoten

'angegriffen 1 ~ *aussehen* er moe uitzien; 2 aangetast (*gezondheid*) '**angeheitert** aangeschoten, licht dronken

'**angehen I** ‹*onr.h; i-a*› 1 aanvallen; 2 (*een probleem*) aanpakken; 3 *einen um etwas ~* iem om iets verzoeken, vragen; 4 (*sp*) *eine Kurve ~* een bocht ingaan; **II** ‹*s*› 1 beginnen (*school, theater enz*); 2 aanslaan, aangaan (*planten, stekje*); 3 aangaan (*licht, vuur*); aanslaan (*motor*); 4 *einen um etwas ~* iem om iets verzoeken, vragen; 5 *gegen etwas ~* tegen iets vechten; **III** ‹*dieoltooide tijden ontbreken*› *was mich angeht* wat mij betreft; *das geht dich nichts an!* dat gaat je niets aan! *das geht dich einen Dreck, den Teufel an!* dat gaat je geen donder aan! *sobald es angeht* zodra het mogelijk is; *es geht nicht an!* dat gaat niet! (*die Hitze, der Verlust*) *geht noch an* valt nog wel mee; '**angehend** 1 beginnend, aankomend; 2 aanstaand

'**angehören** ‹*h*› toebehoren, behoren aan, tot of bij; '**Angehörige(r)** ‹*bn als zn*› 1 lid; *~r* (*des Sportvereins*) lid; *als ~r der Familie* als lid van de familie; 2 *meine ~n* mijn familie, mijn verwanten; 3 *~ der Polizei* politieambtenaren; 4 *~ einer Nation* burgers van een natie

'**Angeklagte(r)** ‹*bn als zn*› beklaagde, verdachte; (*Belg*) betichte

'**angeknackst** (*fig*) geknakt

'**Angel** ‹*die; -, -n*› 1 scharnier; 2 (vis)haak; hengel; 3 reddingshaak

'**angelegen** gelegen; *es ist mir ~* er is mij iets aan gelegen; *sich etwas ~ sein lassen* iets ter harte nemen, zich voor iets interesseren

'**Angelegenheit** ‹*die; -, -en*› aangelegenheid, zaak; (*ich komme*) *in wichtigen ~en* voor belangrijke zaken

'**angelegentlich** 1 intensief, grondig; 2 belangstellend (*informeren*); 3 dringend (*verzoeken*); 4 nadrukkelijk, met klem (*aanbevelen*); *sich ~ bemühen* heel veel moeite doen

'**angeln** ‹*h*› 1 hengelen (*lett en fig*); 2 (*iets*) vissen uit; 3 (*iem*) halen uit; *nach einem oder etwas ~* iem of iets proberen te pakken te krijgen

'**Angelpunkt** ‹*der; -(e)s, -e*› aspunt, draaipunt; *der ~* (*des Problems*) de kern

'**Angelschein** ‹*der; -(e)s, -e*› visakte; (*Belg*) visverlof, viskaart

'**angemessen** passend, geschikt, gepast; beantwoordend aan, evenredig met of aan; redelijk; *eine ~e Belohnung, Entschädigung* een behoorlijke beloning, schadeloosstelling

'**angenehm** aangenaam, plezierig; *sein Besuch war uns sehr ~* wij vonden zijn bezoek erg aangenaam; *~e Ruhe!* wel te rusten!

'**angeregt** levendig (*gesprek*)

'**angeschnitten** (*sp*) *ein ~er Ball* een effektbal

'**Angeschuldigte(r)** ‹*bn als zn*› verdachte

'**angesehen** gezien, geacht, gerenommeerd

'**Angesicht** ‹*das; -(e)s, -e of -er*› 1 (aan)gezicht, gelaat; 2 het zien, aanblik; '**angesichts** (+ 2) met het oog op, wegens

'**angespannt** 1 gespannen (*Lage, Markt*); 2 ingespannen, geconcentreerd

'**Angestellte(r)** ‹*bn als zn*› bediende, employé, functionaris; *die ~n* het personeel

'**angestrengt** ingespannen, geconcentreerd

'**angetan**: *es einem ~ haben* weg van iem, iets zijn; *von einem, etwas ~ sein* met iem, iets ingenomen zijn; *nicht ~ zu oder nach* niet geschikt voor, niet gunstig voor

'**angetrunken** aangeschoten, licht dronken

'**angewandt** toegepast

'**angewiesen**: *auf jmdn oder etwas ~ sein* op iemand of iets aangewezen zijn

'**angewöhnen** ‹*h*› (*sich oder jmdm etwas*) ~ aanleren

'**Angewohnheit** ‹*die; -, -en*› gewoonte

'**angleichen** ‹*st.h; i-i*› aanpassen aan

'**Angler** ‹*der; -s, -*› hengelaar

'**anglotzen** ‹*h*› aangapen, met open mond aanstaren

'**angreifen** ‹*st.h; i-i*› 1 aanvallen (*ook fig en sp*); 2 (*mening, testament*) bestrijden; 3 aangrijpen, ontvoeren; 4 aantasten; 5 (*das Fieber hat ihn sehr*) *angegriffen* aangegrepen; verzwakt; 6 (*reserves, voorraad*) aanspreken; 7 aanvatten, aanpakken; '**Angreifer** ‹*der; -s, -*› aanvaller

'**angrenzen** ‹*h*› *~ an* (+ 4) grenzen aan

'**Angriff** ‹*der; -(e)s, -e*› aanval; *einen ~ führen* een aanval doen (*ook fig en sp*); *etwas in ~ nehmen* ergens mee beginnen, iets aanpakken; '**angriffslustig** vechtlustig (*ook sp*)

Angst ‹*die; -, -ë*› angst, vrees; *in ~ sein* in angst zitten; *es mit der ~ zu tun kriegen oder bekommen* bang worden; *~ haben* bang zijn; '**Angstgefühl** ‹*das; -(e)s, -e*› angstgevoel, gevoel van angst; '**Angsthase** ‹*der; -n, -n*› bangerd; '**ängstigen** ‹*h*› 1 *jmdn ~* iem bang maken; 2 *sich um jmdn oder etwas, vor jmdm oder etwas ~* zich over iem, iets ongerust maken; '**ängstlich** 1 angstig, bang, vreesachtig; 2 beschroomd, verlegen; 3 verontrustend, angstig; 4 angstvallig, uiterst nauwgezet

'**angürten** ‹*h*› *sich ~* de veiligheidsriem, -gordel omdoen

'**anhaben** ‹*onr.h*› 1 (*kleren, schoenen*) aanhebben; 2 *keiner kann ihm etwas ~* niem kan hem iets maken; (*der Sturm*) *kann uns nichts ~* kan ons niet deren

'**anhaften** ‹*h*› 1 vastzitten (aan of op); 2 (*fig*) (*ein Nachteil, ein Risiko*) *haftet dieser Sache an* kleeft aan deze zaak

'**Anhalt** ‹*der; -(e)s, geen mv*› houvast

'**anhalten** ‹*st.h; ie-a; ä*› 1 aanhouden, laten stoppen, laten stilstaan; (*machine*) stilzetten; (*adem*) inhouden; den Schritt ~ blijven staan; 2 (*einen zum Lernen, zur Arbeit, zur Ordnung*) ~ aansporen; 3 *um ein Mädchen ~* de hand van een meisje vragen, een meisje ten huwelijk vragen; 4 (*um eine Stelle*) ~ solliciteren; 5 aanhouden, voortduren; 6 stoppen, gaan stilstaan; '**anhaltend** aanhoudend, voortdurend; '**Anhalter** ‹*der; -s, -*› lifter; *per ~ fahren oder reisen* liften

'Anhaltspunkt ‹*der; -(e)s, -e*› aanknopingspunt

an'hand, an Hand: ~ *des Buches,* ~ *von Unterlagen* aan de hand van het boek, van gegevens

'Anhang ‹*der; -(e)s, -ë*› 1 aanhangsel, bijvoegsel; 2 aanhang, vrienden, aanhangers; 3 familie; **'anhängen I** ‹*st.h; i-a*› 1 aanhanger zijn van, aanhangen, toegedaan zijn; 2 (*fig*) drukken op; 3 (*die Krankheit) hängt ihm noch an* hij heeft nog altijd last van; **II** ‹*zw.h*› 1 ophangen; 2 aankoppelen; 3 toevoegen; 4 *sich* ~ *an* zich bij (iem of iets) aansluiten; 5 *einem etwas* ~*: a*) iem iets in de schoenen schuiven; *b*) kwaad van iem spreken; *c*) iem iets aansmeren; **'Anhänger** ‹*der; -s, -*› 1 aanhanger (*van partij e.d.*); 2 aanhanger, aanhangwagen; 3 hanger (*sieraad*); 4 label (*aan koffer*); **'anhänglich** aanhankelijk, toegedaan, trouw; **'Anhänglichkeit** ‹*die; -, geen mv*› aanhankelijkheid, gehechtheid, genegenheid; **'Anhängsel** ‹*das; -s, -*› 1 aanhangsel; 2 hanger (sieraad)

'anhauchen ‹*h*› 1 ademen, blazen tegen, op; 2 *einen* ~ iem uitkafferen; 3 *etwas idealistisch angehaucht* een beetje idealistisch

'anhäufen ‹*h*› op(een)hopen, opstapelen; *sich* ~ vermeerderen, zich opstapelen enz.; **'Anhäufung** ‹*die; -, -en*› op(een)hoping

'anheben I ‹*st.h; o-o*› 1 (een beetje) optillen; 2 (*belasting, prijzen, niveau e.d.*) verhogen; **II** ‹*h*› (*ovt hob an, hub an*) beginnen; **'Anhebung** ‹*die; -, -en*› verhoging

'anheften ‹*h*› bevestigen, vastmaken aan

'anheimeln ‹*h*› weldadig, prettig aandoen; **'anheimelnd** gezellig, behaaglijk

an'heimfallen ‹*st.s; ie-a; ä*› ten deel, te beurt vallen, toevallen

'anheizen ‹*h*› 1 (*kachel*) aanmaken; (*er hat soeben*) *angeheizt* de kachel aangemaakt; 2 aanwakkeren, opvoeren, vergroten

'anherrschen ‹*h*› uitkafferen, tekeer gaan tegen

'anheuern ‹*h*› 1 aanmonsteren; 2 (in)huren

'Anhieb ‹*der; -s, geen mv*› *auf* (*den ersten*) ~ direct, onmiddellijk, bij de eerste poging

'anhimmeln ‹*h*› dwepen met, verafgoden

'Anhöhe ‹*die; -, -n*› hoogte, heuvel, verhevenheid

'anhören ‹*h*› 1 (aandachtig) luisteren naar; 2 *ein Gespräch mit* ~ *müssen* ongewild horen wat er gezegd wordt; 3 *das kann ich nicht mehr mit* ~*!* daar kan ik niet meer tegen!; 4 *einem* ~*, daß* (*er erkältet ist*) aan iem horen, dat; 5 *es hört sich an, als ob* (*es regnet*) het lijkt net, of; *das hört sich ganz gut an!* dat klinkt heel aardig!

Animati'on ‹*die; -, -en*› animatie; **ani'mieren** ‹*h*› animeren

A'nis ‹*der; -es, -e*› anijs

'ankämpfen ‹*h*› *gegen etwas* ~ tegen iets strijden, vechten; optornen, worstelen

'Ankauf ‹*der; -(e)s, -ë*› (aan-, in)koop; **'ankaufen** ‹*h*› aankopen, kopen

'Anker ‹*der; -s, -*› anker; *sich vor* ~ *legen* voor anker gaan; *vor* ~ *liegen* voor anker liggen; ~ *werfen, den* ~ *auswerfen* het anker uitwerpen, laten vallen; *den* ~ *einholen, hieven, lichten* het anker lichten; **'ankern** ‹*h*› 1 voor anker gaan; 2 voor anker liggen

'anketten ‹*h*› aan de ketting leggen; met een ketting vastmaken

'Anklage ‹*die; -, -n*› aanklacht; (~) *einreichen* indienen; *unter* ~ *stellen* in staat van beschuldiging stellen; **'Anklagebank** ‹*die; -, -̈e*› beklaagdenbank; **'anklagen** ‹*h*› aanklagen, beschuldigen; *einen vor Gericht* ~ iem bij het gerecht aanklagen, gerechtelijk vervolgen; **'Ankläger** ‹*der; -s, -*› (aan)klager, beschuldiger; **'Anklageschrift** ‹*die; -, -en*› akte van beschuldiging

'anklammern ‹*h*› 1 vastmaken (*met paperclip, wasknijper*); *Wäsche* ~ wasgoed ophangen; 2 *sich* ~ *an* (+ 4) zich vastklampen aan

'Anklang ‹*der; -(e)s, -ë*› 1 herinnering, reminiscentie; gelijkenis, overeenkomst; 2 ~ *finden, haben* weerklank, instemming of bijval vinden

'ankleben I ‹*h*› aan-, opplakken; **II** ‹*s*› vastplakken (aan)

'Ankleidekabine ‹*die; -, -n*› 1 kleedhokje; 2 paskamer; **'ankleiden** ‹*h*› (aan)kleden

'anklingen ‹*st.h; a-u*› 1 ~ *an* herinneren aan, overeenkomst vertonen met; 2 (*fig*) doorklinken

'anklopfen ‹*h*› 1 *an die oder der Tür* ~ op de deur kloppen; 2 *bei einem* ~ bij iem aankloppen

'anknipsen ‹*h*› (*licht*) aandoen

'anknüpfen ‹*h*› 1 vastbinden, -maken; 2 (*gesprek, onderhandelingen e.d.*) aanknopen; 3 *an* (+ 3) ~ aanknopen bij, aansluiten aan of bij; **'Anknüpfungspunkt** ‹*der; -(e)s, -e*› aanknopingspunt

'ankommen ‹*st.h; a-o*› 1 aankomen, arriveren; *bei Müllers ist ein kleiner Junge angekommen* bij Müller hebben ze een zoon gekregen; 2 een baan krijgen; 3 succes hebben, goed aanslaan (*van boek, film enz*); 4 overkomen, begrepen worden; 5 (*bei einem*) *schlecht* ~ aan het verkeerde kantoor zijn; *damit kommt er bei mir nicht an!* daarmee hoeft hij bij mij niet aan te komen!; 6 (*iron*) *damit werden wir schön* ~ daarmee zullen wij ons blameren; 7 (*gegen jmdn oder etwas*) ~ op kunnen, opgewassen zijn; *es käme auf einen Versuch an* dat zou je, men kunnen proberen; *es kommt darauf an* het hangt er van af; *auf ein paar Gulden kommt es mir nicht an* ik kijk niet op een paar gulden; *es kommt mir viel darauf an, das zu erfahren* er is mij veel aan gelegen, dat te weten te komen; **'Ankömmling** ‹*der; -s, -e*› (pas) aangekomene, nieuweling, vreemde

'ankoppeln ‹*h*› 1 aankoppelen; 2 (*dieren*) aan elkaar vastkoppelen

'ankotzen ‹*h*› doen kotsen; *das kotzt mich an*

daar kots, walg ik van; *sie kotzen mich an* ik kots, walg van ze

'**ankreiden** ‹*h*› 1 opschrijven (schuld); 2 hoogst kwalijk nemen, verwijten

'**ankreuzen** ‹*h*› aankruisen

'**ankündigen** ‹*h*› 1 aankondigen; 2 *sich* ~ zich aankondigen, merkbaar worden; '**Ankündigung** ‹*die; -, -en*› aankondiging

'**Ankunft** ‹*die; -, -ë*› 1 aankomst; 2 (*fig*) komst, geboorte

'**ankuppeln** ‹*h*› aankoppelen

'**ankurbeln** ‹*h*› aanzwengelen

'**anlächeln** ‹*h*› *einen* ~ naar, tegen iem glimlachen; '**anlachen** ‹*h*› *einen* ~ iem toelachen, tegen iem lachen

'**Anlage** ‹*die; -, -n*› 1 het aanleggen; 2 *die ~n* het park, het plantsoen; 3 installatie; *die ~n des Werkes* het fabriekscomplex; *die ~n in der Emsmündung* de werken in de Eemsmonding; 4 ~ *zur Musik* (*haben*) aanleg voor muziek; *gute ~n haben* begaafd zijn; 5 (geld)belegging; 6 bijlage; *in der ~, als* ~ als bijlage, ingesloten, bijgaand; '**Anlageberater** ‹*der; -s, -*› beleggingsadviseur; '**Anlagekapital** ‹*das; -s, -e*› belegd kapitaal

'**anlanden** I ‹*h*› 1 (per schip) aanvoeren; 2 aanslibben; II ‹*s*› 1 aanleggen, meren; 2 (*volkstaal*) aankomen

'**anlangen** I ‹*s*› aankomen; II ‹*h*› betreffen

'**Anlaß** ‹*der; Anlasses, Anlässe*› 1 aanleiding; *ohne allen, jeden* ~ zonder enige aanleiding; 2 reden; (*die Krankheit*) *gibt keinen ~ zur Besorgnis* geeft geen reden tot bezorgheid; 3 gelegenheid

'**anlassen** ‹*st.h; ie-a; ä*› 1 (*motor*) starten, aanzetten; 2 (*kleding*) aanlaten, -houden; (*licht, radio e.d.*) aanlaten; '**Anlasser** ‹*der; -s, -*› starter (*van motor*)

'**anläßlich** (+ 2) bij of ter gelegenheid (van)

'**anlasten** ‹*h*› ten laste leggen, aanwrijven

'**Anlauf** ‹*der; -(e)s, -ë*› 1 (*sp*) aanloop; 2 begin, start, het op gang komen; 3 aanval, bestorming; 4 (*fig*) (*etwas gelingt*) *beim ersten* ~ bij de eerste poging; '**anlaufen** I ‹*st.h; ie-au; äu*› (*eiland, haven*) aandoen; II ‹*s*› 1 beginnen te lopen (*van motor*); 2 op gang komen; beginnen; 3 *angelaufen kommen* snel komen aanlopen; 4 ~ *gegen* op-, aanlopen tegen; 5 een aanloop nemen; 6 oplopen, groter worden, groeien, toenemen; 7 beslaan (*bril, glas*)

'**anläuten** ‹*h*› 1 opbellen; 2 (*sp*) bellen (bijv. bij het begin van de laatste ronde)

'**anlegen** ‹*h*› 1 aanleggen (*div bet*); 2 aanmeren; 3 (*eine Leiter an die Wand*) ~ zetten; 4 *auf einen* ~ op iem mikken; *es auf einen angelegt haben* het op iem gemunt hebben; 5 (*zuigeling*) aanleggen, de borst geven; 6 (*kleren*) aantrekken; (*sieraden*) aandoen; *Trauer* ~ rouwkleding aantrekken; (*die Stadt*) *hatte Festschmuck angelegt* was feestelijk versierd; 7 aan-, omdoen; 8 (*mit*) *Hand* ~ meehelpen; 9 *groß angelegt* groots opgezet; grootschalig; 10 (*geld, kapitaal*) beleggen; 11 (*viel Geld für ...*) ~ uitgeven, besteden; '**Anleger** ‹*der; -s, -*› belegger; '**Anlegesteg** ‹*der; -(e)s, -e*› aanlegsteiger

'**anlehnen** ‹*h*› 1 *etwas an die Wand* ~ iets tegen de muur zetten; (*die Tür*) *war angelehnt* stond op een kier; **sich** ~ *an* (+ 4) 1 leunen tegen; 2 tot voorbeeld nemen of hebben; '**Anlehnung** ‹*die; -, -en*› 1 hulp, steun; ~ *an* (+ 4) het steunen op; 2 *in, unter* ~ *an* (+ 4) in navolging van

'**Anleihe** ‹*die; -, -n*› 1 lening; *eine ~ machen, aufnehmen* een lening sluiten; 2 *eine ~ oder ~n machen* iets overnemen van (*componist of schrijver*)

'**anleinen** ‹*h*› vastbinden, aan de lijn binden

'**anleiten** ‹*h*› leren, instrueren

'**Anleitung** ‹*die; -, -en*› 1 instructie, onderricht; *unter der* ~ (*des Lehrers*) onder leiding van; 2 handleiding, gebruiksaanwijzing

'**anlernen** ‹*h*› 1 aanleren, zich eigen maken; 2 (*iem*) inwerken, opleiden; *angelernt* half geschoold (*arbeider*)

'**anliegen** ‹*st.s en h; a-e*› 1 ~ *an* (+ 3) aanliggen tegen, grenzen aan; *dicht, fest, glatt, straff* ~ glad, nauwsluitend zitten (*kleren*); 2 na aan het hart liggen, (*voor iem*) van belang zijn; '**Anliegen** ‹*das; -s, -*› 1 wens, wat iem na aan het hart ligt; 2 verzoek; '**anliegend** 1 aanliggend; 2 naburig; 3 ingesloten (*in brief*); 4 nauwsluitend (*kleren*); '**Anlieger** ‹*der; -s, -*› aanwonende; ~ *frei!* verboden voor alle verkeer, uitgezonderd bestemmingsverkeer!

'**anlocken** ‹*h*› aanlokken, -trekken

'**anlügen** ‹*h*› *einen* ~ iem iets voorliegen, in het gezicht liegen

Anm. *Anmerkung*

'**anmachen** ‹*h*› 1 bevestigen, vastmaken, maken aan; 2 (*vuur*) aanmaken, (*licht, radio, verwarming enz*) aandoen; 3 (*sla, specie*) aanmaken; 4 (*ein Mädchen*) ~ proberen te versieren

'**anmahnen** ‹*h*› aanmanen; '**Anmahnung** ‹*die; -, -en*› aanmaning

'**anmalen** ‹*h*› 1 schilderen, verven; (*etwas an die Wandtafel*) ~ tekenen; 2 *sich* ~ zich opmaken

'**Anmarsch** ‹*der; -es, geen mv*› aantocht, opmars; *im ~ sein* in aantocht zijn

'**anmaßen, sich** ‹*h*› zich aanmatigen; '**anmaßend** aanmatigend, arrogant; '**Anmaßung** ‹*die; -, geen mv*› aanmatiging, arrogantie

'**Anmeldeformular** ‹*das; -s, -e*› aanmeldingsformulier; inschrijvingsformulier; '**anmelden** ‹*h*› 1 aanmelden, -kondigen (*Ankunft, Besuch*); 2 (*sich zu einem Kurs*) ~ opgeven, aanmelden; 3 uiten; '**Anmeldepflicht** ‹*die; -, geen mv*› meldingsplicht; '**Anmeldung** ‹*die; -, -en*› zie *anmelden*

'**anmerken** ‹*h*› 1 *einem etwas* ~ aan iem iets merken, zien; 2 *sich nichts ~ lassen* niets laten merken; 3 opmerken; '**Anmerkung** ‹*die; -, -en*› 1 opmerking; 2 aantekening, noot

'**anmessen** ‹*st.h; a-e; i*› aanmeten; vgl *angemessen*

'anmieten ‹*h*› huren
'anmustern ‹*h*› aanmonsteren
'Anmut ‹*die; -, geen mv*› bevalligheid, lieflijkheid, lieftalligheid, gratie
'anmuten ‹*h*› aandoen; (*etwas*) *mutet seltsam an* doet vreemd aan
'anmutig lief(e)lijk, bevallig, bekoorlijk, gracieus
'annageln ‹*h*› (vast)spijkeren, -nagelen
'annähern ‹*h*› (+ 3) 1 aanpassen aan; 2 *sich* ~ naderen (*lett en fig*); **'annähernd** bij benadering, ongeveer; **'Annäherung** ‹*die; -, -en*› 1 het naderen; 2 toenadering; **'Annäherungsversuch** ‹*der; -(e)s, -e*› toenaderingspoging; **'annäherungsweise** bij benadering
'Annahme ‹*die; -, -n*› 1 het aannemen, aanneming; inontvangstneming; 2 aanvaarding, goedkeuring; 3 veronderstelling; 4 ontvangstkantoor, plaats waar iets aangenomen, in ontvangst genomen wordt; 5 aanneming, indienstneming; **'annehmbar** 1 aannemelijk, aanvaardbaar; 2 behoorlijk, acceptabel; **'annehmen** ‹*st.h; a-o; i*› 1 aannemen (*div bet*); 2 (*erfenis, vonnis*) aanvaarden; 3 (*weddenschap*) aangaan; 4 in ontvangst nemen; 5 (*slechte gewoonten, manieren*) aanleren, zich eigen maken; 6 (*bezoeker*) ontvangen; 7 aannemen, in dienst nemen; 8 veronderstellen, aannemen; 9 *sich einer Person* ~ zich het lot van iem aantrekken, zich over iem ontfermen; **'Annehmlichkeit** ‹*die; -, -en*› genoegen, gemak
annek'tieren ‹*h*› annexeren
'anno, 'Anno anno, in het jaar; *A ~ dazumal* (in) het jaar nul
annon'cieren ‹*h*› 1 adverteren; 2 annonceren
annul'lieren ‹*h*› annuleren, nietig verklaren
'anöden ‹*h*› vervelen; *das ödet mich an* ik baal ervan
'anomal onregelmatig, anomaal, abnormaal
Anonymi'tät ‹*die; -, geen mv*› anonimiteit
'anordnen ‹*h*› 1 rangschikken, indelen, inrichten; 2 bepalen, vaststellen, voorschrijven; **'Anordnung** ‹*die; -, -en*› 1 rangschikking, volgorde; 2 verordening, voorschrift
'anormal abnormaal
'anpacken ‹*h*› 1 aanpakken; 2 vastpakken, vastgrijpen; (*der Hund*) *packt an* bijt
'anpassen ‹*h*› aanpassen (*div bet*); *sich* ~ (+ 3) zich aanpassen; **'Anpassung** ‹*die; -, geen mv*› aanpassing; (*Belg*) perekwatie; **'anpassungsfähig** in staat zich aan te passen
'anpfeifen ‹*st.h; i-i*› (*sp*) het beginsignaal geven; **'Anpfiff** ‹*der; -(e)s, -e*› (*sp*) beginsignaal
'anpflanzen ‹*h*› 1 planten; 2 verbouwen, telen; 3 (*tuin*) beplanten; **'Anpflanzung** ‹*die; -, -en*› 1 het aanplanten; 2 aanplant
'anpinkeln ‹*h*› (*fig*) beledigen
'anpöbeln ‹*h*› *einen* ~ beledigen; lastig vallen
'anpochen ‹*h*› (aan)kloppen
'Anprall ‹*der; -(e)s, geen mv*› schok, botsing, stoot; **'anprallen** ‹*s*› ~ *an* (aan)botsen tegen; kletteren tegen
anprangern ‹*h*› aan de kaak stellen
'anpreisen ‹*st.h; ie-ie*› aanprijzen
'anprobieren ‹*h*› (*kleding*) (aan)passen
'anpumpen ‹*h*› *einen* ~ geld van iem lenen
'Anrainer ‹*der; -s, -*› aanwonende
'anraten ‹*st.h; ie-a; ä*› (aan)raden, aanbevelen
'anrechnen ‹*h*› 1 berekenen, in rekening brengen; 2 (*diensttijd*) meetellen; 3 (*einem etwas nicht*) ~ aanrekenen; 4 aftrekken, in mindering brengen; **'Anrechnung** ‹*die; -, geen mv*› 1 het berekenen, het in rekening brengen; 2 het meetellen (*diensttijd*); 3 aftrek, mindering; *unter ~ der Untersuchungshaft* onder aftrek van voorarrest
'Anrecht ‹*das; -(e)s, -e*› ~ *auf* (+ 4) recht op
'Anrede ‹*die; -, -n*› 1 aanspreking; 2 het aanspreken
'anreden ‹*h*› *einen* ~ iem aanspreken; *sie redete mich auf meine Nachbarin hin an* ze wilde het een en ander weten over …
'anregen ‹*h*› 1 inspireren; 2 opwekken, stimuleren; 3 prikkelen; 4 aansporen, -zetten, bewegen; *einen zum Nachdenken* ~ iem tot nadenken brengen; **'anregend** inspirerend enz.; **'Anregung** ‹*die; -, -en*› 1 opwekking, prikkeling, stimulering; 2 initiatief, impuls, aanstoot; 3 aansporing; 4 idee
'anreichern ‹*h*› 1 het gehalte verbeteren; 2 verrijken; *angereichertes Uran* verrijkt uranium; *mit Fluor angereichertes* (*Trinkwasser*) gefluorideerd
'anreihen ‹*h*› toevoegen aan
'Anreise ‹*die; -, -n*› 1 aankomst; 2 (heen)reis; **'anreisen** ‹*s*› (aan)komen
'anreißen ‹*st.h; i-i*› 1 een scheur in iets maken, inscheuren; 2 (*voorraad*) aanspreken; 3 starten (*van buitenboordmotor met een trekkoord*); 4 (*fig*) aansnijden
'Anreiz ‹*der; -es, -e*› prikkel, aansporing, stimulans; **'anreizen** ‹*h*› aansporen, -zetten, prikkelen, stimuleren
'anrempeln ‹*h*› *einen* ~: *a*) opzettelijk tegen iem aanlopen; *b*) tegen iem uitvaren, iem beledigen
'anrennen ‹*onr.s en h*› 1 *an* (+ 4) ~ tegen iem of iets aanlopen, -botsen; 2 (*fig*) *gegen* (*das Schicksal, die Zeit*) ~ strijden, vechten tegen
'anrichten ‹*h*› 1 (*spijzen e.d.*) (toe)bereiden, klaarmaken; 2 (*schade, verwarring e.d.*) aanrichten, veroorzaken
'anrollen I ‹*h*› (*vaten*) aanrollen; **II** ‹*s*› 1 zich in beweging zetten; 2 beginnen; 3 binnenrollen; binnenkomen
'anrüchig berucht; ongunstig bekend staand
'anrücken I ‹*h*› bijschuiven, schuiven (naar); **II** ‹*s*› aanrukken, naderen
'Anruf ‹*der; -(e)s, -e*› 1 het (aan)roepen; 2 telefoontje; **'Anrufbeantworter** ‹*der; -s, -*› *automatischer* ~ automatisch antwoordapparaat; **'anrufen** ‹*st.h; ie-u*› 1 aanroepen; 2 opbellen; 3 een beroep doen op, om hulp vragen
'anrühren ‹*h*› 1 aanraken; 2 ontroeren, gegre-

pen worden door; 3 (*beslag*) aanmaken, (*gips*) mengen, aanmaken
'Ansage ‹*die; -, -n*› aankondiging (*cabaret, radio, tv*); bekendmaking; **'ansagen** 1 aankondigen; bekendmaken; *im Rundfunk ~* omroepen; 2 (*brief*) dicteren; 3 *sich ~* zijn bezoek aankondigen; **'Ansager** ‹*der; -s, -*› omroeper
'ansammeln ‹*h*› 1 bijeenbrengen, verzamelen, vergaren; 2 *sich ~: a*) samenstromen, zich verzamelen; *b*) zich ophopen; **'Ansammlung** ‹*die; -, -en*› 1 het bijeenbrengen enz.; zie *ansammeln*; 2 oploop, samenscholing
'ansässig woonachtig, gevestigd; *sich ~ machen* zich definitief vestigen
'Ansatz ‹*der; -es, -ë*› 1 het aanzetten; 2 aanzet-, verlengstuk; 3 begin (*van blad, wortel, buikje, verkoudheid, arm, haren*); 4 begin, aanloop, aanzet; 5 taxatie, schatting; 6 korst, aanzetsel; **'Ansatzpunkt** ‹*der; -(e)s, -e*› aanknopingspunt
'ansaugen ‹*h*› aan-, (op)zuigen
'anschaffen ‹*h*› 1 (*sich*) *etwas ~* iets aanschaffen, kopen; 2 *sich* (*eine Freundin, einen Freund*) *~* nemen, krijgen; 3 geld verdienen (*door prostitutie*); **'Anschaffung** ‹*die; -, -en*› aanschaffing, aankoop
'anschalten ‹*h*› inschakelen, aanzetten
'anschauen ‹*h*› 1 aankijken, bekijken; 2 bekijken, onderzoeken; **'anschaulich** aanschouwelijk, duidelijk; **'Anschauung** ‹*die; -, -en*› 1 het aan-, beschouwen; 2 opvatting, zienswijze, mening
'Anschein ‹*der; -(e)s, geen mv*› schijn, voorkomen, indruk; *dem oder allem ~ nach* naar het schijnt; *es hat den ~ als ob …* het schijnt, dat …; *sich den ~ geben* doen alsof; **'anscheinen** ‹*st.h; ie-ie*› beschijnen; **'anscheinend** naar het schijnt, zo te zien
'anschellen ‹*h*› aanbellen
'anschicken, sich ‹*h*› zich gereedmaken, op het punt staan
'anschieben ‹*st.h; o-o*› 1 (*auto*) aanduwen; 2 schuiven tegen
'anschießen ‹*st.h; o-o*› 1 aanschieten; 2 (*sp*) tegen iem aanschieten; 3 (*atletiek*) het startschot geven voor
'anschirren ‹*h*› tuigen; in-, aanspannen
'Anschiß ‹*der; Anschisses, Anschisse*› uitbrander
'Anschlag ‹*der; -(e)s, -ë*› 1 aanslag (*div bet*); *der ~ der Hufe* het geluid van de hoeven; *der ~ der Wellen* het klotsen van de golven; 2 bekendmaking, mededeling (*op muur, bord, aanplakzuil*); 3 raming, schatting; *in ~bringen* rekening houden met; 4 aanslag, overval; 5 het aantikken (*bij zwemmen*); **'anschlagen** I ‹*st.h; u-a; ä*› 1 aanslaan (*div bet*); 2 klotsen (*golven*); 3 aantikken (*bij sport en krijgertje*); 4 bevestigen, vastmaken; 5 (*vat*) aansteken, openen; 6 bekendmaken, meedelen; 7 schatten, taxeren; II ‹*s*› (*er ist*) *mit dem Kopf angeschlagen* met zijn hoofd tegen de muur geslagen; **'Anschlagsäule** ‹*die; -, -n*› aanplakzuil
'anschließen ‹*st.h; o-o*› 1 vastmaken, -leggen; 2 aansluiten; 3 nauw sluiten, sluitend zitten (*van kleren*); 4 *sich an einen oder sich einem, einer Partei, einer Meinung ~* zich aansluiten bij iem, een partij enz.; 5 (*opmerking, vraag e.d.*) laten volgen, toevoegen; **'anschließend** vervolgens, aansluitend; **'Anschluß** ‹*der; Anschlusses, Anschlüsse*› aansluiting (*div bet*); *den ~ verpaßt haben: a*) de aansluiting gemist hebben (trein, carrière); *b*) geen partner gevonden hebben, overblijven; **'Anschlußstelle** ‹*die; -, -n*› aansluiting van autosnelweg en niet-autosnelweg; **'Anschlußtor** ‹*das; -(e)s, -e*›, **'Anschlußtreffer** ‹*der; -s, -*› (*sp*) doelpunt waardoor de achterstand nog maar één punt is
'anschmiegen, sich ‹*h*› *sich ~ an* (+ 4) dicht aankruipen tegen, zich vlijen tegen
'anschmieren ‹*h*› 1 *sich ~* zich besmeren (*met verf, inkt*); 2 (*min*) schilderen; 3 bedriegen, belazeren; 4 *sich* (*bei einem*) *~* een wit voetje trachten te halen
'anschnallen ‹*h*› aangespen, (*Schlittschuhe*) onder-, aanbinden; *sich ~* de veiligheidsgordel aandoen; **'Anschnallpflicht** ‹*die; -, geen mv*› het verplicht dragen van een veiligheidsgordel
'anschnauzen ‹*h*› uitkafferen
'anschneiden ‹*st.h; i-i*› 1 (*brood, vlees e.d.*) aansnijden; 2 (*onderwerp, probleem e.d.*) aansnijden, ter sprake brengen; 3 *eine Kurve ~* de binnenbocht nemen; 4 (*sp*) effect geven
'anschreiben ‹*st.h; ie-ie*› 1 *~ an* (+ 4) schrijven op; 2 opschrijven (*van verschuldigd bedrag*); 3 *einen ~* iem aanschrijven
'anschreien ‹*st.h; ie-ie*› *einen ~* tegen iem schreeuwen of uitvaren
'Anschrift ‹*die; -, -en*› adres
'anschwärzen ‹*h*› (*lett en fig*) zwart maken
'anschwellen ‹*st.s; o-o; i*› 1 (op)zwellen (*voeten, klieren e.d.*); 2 aanzwellen (*geluid, storm*); aanzwellen, stijgen (*rivier*); 3 toenemen, groeien; **'Anschwellung** ‹*die; -, -en*› zwelling, verdikking
'anschwemmen ‹*h*› aanspoelen; aanslibben
'anschwindeln ‹*h*› bedriegen, oplichten
'ansehen ‹*st.h; a-e; ie*› 1 aanzien, -kijken (*einen*); (*ich kann es nicht länger*) *mit ~* aanzien, verdragen; 2 bekijken, kijken naar (*einen oder etwas*); 3 (*etwas*) *~ als oder für* beschouwen als; 4 *einem ~, daß …* aan iemand zien, dat …; 5 *sieh* (*mal*) (*einer*) *an!* kijk nu eens!; **sich** *~* 1 elkaar aanzien, -kijken; 2 *sich* (*jmdn oder etwas*) *~* bekijken; onderzoeken; 3 *das sieht sich gut an* dat ziet er goed uit; *es sieht sich an, als …* het lijkt, of …; **'Ansehen** ‹*das; -, geen mv*› 1 aanzien; 2 uiterlijk, voorkomen; (*ich kenne ihn nur*) *vom ~* van gezicht, van zien; **'ansehnlich** 1 aanzienlijk, groot; 2 statig, imponerend
'ansetzen ‹*h*› 1 aanmaken, aanzetten (*aan iets*); 2 (*ein Blasinstrument*) *~* aan de mond zetten; 3 (*bowl, deeg, gips*) (klaar)maken; 4 schatten,

taxeren; 5 (*einen Preis, einen Termin, eine Versammlung, eine Zeit*) ~ bepalen, vaststellen; 6 *eine Pflanze setzt* (*Knospen*) *an, usw.* een plant krijgt knoppen enz.; 7 (*Eisen*) *setzt Rost an* roest; *Fett* ~ vet worden; 8 aanzetten, aanbranden (*melk e.d.*); 9 (*sp*) (*einen Spieler*) *auf* (*einen anderen*) ~ met de bewaking, mandekking belasten; 10 (*an einer bestimmten Stelle*) ~ beginnen

'**Ansicht** ‹*die;* -, *-en*› 1 mening, opvatting; *nach meiner* ~, *meiner* ~ *nach* mijns inziens; 2 afbeelding, prent; ~ *von Delft* gezicht op Delft; 3 (voor-, zij)aanzicht; 4 *zur* ~ ter inzage; '**Ansichtskarte** ‹*die;* -, *-n*› ansicht(kaart); '**Ansichtssache** ‹*die*› *das ist* ~ daarover kan men van mening verschillen; '**Ansichtssendung** ‹*die;* -, *-en*› zichtzending

'**ansiedeln** ‹*h*› vestigen; *sich* ~ zich vestigen; '**Ansied(e)lung** ‹*die;* -, *-en*› vestiging, nederzetting

'**Ansinnen** ‹*das;* *-s,* -› (onbehoorlijke) eis

an'sonst(en) 1 anders; 2 voor het overige

'**anspannen** ‹*h*› 1 (*trekdieren*) aan-, voor-, inspannen; 2 (*spieren, touw, zenuwen*) spannen; 3 (*gedachten, krachten*) inspannen

'**Anspiel** ‹*das;* -(*e*)*s,* *-e*› (*sp*) het aanspelen; '**anspielen** ‹*h*› 1 ~ *auf* zinspelen op, een toespeling maken; 2 (*sp*) aanspelen, de bal spelen naar; 3 beginnen; uitkomen (*kaartspel*); '**Anspielung** ‹*die;* -, *-en*› zin-, toespeling

'**anspitzen** ‹*h*› 1 (aan)punten, slijpen; 2 *einen* ~ iem activeren

'**Ansporn** ‹*der;* *-s, geen mv*› aansporing; '**anspornen** ‹*h*› 1 de sporen geven; 2 aansporen

'**Ansprache** ‹*die;* -, *-n*› toespraak; '**ansprechen** ‹*st.h; a-o; i*› 1 (*iem*) aanspreken; 2 zich wenden tot; 3 ter sprake brengen, behandelen; 4 (*jmdn oder etwas*) ~ noemen; 5 aanspreken, in de smaak vallen; een indruk maken op; 6 (*med, techn*) reageren; (*med*) werken (*van middel*); 7 *einen auf etwas* (*hin*) ~ iets van iem willen weten; 8 *einen um etwas* ~ iem om iets vragen; '**ansprechend** innemend, prettig

'**anspringen** ‹*st.s; a-u*› 1 aanslaan (*van motor*); 2 (*fig*) reageren; 3 *angesprungen kommen* er springend aankomen; 4 aan-, opspringen

'**Anspruch** ‹*der;* -(*e*)*s,* *-ë*› 1 aanspraak, eis; ~ *auf* (+ 4) *haben, erheben* a. op iets hebben, maken; (*es*) *nimmt viel Zeit in* ~ eist veel tijd; *hohe Ansprüche stellen an* hoge eisen stellen aan; 2 recht, aanspraak (*auf etwas haben*); 3 *jmdn in* ~ *nehmen* een beroep op iem doen; *etwas in* ~ *nehmen* gebruik van iets maken; *jmdn völlig in* ~ *nehmen* iem volledig in beslag nemen; '**anspruchslos** pretentieloos, bescheiden; '**Anspruchslosigkeit** ‹*die;* -, *geen mv*› bescheidenheid, nederigheid, eenvoud; '**anspruchsvoll** veeleisend, pretentieus

'**anspülen** ‹*h*› aanspoelen

'**anstacheln** ‹*h*› aansporen

'**Anstalt** ‹*die;* -, *-en*› 1 instelling, instituut; 2 inrichting, kliniek; 3 (*keine*) ~*en machen* (geen) aanstalten maken

'**Anstand** ‹*der;* -(*e*)*s, geen mv*› 1 fatsoen; *den* ~ *wahren* zijn fatsoen houden; 2 (*keinen*) ~ *an etwas nehmen* (geen) bezwaar tegen iets hebben, (*ook*) (geen) aanstoot nemen aan iets; '**anständig** 1 fatsoenlijk, net, welgemanierd; 2 redelijk; behoorlijk (*Leistung, Qualität, Preis, Gehalt*); 3 flink; '**Anständigkeit** ‹*die;* -, *geen mv*› netheid, fatsoen; '**anstandshalber** fatsoenshalve; '**anstandslos** 1 zonder bezwaar; 2 zonder meer

'**anstarren** ‹*h*› aankijken, aanstaren

an'statt (+ 2) in (de) plaats van

'**anstechen** ‹*st.h; a-o; i*› 1 prikken in; 2 (*die Birnen*) *sind angestochen* zijn aangestoken

'**anstecken** ‹*h*› 1 vast-, opspelden; 2 (*ring*) aandoen; 3 aansteken; 4 besmetten, infecteren, aansteken; 5 (*Lachen*) *steckt an* is of werkt aanstekelijk; 6 *sich* ~ zich besmetten, besmet worden; '**ansteckend** aanstekelijk; besmettelijk

'**Ansteckung** ‹*die;* -, *geen mv*› besmetting

'**anstehen** ‹*onr.h*› 1 in de rij staan (*voor iets*); *nicht* ~ niet aarzelen, dralen; 2 *etwas* ~ *lassen* iets uitstellen, opschorten; 3 ~*de Probleme* nog op te lossen problemen

'**ansteigen** ‹*st.s; ie-ie*› stijgen, oplopen (*weg, berg*); wassen (*water*), oplopen (*temperatuur*), stijgen, toenemen (*omzet, verkeer*)

an'stelle (+ 2) in plaats van, (*afk*) i.p.v.

'**anstellen** ‹*h*› 1 aanstellen, in dienst nemen; 2 maken, doen, regelen, organiseren, op touw zetten, houden; 3 aanzetten; 4 zetten tegen; 5 (*onderzoek*) instellen; 6 (*wie soll ich das*) ~? doen, regelen?; 7 (*was hat er nicht*) *alles angestellt* (*mit mir*) allemaal geprobeerd; 8 (*was hat er wieder*) *angestellt?* uitgehaald?; **sich** ~ 1 in de rij gaan staan; 2 zich gedragen; 3 zich aanstellen; **Anstelle'rei** ‹*die;* -, *-en*› aanstellerij; '**Anstellung** ‹*die;* -, *-en*› 1 aanstelling; 2 betrekking, baan

'**Anstieg** ‹*der;* -(*e*)*s,* *-e*› 1 stijging (*van weg, temperatuur, prijzen e.d.*); 2 beklimming, bestijging

'**anstieren** ‹*h*› aankijken, -staren

'**anstiften** ‹*h*› 1 aanstichten, veroorzaken; 2 (*komplot*) smeden; 3 (*einen zum Verrat*) ~ aanzetten, overhalen; (*jur*) uitlokken; '**Anstifter** ‹*der;* *-s,* -› aanstichter, -stoker, bewerker; '**Anstiftung** ‹*die;* -, *-en*› aanstichting, -zetting, ophitsing; (*jur*) uitlokking

'**anstimmen** ‹*h*› inzetten, aanheffen; (*einen anderen Ton*) ~ aanslaan

'**Anstoß** ‹*der;* *-es,* *-ë*› 1 stoot, schok; 2 aanstoot, ergernis; ~ *erregen* (*bei einem*) ergernis opwekken; *an einer Sache* ~ *nehmen* zich aan iets ergeren; 3 aanstoot, aanzet, impuls, initiatief; 4 aftrap (*voetbal*); '**anstoßen** ‹*st.h; ie-o; ö*› 1 klinken (*met glazen*); 2 een duw(tje) geven; 3 stoten tegen, aanstoten; 4 aftrappen (*voetbal*); 5 *bei einem* ~ iemands misnoegen, ergernis opwekken; '**anstößig** onbetamelijk, aanstoot gevend, ergerlijk

'anstrahlen ‹*h*› verlichten

'anstreichen ‹*st.h; i-i*› 1 (*deur, huis e.d.*) schilderen, verven; 2 aan-, onderstrepen (*in tekst, boek e.d.*); **'Anstreicher** ‹*der; -s, -*› schilder

'anstrengen ‹*h*› 1 inspannen; 2 vermoeien; 3 (*jur*) aanhangig maken; 4 *sich* ~ zich inspannen; **'anstrengend** inspannend, vermoeiend; **'Anstrengung** ‹*die; -, -en*› inspanning; (*er*) *machte vergebliche ~en* deed vergeefse moeite

'Anstrich ‹*der; -(e)s, -e*› 1 schilderwerk; 2 het schilderen; 3 verf; kleur; 4 (*fig*) tintje, schijn

'Ansturm ‹*der; -(e)s, geen mv*› 1 aanval, stormloop; 2 sterke toeloop; 3 ~ *auf, nach* run op, grote vraag naar; **'anstürmen** ‹*s*› 1 aanstormen; *gegen etwas* ~ op iets aanstormen; 2 (*fig*) ~ *gegen* stormlopen tegen

'antasten ‹*h*› 1 betasten, (voorzichtig) aanraken; 2 (*een onderwerp*) slechts even aanroeren; 3 aantasten; 4 (*voorraad*) aanspreken

'Anteil ‹*der; -(e)s, -e*› 1 aandeel, deel, portie; *der ~ an* ... het aandeel in; 2 belangstelling; **'anteilig** evenredig; **'Anteilnahme** ‹*die; -, geen mv*› 1 deelneming, medewerking; 2 belangstelling

An'tenne ‹*die; -, -n*› antenne

Anthropo'loge ‹*der; -n -n*› antropoloog

Antialko'holiker ‹*der; -s, -*› geheelonthouder

Anti'babypille ‹*die; -, -n*› anticonceptiepil, de pil

an'tik antiek; **An'tike** ‹*die; -, -n*› klassieke oudheid; *die ~n* de kunstwerken der klassieke oudheid

'antippen ‹*h*› 1 aantikken, licht aanraken; 2 (*fig*) aanstippen, terloops noemen

Anti'quar ‹*der; -s, -e*› antiquaar; antiquair; **Antiquari'at** ‹*das; -(e)s, -e*› antiquariaat; **anti'quarisch** id.; tweedehands; **Antiqui'tät** ‹*die; -, -en*› antiquiteit; **Antiqui'tätenhändler** ‹*der; -s, -*› antiquair

Antisemi'tismus ‹*der; -, geen mv*› antisemitisme

antizi'pieren ‹*h*› anticiperen

'Antlitz ‹*das; -es, -e*› gelaat, gezicht

'antoben ‹*h*› tekeergaan tegen

'Antrag ‹*der; -(e)s, -ë*› 1 verzoek, rekest, aanvraag; *einen ~ stellen auf* een verzoek enz. indienen tot, voor; 2 aanvraagformulier; 3 voorstel, motie; *einen ~ stellen* een voorstel doen, een motie voorstellen; *einen ~ einbringen* een motie indienen; 4 huwelijksaanzoek; (*einem Mädchen*) *einen ~ machen* een huwelijksaanzoek doen; **'antragen** ‹*st.h; u-a; ä*› *einem etwas* ~ iem iets aanbieden (*baan, hulp, vriendschap*); **'Antragsformular** ‹*das; -s, -e*› aanvraagformulier; **'Antragsteller** ‹*der; -s, -*› verzoeker, aanvrager

'antreffen ‹*st.h; a-o; i*› aantreffen; **'antreiben I** ‹*st.h; ie-ie*› 1 (*dieren*) aan-, voortdrijven; 2 (*auto, boot, vliegtuig enz*) aandrijven; 3 (*einen*) ~ aansporen; 4 drijven naar; **II** ‹*s*› 1 komen aandrijven; 2 aanspoelen

'antreten I ‹*st.h; a-e; i*› 1 (*functie, regering, erfenis*) aanvaarden; (*werk, reis*) beginnen; 2 *den Beweis* ~ het bewijs leveren; 3 (*motor*) aantrappen; 4 (*aarde*) aanstampen; 5 (*sp*) wegsprinten, demarreren (*voetbal*); **II** ‹*s*› 1 komen, verschijnen (*op het werk*); 2 (*mil*) aantreden; 3 (*sp*) ~ *gegen* aantreden, uitkomen tegen

'Antrieb ‹*der; -(e)s, -e*› 1 aandrijving (*van auto e.d.*); 2 drang; 3 stimulans, prikkel, impuls; *aus eigenem oder freiem ~* uit eigen beweging

'antrinken ‹*st.h; a-u*› *sich einen ~* zich bedrinken; *sich Mut ~* zich moed indrinken

'Antritt ‹*der; -(e)s, geen mv*› 1 aanvaarding; 2 begin

'antun ‹*onr.h*› 1 *einem etwas* ~ iem iets aandoen; (*schade, leed*) berokkenen; 2 *einem eine Ehre* ~ iem een eer bewijzen; 3 (*kleding*) aandoen, -trekken; **sich** *etwas ~* de hand aan zichzelf slaan

'Antwort ‹*die; -, -en*› antwoord; *zur, als ~ geben* ten, tot, als antwoord geven; **'antworten** ‹*h*› antwoorden

'anvertrauen ‹*h*› toevertrouwen; *sich einem ~* zich in vertrouwen tot iem wenden

'anvisieren ‹*h*› 1 mikken op; 2 voor ogen hebben, nastreven

'anwachsen ‹*st.s; u-a; ä*› 1 aan-, vastgroeien; 2 vastgroeien, wortel schieten; 3 toenemen, (aan)groeien

'Anwalt ‹*der; -(e)s, -ë*› 1 advocaat; 2 verdediger, pleitbezorger; 3 voorstander, -vechter; **'Anwaltschaft** ‹*die; -, geen mv*› (*jur*) 1 advocaatschap; 2 advocatuur

'anwandeln ‹*h*› 1 bekruipen; 2 opkomen; **'Anwandlung** ‹*die; -, -en*› opwelling, bevlieging

'anwärmen ‹*h*› (even) verwarmen; opwarmen

'Anwärter ‹*der; -s, -*› 1 kandidaat (*bijv bij vacature*); 2 pretendent (*bijv naar de kroon*); 3 (*sp*) kandidaat, favoriet

'anwehen ‹*h*› 1 toewaaien; 2 op-, aanwaaien (*sneeuw, zand e.d.*); 3 opkomen bij (*angst*)

'anweisen ‹*st.h; ie-ie*› 1 opdragen (iets te doen); 2 onderrichten, instrueren; 3 (*geld*) overmaken; 4 (*kamer*) toewijzen, (*plaats*) aanwijzen; **'Anweisung** ‹*die; -, -en*› 1 aanwijzing, opdracht, bevel; 2 handleiding, (ook) onderricht; 3 overmaking (*geld*); 4 cheque, postwissel; 5 toe-, aanwijzing; 6 voorschrift, aanwijzing

'anwendbar 1 aanwendbaar, bruikbaar; 2 toepasselijk, van toepassing; **'anwenden** ‹*zw. en onr. h*› 1 aanwenden, gebruiken; 2 toepassen; 3 (*krachten*) inspannen; **'Anwendung** ‹*die; -, -en*› 1 aanwending, gebruik, gebruikmaking; 2 toepassing

'anwerben ‹*st.h; a-o; i*› aanwerven

'anwerfen ‹*st.h; a-o; i*› 1 tegen ... aanwerpen; 2 aanzetten (motor)

'anwesend aanwezig; **'Anwesende(r)** ‹*bn als zn*› aanwezig; **'Anwesenheit** ‹*die; -, geen mv*› aanwezigheid

'anwettern ‹*h*› *einen ~* tegen iem te keer gaan

'anwidern ‹*h*› *das widert mich an* daar walg ik van; *~d* weerzinwekkend
'Anwohner ‹*der; -s, -*› aanwonende
'Anwurf ‹*der; -(e)s, -ë*› 1 (*sp*) eerste worp; 2 aanslingeren (*motor e.d.*); 3 verdachtmaking
'Anzahl ‹*die; -, geen mv*› aantal
'anzahlen ‹*h*› 1 (een deel) betalen; 2 aanbetalen; **'Anzahlung** ‹*die; -, -en*› aanbetaling
'anzapfen ‹*h*› 1 (*vat*) aansteken; 2 (*telefoonleiding, elektrische stroom, rubberboom*) aftappen
'Anzeichen ‹*das; -s, -*› (ken)teken, aanwijzing; voorteken
'Anzeige ‹*die; -, -n*› 1 advertentie; *eine ~ aufgeben, einrücken* een advertentie plaatsen; 2 kennisgeving, aankondiging (*overlijden, huwelijk*); 3 aangifte (*bij politie*); *~ erstatten* aangifte doen; 4 bekeuring, proces-verbaal; **'anzeigen** ‹*h*› 1 aangeven, -wijzen (*klok, meter e.d.*); 2 kennis geven van, aankondigen, (*ook*) laten weten; 3 aangifte doen van (*bij politie*); **'Anzeiger** ‹*der; -s, -*› 1 aangever; 2 nieuws- en advertentieblad, blad; 3 (*techn*) verklikker; **'Anzeigetafel** ‹*die; -, -n*› scorebord
'anzetteln ‹*h*› aanstichten, op touw zetten; (*complot*) smeden
'anziehen ‹*st.h; o-o*› 1 (*kleding*) aantrekken; 2 (*vocht*) opnemen; 3 (*natuurk*) aantrekken; (*geur, smaak*) aannemen; 4 (*knieën, schouders*) optrekken; 5 (*publiek, kopers*) trekken; (*sich von jmdm*) *angezogen fühlen* aangetrokken voelen; 6 (*ketting, snaar*) spannen; (*fig*) *die Zügel straffer ~* de teugels strakker aantrekken; (*handrem*) aantrekken; 7 (*schroef*) aandraaien; 8 zich in beweging zetten (*trein, auto, paarden*); 9 stijgen, aantrekken (*prijzen, koersen*); **'anziehend** aantrekkelijk, bekoorlijk; **'Anziehung** ‹*die; -, geen mv*› 1 aantrekking; 2 bekoring, aantrekkingskracht; **'Anziehungskraft** ‹*die; -, geen mv*› aantrekkingskracht
'Anzug ‹*der; -(e)s, -ë*› 1 kostuum, pak; 2 *im ~ sein* naderen, op komst zijn, dreigen
'anzüglich 1 hatelijk; 2 dubbelzinnig, schuin
'anzünden ‹*h*› 1 (*licht, sigaret e.d.*) aansteken; 2 in brand steken; 3 (*het vuur*) aanmaken
'anzweifeln ‹*h*› in twijfel trekken, betwijfelen
A'partmenthaus ‹*das; -es; -ër*› flatgebouw
'Apfel ‹*der; -s, Äpfel*› appel; *der ~ fällt nicht weit vom Stamm* de appel valt niet ver van de boom; *in den sauren ~ beißen* door de zure appel bijten; **'Apfelkuchen** ‹*der; -s, -*› appelgebak; **'Apfelmus** ‹*das; -es, geen mv*› appelmoes; **'Apfelsaft** ‹*der; -(e)s, -ë*› appelsap; **Apfel'sine** ‹*die; -, -n*› sinaasappel; **'Apfelstrudel** ‹*der; -s, -*› appelgebak (*gerold*); **'Apfelwein** ‹*der; -(e), -e*› appelwijn, cider
A'postel ‹*der; -s, -*› apostel; **A'postelgeschichte** ‹*die; -, -n*› Handelingen der Apostelen
Apo'stroph ‹*der; -s, -e*› apostrof
Apo'theke ‹*die; -, -n*› apotheek; **Apo'thekenhelferin** ‹*die; -, -nen*› apothekersassistente
Appa'rat ‹*der; -(e)s, -e*› 1 apparaat, toestel; 2 apparaat (*alle personen en/of inrichtingen, instellingen*); 3 apparaat (*alle hulpmiddelen*); 4 telefoon; *bleiben Sie bitte am ~!* blijft u aan de lijn alstublieft!; **Appara'tur** ‹*die; -, -en*› apparatuur
Ap'pell ‹*der; -s, -e*› 1 appèl, beroep; *an einen einen ~ richten* een beroep op iem doen; 2 (*mil*) appèl; **appel'lieren** ‹*h*› *~ an* (+ 4) appelleren aan; een beroep doen op
Appe'tit ‹*der; -(e)s, geen mv*› eetlust, trek; *~ auf* trek in (*ook fig*); *guten ~!* eet smakelijk!; **appe'titanregend** de eetlust opwekkend; smakelijk, lekker; **appe'titlich** appetijtelijk: *a*) de eetlust opwekkend; *b*) aantrekkelijk, bekoorlijk
applau'dieren ‹*h*› applaudisseren; **Ap'plaus** ‹*der; -es, geen mv*› applaus; *einem ~ spenden* voor iem applaudisseren
Appositi'on ‹*die; -, -en*› (*gramm*) appositie, bijstelling
appre'tieren ‹*h*› appreteren, opmaken
Apri'kose ‹*die; -, -n*› abrikoos
A'prilscherz ‹*der; -es, -e*› 1 aprilgrap; **A'prilwetter** ‹*das; -s, geen mv*› maartse buien; buiig weer
Aquä'dukt ‹*der; -(e)s, -e*› aquaduct
Aqua'planing ‹*das; -(s), geen mv*› aquaplaning
Ä'quator ‹*der; -s, geen mv*› equator
äquiva'lent ‹*bn*› equivalent, gelijkwaardig
'Araber ‹*der; -s, -*› Arabier (*ook paard*)
'Arbeit ‹*die; -, -en*› 1 arbeid, werk, (*mv ook*) werkzaamheden; ***an** die ~ gehen, sich an die ~ machen* aan het werk gaan; ***bei** der ~ sein* aan het werk zijn; *einen **in** Arbeit nehmen* iem in dienst nemen; (*ein Werk*) *in ~ nehmen* onder handen nemen; (*das Kleid ist*) *in ~* in de maak; 2 werk; werkstuk; stuk werk; 3 proefwerk (*op school*); 4 *das kostet, macht, verursacht viel ~* dat kost, veroorzaakt veel moeite; **'arbeiten** ‹*h*› 1 werken; 2 *gearbeiteter Stein* bewerkte steen; 3 (*der Schrank ist gut*) *gearbeitet* gemaakt; 4 *einem in die Hand ~* iem helpen; 5 (*der Wein*) *arbeitet* werkt, gist; (*das Holz*) *arbeitet* werkt; (*der Motor, das Herz u.ä.*) *arbeitet* (*normal*) werkt, functioneert; 6 *es arbeitet sich leicht, schlecht* (*in diesen Räumen*) het is gemakkelijk, moeilijk werken; *sich zu Tode, sich tot ~* zich doodwerken; **'Arbeiter** ‹*der; -s, -*› arbeider, werkman; **'Arbeitermangel** ‹*der; -s, -*› tekort aan arbeiders; **'Arbeiterschaft** ‹*die; -, geen mv*› de (gezamenlijke) arbeiders; **'Arbeitgeber** ‹*der; -s, -*› werkgever; (*Belg*) patronaat; **Arbeit'geberverband** ‹*der; -(es), -ë*› werkgeversorganisatie; **'Arbeitnehmer** ‹*der; -s, -*› werknemer; **Arbeit'nehmerorganisation** ‹*die; -, -en*› werknemersorganisatie; **'arbeitsam** arbeid-, werkzaam; **'Arbeitsamt** ‹*das; -(e)s, -ämter*› arbeidsbureau; **'Arbeitsausschuß** ‹*der; -ausschusses, -ausschüsse*› werkgroep; **'Arbeitsbeschaffung** ‹*die; -,*

geen mv› werkverschaffing; '**Arbeitserlaubnis** ‹*die;* -, -*se*› werkvergunning; '**arbeitsfähig** in staat om te werken; *bedingt oder nicht voll* ~ onvolwaardig; '**Arbeitsgemeinschaft** ‹*die;* -, -*en*› werkgemeenschap; samenwerkingsverband; '**Arbeitsgericht** ‹*das;* -(*e*)*s*, -*e*› (*Belg*) arbeidsgerecht; '**Arbeitskraft** ‹*die;* -, -*ë*› arbeidskracht; '**arbeitslos** werk(e)loos; '**Arbeitslosengeld** ‹*das;* -(*e*)*s*, *geen mv*› werkloosheidsuitkering; '**Arbeitslosenunterstützung** ‹*die;* -, -*en*› 1 steun; 2 werkloosheidsuitkering; '**Arbeitslosenversicherung** ‹*die;* -, -*en*› werkloosheidsverzekering; '**Arbeitslosenzahl** ‹*die;* -, -*en*›, '**Arbeitslosenziffer** ‹*die;* -, -*n*› aantal werklozen; werkloosheidscijfer; '**Arbeitslosigkeit** ‹*die;* -, *geen mv*› werk(e)loosheid; '**Arbeitsmarkt** ‹*der;* -*ë*› arbeidsmarkt; '**Arbeitsplatz** ‹*der;* -*es*, -*ë*› 1 arbeidsplaats, baan; 2 arbeids-, werkruimte; 3 werkplek; '**arbeitsscheu** werkschuw; '**Arbeitsstelle** ‹*die;* -, -*n*› 1 arbeidsplaats, baan; 2 werkplek; '**Arbeitsteilung** ‹*die;* -, -*en*› werkverdeling; '**Arbeitsuchende(r)** ‹*bn als zn*› werkzoekende; '**arbeitsunfähig** arbeidsongeschikt; '**Arbeitsverhältnis** ‹*das;* -*ses*, -*se*› 1 dienstverband, arbeidscontract, -overeenkomst; 2 arbeidsvoorwaarde; '**Arbeitsvermittlung** ‹*die;* -, -*en*› arbeidsbemiddeling, (*ook*) arbeidsbureau; '**Arbeitsvermittlungsstelle**: ~ *für Studenten* (*Belg*) jobdienst; '**Arbeitsvertrag** ‹*der;* -(*e*)*s*, -*ë*› arbeidscontract; '**Arbeitswillige(r)** ‹*bn als zn*› werkwillige; '**Arbeitszeit** ‹*die;* -, -*en*› werktijd; *gleitende* ~ variabele werktijd; '**Arbeitszeitverkürzung** ‹*die;* -, -*en*› arbeidstijdverkorting; '**Arbeitszimmer** ‹*das;* -*s*, -› werkkamer, studeerkamer

Archaö'loge ‹*der;* -*n*, -*n*› archeoloog; **archaö'logisch** archeologisch, oudheidkundig

'**Arche** ‹*die;* -, -*n*› ark

Archi'tekt ‹*der;* -*en*, -*en*› architect; **architek'tonisch** architectonisch; **Architek'tur** ‹*die;* -, *geen mv*› architectuur

Ar'chiv ‹*das;* -*s*, -*e*› archief; **Archi'var** ‹*der;* -*s*, -*e*› archivaris

ARD *Arbeitsgemeinschaft der öffentlichrechtlichen Rundfunkanstalten der Bundesrepublik Deutschland;* Duitsland I (*radio, tv*)

arg (*ärger, ärgst*) 1 erg, ernstig; 2 slecht; 3 erg, groot; 4 (*volkstaal*) zeer, heel; *ein* ~*er Fehler* een grove fout; 5 *er macht es zu* ~ hij maakt het te bont, (*ook*) hij gaat te ver; *ich sehe nichts A*~*es dabei* ik zie er geen kwaad in

'**Ärger** ‹*der;* -*s*, *geen mv*› ergernis, ontstemming; '**ärgerlich** 1 ergerlijk; 2 onaangenaam, hinderlijk, vervelend; 3 boos, nijdig; '**ärgern** ‹*h*› 1 ergeren, boos maken; 2 plagen; 3 *sich* ~ (*über*, (+ 4)) zich ergeren; '**Ärgernis** ‹*das;* -*ses*, -*se*› 1 ergernis, aanstoot; 2 narigheid, onaangenaamheid

'**Arglist** ‹*die;* -, *geen mv*› arglist, boosaardigheid; '**arglistig** arglistig, boosaardig

'**arglos** argeloos; '**Arglosigkeit** ‹*die;* -, *geen mv*› argeloosheid

Argu'ment ‹*das;* -(*e*)*s*, -*e*› argument

Argumentati'on ‹*die;* -, -*en*› argumentatie; **argumen'tieren** ‹*h*› argumenteren

'**Argwohn** ‹*der;* -(*e*)*s*, *geen mv*› argwaan, achterdocht; '**argwöhnen** ‹*h*› argwanen, vermoeden; '**argwöhnisch** argwanend, achterdochtig

'**Arie** ‹*die;* -, -*n*› aria

Aristo'krat ‹*der;* -*en*, -*en*› aristocraat; **Aristokra'tie** ‹*die;* -, -*n*› aristocratie; **aristo'kratisch** aristocratisch

arm (*ärmer, ärmst*) arm (*ook fig*), behoeftig; ~ *an* … arm aan …; *der Ärmste!* de stumper!

Arm ‹*der;* -(*e*)*s*, -*e*› arm (*div bet*); (*einer Dame*) *den* ~ *bieten, reichen* een arm geven; *einen auf den* ~ *nehmen* iem voor de gek houden; *einem unter die* ~*e greifen* iem een handje helpen

Arma'turen ‹*mv*› (*techn*) instrumenten (*voor bediening, schakeling e.d.*); **Arma'turenbrett** ‹*das;* -(*e*)*s*, -*er*› instrumentenbord; dashboard

'**Armband** ‹*das;* -(*e*)*s*, -*ër*› armband; '**Armbanduhr** ‹*die;* -, -*en*› polshorloge

'**Armbinde** ‹*die;* -, -*n*› 1 (*med*) mitella; 2 band (*om arm als insigne*)

'**Arme(r)** ‹*bn als zn*› arme

Ar'mee ‹*die;* -, -*n*› leger

'**Ärmel** ‹*der;* -*s*, -› mouw; *die* ~ *hochkrempeln* (*lett en fig*) de mouwen opstropen; '**Ärmelkanal** ‹*der;* -(*e*)*s*, *geen mv*› (*aardr*) het Kanaal; '**ärmellos** mouwloos, zonder mouwen

'**Armenanwalt** ‹*der;* -(*e*)*s*, -*ë*› pro-deo-advocaat

'**Armgelenk** ‹*das;* -(*e*)*s*, -*e*› armgewricht; '**Armlehne** ‹*die;* -, -*n*› armleuning; '**Armleuchter** ‹*der;* -*s*, -› 1 kandelaar, luster; 2 stommeling, zak

'**ärmlich** armoedig, armelijk, armzalig

'**armselig** armzalig, ellendig, armoedig

'**Armsessel** ‹*der;* -*s*, -› arm-, leunstoel

'**Armut** ‹*die;* -, *geen mv*› armoede (*div bet*); behoefte, gebrek; '**Armutszeugnis** ‹*das;* -*ses*, -*se*› 1 (*jur*) bewijs van onvermogen; 2 (*fig*) brevet van onvermogen

A'roma ‹*das;* -*s*, *Aromen en Aromata*› aroma

arran'gieren ‹*h*› 1 arrangeren, organiseren; 2 (*muziek*) arrangeren; 3 (rang)schikken; 4 *sich mit einem* ~ het met iem eens worden, tot overeenstemming komen; 5 *sich mit etwas* ~ zich in iets schikken

Ar'rest ‹*der;* -(*e*)*s*, -*e*› arrest: *a*) hechtenis; (*mil*) *leichter, geschärfter, schwerer* ~ licht, verzwaard, streng arrest; het nablijven (*als schoolstraf*); *b*) beslag; ~ *auf etwas legen, etwas mit* ~ *belegen* beslag op iets leggen

Arsch ‹*der;* -*es*, -*ë*› achterste, kont, reet; '**Arschloch** ‹*das;* -(*e*)*s*, -*löcher*› 1 reet, gat; 2 smeerlap, hufter, klootzak

Art ‹*die;* -, -*en*› 1 manier, wijze; 2 aard, natuur, manier van doen; 3 soort; (*die Verhältnisse*) *waren nicht der* ~, *daß* … waren niet zó, dat …; ***auf*** *diese* ~ op die manier; ***aus*** *der* ~ *schlagen* ontaarden; ***nach*** ~ *der Chinesen* op de manier van de Chinezen; *jeder lebt nach seiner ~* op zijn manier; *~ läßt nicht* ***von*** *~* een aardje naar zijn vaartje hebben, de appel valt niet ver van de boom

'arten ‹*s*› aarden (*nach* naar)

Ar'terie ‹*die; -, -n*› slagader, arterie; **Ar'terienverkalkung** ‹*die; -, -en*› aderverkalking

'Artgenosse ‹*der; -n, -n*› soortgenoot

'artig zoet, lief (*van kinderen*)

Ar'tikel ‹*der; -s, -*› 1 artikel; 2 lidwoord

Artikulati'on ‹*die; -, -en*› articulatie; **artiku'lieren** ‹*h*› 1 articuleren, uitspreken; 2 onder woorden brengen, formuleren; 3 *sich ~* zich uiten; zijn mening zeggen

Arti'schocke ‹*die; -, -n*› artisjok

Ar'tist ‹*der; -en, -en*› artiest

Arz'nei ‹*die; -, -en*› medicijn, geneesmiddel; **Arz'neimittel** ‹*das; -s, -*› medicijn, geneesmiddel

Arzt ‹*der; -es, -ë*› arts, dokter; **'Arzthelferin** ‹*die; -, -nen*› doktersassistente; **'Ärztin** ‹*die; -, -nen*› (vrouwelijke) arts; **'ärztlich** geneeskundig, medisch; *~es Attest* attest van de dokter; *~ behandeln lassen* onder (geneeskundige) behandeling stellen; *in ~er Behandlung stehen* onder behandeling zijn; *~e Hilfe in Anspruch nehmen* doktershulp, geneeskundige hulp inroepen

As ‹*das; -es, -e*› 1 aas (*kaartspel*); 2 uitblinker; kei, kanjer; (*sp*) crack; 3 ace (*bij tennis*); 4 succes(artikel)

'Asche ‹*die; -, geen mv*› as; **'Aschenbahn** ‹*die; -, -en*› (*sp*) sintelbaan; **'Aschenbecher** ‹*der; -s, -*› asbakje; **'Ascher** ‹*der; -s, -*› asbakje; **Ascher'mittwoch** ‹*der; -s, geen mv*› Aswoensdag

Asi'at ‹*der; -en, -en*› Aziaat

'asozial asociaal

As'pekt ‹*der; -(e)s, -e*› aspect

As'phalt ‹*der; -(e)s, -e*› asfalt; **asphal'tieren** ‹*h*› asfalteren

Aspirati'on ‹*die; -, -en*› aspiratie

As'sessor ‹*der; -s, -en*› nog niet geplaatst, bevoegd ambtenaar, advocaat, leraar

assimi'lieren ‹*h*› assimileren

Assi'stent ‹*der; -en, -en*› assistent; **Assi'stentin** ‹*die; -, -nen*› assistente; **assi'stieren** ‹*h*› assisteren

Assoziati'on ‹*die; -, -en*› associatie; **assozi'ieren** ‹*h*› associëren

Ast ‹*der; -(e)s, -ë*› 1 (dikke) tak; 2 tak (*van bloedvat, zenuw*); 3 knoest, kwast (*in hout*); 4 (*volkstaal*) rug; 5 (*volkstaal*) bochel, bult

'Aster ‹*die; -, -n*› aster

Äs'thetik ‹*die; -, geen mv*› esthetica; **äs'thetisch** esthetisch

'Asthma ‹*das; -s, geen mv*› astma

'astrein 1 zonder kwasten (hout); 2 (*fig*) onberispelijk; *nicht ~ sein* niet zijn zoals het hoort; 3 (*fig*) zuiver, echt

Astro'loge ‹*der; -n, -n*› astroloog, sterrenwichelaar; **Astrolo'gie** ‹*die; -, geen mv*› astrologie

Astro'nom ‹*der; -en, -en*› astronoom

Astrophy'sik ‹*die; -, geen mv*› astrofysica

A'syl ‹*das; -s, -e*› asiel; *um politisches ~ bitten, nachsuchen* politiek asiel vragen; **Asy'lant** ‹*der; -en, -en*› 1 asielzoeker; 2 aanvrager van politiek asiel; **A'sylantrag** ‹*der; -(e)s, -ë*› asielaanvraag; **A'sylbewerber** ‹*der; -s, -*› 1 asielzoeker; 2 aanvrager van politiek asiel

'Atem ‹*der; -s, geen mv*› adem (*ook fig*), ademhaling; *~ holen od. schöpfen* ademhalen; *einen in ~ halten: a*) iem in spanning houden; *b*) iem niet tot rust laten komen; *nach ~ ringen* naar adem hijgen, naar lucht snakken; **'atemberaubend** adembenemend; **'Atembeschwerden** ‹*mv*› ademhalingsmoeilijkheden; **'atemlos** 1 ademloos, buiten adem; 2 (*fig*) ademloos; vol spanning; **'Atemnot** ‹*die; -, geen mv*› ademnood; **'Atempause** ‹*die; -, -n*› adempauze; **'Atemzug** ‹*der; -(e)s, -ë*› ademtocht, -haling; *in einem ~* tegelijk

'Äther ‹*der; -s, geen mv*› (*chem*) ether

Ath'let ‹*der; -en, -en*› atleet; **Ath'letik** ‹*die; -, geen mv*› atletiek; **Ath'letin** ‹*die; -, -nen*› atlete; **ath'letisch** atletisch

At'lantik ‹*der; -s, geen mv*› Atlantische Oceaan

'Atlas ‹*der; - of -ses, -sse of Atlanten*› atlas

atm, Atm *Atmosphäre*

'atmen ‹*h*› 1 ademen (*ook fig*), ademhalen; 2 inademen

Atmo'sphäre ‹*die; -, -n*› 1 atmosfeer, dampkring; 2 stemming, sfeer; 3 (*techn*) atmosfeer; **atmo'sphärisch** atmosferisch

'Atmung ‹*die; -, geen mv*› ademhaling

A'toll ‹*das; -s, -e*› atol (*ringvormig koraaleiland*)

A'tom ‹*das; -s, -e*› atoom; **A'tomabfall** ‹*der; -(e)s, -ë*› radioactief afval; **A'tomantrieb** ‹*der; -(e)s, geen mv*› kernvoortstuwing; **ato'mar** atoom-, atomair; **A'tombombe** ‹*die; -, -n*› atoombom; **A'tomenergie** ‹*die; -, geen mv*› kern-, atoomenergie; **a'tomgetrieben** met kernaandrijving; **A'tomkraftwerk** ‹*das; -(e)s, -e*› kerncentrale; **A'tommeiler** ‹*der; -s, -*› kernreactor; **A'tommüll** ‹*der; -s, geen mv*› kernafval; **A'tomrüstung** ‹*die; -, geen mv*› kernbewapening; **A'tomspaltung** ‹*die; -, -en*› kernsplitsing; **A'tomstrom** ‹*der; -(e)s, geen mv*› in kerncentrale opgewekte stroom; **A'tom-U-Boot** ‹*das; -(e)s, -e*› atoomduikboot; **A'tomwaffe** ‹*die; -, -n*› kernwapen; **a'tomwaffenfrei** atoom-, kernwapenvrij

At'tacke ‹*die; -, -n*› 1 attaque, (ruiter)aanval; 2 aanval; 3 (*med*) aanval; beroerte; **attac'kieren** ‹*h*› attaqueren, aanvallen

Atten'tat ‹*das; -(e)s, -e*› aanslag; **'Attentäter** ‹*der; -s, -*› dader van de aanslag

At'test ‹*das; -(e)s, -e*› attest(atie), bewijs; *ärztliches ~* bewijs, attest van de dokter

Atti'tüde ‹*die; -, -n*› attitude

Attrakti'on ‹*die; -, -en*› attractie; **attrak'tiv** attractief, aantrekkelijk

At'trappe ‹*die; -, -n*› 1 zeer goede nabootsing; 2 lege verpakking; 3 (*fig*) schijn

Attri'but ‹*das; -(e)s, -e*› attribuut

'ätzen 1 etsen; 2 (uit)bijten, branden; 3 (*fig*) kwetsen, krenken; **'ätzend** bijtend, invretend; (*fig*) bijtend

auch ook, eveneens; *wenn* ... ~ al ... (ook); *wenn ~!* dat doet er niet toe! *wer* ... ~ wie ... ook; *wie* (*so*) ... ~ hoe ... ook; *welche ~ seine Pläne sein mögen* wat voor plannen hij ook moge hebben; *ob* ... ~ al ... (ook); (*er tat es*), *wenn ~ zögernd* al was het ook, zij het ook aarzelend; *wirst du es ~ tun?* zul je het heus doen? *vielen Dank ~!* dank u wel! *darf ich's ~ glauben?* kan ik het wel geloven? *lügst du ~ nicht?* je liegt toch niet? *komm ~ gut nach Hause!* wel thuis, hoor!

Audi'enz ‹*die; -, -en*› audiëntie, gehoor

'Aue ‹*die; -, -n*› 1 weide, beemd, landouw; 2 (groen) rivierland

auf I ‹*vz* (+ 3 of + 4)› **op**: ~ *der Straße sein* op straat zijn; ~ *die Straße gehen* de straat op gaan; *sich ~ den Weg machen* op weg gaan, zich op weg begeven; *aufs beste* op zijn allerbest; ~ *das Äußerste gefaßt sein* op het ergste voorbereid zijn; (*die Tür*) *geht ~ die Straße* komt op de straat uit; **aan**: ~ *dieser Seite* aan deze kant; ~ *beiden Augen blind sein* aan beide ogen ...; **af**: *von klein ~* van jongs af; **in**: *es gehen 6 ~ ein Pfund* er gaan er 6 in een pond; ~ *lateinisch* in het Latijn; ~ *alle Fälle* in alle geval; **in antwoord op**: ~ *Ihr Schreiben;* **langs**: ~ *diesem, ~ gesetzlichem Wege* langs deze, langs wettelijke weg; **met**: ~ *einen Blick* met één oogopslag; *große Stücke ~ einen halten* veel met iem ophebben; **naar**: (*einen Brief*) ~ *die Post tragen* naar het postkantoor brengen; *es geht ~ zehn Uhr* het loopt naar tienen; **over**: *ein Viertel ~ zehn* kwart over negen; **tegen**: ~ *den Abend* tegen de avond; **tot**: ~ *Schadenersatz klagen* een eis tot schadevergoeding instellen; ~ *10%, DM 148,- usw. steigen, sinken* tot 10%, DM 148 enz stijgen, dalen; **voor**: ~ *eine Woche* voor een week; **zonder vz**: ~ *dem Lande wohnen* buiten wonen; *das hat nichts ~ sich* dat heeft niets te betekenen; *auf einmal: a*) ineens, tegelijk; *b*) plotseling; *aufs freundlichste* uiterst, zeer vriendelijk; **II** ‹*bw*› op, naar boven; ~ *und ab* op en neer, heen en weer, (ook) op-en-top; ~ *und davon* ervandoor; ~ *sein* op zijn, niet in bed; (*die Tür*) *ist ~* is open; *von Jugend ~* van jongs af; *~!* komaan!; *auf geht's!* komop! we gaan!

'aufarbeiten ‹*h*› 1 (achterstand) wegwerken; 2 (*materiaal*) geheel verwerken, opgebruiken; verwerken; 3 opknappen

'aufatmen ‹*h*› 1 diep ademhalen; 2 (*fig*) herademen

'aufbahren ‹*h*› opbaren

'Aufbau ‹*der; -(e)s, geen mv*› (op)bouw (*div bet*); **'aufbauen** ‹*h*› 1 opbouwen; 2 opbouwen, rangschikken, neerleggen, arrangeren; 3 ~ *auf* (+ 3) grondvesten op, baseren op; 4 *sich ~* ontstaan, zich vormen; *sich vor einem ~* voor iem gaan staan; 5 *einen ~* iem pushen

'aufbäumen, sich ‹*h*› 1 steigeren, zich oprichten; 2 zich verzetten, in opstand komen

'aufbauschen ‹*h*› (*eine Sache*) ~ opblazen

'Aufbauschule ‹*die; -, -n*› school voor voortgezet onderwijs (*na 6 i pl v 4 jaar basisonderwijs*)

'Aufbauten ‹*mv*› opbouw van schip

'aufbegehren ‹*h*› in verzet komen (tegen)

'aufbehalten ‹*st.h; ie-a; ä*› 1 (*hoed, zonnebril e.d.*) ophouden; 2 (*paraplu*) openhouden

'aufbekommen ‹*st.h; a-o*› (*deur, blik e.d.*) openkrijgen; (*eten; hoed; huiswerk*) opkrijgen

'aufbereiten ‹*h*› 1 geschikt of gereed maken voor de be-, verwerking, het gebruik; (*drinkwater*) zuiveren; (*afvalwater*) behandelen; 2 (*tekst*) ontsluiten; 3 (*splijtstof*) opwerken; 4 (*gegevens*) verwerken

'aufbessern ‹*h*› 1 verbeteren; 2 (*salaris*) verhogen

'aufbewahren ‹*h*› bewaren; **'Aufbewahrung** ‹*die; -, geen mv*› 1 het bewaren; *etwas zur ~ geben* iets in bewaring geven; 2 (*spoorw*) bagagedepot

'aufbieten ‹*st.h; o-o*› 1 oproepen, een beroep doen op; 2 (*militairen, politie*) inschakelen; 3 (*invloed, middelen*) gebruiken, aanwenden; 4 (*alle Kräfte*) ~ inspannen; *alles ~* doen, wat men kan; 5 (*een bruidspaar*) afkondigen; **'Aufbietung** ‹*die; -, -en*› 1 oproep, appèl; 2 het inschakelen; vgl *aufbieten*

'aufbinden ‹*st.h; a-u*› 1 (*haar, planten*) opbinden; 2 (*boeken, schoven*) binden; 3 losmaken, losknopen; 4 vastbinden op; 5 *damit hast du dir was aufgebunden!* daarmee heb je je wat op de hals gehaald!; 6 *einem etwas ~* iem iets wijsmaken

'aufblähen ‹*h*› 1 doen bollen, doen bol staan; 2 opblazen (*ook fig*); 3 *sich ~: a*) zwellen, bol gaan staan; *b*) (*fig*) gewichtig doen, opscheppen

'aufblasen ‹*st.h; ie-a; ä*› 1 opblazen; 2 *sich ~* pochen, opscheppen

'aufbleiben ‹*st.s; ie-ie*› 1 opblijven; 2 openblijven

'aufblenden ‹*h*› 1 oplichten (*lamp, schijnwerper*); 2 groot licht aandoen (*auto*); *mit aufgeblendeten Scheinwerfern* met groot licht

'aufblicken ‹*h*› 1 opkijken; 2 (*fig*) *zu einem ~* naar iem opzien

'aufblitzen I ‹*h*› opflitsen (*lamp*); **II** ‹*s*› plotseling opkomen (*gedachte*)

'aufbrausen ‹*s*› 1 opbruisen; 2 (*fig*) opstuiven, -vliegen

'aufbrechen I ‹*st.h; a-o; i*› 1 openbreken; 2 (*straat*) opbreken, openbreken; 3 (*grond*) omploegen; **II** ‹*s*› 1 opengaan (*bloem*); 2 open-, stukbreken, -scheuren (*ijs, wegdek*); openbreken, doorbreken (*wond, zweer e.d.*); 3 aan het daglicht treden (*controverse*); 4 opbreken, weggaan

'aufbrennen I ‹*onr.h*› openbranden (*met snijbrander*); II ‹*s*› 1 plotseling beginnen te branden, oplaaien; (*fig*) oplaaien; 2 in vlammen opgaan, verbranden

'aufbringen ‹*onr.h*› 1 opbrengen (*div bet*); 2 in zwang brengen, invoeren; 3 (*gerucht*) verspreiden; 4 *einen* ~ iem woedend maken; 5 openkrijgen

'Aufbruch ‹*der; -(e)s, -ë*› 1 vertrek, het opbreken; *sich zum* ~ *rüsten* zich voor het vertrek gereedmaken; 2 (*die dritte Welt ist*) *im* ~ ontwaakt; 3 open-, stukgebroken plek (*wegdek*)

'aufbrühen ‹*h*› (*koffie, thee*) zetten

'aufbrummen ‹*h*› 1 beginnen te brommen; 2 (*straf, kosten, huiswerk*) opleggen

'aufbürden ‹*h*› 1 (*last*) te dragen geven; 2 (*fig*) op de hals schuiven, belasten; *einem die Verantwortung für etwas* ~ iem voor iets verantwoordelijk stellen; 3 *sich zuviel* ~ te veel hooi op zijn vork nemen

'aufdecken ‹*h*› 1 bedekking wegnemen, (*fundamenten*) blootleggen, (*bed*) openleggen; 2 (*kaarten*) openleggen; 3 aan het licht brengen, onthullen

'aufdrängen ‹*h*› *einem etwas* ~ iem iets opdringen

'aufdrehen ‹*h*› 1 open-, losdraaien; (*das Radio*) ~ hard zetten; 2 de snelheid opvoeren; 3 (*sp*) het tempo opvoeren; 4 in een vrolijke stemming komen; 5 (*klok, speelgoed*) opwinden; 6 *sich die Haare* ~ de haren inkrullen

'aufdringlich opdringerig

'aufdrucken ‹*h*› opdrukken

'aufdrücken ‹*h*› 1 opendrukken, -duwen; 2 (*bij het schrijven*) drukken; 3 opdrukken, drukken op

aufein'ander op, na, tegen elkaar; **Aufein'anderfolge** ‹*die; -, -n*› opeenvolging; **aufein'anderprallen** ‹*s*› tegen elkaar botsen; (*fig*) botsen; **aufein'anderstoßen** ‹*st.s; ie-o; ö*› tegen elkaar botsen; (*fig*) botsen; **aufein'andertreffen** ‹*st.s; a-o; i*› tegenover elkaar komen te staan, tegen elkaar uitkomen (*vooral sport*)

'Aufenthalt ‹*der; -(e)s, -e*› 1 verblijf; 2 verblijf-, woonplaats; 3 (*der Zug*) *hat hier drei Minuten* ~ stopt hier drie minuten; *ohne* ~ zonder onderbreking; **'Aufenthaltserlaubnis** ‹*die; -, -se*›, **'Aufenthaltsgenehmigung** ‹*die; -, -en*› verblijfsvergunning; **'Aufenthaltsraum** ‹*der; -(e)s, -ë*› 1 recreatieruimte; 2 ruimte (*waar men zich ophouden, verblijven kan*)

'auferlegen ‹*h*› opleggen

'auferstehen ‹*onr.s*› opstaan, verrijzen; **'Auferstehung** ‹*die; -, geen mv*› opstanding, verrijzenis

'auferwecken ‹*h*› opwekken, doen verrijzen

'aufessen ‹*st.h; a-e; i*› opeten

'auffahren I ‹*st.h; u-a; ä*› 1 (*materiaal*) aanvoeren; 2 (*geschut; ook fig*) in stelling brengen; 3 (*spijzen, dranken*) laten aanrukken; 4 (*weg*) stukrijden; II ‹*s*› 1 botsen tegen, rijden op; lopen op (*van schip*); 2 *dicht* ~ vlak achter een ander gaan rijden; 3 voorrijden; 4 in stelling komen (*kanon*), naar voren gaan (*tanks*); (*fig*) *mit schwerem Geschütz* ~ met grof geschut beginnen; 5 opschrikken, opspringen, opvliegen, opstuiven (*toornig*); 6 ten hemel opstijgen; 7 omhooggaan, -rijden; **'Auffahrt** ‹*die; -, -en*› 1 weg of tocht naar boven; 2 oprit (*van autoweg, brug*); 3 het voorrijden; **'Auffahrunfall** ‹*der; -(e)s, -ë*› kop-staartbotsing

'auffallen ‹*st.s; ie-a; ä*› 1 opvallen; 2 vallen op, neerkomen; 3 invallen (*zonlicht*)

'auffallend, auffällig opvallend

'auffangen ‹*st.h; i-a; ä*› 1 opvangen; 2 (*brief*) onderscheppen, (*spion*) grijpen; 3 (*slag*) pareren, (*aanval*) afslaan

'auffassen ‹*h*› 1 opvatten, uitleggen; 2 opvatten, begrijpen; **'Auffassung** ‹*die; -, -en*› opvatting, mening

'auffegen ‹*h*› opvegen

'auffinden ‹*st.h; a-u*› ontdekken, vinden

'auffischen ‹*h*› 1 opvissen, -pikken (uit het water); 2 opscharrelen, -vissen (meisje)

'aufflackern ‹*s*› opflikkeren, -vlammen (*ook fig*)

'aufflammen ‹*s*› 1 opvlammen; 2 oplaaien (*hartstochten*); 3 vlammen schieten (*ogen*); 4 uitbreken (*opstand, staking*)

'auffliegen ‹*st.s; o-o*› 1 op-, omhoogvliegen; 2 openvliegen (*raam*); 3 mislukken (*conferentie e.d.*); 4 *aufgeflogen* opgerold (*bende*)

'auffordern ‹*h*› 1 uitnodigen, vragen; 2 dringend vragen, verzoeken; 3 sommeren; 4 oproepen; **'Aufforderung** ‹*die; -, -en*› 1 uitnodiging, verzoek; 2 aanmaning; 3 sommatie; 4 oproep

'aufforsten ‹*h*› bebossen

'auffrischen I ‹*h*› 1 opknappen, vernieuwen; 2 (*voorraden*) aanvullen; 3 (*geheugen*) opfrissen; 4 (*kennismaking*) vernieuwen; 5 *sich* ~ zich verkwikken, opfrissen; II ‹‹*h en s*› toenemen, krachtiger worden (*wind*)

'aufführen ‹*h*› 1 opvoeren; spelen; 2 bouwen, oprichten; 3 aanhalen, noemen; 4 *sich* ~ zich gedragen; **'Aufführung** ‹*die; -, -en*› 1 op-, uitvoering; *zur* ~ *gelangen* op-, uitgevoerd worden; 2 bouw, het oprichten; 3 het aanhalen, het noemen; 4 gedrag

'auffüllen ‹*h*› 1 vullen (*tank*), aanvullen (*troepen, voorraad*); 2 opvullen; **'Auffüllung** ‹*die; -, -en*› vgl *auffüllen*

'Aufgabe ‹*die; -, -n*› 1 afgifte; 2 het opgeven (*advertentie, bestelling*); 3 opdracht, taak; 4 opgave, werk. (*mv ook*) huiswerk; 5 thema, vraagstuk, som; 6 opheffing, liquidatie, het opgeven; 7 (*sp*) opslag; 8 de opgave, het opgeven

'aufgabeln ‹*h*› opscharrelen

'Aufgang ‹*der; -(e)s, -ë*› 1 trap, opgang; 2 weg naar boven; 3 opgang, opkomst (zon)

'aufgeben ‹*st.h; a-e; i*› 1 afgeven; 2 opgeven (*div bet*); 3 opdragen, bevelen, aanzeggen; 4

(*eten*) opscheppen; 5 opheffen, liquideren; 6 *den Geist* ~ de geest geven

'**Aufgebot** ‹*das; -(e)s, -e*› 1 oproeping (*van erfgerechtigden, schuldeisers*); 2 afkondiging (*huwelijk*); *das ~ bestellen* in ondertrouw gaan; 3 ingezet materieel; 4 ingezette mensen; 5 (*sp*) team, selectie

'**aufgebracht** kwaad; woedend

'**aufgehen** ‹*onr.s; i-a*› 1 opkomen, opgaan; 2 losgaan, opengaan (*knoop, ritssluiting e.d.*); 3 rijzen (*deeg*); 4 opkomen (*gedachte, pokken, vermoeden, zaad*); 5 opengaan (*deur, knop, e.d.*); doorbreken (*gezwel*); 6 opgaan

'**aufgehoben**: *gut ~ sein* in goede handen zijn (*lett en fig*), (ook) veilig zijn

'**aufgekratzt** vrolijk, opgewekt

'**aufgelegt** 1 *gut ~ sein* goed gemutst, goed gehumeurd; *zu etwas ~ sein* zin in iets hebben, ergens voor in de stemming zijn; 2 *ein ~er Schwindel* duidelijk bedrog

'**aufgeregt** opgewonden

'**aufgeschlossen** 1 openstaand, open, geïnteresseerd; 2 *dicht ~* dicht aaneengesloten; '**Aufgeschlossenheit** ‹*die; -, geen mv*› het openstaan, geïnteresseerdheid

'**aufgeschmissen**: ~ *sein* in de nesten, in de knoei zitten

'**aufgeweckt** bijdehand, pienter

'**aufgießen** ‹*st.h; o-o*› opgieten; zetten

'**aufgreifen** ‹*st.h; i-i*› 1 oppakken, -rapen; 2 oppakken, aanhouden; 3 (*draad, gedachte, thema*) (weer) opnemen, opvatten; *eine Frage* (*wieder*) ~ een kwestie oprakelen

auf'grund (+ 2) op grond van

'**Aufguß** ‹*der; Aufgusses, Aufgüsse*› 1 aftreksel, extract (*van thee e.d.*); 2 imitatie

'**aufhaben** ‹*onr.h*› 1 (*eten, bril; huiswerk*) ophebben; 2 (*ogen, mond, deur, raam*) open hebben; 3 geopend zijn (*winkel e.d.*)

'**aufhalsen** ‹*h*› op de hals laden; *sich etwas ~* zich iets op de hals halen

'**aufhalten** ‹*st.h; ie-a; ä*› 1 tegenhouden, tot staan brengen; 2 ophouden, vertragen; 3 (*deur, zak e.d.*) openhouden; **sich** ~ 1 zich ophouden, verblijven, (ergens) zijn; 2 *sich bei einer Sache* ~ lang stilstaan bij

'**aufhängen** ‹*h*› 1 ophangen (*lett en fig*) ophangen, de hoorn op de haak leggen; 2 *einem etwas ~: a*) iem wat wijsmaken; *b*) iem iets aansmeren; *c*) iem iets op de hals schuiven; '**Aufhänger** ‹*der; -s, -*› 1 lus (*aan kleding, handdoek*); 2 (*fig*) aangevertje, aanleiding; '**Aufhängung** ‹*die; -, geen mv*› ophanging

'**aufhäufen** ‹*h*› ophopen, -stapelen; *sich ~* zich ophopen; oplopen (*schulden*)

'**aufheben** ‹*st.h; o-o*› 1 oprapen; 2 optillen, oplichten; 3 bewaren; 4 (*beleg, faillissement*) opheffen; (*zitting*) sluiten; '**Aufheben** ‹*das; -s, geen mv*› *viel ~(s), kein ~ von jmdm od. etwas machen* veel, geen drukte, ophef over iem of van iets maken

'**aufheitern** ‹*h*› 1 opvrolijken; 2 *sich* ~ opklaren

'**aufhelfen** ‹*st.h; a-o; i*› (+ 3) 1 ophelpen, op de been helpen; 2 verbeteren, vergroten

'**aufhellen** ‹*h*› 1 (*foto, haar*) licht(er) maken; 2 opvrolijken; 3 (*misdrijf e.d.*) ophelderen, verklaren; 4 *sich ~* opklaren (*lucht, blik*); duidelijk worden (*probleem*); opgelost worden (*raadsel*)

'**aufhetzen** ‹*h*› 1 (*wild*) opjagen; 2 (*honden enz*) ophitsen; 3 opstoken, -ruien

'**aufheulen** ‹*h*› luid (beginnen te) huilen of te loeien

'**aufholen** ‹*h*› 1 (*achterstand*) inlopen, inhalen, (*leemte*) aanvullen; 2 in koers stijgen; 3 (*zeil*) hijsen, (*anker*) lichten

'**aufhorchen** ‹*h*› scherp toeluisteren, z'n oren spitsen; (*etwas*) *läßt* ~ trekt de aandacht

'**aufhören** ‹*h*› ophouden, eindigen, uitscheiden

'**aufkaufen** ‹*h*› opkopen

'**aufkeimen** ‹*s*› op-, ontkiemen (*ook fig*)

'**aufklappen** ‹*h*› 1 openklappen, openen; 2 opengaan; 3 (*kraag*) opzetten, (*bed*) opklappen

'**aufklaren** ‹*h*› opklaren (*weer*)

'**aufklären** ‹*h*› 1 verklaren, duidelijk maken; 2 ophelderen; 3 (*misverstand*) uit de weg ruimen; 4 in-, voorlichten; informeren; (*Jugendliche*) ~ seksuele voorlichting geven; 5 (*mil*) verkennen; **sich** ~ 1 duidelijk worden; 2 opklaren (*gezicht, weer*); '**Aufklärer** ‹*der; -s, -*› 1 (*mil*) verkenner, verkenningsvliegtuig; 2 (*hist*) verlichter, rationalist; '**aufklärerisch** voorlichtend; vrijzinnig; '**Aufklärung** ‹*die; -, -en*› 1 (*hist*) rationalisme, Verlichting; 2 verklaring; 3 opheldering; 4 voorlichting (*ook seksuele*); 5 (*mil*) verkenning

'**aufkleben** ‹*h*› opplakken; (er)op kleven; '**Aufkleber** ‹*der; -s, -*› sticker; etiket

'**aufknacken** ‹*h*› 1 (*noot*) kraken; 2 openbreken, forceren

'**aufknöpfen** ‹*h*› losknopen

'**aufknüpfen** ‹*h*› 1 opknopen, -hangen; 2 losknopen

'**aufkochen I** ‹*h*› 1 koken; 2 beginnen te koken; 3 opkoken; **II** ‹*s*› omhoogkomen (*bij het koken*)

'**aufkommen** ‹*st.s; a-o*› 1 opkomen (*div bet*); 2 komen opzetten, opkomen; 3 ontstaan (*gerucht*), opkomen (*twijfel, vermoeden*); 4 in de mode komen, ingang vinden; 5 (*scheepv*) verschijnen, zichtbaar worden; 6 (*sp*) achterstand inlopen, terugkomen; 7 ~ *für* borg staan voor, opkomen voor

'**Aufkommen** ‹*das; -, geen mv*› 1 herstel, beterschap; 2 opbrengst; inkomsten (*belastingen e.d.*)

'**aufkratzen** ‹*h*› 1 openkrabben, -schrammen; 2 vrolijk stemmen

'**aufkrempeln** ‹*h*› opstropen

'**aufkreuzen I** ‹*s*› (*volkstaal*) komen aanzetten; verschijnen; **II** ‹*h en s*› (*scheepv*) laveren

'**aufladen** ‹*st.h; u-a; ä*› 1 op (een wagen) laden; 2 *sich etwas ~: a*) iets op z'n schouders nemen;

b) iets op zich nemen; 3 *einem etwas* ~ iem iets op de hals schuiven; 4 (*elektr*) (op)laden

'**Auflage** ‹*die;* -, -*n*› 1 oplage, druk; 2 produktie, geproduceerde hoeveelheid; 3 verplichting; voorwaarde; 4 dun laagje (*goud, zilver*); 5 bedekking, deklaag

'**auflassen** ‹*st.h; ie-a; ä*› 1 openlaten; 2 (*hoed*) ophouden; 3 (*kind*) laten opblijven; 4 (*ballon*) oplaten, (*postduiven*) lossen; 5 (*jur*) overdragen

'**auflauern** ‹*h*› (+ 3) loeren op, opwachten

'**Auflauf** ‹*der;* -(*e*)*s,* -*ë*› 1 oploop; 2 soufflé; '**auflaufen I** ‹*st.h; ie-au; äu*› open-, stuklopen; **II** ‹*s*› 1 lopen op; vastlopen (*schip*); 2 (op)botsen, oplopen tegen, oprijden tegen; (*sp*) (*einen Gegner*) ~ *lassen* blokkeren, obstructie begaan tegen; 3 opkomen (*gewas*); 4 oplopen, toenemen; 5 (*sp*) *zur Spitze* ~ naar voren, naar de kop lopen

'**aufleben** ‹*s*› 1 (*lett en fig*) opleven; 2 (*fig*) opleven, levendiger worden; 3 herleven; *neu* ~ *lassen* doen herleven

'**auflegen** ‹*h*› 1 (neer)leggen op; 2 (*ein Pflaster*) ~ op de wond doen; (*Make-up*) ~ opdoen; (*eine Schallplatte*) ~ opzetten; *den Hörer* ~ de hoorn op de haak leggen; (*Kohlen*) ~ op het vuur doen; *den Sattel* ~ zadelen; 3 (*beperkingen, lasten, verplichtingen*) opleggen; 4 *neu* ~ herdrukken; 5 met een nieuwe serie beginnen (*serieproduktie*); 6 (*een lening*) uitschrijven; (*aandelen*) uitgeven; '**Auflegung** ‹*die;* -, -*en*› zie *auflegen*

'**auflehnen** ‹*h*› 1 *sich* ~ in verzet komen; 2 *die Arme* ~ met z'n armen op iets leunen; '**Auflehnung** ‹*die;* -, -*en*› verzet, opstand

'**auflesen** ‹*st.h; a-e; ie*› 1 oprapen; 2 (*ziekte e.d.*) oplopen; 3 oprapen, opscharrelen

'**aufleuchten** ‹*h*› gaan schijnen, opvlammen; (*fig*) stralen

'**aufliegen** ‹*st.h; a-e*› 1 liggen (op); 2 openliggen; 3 liggen (*ter intekening, ter inzage enz*)

'**auflisten** ‹*h*› 1 een lijst maken van; 2 opsommen (*van feiten e.d.*)

'**auflockern** ‹*h*› 1 (*grond, spieren*) los(ser) maken; 2 afwisselender, luchtiger maken; 3 (*sfeer*) ontspannen, ongedwongen maken; 4 breken (*bewolking*)

'**auflodern** ‹*s*› 1 opbruisen (*in toorn*); 2 oplaaien, opvlammen (*lett en fig*)

'**auflösen** ‹*h*› 1 oplossen; 2 (*haar, knoop e.d.*) losmaken; 3 (*leger, parlement, huwelijk, contract*) ontbinden; 4 (*vereniging, zaak*) opheffen; 5 *den Haushalt* ~ het huishouden opbreken; **sich** ~ 1 oplossen (*suiker, mist e.d.*); 2 losgaan; 3 *sich* ~ *in* (+ 4) oplossen, opgaan in; *sich in nichts* ~ in rook opgaan, op niets uitlopen; 4 vervallen, ophouden te bestaan; '**Auflösung** ‹*die;* -, -*en*› zie (*sich*) *auflösen*

'**aufmachen** ‹*h*› 1 openmaken, openen; losmaken; 2 ophangen; aanbrengen; 3 (*zaak*) openen; 4 opmaken, verzorgen; versieren; 5 (*rekening*) opmaken; 6 (*eine Zeitung*) *mit Schlagzeilen* ~ van vette koppen voorzien; **sich** ~ 1 zich op weg begeven; *sich auf und davon machen* ervandoor gaan; 2 zich op-, gereedmaken; 3 opsteken (*wind*); '**Aufmachung** ‹*die;* -, -*en*› 1 opmaak, verzorging; versiering; 2 (*typ*) opmaak; *in großer* ~ groot opgemaakt (*in krant*); 3 kleding; *in großer* ~ in gala

'**Aufmarsch** ‹*der;* -*es,* -*ë*› opmars; '**aufmarschieren** ‹*s*› opmarcheren; ~ *lassen* (*ook*) laten aanrukken

'**aufmerksam** 1 oplettend, aandachtig; 2 voorkomend, beleefd; *einen auf* (+ 4) ~ *machen* iem op iets attent maken; '**Aufmerksamkeit** ‹*die;* -, *geen mv*› 1 oplettendheid, aandacht; 2 attentie

'**aufmöbeln** ‹*h*› 1 opknappen; 2 (*iem*) opvrolijken, opmonteren, opkikkeren

'**aufmuck(s)en** ‹*h*› tegenstribbelen

'**aufmuntern** ‹*h*› 1 opvrolijken, opmonteren; 2 aanmoedigen

'**Aufnahme** ‹*die;* -, -*n*› 1 opname, ontvangst, onthaal; *eine freundliche* ~ *finden* vriendelijk ontvangen worden; ontvangst, reactie (*bij het publiek*); 2 opname, toelating; 3 het opnemen (*van vocht*); 4 het aangaan, het sluiten (*lening*); opname (*geld*); 5 het aanknopen (*betrekkingen*); 6 het opnemen (*gegevens*), het opmaken (*inventaris, procesverbaal*); 7 (*fot*) opname; 8 opname (*op band, plaat, CD*); '**Aufnahmefähigkeit** ‹*die;* -, *geen mv*› opnemingsvermogen; '**Aufnahmeprüfung** ‹*die;* -, *en*› toelatingsexamen; '**aufnehmen** ‹*st.h; a-o; i*› 1 optillen, opnemen; (*sp*) aannemen, oppikken (*bal*); 2 (*hoorn*) opnemen, van de haak nemen; 3 opnemen; dweilen; 4 (*spoor*) volgen; 5 gast, vluchtelingen opnemen; 6 ~ *in* opnemen in, toelaten tot, aannemen; opnemen (*in een ziekenhuis*); 7 kunnen bevatten, opnemen; 8 (*etwas in sich*) ~ opnemen (*indrukken e.d.*); 9 (*etwas günstig, schlecht*) ~ ontvangen, beoordelen; 10 (*geld*) lenen; (*lening*) aangaan, sluiten; 11 beginnen; 12 *ein Gespräch* ~ de draad van een gesprek (weer) opvatten; 13 (*betrekkingen*) aanknopen; 14 *es mit einem* ~ het tegen iem opnemen; 15 (*gegevens, bestelling*) opnemen; opmaken (*inventaris, procesverbaal*); 16 opname(n) maken (*foto, geluid e.d.*); 17 *Nahrung* ~ voedsel tot zich nemen; (vr)eten

'**aufopfern** ‹*h*› opofferen

'**aufpäppeln** ‹*h*› (*zieke*) erbovenop helpen

'**aufpassen** ‹*h*› oppassen, opletten; '**Aufpasser** ‹*der;* -*s,* -› 1 oppasser, (*fig*) waakhond; 2 wachter

'**aufpeitschen** ‹*h*› opzwepen (*lett en fig*)

'**aufpflanzen** ‹*h*› opstellen, oprichten; *sich vor einem* ~ breed voor iem gaan staan

'**aufplatzen** ‹*s*› openspringen, (open)barsten

'**aufpolieren** ‹*h*› 1 glanzend maken, polijsten; 2 (*fig*) glans geven aan, oppoetsen; 3 (*kennis*) opfrissen '**aufprallen** ‹*s*› 1 botsen, opvliegen (tegen); 2 met een klap neerkomen

'**Aufpreis** ‹*der; -es, -e*› toeslag, hogere prijs; meerprijs

'**aufputschen** ‹*h*› 1 opruien, ophitsen; 2 opwekken, prikkelen; oppeppen

'**Aufputz** ‹*der; -es, geen mv*› opschik, tooi; '**aufputzen** ‹*h*› 1 tooien, opschikken, versieren; feestelijk kleden; *sich* ~ (ook) zich opdirken; 2 (*fig*) oppoetsen

'**aufraffen** ‹*h*› 1 (snel, haastig) oprapen, opnemen; 2 *sich* ~: *a*) (*met moeite*) overeind komen, opkrabbelen; *b*) zich vermannen

'**aufragen** ‹*h*› oprijzen, omhoogsteken, zich verheffen

'**aufrappeln, sich** ‹*h*› 1 opkrabbelen; 2 opkikkeren; 3 zich vermannen

'**aufräumen** ‹*h*› 1 opruimen; 2 (*fig, volkst*) opruiming houden (*door epidemie e.d.*); 3 *mit jmdm od. etwas* ~ een eind aan iem of iets maken; '**Aufräumung** ‹*die; -, geen mv*› opruiming

'**aufrechnen** ‹*h*› 1 in rekening brengen; 2 aan-, toerekenen; 3 ~ *gegen* verrekenen met

'**aufrecht** 1 rechtop, overeind; 2 eerlijk, oprecht; '**aufrechterhalten** ‹*st.h; ie-a; ä*› in stand houden; (*bewering*) staande houden, handhaven, bewaren; '**Aufrechterhaltung** ‹*die; -, geen mv*› handhaving

'**aufregen** ‹*h*› 1 opwinden; 2 *sich* ~ zich opwinden, druk maken; '**Aufregung** ‹*die; -, -en*› opwinding, beroering

'**aufreiben** ‹*st.h; ie-ie*› 1 stuk wrijven; 2 (*mil*) vernietigen, in de pan hakken; 3 (*sich, seine Kräfte*) ~ afmatten, uitputten; ~*d* uitputtend, enerverend, slopend

'**aufreißen** I ‹*st.h; i-i*› 1 openrukken, -trekken; *seine Klappe, das Maul* ~ een grote mond opzetten; 2 (*mond, ogen*) wijd openen; 3 (*straat e.d.*) openhakken, opbreken; 4 openhalen, stuk-, openscheuren; (*oude wonden*) openrijten; 5 (*sp*) openbreken, -scheuren (*van verdediging*); 6 (*techn*) tekenen; 7 (*probleem, thema*) schetsen; 8 (*meisje*) leren kennen; 9 (*betrekking*) vinden; II ‹*s*› openscheuren

'**aufrichten** ‹*h*› 1 optillen, omhoogheffen, oprichten, rechtop, overeind zetten; 2 oprichten, bouwen; 3 (*fig*) opbeuren, doen opleven; 4 *sich* ~ zich oprichten

'**aufrichtig** oprecht, eerlijk; '**Aufrichtigkeit** ‹*die; -, geen mv*› oprechtheid

'**Aufrichtung** ‹*die; -, geen mv*› zie *aufrichten*

'**Aufriß** ‹*der; Aufrisses, Aufrisse*› schets

'**aufritzen** ‹*h*› openscheuren, -rijten

'**aufrollen** ‹*h*› 1 oprollen (*ook mil*); 2 af-, ontrollen; 3 (*eine Frage, ein Problem u.ä.*) grondig behandelen; 4 opstropen (*mouwen*); 5 openrollen; 6 (*proces*) *wieder* ~ heropenen

'**aufrücken** I ‹*h*› optrekken; openrukken; II ‹*s*› 1 opschuiven; 2 bevorderd worden, promotie maken

'**Aufruf** ‹*der; -(e)s, -e*› 1 oproep; 2 oproeping; 3 oproep, aanroep (*computer*); 4 (*jur*) oproeping, dagvaarding; '**aufrufen** ‹*st.h; ie-u*› 1 oproepen; 2 (de namen) afroepen (van); 3 oproepen, aanroepen (*computer*); 4 (*jur*) oproepen, dagvaarden

'**Aufruhr** ‹*der; -(e)s, geen mv*› 1 oproer, opstand; 2 beroering, beweging; 3 opschudding; '**aufrühren** ‹*h*› 1 (om)roeren; 2 (weer) ophalen, oprakelen; 3 in beroering brengen; '**Aufrührer** ‹*der; -s, -*› oproerling, opstandeling

'**aufrunden** ‹*h*› *auf 5 Pfennig* ~ naar boven op 5 Pf. afronden

'**aufrüsten** ‹*h*› 1 bewapenen; 2 *sich* ~ zich bewapenen, de bewapening opvoeren; '**Aufrüstung** ‹*die; -, -en*› bewapening; opvoering van de bewapening

'**aufrütteln** ‹*h*› wakker schudden (*lett en fig*)

'**aufsagen** ‹*h*› (*les, huur, dienst*) opzeggen

'**aufsammeln** ‹*h*› 1 oprapen; 2 oppakken, inrekenen

'**aufsässig** weerbarstig, opstandig

'**Aufsatz** ‹*der; -es, -ë*› 1 opstel; 2 (wetenschappelijk) artikel; 3 opbouw; opzetstuk

'**aufsaugen** ‹*st.h; o-o*› 1 opzuigen, absorberen; 2 (*fig*) absorberen, in beslag nemen

'**aufschauen** ‹*h*› 1 opkijken, opzien; 2 bewonderen

'**aufscheuchen** ‹*h*› 1 opjagen; 2 (doen) opschrikken

'**aufschichten** ‹*h*› opstapelen (in lagen), ophopen

'**aufschieben** ‹*st.h; o-o*› 1 op-, open-, omhoogschuiven of -duwen; 2 op-, verschuiven, uitstellen, opschorten; *aufgeschoben ist nicht aufgehoben* uitstel is geen afstel; '**Aufschiebung** ‹*die; -, -en*› zie *aufschieben*

'**Aufschlag** ‹*der; -(e)s, -ë*› 1 het neerkomen, val, smak, klap, plof; 2 op-, toeslag, prijsverhoging; 3 omslag (*van broek*), revers, omgeslagen rand; 4 (*sp*) service, opslag; '**aufschlagen** I ‹*st.h; u-a; ä*› 1 slaan, tikken op; 2 stukslaan; 3 door een val verwonden; 4 (*boek, bed, raam*) openslaan; (*ogen*) opslaan; 5 (*kraag*) opzetten; 6 (*kraam, tent*) opzetten; 7 de prijs verhogen, opslaan; 8 (*sp*) serveren, opslaan; 9 (*speelkaarten*) keren, omdraaien; II ‹*s*› 1 hard neerkomen, -slaan; 2 openslaan (*deur, raam*); 3 (*fig*) oplaaien; '**Aufschlagspiel** ‹*das; -(e)s, -e*› (*sp*) service-game

'**aufschließen** ‹*st.h; o-o*› 1 openen, ontsluiten (*ook fig*) *eine Lagerstätte* ~ een kolen-, een ertslaag ontsluiten; 2 duidelijk maken, verklaren; 3 aansluiten; (*sp*) *zur Spitzengruppe* ~ bij de kopgroep aansluiten; '**Aufschluß** ‹*der; Aufschlusses, Aufschlüsse*› ~ *über* (+ 4) opheldering, uitsluitsel, verklaring omtrent; '**aufschlußreich** leerzaam, instructief, veelzeggend

'**aufschnallen** ‹*h*› 1 losgespen; 2 vastgespen

'**aufschneiden** ‹*st.h; i-i*› 1 opensnijden; 2 (*brood, worst e.d.*) opsnijden; 3 opscheppen, pochen; '**Aufschneider** ‹*der; -s, -*› opschepper

'**Aufschnitt** ‹*der; -(e)s, geen mv*› gesneden worst

'**aufschnüren** ‹*h*› los-, openrijgen; vastbinden op

'**aufschrauben** ‹*h*› 1 openschroeven, -draaien; 2 schroeven op, opschroeven; 3 (*fig*) opschroeven

'**aufschrecken** I ‹*h*› (doen) opschrikken; II ‹*st.s; a-aufgeschreckt; i of zwak*› opschrikken, van schrik opspringen

'**Aufschrei** ‹*der; -(e)s, -e*› plotselinge, luide gil

'**aufschreiben** ‹*st.h; ie-ie*› 1 opschrijven; noteren; 2 opschrijven, bekeuren; '**Aufschrift** ‹*die; -, -en*› 1 opschrift; 2 adres

'**Aufschub** ‹*der; -(e)s, -ë*› uitstel

'**aufschütteln** ‹*h*› (*bed, kussen*) opschudden

'**aufschütten** ‹*h*› 1 gieten op; 2 op een hoop gooien; 3 opwerpen, bouwen; ophogen

'**aufschwatzen** ‹*h*› aansmeren, -praten

'**aufschwingen, sich** ‹*st.h; a-u*› 1 zich verheffen, opvliegen; 2 zich tot iets zetten; 3 zich opwerken; 4 zich opwerpen; '**Aufschwung** ‹*der; -(e)s, -ë*› 1 (hoge) vlucht, opleving, bloei; 2 (*sp*) opzwaai; 3 nieuwe kracht

'**aufsehen** ‹*st.h; a-e; ie*› 1 omhoog kijken, opzien, -kijken; 2 ~ *zu,* (*fig*) opkijken, opzien naar, tegen, bewonderen; '**Aufsehen** ‹*das; -s, geen mv*› opzien, sensatie, verwondering; ~ *machen, erregen* opzien baren; '**aufsehenerregend** opzienbarend; '**Aufseher** ‹*der; -s, -*› opzichter, opziener; suppoost; surveillant; bewaker; (*Belg*) studiemeester

'**aufsein** ‹*onr.s*› 1 open zijn; 2 op zijn; wakker zijn

'**aufsetzen** ‹*h*› 1 zetten op, opzetten; 2 (*bril, eten, gezicht, muts, water*) opzetten; 3 aanzetten, opnaaien; 4 (*voet*) neerzetten; 5 (*brief, contract*) opstellen; 6 (*luchtv*) landen; '**Aufsetzer** ‹*der; -s, -*› (*sp*) opspringende bal

'**Aufsicht** ‹*die; -, geen mv*› toezicht; inspectie; surveillance; *die ~ führen über* (+ 4) toezicht houden op; '**Aufsichtsbehörde** ‹*die; -, -n*› inspectie; '**Aufsichtspersonal** ‹*das; -s, geen mv*› toezichthoudend personeel; '**Aufsichtsrat** ‹*der; -(e)s, -ë*› raad van commissarissen; commissaris (*uit die raad*), lid van de raad van commissarissen

'**aufsitzen** I ‹*st.h; a-e*› 1 opblijven, niet naar bed gaan; 2 overeind of rechtop zitten; 3 (*fig*) *einen ~ lassen* iem laten zitten; II ‹*s*› te paard stijgen; (achter)opstappen (*motor, fiets*)

'**aufsperren** ‹*h*› 1 opensperren, (wijd) openzetten (*lett en fig*); 2 opendoen (*wat op slot zit*)

'**aufspielen** ‹*h*› 1 (*muz*) spelen, musiceren; 2 *sich ~: a*) gewichtig doen, opscheppen; *b*) zich voordoen als, zich uitgeven voor

'**aufspießen** ‹*h*› 1 opprikken; 2 op de hoorns nemen; 3 (*fig*) aan de kaak stellen

'**aufspringen** ‹*st.s; a-u*› 1 op-, omhoogspringen; 2 springen op; 3 openvliegen (*deur, knoop, knop*); 4 (open)springen (*handen, lippen e.d.*)

'**aufspüren** ‹*h*› opsporen, -zoeken

'**aufstacheln** ‹*h*› 1 op-, aanzetten; 2 prikkelen

'**Aufstand** ‹*der; -(e)s, -ë*› opstand, oproer; '**aufständisch** opstandig; '**Aufständische(r)** ‹*bn als zn*› oproerling, opstandeling

'**aufstecken** ‹*h*› 1 steken, zetten op; (*ring*) aandoen; (*haar*) opsteken; 2 opgeven

'**aufstehen** I ‹*onr.s; a-a*› 1 opstaan; *er ist mit dem linken Bein zuerst aufgestanden* hij is met het verkeerde been uit bed gestapt; 2 opkomen, ontstaan; 3 in opstand komen; II ‹*onr.h*› openstaan

'**aufsteigen** ‹*st.s; ie-ie*› 1 stappen op (*fiets, motor e.d.*); (*paard*) bestijgen; 2 omhoogklimmen, beklimmen; 3 opstijgen, omhoogstijgen; opgaan (*zon*); 4 opkomen (*gevoelens, tranen*); 5 (*sp*) promoveren; 6 promotie maken; opklimmen; '**Aufsteiger** ‹*der; -s, -*› 1 iem die omhoog gekomen is, promotie heeft gemaakt; 2 (*sp*) gepromoveerd team

'**aufstellen** ‹*h*› 1 opstellen, plaatsen, neerzetten; (*monument*) oprichten; (*tent*) opbouwen, plaatsen; 2 overeind zetten; 3 *einen als Kandidaten ~* iem kandidaat stellen; 4 (*sp*) opstellen; 5 samenstellen, formeren; 6 (*balans*) opmaken; (*begroting*) opstellen; 7 *eine Behauptung ~* iets beweren; *eine Vermutung ~* iets vermoeden; 8 (*kraag*) opzetten, (*oren*) spitsen; 9 (*record*) vestigen; **sich** ~ 1 zich opstellen; 2 overeind gaan staan (*haren*); '**Aufstellung** ‹*die; -, -en*› zie *aufstellen*

'**Aufstieg** ‹*der; -(e)s, -e*› 1 het opstijgen (*ballon*), start (*raket*); 2 het beklimmen (*berg*); 3 klim, naar boven lopend pad; 4 (*fig*) vooruitgang; 5 promotie; '**Aufstiegschance** ‹*die; -, -n*› promotiekans

'**aufstöbern** ‹*h*› 1 opjagen; 2 opsporen

'**aufstoßen** ‹*st.h; ie-o; ö*› 1 openstoten, -duwen; 2 stoten op; stuk stoten (*knie*); hard neerzetten op; 3 boeren, oprispen; 4 opbreken (*van eten*)

'**aufstrahlen** ‹*h*› 1 fel beginnen te schijnen; 2 schitteren (in de zon); 3 (*fig*) stralen

'**aufstreben** ‹*h*› 1 oprijzen, zich verheffen; 2 (*fig*) vooruit willen komen, opkomen

'**aufstreichen** ‹*h*› (op)smeren (op)

'**Aufstrich** ‹*der; -(e)s, -e*› 1 (opgesmeerde, -geschilderde) laag; 2 boterhambeleg

'**aufstülpen** ‹*h*› 1 zetten op; 2 (*kraag; muts*) opzetten

'**aufstützen** ‹*h*› 1 *die Arme, sich ~* met z'n armen leunen op; 2 *sich* (*im Bett*) ~ zich oprichten; (*einen Kranken*) ~ helpen overeind te komen

'**aufsuchen** ‹*h*› 1 be-, opzoeken; (*den Arzt*) ~ gaan naar; 2 opzoeken, zoeken naar; 3 oprapen

'**auftakeln** ‹*h*› optuigen, takelen

'**Auftakt** ‹*der; -(e)s, -e*› 1 (*muz*) opslag, -maat; 2 (*fig*) inleiding, voorspel; 3 begin

'**auftanken** ‹*h*› 1 voltanken; 2 bijtanken (*lett en fig*) '**auftauchen** ‹*s*› 1 opduiken, boven water komen; 2 (*fig*) opduiken; verschijnen, te voorschijn komen; 3 opkomen, oprijzen

'**auftauen** ‹*s en h*› (*lett en fig*) ontdooien

'**aufteilen** ‹*h*› verdelen; indelen (*in groepen*)

'**auftischen** ‹*h*› 1 opdienen, voorzetten; 2 (*fig*) opdissen, wijs maken

'**Auftrag** ‹*der; -(e)s, -ë*› 1 opdracht, order, bestelling; *etwas in ~ geben* een opdracht voor iets geven, iets bestellen; 2 opdracht, taak; '**auftragen** ‹*st.h; u-a; ä*› 1 (*spijzen*) opdienen; 2 opbrengen, smeren op; 3 (*fig*) *dick ~* overdrijven; 4 *einem etwas ~* iem iets opdragen; 5 (*kleren*) afdragen; '**Auftraggeber** ‹*der; -s, -*› opdrachtgever; '**Auftragsbestätigung** ‹*die; -, -en*› orderbevestiging

'**auftreiben** ‹*st.h; ie-ie*› 1 opjagen, omhoogdrijven; 2 doen rijzen, doen opzwellen; 3 opscharrelen; (te pakken) krijgen

'**auftreten I** ‹*st.h; a-e; i*› open-, stuktrappen; **II** ‹*s*› 1 de voeten neer-, op de grond zetten; 2 optreden

'**Auftrieb** ‹*der; -(e)s, -e*› 1 opwaartse druk; 2 stijgkracht; 3 impuls; nieuwe moed of kracht; 4 opleving (*van handel, industrie*)

'**Auftritt** ‹*der; -(e)s, -e*› 1 het optreden; 2 toneel (*deel van bedrijf*); 3 scène

'**auftun** ‹*onr.h*› 1 opendoen, openen; 2 (*eten*) opscheppen; 3 opdoen; ontdekken; (*fig*) *sich ~* opengaan

'**aufwachen** ‹*s*› ontwaken, wakker worden

'**aufwachsen** ‹*st.s; u-a; ä*› opgroeien

'**Aufwand** ‹*der; -(e)s, geen mv*› 1 het aanwenden, het gebruiken; 2 kosten, uitgaven; 3 verspilling, verkwisting; 4 luxe

'**aufwärmen** ‹*h*› 1 opwarmen; 2 (*fig*) ophalen, oprakelen

'**aufwarten** ‹*h*› *~ mit: a*) opdienen, voorzetten; *b*) te bieden hebben; zorgen voor; komen aanzetten

'**aufwärts** op(waarts), naar boven, hogerop; '**Aufwärtsbewegung** ‹*die; -, -en*› opwaartse beweging; (van prijzen) stijging

'**Aufwartung** ‹*die; -, geen mv*› *seine ~ machen* zijn opwachting maken

'**Aufwasch** ‹*der; -(e)s, geen mv*› afwas, vaat; '**aufwaschen** ‹*st.h; u-a; ä*› afwassen

'**aufwecken** ‹*h*› wekken, wakker maken; vgl *aufgeweckt*

'**aufweichen I** ‹*h*› 1 weken, nat maken; 2 (*fig*) ondermijnen; **II** ‹*s*› 1 week worden; 2 (*fig*) ondermijnd worden; minder star worden

'**aufweisen** ‹*st.h; ie-ie*› 1 wijzen op; 2 vertonen; 3 *etwas aufzuweisen haben* op iets kunnen bogen

'**aufwenden** ‹*onr.h*› 1 aanwenden, gebruiken; *Mühe ~* moeite doen; *alle Kräfte ~* al zijn krachten inspannen; *Zeit ~* tijd besteden; *alles ~* alles in het werk stellen; 2 uitgeven, besteden; '**aufwendig** duur, kostbaar; '**Aufwendung** ‹*die; -, -en*› 1 het aanwenden enz.; vgl *aufwenden*; 2 *~en* uitgaven, kosten

'**aufwerfen** ‹*st.h; a-o; i*› 1 op-, omhooggooien; 2 opwerpen, ophopen (*aarde e.d.*); 3 opwerpen, aan de orde stellen; 4 *sich zu etwas ~* zich opwerpen tot

'**aufwerten** ‹*h*› 1 opwaarderen, revalueren; 2 (*fig*) opwaarderen, verhogen; '**Aufwertung** ‹*die; -, -en*› revaluatie; verhoging

'**aufwickeln** ‹*h*› 1 opwinden, -rollen, -wikkelen; 2 loswikkelen, openmaken

Aufwiege'lei ‹*die; -, -en*› opruiing

'**aufwiegeln** ‹*h*› opruien

'**aufwiegen** ‹*h*› opwegen tegen

'**Aufwind** ‹*der; -(e)s, -e*› 1 (*luchtv*) thermiek; 2 (*fig*) impuls, nieuwe kracht; opleving

'**aufwirbeln I** ‹*h*› (doen) opwaaien; **II** ‹*s*› opdwarrelen

'**aufwischen** ‹*h*› opnemen; dweilen

'**aufwühlen** ‹*h*› 1 omwroeten, -woelen; 2 loswoelen; 3 (*fig*) in beroering brengen

'**aufzählen** ‹*h*› opsommen, -noemen

'**aufzeichnen** ‹*h*› 1 tekenen (op); 2 noteren, opschrijven; 3 opnemen (*op band*); '**Aufzeichnung** ‹*die; -, -en*› 1 aantekening, notitie; 2 (band)opname; 3 opgenomen uitzending

'**aufzeigen** ‹*h*› aantonen, -wijzen; *etwas aufzuzeigen haben* op iets kunnen bogen

'**aufziehen I** ‹*st.h; o-o*› 1 op-, omhoogtrekken, ophalen; (*vlag, zeil*) hijsen; 2 (*uurwerk*) opwinden; *einen ~* iem plagen; 3 opplakken; 4 (*snaar*) spannen; *gelindere Saiten ~* water in de wijn doen; 5 (*lade, fles, rits e.d.*) openen, opentrekken; 6 opvoeden; 7 op touw zetten, organiseren; *groß ~* iets groot opzetten; **II** ‹*s*› 1 optrekken, -marcheren; 2 komen opzetten (*onweer*); '**Aufzug** ‹*der; -(e)s, -ë*› 1 stoet, optocht; 2 het optrekken; 3 lift; 4 pak, kostuum, kledij; 5 (*theat*) bedrijf

'**aufzwingen** ‹*st.h; a-u*› (*iem iets*) opdringen

'**Augapfel** ‹*der; -s, -̈*› oogappel (*ook fig*)

'**Auge** ‹*das; -s, -n*› oog (*div bet*); *einem* (*schöne*) *~n machen* met iem flirten; ***aus** den ~n, aus dem Sinn* uit het oog, uit het hart; *er ist mir aus den ~n gekommen* ik heb hem uit het gezicht verloren; ***ins** ~ fassen* op het oog hebben; (*fig*) *das hätte ins ~ gehen können* dat had verkeerd kunnen aflopen; ***mit** einem blauen ~ davonkommen* er nog vrij goed, genadig afkomen; (*einem*) *etwas **vor** ~n halten, bringen, führen* onder het oog brengen, iem op iets wijzen; '**äugeln** ‹*h*› lonken; '**Augenarzt** ‹*der; -es, -ë*› oogarts

'**Augenblick** ‹*der; -(e)s, -e*› ogenblik; *im ~* op het ogenblik; '**augenblicklich** 1 onmiddellijk; 2 op het ogenblik; momenteel

'**Augenbraue** ‹*die; -, -n*› wenkbrauw

'**augenfällig** in het oog lopend, duidelijk

'**Augenhöhle** ‹*die; -, -n*› oogholte, -kas; '**Augenleiden** ‹*das; -s, -*› oogkwaal; '**Augenlid** ‹*das; -(e)s, -er*› ooglid; '**Augenmaß** ‹*das; -es, geen mv*› *ein gutes ~ haben* iets goed (met het oog) kunnen schatten; *nach dem ~* op het oog; *politisches ~* politiek inzicht; '**Augenmerk** ‹*das; -(e)s, -, geen mv*› aandacht; '**Augenschein** ‹*der; -s, geen mv*› *in ~ nehmen* in ogenschouw nemen, bekijken; '**augenscheinlich** klaarblijkelijk, duidelijk, kennelijk, blijkbaar, evident; '**Augenweide** ‹*die; -, -n*› lust voor het oog; '**Augenwimper** ‹*die; -, -n*› wimper; '**Augenzeuge** ‹*der; -n -n*› ooggetuige

'**August** ‹*der; -(e)s, -e*› ; *der dumme ~* de clown

Au'gust ‹*der; -(e)s of -; geen mv*› augustus

Aukti'on ‹*die; -, -en*› veiling

aus I ‹*vz* (+ 3)›; **uit**: ~ *Liebe, Furcht, Mitleid* uit liefde enz.; ~ *allen Kräften* uit alle macht; **van**: ~ *Eisen* van ijzer; ~ *ihm wird nichts* van hem komt niets terecht; **bij**: ~ *Erfahrung* bij ondervinding; ~ *Versehen* bij vergissing; **om**: ~ *diesem Grunde* om die reden, op die grond; II ‹*bw*› *auf etwas ~ sein* op iets uit zijn; *von Haus ~* van huis uit, oorspronkelijk; *von Berlin ~* vanuit Berlijn; *von mir ~* wat mij betreft; *von sich ~* uit zichzelf; (*es ist*) ~ *mit ihm* gedaan met hem; *weder ~ noch ein wissen* geen raad meer weten

Aus ‹*das; -, geen mv*› 1 (*sp*) uitschakeling; 2 (*sp*) (*der Ball*) *ist im, rollte ins ~* is uit, ging uit

'**ausarbeiten** ‹*h*› 1 uitwerken (*div bet*); 2 opstellen, samenstellen

'**ausbaden** ‹*h*› *etwas ~ müssen* voor iets (moeten) boeten, opdraaien, iets moeten bezuren, de dupe van iets zijn

'**Ausbau** ‹*der; -(e)s, -ten*› 1 het demonteren, het halen uit; 2 vergroting, uitbreiding; 3 (*sp*) vergroting (*van voorsprong*); 4 (*fig*) verdieping, ontwikkeling; 5 verbouwing; '**ausbauen** ‹*h*› 1 demonteren, halen uit; 2 vergroten, uitbreiden; (*positie*) versterken; 3 (*sp*) vergroten (*van voorsprong*); 4 (*fig*) verdiepen, ontwikkelen; 5 verbouwen

'**ausbedingen** ‹*st.h; a-u*› *sich etwas ~* iets bedingen; (*sich das Recht*) ~ voorbehouden

'**ausbeißen** ‹*st.h; i-i*› 1 (*tand*) uitbijten; 2 (*fig*) *sich die Zähne an etwas ~* zijn tanden op iets stomp bijten

'**ausbessern** ‹*h*› repareren, her-, verstellen; '**Ausbesserung** ‹*die; -, -en*› reparatie, herstel

'**ausbeulen** ‹*h*› uitdeuken

'**Ausbeute** ‹*die; -, geen mv*› 1 opbrengst; 2 resultaat; '**ausbeuten** ‹*h*› 1 exploiteren, ontginnen, (*België*) uitbaten; 2 gebruik maken van, benutten; 3 uitbuiten; '**Ausbeutung** ‹*die; -, -en*› zie *ausbeuten*

'**ausbilden** ‹*h*› 1 opleiden, scholen; vormen; 2 (*zijn aanleg, stem, enz.*) ontwikkelen; 3 (*etwas*) *bildet sich aus* vormt, ontwikkelt zich, ontstaat; 4 *sich ~ in* zich bekwamen in; '**Ausbilder** ‹*der; -s, -*› opleider; instructeur; '**Ausbildung** ‹*die; -, -en*› 1 opleiding; 2 ontwikkeling; '**Ausbildungsförderung** ‹*die; -, -en*› studietoelage; '**Ausbildungsplatz** ‹*der; -es, -ë*› opleidingsplaats (*binnen leerlingstelsel in de BRD*); '**Ausbildungsstätte** ‹*die; -, -n*› opleidingsinstituut; '**Ausbildungsvertrag** ‹*der; -(e)s, -verträge*› (*Belg*) leercontract

'**ausbitten** ‹*st.h; a-e*› *sich etwas ~: a*) iets vragen, verzoeken; *b*) iets eisen

'**ausbleiben** ‹*st.s; ie-ie*› 1 uitblijven; 2 wegblijven

'**Ausblick** ‹*der; -(e)s, -e*› 1 uitzicht; 2 vooruitzicht; '**ausblicken** ‹*h*› uitkijken

'**ausbluten** ‹*h*› leegbloeden

'**ausbooten** ‹*h*› (*fig*) *einen ~* iem lozen; aan de dijk zetten

'**ausborgen** ‹*h*› (uit)lenen

'**ausbrechen** I ‹*st.h; a-o; i*› uitbreken, breken; II ‹*s*› 1 ontsnappen; 2 uitbreken; 3 uitbarsten, losbarsten; '**Ausbrecher** ‹*der; -s, -*› uitbreker

'**ausbreiten** ‹*h*› 1 uitspreiden; 2 (*fig*) uiteenzetten, ontvouwen; 3 uitbreiden, vergroten; 4 uitstallen; 5 verspreiden; 6 *sich ~: a*) zich uitbreiden; *b*) zich uitstrekken

'**ausbrennen** ‹*dasnr*› 1 uitbranden (*gebouw e.d.*); 2 opbranden

'**ausbringen** ‹*onr.h*› uitbrengen

'**Ausbruch** ‹*der; -(e)s, -ë*› 1 uitbraak, ontsnapping; 2 doorbraak; 3 het uitbreken (*oorlog, ziekte, brand, staking*); 4 uitbarsting

'**ausbrüten** ‹*h*› uitbroeden (*ook fig*)

'**ausbuddeln** ‹*h*› uitgraven

'**ausbügeln** ‹*h*› 1 uitstrijken (kreukels); 2 (*broek e.d.*) (op)persen; 3 (*fig*) glad strijken, herstellen, weer in orde brengen

'**Ausbund** ‹*der; -(e)s, geen mv*› toonbeeld

'**ausbündig** buitengewoon (*ook ong*)

'**ausbürgern** ‹*h*› de nationaliteit ontnemen

'**Ausdauer** ‹*die; -, geen mv*› 1 uithoudingsvermogen; 2 volharding, doorzettingsvermogen; '**ausdauernd** volhardend, met volharding

'**ausdehnen** ‹*h*› 1 doen uitzetten; 2 uitbreiden; 3 *sich ~: a*) zich verspreiden; *b*) zich uitbreiden; *c*) zich uitstrekken; *d*) uitzetten (*door warmte*); '**Ausdehnung** ‹*die; -, -en*› 1 verspreiding; 2 uitbreiding; 3 uitzetting; 4 verlenging; 5 afmeting, grootte; 6 uitgestrektheid

'**ausdenken** ‹*onr.h*› I 1 uitdenken; 2 bedenken, uitvinden; II *sich etwas ~* 1 iets bedenken; 2 zich iets voorstellen

'**ausdörren** I ‹*h*› uitdrogen, droogmaken; II ‹*s*› uitdrogen, droog worden

'**ausdrehen** ‹*h*› uitdraaien, -zetten

'**Ausdruck** ‹*der; -(e)s, -ë*› 1 uitdrukking; 2 (gelaats)uitdrukking; 3 uitdrukkingswijze, stijl; 4 kenmerk; '**ausdrucken** ‹*h*› 1 (*boek, tekst e.d.*) (af)drukken; 2 printen

'**ausdrücken** ‹*h*› 1 (*sinaasappel e.d.*) uitpersen; (*spons*) uitknijpen; 2 (*sigaret*) uitdrukken; 3 uitdrukken, formuleren; 4 (*dank, gevoelens*) uitdrukken, uiten, uitspreken; 5 *sich ~* zich uitdrukken; '**ausdrücklich** 1 uitdrukkelijk; 2 nadrukkelijk, met nadruk

'**ausdrucksvoll** vol uitdrukking, sprekend; '**Ausdrucksweise** ‹*die; -, -n*› wijze van uitdrukken

'**ausdünnen** ‹*h*› uitdunnen

'**ausdunsten, ausdünsten** ‹*h*› uitwasemen, -dampen, -zweten; '**Ausdunstung, ausdün-**

stung ‹*die; -, -en*› 1 uit-, verdamping, uitwaseming; 2 damp, stank

ausein'ander uit elkaar, uiteen, van elkaar; **ausein'anderfallen** ‹*st.s; ie-a; ä*› uiteenvallen; **ausein'andergehen** ‹*onr.s*› 1 uit elkaar gaan; 2 van, uit elkaar gaan, scheiden; 3 verdeeld zijn, uiteenlopen (*meningen*); 4 uit elkaar vallen, kapotgaan; 5 zich splitsen, zich vertakken (*wegen*); **ausein'anderleben, sich** ‹*h*› van elkaar vervreemden; **ausein'andernehmen** ‹*st.h; a-o; i*› 1 uit elkaar halen, demonteren; 2 (*fig*) afmaken, in de pan hakken; **ausein'andersetzen** ‹*h*› 1 uiteenzetten, verklaren; 2 *sich mit etwas ~* zich intensief bezighouden met iets; 3 *sich mit einem ~: a*) het met iem eens worden; *b*) iets met iem bespreken; **Ausein'andersetzung** ‹*die; -, -en*› 1 uiteenzetting, verklaring; 2 bespreking, discussie; 3 woordenwisseling, ruzie; (*es kam*) *zu ~en* tot woorden; 4 *heftige ~en* hevige gevechten

'auserkoren uitverkoren

'auserlesen I ‹*st.h; a-e; ie*› uitverkiezen; II ‹*bn*› uitgelezen, exquis

'ausersehen ‹*st.h; a-e; ie*› uitverkiezen, bestemmen

'auserwählen ‹*h*› uit-, verkiezen, uitverkiezen; **'Auserwählte(r)** ‹*bn als zn*› uitverkorene

'ausfahren I ‹*st.h; u-a; ä*› 1 gaan rijden met (*baby, iem in rolstoel*); 2 (*weg*) stukrijden; 3 (*race*) uitrijden; 4 bezorgen, rondbrengen; 5 op topsnelheid rijden; 6 neerlaten, uitschuiven, uitklappen; II ‹*s*› 1 uit-, wegrijden, uit-, wegvaren; 2 uit rijden gaan; 3 uitrijden (race); 4 (*techn*) naar buiten komen, uitschuiven, uitklappen; **'Ausfahrt** ‹*die; -, -en*› 1 het uitvaren; 2 uitrit; 3 afrit (*van snelweg*); 4 rit, tocht

'Ausfall ‹*der; -(e)s, -ë*› 1 uitval (*div bet*); 2 uitslag, uitkomst, resultaat; 3 het uitvallen; 4 vermindering, verlies, tekort; **'ausfallen** ‹*st.h; ie-a; ä*› uitvallen (*div bet*); **'ausfallend** grof, beledigend

'ausfällig grof, beledigend

'Ausfallstraße ‹*die; -, -n*› uitvalsweg

'ausfertigen ‹*h*› 1 opstellen, (uit)schrijven; 2 (*een pas*) afgeven; (*testament*) opmaken; 3 uitvaardigen; **'Ausfertigung** ‹*die; -, -en*› 1 het opstellen, het (uit)schrijven; 2 exemplaar; *in zweifacher ~* in duplo; 3 het afgeven (*van pas*)

'ausfinden ‹*st.h; a-u*› *sich ~ in* (+ 3) zich thuis voelen in, overweg kunnen met

'ausfindig machen ‹*h*› opsporen, ontdekken, vinden

'ausfliegen I ‹*st.s; o-o*› 1 uit-, wegvliegen; 2 een uitstapje maken; II ‹*st.h; o-o*› per vliegtuig e.d. wegbrengen, evacueren

'ausflippen ‹*s*› 1 zijn toevlucht tot drugs nemen; 2 de maatschappij de rug toekeren; 3 overstuur, in paniek raken; 4 buiten zichzelf zijn

'Ausflucht ‹*die; -, -ë*› uitvlucht, voorwendsel

'Ausflug ‹*der; -(e)s, -ë*› 1 het uitvliegen; 2 uitstapje, tochtje, excursie; **'Ausflügler** ‹*der; -s, -*› dagjesmens, iem die een uitstapje maakt

'Ausfluß ‹*der; Ausflusses, Ausflüsse*› 1 afvoer, uitloop; 2 het weglopen, uitstromen; 3 (*med*) afscheiding; 4 gevolg, uitvloeisel

'ausfransen ‹*h*› rafelen (van stof)

'ausfressen ‹*st.h; a-e; i*› 1 uit-, leeg(vr)eten; 2 (*fig*) uithalen, -voeren

'Ausfuhr ‹*die; -, -en*› uitvoer, export; **'ausführbar** uitvoerbaar, mogelijk, doenlijk; **'ausführen** ‹*h*› 1 uitvoeren, exporteren; 2 (*hond*) uitlaten; (*gevangenen*) luchten; 3 (*een bevel, werk*) uitvoeren; 4 (*een ontwerp, schets*) uitwerken; 5 (*een hoek-, strafschop*) nemen; 6 uiteenzetten, verklaren; *einen ~* iem mee uit nemen; **'Ausführende(r)** ‹*bn als zn*› uitvoerende enz.; vgl *ausführen*; **'Ausfuhrgenehmigung** ‹*die; -, -en*› uitvoervergunning; **'ausführlich** uitvoerig; **'Ausfuhrsperre** ‹*die; -, -n*› uitvoerverbod; **'Ausführung** ‹*die; -, -en*› 1 uitvoering, verwezenlijking; 2 uitvoering, kwaliteit; 3 uitwerking (*van ontwerp, schets*); 4 het uitvoeren (*van bevel, werk*); 5 uiteenzetting, behandeling

'ausfüllen ‹*h*› 1 (*fig*) vullen; 2 (*der Schrank*) *füllt* (*die ganze Wand*) *aus* vult; (*Zeit mit etwas*) *~* vullen; 3 (*leemte*) aanvullen; 4 (*formulier*) invullen; 5 (*betrekking*) vervullen, (*ambt*) bekleden; 6 (*die Arbeit*) *füllt ihn nicht aus* bevredigt hem niet

'Ausgabe ‹*die; -, -n*› 1 het uitgeven, het verdelen; 2 het overhandigen, het afgeven; 3 uitgifte (*van aandelen*); 4 uitgave (*van geld*); 5 uitgave (*van boek*); 6 uitzending (*op radio, tv*); 7 loket

'Ausgang ‹*der; -(e)s, -ë*› 1 het uitgaan; 2 *~ haben* mogen uitgaan, vrij hebben; 3 uitgang (*van gebouw, maag, recorder*); 4 eind (*van dorp, laan, regel, tijdperk*); 5 afloop, einde; 6 uitgangspunt (*van gesprek*); **'Ausgangspunkt** ‹*der; -(e)s, -e*› uitgangspunt; **'Ausgangssperre** ‹*die; -, -n*› uitgaansverbod

'ausgären ‹*st. en zw. h; o of gärte, -o of -gegärt*› 1 uitgisten; 2 (*fig*) rijpen

'ausgeben ‹*st.h; a-e; i*› 1 uitreiken, verstrekken; 2 (*aandelen, boeken, geld*) uitgeven; 3 *einen ~, eine Runde ~* een rondje geven; 4 (*bevel*) uitvaardigen; 5 (*instructies*) geven; 6 *sich ~ für* zich uitgeven voor; 7 *sich ~* zich uitputten

'ausgebombt plat-, stukgebombardeerd

'ausgebrannt (*fig*) uitgeblust, opgebrand

'ausgebucht: *~ sein* volgeboekt zijn

'Ausgeburt ‹*die; -, -en*› 1 (*fig*) voortbrengsel, produkt; 2 uitwas, misgeboorte, -baksel

'ausgedehnt 1 uitgebreid; 2 langdurig

'ausgedient: *~ haben* afgedankt zijn

'ausgefahren stukgereden (van wegen e.d.)

'ausgefallen ongewoon; zeldzaam; apart, excentriek

'ausgeflippt zie *ausflippen*

'ausgeflogen 1 *~ sein: a*) op stap, niet thuis zijn; *b*) een uitstapje maken; 2 (*fig*) (*der Vogel ist*) *~* gevlogen; 3 (*alle Kinder sind schon*) *~* het huis uit

'ausgeglichen evenwichtig
'ausgehen ‹*st.s; i-a*› **1** uitgaan (*div bet*); **2** weggaan; naar buiten gaan; **3** opraken (*geduld, geld, voorraad*); **4** ~ (*von*) uitgaan; **5** (*auf d*) ~ uitgaan, eindigen; **6** uitgaan (*van vuur, licht*); **7** *der Atem ging ihm aus* hij raakte buiten adem; *die Haare gehen ihm aus* zijn haar valt uit; **8** ~ *auf* (*Abenteuer, Geld usw.*) uit zijn op; **9** eindigen, aflopen; **10** *leer* ~ niets krijgen; *frei* ~ vrijuitgaan; **11** *das ~de Mittelalter* de late middeleeuwen
'ausgekocht uitgekookt, geraffineerd
'ausgelastet: (*die Kapazität dieser Industrie*) *ist voll* ~ wordt geheel benut
'ausgeleiert **1** versleten, uitgesleten; **2** dolgedraaid (*schroefdraad*); **3** uitgerekt
'ausgemacht **1** zeker, vaststaand; *eine ~e Sache* een uitgemaakte zaak; **2** uitgesproken; **3** zeer, buitengewoon
'ausgenommen uitgezonderd, met uitzondering van, behalve
'ausgeprägt duidelijk uitkomend, geprononceerd
'ausgerechnet uitgerekend, juist
'ausgeschnitten uitgesneden, gedecolleteerd
'ausgesprochen uitgesproken, zeer
'ausgesucht **1** uitgezocht, -gelezen, select; **2** zeer, buitengewoon
'ausgewachsen volgroeid, volwassen
'ausgewogen evenwichtig
'ausgezehrt uitgeteerd
'ausgezeichnet uitstekend, voortreffelijk
'ausgiebig overvloedig, ruim, in ruime mate, rijkelijk
'ausgießen ‹*st.h; o-o*› **1** gieten uit; **2** leeggieten; **3** (*Zorn, Spott, Hohn*) *über einen* ~ over iem uitstorten
'Ausgleich ‹*der; -(e)s, -e*› **1** vergelijk, schikking; **2** vereffening; **3** compensatie; **4** evenwicht; **5** (*sp*) gelijkmaker; **'ausgleichen** ‹*st.h; i-i*› **1** (*conflict, geschil*) bijleggen; **2** met elkaar in overeenstemming brengen; **3** (*tekortkomingen, verliezen*) compenseren, goedmaken; **4** (*bank-, girorekening*) in evenwicht brengen; **5** (*factuur, rekening*) vereffenen, betalen; **6** (*sp*) gelijkmaken; **sich** ~: tegen elkaar opwegen, elkaar opheffen; **'Ausgleichsfonds** ‹*der*› (*Belg*) compensatiekas; **'Ausgleichsgeschäft** ‹*das; -(e)s, -e*› compensatietransactie; **'Ausgleichstreffer** ‹*der; -s, -*› (*sp*) gelijkmaker
'ausgleiten ‹*st.s; i-i*› uitglijden
'ausgliedern ‹*h*› **1** (*fig*) losmaken; **2** buiten beschouwing laten
'ausgraben ‹*st.h; u-a; ä*› **1** uit-, opgraven; **2** te voorschijn halen; **'Ausgrabung** ‹*die; -, -en*› opgraving
'Ausguck ‹*der; -(e)s, -e*› uitkijk (ook persoon); **'ausgucken** ‹*h*› op de uitkijk staan, uitkijken
'Ausguß ‹*der; Ausgusses, Ausgüsse*› **1** gootsteen; **2** tuit
'aushaben ‹*onr.h*› **1** (*kleding, schoenen, boek e.d.*) uithebben; **2** leeggedronken of gegeten hebben; **3** vrij hebben (*van werk, school*)
'aushaken ‹*h*› uit-, loshaken; uit de hengsels lichten
'aushalten ‹*st.h; ie-a; ä*› **1** doorstaan, verduren, verdragen; **2** uithouden; **3** volhouden; **4** (*ong*) onderhouden, mainteneren; **5** (*jeden Vergleich*) ~ doorstaan
'aushandeln ‹*h*› overeenkomen
'aushändigen ‹*h*› overhandigen
'Aushang ‹*der; -(e)s, -ë*› openbare bekendmaking; **'aushängen** **I** ‹*st.h; i-a*› aangeplakt of opgehangen zijn; **II**; **'Aushängeschild** ‹*das; -(e)s, -er*› uithangbord
'ausharren ‹*h*› vol-, uithouden, volharden
'aushauchen ‹*h*› uitademen, -blazen
'ausheben ‹*st.h; o-o*› **1** uitgraven; graven; **2** uithalen, leeghalen, -roven; **3** (*deur*) uit de hengsels lichten; **4** (*bende*) oprollen; **'Aushebung** ‹*die; -, -en*› **1** het uitgraven, het graven; **2** het oprollen, arrestatie
'aushecken ‹*h*› (*fig*) uitbroeden; bedenken
'aushelfen ‹*st.h; a-o; i*› **1** helpen, bijspringen; **2** inspringen, invallen; **'Aushilfe** ‹*die; -, -n*› **1** hulp, bijstand; **2** noodhulp, invalkracht; tijdelijke hulp; **'Aushilfskraft** ‹*die; -, -ë*› zie *Aushilfe*, 2
'aushöhlen ‹*h*› uithollen (*lett en fig*)
'ausholen ‹*h*› *weit* ~: *a*) uithalen (*bij klap*); *b*) zeer breedvoerig zijn (*bij het vertellen*); *weit ~de Schritte* zeer grote stappen
'aushorchen ‹*h*› *einen* ~ iem uithoren
'aushungern ‹*h*› uithongeren
'auskämmen ‹*h*› uitkammen (*div bet*)
'auskennen, sich ‹*onr.h*› **1** de weg weten, bekend zijn; **2** verstand hebben van
'ausklammern ‹*h*› buiten beschouwing laten
'Ausklang ‹*der; -(e)s, geen mv*› einde, slot
'ausklarieren ‹*h*› uitklaren
'auskleiden ‹*h*› **1** uit-, ontkleden; **2** bekleden; bedekken; behangen (*aan binnenkant*) bekleden
'ausklingen **I** ‹*st.h; a-u*› uitklinken, wegsterven; **II** ‹*s*› (*fig*) eindigen
'ausklügeln ‹*h*› uitkienen, uitkno(b)belen
'auskneifen ‹*st.s; i-i*› er tussenuit knijpen
'ausknipsen ‹*h*› (*licht*) uitdoen
'ausknobeln ‹*h*› **1** dobbelen om; **2** uitknob(b)elen, uitkienen
'auskochen ‹*h*› **1** uitkoken; **2** (*fig*) uitbroeden
'auskommen ‹*st.s; a-o*› **1** ~ *mit* uitkomen met, voldoende hebben aan; **2** *ohne etwas* ~ iets niet nodig hebben; **3** (*mit einem , einander*) ~ overweg kunnen, het kunnen vinden; **4** uitkomen (*ei*); **'Auskommen** ‹*das; -s, geen mv*› **1** bestaan, inkomen; **2** *mit ihm ist kein* ~ niemand kan het met hem vinden; **'auskömmlich** voldoende, toereikend
'auskramen ‹*h*› **1** (*volkstaal*) tevoorschijn halen uit; **2** leeghalen, uitruimen; **3** (*oude herinneringen*) ophalen; **4** rondvertellen
'auskratzen **I** ‹*h*› **1** uit-, wegkrassen; **2** uitkrabben; **II** ‹*s*› ervandoor gaan
'auskugeln ‹*h*› (*arm*) ontwrichten

'auskundschaften ‹*h*› verkennen
'Auskunft ‹*die; -, -ë*› 1 inlichting, informatie; 2 inlichtingen-, informatiedienst; (*loket, afdeling*) Inlichtingen; **Auskunf'tei** ‹*die; -, -en*› informatiebureau; **'Auskunftsstelle** ‹*die; -, -n*› informatiebureau
'auskurieren ‹*h*› 1 grondig, geheel genezen; 2 uitvieren (ziekte)
'auslachen ‹*h*› 1 uitlachen; 2 *sich* ~ naar hartelust lachen
ausladen ‹*st.h; u-a; ä*› 1 uitladen, lossen; (*personen*) afzetten, laten uitstappen; 2 (*die Gäste*) *wieder* ~ afzeggen
'Auslage ‹*die; -, -n*› 1 uitgestalde waren; 2 etalage; 3 ~*n* gemaakte onkosten
'Ausland ‹*das; -(e)s, geen mv*› buitenland; **'Ausländer** ‹*der; -s, -*› buitenlander; **'ausländerfeindlich** vijandig tegenover buitenlanders; **'ausländisch** buitenlands; **'Auslandsaufenthalt** ‹*der; -(e)s, -e*› verblijf in het buitenland; **'Auslandsbeziehungen** ‹*mv*› buitenlandse betrekkingen; **'Auslandsgespräch** ‹*das; -(e)s, -e*› internationaal (telefoon)gesprek; **'Auslandsreise** ‹*die; -, -n*› buitenlandse reis; **'Auslandsschutzbrief** ‹*der; -(e)s, -e*› Internationale Reis- en Kredietbrief
'auslangen ‹*h*› 1 toereikend of voldoende zijn; 2 uithalen (voor een slag, klap)
'auslassen ‹*st.h; ie-a; ä*› 1 laten weglopen of ontsnappen; 2 (*seine schlechte Laune*) *an einem* ~ op iem afreageren; (*seine Wut*) *an einem* ~ op iem koelen; *seinen Unwillen gegen etwas* ~ z'n misnoegen over iets te kennen geven; 3 (*woord, zin*) weglaten; verzwijgen; 4 (*kans*) onbenut laten; 5 vrij-, loslaten; 6 met rust laten; 7 (*jas, tv, verwarming enz*) uitlaten; **'Auslassung** ‹*die; -, -en*› 1 uitlating; 2 weglating
'auslasten ‹*h*› 1 volledig benutten; *die Firma ist* (*voll*) *ausgelastet* de produktiecapaciteit van de firma is volledig benut; 2 volledig beladen; 3 (*diese Arbeit*) *lastet mich* (*nicht*) *voll aus: a*) bevredigt mij (niet); *b*) neemt me (niet) volledig in beslag; **'Auslastung** ‹*die; -, geen mv*› volledige belasting
'Auslauf ‹*der; -(e)s, -ë*› 1 uitloop, -watering, monding; 2 (*sp*) uitloopstrook; 3 het uitlopen (*schip*); 4 ruimte om te lopen; **'auslaufen I** ‹*st.s; ie-au; äu*› 1 (*scheepv*) uitlopen, vertrekken; 2 lekken; 3 leeglopen; 4 doorlopen (*kleur*); 5 uitlopen, -rollen; 6 aflopen, eindigen (*contract, termijn, programma, model*); 7 *in etwas* ~ in iets overgaan; **II** ‹*h*› (*schoenen*) uitlopen; **'Ausläufer** ‹*der; -s, -*› 1 uitloper (*van gebergte, bos, drukgebied*); 2 uitloper, loot, spruit
'ausleeren ‹*h*› leegmaken, legen
'auslegen ‹*h*› 1 uitstallen; 2 ter inzage leggen; 3 (*net*) uitwerpen; 4 (*kabels, mijnen e.d.*) leggen; 5 bedekken, bekleden (*aan binnenkant*); 6 (*geld*) voorschieten; 7 uitleggen, interpreteren; 8 (*techn*) berekend zijn voor; **'Ausleger** ‹*der; -s, -*› uitlegger, interpreet; **'Auslegung** ‹*die; -, -en*› uitleg, interpretatie
'Ausleihe ‹*die; -, -n*› het uitlenen; (*Belg*) bedieningspost; **'ausleihen** ‹*st.h; ie-ie*› 1 (*einem etwas*) ~ (uit)lenen; 2 *sich etwas* ~ iets lenen
'auslernen ‹*h*› uitleren; zijn leer-, schooltijd voltooien
'Auslese ‹*die; -, -n*› 1 keus; 2 keur, elite, de besten; 3 (van wijn) eerste kwaliteit; **'auslesen** ‹*st.h; a-e; ie*› 1 uitlezen; 2 uitkiezen
'ausliefern ‹*h*› 1 uit-, overleveren; 2 afleveren; **'Auslieferung** ‹*die; -, -en*› 1 uitlevering; 2 levering (*van goederen*); **'Auslieferungsantrag** ‹*der; -(e)s, -ë*› verzoek om uitlevering
'ausliegen ‹*st.h; a-e*› 1 uitgestald zijn; 2 ter inzage liggen
'auslöffeln ‹*h*› uit-, oplepelen; *die Suppe* ~ *müssen, die man sich eingebrockt hat* de gevolgen van iets ondervinden
'auslöschen ‹*h*› 1 blussen, doven; 2 (*sporen*) uitwissen, raderen (*met mesje of gom*)
'auslosen ‹*h*› uitloten, loten om, door het lot aanwijzen
'auslösen ‹*h*› 1 (*techn*) op gang brengen, in werking brengen; (*fot*) *den Verschluß* ~ de sluiter openen; 2 (*fig*) teweegbrengen, veroorzaken; **'Auslöser** ‹*der; -s, -*› (*fot*) ontspanner; **'Auslösung** ‹*die; -, -en*› 1 het in werking brengen enz.; vgl *auslösen*; 2 reiskostenvergoeding
'ausloten ‹*h*› 1 loden (diepte, muur); 2 (*fig*) doorgronden; 3 (*fig*) peilen
'ausmachen ‹*h*› 1 uitdoen; uitmaken; uit-, afzetten; 2 afspreken, overeenkomen; 3 uitvechten; 4 vormen, uitmaken
'ausmalen ‹*h*› 1 beschilderen; 2 kleuren; 3 (*fig*) schilderen; 4 *sich etwas* ~ zich iets voorstellen
'Ausmaß ‹*das; -es, -e*› 1 omvang, afmeting, grootte; 2 mate
'ausmerzen ‹*h*› 1 schrappen; *Fehler* ~ fouten eruit halen; 2 (*ongedierte*) uitroeien
'ausmessen ‹*st.h; a-e; i*› (op)meten
'ausmisten ‹*h*› uitmesten (*lett en fig*)
'ausmünden ‹*h*› uitmonden, -lopen, -komen
'ausmustern ‹*h*› 1 afkeuren (*voor mil dienst*); 2 afdanken, buiten gebruik stellen
'Ausnahme ‹*die; -, -n*› uitzondering; **'Ausnahmestellung** ‹*die; -, -en*› uitzonderingspositie; **'Ausnahmezustand** ‹*der; -(e)s, geen mv*› uitzonderingstoestand; *den* ~ *verhängen über* (+ 4) de ... afkondigen voor; **'ausnahmslos** zonder uitzondering; **'ausnahmsweise** bij wijze van uitzondering; **'ausnehmen** ‹*st.h; a-o; i*› 1 halen uit; leeghalen; 2 (*vis, gevogelte*) schoonmaken, van ingewanden ontdoen; 3 (*fig*) *einen* ~ iem plukken, geld afhandig maken; 4 uitsluiten, -zonderen; 5 *sich gut, schlecht usw.* ~ een goede, slechte enz. indruk maken; vgl *ausgenommen*
'ausnutzen ‹*h*›, **'ausnützen** ‹*h*› gebruiken, benutten, (ten volle) gebruik maken van, profiteren van, exploiteren; *ausgenutzt* verbruikt,

versleten; '**Ausnutzung** ‹*die; -, geen mv*› zie *ausnutzen*

'**auspacken** ‹*h*› 1 uitpakken; 2 vertellen, spreken over; 3 doorslaan, bekennen, alles verraden; 4 ongezouten de waarheid zeggen

'**ausplaudern** ‹*h*› rondvertellen, verklappen

'**ausposaunen** ‹*h*› uit-, rondbazuinen

'**ausprägen** ‹*h*› 1 (*munten*) slaan; 2 (*fig*) uitdrukken; *sich* ~ tot uitdrukking komen; 3 *sich* ~ zich ontwikkelen; vgl *ausgeprägt*

'**auspreisen** ‹*h*› (*artikelen*) prijzen, van een prijskaartje voorzien

'**Auspuff** ‹*der; -(e)s, -e*› uitlaat

'**auspusten** ‹*h*› uitblazen

'**Ausputzer** ‹*der; -s, -*› (*sp*) ausputzer, laatste man

'**ausquetschen** ‹*h*› 1 uitpersen, -drukken; 2 ondervragen, verhoren

'**ausradieren** ‹*h*› 1 uitvlakken, -gommen; 2 (*fig*) (*herinnering*) uitwissen; 3 wegvagen; 4 liquideren, uit de weg ruimen

ausrangieren ‹*h*› afdanken

'**ausrasten** ‹*s*› uit z'n vel springen, door het lint gaan

'**ausrauben** ‹*h*› 1 beroven; 2 leegroven, -plunderen

'**ausräumen** ‹*h*› 1 (uit-, ont)ruimen, legen; 2 leeghalen, -roven; 3 (*conflict, misverstand e.d.*) uit de weg ruimen

'**ausrechnen** ‹*h*› 1 uitrekenen; 2 *sich etwas* ~ op iets rekenen, iets verwachten; 3 *sich etwas* ~ *können* (*fig*) iets kunnen uitrekenen, nagaan

'**Ausrede** ‹*die; -, -n*› uitvlucht, smoesje

'**ausreden** ‹*h*› 1 uitspreken, -praten; 2 *einem etwas* ~ iem iets uit het hoofd praten

'**ausreiben** ‹*st.h; ie-ie*› (*sich die Augen*) ~ uitwrijven

'**ausreichen** ‹*h*› voldoende, toereikend zijn; '**ausreichend** voldoende

'**Ausreise** ‹*die; -, -n*› uitreis, vertrek uit het land; '**ausreisen** ‹*s*› uitreizen, het land verlaten; '**Ausreisevisum** ‹*das; -s, -visa en -visen*› uitreisvisum

'**ausreißen** I ‹*st.h; i-i*› uitrukken, -scheuren; II ‹*s*› 1 los-, uitscheuren; 2 inscheuren; 3 weglopen, ervandoor gaan; 4 vluchten, ontsnappen; '**Ausreißer** ‹*der; -s, -*› wie weggelopen, ontsnapt is

'**ausrenken** ‹*h*› uit het lid trekken, ontwrichten

'**ausrichten** ‹*h*› 1 richten; 2 (*fig*) oriënteren, richten; 3 (*boodschap*) overbrengen, (*groeten*) doen; 4 organiseren (*Fest*); 5 bereiken, tot stand brengen; (*dagegen kann er allein*) *nichts* ~ niets doen; 6 *etwas* ~ *auf* (+ 4) afstemmen, richten op; 7 *sich* ~ *nach* zich richten naar; '**Ausrichtung** ‹*die; -, geen mv*› zie *ausrichten*

'**ausrollen** I ‹*h*› 1 plat rollen (deeg); 2 uit-, afrollen; II ‹*s*› uitlopen

'**ausrotten** ‹*h*› uitroeien

'**ausrücken** ‹*s*› 1 uitrukken; 2 'm smeren

'**Ausruf** ‹*der; -(e)s, -e*› 1 uitroep, kreet; 2 het af-, omroepen; '**ausrufen** ‹*st.h; ie-u*› 1 uitroepen; 2 uitr, proclameren; 3 af-, omroepen; 4 luid roepend te koop aanbieden; '**Ausrufezeichen** ‹*das; -s, -*› uitroepteken

'**ausruhen, (sich)** ‹*h*› uitrusten

'**Ausrüstung** ‹*die; -, -en*› uit-, toerusting

'**ausrutschen** ‹*s*› 1 uitglijden; 2 uitschieten (*uit hand*); 3 (*fig*) een misstap doen

'**aussaën** ‹*h*› (*lett en fig*) zaaien

'**Aussage** ‹*die; -, -n*› 1 mening, oordeel; 2 verklaring; getuigenis (*bij politie, rechtbank*); 3 verklaring (*algem*); 4 uitdrukkingskracht; '**aussagen** ‹*h*› 1 (*fig*) zeggen, uitdrukken (*van film, boek, schilderij e.d.*); 2 verklaren, getuigen; 3 *das sagt etwas über ... aus* dat zegt iets over ...

'**aussägen** ‹*h*› uitzagen

'**Aussatz** ‹*der; -es, geen mv*› melaatsheid

'**ausschachten** ‹*h*› (uit)graven

'**ausschalten** ‹*h*› uitschakelen (*lett en fig*)

'**Ausschank** ‹*der; -(e)s, -ë*› 1 het schenken (*van drank*); 2 café; 3 bar, buffet

'**Ausschau** ‹*die*› ~ *halten nach* uitzien naar; '**ausschauen** ‹*h*› 1 ~ *nach* uitkijken, -zien naar; 2 *gut, schlecht* ~ er goed, slecht uitzien

'**ausscheiden** I ‹*st.h; ie-ie*› 1 af-, uitscheiden; 2 schiften, verwijderen; II ‹*s*› 1 niet in aanmerking komen, uitvallen; 2 *aus* (*der Firma usw.*) ~ verlaten; 3 (*sp*) uitgeschakeld worden, uitvallen; '**Ausscheidung** ‹*die; -, -en*› 1 het af-, uitscheiden; 2 ontlasting, urine; *~en* uitwerpselen; 3 (*sp*) voorronde; 4 (*sp*) uitschakeling; het uitvallen

'**ausschenken** ‹*h*› 1 schenken; 2 (*koffie*) inschenken, (*soep*) opscheppen

'**ausscheren** ‹*h*› 1 de file verlaten, naar links gaan (*om in te halen*); 2 (*scheepv*) de linie verlaten; 3 uitzwenken (*van aanhangwagen, oplegger*)

'**ausschildern** ‹*h*› 1 van verkeersborden voorzien, bewegwijzeren; 2 door verkeersborden aangeven

'**ausschlachten** ‹*h*› 1 de ingewanden eruit halen (*vee*); 2 alle bruikbare onderdelen halen uit (*een oude auto*); 3 (*een affaire, zaak*) uitbuiten

'**ausschlafen, (sich)** ‹*st.h; ie-a; ä*› uitslapen

'**Ausschlag** ‹*der; -(e)s, -ë*› 1 (*med*) uitslag; 2 het uitslaan (*van wijzer*); 3 *den* ~ *geben* de doorslag geven; '**ausschlagen** I ‹*st.h; u-a; ä*› 1 uitslaan (*div bet*); 2 bekleden, stofferen, (*ook*) voeren; 3 afslaan, van de hand wijzen, weigeren; II ‹*s*› (*gut, schlecht*) ~ aflopen, uitvallen, gaan; III ‹*h en s*› 1 uitslaan (*van wijzer*); 2 (*plantk*) uitlopen; '**ausschlaggebend** doorslaggevend

'**ausschließen** ‹*st.h; o-o*› 1 buitensluiten; 2 uitsluiten; '**ausschließlich** I ‹*bw*› uitsluitend, alleen; II ‹*bn*› enig; uitsluitend, bijzonder, persoonlijk; III ‹*vz* (+ 2)› behalve, buiten

'**ausschlüpfen** ‹*s*› uitkomen, uit het ei komen

'**ausschlürfen** ‹*h*› uit-, leegslurpen

'**Ausschluß** ‹*der; -schlusses, -schlüsse*› 1 uitsluiting; 2 *unter od. mit ~ der Öffentlichkeit* met gesloten deuren

'**ausschmücken** ‹*h*› 1 versieren, tooien; 2 (*fig*) opsmukken

'**ausschneiden** ‹*st.h; i-i*› 1 uit-, wegsnijden; 2 uitknippen; 3 snoeien, dunnen

'**Ausschnitt** ‹*der; -(e)s, -e*› 1 opening, gat; 2 decolleté; 3 knipsel; 4 stuk, fragment

'**ausschöpfen** ‹*h*› 1 scheppen uit; 2 leegscheppen; 3 (volledig) benutten; 4 (*onderwerp*) volledig behandelen

'**ausschrauben** ‹*h*› uit-, losschroeven

'**ausschreiben** ‹*st.h; ie-ie*› 1 uitschrijven (*div bet*); 2 (geheel) over-, uitschrijven; 3 (*naam*) voluit schrijven, (*getal*) in letters schrijven; 4 (*beloning, prijs*) uitloven; 5 *eine Stelle ~* sollicitanten oproepen voor een vacature; '**Ausschreibung** ‹*die; -, -en*› vgl *ausschreiben; öffentliche ~* openbare aanbesteding

'**ausschreien** ‹*st.h; ie-ie*› 1 schreeuwend venten met; 2 uitschreeuwen, schreeuwend bekendmaken

'**Ausschreitungen** ‹*mv*› ongeregeldheden

'**Ausschuß** ‹*der; -schusses, -schüsse*› 1 commissie; 2 uitschot

'**ausschütteln** ‹*h*› uitschudden

'**ausschütten** ‹*h*› 1 storten, gieten uit (*uit zak, vaas e.d.*); (*sein Herz*) *~* uitstorten; 2 (*emmer, vaas e.d.*) leeggooien, -gieten, legen; 3 (*dividend*) *~* uitkeren

'**ausschwärmen** ‹*s*› uitzwermen

'**ausschwatzen** ‹*h*› verklappen, rondvertellen

'**ausschweifend** mateloos; overdreven; losbandig; '**Ausschweifung** ‹*die; -, -en*› 1 overdrijving, buitensporigheid; 2 losbandigheid, uitspatting

'**ausschweigen, sich** zwijgen; niets loslaten

'**ausschwenken** ‹*h*› 1 uitzwenken (*van aanhangwagen, oplegger*); 2 naar buiten draaien (*hijskraan*)

'**ausschwingen** ‹*st.h; a-u*› 1 uitzwaaien (van armen, benen); 2 naar buiten draaien (hijskraan); 3 (*nach links und rechts*) *~* gaan, zwaaien, zwenken (bij het skiën)

'**aussehen** ‹*st.h; a-e; ie*› 1 eruitzien (*goed, slecht, ziek enz*); 2 *~ nach* uitzien naar; 3 *es sieht nach Gewitter aus* het lijkt erop, ziet eruit dat we onweer krijgen; *das sieht nach Betrug aus* dat lijkt op bedrog; 4 (*sich die Augen*) *~* uitkijken; 5 *so siehst du aus!* dat had je gedacht!; *sehe ich danach aus?* zie je me daarvoor aan?; '**Aussehen** ‹*das; -s, geen mv*› uiterlijk, vóórkomen

'**aussein** ‹*onr.s*› afgelopen, uit zijn (*div bet*)

'**außen** 1 (van) buiten, aan de buitenkant; 2 *von ~* (*ook*) van buiten, van buitenaf; '**Außenbahn** ‹*die; -, -en*› (*sp*) buitenbaan; '**Außenbezirk** ‹*der; -(e)s, -e*› buitenwijk

'**aussenden** ‹*onr.h*› (uit)zenden; (uit)sturen

'**Außendienst** ‹*der; -(e)s, geen mv*› buitendienst; '**Außenhandel** ‹*der; -s, geen mv*› buitenlandse handel; '**Außenminister** ‹*der; -, -*› minister van Buitenlandse Zaken; '**Außenpolitik** ‹*die; -, geen mv*› buitenlandse politiek; '**außenpolitisch** wat de buitenlandse politiek betreft; '**Außenseite** ‹*die; -, -n*› buitenzijde, -kant; '**Außenseiter** ‹*der; -s,-*› 1 buitenstaander, outsider; 2 (*sp*) outsider; '**Außenspiegel** ‹*der; -s, -*› zij-, buitenspiegel; '**Außenstände** ‹*mv*› uitstaande gelden, posten; '**Außenstehende(r)** ‹*bn als zn*› buitenstaander; '**Außenstürmer** ‹*der; -s, -*› (*sp*) vleugelspeler, -spits, buitenspeler; '**Außenviertel** ‹*das; -s, -*› buitenwijk; '**Außenwelt** ‹*die; -, geen mv*› buitenwereld; '**Außenwirtschaft** ‹*die; -, geen mv*› economische betrekkingen met het buitenland

'**außer** I ‹*vz*› (+ 3) buiten; behalve; *~ Atem* buiten adem; *~ Betrieb* buiten bedrijf; *~ Dienst* (*a.D.*) buiten dienst, gepensioneerd; *~ sich* buiten zichzelf, van zijn stuk; II ‹*vz*› (+ 2) *~ Landes sein* in het buitenland; III ‹*vw*› *~ daß* behalve dat; *~ wenn* tenzij; '**äußere(r,-s)** 1 buitenste, buiten...; 2 uiterlijk(e), uitwendig(e); 3 van buiten komend; 4 buitenlands(e)

'**außerdem** bovendien, behalve dat

'**Äußere(s)** ‹*das; -n, geen mv*› het uiterlijk, het voorkomen; het uitwendige; de buitenkant

'**außergewöhnlich** buitengewoon, bijzonder

'**außerhalb** I ‹*vz*› (+ 2) buiten; II ‹*bw*› buiten de stad

'**außerirdisch** buitenaards

'**Außerkraftsetzung** ‹*die; -, -en*› buitenwerkingstelling

'**äußerlich** 1 uiterlijk; uitwendig; 2 (*fig*) oppervlakkig; '**Äußerlichkeit** ‹*die; -, -en*› uiterlijkheid

'**äußern** ‹*h*› 1 uiten, te kennen geven, uitspreken; 2 *sich ~: a)* zich openbaren; *b)* zich uiten; *sich über* (+ 4) *~* zich over iets uitlaten

außer'ordentlich buitengewoon

'**außerparlamentarisch** buitenparlementair

'**außerschulisch** buitenschools

'**äußerst** 1 uiterste, buitenste; (*im*) *~en* (*Westen*) in het uiterste; 2 zeer hoog, groot; uiterst; 3 *~* (*wichtig, peinlich usw.*) zeer, uiterst, uitermate; 4 (*der*) *~e* (*Preis, Termin*) laatste, uiterste, uiterlijke; 5 *im ~n Fall* in het ergste geval

'**außerstande** niet in staat

'**Äußerste(s)** ‹*das; -n, -n*› 1 uiterste; *sein ~s tun* zijn uiterste best doen; 2 ergste; *aufs ~ gefaßt* op het ergste voorbereid

'**Äußerung** ‹*die; -, -en*› 1 uiting, teken; 2 uitlating

'**aussetzen** ‹*h*› 1 (*boot, dieren, planten, wachtposten*) uitzetten; 2 (*einer Gefahr, dem Sturm usw.*) blootstellen aan; 3 (*een kind*) te vondeling leggen; 4 (*een beloning, een prijs*) uitloven; 5 stokken (*adem*); afslaan (*motor*); uitvallen (*stroom*); 6 onderbreken; stoppen, ophouden; 7 opschorten; *eine Strafe zur Bewährung ~* een voorwaardelijke straf geven; 8 *an einer Sache, an einem etwas auszusetzen haben* op iets, op iem iets aan te merken hebben; '**Aussetzung** ‹*die; -, -en*› vgl *aussetzen*

'**Aussicht** ‹*die;* -, *-en*› 1 uitzicht, (ver)gezicht; *die ~ haben auf* (+ 4) uitzien op; 2 (voor)uitzicht, kans, verwachting; *in ~stellen* in het vooruitzicht stellen; *in ~ stehen* te verwachten zijn, te wachten staan; '**aussichtslos** uitzichtloos, hopeloos; '**aussichtsreich** veelbelovend; kansrijk

'**aussickern** ‹*s*› uitlekken; lekken uit

'**aussieben** ‹*h*› 1 uitzeven, ziften; 2 selecteren

'**aussiedeln** ‹*h*› *einen ~* iem uit zijn woonplaats verdrijven; '**Aussiedler** ‹*der;* -*s*, -› 1 verdrevene; 2 emigrant

'**aussöhnen** ‹*h*› (met elkaar) verzoenen; *sich ~* zich verzoenen

'**aussortieren** ‹*h*› uitsorteren, uitzoeken

'**ausspähen** ‹*h*› 1 (*nach etwas*) ~ scherp uitkijken; 2 bespieden

'**ausspannen** ‹*h*› 1 (strak) spannen; 2 afspannen, losmaken; 3 (*paard*) uitspannen; 4 lenen, meenemen; 5 afkapen, afhandig maken; 6 uitrusten, rust nemen

'**aussparen** ‹*h*› 1 uitsparen, openlaten; 2 overslaan

'**aussperren** ‹*h*› 1 buitensluiten; 2 uitsluiten; '**Aussperrung** ‹*die;* -, *-en*› uitsluiting, lockout

'**ausspielen** ‹*h*› 1 (*sp*) spelen om (*een beker, het kampioenschap*); 2 (*sp*) uitspelen; omspelen; 3 (*sp*) overspelen; 4 beginnen, uitkomen (*bij het kaarten*); 5 uitspelen; '**Ausspielung** ‹*die;* -, *-en*› loterijtrekking

'**ausspinnen** ‹*st.h; o-o*› (*fig*) uitspinnen, voortborduren op

'**ausspionieren** ‹*h*› 1 ontdekken; 2 bespioneren

'**Aussprache** ‹*die;* -, *-n*› 1 uitspraak; 2 discussie; '**aussprechbar** uitspreekbaar, uit te spreken; '**aussprechen** ‹*st.h; a-o; i*› 1 uitspreken; 2 uitspreken, ten einde spreken; 3 (*een vonnis*) vellen; 4 (*einem sein Bedauern, seinen Dank*) ~ betuigen, uitspreken; 5 (*sich für, gegen einen od. etwas*) ~ uitspreken, verklaren; 6 *sich* (*über einen od. etwas*) ~ zijn mening geven; 7 *sich ~ in* tot uiting, uitdrukking komen in; 8 *sich ~: a*) (*fig*) z'n hart luchten; *b*) met elkaar praten; '**Ausspruch** ‹*der;* -(*e*)*s*, -*ë*› uitspraak, gezegde

'**ausspucken** ‹*h*› (uit)spugen; (*geld*) dokken, neertellen; *spuch schon aus!* vertel op!

'**ausspülen** ‹*h*› uitspoelen

'**ausstaffieren** ‹*h*› 1 van kleren voorzien; 2 meubileren, inrichten; 3 uitdossen, verkleden

'**Ausstand** ‹*der;* -(*e*)*s, geen mv*› staking

'**Ausständige(r)** ‹*bn als zn*› staker

'**ausstatten** ‹*h*› 1 (*kamer, woning e.d.*) inrichten, aankleden; 2 (*boek*) verzorgen, uitvoeren; 3 ~ *mit* uitrusten met, voorzien van; '**Ausstattung** ‹*die;* -, *-en*› 1 inrichting; 2 uitzet; 3 uitrusting; 4 uitvoering

'**ausstechen** ‹*st.h; a-o; i*› 1 uitsteken; 2 (*turf, gras, deeg, koekjes*) (uit)steken; 3 overtroeven, -treffen; de loef afsteken; verdringen

'**ausstehen** ‹*onr.h; a-a*› 1 uitgestald, geëtaleerd zijn; 2 uitstaan; 3 doorstaan, verdragen, verduren; 4 op zich laten wachten, ontbreken; 5 *~de Gelder* uitstaande gelden

'**aussteigen** ‹*st.s; ie-ie*› 1 uitstappen; 2 uit vliegtuig springen (*piloot*); 3 zich terugtrekken, uittreden; 4 (*sp*) opgeven; 5 (*sp*) (*den Torwart, Verteidiger*) ~ *lassen* uit-, omspelen

'**ausstellen** ‹*h*› 1 (*posten*) uitzetten, (*een val*) zetten; 2 uitstallen, tentoonstellen; 3 (uit)schrijven, opmaken; 4 (*paspoort*) afgeven; '**Aussteller** ‹*der;* -*s*, -› 1 exposant, inzender; 2 persoon of instantie, die iets afgeeft; '**Ausstellung** ‹*die;* -, *-en*› 1 tentoonstelling; 2 uitstalling; 3 het uitzetten; 4 afgifte; '**Ausstellungsgegenstand** ‹*der;* -(*e*)*s*, -*ë*› tentoongesteld voorwerp

'**aussterben** ‹*st.s; a-o; i*› uitsterven (*lett en fig*)

'**Aussteuer** ‹*die;* -, *geen mv*› uitzet

'**Ausstieg** ‹*der;* -(*e*)*s*, -*e*› 1 het uitstappen; 2 uitgang

'**ausstopfen** ‹*h*› 1 (op)vullen; 2 (*een dier*) opzetten

'**Ausstoß** ‹*der;* -*es*, -*ë*› 1 produktie; 2 het uitstoten; '**ausstoßen** ‹*st.h; ie-o; ö*› 1 uitstoten (*div bet*); 2 (*kreet, zucht*) slaken; 3 produceren

'**ausstrahlen** ‹*h*› 1 uitstralen (*lett en fig*); 2 (*telec*) uitzenden; '**Ausstrahlung** ‹*die;* -, *-en*› 1 uitstraling (*lett en fig*); 2 (*telec*) uitzending

'**ausstrecken** ‹*h*› uitstrekken, -steken; *sich ~* zich uitstrekken

'**ausstreichen** ‹*st.h; i-i*› 1 (*med*) uitstrijken; uitstrijken, -smeren (*Farbe*); 2 gladstrijken; 3 volstrijken, -smeren (*Fugen*); 4 (*ein Wort*) doorhalen, schrappen; '**Ausstrich** ‹*der;* -(*e*)*s*, -*e*› (*med biol*) uitstrijk(je)

'**ausströmen** I ‹*s*› uitstromen, stromen uit; II ‹*h*› 1 (*fig*) (*Wärme, Duft*) ~ afgeven; 2 (*fig*) uitstralen, uitgaan van (*Ruhe, Vertrauen*)

'**aussuchen** ‹*h*› uitzoeken

'**Austausch** ‹*der;* -(*e*)*s, geen mv*› 1 uitwisseling (*div bet*); 2 vervanging; '**austauschbar** vervangbaar, uit-, verwisselbaar; '**austauschen** ‹*h*› 1 uitwisselen (*Gedanken, Gefangene usw.*); 2 vervangen (*Spieler*)

'**austeilen** ‹*h*› uit-, verdelen, uitreiken; (*Befehle*) geven; (*Gnaden, Titel*) verlenen

'**Auster** ‹*die;* -, *-n*› oester

'**austesten** ‹*h*› testen, uitproberen

'**austilgen** ‹*h*› 1 uitwissen; 2 verdelgen, uitroeien

'**austoben** ‹*h*› uitrazen, -woeden; *sich ~* uitrazen

'**Austrag** ‹*der;* -(*e*)*s*, -*ë*› 1 het uitvechten, de strijd; *zum ~ bringen* uitvechten; 2 (*sp*) het spelen; '**austragen** ‹*st.h; u-a; ä*› 1 bezorgen, rondbrengen; 2 (*sp*) (*wedstrijd*) spelen; (*race*) rijden; (*das Spiel wird*) *morgen ausgetragen* vindt morgen plaats; 3 uitvechten; 4 verspreiden; '**Austräger** ‹*der;* -*s*, -› bezorger, besteller; '**Austragung** ‹*die;* -, *geen mv*› 1 het uitvechten; 2 (*sp*) het spelen; het rijden, etc.

'**austreiben** ‹*st.h; ie-ie*› 1 verdrijven, verjagen;

2 (*vee*) naar de weide drijven; 3 uitlopen (*van boom*); 4 uitdrijven; 5 (*einem etwas*) ~ afleren

'**austreten** I ‹*st.h; a-e; i*› 1 (*vuur*) uittrappen; 2 (*schoenen*) aftrappen; 3 (*treden*) uitlopen, -slijten; 4 plattrappen, -treden; II ‹*s*› 1 (*aus einem Verein, einer Partei u.ä.*) ~ uittreden; 2 naar toilet gaan; 3 naar buiten komen, treden; komen uit, te voorschijn komen; vrijkomen

'**austricksen** ‹*h*› 1 (*sp*) handig omspelen; 2 (*fig*) te slim af zijn

'**austrinken** ‹*st.h; a-u*› opdrinken; leegdrinken

'**Austritt** ‹*der; -(e)s, -e*› 1 het naar buiten komen, treden; 2 het uittreden, het verlaten; 3 het opzeggen (*van lidmaatschap*)

'**austüfteln** ‹*h*› uitdenken, -dokteren

'**austun** ‹*onr.h*› 1 uitdoen, -trekken; 2 (*lamp*) uitdoen; (*vuur*) uitmaken

'**ausüben** ‹*h*› uitoefenen; beoefenen; '**Ausübung** ‹*die; -, geen mv*› uitoefening

'**ausufern** ‹*s*› 1 buiten de oevers treden; 2 (*fig*) enorm uitgroeien; 3 (*fig*) ontaarden

'**Ausverkauf** ‹*der; -(e)s, -ë*› uitverkoop

'**ausverkaufen** ‹*h*› uitverkopen

'**Auswahl** ‹*die; -, geen mv*› 1 de keuze, het kiezen; *eine ~ treffen* een keus doen; 2 keuze, assortiment; 3 (*sp*) selectie; '**auswählen** ‹*h*› (uit)kiezen

'**Auswanderer** ‹*der; -s, -*› emigrant; '**auswandern** ‹*s*› emigreren

'**auswärtig** 1 buiten de stad (liggend); 2 van buiten (de stad); 3 buitenlands; *das A~e Amt* ministerie van B. Z.

'**auswärts** 1 naar buiten, buitenwaarts; 2 buitenshuis (*eten*); elders, in een andere plaats (*werken*); 3 *von* ~ van buiten (de stad); 4 (*sp*) ~ *spielen* uit spelen; '**Auswärtsspiel** ‹*das; -(e)s, -e*› (*sp*) uitwedstrijd

'**auswaschen** ‹*st.h; u-a; ä*› 1 uitwassen; 2 uitwassen, -spoelen; 3 uithollen (*door water*)

'**auswechselbar** verwissel-, vervangbaar; '**auswechseln** ‹*h*› 1 verwisselen, vervangen; 2 (*sp*) wisselen, vervangen; '**Auswechselspieler** ‹*der; -s, -*› (*sp*) wisselspeler

'**Ausweg** ‹*der; -(e)s, -e*› uitweg; redding; '**ausweglos** hopeloos, uitzichtloos; '**Ausweglosigkeit** ‹*die; -, geen mv*› hopeloosheid, uitzichtloosheid

'**ausweichen** ‹*st.s; i-i*› (+ 3) 1 uitwijken; (*einem Auto*) ~ uitwijken voor, ontwijken; 2 ontwijken, omzeilen; 3 ontwijken, mijden; (*eine*) *~de* (*Antwort*) ontwijkend

'**Ausweis** ‹*der; -es, -e*› legitimatiebewijs; (*Belg*) identiteitskaart; '**ausweisen** ‹*st.h; ie-ie*› 1 uit-, bewijzen; 2 *einen* ~ iem uitwijzen (*uit een land*); **sich** ~ zich legitimeren, identificeren; *sich als guter Freund* ~ een goede vriend blijken te zijn; '**Ausweiskontrolle** ‹*die; -, -n*› (*Belg*) identiteitscontrole; '**Ausweispapiere** ‹*mv*› legitimatiepapieren

'**ausweiten** ‹*h*› 1 uit-, oprekken; 2 uitbreiden

'**auswendig** uit het hoofd (leren, kennen)

'**auswerfen** ‹*st.h; a-o; i*› 1 (*het anker, netten*) uitwerpen; 2 (*as, lava*) uitstoten, -braken; 3 (*bloed*) opgeven; (*slijm*) ophoesten; 4 (*geld*) uittrekken, -keren, ter beschikking stellen; (*winst*) uitkeren; 5 produceren

'**auswerten** ‹*h*› 1 analyseren; evalueren; 2 verwerken; 3 benutten, productief maken

'**auswickeln** ‹*h*› uitpakken, loswikkelen

'**auswirken, sich** 1 *das wirkt sich* (*positiv, ungünstig usw.*) *aus* dat heeft een ... invloed, werkt ..., heeft ... gevolgen; 2 *sich ~ auf* invloed hebben op; '**Auswirkung** ‹*die; -, -en*› uitwerking, gevolg

'**auswischen** ‹*h*› 1 schoonvegen; 2 uit-, wegvegen; 3 *einem eins* ~ iem flink te grazen nemen, een loer draaien

'**Auswuchs** ‹*der; -es, -ë*› 1 (*med*) woekering, vergroeiing; 2 (*fig*) uitwas, wantoestand

'**auszahlen** ‹*h*› 1 (uit)betalen; 2 *sich* ~ renderen, lonend zijn, de moeite waard zijn

'**auszehren** ‹*h*› uitteren; vgl *ausgezehrt*

'**auszeichnen** ‹*h*› 1 (*iem*) onderscheiden; 2 (*iem*) eren; 3 (*waren*) prijzen; 4 (*Mut usw.*) *zeichnet ihn aus* kenmerkt hem; 5 *sich* ~ zich onderscheiden, uitblinken; vgl *ausgezeichnet*; '**Auszeichnung** ‹*die; -, -en*› 1 onderscheiding; 2 het prijzen (*van waren*); 3 *mit* ~ met lof

'**Auszeit** ‹*die; -, -en*› (*sp*) time-out

'**ausziehbar** uitschuifbaar, -trekbaar

'**ausziehen** I ‹*st.h; o-o*› 1 (er) uittrekken; (*tand*) trekken; 2 (*kleding, schoenen*) uittrekken; 3 uitkleden; 4 uittrekken, excerperen; 5 uittrekken, -schuiven; II ‹*s*› 1 uitrijden, -rukken; ~ *aus* weg-, vertrekken uit; 2 verhuizen, uit een woning trekken; 3 er op uit trekken, gaan; *auf Abenteuer usw.* ~ op avontuur enz. uitgaan

'**Auszubildende(r)** ‹*bn als zn*› leerling (met een leerovereenkomst, binnen Duitse leerlingstelsel); (*Belg*) leergast

'**Auszug** ‹*der; -(e)s, -ë*› 1 uittocht, vertrek; 2 het verlaten, het ontruimen (*van woning*); 3 uittreksel, excerpt; (*ook*) samenvatting; 4 fragment, deel; 5 aftreksel, extract; 6 uitschuifbaar deel; 7 (*muz*) bewerking

au'**thentisch** authentiek

'**Auto** ‹*das; -s, -s*› auto; '**Autoapotheke** ‹*die; -, -n*› (nood)verbanddoos (*in auto*); '**Autobahn** ‹*die; -, -en*› autosnelweg; '**Autobahnauffahrt** ‹*die; -, -en*› oprit van autosnelweg; '**Autobahnausfahrt** ‹*die; -, -en*› afrit van autosnelweg; '**Autobahndreieck** ‹*die; -, -en*› splitsing van autosnelwegen; '**Autobahngebühr** ‹*die; -, -en*› tol (*op autosnelweg*); '**Autobahnkreuz** ‹*das; -(e)s, -e*› klaverblad; '**Autobahnzubringer** ‹*der; -s, -*› rechtstreekse verbindingsweg naar autosnelweg; '**Autofähre** ‹*die; -, -n*› autoveer(boot); '**Autofahren** ‹*das; -s, geen mv*› het autorijden; '**Autofahrer** ‹*der; -s, -*› automobilist; '**Autofahrt** ‹*die; -, -en*› autorit; '**Autofriedhof** ‹*der; -(e)s, -ë*› autokerkhof; '**Autogas** ‹*das; -es, -e*› LPG, autogas; '**Autokarte** ‹*die; -, -n*› autokaart; '**Autoknacker** ‹*der; -s, -*› autodief (*steelt uit auto's*)

Autokra'tie ‹*die;* -, *-n*› autocratie

'Automarke ‹*die;* -, *-n*› automerk

Auto'mat ‹*der; -en, -en*› automaat; **Auto'matik** ‹*die;* -, *-en*› (*techn*) automatic, automatische bediening; automaat (*auto*); **Automati'on** ‹*die;* -, *geen mv*› automatisering; **auto'matisch** automatisch; **automati'sieren** ‹*h*› automatiseren; **Automa'tismus** ‹*der;* -, *Automatismen*› automatisme

'Automechaniker ‹*der; -s,* -› automonteur

Automo'bil ‹*das; -s, -e*› automobiel; **Automo'bilausstellung** ‹*die;* -, *-en*› autotentoonstelling; **'Automobilindustrie** ‹*die;* -, *-n*› auto-industrie

'Autonummer ‹*die;* -, *-n*› kenteken (*van auto*)

'Autopilot ‹*der; -en, -en*› (*luchtv*) automatische piloot

'Autor ‹*der; -s, Au'toren*› auteur, schrijver

'Autoradio ‹*das; -s, -s*› autoradio; **'Autoreifen** ‹*der; -s,* -› autoband; **'Autoreisezug** ‹*der;* -(*e*)*s, -ë*› autoslaaptrein; **'Autorennen** ‹*das; -s,* -› autorace; **'Autorennfahrer** ‹*der; -s,* -› a.coureur

autori'sieren ‹*h*› autoriseren, machtigen; **autori'tär** autoritair; **Autori'tät** ‹*die;* -, *-en*› autoriteit; gezag

'Autoschlange ‹*die;* -, *-n*› file; **'Autoschlosser** ‹*der; -s,* -› automonteur; (*Belg*) garagist; **'Autostop(p)** ‹*der; -s, geen mv*› ~ *machen, per ~ fahren* liften; **'Autotelefon** ‹*das; -s, -e*› autotelefoon; **'Autounfall** ‹*der;* -(*e*)*s, -ë*› auto-ongeluk

'Autoverkehr ‹*der;* -(*e*)*s, geen mv*› autoverkeer; **'Autoverleih** ‹*der;* -(*e*)*s, -e*› autoverhuurbedrijf; **'Autowerkstatt** ‹*die;* -, *-ën*› autowerkplaats, garage; **'Autozubehör** ‹*das; -s, geen mv*› auto-accessoires

avan'cieren ‹*h*› *zum besten* ... ~ tot de beste ... opklimmen

Aversi'on ‹*die;* -, *-en*› aversie, afkeer

Axt ‹*die;* -, *-ë*› (grote) bijl

A'zur ‹*der; -s, geen mv*› azuur, hemelsblauw

Bb*b*

b, B ‹*das;* -, -› 1 b, B; 2 bes (*muz*)

'babbeln ‹*h*› 1 brabbelen (vooral van kleine kinderen); 2 kletsen, leuteren

'Baby (*spr:* beebi) ‹*das; -s, -s*› baby

Bach ‹*der;* -(*e*)*s, -ë*› beek; **'Bächlein** ‹*das; -s,* -› beekje

'Backblech ‹*das;* -(*e*)*s, -e*› bakblik

'Backbord ‹*das;* -(*e*)*s, geen mv*› (*scheepv*) bakboord

'Backe ‹*die;* -, *-n*› 1 wang; 2 bil; 3 *au Backe!* goeie genade!

'backen I ‹*zw.h*› (van sneeuw e.d.) bakken, verharden; **II** ‹*st.h; er bäckt, backte, gebacken, soms: er backt, buk*› bakken; braden (kip); drogen (fruit)

'Backenbart ‹*der;* -(*e*)*s, -ë*› bakkebaard

'Backenzahn ‹*der;* -(*e*)*s, -ë*› kies

'Bäcker ‹*der; -s,* -› bakker; **'Bäckerei** ‹*die;* -, *-en*› 1 bakkerij; 2 het bakken; **'Bäckergeselle** ‹*der; -n, -n*› bakkersknecht; (*Belg*) bakkersgast; **'Bäckermeister** ‹*der; -s,* -› meester-bakker

'Backfisch ‹*der;* -(*e*)*s, -e*› gebakken vis, bakvis; **'Backofen** ‹*der; -s, -̈*› bak(kers)oven; **'Backpfeife** ‹*die;* -, *-n*› oorvijg; **'Backpulver** ‹*das; -s,* -› bakpoeder; **'Backstein** ‹*der;* -(*e*)*s, -e*› baksteen

Bad ‹*das;* -(*e*)*s, -ër*› 1 bad; *ein ~ einlaufen lassen* een bad laten vollopen; 2 badplaats; kuuroord

'Badeanstalt ‹*die;* -, *-en*› zwembad; **'Badeanzug** ‹*der;* -(*e*)*s, -ë*› badpak; **'Badehose** ‹*die;* -, *-n*› zwembroek; **'Badekappe** ‹*die;* -, *-n*› badmuts; **'Bademantel** ‹*der; -s, -̈*› badjas; **'Bademeister** ‹*der; -s,* -› badmeester; **'Bademütze** ‹*die;* -, *-n*› badmuts; **'Badesalz** ‹*das; -es, -e*› badzout

'baden ‹*h*› 1 baden; *einen* ~ iem in het bad doen; 2 baden, een bad nemen; 3 *sich* ~ baden, een bad nemen; 4 zwemmen; 5 ~ *gehen: a*) gaan zwemmen; *b*) geen succes hebben

'Badeort ‹*der;* -(*e*)*s, -e*› badplaats; **'Badetuch** ‹*das;* -(*e*)*s, -ër*› badlaken, badhanddoek; **'Badewanne** ‹*die;* -, *-n*› badkuip; **'Badezeug** ‹*das;* -(*e*)*s, geen mv*› zwemspullen; **'Badezimmer** ‹*das; -s,* -› badkamer

'Bafög ‹*das;* -(*s*), *geen mv*› (*afk voor Bundesausbildungsförderungsgesetz*) studiebeurs

Ba'gage ‹*die;* -, *geen mv*› 1 bagage; 2 gespuis

Baga'telle ‹*die;* -, *-n*› bagatel, kleinigheid

'Bagger ‹*der; -s,* -› 1 baggermolen; 2 dragline; **'Baggerer** ‹*der; -s,* -› baggeraar; **'baggern** ‹*h*› baggeren

Bahn ‹*die*; -, -*en*› 1 trein, tram; *zur* ~, *an die* ~ *bringen, gehen* naar de trein, het station brengen, gaan; 2 (*van planeet, satelliet e.d.*) baan; 3 (*van rok, zeil*) baan; 4 *auf der rechten* ~ *sein* op het rechte (goede) pad zijn; (*fig*) *auf die schiefe, abschüssige* ~ *geraten sein* zich op een hellend vlak bevinden; 5 *in eine* ~ (*ein*)*lenken* (*vooral fig*) een weg (doen) inslaan; '**Bahnbeamte(r)** ‹*bn als zn*› spoorwegbeambte; '**bahnbrechend** baanbrekend; '**Bahndamm** ‹*der*; -(*e*)*s*, -*ë*› spoordijk

'**bahnen** ‹*h*› (*sich od. einem einen Weg*) ~ banen

'**Bahnfahrer** ‹*der*; -*s*, -› (*sp*) baanrenner; '**Bahngleis** ‹*das*; -*es*, -*e*› spoor, rails

'**Bahnhof** ‹*der*; -(*e*)*s*, -*ë*› station; '**Bahnhofsgaststätte** ‹*die*; -, -*n*› stationsrestauratie; '**Bahnhofshalle** ‹*die*; -, -*n*› stationshal

'**bahnlagernd** station restante; '**Bahnlinie** ‹*die*; -, -*n*› spoorlijn; '**Bahnpolizei** ‹*die*; -, *geen mv*› spoorwegpolitie, -recherche; '**Bahnsteig** ‹*der*; -(*e*)*s*, -*e*› perron; '**Bahnstrecke** ‹*die*; -, -*n*› baanvak, sectie; '**Bahnüberführung** ‹*die*; -, -*en*› spoorwegviaduct; '**Bahnübergang** ‹*der*; -(*e*)*s*, -*ë*› overweg; *unbeschrankter* ~ onbewaakte overweg; '**Bahnunterführung** ‹*die*; -, -*en*› spoorwegtunnel

'**Bahre** ‹*die*; -, -*n*› (draag)baar

Bai ‹*die*; -, -*en*› baai, inham, bocht

Bajo'nett ‹*das*; -(*e*)*s*, -*e*› bajonet

Ba'lance ‹*die*; -, -*n*› balans, evenwicht; **balan'cieren** ‹*h*› balanceren

bald 1 gauw, spoedig, weldra; *möglichst* ~, *so* ~ *wie möglich* zo spoedig mogelijk; ~ *darauf* kort daarop; *bis* ~*!* tot ziens!; 2 *das ist* ~ *gesagt* dat is gemakkelijk, gauw gezegd; 3 *ich hätte* ~ *was gesagt* ik had haast wat gezegd; ~ ..., ~ nu eens ..., dan weer

'**Baldachin** ‹*der*; -*s*, -*e*› baldakijn

'**baldig** spoedig; '**baldigst**, '**baldmöglichst** zo spoedig, zo gauw mogelijk; vgl *bald*

Balg I ‹*der*; -(*e*)*s*, -*ë*› 1 vel, huid, balg; 2 balg; **II** ‹*der of das*; -(*e*)*s*, -*ë of* -*ër*› bengel; '**balgen** ‹*h*› villen; *sich* ~ stoeien

'**Balken** ‹*der*; -*s*, -› balk (*div bet*)

Bal'kon ‹*der*; -*s*, -*e of* -*s*› balkon; **Bal'konzimmer** ‹*das*; -*s*, -› kamer met een balkon

Ball ‹*der*; -(*e*)*s*, -*ë*› 1 bal; ~ *spielen* ballen; (*fig*) *am* ~ *sein, bleiben* iets niet opgeven, zeer actief zijn; 2 bol; 3 het bal; '**Ballbesitz** ‹*der*; -*es*, *geen mv*› balbezit

'**ballen** ‹*h*› 1 tot een bal maken; *die Faust* ~ de vuist ballen; 2 *der Schnee ballt sich* de sneeuw pakt; 3 *die Probleme* ~ *sich* de problemen stapelen zich op

'**Ballen** ‹*der*; -*s*, -› 1 pak, baal; 2 bal(*van hand, voet*)

'**ballern** ‹*h*› 1 bonzen; 2 schieten, knallen

Bal'lett ‹*das*; -(*e*)*s*, -*e*› ballet; **Bal'lettänzer** ‹*der*; -*s*, -› balletdanser

'**Ballführung** ‹*die*; -, *geen mv*› balcontrole; '**Balljunge** ‹*der*; -*n*, -*n*› (*sp*) ballenjongen

Bal'lon ‹*der*; -*s*, -*e of* -*s*› 1 ballon; 2 ballon (*grote glazen fles*); 3 (*chem*) kolf, retort; 4 (*volkstaal*) kop, test

'**Ballspiel** ‹*das*; -(*e*)*s*, -*e*› balspel

'**Ballung** ‹*die*; -, -*en*› opeenhoping; '**Ballungsgebiet** ‹*das*; -(*e*)*s*, -*e*› agglomeratie (*mensen en industrie*); '**Ballungsraum** ‹*der*; -(*e*)*s*, -*ë*› zie *Ballungsgebiet*

'**Ballwechsel** ‹*der*; -*s*, -› (*sp*) bal-, slagwisseling

'**Balsam** ‹*der*; -*s*, -*e*› balsem

'**Bambus** ‹*der*; -*ses*, -*se*› bamboe

'**Bammel** ‹*der*; -*s*, *geen mv*› (*volkstaal*) angst

'**bammeln** ‹*h*› bungelen, bengelen

ba'nal banaal, alledaags, plat

Ba'nane ‹*die*; -, -*n*› banaan

Band I ‹*der*; -(*e*)*s*, -*ë*› (boek)deel; **II** ‹*das*; -(*e*)*s*, -*ër*› 1 band, lint; 2 (*om vat, van gewricht, beeldband, geluidsband*) band; **III** ‹*das*; -(*e*)*s*, -*e*› band; *die* ~*e des Blutes, der Freundschaft* de banden enz.; *in* ~*e schlagen* in boeien slaan; IV ‹*die*; -, -*s*› (*muz*) band

Ban'dage ‹*die*; -, -*n*› bandage, zwachtel, verband; *mit harten* ~*n kämpfen* er hard tegenaan gaan

'**Bandaufnahme** ‹*die*; -, -*n*› bandopname; '**Bandaufzeichnung** ‹*die*; -, -*en*› video-opname

'**Bande** ‹*die*; -, -*n*› 1 bende; *ihr seid vielleicht eine* ~ jullie zijn me ook een stel; 2 (biljart)band; '**Bandenführer** ‹*der*; -*s*, -› bendeleider

Bande'role ‹*die*; -, -*n*› banderol

'**Bänderzerrung** ‹*die*; -, -*en*› verzwikking van de gewrichtsbanden

'**bändigen** ‹*h*› 1 (*ein Tier*) temmen; 2 (*Leidenschaften*) beteugelen, betomen

Ban'dit ‹*der*; -*en*, -*en*› bandiet

'**Bandmaß** ‹*das*; -*es*, -*e*› meetband; **Bandsäge** ‹*die*; -, -*n*› lintzaag; '**Bandscheibe** ‹*die*; -, -*n*› tussenwervelschijf; '**Bandscheibenschaden** ‹*der*; -*s*, -̈› hernia; '**Bandwurm** ‹*der*; -(*e*)*s*, -*ër*› lintworm

bang(e) ‹(*banger en bänger, bangst en bängst*)› bang, angstig; ~ *sein* bang zijn; ~ *um einen sein* zich over iem ongerust maken

'**Bange** ‹*die*; -, *geen mv*› (*ndd*) angst; ~ *haben* bang zijn; *nur keine* ~*!* wees maar niet bang!; '**bangen** ‹*h*› (*sich*) *um einen* ~ zich over iem ongerust maken

Bank I ‹*die*; -, -*ë*› (zit-, zand-, werk)bank; *auf die lange* ~ *schieben* op de lange baan schuiven; **II** ‹*die*; -, -*en*› bank (geldinstituut); **Bankangestellte(r)** ‹*bn als zn*› bankemployé(e); '**Bankautomat** ‹*der*; -*en*, -*en*› geldautomaat; '**Banker** ‹*der*; -*s*, -› bankier

Ban'kett ‹*das*; -(*e*)*s*, -*e*› banket, feestmaal

Ban'kette ‹*die*; -, -*n*› zijkant van weg, berm; ~ *nicht befahrbar!* zachte berm!

Ban'kier ‹*der*; -*s*, -*s*› bankier; '**Bankkonto** ‹*das*; -*s*, -*konten*› bankrekening; '**Banknote** ‹*die*; -, -*n*› bankbiljet; '**Bankraub** ‹*der*; -(*e*)*s*, *geen mv*› bankroof; **bank'rott** ‹*bn*› bankroet, failliet; **Bank'rott** ‹*der*; -(*e*)*s*, -*e*› bankroet, faillissement; ~ *machen, gehen* failliet gaan;

'Bankscheck ‹*der; -s, -s*› (*Belg*) bankcheque

Bann ‹*der; -(e)s, geen mv*› 1 ban, kerkelijke ban; *mit dem ~ belegen* in de ban doen; 2 banvloek; 3 ban, betovering; (*lett*) *einen in (seinen) ~ schlagen, ziehen* iem onder zijn invloed brengen; **'bannen** ‹*h*› 1 verbannen, uitwijzen; 2 in de ban doen; 3 betoveren, boeien; 4 (*geesten*) bezweren; (*het gevaar*) bezweren

'Banner ‹*das; -s, -*› banier, vaandel, vlag

'Bannfluch ‹*der; -(e)s, -ë*› banvloek

'Bannkreis ‹*der; -es, -e*›, **'Bannmeile** ‹*die; -, -n*› verboden zone

bar 1 bloot; 2 (*onzin*) zuiver, klinkklaar; 3 (*geld*) contant; ~ *(be)zahlen* contant betalen; *gegen ~* à contant; (*fig*) *für ~e Münze nehmen* voor goede munt aannemen, geloven

Bär ‹*der; -en, -en*› 1 (*zoogdier, sterrenbeeld*) beer; 2 heiblok; 3 *sich einen Bären aufbinden lassen* zich iets op de mouw laten spelden

Ba'racke ‹*die; -, -n*› barak

Bar'bar ‹*der; -en, -en*› (*lett en fig*) barbaar; **Barba'rei** ‹*die; -, -en*› 1 barbaarsheid, wreedheid, ruwheid; 2 gebrek aan beschaving; **bar'barisch** 1 barbaars; 2 (*fig*) ontiegelijk, erg

'bärbeißig kribbig, kriegel, nijdig

'Bardame ‹*die; -, -n*› barmeisje, -juffrouw

'Bärendienst ‹*der*› *einem einen ~ leisten* een slechte dienst bewijzen; **'Bärenhunger** ‹*der; -s, geen mv*› honger als een paard; **'Bärenkälte** ‹*die; -, geen mv*› verschrikkelijke koude; **'Bärenmütze** ‹*die; -, -n*› beremuts; **'bärenstark** zo sterk als een beer

Ba'rett ‹*das; -(e)s, -e*› baret

'barfuß blootsvoets, op blote voeten; **'barfüßig** bloots-, barrevoets

'Bargeld ‹*das; -(e)s, geen mv*› contant geld; **'bargeldlos** zonder contant geld; *~er Zahlungsverkehr* giroverkeer

'barhaupt, **'barhäuptig** blootshoofds

'Barhocker ‹*der; -s, -*› barkruk

Bar'kasse ‹*die; -, -n*› (*scheepv*) barkas

'Barkauf ‹*der; -(e)s, -ë*› koop à contant

barm'herzig barmhartig, liefdadig

'Barmixer ‹*der; -s, -*› barkeeper

ba'rock barok; **Ba'rock** ‹*der of das; -s, geen mv*› barok

Ba'ron ‹*der; -s, -e*› baron; **Ba'ronin** ‹*die; -, -nen*› barones

'Barras ‹*der; -, geen mv*› *beim ~ sein* (*mil*) in dienst zijn

'Barren ‹*der; -s, -*› 1 (*turntoestel*) brug; 2 goud-, zilverbaar

Barri'ere ‹*die; -, -n*› barrière

Barri'kade ‹*die; -, -n*› barricade; **barrika'dieren** ‹*h*› barricaderen

Barsch ‹*der; -es, -e*› baars

barsch bars, nors, ruw

Bart ‹*der; -(e)s, -ë*› (*alle bet*) baard; *der ~ ist ab: a)* het is gedaan, uit; *b)* nou is het genoeg!; *so'n ~!* een heel oude mop!; *in den ~ brummen* binnensmonds mopperen; **'bärtig** baardig, gebaard

'Bartwuchs ‹*der; -es, geen mv*› baardgroei

'Barzahlung ‹*die; -, -en*› contante betaling

Ba'salt ‹*der; -(e)s, -e*› bazalt

Ba'sar ‹*der; -s, -e*› bazaar

'Baseball ‹*der; -s, geen mv*› baseball, honkbal

ba'sieren ‹*h*› *etwas basiert auf etwas* (+ 3), *etwas auf etwas basieren* (+ 4) gebaseerd zijn, steunen (op)

Ba'silika ‹*die; -, Basiliken*› basiliek

Ba'silikum ‹*das; -s, -s en Basiliken*› basilicum

'Basis ‹*die; -, Basen*› 1 basis, grondslag; 2 (*mil*) basis; 3 (*van partij, vakbond*) achterban; **'Basisgruppe** ‹*die; -, -n*› actiegroep

'Baskenmütze ‹*die; -, -n*› alpino(muts)

Baß ‹*der; Basses, Bässe*› bas

Bas'sin ‹*das; -s, -s*› bassin, bekken

Bas'sist ‹*der; -en, -en*› 1 bassist; 2 bas(zanger)

Bast ‹*der; -(e)s, -e*› bast

'Bastard ‹*der; -es, -e*› bastaard

'Bastelarbeit ‹*die; -, -en*› 1 knutselwerkstuk; 2 het knutselen; **'basteln** ‹*h*› 1 knutselen; 2 (*sich*) *etwas ~* iets zelf maken, in elkaar knutselen; 3 *an etwas ~* aan iets sleutelen (*lett en fig*)

Basti'on ‹*die; -, -en*› bastion, bolwerk

'Bastler ‹*der; -s, -*› knutselaar

Batail'lon ‹*das; -s, -e*› bataljon

Ba'tist ‹*der; -(e)s, -e*› batist

Batte'rie ‹*die; -, -n*› 1 batterij (*alle bet*); 2 accu

'Batzen ‹*der; -s, -*› 1 kluit, brok, klomp; 2 *ein ~ Geld* een smak, hoop geld

Bau I ‹*der; -(e)s, -ten*› gebouw, bouwwerk; **II** ‹*der; -(e)s, geen mv*› 1 bouw, aanleg; *im ~* in aanbouw; 2 bouw, figuur; 3 opbouw, structuur; 4 bouwplaats, bouwterrein; **III** ‹*der; -(e)s, -e*› (van vos, konijn e.a.) hol; **'Bauabschnitt** ‹*der; -(e)s, -e*› bouwfase; **'Bauarbeiten** ‹*mv*› bouwwerkzaamheden; **'Bauarbeiter** ‹*der; -s, -*› bouwvakarbeider, bouwvakker

Bauch ‹*der; -(e)s, -ë*› 1 buik (ook van voorwerpen); 2 pens; (*volkstaal*) *einen schlauen ~ haben* uitgekookt zijn; *mein ~ gehört mir!* baas in eigen buik!; *sich vor Lachen den ~ halten* z'n buik vasthouden van het lachen; *sich den ~ vollschlagen* z'n buikje vullen; **'Bauchfell** ‹*das; -(e)s, -e*› buikvlies; **'Bauchhöhle** ‹*die; -, -n*› buikholte; **'bauchig**, **'bäuchig** buikig, corpulent; **'Bauchlandung** ‹*die; -, -en*› buiklanding; **'bäuchlings** op de (zijn) buik; **'Bauchmuskeln** ‹*mv*› buikspieren; **'Bauchredner** ‹*der; -s, -*› buikspreker; **'Bauchschmerzen** ‹*mv*› buikpijn; **'Bauchschuß** ‹*der; -schusses, -schüsse*› buikschot; **'Bauchspeicheldrüse** ‹*die; -, -n*› alvleesklier; **'Bauchtänzerin** ‹*die; -, -nen*› buikdanseres; **'Bauchweh** ‹*das; -(e)s, geen mv*› buikpijn

'bauen ‹*h*› 1 bouwen (*alle bet*); 2 (kanaal, weg) aanleggen; 3 *sein Examen ~* examen doen; *einen Unfall ~* een ongeluk veroorzaken; *Mist ~* er een puinhoop van maken

'Bauer I ‹*der; -n, -n*› 1 (*lett en fig*) boer; 2 bouwer; 3 pion (een schaakstuk); **II** ‹*das; -s, -*›

(vogel)kooi; '**Bäuerin** ‹*die; -, -nen*› boerin; '**bäuerisch** boers, lomp, onbehouwen; '**bäuerlich** boeren…; ~ *leben* als boer leven; '**Bauernfrühstück** ‹*das; -(e)s, -e*› gebakken aardappels met roerei en spek; '**Bauernhof** ‹*der; -(e)s, -ë*› boerderij; '**Bauernregel** ‹*die; -, -n*› boerenweerspreuk

'**baufällig** bouwvallig

'**Baufirma** ‹*die; -, -firmen*› aannemersbedrijf

'**Baugelände** ‹*das; -s, -*› bouwterrein; '**Baugenehmigung** ‹*die; -, -en*› bouwvergunning; '**Baugerüst** ‹*das; -(e)s, -e*› stelling, steiger; '**Baugewerbe** ‹*das; -s, geen mv*› bouwnijverheid; '**Bauherr** ‹*der; -n, -en*› opdrachtgever, bouwheer; '**Baukasten** ‹*der; -s, -̈*› bouwdoos; '**Baukastensystem** ‹*das; -(e)s, -e*› 1 aanbouwsysteem; 2 systeembouw; '**Baukunst** ‹*die; -, geen mv*› bouwkunst; '**Bauland** ‹*das; -(e)s, geen mv*› bouwgrond

'**baulich** architectonisch; '**Baulichkeiten** ‹*mv*› gebouwen

'**Baulöwe** ‹*der; -n, -n*› projectontwikkelaar (meestal ongustig)

Baum ‹*der; -(e)s, -ë*› 1 boom; 2 (*volkstaal*) kerstboom; 3 *Bäume ausreißen können* zeer veel kunnen presteren

'**Baumaterialien** ‹*mv*› bouwmaterialen; '**Baumeister** ‹*der; -s, -*› bouwmeester, architect

'**baumeln** ‹*h*› slingeren, bengelen, bungelen

'**bäumen, sich** ‹*h*› 1 steigeren (paard); 2 zich verzetten

'**Baumgrenze** ‹*die; -, geen mv*› boomgrens; '**baumlang** zo lang als een boom; '**baumlos** boomloo; '**Baumschule** ‹*die; -, -n*› boomkwekerij; '**Baumstamm** ‹*der; -(e)s, -ë*› boomstam; '**Baumstumpf** ‹*der; -(e)s, -ë*› boomstronk

'**Baumwoll**... katoen…, katoenen …; '**Baumwolle** ‹*die; -, -n*› katoen; '**baumwollen** katoenen

'**Bauordnung** ‹*die; -, -en*› bouwverordening; '**Bauplan** ‹*der; -(e)s, -ë*› 1 bouwplan; 2 bouwtekening; '**Bauplatz** ‹*der; -es, -ë*› bouwterrein; '**Bausatz** ‹*der; -es, -ë*› bouwpakket

Bausch ‹*der; -(e)s, -ë*› 1 prop, dot (watten); 2 *in ~ und Bogen* in zijn geheel, alles bij elkaar; '**bauschen** ‹*h*› opblazen, -zetten, -bollen; (*sich*) ~ zich bollen, bol worden

'**Bauschreiner** ‹*der; -s, -*› timmerman (in de bouw)

'**bausparen** bouwsparen, sparen voor een eigen huis (via bouw- of bouwspaarkas); '**Bausparkasse** ‹*die; -, -n*› bouw- of bouwspaarkas; '**Bausparvertrag** ‹*der; -(e)s, -verträge*› (*Belg*) woonsparen; '**Baustein** ‹*der; -(e)s, -e*› 1 bouwsteen; 2 steentje (bijdrage); '**Baustelle** ‹*die; -, -n*› bouwterrein, (perceel) bouwgrond; *Achtung ~!* werk in uitvoering!; '**Baustil** ‹*der; -(e)s, -e*› bouwstijl; '**Baustoff** ‹*der; -(e)s, -e*› 1 bouwmateriaal; 2 bouwstof; '**Baustopp** ‹*der; -s, -s*› bouwstop, bouwverbod; '**Bauteil** ‹*der; -(e)s, -e*› 1 (geprefabriceerd) bouwelement; 2 (onder)deel; '**Bauunternehmen** ‹*das; -s, -*› aannemersbedrijf; '**Bauweise** ‹*die; -, -n*› 1 manier van bouwen, bouwmethode; 2 constructie, wijze van bouw; '**Bauwerk** ‹*das; -(e)s, -e*› bouwwerk, gebouw; '**Bauwirtschaft** ‹*die; -, geen mv*› bouwnijverheid

Bau'xit ‹*das; -s, -e*› bauxiet

'**Bayer** ‹*der; -n, -n*› Beier; '**Bayern** ‹*das; -s, geen mv*› Beieren; '**bay(e)risch** Beiers

Ba'zillus ‹*der; -, Bazillen*› bacil

be'absichtigen ‹*h*› beogen, van plan zijn

be'achten ‹*h*› 1 letten op, acht slaan op, nota nemen van; *die Vorfahrt nicht ~* geen voorrang verlenen; 2 (*voorschrift*) in acht nemen; **be'achtenswert** opmerkelijk; **be'achtlich** vrij groot, aanzienlijk; **Be'achtung** ‹*die; -, geen mv*› het letten op, het inachtnemen; *größte, starke ~ finden* zeer de aandacht trekken

be'ackern ‹*h*› 1 bebouwen; 2 (*volkstaal*) bestuderen, doorwerken; 3 *einen ~* iem bewerken

Be'amtenapparat ‹*der; -(e)s, geen mv*› ambtelijk apparaat; **Be'amtenschaft** ‹*die; -, geen mv*› ambtenarencorps; **Be'amte(r)** ‹*bn als zn*› ambtenaar, beambte; **Be'amtin** ‹*die; -, -nen*› ambtenares, vrouwelijke beambte

be'ängstigen ‹*h*› verontrusten, bang of ongerust maken; *~d* (ook) beangstigend; **Be'ängstigung** ‹*die; -, -en*› verontrusting, bangmakerij

be'anspruchen ‹*h*› 1 aanspraak maken op, eisen; 2 in beslag nemen; 3 (*techn*) belasten; 4 gebruik maken van

be'anstanden ‹*h*› 1 bezwaar hebben of maken tegen, aanmerking maken op; 2 afkeuren, reclameren over; **Be'anstandung** ‹*die; -, -en*› 1 bezwaar; 2 reclame; 3 afkeuring

be'antragen ‹*h*› 1 verzoeken, aanvragen; 2 eisen; 3 voorstellen

be'antworten ‹*h*› beantwoorden; **Be'antwortung** ‹*die; -, -en*› beantwoording

be'arbeiten ‹*h*› bewerken; **Be'arbeiter** ‹*der; -s, -*› 1 bewerker; 2 ambtenaar, medewerker die een zaak, een verzoekschrift behandelt

be'argwöhnen ‹*h*› argwaan hebben tegen

Beat ‹*der; -(s), geen mv*› beat(muziek)

'**Beatmung** ‹*die; -, geen mv*› *künstliche ~* kunstmatige beademing

be'aufsichtigen ‹*h*› toezicht uitoefenen op, controleren, surveilleren; **Be'aufsichtigung** ‹*die; -, geen mv*› toezicht, controle, surveillance

be'auftragen ‹*h*› (*einen mit etwas*) belasten, (iem iets) opdragen; **Be'auftragte(r)** ‹*bn als zn*› gevolmachtigde

be'bauen ‹*h*› bebouwen; **Be'bauung** ‹*die; -, geen mv*› 1 bebouwing; 2 het bebouwen

'**beben** ‹*h*› beven, sidderen, (t)rillen; ~ *vor* (+ 3) beven voor (uit vrees); ~ *um* beven voor (uit bezorgdheid); '**Beben** ‹*das; -s, -*› 1 het beven; 2 aardbeving

be'bildern ‹*h*› illustreren

'**Becher** ‹*der; -s, -*› beker

'**Becken** ‹*das; -s, -*› 1 bekken; 2 kom, schaal; 3 bassin

be'dacht 1 bedachtzaam, omzichtig; 2 ~ *sein auf* (+ 4) bedacht zijn op; **Be'dacht** ‹*der*› *ohne* ~ onbezonnen; *mit, voll* ~ weloverwogen; **be'dächtig** 1 bedachtzaam, omzichtig; 2 bedaard, langzaam; **be'dachtsam** 1 bedachtzaam; 2 behoedzaam, voorzichtig

Be'dachung ‹*die; -, -en*› 1 het maken van een dak; 2 dakbedekking, dak

be'danken, sich ‹*h*› *sich bei einem für etwas* ~ iem voor iets (be)danken; *dafür bedanke ich mich* daar bedank ik voor

Be'darf ‹*der; -(e)s, geen mv*› behoefte, het benodigde; nodige voorraad; *seinen* ~ *decken* zich van het benodigde voorzien; *je nach* ~ al naar behoefte; **Be'darfsartikel** ‹*mv*› benodigdheden; **Be'darfsfall** ‹*der*› *im* ~ zo nodig; **Be'darfsgüter** ‹*mv*› verbruiksgoederen

be'dauerlich betreurens-, beklagenswaardig; **be'dauern** ‹*h*› 1 betreuren, beklagen; 2 medelijden hebben met; *ich bedaure, daß* het spijt mij, dat; **Be'dauern** ‹*das; -s, geen mv*› spijt, medelijden; **be'dauernswert**, **be'dauernswürdig** betreurens-, beklagenswaard(ig), te beklagen

be'decken ‹*h*› 1 bedekken; 2 (*weerk*) *bedeckt* zwaar bewolkt; **Be'deckung** ‹*die; -, geen mv*› bedekking

be'denken ‹*onr.h*› 1 nadenken over, overwegen; 2 denken aan, bedenken; 3 bedenken; 4 *sich* ~ zich bedenken; **Be'denken** ‹*das; -s, -*› 1 overweging; 2 bedenking, twijfel, bezwaar; ~ *haben, tragen: a*) aarzelen; *b*) bezwaar hebben, maken; *ich habe deswegen, dabei kein* ~ ik heb er geen bezwaar, niets tegen; **be'denkenlos** 1 zonder enig bezwaar; 2 zonder scrupules, meedogenloos; **be'denklich** 1 bedenkelijk; 2 ernstig, kritiek; ~ *stimmen* tot nadenken stemmen

be'deuten ‹*h*› 1 betekenen; 2 duidelijk maken; **be'deutend** 1 van belang, belangrijk, groot, aanzienlijk; 2 zeer veel; **be'deutsam** veelbetekenend, gewichtig; **Be'deutung** ‹*die; -, -en*› 1 betekenis, zin; 2 belang, gewicht; **be'deutungslos** onbeduidend; **be'deutungsvoll** 1 belangrijk; 2 veelzeggend

be'dienen ‹*h*› 1 bedienen; 2 (klanten) helpen; 3 (bij het kaartspelen) bekennen; 4 *sich einer Person, einer Sache* ~ zich van iem of iets bedienen, gebruiken; **Be'dienung** ‹*die; -, -en*› bediening (*alle bet*)

be'dingen I ‹*st.h; a-u*› bedingen; *sich etwas* ~ iets bedingen; II ‹*zw.h*› 1 (ver)eisen, veronderstellen; 2 veroorzaken, teweegbrengen; 3 (een prijs) bedingen, vragen

be'dingt 1 afhankelijk, gebonden; 2 voorwaardelijk, betrekkelijk, beperkt; ~*e Entlassung* voorwaardelijke invrijheidstelling; 3 ~ *sein durch* afhangen van, afhankelijk zijn van

Be'dingung ‹*die; -, -en*› voorwaarde; *unter der* ~ op voorwaarde; **be'dingungslos** onvoorwaardelijk

be'drängen ‹*h*› bedreigen, lastig vallen, in het nauw brengen; **Be'drängnis** ‹*die; -, -se*› benauwdheid, benarde omstandigheden, benardheid, het nauw, nood

be'drohen ‹*h*› (*einen*) bedreigen; **be'drohlich** 1 dreigend; 2 gevaarlijk; **Be'drohung** ‹*die; -, -en*› 1 bedreiging; 2 gevaar

be'drucken ‹*h*› bedrukken (met letters enz.)

be'drücken ‹*h*› 1 be-, verdrukken; 2 kwellen; (*er antwortete*) *bedrückt* neerslachtig; **Be'drückung** ‹*die; -, -en*› verdrukking

be'dürfen ‹*onr.h*› (*eines Dinges*) nodig hebben; **Be'dürfnis** ‹*das; -ses, -se*› 1 behoefte; 2 ~*se* benodigdheden; **Be'dürfnisanstalt** ‹*die; -, -en*› openbaar toilet, urinoir; **be'dürfnislos** eenvoudig, bescheiden; **be'dürftig** behoeftig, armoedig

'**Beefsteak** ‹*das; -s, -s*› biefstuk; *deutsches* ~ Duitse biefstuk (gehakt van biefstuk met uien)

be'ehren ‹*h*› *einen mit etwas* ~ iem met iets vereren

be'eiden, **be'eidigen** ‹*h*› 1 onder ede bevestigen, bezweren; 2 beëdigen

be'eilen, sich ‹*h*› zich haasten, haast maken

be'eindrucken ‹*h*› indruk maken op; *beeindruckt sein* onder de indruk zijn

be'einflussen ‹*h*› (*einen*) beïnvloeden; **Be'einflussung** ‹*die; -, geen mv*› beïnvloeding

be'einträchtigen ‹*h*› (*einen*) benadelen, schaden, afbreuk doen, belemmeren; **Be'einträchtigung** ‹*die; -, -en*› benadeling, afbreuk, belemmering

be'enden, **be'endigen** ‹*h*› 1 beëindigen, een einde maken aan; 2 voltooien; **Be'endigung** ‹*die; -, geen mv*›, **Be'endung** ‹*die; -, geen mv*› beëindiging, voltooiing, het einde

be'engen ‹*h*› 1 benauwen; 2 beperken, inkrimpen

be'erdigen ‹*h*› begraven, ter aarde bestellen; **Be'erdigung** ‹*die; -, -en*› begrafenis, teraardebestelling; **Be'erdigungsinstitut** ‹*das; -(e)s, -e*› begrafenisonderneming

'**Beere** ‹*die; -, -n*› bes

Beet ‹*das; -(e)s, -e*› (bloem)bed, -perk

'**Beete** ‹*die; -, -n*› *rote* ~ rode biet

be'fähigen ‹*h*› bekwamen, geschikt maken, in staat stellen; **be'fähigt** 1 bekwaam, bevoegd; 2 begaafd, met aanleg; **Be'fähigung** ‹*die; -, geen mv*› 1 geschiktheid, bekwaamheid; 2 begaafdheid, aanleg; 3 bevoegdheid

be'fahrbar 1 berijdbaar; 2 bevaarbaar; **be'fahren** ‹*st.h; u-a; ä*› 1 berijden; 2 bevaren, varen op; 3 *stark* ~ druk

Be'fall ‹*der; -(e)s, geen mv*› aantasting; **be'fallen** ‹*st.h; ie-a; ä*› *von einer Krankheit* ~ *werden* een ziekte krijgen, ziek worden; *Panik befiel die Menge* de menigte geraakte in paniek; *Angst befiel ihn* de angst bekroop hem

be'fangen ‹*bn*› 1 schuchter, verlegen; 2 bevooroordeeld, partijdig; **Be'fangenheit** ‹*die; -, geen mv*› 1 verlegenheid; 2 vooringenomenheid

be'fassen ‹*h*› *sich mit einem od. etwas* ~ zich met iem of iets bezighouden

Be'fehl ‹*der; -(e)s, -e*› bevel, order; *zu ~!* tot uw orders; *auf höheren* ~ van hogerhand; **be'fehlen** ‹*st.h; a-o; ie*› 1 bevelen, gelasten; 2 het bevel voeren over; 3 *wie Sie* ~ zoals u wenst; **be'fehligen** ‹*h*› commanderen, aanvoeren; **Be'fehlshaber** ‹*der; -s, -*› bevelhebber, commandant; **Be'fehlsverweigerung** ‹*die; -, -en*› insubordinatie

be'festigen ‹*h*› 1 bevestigen, vastmaken; 2 versterken; 3 (*een weg*) verharden; **Be'festigung** ‹*die; -, -en*› 1 bevestiging; 2 versterking; 3 verharding

be'feuchten ‹*h*› bevochtigen

be'feuern ‹*h*› 1 stoken; 2 onder vuur nemen, beschieten; 3 bekogelen (met sneeuwballen)

be'finden ‹*st.h; a-u*› 1 bevinden; *für nötig* ~ nodig vinden; 2 *über etwas od. einen* ~ over iem of iets beslissen; 3 *sich* ~ zich bevinden; 4 *sich im Irrtum* ~ zich vergissen; *sich wohl* ~ zich goed voelen; **Be'finden** ‹*das; -s, geen mv*› 1 gezondheidstoestand; 2 inzicht, mening; **be'findlich** bestaande, voorhanden; *im Bau* ~ in aanbouw zijnde

be'fingern ‹*h*› betasten

be'flecken ‹*h*› 1 bevlekken; 2 (*fig*) bezoedelen

be'flissen ijverig

be'flügeln ‹*h*› 1 bevleugelen (*ook fig*); 2 bespoedigen

be'folgen ‹*h*› 1 (*voorbeeld, raadgeving e.d.*) (na-, op)volgen; 2 (*regel, voorschrift*) in acht nemen

Be'förderer ‹*der; -s, -*› 1 expediteur; 2 vervoerder; **be'fördern** ‹*h*› 1 vervoeren, transporteren; verzenden; *einen an die Luft, ins Freie* ~ de deur uit zetten; 2 (*in rang*) bevorderen; **Be'förderung** ‹*die; -, -en*› 1 transport, vervoer; verzending; 2 bevordering, promotie

be'fragen ‹*h*› 1 *einen nach, um, über od. wegen etwas* ~ iem over iets ondervragen, naar iets vragen; 2 (een boek) raadplegen; **Be'fragung** ‹*die; -, -en*› 1 ondervraging; 2 opiniepeiling, enquête; 3 raadpleging

be'freien ‹*h*› 1 bevrijden; 2 vrijstellen, ontheffen; **Be'freiung** ‹*die; -, -en*› 1 bevrijding, verlossing; 2 vrijstelling, dispensatie; **Be'freiungsschlag** ‹*der; -(e)s, -ë*› icing

be'fremden ‹*h*› bevreemden, verwonderen; **Be'fremden** ‹*das; -s, geen mv*› misnoegen, grote bevreemding; **Be'fremdung** ‹*die; -, geen mv*› bevreemding

be'freunden ‹*h*› *sich* (*mit*) *einem* ~ met iem vriendschap sluiten; *sich mit etwas* ~ zich met iets vertrouwd maken

be'friedigen ‹*h*› 1 bevredigen (*div bet*); tevredenstellen; 2 (*honger*) stillen; (*geweten*) geruststellen; **be'friedigend** 1 (*school*) ruim voldoende; 2 bevredigend, voldoende; **Be'friedigung** ‹*die; -, geen mv*› bevrediging

be'fristen ‹*h*› 1 een termijn bepalen voor; 2 *befristet* aan een termijn gebonden

be'fruchten ‹*h*› (*ook fig*) bevruchten

Be'fugnis ‹*die; -, -se*› bevoegdheid; **be'fugt**: ~ *zu* bevoegd, gerechtigd tot

be'fühlen ‹*h*› bevoelen, betasten

be'fummeln 1 (seksueel) betasten; 2 friemelen aan

Be'fund ‹*der; -(e)s, -e*› 1 bevinding; 2 (*med*) resultaat van het onderzoek, diagnose

be'fürchten ‹*h*› vrezen; **Be'fürchtung** ‹*die; -, -en*› vrees

be'fürworten ‹*h*› een goed woord doen voor; bepleiten, voorstaan; **Be'fürworter** ‹*der; -s, -*› 1 voorstander; 2 pleitbezorger

be'gabt begaafd; **Be'gabung** ‹*die; -, -en*› 1 begaafdheid, talent; 2 talent (talentvol persoon)

be'gatten ‹*h*› dekken; *sich* ~ paren

be'geben, sich ‹*st.h; a-e; i*› 1 zich begeven, gaan; 2 gebeuren, voorvallen, geschieden; **Be'gebenheit** ‹*die; -, -en*› gebeurtenis, voorval

be'gegnen ‹*s*› 1 (*einem*) ontmoeten, tegenkomen; 2 in aanraking komen, kennismaken met; 3 overkomen, gebeuren; 4 bestrijden, opkomen tegen; 5 (*einem freundlich*) behandelen, bejegenen; **Be'gegnung** ‹*die; -, -en*› 1 ontmoeting; 2 kennismaking; 3 samenkomst; 4 bejegening, behandeling; 5 ontmoeting, wedstrijd; 6 het optreden, opkomen tegen, bestrijding

be'gehbar begaanbaar; **be'gehen** ‹*onr.h*› 1 begaan, lopen op; 2 (*misdaad*) begaan, plegen; (*fout, domheid*) begaan; 3 vieren; 4 herdenken

be'gehren ‹*h*› 1 eisen; 2 begeren; **be'gehrenswert** begerenswaard(ig); **be'gehrlich** 1 begeerlijk; 2 begerig

be'geistern ‹*h*› enthousiast maken; verrukken; *sich für etwas* ~ over iets enthousiast zijn; **be'geisternd** enthousiast makend, bezielend; **be'geistert** geestdriftig, enthousiast; **Be'geisterung** ‹*die; -, geen mv*› geestdrift, enthousiasme

Be'gierde ‹*die; -, -n*› begeerte, zucht, verlangen; **be'gierig** begerig, verlangend; ~ *auf* (+ 4) begerig naar

be'gießen ‹*st.h; o-o*› begieten, (be)sproeien; *etwas* ~ (ook) op iets drinken

Be'ginn ‹*der; -(e)s, geen mv*› begin, aanvang; **be'ginnen** ‹*st.h; a-o*› beginnen, aanvangen

be'glaubigen ‹*h*› 1 bekrachtigen; 2 verifiëren, waarmerken; 3 (*ambtelijk*) legaliseren; 4 (*diplomaat*) accrediteren; **Be'glaubigung** ‹*die; -, -en*› 1 het waarmerken, legalisatie; 2 gerechtelijke bekrachtiging; 3 het accrediteren; **Be'glaubigungsschreiben** ‹*das; -s, -*› geloofsbrief

be'gleichen ‹*st.h; i-i*› 1 vereffenen, betalen; 2 (*meningsverschillen*) uit de weg ruimen; **Be'gleichung** ‹*die; -, geen mv*› (*Belg*) perekwatie

be'gleiten ‹*h*› 1 begeleiden; *von Erfolg begleitet sein* succes hebben; 2 escorteren; **Be'glei-**

ter ‹*der; -s, -*›, **Be'gleiterin** ‹*die; -, -nen*› begeleider, ...ster, (ook) vaste vriend, vriendin; **Be'gleiterscheinung** ‹*die; -, -en*› bijkomend verschijnsel; **Be'gleitschreiben** ‹*das; -s, -*› begeleidend schrijven; **Be'gleitumstände** ‹*mv*› bijkomende omstandigheden; **Be'gleitung** ‹*die; -, -en*› 1 begeleiding; *in* ~ (+ 2) vergezeld van; 2 escorte

be'glücken ‹*h*› gelukkig maken, verblijden; **be'glückwünschen** ‹*h*› *einen zu* (+ 3) *etwas* ~ iem met iets gelukwensen, feliciteren

be'gnadet begenadigd, talentvol

be'gnadigen ‹*h*› gratie verlenen; **Be'gnadigung** ‹*die; -, -en*› gratie; **Be'gnadigungsgesuch** ‹*das; -(e)s, -e*› gratieverzoek

begnügen, sich ‹*h*› *sich mit etwas* ~ genoegen met iets nemen

Be'gonie ‹*die; -, -n*› begonia

be'graben ‹*st.h; u-a; ä*› 1 begraven; 2 opgeven (*Hoffnung*); beëindigen (*Streit*); **Be'gräbnis** ‹*das; -ses, -se*› begrafenis

be'gradigen ‹*h*› recht maken

be'greifen ‹*st.h; i-i*› begrijpen; vgl *begriffen*; **be'greiflich** begrijpelijk, te begrijpen; *einem etwas* ~ *machen* iem iets duidelijk maken

be'grenzen ‹*h*› 1 begrenzen; 2 beperken; **be'grenzt** beperkt; in beperkte mate; **Be'grenzung** ‹*die; -, -en*› begrenzing, grens

Be'griff ‹*der; -(e)s, -e*› 1 begrip; *ist Ihnen der Name ein* ~*?* zegt de naam u iets?; *er ist schwer von* ~ hij is traag van begrip; 2 voorstelling, opvatting, idee; *für meine* ~*e* naar mijn mening; 3 *im* ~ *sein, stehen* op het punt staan; **be'griffen**: *in einer Handlung* ~ met iets bezig; *im Bau* ~ in aanbouw; **be'grifflich** abstract, theoretisch; **Be'griffsbestimmung** ‹*die; -, -en*› begripsbepaling, definitie; **be'griffsstutzig** traag van begrip

be'gründen ‹*h*› 1 motiveren, met redenen omkleden, staven; 2 de grondslag leggen van of voor; 3 *in, durch etwas begründet sein* zijn grondslag vinden in iets, uit iets te verklaren zijn, door iets veroorzaakt worden; 4 *begründet* gerechtvaardigd; onderbouwd; **Be'gründer** ‹*der; -s, -*› stichter, grondlegger; **Be'gründung** ‹*die; -, -en*› 1 motivering; 2 oprichting, stichting

be'grüßen ‹*h*› 1 begroeten, verwelkomen; 2 toejuichen, instemmen; **be'grüßenswert** zeer toe te juichen; **Be'grüßung** ‹*die; -, -en*› begroeting

be'gucken ‹*h*› bekijken

be'günstigen ‹*h*› 1 bevoordelen; 2 steunen; 3 medeplichtig zijn aan; **Be'günstigung** ‹*die; -, -en*› 1 bevoordeling, faciliteit; 2 (*jur*) begunstiging

be'gutachten ‹*h*› advies uitbrengen over; **Be'gutachter** ‹*der; -s, -*› adviseur; expert; **Be'gutachtung** ‹*die; -, -en*› advies

be'gütert gegoed, vermogend

be'gütigen ‹*h*› kalmeren, tot bedaren brengen

be'haart behaard, harig

be'häbig 1 welgedaan; (*iron*) goed doorvoed; 2 groot; kolossaal; 3 langzaam, traag

be'haftet (*met iets*) behept; *mit Kopfweh* ~ *sein* last van hoofdpijn hebben

be'hagen ‹*h*› (*einem*) behagen, bevallen; **Be'hagen** ‹*das; -s, geen mv*› behagen; **be'haglich** 1 behaaglijk, gezellig; 2 onbezorgd; *es sich* ~ *machen* 't zich gemakkelijk maken

be'halten ‹*st.h; ie-a; ä*› 1 (be)houden; 2 onthouden; 3 *etwas für sich* ~ iets voor zich houden; **Be'hälter** ‹*der; -s, -*› 1 bak; reservoir; kist; etui; (gas)fles, (gas)houder; pot; 2 container; **Be'hälterschiff** ‹*das; -(e)s, -e*› containerschip

be'hämmert niet goed snik, getikt

be'handeln ‹*h*› (*alle bet*) behandelen; **Be'handlung** ‹*die; -, -en*› behandeling

be'hängen ‹*h*› behangen

be'harren ‹*h u.s*› volharden, blijven bij; *auf seinen Plänen* ~ bij zijn plannen blijven; **be'harrlich** volhardend, standvastig; **Be'harrlichkeit** ‹*die; -, geen mv*› volharding

be'haupten ‹*h*› 1 beweren; 2 *steif und fest* ~ stokstijf volhouden; 3 handhaven; 4 *seinen Platz* ~ zich niet van z'n plaats laten dringen; 5 *sich* ~ zich staande houden, zich handhaven; 6 *sich* ~ *gegen: a*) trotseren; *b*) (*sp*) winnen van; **Be'hauptung** ‹*die; -, -en*› 1 bewering; *eine* ~ *aufstellen* iets beweren; 2 handhaving

Be'hausung ‹*die; -, -en*› 1 behuizing; 2 huisvesting

be'heben ‹*st.h; o-o*› 1 (*hindernissen*) uit de weg ruimen; 2 (*schade*) herstellen; 3 (*gevaar*) afwenden

be'heimatet woonachtig

be'heizen ‹*h*› verwarmen

Be'helf ‹*der; -(e)s, -e*› hulp-, redmiddel, noodoplossing; **be'helfen, sich** ‹*st.h; a-o; i*› zich behelpen; **Be'helfs...** nood..., tijdelijk(e) ...; **Be'helfsbrücke** ‹*die; -, -n*› noodbrug; **be'helfsmäßig** voorlopig, nood...

be'helligen ‹*h*› plagen, lastig vallen, hinderen

be'hend, be'hende behendig, handig; **Be'hendigkeit** ‹*die; -, geen mv*› behendigheid

be'herbergen ‹*h*› 1 herbergen; 2 huisvesten, onderdak verschaffen; **Be'herbergung** ‹*die; -, geen mv*› onderdak

be'herrschen ‹*h*› 1 (*div bet*) beheersen; 2 (*hartstocht*) beteugelen; 3 *sich* ~ zich beheersen; **Be'herrschung** ‹*die; -, geen mv*› beheersing enz.

be'herzigen ‹*h*› behartigen, ter harte nemen

be'herzt moedig, dapper, flink, kordaat

be'hexen ‹*h*› beheksen, betoveren

be'hilflich: *einem bei etwas* ~ *sein* iem met iets behulpzaam zijn

be'hindern ‹*h*› 1 hinderen; 2 belemmeren; **be'hindert** gehandicapt; invalide; **Be'hinderte(r)** ‹*bn als zn*› gehandicapte; invalide; **Be'hinderung** ‹*die; -, -en*› 1 het hinderen; 2 moeilijkheid, hinderpaal; 3 belemmering; 4 lichamelijk gebrek, invaliditeit

Be'hörde ‹*die; -, -n*› 1 overheid; 2 ‹*mv*› (meestal) autoriteiten; *die zuständige* ~ de bevoegde instantie; **be'hördlich** vanwege het bestuur of de overheid, officieel; *~e Stelle: a*) overheidsbetrekking; *b*) instantie, overheidsorgaan

behüten ‹*h*› ~ *vor* (+ 3) behoeden, bewaren voor; *Gott behüte!* God beware me!; **be'hutsam** behoed-, bedachtzaam, voorzichtig

bei I ‹*vz*› (+ 3); **bij**: *er ist, wohnt, bleibt* ~ *mir* (*lett*); *er ist nicht recht* ~ *sich* niet goed bij zijn hoofd; ~ *Tag,* ~ *Nacht;* **aan**: ~ *Tische sitzen* aan tafel zitten; *es steht* ~ *dir* het staat aan jou; **in**: ~ *guter Gesundheit* in goede gezondheid; **met**: ~ *Nordwind* met noordenwind; ~ *seinen Talenten* met zijn talenten; ~ *alledem* met dat al; **op**: ~ *dieser Nachricht* op dit bericht; *beim ersten Wink* op de eerste wenk; ~ *Kräften* op krachten; ~ *weitem* verreweg; ~ *Frau W.* per adres ..., (ook) het huis van ... (telefoon); II ‹*bw*› ongeveer

'beibehalten ‹*st.h; ie-a; ä*› 1 (be)houden, bewaren, vasthouden aan; 2 handhaven; **'Beibehaltung** ‹*die; -, geen mv*› 1 behoud, het bewaren; 2 handhaving; *unter* ~ (+ 2) met behoud (van)

'Beiblatt ‹*das; -(e)s, -ër*› bijlage (van krant)

'beibringen ‹*onr.h*› 1 *einem etwas* ~ iem iets bijbrengen; 2 *einem etwas schonend* ~ iets heel voorzichtig meedelen; 3 (*nederlaag, wond e.d.*) toebrengen; 4 (*eine Arznei*) geven; 5 aanvoeren; 6 (*voorbeelden, bewijzen*) geven; 7 (*getuigen*) erbij halen, bezorgen

'Beichte ‹*die; -, -n*› biecht; **'beichten** ‹*h*› biechten; **'Beichtstuhl** ‹*der; -(e)s, -̈e*› biechtstoel

'beide beide; *alle* ~ allebei, alle twee; *~s ist richtig* het is beide, allebei goed; **'beiderseitig** beider-, wederzijds, onderling, tweezijdig; **'beiderseits** I ‹*vz*› (+ 2) aan weerszijden van; II ‹*bw*› aan beide kanten

beiein'ander bij elkaar, bijeen, te zamen

'Beifahrer ‹*der; -s, -*› bijrijder

'Beifall ‹*der; -(e)s, geen mv*› 1 bijval, applaus; ~ *klatschen* applaudisseren; 2 instemming; ~ *finden, ernten* instemming vinden, succes hebben; **'beifällig** instemmend

'beifügen ‹*h*› bij-, toevoegen, insluiten; **'Beifügung** ‹*die; -, -en*› bijvoegsel, bijlage

'beigeben ‹*st.h; a-e; i*› toegeven, geven; *klein* ~ bakzeil halen, een toontje lager zingen

'Beigeordnete(r) ‹*bn als zn*› wethouder

'Beigeschmack ‹*der; -(e)s, geen mv*› bijsmaak

'beigesellen, sich ‹*h*› zich voegen bij

'Beiheft ‹*das; -(e)s, -e*› supplement

'Beihilfe ‹*die; -, geen mv*› (financiële) hulp, steun, ondersteuning; *staatliche* ~ overheidssubsidie; ~ *zum Mord* medeplichtigheid aan moord

'Beiklang ‹*der; -(e)s, -ë*› bijgeluid

'beikommen ‹*st.s; a-o*› 1 *einem* ~ *können* tegen iem opgewassen zijn; 2 *ihm ist nicht beizukommen* je kunt geen vat op hem krijgen; 3 *einer Sache* ~ oplossen, onder de knie krijgen

Beil ‹*das; -(e)s, -e*› bijl (met korte steel)

'beiläufig 1 terloops; 2 achteloos; 3 bijkomstig

'beilegen ‹*h*› 1 toevoegen, insluiten; 2 geven, toekennen; *Wert* ~ (+ 3) waarde hechten aan; 3 (*ruzie*) bijleggen

bei'leibe nicht! om de (dooie) dood niet!

'Beileid ‹*das; -(e)s, geen mv*› rouwbeklag, deelneming; *mein ~!, herzliches ~!: a*) ik condoleer u met; *b*) (*iron*) veel sterkte; **'Beileidskarte** ‹*die; -, -n*› condoleantiekaart

'beiliegen ‹*h; a-e*› bijgevoegd, ingesloten zijn; **'beiliegend** (*afk beil.*) ingesloten, bijgaand

'beimengen ‹*h*› bijmengen, -voegen

'beimessen ‹*st.h; a-e; i*› *einer Sache etwas* ~ toekennen, -schrijven, schenken aan; (*waarde, betekenis*) hechten aan

Bein ‹*das; -(e)s, -e*› 1 been; (*einem*) *ein* ~ *stellen: a*) beentje lichten; *b*) (*fig*) een hak zetten; *auf die ~e bringen* op de been brengen; *auf den ~en sein* ter been zijn; *sich die ~e vertreten* z'n benen strekken, gaan lopen; *der Schreck ist mir in die ~e gefahren* de schrik zit me nog in de benen; 2 poot; *auf die ~e stellen* (*fig*) op poten zetten, organiseren; 3 *auf die ~e bringen, kommen* weer gezond maken, worden; *einem auf die ~e helfen: a*) overeind helpen; *b*) er bovenop helpen; *sich auf die ~e machen* opstappen, weggaan; *alles was ~e hat* iedereen; *einem ~e machen* ervoor zorgen, dat iem zich haast

bei'nah(e) bijna, haast

'Beiname ‹*der; -ns, -n*› bijnaam

'Beinbruch ‹*der; -(e)s, -ë*› 1 beenbreuk; 2 *Hals- und Beinbruch!* veel succes!

be'inhalten ‹*h*› inhouden, behelzen

'Beinprothese ‹*die; -, -n*› kunstbeen

'Beinstellen ‹*das; -s, geen mv*› beentje lichten (*ook sp*)

'beiordnen ‹*h*› toevoegen

'Beipackzettel ‹*der; -s, -*› bijsluiter

'beipflichten ‹*h*› (*einem*) instemmen met, gelijk geven

'Beirat ‹*der; -(e)s, -ë*› adviescollege

be'irren ‹*h*› van de wijs, in de war brengen

bei'sammen bijeen, bij elkaar, te zamen; **Bei'sammensein** ‹*das; -s, geen mv*› samenzijn

'Beischlaf ‹*der; -(e)s, geen mv*› geslachtsgemeenschap

'beischließen ‹*st.h; o-o*› insluiten bij

'Beisein ‹*das*› *im* ~ in het bijzijn

bei'seite 1 opzij, naar de kant; 2 terzijde, afzijdig; *Scherz, Spaß ~!* zonder gekheid!; 3 *etwas* ~ *schaffen* iets doen verdwijnen, opruimen; 4 ~ *stehen* achterblijven, niet meedoen

'beisetzen ‹*h*› bijzetten; **'Beisetzung** ‹*die; -, -en*› bijzetting

'Beisitz ‹*der; -es, -e*› duozit; **'Beisitzer** ‹*der; -s, -*› bijzitter, assessor

'Beispiel ‹*das; -(e)s, -e*› voorbeeld; *zum* ~ (*z.B.*) bijvoorbeeld (bijv.); *mit gutem* ~ *vorangehen* het goede voorbeeld geven; **'beispielhaft** voorbeeldig; **'beispiellos** zonder voorbeeld, weergaloos; '**beispielsweise** bijvoorbeeld, als voorbeeld

'**beispringen** ‹*st.s; a-u*› *einem* ~ iem bijspringen

'**beißen** ‹*st.h; i-i*› 1 bijten; 2 *die Farben* ~ *sich* de kleuren vloeken met elkaar

'**Beistand** ‹*der; -(e)s, -ë*› 1 bijstand, hulp; 2 (*jur*) raadsman, adviseur; 3 helper; '**beistehen** ‹*st.h; a-a*› (*einem*) bijstaan, helpen

'**beisteuern** ‹*h*› bijdragen

'**beistimmen** ‹*h*› instemmen met

'**Beitrag** ‹*der; -(e)s, -ë*› 1 bijdrage (*alle bet*); 2 premie (van verzekering); 3 contributie; '**beitragen** ‹*st.h; u-a; ä*› bijdragen; '**Beitragsbemessungsgrenze** ‹*die; -, -n*› premiegrens; '**beitragspflichtig** premieplichtig; '**Beitragssatz** ‹*der; -es, -ë*› premietarief

'**beitreten** ‹*st.s; a-e; i*› (+ 3) toetreden tot; zich aansluiten bij, lid worden van; '**Beitritt** ‹*der; -(e)s, geen mv*› toetreding; '**Beitrittsgebühr** ‹*die; -, -en*› inschrijvingsgeld

'**beiwohnen** ‹*h*› (+ 3) bijwonen

'**Beize** ‹*die; -, -n*› 1 beits; 2 marinade

bei'zeiten bijtijds, tijdig, op tijd

'**beizen** ‹*h*› 1 (van hout) beitsen; 2 marineren

be'jahen ‹*h*› 1 een bevestigend antwoord geven; bevestigen; 2 instemmen met; 3 positief staan tegenover

be'jahrt bejaard, oud, op leeftijd

Be'jahung ‹*die; -, -en*› 1 bevestiging; 2 instemming

be'jammern ‹*h*› bejammeren, betreuren; **be'jammernswert** betreurenswaardig

be'jubeln ‹*h*› toejuichen, bejubelen

be'kämpfen ‹*h*› bestrijden, bevechten

be'kannt bekend; *sich mit einem* ~ *machen* kennis maken met iem; (*einen mit einem*) ~ *machen* kennis laten maken; vgl ~*geben*, ~*machen*; **Be'kannte(r)** ‹*bn als zn*› kennis; **Be'kanntenkreis** ‹*der; -es, -e*› kennissenkring; **Be'kanntgabe** ‹*die; -, -n*› bekendmaking; **be'kanntgeben** ‹*st.h; a-e; i*› bekendmaken; **Be'kanntheit** ‹*die; -, geen mv*› bekendheid; **be'kanntlich** zoals men weet, zoals bekend is; **be'kanntmachen** ‹*h*› bekendmaken; **Be'kanntmachung** ‹*die; -, -en*› bekendmaking; **Be'kanntschaft** ‹*die; -, -en*› 1 kennismaking; 2 persoonlijke relatie; 3 kennissenkring, (ook) kennis; 4 *jem.s* ~ *machen* met iem kennis maken

be'kehren ‹*h*› bekeren; **Be'kehrung** ‹*die; -, -en*› bekering

be'kennen ‹*onr. h*› 1 belijden; 2 bekennen; *sich als od. für schuldig* ~ schuld bekennen; 3 *sich zu einer Religion* ~ een godsdienst (openlijk) belijden; *sich zu einer politischen Richtung* ~ zich voor een politieke richting verklaren; *sich zu einem* ~ het voor iem opnemen, iems zijde kiezen; **Be'kenntnis** ‹*das; -ses, -se*› 1 belijdenis; 2 bekentenis; 3 verklaring dat men voor iets is; **Be'kenntnisfreiheit** ‹*die; -, geen mv*› godsdienstvrijheid; **Be'kenntnisschule** ‹*die; -, -n*› confessionele school

be'klagen ‹*h*› 1 beklagen, betreuren; 2 *sich* ~ *über* (+ 4) klagen over; **be'klagenswert** beklagenswaardig, te beklagen; **Be'klagte(r)** ‹*bn als zn*› (*jur*) gedaagde

be'kleckern ‹*h*› bemorsen, morsen op; *sich* ~ (op zijn kleren) morsen; **be'klecksen** ‹*h*› besmeuren, bekladden

be'kleiden ‹*h*› kleden (*alle bet*); *bekleidet sein mit* gekleed zijn in, aan hebben, dragen; **Be'kleidung** ‹*die; -, -en*› 1 kleding; 2 (*div bet*) bekleding

Be'klemmung ‹*die; -, -en*› beklemming; **be'klommen** beklemd, benauwd, gedrukt

be'kloppt getikt, niet goed snik, gek

be'kommen I ‹*st.h; a-o*› krijgen (*alle bet*); ontvangen; *es mit der Angst zu tun* ~ bang worden; *einen, etwas zu Gesicht* ~ zien; II ‹*st.s*› bekomen; (*die Reise*) *ist ihm schlecht* ~ heeft hem geen goed gedaan; *wohl bekomm's* (*Ihnen*)*!* wel bekome het u!

be'kömmlich (licht) verteerbaar, gezond

be'köstigen ‹*h*› de kost geven, onderhouden

be'kräftigen ‹*h*› bekrachtigen, bevestigen

be'kreuzigen, sich ‹*h*› een kruis slaan

be'kritzeln ‹*h*› bekrassen, krabbelen op

Be'krönung ‹*die; -, -en*› bekroning

be'kümmern ‹*h*› 1 verdriet doen, bedroeven; 2 *das bekümmert uns* (ook) wij maken ons daarover bezorgd, ongerust; 3 *sich* ~ *um* zich bekommeren om, zorgen voor; **be'kümmert** 1 bedroefd; 2 bezorgd

be'kunden ‹*h*› 1 laten blijken, tonen; 2 (*jur*) verklaren; 3 *sich* ~ blijken, tot uiting komen; **Be'kundung** ‹*die; -, -en*› verklaring, uiting

be'lächeln ‹*h*› glimlachen om

be'laden ‹*st.h; u-a; ä*› (be)laden; **Be'ladung** ‹*die; -, -en*› 1 het beladen; 2 lading

Be'lag ‹*der; -(e)s, -ë*› 1 (*van vloer*) bedekking; 2 (*van rem*) voering; 3 garnering; 4 (*van boterham*) beleg; 5 (*op ruit, tanden, tong*) aanslag; 6 wegdek

Be'lagerer ‹*der; -s, -*› belegeraar; **be'lagern** ‹*h*› belegeren (*ook fig*); **Be'lagerung** ‹*die; -, -en*› beleg, belegering

Be'lang ‹*der; -(e)s, -e*› belang; *von* ~ van belang

be'langen ‹*h*› 1 (*jur*) vervolgen; 2 *was mich belangt* wat mij betreft

be'langlos onbelangrijk, zonder belang

be'lassen ‹*st.h; ie-a; ä*› laten

be'lasten ‹*h*› 1 (*div bet*) belasten; 2 bezwaren; *einen Angeklagten* ~ voor de verdachte bezwarende verklaringen afleggen

be'lästigen ‹*h*› lastig vallen; **Be'lästigung** ‹*die; -, -en*› last, het lastig vallen

Be'lastung ‹*die; -, -en*› belasting

be'lauern ‹*h*› bespieden; loeren op

be'laufen I ‹*st.h; ie-au; äu*› lopen over; II ‹*st.s*› *die Kosten* ~ *sich auf* ... de kosten bedragen ...

be'leben ‹*h*› 1 doen herleven; *einen* ~ weer doen herleven; 2 opwekken, stimuleren, doen

opleven; 3 verlevendigen; 4 *sich ~: a)* levend of levendig worden; *b)* druk(ker) worden; **be'lebt** 1 levend; 2 levendig, druk; **Be'lebung** ‹*die; -, -en*› zie *beleben*
Be'leg ‹*der; -(e)s, -e*› 1 bewijs; 2 kwitantie
be'legen ‹*h*› 1 ~ *mit* beleggen, leggen op, bedekken; 2 bewijzen; 3 *mit Strafe* ~ straf opleggen; *mit Steuern* ~ belasting heffen over; 4 *mit Truppen* ~ troepen legeren in; 5 reserveren; bespreken; (*stoel*) bezet houden; 6 (*sp*) *den 1. Platz* ~ de eerste plaats bezetten; 7 (*cursus, college e.d.*) zich laten inschrijven voor; vgl *belegt*
Be'legschaft ‹*die; -, -en*› het gehele personeel
be'legt 1 (*broodje*) belegd; 2 in gesprek (telefoon); 3 (*tong*) beslagen; 4 (*stem*) dof; 5 (*kamer*) bezet; vgl *belegen*
be'lehren ‹*h*› 1 onderrichten, inlichten; *einen eines Besseren* ~ iem uit de droom helpen; 2 *sich ~ lassen* met zich laten praten, rede verstaan; **be'lehrend** onderrichtend, leerzaam; **Be'lehrung** ‹*die; -, -en*› 1 onderrichting; 2 leer, raadgeving
be'leibt zwaarlijvig, gezet, corpulent
be'leidigen ‹*h*› beledigen; **Be'leidigung** ‹*die; -, -en*› belediging
be'leuchten ‹*h*› 1 be-, verlichten, beschijnen; 2 (*fig*) belichten, behandelen; **Be'leuchtung** ‹*die; -, geen mv*› 1 be-, verlichting; 2 (*fig*) het belichten, behandeling
'Belgier ‹*der; -s, -*› Belg; **'belgisch** Belgisch
be'lichten ‹*h*› belichten (*fot en fig*); **Be'lichtung** ‹*die; -, -en*› (*fot*) belichting
be'lieben ‹*h*› 1 believen, wensen, willen; 2 *Sie belieben zu scherzen!* (*iron*) u maakt gekheid!; **Be'lieben** ‹*das; -s, geen mv*› believen, goeddunken; *nach* ~ naar eigen goeddunken; **be'liebig** naar verkiezing, willekeurig
be'liebt 1 geliefd; 2 vaak gebruikt; gewild
be'liefern ‹*h*› goederen leveren aan; ~ *mit* voorzien van
'bellen ‹*h*› blaffen; (ook) hard hoesten
Belle'tristik ‹*die; -, geen mv*› bellettrie
be'lohnen ‹*h*› belonen; **Be'lohnung** ‹*die; -, -en*› beloning
be'lüften ‹*h*› ventileren
be'lügen ‹*st.h; o-o*› beliegen
be'lustigen ‹*h*› vermaken, amuseren; **be'lustigend** vermakelijk, amusant; **Be'lustigung** ‹*die; -, -en*› vermaak
be'mächtigen, sich ‹*h*› (+ 2) 1 zich meester maken van; 2 overmeesteren
be'malen ‹*h*› 1 beschilderen; 2 *sich* ~ zich overdreven opmaken
be'mängeln ‹*h*› aanmerkingen maken op
be'mannen ‹*h*› bemannen; **Be'mannung** ‹*die; -, -en*› bemanning
be'mänteln ‹*h*› goedpraten
be'merkbar merkbaar, zichtbaar, waarneembaar; *sich ~ machen: a)* te bemerken zijn, zich doen gevoelen; *b)* de aandacht trekken
be'merken ‹*h*› 1 be-, opmerken; 2 zeggen; **be'merkenswert** 1 opmerkelijk; 2 ~ *schön* buitengewoon mooi; **Be'merkung** ‹*die; -, -en*› 1 opmerking; 2 aantekening
be'messen I ‹*ww st.h; a-e; i*› 1 afmeten; vaststellen; 2 *sich ~ nach* berekend worden naar; II ‹*bn*› afgemeten, bemeten
be'mitleiden ‹*h*› medelijden hebben met; **be'mitleidenswert** beklagenswaardig
be'mittelt bemiddeld, in goede doen
be'mühen I ‹*h*› *einen* ~ (*fig*) lastig vallen; II *sich* ~ 1 zich moeite geven, zijn best doen; *wollen Sie sich hierher-, dorthinbemühen?* wilt u zo goed zijn hier te komen, daarheen te gaan?; ~ *Sie sich nicht!* doet u geen moeite!; 2 *sich um etwas ~: a)* zich inspannen, moeite doen om iets te krijgen; *b)* zich inspannen etc. voor iets; 3 *bemüht sein etwas zu tun* z'n best doen, druk bezig zijn; 4 *bitte ~ Sie sich nach oben, hierher usw.* gaat u a.u.b. naar boven, hierheen; **Be'mühung** ‹*die; -, -en*› poging, inspanning
be'muttern ‹*h*› bemoederen
be'nachbart 1 naburig, nabijgelegen; 2 aangrenzend; belendend
be'nachrichtigen ‹*h*› inlichten, op de hoogte brengen; berichten; waarschuwen
be'nachteiligen ‹*h*› benadelen
be'nebelt beneveld, aangeschoten
be'nehmen ‹*st.h; a-o; i*› be-, ontnemen; **sich** ~ zich gedragen
Be'nehmen ‹*das; -s, geen mv*› gedrag; *kein ~ haben* geen manieren hebben
be'neiden ‹*h*› *einen um od. wegen etwas* ~ iem om iets benijden; **be'neidenswert** benijdenswaardig
be'nennen ‹*onr.h*› benoemen, noemen; **Be'nennung** ‹*die; -, -en*› benaming, naam
'Bengel ‹*der; -s, - of -s*› kwajongen, vlegel
be'nommen verdoofd, versuft; vgl *benehmen*
be'noten ‹*h*› een cijfer geven
be'nötigen ‹*h*› nodig hebben
Be'notung ‹*die; -, -en*› 1 het geven van een cijfer, van cijfers; 2 cijfers (rapport)
be'nutzen ‹*h*›, **be'nützen** ‹*h*› gebruiken, gebruik maken van; **be'nutzerfreundlich** gebruikersvriendelijk; **Be'nutzung** ‹*die; -, geen mv*› (*dial*), **Be'nützung** ‹*die; -, geen mv*› gebruikmaking, benutting
Ben'zin ‹*das; -s, -e*› benzine; **Ben'ziner** ‹*der; -s, -*› auto met benzinemotor; **Ben'zinkanister** ‹*der; -s, -*› jerrycan; **Ben'zinuhr** ‹*die; -, -en*› benzinemeter
be'obachten ‹*h*› 1 gadeslaan, waarnemen, observeren; 2 constateren, bemerken; 3 (*stilzwijgen, voorschriften*) in acht nemen; **Be'obachter** ‹*der; -s, -*› (*ook mil*) waarnemer; **Be'obachtung** ‹*die; -, -en*› 1 waarneming, observatie; 2 bevinding; 3 het in acht nemen
be'ordern ‹*h*› 1 ontbieden; 2 opdracht geven
be'pflastern ‹*h*› plaveien, bestraten
be'pinseln ‹*h*› 1 bestrijken; 2 (oppervlakkig, niet netjes) schilderen; 3 zich (sterk) opmaken

be'quatschen ‹*h*› 1 (*etwas*) bespreken; 2 (*einen*) overreden, overhalen

be'quem 1 gemakkelijk, geriefelijk; 2 prettig; 3 gemakkelijk; 4 gemakzuchtig; **be'quemen, sich** ‹*h*› *sich zu etwas* ~ ongaarne besluiten iets te doen; **Be'quemlichkeit** ‹*die; -, -en*› 1 gemak, comfort; 2 gemakzucht; **be'quemlichkeitshalber** gemakshalve

be'rappen ‹*h*› (*volkstaal*) betalen, dokken

be'raten ‹*st.h; ie-a; ä*› 1 *einen* ~ iem raden, raadgeven, adviseren; 2 *etwas oder über* (+ 4) ~ iets bespreken; 3 *sich mit einem* ~ overleg plegen; 4 *gut, schlecht* ~ *sein* er goed, niet goed aan doen ...; **Be'rater** ‹*der; -s, -*› raadgever, adviseur

be'ratschlagen ‹*h*› beraadslagen

Be'ratung ‹*die; -, -en*› 1 bespreking, beraadslaging; 2 advies; 3 adviesbureau; **Be'ratungsstelle** ‹*die; -, -n*› adviesbureau

be'rauben ‹*h*› beroven

be'rauschen ‹*h*› 1 dronken maken, bedwelmen; 2 *sich* ~ zich bedwelmen, zich bedrinken, zich een roes drinken; 3 *berauscht von der Freude* in een roes van vreugde; **be'rauschend** 1 bedwelmend; 2 (*dranken*) koppig, benevelend; 3 *nicht* ~ niet bijzonder

be'rechenbar berekenbaar; **be'rechnen** ‹*h*› berekenen; **Be'rechnung** ‹*die; -, -en*› berekening

be'rechtigen ‹*h*› *einen zu etwas* ~ iem het recht (de bevoegdheid) tot iets geven, toekennen; **be'rechtigt** 1 gerechtigd, bevoegd; 2 gerechtvaardigd; 3 (*reden*) geldig; **Be'rechtigte(r)** ‹*bn als zn*› (ook) rechthebbende; **Be'rechtigung** ‹*die; -, geen mv*› 1 recht; 2 grond, gegrondheid

be'reden ‹*h*› 1 bespreken, bepraten; 2 (*einen zu etwas*) ~ iem overhalen, overreden

be'redsam welbespraakt, welsprekend; **Be'redsamkeit** ‹*die; -, geen mv*› bespraaktheid; **be'redt** welsprekend, welbespraakt

Be'reich ‹*der; -(e)s, -e*› 1 gebied, terrein (*lett en fig*); 2 actieradius; 3 sector; 4 ressort; 5 *im* ~ *der Möglichkeiten* binnen het bereik van het mogelijke

be'reichern ‹*h*› verrijken; **Be'reicherung** ‹*die; -, geen mv*› verrijking

be'reifen ‹*h*› van nieuwe banden voorzien

be'reift met rijp bedekt

Be'reifung ‹*die; -, -en*› (*van een auto, fiets e.d.*) de banden

be'reinigen ‹*h*› 1 (*moeilijkheden*) uit de weg ruimen; 2 (*geschil*) bijleggen, beslechten; 3 (*kwestie*) regelen, oplossen; 4 (*schuld*) vereffenen, betalen; 5 in het reine brengen

be'reit 1 bereid; 2 gereed, klaar; vgl *bereitstellen*; **be'reiten** I ‹*zw.h*› 1 bereiden, gereed-, klaarmaken; 2 bezorgen; (*schande, verdriet e.d.*) veroorzaken; (*plezier*) geven; 3 bereiden (*ontvangst*); 4 (*einer Sache*) *ein Ende* ~ een eind maken aan; II ‹*st.h; i-i*› (*paard*) berijden; **be'reithalten** ‹*st.h; ie-a; ä*› gereedhouden

be'reits al, reeds

Be'reitschaft ‹*die; -, geen mv*› 1 gereedheid; *in* ~: *a*) gereed, in gereedheid; *b*) ter beschikking; 2 (*mil*) paraatheid; 3 bereidwilligheid; 4 afdeling der politie; 5 (*van arts*) dienst; **Be'reitschaftsarzt** ‹*der; -es, -ë*› dienstdoend arts; **Be'reitschaftsdienst** ‹*der; -es, -e*› (*Belg*) urgentiedienst; **Be'reitschaftspolizei** ‹*die; -, geen mv*› parate politie, mobiele eenheid

be'reitstellen ‹*h*› 1 klaar-, gereedzetten; 2 (*som*) beschikbaar stellen

Be'reitung ‹*die; -, geen mv*› bereiding

be'reitwillig bereidwillig; **Be'reitwilligkeit** ‹*die; -, geen mv*› bereidwilligheid

be'reuen ‹*h*› berouwen, berouw hebben over

Berg ‹*der; -(e)s, -e*› 1 berg; *die Haare standen mir zu* ~*e* de haren rezen mij te berge; 2 *mit seiner Meinung nicht hinter dem* ~ *halten* zijn mening niet onder stoelen of banken steken; *er ist über alle* ~*e* hij is ervandoor; (*fig*) *wir sind noch nicht über den* ~ we zijn er nog niet; **berg'ab(wärts)** bergafwaarts; **berg'an** bergopwaarts; **'Bergarbeiter** ‹*der; -s, -*› mijnwerker; **berg'auf** bergopwaarts; **'Bergbahn** ‹*die; -, -en*› bergspoor; **'Bergbau** ‹*der; -(e)s, geen mv*› mijnbouw

'bergen ‹*st.h; a-o; i*› 1 bergen; 2 verbergen; 3 bevatten

'Bergfahrt ‹*die; -, -en*› bergtocht; **'Bergführer** ‹*der; -s, -*› berggids; **'bergig** bergachtig

'Bergmann ‹*der; -(e)s, -leute*› mijnwerker

'Bergsteiger ‹*der; -s, -*› bergbeklimmer, alpinist; **'Bergtour** ‹*die; -, -en*› bergtocht

'Bergung ‹*die; -, -en*› berging

'Bergwerk ‹*das; -(e)s, -e*› mijn

Be'richt ‹*der; -(e)s, -e*› 1 verslag, rapport; ~ *erstatten* verslag geven, uitbrengen; 2 bericht; **be'richten** ‹*h*› 1 (*einem*) berichten, mededelen, melden; 2 verslag geven, rapport uitbrengen; **Be'richterstatter** ‹*der; -s, -*› 1 verslaggever; 2 rapporteur

be'richtigen ‹*h*› verbeteren, corrigeren; **Be'richtigung** ‹*die; -, -en*› verbetering enz.

be'riechen ‹*st.h; o-o*› 1 beruiken; 2 (*fig*) *sich* ~ heel voorzichtig contact zoeken

be'rieseln ‹*h*› 1 besproeien; 2 bewerken

Ber'liner I ‹*der; -s, -*› Berlijner; II ‹*bn*› Berlijns; **ber'linerisch** Berlijns

Bernhar'diner ‹*der; -s, -*› sint-bernardshond

'Bernstein ‹*der; -(e)s, -e*› barnsteen

'bersten ‹*st.s; a-o; i*› barsten; (*bis*) *zum B~ voll* tot barstens toe vol

be'rüchtigt berucht

be'rücksichtigen ‹*h*› 1 respecteren; 2 rekening houden met; **Be'rücksichtigung** ‹*die; -, geen mv*› 1 het rekening houden met; 2 het respecteren

Be'ruf ‹*der; -(e)s, -e*› beroep; *im* ~ *stehen* een beroep uitoefenen; **be'rufen** ‹*st.h; ie-u*› 1 benoemen, aanstellen; 2 *sich* ~ *auf einen od. etwas* zich op iem of iets beroepen; 3 *ich führe mich dazu* ~ ik voel me daartoe geroepen; 4

dazu ~ voorbestemd; **be'ruflich** van het beroep, beroeps...; *die ~e Fortbildung* de voortgezette beroepsopleiding; ~ *verreisen* voor zijn beroep op reis gaan; **Be'rufsausbildung** ‹*die;* -, *-en*› beroepsopleiding; **Be'rufsberatung** ‹*die;* -, *-en*› beroepskeuzevoorlichting; (*Belg*) beroepsoriëntering; **Be'rufsfachschule** ‹*die;* -, *-n*› school voor lager beroepsonderwijs; **Be'rufsfahrer** ‹*der; -s,* -› 1 beroepsrijder (*sp*); 2 chauffeur (beroep); **Be'rufsgenossenschaft** ‹*die;* -, *-en*› bedrijfsvereniging; **be'rufsmäßig** beroeps..., het beroep betreffende; **Be'rufsschule** ‹*die;* -, *-n*› vakschool (volgens het leerlingenstelsel); (*Belg*) beroepsschool; **Be'rufsspieler** ‹*der; -s,* -› (*sp*) professional, beroepsspeler; **be'rufstätig** in een beroep werkzaam; **Be'rufstätige(r)** ‹*bn als zn*› werkende; **Be'rufsverbot** ‹*das;* -(*e*)*s*, *-e*› beroepsverbod; **Be'rufswahl** ‹*die;* -, *-en*› beroepskeuze; **Be'rufung** ‹*die;* -, *-en*› 1 benoeming; 2 roeping; 3 het zich beroepen (op); *unter ~ auf* (+ 4) door zich te beroepen op; 4 (*jur*) ~ *einlegen* in hoger beroep gaan

be'ruhen ‹*h*› 1 ~ *auf* (+ 4) berusten; 2 (*etwas*) *auf sich,* (*etwas*) *dabei ~ lassen* erbij laten; **be'ruhigen** ‹*h*› geruststellen; kalmeren, tot bedaren brengen; *sich* ~ kalmeren, bedaren; **Be'ruhigung** ‹*die;* -, *-en*› geruststelling; kalmering; **Be'ruhigungsmittel** ‹*das; -s,* -› kalmerend middel

be'rühmt beroemd; **Be'rühmtheit** ‹*die;* -, *-en*› beroemdheid

be'rühren ‹*h*› 1 aanraken; 2 (*fig en meetk*) raken; 3 kort bezoeken; 4 even noemen, aanstippen, ter sprake brengen; 5 *sich* ~ elkaar (aan)raken; **Be'rührung** ‹*die;* -, *-en*› 1 aanraking; contact; 2 het noemen, het aanroeren

be'sagen ‹*h*› 1 zeggen; 2 betekenen; **be'sagt** reeds genoemd

Be'samung ‹*die;* -, *geen mv*› bevruchting

be'sänftigen ‹*h*› sussen, kalmeren

Be'satz ‹*der; -es, -ë*› garnering

Be'satzer ‹*der; -s,* -› (*mil*) bezetter; **Be'satzung** ‹*die;* -, *-en*› 1 (*mil*) bezetting; 2 bemanning

be'saufen, sich ‹*st.h; o-o; äu*› zich bedrinken

be'schädigen ‹*h*› beschadigen; **Be'schädigung** ‹*die;* -, *-en*› beschadiging

be'schaffen I ‹*h*› verschaffen, bezorgen; leveren; *es ist nicht zu* ~ het is niet te krijgen; **II** ‹*bn*› *ich bin so* ~ ik ben zo geaard, van die aard, zo; *wie ist es damit ~?* hoe is het daarmee gesteld?; **Be'schaffenheit** ‹*die;* -, *geen mv*› gesteldheid, aard, hoedanigheid; toestand; **Be'schaffung** ‹*die;* -, *geen mv*› zie *beschaffen*

be'schäftigen ‹*h*› 1 bezighouden; 2 in dienst hebben, werk geven aan; 3 *sich ~ mit* zich bezighouden met; **be'schäftigt** 1 *mit etwas ~ sein* met iets bezig zijn; 2 *bei einer Firma ~ sein* bij een firma werken, in dienst zijn; 3 *sehr ~ sein* het zeer druk hebben; **Be'schäftigte(r)** ‹*bn als zn*› werknemer; werkneemster; ‹*mv*› (ook) personeel(sleden); **Be'schäftigung** ‹*die;* -, *-en*› 1 bezigheid; 2 baan, betrekking; 3 het tewerkstellen, het in dienst nemen; 4 werkgelegenheid; 5 bedrijvigheid; 6 *die ~ mit* het zich bezighouden met; **Be'schäftigungslage** ‹*die;* -, *-n*› werkgelegenheidssituatie; **Be'schäftigungstherapeut** ‹*der; -en, -en*› bezigheidstherapeut

be'schämen ‹*h*› beschamen

be'schatten ‹*h*› 1 be-, overschaduwen; 2 (*einen*) schaduwen; 3 (*sp*) dekken, bewaken; **Be'schattung** ‹*die;* -, *geen mv*› zie *beschatten*

be'schauen ‹*h*› bekijken; **be'schaulich** 1 beschouwend, nadenkend; 2 contemplatief; 3 rustig

Be'scheid ‹*der;* -(*e*)*s*, *-e*› 1 antwoord, inlichtingen; ~ *sagen, geben* antwoorden (op vraag), inlichtingen verstrekken; 2 beslissing; 3 *einem ~ sagen* zijn mening zeggen; ~ *wissen* op de hoogte zijn

be'scheiden I ‹*st.h; ie-ie*› 1 schenken; *Glück war ihm nicht beschieden* geluk was hem niet beschoren, gegund, gegeven; 2 *einen ~: a*) iem antwoord geven, een beslissing mededelen; *b*) iem ontbieden; **sich** ~ *mit* zich tevreden stellen met; **II** ‹*bn*› bescheiden; **Be'scheidenheit** ‹*die;* -, *geen mv*› bescheidenheid

be'scheinen ‹*st.h; ie-ie*› beschijnen, bestralen

be'scheinigen ‹*h*› 1 (schriftelijk) verklaren; 2 bevestigen (schriftelijk); **Be'scheinigung** ‹*die;* -, *-en*› 1 verklaring, attest; 2 (soms) ontvangstbewijs, kwitantie

be'scheißen ‹*st.h; i-i*› (*volkstaal*) belazeren

be'schenken ‹*h*› geschenken geven, bedélen

be'scheren ‹*h*› 1 met Kerstmis geven, schenken; 2 *mir wurde ... beschert* mij viel ... ten deel; **Be'scherung** ‹*die;* -, *-en*› 1 het geven van geschenken (op kerstavond); 2 *eine schöne ~!* een mooie geschiedenis!; *da haben wir die ~!* daar heb je het al!

be'scheuert getikt, gek

be'schießen ‹*st.h; o-o*› 1 beschieten; 2 *einen mit Fragen* ~ vragen op iem afvuren

be'schildern ‹*h*› bewegwijzeren

be'schimpfen ‹*h*› uitschelden; beledigen

be'schissen belabberd, rot, verneukt

be'schlafen ‹*st.h; ie-a; ä*› 1 beslapen (bed); 2 *ich muß* (*mir*) *die Sache erst noch mal* ~ ik moet er eerst nog eens een nachtje over slapen

Be'schlag ‹*der;* -(*e*)*s*, *-ë*› 1 beslag (van metaal); 2 hoefijzers; 3 aanslag (van vocht); 4 *mit ~ belegen, in ~ nehmen* in beslag nemen; **be'schlagen** ‹*st.h; u-a; ä*› 1 beslaan (*Fensterscheibe; Pferd mit Eisen*); 2 bekleden

Be'schlagnahme ‹*die;* -, *-n*› inbeslagneming; **be'schlagnahmen** ‹*h*› in beslag nemen

be'schleichen ‹*st.h; i-i*› 1 besluipen; 2 (*fig*) bekruipen

be'schleunigen ‹*h*› 1 bespoedigen; 2 versnellen; 3 (*van auto*) optrekken; **Be'schleunigung** ‹*die;* -, *-en*› 1 versnelling, het versnellen;

2 spoed; 3 (*van auto*) acceleratie; **Be'schleunigungsspur** ‹*die; -, -en*› invoegstrook

be'schließen ‹*st.h; o-o*› 1 besluiten (iets te doen); 2 (een voorstel, wetsontwerp) aannemen; 3 besluiten, eindigen; **Be'schluß** ‹*der; Beschlusses, Beschlüsse*› 1 besluit, beslissing; *einen ~ fassen* een besluit nemen, besluiten; 2 slot, einde; *zum ~* tot besluit, tot slot; **be'schlußfähig** in staat besluiten te nemen

be'schmieren ‹*h*› 1 besmeren, smeren op; 2 besmeuren; 3 bekladden

be'schmutzen ‹*h*› 1 vuil maken; 2 bevlekken

be'schneiden ‹*st.h; i-i*› 1 (*boom, heg*) snoeien; 2 gelijk-, afsnijden; 3 (*fig*) besnoeien; 4 *einen ~* iem besnijden

be'schneit besneeuwd

be'schnüffeln ‹*h*›, **beschnuppern** ‹*h*› besnuffelen

be'schönigen ‹*h*› 1 vergoelijken; 2 mooier maken dan het is

be'schränken ‹*h*› beperken; *sich ~ auf* (+ 4) zich beperken tot; **be'schränkt** 1 beperkt; 2 bekrompen; 3 armoedig; 4 onnozel, dom; **Be'schränkung** ‹*die; -, -en*› beperking

be'schreiben ‹*st.h; ie-ie*› beschrijven; **Be'schreibung** ‹*die; -, -en*› beschrijving

be'schreiten ‹*st.h; i-i*› 1 lopen op (een weg); 2 betreden, (*fig*) bewandelen

be'schriften ‹*h*› van een op-, onderschrift, nummer of naam voorzien; **Be'schriftung** ‹*die; -, -en*› op-, onderschrift

be'schuldigen ‹*h*› *einen eines Dinges ~* iem van iets beschuldigen; **Be'schuldigte(r)** ‹*bn als zn*› (*jur*) verdachte; **Be'schuldigung** ‹*die; -, -en*› beschuldiging

be'schummeln ‹*h*› beduvelen, beetnemen

Be'schuß ‹*der; Beschusses, geen mv*› 1 beschieting; 2 *unter ~* onder vuur

be'schützen ‹*h*› beschermen; **Be'schützer** ‹*der; -s, -*› 1 beschermer; 2 vriend; 3 souteneur

be'schwatzen ‹*h*›, **beschwätzen** ‹*h*› 1 bepraten, overhalen; 2 bepraten, praten over

Be'schwerde ‹*die; -, -n*› 1 klacht; *~ einlegen, erheben* indienen; *~ führen* klagen, z'n beklag doen; 2 moeite, inspanning; 3 *a*) klacht; gebrek; *b*) ‹*mv*› ongemakken

be'schweren ‹*h*› 1 iets zwaars leggen op, bevestigen aan; verzwaren; 2 (*fig*) belasten, drukken op; 3 *sich bei einem über* (+ 4) *~* bij iem over iets klagen; **be'schwerlich** vermoeiend, inspannend, moeilijk; *einem ~ fallen* iem lastig vallen; **Be'schwerlichkeit** ‹*die; -, -en*› inspanning, last

be'schwichtigen ‹*h*› 1 kalmeren; 2 (*geweten*) sussen

be'schwindeln ‹*h*› 1 bedriegen; 2 beliegen

be'schwingt 1 enthousiast; 2 opgewekt

be'schwipst (*fig*) aangeschoten

be'schwitzt bezweet

be'schwören ‹*st.h; o-o*› bezweren; **Be'schwörung** ‹*die; -, -en*› bezwering

be'seelen ‹*h*› bezielen (*ook fig*)

be'sehen ‹*st.h; a-e; ie*› bekijken; *bei Lichte ~* goed beschouwd

be'seitigen ‹*h*› 1 (*vlekken, sporen*) verwijderen; 2 (*vuil e.d.*) opruimen; 3 (*hindernissen*) uit de weg ruimen; (*einen*) vermoorden

'Besen ‹*der; -s, -*› bezem; (*fig*) *neue ~ kehren gut* nieuwe bezems vegen schoon

be'sessen bezeten

be'setzen ‹*h*› 1 bezetten; 2 (*huis*) kraken; 3 afzetten (met kant e.d.); **be'setzt** 1 bezet; 2 (telefoon) in gesprek; 3 gekraakt; *~es Haus, Gebäude* kraakpand; **Be'setztzeichen** ‹*das; -s, -*› (*telef*) bezettoon; **Be'setzung** ‹*die; -, -en*› 1 het bezetten; 2 bezetting

be'sichtigen ‹*h*› 1 bezichtigen; 2 inspecteren; **Be'sichtigung** ‹*die; -, -en*› 1 bezichtiging; 2 inspectie

be'siedeln ‹*h*› 1 koloniseren; 2 bevolken

be'siegeln ‹*h*› bezegelen

be'siegen ‹*h*› overwinnen

be'sinnen, sich ‹*st.h; a-o*› 1 nadenken, rustig overleggen; *ohne sich zu ~* zonder zich te bedenken; 2 *sich auf* (+ 4) *etwas ~*: *a*) zich iets herinneren; *b*) zich van iets bewust worden; 3 *sich anders ~* tot andere gedachten komen; **be'sinnlich** 1 bezonnen; 2 beschouwend; **Be'sinnung** ‹*die; -, geen mv*› 1 bewustzijn; 2 bezinning; 3 het zich bezinnen op; **be'sinnungslos** 1 bewusteloos; 2 buiten zichzelf; 3 mateloos

Be'sitz ‹*der; -es, geen mv*› 1 bezit; *von etwas ~ ergreifen* iets in bezit nemen; 2 (*fig*) *~ von einem ergreifen* zich van iem meester maken; **be'sitzanzeigend**: *~es Fürwort* bezittelijk voornaamwoord; **be'sitzen** ‹*st.h; a-e*› bezitten; **Be'sitzer** ‹*der; -s, -*› eigenaar, bezitter; **Be'sitzergreifung** ‹*die; -, geen mv*› (*Belg*) bezitsaanmatiging; **be'sitzlos** zonder bezit; **Be'sitztum** ‹*das; -s, -ër*› bezitting, bezit

be'soffen bezopen (*ook fig*), dronken

be'sohlen ‹*h*› (ver-, be)zolen

be'solden ‹*h*› bezoldigen, salariëren; **Be'soldung** ‹*die; -, -en*› 1 bezoldiging, salariëring, salaris; 2 soldij

be'sonder bijzonder; *im ~en* in het bijzonder; **be'sonders** 1 vooral, in het bijzonder; 2 afzonderlijk, apart; 3 bijzonder, buitengewoon

be'sonnen bezonnen, bedachtzaam; **Be'sonnenheit** ‹*die; -, geen mv*› bezonnenheid

be'sorgen ‹*h*› 1 zorgen voor, verzorgen; 2 (*inkopen, zaken, huishouden*) doen; (*order*) uitvoeren; 3 *einem etwas ~* bezorgen, helpen aan; 4 voor iets zorgen, bezorgen; kopen; *sich etwas ~*: *a*) iets kopen; *b*) versieren; **Be'sorgnis** ‹*die; -, -se*› bezorgdheid; **be'sorgniserregend** zorgwekkend; **be'sorgt** 1 bezorgd, ongerust; 2 zorgzaam; **Be'sorgung** ‹*die; -, -en*› 1 boodschap; 2 (*van werk, zaken*) het doen; 3 het kopen, zorgen voor

be'spannen ‹*h*› bespannen (met paarden, snaren)

be'spielbar bespeelbaar; **be'spielen** ‹*h*› 1 bespelen; 2 (*band*) opnemen

be'spitzeln ‹*h*› bespioneren
be'spotten ‹*h*› bespotten
be'sprechen ‹*st.h; a-o; i*› 1 bespreken; 2 (*concert, boek e.d.*) recenseren; **Be'sprechung** ‹*die; -, en*› bespreking
be'spritzen ‹*h*› bespatten, bespuiten
be'sprühen ‹*h*› besproeien
'besser 1 beter; *etwas Besseres* iets beters; *um so* ~ des te beter; 2 *einen eines Besseren belehren* iem uit de droom helpen; *sich eines Besseren besinnen* tot andere (betere) gedachten komen; 3 *sich zum Besseren wenden* ten goede keren; **'bessern** ‹*h*› (ver)beteren, beter maken; **sich** ~ 1 zijn leven beteren; 2 beter worden; 3 (*van prijzen e.d.*) stijgen; **'Besserung** ‹*die; -, geen mv*› 1 verbetering; 2 beterschap; *auf dem Weg der* ~ aan de beterende hand; *gute* ~*!* beterschap!; **'Besserwisser** ‹*der; -s, -*› betweter
best zie *beste*
Be'stand ‹*der; -(e)s, -ë*› 1 bestendigheid, duurzaamheid; ~ *haben, von* ~ *sein* bestendig, duurzaam, van lange duur zijn; 2 voorraad; inventaris; 3 (kas)saldo; 4 opstand, de bomen; **be'ständig** 1 bestendig, duurzaam, vast, constant; 2 voortdurend; 3 bestand tegen; 4 volhardend, standvastig; **Be'ständigkeit** ‹*die; -, geen mv*› bestendigheid enz.
Be'standsaufnahme ‹*die; -, -n*› inventarisatie
be'stärken ‹*h*› (ver)sterken, bevestigen
be'stätigen ‹*h*› bevestigen, bekrachtigen; **Be'stätigung** ‹*die; -, -en*› 1 bevestiging, bekrachtiging; 2 schriftelijke verklaring
be'statten ‹*h*› begraven, ter aarde bestellen; **Be'stattung** ‹*die; -, -en*› begrafenis; **Be'stattungsinstitut** ‹*das; -(e)s, -e*› begrafenisonderneming
be'stäuben ‹*h*› bestuiven
'beste (*der, die , das*) beste; *am ~n* het best(e); *aufs* ~ zo goed mogelijk; *zum B~n haben* voor de gek houden; *das B~* het beste; *zu seinem B~n* om zijn bestwil; *sein B~s tun* zijn best doen
be'stechen ‹*st.h; a-o; i*› 1 omkopen; 2 (iem) voor zich innemen, betoveren; 3 imponeren; **be'stechend** 1 schitterend; 2 innemend; **be'stechlich** omkoopbaar; corrupt; **Be'stechung** ‹*die; -, -en*› omkoperij, omkoping; **Be'stechungsgelder** ‹*mv*› steekpenningen
Be'steck ‹*das; -(e)s, -e*› 1 couvert (lepel, vork en mes); 2 bestek (*ook scheepv*); 3 instrumenten
be'stehen ‹*st.h; a-a*› 1 bestaan; 2 slagen voor (examen); 3 het er goed afbrengen (strijd), (*concurrentie, onderzoek*) doorstaan; 4 standhouden; 5 (*fig*) *auf einer Sache* ~ op iets staan
be'stehlen ‹*st.h; a-o; ie*› bestelen
be'steigen ‹*st.h; ie-ie*› bestijgen, beklimmen
be'stellen ‹*h*› 1 bestellen (*div bet*); 2 *einen zu sich* ~ iem bij zich ontbieden; 3 benoemen; 4 (*boodschap*) overbrengen; (*groeten*) doen, (*krant, post*) bezorgen; 5 reserveren; 6 bebouwen, (*akker*) bewerken; 7 *es ist gut mit ihm (um ihn) bestellt* het gaat goed met hem; **Be'stellung** ‹*die; -, -en*› 1 bestelling, order; 2 benoeming; 3 boodschap, bericht; 4 bestelling, bezorging; 5 bewerking, bebouwing
'bestenfalls in het gunstigste geval
'bestens uitstekend, zeer goed; *danke* ~ dank u zeer
be'steuern ‹*h*› belasten; **Be'steuerung** ‹*die; -, -en*› belastingheffing
'Bestform ‹*die; -, geen mv*› (*sp*) topvorm
besti'alisch beestachtig
be'sticken ‹*h*› borduren
be'stimmbar vast te stellen; **be'stimmen** ‹*h*› 1 bepalen, vaststellen; 2 (*plant*) determineren; 3 ~ *für od. zu* bestemmen voor; 4 *einen zu etwas* ~ iem tot iets weten te bewegen; 5 beslissen; *hier habe ich zu* ~ hier heb ik het voor het zeggen
be'stimmt 1 beslist, zeker; 2 beslist, vastbesloten; 3 bepaald; **Be'stimmtheit** ‹*die; -, geen mv*› beslistheid
Be'stimmung ‹*die; -, -en*› 1 bepaling; 2 bestemming, doel; 3 beschikking, lot; **Be'stimmungsland** ‹*das; -(e)s, -ër*› land van bestemming
Be'stimmwort ‹*das; -(e)s, -ër*› bepalend woord
'Bestleistung ‹*die; -, -en*› (*sp*) record
'bestmöglich zo goed mogelijk
be'strafen ‹*h*› (be)straffen; **Be'strafung** ‹*die; -, -en*› bestraffing, straf
be'strahlen ‹*h*› bestralen
be'streben, sich ‹*h*› streven naar, trachten; *er ist bestrebt* … hij streeft ernaar, hij tracht …; **Be'streben** ‹*das; -s, geen mv*› het streven, poging; **Be'strebung** ‹*die; -, -en*› poging
be'streichen ‹*st.h; i-i*› bestrijken, besmeren
be'streiken ‹*h*› door staking platleggen
be'streiten ‹*st.h; i-i*› 1 bestrijden, tegenspreken; 2 (*kosten*) bestrijden; 3 (*programma*) verzorgen, zorgen voor; 4 *ein Spiel* ~ spelen
be'streuen ‹*h*› bestrooien
be'stücken ‹*h*› ~ *mit* 1 voorzien van, uitrusten met; 2 bewapenen met; **Be'stückung** ‹*die; -, -en*› 1 uitrusting; 2 bewapening
be'stürmen ‹*h*› bestormen (*lett en fig*)
be'stürzen ‹*h*› ontstellen, doen schrikken; **be'stürzt** ontsteld, ontdaan, geschrokken; **Be'stürzung** ‹*die; -, geen mv*› ontsteltenis
'Bestzeit ‹*die; -, -en*› 1 recordtijd; 2 beste tijd
Be'such ‹*der; -(e)s, -e*› bezoek, visite; *zu* ~ op bezoek; *einem einen* ~ *abstatten, bei einem einen* ~ *machen* iem een bezoek brengen; *mein Amsterdamer* ~, *mein* ~ *in Amsterdam* mijn bezoek aan A.; **be'suchen** ‹*h*› bezoeken, komen opzoeken; **Be'sucher** ‹*der; -s, -*› bezoeker; **Be'suchszeit** ‹*die; -, -en*› bezoektijd
be'sudeln ‹*h*› bezoedelen (*vooral fig*)
be'tagt bejaard
be'tasten ‹*h*› betasten
be'tätigen ‹*h*› 1 (*techn*) in werking stellen;

(*rem e.d.*) bedienen; 2 in praktijk brengen, in daden omzetten; 3 *sich* ~ actief zijn, bezig zijn; (ook) meehelpen; **Be'tätigung** ‹*die;* -, -*en*› 1 (*techn*) het in werking stellen, bediening; 2 activiteit

be'täuben ‹*h*› verdoven, bedwelmen; **be'täubend** 1 (*geur*) bedwelmend; 2 (*lawaai*) oorverdovend; **Be'täubung** ‹*die;* -, -*en*› verdoving (*lett en fig*)

'Bete ‹*die;* -, -*n*› *rote* ~ rode biet

be'teiligen ‹*h*› 1 *einen an* (+ 3) ~ iem laten delen in, aan iets doen deelnemen, deelgenoot maken van; 2 *sich an od. bei einer Sache* ~, *an od. bei etwas beteiligt sein* aan iets deelnemen, meedoen, betrokken zijn bij (in) iets; **Be'teiligte(r)** ‹*bn als zn*› belanghebbende; deelnemer, -neemster; betrokkene; **Be'teiligung** ‹*die;* -, -*en*› deelneming

'beten ‹*h*› 1 bidden; 2 danken (na het eten)

be'teuern ‹*h*› betuigen, (plechtig) verzekeren

be'texten ‹*h*› 1 ondertitelen; 2 van tekst voorzien

be'titeln ‹*h*› betitelen

Be'ton ‹*der;* -*s*, -*s*› beton

be'tonen ‹*h*› 1 de nadruk leggen op, (*fig*) accentueren; 2 beklemtonen; **be'tont** opvallend, uitgesproken, bijzonder; **Be'tonung** ‹*die;* -, -*en*› 1 nadruk, accentuering; 2 klemtoon; 3 beklemtoning

be'tören ‹*h*› 1 in verwarring brengen, verblinden; 2 betoveren

betr *betreffend; betreffs; betrifft*

Be'tracht ‹*der*› *etwas in* ~ *ziehen* iets in aanmerking nemen; *in* ~ *kommen* in aanmerking komen; *außer* ~ *bleiben* niet in aanmerking komen; *außer* ~ *lassen* buiten beschouwing laten; **be'trachten** ‹*h*› 1 bekijken; 2 beschouwen; *genau betrachtet* welbeschouwd

be'trächtlich aanmerkelijk, -zienlijk

Be'trachtung ‹*die;* -, -*en*› 1 het bekijken; 2 beschouwing, overdenking; ~*en anstellen* overdenken

Be'trag ‹*der;* (*e*)*s*, -*ë*› bedrag; *im* ~*e von* ten bedrage van; **be'tragen** ‹*st.h; u-a; ä*› 1 bedragen; 2 *sich* ~ zich gedragen

Be'tragen ‹*das;* -*s*, *geen mv*› gedrag

be'trauen ‹*h*› *einen mit etwas* ~ iem iets opdragen

be'trauern ‹*h*› 1 rouwen over; 2 betreuren

be'treffen ‹*st.h; a-o; i*› 1 betreffen, aangaan, raken; 2 overkomen, treffen; vgl *betroffen*; **be'treffend** 1 desbetreffend; 2 bevoegd

be'treffs ‹*vz*› (+ 2) wat betreft, inzake

be'treiben ‹*st.h; ie-ie*› 1 (*algem*) *etwas* ~ (aan) iets doen; 2 (*zaak*) drijven, (*bedrijf, beroep*) uitoefenen; 3 (*Politik*) ~ voeren; 4 bespoedigen; 5 (*elektrisch, met stoom*) aandrijven; **Be'treiben** ‹*das;* -*s*, *geen mv*› *auf sein* ~ op aandringen van hem

be'treten I ‹*st.h; a-e; i*› betreden (*ook fig*); binnengaan; **II** ‹*bn*› verlegen, bedremmeld

be'treuen ‹*h*› 1 verzorgen, zorgen voor; 2 begeleiden; **Be'treuer** ‹*der;* -*s*, -› 1 (*sp*) verzorger; 2 helper; **Be'treuung** ‹*die;* -, *geen mv*› 1 verzorging; 2 hulp, begeleiding

Be'trieb ‹*der;* -(*e*)*s*, -*e*› 1 bedrijf; 2 exploitatie; 3 *in* ~ *sein, setzen* in bedrijf zijn, stellen; *außer* ~ *sein* buiten dienst of buiten werking zijn, (*van fabriek*) stilliggen; 4 bedrijvigheid; drukte; (ook) verkeer; 5 *halbstaatliche* ~ semi-overheidsinstelling; (*Belg*) parastatale; **be'trieblich** bedrijfs...; **be'triebsam** werkzaam, bedrijvig, nijver; **Be'triebsferien** ‹*mv*› bedrijfsvakantie; **be'triebsfertig** bedrijfsklaar; **Be'triebsführung** ‹*die;* -, -*en*› bedrijfsleiding; **Be'triebsgeheimnis** ‹*das;* -*ses*, -*se*› fabrieksgeheim; **Be'triebskosten** ‹*mv*› (*Belg*) bedrijfslasten; **Be'triebslehre** ‹*die;* -, -*n*› (*Belg*) handelswetenschappen; **Be'triebsrat** ‹*der;* -(*e*)*s*, -*ë*› ondernemingsraad; (*Belg*) bedrijfsraad; **Be'triebsstillegung** ‹*die;* -, -*en*› bedrijfssluiting; **Be'triebsunfall** ‹*der;* -(*e*)*s*, -*ë*› bedrijfsongeval; (*Belg*) werkongeval; **Be'triebswirt** ‹*der;* -(*e*)*s*, -*e*› bedrijfseconoom; (*Belg*) handelsingenieur

be'trinken, sich ‹*st.h; a-u*› zich bedrinken

be'troffen 1 onthutst; ontsteld; 2 onaangenaam verrast; **Be'troffene(r)** ‹*bn als zn*› betrokkene; *der vom Unfall* ~ de door het ongeval getroffene; **Be'troffenheit** ‹*die;* -, *geen mv*› ontsteltenis

be'trüben ‹*h*› bedroeven, verdriet doen; **be'trüblich** bedroevend, droevig; **Be'trübnis** ‹*die;* -, -*se*› droefenis, droefheid; **be'trübt** bedroefd, treurig, bedroevend

Be'trug ‹*der;* -(*e*)*s*, *geen mv*› bedrog; **be'trügen** ‹*st.h; o-o*› bedriegen, oplichten; **Be'trüger** ‹*der;* -*s*, -› bedrieger, oplichter; **Be'trügerei** ‹*die;* -, -*en*› bedriegerij, bedrog; **be'trügerisch** bedrieglijk

be'trunken dronken

Bett ‹*das;* -(*e*)*s*, -*en*› 1 bed; *ins, zu* ~ *gehen* naar bed gaan; 2 bedding; 3 dekbed; **'Bettbezug** ‹*der;* -(*e*)*s*, -*ë*› bedovertrek; **'Bettcouch** ‹*die;* -, -*es*› slaapbank; **'Bettdecke** ‹*die;* -, -*n*› 1 deken; 2 sprei

'bettel'arm straat-, dodarm; **Bette'lei** ‹*die;* -, -*en*› bedelarij, gebedel; **'betteln** ‹*h*› bedelen

'betten ‹*h*› voorzichtig leggen; (*fig*) *auf Rosen gebettet sein* op rozen zitten

'bettlägerig bedlegerig

'Bettler ‹*der;* -*s*, -› bedelaar

'Bettuch ‹*das;* -(*e*)*s*, -*ër*› beddelaken; **'Bettwäsche** ‹*die;* -, *geen mv*› lakens en slopen; **'Bettzeug** ‹*das;* -(*e*)*s*, *geen mv*› beddegoed

be'tucht welgesteld, bemiddeld

be'tulich 1 zorgzaam; 2 rustig, op z'n gemak

be'tupfen ‹*h*› 1 deppen, betten; 2 bestippen

'Beuge ‹*die;* -, -*n*› 1 knieholte; 2 binnenkant van de elleboog; 3 het buigen van de romp; **'beugen** ‹*h*› 1 buigen; 2 (*het recht*) verkrachten; 3 (*gramm*) *a*) verbuigen; *b*) vervoegen; 4 (*fig*) *einen* ~ iem doen buigen; 5 (*fig*) *sich* (*vor*) *einem* ~ zich aan iem onderwerpen;

'Beugung ‹*die; -, -en*› 1 buiging; 2 (*jur*) rechtsverkrachting; 3 (*gramm*) *a*) verbuiging; *b*) vervoeging

'Beule ‹*die; -, -n*› 1 buil, bult; 2 deuk

be'unruhigen ‹*h*› verontrusten, ongerust maken; **Be'unruhigung** ‹*die; -, -en*› 1 verontrusting; 2 onrust

be'urkunden ‹*h*› 1 (schriftelijk) vastleggen; 2 akte opmaken van; 3 documenteren

be'urlauben ‹*h*› *einen ~: a*) iem verlof geven; *b*) iem op non-actief stellen, schorsen

be'urteilen ‹*h*› beoordelen

'Beute ‹*die; -, geen mv*› 1 buit; 2 prooi

'Beutel ‹*der; -s, -*› 1 buidel, portemonnee; 2 zak(je)

'beuteln ‹*h*› 1 *einen ~* iem door elkaar rammelen; 2 *einen ~* iem afzetten

be'völkern ‹*h*› bevolken; **Be'völkerung** ‹*die; -, -en*› bevolking; **Be'völkerungsdichte** ‹*die; -, -n*› bevolkingsdichtheid

be'vollmächtigen ‹*h*› *einen zu etwas ~* volmacht geven, machtigen; **Be'vollmächtigte(r)** ‹*bn als zn*› gemachtigde; **Be'vollmächtigung** ‹*die; -, -en*› volmacht

be'vor voordat, voor, eer, alvorens (te)

be'vormunden ‹*h*› bevoogden, betuttelen; **Be'vormundung** ‹*die; -, -en*› 1 voogdijschap, curatele; 2 bevoogding

be'vorraten ‹*h*› bevoorraden

be'vorrechtigt bevoorrecht

be'vorschussen ‹*h*› voorschot geven op

be'vorstehen ‹*st.h; a-a*› 1 op komst, ophanden zijn; *die ~den Wahlen* de aanstaande verkiezingen; 2 *ihm steht etwas bevor* hem staat te wachten

be'vorteilen ‹*h*› bevoordelen

be'vorzugen ‹*h*› 1 verkiezen, de voorkeur geven aan, prefereren; 2 voortrekken; **be'vorzugt** 1 bevoorrecht; 2 met voorrang

be'wachen ‹*h*› bewaken; **Be'wacher** ‹*der; -s, -*› bewaker (*sp*)

be'wachsen ‹*st.h; u-a; ä*› begroeien

be'waffnen ‹*h*› (be)wapenen; **be'waffnet** gewapend

be'wahren ‹*h*› 1 behoeden; 2 bewaren; *Gott bewahre!, bewahre!* de hemel beware mij!

be'währen, sich ‹*h*› 1 goed blijken te zijn, voldoen; 2 zich waarmaken

be'wahrheiten, sich ‹*h*› waar blijken te zijn

be'währt 1 beproefd; 2 betrouwbaar; **Be'währung** ‹*die; -, geen mv*› 1 bewijs van geschiktheid; 2 *auf, zur ~ entlassen* voorwaardelijk in vrijheid stellen; *drei Monate Gefängnis mit ~* drie maanden voorwaardelijk; *ohne ~* onvoorwaardelijk; **Be'währungsfrist** ‹*die; -, -en*› proeftijd; **Be'währungshelfer** ‹*der; -s, -*› reclasseringsambtenaar; **Be'währungsprobe** ‹*die; -, -n*› proef, toets

be'waldet bebost

be'wältigen ‹*h*› 1 klaren, klaarspelen, aankunnen; 2 (*taak*) uitvoeren; 3 (*moeilijkheden*) overwinnen; 4 (*problemen*) oplossen; 5 (geestelijk) verwerken; 6 (*afstand e.d.*) afleggen; 7 (*portie, maaltijd*) opeten; **Be'wältigung** ‹*die; -, -en*› zie *bewältigen*

be'wandert 1 ervaren, bedreven; 2 goed thuis, doorkneed

be'wandt: *es ist damit so ~* het is er zo mee gesteld; **Be'wandtnis** ‹*die; -, -se*› *es hat damit folgende ~* het is er zo mee gesteld, dat zit zo

be'wässern ‹*h*› bevloeien, irrigeren; **Be'wässerung** ‹*die; -, -en*› bevloeiing, irrigatie

be'wegen I ‹*zw.h*› 1 bewegen; in beweging zijn, in beweging brengen; 2 roeren, aandoen, treffen; 3 *das bewegt mich seit langem* dat houdt me al lange tijd bezig; 4 *sich ~* zich bewegen; **II** ‹*st.h; o-o*› bewegen, overhalen; **Be'weggrund** ‹*der; -(e)s, -ë*› beweegreden; **be'weglich** 1 beweegbaar; 2 beweeglijk; 3 *~e Güter* roerende goederen; **Be'weglichkeit** ‹*die; -, geen mv*› 1 beweegbaarheid; 2 beweeglijkheid; levendigheid

be'wegt bewogen, aangedaan

Be'wegung ‹*die; -, -en*› 1 beweging (*alle bet*); 2 beroering; 3 aandoening, ontroering; **Be'wegungsfreiheit** ‹*die; -, geen mv*› bewegingsvrijheid; **be'wegungslos** roerloos

be'weinen ‹*h*› bewenen, betreuren

Be'weis ‹*der; -es, -e*› bewijs; *den ~ antreten, beibringen* het bewijs leveren; *unter ~ stellen* bewijzen; **Be'weisaufnahme** ‹*die; -, -n*› (*jur*) gerechtelijk vooronderzoek, instructie; **be'weisen** ‹*st.h; ie-ie*› bewijzen; **Be'weisführung** ‹*die; -, -en*› bewijsvoering

be'wenden ‹*h*› *es bei etwas ~ lassen* het erbij laten; **Be'wenden** ‹*das*› *dabei hat es sein ~* daarbij blijft het

be'werben, sich ‹*st.h; a-o; i*› *sich ~ um* solliciteren naar; **Be'werber** ‹*der; -s, -*› 1 sollicitant; 2 kandidaat; 3 aanbidder (van meisje); **Be'werbung** ‹*die; -, -en*› 1 sollicitatie; 2 aanzoek; 3 kandidatuur; **Be'werbungsschreiben** ‹*das; -s, -*› sollicitatiebrief

be'werfen ‹*st.h; a-o; i*› *einen mit etwas ~* iets naar iem gooien, iem bekogelen

be'werten ‹*h*› 1 waarderen; 2 beoordelen, evalueren; 3 schatten, taxeren; **Be'wertung** ‹*die; -, -en*› zie *bewerten*

be'willigen ‹*h*› 1 toestaan; 2 goedkeuren; 3 (*krediet*) verlenen; **Be'willigung** ‹*die; -, -en*› 1 toestemming; vergunning; 2 goedkeuring; 3 verlening

be'willkommnen ‹*h*› verwelkomen

be'wirken ‹*h*› veroorzaken; tot stand brengen

be'wirten ‹*h*› gastvrij ontvangen, onthalen

be'wirtschaften ‹*h*› 1 exploiteren, beheren; 2 (*grond*) bewerken, bebouwen

Be'wirtung ‹*die; -, -en*› ontvangst, onthaal

be'wohnen ‹*h*› bewonen, wonen in; **Be'wohner** ‹*der; -s, -*› bewoner

be'wölken, sich ‹*h*› bewolken, betrekken (*ook fig*); **be'wölkt** bewolkt, betrokken; **Be'wölkung** ‹*die; -, geen mv*› bewolking; **Be'wölkungsauflockerung** ‹*die; -, geen mv*› brekende bewolking

Be'wuchs ‹*der; -es, geen mv*› begroeiing

Be'wunderer ‹*der; -s, -*› bewonderaar; **be'wundern** ‹*h*› bewonderen; **be'wundernswert** bewonderenswaardig

be'wußt bewust; *ich bin mir keiner Schuld ~* ik ben mij (van) geen schuld bewust; **be'wußtlos** bewusteloos; *~ werden* bewusteloos raken; **Be'wußtlosigkeit** ‹*die; -, geen mv*› bewusteloosheid; **Be'wußtsein** ‹*das; -s, geen mv*› 1 bewustzijn; *zu(m) ~ kommen* bijkomen; *etwas kommt einem zum ~* iem wordt zich ergens van bewust; 2 besef

be'zahlen ‹*h*› 1 betalen; 2 *sich bezahlt machen* de moeite lonen

be'zähmen ‹*h*› bedwingen, beteugelen

be'zaubern ‹*h*› 1 betoveren; 2 (*fig*) bekoren; **be'zaubernd** 1 betoverend, charmant, bekoorlijk; 2 verrukkelijk

be'zeichnen ‹*h*› 1 merken, aangeven, aanduiden; 2 noemen, aanduiden als; 3 karakteriseren, typeren; 4 (precies) beschrijven; **be'zeichnend** kenmerkend, karakteristiek; **Be'zeichnung** ‹*die; -, -en*› 1 het merken; 2 aanduiding, benaming, (ook) naam (zie *bezeichnen*)

be'zeigen ‹*h*› betuigen, (be)tonen, bewijzen

be'zeugen ‹*h*› betuigen, verklaren, verzekeren

be'zichtigen ‹*h*› (*einen einer Schuld*) ~ betichten

be'ziehen ‹*st.h; o-o*› 1 betrekken (*div bet*); 2 (*viool, tennisracket e.d.*) bespannen; 3 (*salaris, pensioen*) ontvangen; 4 (*slaag e.d.*) krijgen; 5 *eine Zeitung ~* geabonneerd zijn op; 6 *einen Standpunkt ~* een standpunt innemen; 7 *eine Regel auf etwas ~* een regel toepassen; 8 (*post*) bezetten; **sich** ~ (*lucht*) betrekken; *sich ~ auf* 1 betrekking hebben op, slaan op; 2 verwijzen naar; 3 zich beroepen op; 4 refereren aan; **Be'ziehung** ‹*die; -, -en*› 1 betrekking, relatie; *in* of *mit ~ auf* met betrekking tot; *in ~ stehen zu* in contact staan met; 2 samenhang, verband; 3 *in dieser ~* in dit opzicht; **be'ziehungsweise** 1 of liever gezegd; 2 respectievelijk

be'ziffern ‹*h*› 1 becijferen; 2 nummeren; 3 *sich ~ auf* (+ 4) bedragen, belopen

Be'zirk ‹*der; -(e)s, -e*› 1 district; 2 wijk (van stad); 3 rayon; 4 gebied (*ook fig*); **Be'zirks-** (*Belg*) arrondissementeel

Be'zug ‹*der; -(e)s, -ë*› 1 overtrek, sloop, bekleding; 2 betrekking, relatie; *in bezug* of *mit* of *unter ~ auf* met betrekking tot; 3 (*van waren*) het betrekken; 4 abonnement; 5 (*van viool*) de snaren; (*van tennisracket*) bespanning; 6 *Bezüge* ‹*mv*› salaris; 7 *~ nehmen auf* (+ 4) refereren aan, verwijzen naar; **be'züglich I** ‹*bn*› betrekkelijk; *ein darauf ~es Schreiben* een brief die daarop betrekking heeft; **II** ‹*vz*› (+ 2): *~ Ihres Schreibens* met betrekking tot uw schrijven; **Be'zugnahme** ‹*die; -, -n*› betrekking, verwijzing; *unter ~ auf* (+ 4) onder verwijzing naar; **be'zugsfertig** gereed voor bewoning; **Be'zugspreis** ‹*der; -es, -e*› inkoopprijs; **Be'zugsquelle** ‹*die; -, -n*› leverancier; adres voor inkopen

be'zuschussen ‹*h*› subsidiëren

be'zwecken ‹*h*› beogen

be'zweifeln ‹*h*› betwijfelen

be'zwingen ‹*st.h; a-u*› 1 bedwingen, overwinnen; 2 (*einen Berg*) beklimmen

bfr. (*afk*) B.Fr. *Belgische Frank;* (*Belg*) BEF

Bhf. (*afk*) zie *Bahnhof*

BI *Bürgerinitiative*

'Bibel ‹*die; -, -n*› bijbel

'Biber ‹*der; -s, -*› 1 bever; 2 beverbont

Biblio'thek ‹*die; -, -en*› bibliotheek; **Bibliothe'kar** ‹*der; -s, -e*› bibliothecaris; **Biblio'thekswissenschaft** ‹*die; -, -en*› (*Belg*) bibliotheconomie

'biblisch bijbels

'bieder 1 braaf, rechtschapen; 2 naïef; **'Biedermann** ‹*der; -(e)s, -ër*› brave, rechtschapen kerel; **'Biedermeier I** ‹*der; -s, -*› (*iets iron*) eenvoudige, goeie, brave burgerman; **II** ‹*das; - of s, geen mv*› Biedermeier (1815-1850)

'biegbar buigbaar; **'biegen** ‹*st.h; o-o*› 1 buigen (*div bet*); 2 (*gramm*) verbuigen; 3 *um die Ecke ~* de hoek omslaan; *sich ~* (zich) buigen, bukken; **'biegsam** 1 buigzaam, lenig; 2 handelbaar; **'Biegsamkeit** ‹*die; -, geen mv*› 1 buigzaamheid; 2 plooibaarheid; **'Biegung** ‹*die; -, -en*› 1 buiging; 2 kromming, bocht; 3 (*gramm*) verbuiging

'Biene ‹*die; -, -n*› 1 (*dierk*) bij; 2 (*volkstaal*) meisje; **'Bienenstich** ‹*der; -(e)s, -e*› 1 bijesteek; 2 soort gebak; **'Bienenstock** ‹*der; -(e)s, -ë*› bijenvolk; bijenkast; **'Bienenzüchter** ‹*der; -s, -*› bijenhouder

Bier ‹*das; -(e)s, -e*› bier; *ein Kasten ~* een krat pils; **'Bierbrauerei** ‹*die; -, -en*› bierbrouwerij; **'Bierdeckel** ‹*der; -s, -*› bierviltje

Biest ‹*das; -(e)s, -er*› 1 beest; 2 (*fig*) kreng (persoon); 3 (*fig*) kreng, rotding

'bieten ‹*st.h; o-o*› 1 bieden (*div bet*); aanbieden; 2 *einem Obdach ~* iem onderdak verlenen; 3 (*einem die Hand*) reiken; 4 *einem die Spitze od. die Stirn ~* iem het hoofd bieden; 5 *das lasse ich mir nicht ~!* dat neem ik niet!

Bi'kini ‹*der; -s, -s*› bikini

Bi'lanz ‹*die; -, -en*› balans (*ook fig*); (*fig*) *die ~ ziehen* de balans opmaken

bilate'ral bilateraal, tweezijdig

Bild ‹*das; -(e)s, -er*› 1 afbeelding, foto, plaat, portret, prent; 2 schilderij; 3 (*van metaal, steen e.d.*) beeld; 4 (*t.v., film*) beeld; 5 tafereel; 6 aanblik, gezicht; 7 herinnering; 8 visioen, droombeeld; 9 beschrijving, schilderij; 10 vergelijking, beeldspraak; 11 (*fig*) *im ~e sein* op de hoogte zijn; *ins ~ kommen* op de hoogte komen; *über etwas ins ~ setzen* van iets op de hoogte brengen; 12 *sich ein ~ machen* zich een voorstelling maken; **'Bildband** ‹*der; -(e)s, -̈e*› platenboek; **'bilden** ‹*h*› 1 vormen; 2 ontwikkelen; *ein gebildeter Mensch* een beschaafd iem; 3 vormen, modelleren; 4 *sich* ~ zich vormen, ontstaan; '**bildend** 1 (uit)beeldend; *die ~e Kunst* de beeldende kunsten; 2 vormend, beschavend; '**Bilderbuch** ‹*das; -(e)s, -ër*› prentenboek; '**Bilderrätsel** ‹*das; -s, -*› rebus; '**Bildersprache** ‹*die; -, geen mv*› beeldspraak; '**Bilderzählung** ‹*die; -, -en*› beeld-, stripverhaal; '**Bildfläche** ‹*die; -, -n*› 1 doek; 2 (*telec*) beeldvlak; 3 (*fig*) *auf der ~ erscheinen* op het toneel verschijnen; '**Bildfunk** ‹*der; -s, geen mv*› beeldtelegrafie; '**bildhaft** beeldend, aanschouwelijk, plastisch; '**Bildhauer** ‹*der; -s, -*› beeldhouwer; '**Bildhaue'rei** ‹*die; -, geen mv*› beeldhouwkunst; '**bild'hübsch** beeldschoon; '**bildlich** 1 figuratief; 2 figuurlijk; '**Bildnis** ‹*das; -ses, -se*› 1 beeltenis, portret; 2 (op munten) beeldenaar; **Bild'platte** ‹*die; -, -n*› beeldplaat; '**Bildröhre** ‹*die; -, -n*› beeldbuis; '**Bildschirm** ‹*der; -(e)s, -e*› beeldscherm; '**Bildschirmtext** ‹*der*› viditel; '**Bildschirmzeitung** ‹*die*› teletekst

'**Bildung** ‹*die; -, -en*› 1 vorming; 2 ontwikkeling, beschaving; 3 opleiding, vorming; '**Bildungsangebot**: *staatliche ~* openbaar onderwijs; (*Belg*) rijksonderwijs; '**Bildungsanstalt** ‹*die; -, -en*› onderwijsinstelling; '**Bildungslücke** ‹*die; -, -n*› hiaat in iems ontwikkeling, kennis; '**Bildungspolitik** ‹*die; -, geen mv*› onderwijspolitiek; '**Bildungsstätte** ‹*die; -, -n*› vormingscentrum; '**Bildungsstufe** ‹*die; -, -n*› ontwikkelingsniveau; '**Bildungssystem** ‹*das; -(e)s, -e*› onderwijssysteem, -stelsel; '**Bildungsweg** ‹*der; -(e)s, geen mv*› *der zweite ~* het tweede-weg onderwijs; '**Bildungswesen** ‹*das; -s, geen mv*› onderwijs

'**Billard** ‹*das; -s, -e*› biljart; ~ *spielen* biljarten; '**Billardstock** ‹*der; -(e)s, -ë*› (biljart)keu

Bil'lett ‹*das; -(e)s, -e*› biljet

'**billig** 1 goedkoop (*ook fig*); 2 redelijk, rechtvaardig, billijk; '**billigen** ‹*h*› billijken, goedkeuren; '**Billigkeit** ‹*die; -, geen mv*› goedkoopte; '**Billigung** ‹*die; -, -en*› billijking, goedkeuring

Billi'on ‹*die; -, -en*› biljoen

'**bimmeln** ‹*h*› bellen, tingelen

'**Binde** ‹*die; -, -n*› 1 verband; 2 mitella; 3 ooglap; 4 band (om de mouw); 5 *sich einen hinter die ~ gießen* er eentje vatten; '**Bindegewebe** ‹*das; -s, -*› bindweefsel; '**Bindeglied** ‹*das; -(e)s, -er*› schakel, verbinding; '**Bindehaut** ‹*die; -, -ë*› bindvlies; '**Bindemittel** ‹*das; -s, -*› bindmiddel; '**binden** ‹*st.h; a-u*› 1 binden (*div bet*); 2 (*boeket*) maken; 3 (*stropdas*) strikken; **sich** ~ zich (ver)binden, zich hechten; '**bindend** bindend, verplichtend; '**Binder** ‹*der; -s, -*› 1 das; 2 bindmiddel; '**Bindestrich** ‹*der; -(e)s, -e*› koppelteken; '**Bindewort** ‹*das; -(e)s, -ër*› voegwoord; '**Bindfaden** ‹*der; -s, -̈*› 1 touw(tje); 2 *es regnet Bindfäden* het regent pijpestelen; '**Bindung** ‹*die; -, -en*› 1 verbinding, band (*ook fig*); 2 binding

'**binnen** ‹ + 3, *soms* (+ 2)› binnen, in; ~ *kurzem* binnenkort; '**Binnengewässer** ‹*das; -s, -*› binnenwater; '**Binnenhandel** ‹*der; -s, geen mv*› binnenlandse handel; '**Binnenland** ‹*das; -(e)s, -ër*› binnenland; '**Binnenschiffahrt** ‹*die; -, geen mv*› binnenvaart

'**Binse** ‹*die; -, -n*› 1 (*plantk*) bies, rus; 2 (*fig*) *in die ~n gehen* mislukken; '**Binsenwahrheit** ‹*die; -, -en*›, '**Binsenweisheit** ‹*die; -, -en*› waarheid als een koe

biody'namisch biologisch dynamisch

'**Biogas** ‹*das; -es, -e*› biogas

'**Bio-Laden** ‹*der; -s, -̈*› biologische winkel

Bio'loge ‹*der; -n, -n*› bioloog

'**Birke** ‹*die; -, -n*› berk

'**Birnbaum** ‹*der; -(e)s, -ë*› pereboom; '**Birne** ‹*die; -, -n*› 1 peer; 2 pereboom; 3 gloeilamp; 4 (*volkstaal*) hoofd, kop

bis I ‹*vz* (+ 4)› tot; *bis auf* op … na; ~ *bald* tot ziens; *bis dahin* tot zover; tegen die tijd; *zwei ~ drei Tage* twee à drie dagen; *Montag …, ~ 15 Uhr …* (ook) uiterlijk …; II ‹*bw*› (verbonden met een voorzetsel) tot; ~ *an*, ~ *auf*, ~ *in usw.*; *alle ~ auf einen* allen op een na; III ‹*vw*› 1 tot; 2 voordat; IV (*muz*) bis

'**Bisamratte** ‹*die; -, -n*› bisam-, muskusrat

'**Bischof** ‹*der; -s, -ë*› bisschop (ook een drank)

bisexu'ell biseksueel

bis'her 1 tot hier (toe); 2 tot nu toe, tot dusver; **bis'herig** tot nu toe; huidig; *das ~e Wetter* het weer (dat we) tot nu toe (gehad hebben)

Bis'kuit ‹*das; -(e)s, -s of -e*› biscuit

bis'lang tot nu toe

'**Bison** ‹*der; -s, -s*› bizon

Biß ‹*der; Bisses, Bisse*› beet

'**bißchen** beetje

'**Bissen** ‹*der; -s, -*› beet, hap, brok, stuk

'**bissig** 1 bijtachtig; 2 bits, vinnig

'**Bistro** ‹*das; -s, -s*› bistro

'**Bistum** ‹*das; -(e)s, -ër*› bisdom

bis'weilen soms, somtijds

Bit ‹*das; -(s), -(s)*› bit (*comp*)

'**Bittbrief** ‹*der; -(e)s, -e*› verzoekschrift, rekest; '**Bitte** ‹*die; -, -n*› verzoek

'**bitte** 1 alstublieft, alsjeblieft; 2 ~, *können Sie mir sagen* … neemt u mij niet kwalijk, kunt u mij ook zeggen …; 3 (*wünschen Sie noch Tee?*) ~ (*sehr*)*!* heel graag!; 4 (bij deur) *~!* gaat uw gang! na u!; 5 (*danke schön!*) *~!* tot uw dienst!; 6 *wie ~?* pardon? hoe zegt u?; '**bitten** ‹*st.h; a-e*› 1 vragen, verzoeken; (*einen um etwas*) verzoeken; 2 *ich bitte Sie* (*darum*)*!* gaat uw gang!; 3 (*iron*) *da muß ich doch sehr ~!* dat gaat te ver!; *aber ich bitte Sie!* hoe kunt u zoiets zeggen!; *dürfte ich um das Salz ~?* zou u me het zout even willen aangeven?; *darf ich um Ihren Namen ~?* mag ik uw naam weten?; *wenn ich ~ darf!* alstublieft!; *ich lasse ~!* (bij aandiening) laat meneer enz. binnen!

'**bitter** bitter (*div bet*)

'**bitter'böse** erg kwaad, erg nijdig

'**Bitterkeit** ‹*die; -, geen mv*› bitterheid; '**bitterlich** bitter (*ook fig*); '**Bitternis** ‹*die; -, -se*› bitterheid

'Bittschrift ‹*die; -, -en*› verzoekschrift, rekest; petitie

'Biwak ‹*das; -s, -e*› bivak; **biwa'kieren** ‹*h*› bivakkeren; **'Biwakmütze** ‹*die; -, -n*› bivakmuts

bi'zarr bizar, zonderling

'Bizeps ‹*der; -es, -e*› biceps

BKA (*afk*) *Bundeskriminalamt, Bundeskanzleramt, Bundeskartellamt*

'blaffen ‹*h*› snauwen, blaffen

'blähen ‹*h*› opblazen, doen zwellen, doen bol staan; *sich ~: a*) zwellen, bollen, bol gaan staan; *b*) (*fig*) opscheppen, opsnijden; **'Blähung** ‹*die; -, -en*› wind, scheet

bla'mieren, (sich) ‹*h*› (zich) blameren

blan'chieren ‹*h*› blancheren

blank 1 blank, blinkend, glimmend; 2 stralend (van ogen); 3 bloot, naakt; 4 klinkend (van munt); 5 (*fig*) zuiver; klinkklaar; 6 *völlig ~ sein* volkomen blut zijn

'blanko blanco; **'Blankoscheck** ‹*der; -s, -s*› blancocheque

'Bläschen ‹*das; -s, -*› blaasje, bobbel(tje); **'Blase** ‹*die; -, -n*› 1 blaas; 2 blaar; 3 (lucht-, gas)-bel; 4 *die ganze ~* de hele bende; **'Blasebalg** ‹*der; -(e)s, -ë*› blaasbalg

'blasen ‹*st.h; ie-a; ä*› blazen; *ich blase ihm was!* hij kan naar de maan lopen!

'Blasenentzündung ‹*die; -, -en*› blaasontsteking

'Bläser ‹*der; -s, -*› (*mijnb, muz*) blazer

bla'siert blasé

'Blasinstrument ‹*das; -(e)s, -e*› blaasinstrument

Blasphe'mie ‹*die; -, -n*› blasfemie, godslastering

'Blasrohr ‹*das; -(e)s, -e*› blaaspijp

blaß 1 bleek; vaal; 2 *blasse Erinnerung* vage herinnering; 3 *blasse Augen* fletse ogen; **'Blässe** ‹*die; -, geen mv*› bleekheid

Blatt ‹*das; -(e)s, -ër*› 1 blad (*div bet*); vel; 2 krant; 3 (*sp*) *ein gutes ~ haben* goede kaarten hebben; 4 schouder(blad); 5 *das steht auf einem anderen ~: a*) dat is een heel andere zaak; *b*) daar hebben wij het nu niet over; 6 *das ~ hat sich gewendet* de situatie is veranderd; **'blätt(e)rig** 1 dicht gebladerd; 2 feuilleté; 3 bladerig, schilferig

'Blattern ‹*mv*› pokken

'blättern ‹*h*› bladeren; *sich ~* schilferen; **'Blätterteig** ‹*der; -(e)s, geen mv*› bladerdeeg, feuilleté; **'Blätterwerk** ‹*das; -(e)s, geen mv*› gebladerte, loof

'Blattgemüse ‹*das; -s, -*› bladgroente

'blattlos bladerloos

'Blattweiser ‹*der; -s, -*› bladwijzer

blau 1 blauw; 2 (*volkstaal*) dronken; 3 *~ machen* niets doen; niet werken; *ins B~e hinein* in het wilde weg; *Fahrt ins B~e* tochtje met (aanvankelijk) onbekende bestemming; **'blauäugig** 1 blauwogig; 2 (*fig*) naïef; **'Blaubeere** ‹*die; -, -n*› blauwe bosbes; **'bläuen** ‹*h*› blauw kleuren; **'Blaufuchs** ‹*der; -es, -̈e*› blauwe vos, poolvos; **'Blaukreuz(l)er** ‹*der; -s, -*› geheelonthouder; **'bläulich** blauwachtig; **'Blaulicht** ‹*das; -(e)s, -er*› blauw zwaailicht; **'blaumachen** ‹*h*› niets doen; **'Blausäure** ‹*die; -, geen mv*› blauwzuur

Blech ‹*das; -(e)s, -e*› 1 (*metaal*) blik; 2 (*muz*) koper; 3 bakblik; 4 (*scherts*) onderscheiding, orde; 5 onzin, geleuter; **'Blechbüchse** ‹*die; -, -n*› blikken bus, blik

'blechen ‹*h*› dokken, over de brug komen

'blechern 1 blikken, van blik; 2 holklinkend; **'Blechschaden** ‹*der; -s, -̈*› plaatschade (aan auto), blikschade

'blecken ‹*h*› (*z'n tanden*) laten zien

Blei I ‹*das; -(e)s, -e*› lood; **II** ‹*der; -(e)s, -e*› brasem

'Bleibe ‹*die; -, -n*› onderdak, woning

'bleiben ‹*st.s; ie-ie*› 1 blijven; 2 vertoeven, verblijven; 3 duren; 4 uit-, wegblijven; 5 overblijven; 6 sneuvelen; 7 *das bleibt abzuwarten* dat moeten we afwachten; *etwas ~ lassen* iets (achterwege) laten, niet doen; *~ wir nur beim alten* laten we het maar bij het oude houden; **'bleibend** blijvend, permanent; **'bleibenlassen** achterwege laten, niet doen

bleich bleek, vaal; **'bleichen I** ‹*h; i-i*› bleken; **II** ‹*s en h*› verbleken; **'Bleichmittel** ‹*das; -s, -*› bleekmiddel; **'Bleichsellerie** ‹*der; -s, -s*› bleekselderij

'bleiern 1 loden, van lood; 2 loodzwaar; **'bleihaltig** loodhoudend; **'Bleirohr** ‹*das; -(e)s, -e*› loden pijp; **'blei'schwer** loodzwaar; **'Bleistift** ‹*der; -(e)s, -e*› potlood; **'Bleistiftspitzer** ‹*der; -s, -*› potloodslijper; **'Bleivergiftung** ‹*die; -, -en*› loodvergiftiging

'Blende ‹*die; -, -n*› 1 diafragma; 2 (*mil*) blindering; 3 bies (aan kleding); **'blenden** ‹*h*› 1 blindmaken; 2 verblinden; 3 schijnen (met lantaarn); 4 betoveren; 5 (*raam*) blinderen; 6 (*lamp*) afschermen; **'blendend** 1 verblindend; 2 uitstekend, schitterend; 3 *sie ist eine ~e Erscheinung* zij is buitengewoon mooi; 4 *~ weiß* stralend wit; **'Blendung** ‹*die; -, -en*› 1 het blind maken; 2 (oog)verblinding; 3 (*mil*) blindering

'Blesse ‹*die; -, -n*› bles

'bleuen ‹*h*› afranselen

Blick ‹*der; -(e)s, -e*› 1 blik; 2 *auf den ersten ~* op het eerste gezicht; *keinen ~ für (etwas) haben* geen kijk op ...; *mit einem ~* met een oogopslag; **'blicken** ‹*h*› 1 blikken, kijken, zien; 2 *das läßt tief ~* dat geeft te denken; 3 *sich nicht ~ lassen* zich niet laten zien; **'Blickfang** ‹*der; -(e)s, -ë*› blikvanger; **'Blickfeld** ‹*das; -(e)s, -er*› gezichtsveld; *ins ~ der Öffentlichkeit rükken* onder de aandacht van het publiek brengen; **'Blickpunkt** ‹*der; -(e)s, -e*› 1 oogpunt; 2 *im ~: a*) in het gezichtsveld; *b*) in de volle belangstelling; **'Blickrichtung** ‹*die; -, -en*› richting waarin men ziet; *mit der ~ auf* het oog gericht op; **'Blickwinkel** ‹*der; -s, -*› 1 gezichtshoek; 2 oogpunt

blind 1 blind (*alle bet*); ~ *auf einem Auge* aan een oog blind; 2 (*spiegel*) dof, mat; 3 ~*er Alarm* loos alarm; 4 doodlopend; '**Blinddarm** ‹*der;* -(*e*)*s*, -*ë*› blinde darm; '**Blindekuh**: ~ *spielen* blindemannetje spelen; '**Blindenanstalt** ‹*die;* -, -*en*› blindeninstituut; '**Blindenhund** ‹*der;* -(*e*)*s*, -*e*› blindengeleidehond; '**Blindenschrift** ‹*die;* -, -*en*› brailleschrift; '**Blinde(r)** ‹*bn als zn*› blinde; '**Blindflug** ‹*der;* -(*e*)*s*, -*ë*› het blindvliegen; '**Blindgänger** ‹*der;* -*s*, -› 1 blindganger; 2 nul, nonvaleur; '**Blindheit** ‹*die;* -, *geen mv*› blindheid (*ook fig*); '**blindlings** blindelings

'**blinken** ‹*h*› 1 schitteren; glanzen; 2 lichtsignalen geven; knipperen; '**Blinker** ‹*der;* -*s*, -› knipperlicht; '**blinkern** ‹*h*› 1 flikkeren, schitteren; 2 (met de ogen) knipperen; '**Blinkfeuer** ‹*das;* -*s*, -› (*van vuurtorens*) schitterlicht; '**Blinkgerät** ‹*das;* -(*e*)*s*, -*e*› signaallamp; '**Blinkleuchte** ‹*die;* -, -*n*› knipperlicht; '**Blinklicht** ‹*das;* -(*e*)*s*, -*er*› (*bij overweg, kruispunt*) knipperlicht; '**Blinkzeichen** ‹*das;* -*s*, -› lichtsignaal

'**blinzeln** ‹*h*› 1 (met de ogen) knipperen; 2 knipogen

Blitz ‹*der;* -*es*, -*e*› bliksem(straal); *schnell wie der* ~ bliksemsnel; *wie ein* ~ *aus heiterm Himmel* als een donderslag uit heldere hemel; **Blitz**... 1 bliksem...; 2 (*fot*) flits; '**Blitz'ableiter** ‹*der;* -*s*, -› bliksemafleider; '**blitzartig** bliksemsnel; '**blitz'blank** 1 zeer schoon; 2 glimmend; '**blitzen** ‹*h*› 1 bliksemen; 2 flikkeren; 3 (*fot*) flitsen; '**Blitzgerät** ‹*das;* -(*e*)*s*, -*e*› (*fot*) flitsapparaat; '**Blitzkrieg** ‹*der;* -(*e*)*s*, -*e*› bliksemoorlog; '**Blitzlampe** ‹*die;* -, -*n*› (*fot*) flitslampje; '**Blitzlicht** ‹*das;* -(*e*)*s*, -*er*› flitslicht; '**blitz'sauber** brandschoon, kraakzindelijk; '**Blitzschlag** ‹*der;* -(*e*)*s*, -*̈e*› blikseminslag; '**blitz'schnell** bliksemsnel; '**Blitzstrahl** ‹*der;* -(*e*)*s*, -*en*› bliksemstraal; '**Blitzwürfel** ‹*der;* -*s*, -› (*fot*) flitsblokje

Block ‹*der;* -(*e*)*s*, -*ë of* -*s*› blok (*alle bet*)

Bloc'kade ‹*die;* -, -*n*› blokkade

'**Blockflöte** ‹*die;* -, -*n*› (*muz*) blokfluit

'**blockfrei**: *die* ~*en Staaten* de niet-gebonden landen

bloc'kieren ‹*h*› blokkeren (*div bet*)

'**blöd(e)** 1 zwakzinnig, idioot; 2 dom, stom; 3 vervelend; 4 *ein blöder Hund* een idioot, stommeling; **Blöde'lei** ‹*die;* -, -*en*› onzin, gekheid; '**blödeln** ‹*h*› onzin vertellen, gekheid maken; '**Blödhammel** ‹*der;* -*s*, -› stommerd; '**Blödheit** ‹*die;* -, *geen mv*› 1 zwakzinnigheid; 2 dwaas gedoe, onzin; stompzinnigheid; '**Blödmann** ‹*der;* -(*e*)*s*, -*ër*› stommeling; '**Blödsinn** ‹*der;* -(*e*)*s*, *geen mv*› 1 onzin; 2 stompzinnigheid; 3 ~ *machen* domme streken uithalen; '**blödsinnig** zwakzinnig, idioot

'**blöken** ‹*h*› 1 (*van koeien*) loeien, bulken; 2 (*van schapen*) blaten

blond blond, licht (gekleurd); **blon'dieren** ‹*h*› blonderen

bloß I ‹*bn*› 1 bloot, naakt; *mit* ~*en Füßen* bloots-, barrevoets; 2 enkel, louter, alleen maar; *der* ~*e Gedanke* alleen de gedachte al; II ‹*bw*› 1 toch; *was die sich* ~ *erzählen?* wat vertellen die elkaar toch?; 2 (*tue das*) ~ *nicht* liever niet; '**Blöße** ‹*die;* -, -*n*› 1 blootheid, naaktheid; *sich eine* ~ *geben* zich bloot geven; 2 open plek; '**bloßlegen** ‹*h*› blootleggen; '**bloßliegen** ‹*st.h;* *a-e*› blootliggen; '**bloßstellen** ‹*h*› 1 blootstellen; 2 in verlegenheid brengen, compromitteren; 3 *sich* ~ zich blootgeven, zich blameren

'**blubbern** ‹*h*› 1 (*van golven*) klotsen, klokken, borrelen; 2 mompelen

'**Blue'jeans** ‹*mv*› spijkerbroek

Bluff ‹*der;* -*s*, -*s*› bluf; '**bluffen** ‹*h*› bluffen; *einen* ~ iem overbluffen

'**blühen** ‹*h*› 1 bloeien (*ook fig*); 2 *ihm blüht etwas* hem staat iets te wachten; '**blühend** 1 bloeiend; 2 (*gezondheid*) blakend; 3 (*meisje*) fris; 4 in de bloei van het leven

'**Blümchen** ‹*das;* -*s*, -› bloempje; '**Blume** ‹*die;* -, -*n*› 1 bloem (*ook fig*); 2 (*van wijn*) boeket; '**Blumenarrangement** ‹*das;* -*s*, -*s*› bloemstuk; '**Blumenbeet** ‹*das;* -(*e*)*s*, -*e*› bloembed; '**Blumenkohl** ‹*der;* -(*e*)*s*, -*e*› bloemkool; '**blumenreich** 1 rijk aan bloemen; 2 (*fig*) bloemrijk; '**Blumenstand** ‹*der;* -(*e*)*s*, -*̈e*› bloemenstalletj; '**Blumenstrauß** ‹*der;* -*es*, -*ë*› bos bloemen, boeket; '**Blumentopf** ‹*der;* -(*e*)*s*, -*ë*› bloempot; '**Blumenvase** ‹*die;* -, -*n*› bloemenvaas; '**Blumenzucht** ‹*die;* -, *geen mv*› bloementeelt; '**Blumenzwiebel** ‹*die;* -, -*n*› bloembol

'**blumig** 1 (*van taal*) bloemrijk; 2 naar bloemen ruikend; 3 (*van wijn*) met een heerlijke geur

'**Bluse** ‹*die;* -, -*n*› blouse

Blut ‹*das;* -(*e*)*s*, *geen mv*› bloed; *bis aufs* ~: *a*) tot bloedens toe; *b*) tot het uiterste; *das liegt einem im* ~ dat zit in het bloed; '**blutarm** 1 bloedarm; 2 doodarm; '**Blutarmut** ‹*die;* -, *geen mv*› bloedarmoede; '**Blutbad** ‹*das;* -(*e*)*s*, *geen mv*› bloedbad; '**Blutbank** ‹*die;* -, -*en*› bloedbank; '**Blutblase** ‹*die;* -, -*n*› bloedblaar; '**Blutdruck** ‹*der;* -(*e*)*s*, *geen mv*› bloeddruk; '**blutdürstig** bloeddorstig

'**Blüte** ‹*die;* -, -*n*› 1 bloem; 2 bloei (*ook fig*); 3 ~*n treiben* tot excessen leiden

'**bluten** ‹*h*› bloeden (*lett en fig*)

'**Blütenstaub** ‹*der;* -(*e*)*s*, *geen mv*› stuifmeel; '**blüten'weiß** helderwit, sneeuwwit

'**Bluterguß** ‹*der;* -*ergusses*, -*ergüsse*› bloeduitstorting

'**Blütezeit** ‹*die;* -, -*en*› bloeitijd(perk)

'**Blutfleck** ‹*der;* -(*e*)*s*, -*e*› bloedvlek; '**Blutgefäß** ‹*das;* -*es*, -*e*› bloedvat; '**Blutgruppe** ‹*die;* -, -*n*› bloedgroep; '**Bluthund** ‹*der;* -(*e*)*s*, -*e*› bloedhond (*ook fig*); '**blutig** 1 bloedig; 2 bebloed; 3 *einen* ~ *schlagen* iem tot bloedens toe slaan; 4 ~*er Laie* volslagen leek; ~*er Ernst* bittere ernst; '**blut'jung** piepjong; '**Blutkoralle** ‹*die;* -, -*n*› bloedkoraal; '**Blutkörperchen** *‹das; -s, -›* bloedlichaampje; '**Blutkreislauf** *‹der; -(e)s, -ë›* bloedsomloop; '**Blutlache** *‹die; -, -n›* bloedplas; '**Blutprobe** *‹die; -, -n›* bloedproef; '**Blutrache** *‹die; -, geen mv›* bloedwraak; '**blut'rot** bloedrood; '**blutrünstig** bloeddorstig; '**Blutsauger** *‹der; -s, -›* bloedzuiger (*ook fig*); '**Blutschande** *‹die; -, geen mv›* bloedschande; '**Blutspender** *‹der; -s, -›* donor; '**blutstillend** bloedstelpend; '**Blutsturz** *‹der; -es, geen mv›* 1 hevige bloeding; 2 bloedspuwing; '**Bluttransfusion** *‹die; -, -en›* bloedtransfusie; '**Blutung** *‹die; -, -en›* bloeding; '**blutunterlaufen** met bloed doorlopen; '**Blutuntersuchung** *‹die; -, -en›* bloedonderzoek; '**Blutvergiftung** *‹die; -, -en›* bloedvergiftiging; '**Blutverlust** *‹der; -(e)s, geen mv›* bloedverlies

Bö *‹die; -, -en›* (wind)vlaag, rukwind, windstoot

'**Boa** *‹die; -, -s›* boa (slang en bont)

Bob *‹der; -s, -s›* bobslee

Bock *‹der; -(e)s, -ë›* 1 bok (*div bet*), (ook) ram; 2 schraag; 3 *keinen ~ haben* geen zin hebben; '**bocken** *‹h›* 1 koppig, weerbarstig zijn; 2 haperen, niet werken; '**bockig** koppig, weerbarstig; '**Bocksprung** *‹der; -(e)s, -ë›* 1 bokkesprong; 2 (*sp*): *a*) haasjeover; *b*) het bokspringen; '**Bockwurst** *‹die; -, -ë›* gekookte worst

'**Boden** *‹der; -s, -̈›* 1 bodem (*div bet*); 2 grond; *zu ~ drücken* neerdrukken; *zu ~ schlagen* neerslaan, vloeren; *zu ~ werfen* op de grond werpen, omverwerpen; *zu ~ gehen* tegen de grond gaan; 3 vloer; 4 zolder; 5 grondslag; (*fig*) *den ~ ebnen* moeilijkheden uit de weg ruimen; 6 (*an*) *~ gewinnen, verlieren* terrein winnen, verliezen; '**Bodenbelag** *‹der; -(e)s, -̈e›* vloerbedekking; '**Bodenbeschaffenheit** *‹die; -, geen mv›* grond-, bodemgesteldheid; '**Bodenbestellung** *‹die; -, geen mv›* bewerking, bebouwing van de grond; '**Bodenhaftung** *‹die; -, geen mv›* wegligging; '**Bodenkammer** *‹die; -, -n›* zolderkamer; '**bodenlos** 1 bodemloos; 2 (*fig*) ongehoord; '**Bodennebel** *‹der; -s, geen mv›* laaghangende mist; '**Bodenpersonal** *‹das; -s, geen mv›* grondpersoneel; '**Bodenreform** *‹die; -, -en›* hervorming van het grondbezit; '**Bodenschätze** *‹mv›* bodemschatten; '**bodenständig** oorspronkelijk, autochtoon; '**Bodenstation** *‹die; -, -en›* (*ruimtevaart*) grondstation; '**Bodenwelle** *‹die; -, -n›* 1 golving van de grond; 2 (*bij woonerf*) verkeersdrempel

Böe *‹die; -, -n›* windstoot, -vlaag

'**Bogen** *‹der; -s, -›* 1 boog (*alle bet*); kromming; 2 strijkstok; 3 blad papier, vel; 4 *er hat den ~ heraus* hij heeft de slag te pakken; *den ~ überspannen* te ver gaan; vgl *Bausch*; '**Bogenbrükke** *‹die; -, -n›* boogbrug; '**bogenförmig** 1 boogvormig; 2 gewelfd; '**Bogenschießen** *‹das; -s, geen mv›* het boogschieten; '**Bogenschütze** *‹der; -n, -n›* boogschutter; '**Bogenweite** *‹die; -, -n›* spanwijdte, spanning

'**Bohle** *‹die; -, -n›* (dikke) plank

'**böhmisch** 1 Boheems; 2 *das kommt mir ~ vor* dat komt mij vreemd voor

'**Bohne** *‹die; -, -n›* 1 boon; 2 (*volkstaal*) *nicht die ~* totaal niet(s), geen zier; '**Bohnenstange** *‹die; -, -n›* bonestaak (*ook fig*)

'**bohnern** *‹h›* boenen, wrijven (met was); '**Bohnerwachs** *‹das; -es, geen mv›* boenwas

'**bohren** *‹h›* 1 boren (*alle bet*); 2 (*in de neus*) peuteren; *~d* (*fig*) (ook) smartelijk, pijnlijk; '**Bohrer** *‹der; -s, -›* 1 boor; 2 boorder; '**Bohrinsel** *‹die; -, -n›* booreiland; '**Bohrloch** *‹das; -(e)s, -ër›* boorgat; '**Bohrturm** *‹der; -(e)s, -ë›* boortoren; '**Bohrung** *‹die; -, -en›* boring

'**böig** winderig; *~er Wind* rukwind

'**Boje** *‹die; -, -n›* boei

'**Bollwerk** *‹das; -(e)s, -e›* bolwerk (*ook fig*)

'**Bolzen** *‹der; -s, -›* 1 schroefbout; 2 pen, pin; 3 wig

Bombarde'ment *‹das; -s, -s›* bombardement; **bombar'dieren** *‹h›* bombarderen

'**Bombe** *‹die; -, -n›* 1 bom (*ook fig*); 2 bolhoed; 3 (*sp*) keihard schot; '**Bombenangriff** *‹der; -(e)s, -e›* bomaanval; '**Bombenattentat** *‹das; -(e)s, -e›* bomaanslag; '**Bombenerfolg** *‹der; -(e)s, -e›* reuzesucces; '**bombenfest** 1 bomvrij; 2 (*fig*) vast en zeker; '**bombengeschädigt** beschadigd door een bombardement; '**Bombengeschäft** *‹das; -(e)s, -e›* reuzenzaak; '**bombensicher** 1 bomvrij; 2 (*fig*) vast en zeker; '**Bombensplitter** *‹der; -s, -›* splinter, scherf; '**Bombentrichter** *‹der; -s, -›* bomtrechter, -krater; '**Bomber** *‹der; -s, -›* bommenwerper; '**bombig** kolossaal, reusachtig

Bon *‹der; -s, -s›* bon, bewijs

Bon'bon *‹der of das; -s, -s›* snoepje (*ook fig*)

'**Bonze** *‹der; -n, -n›* bons, bonze

Boom *‹der; -s, -s›* (*Eng*) boom

Boot *‹das; -(e)s, -e›* 1 boot(je), sloep, schuit; 2 (*fig*) *im gleichen ~ sitzen* in hetzelfde schuitje zitten; '**Bootsanhänger** *‹der; -s, -›* boottrailer; '**Bootsmann** *‹der; -(e)s, Bootsleute›* 1 bootsman; 2 (bij de marine) sergeant-majoor; '**Bootsverleih** *‹der; -(e)s, geen mv›* verhuur van boten

Bord *‹das; -(e)s, -e›* plank (aan de muur)

Bor'dell *‹das; -s, -e›* bordeel

'**Bordfunk** *‹der; -(e)s, geen mv›* scheeps-, vliegtuigradio; '**Bordkanone** *‹die; -, -n›* boordkanon (*luchtv*); '**Bordkante** *‹die; -, -n›* trottoirband; '**Bordmechaniker** *‹der; -s, -›* boordwerktuigkundige; '**Bordstein** *‹der; -(e)s, -e›* trottoirband

'**borgen** *‹h›* lenen; *sich bei od. von einem etwas ~* iets van iem lenen

'**Borke** *‹die; -, -n›* 1 schors; 2 korst

bor'niert geborneerd, bekrompen; **Bor'niertheit** *‹die; -, -en›* bekrompenheid

'**Börse** *‹die; -, -n›* 1 beurs (*alle bet*); 2 (*sp*) gage; '**Börsenbericht** *‹der; -(e)s, -e›* beursbericht; '**Börsenkurs** *‹der; -es, -e›* beurskoers; '**Börsenmakler** *‹der; -s, -›* beursmakelaar; '**Bör-**

sensturz ‹*der; -es, -ë*› beurskrach; '**Börsenzettel** ‹*der, -s, -*› koerslijst

'**Borste** ‹*die; -, -n*› 1 (*van varken*) borstel; 2 (*van borstel, kwast*) haar; '**Borstenvieh** ‹*das; -s, -viecher*› varken; '**borstig** 1 borstelig, stekelig; 2 onbeschoft

'**Borte** ‹*die; -, -n*› rand, boordsel

'**bösartig** kwaadaardig (*ook med*), boosaardig; '**Bösartigkeit** ‹*die; -, geen mv*› boos-, kwaadaardigheid

'**Böschung** ‹*die; -, -en*› 1 berm, talud; 2 helling

böse ‹*bn, bw*› 1 boos, kwaad; (*mit*) *einem ~ sein* kwaad op iem zijn, (ook) ruzie met iem hebben; 2 slecht; erg; *~ dran sein* er slecht, erg aan toe zijn; *~s Wetter* slecht weer; 3 ontstoken; 4 zeer, erg; 5 ondeugend; '**Böse(s)** ‹*bn als zn*› *einem ~s antun* iemand kwaad doen; *~s ahnen* niet veel goeds voorzien; '**Bösewicht** ‹*der; -(e)s, -er en -e*› booswicht; '**boshaft** boos-, kwaadaardig; '**Boshaftigkeit** ‹*die; -, -en*› kwaadwilligheid, boosaardigheid; '**Bosheit** ‹*die; -, -en*› 1 boosheid; 2 slechtheid; 3 kwaadwilligheid, boosaardigheid

Boß ‹*der; Bosses, Bosse*› baas

'**böswillig** kwaadwillig, boosaardig

Bo'tanik ‹*die; -, geen mv*› plantkunde; **bo'tanisch** botanisch, plantkundig; *~er Garten* plantentuin

'**Bote** ‹*der; -n, -n*› bode (*ook fig*)

'**Botschaft** ‹*die; -, -en*› 1 ambassade; 2 tijding; '**Botschafter** ‹*der; -s, -*› ambassadeur

'**Böttcher** ‹*der; -s, -*› kuiper; '**Bottich** ‹*der; -es, -e*› kuip, tobbe

Boule'vard ‹*der; -s, -s*› boulevard; **Boule'vardblatt** ‹*das; -(e)s, -ër*›, **Boule'vardzeitung** ‹*die; -, -en*› roddelblad

Bou'quet ‹*das; -s, -s*› boeket

Bou'tique ‹*die; -, -n of -s*› boetiek

'**Bowle** ‹*die; -, -n*› bowl

Box ‹*die; -, -en*› 1 box (*div bet*); 2 (*autosp*) pit

'**boxen** ‹*h*› boksen; '**Boxer** ‹*der; -s, -*› bokser; '**Boxkampf** ‹*der; -(e)s, -ë*› bokswedstrijd

Boy'kott ‹*der; -(e)s, -e of -s*› boycot; **boykot'tieren** ‹*h*› boycotten

brach braak; '**Brachfeld** ‹*das; -(e)s, -er*› braakland, -akker; '**Brachland** ‹*das; -(e)s, geen mv*› braakland; '**brachliegen** ‹*st.h; a-e*› braak liggen

'**brackig** brak, zilt; '**Brackwasser** ‹*das; -s, geen mv*› brak water

'**Bramsegel** ‹*das; -s, -*› (*scheepv*) bramzeil

'**Branche** ‹*die; -, -n*› branche, tak; '**Branchenverzeichnis** ‹*das; -ses, -se*› gouden gids

Brand ‹*der; -(e)s, -ë*› 1 brand; *einen ~ anlegen* brandstichten; *in ~ setzen* in brand steken; 2 gloed; 3 (*med*) koudvuur; '**Brandbekämpfung** ‹*die; -, geen mv*› brandbestrijding; '**Brandblase** ‹*die; -, -n*› brandblaar; '**Brandbrief** ‹*der; -(e)s, -e*› brandbrief (maanbrief)

'**branden** ‹*h*› 1 (*van golven*) breken, slaan; 2 woeden (*fig*)

'**Brandgasse** ‹*die; -, -n*› brandgang; '**Brandgeruch** ‹*der; -(e)s, geen mv*› brandlucht; '**Brandherd** ‹*der; -(e)s, -e*› brandhaard; '**brandig** branderig; '**Brandmal** ‹*das; -(e)s, -e*› 1 brandmerk; 2 (*fig*) schandvlek; '**Brandmalerei** ‹*die; -, -en*› brandschilderkunst; '**brandmarken** ‹*h*› brandmerken (*ook fig*); '**brand'neu** gloednieuw; '**Brandopfer** ‹*das; -s, -*› 1 brandoffer; 2 slachtoffer (van een brand); '**brand'rot** vuurrood; '**Brandschaden** ‹*der; -s, -̈*› brandschade; '**brandschatzen** ‹*h*› brandschatten; '**Brandstifter** ‹*der; -s, -*› brandstichter; '**Brandstiftung** ‹*die; -, -en*› brandstichting

'**Brandung** ‹*die; -, geen mv*› branding

'**Branntwein** ‹*der; -(e)s, -e*› brandewijn

Bra'silien ‹*das; -s*› Brazilië

'**Brasse** ‹*die; -, -n*› brasem

'**braten** ‹*st.h; ie-a; ä*› 1 braden; 2 bakken; 3 *auf dem Rost ~* roosteren; '**Braten** ‹*der; -s, -*› 1 gebraden vlees, gebraad; 2 (*fig*) *ein fetter ~* een voordelig zaakje, buitenkansje; '**bratfertig** panklaar; '**Bratfett** ‹*das; -(e)s, -e*› braad-, bakvet; '**Bratfisch** ‹*der; -(e)s, -e*› gebakken vis; '**Brathähnchen** ‹*das; -s, -*› 1 gebraden kip(petje), haantje; 2 braadkip(petje), -kuiken; '**Bratkartoffeln** ‹*mv*› gebakken aardappelen; '**Bratofen** ‹*der; -s, -̈*› bakoven; '**Bratpfanne** ‹*die; -, -n*› braad-, koekepan; '**Bratrost** ‹*der; -(e)s, -e*› braadrooster; '**Bratsche** ‹*die; -, -n*› (*muz*) altviool; '**Bratspieß** ‹*der; -es, -e*› braadspit; '**Bratwurst** ‹*die; -, -̈e*› braadworst

Brauch ‹*der; -(e)s, -ë*› gebruik, gewoonte; '**brauchbar** bruikbaar, te gebruiken; '**Brauchbarkeit** ‹*die; -, geen mv*› bruikbaarheid; '**brauchen** ‹*h*› 1 nodig hebben, behoeven; 2 hoeven; 3 gebruiken; '**Brauchtum** ‹*das; -s, geen mv*› gebruiken en gewoonten (van een volk)

'**Braue** ‹*die; -, -n*› wenkbrauw

'**brauen** ‹*h*› 1 brouwen (*ook fig*); 2 (*fig*) *es braut sich etwas zusammen* er is wat op til; '**Brauer** ‹*der; -s, -*› brouwer; **Braue'rei** ‹*die; -, -en*› brouwerij

braun bruin; '**braunäugig** bruinogig; '**Bräune** ‹*die; -, geen mv*› bruine kleur; '**bräunen I** ‹*h*› 1 bruin maken, bruin branden; 2 (*uien*) fruiten; *sich ~* bruin worden; **II** ‹*s*› bruin worden; '**Braunkohle** ‹*die; -, -n*› bruinkool; '**bräunlich** bruinachtig

'**Brause** ‹*die; -, -n*› 1 douche; 2 sproeier; 3 limonade gazeuse; '**brausen** ‹*h*› 1 bruisen, gieren, loeien; 2 (*applaus*) daveren; 3 briesen; 4 voortdaveren, -stuiven; 5 een douche nemen; 6 (be)sproeien

Braut ‹*die; -, -ë*› 1 bruid; 2 verloofde, meisje; **Bräutigam** ‹*der; -s, -e*› 1 bruidegom; 2 verloofde; '**Brautpaar** ‹*das; -(e)s, -e*› bruidspaar; '**Brautschau** ‹*die*› *auf die ~ gehen* een vrouw gaan zoeken

brav 1 gehoorzaam, zoet; 2 braaf, rechtschapen; 3 goed, braaf; keurig

Bra'vour ‹*die; -, geen mv*› bravoure

BRD (*afk*) *Bundesrepublik Deutschland*

'brechbar breekbaar; **'Brechbohne** ‹*die; -, -n*› sperzieboo; **'Brecheisen** ‹*das; -s, -*› breekijzer, koevoet; **'brechen I** ‹*st.h; a-o; i*› 1 breken (*div bet*); 2 (*bloemen, vruchten*) plukken; 3 (*bloed, gal*) opgeven; 4 (*brief, rand*) vouwen; 5 (*belofte*) verbreken; 6 *die Treue ~* ontrouw worden; **II** ‹*st.s; a-o; i*› breken; *aus dem Hinterhalt ~* plotseling uit de hinderlaag tevoorschijn komen; (*durch etwas*) heenbreken, -dringen; *in die Knie ~* in elkaar zakken; **sich ~** 1 breken; 2 overgeven; *sich Bahn ~* veld winnen, zich ontwikkelen; **'Brecher** ‹*der; -s, -*› breker (hoge golf); **'Brechreiz** ‹*der; -es, -e*› braakneiging; **'Brechstange** ‹*die; -, -n*› breekijzer; **'Brechung** ‹*die; -, -en*› breking

Brei ‹*der; -(e)s, -e*› 1 brij; 2 pap; 3 moes; 4 puree; **'breiig** brijig

breit 1 breed; 2 *die ~e Masse des Volkes* de grote massa; **'breitbeinig** wijdbeens; **'Breite** ‹*die; -, -n*› 1 breedte; 2 baan (van stoffen); 3 breedsprakigheid; 4 *in die ~ gehen: a*) uitweiden; *b*) breed of dik worden; 5 *in unseren ~n* in onze streken; 6 *um eines Haares ~ wäre er ...* het scheelde maar een haar of hij was ...; **'breiten** ‹*h*› 1 breed maken; 2 *sich ~* zich uitbreiden; **'Breitengrad** ‹*der; -(e)s, -e*› breedtegraad; **'Breitenkreis** ‹*der; -es, -e*› breedtecirkel; **'breitgefächert** wijdvertakt; **'breitmachen** ‹*h*› 1 *sich ~: a*) veel plaats innemen; *b*) gewichtig doen; *c*) een grote rol gaan spelen; 2 *sich mit etwas ~* op iets pochen, zich op iets laten voorstaan; **'breitrandig** breedgerand; **'breitschlagen** ‹*st.h; u-a; ä*› overreden, overhalen; **'breitschulterig** breedgeschouderd; **'Breitseite** ‹*die; -, -n*› langszijde; **'breitspurig** 1 (*spoorw*) met een breed spoor; 2 verwaand, opschepperig; **'breittreten** ‹*st.h; a-e; i*› uitweiden; breedvoerig vertellen, behandelen

'Bremsbacke ‹*die; -, -n*› remblok; **'Bremsbelag** ‹*der; -(e)s, -ë*› remvoering; **'Bremse I** ‹*die; -, -n*› rem; **II** ‹*die; -, -n*› daas (een steekvlieg); **'bremsen** ‹*h*› remmen (*ook fig*); **'Bremsflüssigkeit** ‹*die; -, -en*› remvloeistof; **'Bremsklotz** ‹*der; -es, -ë*› remblok; **'Bremskraftverstärker** ‹*der; -s, -*› rembekrachtiging; **'Bremspedal** ‹*das; -s, -e*› rempedaal; **'Bremsspur** ‹*die; -, -en*› remspoor

'brennbar brandbaar; **'Brennbarkeit** ‹*die; -, geen mv*› brandbaarheid; **'brennen** ‹*onr. h; brannte, gebrannt*› 1 branden (*div bet*); *auf etwas brennen, gebrannt sein* op iets gebrand zijn; 2 stoken (*kolen, olie e.d.*); 3 *Branntwein ~* jenever stoken; 4 (*stenen, pannen*) bakken; 5 *wo brennt's denn?* (ook) wat is er aan de hand?; **'brennend** 1 brandend; 2 gloeiend heet; 3 (*Schmerzen*) stekend; 4 *etwas ~ gern wollen* iets heel graag willen; 5 *~ nötig* dringend, heel erg nodig; *~e Probleme* dringende problemen; **'Brenner** ‹*der; -s, -*› brander (*div bet*); **Brenne'rei** ‹*die; -, -en*› 1 (brandewijn)stokerij; 2 (koffie)branderij; 3 (steen)bakkerij; **'Brennessel** ‹*die; -, -n*› brandnetel; **'Brennglas** ‹*das; -es, -ër*› brandglas; **'Brennholz** ‹*das; -es, geen mv*› brandhout; **'Brennstoff** ‹*der; -(e)s, -e*› brandstof; **'brenzlig** 1 aangebrand, branderig; 2 (*fig*) bedenkelijk, hachelijk, netelig

'Bresche ‹*die; -, -n*› bres

Brett ‹*das; -(e)s, -er*› 1 plank; 2 schaak-, dambord; 3 ‹*mv*› toneel, de planken (*theat*); *über die ~er gehen* opgevoerd worden; 4 ‹*mv*› ski's; 5 *bei einem einen Stein im ~ haben* bij iem een wit voetje hebben

'Bretterbude ‹*die; -, -n*› houten keet; **'Bretterzaun** ‹*der; -(e)s, -ë*› schutting

'Brettspiel ‹*das; -(e)s, -e*› (*sp*) bordspel

'Brezel ‹*die; -, -n*› krakeling

Brief ‹*der; -(e)s, -e*› brief; **'Briefbogen** ‹*der; -s, -*› vel(letje) schrijfpapier; **'Brieffreund** ‹*der; -(e)s, -e*› correspondentievriend; **'Briefkarte** ‹*die; -, -n*› correspondentiekaart; **'Briefkasten** ‹*der; -s, -̈*› 1 brievenbus; 2 vragenbus (in krant en tijdschrift); **'Briefklammer** ‹*die; -, -n*› paperclip; **'Briefkurs** ‹*der; -es, -e*› (*Belg*) papierkoers; **'brieflich** per brief, schriftelijk; **'Briefmarke** ‹*die; -, -n*› postzegel; **'Briefmarkensammlung** ‹*die; -, -en*› postzegelverzameling; **'Brieföffner** ‹*der; -s, -*› briefopener; **'Briefpapier** ‹*das; -s, -e*› postpapier; **'Brieftasche** ‹*die; -, -n*› portefeuille; **'Brieftaube** ‹*die; -, -n*› postduif; **'Briefträger** ‹*der; -s, -*› brievenbesteller; **'Briefumschlag** ‹*der; -(e)s, -ë*› enveloppe, couvert; **'Briefwechsel** ‹*der; -s, -*› briefwisseling, correspondentie

Bri'kett ‹*das; -es, -e of -s*› briket

bril'lant schitterend, briljant; **Bril'lant** ‹*der; -en, -en*› briljant; **Bril'lanz** ‹*die; -, geen mv*› glans; virtuositeit

'Brille ‹*die; -, -n*› bril; **'Brillenfutteral** ‹*das; -(e)s, -e*› brilledoos; **'Brillengestell** ‹*das; -(e)s, -e*› brilmontuur; **'Brillenglas** ‹*der; -es, -ër*› brilleglas

'bringen ‹*onr. h; brachte, gebracht*› 1 brengen; 2 publiceren, brengen; 3 opbrengen; opleveren; 4 *etwas ~* klaarspelen, in staat zijn tot; 5 (*kaart*) uitspelen; 6 *etwas* ***an*** *sich ~* iets in zijn bezit krijgen; *etwas* ***hinter*** *sich ~* voltooien; *einen* ***um*** *etwas ~* iem iets doen verliezen, van iets beroven; ***unter*** *einen Hut ~: a*) met elkaar verzoenen; *b*) een geschil beslechten; ***zum*** *Bewußtsein ~* (iem iets) aan zijn verstand brengen; *einen zu sich ~* iem weer bijbrengen

bri'sant 1 brisant, explosief; 2 controversieel, met veel conflictstof

'Brise ‹*die; -, -n*› bries

'Brite ‹*der; -n, -n*› Brit; **'britisch** Brits

'bröck(e)lig brokkelig, broos; kruimelig; **'bröckeln** ‹*h*› brokkelen

'Brocken ‹*der; -s, -*› 1 brok, hap, stuk; 2 *ein ~ Englisch, ein paar englische ~* een mondjevol Engels, een paar woorden Engels; **'brockenweise** broksgewijze '**brodeln** ‹*h*› 1 (*van damp*) opstijgen; 2 (*van zee*) zieden; 3 borrelen, pruttelen; 4 (*fig*) gisten

Bro'kat ‹*der; -(e)s, -e*› brokaat(zijde)

'**Brokkoli** ‹*mv*› broccoli

'**Brombeere** ‹*die; -, -n*› braambes

'**Bronchien** ‹*mv*› bronchiën

'**Bronze** ‹*die; -, -n*› 1 brons; 2 bronzen voorwerp; '**bronzefarben** bronskleurig; '**Bronzezeit** ‹*die; -, geen mv*› bronstijd

'**Brosche** ‹*die; -, -n*› broche

'**Bröschen** ‹*das; -s, -*› (kalfs)zwezerik

Bro'schüre ‹*die; -, -n*› brochure

Brot ‹*das; -(e)s, -e*› 1 brood (*alle bet*); 2 boterham; '**Brotbelag** ‹*der; -(e)s, -ë*› broodbeleg; '**Brotbüchse** ‹*die; -, -n*› (metalen) broodtrommeltje; '**Brötchen** ‹*das; -s, -*› broodje; (*fig*) *kleine ~ backen* een toontje lager zingen; '**Broterwerb** ‹*der; -s, geen mv*› broodwinning; '**Brotkrume** ‹*die; -, -n*› broodkruimel; '**brotlos** brodeloos; '**Brotneid** ‹*der; -(e)s, geen mv*› broodnijd; '**Brotrinde** ‹*die; -, -n*› broodkorst; '**Brotröster** ‹*der; -s, -*› broodrooster

Bruch I ‹*der; -(e)s, -ë*› 1 breuk (*div bet*), barst, scheur; 2 het breken, schending; 3 gebroken chocolade, biscuits e.d.; 4 steengroeve; 5 vouw; 6 (*volkstaal*) inbraak; 7 *zu ~ oder in die Brüche gehen* kapotgaan, stukgaan (*ook fig*), geruïneerd worden; (*fig*) mislukken, in duigen vallen; 8 *zu ~ fahren* in de prak, in de soep rijden; 9 *~ machen* crashen (van vliegtuigen); II ‹*der of das; -(e)s, -ë*› moeras(land), broek(land); '**bruchfest** onbreekbaar; '**brüchig** 1 bros, brokkelig; 2 (*fig*) broos; '**Bruchpilot** ‹*der; -en, -en*› brokkenpiloot; '**bruchsicher** onbreekbaar; '**Bruchstück** ‹*das; -(e)s, -e*› brokstuk, fragment; '**bruchstückhaft**, '**bruchstückweise** fragmentarisch; '**Bruchteil** ‹*der; -(e)s, -e*› fractie, klein gedeelte; '**Bruchzahl** ‹*die; -, -en*› (*rekenk*) breuk

'**Brücke** ‹*die; -, -n*› 1 brug; 2 steiger; 3 klein, smal tapijt; 4 *alle ~n hinter sich abbrechen* zijn schepen achter zich verbranden; '**Brückengeländer** ‹*das; -s, -*› brugleuning; '**Brückenschlag** ‹*der; -(e)s, geen mv*› het slaan van een brug (*ook fig*)

'**Bruder** ‹*der; -s, -̈*› 1 broer; (*lett en fig*) broeder; 2 *ein warmer ~* een homo, flikker; *lustiger ~, ~ Lustig* een vrolijke klant; *gleiche Brüder, gleiche Kappen* gelijke monniken, gelijke kappen; 3 *das ist unter Brüdern 100 Gulden wert* voor vrienden is dat 100 gulden; '**brüderlich** broederlijk; '**Bruderschaft** ‹*die; -, -en*› (*r-k*) broederschap; '**Brüderschaft** ‹*die; -, -en*› broederschap, vriendschap; *~ trinken* broederschap drinken (daarna *duzt* men elkaar)

'**Brühe** ‹*die; -, -n*› 1 (vlees)nat, bouillon; 2 drab; zeer vuil water; sop; '**brühen** ‹*h*› 1 weken (met heet water); 2 langzaam opkoken; 3 met heet water begieten; '**brüh'heiß** kokend heet; '**Brühwürfel** ‹*der; -s, -*› bouillonblokje

'**Brüllaffe** ‹*der; -n, -n*› brulaap; '**brüllen** ‹*h*› 1 brullen; 2 loeien, bulken; 3 (*kanonnen*) donderen

'**Brummbär** ‹*der; -en, -en*› knorrepot, brombeer

'**brummeln** ‹*h*› mompelen

'**brummen** ‹*h*› 1 brommen (*div bet*); 2 mopperen; 3 gonzen; 4 *der Schädel brummt ihm* hij heeft hoofdpijn, (ook) zijn hoofd loopt om; '**Brummer** ‹*der; -s, -*› 1 bromvlieg; 2 zware vrachtauto; 3 log iemand; '**brummig** brommig, knorrig; '**Brummkreisel** ‹*der; -s, -*› bromtol; '**Brummschädel** ‹*der; -s, -*› kater; zwaar, duf hoofd

brü'nett bruin(harig); *B~e* brunette

'**Brunnen** ‹*der; -s, -*› 1 put; 2 bron; 3 mineraal-, bronwater; '**Brunnenkresse** ‹*die; -, -n*› (*plantk*) waterkers

Brunst ‹*die; -, -ë*› bronst(tijd); '**brünstig** 1 tochtig, bronstig; 2 vurig; '**Brunstzeit** ‹*die; -, -en*› bronsttijd

brüsk bruusk; **brüs'kieren** ‹*h*› bruuskeren

'**Brüsseler** I ‹*der; -s, -*› Brusselaar; II ‹*bn*› Brussels; *~ Spitzen* Brussels kant

Brust ‹*die; -, -ë*› 1 borst (*div bet*); *sich an die ~ schlagen* zich op de borst slaan; 2 (*sp*) schoolslag; '**Brustbein** ‹*das; -(e)s, -e*› borstbeen; '**Brustbild** ‹*das; -(e)s, -er*› borstbeeld; '**brüsten, sich** ‹*h*› 1 een hoge borst opzetten, pochen; 2 *sich mit etwas ~* met iets pronken, zich op iets beroemen; '**Brustfell** ‹*das; -(e)s, -e*› borstvlies; '**Brustflosse** ‹*die; -, -n*› borstvin; '**Brusthöhle** ‹*die; -, -n*› borstholte; '**Brustkasten** ‹*der; -s, -̈*› borstkas; '**Brustkorb** ‹*der; -(e)s, -ë*› borstkas; '**Brustkrebs** ‹*der; -es, geen mv*› borstkanker; '**Brustschwimmen** ‹*das; -s, geen mv*› (*sp*) schoolslag; '**Brusttasche** ‹*die; -, -n*› borstzak(je); '**Brüstung** ‹*die; -, -en*› borstwering, balustrade; '**Brustwarze** ‹*die; -, -n*› tepel; '**Brustwehr** ‹*die; -, -en*› borstwering

Brut ‹*die; -, -en*› 1 het broeden; 2 broedsel, de jongen; 3 (*scherts*) kroost, kinderen; 4 gespuis, geboefte

bru'tal 1 bruut, ruw; 2 meedogenloos; **Brutali'tät** ‹*die; -, -en*› 1 bruutheid, ruwheid; 2 meedogenloosheid

'**brüten** ‹*h*› 1 broeden; 2 broeien; 3 *über* (+ 3) *~* over iets peinzen, tobben, broeden; '**Brüter** ‹*der; -s, -*› 1 broedende vogel; 2 kweekreactor; *schneller ~* snelle kweekreactor; '**Bruthenne** ‹*die; -, -n*› broedkip; '**Bruthitze** ‹*die; -, geen mv*› *es herrscht draußen eine ~* het is buiten broeiend heet; '**Brutkasten** ‹*der; -s, -̈*› 1 (*med*) couveuse; 2 zeer warme ruimte; '**Brutstätte** ‹*die; -, -n*› 1 broedplaats; 2 (*ong*) broeinest

'**brutto** bruto; '**Bruttoertrag** ‹*der; -(e)s, -̈e*› bruto-opbrengst; '**Bruttosozialprodukt** ‹*der; -(e)s, -e*› bruto nationaal produkt

'**Brutzeit** ‹*die; -, -en*› broedtijd

'**brutzeln** ‹*h*› 1 sissen (in de pan); 2 braden

'**Bube** ‹*der; -n, -n*› boer (kaartspel)

'**bubenhaft** jongensachtig; '**Bubenstreich** ‹*der; -(e)s, -e*› kwajongensstreek

Buch ‹*das; -(e)s, -ër*› 1 boek; 2 draaiboek, scenario; 3 ~ *führen, halten, die Bücher führen* boekhouden; 4 *über etwas ~ führen* iets bijhouden; een verslag maken van iets; '**Buchdruck** ‹*der; -(e)s, geen mv*› 1 boekdrukkunst; 2 het boekdrukken; '**Buchdruckerei** ‹*die; -, -en*› boekdrukkerij

'**Buche** ‹*die; -, -n*› beuk(eboom); '**Buchecker** ‹*die; -, -n*› beukenootje

'**buchen** ‹*h*› boeken

'**Bücherbrett** ‹*das; -(e)s, -er*› boekenplank; **Büche'rei** ‹*die; -, -en*› bibliotheek; '**Bücherfreund** ‹*der; -(e)s, -e*› boekenliefhebber; '**Büchergestell** ‹*das; -(e)s, -e*› boekenrek; '**Bücherregal** ‹*das; -s, -e*› boekenrek; '**Bücherrevisor** ‹*der; -s, -en*› accountant; (*Belg*) bedrijfsrevisor; '**Bücherschrank** ‹*der; -(e)s, -̈e*› boekenkast; '**Bücherstütze** ‹*die; -, -n*› boekensteun; '**Bücherwurm** ‹*der; -(e)s, -̈er*› 1 boekworm (insekt); 2 (*fig*) boekenworm, -wurm

'**Buchfink** ‹*der; -en, -en*› schildvink (een vogel)

'**Buchführer** ‹*der; -s, -*› boekhouder; '**Buchführung** ‹*die; -, -en*› boekhouding; '**Buchhalter** ‹*der; -s, -*› boekhouder; '**Buchhaltung** ‹*die; -, -en*› boekhouding, het boekhouden; '**Buchhändler** ‹*der; -s, -*› boekhandelaar; '**Buchhandlung** ‹*die; -, -en*› boekhandel, -winkel

'**Büchlein** ‹*das; -s, -*› boekje

'**Buchmacher** ‹*der; -s, -*› bookmaker; '**Buchmesse** ‹*die; -, -n*› boekenbeurs; '**Buchprüfer** ‹*der; -s, -*› accountant

'**Büchse** ‹*die; -, -n*› 1 (conserven)blik; 2 bus, potje, doosje; 3 collectebus; 4 buks; 5 ring (machinedeel), voering; '**Büchsenmilch** ‹*die; -, geen mv*› melk in blik

'**Buchstabe** ‹*der; -ns, -n*› letter; *großer ~* hoofdletter; *kleiner ~* gewone, kleine letter; *nach dem ~n* volgens de letter; **buchsta'bieren** ‹*h*› spellen; '**buchstäblich** 1 letterlijk; 2 naar de letter (niet naar de geest)

Bucht ‹*die; -, -en*› inham, baai; '**buchtig** met veel inhammen

'**Buchtitel** ‹*der; -s, -*› boektitel

'**Buchung** ‹*die; -, -en*› boeking

'**Buchverleih** ‹*der; -(e)s, -e*› bibliotheek

'**Buchweizen** ‹*der; -s, geen mv*› boekweit

'**Buckel** ‹*der; -s, -*› 1 bochel, bult, hoge rug; 2 bult, hoogte; 3 (*volkstaal*) rug; *ihr könnt mir alle den ~ lang-, runterrutschen* je kunt naar de maan lopen; '**buck(e)lig** 1 gebocheld; 2 hobbelig

'**bücken, sich** ‹*h*› bukken

'**Bückling** ‹*der; -s, -e*› 1 buiging; 2 bokking

Budde'lei ‹*die; -, -en*› gegraaf, gewroet; '**buddeln** ‹*h*› graven, (ook) wroeten

'**Bude** ‹*die; -, -n*› 1 kraam; 2 keet, barak; 3 oud huis; 4 winkel, zaak; 5 (*min*) woning, kamer; 6 (*stud*) kast, gemeubileerde kamer; 7 *einem die ~ einlaufen* de deur platlopen; 8 *die ~ auf den Kopf stellen* de boel op stelten zetten; 9 *das bringt Leben in die ~* dat brengt leven in de brouwerij

Bud'get ‹*das; -s, -s*› budget, begroting

Bü'fett ‹*das; -(e)s, -e*› buffet; **Bü'fettdame** ‹*die; -, -n*› buffetjuffrouw

'**Büffel** ‹*der; -s, -*› buffel; **Büffe'lei** ‹*die; -, -en*› geblok; '**büffeln** ‹*h*› blokken

Bug ‹*der; -(e)s, -ë*› 1 (*scheepv*) boeg; 2 punt (van vliegtuig); 3 schouder(stuk) (van rund e.d.)

'**Bügel** ‹*der; -s, -*› 1 beugel (*div bet*); 2 kleerhanger; 3 stijgbeugel; '**Bügelbrett** ‹*das; -(e)s, -er*› strijkplank; '**Bügeleisen** ‹*das; -s, -*› strijkijzer, -bout; '**bügelfrei** zelfstrijkend; '**bügeln** ‹*h*› 1 strijken; persen; 2 (*sp*) inmaken

bug'sieren ‹*h*› 1 slepen; 2 (*fig*) loodsen

'**buhlen** ‹*h*› 1 liefkozen, vrijen; 2 *um etwas ~* zich inspannen voor iets

'**Buhmann** ‹*der; -(e)s, -ër*› boeman

'**Buhne** ‹*die; -, -n*› krib, hoofd

'**Bühne** ‹*die; -, -n*› 1 toneel (*lett en fig*); 2 schouwburg, theater; 3 podium, plankier; 4 (hef)brug (voor auto); 5 *auf die ~ bringen* opvoeren; (*etwas*) *über die ~ bringen* klaarspelen; *das geht glatt über die ~* dat verloopt prima; '**Bühnenautor** ‹*der; -s, -en*› toneelschrijver; '**Bühnenbild** ‹*das; -(e)s, -er*› decor; '**Bühnenbildner** ‹*der; -s, -*› decorontwerper; '**Bühnendekoration** ‹*die; -, -en*› decor; '**Bühnenfassung** ‹*die; -, -en*› toneelbewerking; '**Bühnenstück** ‹*das; -(e)s, -e*› toneelstuk

'**Buhrufe** ‹*mv*› boegeroep

Bu'kett ‹*das; -es, -e*› boeket (ook van wijn)

Bu'lette ‹*die; -, -n*› bal gehakt

Bul'gare ‹*der; -n, -n*› Bulgaar

'**Bullauge** ‹*das; -s, -n*› patrijspoort

'**Bulldogge** ‹*die; -, -n*› buldog

'**Bulle** I ‹*der; -n, -n*› 1 stier; 2 onbehouwen kerel, bullebak; 3 zwaargebouwde man; 4 smeris; **II** ‹*die; -, -n*› bul, oorkonde

'**Bullenbeißer** ‹*der; -s, -*› 1 buldog (hond); 2 (*fig*) bullebak; '**Bullenhitze** ‹*die; -, geen mv*› vreselijke hitte

'**Bully** ‹*das; -s, -s*› 1 (hockey) bully; 2 (ijshockey) face off

bum! boem!

'**Bumerang** ‹*der; -s, -s*› boemerang

'**Bummel** ‹*der; -s, -*› 1 wandeling, loopje; 2 bezoek aan bars e.d.; **Bumme'lei** ‹*die; -, geen mv*› 1 getreuzel; 2 gelanterfant; '**bummeln** ‹*h*› 1 (een eindje) wandelen, (ook) slenteren; 2 boemelen; 3 treuzelen; 4 lanterfanten; 5 bars e.d. bezoeken, boemelen; '**Bummelstreik** ‹*der; -es, -s*› langzaam-aan-actie; '**Bummelzug** ‹*der; -(e)s, -ë*› boemel-, stoptrein; '**Bummler** ‹*der; -s, -*› 1 boemelaar; 2 lanterfanter; 3 wandelaar

Bums ‹*der; -es, -e*› 1 stoot, duw; 2 ordinaire danstent; 3 (*sp*) hard schot; '**bumsen** ‹*h*› 1 bonzen, dreunen; 2 (*voetbal*) schieten; 3

(*volkstaal*) naaien, neuken; 4 ~ (*auf, an, gegen*) vallen, stoten; '**Bumslokal** ‹*das; -s, -e*› ordinaire danstent

Bund I ‹*der; -(e)s, -ë*› 1 bond, verbond; 2 Bondsrepubliek; (~) *und Länder* en deelstaten; 3 bondgenootschap; 4 (*van broek, rok*) band; 5 las; 6 (*van gitaar e.d.*) toets; 7 *der Dritte im ~e* de derde in het gezelschap; 8 *den ~ der Ehe eingehen* een echtverbintenis aangaan; II ‹*das; -(e)s, -e*› 1 bundel; 2 (*sleutels, worteltjes e.d.*) bos; 3 (*garen, wol*) pak

'**Bündel** ‹*das; -s, -*› 1 bosje, pak(je), bundel; 2 *sie ist ein ~ Nerven* zij is een bonk zenuwen; 3 *sein ~ schnüren* zijn boeltje pakken; '**bündeln** ‹*h*› bundelen (*lett en fig*), binden; '**bündelweise** bij bundels, bij bosjes

'**Bundesanstalt** ‹*die; -, -en*› federale dienst; '**Bundesanzeiger** ‹*der; -s, geen mv*› staatscourant (in *BRD*); '**Bundesbahn** ‹*die; -, geen mv*› *Deutsche ~* Spoorwegen van de BRD; '**Bundesbank** ‹*die; -, geen mv*› *Deutsche ~* Westduitse Circulatiebank; '**Bundesbürger** ‹*der; -s, -*› burger van de BRD; '**Bundesdeutsche(r)** ‹*bn als zn*› Duitse(r) uit de Bondsrepubliek; '**Bundesebene** ‹*die; -, geen mv*› *auf ~* op federaal niveau; '**Bundesgerichtshof** ‹*der; -(e)s, geen mv*› (*afk BGH*) federaal gerechtshof; '**Bundesgrenzschutz** ‹*der; -(e)s, geen mv*› federaal grensbewakingskorps; '**Bundeskanzler** ‹*der; -s, -*› bondskanselier; '**Bundesland** ‹*das; -(e)s, -̈er*› deelstaat; '**Bundesliga** ‹*die; -, geen mv*› (*sp*) eredivisie; '**Bundesminister** ‹*der; -s, -*› bondsminister; '**Bundespräsident** ‹*der; -en, -en*› bondspresident; '**Bundesrat** ‹*der; -(e)s, -ë*› Bondsraad, senaat; '**Bundesrepublik** ‹*die; -, geen mv*› *die ~ Deutschland* de Duitse Bondsrepubliek; '**Bundesstraße** ‹*die; -, -n*› rijksweg; '**Bundestag** ‹*der; -(e)s, geen mv*› Bondsdag, volksvertegenwoordiging; '**Bundestagsabgeordnete(r)** ‹*bn als zn*› lid van de Bondsdag; '**Bundestrainer** ‹*der; -s, -*› (*sp*) bondscoach; '**Bundesverfassungsgericht** ‹*das; -(e)s, geen mv*› constitutioneel hof (ter bescherming van de grondwet); '**Bundeswehr** ‹*die; -, geen mv*› Westduitse strijdkrachten; '**bundesweit** de gehele bondsrepubliek betreffende

'**Bundhose** ‹*die; -, -n*› kniebroek

'**bündig** 1 bondig, beknopt; *kurz und ~* kort en bondig; 2 overtuigend (bewijs)

'**Bündnis** ‹*das; -ses, -se*› bondgenootschap; '**Bündnispartner** ‹*der; -s, -*› bondgenoot

'**Bunker** ‹*der; -s, -*› 1 bunker (*alle bet*); 2 (*volkstaal*) bak, gevangenis; '**bunkern** ‹*h*› bunkeren

bunt 1 bont (*div bet*); 2 *es geht ~ zu od. her* het gaat er raar toe; *es kommt immer ~er* het wordt hoe langer hoe gekker; *ihm wird es ~ vor den Augen* hij valt flauw; '**Buntdruck** ‹*der; -(e)s, -e*› meerkleurendruk; '**buntfarbig** bont, kleurig; '**buntscheckig** bont, veelkleurig, gevlekt; '**Buntstift** ‹*der; -(e)s, -e*› kleurpotlood

'**Bürde** ‹*die; -, -n*› last (*ook fig*), vracht

Burg ‹*die; -, -en*› burcht (*ook fig*)

'**Bürge** ‹*der; -n, -n*› borg; '**bürgen** ‹*h*› (*für einen, für etwas*) borg staan, instaan, aansprakelijk zijn

'**Bürger** ‹*der; -s, -*› burger; '**Bürgerbeauftragte(r)** ‹*bn als zn*› ombudsman, -vrouw; '**Bürgerentscheid** ‹*der; -(e)s, e*› (*Belg*) volksraadpleging; '**Bürgerinitiative** ‹*die; -, -n*› actiegroep; '**bürgerlich** burgerlijk (*alle bet*); *B~es Gesetzbuch* (*BGB*) Burgerlijk Wetboek; *~er Mittagstisch* eenvoudig, degelijk middagmaal; '**Bürgermeister** ‹*der; -s, -*› burgemeester; '**Bürgermeisteramt** ‹*das; -(e)s, -ër*› 1 burgemeestersambt; 2 gemeentehuis; '**Bürgerrecht** ‹*das; -(e)s, -e*› burgerrecht; '**Bürgerschaft** ‹*die; -, geen mv*› 1 burgerij; 2 (in Bremen, Hamburg) parlement; '**Bürgersinn** ‹*der; -(e)s, geen mv*› (*Belg*) civisme; '**Bürgersteig** ‹*der; -(e)s, -e*› stoep, trottoir; '**Bürgertum** ‹*das; -(e)s, geen mv*› burgerij

'**Bürgschaft** ‹*die; -, -en*› 1 (waar)borg; *~ leisten* borg staan; 2 borgtocht

bur'lesk burlesk, potsierlijk, kluchtig

Bü'ro ‹*das; -s, -s*› bureau, kantoor; *im ~ arbeiten* op kantoor werken; *ins ~ gehen* naar kantoor gaan; **Bü'roangestellte(r)** ‹*bn als zn*› kantoorbediende; **Bü'roarbeit** ‹*die; -, -en*› kantoorwerk; **Bü'robedarf** ‹*der; -(e)s, geen mv*› kantoorbenodigdheden; **Bü'roklammer** ‹*die; -, -n*› paperclip; **Bürokra'tie** ‹*die; -, -n*› bureaucratie

'**Bursche** ‹*der; -n, -n*› 1 knaap, jongen; 2 jongeman; 3 leerling, jonge knecht; 4 (*ong*) kerel; 5 (*iron*) snuiter; 6 (*mil*) oppasser; 7 kanjer; '**burschenhaft** studentikoos; **burschi'kos** studentikoos

'**Bürste** ‹*die; -, -n*› borstel; '**bürsten** ‹*h*› borstelen

Bus ‹*der; -ses, -se*› (auto)bus

Busch ‹*der; -(e)s, -ë*› 1 struik, heester; 2 struikgewas; 3 klein bos; 4 oerwoud; 5 (*fig*) *auf den ~ klopfen* polsen, het terrein verkennen; '**Büschel** ‹*das; -s, -*› bos(je), pluk; '**büschelweise** bij bosjes; '**buschig** 1 dicht; ruig; 2 met struikgewas begroeid

'**Busen** ‹*der; -s, -*› 1 boezem, borst; 2 baai; '**busenfrei** topless; '**Busenfreund** ‹*der; -(e)s, -e*› boezemvriend

'**Busfahrer** ‹*der; -s, -*› buschauffeur

'**Bussard** ‹*der; -es, -e*› buizerd

'**Buße** ‹*die; -, -n*› boete (*alle bet*); '**büßen** ‹*h*› 1 (*für etwas*) boeten; *das soll er mir ~* daar zal hij voor boeten; 2 (*etwas mit dem Tode, Leben*) ~ boeten, bekopen; '**bußfertig** boetvaardig, berouwvol; '**Bußgeld** ‹*das; -(e)s, -er*› boete

'**Büste** ‹*die; -, -n*› buste; '**Büstenhalter** ‹*der; -s, -*› bustehouder

Butt ‹*der; -(e)s, -e*› bot (vis)

'Büttenrede ‹*die;* -, *-n*› grappige carnavalsspeech

'Butter ‹*die;* -, *geen mv*› 1 boter; 2 *er läßt sich die ~ nicht vom Brot nehmen* hij laat zich de kaas niet van het brood eten; 3 *die Sache ist in ~* de zaak is helemaal in orde, voor elkaar; **'Butterblume** ‹*die;* -, *-n*› boterbloem, paardebloem e.d.; **'Butterbrot** ‹*das;* -(*e*)*s*, *-e*› boterham; **'Butterdose** ‹*die;* -, *-n*› botervlootje; **'Buttermilch** ‹*die;* -, *geen mv*› karnemelk; **'buttern** ‹*h*› 1 boter maken, karnen; 2 boter smeren op (brood), met boter insmeren, beboteren (in bakvorm); 3 (*voetbal*) hard schieten

BVG *Bundesverfassungsgericht*

b.w. *bitte wenden!*

bzw. *beziehungsweise*

Ccc

c *Celsius*

ca. *circa* circa, ongeveer

Café ‹*das;* *-s*, *-s*› lunch-, tearoom; coffeeshop

'campen ‹*h*› kamperen; **'Camper** ‹*der;* *-s*, -› kampeerder; **'Camping** ‹*das;* *-s*, *-s*› het kamperen; **'Camping...** kampeer...; **'Campingausrüstung** ‹*die;* -, *-en*› kampeeruitrusting; **'Campingführer** ‹*der;* *-s*, -› campinggids; **'Campingplatz** ‹*der;* *-es*, *-ë*› camping

'Caravan, Cara'van ‹*der;* *-s*, *-s*› caravan

'Cashewnuß ‹*die;* -, *-nüsse*› cashewnoot

cbm *Kubikmeter* m³

CDU *Christlich-Demokratische Union*

Cel'list ‹*der;* *-en*, *-en*› (*muz*) cellist; **'Cello** ‹*das;* *-s*, *-s en Celli*› (*muz*) cello, violoncel

Cello'phan ‹*das;* *-s*, *-e*› cellofaan

'Celsius celsius

'Cembalo ‹*das;* *-s*, *-s*› cembalo

'Chaise ‹*die;* -, *-n*› 1 stoel; 2 sjees, oude auto; **'Chaise'longue** ‹*die;* -, *-n en -s*› chaise-longue

Cha'let ‹*das;* *-s*, *-s*› chalet

Cha'mäleon ‹*das;* *-s*, *-s*› kameleon

Cham'pagner ‹*der;* *-s*, -› champagne(wijn)

'Champignon ‹*der;* *-s*, *-s*› champignon

Champi'on ‹*der;* *-s*, *-s*› kampioen

'Chance ‹*die;* -, *-n*› kans

Chan'son ‹*das;* *-s*, *-s*› chanson; **Chanson'nier** ‹*der;* *-s*, *-s*› chansonnier

'Chaos ‹*das;* -, *geen mv*› chaos

Cha'ot ‹*der;* *-en*, *-en*› anarchist; **cha'otisch** chaotisch

Cha'rakter ‹*der;* *-s*, *-e*› karakter (*div bet*); **Cha'raktereigenschaft** ‹*die;* -, *-en*› karaktereigenschap; **cha'rakterfest** vast van karakter; **charakteri'sieren** ‹*h*› karakteriseren; **Charakte'ristik** ‹*die;* -, *-en*› karakteristiek; **Charakte'ristikum** ‹*das;* *-s*, *-ka*› kenmerkende eigenschap; **charakte'ristisch** karakteristiek; **cha'rakterlich** het karakter betreffend, karakter...; **cha'rakterlos** karakterloos; **Cha'rakterzug** ‹*der;* -(*e*)*s*, *-ë*› karaktertrek

'Charisma ‹*das;* *-s*, *Charismen*› charisma

'Charme ‹*der;* *-s*, *geen mv*› charme

'Charta ‹*die;* -, *-n*› handvest

'Charter ‹*der;* *-s*, *-s*› charter; **'Charterflug** ‹*der;* -(*e*)*s*, *-ë*› chartervlucht; **'Chartergesellschaft** ‹*die;* -, *-en*› chartermaatschappij; **'chartern** ‹*h*› (*Schiff*, *Flugzeug*) charteren

Chas'sis ‹*das;* -, -› chassis

Chauf'feur ‹*der;* *-s*, *-e*› chauffeur; **chauf'fieren** ‹*h*› chaufferen

Chaus'see ‹*die;* -, *-n*› straatweg

Chauvi'nismus ‹*der; -, geen mv*› chauvinisme; **Chauvi'nist** ‹*der; -en, -en*› chauvinist

Chef ‹*der; -s, -s*› 1 chef; 2 directeur; **'Chefarzt** ‹*der; -es, -ë*› (*med*) chef de clinique; **'Chefin** ‹*die; -, -nen*› 1 cheffin; 2 directrice; **'Chefingenieur** ‹*der; -s, -e*› hoofdingenieur; **'Chefpilot** ‹*der; -en, -en*› (*luchtv*) gezagvoerder; **'Chefredakteur** ‹*der; -s, -e*› hoofdredacteur

Che'mie ‹*die; -, geen mv*› chemie, scheikunde; **Che'miefaser** ‹*die; -, -n*› kunstvezel; **Chemi'kalien** ‹*mv*› chemicaliën; **'Chemiker** ‹*der; -s, -*› chemicus, scheikundige; **'chemisch** scheikundig, chemisch; **'Chemotechniker** ‹*der; -s, -*› analist

Chico'ree ‹*die; -, geen mv*› Brussels lof

'Chiffre ‹*die; -, -n*› 1 geheim teken; 2 nummer (*in advertenties*); **chif'frieren** ‹*h*› coderen, in geheimschrift schrijven

'Chile ‹*das; -s, geen mv*› Chili

'China ‹*das; -s, geen mv*› China; **Chi'nese** ‹*der; -n, -n*› Chinees; **chi'nesisch** Chinees

Chi'nin ‹*das; -s, geen mv*› kinine

Chip ‹*der; -s, -s*› 1 (*Eng*) fiche (*bij roulette*); 2 chip (geroosterd schijfje aardappel); 3 chip (kristallen schijfje van een halfgeleider)

Chi'rurg ‹*der; -en, -en*› chirurg; **Chirur'gie** ‹*die; -, geen mv*› 1 chirurgie; 2 afdeling chirurgie

Chlor ‹*das; -s, geen mv*› (*chem*) chloor, *afk* Cl; **'chlorhaltig** chloorhoudend; **Chlo'rid** ‹*das; -s, -e*› (*chem*) chloride; **Chloro'form** ‹*das; -s, geen mv*› chloroform

Choke ‹*der; -s, -s*› choke

'Cholera ‹*die; -, geen mv*› cholera

Choleste'rin ‹*das; -s, geen mv*› (*med*) cholesterol; **Choleste'rinspiegel** ‹*der; -s, -*› (*med*) cholesterolspiegel

Chor I ‹*der; -(e)s, -ë*› koor (*deel van kerk*); II ‹*der; -(e)s, -ë*› (*muz*) koor

Cho'ral ‹*der; -s, -ë*› koraal

Choreo'graph ‹*der; -en, -en*› choreograaf; **Choreogra'phie** ‹*die; -, -n*› choreografie

'Chorknabe ‹*der; -n, -n*› koorknaap

Christ ‹*der; -en, -en*› 1 christen; 2 Christus ‹*geen mv*›

'Christbaum ‹*der; -(e)s, -ë*› kerstboom; **'Christbaumschmuck** ‹*der; -(e)s, geen mv*› kerstboomversiering; **'Christblume** ‹*die; -, -n*› kerstroos; **'Christdemokrat** ‹*der; -en, -en*› christen-democraat; **'Christenheit** ‹*die; -, geen mv*› christenheid; **'Christentum** ‹*das; -(e)s, geen mv*› christendom; **'Christfest** ‹*das; -(e)s, -e*› kerstfeest; **'Christkind** ‹*das; -(e)s, geen mv*› Kindeke Jezus, Kerstkindje; **'christlich** christelijk; **'Christmesse** ‹*die; -, -n*› mis op de avond voor Kerstmis (24 dec.); **'Christmette** ‹*die; -, -n,*› zie *Christmesse*; **'Christnacht** ‹*die; -, -ë*› kerstnacht; **'Christrose** ‹*die; -, -n*› (*plantk*) kerstroos; **'Christus** ‹*der; -, geen mv*› id.; *vor Christo, vor Christus, vor Christi Geburt* vóór Christus

Chrom ‹*das; -s, geen mv*› chroom

'Chromosom ‹*das; -s, -en*› chromosoom

'Chronik ‹*die; -, -en*› kroniek

'chronisch 1 chronisch; 2 voortdurend

Chro'nist ‹*der; -en, -en*› kroniekschrijver

Chronolo'gie ‹*die; -, -n*› chronologie; **Chrono'logisch** chronologisch; **Chrono'meter** ‹*das; -s, -*› 1 chronometer; 2 horloge

Cine'ast ‹*der; -en, -en*› cineast

'City ‹*die; -, -s*› city, binnenstad

Clinch ‹*der; -(e)s, -es*› clinch (*alle bet*)

'Clique ‹*die; -, -n*› kliek; groep

Clou ‹*der; -s, -s*› clou

Clown ‹*der; -s, -s*› clown

cm *Zentimeter* cm

Coca ‹*die; -, geen mv*› cola, coca-cola

'Cockpit ‹*der; -s, -s*› (*Eng*) cockpit

'Cocktail ‹*der; -s, -s*› cocktail; **'Cocktailkleid** ‹*das; -(e)s, -er*› cocktailjurk

'Code ‹*der; -s, -s*› 1 code; 2 wetboek

Cola ‹*die; -, geen mv*› vgl *Coca*

'Combo ‹*die; -, -s*› (*muz*) combo

'Comics ‹*mv*› strip(verhaal)

Com'puter ‹*der; -s, -*› computer

Conféren'cier ‹*der; -s, -s*› conferencier

Con'tainer ‹*der; -s, -*› container

Containerschiff ‹*das; -(e)s, -e*› containerschip

Couch ‹*die; -, -es*› divan, bank

Couchgarnitur ‹*die; -, -en*› bank met twee fauteuils

Couchtisch ‹*der; -es, -e*› salontafel

'Count'down ‹*der of das; -(s), -s*› het aftellen

Coup ‹*der; -s, -s*› 1 coup, slag, stoot; 2 kunstgreep; *einen (großen) ~ machen, landen* zijn slag slaan, een slag toebrengen

Cou'pé ‹*das; -s, -s*› coupé (*alle bet*)

Cou'rage ‹*die; -, -n*› courage, moed

Cou'sin ‹*der; -s, -s*› neef, kind van oom of tante; **Cou'sine** ‹*die; -, -n*› nicht

Creme ‹*die; -, -s*› 1 crème; 2 (*iron*) de notabelen; **creme** crème, dofgeel; **creme'farben**, **creme'farbig** crèmekleurig; **'cremen** ‹*h*› met crème insmeren; **'cremig** crèmeachtig

Crew ‹*die; -, -s*› 1 bemanning; 2 ploeg, team

CSU *Christlich-Soziale Union*

'Curry ‹*das; -s, geen mv*› kerrie, curry

Ddd

da I ‹*bw*› 1 daar; op die plaats; 2 toen; 3 dan; 4 *als ~ sind* als daar zijn, zoals; *von ~ an, von ~ ab* van toen af; *was kann ich ~ machen?* wat kan ik eraan doen?; II ‹*vw*› 1 toen, terwijl; 2 daar, omdat

'**dabehalten** ‹*st.h; ie-a; ä*› (bij zich) houden

da'bei 1 daar-, erbij; *ich bin ~* ik doe, ik ga mee; 2 *er war gerade ~* hij was juist bezig; 3 *ich finde nichts ~; es ist doch nichts ~* ik zie er niets verkeerds in; 4 (*die Ware ist schlecht*) *und ~ teuer* en bovendien duur; **da'beihaben** ‹*h*› bij zich hebben; **da'beisein** *zie* dabei

'**dableiben** ‹*st.s; ie-ie*› blijven, niet weggaan

Dach ‹*das; -(e)s, -ër*› dak; *unter ~ und Fach sein: a*) onder dak zijn; *b*) in kannen en kruiken zijn

'**Dachboden** ‹*der; -s, -̈*› zolder; '**Dacherker** ‹*der; -s, -*› dakkapel; '**Dachgepäckträger** ‹*der; -s, -*› imperiaal; '**Dachgeschoß** ‹*das; -geschosses, -geschosse*› zolderverdieping; '**Dachgesellschaft** ‹*die; -, -en*› moedermaatschappij, holding; '**Dachrinne** ‹*die; -, -n*› dakgoot

Dachs ‹*der; -es, -e*› 1 (*dierk*) das; 2 onervaren jongeman; 3 *ein frecher ~* een brutaaltje

'**Dachschaden**: (*fig*) *~ haben* niet goed snik zijn; '**Dachverband** ‹*der; -(e)s, -ë*› overkoepelende organisatie; '**Dachziegel** ‹*der; -s, -*› dakpan

'**Dackel** ‹*der; -s, -*› dashond, teckel

'**dadurch** 1 daar door(heen); 2 daardoor, door middel daarvan; 3 *~, daß* ... door te ...

da'für, '**dafür** 1 daarvoor, ervoor; 2 *arm, ~ aber* ... arm, maar daartegenover staat ...; 3 *~, daß* (*die Mannschaft erst 4 Wochen trainiert*) ... als je bedenkt, dat ...; 4 (*heute hat er keine Zeit,*) '*dafür will er morgen kommen* in plaats daarvan wil hij ...; 5 (*er ist sehr schnell*)*, dafür ist er Weltmeister* tenslotte is hij wereldkampioen; **da'fürkönnen** ‹*onr.h; o-o, a*› *ich kann nichts dafür* ik kan er niets aan doen

da'gegen I ‹*bw*› 1 daar-, ertegen; 2 daarentegen, integendeel; 3 daarbij, daarmee vergeleken; 4 daarvoor; II ‹*vw*› echter, evenwel, daarentegen; **da'gegenhalten** ‹*st.h; ie-a; ä*› antwoorden

da'heim thuis (*ook fig*); **Da'heim** ‹*das; -s, geen mv*› tehuis

'**daher** I ‹*bw*› daarvandaan, vandaar (van die plaats); II ‹*vw*› vandaar; daarom, dus; **da'herkommen** ‹*st.s; a-o*› er aankomen; **da'herreden** ‹*h*› praten, kletsen

'**dahin** ‹*bw*› 1 daar-, erheen, daar-, ernaar toe; *bis ~* tot daar; *~ und dorthin* overal heen; *mir geht's, steht's bis ~!* het zit me tot hier!; 2 *bis ~* tot dan, tot zolang; *bis ~ ist noch Zeit* dat heeft nog tijd; 3 zover: *sich ~ einigen* het zover eens worden; *es ~ bringen* het zover brengen; *~ ist es mit ihm gekommen* zover is het met hem gekomen; 4 *meine Meinung geht ~, daß* ... ik ben van mening, dat ...; (*der Vorschlag*) *geht ~, daß* ... komt erop neer, dat ...; 5 *es steht noch ~* het is nog de vraag; 6 *das gehört nicht ~: a*) dat hoort daar niet; *b*) dat heeft daar niets mee te maken

da'hin ‹*bw*› (*etwas ist*) *~: a*) op; *b*) verloren; *c*) voorbij; *d*) kapot

'**dahin'ab** daarheen (naar beneden); '**dahin'auf** daarheen (naar boven); '**dahin'aus** daarheen, die kant uit

da'hineilen ‹*s*› voortsnellen, voorbijvliegen

'**dahin'ein** daar naar binnen, daarin

da'hinfließen ‹*st.s; o-o*› verlopen

'**dahin'gegen** daarentegen, echter

da'hingehen ‹*st.s; i-a*› 1 voortgaan, -lopen; 2 verlopen, voorbijgaan; 3 heengaan, overlijden; **da'hingehören** ‹*h*› 1 daarbij, erbij behoren; ermee te maken hebben; 2 *das gehört dahin* dat hoort dáár (te liggen enz.); **da'hingestellt**: *es ~ lassen* het in het midden laten; *es ist, bleibt ~, ob* ... het is, blijft de vraag, of ...; **da'hinleben** ‹*h*› zorgeloos voortleven, er op los leven; vegeteren, maar voortleven; **da'hinsiechen** ‹*s*› wegkwijnen

da'hinten daar achter

da'hinter er-, daarachter; *es ist was ~* daar steekt, zit wat achter; **dahinter'her**: *~ sein* ergens achterheen zitten; **da'hinterklemmen, sich** ‹*h*› zich (ervoor) inspannen; **da'hinterkommen** ‹*st.s; a-o*› erachter komen; **da'hinterstecken** erachter zitten, steken; **da'hinterstehen** ‹*st.h; a-a*› (*fig*) staan achter

'**Dahlie** ‹*die; -, -n*› dahlia

'**dalli!** vlug! schiet op!

'**damalig** toenmalig, van toen

'**damals** toen(maals), destijds

Da'mast ‹*der; -(e)s, -e*› damast

'**Dame** ‹*die; -, -n*› 1 dame; 2 damspel; *~ spielen* dammen; 3 dam; 4 vrouw (kaartspel); 5 (*schaken*) koningin; '**Damebrett** ‹*das; -(e)s, -er*› dambord

'**Damenbekleidung** ‹*die; -, geen mv*› dameskleding; '**Damenbinde** ‹*die; -, -n*› maandverband; '**Dameneinzel** ‹*das; -s, -*› (*tennis*) damesenkelspel; '**damenhaft** 1 elegant; 2 ladylike; '**Damenwäsche** ‹*die; -, geen mv*› lingerie

'**Damespiel** ‹*das; -(e)s, -e*› damspel; '**Damestein** ‹*der; -(e)s, -e*› damsteen

'**damit, da'mit** I ‹*bw*› 1 daarmee; ermee; *her ~!* hier ermee! *heraus ~: a*) hier ermee!; *b*) vertel op!; 2 daardoor; dus, derhalve; 3 *~, daß* ... door te ...; 4 *~ ist nichts* dat is niks, waardeloos; II ‹*vw*› opdat

'**dämlich** dom, stom, suf

Damm ‹*der; -(e)s, -ë*› 1 dam; 2 dijk; 3 *einen wieder auf den ~ bringen: a*) iem beter maken; *b*) iem er weer bovenop helpen; '**Dammbruch** ‹*der; -(e)s, -ë*› dijk-, dambreuk

'**dämmen** ‹*h*› 1 afdammen; 2 keren, tegengaan, beteugelen; 3 dempen (het geluid); 4 isoleren; '**dämmerig** 1 schemerig; 2 somber; '**Dämmerlicht** ‹*das; -(e)s, geen mv*› schemerlicht; '**dämmern** ‹*h*› 1 schemeren; *der Morgen dämmert* de morgen breekt aan; *der Abend dämmert* de avond valt; 2 dommelen; 3 *jetzt dämmert's (bei) mir* nu begint het me duidelijk te worden; '**Dämmerschlaf** ‹*der; -(e)s, geen mv*› sluimer, halfslaap; '**Dämmerung** ‹*die; -, -en*› schemering; '**Dämmstoff** ‹*der; -(e)s, -e*› isolatiemateriaal

'**Dämon** ‹*der; -s, -en*› demon, boze geest, duivel; **dä'monisch** demonisch, duivels

Dampf ‹*der; -(e)s, -ë*› 1 damp; 2 stoom; *~ ablassen* (*lett en fig*) stoom afblazen; 3 *~ hinter etwas machen* er vaart achter zetten; *~ drauf haben* zeer snel rijden; *einem ~ machen* iem flink aansporen; '**Dampfbügeleisen** ‹*das; -s, -*› stoomstrijkijzer; '**dampfen** ‹*h*› 1 dampen; uitwasemen; 2 stomen; '**dämpfen** ‹*h*› 1 stomen, (*eten*) smoren; 2 (*kleding*) stomen; 3 (*geluid*) dempen; 4 (*licht*) temperen; 5 verminderen; 6 beteugelen; '**Dampfer** ‹*der; -s, -*› stoomboot, -schip; '**Dämpfer** ‹*der; -s, -*› 1 demper; 2 domper; '**dampfig** dampig; '**Dampfkessel** ‹*der; -s, -*› stoomketel; '**Dampfkraft** ‹*die; -, geen mv*› stoomkracht; '**Dampflokomotive** ‹*die; -, -n*› stoomlocomotief; '**Dampfmaschine** ‹*die; -, -n*› stoommachine; '**Dampfturbine** ‹*die; -, -n*› stoomturbine; '**Dämpfung** ‹*die; -, -en*› vgl *dämpfen* 3,4,5,6; '**Dampfwalze** ‹*die; -, -n*› stoomwals

'**Damwild** ‹*das; -(e)s, geen mv*› damherten

da'nach I daar-, ernaar; *der Sinn steht mir nicht ~* mijn hoofd staat er niet naar; *er hat's ~ getrieben* hij heeft het ernaar gemaakt; *mir ist nicht ~* ik heb er geen zin in; **II** 1 daarna, daarop; 2 daarachter; *er sieht ganz ~ aus* dat is net iets voor hem; (*iron*) *du siehst gerade ~ aus!* dat kun je niet!

Däne ‹*der; -n, -n*› Deen

da'neben 1 daar-, ernaast; 2 bovendien

da'neben... in samenstellingen 1 ernaast ...; 2 verkeerd ..., mis...

da'nebengehen ‹*st.s; i-a*› 1 ernaast gaan; missen (schot); 2 mislukken; **da'nebengeraten** ‹*st.s; ie-a; ä*› mislukken; **da'nebengetroffen**! mis!; **da'nebenhalten** ‹*st.h; ie-a; ä*› vergelijken met; **da'nebenhauen** ‹*st.h; ie/haute-gehauen*› 1 ernaast slaan; 2 (*fig*) de plank misslaan; **da'nebenschießen** ‹*st.h; o-o*› 1 ernaast schieten; 2 (*fig*) ernaast zitten, het mis hebben; **da'nebentreffen** ‹*st.h; a-o; i*› 1 missen, niet raken; 2 (*fig*) zijn doel missen

da'nieder terneer, ne(d)er; **da'niederliegen** ‹*st.h; a-e*› 1 ziek te bed liggen; 2 in verval geraakt zijn

'**Dänin** ‹*die; -, -nen*› Deense; '**dänisch** Deens

Dank ‹*der; -(e)s, geen mv*› dank(zegging), dankbaarheid; *einem seinen ~ abstatten, aussprechen* iem zijn dank betuigen; *einem zu (großem) ~ verpflichtet sein* iem zeer erkentelijk, dankbaar zijn; *vielen, schönen ~!* dank u zeer! *tausend ~!* heel, heel hartelijk bedankt

dank ‹*vz*› (+ 3) *of* (+ 2); ‹*mv meestal* (+ 2)› dank zij

'**dankbar** dankbaar, erkentelijk; '**Dankbarkeit** ‹*die; -, geen mv*› dankbaarheid

'**danke**! dank je (U) (wel)!; '**danken** ‹*h*› (*einem*) (be)danken; teruggroeten; *das danke ich ihm* dat heb ik aan hem te danken; *na, ich danke* ik heb er genoeg van; '**Danksagung** ‹*die; -, -en*› dankbetuiging; '**Dankschreiben** ‹*das; -s, -*› bedankbrief

dann 1 dan; 2 toen, daarna; 3 in dat geval; 4 daarbij, verder; 5 *~ und wann* nu en dan

da'ran, dran daar-, eraan; *nahe ~* op het punt; *da ist alles dran* dat is uitstekend; (*fig*) *da ist etwas ~* daar zit wel iets in; *jetzt bin ich ~* nu is het mijn beurt; (*wenn etwas passiert*), *bist du ~ ben* jij erbij; *ich weiß nicht, wie ich mit ihm ~ bin* ik weet niet wat ik aan hem heb; *es liegt mir viel ~* er is mij veel aan gelegen; (*er ist*) *wohl ~* goed af; (*wir waren*) *schlimm, übel ~* er slecht aan toe; *er war nahe ~, das Spiel zu verlieren* hij had het spel bijna verloren

d(a)r'angeben ‹*st.h; a-e; i*› eraan geven; **d(a)r'angehen** ‹*st.s; i-a*› aan de gang gaan, beginnen; **d(a)r'anhalten, sich** ‹*st.h; ie-a, ä*› (*fam*) z'n best doen; **d(a)r'ankommen** ‹*st.s; a-o*› 1 aan de beurt komen; 2 iets aanraken; **d(a)r'anmachen, sich** ‹*h*› beginnen; **d(a)r'ansetzen** ‹*h*› 1 op het spel zetten; *alles ~* (ook) alles in het werk stellen, alle mogelijke moeite doen; 2 *sich ~* beginnen

dar'auf, drauf daar-, erop; *es kommt ~ an* het gaat erom; *~ los* erop los, erop toe; *~ soll es nicht ankommen* daar zal het niet aan liggen; '*darauf wollt' ich hinaus!* daar wilde ik heen!

darauf'hin, 'daraufhin 1 dientengevolge, als gevolg daarvan; 2 met het oog daarop, hiertoe

dar'aus 1 daaruit, eruit; 2 daarvan; 3 *ich mache mir nichts ~: a*) ik geef er niet om; *b*) ik maak er mij niet ongerust over; '*daraus wird nichts* daar komt niets van terecht

'**darben** ‹*h*› gebrek, nood lijden

'**darbieten** ‹*st.h; o-o*› 1 aanbieden, opleveren; 2 vertonen; 3 *sich ~* zich voordoen; '**Darbietung** ‹*die; -, -en*› 1 het aanbieden; 2 vertoning, uit-, opvoering, nummer

'**darbringen** ‹*onr.h*› 1 (*geschenk*) aanbieden, bewijzen, betuigen; 2 offeren

dar'ein daarin, erin; **dar'einfinden, sich** ‹*st.h; a-u*› zich erin schikken, erin berusten; **dar'einmischen, sich** ‹*h*› zich erin mengen, ermee bemoeien

dar'in daar-, erin

'**darlegen** ‹*h*› uiteenzetten, verklaren; '**Darlegung** ‹*die; -, -en*› uiteenzetting, verklaring

'Darleh(e)n *⟨das; -s, -⟩* lening; krediet

Darm *⟨der; -(e)s, -ë⟩* darm

'darreichen *⟨h⟩* aan-, toereiken

'darstellbar 1 vertoonbaar, voor te stellen; 2 (*van een rol e.d.*) speelbaar; **'darstellen** *⟨h⟩* 1 uit-, afbeelden, voorstellen; 2 (*een rol*) spelen; 3 beschrijven, schetsen; 4 (*een onderwerp*) behandelen; 5 betekenen, zijn; 6 (*volkstaal*) *etwas* ~ iets voorstellen; 7 *~de Künste* beeldende kunsten; **sich** ~ 1 zich vertonen; 2 blijken te zijn; **'Darsteller** *⟨der; -s, -⟩* toneelspeler, acteur; **'Darstellung** *⟨die; -, -en⟩* 1 uitbeelding, spel; 2 beschrijving; 3 behandeling (van thema); 4 voorstelling, afbeelding

'dartun *⟨onr.h⟩* (aan)tonen, bewijzen

dar'über 1 daar-, erover; 2 daar-, erboven; 3 ~ *hinaus: a*) bovendien; *b*) eroverheen; 4 intussen; 5 (*10 Mark oder etwas*) ~ meer; *'darüber geht nichts!* daar gaat niets boven!

darum 1 daar-, erom; 2 daar-, eromheen; 3 daarom, derhalve; 4 *seien Sie ~ nicht besorgt* wees daarover niet bezorgd; 5 *es handelt sich* ~ het is zaak; (*er weiß*) ~ ervan; (*100 Mark*) *oder ~ herum* of zoiets

darunter daar-, eronder; **dar'unterfallen** *⟨st.s; ie-a; ä⟩* eronder vallen, daar-, erbij horen

das I *⟨lidw⟩* de, het; **II** *⟨betr vnw⟩* dat; **III** *⟨aanw vnw⟩* dat

'dasein *⟨onr.s⟩* bestaan, er zijn; **'Dasein** *⟨das; -s, geen mv⟩* het bestaan; **'Daseinskampf** *⟨der; -(e)s, -ë⟩* strijd om het bestaan

'dasjenige datgene; dat

daß 1 dat; 2 op-, zodat; 3 *dadurch, ~, damit, ~ …* door te …; 4 *es sei denn, ~* tenzij

das'selbe hetzelfde

'dastehen *⟨st.h; a-a⟩* staan; (*jetzt steht er*) *ganz anders da* er heel anders voor

'Datei *⟨die, -, -en⟩* 1 (*comp*) bestand; 2 gegevens

'Daten *⟨mv⟩* data: *a*) gegevens, feiten; *b*) datums; **'Datenbank** *⟨die; -, -en⟩* databank; **'Datenschutz** *⟨der; -es, geen mv⟩* bescherming van persoonsgegevens; **'Datenspeicher** *⟨der; -s, -⟩* elektronisch geheugen; **'Datenträger** *⟨der; -s, -⟩* informatiedrager; **'Datenverarbeitung** *⟨die; -, geen mv⟩* gegevensverwerking, informatieverwerking; **'Datenverarbeitungsanlage** *⟨die; -, -n⟩* computer

da'tieren *⟨h⟩* dateren; **Da'tierung** *⟨die; -, -en⟩* dagtekening, datering

'Dativ *⟨der; -s, -e⟩* (*gramm*) datief, derde naamval; **'Dativobjekt** *⟨das; -(e)s, -e⟩* (*gramm*) meewerkend voorwerp

'Dattel *⟨die; -, -n⟩* dadel

'Datum *⟨das; -s, Daten⟩* 1 datum; *welches ~?* de hoeveelste?; *~ des Poststempels* datum postmerk; 2 dagtekening

'Daube *⟨die; -, -n⟩* duig

'Dauer *⟨die; -, geen mv⟩* duur, duurzaamheid; *auf die* ~ op den duur; *von* ~ duurzaam; *von langer* ~ van lange duur; **'Dauerauftrag** *⟨der; -(e)s, -ë⟩* 1 machtiging tot automatische overschrijving; 2 automatische overschrijving; **'Dauerausstellung** *⟨die; -, -en⟩* doorlopende tentoonstelling; **'Dauerflug** *⟨der; -(e)s, -̈e⟩* non-stop vlucht; **'Dauergeschwindigkeit** *⟨die; -, -en⟩* kruissnelheid; **'dauerhaft** duurzaam, solide; **'Dauerhaftigkeit** *⟨die; -, geen mv⟩* duurzaamheid, soliditeit, bestendigheid; **'Dauerkarte** *⟨die; -, -n⟩* seizoenkaart; **'Dauerlauf** *⟨der; -(e)s, -ë⟩* lange trainingsloop; **'dauern I** *⟨dasv ww h⟩* medelijden inboezemen; *du dauerst mich* ik heb medelijden met je; **II** *⟨dasnov ww; h⟩* duren; **'dauernd** voortdurend; **'Dauerparker** *⟨der; -s, -⟩* langparkeerder; **'Dauerregen** *⟨der; -s, geen mv⟩* aanhoudende regen; langdurige regenval; **'Dauersitzung** *⟨die; -, -en⟩* maratonzitting; **'Dauerwelle** *⟨die; -, -n⟩* permanent (wave)

'Daumen *⟨der; -s, -⟩* duim; *einem, für einen den ~ drücken, halten* voor iem duimen; (*fig*) *auf* (+ 4) *etwas den ~ drücken* ergens op staan; *über den ~ peilen* ruw, met de natte vinger schatten; **'Daumenschraube** *⟨die; -, -n⟩* duimschroef

'Daune *⟨die; -, -n⟩* donsveder; (*mv ook*) dons; **'Daunendecke** *⟨die; -, -n⟩* donzen dekbed

da'von 1 daar-, ervan; 2 (*50 Meter*) ~ daar-, ervandaan; 3 daarover; *genug ~!* geen woord meer daarover!; 4 *was habe ich ~?* wat heb ik er aan?; 5 weg; *auf und ~ gehen* ervandoor gaan; 6 *weit ~ entfernt sein …* nog lang niet …

da'voneilen *⟨s⟩* wegsnellen; **da'vonfahren** *⟨st.s; u-a; ä⟩* wegrijden, -varen; **da'vonfliegen** *⟨st.s; o-o⟩* wegvliegen; **da'vongehen** *⟨st.s; i-a⟩* 1 weggaan; 2 sterven; **da'vonkommen** *⟨st.s; a-o⟩* er afkomen; *mit dem bloßen Schrecken ~* met de schrik vrijkomen; **da'vonlassen** *⟨st.h; ie-a; ä⟩* *die Finger ~* met je (z'n enz.) vingers er afblijven; **da'vonlaufen** *⟨st.s; ie-au; äu⟩* 1 weglopen, op de loop gaan; 2 (*fig*) uit de hand lopen; 3 *zum Davonlaufen* om je dood te ergeren, niet om uit te houden; **da'vonmachen, sich** *⟨h⟩* 1 ervandoor gaan; 2 (*volkstaal*) sterven; **da'vontragen** *⟨st.h; u-a; ä⟩* 1 (*den Preis, den Sieg*) behalen; 2 (*verwonding, ziekte*) oplopen, opdoen; **da'vonziehen** *⟨st.s; o-o⟩* (*sp*) ervandoor gaan; uitlopen, een voorsprong nemen

da'vor daar-, ervoor

da'zu 1 daar-, ertoe; 2 daar-, ervoor; 3 daar-, erbij, bovendien; 4 *ich bin nicht der Mann ~* ik ben er de man niet naar …; *was sagen, meinen Sie ~?* wat zegt, denkt u ervan? *er riet mir ~* hij raadde het mij aan; *'dazu ist er hier* dáárvoor is hij hier; *'dazu kommt noch, daß …* daar komt nog bij, dat …; **da'zugeben** *⟨st.h; a-e; i⟩* bijdragen, erbij geven; **da'zugehören** *⟨h⟩* erbij behoren; **da'zugehörig** erbij behorend, bijbehorend

'dazumal toenmaals

da'zutun *⟨onr.h⟩* erbij doen; **da'zuverdienen** bijverdienen

da'zwischen 1 daar-, ertussen; 2 tussenbeide;

da'zwischenfahren ‹*st.s; u-a; ä*› tussenbeide komen; **da'zwischenkommen** ‹*st.s; a-o*› 1 ertussen komen; 2 tussenbeide komen; **da'zwischenliegend** tussenliggend; **da'zwischenreden** ‹*h*› 1 zich in het gesprek mengen; 2 het gesprek onderbreken; **da'zwischentreten** ‹*st.s; a-e; i*› tussenbeide komen

DB *Deutsche Bundesbahn*

DDR *Deutsche Demokratische Republik*

De'batte ‹*die; -, -n*› debat; *zur ~ stehen* aan de orde zijn

debat'tieren ‹*h*› debatteren

'Debet ‹*das; -s, -s*› debet

De'büt ‹*das; -s, -s*› debuut; *sein ~ geben, liefern* debuteren; **Debü'tant** ‹*der; -en, -en*› debutant; **debü'tieren** ‹*h*› debuteren

Deck ‹*das; -(e)s, -e*› (*scheepv*) dek; *alle Mann an ~!* alle hens aan dek

'Deckadresse ‹*die; -, -n*› schuiladres; **'Deckblatt** ‹*das; -(e)s, -ër*› 1 dekblad; 2 (*plantk*) schutblad

'Decke ‹*die; -, -n*› 1 deken; 2 (vloer-, tafel)kleed; 3 (*sneeuw*) dek; 4 zoldering, plafond; 5 (*jag*) (*van roodwild*) huid; 6 (auto)buitenband; 7 wegdek; 8 *mit einem unter einer ~ stecken* onder één hoedje spelen; *sich nach der ~ strecken* de tering naar de nering zetten

'Deckel ‹*der; -s, -*› 1 deksel; 2 (*van boek*) band; 3 *eins auf den ~ kriegen* op z'n kop krijgen

'decken ‹*h*› 1 dekken (*alle bet*); 2 *sich ~* (*mit*) overeenstemmen (met), gelijk zijn (aan); **'Decknahme** ‹*der; -ns, -n*› schuilnaam; **'Dekkung** ‹*die; -, -en*› 1 dekking (*alle bet*); 2 gelijkheid, overeenstemming

dedu'zieren ‹*h*› afleiden

de'fekt defect, kapot; **De'fekt** ‹*der; -(e)s, -e*› 1 defect; 2 gebrek

defen'siv defensief, verdedigend; **Defen'sive** ‹*die; -, -n*› verdediging

Defi'lee ‹*das; -s, -n*› defilé

defi'nieren ‹*h*› definiëren; **Definiti'on** ‹*die; -, -en*› definitie; **defini'tiv** definitief

Defi'zit ‹*das; -s, -e*› tekort

Deflati'on ‹*die; -, -en*› deflatie

'deftig (*volkstaal*) 1 (*maaltijd e.d.*) krachtig, stevig; 2 ruw, ruig; (*Witz*) schuin

'Degen ‹*der; -s, -*› degen

Degenerati'on ‹*die; -, -en*› degeneratie; **degene'rieren** ‹*s*› degenereren

degra'dieren ‹*h*› degraderen

'dehnbar uitzet-, rekbaar (*ook fig*), elastisch; **'dehnen** ‹*h*› 1 (uit)rekken; 2 verlengen; 3 *sich ~: a*) zich uitrekken, langer worden, uitzetten; *b*) zich uitstrekken; *c*) lang duren; **'Dehnung** ‹*die; -, -en*› 1 rekking, uitzetting; 2 verlenging; 3 rek (van draad)

'Deich ‹*der; -(e)s, -e*› dijk

'Deichsel ‹*die; -, -n*› dissel(boom)

dein ‹*bez vnw*› (in brieven) *Dein* jouw, je; uw; *das Deine* het jouwe; *die Deinen* de jouwen; de uwen; *der, die Deine* die van jou

'deinerseits van jouw, uw kant, uwerzijds

'deines'gleichen de gelijke(n) van jou, van u

'deinetwegen, deinet'willen: *um ~: a*) terwille van jou, van u; *b*) om jou, om u

'deinige (*der, die, das*) (de, het) jouwe, (de, het) uwe; *tue das D~; mein Buch und das ~*

De'kan ‹*der; -s, -e*› deken (r.-k. kerk)

Deklamati'on ‹*die; -, -en*› declamatie; **dekla'mieren** ‹*h*› declameren

Deklarati'on ‹*die; -, -en*› declaratie; **dekla'rieren** ‹*h*› declareren

deklas'sieren ‹*h*› declasseren

Deklinati'on ‹*die; -, -en*› declinatie, verbuiging; **dekli'nieren** ‹*h*› declineren, verbuigen

deko'dieren ‹*h*› decoderen

De'kor ‹*der of das; -s, -s*› decor; **Dekora'teur** ‹*der; -s, -e*› etaleur; **Dekorati'on** ‹*die; -, -en*› 1 versiering; 2 orde, onderscheiding; 3 (*theat*) decor; **dekora'tiv** decoratief; **deko'rieren** ‹*h*› decoreren

De'kret ‹*das; -(e)s, -e*› decreet, besluit; **De'kretenentwurf** ‹*der; -(e)s, -ë*› (*Belg*) ontwerpdecreet

Delegati'on ‹*die; -, -en*› delegatie; **dele'gieren** ‹*h*› 1 delegeren, afvaardigen; 2 delegeren, overdragen; **Dele'gierte(r)** ‹*bn als zn*› afgevaardigde, gedelegeerde

delibe'rieren ‹*h*› delibereren, beraadslagen

deli'kat delicaat (*alle bet*); **Delika'tesse** ‹*die; -, -n*› 1 delicatesse; 2 fijngevoeligheid

De'likt ‹*das; -(e)s, -e*› delict, misdrijf

'Delle ‹*die; -, -n*› deuk (in auto, hoed)

Del'phin ‹*der; -s, -e*› 1 dolfijn; 2 (*sp*) vlinderslag

'Delta ‹*das; -s, -s en Delten* › delta; **'Deltaflieger** ‹*der; -s, -*› (*sp*) hangglider

dem *dat ev* van *der* en *das*; (*wenn*) *~* (*so ist*) dat; *wie ~ auch sei* hoe dan ook

demas'kieren ‹*h*› demaskeren, ontmaskeren

demen'tieren ‹*h*› ontkennen

'dement'sprechend dienovereenkomstig

'demgegen'über daartegenover, daarentegen

'demge'mäß dienovereenkomstig

'dem'nach dus, bijgevolg, derhalve

'demnächst binnenkort, eerstdaags

'Demo ‹*die; -, -s*› (*afk*) demonstratie

Demo'krat ‹*der; -en, -en*› democraat; **Demokra'tie** ‹*die; -, -n*› democratie; **demokrati'sieren** ‹*h*› democratiseren

demo'lieren ‹*h*› vernielen

Demonstrati'on ‹*die; -, -en*› demonstratie (*alle bet*); **Demonstrati'onszug** ‹*der; -(e)s, -ë*› stoet demonstranten; **demonstra'tiv** demonstratief; **demon'strieren** ‹*h*› demonstreren

Demon'tage ‹*die; -, -n*› demontage; ontmanteling (van fabrieken); **demon'tieren** ‹*h*› demonteren; ontmantelen

demorali'sieren ‹*h*› demoraliseren

'Demut ‹*die; -, geen mv*› deemoed, nederigheid; **'demütig** deemoedig, nederig, onderdanig; **'demütigen** ‹*h*› vernederen; **'Demütigung** ‹*die; -, -en*› vernedering

'demzu'folge dientengevolge

den *accusatief ev* van *der; datief mv* van *der, die, das*
'**Denkart** ‹*die; -, -en*› denkwijze; '**denkbar** denkbaar; ~ *einfach* zo eenvoudig mogelijk; *die* ~ *besten Waren* de allerbeste waren; '**denken** ‹*onr.h*› 1 denken (*alle bet*); *ich denke doch!* ik denk van wel!; *wo denkst du hin?* wat denk je wel?; *daran ist nicht zu* ~ (daar is) geen denken aan; 2 van plan zijn; 3 *was denkst du davon?* wat vind je daarvan?; 4 *denk*(*e*) *mal an!* stel je voor!; 5 *sich* ~ (zich) denken, zich voorstellen; *das hätte ich mir* ~ *können* dat had ik kunnen weten, verwachten; *das habe ich mir gleich gedacht* dat dacht ik al; *das hast du dir gedacht!* dat dacht je maar!; '**Denker** ‹*der; -s, -*› denker; '**Denkfähigkeit** ‹*die; -, geen mv*› denkvermogen; '**Denkfehler** ‹*der; -s, -*› denkfout; '**Denkmal** ‹*das; -(e)s, -ër of -e*› 1 gedenkteken; monument; 2 document (van oude literatuurperiode); '**Denkmal(s-)schutz** ‹*der; -es, geen mv*› monumentenzorg; '**denkste**! had je gedacht!; '**denkwürdig** gedenkwaardig, heuglijk; '**Denkzettel** ‹*der*› *einem einen* ~ *verpassen, geben* iemand een lesje leren
denn I ‹*bw*› 1 dan, toch; *wieso* ~*?* hoezo dan?; 2 eigenlijk; *was willst du* ~*?* wat wil je eigenlijk?; 3 tenzij; **II** ‹*vw*› 1 want; 2 ‹*na vergrotende trap*› dan
'**dennoch** nochtans, toch, evenwel
denun'zieren ‹*h*› verklikken
Deo ‹*das; -(s), -s*› (*afk*) deodorant; **Deodo'rant** ‹*das; -s, -s*› deodorant
Depo'nie ‹*die; -, -n*› vuilstortplaats; **depo'nieren** ‹*h*› deponeren
Deportati'on ‹*die; -, -en*› deportatie; **depor'tieren** ‹*h*› deporteren, verbannen
De'positen ‹*mv*› deposito's
De'pot ‹*das; -s, -s*› depot (*alle bet*); (*Belg*) stelplaats
Depressi'on ‹*die; -, -en*› depressie (*alle bet*); **depres'siv** depressief
depri'mieren ‹*h*› deprimeren
Deputati'on ‹*die; -, -en*› deputatie
der I ‹*lidw*› de, het; **II** ‹*betr vnw*› die, dat; **III** ‹*aanw vnw*› degene, deze, die
'**derart** zo, zodanig; dusdanig; '**derartig** zulk, dergelijk, zodanig
derb 1 stevig; krachtig; 2 ruw, hard; 3 grof
der'einst vroeger eens
'**deren** *genitief* van *die;* haar, hun, er, ervan; wier, waarvan
'**derent'wegen**, **derent'willen**: *um* ~*: a*) om hunnentwille, om hen; *b*) om wie
'**derer** van hen, van diegenen
'**derge'stalt** zodanig
'**dergleichen** dergelijk(e), zulk(e)
'**derjenige** 1 de-, diegene; 2 die
'**dermaßen** in die mate, zozeer, zodanig
der'selbe dezelfde
der'weil I ‹*vw*› terwijl; **II** ‹*bw*› ondertussen
'**der'zeit** 1 tegenwoordig, thans; 2 destijds; '**der'zeitig** 1 tegenwoordig, huidig; 2 toenmalig
deser'tieren ‹*s*› deserteren
'**desgleichen** evenzo
des'halb daarom, derhalve
De'sign ‹*das; -s, -s*› ontwerp
Desinfekti'onsmittel ‹*das; -s, -*› ontsmettingsmiddel
desinfi'zieren ‹*h*› desinfecteren
Des'pot ‹*der; -en, -en*› despoot
'**dessen** 1 diens; 2 wiens, van wie; 3 waarvan
'**dessenunge'achtet** desondanks
Des'sin ‹*das; -s, -s*› 1 dessin; 2 ontwerp
Destillati'on ‹*die; -, -en*› destillatie; **destil'lieren** ‹*h*› destilleren
'**desto** des te, zoveel te
destruk'tiv destructief, vernietigend
'**des'wegen** derhalve, daarom
deta'chieren ‹*h*› detacheren
detail'liert gedetailleerd
Detek'tiv ‹*der; -s, -e*› detective
Determina'tivpronomen ‹*das; -s, -*› (*gramm*) bepalingaankondigend voornaamwoord; **determi'nieren** ‹*h*› determineren
Detonati'on ‹*die; -, -en*› detonatie, ontploffing; **deto'nieren** ‹*s*› exploderen, ontploffen
'**deuteln** ‹*h*› spitsvondig, kleingeestig uitleggen
'**deuten** ‹*h*› 1 verklaren, uitleggen, interpreteren; 2 *auf* (+ 4) ~*: a*) op iets wijzen; iets aankondigen; *b*) iets aanwijzen
'**deutlich** duidelijk; '**Deutlichkeit** ‹*die; -, -en*› duidelijkheid
deutsch ‹*bn*› Duits; (*fig*) *auf* (*gut*) ~ *gesagt* in alle duidelijkheid; (*fig*) (*auf gut*) ~ *mit einem sprechen* met iemand duidelijk, ronduit spreken; *auf, in, zu* ~ in het Duits, op z'n Duits; **Deutsch** ‹*das; - of -s, geen mv*› Duits (= Duitse taal); *in* ~ in het Duits; '**Deutsche** ‹*das; -, geen mv*› 1 Duits (taal); 2 *das typisch* ~ het typisch Duitse; '**Deutsche(r)** ‹*bn als zn*› Duitse(r) (persoon); '**deutschfeindlich** anti-Duits; '**deutschfreundlich** pro-Duits; '**Deutschkunde** ‹*die; -, geen mv*› kennis van het Duitse volk en zijn cultuur; '**Deutschland** ‹*das; -(e)s, geen mv*› Duitsland; '**Deutschlehrer** ‹*der; -s, -*› leraar Duits; '**deutschsprachig** 1 Duits sprekend; 2 Duits, in de Duitse taal; '**Deutschstunde** ‹*die; -, -n*› Duitse les; '**Deutschtum** ‹*das; -(e)s, geen mv*› Duitse aard; '**Deutschunterricht** ‹*der; -(e)s, geen mv*› Duitse les
'**Deutung** ‹*die; -, -en*› verklaring, interpretatie
De'vise ‹*die; -, -n*› devies, leus; **De'visen** ‹*mv*› deviezen (vreemd geld)
de'vot 1 devoot; 2 deemoedig, onderworpen
Dezember ‹*der; -s, -*› december
De'zennium ‹*das; -s, Dezennien*› decennium
de'zent 1 discreet, fijngevoelig, bescheiden; 2 heel fijn, teer, zacht, gedempt; 3 onopvallend
Dezer'nat ‹*das; -(e)s, -e*› afdeling, tak van dienst (van ministerie, stadsbestuur, politie)

dezi'mal decimaal; **Dezi'malstelle** ‹*die; -, -n*› decimaal; **Dezi'malsystem** ‹*das; -(e)s, -e*› tientallig stelsel

Dezi'meter ‹*der of das; -s, -*› decimeter, *afk* dm

dezi'mieren ‹*h*› decimeren, sterk dunnen

d.h. (*afk*) *das heißt* dat wil zeggen (d.w.z.)

Dia'betiker ‹*der; -s, -*› diabeet, suikerzieke; **Dia'betikerin** ‹*die; -, -nen*› diabete

Dia'dem ‹*das; -s, -e*› diadeem

diagnosti'zieren ‹*h*› diagnose stellen

diago'nal diagonaal

Dia'kon ‹*der; -s en -en, -e en -en*› diaken; **Diako'nisse** ‹*die; -, -n*› diacones

Dia'lekt ‹*der; -(e)s, -e*› 1 dialect; 2 tongval; **dia'lektisch** dialectisch

Dia'log ‹*der; -(e)s, -e*› dialoog

Dia'mantschmuck ‹*der; -(e)s, geen mv*› diamanten sieraad

Diaposi'tiv ‹*das; -s, -e*› (*fot*) diapositief, dia

Dia'rahmen ‹*der; -s, -*› diaraam(pje)

Di'ät ‹*die; -, -en*› dieet; **di'ät**: ~ *leben* op dieet leven; **Di'äten** ‹*mv*› vacatiegeld

dich (4) van *du;* jou, je, u

dicht 1 dicht; 2 dicht opeen; 3 ~ *neben dem Haus* vlak naast het huis; (*volkstaal*) *nicht ganz* ~ *sein* niet goed snik zijn

'dicht'auf direct erna

'dichtbesiedelt, dichtbevölkert dichtbevolkt; **dichtbewölkt** zwaarbewolkt

'Dichte ‹*die; -, geen mv*› dichtheid

'dichten ‹*h*› 1 dichten, verzen maken; 2 verzinnen, fantaseren; 3 dichten, stoppen; **'Dichter** ‹*der; -s, -*› 1 schrijver; 2 dichter; **'Dichterin** ‹*die; -, -nen*› 1 schrijfster; 2 dichteres; **'dichterisch** dichterlijk, poëtisch

'dichthalten ‹*st.h; ie-a; ä*› zwijgen

'Dichtkunst ‹*die; -, geen mv*› 1 dichtkunst; 2 literatuur, poëzie

'dichtmachen ‹*h*› sluiten

'Dichtung ‹*die; -, -en*› 1 literatuur; 2 poëzie; 3 dichtkunst; 4 literair werk; 5 fantasie; 6 (*techn*) afsluiting, dichting; pakking

dick 1 dik (*alle bet*); 2 (*order, auto*) groot; 3 ~*e Luft: a*) gevaar; *b*) onaangename stemming; *c*) verpeste lucht; ~ *auftragen* overdrijven; *sich mit etwas ~ machen* met iets opscheppen; *etwas ~ haben* iets zat zijn; **'Dickdarm** ‹*der; -(e)s, -ë*› dikke darm; **'Dicke** ‹*die; -n, -n*› dikte; **'Dicke(r)** ‹*bn als zn*› dikkerd, dikzak; **'dickfellig** dikhuidig (*ook fig*); **'Dickhäuter** ‹*der; -s, -*› dikhuidige; **'Dickicht** ‹*das; -(e)s, -e*› 1 kreupelhout, struikgewas; 2 (*fig*) warwinkel; **'Dickkopf** ‹*der; -(e)s, -ë*› stijfkop; **'dickköpfig** stijfhoofdig, eigenzinnig; **'dickleibig** dik, zwaarlijvig; **'Dickschädel** ‹*der; -s, -*› zie *Dickkopf*; **'dicktuerisch** opschepperig, dikdoenerig

Di'daktik ‹*die; -, -en*› didactiek; **di'daktisch** didactisch

die I ‹*lidw*› het, de; **II** ‹*aanw vnw*› die, deze; **III** ‹*betr vnw*› die, dat

Dieb ‹*der; -(e)s, -e*› dief; **'Diebesgut** ‹*das; -(e)s, -ër*› gestolen goed; **'Diebin** ‹*die; -, -nen*› dievegge; **'diebisch** 1 diefachtig; 2 ~ (*lachen*) met leedvermaak; 3 reusachtig, enorm; **'Diebstahl** ‹*der; -(e)s, -ë*› diefstal

'diejenige de-, diegene; die

'Diele ‹*die; -, -n*› 1 plank, deel; 2 hal, portaal; 3 dancing

'dienen ‹*h*› 1 dienen (*alle bet*); *zu ~!* om u te dienen, tot uw dienst!; 2 *laß dir das zur, als Warnung* ~ laat dat een waarschuwing zijn; 3 *womit kann ich ~?* waarmee kan ik van dienst zijn?; 4 *damit können wir nicht* ~ dat hebben wij niet voorradig; 5 *zum Spott* ~ uitgelachen worden; **'Diener** ‹*der; -s, -*› 1 dienaar, bediende, knecht; 2 *einen ~ machen* een buiging maken; **'dienlich** dienstig, nuttig, geschikt; *der Gesundheit* ~ goed, nuttig voor de gezondheid; **Dienst** ‹*der; -(e)s, -e*› dienst (*alle bet*); *einem einen ~ erweisen, leisten* iem een dienst bewijzen; ~ *nach Vorschrift* stiptheidsactie; ***außer*** ~ (*van militair*) buiten dienst; (*Belg*) oprustgesteld ~ ***am*** *Kunden* service; ***im*** ~ *sein* in dienst zijn; ***zu*** *~en stehen* ten d.e., ter beschikking staan; *was steht zu* (*Ihren*) *~en?* wat is er van uw dienst?; **'Dienstalter** ‹*das; -s, geen mv*› diensttijd, anciënniteit; **'Dienstantritt** ‹*der; -(e)s, -e*› indiensttreding; **'Dienstanweisung** ‹*die; -, -en*› dienstinstructie; **'Dienstausweis** ‹*der; -es, -e*› legitimatiebewijs; **'dienstbar** dienstbaar, gedienstig; **'Dienstbarkeit** ‹*die; -, -en*› dienstbaarheid; **'dienstbereit** 1 dienstwillig; 2 hulpvaardig; **'Dienstbote** ‹*der; -n, -n*› dienstbode; **'diensteifrig** gedienstig; **'dienstfrei** vrij van dienst; **'Dienstgrad** ‹*der; -(e)s, -e*› (*mil*) rang; **'diensthabend** dienstdoend, van dienst; **'Dienstleistungen** ‹*mv*› diensten, dienstverlening(en); **'Dienstleistungsbereich** ‹*der; -(e)s, geen mv*›, **Dienstleistungssektor** ‹*der; -s, geen mv*› dienstensector; **'Dienstleistungsbetrieb** ‹*der; -(e)s, -e*› dienstverlenend bedrijf; **'dienstlich** ambtelijk; officieel; door de dienst; **'Dienstmädchen** ‹*das; -s, -*› dienstmeisje; **'Dienstpflicht** ‹*die; -, geen mv*› plicht; **'Dienstrang** ‹*der; -(e)s, -ë*› (*mil*) rang; **'Dienststelle** ‹*die; -, -n*› 1 kantoor, bureau; 2 instantie, orgaan, overheidsdienst; **'Dienststunden** ‹*mv*› diensttijd, werktijd; ~ *von* … *bis* … geopend van … tot …; **'diensttauglich** geschikt voor de dienst; **'diensttuend** dienstdoend, van dienst; **'dienst'unfähig, dienst'untauglich** ongeschikt voor de dienst; **'Dienstverhältnis** ‹*das; -ses, -se*› (dienst)-betrekking; arbeidscontract; **'Dienstweg** ‹*der; -(e)s, -e*› officiële weg; **'dienstwillig** 1 dienstwillig; 2 hulpvaardig

dies dit; **'diesbezüglich I** ‹*bn*› desbetreffend, hierop betrekking hebbend; **II** ‹*bw*› daar-, hieromtrent

die'selbe dezelfde, zij

Diesel ‹*der; -(s), -*› 1 dieselauto; 2 dieselolie; **'Dieselkraftstoff** ‹*der; -(e)s, -e*› dieselolie

'dieser (*diese, dieses od. dies*) deze, dit; ~ *und jener* deze en gene
'diesig heiig, nevelig, wazig
'diesjährig van dit jaar; **'diesmal** deze keer; **'diesseitig** 1 aan of van deze kant; 2 aards; **'Diesseits** ‹*das; -, geen mv*› het aardse leven; **'diesseits** ‹*vz*› (+ 2) aan deze kant
'Dietrich ‹*der; -(e)s, -e*› loper, valse sleutel
Differenti'al ‹*das; -s, -e*› 1 (*wisk*) differentiaal; 2 (*techn*) differentieel
Diffe'renz ‹*die; -, -en*› 1 verschil; 2 onenigheid; **differen'zieren** ‹*h*› differentiëren
dif'fus 1 diffuus (licht); 2 verward
digi'tal digita(a)l(e); **Digi'taluhr** ‹*die; -, -en*› digitaalhorloge
Dik'tat ‹*das; -(e)s, -e*› 1 dictaat; 2 dictee
Dik'tator ‹*der; -s, -en*› dictator; **Dikta'tur** ‹*die; -, -en*› dictatuur
dik'tieren ‹*h*› 1 dicteren; 2 voorschrijven; **Dik'tiergerät** ‹*das; -(e)s, -e*› dictafoon
Dilet'tant ‹*der; -en, -en*› dilettant, amateur
Dill ‹*der; -(e)s, -e*› dille
Dimen'sion ‹*die; -, -en*› dimensie
DIN (*afk*) 1 *Deutsche Industrienorm*; 2 *Deutsches Institut für Normung*
Di'ner ‹*das; -s, -s*› diner
Ding I ‹*das; -(e)s, -e*› 1 ding; *aller guten ~e sind drei* alle goede dingen bestaan uit drieën; 2 *unverrichteter ~e* onverrichter zake; 3 *vor allen ~en* in de eerste plaats; *guter ~e sein* welgemoed, in zijn schik zijn; (*das*) *geht nicht mit rechten ~en zu* is niet in de haak; *ein ~ der Unmöglichkeit* onmogelijk; **II** ‹*das; -(e)s, -er*› 1 ding, meisje, kind; 2 *krumme ~er machen* streken uithalen
'dingen ‹*st. en zw.; dang-dingte, gedungen-gedingt*› 1 huren; 2 in dienst nemen
'dingfest: ~ *machen* arresteren
'dinglich (*recht, overeenkomst*) zakelijk
Diö'zese ‹*die; -, -n*› diocees, bisdom
Diphthe'rie ‹*die; -, geen mv*› difteritis
Diph'thong ‹*der; -(e)s, -e*› tweeklank, diftong
Di'plom ‹*das; -s, -e*› (*universiteit, hogeschool*) diploma; **Di'plomarbeit** ‹*die; -, -en*› (*universiteit, hogeschool*) afstudeerscriptie
Diplo'mat ‹*der; -en, -en*› diplomaat; **Diploma'tie** diplomatie; **diplo'matisch** diplomatiek; *das D~e Korps* het Corps Diplomatique
Di'plomingenieur ‹*der; -s, -e*› ingenieur (opgeleid aan de T.H.); **Di'plomkaufmann** ‹*der; -(e)s, -leute*› commercieel econoom; **Di'plomlandwirt** ‹*der; -(e)s, -e*› landbouwkundig ingenieur
'dippen ‹*h*› even indopen, dippen
dir (aan) jou, (aan) u; (in brieven) *Dir*
di'rekt 1 direct, rechtstreeks; onmiddellijk; 2 vlakbij; ~ *am Flugplatz*; 3 *das ist ~ beleidigend* dat is gewoonweg beledigend; (*eine*) *~e Lüge* een aperte leugen; **Di'rektflug** ‹*der; -(e)s, -̈e*› rechtstreekse vlucht, non-stop-vlucht
Direkti'on ‹*die; -, -en*› directie; **Di'rektor** ‹*der; -s, -en*› 1 directeur; 2 rector; **Direk'torin** ‹*die; -, -nen*› 1 directrice; 2 rectrix
Di'rektsendung ‹*die; -, -en*›, **Di'rektübertragung** ‹*die; -, -en*› (*telec*) rechtstreekse, live-uitzending; **Di'rektwahl** ‹*die; -, -en*› rechtstreekse verkiezing
Diri'gent ‹*der; -en, -en*› dirigent; **diri'gieren** ‹*h*› 1 dirigeren; 2 leiden
Dirndl ‹*das; -s, -*› 1 meisje; 2 Dirndljurk
'Dirne ‹*die; -, -n*› prostituée, snol
Dis'countgeschäft ‹*das; -(e)s, -e*› discountzaak
Dis'kont ‹*der; -(e)s, -e*› disconto; **Dis'kontsatz** ‹*der; -es, -̈e*› disconto(percentage)
Disko'thek ‹*die; -, -en*› discotheek
'Diskredit ‹*der; -(e)s, geen mv*› diskrediet
Diskre'panz ‹*die; -, -en*› discrepantie
dis'kret discreet; **Diskreti'on** ‹*die; -, geen mv*› discretie
diskrimi'nieren ‹*h*› discrimineren; **Diskrimi'nierung** ‹*die; -, -en*› discriminatie
Diskus'sion ‹*die; -, -en*› discussie; *zur ~ stehen, stellen* ter discussie staan, stellen; **disku'tabel** discutabel; **disku'tieren** ‹*h*› discussiëren
dispen'sieren ‹*h*› vrijstellen; **Dispen'sierung** ‹*die; -, -en*› dispensatie, ontheffing
dispo'nieren ‹*h*› 1 disponeren (*über* (+ 4)); 2 *disponiert zu* gevoelig voor; 3 *gut, schlecht disponiert* in goede, slechte conditie
Dispositi'on ‹*die; -, -en*› 1 dispositie, beschikking; *zur ~ stehen* ter beschikking staan; 2 (rang)schikking; 3 gevoeligheid
Dis'put ‹*der; -(e)s, -e*› dispuut
disqualifi'zieren ‹*h*› diskwalificeren
Dissertati'on ‹*die; -, -en*› dissertatie
Disso'nanz ‹*die; -, -en*› dissonant
Di'stanz ‹*die; -, -en*› distantie, afstand; ~ *halten, wahren* zich op een afstand houden, afstand bewaren; *auf ~ gehen* afstand nemen; **distan'zieren, sich** zich distantiëren
'Distel ‹*die; -, -n*› distel
distingu'iert gedistingeerd, voornaam
distribu'ieren ‹*h*› distribueren, ver-, uitdelen; **Distributi'on** ‹*die; -, -en*› distributie
Dis'trikt ‹*der; -(e)s, -e*› district
Diszi'plin ‹*die; -, -en*› 1 discipline; 2 tak (van wetenschap, kunst of sport); **diszipli'narisch** disciplinair; **Diszipli'narmaßnahme** ‹*die; -, -n*› disciplinaire maatregel; **Diszipli'narrecht** ‹*das; -(e)s, -e*› tuchtrecht; **Diszipli'narstrafe** ‹*die; -, -n*› disciplinaire straf; **Diszipli'narverfahren** ‹*das; -s, -*› tuchtrechtelijke procedure; **diszipli'niert** gedisciplineerd
diver'gieren ‹*h*› divergeren
Divi'dende ‹*die; -, -n*› dividend
divi'dieren ‹*h*› delen; **Divisi'on** ‹*die; -, -en*› 1 deling; 2 (*mil*) divisie
d.J. (*afk*) *dieses Jahres* van dit jaar
DJH (*afk*) *Deutsche Jugendherberge*
DKP (*afk*) *Deutsche Kommunistische Partei*
DM (*afk*) *Deutsche Mark* Duitse Mark
d.M. (*afk*) *dieses Monats* van deze maand
doch 1 toch; *paß ~ auf!* let toch op!; 2 (na een ontkennende vraag) jawel; 3 (*er ging weg*),

sah er ~, daß ich ... hij zag immers, dat ik ...; 4 (*wären wir*) ~ *zu Hause!* maar thuis; 5 (*wir warteten lange*), ~ (*er kam nicht*) maar ...

Docht ‹*der;* -(*e*)*s, -e*› pit, kousje (lamp, kaars)

Dock ‹*das;* -(*e*)*s, -e en -s*› dok; **'Dockarbeiter** ‹*der; -s, -*› dokwerker; **'docken** ‹*h*› (schepen) dokken; **'Docker** ‹*der; -s, -*› dokwerker

'Dogge ‹*die; -, -n*› dog (een hond)

'Dogma ‹*das; -s, Dogmen*› dogma, leerstelling; **dog'matisch** dogmatisch

'Dohle ‹*die; -, -n*› kauw, torenkraai

'Doktor ‹*der; -s, -en*› 1 doctor; ~ *der Medizin* (*Dr. med*) doctor in de medicijnen; *Doctor Juris*, ~ *der Rechte* (*Dr. Jur.*) doctor in de rechten; ~ *der* ... doctor in de ...; 2 *den, seinen ~ machen* promoveren; 3 dokter, arts; **Dokto'rand** ‹*der; -en, -en*› promovendus; **'Doktorarbeit** ‹*die; -, -en*› proefschrift; **Dok'torin** ‹*die; -, -nen*› 1 vrouwelijke doctor; 2 vrouwelijke dokter, arts; **'Doktortitel** ‹*der; -s, -*› doctorstitel

Dok'trin ‹*die; -, -en*› doctrine

Doku'ment ‹*das;* -(*e*)*s, -e*› document; **Dokumen'tarfilm** ‹*der;* -(*e*)*s, -e*› (film)documentaire; **dokumen'tieren** ‹*h*› 1 documenteren; 2 tot uitdrukking brengen; tonen

Dolch ‹*der;* -(*e*)*s, -e*› dolk; **'Dolchstoß** ‹*der;* -(*e*)*s, -ë*› dolkstoot

'Dolde ‹*die; -, -n*› bloemscherm

'dolmetschen ‹*h*› tolken, vertalen; **'Dolmetscher** ‹*der; -s, -*› tolk

Dom ‹*der;* -(*e*)*s, -e*› dom, kathedraal

Do'mäne ‹*die; -, -n*› domein (*lett en fig*)

domi'nieren ‹*h*› domineren

Domini'kaner ‹*der; -s, -*› dominicaan

Domi'zil ‹*das; -s, -e*› domicilie, woonplaats, zetel

'Domkapitel ‹*das; -s, -*› domkapittel

Domp'teur ‹*der; -s, -e*› dompteur

'Donner ‹*der; -s, -*› 1 donder; 2 gebulder (*der Geschütze*); 3 *Blitz und ~!* alle duivels! *wie vom ~ gerührt* als door de bliksem getroffen; **'donnern** ‹*h*› 1 donderen; 2 razen; 3 dreunen (bijv. van geschut), bulderen; 4 *mit der Faust auf den Tisch ~* met de vuist op tafel rammen; **'Donnerschlag** ‹*der;* -(*e*)*s, -ë*› donderslag; **'Donnerwetter** ‹*das; -s, -*› 1 onweer; 2 *das wird ein ~ geben!* daar zal wat zwaaien!; 3 *zum ~* (*noch einmal*)! potverdorie!; 4 ~, (*sieht die Frau gut aus!*) tjonge, tjonge!

doof 1 dom, stom; 2 vervelend

'Dope ‹*das; -s of -, -s*› drugs, haschisch

'Doppel ‹*das; -s, -*› 1 duplicaat; 2 (*sp*) dubbel(spel); **'Doppel**... dubbel(e) ...; **'Doppelbett** ‹*das;* -(*e*)*s, -en*› tweepersoonsbed; **'doppelbödig** met dubbele bodem; **'Doppeldekker** ‹*der; -s, -*› 1 (*luchtv*) tweedekker; 2 dubbeldeksbus; **'doppeldeutig** dubbelzinnig; **'Doppelehe** ‹*die; -, -n*› bigamie; **'Doppelfehler** ‹*der; -s, -*› (*sp*) dubbele fout; **'Doppelgänger** ‹*der; -s, -*› dubbelganger; **'doppelhändig** met beide handen; **'Doppelhaus** ‹*das; -es, -ër*› twee huizen onder één kap; **'Doppelkinn** ‹*das;* -(*e*)*s, -e*› onderkin; **'Doppelpaß** ‹*der; -passes, -pässe*› (*sp*) een-twee(combinatie); **'Doppelpunkt** ‹*der;* -(*e*)*s, -e*› dubbele punt; **'doppelseitig** aan of met twee kanten; **'Doppelspiel** ‹*das;* -(*e*)*s, -e*› 1 (*tennis*) dubbel; 2 (*fig*) dubbelhartigheid; **'doppelsprachig** tweetalig; **'doppelspurig** met twee rijstroken; **'Doppelstunde** ‹*die; -, -n*› blokuur; **'doppelt** 1 dubbel; *das Doppelte* het dubbele; (*fig*) ~ *und dreifach* dubbel en dwars; 2 ~ (*soviel, so schnell usw.*) tweemaal; 3 dubbelhartig; *~en Boden haben* dubbelhartig zijn; **'Doppelverdiener** ‹*der; -s, -*› 1 (*alleen* ‹*mv*›) tweeverdieners; 2 iemand met twee inkomens; **'Doppelzimmer** ‹*das; -s, -*› tweepersoonskamer; **'doppelzüngig** (*fig*) dubbeltongig, vals

Dorf ‹*das;* -(*e*)*s, -ër*› dorp; **'Dörfler** ‹*der; -s, -*› dorpeling

Dorn I ‹*der;* -(*e*)*s, -ër of -en*› doorn; **II** ‹*der;* -(*e*)*s, -e*› 1 tong (van gesp); 2 stift (metaal); **'Dornbusch** ‹*der;* -(*e*)*s, -ë*› doornstruik; **'dornen** ‹*bn*› van doornen, doornen; **'Dornenstrauch** ‹*der;* -(*e*)*s, -ër*› doornstruik; **'dornig** 1 doornig, stekelig; 2 (*fig*) moeilijk; **'Dornröschen** ‹*das; -s, geen mv*› Doornroosje

'dörren ‹*h*› (laten) drogen (vlees, vis, gras e.d.); **'Dörrfleisch** ‹*das;* -(*e*)*s, geen mv*› gedroogd rookvlees; **'Dörrobst** ‹*das;* -(*e*)*s, geen mv*› gedroogde vruchten

dort 1 daar; ginds; 2 *von ~* daarvandaan; 3 (*telec*) *wer ist ~?* met wie spreek ik?

'dort'her daarvandaan, vandaar

'dort'hin daar(heen)

'dortig van die plaats, aldaar

'Dose ‹*die; -, -n*› 1 doos, potje; 2 (conserven)-blik; 3 stopcontact

'dösen ‹*h*› 1 suffen; 2 soezen; **'Dosengemüse** ‹*das; -s, -*› blikgroente; **'Dosenöffner** ‹*der; -s, -*› blikopener

do'sieren ‹*h*› doseren, de dosis bepalen

'dösig 1 suf, sufferig; 2 doezelig

'Dosis ‹*die; -, Dosen*› dosis

'Döskopf ‹*der;* -(*e*)*s, -ë*› suffer

do'tieren ‹*h*› doteren; betalen, belonen

'Dotter ‹*der of das; -s, -*› dooier

'Dotterblume ‹*die; -, -n*› dotterbloem

'Double ‹*das; -s, -s*› 1 (film) double, dubbelganger; 2 (*sp*) dubbel (beker en landskampioen)

Do'zent ‹*der; -en, -en*› docent

dpa (*afk*) *Deutsche Presse Agentur*

Dr. (*afk*) *Doktor*

'Drache ‹*der; -n, -n*› draak; **'Drachen** ‹*der; -s, -*› 1 vlieger; 2 hangglider; 3 (*fig*) draak; **'Drachenfliegen** ‹*das; -s, geen mv*› (*sp*) hanggliding

Draht ‹*der;* -(*e*)*s, -ë*› 1 draad (metaal); 2 *per ~* per telefoon, telex; *heißer ~* hot-line; 3 (*fig*) contact; 4 *auf ~ sein* goed opletten, zijn kans waarnemen; **'Drahtauslöser** ‹*der; -s, -*› (*fot*) draadontspanner; **Drahtbürste** ‹*die; -, -n*›

staalborstel; '**drahten** ‹*h*› telegraferen; '**Drahtgeflecht** ‹*das; -(e)s, -e*› vlechtwerk van metaaldraad; kippegaas; '**drahtig** 1 ruig, ruwharig; 2 pezig, potig; 3 lenig; '**drahtlich** telegrafisch; '**drahtlos** draadloos; '**Drahtschere** ‹*die; -, -n*› draadschaar, kniptang; '**Drahtseilbahn** ‹*die; -, -en*› kabelbaan; '**Drahtzaun** ‹*der; -(e)s, -ë*› omheining van ijzerdraad, van kippegaas

Drai'nage ‹*die; -, -n*› drainering; **drai'nieren** ‹*h*› draineren (wonde, bodem)

dra'konisch draconisch, zeer streng

drall (*van meisjes, kinderen*) (rond en) stevig

Drall ‹*der; -(e)s, -e*› 1 draaiing; 2 tendens

'**Drama** ‹*das; -s, Dramen*› drama (*ook fig*); **dramati'sieren** ‹*h*› dramatiseren (*ook fig*)

Dramatur'gie ‹*die; -, geen mv*› dramaturgie

dran 1 zie *daran*; 2 *bleiben Sie* ~ blijft u aan de lijn; ~ (*sein*) aan de beurt; *ich weiß nicht* (*wie ich mit ihm* ~ *bin*) waar ik met hem aan toe ben

Drang ‹*der; -(e)s, -ë*› 1 aandrang; 2 drang, sterke behoefte; 3 (*fig*) druk

Dränge'lei ‹*die; -, -en*› 1 het opdringen, het gedrang; 2 gezeur; '**drängeln** ‹*h*› 1 dringen; 2 zeuren; '**drängen** ‹*h*› 1 dringen; duwen; 2 (*die Zeit*) *drängt* dringt; *das drängt nicht* dat heeft geen haast; 3 aanzetten, -sporen; 4 haasten; opjagen; 5 ~ *auf* aandringen op; 6 (*sp*) aandringen, sterk aanvallend spelen; **sich** ~ zich verdringen; *sich in den Vordergrund* ~ zich op de voorgrond dringen

'**Drangsal** ‹*die; -, -e* of *o; -(e)s, -e*› kwelling; **drangsa'lieren** ‹*h*› kwellen, treiteren

drä'nieren ‹*h*› draineren

dra'pieren ‹*h*› draperen

drauf: ~ *und dran sein* op het punt staan; *zie* darauf

'**Draufgänger** ‹*der; -s, -*› onverschrokken iemand; ijzervreter; '**draufgängerisch** strijdlustig; onverschrokken

'**draufgeben** ‹*st.h; a-e; i*› 1 erbijgeven, toegeven, extra geven; 2 *a*) *einem eins* ~ iem er een geven (klap); *b*) iem terechtwijzen; '**draufgehen** ‹*st.s; i-a*› 1 eraan gaan, sterven; 2 verloren gaan; verbruiken; '**drauflegen** ‹*h*› erbij leggen (geld)

drauf'los erop los; *immer* ~! vooruit!

'**draufmachen** erop doen; '**draufzahlen** bijbetalen

draus zie *daraus*

'**draußen** buiten

'**drechseln** ‹*h*› 1 draaien (meestal van hout); 2 (*Gedichte*) maken, fabriceren

Dreck ‹*der; -(e)s, geen mv*› 1 vuil; modder; *einen in den* ~ *ziehen* (*fig*) door de modder halen; (*einen*) *wie den letzten* ~ (*behandeln*) als oud vuil; 2 poep; 3 rotzooi (*lett en fig*); 4 *im* ~ *sitzen* in de rottigheid, ellende, penarie zitten; 5 *einen* ~! niets, geen donder!; *kümmre dich um deinen eigenen* ~! bemoei je met je eigen rotzooi; ~ *am Stecken haben* niet brandschoon zijn; (*ich muß mich um jeden*) ~ (*kümmern*) kleinigheid; '**Dreck(s)arbeit** ‹*die; -, -en*› 1 vuil werk; 2 onaangenaam werk; '**dreckig** 1 vuil, vies; 2 (*es geht ihm*) ~ beroerd, ellendig; 3 gemeen, vals, smerig; '**Dreck(s)kerl** ‹*der; -(e)s, -e*› smeerlap

Dreh ‹*der; -(e)s, -e of -s*› 1 draai (*lett en fig*); 2 idee, kunstgreep; 3 manier; *den richtigen* ~ *finden, heraushaben* de juiste manier gevonden hebben; 4 *um den* ~ ongeveer; '**Dreharbeiten** ‹*mv*› (film)opnamen; '**Drehbank** ‹*die; -, -ë*› draaibank; '**drehbar** draaibaar; '**Dreh'bleistift** ‹*der; -(e)s, -e*› vulpotlood; '**Drehbuch** ‹*das; -(e)s, -ër*› (voor film) draaiboek; '**drehen** ‹*h*› 1 draaien (*div bet*); *einem den Rücken* ~ de rug toedraaien; 2 wenden, keren; draaien; 3 (*feiten e.d.*) verdraaien; 4 (*film*) maken; **sich** ~ draaien; (*fig*) *sich* ~ *und winden* zich in allerlei bochten wringen; '**Dreher** ‹*der; -s, -*› draaier (beroep); '**Drehmoment** ‹*das; -(e)s, -e*› (*techn*) koppel; '**Drehorgel** ‹*die; -, -n*› draaiorgel; '**Drehscheibe** ‹*die; -, -n*› draaischijf; '**Drehtür** ‹*die; -, -en*› draaideur; '**Drehung** ‹*die; -, -en*› draaiing, omwenteling; '**Drehzahl** ‹*die; -, -en*› toerental; '**Drehzahlmesser** ‹*der; -s, -*› toerenteller

drei drie; (*er kann*) *nicht* (*bis*) ~ *zählen* geen tien tellen

Drei ‹*die; -, -en*› 1 drie (cijfer); 2 ruim voldoende (rapportcijfer); '**Dreieck** ‹*das; -(e)s, -e*› driehoek; **dreiein'halb** drie-en-een-half; **Drei'einigkeit** ‹*die; -, geen mv*› drieëenheid; '**dreier'lei** drieërlei; '**dreifach** drievoudig; *das Dreifache* het drievoud; '**Dreigangschaltung** ‹*die; -, -en*› drieversnellingsschakeling (fiets); '**dreigliedrig** drieledig; **Drei'käsehoch** ‹*der; -s, - of -s*› dreumes; **Drei'königsfest** ‹*das; -(e)s, -e*› Driekoningen; **drei'monatig** van drie maanden, driemaands

drein zie *darein*

'**dreingeben, sich** ‹*st.h; a-e; i*› zich schikken in, berusten in; '**dreinmischen, sich** ‹*h*› zich mengen in, zich bemoeien met; '**dreinreden** ‹*h*› *einem* ~ zich met iems zaken bemoeien; '**dreinschauen** ‹*h*› kijken (ernstig, somber); '**dreinschlagen** ‹*st.h; u-a; ä*› erop inslaan

'**Dreipunktgurt** ‹*der; -(e)s, -e*› driepuntsgordel; '**Dreirad** ‹*das; -(e)s, -ër*› driewieler; '**dreiseitig** driezijdig; '**dreisilbig** drielettergrepig; '**Dreisprung** ‹*der; -(e)s, -ë*› (*sp*) hink-stapsprong

'**Dreißiger** ‹*der; -s, -*› dertiger; *in den dreißiger Jahren* in de jaren dertig; '**dreißigst(e, -er, -es)** dertigste

dreist brutaal, vrijpostig

'**Dreistigkeit** ‹*die; -, -en*› zie *dreist*

'**dreistöckig** van drie verdiepingen; '**Dreistufenrakete** ‹*die; -, -n*› drietrapsraket; '**dreitägig** driedaags; '**dreiteilig** driedelig

Dreiviertel'stunde ‹*die; -, -n*› drie kwartier; **Drei'vierteltakt** ‹*der; -(e)s, -e*› (*muz*) driekwartsmaat

'dreiwöchig drieweeks, van drie weken
'Dresche *‹die; -, geen mv›* (*volkstaal*) slaag, ransel; **'dreschen** *‹st.h; o-o; i›* 1 dorsen; 2 slaan, (af)ranselen, ~ *auf* (+ 4) slaan, beuken op; 3 (*den Ball ins Tor*) ~ rammen; **'Drescher** *‹der; -s, -›* dorser; **'Dreschflegel** *‹der; -s, -›* dorsvlegel
Dreß *‹der; - of Dresses, geen mv›* tenue
dres'sieren *‹h›* 1 dresseren; 2 opspuiten; versieren (gebak e.d.); **Dres'sur** *‹die; -, -en›* dressuur
'dribbeln *‹h›* dribbelen; **'Dribbling** *‹das; -s, -s›* (*sp*) dribbel
Drift *‹die; -, -en›* (*scheepv*) drift, stroming; **'driften** *‹h›* drijven
'drillen *‹h›* 1 drillen, africhten; 2 drillen, boren
'Drilling *‹der; -s, -e›* drieling
drin 1 zie *darin*; 2 zie *drinnen*
'dringen I *‹st.s; a-u›* dringen; *in etwas* ~ iets binnendringen; *in einen* ~ er bij iem op aandringen; II *‹st.h; a-u› auf* (+ 4) ~ op iets aandringen
'dringend, **'dringlich** 1 dringend; urgent, spoedeisend; *Dringendes* dringende zaken; 2 *dringender Verdacht* ernstige verdenking; **'Dringlichkeit** *‹die; -, geen mv›* 1 urgentie, dringende noodzaak; 2 haast, spoed; 3 aandrang, kracht; **'Dringlichkeitssitzung** *‹die; -, -en›* spoedzitting
Drink *‹der; -s, -s›* drankje, glaasje, borrel
'drinnen (daar)binnen
dritt: *zu* ~ met z'n drieën; **'dritt(e, -er, -es)** 1 derde; *die Dritte Welt* (*lett*); 2 derde, ander; 3 *der dritte Bildungsweg* volwassenenonderwijs; *ein dritter Ort* neutrale plaats; **'Drittel** *‹das; -s, geen mv›* 1 derde deel; 2 periode (van ijshockeywedstrijd); **'drittens** ten derde; **'drittklassig** derderangs
Dr. med (*afk*) vgl *Doktor*
'droben (daar)boven
'Droge *‹die; -, -n›* drug, verdovend middel; **'drogenabhängig** verslaafd aan drugs; **'Drogenabhängige(r)** *‹bn als zn›* drugsverslaafde; **'Drogenkonsum** *‹der; -s, geen mv›* drugsgebruik; **Drogenszene** *‹die; -, -n›* drug-scene
Droge'rie *‹die; -, -n›* drogisterij
'Drohbrief *‹der; -(e)s, -e›* dreigbrief
'drohen *‹h›* dreigen; *ihm droht Strafe* er dreigt straf voor hem
'Drohne *‹die; -, -n›* 1 hommel; 2 (*fig*) parasiet
'dröhnen *‹h›* dreunen, daveren
'Drohung *‹die; -, -en›* bedreiging, dreigement; *leere* ~ bangmakerij
'drollig koddig, aardig, grappig, leuk
Drome'dar *‹das; -s, -e›* dromedaris
Drops *‹mv›* zuurtjes
'Droschke *‹die; -, -n›* 1 huurrijtuig; 2 taxi
'Drossel *‹die; -, -n›* lijster (een vogel)
'drosseln *‹h›* verminderen, beperken; *den Motor* ~ gas wegnemen; **'Drosselung** *‹die; -, -en›* vermindering
'drüben 1 aan de overkant; 2 daarginds
'drüber erboven, erover
'Druck *‹der; -(e)s, -ë* en (*typ*) *-e›* 1 druk (*ook fig*); (~ *hinter etwas*) *machen* zetten; 2 (*typ*) druk; **'Druckanzug** *‹der; -(e)s, -ë›* drukpak; **'Druckbuchstabe** *‹der; -ns, -n›* drukletter
'Drückeberger *‹der; -s, -›* iem die zich drukt
'drucken *‹h›* (*letters, figuren*) drukken; (*er lügt*) *wie gedruckt* alsof het gedrukt staat
'drücken *‹h›* 1 drukken (*alle bet*); 2 persen; 3 duwen; 4 (*prijzen e.d.*) drukken, verlagen; 5 (*schoenen, kleding*) knellen; 6 *einen* ~ iem (stevig) omarmen; (*wo*) *drückt* (*der Schuh?*) wringt; *die Schulbank* ~ op school zitten; *einem den Daumen* ~ voor iem duimen; *auf die Tube* ~: *a*) ergens vaart achter zetten; *b*) (flink) gas geven; 7 *sich* ~ stilletjes verdwijnen; *sich von, vor, um etwas* ~ zich aan iets onttrekken; **'drückend** 1 drukkend, zwaar; 2 moeilijk
'Drucker *‹der; -s, -›* 1 drukker; 2 printer
'Drücker *‹der; -s, -›* 1 trekker (van geweer); 2 (*elektr*) drukknop; 3 *am* ~ *sitzen* invloed hebben
Drucke'rei *‹die; -, -en›* drukkerij; **'Druckerschwärze** *‹die; -, geen mv›* drukinkt; **'Druckfarbe** *‹die; -, -n›* drukinkt; **'Druckknopf** *‹der; -(e)s, -ë›* 1 drukknoop; 2 drukknop (*elektr*); **'Druckmesser** *‹der; -s, -›* manometer; **'Druckmittel** *‹das; -s, -›* pressiemiddel; **'Druckpresse** *‹die; -, -n›* drukpers; **'druckreif** persklaar; **'Drucksache** *‹die; -, -n›* drukwerk; **Druckschrift** *‹die›* : *in* ~ in blokletters; **'Drucktaste** *‹die; -, -n›* (*elektr*) drukknop
drum: *mit allem Drum und Dran* met alles, wat erbij hoort; vgl *darum*
'drunten daarginds, daar beneden
'drunter: *es geht alles* ~ *und drüber* alles loopt in het honderd, in de war
Drüse *‹die; -, -n›* klier
'Dschungel *‹der of das; -s, -›* jungle, rimboe
Dtzd. (*afk*) *Dutzend* dozijn
du jij, je, u; (in brieven) *Du*; ~, *komm mal her!* zeg, kom eens hier!
'Dübel *‹der; -s, -›* plug; **'dübeln** *‹h›* met een plug bevestigen
dubi'os, dubi'ös dubieus, twijfelachtig
Du'blee *‹das; -s, -s›* doublé
Du'blette *‹die; -, -n›* doublet
Du'blüre *‹die; -, -n›* doublure
'ducken *‹h›* 1 kleineren; 2 *sich* ~: *a*) zich bukken, zijn hoofd intrekken; *b*) zich onderwerpen, gehoorzamen
'Duckmäuser *‹der; -s, -›* 1 geniepigerd, stiekemerd; 2 stil, schuchter iemand, slappeling; **'duckmäuserig** sluiperig, stiekem
'dudeln *‹h›* (*muziek, radio e.d.*) jengelen; **'Dudelsack** *‹der; -(e)s, -ë›* (*muz*) doedelzak
Du'ell *‹das; -s, -e›* duel; (twee)gevecht; **duel'lieren, sich** *‹h›* duelleren
Du'ett *‹das; -(e)s, -e›* duet
Duft *‹der; -(e)s, -ë›* 1 geur, reuk; 2 stank; 3 waas; **'dufte** tof, mieters; **'duften** *‹h›* 1 geu-

ren; ruiken; 2 (*iron*) stinken; '**duftig** ragfijn; (*kleding*) luchtig; '**Duftstoff** ‹*der; -(e)s, -e*› parfum, reukstof

'**duldbar** duldbaar, (ver)draaglijk, te verdragen; '**dulden** ‹*h*› 1 dulden, toelaten; 2 dulden, gedogen; 3 dulden, lijden, verdragen; '**Dulder** ‹*der; -s, -*› lijder, dulder, martelaar; '**duldsam** verdraagzaam, tolerant; '**Duldsamkeit** ‹*die; -, geen mv*› verdraagzaamheid, tolerantie; '**Duldung** ‹*die; -, -en*› vgl *dulden* 1, 2

dumm ‹*dümmer, dümmst*› 1 dom; 2 onnozel, stom; *~es Zeug* onzin; *ich lasse mich nicht für ~ verkaufen* ik laat me niet voor de gek houden; 3 dwaas, gek; 4 naar, vervelend; 5 (*ich bin immer*) *der Dumme* de klos, de sigaar; *jetzt wird's mir aber zu ~!* nu is m'n geduld op!; '**Dummheit** ‹*die; -, -en*› 1 domheid; 2 dwaasheid, stommiteit; '**Dummkopf** ‹*der; -(e)s, -̈e*› domoor; '**dümmlich** dom, stom

dumpf 1 (*toon, stem*) dof, gedempt, mat; 2 (*lucht, hitte*) zwaar, benauwd; 3 bedompt, muf; 4 (*gevoel*) vaag, onduidelijk; 5 dof, duf, onverschillig, mat; '**Dumpfheit** ‹*die; -, geen mv*› zie *dumpf*; '**dumpfig** 1 dof, mat; 2 bedompt, muf

'**Düne** ‹*die; -, -n*› duin

Dung ‹*der; -(e)s, geen mv*› mest; '**Düngemittel** ‹*das; -s, -*› bemestingsmiddel; '**düngen** ‹*h*› (be)mesten; '**Dünger** ‹*der; -s, -*› mest; '**Düngerhaufen** ‹*der; -s, -*› mesthoop; '**Düngung** ‹*die; -, -en*› 1 bemesting; 2 mest

'**dunkel** 1 donker; duister (*ook fig*); *im ~n tappen* (*fig*) in het duister tasten; 2 onduidelijk, onbegrijpelijk; *im ~n liegen* onzeker zijn; *von dunkler Herkunft* van twijfelachtige afkomst; 3 (*herinnering, voorgevoel*) vaag; 4 (*transactie*) duister, twijfelachtig; '**Dunkel** ‹*das; -s, geen mv*› donker, duisternis

'**Dünkel** ‹*der; -s, geen mv*› verwaandheid

'**dunkelfarbig** donkerkleurig

'**dünkelhaft** verwaand, pedant, laatdunkend

'**Dunkelheit** ‹*die; -, geen mv*› duisternis, donker; '**Dunkelkammer** ‹*die; -, -n*› (*fot*) donkere kamer; '**Dunkelmann** ‹*der; -(e)s, -ër*› duistere figuur; '**dunkeln** ‹*h*› donker worden; schemeren

'**dünken** ‹*h*› 1 dunken, voorkomen; *mich* (*mir*) *dünkt* mij dunkt; 2 *er dünkt sich klug* hij meent, dat hij slim is

dünn 1 dun (*div bet*); *ein ~er Regen* motregen; 2 (*lucht*) ijl; 3 (*koffie, thee*) slap; 4 (*stem, lachje*) zwak; 5 schamel; gebrekkig; '**dünnbesiedelt, dünnbevölkert** dunbevolkt; '**Dünndarm** ‹*der; -(e)s, -ë*› dunne darm; '**dünn(e)machen, sich** ‹*h*› ervandoor gaan

Dunst ‹*der; -(e)s, -ë*› 1 damp, uitwaseming, wasem; 2 nevel; 3 stank, lucht; 4 *keinen blassen ~ haben* geen flauw idee hebben; *einem einen blauen ~ vormachen* iem een rad voor de ogen draaien; '**dunsten** ‹*h*› 1 dampen; 2 stinken

'**dünsten** ‹*h*› (*groente e.d.*) stoven

'**Dunstglocke** ‹*die; -, -n*› damp-, smogwolk; '**dunstig** 1 dampig; 2 (*weerk*) nevelig; '**Dunstkreis** ‹*der; -es, geen mv*› dampkring

'**Dünung** ‹*die; -, geen mv*› deining

dü'pieren ‹*h*› duperen

Dupli'kat ‹*das; -(e)s, -e*› duplicaat, kopie

Dur ‹*das; -, geen mv*› (*muz*) grote terts

durch I ‹*vz* (+ 4)› 1 door(heen); 2 door (door middel van, ten gevolge van); 3 ~ *die Post* met de post; II ‹*bw*› door; (*das ging*) *mir ~ und ~* door merg en been; *er ist ~* hij is erdoor (door zijn examen, een ziekte); (*es ist schon*) *6 Uhr ~* over zessen; *die Ehescheidung ist ~* de scheiding is erdoor; *er ist bei mir* (*unten*) *~* hij heeft bij mij afgedaan

'**durchackern** ‹*h*› dóórwerken (een boek); '**durcharbeiten** ‹*h*› 1 dóórwerken; 2 *sich durch die Masse ~* zich door de massa heenwerken; '**durchatmen** diep ademhalen (*ook fig*)

durch'aus, '**durchaus** 1 geheel (en al), volkomen; 2 volstrekt, beslist, absoluut; met alle geweld; ~ *nicht* volstrekt niet

durch'backen ‹*bn*› doorbákken

'**durchbeißen** ‹*st.h; i-i*› dóórbijten; *sich ~* (*fig*) zich door (iets) heenbijten, zich erdoor slaan; '**durchbekommen** ‹*st.h; a-o*› 1 erdoor krijgen; 2 dóórkrijgen; '**durchbiegen** ‹*st.h; o-o*› dóórbuigen; '**durchbleuen** ‹*h*› afranselen

'**Durchblick** ‹*der; -(e)s, -e*› 1 doorkijk, uitzicht; 2 (*fig*) overzicht; '**durchblicken** ‹*h*› 1 kijken door; 2 begrijpen; 3 *etwas ~ lassen* iets laten dóórschemeren

durch'blicken ‹*h*› doorzíen

Durch'blutung ‹*die; -, -en*› doorbloeding

durch'bohren ‹*h*› doorboren

'**durchboxen** ‹*h*› 1 (iets) doordrukken; 2 *sich ~*: *a*) zich wringen door; *b*) zich slaan door

'**durchbraten** ‹*st.h; ie-a; ä*› doorbráden

'**durchbrechen** I ‹*st.h; a-o; i*› (*stok e.d.*) doorbreken; II ‹*s*› 1 zakken door; 2 doorbreken (bij aanval); 3 (*tanden*) doorkomen

durch'brechen ‹*st.h; a-o; i*› 1 breken door, doorbréken; (*die Blockade*) ~ breken; 2 (*wet, regel*) overtreden; 3 openwerken

'**durchbrennen** ‹*onr.s*› 1 dóórbranden; 2 (*fig*) ervandoor gaan

'**durchbringen** ‹*onr.h*› 1 (*wet, zieke*) erdoor krijgen; 2 grootbrengen; 3 (*geld*) verkwisten; **sich** ~ zich erdoor slaan; zijn brood verdienen

'**Durchbruch** ‹*der; -(e)s, -ë*› 1 doorbraak; het doorbreken; 2 het doorkomen (tanden)

durch'dacht doordacht, weloverwogen; **durch'denken** ‹*onr.h*› doordénken

'**durchdrehen** I ‹*h*› draaien door; II ‹*s*› over zijn toeren raken, doordraaien

'**durchdringen** ‹*st.s; a-u*› 1 dringen door, dóórdringen; 2 (*fig*) erdoor komen; *mit etwas ~* iets erdoor krijgen

durch'dringen ‹*st.h; a-u*› 1 dringen door; 2 doordríngen, vervullen; *durchdrungen sein* doordrongen zijn; 3 *ein Problem* (*geistig*) ~ verwerken

'**durchdrücken** ‹*h*› 1 drukken of persen door; 2 doordrukken; 3 (*fig*) erdoor drukken
'**durcheinander**... door elkaar (heen) ...
durchein'ander 1 door elkaar; overhoop; 2 (*sie war*) *ganz* ~ helemaal overstuur, in de war; **Durchein'ander** ‹*das; -s, geen mv*› verwarring, warboel, chaos
durchein'anderbringen ‹*onr.h*› door elkaar gooien
'**durchfahren** ‹*st.s; u-a; ä*› 1 dóórrijden, -varen; 2 (*onder een brug*) doorvaren
durch'fahren ‹*st.h; u-a; ä*› 1 rijden (een traject); 2 rijden door (stad, gebied e.d.); 3 *ein Schreck durchfuhr ihn* schrik schoot door hem heen; '**Durchfahrt** ‹*die; -, -en*› doorvaart, -tocht; *keine* ~ geen doorgaand verkeer; '**Durchfahrtsstraße** ‹*die; -, -n*› doorgaande weg
'**Durchfall** ‹*der; -(e)s, -ë*› 1 (*med*) diarree; 2 mislukking, fiasco; 3 het zakken (examen); '**durchfallen** ‹*st.s; ie-a; ä*› 1 (ergens) door vallen; 2 (*toneelspeler, -stuk*) vallen, een fiasco worden; 3 (*im Examen*) zakken; 4 niet gekozen worden
'**durchfechten** ‹*st.h; o-o; i*› 1 erdoor halen, tot een goed eind brengen; uitvechten; 2 *sich* ~ zich erdoor slaan
'**durchfinden, sich** ‹*st.h; a-u*› 1 zijn weg vinden; 2 *sich nicht mehr* ~ (ook) er niet meer uit wijs kunnen
'**durchfliegen** ‹*st.s; o-o*› 1 vliegen door; 2 dóórvliegen; 3 zakken (voor een examen)
durch'fliegen ‹*st.h; o-o*› 1 vliegen (door); 2 dóórvliegen (een boek, brief)
durch'forschen ‹*h*› doorzóéken, -grónden
'**durchfragen** ‹*h*› *sich* ~ vragend zijn weg vinden; iedereen en overal vragen
'**durchfressen** ‹*st.h; a-e; i*› (*sich*) ~ (zich) vreten door (*lett en fig*)
'**durch(ge)froren** verkleumd
'**Durchfuhr** ‹*die; -, -en*› doorvoer, transito
durch'führbar uitvoerbaar, mogelijk
'**durchführen** ‹*h*› 1 dóórvoeren; 2 verwezenlijken; 3 doen, houden, doen plaats vinden; 4 ten uitvoer brengen; '**Durchführung** ‹*die; -, -en*› vgl *durchführen; zur ~ bringen* uitvoeren, ten uitvoer brengen
durch'furcht met diepe rimpels
'**Durchgang** ‹*der; -(e)s, -ë*› 1 doorgang, -tocht, passage; 2 (*sp*) manche, ronde, periode; (speel)helft; 3 (*bij verkiezingen*) ronde; 4 (*staatk*) *im ersten* ~ in eerste lezing
'**durchgängig** algemeen, altijd, geregeld
'**Durchgangsstraße** ‹*die; -, -n*› weg voor het doorgaand verkeer; '**Durchgangsverkehr** ‹*der; -(e)s, geen mv*› doorgaand verkeer
'**durchgehen** ‹*st.s; i-a*› 1 dóórgaan; passeren; 2 gaan door; 3 ervandoor gaan; 4 ‹*h en s*› dóórlopen, nagaan, nazien (*Aufgaben, Rechnung u.ä.*); 5 *ihm gehen die Nerven durch* de zenuwen worden hem de baas; (*ich will Ihnen das jetzt noch*) ~ *lassen* door de vingers zien;
'**durchgehend** 1 (*trein*) doorgaand; 2 doorlopend, zonder onderbreking
'**durchgreifen** ‹*st.h; i-i*› 1 erdoorheen grijpen; 2 dóórtasten, krachtig optreden; '**durchgreifend** 1 krachtdadig, doortastend; 2 ingrijpend
'**durchhalten** ‹*st.h; ie-a; ä*› uit-, volhouden
'**durchhauen** ‹*st.h; hieb/haute; au*› 1 dóórhakken, -slaan; 2 afranselen; 3 *sich* ~: *a*) zich een weg banen; *b*) zich erdoorheen slaan
'**durchheizen** ‹*h*› door en door verwarmen
'**durchhelfen** ‹*st.h; a-o; i*› 1 (*einem*) erdoor, uit de klem helpen; 2 *sich* ~ zich redden, zich erdoorheen slaan
'**durchkämmen** ‹*h*› uitkammen (haar); *ein Gebiet* ~ een streek uitkammen, doorzoeken
'**durchkämpfen** ‹*h*› 1 uitvechten; 2 dóórvechten; 3 *sich* ~ zich erdoorheen slaan
'**durchkommen** ‹*st.s; a-o*› 1 (er)door(heen) komen; 2 (*zon*) doorkomen; 3 (*bij het examen, ziekte*) erdoor komen, het halen; 4 (*geld*) rondkomen; 5 (*bei einem*) *nicht* ~ geen succes hebben
durch'kreuzen ‹*h*› doorkruisen (*lett en fig*)
'**Durchlaß** ‹*der; -lasses, -lässe*› 1 doorgang, -lating; 2 doorlaat; '**durchlassen** ‹*st.s; ie-a; ä*› 1 doorlaten; 2 erdoor laten, toelaten; 3 door de vingers zien; '**durchlässig** poreus
'**Durchlauf** ‹*der; -(e)s, -ë*› (*sp*) manche; ronde; '**durchlaufen** I ‹*st.s; ie-au; äu*› 1 lopen door; 2 (*water, koffie*) doorlopen; II ‹*st.h*› door-, stuklopen
durch'laufen ‹*st.h; ie-au; äu*› 1 doorlópen; 2 lopen (een afstand); 3 lopen door; 4 *es durchlief mich kalt* er liep een koude rilling over mijn rug
'**durchleuchten** ‹*h*› schijnen door
durch'leuchten ‹*h*› 1 doorlichten, met licht doordringen; 2 (*fig*) onder de loep nemen, kritisch bekijken; 3 (*med*) dóórlichten; **Durch'leuchtung** ‹*die; -, -en*› zie *durchleuchten*
durch'lochen ‹*h*› 1 knippen (spoorkaartje); 2 perforeren, ponsen
'**durchlöchern** ‹*h*› 1 gaten maken in, doorboren, perforeren; 2 (*fig*) uithollen, verzwakken; '**durch'löchert** vol gaten, geperforeerd
'**durchmachen** ‹*h*› 1 doorlópen (alle klassen e.d.); 2 door-, meemaken; ondervinden; 3 doorwerken; 4 de hele nacht feest vieren
'**Durchmarsch** ‹*der; -(e)s, -ë*› 1 doormars; 2 (*volkstaal*) diarree
durch'messen ‹*h; a-e; i*› *einen Saal* ~ door een zaal lopen; *ein Gebiet* ~ door een gebied trekken; '**Durchmesser** ‹*der; -s, -*› middellijn, diameter
durch'näßt doornat
'**durchnehmen** ‹*st.h; a-o; i*› 1 doornemen, behandelen; 2 roddelen over
'**durchpauken** ‹*h*› (*fig*) 1 (*voorstel, vernieuwing*) doordrukken; 2 er instampen
'**durchpeitschen** ‹*h*› 1 afranselen (met de zweep); 2 (*een wet e.d.*) erdoor jagen

dur

durch'queren ‹*h*› dwars trekken door
'durchrasseln ‹*s*› (*examen*) zakken
'durchregnen ‹*h*› doorregenen; lekken
'Durchreiche ‹*die; -, -n*› doorgeefluik (keuken)
'Durchreise ‹*die; -, -n*› doorreis; **'durchreisen** ‹*s*› 1 reizen door; 2 dóórreizen
durch'reisen ‹*h*› doorreízen, bereizen
'durchreißen I ‹*st.h; i-i*› door-, stukscheuren; II ‹*st.s*› scheuren
'durchringen, sich ‹*st.h; a-u*› *sich ~ zu* eindelijk komen, besluiten tot
'durchrutschen ‹*s*› 1 glijden door; 2 erdoor glippen
durchs *durch das*
'Durchsage ‹*die; -, -n*› bericht, mededeling; **'durchsagen** ‹*h*› omroepen
'durchsägen ‹*h*› doorzagen
'durchschauen ‹*h*› 1 kijken door; 2 (*fig*) begrijpen, zien
durch'schauen ‹*h*› doorzien
durch'schießen ‹*st.h; o-o*› 1 doorschieten, met een schot doorboren; 2 flitsen door (gedachte)
'Durchschlag ‹*der; -(e)s, -ë*› 1 (*techn*) drevel; 2 keukenzeef; 3 doorslag, kopie; **'durchschlagen** ‹*st.h; u-a; ä*› 1 dóórslaan (*div bet*); 2 zeven; 3 ~ *auf* een uitwerking hebben op; **sich** ~ zich erdoor(heen) slaan
durch'schlagen ‹*st.h; u-a, ä*› doorbóren
'durchschlagend overtuigend, beslissend; **'durchschlagskräftig** 1 effectief, doeltreffend; 2 overtuigend
'durchschleichen ‹*st.s; i-i*›, **'durchschleichen, sich** ‹*h*› erdoor(heen) sluipen, dóórsluipen
'durchschleusen ‹*h*› 1 schutten; 2 loodsen door
'durchschlüpfen ‹*s*› 1 kruipen door; 2 ontsnappen; 3 ergens door glippen
durch'schneiden ‹*st.h; i-i*› 1 doorsnijden; 2 (*golven*) doorklíeven
'Durchschnitt ‹*der; -(e)s, -e*› 1 (door)snede, profiel; 2 gemiddelde; (*er ist nur*) ~ middelmatig; *im* ~ gemiddeld; **'durchschnittlich** gemiddeld; **'Durchschnitts...** doorsnee ..., gemiddelde; **'Durchschnittsalter** ‹*das; -s, -*› gemiddelde leeftijd
'Durchschrift ‹*die; -, -en*› doorslag, kopie
durch'schweifen ‹*h*› rondzwerven door
'durchsehen ‹*st.h; a-e; ie*› 1 kijken door; 2 nakijken, dóórlezen; 3 begrijpen, doorzíen
'durchsein 1 erdoor zijn; 2 kapot zijn
'durchsetzen ‹*h*› 1 dóórzetten, -drijven; het gedaan krijgen; 2 *sich ~: a*) zijn wil doorzetten; *b*) (*opvatting*) veld winnen
durch'setzen ‹*h*› vermengen, dooméngen
'Durchsicht ‹*die; -, geen mv*› 1 doorkijk; 2 (*van boeken*) controle; **'durchsichtig** doorzichtig
'durchsickern ‹*s*› 1 dóórsijpelen, -druipen; 2 (*fig*) uitlekken, bekend worden
'durchsprechen ‹*st.h; a-o; i*› dóórspreken
'durchstechen ‹*st.h; a-o; i*› steken of prikken door
durch'stechen ‹*st.h; a-o; i*› doorstéken
'durchstehen ‹*st.h; a-a*› doorstáán, dóórmaken
'durchstellen ‹*h*› (*telec*) dóórverbinden
'Durchstich ‹*der; -(e)s, -e*› 1 het dóórsteken; 2 opening, gat
'durchstoßen ‹*st.h; ie-o; ö*› 1 stoten, steken door; duwen door; 2 doorstoten; 3 (*mil*) ~ *durch* breken door
durch'stoßen ‹*st.h; ie-o; ö*› doorstéken
'durchstreichen ‹*st.h; i-i*› dóórhalen, -strepen
durch'streichen ‹*st.h; i-i*› 1 dóórhalen, -strepen; 2 zwerven of trekken door
durch'streifen ‹*h*› zwerven of trekken door
'durchströmen ‹*s*› stromen door
durch'suchen ‹*h*› doorzóéken; *ein Haus* ~ huiszoeking doen; **Durch'suchung** ‹*die; -, -en*› doorzóéking; ~ *e.r Wohnung* huiszoeking; **Durch'suchungsbefehl** ‹*der; -(e)s, -e*› bevel tot huiszoeking
'durchtränken ‹*h*› doordrénken
'durchtreiben ‹*st.h; ie-ie*› 1 erdoor drijven, erdoor jagen; 2 (iets) dóórdrijven
'durchtreten ‹*st.h; a-e; i*› *das Gaspedal* ~ het gaspedaal helemaal intrappen
durch'trieben sluw, geslepen, doortrapt
durch'wachsen 1 doorgroeid; 2 (*vlees*) doorrégen; 3 middelmatig, het houdt niet over
'Durchwahl ‹*die; -, geen mv*› (*telec*) doorkiesnummer; **'durchwählen** (*telec*) dóórkiezen
'durchwärmen, durch'wärmen ‹*h*› door en door (ver)warmen
'durchweg(s) geregeld, altijd zonder uitzondering
'durchweichen ‹*intr s*› doorweekt worden
'durchwinden, sich ‹*st.h; a-u*› zich wringen door (*lett en fig*)
durch'wühlen ‹*h*› 1 doorwóélen (*lett en fig*); 2 doorsnúffelen; 3 doorgráven
'durchziehen I ‹*st.h; o-o*› 1 halen of trekken door; 2 doorzetten, voltooien; 3 *der Riß zieht sich* (*durch die ganze Wand*) de scheur loopt; II ‹*st.s*› (ergens) dóórtrekken, -reizen
durch'ziehen ‹*h; o-o*› 1 doortrékken, -snijden; 2 doorréizen
durch'zucken ‹*h*› 1 doorschíeten (van bliksem); 2 doorschókken, -tríllen; 3 (*der Gedanke*) *durchzuckte ihn* flitste door zijn brein
'Durchzug ‹*der; -(e)s, -ë*› 1 doortocht; 2 tocht; ~ *machen* het laten dóórtochten
'dürfen ‹*onr.h*› 1 mogen; toestemming hebben; (*er hat es nicht*) *tun* ~ mogen doen; *dürfte ich Sie bitten?* zou ik u mogen, mag ik u verzoeken?; 2 *das dürfte falsch sein* dat kon wel eens verkeerd zijn; *das dürfte genügen!* ik vind het zó welletjes!
'dürftig 1 armoedig, behoeftig, schamel, schraal, karig; 2 gebrekkig, onvoldoende, armzalig; 3 *~e Nachrichten* schaarse berichten; **'Dürftigkeit** ‹*die; -, geen mv*› zie *dürftig*
dürr 1 dor, droog, verdord; 2 (uit)gedroogd (*ook fig*); 3 schraal, mager; **'Dürre** ‹*die; -, -n*› dorheid; vgl *dürr*

Durst ‹*der; -(e)s, geen mv*› 1 dorst (*ook fig*); *einen über den ~ (trinken)* een glaasje teveel; 2 begeerte, zucht; '**dursten** ‹*h*› dorst lijden; '**dürsten** ‹*h*› 1 dorst hebben; *mich dürstet, es dürstet mich* ik heb dorst; 2 (*fig*) *mich dürstet nach* ik dorst naar; '**durstig** 1 dorstig; 2 begerig; '**durstlöschend**, '**durststillend** dorststillend

'**Dusche** ‹*die; -, -n*› douche; '**duschen** ‹*h*› douchen

'**Düse** ‹*die; -, -n*› sproeier

'**Dusel** ‹*der*› 1 *im ~ sein* duizelig, slaapdronken zijn, suf zijn; 2 *~ haben* geluk hebben; '**duselig** doezelig, soezerig, suf; '**duseln** ‹*h*› doezelen, soezen

düsen ‹*s*› (*volkstaal*) snel rijden, lopen; '**Düsenflugzeug** ‹*das; -(e)s, -e*› straalvliegtuig; '**Düsenjäger** ‹*der; -s, -*› straaljager

'**Dussel** ‹*der; -s, -*› sufferd, slaapkop; '**dusselig** 1 dom, stom; 2 (*dial*) suf, versuft

'**düster** 1 donker, duister; 2 somber, triest, melancholiek; 3 vaag

'**Dutzend** ‹*das; -s, -e*› dozijn; *~e von Menschen* tientallen mensen; '**Dutzendware** ‹*die; -, -n*› goedkoop spul; '**dutzendweise** 1 bij tientallen; 2 per dozijn

'**duzen** ‹*h*› met *'du'* aanspreken, tutoyeren; '**Duzfreund** ‹*der; -(e)s, -e*› zeer goede vriend

Dy'namik ‹*die; -, geen mv*› 1 dynamica (leer van de krachten); 2 dynamiek

Dyna'mit ‹*das; -s, geen mv*› dynamiet

D-Zug ‹*der; -(e)s, -e*› D-trein, sneltrein; intercity

Eee

'**Ebbe** ‹*die; -, -n*› eb

'**eben** I ‹*bn*› 1 effen, glad; 2 vlak, plat; II ‹*bw*› 1 juist, net, precies; 2 nauwelijks; 3 (zo)net, zoëven; 4 nu eenmaal, nu juist; 5 *sie ist nicht ~ hübsch* niet bepaald; 6 *na ~!* nietwaar?

'**Ebenbild** ‹*das; -(e)s, -er*› (even)beeld

'**ebenbürtig** 1 van gelijke geboorte of afkomst; 2 gelijkwaardig, opgewassen tegen

'**Ebene** ‹*die; -, -n*› 1 vlakte; 2 (*fig*) terrein, gebied; 3 niveau

'**ebenfalls** eveneens, -zo, insgelijks

'**ebenmäßig** gelijkmatig, mooi gevormd, symmetrisch

ebenso even, (even)zo; '**ebensowenig** 1 even weinig; 2 evenmin

'**Eber** ‹*der; -s, -*› beer, mannetjesvarken

'**Eberesche** ‹*die; -, -n*› lijsterbes

'**ebnen** ‹*h*› effenen

'**Echse** ‹*die; -, -n*› hagedis

echt 1 echt, waar; 2 zuiver; 3 onvervalst; 4 typisch; '**Echtheit** ‹*die; -, geen mv*› echtheid; vgl *echt*

Eck ‹*das; -(e)s, -e*› hoek; (*sp*) (*ein Schuß*) *ins lange ~* in de lange hoek; '**Eckball** ‹*der; -(e)s, -ë*› (*sp.*) corner, hoekschop; '**Eckbank** ‹*die; -, -ë*› hoekbank; '**Ecke** ‹*die; -, -n*› 1 hoek (*div bet*); 2 (*sp*) corner, hoekschop; 3 *eine ganze ~: a*) een heel stuk, eind; *b*) een hele poos; '**Eckfahne** ‹*die; -, -n*› (*sp*) hoekvlag; '**eckig** 1 hoekig; 2 (*fig*) onbehouwen, ruw; '**Eckpfeiler** ‹*der; -s, -*› 1 hoekpilaar; 2 (*fig*) hoeksteen; '**Eckstoß** ‹*der; -es, -ë*› (*sp*) hoekschop, corner

'**edel** edel (*ook fig*); '**Edelhirsch** ‹*der; -(e)s, -e*› edelhert; '**Edelholz** ‹*das; -es, -ër*› fijn hout; '**Edelkoralle** ‹*die; -, -n*› bloedkoraal; '**edelmütig** edelmoedig; '**Edelstahl** ‹*der; -(e)s, geen mv*› roestvrij staal; '**Edelstein** ‹*der; -(e)s, -e*› edelsteen; '**Edeltanne** ‹*die; -, -n*› zilverspar; '**Edelweiß** ‹*das; -(es), -e*› (*plantk*) edelweiss; '**Edelwild** ‹*das; -(e)s, geen mv*› rood wild

Editi'on ‹*die; -, -en*› editie, uitgave

EDV ‹*die; -, geen mv*› (*afk*) *elektronische Datenverarbeitung*; **EDV-Anlage** ‹*die; -, -n*› computer

'**Efeu** ‹*der; -s, geen mv*› klimop

Ef'fekt ‹*der; -(e)s, -e*› 1 effect, succes; 2 effect, uitwerking

Ef'fekten ‹*mv*› effecten, aandelen

effek'tiv 1 effectief, werkelijk; 2 werkelijk, inderdaad; 3 doeltreffend, effectief

effektu'ieren ‹*h*› effectueren, uitvoeren

Effi'zienz ‹*die; -, geen mv*› efficiëntie

EG ‹*die, -, geen mv*› (*afk*) *Europäische Gemeinschaft* Europese Gemeenschap, (*afk*) E.G.

e'gal 1 egaal, gelijk; 2 *mir ist alles ~* het is mij om het even, het kan mij niets schelen; **egali'sieren** ‹*h*› 1 egaliseren, gelijkmaken, effenen; 2 (*sp*) *einen Rekord ~* een record evenaren

'Egel ‹*der; -s, -*› (*dierk*) bloedzuiger

'Egge ‹*die; -, -n*› eg, egge; **'eggen** ‹*h*› eggen

Ego'ismus ‹*der; -, Egoismen*› egoïsme, zelfzucht

eh: *seit ~ und je* sinds mensenheugenis; *wie ~ und je* zoals altijd

'ehe eer(dat), voor(dat)

'Ehe ‹*die; -, -n*› huwelijk; echt; **'Eheberatungsstelle** ‹*die; -, -n*› huwelijksadviesbureau; **'ehebrechen** ‹*st.h; a-o; i*› echtbreuk plegen; **'ehebrecherisch** overspelig; **'Ehebruch** ‹*der; -(e)s, -ë*› echtbreuk, overspel; **'Ehebund** ‹*der; -(e)s, geen mv*› echtverbintenis

'ehe'dem eertijds, voorheen, vroeger

'Ehefrau ‹*die; -, -en*› echtgenote, eega; **'Ehegatte** ‹*der; -n, -n*› echtgenoot; **'Ehegattin** ‹*die; -, -nen*› echtgenote, eega; **'Eheleute** ‹*mv*› echtelieden; **'ehelichen** ‹*h*› huwen, trouwen; **'Ehelosigkeit** ‹*die; -, geen mv*› ongehuwde staat

'ehemalig voormalig, vroeger, gewezen, oud

'ehemals eertijds, vroeger

'Ehemann ‹*der; -(e)s, -ër*› echtgenoot, man

'eher 1 eerder *a*) vroeger; *b*) liever; 2 veeleer

'Ehering ‹*der; -(e)s, -e*› trouwring

'ehern 1 ijzeren; 2 onverbiddelijk

'Ehescheidung ‹*die; -, -en*› echtscheiding; **'Eheschließung** ‹*die; -, -en*› huwelijksvoltrekking

'ehest: *am ~en* 1 het eerst, het vroegst; 2 in de eerste plaats; 3 het gemakkelijkst; 4 het liefst; **'ehestens** op zijn vroegst

'Ehestand ‹*der; -(e)s, geen mv*› huwelijk, gehuwde staat; *in den ~ treten* trouwen, huwen; **'Ehevermittlung** ‹*die; -, geen mv*› huwelijksbemiddeling

'ehrbar eerbaar, eerzaam, zedig

'Ehre ‹*die; -, -n*› eer; ***auf** ~, auf meine ~, bei meiner ~* op mijn eer; ***in** ~n (halten)* in ere; *in allen ~n* in alle eer en deugd; *er hat **mit** ~n bestanden* hij heeft het er eervol afgebracht; **'ehren** ‹*h*› 1 eren, respecteren; 2 vereren

'Ehrendoktor ‹*der; -s, -en*› doctor honoris causa; **'Ehrengeleit** ‹*das; -(e)s, -e*› eregeleide, -ëscorte; **'ehrenhalber** (*afk e.h.*) honoris causa; **'Ehrenmal** ‹*das; -(e)s, -e of -ër*› gedenkteken, monument; **'Ehrenplatz** ‹*der; -(e)s, -ë*› ereplaats; **'ehrenrührig** beledigend, krenkend; **'Ehrentor** ‹*das; -(e)s, -e*›, **'Ehrentreffer** ‹*der; -s, -*› (*sp*) het enige tegenpunt bij een nederlaag; **'ehrenvoll** eervol; **'ehrenwert** (eer)waardig, achtbaar; **'ehrerbietig** eerbiedig; **'Ehrerbietung** ‹*die; -, geen mv*› respect

'Ehrfurcht ‹*die; -, geen mv*› eerbied; ontzag; **'ehrfürchtig** eerbiedig; **'Ehrgeiz** ‹*der; -(e)s, geen mv*› eerzucht; **'ehrgeizig** eergierig; **'ehrlich** eerlijk; **'Ehrlichkeit** ‹*die; -, geen mv*› eerlijkheid; **'ehrlos** eerloos; **'ehrsam** eerzaam, achtbaar; **'ehrsüchtig** eerzuchtig; **'Ehrung** ‹*die; -, -en*› eerbetoon, huldiging; **'ehrwürdig** eer(bied)waardig

ei! wel! *~ was!* och kom!

Ei ‹*das; -(e)s, -er*› 1 ei; 2 *wie aus dem ~ gepellt* om door een ringetje te halen; *sie gleichen sich wie ein ~ dem andern* ...als twee druppels water; 3 (*volkstaal*) *~er* ‹*mv*› geld; (*das kostet 200*) *~er* mark; 4 (*volkstaal*) *~er* testikels, ballen

'Eiche ‹*die; -, -n*› eik(eboom); **'Eichelhäher** ‹*der; -s, -*› (*dierk*) Vlaamse gaai; **'Eichenholz** ‹*das; -es, geen mv*› eikehout

'Eichhorn ‹*das; -(e)s, -ër*›, **'Eichhörnchen** ‹*das; -s, -*› (*dierk*) eekhoorn

Eid ‹*der; -(e)s, -e*› eed; **'eidbrüchig**: *~ werden* zijn eed breken, een meineed doen

'Eidechse ‹*die; -, -n*› (*dierk*) hagedis

'Eidotter ‹*der of das; -s, -*› eierdooier

'Eierbecher ‹*der; -s, -*› eierdopje; **'Eierkuchen** ‹*der; -s, -*› (eier)pannekoek; **'Eierlikör** ‹*der; -s, -e*› advocaat

'eiern ‹*h*› *das Rad eiert* er zit een slag in het wiel

'Eierschale ‹*die; -, -n*› eierdop; **'Eierschaum** ‹*der; -(e)s, geen mv*›, **'Eierschnee** ‹*der; -s, geen mv*› geklopt eiwit; **'Eierstock** ‹*der; -(e)s, -ë*› (*anat*) ovarium, eierstok; **'Eiertanz** ‹*der; -es, -ë*› 1 eierdans; 2 (*fig*) *einen ~ aufführen* uiterst behoedzaam te werk gaan; **'Eieruhr** ‹*die; -, -en*› eierwekker

'Eifer ‹*der; -s, geen mv*› 1 ijver, vuur; 2 (*volkstaal*) *im ~ des Gefechts* in de haast

'eifern ‹*h*› 1 *~ nach* streven naar; 2 *~ gegen* zich kanten tegen

'Eifersucht ‹*die; -, geen mv*› naijver, jaloezie; **'eifersüchtig** jaloers

'eifrig 1 ijverig, enthousiast; 2 vurig, hartstochtelijk; 3 *wir sind ~ bemüht,* (*ihm zu helfen*) wij doen veel moeite ...; *~ reden* druk praten

'Eigelb ‹*das; -(e)s, -e of -*› eigeel

'eigen eigen; *auf ~e Faust* op eigen houtje; *sich etwas zu ~ machen* zich iets eigen maken

'Eigenart ‹*die; -, -en*› 1 eigen of bijzonder karakter; 2 eigenaardigheid, merkwaardige trek; **'eigenartig** 1 eigenaardig; 2 bijzonder

'Eigenbedarf ‹*der; -(e)s, geen mv*› eigen behoefte; *für den ~* voor eigen gebruik

'Eigenbrötler ‹*der; -s, -*› 1 zonderling; 2 eenzelvig iemand

'Eigenheim ‹*das; -(e)s, -e*› eigen huis

'eigenmächtig eigenmachtig

'Eigennutz ‹*der; -es, geen mv*› eigenbelang; **'eigennützig** baatzuchtig, egoïstisch

'eigens 1 speciaal; 2 uitsluitend

'Eigenschaft ‹*die; -, -en*› 1 eigenschap, kenmerk, aard; 2 hoedanigheid; **'Eigenschaftswort** ‹*das; -(e)s, -ër*› bijvoeglijk naamwoord

'Eigensinn ‹*der; -(e)s, geen mv*› eigenzinnigheid; **'eigensinnig** eigenzinnig, koppig

'**eigenständig** zelfstandig, onafhankelijk
'**eigensüchtig** zelfzuchtig
'**eigentlich** eigenlijk, welbeschouwd
'**Eigentor** ⟨*das; -(e)s, -e*⟩ (*sp*) doelpunt in eigen doel
'**Eigentum** ⟨*das; -s, geen mv*⟩ eigendom, bezit(ting); '**Eigentümer** ⟨*der; -s, -*⟩ eigenaar; '**eigentümlich** 1 eigenaardig, merkwaardig; 2 kenmerkend, karakteristiek
'**eigenwillig** 1 eigenzinnig; 2 zelfstandig
'**eignen** ⟨*h*⟩ 1 *ihm eignet* hij bezit; 2 *sich ~ für, zu, als* geschikt zijn voor; '**Eignung** ⟨*die; -, -en*⟩ geschiktheid
'**Eilbote** ⟨*der; -n, -n*⟩ 1 koerier; 2 *durch ~n* per expresse; '**Eilbrief** ⟨*der; -e, -e*⟩ expresbrief
'**Eile** ⟨*die; -, geen mv*⟩ haast, spoed; '**eilen** I ⟨*h*⟩ 1 zich haasten, haast maken; *eile mit Weile* haast u langzaam; *es eilt mit der Arbeit* er is haast bij het werk; 2 *sich ~* zich haasten; II ⟨*s*⟩ ijlen, snellen, hard lopen, voortmaken
'**eilig** 1 gehaast, haastig; 2 dringend; 3 vlug; 4 in haast; (*er hat*) *es ~* haast
'**eiligst** ijlings, ten spoedigste, in allerijl
'**Eilsendung** ⟨*die; -, -en*⟩ verzending per expresse; '**Eilzug** ⟨*der; -(e)s, -ë*⟩ sneltrein; '**Eilzustellung** ⟨*die; -, -en*⟩ expressebestelling
'**Eimer** ⟨*der; -s, -*⟩ 1 emmer; 2 (*volkstaal*) *im ~ sein*: *a*) kapot, stuk zijn; *b*) mislukt zijn; *c*) iets wel kunnen vergeten
ein (*eine, ein*) I ⟨*telw*⟩ een, ene; *~ und derselbe* een en dezelfde; *sie ist sein ~ und alles* zij is zijn alles; *es gibt nur eines, das ...* er is maar een ding, dat ...; *in einem fort* aan een stuk door; II ⟨*vnw*⟩ iemand, men; *so ~er* zo iemand; *das ist ~er!* dat is me d'r een!; *die einen ... und die andern* sommigen ... en anderen; III ⟨*lidw*⟩ een, ene; IV ⟨*bw*⟩ in, naar binnen; (*er wußte*) *weder ~ noch aus* geen raad
'**Einakter** ⟨*der; -s, -*⟩ eenakter
ein'ander elkander, elkaar
'**einarbeiten** ⟨*h*⟩ 1 inwerken; 2 verwerken in
'**einäschern** ⟨*h*⟩ 1 cremeren; 2 in de as leggen
'**einatmen** ⟨*h*⟩ inademen
'**Einbahnstraße** ⟨*die; -, -n*⟩ straat of weg met eenrichtingsverkeer
'**Einband** ⟨*der; -(e)s, -ë*⟩ (boek)band
'**einbändig** in een band, in een deel
'**Einbau** ⟨*der; -s, -ten*⟩ 1 het inbouwen (o.a. motor); 2 het plaatsen (o.a. bad); '**einbauen** ⟨*h*⟩ 1 inbouwen (o.a. motor); 2 plaatsen (o.a. bad); '**Einbauküche** ⟨*die; -, -n*⟩ inbouwkeuken
'**einbegriffen** inbegrepen
'**einbehalten** ⟨*st.h; ie-a; ä*⟩ inhouden
'**einberufen** ⟨*st.h; ie-u*⟩ 1 bijeenroepen; 2 (*mil*) oproepen
'**Einberufung** ⟨*die; -, -en*⟩ 1 bijeenroeping; 2 (*mil*) oproeping
'**Einbettzimmer** ⟨*das; -s, -*⟩ eenpersoonskamer
'**einbeziehen** ⟨*st.h; o-o*⟩ 1 *in* (+ 4) ~ betrekken in; 2 meetellen, -rekenen; '**Einbeziehung** ⟨*die; -, geen mv*⟩ *unter ~ von* meegerekend
'**einbiegen** ⟨*st.h; o-o*⟩ 1 naar binnen buigen; 2 *in eine Straße ~* een straat inslaan; *nach links ~* links afslaan
'**einbilden, sich** ⟨*h*⟩ 1 zich verbeelden, zich inbeelden, wanen; 2 *sich etwas ~* (ook) verbeelding hebben; 3 *sich ~ auf* (+ 4) zich laten voorstaan op; '**Einbildung** ⟨*die; -, -en*⟩ 1 inbeelding, fantasie; 2 verbeelding, verwaandheid
'**einbinden** ⟨*st.h; a-u*⟩ 1 inbinden; 2 inpakken
'**einblenden** ⟨*h*⟩ 1 (*telec*) iets in het beeld projecteren (bijv. het juiste antwoord, iemands naam); 2 inlassen; 3 het beeld, het geluid langzaam laten opkomen; 4 ~ *in, auf* (+ 4) overschakelen naar; 5 *sich ~* in een uitzending komen
'**einbleuen** ⟨*h*⟩ instampen, -ranselen
'**Einblick** ⟨*der; -(e)s, -e*⟩ 1 blik (in iets), inkijk; 2 (*fig*) kijk
'**einbrechen** I ⟨*st.h; a-o; i*⟩ 1 openbreken (deur); 2 inbreken; II ⟨*st.s; a-o; i*⟩ 1 instorten, inzakken; (*auf dem Eise*) ~ door het ijs zakken; 2 inbreken; 3 (*een land*) binnenvallen; 4 aanbreken, (in)vallen (duisternis); '**Einbrecher** ⟨*der; -s, -*⟩ inbreker
'**einbringen** ⟨*onr.h*⟩ 1 binnenbrengen, binnenhalen (bijv. oogst); 2 (*in die Ehe*) meebrengen; 3 inbrengen, inleggen (*in een onderneming*); 4 (*verzoek*) indienen; 5 *etwas ~* renderen
'**einbrocken** ⟨*h*⟩ 1 inbrokk(el)en; 2 *einem etwas ~* iem een koopje leveren; 3 *sich etwas Schönes ~* zich narigheid op de hals halen
'**Einbruch** ⟨*der; -(e)s, -ë*⟩ 1 inbraak; 2 inval; 3 (*mil*) bres, penetratie; 4 het door het ijs zakken; 5 (*duisternis*) het (in)vallen, het aanbreken
'**einbürgern** ⟨*h*⟩ 1 naturaliseren; 2 *sich ~* ingeburgerd raken
'**Einbürgerung** ⟨*die; -, -en*⟩ naturalisatie
'**Einbuße** ⟨*die; -, -n*⟩ verlies, schade; derving; '**einbüßen** ⟨*h*⟩ verliezen, erbij inboeten
'**einchecken** ⟨*h*⟩ inchecken
'**eindämmen** ⟨*h*⟩ 1 indammen, -dijken; 2 (*fig*) indammen, tegengaan
'**eindecken** ⟨*h*⟩ 1 afdekken; 2 *sich ~* (*mit*) zich voorzien (van); een voorraad inslaan (van)
'**eindeutig** ondubbelzinnig, duidelijk
'**eindosen** ⟨*h*⟩ inblikken
'**eindringen** ⟨*st.s; a-u*⟩ 1 in-, binnen-, doordringen; 2 *auf einen ~* bij iem aandringen; '**eindringlich** nadrukkelijk, krachtig, dringend, overtuigend; '**Eindringling** ⟨*der; -(e)s, -e*⟩ indringer
'**Eindruck** ⟨*der; -(e)s, -ë*⟩ indruk (*eig en fig*); '**eindrücken** ⟨*h*⟩ 1 persen of drukken in, erin persen of drukken; 2 in-, plat-, stukdrukken; 3 *sich ~*: *a*) een spoor achterlaten; *b*) (*fig*) zich inprenten; '**eindrucksvoll** indrukwekkend
'**Einelternfamilie** ⟨*die; -, -n*⟩ éénoudergezin
'**einen** ⟨*h*⟩ zie *einigen*
'**einengen** ⟨*h*⟩ 1 nauw insluiten; 2 beperken
'**Einer** ⟨*der; -s, -*⟩ 1 (*rekenk*) eenheid; 2 eenpersoonsroeiboot, -kano

ein

'**einerlei** 1 om het even, hetzelfde; 2 gelijk, uniform; '**Einerlei** ‹*das; -s, geen mv*› eentonigheid, sleur; *immer das ewige ~!* altijd hetzelfde liedje
'**einerseits** enerzijds, eensdeels
'**einesteils** enerzijds
'**einfach** 1 eenvoudig, gewoon; 2 (ge)makkelijk, eenvoudig; 3 enkel(voudig); 4 gewoon, gewoonweg; 5 ~(*e Fahrt*) enkele reis; '**Einfachheit** ‹*die; -, geen mv*› 1 eenvoud; 2 gemak
'**einfädeln** ‹*h*› 1 *die Nadel ~* een draad in de naald steken; 2 *etwas schlau ~* iets slim inkleden; 3 *sich ~* zich invoegen (in het verkeer)
'**einfahren** I ‹*st.h; u-a; ä*› 1 binnenbrengen; 2 (*auto*) inrijden; 3 stukrijden; II ‹*st.s; u-a; ä*› 1 (komen) binnenvaren, -rijden; 2 afdalen; '**Einfahrt** ‹*die; -, -en*› 1 het binnenrijden, -varen; 2 aankomst; 3 inrit, ingang, poort
'**Einfall** ‹*der; -(e)s, -ë*› inval (*div bet*); '**einfallen** ‹*st.s; ie-a; ä*› 1 instorten; 2 binnenvallen (een land); 3 invallen (bijv. winter); 4 (*muz*) inzetten; 5 te binnen schieten; 6 in de rede vallen; 7 *was fällt Ihnen nur od. denn ein?* wat denkt u eigenlijk?; *das fällt mir gar nicht* (*im Traum nicht*) *ein* ik denk er niet aan! *sich etwas ~ lassen müssen* een oplossing moeten bedenken; '**einfallsreich** fantasievol; '**Einfallstraße** ‹*die; -, -n*› invalsweg
'**Einfalt** ‹*die; -, geen mv*› 1 eenvoud; 2 onnozelheid; '**einfältig** 1 eenvoudig; 2 onnozel, dom naïef
'**Einfamilienhaus** ‹*das; -es, -ër*› eengezinswoning
'**einfangen** ‹*st.h; i-a; ä*› 1 vangen (o.a. dieren); 2 arresteren; 3 (*fig*) beschrijven
'**einfassen** ‹*h*› 1 (*edelstenen*) invatten; 2 in-, omsluiten, omgeven; 3 in-, omlijsten; 4 vatten, zetten in; 5 boorden; 6 afzetten; '**Einfassung** ‹*die; -, -en*› zie *einfassen*
'**einfinden, sich** ‹*st.h; a-u*› 1 aankomen; 2 zich thuisvoelen; '**einflößen** ‹*h*› 1 ingieten; (*med*) ingeven, toedienen; 2 (*Angst*) inboezemen
'**Einflugschneise** ‹*die; -, -n*› aanvliegroute
'**Einfluß** ‹*der; Einflusses, Einflüsse*› invloed; '**Einflußbereich** ‹*der; -(e)s, -e*› invloedssfeer
'**einfordern** ‹*h*› invorderen, opeisen
'**einförmig** eenvormig, -tonig; '**Einförmigkeit** ‹*die; -, -en*› eenvormigheid
'**einfrieden** ‹*h*›, '**einfriedigen** ‹*h*› omheinen; '**Einfriedigung** ‹*die; -, -en*›, '**Einfriedung** ‹*die; -, -en*› omheining
'**einfrieren** I ‹*st.h; o-o*› (*vlees, groente*) invriezen; II ‹*st.s; o-o*› 1 in-, vastvriezen; 2 bevriezen (*lett en fig*)
'**einfügen** ‹*h*› 1 invoegen, -zetten; 2 toe-, bijvoegen; 3 *sich ~ in* (+ 4) zich schikken in
'**einfühlen, sich** ‹*h*› (*in* (+ 4)): *a*) zich (met zijn gevoel) verplaatsen in; *b*) aanvoelen
'**Einfuhr** ‹*die; -, -en*› invoer, import; '**Einfuhrbeschränkung** ‹*die; -, -en*› invoer beperking; '**Einfuhrbewilligung** ‹*die; -, -en*› invoervergunning; '**einführen** ‹*h*› 1 invoeren, importeren; 2 invoeren, in zwang brengen; 3 introduceren; 4 installeren; 5 brengen, steken (in); '**Einfuhrerlaubnis** ‹*die; -, -se*› invoervergunning; '**Einfuhrgenehmigung** ‹*die; -, -en*› invoervergunning; '**Einfuhrsperre** ‹*die; -, -n*› invoersto; '**Einfuhrsteuer** ‹*die; -, -n*› invoerbelasting; '**Einführung** ‹*die; -, -en*› 1 het voorstellen, introductie; 2 installatie; '**Einführungspreis** ‹*der*› (*Belg*) lanceerprijs; '**Einfuhrzoll** ‹*der; -(e)s, -ë*› invoerrechten
'**Eingabe** ‹*die; -, -n*› 1 verzoek(schrift); 2 (*comp*) input; 3 het geven (van medicijn)
'**Eingang** ‹*der; -(e)s, -ë*› 1 in-, toegang; (*e.r Sache*) *~ verschaffen* ingang doen vinden; 2 aankomst; 3 het binnenkomen (ook van geld, vorderingen e.d.); (*goederen, brief*) ontvangst; 4 invoer; 5 *zu ~* (*seiner Rede*) aan het begin; '**Eingänge** ‹*mv*› ingekomen brieven, post; '**eingangs** aan het begin
'**eingebildet** 1 ingebeeld, denkbeeldig; 2 verwaand
'**Eingeborene(r)** ‹*bn als zn*› inboorling(e)
'**Eingebung** ‹*die; -, -en*› ingeving
'**eingefleischt** 1 onverbeterlijk; 2 verstokt
'**eingehen** I ‹*st.s; i-a*› 1 in-, binnengaan; 2 (*van brieven e.d.*) binnenkomen; 3 *näher ~ auf* (+ 4) nader ingaan op; 4 (*stof*) (in)krimpen; 5 (*planten*) uitdrogen; 6 (*planten, dieren*) wegkwijnen, sterven; 7 (*firma, krant e.d.*) ophouden te bestaan; II ‹*st.s en h; i-a*› 1 (*huwelijk, weddenschap e.d.*) aangaan, -nemen, -vaarden; 2 (*risico*) op zich nemen, lopen; '**eingehend** grondig, nauwkeurig, uitvoerig
'**Eingemachte(s)** ‹*das; -n, geen mv*› ingemaakte vruchten, groenten
'**eingemeinden** ‹*h*› bij een stad voegen
'**eingenommen** (voor)ingenomen
'**eingeschnappt** op z'n tenen getrapt
'**Eingeständnis** ‹*das; -ses, -se*› bekentenis
'**eingestehen** ‹*st.h; a-a*› bekennen, toegeven
'**eingetragen** ingeschreven, geregistreerd
'**Eingeweide** ‹*das; -s, -*› 1 ingewanden; 2 binnenste
'**Eingeweihte(r)** ‹*bn als zn*› ingewijde, insider
'**eingewöhnen, sich** ‹*h*› acclimatiseren
'**eingleisig** met enkel spoor
'**eingliedern** ‹*h*› opnemen, integreren; '**Eingliederung** ‹*die; -, geen mv*› integratie
'**eingreifen** ‹*st.h; i-i*› 1 ingrijpen; tussenbeide komen; 2 (*techn*) in elkaar grijpen; '**eingreifend** ingrijpend, krachtig; '**Eingriff** ‹*der; -(e)s, -e*› 1 inbreuk (op); 2 (*med*) ingreep, operatie
'**einhaken** ‹*h*› 1 op de haak zetten; 2 vasthaken aan, inhaken; 3 (*fig*) inhaken; 4 *sich ~* (iem) een arm geven
'**Einhalt** ‹*der; -(e)s, geen mv*› *~ tun od. gebieten* tegengaan, een einde maken aan; '**einhalten** ‹*st.h; ie-a; ä*› 1 (*mit etwas*) ~ ophouden, staken; 2 zich houden aan, nakomen
'**einhandeln** ‹*h*› 1 kopen; 2 *~ gegen, für* ruilen tegen, voor; 3 *sich etwas ~*: *a*) zich iets op de hals halen; *b*) iets oplopen (een ziekte)

'**einhändig** eenhandig, met of voor één hand

'**einhängen** ‹*h*› 1 (in)hangen; 2 de hoorn op de haak leggen; 3 *sich bei einem* ~ iem een arm geven

'**einhauchen** ‹*h*› inademen, inblazen

'**einheften** opbergen (in order, map e.d.)

'**einheimisch** inheems, binnenlands; '**Einheimische(r)** ‹*bn als zn*› 1 ingezetene; 2 (*mv*) (ook) inheemsen, inlanders

'**einheiraten** ‹*h*› introuwen

'**Einheit** ‹*die; -, -en*› eenheid (*div bet*); '**einheitlich** uniform; '**Einheitlichkeit** ‹*die; -, geen mv*› uniformiteit

'**einheizen** ‹*h*› 1 stoken, de kachel aanmaken; 2 *einem gehörig* ~ iem flink de waarheid zeggen; 3 (*er hatte*) *tüchtig eingeheizt* veel gedronken

'**einhellig** eenstemmig, eensgezind

ein'herschreiten ‹*st.s; i-i*› voortstappen

'**einholen** ‹*h*› 1 inhalen (*div bet*); 2 (*informaties*) inwinnen; 3 boodschappen doen

'**einhüllen** ‹*h*› (*in* (+ *4*)) inhullen, -wikkelen

'**einig** I ‹*bn*› (*sich*) *in od. über etwas* ~ *sein, werden* het met elkaar eens zijn, worden, eensgezind; II ‹*onbep vnw*› 1 *nach* ~*er Zeit* na enige tijd; 2 enkele, een paar; *einige Hundert* een paar honderd; 3 *einige zwanzig* ruim twintig; 4 heel wat; '**einigen** ‹*h*› 1 verenigen; 2 tot elkaar brengen, eensgezind of goede vrienden maken; 3 *sich* ~ *auf* het eens worden over

einiger'maßen 1 enigermate; 2 tamelijk, nogal

'**Einigkeit** ‹*die; -, geen mv*› eensgezindheid, eendracht; ~ *macht stark* eendracht maakt macht

'**Einigung** ‹*die; -, -en*› 1 overeenstemming; 2 het eenworden, vereniging

'**einimpfen** ‹*h*› (in)enten, vaccineren; '**Einimpfung** ‹*die; -, -en*› inenting, vaccinatie

'**einjährig** eenjarig

'**einkalkulieren** ‹*h*› 1 meerekenen; 2 (*fig*) incalculeren

'**einkapseln** ‹*h*› 1 inkapselen; 2 *sich* ~ (*fig*) zich afsluiten

'**Einkauf** ‹*der; -(e)s, -ë*› inkoop; '**einkaufen** ‹*h*› (in)kopen; '**Einkäufer** ‹*der; -s, -*› inkoper; '**Einkaufsabteilung** ‹*die; -, -en*› inkoopafdeling; '**Einkaufsbummel** ‹*der; -s, -*› het winkelen; '**Einkaufsgenossenschaft** ‹*die; -, -en*› inkoopcoöperatie; '**Einkaufstasche** ‹*die; -, -n*› boodschappentas; '**Einkaufszentrum** ‹*das; -s, -zentren*› winkelcentrum

'**Einkehr** ‹*die; -, geen mv*› 1 intrek; 2 ~ *halten* tot bezinning komen; '**einkehren** ‹*s*› 1 *in einer Gaststätte* ~ naar een restaurant gaan; 2 (*bei einem*) aangaan, aanlopen; 3 optreden, zich voordoen

'**einklammern** ‹*h*› tussen haakjes zetten

'**Einklang** ‹*der; -(e)s, -ë*› 1 overeenstemming, harmonie; 2 (*muz*) unisono

'**einkleiden** ‹*h*› 1 in de kleren steken; 2 kleden; 3 (*fig*) inkleden

'**einkochen** ‹*h*› inkoken, inmaken

'**einkommen** ‹*st.s; a-o*› 1 (officieel) verzoeken; 2 (*geld, brieven*) binnenkomen

'**Einkommen** ‹*das; -s, -*› inkomen, inkomsten; '**Einkommensgruppe** ‹*die; -, -n*› inkomensgroep; *die unteren* ~*n* de laagstbetaalden; '**Einkommensschwache** ‹*mv*› (*Belg*) minstbedeelden

'**einkreisen** ‹*h*› insluiten, omsingelen

'**Einkünfte** ‹*mv*› inkomsten

'**einladen** ‹*st.h; u-a; ä*› 1 (in)laden; 2 uitnodigen; '**einladend** aanlokkelijk, uitnodigend; '**Einladung** ‹*die; -, -en*› 1 het (in)laden; 2 uitnodiging

'**Einlage** ‹*die; -, -n*› 1 het extra nummer; 2 bijlage, ingesloten stuk; 3 (*bij spaarbank, spel*) inleg; 4 (*in zaak*) inbreng; 5 steunzool; 6 (*in soep*) groente, balletjes; 7 (*tand, kies*) vulling; '**einlagern** ‹*h*› opslaan

'**Einlaß** ‹*der; Einlasses, Einlässe*› 1 toegang, toelating; 2 ingang; 3 (*techn*) inlaat; '**einlassen** ‹*st.h; ie-a; ä*› 1 binnen-, toelaten; 2 (*techn*) inlaten, verzinken; 3 (*o.a. water*) laten lopen; 4 *sich auf* (+ *4*) ~ ergens op ingaan; 5 *sich in ein Gespräch* ~ aan een gesprek deelnemen

'**Einlauf** ‹*der; -(e)s, -ë*› 1 (*sp*) het over de finish komen; 2 het binnenlopen (van schip); '**einlaufen** I ‹*st.s; ie-au; äu*› 1 binnenlopen (van schepen); 2 binnen-, inkomen (o.a. post); 3 (in)krimpen; 4 (*schoenen, machine*) inlopen; II ‹*st.h; ie-au; äu*› 1 *einem das Haus* ~ iem de deur platlopen; 2 *sich* ~ zich warm lopen

'**Einlegeblatt** ‹*das; -(e)s, -ër*› inlegvel; '**einlegen** ‹*h*› 1 doen in, leggen in; *ein Tonband* ~ een geluidsband inleggen; 2 (*pauze*) inlassen; 3 *den 3. Gang* ~ in de derde versnelling zetten; 4 (*vruchten*) inmaken, inleggen; 5 (*geld*) inleggen, storten; 6 (*geld in brief*) insluiten; 7 (*techn*) inleggen; 8 *Ehre mit etwas* ~ eer met iets behalen; 9 *ein gutes Wort für einen* ~ een goed woordje voor iemand doen

'**einleiten** ‹*h*› 1 inleiden (*div bet*); 2 (*nieuw tijdperk*) inluiden; '**Einleitung** ‹*die; -, -en*› 1 inleiding; 2 begin

'**einlenken** ‹*h*› 1 van toon veranderen; toegeven; 2 *in einen Weg* ~ een weg inslaan

'**einlesen** ‹*st.h; a-e; ie*› invoeren (in computer)

'**einleuchten** ‹*h*› duidelijk zijn

'**einliefern** ‹*h*› 1 inleveren, afgeven; 2 (*ziekenhuis, gevangenis*) brengen naar; '**Einlieferung** ‹*die; -, -en*› 1 inlevering; 2 opsluiting; 3 het binnenbrengen, het opnemen

'**einliegend** inliggend, ingesloten; '**Einliegerwohnung** ‹*die; -, -en*› afzonderlijke huurwoning in een eensgezinshuis

'**einlochen** ‹*h*› opsluiten

'**einlösen** ‹*h*› 1 (*onderpand*) inlossen; 2 (*cheque*) innen; 3 (*belofte e.d.*) nakomen

'**einmachen** ‹*h*› (*fruit, groente*) inmaken, inleggen

'**einmal** 1 eenmaal, een keer, eens; ~ …, ~ nu eens …, dan weer; *auf* ~ opeens; ~ *über das andere* keer op keer; 2 ten eerste; **Einmal'eins** ‹*das; -, geen mv*› 1 tafels (van vermenigvuldiging); 2 elementaire kennis; **'einmalig** 1 eenmaal plaatsvindend, voor een keer; 2 uniek

'Einmarsch ‹*der; -(e)s, -ë*› 1 intocht; 2 inval; **'einmarschieren** ‹*s*› 1 (*mil*) binnentrekken, -rukken; 2 binnen-, inmarscheren

'einmischen, sich ‹*h*› (*in* (+ 4)) zich mengen in, zich bemoeien met

'einmütig eensgezind, eenstemmig

'einnähen ‹*h*› 1 (er) innaaien; 2 (*jurk e.d.*) innemen

'Einnahme ‹*die; -, -n*› 1 het innemen; 2 inbezitneming; 3 ontvangst; 4 *~n* inkomsten; **'Einnahmequelle** ‹*die; -, -n*› bron van inkomsten; **'einnehmen** ‹*st.h; a-o; i*› 1 (*medicijn, plaats e.d.*) innemen; 2 (*maaltijd*) gebruiken; 3 (*geld*) incasseren, ontvangen; 4 (*ambt*) bekleden; 5 aannemen

'einnicken ‹*s*› indutten, indommelen

'Einöde ‹*die; -, -n*› woestenij, eenzaamheid

'einordnen ‹*h*› 1 rangschikken, indelen; 2 rangschikken, op z'n plaats zetten; 3 (*sich*) ~ voorsorteren (verkeer); 4 *sich* ~ zich aanpassen

'einpauken ‹*h*› inpompen, instampen

'einpferchen ‹*h*› (*fig*) opeenpakken

'einplanen ‹*h*› 1 plannen; 2 rekening houden (met iets) bij de planning

'einprägen ‹*h*› 1 indrukken, instempelen; 2 inprenten; **'einprägsam** gemakkelijk te onthouden

'einrahmen ‹*h*› in-, omlijsten

'einräumen ‹*h*› 1 inruimen, opbergen; 2 toegeven; **'Einräumung** ‹*die; -, -en*› 1 het inruimen, het opbergen; 2 toegeving

'Einrede ‹*die; -, -n*› tegenwerping, protest; **'einreden** ‹*h*› 1 (*einem etwas*) inpraten, wijsmaken; 2 (*moed*) inspreken; 3 *auf einen* ~ iem trachten te overreden

'einreichen ‹*h*› 1 (*verzoek*) indienen; *die Scheidung* ~ een eis tot echtscheiding indienen; 2 aanvragen

'Einreiher ‹*der; -s, -*› kostuum, jasje met één rij knopen

'Einreise ‹*die; -, -n*› het binnenkomen (in een land); **'Einreisegenehmigung** ‹*die; -, -en*› (inreis)visum; **'einreisen** ‹*s*› binnenreizen (een land)

'einreißen I ‹*st.h; i-i*› 1 (*gebouw e.d.*) afbreken; 2 inscheuren; II ‹*s*› 1 inscheuren; 2 om zich heen grijpen

'einrenken ‹*h*› 1 zetten; 2 (*eine Sache*) *wieder* ~ weer in orde brengen

'einrennen I ‹*onr.h*› 1 naar binnen rennen; 2 *offene Türen* ~ open deuren intrappen; 3 *einem die Bude* ~ iems deur platlopen; II ‹*s*› (*auf* (+ 4)) inrennen

'einrichten ‹*h*› 1 (*woning e.d.*) inrichten; 2 regelen, organiseren; 3 zetten (gebroken arm); 4 (*muz*) bewerken, arrangeren; 5 (*techn*) in-, afstellen; **sich** ~ 1 zijn huis inrichten; 2 zich aanpassen; 3 *sich* ~ *auf* (+ 4) zich instellen op, voorbereiden op; **'Einrichtung** ‹*die; -, -en*› 1 instelling; (*öffentliche*) *~en* instellingen; 2 *gute ~en* (ook) voorzieningen; (*soziale*) ~ voorzieningen; 3 instelling, gewoonte; 4 inrichting; 5 installatie *sanitäre ~en* het sanitair; vgl *einrichten*

'einrücken I ‹*s*› 1 binnenrukken; 2 (*mil*) *er muß* ~ hij moet opkomen; 3 (*in jem.s Stelle*) opvolgen; II ‹*h*› 1 (*een regel*) laten inspringen; 2 (*in een krant*) opnemen, plaatsen

Eins ‹*die; -, -en*› 1 een (*getal*); 2 lijn een (*van tram*); 3 een (*cijfer op rapport*); **eins** 1 een (*telwoord*); *es ist, schlägt* ~ het is, slaat een uur; (*sp*) *zwei zu* ~ 2-1; 2 ~ (*muß ich dir noch sagen*) een ding ...; 3 ~ *a* prima, uitstekend; 4 *es ist mir alles* ~ het kan me allemaal niets schelen, het is mij hetzelfde

'einsam eenzaam; **'Einsamkeit** ‹*die; -, geen mv*› eenzaamheid

'einsammeln ‹*h*› inzamelen, ophalen; **'Einsammlung** ‹*die; -, -en*› inzameling

'einsargen ‹*h*› kisten

'Einsatz ‹*der; -es, -ë*› 1 inzet (*div bet*); het inzetten; 2 inzetstuk; **'einsatzbereit** 1 paraat; 2 hulpvaardig; **'Einsatzbereitschaft** ‹*die; -, geen mv*› 1 paraatheid; 2 hulpvaardigheid; **'einsatzfähig** 1 operationeel; 2 inzetbaar, beschikbaar; **'einsatzfreudig** strijdlustig; **'Einsatzkommando** ‹*das; -s, -s*› mobiele eenheid

'einsaugen ‹*st.h; o-o*› inzuigen, opslorpen

'einschalten ‹*h*› 1 inschakelen (*div bet*); 2 *das Licht* ~ het licht aandoen; 3 inlassen, invoegen; 4 *den 2. Gang* ~ in de tweede versnelling zetten; 5 *sich* ~ (*in etwas*) zich mengen; **'Einschaltquote** ‹*die; -, -n*› (*telec*) kijk-, luisterdichtheid

'einschärfen ‹*h*› op het hart drukken

'einschätzen ‹*h*› 1 inschatten, taxeren; 2 aanslaan (in de belasting); **'Einschätzung** ‹*die; -, -en*› 1 taxatie, (in)schatting; beoordeling; 2 aanslag

'einschieben ‹*st.h; o-o*› 1 inschuiven, induwen; 2 inlassen (o.a. woord); 3 instoppen

'Einschienenbahn ‹*die; -, -en*› monorail

'einschl. (*afk*) voor *einschließlich*

'einschläfern ‹*h*› 1 in slaap doen vallen, slaperig maken; 2 onder narcose brengen; 3 (*een dier*) pijnloos doden; 4 (*fig*) in slaap sussen

'Einschlag ‹*der; -(e)s, -ë*› 1 inslag (*ook fig*), (*bliksem, granaat*) het inslaan; 2 (*in muur*) kogelgat; trechter; 3 (*bij het naaien*) inslag; 4 *sie hat einen südländischen* ~ zij heeft iets zuidelijks; **'einschlagen** ‹*st.h; u-a; ä*› 1 inslaan (*div bet*); slaan in; ~ *auf* inslaan op, afranselen; 2 in-, stukslaan; 3 inpakken; 4 (*mouw*) omslaan; 5 (*eieren*) doorroeren; 6 (*stuur*) draaien

'einschlägig 1 erbij (tot het vak) behorend; 2 desbetreffend, in aanmerking komend; 3 ~ *vorbestraft* vroeger bestraft voor hetzelfde feit

'einschleusen ‹*h*› binnenloodsen, -smokkelen (over grens)

'einschließen ‹*st.h; o-o*› 1 in-, op-, wegsluiten; 2 (*mil*) omsingelen; **'einschließlich** I ‹*bw*› *bis*

~ ..., *bis zum* ... ~ tot en met ...; II ‹*vz* (+ 2)› inclusief, met inbegrip van

'**Einschluß** ‹*der; -schlusses, -schlüsse*› *mit od. unter* ~ (+ 2) inclusief, met inbegrip van

'**einschmeicheln** ‹*h*› *sich bei einem* ~ zich bij iem in de gunst dringen

'**einschnappen** ‹*h en s*› 1 dichtspringen; 2 (*fig*) happen, gepikeerd zijn

'**einschneiden** ‹*st.h; i-i*› 1 insnijden, -knippen; 2 snijden, knippen in; 3 inkepen; '**einschneidend** (ook) diepgaand, ingrijpend

'**Einschnitt** ‹*der; -(e)s, -e*› 1 insnijding (*lett en fig*), keep; 2 knipje (in iets); 3 cesuur; 4 *bedeutender* ~ (ook) gewichtig moment, belangrijke fase

'**einschränken** ‹*h*› beperken; '**Einschränkung** ‹*die; -, -en*› 1 beperking; 2 *mit, ohne* ~ onder, zonder voorbehoud

'**Einschreibebrief** ‹*der; -(e)s, -e*› aangetekende brief; *durch* ~ per aangetekende brief; '**einschreiben** ‹*st.h; ie-ie*› 1 (*in* (+ 4)) inschrijven, registreren; 2 '~' (op brief) 'aantekenen'

'**einschreiten** ‹*st.s; i-i*› ingrijpen, optreden (tegen)

'**einschrumpfen** ‹*s*› 1 verschrompelen; 2 (*fig*) krimpen, kleiner worden

'**einschüchtern** ‹*h*› intimideren; '**Einschüchterung** ‹*die; -, -en*› intimidatie

'**einschulen** ‹*h*› op een school doen

'**einschwenken** ‹*h en s*› 1 indraaien; 2 van mening veranderen, bijdraaien

'**einsegnen** ‹*h*› 1 inzegenen; 2 wijden; '**Einsegnung** ‹*die; -, -en*› 1 inzegening; 2 wijding

'**einsehen** ‹*st.h; a-e; ie*› 1 in-, doorzien, inkijken; 2 inzien; begrijpen, zien; '**Einsehen** ‹*das; -s, geen mv*› (*k*)*ein* ~ *haben* (geen) begrip hebben

'**einseifen** ‹*h*› 1 inzepen; 2 inpakken, bedotten; 3 inpeperen (*mit Schnee*)

'**einseitig** eenzijdig (*ook fig*)

'**Einsendeschluß** ‹*der; -schlusses, -schlüsse*› laatste termijn van inzending; '**Einsendung** ‹*die; -, -en*› inzending

'**einsetzen** ‹*h*› I ‹*tr*› 1 inzetten; zetten in; 2 installeren; 3 aanwijzen, benoemen; 4 *als, zum Pfand* ~ in onderpand geven; 5 inschakelen; 6 *sein Leben* ~ zijn leven op het spel zetten; 7 *sich* ~ zich inzetten; II ‹*intr*› inzetten, beginnen; '**Einsetzung** ‹*die; -, -en*› 1 het inzetten; 2 aanstelling, benoeming; 3 installatie

'**Einsicht** ‹*die; -, -en*› 1 inzage; 2 inzicht; 3 *haben Sie doch* ~! wees toch verstandig!; '**einsichtig** verstandig, plausibel; '**einsichtsvoll** verstandig, oordeelkundig

'**Einsiedler** ‹*der; -s, -*› kluizenaar

'**einsilbig** 1 eenlettergrepig; 2 kort aangebonden; weinig spraakzaam

'**einsitzen** ‹*st.h; a-e*› in de gevangenis zitten

'**einspannen** ‹*h*› 1 in-, voorspannen; 2 spannen, zetten in; 3 (*fig*) *einen* ~ iem voor zijn karretje spannen; '**Einspänner** ‹*der; -s, -*› 1 rijtuig met één paard; 2 vrijgezel; 3 eenzelvig, mensenschuw man; '**einspännig** 1 met één paard; 2 ongehuwd

'**Einsparung** ‹*die; -, -en*› besparing, bezuiniging; '**Einsparungsmaßnahme** ‹*die; -, -n*› bezuinigingsmaatregel

'**einspeichern** ‹*h*› ingeven (in computer)

'**einsperren** ‹*h*› opsluiten, gevangenzetten

'**einspielen** ‹*h*› 1 inspelen (*sp en muz*); 2 (*geld*) opbrengen; 3 *sich* ~ *auf* zich instellen op

'**einsprechen** ‹*st.h; a-o; i*› 1 (*moed, troost*) inspreken; 2 *auf einen* ~ iem (dringend) toespreken

'**einspringen** ‹*st.s; a-u*› 1 ~ *für* inspringen voor, invallen; 2 bijspringen, helpen

'**Einspruch** ‹*der; -(e)s, -ë*› protest, verzet, bezwaar; ~ *gegen etwas erheben* tegen iets verzet aantekenen, protesteren

'**einspurig** met enkel spoor

einst eens: *a*) eertijds; *b*) mettertijd

'**Einstand** ‹*der; -(e)s, -ë*› 1 (*sp*) eerste wedstrijd (van speler, team); 2 (tennis) veertig gelijk, deuce; 3 *seinen* ~ *feiern* ingedronken worden

'**einstecken** ‹*h*› 1 steken of doen in; 2 *etwas Geld* ~ wat geld meenemen; 3 vastzetten, opsluiten; 4 *Beleidigungen* ~ *müssen* beledigingen moeten slikken; 5 *Schläge* ~ klappen incasseren

'**einstehen** ‹*st.h; a-a*› (*für einen*) instaan, borg staan

'**einsteigen** ‹*st.s; ie-ie*› 1 instappen; ~ *in* stappen in; 2 naar binnen klimmen; 3 *in ein Geschäft* ~ tot een zaak toetreden; 4 *in die Politik* ~ de politiek ingaan; 5 (*sp*) *hart* ~ hard inkomen; 6 zich in een discussie mengen

'**einstellen** ‹*h*› 1 (neer)zetten, plaatsen; 2 aanstellen, in dienst nemen; 3 (*techn*) in-, afstellen; 4 stopzetten, staken, beëindigen; 5 (*den Weltrekord*) ~ evenaren; **sich** ~ 1 komen, verschijnen; 2 *sich* ~ *auf*: *a*) letterlijk; *b*) inspelen op

'**einstellig** (getal) van één cijfer

'**Einstellung** ‹*die; -, -en*› 1 mentaliteit, houding; 2 aanstelling; 3 staking, beëindiging, stopzetting; 4 af-, instelling; '**Einstellungsgespräch** ‹*das; -(e)s, -e*› sollicitatiegesprek; '**Einstellungsstopp** ‹*der; -s, -s*› (*Belg*) wervingsstop

'**Einstieg** ‹*der; -(e)s, -e*› 1 opening om in te stappen, in te klimmen; 2 (*van bus, tram e.d.*) ingang; 3 het binnenstappen, -klimmen

'**einstig** 1 vroeger; 2 toekomstig

'**einstimmig** 1 eenstemmig (*lett en fig*); 2 met algemene stemmen

'**einstmalig** voormalig, vroeger

'**einstmals** eens: *a*) vroeger; *b*) in de toekomst

'**einstöckig** van één verdieping

'**einstreichen** ‹*st.h; i-i*› 1 instrijken, insmeren; 2 (*geld*) opstrijken

'**einstufen** ‹*h*› inschalen (in loon-, salarisschaal)

'**Einsturz** ‹*der; -es, -ë*› instorting, inzakking; '**einstürzen** ‹*s*› 1 instorten, inzakken; 2 (*fig*) *auf einen* ~ iem overvallen

'einstweilen intussen, voorlopig, zolang; **'einst'weilig** voorlopig
'eintasten ‹*h*› intoetsen
'eintauchen ‹*h*› indopen, -dompelen
'eintauschen ‹*h*› inruilen
'einteilig eendelig
'eintönig eentonig, monotoon
'Eintopf ‹*der; -(e)s, -ë*›, **'Eintopfgericht** ‹*das; -(e)s, -e*› stamppot; éénpansgerecht
'Eintracht ‹*die; -, geen mv*› eendracht; **'einträchtig** eendrachtig, eensgezind
'Eintrag ‹*der; -(e)s, -ë*› 1 inschrijving, boeking; 2 ~ *tun* benadelen, afbreuk doen; **'eintragen** ‹*st.h; u-a; ä*› 1 inschrijven, boeken, registreren; 2 opleveren, opbrengen; 3 *eingetragene Marke* gedeponeerd merk; **'einträglich** winstgevend, voordelig; **'Eintragung** ‹*die; -, -en*› inschrijving, boeking, registratie
'eintreffen ‹*st.s; a-o; i*› 1 aankomen; 2 uitkomen (*van voorspelling*), gebeuren
'eintreiben ‹*st.h; ie-ie*› innen, invorderen
'eintreten I ‹*st.h; a-e;i*› 1 in-, stuk-, in elkaar trappen; 2 trappen in; 3 (*nieuwe schoenen*) inlopen; II ‹*s*› 1 binnentreden, -komen; 2 in dienst treden, gaan; 3 *in ein Amt* ~ een ambt aanvaarden; *in ein Geschäft* ~ tot een zaak toetreden; *in eine Partei* ~ lid worden van een partij; 4 (*für einen*) opnemen; 5 intreden, zich voordoen, gebeuren; 6 *nach eingetretener Dunkelheit* na het invallen van de duisternis
'eintrichtern ‹*h*› 1 ingieten; 2 *einem etwas* ~ iem iets bijbrengen, inpompen
'Eintritt ‹*der; -(e)s, -e*› 1 het binnentreden, -komen; 2 intrede, aanvang; 3 toegang, entree; 4 indiensttreding; 5 (*techn*) inlaat; 6 *bei* ~ *der Dunkelheit* bij het invallen van de duisternis; **'Eintrittsgeld** ‹*das; -(e)s, -er*› entree-, toegangsprijs; **'Eintrittskarte** ‹*die; -, -n*› toegangskaart
'eintunken ‹*h*› indopen, soppen
'einüben ‹*h*› instuderen
'einverleiben ‹*h*› 1 inlijven, annexeren; 2 *sich etwas* ~ iets tot zich nemen
'Einvernehmen ‹*das; -s, geen mv*› 1 verstandhouding; 2 *sich mit einem ins* ~ *setzen* met iem tot overeenstemming komen
'einverstanden: ~ *sein* het eens zijn met, akkoord gaan met; ~*!* akkoord! aangenomen!; **'Einverständnis** ‹*das; -ses, -se*› 1 instemming; 2 overeenstemming
'Einwand ‹*der; -(e)s, -ë*› tegenwerping, bedenking; *Einwände erheben, machen, vorbringen* bedenkingen maken, bezwaren opperen
'Einwanderer ‹*der; -s, -*› immigrant; (*Belg*) inwijkeling; **'einwandern** ‹*s*› immigreren; (*Belg*) inwijken
'einwandfrei 1 onberispelijk; 2 overtuigend
'einwechseln ‹*h*› 1 (*geld*) inwisselen, inruilen; 2 (*speler*) wisselen
'Einwegflasche ‹*die; -, -n*› weggooifles
'einweichen ‹*h*› 1 weken, in de week zetten; 2 doorweken
'einweihen ‹*h*› 1 inwijden; 2 onthullen, plechtig in gebruik nemen
'einweisen ‹*st.h; ie-ie*› 1 (*in* (+ 4)) brengen, plaatsen; 2 installeren; 3 *in eine neue Arbeit* ~ instrueren; **'Einweisung** ‹*die; -, -en*› 1 overbrenging, plaatsing; 2 installatie; 3 het instrueren
'einwenden ‹*zw en onr.h*› (ertegen) inbrengen, bedenkingen opperen, tegenwerpingen maken; **'Einwendung** ‹*die; -, -en*› tegenwerping
'einwerfen ‹*st.h; a-o; i*› 1 in-, stukgooien; 2 tegenwerpen; 3 ertegen inbrengen; 4 (terloops) opmerken
'einwickeln ‹*h*› 1 inpakken; *ein Kind in eine Decke* ~ een kind in een deken wikkelen; 2 (*volkstaal*) *einen* ~ iem inpalmen, inpakken
'einwilligen ‹*h*› (*in* (+ 4)) inwilligen; **'Einwilligung** ‹*die; -, -en*› inwilliging
'einwirken ‹*h*› *auf einen* ~ inwerken, invloed hebben op iem; **'Einwirkung** ‹*die; -, -en*› (in)werking, invloed
'einwöchig 1 een week durend; 2 een week oud
'Einwohner ‹*der; -s, -*› inwoner
'Einwurf ‹*der; -(e)s, -ë*› 1 het inwerpen; 2 (*sp*) ingooi; 3 gleuf (van brievenbus)
'Einzahl ‹*die; -, geen mv*› enkelvoud
'einzahlen ‹*h*› betalen, storten; **'Einzahlung** ‹*die; -, -en*› betaling, storting
'einzäunen ‹*h*› omheinen
'einzeichnen ‹*h*› intekenen
'Einzel ‹*das; -s, -*› (*sp*) enkelspel (o.a. tennis); **'Einzelbett** ‹*das; -(e)s, -en*› eenpersoonsbed; **'Einzelfall** ‹*der; -(e)s, -ë*› afzonderlijk, op zichzelf staand geval; *im* ~ in een bepaald geval; **'Einzelgänger** ‹*der; -s, -*› eenling, individualist; **'Einzelhaft** ‹*die; -, -en*› eenzame opsluiting; **'Einzelhandel** ‹*der; -s, geen mv*› detailhandel; **'Einzelheft** ‹*das; -(e)s, -e*› los nummer; **'Einzelheit** ‹*die; -, -en*› bijzonderheid, detail; *auf* ~*en eingehen* in details treden; **'einzeln** alleen, afgezonderd, enkel, afzonderlijk, een voor een; *bis ins* ~*e* nauwkeurig, tot in bijzonderheden; *im* ~*en* in bijzonderheden; **'Einzelradaufhängung** ‹*die; -, -en*› (*techn*) onafhankelijke wielophanging; **'Einzelspiel** ‹*das; -(e)s, -e*› (*sp*) enkelspel; **'Einzelteile** ‹*mv*› onderdelen, afzonderlijke delen; **'Einzelverkauf** ‹*der; -(e)s, -ë*› 1 detailverkoop; 2 losse verkoop (van kranten e.d.); **'Einzelzimmer** ‹*das; -s, -*› eenpersoonskamer
'einziehen I ‹*st.h; o-o*› 1 intrekken; 2 ongeldig verklaren; 3 innen; 4 verbeurd verklaren, in beslag nemen; 5 ~ *in* (+ 4) zetten in, maken in; 6 onder de wapens roepen, oproepen; 7 *einen Faden* ~ een draad in de naald steken; 8 *Erkundigungen* ~ inlichtingen inwinnen; II ‹*s*› 1 binnentrekken, zijn intocht houden; 2 *in ein Haus* ~ een huis betrekken; 3 (*van vloeistof*) intrekken; **'Einziehungsgebühren** ‹*mv*› incassokosten
'einzig I ‹*bn*› 1 enig, enkel; 2 enig in zijn soort, uniek, uitzonderlijk; II ‹*bw*› enkel, alleen; *das*

~ *Richtige* het enig juiste; '**einzigartig** enig (in zijn soort), uniek, uitzonderlijk

'**Einzimmerwohnung** ‹*die; -, -en*› eenkamerflat

'**Einzug** ‹*der; -(e)s, -ë*› 1 (*van belasting*) het innen; 2 intocht; 3 (*van huis*) het betrekken; '**Einzugsbereich** ‹*der of das; -(e)s, -e*› 1 verzorgingsgebied; 2 stroomgebied

Eis ‹*das; -es, geen mv*› 1 ijs; 2 het ijsje

'**Eisbein** ‹*das; -(e)s, -e*› varkenspoot(je); (*Erbsensuppe mit* ~) kluif

'**Eisdiele** ‹*die; -, -n*› ijssalon

'**Eisen** ‹*das; -s, -*› 1 ijzer (*div bet*); (*fig*) *ein heißes* ~ een heet hangijzer; 2 *etwas zum alten* ~ *werfen od. legen* iets op de schroothoop gooien, afschaffen; *zum alten* ~ *gehören od. zählen* afgedankt zijn (wegens leeftijd); '**Eisenbahn** ‹*die; -, -en*› 1 spoorweg, -baan; 2 trein; 3 *es ist (die) höchste* ~ het is hoog tijd; '**Eisenbahner** ‹*der; -s, -*› spoor(weg)beambte; '**Eisenbahnlinie** ‹*die; -, -n*› spoorlijn; '**Eisenbahnübergang** ‹*der; -(e)s, -ë*› overweg; '**Eisenbahnwagen** ‹*der; -s, -*› wagon, spoorrijtuig; '**Eisenbeton** ‹*der; -s, -s of -e*› gewapend beton; '**Eisenerz** ‹*das; -es, -e*› ijzererts; '**Eisenflechter** ‹*der; -s, -*› betonvlechter; '**Eisengießerei** ‹*die; -, -en*› ijzergieteri; '**Eisenhütte** ‹*die; -, -n*›, '**Eisenhüttenwerk** ‹*das; -(e)s, -e*› ijzersmelterij; '**eisern** 1 (*lett en fig*) ijzeren; *der Eiserne Vorhang* het IJzeren Gordijn; 2 (*fig*) stalen, zeer sterk; 3 onverbiddelijk, zeer streng; 4 (*mil*) *die* ~*e Ration* het noodrantsoen

'**Eisgang** ‹*der; -(e)s, geen mv*› ijsgang, het kruien van een rivier; '**eisgekühlt** ijskoud (*Getränke*); '**eisig** ijskoud, ijzig (*ook fig*); '**eiskalt** ijskoud, verkleumd; ijzig (*ook fig*); '**Eiskühler** ‹*der; -s, -*› ijsemmer, koeler; '**Eiskunstlauf** ‹*der; -(e)s, geen mv*› het kunstrijden (op de schaats); '**Eisläufer** ‹*der; -s, -*› schaatser, schaatsenrijder; '**Eisschnellauf** ‹*der; -(e)s, geen mv*› hardrijden (op de schaats); '**Eisscholle** ‹*die; -, -n*› ijsschots; '**Eiszapfen** ‹*der; -s, -*› ijspegel

'**eitel** 1 ijdel, onbeduidend; 2 ijdel, verwaand; '**Eitelkeit** ‹*die; -, -en*› ijdelheid (*div bet*)

'**Eiter** ‹*der; -s, geen mv*› etter, pus; '**Eiterbeule** ‹*die; -, -n*› abces; '**eit(e)rig** etterend, etterig; '**eitern** ‹*h*› etteren

'**Eiweiß** ‹*das; -es, -e*› eiwit

Ejakulati'on ‹*die; -, -en*› ejaculatie, zaadlozing

EKD (*afk*) *Evangelische Kirche in Deutschland*

'**Ekel I** ‹*der; -s, geen mv*› tegenzin, afkeer, walging; ~ *vor* (+ 3) afkeer van, tegenzin in; **II** ‹*das; -s, -*› naarling, mispunt, kwal; '**ekelhaft** 1 weerzinwekkend, walgelijk; 2 (*volkstaal*) enorm, heel erg; '**ekeln** ‹*h*› walgen, hinderen; *ich ek(e)le mich vor, es ekelt mich od. mir vor* (+ 3) ik heb een afkeer van, ik walg van

ekla'tant 1 eclatant, opzienbarend; 2 opvallend, in het oog lopend

'**eklig** 1 weerzinwekkend, walgelijk; 2 enorm

Ek'stase ‹*die; -, -n*› extase, verrukking

Ek'zem ‹*das; -s, -e*› (*med*) eczeem

e'lastisch 1 elastisch; 2 (*fig*) flexibel; **Elastizi'tät** ‹*die; -, geen mv*› 1 elasticiteit, veer-, spankracht; 2 flexibiliteit

Elch ‹*der; -(e)s, -e*› (*dierk*) eland

Ele'fant ‹*der; -en, -en*› 1 olifant; 2 *wie ein* ~ *im Porzellanladen* zeer onhandig

Ele'ganz ‹*die; -, geen mv*› elegantie

Elektrifi'zierung ‹*die; -, -en*› elektrificatie; **E'lektriker** ‹*der; -s, -*› elektricien; **e'lektrisch** elektrisch; *die E~e* de tram; **elektri'sieren** ‹*h*› elektriseren (*ook fig*); **Elektrizi'tät** ‹*die; -, geen mv*› elektriciteit; **Elektrizi'tätsversorgung** ‹*die; -, geen mv*› elektriciteitsvoorziening; **Elektrizi'tätswerk** ‹*das; -(e)s, -e*› elektrische centrale; **E'lektroartikel** ‹*mv*› elektrische huishoudelijke aparaten; **E'lektrogeräte** ‹*mv*› elektrische huishoudelijke aparaten; **E'lektroherd** ‹*der; -(e)s, -e*› elektrisch fornuis; **Elektrome'chaniker** ‹*der; -s, -*› elektricien; **Elek'tronenrechner** ‹*der; -s, -*› elektronische rekenmachine; **Elek'tronik** ‹*die; -, geen mv*› elektronica; **E'lektrorasierer** ‹*der; -s, -*› elektrisch scheerapparaat; **E'lektrozaun** ‹*der; -(e)s, -ë*› schrikdraad; **E'lektrozeitnahme** ‹*die; -, -n*› elektronische tijdopneming

elemen'tar 1 elementair; 2 eenvoudig; 3 ~*e Kräfte* natuurkrachten; **Elemen'tarbildung** ‹*die*› (*Belg*) basisvorming; **Elemen'tarkenntnisse** ‹*mv*› elementaire kennis, basiskennis; **Elemen'tarkraft** ‹*die; -, -ë*› natuurkracht; **Elemen'tarunterricht** ‹*der*› (*Belg*) basisvorming

'**Elend** ‹*das; -(e)s, geen mv*› 1 ellende; 2 nood, ellende; '**elend I** ‹*bn*› 1 ellendig, ongelukkig, jammerlijk, erbarmelijk; 2 laag, gemeen; 3 zeer groot, enorm, erg; **II** ‹*bw*› zeer, enorm, erg; '**Elendsquartier** ‹*das; -s, -e*› krotwoning; '**Elendsviertel** ‹*das; -s, -*› krottenwijk, slum

Elf ‹*die; -, -en*› 1 de elf; 2 het elftal; '**Elfenbein** ‹*das; -(e)s, -e*› ivoor; '**Elfer** ‹*der; -s, -*› (*sp*) penalty; '**Elferrat** ‹*der; -(e)s, -ë*› raad van elf (carnaval); **Elf'meter** ‹*der; -s, -*› (*sp*) strafschop; **Elf'meterpunkt** ‹*der; -(e)s, -e*› penaltystip

elimi'nieren ‹*h*› elimineren, uitschakelen

'**Ell(en)bogen** ‹*der; -s, -*› elleboog; *er hat keine* ~ hij kan niet doorzetten; '**Ell(en)bogenfreiheit** ‹*die; -, geen mv*› vrijheid van handelen, van beweging

'**Elle** ‹*die; -, -n*› ellepijp

El'lipse ‹*die; -, -n*› ellips

'**Elritze** ‹*die; -, -n*› grondel (een vis)

'**Elsaß** ‹*das; - of Elsasses, geen mv*› de Elzas; '**Elsaß-Lothringen** ‹*das; -s, geen mv*› Elzas-Lotharingen

'**Elster** ‹*die; -, -n*› ekster

'**elterlich**: ~*e Gewalt* ouderlijke macht

'**Eltern** ‹*mv*› 1 ouders; 2 (*das ist*) *nicht von schlechten* ~ niet mis; '**Elternausschuß** ‹*der; -ausschusses, -ausschüsse*›, '**Elternbeirat** ‹*der; -(e)s, -ë*› oudercommissie; '**Elternhaus**

‹*das; -es, -ër*› ouderlijk huis; **'elternlos** ouderloos; **'Elternmitbestimmung** ‹*die; -, geen mv*› medezeggenschap van ouders (*in een school*)
E'manze ‹*die; -, -n*› 1 (*volkstaal*) geëmancipeerde vrouw; 2 feministe; **Emanzipati'on** ‹*die; -, -en*› emancipatie; **emanzi'pieren** ‹*h*› emanciperen
Em'blem ‹*das; -s, -e*› embleem, zinnebeeld
Emigrati'on ‹*die; -, -en*› emigratie; **emi'grieren** ‹*h*› emigreren
emit'tieren ‹*h*› emitteren, uitgeven (*aandelen e.d.*)
emotio'nell emotioneel
Emp'fang ‹*der; -(e)s, -ë*› 1 ontvangst; 2 receptie; **emp'fangen** ‹*st.h; i-a; ä*› ontvangen, krijgen; **Emp'fänger** ‹*der; -s, -*› 1 ontvanger; 2 (*telec*) ontvangtoestel; **emp'fänglich** ontvankelijk, vatbaar; **Emp'fänglichkeit** ‹*die; -, geen mv*› ontvankelijkheid, vatbaarheid; **Emp'fängnis** ‹*die; -, -se*› conceptie; **Emp'fängnisverhütungsmittel** ‹*das; -s, -*› anticonceptiemiddel; **Emp'fangsbescheinigung** ‹*die; -, -en*› ontvangstbewijs; **Emp'fangsbestätigung** ‹*die; -, -en*› ontvangstbevestiging, -bericht; **Emp'fangsdame** ‹*die; -, -n*› receptioniste; **Emp'fangszimmer** ‹*das; -s, -*› ontvangkamer, salon
emp'fehlen ‹*st.h; a-o; ie*› aanbevelen; *sich ~: a*) zich aanbevelen; *b*) weggaan; *sich auf französich* (*englisch*) ~ zonder afscheid te nemen weggaan; *es empfiehlt sich, daß* ... het verdient aanbeveling, dat ...; **emp'fehlenswert** aanbevelenswaardig; **Emp'fehlung** ‹*die; -, -en*› 1 aanbeveling; 2 groet, compliment; **Emp'fehlungsschreiben** ‹*das; -s, -*› aanbevelingsbrief
emp'finden ‹*st.h; a-u*› (ge)voelen, gewaarworden, merken; **Emp'finden** ‹*das; -s, geen mv*› gevoelen, (bewust) gevoel; **emp'findlich** 1 gevoelig (*ook nat*); 2 ontvankelijk, (licht) gevoelig (*gegen* voor); 3 lichtgeraakt, prikkelbaar; **Emp'findlichkeit** ‹*die; -, -en*› gevoeligheid enz.; **emp'findsam** sentimenteel, overgevoelig; **Emp'findsamkeit** ‹*die; -, geen mv*› sentimentaliteit; **Emp'findung** ‹*die; -, -en*› gevoel, gewaarwording, indruk; **emp'findungslos** gevoelloos, ongevoelig
em'phatisch emfatisch, nadrukkelijk
em'por omhoog, in de hoogte, op(waarts); **em'porarbeiten, sich** ‹*h*› zich omhoog-, zich opwerken; **em'pordrängen** ‹*h*› omhoog-, naar boven dringen, stuwen
Em'pore ‹*die; -, -n*› galerij (inz. in kerk)
em'pören ‹*h*› 1 *das, er empört uns* daar zijn wij verontwaardigd over, maakt ons kwaad; 2 *sich* ~ (*über einen, etwas*) zich kwaad maken; 3 *sich* ~ in opstand komen, rebelleren; **em'pörend** stuitend, weerzinwekkend; **em'pörerisch** opstandig, -roerig
em'porhalten ‹*st.h; ie-a; ä*› omhooghouden; **em'porheben** ‹*st.h; o-o*› opheffen, ophijsen; **em'porkommen** ‹*st.s; a-o*› omhoog-, opkomen; fortuin maken; **Em'porkömmling** ‹*der; -s, -e*› parvenu; **em'porragen** ‹*h*› op-, omhoogsteken; **em'porschnellen** ‹*s*› 1 (*van prijzen*) omhoogschieten, -vliegen; 2 opspringen, -vliegen; **em'porsehen** ‹*st.h; a-e; ie*› omhoogzien, opzien; *zu einem* ~ naar, tegen iem opzien
em'pört verontwaardigd, woedend; **Em'pörung** ‹*die; -, -en*› 1 oproer, opstand; 2 verontwaardiging, woede
'emsig ijverig, nijver, vlijtig, naarstig; **'Emsigkeit** ‹*die; -, geen mv*› naarstigheid, vlijt
'Endbahnhof ‹*der; -(e)s, -ë*› eindstation; **'Endbetrag** ‹*der; -(e)s, -ë*› eindbedrag
'Ende ‹*das; -s, -n*› 1 eind(e) *am ~: a*) ten slotte; *b*) misschien; *das dicke ~ kommt nach* de laatste loodjes wegen het zwaarst; *ein ~ finden* eindigen; *letzten ~s* ten slotte; *ein tragisches ~ nehmen* tragisch eindigen, aflopen; *der Weg nimmt kein* ~ komt geen einde aan de weg; *am ~ sein: a*) niet meer kunnen; *b*) niet meer verder weten; *zu ~ führen* ten einde brengen; *mit etwas zu ~ kommen* met iets klaarkomen; *ich bin mit meiner Geduld zu* ~ mijn geduld is op; (*ein Buch*) *zu ~ lesen* uitlezen; 2 slot; 3 eind, stuk; **'enden** ‹*h*› 1 eindigen, aflopen; *~ mit* eindigen in; 2 eindigen, ophouden
'endgültig definitief, voorgoed; uiteindelijk
Endivie ‹*die; -, -n*› andijvie
'endlich 1 eindelijk; 2 (*wisk*) eindig; 3 vergankelijk; 4 uiteindelijk
'endlos eindeloos, zonder einde, onbegrensd
'Endphase ‹*die; -, -n*› slotfase; **'Endpunkt** ‹*der; -(e)s, -e*› eindpunt; **'Endrunde** ‹*die; -, -n*› (*sp*) finale; **'Endspiel** ‹*das; -(e)s, -e*› 1 (*sp*) finale; 2 eindspel (schaken)
'Endung ‹*die; -, -en*› (*tlk*) uitgang
'Endverbraucher ‹*der; -s, -*› consument; **'Endwertung** ‹*die; -, -en*› (*sp*) eindklassement
Ener'gie ‹*die; -, -n*› energie (*ook fig*); **Ener'gieeinsparung** ‹*die; -, -en*› energiebesparing; **Ener'giekrise** ‹*die; -, -n*› energiecrisis; **Ener'giequelle** ‹*die; -, -n*› energiebron; **Ener'gieversorgung** ‹*die; -, -en*› energievoorziening
e'nergisch energiek, kracht(dad)ig, heftig
ener'vieren ‹*h*› enerveren, nerveus maken
'eng ‹*bn*› 1 nauw (*ook fig*); eng; 2 beperkt; bekrompen; 3 dicht (*aan, naast enz*)
enga'gieren ‹*h*› engageren
'enganliegend nauw(sluitend) (*kleding*)
'Enge ‹*die; -, -n*› 1 nauwheid; 2 engte; 3 (*einen*) *in die ~ treiben* in het nauw drijven
'Engel ‹*der; -s, -*› engel
'Engerling ‹*der; -s, -e*› (*dierk*) engerling
'Engländer ‹*der; -s, -*› 1 Engelsman; 2 Engelse sleutel; **'Engländerin** ‹*die; -, -nen*› Engelse; **'englisch** Engels; *auf* ~ op z'n Engels
'engmaschig fijnmazig
'Engpaß ‹*der; -passes, -pässe*› 1 pas, bergengte; 2 knelpunt, bottleneck
En'groshändler ‹*der; -s, -*› grossier

'engstirnig (*fig*) bekrompen, geborneerd

'Enkel ‹*der; -s, -*› 1 kleinkind; 2 kleinzoon; **'Enkelin** ‹*die; -, -nen*› kleindochter; **'Enkelkind** ‹*das; -(e)s, -er*› kleinkind; **'Enkelsohn** ‹*der; -(e)s, -ë*› kleinzoon; **'Enkeltochter** ‹*die; -, -̈*› kleindochter

enorm enorm, geweldig

ent'arten ‹*h en s*› ontaarden, verbasteren

ent'behren ‹*h*› ontberen, missen, derven; **ent'behrlich**: ~ *sein* gemist kunnen worden; **Ent'behrung** ‹*die; -, -en*› ontbering, gemis

ent'bieten ‹*st.h; o-o*› ontbieden

ent'binden ‹*st.h; a-u*› 1 (*iem van zijn ambt, belofte, eed*) ontslaan, -heffen; 2 *sie wurde von einem Sohn entbunden* zij heeft het leven aan een zoon geschonken aan; 3 bevallen; **Ent'bindung** ‹*die; -, -en*› 1 ontslag, -heffing; 2 verlossing, bevalling; **Ent'bindungsabteilung** ‹*die; -, -en*› kraamafdeling; **Ent'bindungs anstalt** ‹*die; -, -en*› kraamkliniek; **Ent'bindungsstation** ‹ *v; -, -en*› kraamafdeling

ent'blättern ‹*h*› ontbladeren; *sich* ~: *a*) de bladeren verliezen; *b*) (*volkstaal*) zich uitkleden

entblößen ‹*h*› 1 ontbloten; 2 beroven van; 3 ontdoen van

ent'decken ‹*h*› 1 ontdekken; 2 mededelen; **Ent'decker** ‹*der; -s, -*› ontdekker; **Ent'dekkung** ‹*die; -, -en*› ontdekking enz.

'Ente ‹*die; -, -n*› 1 (*dierk*) eend; 2 (*fig*) canard, verkeerd bericht; 3 (*volkstaal*) urinaal

ent'ehren ‹*h*› onteren, schenden

ent'eignen ‹*h*› onteigenen; **Ent'eignung** ‹*die; -, -en*› onteigening

'Entenbraten ‹*der; -s, -*› gebraden eend

'Enterich ‹*der; -s, -e*› woerd, mannetjeseend

'entern I ‹*h*› enteren; **II** ‹*s*› in de ra klimmen

ent'fachen ‹*h*› ontsteken, doen ontvlammen

ent'fahren ‹*st.s; u-a; ä*› ontsnappen, -glippen

ent'fallen ‹*st.s; ie-a; ä*› 1 vallen uit; 2 uit-, weg-, vervallen; 3 *der Name ist mir* ~ de naam is mij ontschoten; 4 ~ *auf* toekomen aan; *der Preis entfiel auf die Losnummer* ... de prijs viel op het lotnummer ...

ent'falten ‹*h*› ontvouwen, -plooien, ontwikkelen, ten toon spreiden; *sich* ~ zich ontplooien, zich ontwikkelen; (*bloemen, knoppen*) ontluiken; **Ent'faltung** ‹*die; -, geen mv*› ontwikkeling, -plooiing

ent'fernen ‹*h*› verwijderen; *sich* ~ zich verwijderen, weggaan; **ent'fernt** 1 verre, verwijderd, veraf; *aus* (*weit*)~*en Zeiten* uit verre tijden; *weit* ~, *daß* ...wel verre van te ...; *ich bin weit davon* ~, *zu* ...ik denk er niet aan te ...; (*wir sind*) ~ *verwandt* in de verte familie van elkaar; 2 *nicht im* ~*esten, nicht* ~ in de verste verte niet, niet in het minst; *eine* ~*e Ähnlichkeit* een geringe gelijkenis; **Ent'fernung** ‹*die; -, -en*› 1 verwijdering; 2 afstand; 3 verte

ent'fesseln ‹*h*› ontboeien, -ketenen (ook *fig*)

ent'flammen I ‹*h*› 1 doen ontbranden, ontsteken; 2 (*einen zu großen Taten*) bezielen; **II** ‹*s*› ontvlammen

ent'flechten ‹*st.h; o-o; i*› 1 losmaken; 2 (*kartel*) ontbinden, dekartelleren; **Ent'flechtung** ‹*die; -, geen mv*› 1 losmaking; 2 ~ *der Kartelle* dekartellisatie

ent'fliehen ‹*st.s; o-o*› (ont)vluchten, ontsnappen (*ook fig*)

ent'fremden I ‹*h*› *einem, von einem* ~ van iem vervreemden; **II** ‹*s*› vervreemden; **Ent'fremdung** ‹*die; -, -en*› vervreemding

ent'führen ‹*h*› 1 ontvoeren, schaken; 2 (*vliegtuig*) kapen; **Ent'führung** ‹*die; -, -en*› 1 ontvoering, schaking; 2 kaping

ent'gegen ‹*vz*› (+ 3) 1 tegemoet; 2 tegen, in strijd met, in tegenspraak met; **ent'gegenbringen** ‹*onr.h*› 1 (*lett*) toebrengen; 2 (*achting, vertrouwen*) toedragen, schenken; 3 *einem Interesse* ~ belangstelling tonen voor iemand; **ent'gegengehen** ‹*st.s; i-a*› (+ 3) 1 tegemoet gaan (ook *fig*); 2 tegemoet lopen, lopen naar; 3 trotseren; **ent'gegengesetzt** tegen(over)gesteld, tegen ...; **ent'gegenkommen** ‹*st.s; a-o*› (+ 3) tegen-, tegemoetkomen; voorkomend zijn voor; ~*des Auto* tegenligger; **Ent'gegennahme** ‹*die; -, geen mv*› ontvangst; **ent'gegennehmen** ‹*st.h; a-o; i*› in ontvangst nemen, aannemen, aanvaarden; **ent'gegenstellen** ‹*h*› 1 tegen(over)stellen; 2 *sich* ~ zich voordoen, in de weg komen; **ent'gegentreten** ‹*st.s; a-e; i*› (+ 3) 1 tegemoet treden; 2 tegenkomen, ontmoeten; 3 optreden tegen, bestrijden; **ent'gegnen** ‹*h*› antwoorden

ent'gehen ‹*st.s; i-a*› ontgaan, -snappen

Ent'gelt ‹*das; -(e)s, geen mv*› vergoeding, beloning; **ent'gelten** ‹*st.h; a-o; i*› 1 ontgelden; 2 *einen etwas* ~ *lassen* iem voor iets laten boeten

entgleisen ‹*s*› ontsporen (*lett en fig*); **Ent'gleisung** ‹*die; -, -en*› 1 ontsporing; 2 misstap

ent'halten ‹*st.s; ie-a; ä*› bevatten, inhouden; *im Preis* ~ in de prijs inbegrepen; **sich** ~ zich onthouden; *sich der Stimme* ~ zich van stemming onthouden; blanco stemmen; *sich nicht* ~ *können zu* niet kunnen nalaten te ...; **ent'haltsam** onthoudend, matig; **Ent'haltsamkeit** ‹*die; -, geen mv*› matigheid, ingetogenheid; **Ent'haltung** ‹*die; -, -en*› 1 onthouding; 2 blanco-stem

ent'härten ‹*h*› (*water*) ontharden

ent'häuten ‹*h*› villen

Ent'hebung ‹*die; -, -en*› ontheffing, vrijstelling

ent'holzen ‹*h*› ontbossen

ent'hüllen ‹*h*› onthullen, -sluieren

Enthusi'asmus ‹*der; -, geen mv*› enthousiasme

ent'jungfern ‹*h*› ontmaagden

ent'keimen ‹*s*› 1 ontkiemen; 2 ontsmetten

ent'kleiden ‹*h*› 1 ont-, uitkleden (*ook fig*); 2 (+ 2) ontdoen, beroven

Entkoloniali'sierung ‹*die; -, geen mv*› dekolonisatie

ent'kommen ‹*st.s; a-o*› ontkomen, -snappen

Entkonfessionali'sierung ‹*die; -, geen mv*› deconfessionalisering

ent'korken ‹*h*› ontkurken

ent'kräften ‹*h*› 1 verzwakken, uitputten; 2 (*bewijs, klacht*) ontzenuwen, weerleggen; **Ent'kräftung** ‹*die; -, geen mv*› verzwakking enz.

Ent'ladung ‹*die; -, -en*› ontlading

ent'lang langs; *den Bach ~, ~ dem Bach, am Bach ~* langs de beek

ent'larven ‹*h*› ontmaskeren

ent'lassen ‹*st.h; ie-a; ä*› 1 ontslaan; 2 (*die Schüler*) *wurden ~* gingen van school; 3 in vrijheid stellen; **Ent'lassung** ‹*die; -, -en*› 1 ontslag; 2 afdanking (van troepen); 3 invrijheidstelling

ent'lasten ‹*h*› ontlasten, bevrijden; **Ent'lastung** ‹*die; -, -en*› ontlasting, bevrijding; **Ent'lastungsstraße** ‹*die; -, -n*› parallelweg; **Ent'lastungszeuge** ‹*der; -n, -n*› getuige à decharge

ent'lauben ‹*h*› ontbladeren

ent'laufen ‹*st.s; ie-au; äu*› weglopen

ent'ledigen, sich ‹*h*› 1 *sich* (*einer Sache*) ~ zich ontdoen van; 2 *sich* (*einer Aufgabe*) ~ zich kwijten van

ent'legen ‹*bn*› 1 afgelegen, eenzaam; 2 ongewoon

ent'lohnen ‹*h*› *einen ~* iem (uit)betalen

ent'lüften ‹*h*› 1 ventileren; 2 ontluchten; **Ent'lüftung** ‹*die; -, geen mv*› 1 ventilatie; 2 ontluchting; **Ent'lüftungshaube** ‹*die; -, -n*› afzuigkap

ent'manteln ‹*h*› ontmantelen

entmilitari'sieren ‹*h*› demilitariseren

ent'mündigen ‹*h*› onder curatele stellen

ent'mutigen ‹*h*› ontmoedigen

Ent'nahme ‹*die; -, geen mv*› 1 het nemen of halen uit; 2 onttrekking (*o.a. geld, goederen*); **ent'nehmen** ‹*st.h; a-o; i*› 1 halen of nemen uit; 2 *Proben ~* monsters trekken; 3 *dem od. daraus entnehme ich* daaruit maak ik op, concludeer ik

ent'puppen, sich ‹*h*› zich ontpoppen

enträtseln ‹*h*› ontraadselen, -cijferen

ent'reißen ‹*st.h; i-i*› ontrukken, wegrukken

ent'richten ‹*h*› betalen, voldoen, vereffenen

ent'ringen ‹*st.h; a-u*› 1 (*einem etwas*) ~ ontworstelen; 2 *sich ~* zich ontworstelen, zich losmaken

ent'rinnen ‹*st.s; a-o*› 1 weglopen, -vloeien; 2 ontkomen, ontsnappen aan (*dood, gevaar e.d.*); 3 (*die Zeit*) *entrinnt* vervliegt

ent'rosten ‹*h*› ontroesten

ent'rücken ‹*h*› 1 ont-, wegrukken; 2 *entrückt* in vervoering; **Ent'rückung** ‹*die; -, geen mv*› 1 het wegnemen, het ont-, wegrukken; 2 geestesvervoering, -verrukking

ent'rüsten ‹*h*› 1 verontwaardigen, boos maken; 2 *sich ~* boos, verontwaardigd worden; **ent'rüstet** verontwaardigd, boos; **Ent'rüstung** ‹*die; -, geen mv*› verontwaardiging

ent'saften ‹*h*› uitpersen (vruchten); **Ent'safter** ‹*der; -s, -*› vruchtepers

Ent'sagung ‹*die; -, -en*› 1 afstand, afzwering, verzaking; 2 zelfverloochening; 3 berusting

ent'schädigen ‹*h*› schadeloosstellen; **Ent'schädigung** ‹*die; -, -en*› schadeloosstelling, schadevergoeding

ent'schärfen ‹*h*› 1 de ontsteking verwijderen; 2 minder scherp of heftig maken

Ent'scheid ‹*der; -(e)s, -e*› 1 beslissing; 2 uitspraak; **ent'scheiden** ‹*st.h; ie-ie*› 1 beslissen; 2 *sich ~* een besluit, een beslissing nemen; 3 *sich für einen ~* zijn keuze op iem laten vallen; **ent'scheidend** beslissend, afdoend; **Ent'scheidung** ‹*die; -, -en*› beslissing; **Ent'scheidungsgrund** ‹*der; -(e)s, -ë*› overweging; **Ent'scheidungskampf** ‹*der; -(e)s, -ë*› 1 beslissend gevecht; 2 zie *~spiel*; **Ent'scheidungsspiel** ‹*das; -(e)s, -e*› beslissingswedstrijd

ent'schieden 1 beslist, vastbesloten, stellig; *auf das ~ste* ten stelligste; 2 duidelijk; **Ent'schiedenheit** ‹*die; -, geen mv*› beslistheid, vastberadenheid

ent'schlafen ‹*st.s; ie-a; ä*› ontslapen, sterven

ent'schließen, sich ‹*st.h; o-o*› besluiten, een besluit nemen; **Ent'schließung** ‹*die; -, -en*› besluit, beslissing

ent'schlossen besloten, beslist, vastberaden; **Ent'schlossenheit** ‹*die; -, geen mv*› vastberadenheid, beslistheid

Ent'schluß ‹*der; -schlusses, -schlüsse*› besluit, beslissing

ent'schlüsseln ‹*h*› 1 ontraadselen; 2 decoderen

ent'schlußfähig besluitvaardig; **Ent'schlußkraft** ‹*die; -, geen mv*› besluitvaardigheid; **ent'schlußlos** besluiteloos

ent'schuldigen ‹*h*› verontschuldigen; *sich ~* zich verontschuldigen; *~ Sie!* neemt u mij niet kwalijk! pardon!; **Ent'schuldigung** ‹*die; -, -en*› verontschuldiging

ent'seelt ontzield, dood

ent'senden ‹*onr.h*› 1 af-, verzenden; 2 *Truppen ~ nach* troepen sturen naar; 3 (*einen*) afvaardigen

Ent'setzen ‹*das; -s, geen mv*› ontzetting, ontsteltenis; **ent'setzlich** ontzettend, verschrikkelijk; **ent'setzt** ontzet, hevig, ontsteld

ent'sinnen, sich ‹*st.h; a-o*› (*eines Dinges*) zich herinneren (aan)

ent'sorgen ‹*h*› afval(water), vuil afvoeren en (definitief) verwerken of opslaan; **Ent'sorgung** ‹*die; -, geen mv*› afvoer en definitieve verwerking of opslag van afval(water), vuil; **Ent'sorgungsanlage** ‹*die; -, -n*› installatie voor opslag en verwerking van atoomafval; **ent'sorgungsfreundlich** milieuvriendelijk, onschadelijk voor het milieu

ent'spannen ‹*s*› ontspannen; **Ent'spannung** ‹*die; -, geen mv*› ontspanning

ent'spinnen, sich ‹*st.h; a-o*› zich ontspinnen

ent'sprechen ‹*st.h; a-o; i*› (+ 3) 1 overeenstemmen met, beantwoorden aan, stroken met; 2 (*eisen, verzoek e.d.*) ~ voldoen aan; **ent'sprechend** I ‹*bn, bw*› 1 behoorlijk, redelijk, passend, gepast; 2 daaraan beantwoor-

dend, daarbij passend; 3 adequaat; 4 bevoegd, daarvoor aangewezen; **II** *‹vz (+ 3)›* overeenkomstig, volgens, naar; **Ent'sprechung** *‹die; -, -en›* 1 overeenkomst; 2 (*tlk*) equivalent
ent'stammen *‹s›* afstammen van
ent'stehen *‹st.s; a-a›* ontstaan; **Ent'stehung** *‹die; -, geen mv›* het ontstaan, wording; **Ent'stehungsgeschichte** *‹die; -, -n›* 1 wordingsgeschiedenis; 2 scheppingsverhaal
ent'stellen *‹h›* 1 misvormen, -maken; 2 (*een tekst*) verminken; 3 (*de waarheid*) verdraaien
ent'stören *‹h›* storingsvrij maken
ent'täuschen *‹h›* teleurstellen, ontgoochelen; **Ent'täuschung** *‹die; -, -en›* ontgoocheling; teleurstelling, tegenvaller
ent'wachsen *‹st.s; u-a; ä›* 1 ontspruiten uit; 2 ontgroeien aan
ent'waffnen *‹h›* ontwapenen
ent'walden *‹h›* ontbossen
Ent'wässerung *‹die; -, geen mv›* afwatering
'entweder: ~ ... *oder* 1 of ... of; 2 kiezen of delen
ent'weichen *‹st.s; i-i›* ontsnappen
ent'wenden *‹h›* afnemen, ontvreemden; ontfutselen
ent'werfen *‹st.h; a-o; i›* 1 ontwerpen; 2 schetsen
ent'werten *‹h›* 1 in waarde doen verminderen; 2 afstempelen, knippen (*kaartje e.d.*); 3 (*munten*) buiten omloop stellen; **Ent'werter** *‹der; -s, -›* stempelautomaat (in bus, tram); **Ent'wertung** *‹die; -, -en›* 1 ontwaarding, waardevermindering; 2 (*van bus-, tramkaartje*) het afstempelen
ent'wickeln *‹h›* ontwikkelen; uiteenzetten, ontvouwen; *sich* ~ zich ontwikkelen; **Ent'wickler** *‹der; -s, -›* ontwikkelaar (*ook fot*); **Ent'wicklung** *‹die; -, -en›* ontwikkeling; **Ent'wicklungshelfer** *‹der; -s, -›* werker, hulpverlener in een ontwikkelingsland; (*Belg*) cooperant; **Ent'wicklungshilfe** *‹die; -, geen mv›* ontwikkelingshulp
ent'winden *‹st.h; a-u›* ontrukken; ontwringen
ent'wischen *‹s›* ontsnappen
ent'wöhnen *‹h›* 1 ont-, afwennen; 2 spenen, niet meer zogen
Ent'wurf *‹der; -(e)s, -ë›* ontwerp, plan, schets
ent'ziehen *‹st.h; o-o›* 1 onttrekken, ontnemen; 2 (*rijbewijs*) intrekken; 3 *sich* ~ zich onttrekken; **Ent'ziehung** *‹die; -, -en›* 1 onttrekking; 2 intrekking; 3 ontwenningskuur; **Ent'ziehungsanstalt** *‹die; -, -en›* inrichting, kliniek voor drankzuchtigen, verslaafden; **Ent'ziehungskur** *‹die; -, -en›* (*med*) ontwenningskuur
ent'ziffern *‹h›* ontcijferen
ent'zücken *‹h›* verrukken, bekoren, betoveren; **Ent'zücken** *‹das; -s, geen mv›* verrukking, vervoering; **ent'zückend** 1 verrukkelijk, heerlijk; 2 prachtig; 3 snoezig
Ent'zugserscheinung *‹die; -, -en›* ontwenningsverschijnsel
ent'zündbar ontvlambaar; **ent'zünden** *‹h›* 1 ontsteken (*ook med*), aansteken, in brand steken; 2 *sich* ~: *a*) ontvlammen, vuur vatten, ontbranden; *b*) ontsteken; **Ent'zündung** *‹die; -, -en›* ontsteking
ent'zwei stuk, in (aan) stukken, kapot; **ent'zweischlagen** *‹st.h; u-a; ä›* stukslaan
'Enzian *‹der; -s, -e›* 1 (*plantk*) gentiaan; 2 gentianine (maagbitter)
Enzyklopä'die *‹die; -, -n›* encyclopedie
Epi'gone *‹der; -n, -n›* epigoon, navolger
'Epik *‹die; -, geen mv›* epiek, epische poëzie; **'Epiker** *‹der; -s, -›* episch dichter
Epi'leptiker *‹der; -s, -›* epilepticus
Epi'log *‹der; -(e)s, -e›* epiloog, narede
Epi'phanienfest *‹das; -(e), -e›* Driekoningenfeest
E'pistel *‹die; -, -n›* 1 epistel; 2 strafpreek; *einem die ~ lesen* iem de les lezen
epo'chal 1 karakteristiek voor een tijdperk; 2 opzienbarend
E'poche *‹die; -, -n›* tijdperk; **e'pochemachend** 1 een nieuw tijdvak inluidend; 2 opzienbarend
'Epos *‹das; -, Epen›* epos
E'quipe *‹die; -, -n›* (*sp*) equipe, ploeg
er hij
er'achten *‹h›* achten, menen, houden voor; *meines E~s* (*afk m.E.*) *od. nach meinem E~* mijns inziens (m.i.)
er'arbeiten *‹h›* 1 met werken verdienen; 2 zich door studie eigen maken; 3 uitwerken (plan)
'Erbanteil *‹der; -(e)s, -e›* erfdeel
er'barmen *‹h›* medelijden inboezemen; *sich über einen od. sich eines ~* zich over iem ontfermen; **Er'barmen** *‹das; -s, geen mv›* erbarming, ontferming, medelijden; **er'barmenswert** om medelijden mee te hebben, deerniswaardig; **er'bärmlich** 1 erbarmelijk, ellendig; 2 armoedig; 3 laag, verachtelijk; 4 zeer, heel erg; **Er'barmung** *‹die; -, geen mv›* erbarming, ontferming; **er'barmungslos** meedogenloos
er'bauen *‹h›* 1 (op)bouwen, stichten (*ook fig*); 2 *sich an einer Predigt ~* gesticht worden door een preek; **Er'bauer** *‹der; -s, -›* bouwer, stichter; **er'baulich** 1 stichtelijk; 2 verheffend; 3 (*iron*) *das ist ja recht ~!* dat is me wat moois!; **Er'bauung** *‹die; -, -en›* stichting, oprichting
'Erbe I *‹der; -n, -n›* erfgenaam; **II** *‹das; -s, geen mv›* erfenis (*lett en fig*); **'erben** *‹h›* 1 erven; 2 *hier ist nichts zu ~* hier is niets te halen
er'beuten *‹h›* 1 buit maken; 2 (*fig*) veroveren
'Erbfehler *‹der; -s, -›* erfelijk gebrek
er'bieten, sich *‹st.h; o-o›* zich aanbieden, zich bereid verklaren
'Erbin *‹die; -, -nen›* erfgename
er'bitten *‹st.h; a-e›* om iets verzoeken, vragen; *Auskunft ~ von* inlichtingen vragen aan
er'bittern *‹h›* verbitteren, vertoornen
er'blassen *‹s›* 1 verbleken; 2 sterven
er'bleichen *‹s›* verbleken
'erblich erfelijk; **'Erblichkeit** *‹die; -, geen mv›* erfelijkheid

er'blicken ‹*h*› zien; *das Licht der Welt* ~ het levenslicht aanschouwen
er'blinden ‹*s*› blind worden
'Erbmasse ‹*die;* -, *-n*› 1 boedel; 2 de genen
'Erbonkel ‹*der; -s,* -› rijke oom
er'bösen ‹*h*› 1 boos maken; 2 *sich* ~ boos worden, zich boos maken
'Erbpacht ‹*die;* -, *-en*› erfpacht
er'brechen ‹*st.h; a-o; i*› 1 openbreken; 2 verbreken; 3 *sich* ~ braken, overgeven
er'bringen ‹*onr.h*› 1 *den Beweis, den Nachweis* ~ het bewijs leveren; 2 (*voordeel*) opleveren; 3 (*prestaties*) ~ leveren
'Erbschaft ‹*die;* -, *-en*› erfenis, nalatenschap; **'Erbschaft(s)steuer** ‹*die;* -, *-n*› successierecht
'Erbse ‹*die;* -, *-n*› erwt; **'Erbsensuppe** ‹*die;* -, *-n*› erwtensoep
'Erbtante ‹*die;* -, *-n*› rijke tante; **'Erbteil** ‹*das; -(e)s, -e*› erfdeel
'Erdarbeiten ‹*mv*› grondwerk; **'Erdbeben** ‹*das; -s,* -› aardbeving; **'Erdbeere** ‹*die;* -, *-n*› aardbei; **'Erdboden** ‹*der; -s, geen mv*› aardbodem, aarde; **'Erde** ‹*die;* -, *geen mv*› 1 aarde; *auf ~n* op aarde; 2 grond, bodem; 3 (*elektr*) aarde, aardleiding; **'erden** ‹*h*› (*elektr*) aarden; **'Erdenbürger** ‹*der; -s,* -› aardbewoner, mens
er'denkbar denkbaar, te bedenken; **er'denken** ‹*onr.h*› uit-, bedenken, verzinnen; **er'denklich** denkbaar, mogelijk
'Erdgas ‹*das; -es, geen mv*› aardgas; **'Erdgasförderung** ‹*die;* -, *-en*› aardgasproduktie, -winning; **'Erdgasvorkommen** ‹*das; -s,* -› 1 aanwezigheid van aardgas; 2 aangetroffen hoeveelheid aardgas; **'Erdgeschoß** ‹*das; -geschosses, -geschosse*› benedenverdieping; begane grond; *im* ~ beneden (gelijkvloers)
er'dichten ‹*h*› verzinnen, uitdenken
'Erdkabel ‹*das; -s,* -› grondkabel; **'Erdkugel** ‹*die;* -, *geen mv*› aardbol; globe; **'Erdkunde** ‹*die;* -, *geen mv*› aardrijkskunde; **'Erdleitung** ‹*die;* -, *-en*› (*elektr*) aardleiding; **'Erdnuß** ‹*die;* -, *-nüsse*› aardnoot, pinda; **'Erdnußbutter** ‹*die;* -, *geen mv*› pindakaas; **'Erdöl** ‹*das; -(e)s, geen mv*› aardolie; **'Erdölbohrung** ‹*die;* -, *-en*› olieboring; **'Erdölfeld** ‹*das; -(e)s, -er*› olieveld; **'Erdölkrise** ‹*die;* -, *-n*› oliecrisis; **'Erdölvorkommen** ‹*das; -s,* -› 1 aanwezigheid van aardolie; 2 hoeveelheid aardolie; **'Erdreich** ‹*das; -(e)s, geen mv*› aardrijk, bodem
er'dreisten, sich ‹*h*› zich verstouten
er'drosseln ‹*h*› wurgen
er'drücken ‹*h*› 1 plat-, stukdrukken; 2 dooddrukken; 3 *~d* (ook) verpletterend
'Erdrutsch ‹*der; -(e)s, -e*› aardverschuiving; **'Erdsatellit** ‹*der; -en, -en*› aardsatelliet; **'Erdstoß** ‹*der; -es, -ë*› aardschok; **'Erdteil** ‹*der; -(e)s, -e*› werelddeel
er'dulden ‹*h*› dulden, lijden, doorstaan
'Erdumfang ‹*der; -(e)s, geen mv*› omtrek van de aarde; **'Erdumkreisung** ‹*die;* -, *-en*› omwenteling om de aarde; **'Erdumlaufbahn** ‹*die;* -, *-en*› baan om de aarde; **'Erdung** ‹*die;* -, *-en*› (*elektr*) het aarden
er'eifern, sich ‹*h*› zich boos maken
er'eignen, sich ‹*h*› gebeuren, voorvallen; **Er'eignis** ‹*das; -ses, -se*› gebeurtenis, voorval
er'eilen ‹*h*› in-, achterhalen, overvallen
Erekti'on ‹*die;* -, *-en*› erectie
Ere'mit ‹*der; -en, -en*› eremiet, kluizenaar
er'fahren I ‹*st.h; u-a; ä*› 1 vernemen, te weten komen, gewaarworden; 2 ondergaan; 3 ondervinden; ervaren; **II** ‹*bn*› ervaren, rijk aan ondervinding; **Er'fahrenheit** ‹*die;* -, *geen mv*› ervarenheid, bedrevenheid, ervaring; **Er'fahrung** ‹*die;* -, *-en*› 1 ondervinding; *aus* ~ bij ondervinding; 2 *in* ~ *bringen* te weten komen; **Er'fahrungsaustausch** ‹*der; -(e), geen mv*› uitwisseling van ervaringen
er'fassen ‹*h*› 1 aanvatten, (-)grijpen; 2 beseffen, begrijpen; 3 omvatten, zich uitstrekken tot; 4 bereiken; 5 inschakelen; 6 registreren; **Er'fassung** ‹*die;* -, *geen mv*› zie *erfassen*
er'finden ‹*st.h; a-u*› uitvinden, bedenken, verzinnen; *frei erfunden* geheel verzonnen; **Er'finder** ‹*der; -s,* -› uitvinder; **er'finderisch** vindingrijk, vernuftig; **Er'findung** ‹*die;* -, *-en*› 1 (uit)vinding; 2 verdichting, fictie; **Er'findungsgabe** ‹*die;* -, *geen mv*›; vindingrijkheid
Er'folg ‹*der; -(e)s, -e*› 1 succes; 2 resultaat; **er'folgen** ‹*s*› 1 voortvloeien, volgen (uit); 2 gebeuren, plaatshebben; **er'folglos** zonder resultaat, vergeefs; **Er'folglosigkeit** ‹*die;* -, *geen mv*› nutteloosheid; **er'folgreich** succesvol; **er'folgversprechend** veelbelovend
er'forderlich vereist, gevorderd, nodig; **er'fordern** ‹*h*› vergen, (ver)eisen; **Er'fordernis** ‹*das; -ses, -se*› eis, vereiste
er'forschen ‹*h*› 1 onderzoeken; 2 doorgronden; **Er'forscher** ‹*der; -s,* -› onderzoeker; **Er'forschung** ‹*die;* -, *-en*› 1 onderzoek, navorsing; 2 exploratie
er'fragen ‹*h*› door vragen te weten komen; *zu Erfragen bei* te bevragen bij
er'frechen, sich ‹*h*› de brutaliteit hebben
er'freuen ‹*h*› verheugen, verblijden; (*eines Dinges*) *sich* ~ zich verheugen in, genieten; *sich* ~ *über* (+ 4), *an* (+ 3) zich verheugen over, in; **er'freulich** verblijdend, heuglijk, verheugend; **er'freut** verblijd, verheugd
er'frieren ‹*s*› 1 doodvriezen; 2 bevriezen
er'frischen ‹*h*› verfrissen, verkwikken; **Er'frischung** ‹*die;* -, *-en*› verfrissing enz.
er'füllen ‹*h*› 1 (*wens, belofte*) vervullen; 2 (*verzoek*) inwilligen; 3 (*verwachtingen*) beantwoorden aan; 4 (*plicht*) nakomen; 5 *sich* ~ uitkomen, vervuld worden; **Er'füllung** ‹*die;* -, *geen mv*› zie *erfüllen; in* ~ *gehen* uitkomen, vervuld worden
er'gänzen ‹*h*› vol(tallig) maken, aanvullen; **er'gänzend** aanvullend; **Er'gänzung** ‹*die;* -, *-en*› 1 bij-, toevoegsel, supplement; 2 aanvulling
er'gattern ‹*h*› te pakken krijgen

er'gaunern ‹*h*› bijeenstelen

er'geben I ‹*st.h; a-e; i*› opleveren, tot resultaat hebben, leiden tot; **sich** ~ 1 blijken, voortkomen; 2 *es ~ sich* (*problemen e.d.*) er ontstaan ...; 3 zich overgeven, zich overleveren aan; 4 *sich dem Trunk* ~ aan de drank (verslaafd) raken; **II** ‹*bn*› 1 toegedaan, onderdanig, dienstwillig; 2 berustend; **Er'gebenheit** ‹*die; -, geen mv*› 1 toegenegenheid; 2 onderdanigheid; 3 berusting; **Er'gebnis** ‹*das; -ses, -se*› uitslag, uitkomst, resultaat; **Er'gebung** ‹*die; -, geen mv*› onderworpenheid, berusting, overgave

er'gehen ‹*st.s; i-a*› 1 (*bevelen e.d.*) uitgaan, uitgevaardigd worden; ~ *lassen* uitvaardigen; 2 *über sich ~ lassen* over zich heen laten gaan; *wie wird es ihm ~?* hoe zal het hem vergaan?; **sich** ~ 1 wandelen; 2 uitweiden over

er'giebig vruchtbaar, rijk, overvloedig, winstgevend; *sehr ~ sein* (ook) veel opleveren; **Er'giebigkeit** ‹*die; -, geen mv*› vruchtbaarheid, rijkdom enz.

er'gießen ‹*st.h; o-o*› uitgieten, -storten; *sich* ~ zich uitstorten, stromen; *sich ~ in* uitmonden

er'glühen ‹*s*› 1 ontgloeien, ontbranden; 2 rood worden (van toorn, schaamte)

er'götzen ‹*h*› vermaken; **Er'götzen** ‹*das; -s, geen mv*› vermaak, vreugde

er'greifen ‹*st.h; i-i*› 1 (aan)grijpen, aan-, opnemen; 2 pakken, arresteren; 3 (*vlucht, initiatief, maatregelen, woord*) nemen; 4 (*gelegenheid, middel*) aangrijpen; 5 *von etwas Besitz* ~ iets in bezit nemen; **er'greifend** aandoenlijk, roerend; **Er'greifung** ‹*die; -, geen mv*› zie *ergreifen*; **er'griffen** aangedaan, ontroer; **Er'griffenheit** ‹*die; -, geen mv*› ontroering

er'gründen ‹*h*› peilen, doorgronden; **Er'gründung** ‹*die; -, geen mv*› doorgronding

Er'guß ‹*der; Ergusses, Ergüsse*› 1 uitstorting (ook *fig*); 2 ontboezeming

er'haben hoog, verheven, groots; **Er'habenheit** ‹*die; -, geen mv*› verhevenheid, hoogheid, grootsheid

erhalten ‹*st.h; ie-a; ä*› 1 behouden, bewaren; 2 krijgen, ontvangen; 3 *am Leben, bei guter Laune* ~ in het leven, in een goed humeur houden; 4 *gut* ~ in goede staat; **sich** ~ (blijven) bestaan, bewaard blijven; **er'hältlich** verkrijgbaar; **Er'haltung** ‹*die; -, geen mv*› 1 instandhouding, bewaring, behoud, handhaving; 2 onderhoud; 3 ontvangst

er'hängen, sich ‹*h*› zich ophangen

er'härten I ‹*h*› 1 hard maken; 2 bewijzen, staven, hard maken; **II** ‹*s*› hard worden, harden

er'heben ‹*st.h; o-o*› 1 (*ogen, hand, glas*) opheffen; 2 (*stem*) verheffen; 3 (*belastingen*) heffen; 4 (*gezang*) aanheffen; 5 *Anspruch ~ auf* aanspraak maken op; 6 *Einspruch, Protest* ~ verzet, protest aantekenen; 7 (*klacht*) indienen; 8 (*vraag, moeilijkheden*) opwerpen; 9 (*Bedenken, Zweifel*) opperen; 10 (*Einwände*) bedenkingen maken; **sich** ~ 1 zich verheffen, opstaan (*ook fig*) overeind komen, op-, verrijzen; 2 in opstand komen; **er'heblich** aanzienlijk, belangrijk; **Er'hebung** ‹*die; -, -en*› 1 het opheffen; 2 verheffing, heuvel; 3 heffing, invordering, inning; 4 opstand; 5 enquête

er'heitern ‹*h*› 1 opvrolijken, opmonteren; 2 *sich ~ über etwas* zich amuseren over

er'hellen ‹*h*› 1 verhelderen, verlichten; 2 (*probleem*) ophelderen; 3 *daraus erhellt* daaruit blijkt; 4 *sich* ~ opklaren

er'hitzen ‹*h*› verhitten (*ook fig*)

er'höhen ‹*h*› 1 ophogen; 2 vergroten; 3 (*prijzen*) verhogen; 4 *sich ~ auf* stijgen tot; **Er'höhung** ‹*die; -, -en*› 1 ophoging; 2 vermeerdering, vergroting; 3 verhoging; 4 heuvel

er'holen, sich ‹*h*› 1 herstellen, op krachten komen; 2 *sich von dem Schreck(en)* ~ van de schrik bekomen; 3 zich ontspannen, uitrusten; **er'holsam** verkwikkend, verfrissend; **Er'holung** ‹*die; -, geen mv*› 1 herstel (ook van koersen); 2 ontspanning; **Er'holungsgebiet** ‹*das; -(e)s, -e*› recreatiegebied; **Er'holungssuchende(r)** ‹*bn als zn*› recreant(e)

er'hören ‹*h*› verhoren

er'innern ‹*h*› 1 ~ *an* (+ 4) herinneren aan; 2 *sich an eine Sache, sich einer Sache* ~ zich iets herinneren; **Er'innerung** ‹*die; -, -en*› herinnering; **Er'innerungsschreiben** ‹*das; -s, -*› herinnerings-, aanmaningsbrief

er'kalten ‹*s*› koud worden, af-, bekoelen; **er'kälten, sich** ‹*h*› kou vatten; **Er'kaltung** ‹*die; -, geen mv*› af-, bekoeling; **Er'kältung** ‹*die; -, -en*› verkoudheid, kou

er'kämpfen ‹*h*› bevechten, behalen (*ook fig*)

er'kennbar (her)kenbaar, zichtbaar, te onderscheiden, duidelijk; **er'kennen** ‹*onr.h*› 1 zien, onderscheiden; 2 herkennen; 3 inzien, beseffen; 4 vonnissen; 5 *zu ~ geben* te kennen geven; 6 *der Schiedsrichter erkannte auf Elfmeter* de scheidsrechter gaf een penalty; **sich** *zu ~ geben* zich bekendmaken

er'kenntlich erkentelijk

Er'kenntnis I ‹*die; -, -se*› 1 inzicht, besef; 2 kennis; **II** ‹ *o; -ses, -se*› vonnis, uitspraak

Er'kennung ‹*die; -, geen mv*› herkenning; **Er'kennungsdienst** ‹*der; -(e)s, -e*› *kriminalpolizeilicher* ~ indentificatieafdeling der recherche

'Erker ‹*der; -s, -*› 1 erker; 2 (*volkstaal*) *neus*

er'klären ‹*h*› 1 verklaren (ook oorlog), uitleggen; 2 *sich ~: a*) zijn mening uitspreken; *b*) verklaarbaar zijn; 3 *ein erklärter Gegner* een uitgesproken tegenstander; **Er'klärung** ‹*die; -, -en*› verklaring

er'klecklich aanzienlijk, belangrijk

er'klingen ‹*st.s en h; a-u*› (weer)klinken

er'koren uitverkoren, -gelezen

er'kranken ‹*s*› 1 ziek worden; 2 *erkrankt an* (+ 3) lijdend aan; **Er'krankung** ‹*die; -, -en*› ziekte(geval)

er'kunden ‹*h*› verkennen

er'kundigen, sich ‹*h*› *sich nach etwas* ~ inlichtingen inwinnen over, informeren naar; **Er'kundigung** ‹*die;* -, -*en*› inlichting, informatie

Er'kundung ‹*die;* -, -*en*› (*mil*) verkenning

er'lahmen ‹*s*› 1 verlammen; 2 verflauwen

er'langen ‹*h*› verkrijgen, behalen, verwerven

Er'laß ‹*der; Erlasses, Erlasse*› 1 decreet, besluit; 2 kwijtschelding; **er'lassen** ‹*st.h; ie-a; ä*› 1 uitvaardigen; 2 kwijtschelden

er'lauben ‹*h*› 1 veroorloven, toestaan; 2 ~ *Sie!* met uw verlof, pardon! ~ *Sie mal!* hoe komt u erbij; 3 *sich* (*etwas*) ~ zich veroorloven; **Er'laubnis** ‹*die;* -, -*se*› verlof, vergunning

er'läutern ‹*h*› 1 verklaren, toelichten, uitleggen; 2 becommentariëren, annoteren; **Er'läuterung** ‹*die;* -, -*en*› 1 verklaring, toelichting; 2 aantekening, commentaar

'Erle ‹*die;* -, -*n*› els, elzeboom

er'leben ‹*h*› beleven; **Er'lebnis** ‹*das; -ses, -se*› 1 belevenis; 2 gebeurtenis, ervaring; 3 ~*se* lotgevallen

er'ledigen ‹*h*› 1 afhandelen; 2 (*twijfel*) opheffen; 3 (*formaliteiten*) vervullen; 4 (*opdracht, bestelling*) uitvoeren; 5 (*tegenstander*) overwinnen; 6 (*o.a. mensen*) uit de weg ruimen; **er'ledigt**: (*die Sache ist*) ~ afgehandeld, afgesloten; ~ *sein: a*) doodop zijn; *b*) geruïneerd zijn, afgedaan hebben; **Er'ledigung** ‹*die;* -, -*en*› zie *erledigen*

er'legen ‹*h*› neerschieten

er'leichtern ‹*h*› 1 verlichten, vergemakkelijken; 2 opluchten; 3 (*einen*) *um etwas* ~ van iets beroven; **er'leichtert** opgelucht; **Er'leichterung** ‹*die;* -, -*en*› 1 verlichting, vergemakkelijking; 2 faciliteit; 3 opluchting

er'leiden ‹*st.h; i-i*› 1 (*nederlaag, pijn, verlies*) lijden; 2 *den Tod* ~ sterven; 3 (*veranderingen*) ondergaan; 4 (*vertraging*) ondervinden; 5 *Verletzungen* ~ gewond worden

er'lernen ‹*h*› (aan)leren; **Er'lernung** ‹*die;* -, *geen mv*› het aanleren, studie

Er'leuchtung ‹*die;* -, -*en*› 1 verlichting; 2 inzicht

er'liegen ‹*st.s; a-e*› 1 het onderspit delven van (*vijand, tegenstander*); 2 bezwijken voor (*overmacht e.d.*); 3 bezwijken aan (*ziekte, wonde*); 4 *zum Erliegen bringen* tot stilstand brengen

Er'lös ‹*der; -es, -e*› 1 opbrengst; 2 (ook) winst

er'löschen ‹*st.s; o-o; i*› 1 uitgaan, uitdoven; 2 (*geslacht*) uitsterven; 3 aflopen, vervallen, ophouden te bestaan; 4 (*contract*) aflopen

er'lösen ‹*h*› 1 bevrijden; 2 verlossen; **Er'löser** ‹*der; -s,* -› 1 bevrijder; 2 Verlosser, Heiland; **Er'lösung** ‹*die;* -, *geen mv*› 1 bevrijding; 2 verlossing

Er'mächtigung ‹*die;* -, -*en*› machtiging, volmacht

er'mahnen ‹*h*› 1 vermanen; 2 aansporen; **Er'mahnung** ‹*die;* -, -*en*› zie *ermahnen*

Er'mang(e)lung: *in* ~ *eines Bessern* bij gebrek aan beter

er'mäßigen ‹*h*› 1 matigen; 2 verminderen; **Er'mäßigung** ‹*die;* -, -*en*› 1 matiging enz.; 2 (*handel*) korting, reductie

er'messen ‹*st.h; a-e; i*› 1 begrijpen, beseffen; 2 beoordelen, overzien; **Er'messen** ‹*das; -s, geen mv*› 1 oordeel, mening, goedvinden; 2 *nach menschlichem* ~ menselijkerwijs gesproken

er'mitteln ‹*h*› 1 vaststellen; 2 ontdekken, vinden; 3 een onderzoek instellen; **Er'mittlung** ‹*die;* -, -*en*› 1 vaststelling; 2 ontdekking; 3 onderzoek; *die* ~*en aufnehmen, anstellen* een onderzoek instellen; **Er'mittlungsrichter** ‹*der; -s,* -› rechter van instructie

er'möglichen ‹*h*› mogelijk maken

er'morden ‹*h*› vermoorden; **Er'mordung** ‹*die;* -, *geen mv*› moord

er'müden I ‹*h*› vermoeien; II ‹*s*› moe worden; **Er'müdung** ‹*die;* -, -*en*› vermoeidheid, moeheid

er'muntern ‹*h*› I 1 opvrolijken, opmonteren; 2 aan-, bemoedigen; II monter worden

er'mutigen ‹*h*› aanmoedigen

er'nähren ‹*h*› 1 voeden; 2 *eine Familie* ~ 'n gezin onderhouden; 3 *sich* ~ de kost verdienen; *sich vom Fischfang* ~ leven van de visvangst; **Er'nährer** ‹*der; -s,* -› kostwinne; **Er'nährung** ‹*die;* -, *geen mv*› 1 voeding; onderhoud; 2 voedselvoorziening

er'nennen ‹*onr.h*› benoemen; **Er'nennung** ‹*die;* -, -*en*› benoeming; **Er'nennungsurkunde** ‹*die;* -, -*n*› (*Belg*) aanstellingsbrief

er'neuern ‹*h*› 1 vernieuwen; 2 herhalen; 3 *sich* ~ (weer) nieuw worden, zich herhalen; **Er'neuerung** ‹*die;* -, -*en*› vernieuwing enz.; **er'neut** 1 vernieuwd; 2 opnieuw, nogmaals; 3 herhaald

er'niedrigen ‹*h*› 1 verminderen, verlagen; 2 vernederen; *sich* ~ zich vernederen; **Er'niedrigung** ‹*die;* -, -*en*› zie *erniedrigen*

Ernst ‹*der; -es, geen mv*› ernst, gestrengheid; *es ist mir* ~*!* ik meen het in ernst! *das ist nicht Ihr* ~*!* dat meent u niet! *im* ~ in ernst, ernstig; ~ *machen* het ernstig menen; *es wird* ~ het wordt menens; *allen* ~*es, in allem* ~ in alle ernst; **ernst** 1 ernstig, serieus; 2 ~*e Worte* strenge woorden; **'Ernstfall** ‹*der;* -(*e*)*s, geen mv*› *für den* ~ als het ooit nodig mocht zijn; *im* ~*: a*) als er een ongeluk gebeurt, bij brand enz.; *b*) in geval van oorlog; **'ernsthaft** ernstig, serieus; **'ernstlich** ernstig, serieus

'Ernte ‹*die;* -, -*n*› oogst (*ook fig*); **'Erntedankfest** ‹*das;* -(*e*)*s, -e*› oogstfeest (1e zondag na 29 sept.); **'ernten** ‹*h*› 1 oogsten; 2 (*Kartoffeln*) rooien

er'nüchtern ‹*h en s*› ontnuchteren

er'obern ‹*h*› veroveren (*ook fig*); **Er'oberung** ‹*die;* -, -*en*› verovering

er'öffnen ‹*h*› 1 openen (*div bet*); 2 (*voorstelling e.d.*) beginnen; 3 (*bedoeling, mening*) meedelen, te kennen geven; 4 *den Konkurs über einen* ~ iem failliet verklaren; **Er'öffnung** ‹*die;* -, -*en*› 1 opening, begin; 2 mededeling, opening van zaken

er'örtern ‹*h*› (uitvoerig) bespreken; **Er'örterung** ‹*die; -, -en*› uiteenzetting, betoog
Erosi'on ‹*die; -, -en*› erosie
E'rotik ‹*die; -, geen mv*› erotiek
er'picht: ~ *auf* (+ 4) verzot op
er'pressen ‹*h*› (*einen*) ~ chanteren; **Er'presser** ‹*der; -s, -*› afperser, chanteur; **Er'pressung** ‹*die; -, -en*› afpersing, chantage
er'proben ‹*h*› beproeven, op de proef stellen
er'quicken ‹*h*› verkwikken, laven, opfrissen; **er'quicklich** verkwikkend, verfrissend; **Er'quickung** ‹*die; -, -en*› verkwikking, verfrissing
er'raten ‹*st.h; ie-a; ä*› raden
er'regbar prikkelbaar, gevoelig, lichtgeraakt; **Er'regbarkeit** ‹*die; -, geen mv*› prikkelbaarheid; **er'regen** ‹*h*› 1 opwinden; prikkelen; 2 (*aanstoot*) geven; 3 (*opzien*) baren; 4 (*medelijden, verbazing*) wekken; 5 (*eetlust, nieuwsgierigheid*) opwekken; 6 (*algem*) veroorzaken; 7 *sich* ~ zich opwinden; **Er'reger** ‹*der; -s, -*› verwekker, ziektekiem; **er'regt** 1 opgewonden; 2 levendig; opgewekt; **Er'regung** ‹*die; -, -en*› 1 opwinding, ontroering, opgewondenheid, agitatie; 2 opwekking
er'reichen ‹*h*› 1 bereiken; 2 reiken tot (aan); 3 (*trein, bus e.d.*) halen
er'richten ‹*h*› oprichten, stichten; **Er'richtung** ‹*die; -, geen mv*› zie *errichten*
er'ringen ‹*st.h; a-u*› 1 (door inspanning) verwerven, verkrijgen; 2 behalen (overwinning)
er'röten ‹*s*› blozen, rood worden
Er'rungenschaft ‹*die; -, -en*› verworvenheid
Er'satz ‹*der; -es, geen mv*› 1 vergoeding, restitutie, schadeloosstelling; 2 vervanging, surrogaat; 3 (*sp*) reserve; **Er'satzanspruch** ‹*der; -(e)s, -ë*› schadeclaim, eis tot schadeloosstelling; **Er'satzbank** ‹*die; -, -ë*› (*sp*) reservebank; **Er'satzdienst** ‹*der; -(e)s, geen mv*› (*mil*) vervangende dienstplicht; **Er'satzkasse** ‹*die; -, -n*› ziekenfonds voor vrijwillig verzekerden; **Er'satzreifen** ‹*der; -s, -*› reserveband; **Er'satzspieler** ‹*der; -s, -*› (*sp*) reserve(speler); **Er'satzteil** ‹*das; -(e)s, -e*› reserveonderdeel; **er'satzweise** 1 als vergoeding, ter vervanging; 2 (*jur*) subsidiair
er'saufen verdrinken, verzuipen; **er'säufen** ‹*h tr*› verdrinken, verzuipen
er'schaffen ‹*st.h; u-a*› voortbrengen, scheppen
er'schallen ‹*zw. en st. s; o-o*› (weer)klinken
erscheinen ‹*st.s; ie-ie*› 1 (*an, auf, in* (+ 3)) verschijnen; 2 ~ *als* blijken te zijn; 3 ~ *wie* voorkomen als, lijken; **Er'scheinung** ‹*die; -, -en*› 1 verschijning; 2 verschijnsel; 3 *in ~ treten* verschijnen
er'schießen ‹*st.h; o-o*› 1 doodschieten; 2 fusilleren, executeren; 3 (*fig*) *erschossen sein: a*) totaal verbouwereerd zijn; *b*) bekaf zijn; **Er'schießung** ‹*die; -, -en*› het doodschieten; het fusilleren; *durch* ~ door de kogel
er'schlaffen ‹*h en s* (*tr und intr*)› verslappen, -zwakken (*lett en fig*)
er'schlagen ‹*st.h; u-a; ä*› 1 doodslaan, doden; 2 (*ich bin*) ~ verbluft; 3 (*ich fühle mich*) *wie* ~ doodmoe
er'schließen ‹*st.h; o-o*› 1 openen; 2 afleiden, opmaken; 3 (*markten, gebieden e.d.*) ~ ontsluiten; **sich** ~ zich ontsluiten, opengaan
er'schöpfen ‹*h*› (*krachten, middelen, thema*) uitputten; **Er'schöpfung** ‹*die; -, geen mv*› uitputting
er'schrecken I ‹*zw.h*› doen schrikken, verschrikken; II ‹*st.s; a-o; i*› schrikken; **Er'schrockenheit** ‹*die; -, geen mv*› verschrikt-, ontsteldheid
er'schüttern ‹*h en s*› 1 schokken; 2 doen schudden of trillen; 3 ontroeren, ontstellen; **Er'schütterung** ‹*die; -, -en*› 1 schok; 2 het schudden, het trillen; 3 ontroering, ontsteltenis
er'schweren ‹*h*› bemoeilijken
er'schwingen ‹*st.h; a-u*› opbrengen, betalen; **er'schwinglich** op te brengen, betaalbaar
er'sehen ‹*st.h; a-e; ie*› 1 zien; 2 ~ *aus* opmaken uit
er'setzen ‹*h*› 1 vergoeden, restitueren; 2 *einem etwas* ~ (ook) iem voor iets schadeloosstellen; 3 vervangen
er'sichtlich 1 duidelijk (te zien); zichtbaar; 2 *daraus ist, wird* ~ hieruit blijkt
er'spähen ‹*h*› in het oog krijgen, ontdekken
Er'sparnis ‹*die; -, -se*› 1 besparing; 2 het gespaarde geld; *~se* ‹*mv*› spaargeld
erst I ‹*bn*› *fürs ~e* voorlopig; *zum ~en* ten eerste; *am E~en* (op) de eerste (van de maand); *zum ~en Mal, zum ~enmal* voor het eerst; II ‹*bw*› 1 eerst, vooraf; 2 pas; *eben* ~ pas, net; 3 *jetzt ~ recht!* nu juist!; *und ~ so e.r* en dan (en vooral) zo een; *wäre ich nur ~ da!* was ik er maar (al)vast!
er'starken ‹*s*› sterk(er) worden; aansterken
er'starren ‹*s en h*› 1 verstijven; 2 (doen) stollen; 3 verstarren; **er'starrt** verstijfd, -steend, -kleumd
er'statten ‹*h*› 1 (*uitgaven*) terugbetalen, vergoeden; 2 (*dank*) brengen, betuigen; 3 *Anzeige* ~ aangifte doen (bij de politie); 4 *Bericht* ~ verslag geven, uitbrengen; **Er'stattung** ‹*die; -, geen mv*› 1 teruggave, vergoeding, restitutie; 2 (*verslag*) het uitbrengen
'Erstaufführung ‹*die; -, -en*› première
er'staunen I ‹*h*› verbazen, -wonderen; II ‹*s*› zich verbazen, verbaasd zijn, staan; **Er'staunen** ‹*das; -s, geen mv*› verbazing, verwondering; *in ~ setzen* verbazen; **er'staunlich** verbazingwekkend, verbazend
er'stechen ‹*st.h; a-o; i*› doodsteken
er'stehen I ‹*st.h; a-a*› kopen; te pakken krijgen; II ‹*s*› 1 verrijzen; opstaan; 2 (*daraus*) ~ *mir Schwierigkeiten* ontstaan voor mij moeilijkheden; **Er'stehung** ‹*die; -, geen mv*› opstanding
er'steigen ‹*st.h; ie-ie*› beklimmen, bestijgen
er'steigern ‹*h*› kopen (op veiling)

ers

Er'steigung ‹*die; -, -en*› bestijging, beklimming

er'stellen ‹*h*› maken, vervaardigen, bouwen

'erstens ten eerste

'erster eerste; *~er* de eerstgenoemde

er'sticken I ‹*h*› doen stikken, smoren, verstikken; **II** ‹*s*› stikken; **Er'stickung** ‹*die; -, geen mv*› verstikking

'erstklassig eerste klas, eersterangs, prima; **'Erstling** ‹*der; -s, -e*› eerste werk (*van kunstenaar*); **'erstmalig** eerst, (voor) de eerste keer, voor het eerst; **'erstmals** voor de eerste maal; **'erstrangig** eersterangs, eersteklas; zeer belangrijk

er'strebenswert 1 begerenswaardig; 2 waard, dat men ernaar streeft

er'strecken, sich 1 ~ *über* zich uitstrekken over; 2 ~ *auf* betreffen

er'stürmen ‹*h*› 1 stormenderhand nemen; bestormen; 2 snel beklimmen

er'suchen ‹*h*› verzoeken; **Er'suchen** ‹*das; -s, -*› verzoek

er'tappen ‹*h*› betrappen, snappen

er'teilen ‹*h*› (*order, advies e.d.*) geven

er'tönen ‹*h en s*› (weer)klinken

Er'trag ‹*der; -(e)s, -ë*› 1 opbrengst; 2 oogst; 3 winst

er'tragen ‹*st.h; u-a; ä*› verdragen; uithouden

er'tragfähig 1 winstgevend; 2 vruchtbaar

er'träglich (ver)draaglijk, uit te houden

er'tragreich 1 voordelig; 2 produktief

er'tränken ‹*h tr*› verdrinken

er'trinken ‹*st.s intr; a-u*› verdrinken

er'wachen ‹*s*› wakker worden, ontwaken

er'wachsen I ‹*st.s; u-a; ä*› 1 opgroeien; 2 (*daraus*) ~ *Schwierigkeiten, Kosten, Vorteile usw.* vloeien of komen moeilijkheden, kosten, voordelen enz. voort; **II** ‹*bn*› volwassen; **Er'wachsene(r)** ‹*bn als zn*› volwassene; **Er'wachsenenbildung** ‹*die; -, geen mv*› volwassenenonderwijs

er'wägen ‹*st.h; o-o*› overwegen, nagaan; **Er'wägung** ‹*die; -, -en*› overweging; *in ~ ziehen* in aanmerking, in overweging nemen

er'wählen ‹*h*› (ver)kiezen

er'wähnen ‹*h*› (terloops) vermelden, melding of gewag maken van; **Er'wähnung** ‹*die; -, geen mv*› (ver)melding

er'wärmen ‹*h*› 1 verwarmen; 2 *sich* ~ warm worden; *sich ~ für: a*) warm lopen voor; *b*) gecharmeerd zijn van

er'warten ‹*h*› 1 verwachten (*div bet*); 2 *er weiß was ihn erwartet* hij weet wat hem te wachten staat; 3 *über Erwarten* boven verwachting; **Er'wartung** ‹*die; -, -en*› 1 verwachting; 2 afwachting; *in* ~ (+ 2) in afwachting van

er'wecken ‹*h*› 1 wekken (*ook fig*), *wakker maken*; 2 (*argwaan, angst, medelijden*) wekken

er'wehren, sich ‹*h*› 1 zich van het lijf houden; 2 *ich kann mich des Eindrucks nicht erwehren, daß* ik kan mij niet aan de indruk onttrekken, dat …

er'weichen I ‹*h*› weken, week maken (*ook fig*), vertederen, vermurwen; **II** ‹*s*› week, vertederd, geroerd worden

Er'weis ‹*der; -es, -e*› bewijs, blijk, proef; **er'weisen** ‹*st.h; ie-ie*› 1 (volledig) bewijzen; 2 betonen; (*dienst, de laatste eer*) bewijzen; 3 *sich ~ als* blijken te zijn

er'weitern ‹*h*› 1 vergroten, uitbreiden (*div bet*); 2 verwijderen; 3 verruimen; **Er'weiterung** ‹*die; -, -en*› zie *erweitern*

Er'werb ‹*der; -(e)s, geen mv*› 1 het verwerven, het verkrijgen; 2 verdienste, opbrengst, profijt; 3 aankoop; 4 kostwinning; **er'werben** ‹*st.h; a-o; i*› 1 verkrijgen, -werven; 2 verdienen; 3 aankopen; **Er'werbsausfall** ‹*der; -(e)s, -ë*› inkomstenderving; **er'werbsfähig** in staat tot werken, valide; **Er'werbsfähigkeit** ‹*die; -, geen mv*› geschikt om de kost te verdienen, volwaardigheid; **Er'werbslose(r)** ‹*bn als zn*› werkloze; **Er'werbsmittel** ‹*das; -s, -*› middel van bestaan; **Er'werbsperson** ‹*die; -, -en*› werknemer; **Er'werbsquelle** ‹*die; -, -n*› bron van bestaan; **er'werbstätig** werkend; **Er'werbstätige(r)** ‹*bn als zn*› werkende; **er'werbsunfähig** arbeidsongeschikt; **Er'werbszweig** ‹*der; -(e)s, -e*› 1 bedrijfstak; 2 beroep

er'widern ‹*h*› 1 antwoorden; 2 (*bezoek, groet*) beantwoorden; **Er'widerung** ‹*die; -, -en*› 1 beantwoording; *in ~ auf* in antwoord op; 2 vergelding

er'wiesener'maßen zoals bewezen

er'wischen ‹*h*› 1 betrappen, snappen, pakken; 2 (*trein, bus e.d.*) halen; 3 *ihn hat's erwischt: a*) hij is dood, gewond, verloren; *b*) hij is gek geworden; *c*) hij is verliefd

er'würgen ‹*h*› wurgen

Erz ‹*das; -es, -e*› erts

er'zählen ‹*h*› vertellen; **Er'zählstil** ‹*der; -(e)s, -e*› verteltrant; **Er'zählung** ‹*die; -, -en*› verhaal, vertelling

'Erzbischof ‹*der; -(e)s, -ë*› aartsbisschop; **'Erzbistum** ‹*das; -(e)s, -ër*› aartsbisdom

'erz'dumm aartsdom

er'zeigen ‹*h*› 1 (*genade, gunst*) betonen; 2 (*dienst, weldaad*) bewijzen; 3 *sich* ~ zich tonen, zich doen kennen (als); blijken te zijn

'Erzengel ‹*der; -s, -*› aartsengel

er'zeugen ‹*h*› 1 verwekken; 2 voortbrengen, produceren; 3 (*energie*) opwekken; **Er'zeuger** ‹*der; -s, -*› 1 verwekker, vader; (*mv* ook) ouders; 2 producent; **Er'zeugerland** ‹*das; -(e)s, -ër*› land van oorsprong; **Er'zeugnis** ‹*das; -ses, -se*› voortbrengsel, produkt; **Er'zeugung** ‹*die; -, geen mv*› 1 verwekking; 2 voortbrenging, produktie, fabricage; 3 opwekking (*energie*)

'erzfaul aartslui; **'Erzfeind** ‹*der; -(e)s, -e*› aartsvijand; **'Erzherzog** ‹*der; -(e)s, -ë*› aartshertog

er'ziehen ‹*st.h; o-o*› opvoeden; **Er'zieher** ‹*der; -s, -*› 1 opvoeder, pedagoog; 2 onderwijzer;

Er'zieherin ‹*die; -, -nen*› 1 opvoedster, pedagoge; 2 onderwijzeres; **er'zieherisch** opvoedkundig, pedagogisch; **Er'ziehung** ‹*die; -, geen mv*› opvoeding; **Er'ziehungsberechtigte(r)** ‹*bn als zn*› 1 ouder; 2 voogd(es)
er'zielen ‹*h*› 1 behalen, bereiken; 2 (*sp*) *ein Tor* ~ een doelpunt maken, scoren; *den Ausgleich* ~ gelijk maken
er'zürnen ‹*h*› vertoornen, kwaad maken
'Erzvorkommen ‹*das; -s, -*› vindplaats van erts
er'zwingen ‹*st.h; a-u*› (af)dwingen, afpersen
er'zwungenermaßen onder dwang
es ‹*vnw*› 1 het, het; 2 ~ *gibt* er is, er zijn; ~ *war einmal* er was eens; 3 *da schleicht* ~ *heran* daar komt iets aansluipen; 4 ~ *heult der Sturm* de storm loeit
'Esche ‹*die; -, -en*› (*plantk*) es
E-'Schweißer ‹*der; -s, -*› elektrisch lasser
'Esel ‹*der; -s, -*› (*dierk en fig*) ezel; **Ese'lei** ‹*die; -, -en*› domheid, stommiteit; **'Eselsbrücke** ‹*die; -, -n*› ezelsbrug
eska'lieren ‹*h*› escaleren
'Eskimo ‹*der; -s, -s*› Eskimo
'Espenlaub ‹*das*› *er zittert wie* ~ hij beeft als een espeblad
Es'say ‹*der of das; -s, -s*› essay, verhandeling
'eßbar eetbaar
'Eßbesteck ‹*das; -(e)s, -e*› couvert
'Esse ‹*die; -, -n*› rookvang (*in smederij*)
'essen ‹*st.h; a-e; i*› eten; **'Essen** ‹*das; -s, -*› 1 eten; *zum* ~ *einladen* te eten vragen; 2 maal(tijd); 3 diner
Es'senz ‹*die; -, -en*› 1 essentie, het wezen; 2 aftreksel, essence
'Essig ‹*der; -s, -e*› azijn; *zu* ~ *werden: a*) zuur worden; *b*) mislukken; *damit ist es* ~ dat is mis
'Eßlöffel ‹*der; -s, -*› eetlepel; **'Eßstäbchen** ‹*das; -s, -*› eetstokje; **'Eßtisch** ‹*der; -(e)s, -e*› eettafel
'Estrich ‹*der; -s, -e*› vloer (*van cement enz*)
eta'blieren ‹*h*› 1 stichten, oprichten; 2 vestigen; 3 *sich* ~ zich vestigen; **eta'bliert** gevestigd
E'tage ‹*die; -, -n*› etage, verdieping; **E'tagenbett** ‹*das; -(e)s, -en*› stapelbed; **E'tagenwohnung** ‹*die; -, -en*› flat, appartement
E'tappe ‹*die; -, -n*› (*mil sp*) etappe; **e'tappenweise** in etappes
E'tat ‹*der; -s, -s*› 1 begroting, budget; 2 (*mil*) sterkte; **E'tatberatung** ‹*die; -, -en*› behandeling van de begroting (*in parlement e.d.*); **E'tatjahr** ‹*das; -(e)s, -e*› begrotingsjaar; **E'tatkürzung** ‹*die; -, -en*› korting op de begroting
etepe'tete gemaakt, aanstellerig
'Ethik ‹*die; -, geen mv*› ethica, zedenleer
'ethnisch etnisch; **Ethno'loge** ‹*der; -n, -n*› etnoloog
'Ethos ‹*das; -, geen mv*› ethos
Eti'kett ‹*das; -(e)s, -en of -e of -s*› etiket
Eti'kette ‹*die; -, geen mv*› etiquette
etiket'tieren ‹*h*› etiketteren

'etliche enige, sommige, ettelijke; **'etliches** heel wat, allerlei, iets, een en ander
E'tui ‹*das; -s, -s*› etui
'etwa 1 ongeveer, plusminus; 2 misschien, soms; 3 bijvoorbeeld
'etwaig mogelijk, eventueel
'etwas 1 iets; 2 een beetje, een weinig; iets; 3 *nein, so* ~! wel, heb je van je leven!
euch 1 u, jullie; 2 (aan, voor) u, jullie; 3 elkaar
'euer, **'euere** uw, jullie, van u, van jullie
'Eule ‹*die; -, -n*› uil; **'Eulenspiegel** ‹*der; -s,-*› grappenmaker
Euphe'mismus ‹*der; -, Euphemismen*› eufemisme
'eurerseits van uw, jullie kant, uwerzijds
'eurige (*der, die, das*) de, het uwe; *das Eurige* het uwe; *die Eurigen* de uwen
'Euroscheck ‹*der; -s, -s*› eurocheque; **'Euroscheck-Karte** ‹*die; -, -n*› eurochequebetaalpas; **Euro'päer** ‹*der; -s, -*› Europeaan; **euro'päisch** Europees; **Euro'päische Gemeinschaft (EG)** ‹*die; -, geen mv*› Europese Gemeenschap (EG); **Eu'ropameister** ‹*der; -s, -*› (*sp*) Europees kampioen; **Eu'ropameisterschaft** ‹*die; -, -en*› (*sp*) Europees kampioenschap; **Eu'ropaparlament** ‹*der; -(e)s, geen mv*› Europees parlement; **Eu'ropapokal** ‹*der; -(e)s, geen mv*› (*sp*) europacup; **Eurovisi'on** ‹*die; -, geen mv*› Eurovisie
'Euter ‹*das; -s, -*› uier
ev. (*afk*) 1 *eventualiter*; 2 *eventuell*; 3 *evangelisch*
Ev. (*afk*) *Evangelium*
e.V., **E.V.** (*afk*) *eingetragener Verein*
evaku'ieren ‹*h*› evacueren, ontruimen; **Evaku'ierung** ‹*die; -, -en*› evacuering
evalu'ieren ‹*h*› evalueren; **Evalu'ierung** ‹*die; -, -en*› evaluatie
evan'gelisch 1 evangelisch; 2 protestants; **Evan'gelium** ‹*das; -s, Evangelien*› evangelie
eventu'ell eventueel, mogelijk
Evoluti'on ‹*die; -, -en*› evolutie
evtl. (*afk*) *eventuell*
E-Werk ‹*das; -(e)s, -e*› *Elektrizitätswerk*
'ewig eeuwig; *auf* ~ voor eeuwig; **'Ewigkeit** ‹*die; -, geen mv*› eeuwigheid; **'ewiglich** eeuwig
ex'akt exact, precies
exal'tiert geëxalteerd, overspannen
E'xamen ‹*das; -s, - u Examina*› examen; *ein* ~ *ablegen, machen* een examen doen; *ins* ~ *steigen* examen gaan doen; *im* ~ *stehen* examen aan het doen zijn; **E'xamensangst** ‹*die; -, ¨e*› examenvrees; **Exami'nand** ‹*der; -en, -en*› examinandus; **Exami'nator** ‹*der; -s, -en*› examinator; **exami'nieren** ‹*h*› examineren
exeku'tieren ‹*h*› executeren, uitvoeren; **Exekuti'on** ‹*die; -, -en*› executie; **exeku'tiv** executief, uitvoerend; **Exeku'tive** ‹*die; -, geen mv*›, **Exeku'tivgewalt** ‹*die; -, geen mv*› uitvoerende macht
E'xempel ‹*das; -s, -*› exempel, voorbeeld; *die*

Probe aufs ~ machen de proef op de som nemen; **Exem'plar** ‹*das; -s, -e*› exemplaar

exer'zieren ‹*h*› 1 exerceren; 2 oefenen; **Exer'zierplatz** ‹*der; -es, -ë*› exercitieplein

Exhalati'on ‹*die; -, -en*› exhalatie

Exhibitio'nismus ‹*der; -, geen mv*› exhibitionisme; **Exhibitio'nist** ‹*der; -en, -en*› exhibitionist

E'xil ‹*das; -s, -e*› 1 ballingschap; 2 verbanningsoord

existenti'ell existentieel; **Exi'stenz** ‹*die; -, -en*› 1 existentie, bestaan; *er hat seine gesicherte ~* een verzekerd bestaan; 2 individu; *eine gescheiterte ~* een mislukkeling; **Exi'stenzberechtigung** ‹*die; -, -en*› bestaansrecht; **exi'stenzfähig** levensvatbaar; **Exi'stenzfrage** ‹*die; -, -n*› levenskwestie; **Exi'stenzgrundlage** ‹*die; -, -n*› basis voor bestaan; **Exi'stenzkampf** ‹*der; -(e)s, -ë*› strijd om het bestaan; **Exi'stenzminimum** ‹*das; -s, geen mv*› bestaansminimum; **exi'stieren** ‹*h*› bestaan, zijn

exklu'siv exclusief (*div bet*); **exklu'sive** ‹*vz* (+ 2), *soms* (+ 3)› exclusief, niet inbegrepen; **Exklusivi'tät** ‹*die; -, geen mv*› exclusiviteit

Ex'kurs ‹*der; -es, -e*› uitweiding

Exkursi'on ‹*die; -, -en*› excursie, uitstapje

expan'dieren ‹*s*› 1 uitzetten; 2 uitbreiden; **Expansi'on** ‹*die; -, -en*› expansie; **Expansi'onspolitik** ‹*die; -, geen mv*› expansiepolitiek

expe'dieren ‹*h*› expediëren, afzenden; **Expediti'on** ‹*die; -, -en*› expeditie

Experi'ment ‹*das; -(e)s, -e*› experiment, proef; **experimen'tieren** ‹*h*› experimenteren

Ex'perte ‹*der; -n, -n*› expert, deskundige

expli'zieren ‹*h*› expliceren, uitleggen

explo'dieren ‹*s en h*› ontploffen, exploderen

Explorati'on ‹*die; -, -en*› exploratie; **explo'rieren** ‹*h*› exploreren, onderzoeken

Explosi'on ‹*die; -, -en*› explosie, ontploffing; **explo'siv** licht ontploffend, explosief; **Explo'sivstoff** ‹*der; -(e)s, -e*› springstof

expo'nieren ‹*h*› 1 blootstellen; 2 uiteenzetten

Ex'port ‹*der; -(e)s, -e*› export, uitvoer; **Expor'teur** ‹*der; -s, -e*› exporteur; **Ex'portgeschäft** ‹*das; -(e)s, -e*› 1 exportzaak; 2 exporttransactie; **expor'tieren** ‹*h*› exporteren

Expressio'nismus ‹*der; -, geen mv*› expressionisme

exqui'sit exquis, uitgezocht, uitgelezen

ex'tern id., buitenstaand, vreemd

'extra 1 extra, bijzonder; 2 apart; **'Extrablatt** ‹*das; -(e)s, -ër*› extra-editie

extra'hieren ‹*h*› extraheren

extraordi'när buitengewoon

ex'trem ‹*bn*› extreem, uiterst; **Ex'trem** ‹*das; -s, -e*› uiterste, hoogste graad, overdrijving; **Extre'mismus** ‹*der; -, Extremismen*› extremisme; **Extre'mist** ‹*der; -en, en*› extremist; **Extremi'tät** ‹*die; -, -en*› 1 extremiteit; 2 *~en* (ook) ledematen

exzel'lent excellent; **Exzel'lenz** ‹*die; -, -en*› excellentie; **exzel'lieren** ‹*h*› excelleren, uitmunten

ex'zentrisch excentriek

Exzepti'on ‹*die; -, -en*› exceptie, uitzondering; **exzeptio'nell** exceptioneel

exzer'pieren ‹*h*› excerperen, uittreksel maken; **Ex'zerpt** ‹*das; -(e)s, -e*› excerpt, uittreksel

Ex'zeß ‹*der; Exzesses, Exzesse*› exces, uitspatting

Ez. (*afk*) *Einzahl*

'E-Zug ‹*der; -(e), -ë*› *Eilzug*

F f

Fa. (*afk*) Firma

'**Fabel** ‹*die; -, -n*› 1 (*lit*) fabel; 2 verzinsel, fabel; '**fabelhaft** 1 fabelachtig, ongelofelijk; *das ist ja ~!* dat is enorm, reuze!; 2 *~ reich* enorm rijk; 3 *ein ~er Kerl* een fantastische vent

Fa'brik ‹*die; -, -en*› fabriek; **Fabri'kant** ‹*der; -en, -en*› fabrikant; **Fabri'kat** ‹*das; -(e)s, -e*› fabrikaat; **Fabrikati'on** ‹*die; -, -en*› fabricage; **Fa'brikgelände** ‹*das; -s, -*› fabrieksterrein; **fabri'zieren** ‹*h*› fabriceren

fabu'lös fabelachtig

Fach ‹*das; -(e)s, -ër*› 1 vak (*van kast, bureau e.d.*); (*etwas*) *unter Dach und ~ bringen* tot een goed einde brengen; 2 vak (*beroep, wetenschap*); *ein Mann vom ~* een vakman; '**Facharbeiter** ‹*der; -s, -*› geschoolde arbeider; '**Facharzt** ‹*der; -(e)s, -ë*› specialist; '**Fachausdruck** ‹*der; -(e)s, -ë*› vakterm; '**Fachbereich** ‹*der; -s, -e*› 1 vakgebied; 2 sectie, faculteit (*hogeschool, universiteit*)

'**fächeln** ‹*h*› (zich, iem) koelte toewaaien; '**Fächer** ‹*der; -s, -*› waaier; '**fächern** ‹*h*› uitwaaieren, vertakken

'**fachgemäß** vakkundig; '**fachgerecht** vakkundig; '**Fachgeschäft** ‹*das; -(e)s, -e*› speciaalzaak; '**Fachhochschule** ‹*die; -, -n*› hogeschool (school voor hoger beroepsonderwijs); '**Fachkenntnisse** ‹*mv*› vakkennis; '**fachkundig** ter zake kundig; '**Fachmann** ‹*der; -(e)s, -leute*› vakman; '**Fachoberschule** ‹*die; -, -n*› school voor middelbaar beroepsonderwijs; '**fachsimpeln** ‹*h*› altijd maar over zijn vak praten; '**Fachverband** ‹*das; -(e)s, -̈e*› bedrijfsschap; '**Fachwerkhaus** ‹*das; -es, -̈er*› vakwerkhuis

'**Fackel** ‹*die; -, -n*› fakkel, toorts

'**fackeln** ‹*h*› aarzelen, treuzelen

fad(e) 1 flauw, zonder smaak; *die Suppe schmeckt ~*; 2 vervelend, saai, flauw; (*fig*) *ein ~er Mensch* een saai iemand; *ein ~er Witz* een flauwe mop; *~es Zeug reden* leuteren, zwammen

'**fädeln** ‹*h*› 1 de draad in de naald doen; 2 (*med*) flossen; 3 klaarspelen

'**Faden I** ‹*der; -s, -̈*› draad (*eig en fig*); **II** ‹*der; -s, -*› vadem; '**Fadennudeln** ‹*mv*› vermicelli; '**fadenscheinig** 1 kaal, tot op de draad versleten; 2 (*voorwendsel*) weinig geloofwaardig; 3 (*uitvlucht*) weinig steekhoudend

Fa'gott ‹*das; -(e)s, -e*› fagot

'**fähig** 1 in staat zijn (tot), kunnen; 2 bekwaam, talentvol, begaafd, knap; '**Fähigkeit** ‹*die; -, -en*› 1 vermogen, het in staat zijn; 2 bekwaamheid, talent, gave

fahl vaal, grauw

'**Fähnchen** ‹*das; -s, -*› 1 vaantje, vlagje; 2 eenvoudig, goedkoop jurkje

'**fahnden**: *nach einem ~* iem opsporen (*jur*); '**Fahndung** ‹*die; -, -en*› opsporing; '**Fahndungsdienst** ‹*der; -(e)s, -e*› recherche, opsporingsdienst; '**Fahndungseinheit** ‹*die; -, -en*› (*Belg*) opsporingsbrigade

'**Fahne** ‹*die; -, -n*› 1 vlag, vaandel; *die ~ nach dem Winde drehen* met alle winden meewaaien; 2 *eine ~ haben* naar sterke drank ruiken; 3 drukproef

'**Fahnenflucht** ‹*die; -, geen mv*› desertie

'**Fähnrich** ‹*der; -(e)s, -e*› (*mil*) vaandrig

'**Fahrausbildung** ‹*die; -, -en*› rijles; '**Fahrausweis** ‹*der; -es, -e*› 1 kaartje, plaatsbewijs; 2 (*Zwits*) rijbewijs; '**Fahrbahn** ‹*die; -, -en*› rijbaan, rijweg; '**fahrbereit** 1 technisch in orde (auto); 2 gereed om te vertrekken

'**Fähre** ‹*die; -, -n*› (veer)pont; het veer

'**fahren** ‹*st.s; u-a; ä*› 1 rijden, varen (*van voeren vaartuigen*); 2 *mit der Bahn ~* met de trein gaan; *in die Ferien, in Urlaub ~* op vakantie gaan; 3 *ein Auto ~* een auto besturen; 4 *aus dem Bett ~* snel uit het bed springen; *in die Höhe ~* opspringen, overeind springen; *der Schreck fuhr ihm in die Glieder* de schrik schoot hem in de benen; *was ist denn in dich gefahren?* wat is er met jou aan de hand?; 5 vervoeren, rijden (*van o.a. zand, stenen, mest*); 6 *einem übers Maul ~* iemand afsnauwen; 7 *eine Strecke ~* een traject afleggen; 8 *mit etwas gut* (*schlecht*) *~* goede (slechte) ervaringen met iets hebben; 9 *per Anhalter ~* liften; '**Fahrer** ‹*der; -s, -*› chauffeur, bestuurder; '**Fahrerflucht** ‹*die; -, geen mv*› het doorrijden (na ongeval te hebben veroorzaakt); '**Fahrerlaubnis** ‹*die; -, -se*› 1 rijbevoegdheid; 2 rijbewijs; '**Fahrgast** ‹*der; -(e)s, -ë*› passagier, reiziger; '**Fahrgeld** ‹*das; -(e)s, -er*› reisgeld (bus, trein); '**Fahrgestell** ‹*das; -(e)s, -e*› 1 onderstel; 2 landingsgestel (*van vliegtuig*); 3 chassis (*van auto*); '**Fahrkarte** ‹*die; -, -n*› kaartje, plaatsbewijs; '**Fahrkilometer** ‹*der; -s, -*› afgelegde kilometer

'**fahrlässig** 1 slordig, achteloos, nonchalant, zorgeloos; 2 *~e Tötung* dood door schuld; '**Fahrlässigkeit** ‹*die; -, -en*› slordigheid enz.; zie *fahrlässig*

'**Fahrlehrer** ‹*der; -s, -*› rijinstructeur; '**Fahrplan** ‹*der; -(e)s, -ë*› 1 dienstregeling; 2 spoorboekje; '**Fahrpreis** ‹*der; -es, -e*› tarief (*trein, bus, tram*); '**Fahrpreisermäßigung** ‹*die; -, -en*› reductie, korting (zie *Fahrpreis*); '**Fahrprüfung** ‹*die; -, -en*› rijexamen; '**Fahrrad** ‹*das; -(e)s, -ër*› rijwiel, fiets; '**Fahrrinne** ‹*die; -, -n*› vaargeul; '**Fahrschein** ‹*der; -(e)s, -e*› kaartje (*trein, bus, tram*); '**Fahrschule** ‹*die; -, -n*› autorijschool; *~!* lesauto!; '**Fahrschüler** ‹*der; -s, -*› 1 leerling (*van een rijschool*); 2 buitenleerling (*per openbaar vervoer*); '**Fahrspur** ‹*die; -, -en*› rijstrook; '**Fahrstreifen** ‹*der; -s, -*› rijstrook; '**Fahrstuhl** ‹*der; -(e)s, -ë*› lift; '**Fahrstunde** ‹*die; -, -n*› rijles

Fahrt ‹*die; -, -en*› 1 reis, rit; *nach drei Stunden ~* na drie uur rijden; 2 tocht, uitstapje; *eine ~ ins Blaue* tochtje zonder vast doel; 3 *in rasender ~* met zeer grote snelheid; 4 *in ~ kommen* op dreef komen; woedend worden

'**Fährte** ‹*die; -, -n*› spoor (*van wild*) (*ook fig*)

'**Fahrtkosten** ‹*mv*› reiskosten

'**Fahrt(en)schreiber** ‹*der; -s, -*› tachograaf

'**fahrtüchtig** ‹*die*› 1 rijvaardig (*lichamelijk en geestelijk*); 2 rijklaar (*technisch*); '**Fahrverhalten** ‹*das; -s, geen mv*› rijgedrag; '**Fahrwasser** ‹*das; -s, geen mv*› vaarwater; *in seinem, im richtigen ~ sein* in zijn element zijn; '**Fahrzeug** ‹*das; -(e)s, -e*› 1 vaartuig; 2 voertuig; '**Fahrzeugbrief** ‹*der; -(e)s, -e*› kenteken (*auto e.d.*); '**Fahrzeugpark** ‹*der; -(e)s, -s*› wagenpark

'**faktisch** feitelijk, werkelijk, in feite

'**Faktor** ‹*der; -s, -en*› factor (*ook rekenk*)

Faktu'rist ‹*der; -en, -en*› facturist

Fakul'tät ‹*die; -, -en*› faculteit

fakulta'tiv facultatief, niet verplicht

'**Falke** ‹*der; -n, -n*› 1 valk (vogel); 2 (*pol*) havik; *~n und Tauben* haviken en duiven

Fall ‹*der; -(e)s, -ë*› 1 val; *zu ~ kommen* ten val komen (*lett en fig*); 2 *der ~ Trojas* de ondergang van Troje; 3 *in diesem ~* in dit geval; *gesetzt den ~* voor het geval dat; 4 *klarer ~!* duidelijke zaak, vanzelfsprekend; 5 *der ~ Weber* de zaak Weber; 6 naamval; 7 *der ~ Biermann* de affaire Biermann, kwestie

'**Falle** ‹*die; -, -n*› 1 val, valstrik; 2 (*schertsend*) bed; *sich in die ~ legen, hauen* z'n nest induiken; 3 *einem eine ~ stellen* iemand erin laten tuinen

'**fallen** ‹*st.s; ie-a; ä*› 1 vallen; 2 dalen, zakken; *die Preise ~* de prijzen dalen; 3 *der Weg fällt* de weg loopt af; 4 sneuvelen; 5 *die Erbschaft fiel an seine Schwester* de erfenis kwam zijn zuster toe; 6 *das fällt ins Gewicht* dat is belangrijk, dat weegt zwaar

'**fällen** 1 vellen; 2 vellen, neerslaan; 3 (*oordeel*) vellen, uitspreken; 4 (*beslissing*) nemen

'**Fallgrube** ‹*die; -, -n*› valkuil

'**fällig** 1 te betalen, vervallen; *am 1. d.M. ~e Zinsen* op de eerste van de maand te betalen rente; 2 (*o.a. bedrag*) opeisbaar; 3 *der Zug ist in 5 Min. ~* de trein moet over 5 min. aankomen; '**Fälligkeitstag** ‹*der; -(e)s, -e*› vervaldag; '**Fälligkeitstermin** ‹*der; -(e)s, -e*› vervaldatum

'**Fallobst** ‹*das; -(e)s, geen mv*› afgevallen vruchten

'**Fallrückzieher** ‹*der; -s, -*› (*sp*) omhaal

falls in geval, voor het geval dat, indien

'**Fallschirm** ‹*der; -(e)s, -e*› parachute; '**Fallschirmjäger** ‹*der; -s, -*› (*mil*) parachutist; '**Fallschirmspringer** ‹*der; -s, -*› 1 (*mil*) parachutist; 2 (*sp*) parachutespringer

'**Fallstrick** ‹*der; -(e)s, -e*› valstrik

'**Fallstudie** ‹*die; -, -n*› case-study

'**Fallsucht** ‹*die; -, geen mv*› epilepsie

falsch 1 vals (*geld, naam, handtekening, schaamte, eed, zingen*); 2 fout, verkeerd; *wir sind hier ~* wij zijn hier verkeerd; *bei jmdm an die ~e Adresse kommen* bij iem aan het verkeerde adres zijn (*fig*); 3 vals, onecht, kunst..., namaak (*o.a. haar, gebit, bontjas*); 4 vals, onoprecht (*o.a. vriend*); '**fälschen** ‹*h*› vervalsen (*handtekening, geld, documenten e.d.*); '**Falschheit** ‹*die; -, -en*› zie *falsch*; '**fälschlich(erweise)** valselijk, ten onrechte; '**Falschmünzer** ‹*der; -s, -*› valsemunter; '**Fälschung** ‹*die; -, -en*› vervalsing, namaak

'**Faltblatt** ‹*das; -(e)s, -ër*› vouwblad, folder; '**Faltboot** ‹*der; -(e)s, -e*› opvouwbare boot; '**Falte** ‹*die; -, -n*› 1 vouw, knik (*papier, stoffen*); 2 plooi; *~n schlagen* in plooien vallen; 3 rimpel; *die Stirn in ~n ziehen* z'n voorhoofd fronsen; '**falten** ‹*zw. en st.h* (*faltete; gefaltet en gefalten*)› 1 (op-, samen)vouwen (*papier, stoffen*); 2 rimpelen (*huid, gezicht*); 3 *die Stirn ~* z'n voorhoofd fronsen; '**faltenlos** zonder plooi, vouw, rimpel; '**Falter** ‹*der; -s, -*› vlinder; '**faltig** geplooid, gerimpeld, gekreukeld

famili'är 1 het gezin, de familie betreffend; *aus ~en Gründen* om gezins-, familieredenen; 2 (*o.a. omgang*) vertrouwelijk, ongedwongen; **Fa'milie** ‹*die; -, -n*› 1 gezin; *keine ~ haben* geen vrouw en kinderen hebben; 2 familie; *aus guter ~ kommen* van goede komaf zijn; 3 familie (*biol*); **Fa'milienangehörige(r)** ‹*bn als zn*› gezinslid; **Fa'milienanschluß** ‹*der; -anschlusses, geen mv*› *mit ~* met huiselijk verkeer; **Fa'milienname** ‹*der; -ns, -n*› achternaam; **Fa'milienplanung** ‹*die; -, geen mv*› gezinsplanning; **Fa'milienstand** ‹*der; -(e)s, geen mv*› burgerlijke staat; **Fa'milienzuwachs** ‹*der; -es, -e*› gezinsuitbreiding

fa'mos fameus, prachtig

Fan ‹*der; -s, -s*› fan

Fa'natiker ‹*der; -s, -*› fanaticus, ijveraar; **fa'natisch** fanatiek

Fang ‹*der; -(e)s, -ë*› 1 vangst, buit; 2 *in die Fänge der Polizei geraten* in de handen van de politie geraken; 3 *die Fänge eines Adlers* de klauwen van een adelaar; '**fangen** ‹*st.h; i-a; ä*› 1 vangen, pakken, grijpen (*dieren, voorwerpen, misdadigers*); 2 vatten (*vuur*); 3 *sich wieder ~* zijn evenwicht weer terugkrijgen (*lett en fig*); *Fangen spielen* krijgertje spelen; '**Fänger** ‹*der; -s, -*› 1 vanger, jager; 2 (*sp*) catcher; '**Fangfrage** ‹*die; -, -n*› strikvraag; '**fangsicher** (*sp*) klemvast

'**Farbaufnahme** ‹*die; -, -n*› kleurenfoto; '**Farbbild** ‹*das; -(e)s, -er*› kleurenfoto; '**Farbe** ‹*die; -, -n*› 1 kleur, tint; *diese ~n beißen sich* deze kleuren vloeken; *die ~ wechseln* van politieke partij, mening veranderen; 2 verf; '**färben** ‹*h*› 1 verven, kleuren (*stoffen e.d.*); 2 tinten, kleuren (*fig*); 3 *sich ~* een kleur krijgen (*o.a. blade-*

ren, vruchten); '**farbenblind** kleurenblind; '**farbenfreudig, -froh** kleurrijk, fleurig (*lett en fig*); '**Farbfernsehen** ‹*das; -s, geen mv*› kleurentelevisie; '**Farbfernseher** ‹*der; -s, -*› kleuren tv; '**Farbfilm** ‹*der; -s, -e*› kleurenfilm; '**farbig 1** kleurig, gekleurd, bont; **2** (*fig*) kleurrijk (*o.a. beschrijving*); '**Farbige(r)** ‹*bn als zn*› kleurling(e); '**farblich** wat kleur betreft, qua kleur; '**farblos** kleurloos; '**Farbstift** ‹*der; -(e)s, -e*› kleurpotlood; '**Farbstoff** ‹*der; -(e)s, -e*› kleurstof; '**Farbton** ‹*der; -(e)s, -̈e*› tint; '**Färbung** ‹*die; -, -en*› **1** het kleuren, het verven (*van stoffen e.d.*); **2** kleuring, kleur, tint; **3** (*fig*) kleur, richting

Farn ‹*der; -(e)s, -e*› varen

Fa'san ‹*der; -(e)s, -e en -en*› fazant

'**Fasching** ‹*der; -s, geen mv*› carnaval; '**Faschingsschlager** ‹*der; -s, -*› carnavalshit, -kraker; '**Faschingszug** ‹*der; -(e)s, -ë*› carnavalsoptocht

Fa'schismus ‹*der; -, geen mv*› fascisme; **Fa'schist** ‹*der; -en, -en*› fascist; **fa'schistisch** fascistisch

Fase'lei ‹*die; -, -en*› geleuter, geklets; '**faseln** leuteren, zwammen

'**Faser** ‹*die; -, -n*› **1** vezel (*plant*); **2** draad (*vlees, spieren, zenuwen*); **3** *synthetische ~n* synthetische garens; '**faserig** draderig, vezelig; '**fasernackt** spiernaakt; '**Faserplatte** ‹*die; -, -n*› board, vezelplaat

Faß ‹*das; Fasses, Fässer*› vat, ton; *dick wie ein ~* tonnetjerond; *saufen wie ein ~* zuipen als een tempelier

Fas'sade ‹*die; -, -n*› **1** façade, voorgevel; **2** de uiterlijke schijn; *seine ~ erhalten* de schijn ophouden; **3** gezicht, smoeltje, snuitje; **Fas'sadenkletterer** ‹*der; -s, -*› geveltoerist

'**faßbar** te vatten, begrijpelijk; *~e Ergebnisse* tastbare resultaten; '**fassen** ‹*h*› **1** pakken, grijpen, arresteren; **2** kunnen bevatten (*fles, zaal, stadion e.d.*); **3** vatten, begrijpen; *das ist ja nicht zu ~!* dat is onbegrijpelijk!; **4** zetten, inlijsten (*diamanten, foto e.d.*); **5** opvatten, krijgen (*afkeer, haat, vertrouwen*); *Vertrauen zu jmdm ~* vertrouwen in iem krijgen; **6** pakken, houden (*schroef e.d.*); **7** *Angst, Entsetzen faßte uns* angst, ontsteltenis maakte zich van ons meester; **8** *sich ~* zich herstellen, tot bedaren komen; **9** *sich kurz ~* weinig woorden gebruiken; '**faßlich** te vatten, begrijpelijk, duidelijk

Fas'son ‹*die; -, -s*› **1** (normale, gebruikelijke) vorm; **2** snit, coupe (*kleding*); **3** *aus der ~ geraten* dik(ker) worden; **4** *jeder soll nach seiner ~ selig werden* ieder op zijn manier zalig worden; **Fas'sonschnitt** ‹*der; -(e)s, geen mv*› gedekt model (*kapper*)

'**Fassung** ‹*die; -, -en*› **1** zetting (*diamanten e.d.*); **2** montuur (*bril*); **3** fitting (*elektr*); **4** bewerking (*drama, roman e.d.*); **5** zelfbeheersing, kalmte, gemoedsrust; *aus der ~ geraten, kommen* van streek raken, zijn kalmte verliezen, van de wijs raken; '**Fassungskraft** ‹*die; -, geen mv*› bevattings-, begripsvermogen; '**fassungslos** van zijn stuk, van streek; '**Fassungsvermögen** ‹*das; -s, geen mv*› inhoud, volume, capaciteit

fast bijna, haast

'**Fastback** ‹*das; -s, -s*› fastback, schuin aflopende achterkant (*van auto*)

'**fasten** ‹*h*› vasten; '**Fasten** ‹*mv*› vastentijd; '**Fastnacht** ‹*die; -, geen mv*› vastenavond

faszi'nieren ‹*h*› fascineren, betoveren

fa'tal 1 fataal, noodlottig; **2** onaangenaam; **fata'listisch** fatalistisch

'**fauchen** ‹*h*› snuiven, blazen, sissen (*van dieren*)

faul 1 rot, verrot, bedorven (*eieren, vis, fruit, hout, water, vlees e.d.*); **2** vies, smerig; **3** lui; *auf der ~en Haut liegen* luieren; **4** *nicht ~* snel reagerend; **5** *an der Sache ist etwas ~* daar zit een luchtje aan, daar klopt iets niet; *~er Zauber* bedrog; *~e Ausreden* smoesjes; '**Fäule** ‹*die; -, geen mv*› verrotting; '**faulen** ‹*h*› (ver)rotten, bederven

'**faulenzen** ‹*h*› luieren, luilakken; '**Faulenzer** ‹*der; -s, -*› luiaard; luie stoel; **Faulenze'rei** ‹*die; -, -en*› geluier; '**Faulheit** ‹*die; -, geen mv*› luiheid, traagheid

'**Fäulnis** ‹*die; -, geen mv*› verrotting, bederf

'**Faulpelz** ‹*der; -es, -e*› luilak, -wammes

'**Fauna** ‹*die; -, Faunen*› fauna, dierenwereld

Faust ‹*die; -, -ë*› **1** vuist; **2** *das paßt wie die ~ aufs Auge* dat slaat totaal nergens op; *auf eigene ~* op eigen houtje; '**Faustabwehr** ‹*die; -, geen mv*› (*sp*) (weg)stompen van de bal; '**faustdick**: *er hat es ~ hinter den Ohren* hij heeft het (ze) achter de elleboog; '**fausten** ‹*h*› (*sp*) wegstompen (*bal*); '**Fausthandschuh** ‹*der; -(e)s, -e*› want; '**Fäustling** ‹*der; -s, -e*› want; '**Faustregel** ‹*die; -, -n*› algemene regel, vuistregel

favori'sieren ‹*h*› **1** (*sp*) *eine Mannschaft ~* een team favoriet verklaren; **2** *große Familien ~* grote gezinnen begunstigen; **Favo'rit** ‹*der; -en, -en*› favoriet, gunsteling

Fax ‹*das; -, - of -e*› fax(bericht), telefax; '**faxen** ‹*h*› faxen

'**Faxen** ‹*mv*› **1** gekke grimassen, bewegingen (*Clown, Komiker*); **2** (flauwe) grappen, onzin

'**Faxgerät** ‹*das; -(e)s, -e*› fax, faxapparaat

'**Fazit** ‹*das; -s, -s of -e*› conclusie

FDP (*afk*) *Freie Demokratische Partei*

'**Feature** ‹*das; -s, -s*› **1** (*telec*) uitvoerige reportage; **2** aan een bepaald onderwerp gewijde bijlage (*van krant*)

'**Februar** ‹*der; -(s), -e*› februari

'**fechten** ‹*st.h; o-o; i*› schermen (*o.a. sabel*); '**Fechter** ‹*der; -s, -*› schermer

'**Feder** ‹*die; -, -n*› **1** veer, pluim; **2** pen; **3** (*fig*) *~n lassen müssen* een veer moeten laten; *aus den ~n kommen* uit bed komen; '**Federball** ‹*der; -(e)s, -ë*› **1** badminton; **2** shuttle; '**Federball-**

spiel ‹*das; -(e)s, -e*› badminton; '**Federbett** ‹*das; -(e)s, -en*› veren dekbed; '**federführend** bevoegd, competent; '**Federhalter** ‹*der; -s, -*› penhouder; '**federleicht** (zo) licht als een veer; '**Federlesen** ‹*das; -s, geen mv*› *nicht viel ~(s) (mit etwas) machen* niet veel complimenten maken; '**federn** ‹*h*› veren; '**Federstrich** ‹*der; -(e)s, -e*› pennestreek; '**Federung** ‹*die; -, -en*› vering; '**Federvieh** ‹*das; -(e)s, geen mv*› pluimvee

Fee ‹*die; -, -n*› fee, tovergodin

'**Feedback** ‹*das; -s, -s*› feed-back

'**Fegefeuer** ‹*das; -s, geen mv*› vagevuur

'**fegen** I ‹*h*› vegen; II ‹*s*› 1 sterk waaien; 2 stuiven

'**Fehde** ‹*die; -, -n*› vete, vijandschap, strijd

Fehl ‹*der of das; -(e)s, geen mv*› gebrek; **fehl** verkeerd, mis; (*das ist hier*) *~ am Ort, Platz(e)* niet op zijn plaats; '**Fehlanzeige** ‹*die; -, -n*› foutieve melding; *~!* mis! nee!; '**Fehlbetrag** ‹*der; -(e)s, -ë*› het tekort; '**Fehleinschätzung** ‹*die; -, -en*› verkeerde beoordeling, taxatie; '**fehlen** ‹*h*› 1 ontbreken; 2 verkeerd handelen; 3 *er fehlt mir* ik mis hem; *es fehlt wenig, so …* het scheelde weinig, of …; *das hat mir gerade noch gefehlt* dat moest er nog bijkomen; *was fehlt dir?* wat scheelt je?; '**Fehlentscheidung** ‹*die; -, -en*› foutieve beslissing; '**Fehler** ‹*der; -s, -*› 1 fout; 2 gebrek; '**fehlerfrei** zonder fouten, zonder gebreken; '**fehlerhaft** fout, verkeerd, foutief, gebrekkig; '**fehlerlos** foutloos, zonder gebreken; '**Fehlgeburt** ‹*die; -, -en*› miskraam; '**fehlgehen** ‹*st.; ging fehl, ist fehlgegangen*› 1 verkeerd lopen; 2 missen, niet raken; 3 (*fig*) het mis hebben, zich vergissen; '**Fehlgriff** ‹*der; -(e)s, -e*› 1 misgreep; 2 verkeerde keus; '**Fehlkauf** ‹*der; -(e)s, -ë*› miskoop; '**Fehlpaß** ‹*der; -passes, -pässe*› (*sp*) verkeerde pass; '**Fehlschlag** ‹*der; -(e)s, -ë*› 1 misslag; 2 mislukking, fiasco; '**fehlschlagen** ‹*st.h; schlägt fehl; schlug fehl; hat fehlgeschlagen*› 1 misslaan; 2 mislukken; '**fehlschließen** ‹*st.h/s; schloß fehl; hat fehlgeschlossen*› verkeerde gevolgtrekking(en) maken; '**Fehlschluß** ‹*der; -schlusses, -schlüsse*› verkeerde gevolgtrekking of redenering; '**Fehlstart** ‹*der; -(e)s, -s*› 1 (*sp*) valse start; 2 (*luchtv*) mislukte start; '**Fehltritt** ‹*der; -(e)s, -e*› 1 misstap; 2 vergrijp; '**Fehlvorhersage** ‹*die; -, -n*› foutieve voorspelling (*weer e.d.*); '**Fehlzündung** ‹*die; -, -en*› 1 het overslaan (*van motor*); 2 *eine ~ haben* iets niet direct (goed) begrijpen

'**Feier** ‹*die; -, -n*› 1 feest; 2 plechtigheid, viering; '**Feierabend** ‹*der; -s, -e*› 1 beëindiging van werk-, diensttijd; *um 18 Uhr ~ machen* om 6 uur ophouden met werken; 2 *den ~ genießen* van de rusttijd na het werk genieten; 3 *jetzt ist aber ~!* nu is het afgelopen!; '**feierlich** 1 plechtig, indrukwekkend, statig; 2 feestelijk; '**Feierlichkeit** ‹*die; -, -en*› 1 plechtigheid; 2 feest(elijkheid); '**feiern** ‹*h*› 1 vieren; 2 huldigen, eren; 3 niet werken, rusten; '**Feierstunde** ‹*die; -, -n*› plechtigheid; '**Feiertag** ‹*der; -(e)s, -e*› feestdag; *gesetzliche ~e* algemeen erkende feestdagen

feig(e) 1 laf, lafhartig; 2 achterbaks, gemeen; '**Feigheit** ‹*die; -, -en*› zie *feig(e)*; '**Feigling** ‹*der; -s, -e*› lafaard

'**feilbieten** ‹*st.h; o-o*› te koop aanbieden

'**Feile** ‹*die; -, -n*› vijl; *die letzte ~ an etwas legen* de finishing touch eraan geven; '**feilen** ‹*h*› 1 vijlen; 2 (*fig*) *an einem Aufsatz ~* een opstel nog bijvijlen

'**feilschen** ‹*h*› (af)dingen, pingelen

fein 1 fijn, zeer dun (*o.a. plakjes*); 2 fijn, gevoelig (*o.a. mens*); 3 goed, van prima kwaliteit; 4 voornaam, deftig, chic; 5 zeer (*versterkend*); 6 precies, nauwkeurig

Feind ‹*der; -(e)s, -e*› vijand; '**feindlich** 1 vijandelijk; 2 vijandig; '**Feindschaft** ‹*die; -, -en*› 1 vijandschap; 2 vijandigheid; '**feindschaftlich, feindselig** 1 vijandelijk; 2 vijandig; '**Feindseligkeit** ‹*die; -, -en*› 1 vijandigheid; 2 *~en* vijandelijkheden

'**feinfühlig** fijn-, teergevoelig; '**Feinheit** ‹*die; -, -en*› 1 fijnheid; 2 fijne nuance; 3 toe-, zinspeling; 4 voornaamheid, deftigheid; 5 fijne, goede kwaliteit; '**Feinkost** ‹*die; -, geen mv*› delicatessen; '**feinmachen, sich** ‹*h*› zich chic aankleden; '**Feinmechaniker** ‹*der; -s, -*› instrumentmaker; '**Feinschmecker** ‹*der; -s, -*› fijnproever (*ook fig*), lekkerbek

feist vet, dik

'**feixen** ‹*h*› grijnzen, grinneken

Feld ‹*das; -(e)s, -er*› 1 veld; 2 akker, stuk land; 3 (slag)veld; 4 vlak, paneel; 5 (*sp*) de renners, ruiters; 6 *das ~ der Wissenschaft* het gebied van de wetenschap; 7 (*fig*) *das ist ein weites ~* dat is een breed terrein; '**Feldbereinigung** ‹*die; -, -en*› ruilverkaveling; '**Feldflasche** ‹*die; -, -n*› veldfles; '**Feldfrüchte** ‹*mv*› veldgewassen; '**Feldhuhn** ‹*das; -(e)s, -ër*› (*dierk*) patrijs; '**Feldsalat** ‹*der; -(e)s, -e*› veldsla; '**Feldstecher** ‹*der; -s, -*› verrekijker; '**Feldwebel** ‹*der; -s, -*› 1 (*mil*) sergeant-majoor, opperwachtmeester; 2 *die Krankenschwester ist ein ~* de verpleegster is een kenau; '**Feldweg** ‹*der; -(e)s, -e*› landwe; '**Feldzug** ‹*der; -(e)s, -ë*› veldtocht

'**Felge** ‹*die; -, -n*› velg

Fell ‹*das; -(e)s, -e*› 1 vel (*van dieren*); 2 huid (*van mensen*); 3 *dich, dir juckt wohl das ~* jij wilt wel een pak slaag

'**Fels** ‹*der; -en, -en*› rots(steen)

'**Felsen** ‹*der; -s, -*› rots(steen); '**felsen'fest** rotsvast, onwrikbaar; '**felsig** rotsachtig; vol rotsen

Femi'nismus ‹*der; -, Feminismen*› feminisme; **Femi'nistin** ‹*die; -, -nen*› feministe; **femi'nistisch** feministisch

'**Fenster** ‹*das; -s, -*› venster, raam; *weg vom ~ sein* uitgerangeerd zijn, niet meer meetellen; '**Fenster(brief)umschlag** ‹*der; -(e)s, -e*› vensterenveloppe; '**Fensterleder** ‹*das; -s, -*› ze-

fed

men lap, zeemlap; '**Fensterscheibe** ‹*die;* -, -*n*› vensterruit

'**Ferien** ‹*mv*› vakantie; *in die ~ fahren* met vakantie gaan; '**Ferienaufenthalt** ‹*der;* -(*e*)*s,* -*e*› vakantieverblijf; '**Feriengast** ‹*der; -es, -̈e*› vakantieganger; '**Ferienheim** ‹*das; -es, -e*› vakantiekolonie; '**Ferienwohnung** ‹*die;* -, -*en*› vakantiehuis(je)

'**Ferkel** ‹*das; -s, -*› 1 (*dierk*) big(getje); 2 viezerik

fern 1 ver(af), verwijderd; 2 *von ~ und nah* overal vandaan; 3 *das sei ~ von mir* ik denk er niet aan; '**Fernbedienung** ‹*die;* -, -*en*› afstandsbediening; '**fernbleiben** ‹*st.s; ie-ie*› verre blijven van; '**Ferne** ‹*die;* -, -*n*› 1 verte, afstand; 2 verschiet; 3 *aus der ~* van verre; *das liegt noch in weiter ~* dat is nog veraf; '**ferner I** ‹*vw*› verder, bovendien; **II** ‹*bn*› verder, overig; **III** ‹*bw*› verder, in de toekomst; '**fernerhin** voortaan, in het vervolg; '**Fernfahrer** ‹*der; -s,* -› chauffeur voor lange afstanden; '**Fernflug** ‹*der;* -(*e*)*s, -ë*› afstandsvlucht; '**ferngelenkt** met afstandsbesturing; '**Ferngespräch** ‹*das;* -(*e*)*s, -e*› interlokaal telefoongesprek; '**ferngesteuert** met afstandsbesturing; '**Fernglas** ‹*das; -es, -ër*› verrekijker; '**fernhalten** ‹*st.h; -ie-a; ä*› op afstand houden; '**Fernheizung** ‹*die;* -, -*en*› stads-, blok-, wijkverwarming; '**fernher** van verre; '**fernhin** in de verte; '**Fernkurs** ‹*der; -es, -e*› cursus (*via schriftelijke lessen, radio of televisie*); '**Fernlaster** ‹*der; -s,* -› vrachtauto (*voor lange afstanden*); '**Fernlenkung** ‹*die;* -, -*en*› afstandsbesturing; '**Fernlenkwaffe** ‹*die;* -, -*n*› geleid projectiel; '**Fernlicht** ‹*das;* -(*e*)*s, geen mv*› groot licht (*van auto*); '**fernliegen** ‹*st.h; a-e*› 1 *ein fernliegendes Haus* een verafgelegen huis; 2 *das liegt mir fern!* dat is beslist mijn bedoeling niet!; '**Fernmeldeamt** ‹*das;* -(*e*)*s, -ër*› telefoon en telegraafkantoor; '**Fernmeldewesen** ‹*das; -s, geen mv*› telecommunicatie; '**fernmündlich** telefonisch; '**Fernost** ‹*zonder lidw en geen mv*› het Verre Oosten; *in ~* in het Verre Oosten; '**Fernrohr** ‹*das;* -(*e*)*s, -e*› 1 verrekijker; 2 telescoop; '**Fernruf** ‹*der;* -(*e*)*s, -e*› telefoonnummer; '**Fernschreiben** ‹*das; -s,* -› telexbericht; '**Fernschreiber** ‹*der; -s,* -› telex; '**fernschriftlich** per telex; '**Fernschule** ‹*die;* -, -*en*› onderwijsinstituut (*via schriftelijke cursussen, radio of televisie*)

Fernsehanstalt ‹*die;* -, -*en*› televisie-omroep; '**Fernsehapparat** ‹*der;* -(*e*)*s, -e*› televisietoestel; '**Fernsehaufzeichnung** ‹*die;* -, -*en*› ampexopname; '**fernsehen** ‹*st.h; a-e; -ie*› naar de televisie kijken; '**Fernsehen** ‹*das; -s, geen mv*› televisie; *im ~* op de televisie; '**Fernseher** ‹*der; -s,* -› 1 televisietoestel; 2 televisiekijker; '**Fernsehgebühren** ‹*mv*› kijkgeld; '**Fernsehgerät** ‹*das;* -(*e*)*s, -e*› televisietoestel; '**Fernsehmuffel** ‹*der; -s,* -› iem die niet graag naar de televisie kijkt; '**Fernsehübertragung** ‹*die;* -, -*en*› directe televisieuitzending

'**Fernsprechamt** ‹*das;* -(*e*)*s, -ër*› telefoonkantoor; '**Fernsprecher** ‹*der; -s,* -› telefoon; *öffentlicher ~* publieke telefooncel; '**Fernsprechsäule** ‹*die;* -, -*n*› praatpaal; '**Fernsteuerung** ‹*die;* -, -*en*› afstandsbesturing; '**Fernstraße** ‹*die;* -, -*en*› grote weg; '**Fernstudium** ‹*das; -s, -studien*› studie (*via schriftelijke lessen, radio of televisie*); '**Fernuniversität** ‹*die;* -, -*en*› open universiteit; '**Fernunterricht** ‹*der;* -(*e*)*s, geen mv*› (*Belg*) afstandonderwijs

'**Ferse** ‹*die;* -, -*n*› hiel, hak; *einem auf den ~n folgen, auf den ~n sein* iem op de hielen zitten; *die ~n zeigen* zijn hielen lichten, ervandoor gaan; '**Fersengeld** ‹*das; -s, geen mv*› *~ geben* zijn hielen lichten

'**fertig** 1 klaar, gereed, af; 2 vaardig, ervaren (*kunstenaar*); 3 vlot; 4 *er ist* (*fix und*) *~* hij kan niet meer; 5 *mit einem ~ werden* het met iem klaarspelen; (*mit einem*) *~ sein* niet meer te maken (willen) hebben; *mit etwas ~ werden, etwas ~ bekommen, bringen* iets klaarspelen; 6 *mit den Nerven ~ sein* overspannen zijn; 7 (*sp*) *Achtung, ~, ...los!* op uw plaatsen, klaar, ... af!; '**fertigbringen** ‹*onr.h*› voor elkaar krijgen; '**fertigen** ‹*h*› vervaardigen; '**Fertiggericht** ‹*das;* -(*e*)*s, -e*› kant-en-klaar-maaltijd; '**Fertighaus** ‹*das; -es, -ër*› prefabwoning; '**Fertigkeit** ‹*die;* -, -*en*› vaardigheid, vlugheid, handigheid; '**fertigmachen** ‹*h*› 1 klaarmaken; 2 (*einen*) *~* afmaken (*examenkandidaat*), murw maken; 3 (*den habe ich*) *fertiggemacht* flink op z'n nummer gezet; '**fertigstellen** ‹*h*› voltooien; '**Fertigstellung** ‹*die;* -, *geen mv*› voltooiing; '**Fertigware** ‹*die;* -, -*n*› eindprodukt

'**Fessel** ‹*die;* -, -*n*› 1 boei, keten, kluister; 2 enkel; '**Fesselballon** ‹*der; -s, -s of -e*› kabelballon; '**fesseln** ‹*h*› 1 boeien, kluisteren (*lett en fig*); 2 (*fig*) vasthouden (*aandacht*)

fest 1 vast, samenhangend; *~e Nahrung* vast voedsel; 2 stevig, sterk, flink (*o.a. stof*); 3 onwankelbaar, standvastig (*o.a. karakter*); **Fest** ‹*das; -es, -e*› feest; (*man muß*) *die ~e feiern, wie sie fallen* van de gelegenheid gebruik maken; '**Festangebot** ‹*das;* -(*e*)*s, -e*› vaste offerte; '**festbesoldet** in vaste dienst; '**festbinden** ‹*st.h; a-u*› vastbinden; '**festfahren** ‹*st.s; -u-a; -ä*› (*der Wagen*) *ist festgefahren* zit vast; *die Sache ist, die Unterhandlungen sind festgefahren* de zaak is, de onderhandelingen zijn vastgelopen; **sich** *~*: (*das Fahrzeug*) *hat sich im Schnee festgefahren* is in de sneeuw blijven steken; '**festgesetzt**: *zu ~er Zeit* op vaste tijd; '**festgewurzelt**: *wie ~* als aan de grond genageld; '**festhalten** ‹*st.h; ie-a; ä*› 1 vasthouden; 2 vaststellen, constateren

'**festigen** ‹*h*› 1 vastmaken, bevestigen, versterken; 2 verstevigen (*o.a. positie, vriendschap*); '**Festigkeit** ‹*die;* -, *geen mv*› 1 vastheid, stevigheid; 2 vastberadenheid; '**Festigung** ‹*die;* -, -*en*› 1 bevestiging; 2 het sterker worden

fes

'**Festival** ‹*der; -s, -s*› festival
'**Festland** ‹*das; -(e)s, geen mv*› vasteland
'**festlegen** ‹*h*› 1 vastleggen (*o.a. volgorde, agenda*); 2 beleggen (*geld*); 3 *sich* ~ zich binden; 4 (*scheepv*) afmeren, voor anker gaan
'**festlich** feestelijk; ~ *begehen* vieren; '**Festlichkeit** ‹*die; -, -en*› feest(elijkheid)
'**festmachen** ‹*h*› 1 vastmaken; 2 (*scheepv*) meren; 3 *einen Termin* ~ een afspraak maken; *ein Geschäft* ~ een transactie afsluiten; '**festnageln** ‹*h*› 1 vastspijkeren; 2 iem tegen zijn wil tegenhouden; '**Festnahme** ‹*die; -, -n*› gevangenneming, arrestatie; *vorläufige* ~ inverzekeringstelling; '**festnehmen** ‹*st.h; a-o, -i*› gevangennemen, arresteren; '**Festplatte** ‹*die; -, -n*› harde schijf (*comp*); '**Festpreis** ‹*der; -es, -e*› vaste prijs; '**festsetzen** ‹*h*› 1 vaststellen, bepalen (*o.a. prijs, termijn, straf*); 2 gevangenzetten; '**Festsetzung** ‹*die; -, -en*› 1 vaststelling, bepaling; 2 arrestatie; '**festsitzen** ‹*st.h; a-e*› 1 vastzitten; 2 blijven steken, niet verder kunnen; '**Festspiele** ‹*mv*› festival; '**feststehen** ‹*onr.h; a-a*› vaststaan; '**feststellen** ‹*h*› 1 vaststellen, constateren; 2 opnemen (*o.a. schade*); '**Feststellung** ‹*die; -, -en*› vaststelling, het constateren, geconstateerd feit; *eine* ~ *machen* constateren; '**Festtag** ‹*der; -(e)s, -e*› feestdag
'**Festung** ‹*die; -, -en*› vesting
'**festverzinslich** met vast rentepercentage; '**Festzug** ‹*der; -(e)s, -ë*› (feestelijke) optocht
'**Fete** ‹*die; -, -n*› feest, fuif
fett 1 vet; 2 dik; **Fett** ‹*das; -(e)s, -e*› vet; *einem sein* ~ *geben* iem z'n vet geven, flink de waarheid zeggen; '**Fettansatz** ‹*der; -(e)s, -ë*› vetlaag; '**Fettauge** ‹*das; -s, -n*› oog (*op de soep*); '**fetten** ‹*h*› (in)vetten, smeren; '**fettig** vettig; '**Fettkloß** ‹*der; -es, -ë*› dikzak; '**Fettnäpfchen** ‹*das; -s, -*› vetpotje; (*fig*) *bei einem ins* ~ *treten* het bij iem verbruien; '**Fettwanst** ‹*der; -es, -ë*› dikzak
'**Fetzen** ‹*der; -s, -*› 1 vod, lap, lor; 2 flard, stukje, snipper; 3 poetslap; 4 *er arbeitet darauflos, daß die* ~ *fliegen* hij werkt, dat de stukken eraf vliegen
feucht vochtig, nat, klam; (*fig*) *er ist noch* ~ *hinter den Ohren* hij is nog niet droog achter zijn oren; '**Feuchtigkeit** ‹*die; -, geen mv*› vocht(igheid); *vor* ~ *zu schützen!* droog bewaren!; '**feuchtkalt** natkoud, kil
'**Feuer** ‹*das; -s, -*› 1 vuur; 2 brand; 3 vurigheid, hitte, ijver; 4 vuur, schittering; '**Feueralarm** ‹*der; -(e)s, -e*› brandalarm; '**feuerbeständig** vuurvast, bestand tegen vuur; '**Feuerbestattung** ‹*die; -, -en*› crematie; '**Feuereifer** ‹*der; -s, geen mv*› grote ijver; '**Feuereinstellung** ‹*die; -, -en*› het staakt het vuren; '**feuergefährlich** (licht) brandbaar; '**Feuerlöschapparat** ‹*der; -(e)s, -e*› brandblusapparaat; '**Feuerlöscher** ‹*der; -s, -*› brandblusapparaat; '**feuern** ‹*h*› 1 vuren, schieten; 2 stoken; 3 (*sp*) hard schieten, knallen; 4 *einem eine* ~ iem een draai om'z'n oren geven; 5 (*volkstaal*) (op staande voet) ontslaan; '**Feuerprobe** ‹*die; -, -n*› vuurproef; '**Feuersbrunst** ‹*die; -, -̈e*› grote brand; '**Feuerschiff** ‹*das; -(e)s, -e*› lichtschip; '**feuersicher** 1 vuurvast; 2 brandvrij; '**Feuertreppe** ‹*die; -, -n*› brandtrap; '**Feuerung** ‹*die; -, -en*› 1 verwarming, het stoken; 2 brandstof(fen); 3 verwarmingstoestel; '**Feuerversicherung** ‹*die; -, -en*› brandverzekering; '**Feuerwaffe** ‹*die; -, -n*› vuurwapen; '**Feuerwehr** ‹*die; -, -en*› brandweer; (*volkstaal*) *wie die* ~ razend snel; '**Feuerwerk** ‹*das; -(e)s, -e*› vuurwerk; '**Feuerwerkskörper** ‹*der; -s, -*› stuk vuurwerk; '**Feuerzeug** ‹*das; -(e)s, -e*› aansteker; '**feurig** vurig (*ook fig*)
FF (*afk*) *Französischer Franc*
F.f (*afk*) *Fortsetzung folgt* wordt vervolgd
ff. (*afk*) *folgende* (*Seiten, Paragraphen*)
Fi'asko ‹*das; -s, -s*› fiasco
'**Fibel** ‹*die; -, -n*› eerste leesboekje
Fiche ‹*die; -, -s*› fiche
'**Fichte** ‹*die; -, -n*› (fijne) spar
'**ficken** ‹*h*› naaien, neuken
fi'del fideel, vrolijk, jolig
'**Fieber** ‹*das; -s, geen mv*› koorts; '**fieberfrei** koortsvri; '**fieberhaft** 1 koortsachtig; 2 koortsig; '**fieberig** 1 koortsig, koortsachtig; 2 opgewonden; '**fieberkrank** ziek van de koorts; '**Fieberkurve** ‹*die; -, -n*› temperatuurkurve; '**Fiebermesser** ‹*der; -s, -*› koortsthermometer; '**fiebern** ‹*h*› 1 koorts hebben; 2 ijlen; 3 (*fig*) koortsachtig verlangen, hunkeren; '**fiebrig** zie *fieberig*
'**fiedeln** ‹*h*› (*muz*) fiedelen, zagen, krassen (*op strijkinstrumenten*)
fies (*volkstaal*) 1 walgelijk; 2 gemeen, onsympathiek (o.a. kerel, schepsel)
Fi'gur ‹*die; -, -en*› 1 gestalte, figuur; 2 afbeelding, beeld(je); 3 (schaak)stuk; **fi'gürlich** 1 figuurlijk; 2 aanschouwelijk
Fikti'on ‹*die; -, -en*› fictie, verdichting; **fik'tiv** fictief
Fi'let ‹*das; -s, -s*› 1 filet (*div bet*); 2 fijn netwerk (*textiel*); 3 lendestuk
Fili'ale ‹*die; -, -n*› filiaal; **Fili'algeschäft** ‹*das; -(e)s, -e*› filiaal
Film ‹*der; -(e)s, -e*› 1 film; *einen* ~ *drehen* een filmopname maken; (*der* ~) *läuft* draait; 2 film, dunne laag, vliesje; '**filmen** ‹*h*› 1 filmen; 2 in een film spelen; 3 (*volkstaal*) belachelijk maken; '**Filmstar** ‹*der; -s, -s*› filmster; '**Filmverleih** ‹*der; -(e)s, -e*› 1 het verhuren van films; 2 filmverhuurkantoor
'**Filter** ‹*der;* (*techn alleen o*) *-s, -*› filter; '**Filteranlage** ‹*die; -, -n*› filtreerinrichting; '**filtern** ‹*h*› filtreren; **fil'trieren** ‹*h*› filtreren
Filz ‹*der; -es, -e*› 1 vilt; 2 vrek, duitendief; '**filzen** I ‹*ww h*› 1 vervilten; 2 vrekkig zijn; 3 doorzoeken (*van voertuigen, huizen*) door douane, politie; 4 *einen* ~ iem fouilleren; II ‹*bn*› vilten; '**Filzschreiber** ‹*der; -s, -*› viltstift
'**Fimmel** ‹*der; -s, -*› manie (*bijv voor film, thea-*

fes

ter), verzamelwoede; *einen ~ haben* (ook) niet goed wijs zijn; '**fimmelig** een beetje gek, eigenaardig

Fi'nale ‹*das; -s, -s*› finale; **Fina'list** ‹*der; -en, -en*› finalist

Fi'nanzamt ‹*das; -(e)s, -ër*› belastingkantoor; **Fi'nanzberater** ‹*der; -s, -*› financieel adviseur; **Fi'nanzen** ‹*mv*› financiën, geldmiddelen; **Fi'nanzfrage** ‹*die; -, -n*› geld-, financiële kwestie; **finanzi'ell** financieel; **Finan'zierung** ‹*die; -, -en*› financiering; **Fi'nanzlage** ‹*die; -, geen mv*› financiële positie; **Fi'nanzminister** ‹*der; -s, -*› minister van financiën; **Fi'nanzplan** ‹*der; -(e)s, -ë*› financieel plan; **Fi'nanzpolitik** ‹*die, -, geen mv*› geldpolitiek; **Fi'nanzspritze** ‹*die; -, -n*› financiële injectie

'**Findelkind** ‹*das; -(e)s, -er*› vondeling

'**finden** ‹*st.h; a-u*› vinden, (aan)treffen; *nach Hause ~* de weg naar huis vinden; **sich** ~ 1 zich, elkaar vinden; 2 gevonden worden; '**Finder** ‹*der; -s, -*› vinder; '**Finderlohn** ‹*der; -(e)s, -ë*› beloning voor de eerlijke vinder

'**findig** vindingrijk, slim

'**Findling** ‹*der; -s, -e*› 1 vondeling; 2 zwerfsteen

'**Finger** ‹*der; -s, -*› 1 vinger; *der kleine ~* de pink; 2 *er rührt keinen ~* steekt geen hand uit; *keinen ~ krumm machen* niets uitvoeren; *keinen ~ rühren für* niet de minste moeite doen voor; *er kann es **an** den ~n hersagen* hij kent het op zijn duimpje; '**Fingerabdruck** ‹*der; -(e)s, -ë*› vingerafdruk; '**fingerfertig** vingervlug; '**Fingerfertigkeit** ‹*die; -, geen mv*› vingervlugheid; '**Fingerglied** ‹*das; -(e)s, -er*› kootje; '**Fingerhut** ‹*der; -(e)s, -ë*› 1 vingerhoed; 2 (*plantk*) vingerhoedskruid; '**fingern** ‹*h*› 1 ergens met z'n vingers aanzitten; 2 rollen (*uit iems handtasje, zak*); 3 klaarspelen, fiksen; '**Fingernagel** ‹*der; -s, -*› nagel; '**Fingerspitzengefühl** ‹*das; -(e)s, geen mv*› fijn gevoel (voor iets); '**Fingerzeig** ‹*der; -(e)s, -e*› vingerwijzing, wenk, hint

fin'gieren ‹*h*› fingeren, verdichten, verzinnen

Fink ‹*der; -en, -en*› vink (*een vogel*)

'**Finne I** ‹*die; -, -n*› vin; **II** ‹*der; -n, -n*› Fin; '**finnisch** Fins; '**Finnland** ‹*das*› Finland; '**finnländisch** Fins

'**finster** 1 (geheel) donker, duister; *im ~n tappen* in het duister rondtasten, onzeker zijn; 2 somber; *ein ~er Bursche* een onguur personage; '**Finsternis** ‹*die; -, -se*› 1 duisternis, donkerheid; 2 (*astron*) verduistering

'**Finte** ‹*die; -, -n*› 1 schijnstoot; 2 (*fig*) kunstgreep, foefje; 3 smoesje

'**Firlefanz** ‹*der; -es, -e*› 1 goedkoop spul; 2 onzin, nonsens; 3 kwibus, kwast

'**Firma** ‹*die; -, Firmen*› firma

Firma'ment ‹*das; -(e)s, geen mv*› uitspansel

'**firmen** ‹*h*› (*r-k*) het vormsel toedienen

'**Firmeninhaber** ‹*der; -s, -*› eigenaar; **Firmenzeichen** ‹*das; -s, -*› handelsmerk, logo

'**Firmung** ‹*die; -, geen mv*› (*r-k*) vormsel

Firn ‹*der; -(e)s, -e*› sneeuw die er al enige jaren ligt

'**Firnis** ‹*der; -ses, -se*› 1 vernis; 2 vernisje

First ‹*der; -es, -e*› nok (van dak)

Fisch ‹*der; -(e)s, -e*› vis; *faule Fische* smoesjes, leugens; *kleine Fische!* dat stelt niets voor!; *ein großer, dicker ~* belangrijk persoon; '**fischblütig** koudbloedig; '**Fischdampfer** ‹*der; -s, -*› trawler; '**fischen** ‹*h*› 1 vissen; 2 oppikken; *nach etwas ~* op iets uit zijn; '**Fischer** ‹*der; -s, -*› visser; **Fische'rei** ‹*die; -, geen mv*› visserij; '**Fischfang** ‹*der; -(e)s, -ë*› visvangst; '**Fischotter** ‹*der; -s, -*› visotter (*dierk*); '**Fischreiher** ‹*der; -s, -*› (*dierk*) blauwe reiger; '**Fischreuse** ‹*die; -, -n*› visfuik; '**Fischstäbchen** ‹*das; -s, -*› visstick

'**Fiskus** ‹*der; -, Fisken of -se*› fiscus

'**Fistel** ‹*die; -, -n*› 1 (*med*) fistel; 2 (*muz*) falset

fit fit

'**Fittich** ‹*der; -(e)s, -e*› vlerk, wiek; (*einen*) *unter seine ~e nehmen* onder zijn hoede nemen

fix 1 vlug, snel; 2 handig, knap; 3 (*prijs, kosten*) vast; 4 *~e Idee* idee-fixe; *~ und fertig* kant en klaar; *mach ~!* vlug!

'**Fixe** ‹*die; -, -n*› spuit (*drugs*); '**fixen** ‹*h*› spuiten (*drugs*); '**Fixer** ‹*der; -s, -*› spuiter (*drugs*)

fi'xieren ‹*h*› 1 fixeren, onuitwisbaar maken (*o.a. tekeningen*); 2 fixeren, vastleggen, bepalen (*o.a. een tijdstip*); 3 fixeren, aanstaren (*o.a. persoon, punt*); **Fi'xierung** ‹*die; -, -en*› 1 het (schriftelijk) vastleggen; *die vertragliche ~* het vastleggen in een contract; 2 vaststelling (*van datum, grensverloop*); 3 (*med*) fixatie, bevestiging

'**Fixstern** ‹*der; -(e)s, -e*› vaste ster

'**Fixzeit** ‹*die; -, -en*› tijd dat men verplicht aanwezig moet zijn (*bij variabele werktijden*)

FKK (*afk*) ‹*die; -, geen mv*› *Freikörperkultur*

flach 1 plat (*borst, neus, dak, bord*); 2 vlak (*hand, land, oever, hoek*); 3 laag (*water*); 4 ondiep (*water*); 5 oppervlakkig (*gedachte, mens*); '**Fläche** ‹*die; -, -n*› 1 vlak, (ook) zij-, oppervlak; 2 vlakte; 3 palm (*van de hand*); '**Flächenbrand** ‹*der; -(e)s, -ë*› uitgestrekte bos- of heidebrand; '**Flächen'maß** ‹*das; -es, -e*› vlaktemaat; '**Flächen'nutzungsplan** ‹*der; -(e)s, -ë*› bestemmingsplan; '**flachfallen** ‹*st.s; ie-a; ä*› niet meer in aanmerking komen (*o.a. zaak, project*); '**Flachland** ‹*das; -(e)s, geen mv*› laagland; '**flachlegen** 1 ten val brengen; 2 *sich ~* een poosje gaan slapen

Flachs ‹*der; -es, geen mv*› 1 (*plantk*) vlas; 2 (*volkstaal*) gekheid; '**flachsen** ‹*h*› gekheid maken, onzin praten; '**Flachskopf** ‹*der; -(e)s, -ë*› vlas-, blondkop

'**flackern** ‹*h*› 1 flakkeren; 2 flikkeren (*o.a. ogen*)

'**Fladen** ‹*der; -s, -*› vlaai

'**Flagge** ‹*die; -, -n*› vlag; *die ~ streichen,* (*fig*) capituleren; *unter falscher, fremder ~ segeln,* (*fig*) zich voor iemand anders uitgeven; '**Flaggenmast** ‹*der; -(e)s, -en*› vlaggestok

Flak (*afk*) ‹*die; -, - of -s*› *Fliegerabwehrkanone* luchtdoelgeschut; '**Flakartillerie** ‹*die; -, -n*› luchtdoelartillerie

flam'bieren ‹*h*› flamberen
'Flame ‹*der; -n, -n*› Vlaming; **'flämisch** Vlaams
'Flamme ‹*die; -, -n*› 1 vlam; 2 vlam, geliefde; **'flammen** ‹*h*› 1 vlammen, branden; 2 flikkeren; **'flammend:** ~ *rot* knalrood, vuurrood
'Flandern ‹*das*› Vlaanderen
Fla'nell ‹*der; -s, -e*› flanel; **fla'nellen** flanellen
fla'nieren ‹*h*› flaneren, rondslenteren
'Flanke ‹*die; -, -n*› 1 flank, zijde; 2 (*sp*) voorzet; **'flanken** ‹*h*› (*sp*) voorzetten; **flan'kieren** ‹*h*› flankeren
'Flasche ‹*die; -, -n*› 1 fles; 2 katrol, blok; 3 kruk, stommeling; **'Flaschenhals** ‹*der; -es, -̈e*› 1 flessehals; 2 (*fig*) flessehals, knelpunt, bottleneck; **'Flaschenzug** ‹*der; -(e)s, -̈e*› katrol, takel
'flatterhaft, **'flatterhaftig** wispelturig
'flattern ‹*h*› 1 fladderen, wapperen; 2 trillen, beven
'flatt(e)rig 1 oppervlakkig; 2 prikkelbaar, opgewonden; 3 onrustig, onregelmatig
flau 1 flauw (*beurs, bries, zaak*); 2 verschaald; 3 wazig, zwak, mat, slap
Flaum ‹*der; -(e)s, geen mv*› 1 dons; 2 zacht haar (baby's); 3 eerste baardharen
'flauschig: ~*er Stoff* dikke wollen stof
'Flausen ‹*mv*› 1 smoesjes; 2 *ich werde dir die ~ schon austreiben* ik zal jou die praatjes wel afleren
'Flaute ‹*die; -, -n*› 1 (*scheepv*) zwakke wind, windstilte; 2 slapte (*bijv in zaken*)
'Flechte ‹*die; -, -n*› 1 vlecht; 2 huiduitslag; 3 korstmos; **'flechten** ‹*st.h; o-o; i*› vlechten; *Zitate in eine Rede ~* citaten in een toespraak invlechten
Fleck ‹*der; -(e)s, -e*› 1 plek, plaats; 2 stukje (grond); 3 vlek; 4 *den Mund, das Maul auf dem rechten ~ haben* niet op z'n mondje gevallen zijn; *er kommt nicht vom ~* schiet niet op; *vom ~ weg* zonder te aarzelen, meteen; **'flekken** ‹*h*› 1 vlekken, vlekken maken; 2 opschieten (werk); **'Flecken** ‹*der; -s, -*› 1 vlek, smet; 2 groot dorp; **'fleckenlos** vlekkeloos, zonder smet; **'fleckig** gevlekt, vlekkerig, vuil
'Fledermaus ‹*die; -, -̈e*› (*dierk*) vleermuis
'Flegel ‹*der; -s, -*› 1 (dors)vlegel; 2 lomperd; **Flege'lei** ‹*die; -, -en*› lompheid, vlegelachtigheid; **'flegelhaft** vlegelachtig, lomp; **'flegeln, sich** ‹*h*› onbehouwen gaan zitten
'flehen ‹*h*› *einen um etwas ~* iem om iets smeken, bidden
Fleisch ‹*das; -es, geen mv*› vlees; *vom ~ fallen* vermageren; **'Fleischbrühe** ‹*die; -, -n*› vleesnat, bouillon; **'Fleischer** ‹*der; -s, -*› slager; **Fleische'rei** ‹*die; -, -en*› slagerij; **'Fleischergeselle** ‹*der; -n, -n*› (*Belg*) beenhouwersgast; **'fleischlich** vleselijk, zinnelijk; **'Fleischwolf** ‹*der; -(e)s, -̈e*› vleesmolen; **'Fleischwurst** ‹*die; -, geen mv*› boterhamworst
Fleiß ‹*der; -es, geen mv*› vlijt, ijver; **'fleißig** 1 vlijtig, ijverig; 2 druk; (*plantk*) *das F~e Lieschen* vlijtig liesje
flek'tieren ‹*h*› verbuigen, vervoegen
'flennen ‹*h*› grienen, huilen
'fletschen ‹*h*› ontbloten; *die Zähne ~* de tanden laten zien
fle'xibel 1 buigbaar; 2 veranderlijk
'flicken ‹*h*› lappen, verstellen; *einen Fahrradreifen ~* een fietsband plakken; **'Flicken** ‹*der; -s, -*› stuk lap; **'Flickzeug** ‹*das; -(e)s, geen mv*› benodigdheden voor reparatie (*van kleren enz*)
'Flieder ‹*der; -s, -*› (*plantk*) sering
'Fliege ‹*die; -n, -n*› 1 (*dierk*) vlieg; 2 vlinderdasje, strikje; **'fliegen** ‹*st.s en h; o-o*› 1 vliegen; 2 *er flog am ganzen Körper* hij trilde; 3 de laan uitgestuurd worden; 4 *durchs Examen ~* voor het examen zakken; **'Fliegenfenster** ‹*das; -s, -*› hor, horretje; **'Fliegengewicht** ‹*das; -(e)s, -e*› (*sp*) vlieggewicht; **'Fliegenpilz** ‹*der; -es, -e*› vliegenzwam; **'Flieger** ‹*der; -s, -*› 1 vliegenier; 2 soldaat bij de luchtmacht; 3 (*sp*) sprinter (wielrenner); **'Fliegeralarm** ‹*der; -(e)s, -e*› luchtalarm; **'Fliegerhorst** ‹*das; -(e)s, -e*› (*mil*) vliegbasis
'fliehen ‹*st.h en s; o-o*› vluchten; **'Fliehkraft** ‹*die; -, geen mv*› middelpuntvliedende kracht
'Fliese ‹*die; -, -n*› muur-, vloertegel; **'Fliesenleger** ‹*der; -s, -*› tegelzetter
'Fließarbeit ‹*die; -, geen mv*› arbeid aan de lopende band; **'Fließband** ‹*das; -(e)s, -̈er*› lopende band, transport-, montageband
'fließen ‹*st.s; o-o*› 1 stromen, vloeien; 2 lopen (*elektr stroom, neus*); 3 ~ *aus* voortvloeien uit; 4 ~ *von* eraf druipen; **'fließend** 1 stromend (*water*); 2 vloeiend, vlot, gemakkelijk (*stijl, pianospel, spreken e.d.*)
'Fließheck ‹*das; -(e)s, -e of -s*› fastback (*van auto*)
'Flimmer ‹*der; -s, -*› 1 zwak schijnsel, flikkering; 2 glimmer; 3 klatergoud; **'Flimmerkiste** ‹*die; -, -n*› (*volkstaal*) televisietoestel; **'flimmern** ‹*h*› 1 zinderen; 2 onrustig stralen (*sterren*); *mir flimmerte es vor den Augen* het schemerde me voor de ogen
flink 1 vlug, gauw, rap; 2 behendig
'Flinte ‹*die; -, -n*› geweer (met schroot geladen); *die ~ ins Korn werfen* het bijltje erbij neerleggen
Flirt ‹*der; -s, -s*› flirt; **'flirten** ‹*h*› flirten
'Flittchen ‹*das; -s, -*› (*volkstaal*) snol, hoertje
'Flitter ‹*der; -s, -*› 1 lovertje; 2 klatergoud, prul; **'Flitterwochen** ‹*mv*› wittebroodsweken
'Flitz(e)bogen ‹*der; -s, -̈*› pijl en boog (*speelgoed*); *gespannt wie ein ~* zeer benieuwd
'flitzen ‹*h*› zeer snel lopen, rijden, rennen; **'Flitzer** ‹*der; -s, -*› 1 snelle auto; 2 streaker
'Flocke ‹*die; -, -n*› vlok
Floh ‹*der; -(e)s, -̈e*› 1 vlo; 2 *der hört die Flöhe husten* hij heeft de wijsheid in pacht; **'Flohmarkt** ‹*der; -(e)s, -̈e*› rommelmarkt

Flo'renz ‹*das*› Florence
Flo'rett ‹*das; -(e)s, -e*› floret, schermdegen
flo'rieren ‹*h*› floreren, bloeien
Flo'rist ‹*der; -en, -en*› bloemist
'Floskel ‹*die; -, -n*› holle frase
Floß ‹*das; -es, -ë*› 1 (hout)vlot; 2 drijver, vlotter (van net)
'Flosse ‹*die; -, -n*› 1 vin; 2 stabilisatievin (*van vliegtuig*); 3 (*volkstaal*) hand
'Flöte ‹*die; -, -n*› fluit (*ook champagneglas*); **'flöten** ‹*h*› 1 fluiten; 2 met een poezige stem spreken; **'flötengehen** ‹*s*› 1 (*volkstaal*) verloren gaan, wegraken; 2 stukgaan; **'Flötenton** ‹*der; -(e)s, -ë*› fluittoon; *einem die Flötentöne beibringen* iem mores leren
flott 1 (*das Schiff*) *wurde wieder* ~ kwam weer vlot; 2 *ein ~es Leben* een leventje van plezier; 3 *~e Geschäfte machen* goede zaken doen; 4 flink, goed (*verkoper*); 5 vlot (*in de omgang*); 6 vlot, sportief (*van kleding*); 7 *~ gehen* vlot verlopen; 8 *er ist wieder ~* hij heeft weer geld; 9 *ein flottes Mädchen* attractief; 10 *den Flotten haben* diarree hebben; **'flottbekommen** ‹*st.h; a-o*› vlot krijgen
'Flotte ‹*die; -, -n*› vloot
'flottmachen ‹*h*› 1 (een schip) vlot krijgen; 2 op gang brengen; repareren
Fluch ‹*der; -(e)s, -ë*› vloek, vervloeking; **'fluchen** ‹*h*› vloeken; *einem ~* iem vervloeken; *auf od. über* (*einen, etwas*) *~* schelden op
Flucht ‹*die; -, -en*› 1 vlucht (*ook fig*); 2 speelruimte; 3 rooilijn; 4 reeks, rij; *eine ~ von Zimmern* een reeks (ineenlopende) kamers; **'fluchtartig** hals over kop; **'flüchten** I ‹*s*› vluchten; II ‹*h*› in veiligheid brengen, redden; *sich ~* vluchten, de wijk nemen; **'Fluchthelfer** ‹*der; -s, -*› helper bij vluchtpoging; **'Fluchthilfe** ‹*die; -, geen mv*› hulp bij vluchtpoging; **'flüchtig** 1 voortvluchtig; 2 snel, vlug; 3 voorbijgaand, vergankelijk; 4 oppervlakkig (*mens, indruk, werk*); 5 vluchtig (*blik, zout, olie*); **'Flüchtigkeit** ‹*die; -, -en*› 1 snelheid; 2 vergankelijkheid, onbestendigheid; 3 oppervlakkigheid; 4 vluchtigheid; **'Flüchtigkeitsfehler** ‹*der; -s, -*› fout uit onachtzaamheid; **'Flüchtling** ‹*der; -s, -e*› vluchteling, voortvluchtige; **'Flüchtlingslager** ‹*das; -s, -*› vluchtelingenkamp; **'Fluchtlinie** ‹*die; -, -n*› rooilijn; **'Fluchtversuch** ‹*der; -(e)s, -e*› ontvluchtingspoging
Flug ‹*der; -(e)s, -ë*› 1 vlucht, het vliegen; 2 zwerm; *im ~e*, (*fig*) zeer snel; (*etwas*) *im ~e berühren* terloops aanroeren; **'Flugabwehr** ‹*die; -, geen mv*› luchtafweer; **'Flugball** ‹*der; -(e)s, -ë*› volley; **'Flugbereich** ‹*der; -(e)s, -e*› actieradius, vliegbereik; **'Flugblatt** ‹*das; -(e)s, -ër*› vlugschrift, pamflet; **'Flugdienstleiter** ‹*der; -s, -*› verkeersleider
'Flügel ‹*der; -s, -*› 1 vleugel (*div bet*); 2 wiek (*van molen*); 3 (*muz*) vleugel; **'flügellahm** vleugellam (*ook fig*)
'Fluggast ‹*der; -(e), -ë*› passagier (*in vliegtuig*)
'flügge 1 kunnende vliegen (*van vogels*); 2 (*fig*) zelfstandig; *~ werden* uitvliegen (*ook fig*)
'Fluggesellschaft ‹*die; -, -en*› luchtvaartmaatschappij; **'Flughafen** ‹*der; -s, -̈*› luchthaven; **'Flugkapitän** ‹*der; -s, -e*› (*luchtv*) gezagvoerder; **'flugkrank** luchtziek; **'Flugkrankheit** ‹*die; -, -en*› luchtziekte; **'Fluglehrer** ‹*der; -s, -*› vlieger-instructeur; **'Fluglotse** ‹*der; -n, -n*› verkeersleider; **'Flugplan** ‹*der; -(e)s, -ë*› vliegdienstregeling; **'Flugplatz** ‹*der; -es, -ë*› vliegveld
flugs dadelijk, onmiddellijk, snel
'Flugsand ‹*der; -(e)s, geen mv*› stuifzand; **'Flugschein** ‹*der; -(e)s, -e*› 1 vliegticket; 2 vliegbrevet; **'Flugschneise** ‹*die; -, -n*› luchtcorridor; **'Flugsicherung** ‹*die; -, geen mv*› luchtverkeersbeveiliging; **'Flugstrecke** ‹*die; -, -n*› vliegtraject, luchtlijn; **'Flugstreckennetz** ‹*das; -es, -e*› lucht(lijn)net
'Flugzeug ‹*das; -(e)s, -e*› vliegtuig; **'Flugzeugentführer** ‹*der; -s, -*› vliegtuigkaper; **'Flugzeugentführung** ‹*die; -, -en*› vliegtuigkaping; **'Flugzeugführer** ‹*der; -s, -*› piloot; **'Flugzeughalle** ‹*die; -, -n*› hangar; **'Flugzeugträger** ‹*der; -s, -*› vliegdekschip
Fluktuati'on ‹*die; -, -en*› fluctuatie; **fluktu'ieren** ‹*h*› fluctueren
'Flunder ‹*die; -, -n*› bot (*vis*)
Flunke'rei ‹*die; -, -en*› opschepperij, snoeverij; **'flunkern** ‹*h*› 1 opscheppen, snoeven; 2 liegen
'Fluor ‹*das; -s, geen mv*› (*chem*) fluor; **fluori'dieren, fluo'rieren, fluori'sieren** ‹*h*› fluorideren
Flur I ‹*die; -, -en*› veld, beemd (*dichterlijk*); II ‹*der; -(e)s, -e*› gang, vestibule; **'Flurbereinigung** ‹*die; -, -en*› ruilverkaveling; **'Flurschaden** ‹*der; -s, -̈*› veld-, terreinschade
Fluß ‹*der; Flusses; Flüsse*› 1 rivier, stroom; 2 *alles ist noch in vollem ~* niets heeft nog vaste vormen aangenomen; *im ~ sein* vloeiend zijn, (*fig*) aan de gang zijn; *in ~ bringen, kommen* op gang brengen, komen; *das Gespräch kam in ~* begon te vlotten
fluß'ab(wärts) stroomaf(waarts); **fluß'auf(wärts)** stroomop(waarts); **'Flußbett** ‹*das; -es, -en*› bedding
'flüssig vloeibaar, (in) gesmolten (toestand); *~ machen* (*tr*), *~ werden* (*intr*) smelten; *~es Geld* contanten; *~ sein* over contant geld beschikken; *~er Stil* vlotte stijl; **'Flüssiggas** ‹*das; -es, -e*› vloeibaar gas; **'Flüssigkeit** ‹*die; -, -en*› 1 vloeistof; 2 vlotheid (*van stijl*)
'Flußpferd ‹*das; -(e)s, -e*› nijlpaard
'flüstern ‹*h*› fluisteren; *das kann ich dir ~!* daar kun je donder op zeggen!; **'Flüsterton** ‹*der; -(e)s, -ë*› *im ~* fluisterend; **'Flüstertüte** ‹*die; -, -n*› (*volkstaal*) megafoon; **'Flüsterwitz** ‹*der; -es, -e*› in het geheim vertelde mop over het politieke regime (in totalitaire staten)
Flut ‹*die; -, -en*› 1 vloed (*alle bet*); 2 vloed, stroom (*van licht, tranen*); **'fluten** I ‹*s*› golven, stromen; II ‹*h*› laten vollopen; **'Flutlicht**

‹*das; -(e)s, -er*› floodlight; **'Flutlichtanlage** ‹*die; -, -n*› lichtinstallatie (*op sportvelden*)
'flutschen ‹*h*› 1 glijden, glippen; 2 opschieten, vorderen (*werk*)
'Flutwelle ‹*die; -, -n*› vloedgolf
fob (*afk*) *free on board* vrij aan boord (fob)
Fock ‹*die; -, -en*› (*scheepv*) fok(zeil)
föderali'sieren (*Belg*) ‹*h*› federaliseren; **Föderali'sierung** ‹*die; -, geen mv*› (*Belg*) federalisering
Födera'lismus ‹*der; -, geen mv*› federalisme; **Föderati'on** ‹*die; -, -en*› federatie; **födera'tiv** federatief
'Fohlen ‹*das; -s, -*› veulen; **'Fohlenelf** ‹*die; -, geen mv*› (*sp*) jeugdelftal
Föhn ‹*der; -(e)s, -e*› föhn (warme valwind)
'Föhre ‹*die; -, -n*› (*plantk*) grove den
'Folge ‹*die; -, -n*› 1 gevolg; 2 reeks, vervolg, programma; 3 toekomst; 4 *einem ~ leisten* iem gehoorzamen; *einem Befehl ~ leisten* een bevel opvolgen; *einer Einladung, einer Bitte ~ leisten* aan een uitnodiging gevolg, gehoor geven, aan een verzoek voldoen; **'Folgeerscheinung** ‹*die; -, -en*› nawerking, nasleep, gevolg; **'folgen** ‹*s*› 1 volgen; *wie folgt* als volgt; *im ~den* hierna; 2 gehoorzamen; **'folgend** volgend; (*er las*) *~es* het volgende; *im ~en* hieronder; *der F~e* wie volgt; **'folgendermaßen** op de volgende wijze, als volgt; **'folgenreich** rijk aan gevolgen; **'folgenschwer** met ernstige, grote gevolgen; **'folgerichtig** juist, logisch, consequent; **'Folgerichtigkeit** ‹*die; -, geen mv*› juistheid, consequentie
'folgern ‹*h*› afleiden, opmaken, concluderen; **'Folgerung** ‹*die; -, -en*› 1 gevolgtrekking, conclusie; 2 *daraus ergeben sich wichtige ~en* dat heeft belangrijke consequenties
'folglich bijgevolg, dus, derhalve
'folgsam gehoor-, volgzaam, gezeglijk
'Folie ‹*die; -, -n*› 1 folie; 2 achtergrond
Folk'lore ‹*die; -, geen mv*› folklore
'Folter ‹*die; -, -n*› 1 pijnbank; 2 foltering, pijniging, marteling; **'foltern** ‹*h*› folteren, martelen, pijnigen; **'Folterung** ‹*die; -, -en*› marteling, pijniging
Fön ‹*der; -(e)s, -e*› föhn
Fond ‹*der; -s, -s*› 1 grondslag, basis; 2 zitplaats achterin (*in auto*)
Fonds ‹*der; -, -*› fonds (*ook fig*), kapitaal
Fon'due ‹*die; -, -s of das; -s, -s*› (*Fr*) fondue
'fönen ‹*h*› föhnen
Fon'täne ‹*die; -, -n*› fontein
'foppen ‹*h*› plagen, foppen
for'cieren ‹*h*› forceren
'Förde ‹*die; -, -n*› (*ndd*) inham
'Förderband ‹*das; -(e)s, -ër*› transportband
'fordern ‹*h*› 1 vorderen, eisen, verlangen; 2 vragen (*prijs*); 3 *etwas von einem ~* iets van iem verlangen; 4 dagen (*voor gerecht*); 5 *einen ~* iets van iem vergen
'fördern ‹*h*› 1 bevorderen, steunen, vooruithelpen, stimuleren; 2 (*mijnb*) delven; *zutage ~* aan het licht brengen
'Förderturm ‹*der; -(e)s, -ë*› schachttoren
'Forderung ‹*die; -, -en*› 1 vordering, eis, claim; 2 (*econ*) vordering; 3 uitdaging
'Förderung ‹*die; -, -en*› 1 bevordering, bescherming, steun; 2 (*mijnb*) produktie, winning; **'Förderungsmaßnahme** ‹*die; -, -n*› stimuleringsmaatregel; **'Förderungsmittel** ‹*mv*› (stimulerende) financiële steun
'Förderunterrichtsstunde ‹*die; -, -n*› (*Belg*) inhaalles
Fo'relle ‹*die; -, -n*› forel; **Fo'rellenzucht** ‹*die; -, -en*› forellenkwekerij
Form ‹*die; -, -en*› vorm; *in aller ~* formeel; (*sp*) *in ~ sein* in vorm zijn
for'mal 1 formeel, naar de vorm; 2 formeel, voor de vorm; **Formali'tät** ‹*die; -, -en*› formaliteit
For'mat ‹*das; -(e)s, -e*› formaat; *er hat ~* hij is een persoonlijkheid; **Formati'on** ‹*die; -, -en*› formatie
'formbeständig vormvast
'Formel ‹*die; -, -n*› 1 formule; 2 formulering; **'formelhaft** 1 geijkt (van uitdrukking); 2 in een formule uitgedrukt; **for'mell** formeel, officieel
'formen ‹*h*› vormen, fatsoeneren, formeren; **'Formenlehre** ‹*die; -, geen mv*› vormleer; **'Formfehler** ‹*der; -s, -*› fout tegen (of in) de vorm; **'Formfrage** ‹*die; -, -n*› formele kwestie; **'Formgebung** ‹*die; -, -en*› vormgeving; **'formgerecht** in de vereiste vorm
formi'dabel formidabel, geducht
for'mieren ‹*h*› 1 formeren, vormen; 2 (rang)schikken
'förmlich 1 formeel, officieel; 2 formeel, stijfdeftig; 3 letterlijk, gewoonweg; **'Förmlichkeit** ‹*die; -, -en*› formaliteit, plichtpleging
'formlos 1 vorm(e)loos; 2 niet in een voorgeschreven vorm; 3 (*fig*) ongedwongen
Formu'lar ‹*das; -s, -e*› formulier; **formu'lieren** ‹*h*› formuleren; **Formu'lierung** ‹*die; -, -en*› formulering
'formvollendet volmaakt van vorm
forsch 1 krachtig, fors; 2 kranig, flink
'forschen ‹*h*› onderzoeken; **'Forscher** ‹*der; -s, -*› onderzoeker
'Forschung ‹*die; -, -en*› onderzoek, research; **'Forschungsanstalt** ‹*die; -, -en*› research-instituut; **'Forschungsreisende(r)** ‹*bn als zn*› ontdekkingsreizig(st)er; **'Forschungsstätte** ‹*die; -, -n*› research-instituut
Forst ‹*der; -es, -e*› (geëxploiteerd) bos
'Förster ‹*der; -s, -*› boswachter; **Förste'rei** ‹*die; -, -en*› boswachterij
'Forstverwaltung ‹*die; -, -en*› bosbeheer; **'Forstwirtschaft** ‹*die; -, geen mv*› bosbouw
Fort ‹*das; -s, -s*› (*mil*) fort
fort 1 weg; 2 voort, verder, vooruit; *und so ~* enzovoort (enz.); *in einem ~* aan één stuk door; *nur immer ~!* ga door maar!; *~ mit dir* ik wil je niet meer zien
fort'an voortaan, in het vervolg

'fortbegeben, sich ‹*st.h; a-e; i*› weggaan, vertrekken
'Fortbestand ‹*der; -(e)s, geen mv*› voortbestaan; **'fortbestehen** ‹*onr.h; a-a*› voortbestaan, blijven bestaan
'fortbewegen ‹*st.h; o-o*› voortbewegen; **'fortbewegen, sich** ‹*st.h; o-o*› zich voortbewegen
'fortbilden ‹*h*› 1 verder ontwikkelen; 2 bijscholen; **'Fortbildung** ‹*die; -, geen mv*› 1 verdere ontwikkeling; 2 bijscholing; **'Fortbildungskurs** ‹*der; -es, -e*› bijscholingscursus
'fortbleiben ‹*st.s; ie-ie*› wegblijven
'fortbringen ‹*onr.h*› wegbrengen, vervoeren
'fortdauern ‹*h*› voortduren
'fortdürfen ‹*onr.h*› weg mogen, mogen weggaan
'fortfahren I ‹*st.s; u-a; ä*› weggaan, -rijden; **II** ‹*h*› voort-, doorgaan; *er fuhr fort* ***in*** *seiner Erzählung* hij ging voort met zijn vertelling; *er fährt fort* ***zu*** *schreien* hij schreeuwt door; (*im Wagen*) wegbrengen
'fortführen ‹*h*› wegvoeren, -brengen; voortzetten (*zaak*)
'Fortgang ‹*der; -(e)s, geen mv*› 1 het vertrek, het weggaan; 2 voort-, vooruitgang, het slagen; **'fortgehen** ‹*onr.s; i-a*› (weg)gaan, vertrekken; *das kann so nicht* ~ dan kan zo niet verdergaan
'fortgeschritten gevorderd; **'Fortgeschrittene(r)** ‹*bn als zn*› gevorderde
'fortgesetzt voortdurend
'forthelfen ‹*st.h; a-o; i*› (*einem*) iem voort-, vooruit-, verder-, weghelpen
'fortjagen I ‹*h*› weg-, voortjagen; **II** ‹*s*› wegdraven, -rennen
'fortkommen ‹*st.s; a-o*› 1 wegkomen; 2 wegraken; 3 voort-, vooruitkomen, gedijen; **'Fortkommen** ‹*das; -s, geen mv*› 1 *sein ~ finden* in zijn levensonderhoud voorzien; 2 het weggaan, vlucht; 3 het vooruitkomen, vooruitgang; welslagen
'fortlaufen ‹*st.s; ie-au; äu*› weglopen; *~d numerieren* doorlopend nummeren
'fortlegen ‹*h*› wegleggen
'fortmachen ‹*h*› 1 voortgaan; 2 verwijderen (*o.a. vlek*); *mach so fort!* ga zo voort!; *sich* ~ maken, dat men wegkomt
'fortpflanzen ‹*h*› voortplanten; *sich* ~ zich voortplanten; **'Fortpflanzung** ‹*die; -, geen mv*› voortplanting
'fortreißen ‹*st.h; i-i*› 1 wegrukken, -trekken; 2 meesleuren, -slepen
'fortschaffen ‹*h*› wegbrengen, -doen
'fortschicken ‹*h*› 1 wegzenden, -sturen; 2 verzenden
'fortschreiten ‹*st.s; i-i*› voortgaan, vorderen
'Fortschritt ‹*der; -(e)s, -e*› vooruitgang; **'fortschrittlich** vooruitstrevend, progressief
'fortsetzen ‹*h*› voortzetten, vervolgen; **'Fortsetzung** ‹*die; -, -en*› voortzetting, vervolg; ~ *folgt* wordt vervolgd
'forttragen ‹*st.h; u-a; ä*› wegdragen
'forttreiben ‹*st.h; ie-ie*› wegdrijven
'fortwährend aanhoudend, voortdurend, telkens
'fortwirken ‹*h*› blijven werken, effectief van invloed zijn, doorwerken
'fortziehen I ‹*st.h. tr; o-o*› wegtrekken; **II** ‹*s, intr*› ver-, wegtrekken
'Forum ‹*das; -s, Fora of Foren*› forum
fos'sil fossiel, versteend; **Fos'sil** ‹*das; -s, -ien*› fossiel, verstening
'Foto ‹*das; -s, -s*› foto; **'Fotoapparat** ‹*der; -(e)s, -e*› fototoestel; **Foto'graf** ‹*der; -en, -en*› fotograaf; **fotogra'fieren** ‹*h*› fotograferen; **'Fotokopie** ‹*die; -, -n*› fotokopie
Foul ‹*das; -s, -s*› (*sp*) (ernstige of gemene) overtreding; **'Foulelfmeter** ‹*der; -s, -*› (*sp*) strafschop wegens een ernstige overtreding; **'foulen** ‹*h*› (*sp*) een overtreding begaan
fr (*afk*) *Franc*
fr. (*afk*) 1 *franko*; 2 *frei*
Fracht ‹*die; -, -en*› vracht (*lading en prijs*); **'Frachtbehälter** ‹*der; -s, -*› container; **'Frachtbrief** ‹*der; -(e)s, -e*› vrachtbrief; **'Frachter** ‹*der; -s, -*› vrachtboot; **'Frachtsatz** ‹*der; -es, -ë*› vrachttarief
Frack ‹*der; -(e)s, -s en -ë*› rok(kostuum); (*volkstaal*) *einem den ~ voll hauen* iem een pak slaag geven
'Frage ‹*die; -, -n*› 1 vraag; 2 vraagstuk, kwestie; 3 *in ~ stellen* in twijfel trekken onzeker, twijfelachtig maken; 4 (*es kommt*) *in* ~ in aanmerking; *es kommt nicht in* ~ (ook) daar komt niets van in, daar is geen sprake van; **'Fragebogen** ‹*der; -s, -*› vragenlijst; **'fragen** ‹*h*› vragen, informeren; *dieser Artikel ist stark gefragt* er is veel vraag naar dit artikel; *sich* ~ zich afvragen; *es fragt sich* het is de vraag; **Frage'rei** ‹*die; -, geen mv*› het (lastige) gevraag; **'Fragestellung** ‹*die; -, -en*› 1 probleemstelling; 2 inkleding van de vraag; **'Fragestunde** ‹*die; -, -n*› vragenuurtje (politiek); **'Fragezeichen** ‹*das; -s, -*› vraagteken
'fraglich 1 onzeker, twijfelachtig; 2 *das ~e Haus* het huis in kwestie, het bewuste huis
'fraglos: *das ist ~ richtig* dat is ongetwijfeld juist
Frag'ment ‹*das; -(e)s, -e*› fragment
'fragwürdig 1 twijfelachtig, dubieus; 2 ongunstig bekend staand, verdacht
Frakti'on ‹*die; -, -en*› fractie; **Frakti'onsführer** ‹*der; -s, -*› fractieleider; **Fraktionsvorsitzende(r)** ‹*bn als zn*› fractievoorzitter
Frak'tur ‹*die; -, -en*› 1 fractuur, breuk; 2 gotische drukletter; 3 *~ mit einem reden* iem eens flink de waarheid zeggen
Franc ‹*der; -, -s*› frank (*munt in België, Frankrijk*)
'Franken I ‹*das*› Franken(land); **II** ‹*der; -s, -*› frank (*munt in Zwitserland*) (*afk Fr*)
fran'kieren ‹*h*› frankeren
'franko franco
'Frankreich ‹*das*› Frankrijk

fra

'**Franse** ‹*die;* -, *-n*› franje; '**fransen** uitrafelen

Fran'zose ‹*der;* *-n, -n*› Fransman; **Fran'zösin** ‹*die;* -, *-nen*› Française; **fran'zösisch** Frans; *das F~e* het Frans; *auf* ~ op zijn, in het Frans

'**Fräse** ‹*die;* -, *-n*› frees (*werktuig*); '**fräsen** ‹*h*› frezen

Fraß ‹*der;* *-es, -e*› 1 voer, vreten; 2 slecht eten

'**Fratze** ‹*die;* -, *-n*› 1 tronie, rotkop; 2 grimas; *~n schneiden* gekke bekken trekken

Frau ‹*die;* -, *-en*› 1 vrouw; 2 echtgenote; 3 mevrouw (*aanspreektitel*); *gnädige ~!* mevrouw!; '**Frauenarzt** ‹*der;* *-es, -ë*› vrouwenarts; '**Frauenbewegung** ‹*die;* -, *-en*› vrouwenbeweging; '**Frauenemanzipation** ‹*die;* -, *geen mv*› vrouwenemancipatie; '**Frauenhaus** ‹*das;* *-es, -ër*› blijf-van-mijn-lijf-huis; (*Belg*) vluchthuis; '**Frauenzimmer** ‹*das;* *-s,* -› (*volkstaal*) het mens; '**Fräulein** ‹*das;* *-s,* -› 1 (me)juffrouw (ongehuwde vrouw); 2 (me)juffrouw (*aanspreektitel voor vrouwelijk personeel*)

frech brutaal, onbeschaamd; *~ wie Oskar, wie ein Rohrspatz* zo brutaal als de beul; '**Frechdachs** ‹*der;* *-es, -e*› brutale vlegel, brutale aap; '**Frechheit** ‹*die;* -, *-en*› onbeschaamdheid, brutaliteit

Fre'gatte ‹*die;* -, *-n*› (*scheepv*) fregat

frei 1 vrij; 2 *unter ~em Himmel* (*schlafen*) onder de blote hemel; 3 *eine ~e Stelle: a*) een vacante betrekking; *b*) een vrije (open) plek; *~ werden: a*) vacant komen, worden; *b*) (*chem*) vrijkomen; 4 *im Freien, ins Freie* in de open lucht, buiten; 5 ~ *Bahn* franco station; ~ (*ins*) *Haus* franco huis; '**Freibad** ‹*das;* *-(e)s, -ër*› niet overdekt zwembad; '**freibekommen** ‹*st.h;* *a-o*› vrijaf krijgen; '**freiberuflich**: *~ tätig* free-lance; '**Freibetrag** ‹*der;* *-(e)s, -̈e*› belastingvrij bedrag; '**Freibeuter** ‹*der;* *-s,* -› 1 vrijbuiter; 2 kaper; '**freibleibend** vrijblijvend; '**Freibrief** ‹*der;* *-(e)s, -e*› vrijbrief; '**Freidenker** ‹*der;* *-s,* -› vrijdenker

'**Freier** ‹*der;* *-s,* -› aanstaande, vrijer

'**Freiexemplar** ‹*das;* *-s, -e*› presentexemplaar; '**Freifahrschein** ‹*der;* *-(e) s, -e*› 1 vrijbiljet; 2 (*mil*) vervoerbewijs

'**Freigabe** ‹*die;* -, *-n*› het vrijlaten; vgl *freigeben*; '**freigeben** ‹*st.h;* *a-e;* *i*› 1 in vrijheid stellen, vrijlaten; 2 vrijgeven, openstellen; 3 vrij(af) geven; '**freigebig** vrijgevig, royaal, goedgeefs; '**Freigebigkeit** ‹*die;* -, *geen mv*› vrijgevigheid

'**Freihafen** ‹*der;* *-s,* -̈› vrijhaven; '**freihalten** ‹*st.h;* *ie-a;* *ä*› vrijhouden; '**Freihandel** ‹*der;* *-s, geen mv*› vrijhandel; '**freihändig** 1 uit de hand; 2 *~ fahren* (*van fietser*) met losse handen

'**Freiheit** ‹*die;* -, *-en*› 1 vrijheid; 2 verlof; 3 *Freiheiten* ‹*mv*› privileges; '**freiheitlich** vrijheidslievend; '**Freiheitsentzug** ‹*der;* *-(e)s, geen mv*› gevangenisstraf, hechtenis; '**Freiheitsstrafe** ‹*die;* -, *-n*› gevangenisstraf

'**Freikarte** ‹*die;* -, *-n*› vrijkaart

'**Freikörperkultur** ‹*die;* -, *geen mv*› nudisme

'**Freilandgemüse** ‹*das;* *-s,* -› groente van de koude grond

'**freilassen** ‹*st.h;* *ie-a;* *ä*› vrijlaten, in vrijheid stellen; '**Freilassung** ‹*die;* -, *geen mv*› vrijlating, invrijheidstelling; '**Freilauf** ‹*der;* *-(e)s, -̈e*› (*techn*) vrijloop; '**freilegen** ‹*h*› 1 vrij-, openleggen; 2 uitgraven

'**freilich** 1 wel zeker, ja zeker, heus; 2 wel(iswaar); 3 maar, echter, toch

'**Freilichtbühne** ‹*die;* -, *-n*› openluchttheater; '**Freilichtmuseum** ‹*das;* *-s, -museen*› openluchtmuseum; '**freimachen** ‹*h*› 1 frankeren (*brief*); 2 vrijmaken, bevrijden (*van hindernissen, schulden*); 3 *sich ~* zich uitkleden (*voor onderzoek*); '**Freimarke** ‹*die;* -, *-n*› postzegel; '**Freimaurer** ‹*der;* *-s,* -› vrijmetselaar; '**freimütig** vrijmoedig, openhartig; '**freischaffend**: *ein ~er Künstler* free-lance kunstenaar; '**freisprechen** ‹*st.h;* *a-o;* *i*› vrijspreken; '**Freispruch** ‹*der;* *-(e)s, -ë*› vrijspraak; '**freistehen** ‹*onr.h*› (*einem*) vrijstaan; '**freistellen** ‹*h*› 1 (*einem etwas*) overlaten; 2 (*einen von der Arbeit*) vrijstellen; 3 (*werkkrachten*) vrijmaken; '**Freistilringen** ‹*der;* *-(e)s, geen mv*› vrij worstelen; '**Freistoß** ‹*der;* *-es;* *-ë*› (*sp*) vrije trap, free-kick; '**Freistunde** ‹*die;* -, *-n*› vrij uur; '**Freitag** ‹*der*› vrijdag; '**Freitod** ‹*der;* *-(e)s, -e*› zelfmoord; '**Freiübung** ‹*die;* -, *-en*› vrije oefening; '**Freiumschlag** ‹*der;* *-(e)s, -̈e*› gefrankeerde envelop; '**freiwillig** vrijwillig; '**Freiwillige(r)** ‹*bn als zn*› vrijwilliger, volontair, vrijwilligster; '**Freizeit** ‹*die;* -, *geen mv*› 1 vrije tijd; 2 werkweek; '**Freizeitgestaltung**, '**Freizeitbeschäftigung** ‹*die;* -, *-en*› vrijetijdsbesteding; '**Freizeitsport** ‹*der;* *-(e)s, geen mv*› recreatiesport; '**freizügig** 1 vrij, ongebonden; 2 vrij in de keuze van de woonplaats; 3 geen vaste woonplaats hebbende; 4 niet aan strenge voorschriften gebonden; 5 royaal; '**Freizügigkeit** ‹*die;* -, *-en*› 1 vrijheid van vestiging; 2 het niet aan strenge voorschriften gebonden zijn; 3 *sich ~en erlauben* zich vrijer, ongedwongener opstellen

fremd 1 vreemd; 2 buitenlands; 3 onbekend; 4 *sich in ~e Angelegenheiten mischen* zich met andermans zaken bemoeien; '**fremdartig** vreemd(soortig), ongewoon; '**Fremde** ‹*die;* -, *geen mv*› buitenland; *in der ~* in den vreemde; '**Fremde(r)** ‹*bn als zn*› vreemdeling(e); '**Fremdeinwirkung** ‹*die;* -, *geen mv*› invloed van buitenaf (*persoon of zaak*); '**Fremdenführer** ‹*der;* *-s,* -› gids (*boek of persoon*); '**Fremdenheim** ‹*das;* *-(e)s, -e*› pension; '**Fremdenverkehr** ‹*der;* *-s, geen mv*› vreemdelingenverkeer, toerisme; '**Fremdenverkehrsverein** ‹*der;* *-(e)s, -e*› VVV; '**Fremdenzimmer** ‹*das;* *-s,* -› logeerkamer; '**Fremdfinanzierung** ‹*die;* -, *-en*› externe financiering; '**Fremdkörper** ‹*der;* *-s,* -› voorwerp dat ergens niet thuishoort (*ook persoon*); '**Fremdsprache** ‹*die;* -, *-n*› vreemde taal; '**Fremdverschulden** ‹*das;* *-s, geen mv*› schuld door derden; '**Fremdwort** ‹*das;* *-(e)s, -ër*› vreemd woord

fra

fre'quent frequent, veel voorkomend, talrijk, druk bezocht; **frequen'tieren** ‹*h*› frequenteren, (druk) bezoeken; **Fre'quenz** ‹*die; -, -en*› frequentie

Fres'salien ‹*mv*› (*volkstaal*) etenswaren

'Fresse ‹*die; -, -n*› bek, smoel; *eine große ~ haben* een grote bek hebben; *halt die ~!* hou je kop!; *einem die ~ polieren*, iem op zijn smoel slaan; **'fressen** ‹*st.h; a-e; i*› 1 vreten, (op)eten; 2 knagen; 3 (*techn*) (weg)bijten; 4 (*der Wagen*) *frißt Benzin* verbruikt veel benzine; 5 *den habe ich aber gefressen!* ik kan hem niet luchten of zien!; 6 (*er hat es*) *gefressen* gesnapt, begrepen; **'Fressen** ‹*das; -s, geen mv*› 1 vreten, eten, voer; 2 *das war ein gefundenes ~ für ihn* dat kwam hem uitstekend van pas; 3 *einen zum ~ gern haben* stapelgek op iem zijn

'freßgierig vraatzuchtig; **'Freßpaket** ‹*das; -(e)s, -e*› 1 (*volkstaal*) pakket met levensmiddelen; 2 lunchpakket

'Freude ‹*die; -, -n*› vreugde, blijdschap, plezier, genoegen; *das macht mir ~* dat doet mij genoegen, *das macht mir keine* (*rechte*) *~, ich habe keine ~ daran* ik heb er geen plezier in; **'Freudentaumel** ‹*der; -s, -*› vreugderoes; **'freudestrahlend** stralend van vreugde; **'freudig** blij, vreugdevol, vrolijk

'freuen ‹*h*› verheugen, plezier doen, verblijden; *sich eines Dinges ~, sich über* (+ 4) *~* zich over iets verheugen; *sich ~ auf* (+ 4) zich verheugen op (nl. in het vooruitzicht van); *sich ~ an* (+ 3) zich verheugen in of over; *freut mich!* aangenaam!

Freund ‹*der; -(e)s, -e*› 1 vriend; 2 liefhebber; 3 *wie geht's, alter Freund? ...* ouwe jongen?; **'Freundesdienst** ‹*der; -(e)s, -e*› vriendendienst; **'Freundeskreis** ‹*der; -es, -e*› vriendenkring; **'Freundin** ‹*die; -, -nen*› 1 vriendin; 2 geliefde; **'freundlich** vriendelijk; *~ zu einem* vriendelijk voor iem; **'Freundlichkeit** ‹*die; -, -en*› vriendelijkheid, welwillendheid; **'Freundschaft** ‹*die; -, -en*› vriendschap; **'freundschaftlich** vriendschappelijk; **'Freundschaftsdienst** ‹*der; -(e)s, -e*› vriendendienst; **'Freundschaftsspiel** ‹*das; -(e)s, -e*› (*sp*) vriendschappelijke wedstrijd; **'Freundschaftsvertrag** ‹*der; -(e)s, -ë*› vriendschapsverdrag

'Frevel ‹*der; -s, -*› misdaad, misdrijf, vergrijp; **'frevelhaft** misdadig, slecht; **'freveln** ‹*h*› 1 (*gegen*) zondigen (tegen), overtreden; 2 een misdrijf of misdaad begaan; **'Freveltat** ‹*die; -, -en*› misdaad, euveldaad

'Frieden ‹*der; Friedens, Frieden*› 1 vrede; 2 rust; (*laß mich*) *in Frieden* met rust; 3 (*ich traue*) *dem Frieden nicht* het zaakje niet; **'Friedensabschluß** ‹*der; -abschlusses, -abschlüsse*› het sluiten van de vrede; **'Friedensbewegung** ‹*die; -, -en*› vredesbeweging; **'Friedensbruch** ‹*der; -(e)s, -ë*› vredebreuk; **'Friedensverhandlung** ‹*die; -, -en*› vredesonderhandeling; **'Friedensvertrag** ‹*der; -(e)s, -ë*› vredesverdrag; **'friedfertig** vreedzaam, vredelievend; **'Friedhof** ‹*der; -(e)s, -ë*› kerkhof; **'friedlich** 1 vredelievend, vreedzaam; 2 kalm; **'Friedlichkeit** ‹*die; -, geen mv*› vreedzaamheid, kalmte, vredelievendheid; **'friedlos** rusteloos; **'friedsam** vreedzaam

'frieren I ‹*st.h; o-o*› 1 koud zijn, het koud hebben; *ich friere, mich friert, es friert mich* ik ben, heb het koud; 2 vriezen; *es friert Stein und Bein* het vriest, dat het kraakt; **II** ‹*s*› bevriezen

'Friese ‹*der; -n, -n*› Fries; **'Friesin** ‹*die; -, -nen*› Friezin, Friese (vrouw); **'friesisch** Fries; **'Friesland** ‹*das*› Friesland

fri'gid(e) frigide

Frika(n)'delle ‹*die; -, -n*› (platte en ronde) gehaktbal

'Frikas'see ‹*das; -s, -s*› fricassee, vleesragoût

Frikti'on ‹*die; -, -en*› frictie, wrijving

frisch I ‹*bn*› 1 vers (*brood, ei, paard, troepen, wonde*); 2 fris, vers (*lucht, water*); 3 fris, koel (*water, wind, weer*); 4 *~es Holz* groen, onbelegen hout; 5 *~er Käse* jonge kaas; 6 *ein ~es Hemd* een schoon overhemd; 7 *ein frisches Blatt Papier* een nieuw blad papier; 8 *frische Farben* vriendelijke kleuren; **II** ‹*bw*› pas, vers; *~ gestrichen!* nat! geverfd!; *~ auf!* welaan! komaan!; *~ darauf los!* flink erop los!; **'Frische** ‹*die; -, geen mv*› 1 frisheid, koelte; 2 flinkheid, kracht; **'Frischedatum** ‹*das; -s, -daten*› uiterste verkoopdatum (*van levensmiddelen*); **'Frischfleisch** ‹*das; -(e)s, geen mv*› vers vlees; **'Frischhaltebeutel** ‹*der; -s, -*› plastic zakje; **'Frischling** ‹*der; -s, -e*› 1 jong wild zwijn; 2 (*fig*) melkmuil

'Friseur ‹*der; -s, -e*› kapper; **Fri'seuse** ‹*die; -, -n*› kapster; **fri'sieren** ‹*h*› 1 kappen (*van haren*); 2 flatteren (*balans*); 3 opvoeren (*motor*); **Fri'sierspiegel** ‹*der; -s, -*› kapspiegel; **Fri'sierumhang** ‹*der; -(e)s, -ë*› kapmantel; **Fri'sör** ‹*der; -s, -e*› kapper

Frist ‹*die; -, -en*› 1 termijn; 2 uitstel; **'fristen** ‹*h*› *sein Leben, sein Dasein ~* zich in het leven houden; **'Fristenlösung** ‹*die; -, -en*›, **Fristenregelung** ‹*die; -, -en*› vrije abortus gedurende de eerste drie maanden van de zwangerschap; **'fristgemäß**, **'fristgerecht** met inachtneming van, binnen de gestelde termijn; **'fristlos**: *~ entlassen* op staande voet ontslaan

Fri'sur ‹*die; -, -en*› kapsel

Fri'teuse ‹*die; -, -n*› frituurpan; **fri'tieren** ‹*h*› friture; **'Fritte** ‹*die; -, -n*› patates frites

fri'vol ijdel, nietig, lichtzinnig, onkies

froh vrolijk, blij(de), vergenoegd, opgeruimd; **'frohgelaunt** blij gestemd; **'fröhlich** vrolijk, blij; **'Fröhlichkeit** ‹*die; -, geen mv*› vrolijkheid, plezier, genoegen; **froh'locken** ‹*h*› 1 juichen, jubelen; 2 leedvermaak hebben; **'Frohnatur** ‹*die; -, -en*› 1 blij iemand; 2 blij, opgewekt karakter; **'Frohsinn** ‹*der; -(e)s, geen mv*› vrolijkheid, blijmoedigheid

fromm 1 vroom; 2 *~e Ausrede* een leugentje om bestwil; 3 *~es Pferd* mak paard

Frömme'lei ‹*die; -, -en*› schijnvroomheid; **'frömmeln** ‹*h*› vroom doen; **'Frömmigkeit** ‹*die; -, geen mv*› vroomheid, godsdienstigheid

'frönen ‹*h*› (*seinen Lüsten*) botvieren, (*dem Laster*) zich overgeven aan, verslaafd zijn aan

'Fronleichnam ‹*der; -(e)s, geen mv*› Sacramentsdag

Front ‹*die; -, -en*› 1 voorzijde, voorgevel; 2 front (*ook mil*)

fron'tal: ~ *aufeinanderprallen* frontaal botsen; **Fron'talzusammenstoß** ‹*der; -es, -ë*› frontale botsing

'Frontantrieb ‹*der; -(e)s, -e*› voorwielaandrijving; **'Frontscheibe** ‹*die; -, -n*› voorruit (*van auto*)

Frosch ‹*der; -(e)s, -ë*› 1 kikvors, kikker; 2 slof (*van strijkstok*); 3 voetzoeker; 4 *sei kein ~!* weiger toch niet! doe het toch!; **'Froschschenkel** ‹*der; -s, -*› kikkerbilletje; **'Froschtest** ‹*der; -(e)s, -e of -s*› (*med*) kikkerproef

Frost ‹*der; -(e)s, -ë*› 1 vorst, koude; 2 rilling; **'frostbeständig** winterhard; **'Frosteinfall** ‹*der; -(e)s, -ë*› vorstinval; **'frösteln** ‹*h*› huiveren (van koude), huiverig zijn, rillen; **'frostig** 1 rillerig, huiverig, kouwelijk; 2 koud, vriezend; 3 koel, onverschillig, onvriendelijk; **'Frostschutzmittel** ‹*das; -s, -*› antivries (*motoren, specie, tuinbouw*)

Frot'tee ‹*das of der; -s, -s*› badstof

Frot'tierhandtuch ‹*das; -(e)s, -ër*› badhanddoek

'frotzeln ‹*h*› 1 (*volkstaal*) plagen, jennen; 2 spotten

Frucht ‹*die; -, -ë*› vrucht; **'fruchtbar** 1 vruchtbaar, -dragend; 2 vruchtbaar, succesvol; **'Fruchtbarkeit** ‹*die; -, geen mv*› vruchtbaarheid; **'Früchtchen** ‹*das; -s, -*› kleine vrucht; **'Fruchteis** ‹*das; -es, geen mv*› vruchtenijs; **'fruchten** ‹*h*› uitwerken, nutten, baten; **'Fruchtfleisch** ‹*das; -(e)s, geen mv*› vruchtvlees; **'Fruchtjoghurt** ‹*der; -s, -s*› vruchtenyoghurt; **'fruchtlos** vruchteloos, nutteloos; **'Fruchtsaft** ‹*der; -(e)s, -ë*› vruchtesap

früh vroeg(tijdig); *von ~(est)er Jugend an* van de prilste jeugd af; *heute ~* vanmorgen vroeg; *~ am Morgen, am ~en Morgen* vroeg in de morgen; **'Frühe** ‹*die; -, geen mv*› *in aller ~* heel in de vroegte; **'früher** vroeger, eertijds; *~ oder später* vroeg of laat, te eniger tijd; *früh(e)stens* op zijn vroegst; *am früh(e)sten* het vroegst; **'Früherkennung** ‹*die; -, -en*› vroege diagnostiek; **'Frühgeburt** ‹*die; -, -en*› 1 voortijdige geboorte; 2 te vroeg geboren kind; **'Frühgemüse** ‹*mv*› eerste groenten, primeurs; **'Frühjahr** ‹*das; -(e)s, -e*› voorjaar

'Frühling ‹*der; -s, -e*› lente; **'Frühlingsrolle** ‹*die; -, -n*› loempia

frühreif vroegrijp; **'Frührente** ‹*die, -, -n*› vut; **'Frühschoppen** ‹*der; -s, -*› het biertje of borreltje 's morgens; **'Frühstück** ‹*das; -(e)s, -e*› ontbijt; **'frühstücken** ‹*h*› ontbijten; **'frühzeitig** 1 vroeg, op een vroeg tijdstip; 2 voortijdig; **'Frühzünder** ‹*der; -s, -*› iem die snel iets in de gaten heeft; **'Frühzündung** ‹*die; -, -en*› 1 voorontsteking (*motoren*); 2 het vlug begrijpen

fru'strieren ‹*h*› frustreren

FS (*afk*) *Fernschreiber*

Fuchs ‹*der; -es, -ë*› 1 vos (*ook bont*); *ein schlauer ~* een slimme vos; 2 vos (*paard*); 3 roodharige; **'fuchsen** ‹*h*› ergeren, hinderen; *sich ~* zich ergeren; **'fuchsig** 1 woedend, razend; 2 rossig; **'Fuchsjagd** ‹*die; -, -en*› vossejacht; **'Fuchsschwanz** ‹*der; -es, -ë*› 1 vossestaart; 2 handzaag; **'fuchsteufelswild** woest, woedend

'Fuchtel ‹*die; -, -n*› *unter der ~* (*stehen*) onder tucht; *unter jem.s ~ sein* onder de plak zitten; **'fuchteln** ‹*h*› zwaaien (*met handen, armen of stok*)

'fuchtig kwaad, nijdig, woest

Fug: *mit ~ und Recht* met recht, terecht

'Fuge ‹*die; -, -n*› 1 voeg; 2 sponning; 3 (*muz*) fuga; **'fugen** ‹*h*› 1 verbinden (*hout*); 2 voegen (*een muur*); **'fügen** ‹*h*› 1 voegen, verbinden, in elkaar zetten; 2 (*der Zufall*) *hat es so gefügt* heeft het zo beschikt; 3 *sich ~* zich voegen, zich schikken; *wie es sich gerade fügt* zoals het uitkomt; **'Fügewort** ‹*das; -(e)s, -ër*› voegwoord; **'fügsam** handelbaar, meegaand, gedwee; **'Fügsamkeit** ‹*die; -, geen mv*› handelbaarheid, meegaandheid; **'Fügung** ‹*die; -, -en*› 1 voeging, verbinding; 2 (be)schikking

'fühlbar voel-, tastbaar; *sich ~ machen* zich doen gevoelen; **'fühlen** ‹*h*› tasten, (ge)voelen, gewaarworden; *sich ~* zich voelen; **'Fühler** ‹*der; -s, -*› (voel)spriet, voeldraad, -horen; **'Fühlung** ‹*die; -, geen mv*› voeling, contact; *~* (*mit einem*) *suchen, nehmen, haben, behalten* contact zoeken, krijgen, hebben, houden; **'Fühlungnahme** ‹*die; -, -n*› het voeling-, contactzoeken

'Fuhre ‹*die; -, -n*› 1 vrachtwagenlading; 2 lading

'führen ‹*h*› 1 (ge)leiden; 2 voeren (*gesprek, oorlog, proces, titel, valse naam, het woord*); 3 leiden, besturen; 4 besturen (*trein, vliegtuig*); 5 (*sp*) de leiding hebben; 6 hanteren (*bezem, pen, zwaard*); 7 *er führt eine mustergültige Ehe* zijn huwelijksleven is voorbeeldig; 8 *den Haushalt ~* het huishouden doen; 9 *ein Verzeichnis ~* een lijst, een register bijhouden; 10 *auf* (*die Spur*) *~* brengen; 11 in handen hebben (*roer*); 12 (*diesen Artikel*) *~ wir nicht* verkopen, hebben we niet; 13 *einen* ***hinters*** *Licht ~* iem om de tuin leiden; 14 (*das Wort*) *führt er immer* ***im*** *Munde* ligt hem in de mond bestorven; 15 *ins Verderben ~* ten verderve voeren; 16 *einen in Versuchung ~* verleiden; 17 (*etwas*) ***mit*** *sich ~* bij zich hebben, bij zich dragen; 18 ***zum*** *Erfolg ~* tot een succes brengen; 19 (*die Gabel usw.*) *zum Mund ~* naar de mond brengen; (*was*) *führt* (*dich zu mir*) brengt; **sich** ~ zich gedragen; **'führend** *a*) vooraanstaand;

b) leidinggevend; vgl *führen*; '**Führer** ‹*der; -s, -*› 1 leider, gids; 2 gids, handleiding; 3 aanvoerder; 4 bestuurder (*van tram, vliegtuig enz*); '**Führerschein** ‹*der; -*(*e*)*s, -e*› rijbewijs; *den ~ machen* rijexamen doen; '**Führerscheinentzug** ‹*der; -*(*e*)*s, -ë*› het intrekken van het rijbewijs

'**Fuhrpark** ‹*der; -s, -s*› het wagenpark

'**Führung** ‹*die; -, -en*› 1 leiding, bestuur; 2 gedrag; 3 rondleiding; 4 het voeren (*van een proces, titel*); 5 administratie; 6 leiding; *in ~ liegen* vóór staan; de leiding hebben; *in ~ gehen* een voorsprong, de leiding nemen; '**Führungskraft** ‹*die; -, -ë*› leidinggevende kracht; ‹*mv*› leidinggevend personeel; '**Führungstreffer** ‹*der; -s, -*› doel dat de leiding brengt; '**Führungszeugnis** ‹*das; -ses, -se*› bewijs van goed gedrag

'**Fuhrunternehmen** ‹*das; -s, -*› (klein) transportbedrijf; '**Fuhrwerk** ‹*das; -*(*e*)*s, -e*› voer-, rijtuig, wagen; '**fuhrwerken** ‹*h*› druk in de weer zijn

'**Fülle** ‹*die; -, geen mv*› 1 overvloed, grote hoeveelheid, rijkdom; 2 volheid; 3 gevuldheid; 4 zwaarlijvigheid

'**Füllen** ‹*das; -s, -*› veulen

'**füllen** ‹*h*› (op)vullen, volmaken; (*Wein*) *in, auf Flaschen ~* op flessen doen, bottelen; '**Füller** ‹*der; -s, -*› vulpen; '**Füllfederhalter** ‹*der; -s, -*› vulpen(houder); '**Füllgewicht** ‹*das; -*(*e*)*s; -e*› 1 uitlekgewicht; 2 netto inhoud; '**füllig** gevuld; '**Füllstift** ‹*der; -*(*e*)*s, -e*› vulpotlood; '**Füllung** ‹*die; -, -en*› 1 het vullen; 2 vulling (*van tand, kies*); 3 vulsel, vulling (*van spijzen, gebak e.d.*); 4 paneel (*o.a. deur*)

'**fummeln** ‹*h*› 1 frunniken, friemelen; 2 (iets) met moeite ergens uithalen of insteken; 3 betasten (*vooral seksueel*); vogelen; 4 *~ an* (+ 3) prutsen, knutselen aan

Fund ‹*der; -*(*e*)*s, -e*› 1 vondst; 2 vinding

Funda'ment ‹*das; -*(*e*)*s, -e*› 1 fundament; 2 grondslag, basis; **fundamen'tal** fundamenteel

'**Fundbüro** ‹*die; -s, -s*› bureau voor gevonden voorwerpen; '**Fundgrube** ‹*die; -, -n*› (*fig*) rijke bron of vindplaats

'**Fundi** ‹*der; -s, -s*› fundamentalist

fun'dieren ‹*h*› 1 funderen; 2 motiveren; **Fun'dierung** ‹*die; -, -en*› fundering enz.

'**fündig**: *~ werden* ontdekken, vinden (*ertsen, olie e.d.*)

'**Fundort** ‹*der; -*(*e*)*s, -e*› vindplaats; '**Fundsache** ‹*der; -, -n*› gevonden voorwerp; '**Fundstelle** ‹*die; -, -n*› vindplaats

fünf vijf; *er kann nicht bis ~ zählen* kan geen tien tellen; (*wir*) *sind zu fünft*, (*unser*) *~* zijn met z'n vijven; **Fünf** ‹*die; -, -en*› (de) 5; '**Fünfer** ‹*der; -s, -*› 1 vijfpfennigstuk; 2 vijf getallen goed (*bij lotto*); 3 (bus van) lijn vijf; 4 onvoldoende (*rapportcijfer*); **Fünf'jahresplan** ‹*der; -*(*e*)*s, -ë*› vijfjarenplan; '**Fünfkampf** ‹*der; -*(*e*)*s, -ë*› (*sp*) vijfkamp; **Fünf'markstück** ‹*das; -*(*e*)*s, -e*› vijfmarkstuk; '**fünfstellig** van vijf cijfers; '**Fünftel** ‹*das; -s, -*› vijfde (deel); '**fünfzig** vijftig; '**Fünfziger** ‹*der; -s, -*› 1 vijftiger; 2 (*volkstaal*) vijftig-pfennigstuk; 3 (*volkstaal*) briefje van 50 Mark; *die f~ Jahre* de jaren vijftig (tussen '50 en '60)

fun'gieren ‹*h*› fungeren

Funk ‹*der; -s, geen mv*› 1 radiotelefonie; 2 radio

'**Funke** ‹*der; -ns, -n*› 1 vonk; 2 sprank; '**funkeln** ‹*h*› fonkelen, schitteren, blinken; '**funkelnagelneu** (spik)splinternieuw

'**funken** ‹*h*› 1 draadloos seinen; 2 *es funkt bei ihm* hij begrijpt het; '**Funker** ‹*der; -s, -*› radiotelefonist, marconist; '**Funkfeuer** ‹*das; -s, -*› radiobaken; '**Funkgerät** ‹*das; -*(*e*)*s, -e*› zendapparaat; '**Funkhaus** ‹*das; -es, -ër*› studiogebouw; '**Funkkontakt** ‹*der; -*(*e*)*s, -e*› radiocontact; '**Funkmeldung** ‹*die; -, -en*› draadloos bericht; '**Funksprechanlage** ‹*die; -, -n*› mobilofoon; '**Funkspruch** ‹*der; -*(*e*)*s, -ë*› radiotelegram; '**Funkstreife** ‹*die; -, -n*› politiepatrouille; '**Funkstreifenwagen** ‹*der; -s, -*› surveillancewagen met mobilofoon

Funkti'on ‹*die; -, -en*› functie (ook *wisk*); **Funktio'när** ‹*der; -s, -e*› functionaris; **funktio'nell** functioneel; **funktio'nieren** ‹*h*› 1 fungeren (dienst doen); 2 functioneren, werken (*van mechanismen*)

'**Funkturm** ‹*der; -*(*e*)*s, -ë*› radiomast; '**Funkverbindung** ‹*die; -, -en*› radioverbinding; '**Funkverkehr** ‹*der; -s, geen mv*› radioverkeer; '**Funkwerbung** ‹*die; -, -en*› etherreclame

'**Funzel** ‹*die; -, -n*› slecht brandende lamp, pitje

für ‹*vz* (+ 4)› voor; (*Wasser*) *~* (*Wein*) in plaats van; *Jahr ~ Jahr* jaar in, jaar uit; *fürchten ~, sich ängstigen ~, zittern ~ einen* (uit bezorgdheid) voor iem bang zijn, zich ongerust maken, beven; *~s erste* vooreerst, voorlopig; *~ sich: a*) op zichzelf; *b*) voor zich alleen; *an und ~ sich* op zichzelf (beschouwd); *ich ~ meine Person* wat mijn persoon betreft

Für ‹*das*› *das ~ und Wider* het voor en tegen

'**Fürbitte** ‹*die; -, -n*› voorspraak

'**Furche** ‹*die; -, -n*› 1 voor; *~n ziehen* voren maken; 2 groef, rimpel (*in de huid*)

Furcht ‹*die; -, geen mv*› vrees, angst; *einen in ~ jagen* iem vrees aanjagen; '**furchtbar** 1 vreselijk, verschrikkelijk, ontzettend; 2 zeer, heel; *~ gern* ontzettend graag; '**Furchtbarkeit** ‹*die; -, -en*› verschrikkelijkheid; '**furchteinflößend** angstaanjagend; '**fürchten** vrezen, bang zijn; *sich ~* (*vor* (+ 3)) bang zijn (voor iets), vrezen; '**fürchterlich** vreselijk, verschrikkelijk; '**furchterregend** angstaanjagend; '**furchtlos** onbevreesd; '**furchtsam** vreesachtig, bang

fürein'ander voor elkaar

'**Furie** ‹*die; -, -n*› furie

furi'os furieus

für'liebnehmen zie *vorliebnehmen*

'**Fürsorge** ‹*die; -, geen mv*› 1 zorg; 2 sociale

zorg; 3 *Öffentliche* ~ dienst voor sociale zaken; 4 (*volkstaal*) bijstandsuitkering; '**Fürsorgeamt** ‹*das; -(e)s, -ër*› dienst voor sociale zaken

'**Fürsprache** ‹*die; -, geen mv*› voorspraak; ~ *für einen einlegen* iemands voorspraak zijn; '**Fürsprecher** ‹*der; -s, -*› 1 voorspreker; 2 voorstander

Fürst ‹*der; -en, -en*› vorst; '**Fürstenhaus** ‹*das; -es, -ër*› vorstenhuis; '**Fürstentum** ‹*das; -s, -ër*› vorstendom; '**fürstlich** vorstelijk

Furt ‹*die; -, -en*› voorde, doorwaadbare plaats

Fu'runkel ‹*der; -s, -*› (*med*) steenpuist

'**Fürwort** ‹*das; -(e)s, -ër*› voornaamwoord

Furz ‹*der; -es, -ë*› wind, scheet; '**furzen** ‹*h*› een wind, een scheet laten

'**Fusel** ‹*der; -s, geen mv*› foezel, slechte jenever

füsi'lieren ‹*h*› fusilleren

Fusi'on ‹*die; -, -en*› fusie; **fusio'nieren** ‹*h*› fuseren

Fuß ‹*der; -es, -ë*› 1 voet; 2 poot (*van dieren, meubels*); 3 voetstuk; *stehenden ~es* op staande voet; 4 *einem auf dem ~ folgen,* (*lett*); (*sp*) *auf dem falschen* ~ op het verkeerde been; 5 *von Kopf bis* ~ van top tot teen; 6 *einem zu Füßen fallen, sich einem zu Füßen werfen* zich voor iem op de knieën werpen; *sich die Füße ab-, wundlaufen* z'n benen uit z'n lijf lopen; '**Fußangel** ‹*die; -, -n*› voetangel; '**Fußball** ‹*der; -(e)s, -ë*› voetbal; ~ *spielen* voetballen; '**Fußballmannschaft** ‹*die; -, -en*› voetbalelftal; '**Fußballplatz** ‹*der; -(e)s, -ë*› voetbalveld; '**Fußballspiel** ‹*das; -(e)s, -e*› 1 voetbalwedstrijd; 2 voetbalspel; '**Fußballspieler** ‹*der; -s, -*› voetballer; '**Fußballverband** ‹*der; -(e)s, -ë*› voetbalbond; '**Fußballverein** ‹*der; -(e)s, -e*› voetbalclub, -vereniging; '**Fußbank** ‹*die; -, -ë*› voetenbank; '**Fußboden** ‹*der; -s, -̈*› vloer; '**Fußbodenbelag** ‹*der; -(e)s, -ë*› vloerbedekking; '**fußen** ‹*h*› ~ *auf* (+ 3) steunen of berusten op; '**Fußgänger** ‹*der; -s, -*› voetganger; '**Fußgängerbereich** ‹*der; -(e)s, -e*› ; '**Fußgängerüberweg** ‹*der; -(e)s, -e*› voetgangersoversteekplaats; '**Fußgängerzone** ‹*die; -, -n*› voetgangersgebied; '**Fußgelenk** ‹*das; -(e)s, -e*› enkel; '**fuß'hoch** een voet, voeten hoog; '**Fußnote** ‹*die; -, -n*› voetnoot; '**Fußstapfe** ‹*die; -, -n*› voetstap; *in jem.s ~n treten,* (*lett*); '**Fußtritt** ‹*der; -(e)s, -e*› 1 trap, schop; 2 trede, opstap (*eines Wagens*); '**Fußweg** ‹*der; -(e)s, -e*› voetpad

futsch 1 weg, verdwenen, foetsie; 2 kapot

'**Futter** ‹*das; -s, -*› 1 voer, voeder (voor dieren); 2 (*volkstaal*) voer, eten; 3 voering (*van kleding*); 4 lijstwerk (*om deuren en vensters*)

Futte'ral ‹*das; -s, -e*› foedraal; koker; hoes

'**futtern** ‹*h*› (*volkstaal*) eten, bikken; '**füttern** ‹*h*› 1 voeren, voer geven; 2 voeren, van voering voorzien; 3 gegevens invoeren (*bij een computer*); '**Futterrübe** ‹*die; -, -n*› voederbiet; '**Fütterung** ‹*die; -, -en*› het voeren (*van dieren, kleding*)

Fu'tur ‹*das; -s, geen mv*› (*taalk*) toekomende tijd

Futuro'loge ‹*der; -n, -n*› futuroloog

Ggg

g (*afk*) 1 Gramm; 2 Groschen

'Gabe ‹*die; -, -n*› 1 gave, talent; 2 gift, gave; 3 aalmoes

'Gabel ‹*die; -,-n*› 1 vork; 2 gaffel; 3 lemoen; 4 gewei; 5 (telefoon)haak; **'gabeln** ‹*h*› 1 aan, op de vork steken, oppikken; 2 (*fig*) *nach etwas* ~ naar iets hengelen; 3 *sich* ~ zich splitsen; **'Gabelstapler** ‹*der; -s, -*› vorkheftruck; **'Gabelung** ‹*die; -, -en*› splitsing (*van wegen e.d.*), aftakking

'gackern ‹*h*› kakelen, snateren (*ook fig*)

'gaffen ‹*h*› gapen, met open mond staan; **'Gaffer** ‹*der; -s, -*› gaper

Gag ‹*der; -, -s*› 1 (*theat*) gag; 2 geestigheid, grap

'Gage ‹*die; -, -n*› gage

'gähnen ‹*h*› gapen (*lett en fig*), geeuwen

'Gala ‹*die; -, geen mv*› gala; **'Galaanzug** ‹*der; -(e)s, -ë*› galakostuum

ga'lant 1 galant, hoffelijk; 2 *~es Abenteuer* liefdesavontuur

Ga'leere ‹*die; -, -n*› (*scheepv*) galei

Gale'rie ‹*die; -, -n*› galerij (*alle bet*)

'Galgen ‹*der; -s, -*› galg; **'Galgenfrist** ‹*die; -, geen mv*› kort (nutteloos) uitstel, uitstel van executie; **'Galgenhumor** ‹*der; -s, geen mv*› galgenhumor; **'Galgenstrick** ‹*der; -(e)s, -e*› galgebrok

'Galle ‹*die; -, -n*› 1 gal (*lett en fig*); 2 galgezwel; 3 *ihm läuft die ~ über* hij wordt razend; **'gallen'bitter** bitter als gal; **'Gallenblase** ‹*die; -, -n*› galblaas

'Gallert ‹*das; -(e)s, -e*› gelatine, gelei, dril

'gallig 1 galachtig; 2 *~er Humor* bittere humor

Ga'lone ‹*die; -, -n*› galon, tres

Ga'lopp ‹*der; -s, -e of -s*› galop (*lett en fig*); **galop'pieren** ‹*h*› galopperen; **Ga'lopprennen** ‹*das; -s, -*› het paarderennen

galvani'sieren ‹*h*› galvaniseren

Ga'masche ‹*die; -, -n*› slobkous

'gammeln ‹*h*› zijn tijd verlummelen; **'Gammeltag** ‹*der; -(e)s, -e*› baaldag; **'Gammler** ‹*der; -s, -*› nietsnut

Gang I ‹*der; -(e)s, -ë*› 1 gang (*div bet*); *in ~ bringen* op gang brengen; 2 boodschap; 3 (*techn*) versnelling; *den zweiten ~ einlegen, einschalten* in de tweede versnelling zetten; 4 het lopen (*van machine*); 5 (*sp*) ronde; **II** ‹*die; -, -s*› gang, bende; **gang**: (*das ist hier*) *~ und gäbe* zeer gebruikelijk; **'Gangart** ‹*die; -, -en*› gang, loop, manier van lopen; **'gangbar** 1 begaanbaar; 2 gangbaar

'Gängelband ‹*das*› (*fig*) *einen am ~ führen* iem aan de leiband laten lopen; **'gängeln** ‹*h*› aan de leiband laten lopen (*fig*)

'gängig 1 gangbaar; 2 gemakkelijk bewegend, licht lopend

'Gangschaltung ‹*die; -, -en*› versnelling, schakeling

Ga'nove ‹*der; -n, -n*› boef, schurk

Gans ‹*die; -, -ë*› gans (*lett en fig*); **'Gänseblümchen** ‹*das; -s, -*› madeliefje; **'Gänsebraten** ‹*der; -s, -*› gebraden gans; **'Gänsefüßchen** ‹*mv*› aanhalingstekens; **'Gänsehaut** ‹*die; -, geen mv*› (*fig*) kippevel; **'Gänserich** ‹*der; -(e)s, -e*› gent, mannetjesgans

ganz I ‹*bn*› 1 heel, gaaf, ongeschonden; 2 *~e Arbeit leisten* voortreffelijk werk verrichten; 3 slechts; *~e 50 Gulden* slechts 50 gulden; *~e zwei Mann* maar twee man; *~e (3 Monate)* volle; 4 *im großen (und) ~en* over het geheel, over het algemeen; **II** ‹*bw*› 1 helemaal, geheel; 2 heel, erg; *sich ~ schön irren* zich heel erg vergissen; 3 tamelijk, nogal; **'Ganze** ‹*bn als zn*› het geheel; *ein ~s* een geheel; *im ~n genommen* over het geheel, over het algemeen; *aufs ~ gehen* alles op het spel zetten; *es geht ums ~* het gaat erom; **'Ganzheit** ‹*die; -, geen mv*› geheel, totaliteit; **'ganzjährig** het hele jaar door; **'gänzlich** geheel, volkomen, totaal; geheel en al; **'ganztägig**: *~ geöffnet* de hele dag geopend; **'Ganztagsarbeit** ‹*die; -, geen mv*›, **'Ganztagsbeschäftigung** ‹*die; -, geen mv*› full-time job, volledige dagtaak

gar I ‹*bw*› 1 geheel; *~ nicht* in het geheel niet; *~ kein* in het geheel geen; 2 *~ bald* zeer spoedig; 3 *~ zu schlecht, oft usw.* maar al te slecht, vaak enz.; 4 *am Ende bist du ~ böse?* per slot van rekening ben je nog boos ook?; **II** ‹*bn*› gaar

Ga'rage ‹*die; -, -n*› garage; **Gara'gist** ‹*der; -en, -en*› (*Belg*) garagist

Garan'tie ‹*die; -, -n*› 1 garantie, waarborg; *~ leisten* garantie geven; 2 *unter ~* beslist, gegarandeerd; 3 *staatliche ~* rijksgarantie; (*Belg*) staatswaarborg; **garan'tieren** ‹*h*› garanderen; **Garan'tieschein** ‹*der; -(e)s, -e*› garantiebewijs; **Garan'tiezeit** ‹*die; -, -en*› garantietermijn

'Garaus ‹*der*› *einem den ~ machen* iem van kant maken, vermoorden

'Garbe ‹*die; -, -n*› 1 schoof; 2 (*mil*) salvo

'Garde ‹*die; -, -n*› garde

Garde'robe ‹*die; -, -n*› 1 garderobe; 2 vestiaire; 3 kleedkamer; **Garde'robefrau** ‹*die; -, -en*› juffrouw van de vestiaire; **Garde'robemarke** ‹*die; -, -n*› nummer van de vestiaire; **Garde'robenständer** ‹*der; -s, -*› kapstok

Gar'dine ‹*die; -, -n*› gordijn; **Gar'dinenstange** ‹*die; -, -n*› gordijnroede

'gären ‹*st. en zw. h, es gor en gärte; gegoren en gegärt*› gisten (*lett en fig*)

'Garküche ‹*die; -, -n*› gaarkeuken

'Gärmittel ‹*das; -s, -*› gistmiddel

Garn ‹*das; -(e)s, -e*› 1 garen; 2 net; 3 *ins ~ gehen* in de val lopen, (ook) zich laten verleiden

Gar'nele ‹*die; -, -n*› garnaal
gar'nieren ‹*h*› garneren
Garni'son ‹*die; -, -en*› garnizoen
Garni'tur ‹*die; -, -en*› 1 garnituur; 2 stel; 3 (*mil*) uitrusting
'Garnrolle ‹*die; -, -n*› klosje garen
'garstig walgelijk, akelig, naar
'Garten ‹*der; -s, -̈*› tuin; **'Gartenanlage** ‹*die; -, -n*› plantsoen; **'Gartenbau** ‹*der; -(e)s, geen mv*› tuinbouw; **'Gartenbaubetrieb** ‹*der; -(e)s, -e*› tuinderij; **'Gartenhaus** ‹*das; -es, -ër*› tuinhuisje; **'Gartenkresse** ‹*die; -, -n*› (*plantk*) ster-, tuinkers; **'Gartenlaube** ‹*die; -, -n*› prieel, tuinhuisje; **'Gartenzwerg** ‹*der; -(e)s, -e*› tuinkabouter (*lett en fig*); **'Gärtner** ‹*der; -s, -*› tuinman; **Gärtne'rei** ‹*die; -, -en*› tuindersbedrijf; **'gärtnern** ‹*h*› tuinieren
'Gärung ‹*die; -, -en*› gisting
Gas ‹*das; -es, -e*› 1 gas; 2 (*fig*) *einem das ~ abdrehen* iem de das omdoen; **'Gasbehälter** ‹*der; -s, -*› gashouder; **'gasförmig** gasvormig; **'Gasgeruch** ‹*der; -(e)s, -ë*› gaslucht; **'Gashahn** ‹*der; -(e)s, -ë*› gaskraan; **'Gasheizung** ‹*die; -, -en*› gasverwarming; **'Gasherd** ‹*der; -(e)s, -e*› gasfornuis; **'Gaskammer** ‹*die; -, -n*› gaskamer; **'Gaskocher** ‹*der; -s, -*› gaskomfoor, -toestel; **'Gasmaske** ‹*die; -, -n*› gasmasker; **'Gasofen** ‹*der; -s, -̈*› gaskachel; **'Gaspedal** ‹*das; -s, -e*› gaspedaal
'Gasse ‹*die; -, -n*› 1 steeg; 2 straat; 3 doorgang; **'Gassenjunge** ‹*der; -n, -n*› straatjongen
Gast ‹*der; -es, -ë*› gast, logé; **'Gastarbeiter** ‹*der; -s, -*› gastarbeider; **'Gästebuch** ‹*der; -(e)s, -ër*› gastenboek; **'Gästehaus** ‹*das; -es, -ër*› gastenverblijf; **'Gästezimmer** ‹*das; -s, -*› logeerkamer; **'gastfrei** gastvrij; **'Gastfreiheit** ‹*die; -, geen mv*› gastvrijheid; **'Gastfreund** ‹*der; -(e)s, -e*› gastheer; **'gastfreundlich** gastvrij, hartelijk, gul; **'Gastfreundlichkeit** ‹*die; -, geen mv*› gastvrijheid enz.; **'Gastfreundschaft** ‹*die; -, geen mv*› gastvrijheid; **'Gastgeber** ‹*der; -s, -*› gastheer; **'Gastgeberin** ‹*die; -, -nen*› gastvrouw; **'Gasthaus** ‹*das; -es, -ër*› hotel-restaurant; **'Gasthof** ‹*der; -(e)s, -ë*› 1 restaurant; 2 pension; **gas'tieren** ‹*h*› 1 een gastrol vervullen; 2 (*sp*) een uitwedstrijd spelen, uitspelen; **'gastlich** gastvrij
Gastrono'mie ‹*die; -, geen mv*› gastronomie
'Gastspiel ‹*das; -(e)s, -e*› 1 gastvoorstelling; 2 gastrol; 3 uitwedstrijd; **'Gaststätte** ‹*die; -, -n*› restaurant; **'Gaststättengewerbe** ‹*das; -s, geen mv*› horeca; **'Gastwirt** ‹*der; -(e)s, -e*› caféhouder, waard; **'Gastwirtschaft** ‹*die; -, -en*› eenvoudig restaurant
'Gasuhr ‹*die; -, -en*› gasmeter; **'Gaswerk** ‹*das; -e, -*› gasfabriek
'Gatte ‹*der; -n, -n*› man, echtgenoot
'Gatter ‹*das; -s, -*› 1 hek (*van latten*); 2 hekwerk
'Gattin ‹*die; -, -nen*› vrouw, echtgenote
'Gattung ‹*die; -, -en*› 1 soort; 2 klasse, geslacht; 3 aard, genre; **'Gattungsname** ‹*der; -ns, -n*› soortnaam

Gau ‹*der; -(e)s, -e*› (land)streek, gouw, gewest
GAU (*afk*) ‹*der; -(s)*› größter anzunehmender Unfall
'gaukeln ‹*h*› 1 dartelen, spelen; 2 goochelen, bedriegen; **'Gaukler** ‹*der; -s, -*› goochelaar, kunstenmaker
Gaul ‹*der; -(e)s, -ë*› 1 knol; 2 paard
'Gaumen ‹*der; -s, -*› gehemelte; **'Gaumenkitzel** ‹*der; -s, -*› streling voor het gehemelte
'Gauner ‹*der; -s, -*› 1 oplichter; 2 schurk; **'Gaunersprache** ‹*die; -, -n*› boeventaal; **'Gaunerstreich** ‹*der; -(e)s, -e*› boevenstreek
'Gaze ‹*die; -, -n*› gaas
Ga'zelle ‹*die; -, -n*› (*dierk*) gazelle
Ge'ächtete(r) ‹*bn als zn*› vogelvrijverklaarde
Ge'ächze ‹*das; -s, geen mv*› gesteun, gekerm
ge'artet geaard, van ... natuur, van ... aard
Ge'äst ‹*das; -(e)s, geen mv*› takwerk, takken
Ge'bäck ‹*das; -(e)s, geen mv*› gebak
Ge'bälk ‹*das; -(e)s, geen mv*› balkwerk, balken
Ge'bärde ‹*die; -, -n*› gebaar; **ge'bärden, sich** ‹*h*› zich gedragen; **Ge'bärdenspiel** ‹*das; -(e)s, geen mv*› gebarenspel; **Ge'bärdensprache** ‹*die; -, -n*› gebarentaal
ge'bären ‹*st.h; a-o; -ie of -ä*› baren, ter wereld brengen; **Ge'bärmutter** ‹*die; -, geen mv*› (*anat*) baarmoeder
Ge'bäude ‹*das; -s, -*› 1 gebouw; 2 stelsel, systeem
ge'bauderkitzelt, **ge'bauderpinselt**: *sich ~ fühlen* zich vereerd voelen
Ge'bein ‹*das; -(e)s, -e*› 1 gebeente; 2 *seine ~e* zijn botten, zijn geraamte (van dode)
'geben ‹*st.h; a-e; i*› 1 geven; 2 (*zwei mal zwei*) *gibt vier* is vier; 3 *ich gebe nichts, viel auf* (*sein Urteil*) ik hecht geen, veel waarde aan; 4 (*er wird*) *einen guten Techniker ~* een goed technicus worden; 5 *es gibt* er is, er zijn; *was gibt's* wat is er; 6 *es gibt Regen* we krijgen regen; 7 *es wird was ~!* er vallen dadelijk klappen; 8 *das gibt's bei uns nicht* dat hebben, doen wij niet; 9 *so was gibt's* dat komt voor; 10 *sich in* (+ 4) ~ zich in iets schikken; 11 *die Schmerzen werden sich bald ~* de pijn zal spoedig verdwijnen; **'Geber** ‹*der; -s, -*› gever, schenker
Ge'bet ‹*das; -(e)s, -e*› 1 gebed; 2 (*einen*) *ins ~ nehmen* onder handen nemen; **Ge'betbuch** ‹*das; -(e)s, -ër*› gebedenboek
Ge'bettel ‹*das; -s, geen mv*› gebedel
Ge'biet ‹*das; -(e)s, -e*› gebied, terrein, domein; **ge'bieten** ‹*st.h; o-o*› 1 gebieden, bevelen; 2 (*eerbied*) afdwingen; **Ge'bieter** ‹*der; -s, -*› gebieder, heer, meester; **ge'bieterisch** gebiedend, bevelend, dwingend
Ge'bilde ‹*das; -s, -*› 1 maaksel; 2 schepping, voortbrengsel, produkt
ge'bildet beschaafd, ontwikkeld; **Ge'bildete(r)** ‹*bn als zn*› beschaafd, ontwikkeld mens, intellectueel
Ge'bimmel ‹*das; -s, -*› gebeier, gelui
Ge'binde ‹*das; -s, -*› 1 boeket, krans, bloemstuk; 2 streng (*garen*); 3 (*bouwk*) kapspant

Ge'birge ‹*das; -s, -*› gebergte; **ge'birgig** bergachtig; **Ge'birgsbahn** ‹*die; -, -en*› bergspoor; **Ge'birgsgegend** ‹*die; -, -en*› bergstreek; **Ge'birgszug** ‹*der; -(e)s, -ë*› bergketen

Ge'biß ‹*das; Gebisses, Gebisse*› gebit, bit; **Ge'bißträger** ‹*der; -s, -*› drager van kunstgebit

Ge'bläse ‹*das; -s, -*› ventilator, (*in auto*) aanjager

ge'boren geboren; *Sie ist eine ~e M.* haar meisjesnaam is M.

ge'borgen geborgen; **Ge'borgenheit** ‹*die; -, geen mv*› geborgenheid

Ge'bot ‹*das; -(e)s, -e*› 1 gebod; 2 bevel; 3 eis; 4 bod; 5 *zu ~e stehen* ten dienste staan; **Ge'botsschild** ‹*das; -(e)s, -er*› gebodsbord

Ge'bratene(s) ‹*das; -n, geen mv*› gebakken en gebraden spijzen

Ge'brauch ‹*der; -(e)s, -ë*› 1 gebruik; *außer ~ kommen* in onbruik raken; 2 toepassing; 3 gewoonte, zede; **ge'brauchen** ‹*h*› gebruiken; **ge'bräuchlich** gebruikelijk, gewoon, in de mode (zijnde); **Ge'brauchsanweisung** ‹*die; -, -en*› gebruiksaanwijzin; **ge'brauchsfertig** gebruiksklaar; **Ge'brauchsgegenstand** ‹*der; -(e)s, -ë*› gebruiksvoorwerp; **Ge'brauchsgüter** ‹*mv*› gebruiksgoederen; **Ge'brauchsvorschrift** ‹*die; -, -en*› gebruiksaanwijzing; **Ge'brauchtwagen** ‹*der; -s, -*› tweedehands auto

Ge'brechen ‹*das; -s, -*› gebrek; **ge'brechlich** 1 zwak (*van ouderdom*); 2 broos

ge'brochen (*lett en fig*) gebroken

Ge'brüder ‹*mv*› gebroeders

Ge'brüll ‹*das; -(e)s, geen mv*› 1 gebrul; 2 geloei

Ge'bühr ‹*die; -, -en*› 1 het verschuldigde; 2 kosten; 3 verschuldigd recht, leges, tarief, rechten; 4 bijdrage; 5 *nach ~* naar verdienste; *über ~* overmatig, meer dan nodig; **ge'bühren** ‹*h*› toekomen, passen; *sich ~* passen, voegen, betamen; **ge'bührend** behoorlijk, naar verdienste; **ge'bührenfrei** kosteloos, vrij van rechten; **Ge'bührenordnung** ‹*die; -, -en*› vastgestelde tarieven, tariefregeling; **ge'bührenpflichtig** 1 onderhevig aan rechten; 2 tegen betaling

Ge'bundenheit ‹*die; -, geen mv*› gebondenheid

Ge'burt ‹*die; -, -en*› 1 geboorte; 2 afkomst; 3 (*fig*) *eine schwere ~* een zware bevalling; **Ge'burtenbeschränkung** ‹*die; -, geen mv*› geboortenbeperking; **Ge'burtenkontrolle** ‹*die; -, geen mv*› gezinsplanning; **ge'burtenschwach** met een laag geboortencijfer; **Ge'burtenzahl** ‹*die; -, -en*›, **Ge'burtenziffer** ‹*die; -, -n*› (statistisch) geboortencijfer; **ge'bürtig** geboortig, afkomstig; **Ge'burtsanzeige** ‹*die; -, -n*› 1 geboorteaankondiging; 2 geboorteaangifte; **Ge'burtsfehler** ‹*der; -s, -*› aangeboren gebrek; **Ge'burtshelfer** ‹*der; -s, -*›, **Ge'burtshelferin** ‹*die; -, -nen*› verloskundige; **Ge'burtshilfe** ‹*die; -, geen mv*› verloskundige hulp; **Ge'burtsort** ‹*der; -(e)s, -e*› geboorteplaats; **Ge'burtstag** ‹*der; -(e)s, -e*› geboortedag; verjaardag; **Ge'burtstagsgeschenk** ‹*das; -(e)s, -e*› verjaarsgeschenk; **Ge'burtstagskind** ‹*das; -(e)s, -er*› jarige; **Ge'burtswehen** ‹*mv*› (barens)weeën; **Ge'burtsziffer** ‹*die; -, -n*› geboortencijfer

Ge'büsch ‹*das; -es, -e*› bosje, struikgewas

Ge'dächtnis ‹*das; -ses, -se*› 1 geheugen; 2 nagedachtenis, herinnering; **Ge'dächtnisfeier** ‹*die; -, -n*› herdenkingsplechtigheid; **Ge'dächtnisschwund** ‹*der; -(e)s, geen mv*› geheugenverlies; **Ge'dächtnisstütze** ‹*die; -, -n*› geheugensteuntje

ge'dämpft gedempt (*div bet*)

Ge'danke ‹*der; -ns, -n*› 1 gedachte; 2 denkbeeld; 3 (*er macht sich*) *~n* ongerust; (*das*) *macht mir ~n* geeft te denken; *sich mit dem ~n tragen* met het plan rondlopen; **Ge'dankenaustausch** ‹*der; -(e)s, geen mv*› gedachtenwisseling; **ge'dankenlos** gedachteloos, onnadenkend; **ge'dankenreich** vol gedachten of ideeën; **Ge'dankenstrich** ‹*der; -(e)s, -e*› gedachtenstreep; **ge'dankenvoll** 1 peinzend, in gedachten verzonken; 2 vol gedachten

Ge'därm ‹*das; -(e)s, -e*› ingewanden

Ge'deck ‹*das; -(e)s, -e*› 1 couvert; 2 menu

Ge'deih ‹*der*› *auf ~ und Verderb: a*) in lief en leed, in voor- en tegenspoed; *b*) onvoorwaardelijk; **ge'deihen** ‹*st.s; ie-ie*› 1 gedijen (*lett en fig*); 2 (*die Sache*) *ist nun so weit gediehen, daß* ... is nu zover (gevorderd), dat ...; **ge'deihlich** 1 voorspoedig; 2 vruchtbaar

ge'denken ‹*onr.h; gedachte, gedacht*› (+ 2) 1 herdenken; 2 denken, van plan zijn; **Ge'denken** ‹*das; -s, geen mv*› herinnering; **Ge'denkfeier** ‹*die; -, -n*› herdenkingsplechtigheid; **Ge'denkminute** ‹*die; -, -n*› minuut stilte (*ter herdenking van dode(n)*); **Ge'denkstätte** ‹*die; -, -n*› gedenkplaats; **Ge'denkstein** ‹*der; -(e)s, -e*› gedenksteen

Ge'dicht ‹*das; -(e)s, -e*› 1 gedicht, vers; 2 een droom van (iets heel moois); **Ge'dichtsammlung** ‹*die; -, -en*› bundel gedichten

ge'diegen 1 gedegen; 2 degelijk

ge'dient ex-..., oud-...; *ein ~er Soldat* een oud-militair

Ge'dränge ‹*das; -s, geen mv*› 1 gedrang; 2 (*fig*) in het nauw; 3 (*sp*) scrum; **ge'drängt** 1 dicht opeen, gedrongen; *~ voll* propvol; 2 beknopt, bondig; 3 (*stijl*) gespierd, kernachtig

ge'drückt ge-, bedrukt, neerslachtig

ge'drungen gedrongen, kort en breed gebouwd

Ge'duld ‹*die; -, geen mv*› geduld; *sich in ~ fassen* geduld oefenen; *da riß mir die ~, ging mir die ~ aus* toen was mijn geduld op; **ge'dulden, sich** ‹*h*› geduld hebben, wachten; **ge'duldig** geduldig; **Ge'duldsfaden** ‹*der*› *der ~ reißt ihm* zijn geduld is op

ge'dunsen (op)gezwollen, opgeblazen, opgezet

ge'ehrt geëerd, geacht

ge'eignet (*für*) geschikt (voor)

Ge'fahr ‹*die; -, -en*› 1 gevaar; *auf die ~ hin* op het gevaar af; 2 *auf eigene ~* op eigen risico; **ge'fährden** ‹*h*› in gevaar brengen, bedreigen; **Ge'fährdung** ‹*die; -, geen mv*› bedreiging; **Ge'fahrenstelle** ‹*die; -, -n*› gevaarlijke plaats; **Ge'fahrenzone** ‹*die; -, -n*› gevaarlijk gebied; **ge'fährlich** gevaarlijk; **ge'fahrlos** ongevaarlijk, niet gevaarlijk

Ge'fährte ‹*der; -n, -n*› metgezel, kameraad

ge'fahrvoll zeer gevaarlijk, gevaarvol

Ge'fälle ‹*das; -s, -*› 1 verval (van rivier); 2 (afwaartse) helling; 3 (*fig*) contrast; verschil

Ge'fallen I ‹*der; -s, -*› genoegen, plezier; (*einem*) *einen ~ erweisen, tun* een plezier doen; **II** ‹*das; -s, geen mv*› *~ an* (+ 3) *finden* behagen scheppen of plezier hebben in; **ge'fallen** ‹*st.h; ie-a; ä*› bevallen, aanstaan; *sich etwas ~ lassen* zich iets laten welgevallen

Ge'fallene(r) ‹*bn als zn*› gesneuvelde

ge'fällig 1 gedienstig, vriendelijk, voorkomend; 2 prettig, aangenaam; 3 sierlijk; **Ge'fälligkeit** ‹*die; -, -en*› 1 gedienstigheid enz.; 2 dienst, plezier; zie *gefällig*; **ge'fälligst** alsjeblieft; alstublieft

ge'fallsüchtig behaagziek, koket

Ge'fangene(r) ‹*bn als zn*› gevangene; **Ge'fangenenaufseher** ‹*der; -s, -*› gevangenbewaarder, cipier; **Ge'fangenenfürsorge** ‹*die; -, geen mv*› reclassering; **Ge'fangenenlager** ‹*das; -s, -*› gevangen(en)kamp; **Ge'fangenenwärter** ‹*der; -s, -*› gevangenbewaarder, cipier; **Ge'fangennahme** ‹*die; -, geen mv*› arrestatie; **ge'fangennehmen** ‹*st.h; a-o; i*› 1 gevangennemen, arresteren; 2 (*fig*) boeien; **Ge'fangenschaft** ‹*die; -, geen mv*› gevangenschap; **ge'fangensitzen** ‹*st.h; a-e*› gevangenzitten; **Ge'fängnis** ‹*das; -ses, -se*› 1 gevangenis; 2 gevangenisstraf; **Ge'fängnisstrafe** ‹*die; -, -n*› gevangenisstraf; **Ge'fängniswärter** ‹*der; -, -s*› gevangenbewaarder, cipier

Ge'fasel ‹*das; -s, geen mv*› geleuter, gebazel

Ge'fäß ‹*das; -es, -e*› 1 vat (*ook biol*); 2 bak

ge'faßt 1 kalm, bedaard, rustig; 2 *auf das Schlimmste ~* op het ergste voorbereid; *sich auf* (+ 4) *~ machen* zich op iets voorbereiden

Ge'fecht ‹*das; -(e)s, -e*› 1 gevecht (*lett en fig*), strijd; 2 *Argumente ins ~ führen* argumenten aanvoeren

ge'feit: *~ gegen* gevrijwaard van, immuun voor

Ge'fieder ‹*das; -s, -*› gevederte, pluimage; **ge'fiedert** gevederd

Ge'filde ‹*das; -s, -*› 1 landstreek; 2 veld

Ge'flacker ‹*das; -s, geen mv*› geflakker, geflikker

Ge'flatter ‹*das; -s, geen mv*› gefladder, gewapper

Ge'flecht ‹*das; -(e)s, -e*› vlecht-, netwerk

ge'fleckt gevlekt, gestippeld

Ge'flimmer ‹*das; -s, geen mv*› geflikker, geflakker, gefonkel

ge'flissentlich opzettelijk, expres

Ge'flügel ‹*das; -s, geen mv*› gevogelte, pluimvee; **Ge'flügelhändler** ‹*der; -s, -*› poelier; **Ge'flügelsalat** ‹*der; -(e)s, -e*› kipsalade; **Ge'flügelschere** ‹*die; -, -n*› wildschaar; **ge'flügelt** gevleugeld (*ook fig*), gewiekt

Ge'flüster ‹*das; -s, geen mv*› gefluister

Ge'folge ‹*das; -s, -*› gevolg (*van president, vorst*); *im ~ haben* tot gevolg hebben, veroorzaken; **Ge'folgschaft** ‹*die; -, -en*› 1 gehoorzaamheid, trouw; *~ leisten* gehoorzamen; 2 aanhangers, volgelingen

ge'fragt (*handel*) *dieser Artikel ist, wird stark ~* er is veel vraag naar dit artikel

ge'fräßig gulzig, vraatzuchtig; **Ge'fräßigkeit** ‹*die; -, geen mv*› gulzigheid enz.

Ge'freite(r) ‹*bn als zn*› soldaat 1e klasse

ge'frieren ‹*st.s; o-o*› bevriezen; **Ge'frierfach** ‹*das; -(e)s, -ër*› vriesvak; **Ge'frierfleisch** ‹*das; -(e)s, geen mv*› diepgevroren vlees; **Ge'frierpunkt** ‹*der; -(e)s, -e*› vriespunt; **Ge'frierschrank** ‹*der; -(e)s, -ë*› diepvrieskast; **Ge'friertruhe** ‹*die; -, -n*› diepvrieskist

Ge'füge ‹*das; -s, -*› 1 samenstel, bouw, structuur, constructie; 2 structuur, bestel

ge'fügig buigzaam, plooibaar, meegaand

Ge'fühl ‹*das; -(e)s, -e*› gevoel(en), gewaarwording; **ge'fühllos** (*gegen*) gevoelloos, ongevoelig (voor); **Ge'fühllosigkeit** ‹*die; -, -en*› gevoelloosheid enz.; **ge'fühlsbetont** met gevoel; **Ge'fühlsduselei** ‹*die; -, -en*› sentimentaliteit; **ge'fühlsmäßig** gevoelsmatig; intuïtief; **ge'fühlvoll** gevoelvol, gevoelig

Ge'gacker ‹*das; -s, geen mv*› gekakel, gesnater

ge'geben 1 gegeven; 2 *der ~e Mann* de geschikte man; 3 *im ~en Augenblick* op het geschikte moment; 4 *zu ~er Zeit* te zijner tijd; **ge'gebenen'falls** zo nodig, eventueel; **Ge'gebenheit** ‹*die; -, -en*› 1 feit; 2 gegeven; omstandigheid

'gegen I ‹*vz* (+ 4)› 1 tegen; *~ Abend* tegen de avond; 2 in strijd met; 3 vergeleken bij; 4 *~ Süden* naar het zuiden; **II** ‹*bw*› ongeveer; *~ hundert Mann* een man of honderd; **'Gegenangriff** ‹*der; -(e)s, -e*› tegenaanval; **'Gegenantwort** ‹*die; -, -en*› wederwoord, repliek; **'Gegenbemerkung** ‹*die; -, -en*› opmerking tegenover (een andere); *er machte die ~* hij merkte daartegenover op; **'Gegenbild** ‹*das; -(e)s, -er*› 1 pendant; 2 evenbeeld, kopie

'Gegend ‹*die; -, -en*› 1 (land)streek; 2 buurt; 3 landschap

'Gegendienst ‹*der; -(e)s, -e*› wederdienst

gegenein'ander tegen, tegenover elkaar; **gegenein'anderhalten** ‹*st.h; ie-a; ä*› tegen elkaar houden, vergelijken

'Gegenfahrbahn ‹*die; -, -en*› andere weghelft; **'Gegenforderung** ‹*die; -, -en*›, **'Gegenklage** ‹*die; -, -n*› (*Belg*) tegenvordering; **'Gegenfrage** ‹*die; -, -n*› wedervraag; **'Gegengewicht** ‹*das; -(e)s, -e*› 1 contragewicht; 2 tegengewicht (*ook fig*); **'Gegenleistung** ‹*die; -, -en*› tegenprestatie; **'Gegenrevolution** ‹*die; -, -en*› contrarevolutie; '**Gegenrichtung** ‹*die;* -, *-en*› tegenovergestelde richting; '**Gegensatz** ‹*der; -es, -ë*› 1 tegenstelling; 2 contrast; '**gegensätzlich** tegen(over)gesteld; '**Gegenschlag** ‹*der; -(e)s, -ë*› weer-, terugslag; *zu einem ~ ausholen* tot een tegenaanval overgaan; '**Gegenseite** ‹*die;* -, *-n*› 1 keerzijde; 2 tegenoverliggende zijde; 3 tegenpartij; '**gegenseitig** 1 tegenovergesteld; 2 wederzijds; '**Gegenseitigkeit** ‹*die;* -, *geen mv*› wederkerigheid; '**Gegenstand** ‹*der; -(e)s, -ë*› 1 voorwerp, ding; 2 onderwerp, thema, voorwerp; '**gegenständlich** zakelijk, objectief, concreet; '**gegenstandslos** 1 ongegrond; 2 niet steekhoudend (*argument*); 3 abstract (*kunst*); '**Gegenstoß** ‹*der; -es, -ë*› 1 tegenstoot; 2 (*mil*) tegenaanval; '**Gegenstück** ‹*das; -(e)s, -e*› 1 pendant, tegenhanger; 2 tegendeel, tegenovergestelde; '**Gegenteil** ‹*das; -(e)s, -e*› tegendeel; *im ~* integendeel; '**gegenteilig** tegen(over)gesteld; '**Gegentor** ‹*das; -(e)s, -e*› (*sp*) tegendoelpunt; '**Gegentreffer** ‹*der; -s, -*› (*sp*) tegendoelpunt

gegen'über I ‹*vz* (+ 4)› 1 tegenover; 2 in vergelijking met; II ‹*bw*› aan de overkant; **gegen'übersehen, sich** ‹*st.h; a-e; ie*› zich geplaatst zien tegenover, staan tegenover; **gegen'überstehen** ‹*st.h; a-a*› tegenover, voor (iets) staan; *sich ~* tegenover elkaar staan; **gegen'überstellen** ‹*h*› tegenoverstellen; *einem einen ~* iem met een ander confronteren; **Gegen'überstellung** ‹*die;* -, *-en*› 1 het tegenover elkaar zetten; 2 confrontatie

'**Gegenverkehr** ‹*der; -(e)s, geen mv*› tegemoetkomend verkeer; *~!* tegenliggers!

'**Gegenwart** ‹*die;* -, *geen mv*› 1 tegenwoordigheid, aanwezigheid; 2 tegenwoordige tijd, het heden; '**gegenwärtig** 1 tegenwoordig; 2 aanwezig, present; 3 nu, thans; 4 actueel; 5 *das ist mir nicht mehr ~* dat staat mij niet meer voor de geest; '**gegenwartsbezogen** betrekking hebbend op het heden; '**Gegenwartskunde** ‹*die;* -, *geen mv*› maatschappijleer; '**gegenwartsnah(e)** actueel

'**Gegenwind** ‹*der; -(e)s, -e*› tegenwind; '**Gegenzug** ‹*der; -(e)s, -ë*› 1 trein uit tegenovergestelde richting; 2 tegenzet; 3 tegenaanval

'**Gegner** ‹*der; -s, -*› 1 tegenstander; 2 vijand; '**gegnerisch** van de tegenpartij, tegen...; *die ~e Mannschaft* de tegenpartij

Ge'habe ‹*das; -s, geen mv*› 1 aanstellerij, gedoe, gemaaktheid; 2 gedrag; **Ge'haben** ‹*das; -s, geen mv*› gedrag, manier van doen

Ge'halt I ‹*der; -(e)s, -e*› 1 gehalte; 2 (innerlijke) waarde; 3 *~ und Form* vorm en inhoud; II ‹*das; -(e)s, -ër*› salaris; bezoldiging, wedde

ge'halten 1 gehouden, verplicht; 2 ernstig, gematigd, beheerst, kalm

ge'haltlos waardeloos, onbeduidend; **ge'haltreich** waardevol, van waarde, rijk aan inhoud, vol betekenis

Ge'haltsabrechnung ‹*die;* -, *-en*› salarisspecificatie; **Ge'haltsabzug** ‹*der; -(e)s, -ë*› inhouding op het salaris; **Ge'haltsanspruch** ‹*der; -(e)s, -ë*› gewenst salaris (*bij sollicitatie*); **Ge'haltsaufbesserung** ‹*die;* -, *-en*› salarisverhoging; **Ge'haltserhöhung** ‹*die;* -, *-en*› salarisverhoging, opslag; **Ge'haltskonto** ‹*das; -s, -konten*› salarisrekenin; **Ge'haltsstufe** ‹*die;* -, *-n*› salarisschaal; (*Belg*) weddeschaal; **Ge'haltszulage** ‹*die;* -, *-n*› salaristoeslag

Ge'hänge ‹*das; -s, -*› 1 guirlande; 2 hanger (*sieraad*); 3 (*volkstaal*) borsten, penis en ballen

ge'harnischt (*fig*) geharnast; krachtig

ge'hässig 1 hatelijk; 2 vijandig; **Ge'hässigkeit** ‹*die;* -, *-en*› 1 hatelijkheid; 2 bitterheid

Ge'häuse ‹*das; -s, -*› 1 koker, omhulsel; 2 kast (*van horloge, piano*); 3 klokhuis (*van vrucht*); 4 zaaddoos; 5 (slakke)huis

'**gehbar** begaanbaar

'**gehbehindert** moeilijk kunnen lopen

Ge'hege ‹*das; -s, -*› 1 omheining, afsluiting; 2 jachtterrein, wildbaan; 3 *einem ins ~ kommen* op een anders terrein komen, onder iems duiven schieten

ge'heim geheim(zinnig), verborgen; **Ge'heimdienst** ‹*der; -(e)s, -e*› geheime dienst; **ge'heimhalten** ‹*st.h; ie-a, ä*› geheim houden; **Ge'heimnis** ‹*das; -ses, -se*› geheim; **Ge'heimniskrämer** ‹*der; -s, -*› iem die geheimzinnig doet; **ge'heimnisvoll** geheimzinnig; **Geheimtue'rei** ‹*die;* -, *geen mv*› geheimzinnig gedoe

Ge'heiß ‹*das; -es, geen mv*› bevel; *auf sein ~* op zijn bevel

'**gehen** I ‹*st.s; i-a*› 1 gaan; *schlafen, spazieren ~* gaan slapen, wandelen; *mit einander ~* met elkaar gaan, verkering hebben; *Gewalt geht vor Recht* geweld gaat boven recht; 2 lopen; *es geht auf 12* het loopt tegen twaalven; *das geht in die Millionen* dat loopt in de miljoenen; *ich kann nicht ~* ik kan niet lopen; 3 *wie er geht und steht* zoals hij reilt en zeilt; *so geht's* zo kan het; *es geht ein starker Wind* er staat een behoorlijke wind; *das geht auf mich* dat slaat op mij; *das Fenster geht auf die Straße* het raam ziet op de straat uit; *in sich gehen* in zichzelf keren; *vor sich ~* gebeuren, zich afspelen; II ‹*st.h; i-a*› *ich habe mir die Füße wund gegangen* mijn voeten stuk gelopen

Ge'hetze ‹*das; -s, geen mv*› gejaag, gejakker

ge'heuer: (*die Sache, es ist hier*) *nicht ~* niet pluis, niet in de haak; *mir ist da nicht ~* ik voel mij daar niet op mijn gemak

Ge'heul ‹*das; -(e)s, geen mv*› gehuil, geloei

Ge'hilfe ‹*der; -n, -n*› 1 bediende; assistent; 2 helper

Ge'hirn ‹*das; -(e)s, -e*› 1 hersens (*lett en fig*), hersenen; 2 brein; **Ge'hirnerschütterung** ‹*die;* -, *-en*› hersenschudding; **Ge'hirnhautentzündung** ‹*die;* -, *-en*› hersenvliesontsteking, meningitis; **Ge'hirnschlag** ‹*der; -(e)s, -̈e*› beroerte, attaque; **Ge'hirnverletzung** ‹*die;* -, *-en*› hersenletsel; **Ge'hirnwäsche** ‹*die;* -, *geen mv*› hersenspoeling

ge'hoben 1 opgeheven; 2 verheven, plechtig

Ge'höft ‹*das; -(e)s, -e*› hoeve, boerderij

Ge'hölz ‹*das; -es, -e*› 1 klein bos; 2 struikgewas

Ge'hör ‹*das; -(e)s, geen mv*› 1 gehoor; *nach dem ~ (spielen)* op het gehoor; *zu ~ bringen* ten gehore brengen; 2 *um ~ bitten* om aandacht verzoeken; **Ge'hörbehinderte(r)** ‹*bn als zn*› slechthorende

ge'horchen ‹*h*› (*einem*) gehoorzamen, luisteren naar

ge'hören ‹*h*› 1 toebehoren; *das gehört mir* dat is van mij; 2 toekomen; 3 *~ zu* horen bij, deel uitmaken van; 4 *dazu gehört Mut* daar is moed voor nodig; **sich** ~ passen, betamen; **ge'hörig** 1 passend, vereist, zoals het behoort; 2 behoorlijk, flink

ge'hörlos gehoorloos, doof; **Ge'hörorgan** ‹*das; -s, -e*› gehoororgaan

ge'horsam gehoorzaam; **Ge'horsam** ‹*der; -s, geen mv*› gehoorzaamheid; *~ leisten* gehoorzamen

'Gehsteig ‹*der; -(e)s, -e*› trottoir, stoep; **'Gehweg** ‹*der; -(e)s, -e*› 1 voetpad; 2 trottoir, stoep

'Geier ‹*der; -s, -*› (*dierk*) gier

'Geifer ‹*der; -s, geen mv*› 1 speeksel, kwijl, zever; 2 (*fig*) venijn; **'geifern** ‹*h*› 1 zeveren, kwijlen; 2 razen

'Geige ‹*die; -, -n*› (*muz*) viool; **'geigen** ‹*h*› viool spelen; **'Geigenbogen** ‹*der; -s, -*› strijkstok; **'Geiger** ‹*der; -s, -*› violist

'Geigerzähler ‹*der; -s, -*› (*natuurk*) geigerteller

geil 1 geil, wellustig, wulps; 2 vet (*van grond*); 3 weelderig (groeiend); 4 *~ auf etwas sein* iets beslist willen hebben

'Geisel ‹*die; -, -n*› gijzelaar; **'Geiselnahme** ‹*die; -, -n*› gijzeling; **'Geiselnehmer** ‹*der; -s, -*› gijzelaar (wie iem gijzelt)

Geiß ‹*die; -, -en*› geit; **'Geißblatt** ‹*das; -(e)s, geen mv*› kamperfoelie

'Geißel ‹*die; -, -n*› 1 gesel; zweep; 2 gesel, plaag; **'geißeln** ‹*h*› geselen, kastijden

Geist I ‹*der; -es, -er*› geest; *den ~ aufgeben* de geest geven; II ‹*der; -(e)s, -e*› alcohol, spiritus; **'Geisterbeschwörung** ‹*die; -, -en*› 1 geestenbezwering; 2 het oproepen van geesten; **'Geisterfahrer** ‹*der; -s, -*› spookrijder; **'geisterhaft** spookachtig, als een geest; **'geistern** ‹*h*› rondwaren; spoken; **'Geisterstunde** ‹*die; -, geen mv*› spookuur; **'geistes'abwesend** verstrooid, afwezig; **'Geistes'abwesenheit** ‹*die; -, geen mv*› verstrooidheid, afwezigheid; **'Geistesarbeiter** ‹*der; -s, -*› hoofdarbeider; **'Geistesblitz** ‹*der; -es, -e*› lumineus idee, gelukkige inval; **'Geistesgegenwart** ‹*die; -, geen mv*› tegenwoordigheid van geest; **'geistesgestört** 1 geestelijk gestoord; 2 krankzinnig; **'geisteskrank** krankzinnig; **'Geisteskrankheit** ‹*die; -, -en*› krankzinnigheid; **'geistesschwach** zwak van geest, zwakzinnig; **'Geistesverfassung** ‹*die; -, geen mv*› geestesgesteldheid; **'geistesverwandt** geestverwant; **'Geistesverwirrung** ‹*die; -, geen mv*› verstandsverbijstering; **'Geisteszerrüttung** ‹*die; -, geen mv*› verstandsverbijstering; **'Geisteszustand** ‹*der; -(e)s, geen mv*› geestestoestand

'geistig 1 onstoffelijk; 2 geestelijk; 3 verstandelijk, intellectueel; 4 geestrijk (*dranken*); **'Geistigkeit** ‹*die; -, geen mv*› 1 onstoffelijkheid; 2 geestelijk wezen

'geistlich geestelijk, kerkelijk-godsdienstig; *~e Musik* gewijde muziek; **'Geistliche(r)** ‹*bn als zn*› geestelijke; **'Geistlichkeit** ‹*die; -, geen mv*› geestelijkheid

'geistlos geesteloos, onbeduidend; **'geistreich** 1 scherpzinnig, vol esprit, geestrijk; 2 geestig, grappig; **'geisttötend** geestdodend; **'geistvoll** vol diepzinnige gedachten

Geiz ‹*der; -es, geen mv*› gierigheid, inhaligheid; **'geizen** ‹*h*› 1 *mit dem Geld ~* gierig zijn; 2 *mit jeder Minute ~* geen minuut verloren laten gaan; *mit Worten ~* weinig spraakzaam zijn; **'Geizhals** ‹*der; -es, -ë*› gierigaard, vrek; **'geizig** gierig; **'Geizknochen** ‹*der; -s, -*›, **'Geizkragen** ‹*der; -s, -*› vrek

Ge'johle ‹*das; -s, geen mv*› gejoel

Ge'kicher ‹*das; -s, geen mv*› gegiechel

Ge'klatsche ‹*das; -s, geen mv*› 1 handgeklap; 2 geklets, gebabbel

Ge'klirr ‹*das; -(e)s, geen mv*› 1 gekletter, gerammel (*van wapenen e.d.*); 2 het klinken, geklink

Ge'knatter ‹*das; -s, geen mv*› geknetter, gekraak

Ge'knister ‹*das; -s, geen mv*› 1 geknetter, geknapper (*van vuur*); 2 het ruisen (*van zijde*)

ge'konnt kundig, knap

Ge'krächze ‹*das; -s, geen mv*› gekraai, gekras

Ge'kratze ‹*das; -s, geen mv*› gekrab(bel), gekras

ge'kräuselt gekruld

Ge'kreisch ‹*das; -(e)s, geen mv*› gekrijs

Ge'kritzel ‹*das; -s, geen mv*› gekrabbel, geknoei

ge'künstelt gekunsteld, gemaakt

Ge'lächter ‹*das; -s, geen mv*› gelach

Ge'lage ‹*das; -s, -*› (feest-, gast)maal

ge'lähmt verlamd (*lett en fig*); kreupel; **Ge'lähmte(r)** ‹*bn als zn*› verlamde, kreupele; **Ge'lähmtheit** ‹*die; -, geen mv*› verlamming

Ge'lände ‹*das; -s, -*› terrein; **Ge'ländefahrzeug** ‹*das; -(e)s, -e*› terreinwagen; **Ge'ländelauf** ‹*der; -(e)s, -ë*› (*sp*) veldloop; **Ge'länder** ‹*das; -s, -*› leuning, balustrade; **Ge'länderitt** ‹*der; -(e)s, -e*› (*sp*) terreinrit; cross-country

ge'langen ‹*s*› geraken, komen; *an die Öffentlichkeit ~* publiek worden

ge'lassen kalm, bedaard, beheerst; **Ge'lassenheit** ‹*die; -, geen mv*› kalmte enz.

ge'läufig 1 vlug, vaardig; 2 gebruikelijk; 3 vertrouwd; 4 vlot, vloeiend; **Ge'läufigkeit** ‹*die; -, geen mv*› 1 gemakkelijk-, vaardig-, vlotheid; 2 gebruikelijkheid

ge'launt geluimd, gehumeurd

Ge'läute ‹*das; -s, geen mv*› het gelui, het luiden

gelb geel; **'gelblich** gelig, geelachtig; **'Gelbsucht** ‹*die; -, geen mv*› geelzucht

Geld ‹*das; -(e)s, -er*› 1 geld; *kleines* ~ kleingeld; *zu ~e kommen* geld krijgen, vermogend worden; (*er hat viel* ~ *damit*) *gemacht* verdiend; (*er hat*) ~ *wie Heu* geld als water; *er schwimmt, erstickt, wühlt im* ~ hij bulkt van het geld; 2 *das läuft ins* ~ dat loopt in de papieren; **'Geldanlage** ‹*die; -, -n*› geldbelegging; **'Geldanleihe** ‹*die; -, -n*› geldlening; **'Geldautomat** ‹*der*› (*Belg*) postomat; **'Geldbetrag** ‹*der; -(e)s, -ë*› geldbedrag, -som; **'Geldeinwurf** ‹*der; -(e)s, -ë*› sleuf (voor het inwerpen van geld); **'geldlich** geldelijk, financieel; **'Geldmangel** ‹*der; -s, geen mv*› geldgebrek; **'Geldreform** ‹*die; -, -en*› geldzuivering; **'Geldschrank** ‹*der; -(e)s, -̈e*› brandkast; **'Geldspende** ‹*die; -, -n*› gift (*in geld*); **'Geldstrafe** ‹*die; -, -n*› geldboete; **'Geldstück** ‹*das; -(e)s, -e*› geldstuk; **'Geldzuwendung** ‹*die; -, -en*› 1 toelage; 2 schenking (*in geld*)

Ge'lee ‹*das of der; -s, -s*› gelei

Ge'lege ‹*das; -s, -*› het legsel

ge'legen gelegen, geschikt, van pas; **Ge'legenheit** ‹*die; -, -en*› 1 gelegenheid; 2 kans; ~ *finden* kans zien; 3 toilet; **Ge'legenheitsarbeit** ‹*die; -, -en*› 1 los werk; 2 *~en* klusjes, karweitjes; **Ge'legenheitsarbeiter** ‹*der; -s, -*› los werkman; **Ge'legenheitskauf** ‹*der; -(e)s, -ë*› koopje; **ge'legentlich** I ‹*bw*› 1 bij gelegenheid, toevallig, occasioneel; 2 wel eens; **II** ‹*vz*› (+ 2) ter gelegenheid van; ~ *des Festes* ter gelegenheid van het feest

ge'lehrig leerzaam, -gierig

Ge'lehrsamkeit ‹*die; -, geen mv*› geleerdheid; **ge'lehrt** geleerd; **Ge'lehrte(r)** ‹*bn als zn*› geleerde; **Ge'lehrtheit** ‹*die; -, geen mv*› geleerdheid

Ge'leise ‹*das; -s, -*› spoor; (*wieder*) *ins rechte* ~ *bringen* in het goede spoor brengen, in orde maken

Ge'leit ‹*das; -(e)s, -e*› 1 geleide, begeleiding, escorte, konvooi; *einem das letzte* ~ *geben* iem naar zijn laatste rustplaats begeleiden; *freies* (*sicheres*) ~ vrijgeleide; 2 *zum* ~ een woord vooraf; **ge'leiten** ‹*h*› (be)geleiden, escorteren; **Ge'leitschiff** ‹*das; -(e)s, -e*› konvooischip; **Ge'leitwort** ‹*das; -(e)s, -e*› (een) woord vooraf

Ge'lenk ‹*das; -(e)s, -e*› 1 gewricht, lid; 2 schakel; 3 scharnier; **Gelenkfahrzeug** ‹*das; -(e)s, -e*› (*vooral*) harmonikabus, -tram; **ge'lenkig** 1 geleed; 2 lenig, buigzaam, vlug; **Ge'lenkigkeit** ‹*die; -, geen mv*› lenigheid enz.; **Ge'lenkwelle** ‹*die; -, -n*› cardanas

Ge'liebte(r) ‹*bn als zn*› geliefde, beminde, minnaar, minnares

ge'liefert: (*er ist*) ~ verloren

ge'linde 1 (*regen, wind*) zacht, mild; 2 (*vuur, kou*) matig; 3 (*gedrag*) zachtzinnig, toegevend; 4 ~ *Strafe* lichte straf

ge'lingen ‹*st.s; a-u*› (ge)lukken; slagen (in)

Ge'lispel ‹*das; -s, geen mv*› gelispel, gefluister

gell schril, luid klinkend; **'gellen** ‹*h*› 1 gillen, galmen, schel klinken; 2 *es gellt mir in den Ohren* mijn oren tuiten

ge'loben ‹*h*› 1 (plechtig) beloven; 2 toezeggen; 3 *sich* ~ zich ernstig voornemen; **Ge'löbnis** ‹*das; -ses, -se*› gelofte

ge'lockt gelokt, gekruld, (met) krullend (haar)

ge'löst los, vrij, ontspannen

'gelten ‹*st.h; a-o; i*› 1 gelden; 2 geldig zijn; 3 vermogen; 4 betreffen; 5 (*für etwas*) gehouden worden; 6 *etwas* ~ *lassen: a*) iets laten gelden, niet betwisten; *b*) iets goed vinden; *es gilt!* aangenomen!; 7 *jetzt gilt's!* nu komt het erop aan!; 8 *diese Bemerkung gilt mir* slaat op mij; 9 *was gilt die Wette?* waarom gewed?; **'geltend** 1 geldend; 2 *die ~en Ansichten* de heersende meningen; 3 ~ *machen* uiten, naar voren brengen; 4 *sich* ~ *machen* zich manifesteren; **'Geltung** ‹*die; -, geen mv*› geldigheid, het gelden; *zur* ~ *bringen* doen gelden, doen uitkomen; *zur* ~ *kommen* uitkomen, tot zijn recht komen; **'Geltungsbedürfnis** ‹*das; -ses, geen mv*› geldingsdrang; **'Geltungsdauer** ‹*die; -, geen mv*› geldigheidsduur

Ge'lübde ‹*das; -s, -*› gelofte

ge'lungen 1 geslaagd; 2 leuk, grappig

Ge'lüst ‹*das; -(e)s, -e*› 1 begeerte, lust; 2 zin, trek; **ge'lüsten** ‹*h*› begeren, lust hebben, verlangen naar; *mich gelüstet nach* ik begeer

Ge'mach ‹*das; -(e)s, -ër*› vertrek, kamer

ge'mächlich 1 kalm, rustig; 2 op zijn gemak

ge'macht 1 gemaakt (*ook fig*); 2 *~!* akkoord!; 3 *er ist ein ~er Mann* hij is binnen, arrivé

Ge'mahl ‹*der; -(e)s, -e*› gemaal, echtgenoot; *Ihr Herr* ~ uw man; **Ge'mahlin** ‹*die; -, -nen*› gemalin, echtgenote; *Ihre Frau* ~ uw vrouw

Ge'mälde ‹*das; -s, -*› schilderij, schilderstuk

Ge'markung ‹*die; -, -en*› 1 gemeentegebied; 2 grens (*tussen twee dorpen*)

ge'masert gevlamd, geaderd (*van hout*)

ge'mäß I ‹*bn*› overeenkomstig, passend; **II** ‹*vz* (+ 3)› volgens, overeenkomstig, naar

ge'mäßigt gematigd, bescheiden

Ge'mäuer ‹*das; -s, -*› 1 oude muren; 2 ruïne

ge'mein 1 gemeen (*div bet*); *~e Sache machen* gemene zaak maken; 2 algemeen; 3 gemeenschappelijk; 4 gewoon

Ge'meinde ‹*die; -, -n*› 1 gemeente; 2 gemeente, parochie; **Ge'meindeamt** ‹*das; -(e)s, -ër*› gemeentesecretarie; **Ge'meindeglied** ‹*das; -(e)s, -er*› (*prot*) lidmaat; **Ge'meindehaus** ‹*das; -es, -ër*› (*r-k*) parochiehuis, (*prot*) wijkgebouw; **Ge'meinderat** ‹*der; -(e)s, -̈e*› gemeenteraad; **Ge'meinderatsmitglied** ‹*das; -(e)s, -er*› gemeenteraadslid; **Ge'meindeschwester** ‹*die; -, -n*› wijkzuster, -verpleegster

Ge'meineigentum ‹*das; -s, geen mv*› gemeen-

gem

schappelijk bezit; **ge'meingefährlich** gevaarlijk voor de algemene veiligheid; **ge'meingültig** algemeen geldig; **Ge'meingut** ‹*das; -(e)s, geen mv*› gemeenschappelijk bezit; **Ge'meinheit** ‹*die; -, -en*› gemeenheid, laagheid; **ge'meinnützig** het algemeen belang dienend, tot nut van het algemeen; **ge'meinsam** 1 gemeenschappelijk, samen; 2 *~e Sache (machen)* gemene zaak; **Ge'meinsamkeit** ‹*die; -, -en*› 1 gemeenschappelijkheid; 2 saamhorigheid, verbondenheid

Ge'meinschaft ‹*die; -, -en*› 1 gemeenschap (*alle bet*); 2 *in häuslicher ~* in gezinsverband; **ge'meinschaftlich** I ‹*bn*› gemeenschappelijk; II ‹*bw*› samen, gezamelijk; **Ge'meinschaftlichkeit** ‹*die; -, -en*› gemeenschappelijkheid, gemeenschappelijk bezit; **Ge'meinschaftsantenne** ‹*die; -, -n*› centraal antennesysteem; **Gemeinschaftsproduktion** ‹*die; -, -en*› coproduktie; **Ge'meinschaftsraum** ‹*der; -(e)s, -ë*› conversatie-, recreatiezaal; **Ge'meinschaftsschule** ‹*die; -, -n*› openbare school

ge'meinverständlich algemeen begrijpelijk; **Ge'meinwesen** ‹*das; -s, -*› (de) openbare zaak, gemeenschap, het gemenebest; **Ge'meinwohl** ‹*das; -(e)s, geen mv*› algemeen welzijn, gemenebest

Ge'menge ‹*das; -s, -*› 1 mengsel; 2 mengelmoes; 3 drukte, gedrang

ge'messen 1 waardig, ernstig; 2 passend; 3 gereserveerd

Ge'misch ‹*das; -es, -e*› mengsel; **ge'mischt** gemengd

'Gemse ‹*die; -, -n*› (*dierk*) gems, klipgeit

Ge'munkel ‹*das; -s, geen mv*› praatjes, geruchten

Ge'murmel ‹*das; -s, geen mv*› gemompel

Ge'murre ‹*das; -s, geen mv*› gemor

Ge'müse ‹*das; -s, -*› 1 groente; 2 *junges ~* jongelui; **Ge'müsegarten** ‹*der; -s, -̈*› moestuin; **Ge'müsehändler** ‹*der; -s, -*› groenteman

ge'müßigt genoodzaakt, genoopt

ge'mustert met een werkje, met een patroon

Ge'müt ‹*das; -(e)s, -er*› 1 gemoed; 2 hart, gevoel; 3 *sich etwas zu ~e führen: a)* zich iets erg aantrekken; *b)* iets lekkers eten of drinken; **ge'mütlich** 1 gezellig, prettig, behaaglijk; 2 gemoedelijk, ongedwongen; *es sich ~ machen* het zich gemakkelijk maken; **Ge'mütlichkeit** ‹*die; -, geen mv*› 1 gezelligheid, behaaglijkheid; 2 gemoedelijkheid

ge'mütsarm arm aan gevoel; **Ge'mütsmensch** ‹*der; -en, -en*› gevoelsmens; **Ge'mütsverfassung** ‹*die; -, geen mv*› gemoedsgesteldheid; **Ge'mütszustand** ‹*der; -(e)s, -ë*› gemoedstoestand

ge'nau 1 precies, nauwkeurig; 2 juist; 3 *es nicht ~ nehmen* het niet zo nauw nemen; *~ genommen* strikt genomen; 4 *genau!* precies!; 5 stipt; **ge'naugenommen** strikt genomen; **Ge'nauigkeit** ‹*die; -, geen mv*› 1 nauwkeurigheid, stiptheid; 2 juistheid; 3 stiptheid; **ge'nauso** net zo; **ge'nausogut** net zo goed; **ge'nausolang(e)** net zo lang; **ge'nausooft** net zo vaak; **ge'nausoviel** net zo veel

ge'nehm aangenaam, welkom; *~ sein* aangenaam zijn, gelegen komen

ge'nehmigen ‹*h*› 1 goedkeuren, toestaan, inwilligen; 2 bekrachtigen, sanctioneren; 3 (*volkstaal*) *sich einen ~* er eentje pakken; **Ge'nehmigung** ‹*die; -, -en*› 1 inwilliging, goedkeuring; 2 vergunning; *eine ~ einholen* vergunning aanvragen

ge'neigt 1 hellend; schuin; 2 geneigd, genegen (*zu etwas*)

Gene'ral ‹*der; -s, -e of -ë*› generaal; **Gene'ralagent** ‹*der; -en, -en*› hoofdagent, -vertegenwoordiger; **Gene'raldirektor** ‹*der; -s, -en*› 1 directeur-generaal; 2 president-directeur

generali'sieren ‹*h*› generaliseren

Gene'ralkarte ‹*die; -, -n*› algemene kaart; overzichtskaart; **Gene'ralprobe** ‹*die; -, -n*› generale repetitie; **Gene'ralsekretär** ‹*der; -s, -e*› secretaris-generaal; **Gene'ral'staatsanwalt** ‹*der; -(e)s, -ë*› procureur-generaal; **Gene'ralstab** ‹*der; -(e)s, -ë*› generale staf; **Gene'ralstäbler** ‹*der; -s, -*› stafofficier; **Gene'ralstreik** ‹*der; -(e)s, -s*› algemene staking; **Gene'ralversammlung** ‹*die; -, -en*› algemene vergadering; **Gene'ralvertreter** ‹*der; -s, -*› hoofdvertegenwoordiger, -agent; **Gene'ralvollmacht** ‹*die; -, -en*› algemene volmacht

Generati'on ‹*die; -, -en*› generatie; **Generati'onskonflikt** ‹*der; -(e)s, -e*› generatieconflict

gene'rell algemeen (geldig); in het algemeen

gene'rös genereus, edelmoedig, royaal

ge'nesen ‹*st.s; a-e*› genezen, herstellen; **Ge'nesende(r)** ‹*bn als zn*› herstellende; **Ge'nesung** ‹*die; -, -en*› genezing, herstel

Genf ‹*das*› Genève

geni'al geniaal

Ge'nick ‹*das; -(e)s, -e*› nek, hals; (*einen*) *am ~ packen* in z'n nek grijpen; **Ge'nickschuß** ‹*der; -schusses, -schüsse*› nekschot

ge'nieren, sich ‹*h*› *~ (vor (+ 3))* zich generen

ge'nießbar eet-, drinkbaar; **ge'nießen** ‹*st.h; o-o*› 1 genieten; (*etwas*) *~* genieten van; 2 nuttigen, eten, drinken; **Ge'nießer** ‹*der; -s, -*› genieter; **ge'nießerisch** 1 genotzuchtig; 2 genietend

Geni'talien ‹*mv*› geslachtsdelen, genitaliën

Ge'nörgel ‹*das; -s, geen mv*› gevit, vitterij

Ge'nosse ‹*der; -n, -n*› kameraad, partijgenoot; **Ge'nossenschaft** ‹*die; -, -en*› coöperatie; **ge'nossenschaftlich**, **Ge'nossenschafts** ... coöperatief

ge'nug 1 genoeg; *sich nicht ~ tun können* er niet genoeg van kunnen krijgen; *nicht ~ damit* alsof dat nog niet genoeg was; 2 voldoende; 3 *laß es ~ sein!* houd ermee op!; **Ge'nüge** ‹*die*› *zur ~* voldoende; **ge'nügen** ‹*h*› 1 voldoende, toereikend zijn, volstaan; 2 (*einer Pflicht, einem Versprechen*) *~* voldoen aan, nakomen; 3 *sich*

mit, an (+ 3) ~ *lassen* tevreden zijn met; **ge'nügend** voldoende; **ge'nügsam** bescheiden, matig, sober; **Ge'nügsamkeit** ‹*die; -, geen mv*› soberheid enz.; **Ge'nugtuung** ‹*die; -, -en*› genoeg-, voldoening
Ge'nuß ‹*der; Genusses, Genüsse*› 1 genot; 2 gebruik; **ge'nüßlich** met genot, smakelijk; **Ge'nußmittel** ‹*das; -s, -*› genotmiddel; **ge'nußsüchtig** genotzuchtig
Geo'graph ‹*der; -en, -en*› geograaf, aardrijkskundige; **Geogra'phie** ‹*die; -, geen mv*› geografie
Geolo'gie ‹*die; -, geen mv*› geologie
Geome'trie ‹*die; -, geen mv*› geometrie
ge'paart gepaard, dubbel
Ge'päck ‹*das; -(e)s, geen mv*› 1 bagage; 2 (*mil*) bepakking; **Ge'päckabfertigung** ‹*die; -, -en*›, **Ge'päckannahme** ‹*die; -, -n*› bagagebureau; **Ge'päckaufbewahrung** ‹*die; -, -en*› bagagedepot; **Ge'päckaufgabe** ‹*die; -, -n*› aangifte van de bagage; **Ge'päckschließfach** ‹*das; -(e)s, -ër*› (*spoorw*) bagagekluis; **Ge'päckträger** ‹*der; -s, -*› 1 witkiel, kruier; 2 bagagedrager; 3 imperiaal
ge'pfeffert gepeperd (*lett en fig*)
ge'pflegt 1 verzorgd; 2 goed onderhouden
Ge'pflogenheit ‹*die; -, -en*› gewoonte, gebruik
Ge'plapper ‹*das; -s, geen mv*› geklets, geleuter
Ge'plärr ‹*das; -(e)s, geen mv*›, **Ge'plärre** ‹*das; -s, geen mv*› 1 geblèr, gegrien; 2 geschreeuw
Ge'plätscher ‹*das; -s, geen mv*› 1 geplas, geklater, gekletter; 2 oppervlakkig gepraat
Ge'plauder ‹*das; -s, geen mv*› gebabbel, gepraat
Ge'präge ‹*das; -s, -*› 1 afdruk, stempel; 2 (*fig*) karakter, stempel, cachet
Ge'quassel ‹*das; -s, geen mv*› geklets, gebazel
Ge'quatsche ‹*das; -s, geen mv*› geklets, gezwam
ge'rade I ‹*bn*› 1 recht; 2 eerlijk; 3 even (*getal*); *fünf ~ sein lassen* wat door de vingers zien, het niet zo nauw nemen; II ‹*bw*› 1 juist, net; 2 bepaald; *nicht ~ viel* niet bepaald veel; 3 *das ist es ja* ~ dat is het hem nou net; **Ge'rade** ‹*die; -n, -n*› 1 rechte lijn; 2 (*sp*) rechtse stoot; **ge'rade'aus** rechtdoor, -uit; **ge'radeher'aus** ronduit; **ge'rade'hin** recht-, ronduit, onomwonden; **ge'rade'so** (*wie*) juist zo (als); **ge'radestehen** ‹*st.h; a-a*› 1 recht staan; 2 ~ *für* instaan voor, borg staan voor; **ge'radewegs** rechtstreeks, regelrecht; **Ge'radheit** ‹*die; -, geen mv*› 1 rechtheid; 2 oprechtheid, rondborstigheid; **ge'radlinig** rechtlijnig
Ge'rangel ‹*das; -s, geen mv*› 1 (*fig*) gehakketak; 2 gestoei
Ge'ranie ‹*die; -, -n*› geranium
Ge'rase ‹*das; -s, geen mv*› geraas, het razen
Ge'rassel ‹*das; -s, geen mv*› geratel, gerammel, gekletter
Ge'rät ‹*das; -(e)s, -e*› 1 gereedschap; 2 toestel (*ook sp*); apparaat

ge'raten I ‹*bn*› geraden, raadzaam; II ‹*st.s; ie-a; ä*› 1 gelukken, slagen, goed uitvallen; 2 terechtkomen; 3 (ge)raken, komen; 4 ~ (*sein*) *nach* lijken op; 5 *aneinander* ~ slaags raken, ruzie krijgen; 6 *außer sich, in Wut* ~ woedend worden
Ge'räteturnen ‹*das; -s, geen mv*› (*sp*) het toestelturnen
Gerate'wohl ‹*das*› *aufs* ~ op goed geluk, lukraak
ge'raum: *~e Zeit* geruime tijd; **ge'räumig** ruim, groot, omvangrijk; **Ge'räumigkeit** ‹*die; -, geen mv*› ruimte, grootte, uitgestrektheid
Ge'raune ‹*das; -s, geen mv*› (heimelijk) gefluister
Ge'räusch ‹*das; -es, -e*› 1 geruis, geluid; 2 gedruis; **ge'räuschvoll** luidruchtig, druk
'gerben ‹*h*› 1 (leer)looien; 2 *einem das Fell* ~ iem afranselen, een pak slaag geven; **'Gerber** ‹*der; -s, -*› (leer)looier; **Gerbe'rei** ‹*die; -, -en*› (leer)looierij
ge'recht 1 gerecht, gerechtvaardigd; 2 billijk, rechtvaardig; 3 *einem ~ werden* iem recht laten wedervaren; 4 *einer Anforderung ~ werden* voldoen aan, beantwoorden aan een eis; **Ge'rechtigkeit** ‹*die; -, geen mv*› rechtvaardigheid, gerechtigheid, recht (en wet)
Ge'rede ‹*das; -s, geen mv*› gepraat, praatjes; *ins ~ kommen, bringen* in opspraak komen, brengen
ge'reichen ‹*h*› strekken, dienen (*tot eer*)
ge'reizt geprikkeld, opgewonden; **Ge'reiztheit** ‹*die; -, geen mv*› zie *gereizt*
Ge'richt ‹*das; -(e)s, -e*› 1 gerecht; 2 rechtbank; 3 rechtsgebouw; 4 *das Jüngste, letzte* ~ het laatste Oordeel; 5 *vor ~ fordern, laden* (voor de rechter) dagvaarden, dagen; 6 *mit einem streng, scharf ins ~ gehen* iem flink de waarheid zeggen; **ge'richtlich** 1 gerechtelijk; 2 ~ *belangen* vervolgen, in rechten aanspreken; **Ge'richtsakte** ‹*die; -, -n*› stuk, dossier; **Ge'richtshof** ‹*der; -(e)s, -ë*› gerechtshof; **Ge'richtskanzlei** ‹*die; -, -en*› griffie; **Ge'richtskosten** ‹*mv*› proceskosten; **Ge'richtsmediziner** ‹*der; -s, -*› (*Belg*) wetsdokter; **Ge'richtstag** ‹*der; -(e)s, -e*› zittingsdag; **Ge'richtsverfahren** ‹*das; -s, -*› proces; **Ge'richtsverhandlung** ‹*die; -, -en*› gerechtelijke behandeling, procedure, proces, openbare behandeling; **Ge'richtsvollzieher** ‹*der; -s, -*› deurwaarder
ge'rieben 1 (*fig*) geslepen, geraffineerd, doortrapt; 2 *~er Käse* geraspte kaas
Ge'riesel ‹*das; -s, geen mv*› 1 gekabbel, gemurmel; 2 gedruppel
ge'ring 1 gering; 2 weinig; 3 klein; 4 laag (*afkomst, prijs*); 5 *nicht im ~sten* niet in het minst; *kein G~erer als* ... niemand minder dan ...; **ge'ringfügig** onbeduidend, gering, nietig; **Ge'ringfügigkeit** ‹*die; -, -en*› onbeduidendheid
ge'ringschätzen ‹*h*› geringschatten, minach-

ten; **ge'ringschätzig** geringschattend, minachtend; **Ge'ringschätzung** ‹*die; -, geen mv*› geringschatting, minachting

ge'rinnen ‹*st.s; a-o*› stollen, stremmen; **Ge'rinnsel** ‹*das; -s, -*› stolsel

Ge'rippe ‹*das; -s, -*› 1 geraamte (*div bet*), skelet; 2 schema

ge'rissen 1 gescheurd, gebarsten; 2 (*fig*) geslepen, sluw, gehaaid

ger'manisch Germaans; **Germa'nismus** ‹*das; -, Germanismen*› (*tlk*) germanisme

'gerne 1 graag; met genoegen; (*einen*) ~ *haben* houden van, liefhebben; ~ *geschehen!* graag gedaan! tot uw dienst!; 2 (*iron*) *der kann mich ~ haben* hij kan naar de maan lopen

Ge'röchel ‹*das; -s, geen mv*› het rochelen

Ge'röll ‹*das; -(e)s, geen mv*› rolstenen

ge'ronnen 1 geronnen; 2 gestremd, dik

'Gerste ‹*die; -, -n*› gerst; **'Gerstenkorn** ‹*das; -(e)s, -ër*› 1 gerstekorrel; 2 strontje

'Gerstensaft ‹*der; -(e)s, geen mv*› bier

'Gerte ‹*die; -, -n*› 1 twijg, teen, gard, roede; *schlank wie eine* ~ slank als een den; 2 rijzweep

Ge'ruch ‹*der; -(e)s, -ë*› 1 reuk; 2 geur (*ook fig*), reputatie; **ge'ruchlos** reukeloos; **Ge'ruchsorgan** ‹*das; -s, -e*› reukorgaan; **Ge'ruchssinn** ‹*der; -(e)s, geen mv*› reukzin

Ge'rücht ‹*das; -(e)s, -e*› gerucht

Ge'ruhsamkeit ‹*die; -, geen mv*› kalmte, rust

Ge'rümpel ‹*das; -s, geen mv*› oude rommel

Ge'rüst ‹*das; -(e)s, -e*› 1 steiger, stelling; 2 geraamte, skelet (*van bouwwerk*); 3 schema, ontwerp

ge'rüttelt: ~ *voll* boordevol

ge'salzen 1 gezouten; 2 gepeperd (*prijs*)

ge'samt geheel, totaal, al(le); **Ge'samtausgabe** ‹*die; -, -n*› volledige uitgave; **Ge'samtbetrag** ‹*der; -(e)s, -ë*› totaal bedrag, totaal; **Ge'samteindruck** ‹*der; -(e)s, -ë*› indruk van het geheel; **Ge'samtergebnis** ‹*das; -ses, -se*› eindresultaat, -uitslag; **Ge'samtertrag** ‹*der; -(e)s, -ë*› totale opbrengst; **Ge'samtheit** ‹*die; -, geen mv*› het geheel, het totaal, alles of allen te zamen; **Ge'samthochschule** ‹*die; -, -n*› universiteit met daarin geïntegreerd hoger beroepsonderwijs; **Ge'samtlage** ‹*die; -, geen mv*› algemene toestand; **Ge'samtnote** ‹*die; -, -n*› eindcijfer; **Ge'samtschaden** ‹*der; -s, -*› totale schade; **Ge'samtwert** ‹*der; -(e)s, -e*› totale waarde; **Ge'samtwertung** ‹*die; -, -en*› (*sp*) algemeen klassement

Ge'sandte(r) ‹*bn als zn*› gezant(e), afgezant(e)

Ge'sang ‹*der; -(e)s, -ë*› (ge)zang, lied

Ge'säß ‹*das; -es, -e*› zitvlak, achterste; **Ge'säßtasche** ‹*die; -, -n*› achterzak (van broek)

Ge'säusel ‹*das; -s, geen mv*› gesuizel, gemurmel

Ge'schädigte(r) ‹*bn als zn*› benadeelde, gedupeerde

Ge'schäft ‹*das; -(e)s, -e*› 1 zaak (*div bet*); 2 handel, transactie, affaire, (ook) de zaken; 3 bezigheid, werk; 4 (*fig*) *ein großes, ein kleines ~ verrichten* een grote, kleine boodschap doen; **ge'schäftig** bezig, druk, ijverig, werkzaam; **Ge'schäftigkeit** ‹*die; -, geen mv*› werkzaamheid, het druk bezig zijn, ijver; **ge'schäftlich** op de zaak (zaken), op de handel betrekking hebbende, zaken ..., handels ..., voor zaken; *er kam ~* (*nach Wien*) voor zaken; **Ge'schäftsabschluß** ‹*der; -abschlusses, -abschlüsse*› transactie; **Ge'schäftsbereich** ‹*der; -(e)s, -e*› 1 ressort; 2 (*Minister*) *ohne ~* zonder portefeuille; **Ge'schäftsbericht** ‹*der; -(e)s, -e*› jaarverslag; **Ge'schäftsbeziehungen** ‹*mv*› zakenrelaties; **Ge'schäftsbrief** ‹*der; -(e)s, -e*› zakenbrief; **Ge'schäftsfrau** ‹*die; -, -en*› zakenvrouw; **Ge'schäftsfreund** ‹*der; -(e)s, -e*› zakenvriend; **ge'schäftsführend** verantwoordelijk; *der ~e Ausschuß* het dagelijks bestuur; **Ge'schäftsführer** ‹*der; -s, -*› 1 bedrijfsleider, chef, directeur (*van een BV*); 2 secretaris (*van vereniging*); 3 (*Belg*) zaakvoerder; **Ge'schäftsführung** ‹*die; -, -en*› 1 directie; 2 beheer, leiding; **Ge'schäftsgang** ‹*der; -(e)s, -ë*› gang van zaken; **Ge'schäftsinhaber** ‹*der; -s, -*› eigenaar van een (van de) zaak; **Ge'schäftsjahr** ‹*das; -(e)s, -e*› boekjaar; **Ge'schäftskosten** ‹*mv*› *auf ~* op kosten van de zaak; **ge'schäftskundig** ervaren in zaken; **Ge'schäftslage** ‹*die; -, -n*› 1 toestand in zaken; 2 (winkel)stand; *in bester ~* op zeer goede stand; **Ge'schäftsleute** ‹*mv*› zakenmensen; **Ge'schäftsmann** ‹*der; -(e)s, -leute*› zakenman; **ge'schäftsmäßig** zoals het in de handel gebruikelijk is, handels ...; *nicht ~* onzakelijk; **Ge'schäftsordnung** ‹*die; -, -en*› huishoudelijk reglement; **Ge'schäftsreise** ‹*die; -, -n*› zakenreis; **Ge'schäftsreisende(r)** ‹*bn als zn*› vertegenwoordig(st)er; **Ge'schäftsschluß** ‹*der; -schlusses, geen mv*› winkelsluiting; **Ge'schäftsstelle** ‹*die; -, -n*› 1 bureau; filiaal; 2 griffie; **Ge'schäftsstunden** ‹*mv*› kantoorwerkuren; **Ge'schäftsteilhaber** ‹*der; -s, -*› compagnon, firmant; **Ge'schäftsträger** ‹*der; -s, -*› zaakgelastigde; **ge'schäftstüchtig** bekwaam in het zaken doen; **Ge'schäftsverbindung** ‹*die; -, -en*› zakenrelatie; **Ge'schäftszweig** ‹*der; -(e)s, -e*› bedrijfstak; branche

ge'schätzt geacht, gewaardeerd

ge'schehen ‹*st.s; a-e; ie*› 1 geschieden, gebeuren; 2 overkomen; 3 *ihm geschieht recht* hij heeft wat hem toekomt; 4 (*es ist*) *um ihn ~* met hem gedaan; *gern ~!* graag gedaan! tot uw dienst!; 5 *ihm ist Unrecht ~* hem is onrecht aangedaan; 6 ~ *lassen* toelaten, niet beletten; **Ge'schehnis** ‹*das; -ses, -se*› gebeurtenis

ge'scheit 1 schrander, intelligent; 2 verstandig; 3 (*er ist*) *nicht ~* niet goed wijs; 4 *etwas G~es: a*) iets zinnigs; *b*) iets leuks, iets interessants

Ge'schenk ‹*das; -(e)s, -e*› geschenk, cadeau; *einem ein ~ machen* iemand een cadeau geven

Ge'schichte ‹*die; -, -n*› 1 geschiedenis (*lett en fig*); 2 verhaal, vertelling; gebeurtenis; 3 (*es ist*) *immer die alte* ~ weer het oude liedje; 4 zaak, affaire; 5 *das sind ja schöne ~n!* dat is me ook wat moois! *mach keine ~n!* stel je niet aan!; **ge'schichtlich** geschiedkundig, historisch; **Ge'schichtsbuch** ‹*das; -(e)s, -ër*› geschiedenisboek; **Ge'schichtsschreiber** ‹*der; -s, -*› geschiedschrijver

Ge'schick ‹*das; -(e)s, -e*› 1 lot, noodlot; 2 geschiktheid, bekwaamheid; **Ge'schicklichkeit** ‹*die; -, geen mv*› handigheid, vaardigheid, behendigheid; **ge'schickt** handig, vaardig, knap

ge'schieden gescheiden; *wir sind ~e Leute* het is uit tussen ons

Ge'schirr ‹*das; -(e)s, -e*› 1 vaat(werk), (ook) servies; *das ~ spülen* afwassen; 2 gerei, gereedschap; 3 (paarde)tuig; **Ge'schirrspüler** ‹*der; -s, -*›, **Ge'schirrspülmaschine** ‹*die; -, -n*› vaatwasmachine; **Ge'schirrtuch** ‹*das; -(e)s, -ër*› thee-, droogdoek

Ge'schiß ‹*das*› *viel ~ um etwas machen* veel drukte om iets maken

Ge'schlecht ‹*das; -(e)s, -er*› 1 geslacht; *das dritte ~* de homoseksuelen; 2 generatie; **ge'schlechtlich** geslachtelijk, geslachts ...; **Ge'schlechtsakt** ‹*der; -(e)s, -e*› geslachtsdaad, coïtus; **Ge'schlechtskrankheit** ‹*die; -, -en*› geslachtsziekte; **ge'schlechtslos** geslachtloos; **Ge'schlechtsorgan** ‹*das; -s, -e*› geslachtsorgaan; **Ge'schlechtsteil** ‹*der; -(e)s, -e*› geslachtsdeel; **Ge'schlechtsverkehr** ‹*der; -s, geen mv*› seksuele omgang; **Ge'schlechtswort** ‹*das; -(e)s, -ër*› lidwoord

ge'schliffen 1 geslepen, gepolijst, fijn, net; 2 (*mil*) gedrild

ge'schlossen 1 gemeenschappelijk, en bloc; 2 gesloten; 3 afgesloten; 4 besloten; 5 (*sp*) hecht (*ploeg*); **Ge'schlossenheit** ‹*die; -, geen mv*› 1 het afgeronde geheel; 2 eensgezindheid

Ge'schluchze ‹*das; -s, geen mv*› gesnik

Ge'schmack ‹*der; -(e)s, -ë of volkstaal -ër*› smaak; ~ *an* (+ 3) *finden* zin in iets hebben; **ge'schmacklich** de smaak betreffend, van smaak; **ge'schmacklos** smakeloos (*lett en fig*); flauw, laf; **Ge'schmacklosigkeit** ‹*die; -, -en*› 1 smakeloosheid; 2 smakeloosheid (*fig*); **Ge'schmack(s)sache** ‹*die; -, geen mv*› *das ist ~* dat is een kwestie van smaak; **ge'schmackvoll** smaakvol, keurig

Ge'schmeichel ‹*das; -s, geen mv*› gevlei, vleierij

ge'schmeidig 1 buigzaam, lenig, soepel; 2 handel-, plooibaar

Ge'schmiere ‹*das; -s, geen mv*› geknoei, geklad

Ge'schmuse ‹*das; -s, geen mv*› gesmoes

Ge'schnatter ‹*das; -s, geen mv*› gesnater, gekakel

ge'schniegelt (*und gebügelt*) keurig, in de puntjes (gekleed) opgedoft

Ge'schöpf ‹*das; -(e)s, -e*› schepsel (ook persoon)

Ge'schoß ‹*das; Geschosses, Geschosse*› 1 projectiel; 2 verdieping ...

ge'schraubt 1 opgeschroefd; 2 geaffecteerd

Ge'schrei ‹*das; -s, geen mv*› geschreeuw, gegil

Ge'schütz ‹*das; -es, -e*› stuk geschut, kanon; (*fig*) *schweres od. grobes ~ auffahren* met grof geschut beginnen

Ge'schwader ‹*das; -s, -*› 1 (*scheepv*) eskader, smaldeel; 2 (*luchtv*) wing (3 à 4 squadrons)

Ge'schwätz ‹*das; -es, geen mv*› gebabbel, geklets; **ge'schwätzig** kletserig, praatziek; **Ge'schwätzigkeit** ‹*die; -, geen mv*› praatzucht

ge'schweige (*denn*) laat staan, om niet te spreken van

ge'schwind vlug, snel, gauw; **Ge'schwindigkeit** ‹*die; -, -en*› 1 snelheid, vlugheid; 2 *in aller ~* in alle haast; **Ge'schwindigkeitsbegrenzung** ‹*die; -, -en*› snelheidsbeperking; **Ge'schwindigkeitsüberschreitung** ‹*die; -, -en*› snelheidsovertreding

Ge'schwirr ‹*das; -(e)s, geen mv*› 1 gegons; 2 het fluiten (van vogels); 3 geroezemoes

Ge'schwister ‹*mv*› broer(s) en zuster(s); gezusters; **Ge'schwisterpaar** ‹*das; -(e)s, -e*› broer en zus

Ge'schworne(r) ‹*bn als zn*› (*jur*) gezworene

Ge'schwulst ‹*die; -, -ë*› (*med*) gezwel

Ge'schwür ‹*das; -(e)s, -e*› (*med*) zweer

Ge'selle ‹*der; -n, -n*› 1 gezel, knecht; 2 makker, gezel; 3 vent, kerel; **ge'sellen** ‹*h*› *sich zu einem ~* zich bij iem voegen; *dazu gesellt sich* ... daarbij komt; *gleich und gleich gesellt sich gern* soort zoekt soort; **ge'sellig** 1 gezellig; 2 *~e Tiere* in kudden, troepen levende dieren; **Ge'selligkeit** ‹*die; -, geen mv*› gezelligheid; **Ge'sellin** ‹*die; -, -nen*› gezellin, kameraad

Ge'sellschaft ‹*die; -, -en*› 1 gezelschap; 2 maatschappij, samenleving; 3 maatschappij; 4 genootschap; 5 *die vornehme, große ~* de voorname kringen; 6 *stille ~* commanditaire vennootschap, *afk* bijv.; **Ge'sellschafter** ‹*der; -s, -*› 1 deelgenoot, vennoot, firmant; 2 *ein guter ~* een gezellig, onderhoudend persoon; 3 call-boy; **Ge'sellschafterin** ‹*die; -, -nen*› kameraad, gezellin; **ge'sellschaftlich** 1 maatschappelijk; 2 gezellig, gezamenlijk; 3 beschaafd, gezelschaps ...; *~e Bildung, ~e Formen, ~er Schliff* goede manieren; **Ge'sellschaftsanzug** ‹*der; -(e)s, -ë*› avondkostuum; **Ge'sellschaftsdame** ‹*die; -, -n*› gezelschapsdame; **ge'sellschaftsfähig** voor beschaafde kringen passend; **Ge'sellschaftskapital** ‹*das; -s, -e*› maatschappelijk kapitaal; **Ge'sellschaftskleid** ‹*das; -(e)s, -er*› avondjapon; **Ge'sellschaftslehre** ‹*die; -, geen mv*› sociologie; **Ge'sellschaftsordnung** ‹*die; -, -en*› (*pol*) maatschappijstructuur, maatschappelijk stelsel; **Ge'sellschaftsraum** ‹*der; -(e)s, -ë*› conversatiezaal, salon

Ge'setz ‹*das; -es, -e*› wet; (~) *über* op; *durch das ~* bij de wet; **Ge'setzbuch** ‹*das; -(e)s, -ër*› wetboek; **Ge'setzentwurf** ‹*der; -(e)s, -ë*›

wetsontwerp; **Ge'setzeslücke** ‹*die; -, -n*› leemte in de wet; **Ge'setzesnovelle** ‹*die; -, -n*› wetswijziging; **Ge'setzesvorlage** ‹*die; -, -n*› wetsontwerp; **Ge'setzgeber** ‹*der; -s, -*› wetgever; **ge'setzgeberisch** wetgevend; **ge'setzlich** wettelijk, wettig; ~ *geschützt* wettig gedeponeerd (handelsmerk); **ge'setzlos** wetteloos; **Ge'setzlosigkeit** ‹*die; -, geen mv*› wetteloosheid; **ge'setzmäßig** wettig, wettelij; **Ge'setzmäßigkeit** ‹*die; -, geen mv*› wettigheid, wettelijkheid, regelmatigheid

ge'setzt I ‹*bn*› 1 gezet; 2 bezadigd, bedaard; II ‹*vw*› ~ *den Fall* gesteld het geval

ge'setzwidrig in strijd met de wet

Ge'sicht I ‹*das; -(e)s, -er*› 1 gezicht, gelaat; *etwas kommt mir zu* ~ ik krijg iets te zien; 2 *es springt ins* ~ het loopt in het oog; *ins* ~ *fassen* in het oog vatten; II ‹*das; -(e)s, -e*› visioen, (droom)gezicht, verschijning; *das zweite* ~ *haben* het tweede gezicht hebben, helderziende zijn; **Ge'sichtsausdruck** ‹*der; -(e)s, ¨e*› gezichtsuitdrukking; **Ge'sichtsfehler** ‹*der; -s, -*› gezichts-, ooggebrek; **Ge'sichtskreis** ‹*der; -es, -e*› horizon; gezichtskring (*ook fig*); **Ge'sichtspunkt** ‹*der; -(e)s, -e*› gezichts-, oogpunt; **Ge'sichtswinkel** ‹*der; -s, -*› 1 gezichts-, gelaatshoek; 2 gezichtspunt; **Ge'sichtszug** ‹*der; -(e)s, ¨e*› gelaatstrek

Ge'sims ‹*das; -es, -e*› (kroon)lijst, rand, richel

Ge'sindel ‹*das; -s, -*› gepeupel, gespuis

ge'sinnt gezind, gestemd

Ge'sinnung ‹*die; -, -en*› 1 gezindheid, gevoelens, denk-, zienswijze; 2 karakter; **Ge'sinnungsfreund** ‹*der; -(e)s, -e*›, **Ge'sinnungsgenosse** ‹*der; -n, -n*› geestverwant

ge'sittet welgemanierd, -opgevoed, beschaafd; **Ge'sittung** ‹*die; -, geen mv*› beschaving

ge'sonnen van plan, van zins

Ge'spann ‹*das; -(e)s, -e*› 1 span (*trekdieren*), koppel; 2 door een of meer trekdieren getrokken wagen; 3 paar, stel, span

ge'spannt 1 ~ *sein auf* (+ 4) benieuwd zijn naar; 2 gespannen; 3 nieuwsgierig; **Ge'spanntheit** ‹*die; -, geen mv*› 1 spanning; 2 gespannen verwachting; 3 onenigheid, gespannen toestand

Ge'spenst ‹*das; -es, -er*› spook; (*er sieht*) *aus wie ein* ~ eruit als een geest; **Ge'spenstergeschichte** ‹*die; -, -n*› spookverhaal; **Ge'spenstergiaube** ‹*der; -ns, geen mv*› geloof aan spoken; **ge'spensterhaft** spookachtig; **ge'spenstisch** spookachtig

ge'spickt 1 gelardeerd; 2 (*fig*) gespekt

Ge'spinst ‹*das; -es, -e*› spinsel, weefsel (*ook fig*)

Ge'spött ‹*das; -(e)s, geen mv*› (ge)spot

Ge'spräch ‹*das; -(e)s, -e*› gesprek; *zum* ~ *der Stadt werden* bij iedereen over de tong gaan; **ge'sprächig** spraakzaam; **Ge'sprächigkeit** ‹*die; -, geen mv*› spraakzaamheid, praatlust; **Ge'sprächspartner** ‹*der; -s, -*› gesprekspartner; **Ge'sprächsstoff** ‹*der; -(e)s, -e*› gespreksstof; **Ge'sprächsthema** ‹*das; -s, -themen*› onderwerp (van gesprek)

ge'spreizt 1 wijdbeens; 2 bombastisch, hoogdravend; 3 aanstellerig

Ge'spür ‹*das; -(e)s, geen mv*› (*fig*) gevoel, neus

Ge'stade ‹*das; -s, -*› oever, kust, strand

Ge'stalt ‹*die; -, -en*› 1 gestalte, gedaante, figuur; 2 vorm; **ge'stalten** ‹*h*› 1 vormen, een vorm geven, inrichten; 2 organiseren; 3 uitbeelden; 4 *sich* ~ een vorm aannemen, zich vormen, worden, zich ontwikkelen; **Ge'stalter** ‹*der; -s, -*› 1 maker; 2 vormgever; **ge'staltlos** vormloos; **Ge'staltung** ‹*die; -, -en*› 1 vorming, samenstelling, totstandkoming; 2 vormgeving; 3 ontwikkeling

Ge'stammel ‹*das; -s, geen mv*› gestamel, gestotter

ge'ständig: ~ *sein* bekennen; **Ge'ständnis** ‹*das; -ses, -se*› bekentenis

Ge'stank ‹*der; -(e)s, geen mv*› stank

ge'statten ‹*h*› 1 toestaan, goedvinden; ~ *Sie?* pardon!; 2 mogelijk maken

'Geste ‹*die; -, -n*› geste, gebaar

ge'stehen ‹*st.h; a-a*› bekennen, toegeven; *offen gestanden* eerlijk gezegd

Ge'stehungskosten ‹*mv*› kostprijs

Ge'stein ‹*das; -(e)s, -e*› gesteente

Ge'stell ‹*das; -(e)s, -e*› 1 onderstel, voet(stuk), stellage, rek; 2 lijst, raam; 3 frame; 4 chassis (*van auto*); 5 montuur (*bril*)

'gestern gisteren; ~ *abend* gisteravond

gestiku'lieren ‹*h*› gesticuleren, gebaren maken

Ge'stirn ‹*das; -(e)s, -e*› 1 gesternte, ster(renbeeld); 2 hemellichaam

Ge'stöber ‹*das; -s, -*› sneeuwjacht

Ge'stöhn ‹*das; -(e)s, geen mv*› gesteun, gekerm

Ge'stolper ‹*das; -s, geen mv*› 1 gestruikel; 2 gestrompel

Ge'strampel ‹*das; -s, geen mv*› 1 getrappel; 2 gewoel (*van baby*); 3 getrap (*van fietser*)

ge'streift gestreept

ge'strichelt 1 gearceerd; 2 gestippeld; *~e Linie* stippellijn

ge'striegelt *und gebügelt* in de puntjes

'gestrig van gisteren; *am ~en Tag* gisteren

Ge'strüpp ‹*das; -(e)s, -e*› kreupelhout, struikgewas

Ge'stüt ‹*das; -(e)s, -e*› stoeterij

Ge'such ‹*das; -(e)s, -e*› verzoek(schrift), rekest

ge'sucht gezocht, gevraagd; gewild

Ge'summ ‹*das; -(e)s, geen mv*› gegons, gezoem

ge'sund 1 gezond; 2 *du bist wohl nicht ganz ~!* je bent niet goed wijs!; **ge'sunden** ‹*s*› gezond worden, herstellen; **Ge'sundheit** ‹*die; -, geen mv*› gezondheid; *bei guter* ~ in goede gezondheid; *~!* proost!; **ge'sundheitlich** 1 gezondheids..., hygiënisch; 2 wat de gezondheid betreft; **Ge'sundheitsamt** ‹*das; -(e)s, -ër*› (bureau van de) geneeskundige dienst; **Ge'sund-**

heitspflege ‹*die; -, geen mv*› gezondheidszorg, hygiëne; **ge'sundheitsschädlich** schadelijk voor de gezondheid; **Ge'sundheitswesen** ‹*das; -s, geen mv*› gezondheidszorg; **Ge'sundheitszeugnis** ‹*das; -ses, -se*› medische verklaring; **Ge'sundheitszustand** ‹*der; -(e)s, geen mv*› gezondheidstoestand; **ge'sundmachen, sich** ‹*h*› er financieel bovenop komen; **ge'sundschrumpfen**: *sich* ~ door afslanking weer rendabel worden (*van bedrijf*); **Ge'sundung** ‹*die; -, geen mv*› 1 herstel, genezing; 2 sanering

Ge'täfel ‹*das; -s, geen mv*› beschot, lambrizering; **ge'täfelt** betimmerd, gelambrizeerd

Ge'töse, Getose ‹*das; -s, geen mv*› spektakel, lawaai

ge'tragen gedragen, kalm, plechtig

Ge'trampel ‹*das; -s, geen mv*› getrappel

Ge'tränk ‹*das; -(e)s, -e*› drank; *geistiges, starkes, stark alkoholisches* ~ sterke drank

Ge'tratsche ‹*das; -s, geen mv*› geklets

ge'trauen, sich ‹*h*› wagen, (het aan)durven

Ge'treide ‹*das; -s, -*› graan, koren

ge'treu(lich) (ge)trouw, stipt

Ge'triebe ‹*das; -s, -*› 1 (*techn*) transmissie; versnellingsbak; 2 gedoe, drukte

ge'trost 1 gerust; 2 *~en Mutes* welgemoed; **ge'trösten, sich** ‹*h*› *sich eines Dinges* ~ op iets vertrouwen, iets met vertrouwen afwachten

'Getto ‹*das; -s, -s*› getto

Ge'tue ‹*das; -s, geen mv*› 1 gedoe, drukte; 2 aanstellerij

Ge'tümmel ‹*das; -s, geen mv*› 1 tumult, drukte, gedrang; 2 krijgsgewoel, handgemeen

Ge'tuschel ‹*das; -s, geen mv*› gefluister, gesmoes

ge'übt geoefend, bedreven

ge'viert 1 viervoudig; 2 in vieren verdeeld; 3 vierhoekig, -kant; **Ge'viert** ‹*das; -(e)s, -e*› het vierkant, het kwadraat

Ge'wächs ‹*das; -es, -e*› 1 gewas; 2 plant; 3 wijn(soort); 4 (*med*) gezwel; **ge'wachsen** 1 gegroeid, gewassen; 2 *einer Sache, einem* ~ *sein* tegen iets of iem opgewassen zijn; 3 *gut* ~ welgevormd; **Ge'wächshaus** ‹*das; -es, -ër*› broeikas, kas

ge'wahr: ~ *werden* (+ 4 *of* + 2) gewaarworden, waarnemen, zien, bespeuren

Ge'währ ‹*die; -, geen mv*› 1 (waar)borg, garantie, zekerheid; *für etwas* ~ *leisten, die* ~ *übernehmen* iets garanderen; 2 borgtocht; *ohne* ~ onder voorbehoud

ge'wahren ‹*h*› 1 gewaarworden; 2 waarnemen, bespeuren, zien

ge'währen ‹*h*› 1 toestaan, inwilligen; 2 *einem Asyl, Aufschub, Kredit, Obdach* ~ iemand asiel, uitstel, krediet, onderdak verlenen; 3 *einen* ~ *lassen* iem laten begaan

ge'währleisten ‹*h*› waarborgen, garanderen, borg blijven, instaan voor; **Ge'währleistung** ‹*die; -, -en*› 1 waarborg, borgstelling; 2 (*jur*) vrijwaring

Ge'wahrsam ‹*der; -s, geen mv*› 1 bewaring, toezicht; (*jur*) *in* ~ *haben* onder zich hebben; *in* ~ *nehmen* in bewaring nemen; *in* ~ *bringen* in zekerheid brengen; (ook) in verzekerde bewaring stellen; 2 hechtenis; *in polizeilichem* ~ in verzekerde bewaring

Ge'währsmann ‹*der; -(e)s, -ër of -leute*› zegsman

Ge'währung ‹*die; -, geen mv*› inwilliging, verzekering, het toestaan

Ge'walt ‹*die; -, -en*› 1 geweld; 2 macht; 3 gezag, autoriteit; 4 dwang; 5 hevigheid, kracht; 6 *er hat sich in der* ~ hij weet zich te beheersen; *höhere* ~ force majeure; 7 (*einem Mädchen*) ~ *antun* verkrachten; *sich* ~ *antun* zelfmoord plegen; **Ge'waltakt** ‹*der; -(e)s, -e*› gewelddaad; **Ge'waltherrschaft** ‹*die; -, geen mv*› despotisme, dwingelandij; **Ge'waltherrscher** ‹*der; -s, -*› despoot, dwingeland; **ge'waltig** 1 geweldig, reusachtig, machtig, hevig, enorm, verschrikkelijk; 2 heel, erg; **ge'waltsam** gewelddadig, met geweld, heftig; **Ge'waltsamkeit** ‹*die; -, -en*› zie *gewaltsam*; **ge'walttätig** gewelddadig

Ge'wand ‹*das; -(e)s, -ër*› gewaad

ge'wandt 1 handig, vlug; 2 vlot, ervaren; **Ge'wandtheit** ‹*die; -, geen mv*› zie *gewandt*

ge'wärtig (+ 2 *of* + 4) verwachtend, voorbereid op; ~ *sein* verwachten

Ge'wäsch ‹*das; -(e)s, geen mv*› gepraat, gewauwel

Ge'wässer ‹*das; -s, -*› 1 water; 2 ‹*mv*› wateren

Ge'webe ‹*das; -s, -*› 1 weefsel; 2 web

ge'weckt levendig, opgewekt, pienter, vlug

Ge'wehr ‹*das; -(e)s, -e*› geweer

Ge'weih ‹*das; -(e)s, -e*› gewei, horens

Ge'werbe ‹*das; -s, -*› 1 beroep, ambacht; 2 bedrijf, nering, nijverheid; *Handel und* ~ handel en industrie; *ein* ~ *treiben* een beroep uitoefenen; **Ge'werbeaufsichtsamt** ‹*das; -(e)s, -ër*› arbeidsinspectie; **Ge'werbegebiet** ‹*das; -(e)s, -e*› industriegebied; **Ge'werbeschule** ‹*die; -, -n*› nijverheidsschool; **Ge'werbesteuer** ‹*die; -, -n*› bedrijfsbelasting; **ge'werbetreibend** neringdoend; **ge'werblich** 1 als beroep, beroeps, beroepsmatig; 2 industrieel; **ge'werbsmäßig** als beroep, beroeps ...

Ge'werkschaft ‹*die; -, -en*› vakbond, vakvereniging; **Ge'werkschaft(l)er** ‹*der; -s, -*› 1 lid van een vakbond; 2 vakbondsfunctionaris; **ge'werkschaftlich, Ge'werkschafts...** (*Belg*) syndicaal; *sich* ~ *organisieren* (*Belg*) sich syndikeren; **Ge'werkschaftsbund** ‹*der; -(e)s, geen mv*› *Deutscher* ~ (*DGB*) Duits Vakverbond

ge'wichst slim, uitgeslapen, gewiekst

Ge'wicht ‹*das; -(e)s, -e*› 1 gewicht (*lett en fig*), zwaarte; *nach* ~ (*verkaufen*) bij het gewicht; (*fig*) *ins* ~ *fallen* gewicht in de schaal leggen; 2 ~ *auf* (+ 4) *legen* waarde aan iets hechten; **ge'wichten** ‹*h*› op zijn waarde, betekenis schatten, waarderen; **Ge'wichtheber** ‹*der; -s, -*›

(*sp*) gewichtheffer; **ge'wichtig** gewichtig, belangrijk; **Ge'wichtsklasse** ‹*die; -, -n*› (*sp*) gewichtsklasse
ge'willt genegen, gezind, van zins
Ge'wimmel ‹*das; -s, geen mv*› gewemel, gewriemel, gekrioel
Ge'winde ‹*das; -s, -*› schroefdraad
Ge'winn ‹*der; -(e)s,-e*› 1 winst; voordeel; 2 prijs (*in loterij*); **Ge'winnanteil** ‹*der; -(e)s, -e*› 1 winstaandeel, dividend; 2 tantième; **Ge'winnausschüttung** ‹*die; -, -en*› winstuitkering; **Ge'winnbeteiligung** ‹*die; -, -en*› aandeel in de winst; (*Belg*) deelgerechtigheid; **ge'winnbringend** winstgevend; **Ge'winneinbuße** ‹*die; -, -n*› winstderving; **ge'winnen** ‹*st.h; a-o*› 1 winnen (*div bet*); 2 behalen (*overwinning*); 3 krijgen (*overhand*), verkrijgen (*zekerheid*); *Geschmack an etwas* ~ de smaak van iets te pakken krijgen; 4 verwerven (*rijkdom*); 5 bereiken (*haven*); 6 opdoen (*ervaring*); 7 *an Wirkung* ~ meer effect maken; 8 (*für so etwas ist er*) *nicht zu* ~ niet te vinden; **ge'winnend** innemend; **Ge'winner** ‹*der; -s, -*› winnaar; **Ge'winnerin** ‹*die; -, -nen*› winnares; **Ge'winnliste** ‹*die; -, -n*› trekkingslijst (*van loterij*); **Ge'winnspanne** ‹*die; -, -n*› winstmarge; **ge'winnsüchtig** op winstbejag uit; **Ge'winnung** ‹*die; -, -en*› winning (*van ertsen*)
Ge'winsel ‹*das; -s, geen mv*› gejank, gekerm
Ge'wirr ‹*das; -(e)s, geen mv*› 1 verwarring, gewar, warboel, chaos; 2 geroezemoes, gegons
ge'wiß 1 zeker; *ich bin meiner Sache* ~ zeker van mijn zaak; *ein gewisser Ort* een zekere plaats, toilet; 2 stellig, (voor)zeker, vast
Ge'wissen ‹*das; -s, geen mv*› 1 geweten; *ein böses* ~ een kwaad geweten; *sich ein* ~ *aus etwas machen* een gewetenszaak van iets maken; 2 *einem ins* ~ *reden* op iems gemoed werken; **ge'wissenhaft** nauwgezet, stipt, consciëntieus; **Ge'wissenhaftigkeit** ‹*die; -, geen mv*› nauwgezetheid, stiptheid; **ge'wissenlos** gewetenloos; **Ge'wissenlosigkeit** ‹*die; -, geen mv*› gewetenloosheid; **Ge'wissensbisse** ‹*mv*› wroeging; **Ge'wissensfreiheit** ‹*die; -, geen mv*› gewetensvrijheid; **Ge'wissenszweifel** ‹*der; -s, -*› gewetensbezwaar
ge'wisser'maßen in zekere zin, enigermate, om zo te zeggen, tot op zekere hoogte
Ge'wißheit ‹*die; -, geen mv*› zekerheid
Ge'witter ‹*das; -s, -*› onweer; **ge'witt(e)rig** onweersachtig; **ge'wittern** ‹*h*› onweren (*ook fig*); **Ge'witterschauer** ‹*der; -s, -*› onweersbui
ge'witzt gewiekst, handig
ge'wogen 1 gewogen; 2 (toe)genegen, welgezind
ge'wöhnen ‹*h*› (ge)wennen; *sich* ~ (*an* (+ 4)) wennen; **Ge'wohnheit** ‹*die; -, -en*› 1 gewoonte, gebruik; 2 sleur; **ge'wohnheitsgemäß** als naar gewoonte; **ge'wohnheitsmäßig** gewoontegetrouw, uit gewoonte; **Ge'wohnheitstier** ‹*das*› *der Mensch ist ein* ~ slaaf van de gewoonte; **ge'wöhnlich** 1 gewoon, alledaags; 2 ordinair; 3 meestal, gewoonlijk; **Ge'wöhnlichkeit** ‹*die; -, geen mv*› alledaagsheid, gewoonheid, onbeduidendheid; **ge'wohnt** gewoon, gewend; **Ge'wöhnung** ‹*die; -, geen mv*› 1 gewenning; 2 aanwensel
Ge'wölbe ‹*das; -s, -*› gewelf; **ge'wölbt** gewelfd, (*techn*) gewelfd, bolrond
Ge'wühl ‹*das; -(e)s, geen mv*› 1 gewoel, gedrang, drukte; 2 (*sp*) scrimmage
ge'wunden 1 gewonden; 2 kronkelend, kronkelig; 3 omslachtig (*o.a. verklaring*)
ge'würfelt geruit
Ge'würz ‹*das; -es, -e*› specerij; ~*e* kruiden; **Ge'würzgurke** ‹*die; -, -n*› augurk in zoetzuur; **Ge'würznelke** ‹*die; -, -n*› kruidnagel
ge'zackt getand, puntig
ge'zahnt (uit)getand
Ge'zänk ‹*das; -(e)s, geen mv*› getwist, gekijf, geharrewar
Ge'zeiten ‹*mv*› getij (*ook fig*); eb en vloed; **Ge'zeitenwechsel** ‹*der; -s, -*› kentering van het getij
Ge'zeter ‹*das; -s, geen mv*› 1 geschreeuw; 2 geweeklaag
ge'zielt gericht (op een bepaald doel)
ge'ziemen, (sich) ‹*h*› passen, betamen
ge'ziert aanstellerig, gemaakt, geaffecteerd
ge'zinkt 1 gevorkt; 2 ~*e Karten* getekende, gemerkte (speel)kaarten
Ge'zirp ‹*das; -(e)s, geen mv*› gepiep; gesjilp
Ge'zisch ‹*das; -(e)s, geen mv*› gesis, geblaas
Ge'zischel ‹*das; -s, geen mv*› gefluister
Ge'zwitscher ‹*das; -s, geen mv*› getjilp, gekweel
gezwungener'maßen noodgedwongen
ggf (*afk*) gegebenenfalls
Gicht ‹*die; -, geen mv*› (*med*) jicht
'Giebel ‹*der; -s, -*› 1 punt-, topgevel; 2 voorgevel; 3 grote neus; **'Giebelhaus** ‹*das; -es, -̈er*› puntgevelhuis
Gier ‹*die; -, geen mv*› begerigheid, gretigheid, gulzigheid
'gieren ‹*h*› (*scheepv*) gieren, zwaaien
'gierig begerig, gretig, gulzig
'Gießbach ‹*der; -(e)s, -̈e*› stort-, bergbeek
'gießen ‹*st.h; o-o*› gieten (*div bet*), schenken; **Gieße'rei** ‹*die; -, -en*› gieterij; **'Gießkanne** ‹*die; -, -n*› gieter
Gift ‹*das; -(e)s, -e*› 1 gif (*lett en fig*), vergif; 2 giftigheid, woede
'giften ‹*h*› ~ *gegen, über* tekeergaan tegen
'Giftgas ‹*das; -es, -e*› gifgas; **'giftig** 1 (ver)giftig; 2 nijdig; **'Giftigkeit** ‹*die; -, geen mv*› 1 vergiftigheid; 2 giftigheid, nijdigheid; **'Giftpilz** ‹*der; -es, -e*› giftige paddestoel; **'Giftschlange** ‹*die; -, -n*› (*dierk*) gifslang; **'Giftzwerg** ‹*der; -(e)s, -e*› gifkikker
gi'gantisch gigantisch, reusachtig
'gilben ‹*s*› geel worden
'Gilde ‹*die; -, -n*› (*hist en fig*) gilde
'Gimpel ‹*der; -s, -*› 1 (*dierk*) goud-, bloedvink; 2 (*volkstaal*) onnozele hals

'Ginster ‹*der; -s, -*› (*plantk*) brem

'Gipfel ‹*der; -s, -*› 1 top, kruin; 2 top-, hoogtepunt; (*das ist doch*) *der ~!* het toppunt; 3 top, topconferentie; **'Gipfelkonferenz** ‹*die; -, -en*› topconferentie; **'gipfeln** ‹*h*› 1 het hoogte-, toppunt bereiken, culmineren; 2 in hoofdzaak neerkomen op; **'Gipfeltreffen** ‹*das; -s, -*› topconferentie

Gips ‹*der; -es, -e*› gips; pleister

Gi'raffe ‹*die; -, -n*› giraf(fe)

Gi'ralgeld ‹*das; -(e)s, -er*› giraal geld

Gir'lande ‹*die; -, -n*› guirlande

'Giro ‹*das; -s, -s*› 1 giro; 2 endossement; **'Girokonto** ‹*das; -s, -konten of -kontos of -konti*› girorekening

'girren ‹*h*› kirren

Gischt ‹*der; -es, -e of die; -, -en*› schuim

Gi'tarre ‹*die; -, -n*› (*muz*) gitaar

'Gitter ‹*das; -s, -*› 1 hek; 2 tralie(werk); 3 (*telec*) rooster; **'gitterartig** tralieachtig; **'Gitterstab** ‹*der; -(e)s, -ë*›, **'Gitterstange** ‹*die; -, -n*› tralie; **'Gittertor** ‹*das; -(e)s, -e*› traliehek, hek; **'Gitterzaun** ‹*der; -(e)s, -ë*› traliehek

gla'cieren ‹*h*› glaceren

Gladi'ole ‹*die; -, -n*› gladiool

Glanz ‹*der; -es, -e*› 1 glans; 2 luister (*fig*); *mit ~ und Gloria* met veel ophef; **'glänzen** ‹*h*› 1 glanzen; 2 schitteren, blinken; **'glänzend** 1 glanzend, blinkend; 2 (*fig*) schitterend; **'Glanzfarbe** ‹*die; -, -n*› glansverf; **'Glanzleistung** ‹*die; -, -en*› schitterende prestatie; **'Glanznummer** ‹*die; -, -n*› schitterend nummer; **'Glanzparade** ‹*die; -, -n*› (*sp*) schitterende redding; **'glanzvoll** schitterend, glansrijk; **'Glanzzeit** ‹*die; -, -en*› glansperiode, bloeitijd

Glas I ‹*das; -es, -ër*› 1 glas (*div bet*); 2 verrekijker, bril; 3 pot(je) (*voor jam, augurken, uitjes e.d.*); II ‹*das; -es, -en*› (*scheepv*) glas (*halfuur*); **'Glasarbeit** ‹*die; -, -en*› glaswerk; **'glasartig** glasachtig; **'glasen** ‹*h*› 1 ruiten inzetten; 2 staren; **'Glaserkitt** ‹*der; -(e)s, -e*› stopverf; **'gläsern** glazen; **'Glasfabrik** ‹*die; -, -en*› glasfabriek, -blazerij; **'Glasfaser** ‹*die; -, -n*› glasvezel; **'Glasfiberstab** ‹*der; -(e)s, -̈e*› (*sp*) polsstok van glasvezel; **'Glasgeschirr** ‹*das; -(e)s, -e*› glaswerk

gla'sieren ‹*h*› glaceren (*aardewerk, gebak*)

'glasig 1 glasachtig, glazen; 2 (*Blick*) glazig

'Glaskugel ‹*die; -, -n*› glazen bol; **'Glasmalerei** ‹*die; -, -en*› glasschilderkunst; **'Glasperle** ‹*die; -, -n*› glazen (valse) parel, glazen kraal; **'Glasscheibe** ‹*die; -, -n*› vensterruit; **'Glasscherbe** ‹*die; -, -n*› glasscherf

Gla'sur ‹*die; -, -en*› glazuur

'Glaswerk ‹*das; -(e)s, -e*› glasfabriek; **'Glasziegel** ‹*der; -s, -*› glazen bouwsteen; glazen dakpan

glatt 1 glad (*div bet*); 2 vlak, rimpelloos; 3 *~er Stoff* effen stof; 4 vlot; zonder problemen; 5 ronduit, -weg; 6 totaal, compleet; 7 flagrant, duidelijk (*leugen*); duidelijk (*overwinning, nederlaag*); (*nonsens*) klinkklaar; 8 *etwas ~ ablehnen* iets zonder meer van de hand wijzen; **'Glätte** ‹*die; -, geen mv*› 1 gladheid; 2 glibberigheid; zie *glatt*; **'Glatteis** ‹*das; -es, geen mv*› 1 ijzel; 2 (*fig*) glad ijs; 3 *einen aufs ~ führen* iemand erin laten lopen; **'glätten** ‹*h*› 1 glad maken, -strijken, -schaven; 2 polijsten; 3 *sich ~: a*) glad worden; *b*) bedaren; **'Glattheit** ‹*die; -, -en*› gladheid; **'glattmachen** ‹*h*› 1 glad maken; 2 in orde brengen; 3 vereffenen; **'glatt'weg** gladweg, ronduit, gewoonweg

'Glatze ‹*die; -, -n*› 1 kale kruin; 2 kaal hoofd

'Glatzkopf ‹*der; -(e)s, -ë*› kaalkop

'Glaube ‹*der; -ns, -n*› geloof; *im guten ~* op goed geloof; *in dem ~ leben* in de mening verkeren; **'glauben** ‹*h*› 1 geloven; *ich ~e ja* ik geloof van wel; 2 *das kannst du von mir ~* dat kun je van me aannemen; 3 menen; **'Glaubensbekenntnis** ‹*das; -ses, -se*› geloofsbelijdenis; **'Glaubensgemeinschaft** ‹*die; -, -en*› kerkgenootschap; **'Glaubenslehre** ‹*die; -, -n*› geloofsleer; **'glaubhaft** geloofwaardig, aannemelijk; **'Glaubhaftigkeit** ‹*die; -, geen mv*› geloofwaardigheid; **'gläubig** gelovig, vroom; **'Gläubige(r)** ‹*bn als zn*› gelovige; **'Gläubiger** ‹*der; -s, -*› schuldeiser, crediteur; **'glaublich**: *kaum ~* nauwelijks te geloven; **'glaubwürdig** 1 geloofwaardig; 2 aannemelijk; 3 betrouwbaar

gleich I ‹*bn*› 1 gelijk, dezelfde; 2 effen; 3 onverschillig, om het even; 4 *~ und ~ gesellt sich gern* soort zoekt soort; 5 *Gleiches mit Gleichem vergelten* met gelijke munt betalen; II ‹*bw*› 1 dadelijk, meteen; 2 *wie hieß er doch ~* hoe heette hij ook alweer; 3 *~ um die Ecke* vlak om de hoek; 4 *~* (*alt, schnell usw.*) even ...; 5 *ganz ~ wie* hoe ... ook; 6 *es ist ~* (*10 Uhr*) bijna, haast; **'gleichalterig** van gelijke leeftijd; **'gleichartig** gelijksoortig; **'gleichbedeutend** 1 van hetzelfde belang; 2 van gelijke betekenis, synoniem; **'gleichberechtigt** gelijkgerechtigd; **'Gleichberechtigung** ‹*die; -, geen mv*› 1 rechtsgelijkheid, gelijkheid; 2 *~* (*der Frau*) gelijke behandeling; **'gleichbleibend** constant; **'gleichen** ‹*st.h; i-i*› 1 lijken op; 2 aarden naar; 3 *sich ~* op elkaar gelijken; **'gleicher'maßen** evenzo, eveneens, op dezelfde wijze, in dezelfde mate; **'gleichfalls** 1 evenzo, -eens, ook; 2 *~!* insgelijks!; **'gleichförmig** 1 van gelijke vorm, gelijkvormig; 2 eenvormig, eentonig; 3 conform; **'Gleichförmigkeit** ‹*die; -, geen mv*› gelijkvormigheid enz.; **'gleichgeschlechtlich** 1 homoseksueel; 2 van hetzelfde geslacht; **'Gleichgewicht** ‹*das; -(e)s, geen mv*› evenwicht; **'gleichgültig** onverschillig; (*es ist mir*) *~* om het even; **'Gleichgültigkeit** ‹*die; -, geen mv*› onverschilligheid; **'Gleichheit** ‹*die; -, -en*› gelijkheid; **'Gleichklang** ‹*der; -(e)s, -ë*› harmonie (*div bet*); **'gleichkommen** ‹*st.s; a-o*› *einem ~* iem evenaren; **'gleichmäßig** 1 gelijk-, regelmatig; 2 evenredig; **'Gleichmut** ‹*der; -(e)s, geen mv*› gelijkmoedigheid, kalmte, bedaard-

gle

heid; '**gleichmütig** gelijkmoedig, kalm, bedaard; '**Gleichnis** ‹*das; -ses, -se*› 1 vergelijking; 2 (*bijb*) gelijkenis, parabel; '**gleichsam** als het ware; '**Gleichschaltung** ‹*die; -, -en*› 1 (*techn*) parallelschakeling; 2 (*staatk*) gelijkschakeling; '**Gleichschritt** ‹*der*› *im ~* in de pas; *im ~ ... marsch!* voorwaarts ... mars!; '**gleichsetzen** ‹*h*› 1 gelijkstellen; 2 op een lijn stellen; 3 *sich ~ mit* zich identificeren met; '**gleichstellen** ‹*h*› *einen einem andern ~* iem met een ander gelijkstellen; '**Gleichstellung** ‹*die; -, -en*› 1 gelijkstelling; 2 *die ~ der Frau* de emancipatie; '**Gleichstrom** ‹*der; -(e)s, geen mv*› gelijkstroom; '**gleichtun** ‹*st.h; a-a*› *es einem ~* iem evenaren, op kunnen tegen; '**Gleichung** ‹*die; -, -en*› vergelijking; '**gleich'viel** onverschillig, het doet er niet toe, om het even; '**gleich'weit** evenver (van elkaar verwijderd); '**gleichwertig** gelijkwaardig; '**gleich'wie** evenals; '**gleich'wohl** evenwel, toch, nochtans; '**gleichzeitig** gelijk(tijdig); tegelijkertijd, tevens; '**gleichziehen** ‹*st.h; o-o*› 1 gelijktrekken; 2 (*sp*) de gelijkmaker scoren, de achterstand wegwerken

Gleis ‹*das; -es, -e*› 1 spoor (*van rails*); 2 spoor, perron; 3 *ins rechte ~ bringen* in de juiste banen leiden

'**gleiten** ‹*st.s en h; i-i*› 1 glijden; 2 *~de Arbeitszeit* variabele werktijd; 3 glippen, slippen

'**Gletscher** ‹*der; -s, -*› gletsjer

Glied ‹*das; -(e)s, -er*› 1 lid (*alle bet*); 2 lidmaat (*van kerk*); 3 geleding; 4 schakel; 5 gelid, geslacht; 6 term (*van evenredigheid*); 7 *es fährt ihm in die ~er* de schrik slaat hem om het hart; '**Gliederarmband** ‹*das; -(e)s, -ër*› schakelarmband; '**Gliederlähmung** ‹*die; -, -en*› verlamming; '**gliedern** ‹*h*› 1 ver-, indelen; 2 *sich ~* ingedeeld worden; '**Gliederpuppe** ‹*die; -, -n*› marionet; '**Gliederung** ‹*die; -, -en*› 1 indeling; 2 structuur, bouw; 3 formatie; '**Gliedmaßen** ‹*mv*› ledematen

'**glimmen** ‹*st.h; o-o; ook zwak*› 1 smeulen (*ook fig*); 2 branden (zonder vlam)

'**Glimmer** ‹*der; -s, -*› 1 glimmer, mica; 2 zwak schijnsel, schijntje; '**glimmern** ‹*h*› glimmen, flikkeren

'**glimpflich** zacht, toegevend; *~ davonkommen* er nog schappelijk afkomen

'**glitschen** ‹*s en h*› glijden, glippen, slippen; '**glitscherig**, '**glitschig**, '**glitschrig** glad, glibberig

'**glitzern** ‹*h*› glinsteren, flikkeren, flonkeren

glo'bal 1 de aarde omvattend, aard ...; 2 globaal

'**Globus** ‹*der; - of -ses, Globen of -se*› globe

'**Glocke** ‹*die; -, -n*› 1 klok; 2 bel; 3 stolp; 4 ballon (*van lamp*); '**Glockengeläute** ‹*das; -s, geen mv*› klokgelui, -kenspel; '**Glockenschlag** ‹*der; -(e)s, -ë*› klokslag; '**Glockenspiel** ‹*das; -(e)s, -e*› klokkenspel, carillon; '**Glockenspieler** ‹*der; -s, -*› beiaardier; '**Glockenzug** ‹*der; -(e)s, -ë*› 1 schelkoord; 2 klokketouw

'**Glorie** ‹*die; -, -n*› 1 glorie, roem; 2 glorie, krans; '**Glorienschein** ‹*der; -(e)s, -e*› aureool; **glorifi'zieren** ‹*h*› verheerlijken, roemen; '**glorreich** luister-, glorierijk

'**Glosse** ‹*die; -, -n*› 1 glosse, kanttekening; 2 kort commentaar

'**Glotzauge** ‹*das; -s, -n*› kalfs-, koeieoog

'**Glotze** ‹*die; -, -n*› (*volkstaal*) buis (*TV*); '**glotzen** ‹*h*› 1 wezenloos staren; 2 kastje kijken, buizen

Glück ‹*das; -(e)s, geen mv*› 1 geluk; *zum ~* gelukkig(erwijze); 2 *sein ~ versuchen, machen* zijn fortuin beproeven, maken; *mehr ~ als Verstand* meer geluk dan wijsheid

'**Glucke** ‹*die; -, -n*› (*dierk*) kloek, klokhen

'**glücken** ‹*s*› gelukken, lukken

'**gluckern** ‹*h en s*› klokken (*van vloeistof*)

'**glücklich** 1 gelukkig; 2 voorspoedig; '**glücklicherweise** gelukkig; '**glückselig** (geluk)zalig, gelukkig

'**glucksen** ‹*h*› 1 klokken (*van vloeistof*); 2 hikken

'**Glücksfall** ‹*der; -(e)s, -ë*› gelukkig toeval, bof; '**Glückskind** ‹*das; -(e)s, -er*› geluksvogel; '**Glückspilz** ‹*der; -es, -e*› geluksvogel; '**Glückssache** ‹*die*› *das ist reine ~!* dat is zuiver geluk hebben; '**Glücksspiel** ‹*das; -(e)s, -e*› kans-, hazardspel; '**glückstrahlend** stralend van geluk; '**Glücksvogel** ‹*der; -s, -̈*› geluksvogel; '**Glückwunsch** ‹*der; -(e)s, -̈e*› gelukswens

'**Glühbirne** ‹*die; -, -n*› gloeilamp; '**glühen** ‹*h*› gloeien (*lett en fig*); branden; '**glühendheiß** gloeiend hee; '**Glühwein** ‹*der; -(e)s, -e*› bisschopswijn

Glut ‹*die; -, -en*› 1 gloed, hitte; 2 vuur, brand; '**glut'rot** vuurrood

Glyze'rin ‹*das; -s, geen mv*› glycerine

GmbH ‹*die; -, -s*› (*afk*) *Gesellschaft mit beschränkter Haftung* besloten vennootschap, *afk* b.v.

'**Gnade** ‹*die; -, -n*› 1 genade; 2 gunst; 3 gratie; '**Gnadengesuch** ‹*das; -(e)s, -e*› gratieverzoek; '**gnadenlos** genadeloos; '**gnadenreich** genadig, genaderijk; '**Gnadenstoß** ‹*der; -es, -̈e*› genadestoot, -slag; '**gnädig** 1 genadig; 2 vriendelijk; *die ~e Frau, die G~e* mevrouw; *meine G~e!* mevrouw!

Gnom ‹*der; -en, -en*› gnoom, kabouter, aardmannetje

Go-cart ‹*der; -s, -s*› (*sp*) skelter; **Go-Kart** ‹*der; -(s), -s*› (*sp*) skelter

Gold ‹*das; -(e)s; geen mw*› goud; '**Goldammer** ‹*die; -, -n*› (*dierk*) geelgors; '**Goldamsel** ‹*die; -, -n*› (*dierk*) wielewaal; '**Goldbarren** ‹*der; -s, -*› staaf goud, (de) baar goud; '**gold'ehrlich** (zo) eerlijk als goud; '**golden** 1 gouden (*lett en fig*); *das G~e Jahrhundert* de gouden eeuw; *der ~e Handschlag* de gouden handdruk; 2 (*regel, snede*) gulden; *die ~e Mitte* de gulden middenweg; '**Goldfisch** ‹*der; -(e)s, -e*› 1 (*dierk*) goudvis; 2 rijke huwelijkskandidaat;

'**Goldgräber** ‹*der; -s, -*› gouddelver; '**Goldgrube** ‹*die; -, -n*› goudmijn (*ook fig*); '**Goldhähnchen** ‹*das; -s, -*› (*dierk*) goudhaantje
'**goldig** lief(lijk), schattig, aardig, snoezig
'**Goldjunge** ‹*der; -n, -n*› lieve jongen, schat van een jongen; '**Goldkind** ‹*das; -(e)s, -er*› schat van een kind; '**Goldmünze** ‹*die; -, -n*› gouden munt; '**Goldregen** ‹*der; -s, -*› 1 onverwachte rijkdom; 2 (*plantk*) goudenregen; '**Goldring** ‹*der; -(e)s, -e*› gouden ring; '**Goldstück** ‹*das; -(e)s, -e*› 1 goudstuk; 2 zeer lief iemand; '**Goldwaage** ‹*die*› (*seine Worte*) *auf die ~ legen* op een goudschaaltje wegen, leggen; '**Goldwährung** ‹*die; -, -en*› gouden standaard
Golf I ‹*der; -(e)s, -e*› golf, bocht, boezem; II ‹*das; -s, geen mv*› (*sp*) golf(spel); '**Golfer** ‹*der; -s, -*› golfspeler; '**Golfplatz** ‹*der; -es, -̈e*› golflinks, -terrein; '**Golfschläger** ‹*der; -s, -*› golfstick
'**Gondel** ‹*die; -, -n*› gondel; '**gondeln** ‹*h*› 1 gondelen; 2 lopen, rijden, reizen
Gong ‹*der; -s, -s*› gong
'**gönnen** ‹*h*› gunnen
'**Gönner** ‹*der; -s, -*› beschermer; '**gönnerhaft** 1 beschermend; 2 neerbuigend, minzaam
'**Gönnermiene** ‹*die; -, -n*› *mit ~* minzaam
'**Göre** ‹*die; -, -n*› 1 blaag, wicht; 2 kind
'**Gosse** ‹*die; -, -n*› goot (*in straat en fig*); *einen durch die ~ ziehen* iemand door de modder, de goot halen
'**gotisch** gotisch
Gott ‹*der; -es, -̈er*› 1 God, god; *um ~es willen* god allemachtig; 2 *leider ~es!* helaas!; '**Götterbild** ‹*das; -(e)s, -er*› afgods-, godenbeeld; '**gotter'geben** berustend; '**Götterspeise** ‹*die; -, -n*› 1 godenspijs, ambrozijn; 2 dril-, gelatinepudding; '**Gottesdienst** ‹*der; -(e)s, -e*› kerk-, eredienst; '**gottesfürchtig** godvruchtig; '**Gotteshaus** ‹*das; -es, -̈er*› godshuis (*kerk, tempel*); '**Gotteslohn** ‹*der*› *für einen ~* voor niets, pro Deo; '**Gottheit** ‹*die; -, -en*› 1 godheid; 2 goddelijkheid; '**Göttin** ‹*die; -, -nen*› godin; '**göttlich** goddelijk (*lett en fig*); **gott'lob**! goddank!; '**gottlos** goddeloos; '**Gottlosigkeit** ‹*die; -, -en*› goddeloosheid; '**gottverdammt** verdomd; '**gottver'gessen** godvergeten, goddeloos; '**gottverlassen** 1 van God verlaten, vervloekt; 2 *eine ~e Gegend* een verlaten, eenzame streek
'**Götze** ‹*der; -n, -n*› afgod
'**Gouda** ‹*der; -s, -s*› Goudse kaas
Gouver'neur ‹*der; -s, -e*› gouverneur
Grab ‹*das; -(e)s, -̈er*› graf; *ein feuchtes ~* een zeemansgraf; *seine Hoffnungen zu ~e tragen* de hoop opgeven; '**Graben** ‹*der; -s, -̈*› 1 sloot; 2 gracht; 3 (*mil*) loopgraaf; 4 (*geol*) trog; '**graben** ‹*st.h; u-a; ä*› 1 graven; 2 spitten; 3 *ins Gedächtnis ge~* in het geheugen gegrift; 4 graveren; 5 delven; '**Grabenkrieg** ‹*der; -(e)s, -e*› loopgravenoorlog; '**Grabesstille** ‹*die; -, geen mv*› doodse stilte; '**Grabmal** ‹*das; -(e)s, -̈er of -e*› grafmonument; '**Grabstätte** ‹*die; -, -n*› graf(stede); '**Grabstein** ‹*der; -(e)s, -s*› grafsteen
'**Gracht** ‹*die; -, -en*› (*Belg*) rei
Grad ‹*der; -(e)s, -e*› 1 graad (*div bet*); *zehn ~ über Null* tien graden boven nul; 2 *in gewissem ~e, bis zu einem gewissen ~e* tot op zekere hoogte; **Gradati'on** ‹*die; -, -en*› gradatie
'**grade** *usw.*, zie *gerade* enz.
'**Gradmesser** ‹*der; -s, -*› graadmeter
gradu'ell trapsgewijze, gradueel; **gradu'ieren** ‹*h*› gradueren
Graf ‹*der; -en, -en*› graaf
'**Grafik** ‹*die; -, -en*› zie *Graphik*
'**Gräfin** ‹*die; -, -nen*› gravin; '**Grafschaft** ‹*die; -, -en*› graafschap
Gram ‹*der; -(e)s, geen mv*› verdriet, hartzeer
gram ‹*bn*› *einem ~ sein* boos op iem zijn
'**grämen** ‹*h*› 1 verdrieten; 2 *sich ~* kniezen, treuren, tobben
'**grämlich** gemelijk, nurks, zuur, verbitterd
Gramm ‹*das; -s, -e*› gram; *hundert ~* een ons
Gram'matik ‹*die; -, -en*› grammatica; **gram'mati('kali)sch** grammaticaal
'**gramvoll** smartelijk, met zielsverdriet
Gra'nat ‹*der; -(e)s, -e*› 1 garnaal; 2 granaat(steen); **Gra'nate** ‹*die; -, -n*› granaat
grandi'os grandioos, groots
Gra'nit ‹*der; -s, -e*› graniet
'**Grapefruit** ‹*die; -, -s*› grapefruit, pompelmoes
'**Graphik** ‹*die; -, -en*› 1 grafiek, grafische kunst; 2 grafisch werk; '**Graphiker** ‹*der; -s, -*› graficus
Gra'phit ‹*der; -s, -e*› grafiet
Grapho'loge ‹*der; -n, -n*› grafoloog
'**grapschen** ‹*h*› grijpen, graaien
Gras ‹*das; -es, -̈er*› 1 gras; 2 (*volkstaal*) stuff, marihuana; 3 *ins ~ beißen* in het zand bijten; sterven; '**grasen** ‹*h*› grazen, weiden; '**Grashalm** ‹*der; -(e)s, -e*› grasspriet(je); '**Grashüpfer** ‹*der; -s, -*› (*volkstaal*) sprinkhaan; '**Grasmäher** ‹*der; -s, -*› grasmaaimachine
gras'sieren ‹*h*› woeden, heersen
'**gräßlich** 1 afschuwelijk, afgrijselijk, akelig; 2 *~ dumm, langweilig usw.* vreselijk dom, langdradig
Grat ‹*der; -(e)s, -e*› 1 kam (*van berg*); 2 braam (*op mes*); 3 scherpe kant (*van gewelf*); 4 hoek (*van dak*)
'**Gräte** ‹*die; -, -n*› graat
Gratifikati'on ‹*die; -, -en*› gratificatie
'**grätig** 1 graterig; 2 knorrig, prikkelbaar
Gratula'tionscour ‹*die; -, -en*› receptie
grati'nieren ‹*h*› gratineren
'**gratis** gratis
'**Grätsche** ‹*die; -, -n*› (*sp*) 1 spreidsprong; 2 spreidstand
Gratulati'on ‹*die; -, -en*› gelukwens, felicitatie; **gratu'lieren** ‹*h*› *einem zu etwas ~* iem met iets gelukwensen, feliciteren
grau ‹*bn*› 1 grijs; 2 grauw; 3 pessimistisch; '**Graubrot** ‹*das; -(e)s, -e*› bruinbrood

'grauen ‹*h*› 1 dagen, aanbreken (*ochtend*); 2 *mir od. mich graut vor* (+ 3) ik huiver voor, griezel van; **'Grauen** ‹*das; -s, -*› 1 het dagen; 2 dageraad; 3 afgrijzen, huivering; **'grauenerregend**, **'grauenhaft**, **'grauenvoll** huivering-, ijzingwekkend, afgrijselijk

'graulen, sich ‹*h*› griezelen, huiveren; **'graulich** angstig, bang

'gräulich grijsachtig

'Graupe ‹*die; -, -n*› 1 gort; 2 erts in korrels

'Graupel ‹*die; -, -n*› fijne hagelkorrel; **'graupeln** ‹*h*› zeer fijn hagelen

Graus ‹*der; -es, geen mv*› verschrikking, ontsteltenis; **'grausam** 1 wreed, onmenselijk; 2 bar (*winter, kou*); **'Grausamkeit** ‹*die; -, -en*› wreedheid; **'grausen** ‹*h*› *mir graust* ik ril, huiver, griezel; **'Grausen** ‹*das; -s, geen mv*› huivering, het afgrijzen; **'grausenerregend** huivering-, ijzingwekkend, afgrijselijk, akelig; **'grausig** huivering-, ijzingwekkend, afgrijselijk, akelig

'Grauzone ‹*die; -, -n*› (*fig*) grijs gebied

gra'vieren ‹*h*› graveren

gra'vierend 1 ernstig; 2 (*omstandigheden*) bezwarend

Gravitati'on ‹*die; -, geen mv*› gravitatie

gravi'tätisch (plecht)statig

'Grazie ‹*die; -, -n*› 1 gratie, bevalligheid; 2 bevallige verschijning

gra'zil slank, teer, broos

grazi'ös gracieus, bevallig

'greifbar 1 tastbaar (*lett en fig*); 2 grijpbaar; 3 ~ *nahe* zeer dichtbij; *in ~er Nähe* zeer dichtbij; 4 voorradig, leverbaar (*goederen*); **'greifen** ‹*st.h; i-i*› 1 grijpen (*div bet*); pakken, vatten; *ins Leere ~* misgrijpen, -tasten; *um sich ~* zich uitbreiden; 2 *zu gewissen Mitteln, Maßnahmen ~* zijn toevlucht nemen tot bepaalde middelen, maatregelen; **'Greifen** ‹*das*› *~ spielen* krijgertje spelen; **'Greifer** ‹*der; -, -*› grijper

Greis ‹*der; -es, -e*› grijsaard, oude man; **greis** ‹*bn*› grijs, oud, bejaard; **'Greisenalter** ‹*das; -s, geen mv*› hoge leeftijd; **'Greisin** ‹*die; -, -nen*› oude vrouw

grell 1 fel, schel (*van licht*); 2 schel, scherp, doordringend, schril; **'grellblau** hardblauw

'Gremium ‹*das; -s, Gremien*› 1 college, comité; 2 commissie

'Grenze ‹*die; -, -n*› 1 grens (*lett en fig*); *über die grüne ~ gehen* illegaal de grens overgaan; 2 (*fig*) *sich in ~n halten* binnen de perken blijven; *einer Sache ~n setzen* aan een zaak paal en perk stellen; **'grenzen** ‹*h*› (*lett en fig*) grenzen (*an* (+ 4)); **'grenzenlos** grenzeloos, eindeloos; **'Grenzer** ‹*der; -s, -*› 1 grensbewoner; 2 douanebeambte; **'Grenzgänger** ‹*der; -s, -*› pendelaar; **'Grenzgebiet** ‹*das; -(e)s, -e*› grensgebied; **'Grenzschutz** ‹*der; -es, geen mv*› grensbewaking; **'Grenzübergang** ‹*der; -(e)s, -ë*› grensovergang, -post; **'Grenzübergangsstelle** ‹*die; -, -n*› grenspost; **'Grenzzwischenfall** ‹*der; -(e)s, -ë*› grensincident

'Gretchenfrage ‹*die; -, -n*› 1 hamvraag; 2 netelige vraag

'Greuel ‹*der; -s, -*› gruwel; **'Greuelmärchen** ‹*das; -s, -*› griezelig verhaal; **'Greueltat** ‹*die; -, -en*› gruweldaad; **'greulich** gruwelijk, afschuwelijk

'Griebe ‹*die; -, -n*› kaantje

'Grieche ‹*der; -n, -n*› Griek; **'griechisch** Grieks

'Griesgram ‹*der; -(e)s, -e*› brompot, knorrepot; **'griesgrämig** brommerig, knorrig

Grieß ‹*der; -es, geen mv*› gries(meel); **'Grießmehl** ‹*das; -(e)s, geen mv*› griesmeel

Griff ‹*der; -(e)s, -e*› 1 greep (*div bet*); 2 handvat; 3 knop (*van deur*); 4 hengsel; 5 klauw; 6 *einen guten ~ tun* (ook) een goede keus doen; 7 *etwas im ~ haben: a*) de slag beethebben; *b*) iets onder controle hebben; *etwas in den ~ bekommen* iets onder de knie krijgen; *er hat den rechten ~ heraus* heeft er de slag van beet; **'griffbereit** bij de hand; **'griffig** 1 handig; 2 stroef

Grill ‹*der; -s, -s*› grill, barbecue, spit

'Grille ‹*die; -, -n*› 1 (*dierk*) krekel, (ook) sprinkhaan; 2 gril, kuur, luim

'grillen ‹*h*› 1 grillen, barbecuen; 2 *sich ~* zonnebaden

'grillenhaft, **'grillig** 1 nors; 2 zonderling

'Grillparty ‹*die; -, -s*› barbecuefeest

Gri'masse ‹*die; -, -n*› grimas, grijns; *~n schneiden* gekke gezichten trekken

'grimmig grimmig, woedend

'grinsen ‹*h*› grijnzen

'Grippe ‹*die; -, -n*› griep; **'Grippewelle** ‹*die; -, -n*› griepepidemie

Grips ‹*der; -es, geen mv*› verstand, hersens

grob 1 grof (*div bet*); 2 ruw (*werk, stem*); 3 ruw, ongemanierd, onbehouwen (*persoon, gedrag*); 4 *~e See* ruwe, onstuimige zee; 5 *~e Angaben* onnauwkeurige, ruwe gegevens; 6 *wir sind aus dem Gröbsten heraus* wij hebben het ergste gehad; **'Grobheit** ‹*die; -, -en*› grof-, ruw-, lompheid; **'Grobian** ‹*der; -(e)s, -e*› lomperd, vlegel

'grobkörnig grofkorrelig

'gröblich ernstig, erg

'grobschlächtig grof, ruw, lomp

'grölen ‹*h*› schreeuwen, brullen

Groll ‹*der; -(e)s, geen mv*› wrok, verbittering; **'grollen** ‹*h*› 1 (*einem*) een wrok hebben, koesteren (tegen iem); 2 mokken; 3 rollen (*donder*)

Gros I ‹*das; -ses, -se*› gros, 144 stuks; **II** ‹*das; -, -*› (*mil*) gros, hoofdmacht

'Groschen ‹*der; -s, -*› 1 10-pfennigstuk; 2 (*österr*) 0,01 schilling; 3 *er hat keinen ~* geen cent; 4 *der ~ fällt* hij begrijpt het eindelijk; **'Groschenroman** ‹*der; -(e)s, -e*› keukenmeidenroman, stuiverroman

groß 1 groot (*lett en fig*); 2 *etwas ~ und breit erzählen* iets uitvoerig vertellen; 3 *im ~en und ganzen* over het geheel genomen; 4 (*volkstaal*) *~ machen* een grote doen; 5 (*ein Wort*) *~ schreiben* met een hoofdletter schrijven; 6

(*sich*) *nicht* ~ (*freuen*) niet erg; '**großartig** 1 groots, indrukwekkend, grootscheeps; 2 fantastisch, buitengewoon; '**Großartigkeit** ‹*die; -, geen mv*› grootsheid enz.; '**Großaufnahme** ‹*die; -, -n*› close-up (*van film*); '**Großbetrieb** ‹*der; -(e)s, -e*› grootbedrijf; '**Größe** ‹*die; -, -n*› 1 grootte; uitgestrektheid, omvang; 2 grootsheid; 3 ~ *44* maat 44 (*van kleding e.d.*); 4 grootheid, beroemdheid; '**Großeinkauf** ‹*der; -(e)s, -ë*› inkoop in het groot; '**Großeinsatz** ‹*der; -e, -ë*› grootscheepse actie; '**Großeltern** ‹*mv*› grootouders; '**Großenkel** ‹*der; -s, -*› achterkleinkind, -zoon; '**Größenordnung** ‹*die; -, -en*› orde van grootte; '**großenteils** grotendeels; '**Größenverhältnis** ‹*das; -ses, -se*› proportie, verhouding; '**Größenwahn** ‹*der; -(e)s, geen mv*› grootheidswaan; '**Großfahndung** ‹*die; -, -en*› grootscheepse opsporingsactie; '**Großfeuer** ‹*das; -s, -*› hevige uitslaande brand; '**Großhändler** ‹*der; -s, -*› groothandelaar; '**Großhandlung** ‹*die; -, -en*› groothandel; '**Großheit** ‹*die; -, geen mv*› grootheid; '**großherzig** 1 edelmoedig, grootmoedig; 2 tolerant, ruimdenkend

Gros'sist ‹*der; -en, -en*› grossier

'**Großkundgebung** ‹*die; -, -en*› 1 massademonstratie; 2 massabijeenkomst; '**Großmacht** ‹*die; -, -ë*› grote mogendheid; '**großmaschig** grootmazig; '**Großmaul** ‹*das; -(e)s, -ër*› opschepper, vlegel; '**Großmut** ‹*die; -, geen mv*› groot-, edelmoedigheid; '**großmütig** groot-, edelmoedig; '**Großmutter** ‹*die; -, -̈*› grootmoeder; '**Großneffe** ‹*der; -n, -n*› achterneef; '**Großonkel** ‹*der; -s, -*› oudoom; '**Großraum** ‹*der; -(e)s, -ë*› agglomeratie; '**Großraumbüro** ‹*das; -s, -s*› kantoortuin; '**Großraumflugzeug** ‹*das; -(e)s, -e*› wide-body vliegtuig; '**großschnauzig**, '**großschnäuzig** grootsprakig, snoevend; '**großschreiben** ‹*st.h; ie-ie*› 1 *das wird hier großgeschrieben* dat vindt men hier erg belangrijk; 2 *Arbeitsplätze wurden damals großgeschrieben* er waren toen maar weinig arbeidsplaatsen beschikbaar; '**Großschreibung** ‹*die; -, geen mv*› het schrijven met hoofdletters; **Großspreche'rei** ‹*die; -, geen mv*› grootsprekerij; '**großsprecherisch**, '**großspurig** grootsprakig, snoevend

'**Großstadt** ‹*die; -, -ë*› 1 grote stad, wereldstad; 2 (in Duitsland) stad van meer dan 100.000 inwoners; '**Großstädter** ‹*der; -s, -*› grotestadsbewoner; '**großstädtisch** grootsteeds; '**Großtante** ‹*die; -, -n*› oudtante; '**Großteil** ‹*der; -(e)s, -e*› grootste deel; *ein* ~ een groot gedeelte; '**größtenteils** grotendeels; '**größtmöglich** zo groot mogelijk; '**Großtuer** ‹*der; -s, -*› opschepper, snoever; '**Großtuerei** ‹*die; -, geen mv*› opschepperij, gesnoef; '**großtuerisch** opschepperig; '**großtun** ‹*st.h; a-a*› opscheppen; ~ *mit* opscheppen over; '**Großvater** ‹*der; -s, -̈*› grootvader; '**Großwild** ‹*das; -(e)s, geen mv*› grote roofdiere; '**großziehen** ‹*st.h; o-o*› 1 (*kinderen, jonge dieren*) grootbrengen; 2 (*planten*) opkweken; '**großzügig** 1 breed opgezet; 2 weids, groots, grootscheeps, royaal

'**Grotte** ‹*die; -, -n*› grot

'**Grübchen** ‹*das; -s, -*› kuiltje, putje

'**Grube** ‹*die; -, -n*› 1 kuil, gat; 2 put; 3 (*mijnb*) mijn

Grübe'lei ‹*die; -, -en*› gepeins, gepieker, getob; '**grübeln** ‹*h*› peinzen, tobben, piekeren

'**Grubenarbeiter** ‹*der; -s, -*› mijnwerker

'**Grübler** ‹*der; -s, -*› peinzer, piekeraar; '**grüblerisch** 1 peinzend; 2 tobberig

Gruft ‹*die; -, -ë*› groeve, graf(kelder)

grün 1 groen (*lett en fig*); 2 vers; 3 *einen* ~ *und blau,* ~ *und gelb schlagen* iem bont en blauw slaan; 4 *Grüner Donnerstag* Witte Donderdag; 5 *die* ~*e Minna* boevenwagen; 6 *auf keinen* ~*en Zweig kommen* geen succes hebben; 7 *Grüne Liste* kandidatenlijst van milieupartij; **Grün** ‹*das; -s, -s*› 1 het groen; 2 *im* ~*en* buiten, in de natuur; *ins* ~*e* (*fahren*) naar buiten; '**Grünanlage** ‹*die; -, -n*› plantsoen, park

Grund ‹*der; -(e)s, -ë*› 1 grond, bodem; ~ *und Boden* grond, eigendom, landerijen; *einer Sache auf den* ~ *gehen* grondig onderzoeken; (*ein Glas*) *bis auf den* ~ *leeren* tot de bodem toe ledigen; *in* ~ *und Boden stampfen* afkraken; *sich in* ~ *und Boden schämen* van schaamte in de grond zinken; 2 reden; *aus diesem* ~ om deze reden; *unter Angabe der Gründe* met redenen omkleed; 3 dal; 4 diepte (*o.a. van zee*); 5 onderlaag; 6 ondergrond; 7 achtergrond; 8 ~ *zu etwas geben* aanleiding tot iets geven; *auf* ~ *des Paragraphen 5* krachtens art. 5; *im* ~*e genommen* eigenlijk; *mit* ~ *behaupten* terecht, met recht beweren; *zugrunde gehen* te gronde gaan; *zugrunde liegen* ten grondslag liggen; '**Grundausbildung** ‹*die; -, -en*› basisopleiding; '**Grundbedingung** ‹*die; -, -en*› hoofdvoorwaarde; '**Grundbesitz** ‹*der; -es, geen mv*› grondbezit; '**Grundbuch** ‹*das; -(e)s, -ër*› kadaster (*het register*); '**grund'ehrlich** door en door eerlijk, doodeerlijk; '**gründen** ‹*h*› 1 grondvesten, de grondslag (voor, van, tot iets) leggen; 2 (*school, stad*) stichten; 3 (*zaak*) oprichten; 4 *Handelsgesellschaft* ~ vennootschap aangaan; 5 *Theorien auf* (+ 4) ~ baseren op; *sich* ~ *auf* (+ 4) steunen, berusten, zich beroepen op; '**Gründer** ‹*der; -s, -*› stichter, grondlegger, grondvester, oprichter; '**Gründeraktie** ‹*die; -, -n*› oprichtersaandeel; '**grund'falsch** totaal verkeerd, inverkeerd; '**Grundfarbe** ‹*die; -, -n*› grondverf; '**Grundgebühr** ‹*die; -, -en*› 1 vastrecht (*voor elektriciteit, gas*); 2 abonnementskosten (*van telefoon*); '**Grundgehalt** ‹*das; -(e)s, -ër*› basissalaris; (*Belg*) basiswedde; '**Grundgesetz** ‹*das; -es, -e*› grondwet; '**grundhäßlich** foeilelijk; **grun'dieren** ‹*h*› gronden; '**grundig** gronderig; '**Grundkurs** ‹*der; -es, -e*› cursus voor beginners; '**Grundlage** ‹*die; -, -n*› 1 grondslag, -beginsel, grond, basis; 2 gegeven;

'**Grundlagenvertrag** ‹*der; -(e)s, -ë*› basisverdrag; '**grundlegend** fundamenteel; '**Grundlegung** ‹*die; -, -en*› 1 grondlegging, fundering; 2 eerstesteenlegging; 3 grondslag; '**gründlich** 1 grondig, degelijk; 2 (*volkstaal*) heel, erg, behoorlijk; '**Gründlichkeit** ‹*die; -, geen mv*› grondigheid, degelijkheid; '**Grundlinie** ‹*die; -, -n*› 1 grondlijn, basis; 2 hoofdlijn; 3 baseline, achterlijn (*tennis*); '**grundlos** 1 grondeloos; 2 ongegrond; zonder reden; 3 bodemloos; '**Grundlosigkeit** ‹*die; -, geen mv*› ongegrondheid

Grün'donnerstag ‹*der; -(e)s, -e*› Witte Donderdag

'**Grundrecht** ‹*das; -(e)s, -e*› grondrecht; '**Grundregel** ‹*die; -, -n*› grondregel, beginsel; '**Grundriß** ‹*der; -risses, -risse*› 1 plattegrond, grondtekening; 2 schets, overzicht; 3 (*die deutsche Literaturgeschichte*) *im* ~ in hoofdlijnen; '**Grundsatz** ‹*der; -es, -ë*› beginsel, principe; '**grundsätzlich** principieel, in beginsel; '**Grundschule** ‹*die; -, -n*› basisschool; '**Grundstein** ‹*der; -(e)s, -e*› grondsteen, eerste steen; '**Grundstock** ‹*der; -(e)s, geen mv*› 1 grondkapitaal; 2 (vaste) voorraad; 3 ~ *einer Sammlung* kern van een verzameling; '**Grundstoff** ‹*der; -(e)s, -e*› element, grondstof; '**Grundstück** ‹*das; -(e)s, -e*› 1 onroerend goed; 2 perceel; 3 bouwgrond; '**Gründung** I ‹*der; -(e)s, geen mv*› groenbemesting; II ‹*die; -, -en*› 1 stichting, oprichting, vestiging; 2 fundering; '**grundver'schieden** totaal verschillend; '**Grundwasser** ‹*das; -s, geen mv*› grondwater; '**Grundzahl** ‹*die; -, -en*›, '**Grundzahlwort** ‹*das; -(e)s, -ër*› hoofdtelwoord; '**Grundzug** ‹*der; -(e)s, -ë*› grond-, hoofdtrek

'**grünen** ‹*h*› groenen, groen worden; '**Grünen** ‹*mv*› *die* ~ de groenen, de milieupartij; '**Grünkohl** ‹*der; -(e)s, geen mv*› boerenkool; '**grünlich** groenachtig; '**Grünschnabel** ‹*der; -s, -̈*› melkmuil, vlasbaard; '**Grünspan** ‹*der; -(e)s, geen mv*› kopergroen; '**Grünstreifen** ‹*der; -s, -*› groenstrook

'**grunzen** ‹*h*› knorren, grommen

'**Grünzeug** ‹*das; -(e)s, geen mv*› (*volkstaal*) sla, groente

'**Gruppe** ‹*die; -, -n*› 1 groep; 2 groepering; '**Gruppenbild** ‹*das; -(e)s, -er*› groepsfoto; '**Gruppenführer** ‹*der; -s, -*› groepsleider; '**Gruppenpraxis** ‹*die; -, -praxen*› (*med*) groepspraktijk; '**gruppenweise** in groepen; **grup'pieren** ‹*h*› groeperen; **Grup'pierung** ‹*die; -, -en*› groepering

Grus ‹*der; -es, -e*› gruis

'**Gruselfilm** ‹*der; -(e)s, -e*› griezelfilm; '**Gruselgeschichte** ‹*die; -, -n*› griezelverhaal; '**gruselig** griezelig; '**gruseln** ‹*h*› *mich od. mir gruselt's, ich grusele mich* ik huiver, ril, ijs

Gruß ‹*der; -es, -ë*› groet; '**grüßen** ‹*h*› groeten; *grüß dich!* dag! hallo!

'**Grütze** ‹*die; -, -n*› 1 grutten, gort(pap); 2 *er hat ~ im Kopf* hij heeft verstand, hersens

'**gucken** ‹*h*› kijken; '**Guckloch** ‹*das; -(e)s, -ër*› kijkgat

'**Gulasch** ‹*der of das; -(e)s, -e*› goelasj

'**Gulden** ‹*der; -s, -*› gulden

'**gülden** gulden, gouden

'**gültig** geldig; '**Gültigkeit** ‹*die; -, geen mv*› geldigheid

'**Gummi** ‹*das of der; -s, -(s)*› 1 (gevulcaniseerde) rubber, gummi; 2 gom, lijm; 3 vlakgom; 4 condoom; '**Gummiball** ‹*der; -(e)s, -ë*› gummibal; '**Gummiband** ‹*das; -(e)s, -ër*› elastieken band; '**Gummibaum** ‹*der; -(e)s, -ë*› 1 rubberboom; 2 rubberplant, Ficus elastica; **gum'mieren** ‹*h*› gommen; '**Gummiknüppel** ‹*der; -s, -*› gummistok; '**Gummireifen** ‹*der; -s, -*› rubberband; '**Gummistiefel** ‹*der; -s, -*› rubberlaars

Gunst ‹*die; -, geen mv*› gunst; *zu meinen ~en* te mijnen gunste; '**Gunstbeweis** ‹*der; -es, -e*›, '**Gunstbezeigung** ‹*die; -, -en*› gunstbewijs, -betoon; '**günstig** 1 gunstig; 2 *sich nicht im ~sten Licht zeigen* zich niet van de beste kant laten zien; '**Günstling** ‹*der; -s, -e*› gunsteling

'**Gurgel** ‹*die; -, -n*› keel, strot; (*einem*) *an die ~ fahren, springen* iem naar de keel vliegen; '**gurgeln** ‹*h*› 1 gorgelen; 2 kelig spreken, zingen

'**Gurke** ‹*die; -, -n*› 1 komkommer; *kleine* ~ augurk; *saure* ~ augurk in het zuur; 2 voorgevel (*neus*); '**Gurkensalat** ‹*der; -(e)s, -e*› komkommersla

'**gurren** ‹*h*› kirren

Gurt ‹*der; -(e)s, -e*› 1 gordel, riem; 2 buikriem, singel; 3 singel (*van matras, stoelzitting*); 4 (*bouwk*) gordel; '**Gurtband** ‹*das; -(e)s, -ër*› singelband

'**Gürtel** ‹*der; -s, -*› 1 gordel, (draag)riem; 2 ceintuur; 3 (*volkstaal*) *den ~ enger schnallen* de buikriem aanhalen; '**Gürtellinie** ‹*die; -, -n*› taille; '**Gürtelreifen** ‹*der; -s, -*› radiaalband; '**Gürtelrose** ‹*die; -, geen mv*› gordelroos

'**gürten** ‹*h*› om-, aangorden

Guß ‹*der; Gusses, Güsse*› 1 het gieten; 2 het gietsel; 3 gesmolten suiker, suikerglazuur; 4 stortbui; 5 (*fig*) *aus einem* ~ uit een stuk; '**gußeisen** van gietijzer; '**Gußregen** ‹*der; -s, geen mv*› stortregen; '**Gußstahl** ‹*der; -(e)s, -̈e*› gietstaal

'**Gusto** ‹*der; -s, -*› 1 smaak; 2 trek, zin

gut 1 goed; *schon ~!* het is goed!; *damit ~!* goed! afgesproken!; *es sich ~ sein lassen* een goed, gemakkelijk leventje leiden; *alles hat sein Gutes* zijn goede kant; *alles Gute!* het beste!; *er hat ~ reden* hij heeft goed, mooi praten; *das ist des Guten zuviel* dat is te veel van het goede, (dat gaat te ver); 2 mooi; *die ~ Stube* de mooie kamer; 3 ruim, dik; *eine ~e Stunde* ruim een uur; 4 *im ~en* (*abmachen*) vriendschappelijk, in der minne; *laß das nur ~ sein* laat dat maar rusten; *mit einem wieder ~ sein* niet meer boos op elkaar zijn; ~ *und gern* vast en zeker; **Gut**

‹*das; -(e)s, -ër*› 1 goed; 2 bezitting, landgoed, boerderij; 3 waar; 4 *fahrende, bewegliche Güter* roerend(e) goed(eren); *unbewegliche, Güter* onroerend(e) goed(eren); '**Gutachten** ‹*das; -s, -*› 1 advies, rapport; 2 expertise; 3 (*med*) attest; '**Gutachter** ‹*der; -s, -*› expert, adviseur; '**gutartig** goedaardig; '**gutaussehend** knap; '**Gutdünken** ‹*das; -s, geen mv*› het goeddunken

'**Güte** ‹*die; -, geen mv*› 1 deugdelijkheid, kwaliteit; 2 goedheid, vriendelijkheid; 3 (*Früchte*) *erster ~* eerste soort, prima; 4 (*du*) *meine ~!* lieve hemel, lieve deugd; '**Gütebezeichnung** ‹*die; -, -en*› kwaliteitsaanduiding

'**Güterabfertigung** ‹*die; -, -en*› 1 goederenafgifte; 2 goederenkantoor; '**Güterfernverkehr** ‹*der; -s, geen mv*› 1 vervoer over lange afstand; 2 internationaal goederenverkeer; '**Güterverkehr** ‹*der; -s, geen mv*› goederenverkeer; '**Güterzug** ‹*der; -(e)s, -ë*› goederentrein

'**Gütezeichen** ‹*das; -s, -*› waarmerk

'**gutgelaunt** goedgehumeurd; '**gutgestellt** welgesteld; '**gutgläubig** te goeder trouw; '**Guthaben** ‹*das; -s, -*› tegoed; '**gutheißen** ‹*st.h; ie-ie*› goedkeuren, billijken; '**gutherzig** goedhartig, goedig

'**gütig** 1 goedig, vriendelijk, welwillend; 2 *~er Himmel!* lieve hemel!; '**gütlich** 1 vriendelijk, best; 2 *~ beilegen* in der minne schikken; 3 *sich ~ tun* zich te goed doen

'**gutmachen** ‹*h*› goedmaken; '**gutmütig** goedmoedig, goedig; '**Gutmütigkeit** ‹*die; -, geen mv*› goedmoedigheid; '**gutnachbarlich**: *~e* (*Beziehungen*) als goede buren

'**Gutsbesitzer** ‹*der; -s, -*› landheer, eigenaar van een landgoed

'**Gutschein** ‹*der; -(e)s, -e*› waardebon; '**gutschreiben** ‹*st.h; ie-ie*› crediteren; '**Gutschrift** ‹*die; -, -en*› creditering

'**Gutsherr** ‹*der; -n, -en*› zie *Gutsbesitzer*; '**Gutsverwalter** ‹*der; -s, -*› rentmeester, administrateur (*van landgoed*)

'**gutwillig** gewillig, van goeden wille; goedschiks

Gymnasi'albildung ‹*die; -, geen mv*› gymnasiale opleiding; **Gymnasi'aldirektor** ‹*der; -s, -en*› rector van een school voor vwo; **Gymnasi'allehrer** ‹*der; -s, -*› leraar aan een school voor vwo

Gymnasi'ast ‹*der; -en, -en*› gymnasiast, leerling van een school voor vwo; **Gym'nasium** ‹*das; -s, Gymnasien*› gymnasium, vwo

Gym'nastik ‹*die; -, geen mv*› gymnastiek

Gynäko'loge ‹*der; -n, -n*› gynaecoloog

Hh*h*

ha (*afk*) zie *Hektar*

Haar ‹*das; -(e)s, -e*› haar; *sich die ~e machen* zijn haar doen; *sich die ~e machen lassen* zich laten kappen; *nicht ein ~* geen zier; *kein gutes ~ an einem lassen* geen draad aan iem heel laten; *etwas* ***an*** *od. bei den ~en herbeiziehen* iets met de haren erbij slepen; *sich* ***in*** *den ~en liegen, sich bei den ~en haben* elkaar in het haar zitten; *sich in die ~e geraten* elkaar in het haar vliegen; *einem in die ~e fahren* iem in het haar vliegen; ***um*** *kein ~ besser* geen haar beter; *um ein ~ wäre er gefallen* het scheelde maar een haar, of hij was gevallen; (*volkstaal*) *einem die ~e* ***vom*** *Kopf fressen* iem de oren van het hoofd eten; *auf ein ~* precies; '**Haarbreit** ‹*das*› *nicht* (*um*) *ein ~,* (*um*) *kein ~* geen haarbreed; '**Haaresbreite** ‹*die*› *nicht um ~* geen haarbreed; *um ~* op een haar na; '**Haarfarbe** ‹*die; -, -n*› 1 haarverf; 2 haarkleur; '**Haarfestiger** ‹*der; -s, -*› haarversteviger; '**haargenau** haarfijn, uiterst nauwkeurig; '**haarig** 1 harig, behaard; 2 vol haren; 3 erg; '**haarklein** haarfijn, -klein; '**Haarnadelkurve** ‹*die; -, -n*› haarspeldbocht; '**Haarpflege** ‹*die; -, -n*› haarverzorging; '**haarscharf** 1 *~ an einem vorbei* rakelings langs iem; 2 heel nauwkeurig, exact; '**Haarschleife** ‹*die; -, -n*› haarlint, -strik; '**Haarschnitt** ‹*der; -(e)s, -e*› kapsel; **Haarspalte'rei** ‹*die; -, -en*› haarkloverij, muggezifterij; '**Haarspray** ‹*der of das; -s, -s*› hairspray; '**Haarsträhne** ‹*die; -, -n*› 1 haarvlecht; 2 haarlok; '**haarsträubend** wat iem de haren te berge doet rijzen, vreselijk; '**Haartracht** ‹*die; -, -en*› haardracht, kapsel; '**Haartrockner** ‹*der; -s, -*› haardroger, föhn; '**Haarwickel** ‹*der; -s, -*› krulspeld; '**Haarwuchs** ‹*der; -es, geen mv*› 1 haargroei; 2 haardos

'**Habe** ‹*die; -, geen mv*› 1 bezitting, eigendom; *mein Hab und Gut* hebben en houden; 2 *liegende ~* onroerend goed; *fahrende ~* roerend goed; '**haben** ‹*onr.h; hatte, gehabt*› 1 hebben; *da haben wir's!* daar heb je het nou!; 2 *dich hat's wohl!* je bent niet goed wijs!; (*volkstaal*) *hier alles wie gehabt* hier verder geen nieuws; *~ Sie Dank!* dank u zeer!; *hier* ***zu*** *~* (al)hier verkrijgbaar; *noch zu ~ sein* nog vrij zijn; *das hat nichts auf sich* dat heeft niets te betekenen; (*dafür war er nicht*) *zu haben* te vinden; (*diese Aufgabe*) *hat es in sich* is lang niet gemakkelijk; *die ~ es miteinander* die houden het met elkaar; *sich ~* zich aanstellen; '**Haben** ‹*das; -s, geen mv*› credit; '**Habenichts** ‹*der; - of -es, -e*› arme donder; '**Habgier** ‹*die; -, geen mv*› hebzucht, inhaligheid; '**habgierig** hebzuchtig, inhalig; '**habhaft**: ~ *werden* te pakken krijgen

'**Habicht** ‹*der; -(e)s, -e*› (*dierk*) havik

habili'tieren, sich ‹*h*› het doceerrecht verkrijgen

'**Habseligkeiten** ‹*mv*› bezit; hebben en houden

'**Habsucht** ‹*die; -, geen mv*› hebzucht; '**habsüchtig** hebzuchtig

'**Hackbraten** ‹*der; -s, -*› gebraden gehakt (*in broodvorm*); '**Hackbrett** ‹*das; -(e)s, -er*› 1 hakbord; 2 (*muz*) hakkebord; '**Hacke** ‹*die; -, -n*› 1 hak; houweel; 2 hak (*van schoen*); *sich die ~n abrennen* zich de benen uit het lijf lopen; 3 hiel; '**hacken** ‹*h*› 1 hakken, kappen; 2 (*de grond*) hakken; 3 pikken, bijten; 4 (*auf einen*) ~ afgeven; '**Hackfleisch** ‹*das; -es, geen mv*› gehakt; '**Hackordnung** ‹*die; -, -en*› pikorde; '**Häcksel** ‹*der; -s, geen mv*› hakstro, haksel

'**Hader** ‹*der; -s, geen mv*› 1 twist, ruzie, gekijf; 2 onvrede; '**hadern** ‹*h*› 1 twisten; 2 in opstand komen

'**Hafen** ‹*der; -s, -̈*› haven (*lett en fig*); '**Hafenanlagen** ‹*mv*› havenwerken; '**Hafenarbeiter** ‹*der; -s, -*› havenarbeider; '**Hafenfeuer** ‹*das; -s, -*› havenlicht; '**Hafenkapitän** ‹*der; -s, -e*› havenmeester; '**Hafenmeister** ‹*der; -s, -*› havenmeester; '**Hafenmole** ‹*die; -, -n*› havenhoofd, pier; '**Hafenstadt** ‹*die; -, -̈e*› havenstad

'**Hafer** ‹*der; -s, geen mv*› 1 haver; 2 *der ~ sticht ihn* hij is overmoedig; '**Haferbrei** ‹*der; -(e)s, -e*›, '**Hafersuppe** ‹*die; -, -n*› havermoutpap

Haff ‹*das; -(e)s, -s of -e*› haf (strandmeer)

Haft ‹*die; -, geen mv*› 1 hechtenis, arrest; 2 gevangenisstraf; '**Haftanstalt** ‹*die; -, -en*› gevangenis; '**haftbar** aansprakelijk, verantwoordelijk; *einen ~ machen* iem aansprakelijk stellen; '**Haftbefehl** ‹*der; -(e)s, -e*› arrestatiebevel; '**haften** ‹*h*› 1 gehecht zijn; 2 (vast)kleven, vastzitten, blijven zitten; 3 *im Gedächtnis ~ bleiben* heugen, in herinnering blijven; *ihre Blicke hafteten an* (*auf*) *ihm* vestigden zich op hem, bleven op hem gericht; 4 ~ *mit* aansprakelijk zijn met; ~ *für* borg blijven voor, aansprakelijk zijn voor; '**Haftentlassung** ‹*die; -, -en*› invrijheidstelling

'**Haftglas** ‹*das; -es, -̈er*› contactlens

'**Häftling** ‹*der; -s, -e*› 1 arrestant; 2 gevangene, gedetineerde

'**Haftpflicht** ‹*die; -, geen mv*› wettelijke aansprakelijkheid, *afk* W.A.; '**haftpflichtig** wettelijk aansprakelijk; '**Haftpflichtversicherung** ‹*die; -, -en*› W.A.-verzekering

'**Haftrichter** ‹*der; -s, -*› rechter van instructie, rechter-commissaris; '**Haftschale** ‹*die; -, -n*› contactlens; '**Haftstrafe** ‹*die; -, -n*› hechtenis

'**Haftung** ‹*die; -, geen mv*› aansprakelijkheid

'**Hagebutte** ‹*die; -, -n*› rozebottel

'**Hagel** ‹*der; -s, geen mv*› 1 hagel; 2 schroot; '**hageln** ‹*h*› hagelen (*ook fig*); '**Hagelschauer** ‹*der; -s, -*› hagelbui

'**hager** (lang en) mager, schraal

'**Häher** ‹*der; -s, -*› (*dierk*) meerkol, Vlaamse gaai

Hahn ‹*der; -(e)s, -̈e*› 1 haan; 2 kraan (*aan waterleiding, vat e.d.*); '**Hähnchen** ‹*das; -s, -*› (*dierk*) haantje; '**Hahnenfuß** ‹*der; -es, -̈e*› 1 hanepoot (ook krabbelschrift); 2 (*plantk*) boterbloem; '**Hahnenkamm** ‹*der; -(e)s, -̈e*› hanekam (*ook plantk*); '**Hahnenschrei** ‹*der; -(e)s, -e*› hanegekraai

Hai ‹*der; -(e)s, -e*› haai; '**Haifisch** ‹*der; -es, -e*› haai

Hain ‹*der; -(e)s, -e*› 1 (heilig) bos; 2 bosschage; '**Hainbuche** ‹*die; -, -n*› (*plantk*) haagbeuk

'**Häkchen** ‹*das; -s, -*› haakje

Häke'lei ‹*die; -, -en*› 1 haakwerk(je); 2 geharrewar; '**häkeln** ‹*h*› 1 haken (*div bet*); 2 (*sich*) *mit einem ~* op elkaar vitten; '**Häkelnadel** ‹*die; -, -n*› haakpen

'**haken** ‹*h*› 1 haken; 2 blijven haken; '**Haken** ‹*der; -s, -*› 1 haak(je); 2 moeilijkheid, bezwaar; *die Sache hat einen ~* er schuilt een addertje onder het gras; 3 plotselinge wending; 4 (boksen: *linker, rechter*) ~ hoekstoot; '**hakenförmig** haakvormig; '**Hakenkreuz** ‹*das; -es, -e*› hakenkruis; '**Hakennase** ‹*die; -, -n*› haviksneus

halb half; *auf ~em Wege* halfweg, halverwege; *das ist ~ so schlimm* dat is helemaal niet zo erg; *nur ~ bei der Sache sein* niet met zijn gedachten erbij zijn; *halbe-halbe machen* samsam doen; **Halb**..., **halb**... half..., halve...; '**Halbbruder** ‹*der; -s, -̈*› stiefbroer; '**Halbe(r)** ‹*bn als zn*› halve liter (*drank*)

'**halber** (+ 2) wegens, om, ter wille van

'**halberwegs** zie *halbwegs*

'**Halbfabrikat** ‹*das; -(e)s, -e*› halffabrikaat; '**Halbfertigware** ‹*die; -, -n*› halffabrikaat; '**halbherzig** niet van harte

hal'bieren ‹*h*› halveren

'**Halbinsel** ‹*die; -, -n*› schiereiland; '**halbjährlich** halfjaarlijks; '**halbleer** halfleeg; '**Halbleiter** ‹*der; -s, -*› (*elektr*) halfgeleider; '**halbmast** halfstok; ~ *flaggen, die Flagge auf ~ setzen* de vlag halfstok hangen; '**halbnackt** halfnaakt; '**halboffen** halfopen; '**halbpart** voor de helft; ~ *machen* half om half doen; '**Halbpension** ‹*die*› halfpension; '**Halbschlaf** ‹*der; -(e)s, geen mv*› dommel(ing), toestand tussen waken en slapen; '**Halbschuh** ‹*der; -(e)s, -e*› lage schoen; '**halbseitig** 1 van een halve bladzijde of pagina; 2 (*med*) aan een zijde; '**halbstaatlich** (*Belg*) parastataal; '**Halbstarke(r)** ‹*bn als zn*› nozem; '**halbstündig** een half uur durend, halfuurs...; '**halbstündlich** om het halve uur; '**halbtags**: ~ *arbeiten* halve dagen werken; '**Halbtagsbeschäftigung** ‹*die; -, -en*› betrekking voor halve dagen; '**Halbtagsmädchen** ‹*das; -s, -*› meisje voor halve dagen; '**Halbtagsstellung** ‹*die; -, -en*› betrekking voor halve dagen; '**halbtot** halfdood; '**halbvoll** half vol; '**halbwegs** 1 halfweg, halverwege; 2 enigszins; **'halbwüchsig** halfwas(sen), onvolwassen; **'Halbwüchsige(r)** ‹*bn als zn*› nog niet geheel volwassene; **'Halbzeit** ‹*die; -, -en*› (*sp*) 1 speelhelft; 2 rust; **'Halbzeitergebnis** ‹*das; -ses, -se*› (*sp*) ruststand; **'Halbzeitpfiff** ‹*der; -(e)s, -e*› (*sp*) rustsignaal

'Halde ‹*die; -, -n*› 1 (berg)helling; 2 hoop, berg (*kolen, stenen e.d.*); 3 grote voorraad

'Hälfte ‹*die; -, -n*› helft; *zur* ~ half, voor de helft

'Halfter I ‹*das; -s, -*› halster; **II** ‹*die; -, -n*› of ‹*das; -s,-*› holster (voor pistool)

Hall ‹*der; -(e)s, geen mv*› 1 klank; 2 galm

'Halle ‹*die; -, -n*› 1 hal; 2 loods; 3 stationsoverkapping

'hallen ‹*h*› (weer)klinken, galmen

'Hallenbad ‹*das; -(e)s, -ër*› overdekt zwembad; **'Hallenhandball** ‹*der; -(e)s, geen mv*› zaalhandbal; **'Hallenhockey** ‹*das; -s, geen mv*› zaalhocke; **'Hallenschwimmbad** ‹*das; -(e)s, -ër*› overdekt zwembad; **'Hallensport** ‹*der; -(e)s, -e*› zaalsport; **'Hallentennisplatz** ‹*der; -es, -ë*› overdekte tennisbaan

'Hallig ‹*die; -, -en*› niet bedijkt waddeneilend

Hal'lo ‹*das; -s, -s*› lawaai, drukte, opschudding

Halluzinati'on ‹*die; -, -en*› hallucinatie

Halm ‹*der; -(e)s, -e*› 1 halm; 2 rietje

Hals ‹*der; -es, -ë*› 1 hals (*div bet*); *einen langen ~ machen* zijn hals uitrekken; 2 keel; *das hängt mir zum ~ heraus* dat hangt mij de keel uit; *es steht mir bis zum ~* het hangt me de keel uit; *das Herz schlug ihm bis zum ~* zijn hart klopte in de keel; 3 nek; 4 *es geht ihm **an** den ~* zijn leven is ermee gemoeid; (*einen*) ***auf** dem ~ haben* tot zijn last hebben; (*einem die Polizei*) *auf den ~ hetzen, schicken* op zijn dak sturen; ***aus** vollem ~* uit volle borst, uit alle macht; *einem den ~ abschneiden* iem ruïneren; *sich etwas, einen **vom** ~ schaffen* zich van iets, iem afmaken; **'Halsabschneider** ‹*der; -s, -*› afzetter, bloedzuiger; **'Halsband** ‹*das; -(e)s, -ër*› 1 halsband; 2 collier; **'halsbrecherisch** halsbrekend; **'Halsentzündung** ‹*die; -, -en*› keelontsteking; **'Halskette** ‹*die; -, -n*› halsketting; **Hals-Nasen-Ohren-Arzt** ‹*der; -es, -̈e*› keel-, neus-, en oorarts; **'Halsschmerzen** ‹*mv*› keelpijn; **'Halsschnur** ‹*die; -, -en*› halssnoer

'halsstarrig halsstarrig, eigenzinnig

'Halstuch ‹*das; -(e)s, -ër*› das, halsdoek; **Hals- und Beinbruch**: *einem ~ wünschen* iem succes wensen; **'Halsweh** ‹*das; -(e)s, geen mv*› keelpijn

Halt ‹*der; -(e)s, -e*› 1 houvast, steun(punt); 2 het stoppen, het stilstaan; 3 *Mensch ohne innern ~* onevenwichtig mens; *den ~ verlieren* het evenwicht verliezen; **halt**! halt! stop! ~(, *oder ich schieße!*) sta

'haltbar 1 houdbaar; 2 duurzaam, stevig; **'Haltbarkeit** ‹*die; -, geen mv*› 1 houdbaarheid; 2 duurzaamheid

'Haltegriff ‹*der; -(e)s, -e*› 1 (*sp*) houdgreep; 2 handvat (*bij het uitstappen uit de tram*)

'halten ‹*st.h; ie-a; ä*› 1 houden; 2 vasthouden; 3 tegenhouden; 4 houden; stevig, sterk, solide zijn; 5 inhouden, bevatten; 6 stilstaan, stoppen; 7 *länger ~* langer meegaan (*batterijen e.d.*); 8 stoppen, houden (*penalty*); 9 (*urine*) ophouden; 10 *große Stücke od. viel auf einen ~* veel met iem ophebben; *~ für: ich halte es für* (*notwendig usw.*) ik vind het ...; (*einen od. etwas*) *für ... ~* houden, aanzien voor; 11 *ich halte nicht viel von ihm* ik heb geen hoge dunk van hem; *von solchen Sachen halte ich nicht viel* met zulke zaken heb ik niet veel op; *was ~ Sie davon?* wat denkt u daarvan? *zu einem ~* aan iems zijde staan; **sich** ~: *a*) *sich* (staande) houden, standhouden; *b*) *~ an* (+ 4) zich houden aan (*voorschriften e.d.*); zich vasthouden aan; *c*) *sich an einen ~* zich tot iem wenden; *d*) *sich etwas ~* iets hebben, er op na houden; *e*) goed blijven (*levensmiddelen e.d.*); *f*) zo blijven, aanhouden (*weer*); *g*) *sich* (*nach*) *links usw. ~* links enz. aanhouden; **'Halten** ‹*das*› *es war kein ~ mehr* er was geen houden meer aan; **'Halteplatz** ‹*der; -es, -ë*› 1 standplaats (*voor taxi's*); 2 parkeerplaats; **'Halter** ‹*der; -s, -*› houder (*div bet*); **'Halterung** ‹*die; -, -en*› houder, klem

'Haltestelle ‹*die; -, -n*› halte (*van tram, bus, trein*); **'Halteverbot** ‹*das; -(e)s, -e*› stopverbod

'haltlos 1 zonder zedelijk normbesef, losgeslagen; 2 onhoudbaar (*van bewering*); **'Haltlosigkeit** ‹*die; -, geen mv*› 1 het ontbreken van zedelijk normbesef; 2 onhoudbaarheid (*van bewering*)

'haltmachen ‹*h*› stoppen, halt houden

'Haltung ‹*die; -, -en*› 1 houding (*div bet*); 2 het houden (*van vee e.d.*)

Ha'lunke ‹*der; -n, -n*› schoelje, schurk

'hämisch boos-, kwaadaardig, vals, gemeen

'Hammel ‹*der; -s, - en -̈*› 1 gesneden ram; 2 ezel, stommeling; **'Hammelfleisch** ‹*das; -(e)s, geen mv*› schapevlees; **'Hammelkeule** ‹*die; -, -n*› schapebout

'Hammer ‹*der; -s, -̈*› 1 hamer; 2 klepel; 3 enorm succes; 4 erge fout; 5 (*sp*) keihard schot; **'hämmern** ‹*h*› 1 hameren (*ook fig*); 2 kloppen (*van motor*); 3 (*sp*) keihard schieten, kogelen; **'Hammerwerfen** ‹*das; -s, geen mv*› (*sp*) het kogelslingeren

Hämorrho'iden ‹*mv*› aambeien

'Hampelmann ‹*der; -(e)s, -ër*› 1 hansworst; 2 marionet (*ook fig*)

'hampeln ‹*h*› schommelen, spartelen

'Hamster ‹*der; -s, -*› (*dierk*) hamster; **'hamstern** ‹*h*› hamsteren

Hand ‹*die; -, -ë*› 1 hand; (*fig*) *einem sind die Hände, sind Hände und Füße gebunden* iem is aan handen en voeten gebonden; *alle Hände voll zu tun haben* de handen vol hebben; *~ an sich legen* de hand aan zichzelf slaan; *freie ~ haben* de handen vrij hebben; *einem etwas; **an** die ~ geben* iem aan de hand doen; *einem an*

han

die ~ gehen iem een handje helpen; *an ~* (*dieser Dokumente*) aan de hand van; (*volkstaal*) *5000 DM auf der ~* 5000 mark in het handje; *das liegt auf der ~* het ligt voor de hand; ***aus** freier ~* (*verkaufen*) onderhands; *aus* (*von*) *der ~ in den Mund* van de hand in de tand; *einem etwas in die ~ versprechen* iem ergens de hand op geven; (*etwas*) *in die ~ nehmen* ter hand nemen, ondernemen; ***unter** der ~* onderhands; (*etwas geht einem*) *schnell **von** der ~* vlug van de hand; 2 handschrift; 3 (*sp*) hands; 4 *die öffentliche ~* de overheid; *aus öffentlicher ~* uit rijks-, gemeentemiddelen; 5 (*die Sache*) *hat ~ und Fuß* zit goed in elkaar; *mit leichter ~* gemakkelijk; ***zu** Händen des* (*von*) *Herrn Schmidt* ter attentie van; (*einem*) *zur ~ gehen* behulpzaam zijn; **'Handarbeit** ‹*die; -, -en*› 1 handwerk; 2 handenarbeid; 3 handwerken; **'Handball** ‹*der; -*(*e*)*s, geen mv*› (*sp*) handbal; **'Handbesen** ‹*der; -s, -*› stoffer; **'Handbreit** ‹*die; -, geen mv*› handbreed(te); **'Handbremse** ‹*die; -, -n*› handrem; **'Handbuch** ‹*das; -*(*e*)*s, -ër*› handboek; **'Händchen** ‹*das*› *~ halten* elkaars handen verliefd vasthouden; **'Händedruck** ‹*der; -*(*e*)*s, -ë*› handdruk; **'Händeklatschen** ‹*das; -s, geen mv*› handgeklap, applaus

'Handel ‹*der; -s, geen mv*› 1 handel; *~ mit Käse* handel in kaas; 2 koop, transactie

'Händel ‹*mv*› twist, ruzie

'Handelfmeter ‹*der; -s, -*› (*sp*) strafschop wegens hands

'handeln ‹*h*› 1 handelen; *mit etwas ~* ergens in handelen, in doen; 2 verhandelen, verkopen; 3 afdingen; 4 (*das Buch*) *handelt von* ... behandelt; *sich ~: es handelt sich um* het gaat om; **'Handelsabkommen** ‹*das; -s, -*› handelsverdrag; **'Handelsbeziehungen** ‹*mv*› handelsbetrekkingen; **'Handelsbilanzdefizit** ‹*das; -s, -e*› (*Belg*) mali; **'handels'einig, 'handels'eins**: *~ sein, werden* het (over een zaak) eens zijn, worden; **'Handelsfirma** ‹*die; -, -firmen*› (*Belg*) koophandel; **'Handelsflotte** ‹*die; -, -n*› handelsvloot, koopvaardijvloot; **'Handelsgericht** ‹*das; -*(*e*)*s, -e*› (*Belg*) handelskamer; **'Handelsgesellschaft** ‹*die; -, -en*› handel(s)maatschappij; *offene ~* vennootschap onder firma; **'Handelskammer** ‹*die; -, -n*› Kamer van Koophandel; **'Handelskorrespondenz** ‹*die; -, geen mv*› handelscorrespondentie; **'Handelsmarine** ‹*die; -, -n*› koopvaardijvloot; **'Handelsmarke** ‹*die; -, -n*› handelsmerk; **'handelsrechtlich** volgens, van het handelsrecht; **'Handelsreisende(r)** ‹*bn als zn*› handelsreizig(st)er, vertegenwoordig(st)er; **'Handelsspanne** ‹*die; -, -n*› winstmarge; **'handelsüblich** in de handel gebruikelijk; **'Handelsunternehmen** ‹*das; -s, -*› handelsonderneming; **'Handelsverbindung** ‹*die; -, -en*› handelsrelatie, -betrekking; **'Handelsvertrag** ‹*der; -*(*e*)*s, -ë*› handelsverdrag

'handeltreibend handeldrijvend

'Handfeger ‹*der; -s, -*› stoffer; *~ und Kehrblech* stoffer en blik; **'Handfertigkeit** ‹*die; -, geen mv*› handvaardigheid, handigheid; **'Handfessel** ‹*die; -, -n*› handboei

'handfest 1 stevig, potig, robuust; 2 *~er Beweis* afdoend bewijs; 3 *~e Mahlzeit* stevig maal

'Handfeuerlöscher ‹*der; -s, -*› brandblusapparaat; **'Handfeuerwaffe** ‹*die; -, -n*› handvuurwapen; **'Handfläche** ‹*die; -, -n*› vlakke hand, palm van de hand; **'handförmig** handvormig; **'Handgeld** ‹*das; -*(*e*)*s, -er*› 1 handgeld; 2 plok-, strijkgeld (*bij openbare verkoping*); **'Handgelenk** ‹*das; -*(*e*)*s, -e*› 1 handgewricht, pols; 2 *aus dem ~* zonder moeite, voor de vuist weg, zo maar; **'Handgemenge** ‹*das; -s, -*› handgemeen; **'Handgepäck** ‹*das; -*(*e*)*s, geen mv*› handbagage; **'Handgranate** ‹*die; -, -n*› handgranaat; **'handgreiflich** 1 duidelijk, voor de hand liggend; 2 *~ werden* (ook) handtastelijk worden; **'Handgreiflichkeit** ‹*die; -, -en*› 1 evidentie, klaarblijkelijkheid; 2 handtastelijkheid; **'Handgriff** ‹*der; -*(*e*)*s, -e*› 1 hand-, kunstgreep; 2 greep; 3 heft; 4 kruk

'Handhabe ‹*die; -, -n*› 1 houvast (*fig*); 2 aanleiding, mogelijkheid; 3 middel; **'handhaben** ‹*h*› 1 hanteren, behandelen; 2 toepassen (*wet*); 3 uitoefenen (*recht*); **'Handhabung** ‹*die; -, -en*› hantering enz.

'Handikap ‹*das; -s, -s*› handicap

'Handkuß ‹*das*› *etwas mit ~ annehmen* iets zeer graag aannemen

'Handlanger ‹*der; -s, -*› 1 opperman; 2 handlanger

'Händler ‹*der; -s, -*› handelaar, koopman

'handlich gemakkelijk (te hanteren), handig

'Handlung ‹*die; -, -en*› handeling (*div bet*); **'Handlungsweise** ‹*die; -, -n*› handelswijze, het optreden

'Handreichung ‹*die; -, -en*› 1 ondersteuning, hulp, handreiking; 2 kleine dienst; 3 richtlijn; **'Handrükken** ‹*der; -s, -*› handrug; **'Handschelle** ‹*die; -, -n*› handboei; **'Handschrift** ‹*die; -, -en*› 1 handschrift; 2 manuscript; 3 hand(schrift); **'handschriftlich** 1 eigenhandig (geschreven, ondertekend); 2 schriftelijk, in handschrift; **'Handschuh** ‹*der; -*(*e*)*s, -e*› handschoen; **'Handspiel** ‹*das; -*(*e*)*s, -e*› (*sp*) hands; **'Handstreich** ‹*der; -*(*e*)*s, -e*› overrompeling, onverwachte overval; *im ~* onverwachts; **'Handtasche** ‹*die; -, -n*› handtas; **'Handtuch** ‹*das; -*(*e*)*s, -ër*› handdoek; *das ~ werfen: a*) de strijd opgeven; *b*) het bijltje erbij neerleggen; **'Handumdrehen** ‹*das*› *im ~* in een ommezien; **'Handwerk** ‹*das; -*(*e*)*s, -e*› 1 handwerk, ambacht, vak; 2 broodwinning; 3 (*einer Sache*) *das ~ legen* een eind maken aan; *einem das ~ legen* een eind aan iems praktijken maken; **'Handwerker** ‹*der; -s, -*› handwerks-, ambachtsman; **'handwerklich** van het handwerk, ambachts ..., als handwerk; **'Handwerksmeister** ‹*der; -s, -*› baas, meester; **'Handzeichen** ‹*das; -s, -*› 1 teken met de

hand; 2 kruisje (*als handtekening*); '**Handzettel** ‹*der; -s -*› strooibiljet
'**hanebüchen** ruw, grof, lomp
Hanf ‹*der; -(e)s, geen mv*› (*plantk*) hennep
Hang ‹*der; -(e)s, -ë*› 1 neiging, zucht; 2 helling
'**Hängebrücke** ‹*die; -, -n*› hangbrug
'**hangeln** ‹*h*› zich al hangende voortbewegen
'**Hängematte** ‹*die; -, -n*› hangmat
'**Hangen**: *mit ~ und Bangen* met hangen en wurgen
'**hängen I** ‹*intr st.h; i-a*› 1 hangen (*lett en fig*); 2 (over)hellen; 3 ~ *bleiben* (ook) blijven zitten (*op school*); 4 *die* (*Schach*)*Partie hängt noch* is afgebroken, nog onbeslist; **II** ‹*tr zw.h*› (op)hangen; **III** ‹*zw.h*› *sich* ~ zich ophangen; '**hängenbleiben** ‹*st.s; ie-ie*› 1 blijven hangen; 2 blijven zitten (*op school*); '**hängenlassen** ‹*st.h; ie-a; ä*› laten hangen; '**Hänger** ‹*der; -s, -*› 1 wijde damesmantel; 2 overgooier; 3 aanhangwagen
'**hänseln** ‹*h*› plagen, voor de gek houden
Hans'wurst ‹*der; -(e)s, -e*› hansworst
'**Hantel** ‹*die; -, -n*› (*sp*) halter; '**hanteln** ‹*h*› (*sp*) met (de) halters werken
han'tieren ‹*h*› 1 bezig zijn; 2 ~ *mit* omgaan met, hanteren
'**hapern** ‹*h*› haperen
'**Häppchen** ‹*das; -s, -*› hapje; '**Happen** ‹*der; -s, -*› 1 hap; 2 (*fig*) *ein fetter* ~ een lucratief zaakje
'**Happening** ‹*das; -s, -s*› happening
'**happig** veel, overdreven, hoog; *~e Preise* gepeperde prijzen
'**Hardware** ‹*die; -, -s*› (*Eng*) hardware
'**hären** haren, van haar
'**Harfe** ‹*die; -, -n*› harp
'**Harke** ‹*die; -, -n*› hark; '**harken** ‹*h*› harken
'**Harlekin** ‹*der; -s, -e*› harlekijn
'**härmen, sich** ‹*h*› treuren, kniezen
'**harmlos** 1 onbezorgd; 2 onschuldig, onschadelijk, ongevaarlijk; 3 argeloos, naïef; '**Harmlosigkeit** ‹*die; -, geen mv*› onschuld enz.; zie *harmlos*
Harmo'nie ‹*die; -, -n*› harmonie (*div bet*); **harmo'nieren** ‹*h*› harmoniëren
Harn ‹*der; -(e)s, -e*› urine
'**Harnisch** ‹*der; -es, -e*› harnas
Har'pune ‹*die; -, -n*› harpoen; **harpu'nieren** ‹*h*› harpoeneren
'**harren** ‹*h*› (+ 2) (met ongeduld) op iets wachten
Harsch ‹*der; -es, geen mv*› hardbevroren bovenlaag van de sneeuw
harsch hard, ruw
hart 1 hard, ruw, hevig; 2 hardvochtig, streng; 3 zwaar; 4 vlak(bij), dicht; ~ *am Wege*, ~ *beim Tor* vlak aan de weg, vlak bij de poort; (*die Krankheit hat ihn*) ~ *mitgenommen* erg aangegrepen; *~e Getränke* sterk alcoholische dranken; '**Härte** ‹*die; -, -n*› 1 hardheid, ruwheid; 2 hardvochtigheid, gestrengheid; 3 onbillijkheid; '**Härtefall** ‹*der; -(e)s, -ë*› onbillijk geval, onbillijkheid (bijv. bij belastingen, bij ontslag); '**Härteklausel** ‹*die; -, -n*› hardheidsclausule; '**härten** ‹*h*› 1 harden; 2 *sich* ~ hard worden
'**Hartfaserplatte** ‹*die; -, -n*› hardboard; '**hartgesotten** 1 hardgekookt; 2 (*fig*) verstokt; '**harthäutig** 1 dikhuidig (*ook fig*); 2 hardhuidig; '**hartherzig** hardvochtig; '**Hartherzigkeit** ‹*die; -, geen mv*› hardvochtigheid; '**Hartholz** ‹*das; -es, geen mv*› hardhout; '**harthörig** 1 hardhorig; 2 (*fig*) ontoegankelijk; '**Harthörigkeit** ‹*die; -, geen mv*› hardhorigheid; '**hartnäckig** hardnekkig, halsstarrig
'**Härtung** ‹*die; -, -en*› harding (*van staal*)
Harz ‹*das; -es, -e*› hars; '**harzig** harsachtig
Ha'sard ‹*das; -s, geen mv*›, **Ha'sardspiel** ‹*das; -(e)s, -e*› hazardspel; **hasar'dieren** ‹*h*› wagen, hazarderen
Hasch ‹*das; -s, geen mv*› hasj, hasjisch
Ha'schee ‹*das; -s, -s*› hachee
'**Haschemann**: ~ *spielen* krijgertje spelen; '**haschen** ‹*h*› 1 vangen, grijpen; 2 hasj roken; '**Haschen**: ~ *spielen* krijgertje spelen; '**Hascher** ‹*der; -s, -*› 1 arme drommel; 2 iem die hasj rookt
'**Häscher** ‹*der; -s, -*› gerechtsdienaar, speurhond
'**Haschisch** ‹*der*› of ‹*-s of -, geen mv*› hasj(isch)
'**Hase** ‹*der; -n, -n*› 1 haas (*ook fig*); 2 *falscher* ~ gebraden gehakt; 3 *da liegt der ~ im Pfeffer* daar zit 'm de kneep; *ein alter* ~ een oude rot
'**Haselnuß** ‹*die; -, -nüsse*› hazelnoot
'**Hasenbraten** ‹*der; -s, -*› gebraden haas; '**Hasenfuß** ‹*der; -es, -ë*› (*fig*) lafaard, bangerd; '**hasenfüßig** laf; '**Hasenherz** ‹*das; -ens, -en*› 1 hazehart; 2 (*fig*) lafaard, bangerd; '**Hasenpfeffer** ‹*der; -s, geen mv*› hazepeper; '**Hasenscharte** ‹*die; -, -n*› hazelip
'**Haspel** ‹*die; -, -n*› of ‹*der; -s, -*› 1 haspel; 2 windas, lier; 3 draaihek; '**haspeln** ‹*h*› 1 haspelen (*ook fig*); 2 ophijsen
Haß ‹*der; -sses, geen mv*› haat; '**hassen** ‹*h*› 1 haten; 2 verfoeien; '**hassenswert** 1 onuitstaanbaar; 2 verfoeilijk; '**haßerfüllt** vol haat
'**häßlich** 1 lelijk; 2 onaangenaam, slecht; '**Häßlichkeit** ‹*die; -, -en*› lelijkheid enz.
Hast ‹*die; -, geen mv*› haast, gejaagdheid; '**hasten** ‹*h*› haasten, jagen; '**hastig** haastig, gehaast, gejaagd
'**hätscheln** ‹*h*› vertroetelen, knuffelen
Hatz ‹*die; -, -en*› 1 drijfjacht; 2 hetze
Hau ‹*der; -(e)s, -e*› 1 houw, slag; 2 *~e kriegen* slaag krijgen
'**Häubchen** ‹*das; -s, -*› mutsje; '**Haube** ‹*die; -, -n*› 1 muts; 2 kap; 3 motorkap; 4 droogkap; 5 koepeldak; 6 kuif (*van vogel*); 7 (*Mädchen*) *unter die ~ bringen* aan de man brengen; *unter die ~ kommen* trouwen; '**Haubentaucher** ‹*der; -s, -*› (*dierk*) fuut
Hau'bitze ‹*die; -, -n*› (*mil*) houwitser
Hauch ‹*der; -(e)s, -e*› 1 adem(haling, -tocht); 2 tochtje, zuchtje; 3 geur; 4 waas; 5 spoor,

zweem; 'hauch'dünn 1 ragfijn, zeer dun; 2 (*overwinning*) krap; 'hauchen ‹*h*› 1 ademen; 2 inblazen

'**Haudegen** ‹*der; -s, -*› houwdegen, ijzervreter; '**hauen** I ‹*st.h* (*hieb, gehauen*)› 1 houwen (*met wapen*); 2 slaan; II ‹*onr.h* (*haute, gehauen*)› 1 hakken, slaan; 2 *Holz* ~ bomen kappen; 3 *Eier in die Pfanne* ~ eieren bakken; 4 (*fig*) *daneben* ~ de plank misslaan; III ‹*onr.h*› *sich* ~ vechten; '**Hauer** ‹*der; -s, -*› 1 slagtand (*van een ever*); 2 houwer (*wijnbouw*); **Haue'rei** ‹*die; -, -en*› kloppartij

'**häufeln** ‹*h*› 1 op hoopjes leggen; 2 aanaarden

'**Haufen** ‹*der; -s, -*› 1 hoop, stapel; 2 menigte, troep, bende; 3 *einen ~ machen,* (*hin*)*setzen* een hoopje doen; 4 *über den ~ rennen, fahren* omverrennen; *über den ~ schießen* neerschieten; *etwas über den ~ werfen* iets doen mislukken; *in hellen ~* in dichte drommen; '**häufen** ‹*h*› 1 ophopen, opstapelen; 2 verzamelen, bijeenbrengen; 3 *sich ~: a*) zich op(een)hopen; *b*) steeds talrijker worden; '**haufenweise** bij hopen; in menigte

'**häufig** I ‹*bw*› vaak, herhaaldelijk, dikwijls; II ‹*bn*› veel voorkomend, veelvuldig; '**Häufigkeit** ‹*die; -, geen mv*› frequentie, veelvuldigheid

'**Häufung** ‹*die; -, -en*› 1 opeenhoping; 2 groeiend aantal

Haupt ‹*das; -(e)s, -ër*› 1 hoofd (*lett en fig*); *um eines ~es Länge über einen emporragen* een hoofd boven iem uitsteken; 2 (opper)hoofd, leider; '**Hauptaltar** ‹*der; -(e)s, -ë*› hoogaltaar; '**hauptamtlich** als hoofdbetrekking; '**Hauptanliegen** ‹*das; -s, -*› voornaamste wens; '**Hauptbahnhof** ‹*der; -(e)s, -ë*› centraalstation; '**hauptberuflich** als hoofdbetrekking; '**Hauptbeschäftigung** ‹*die; -, -en*› voornaamste bezigheid; '**Hauptdarsteller** ‹*der; -s, -*› hoofdrolspeler; '**Haupterwerbsquelle** ‹*die; -, -n*› voornaamste bron van bestaan; '**Hauptfach** ‹*das; -(e)s, -ër*› hoofdvak; '**Hauptfigur** ‹*die; -, -en*› hoofdfiguur; '**Hauptgeschäft** ‹*das; -(e)s, -e*› 1 eigenlijke zaak; 2 hoofdkantoor e.d.; '**Hauptgeschäftsstelle** ‹*die; -, -n*› (*Belg*) hoofdhuis; '**Hauptgewinn** ‹*der; -(e)s, -e*› hoofdprijs (*in een loterij*); '**Häuptling** ‹*der; -s, -e*› stam-, opperhoofd; '**Hauptmann** ‹*der; -(e)s, -leute*› kapitein; '**Hauptniederlassung** ‹*die; -, -en*› hoofdkantoor; '**Hauptperson** ‹*die; -, -en*› hoofdpersoon; '**Hauptquartier** ‹*das; -s, -e*› hoofdkwartier; '**Hauptreisezeit** ‹*die; -, -en*› hoogseizoe; '**Hauptsache** ‹*die; -, -en*› hoofdzaak; **haupt'sächlich** 1 hoofdzakelijk, voornaamst; 2 voornamelijk, in hoofdzaak; '**Hauptsatz** ‹*der; -es, -ë*› 1 hoofdzin; 2 hoofdstelling; '**Hauptschule** ‹*die; -, -n*› basisschool (*klas 5-9*); '**Hauptsitz** ‹*der; -es, -e*› hoofdzetel; '**Hauptstadt** ‹*die; -, -ë*› hoofdstad; '**hauptstädtisch** hoofdstedelijk; '**Hauptstraße** ‹*die; -, -n*› hoofdstraat, -weg; '**Hauptverkehrsstraße** ‹*die; -, -n*› hoofdverkeersweg, doorgaande weg; '**Hauptverkehrsstunde** ‹*die; -, -n*› spitsuur; '**Hauptwort** ‹*das; -(e)s, -ër*› zelfstandig naamwoord

hau ruck! haal op!

Haus ‹*das; -es, -ër*› 1 huis; *aus gutem ~e* van goede huize; *nach ~e kommen* thuis komen; *von ~ aus, her* van huis uit; *zu ~e* (*sein usw.*) thuis; 2 handelshuis, zaak, firma; 3 hotel; 4 schouwburg; 5 *ein gelehrtes ~* een geleerde baas; *ins ~ stehen* te wachten hebben, verwachten; '**Hausangestellte** ‹*die; -n, -n*› dienstmeisje, (*mv ook*) personeel; '**Hausanschluß** ‹*der; -anschlusses, -anschlüsse*› (*telec*) huisaansluiting; '**Hausarbeit** ‹*die; -, -en*› 1 huishoudelijk werk; 2 huiswerk; '**Hausarzt** ‹*der; -es, -ë*› huisarts; '**Hausaufgabe** ‹*die; -, -n*› huiswerk; '**hausbacken** 1 (*fig*) alledaags, bekrompen; 2 *~es Brot* eigengebakken brood; '**Hausbesetzer** ‹*der; -s, -*› kraker; '**Hausbesetzung** ‹*die; -, -en*› kraakactie; '**Häuschen** ‹*das; -s, -*› 1 huisje; 2 *aus dem ~ sein* buiten zichzelf, overstuur zijn; 3 (*volkstaal*) *aufs ~ gehen* naar de W.C. gaan; '**Hausdame** ‹*die; -, -n*› 1 gezelschapsdame; 2 dame voor de huishouding; '**hausen** ‹*h*› 1 huizen, wonen; 2 huishouden, te werk gaan; '**Häuserblock** ‹*der; -, -s*› huizenblok; '**Häusermeer** ‹*das; -(e)s, -e*› huizenzee; '**Häuserreihe** ‹*die; -, -n*› huizenrij; '**Hausflur** ‹*der; -(e)s, -e*› vestibule, hall; '**Hausfrau** ‹*die; -, -en*› huisvrouw; '**Hausfreund** ‹*der; -(e)s, -e*› 1 huisvriend; 2 minnaar (van de vrouw des huizes); '**Hausfriedensbruch** ‹*der; -(e)s, geen mv*› huisvredebreuk; '**Hausgebrauch** ‹*der; -(e)s, geen mv*› 1 huiselijk gebruik; 2 (*fig*) het gewone doen; '**Hausgehilfin** ‹*die; -, -nen*› hulp in de huishouding; '**hausgemacht** eigengemaakt, zelf bereid; '**Hausgemeinschaft** ‹*die; -, -en*› (de) huisgenoten; '**Hausgerät** ‹*das; -(e)s, -e*› huishoudelijk artikel

'**Haushalt** ‹*der; -(e)s, -e*› 1 huishouding; 2 begroting; '**haushalten** ‹*st.h; ie-a; ä*› 1 zuinig zijn met; 2 (ook) huishouden; '**Haushälterin** ‹*die; -, -nen*› huishoudster; '**haushälterisch** zuinig, spaarzaam; '**Haushalts** ... 1 huishoud(elijk) ...; 2 begrotings...; '**Haushaltsdebatte** ‹*die; -, -n*› begrotingsdebat; '**Haushaltshilfe** ‹*die; -, -n*› hulp in de huishouding; '**Haushaltsplan** ‹*der; -(e)s, -ë*› begroting; '**Haushaltung** ‹*die; -, -en*› huishouding

'**Hausherr** ‹*der; -n, -en*› 1 heer des huizes; 2 (*jur*) hoofdbewoner; 3 (*sp*) *die Hausherren* de thuisclub; '**Hausherrin** ‹*die; -, -nen*› vrouw des huizes; '**haushoch** huizehoog

hau'sieren ‹*h*› 1 (*mit etwas*) ~ (met iets) venten; 2 (*volkstaal*) iets overal rondbazuinen; **Hau'sierer** ‹*der; -s, -*› venter, marskramer

'**häuslich** 1 huiselijk, gezellig; 2 huishoudelijk; 3 *sich ~ niederlassen* zich metterwoon vestigen; '**Häuslichkeit** ‹*die; -, geen mv*› huiselijkheid

'**Hausmann** ‹*der; -(e)s, -männer*› huisman; '**Hausmarke** ‹*die; -, -n*› eigen merk; '**Hausmeister** ‹*der; -s, -*› conciërge; '**Hausnummer** ‹*die; -, -n*› huisnummer; '**Hausordnung** ‹*die; -, -en*› regels van het huis; '**Hausratversicherung** ‹*die; -, -en*› inboedelverzekering; '**Hausschlüssel** ‹*der; -s, -*› huissleutel; '**Hausschuh** ‹*der; -(e)s, -e*› pantoffel; '**Hausstand** ‹*der; -(e)s, geen mv*› huishouding, gezin; *einen eigenen ~ gründen* een gezin stichten; '**Haussuchungsbefehl** ‹*der; -(e)s, -e*› bevel tot huiszoeking; '**Haustier** ‹*das; -(e)s, -e*› huisdier; '**Haustür** ‹*die; -, -en*› huis-, voordeur; '**Hauswirt** ‹*der; -(e)s, -e*› huiseigenaar, huisbaas

Haut ‹*die; -, -ë*› 1 huid; *mit heiler ~* heelhuids; *sich seiner ~ wehren* z'n huid duur verkopen; 2 vel; (*das ist*) *um aus der ~ zu fahren* om uit je vel te springen; *nichts als ~ und Knochen* vel over been; 3 vlies; 4 *seine ~ zu Markte tragen* zijn leven wagen; *ihm ist wohl in seiner ~* hij voelt zich heel behaaglijk; (*das*) *geht einem unter die ~* doet je wat; '**Hautabschürfung** ‹*die; -, -en*› schaafwonde; '**Hautarzt** ‹*der; -es, -ë*› huidarts; '**Hautcreme** ‹*die; -, -s*› huidcrème

'**häuten** ‹*h*› villen; *sich ~* vervellen

'**hauteng** nauwsluitend (*jurk e.d.*); '**Hautfarbe** ‹*die; -, -n*› huidkleur; '**hautnah** 1 zeer dichtbij; 2 op iedereen een indruk makend; '**Hautpflege** ‹*die; -, geen mv*› verzorging van de huid; '**Hautübertragung** ‹*die; -, -en*› huidtransplantatie

'**Häutung** ‹*die; -, -en*› 1 vervelling; 2 het villen

Hava'rie ‹*die; -, -n*› averij

Hbf (*afk*) *Hauptbahnhof*

'**H-Bombe** ‹*die; -, -n*› waterstofbom

'**Hebamme** ‹*die; -, -n*› vroedvrouw

'**Hebebühne** ‹*die; -, -n*› hefbrug (*voor auto*)

'**Hebel** ‹*der; -s, -*› 1 hefboom; 2 *er setzt alle ~ in Bewegung* hij stelt alles in het werk; '**heben** ‹*st.h; o-o*› 1 opheffen, (op)tillen, opbeuren; 2 verhogen, vergroten; 3 bevorderen; 4 (*op school*) *den Zeigefinger ~* de vinger opsteken; 5 lichten; 6 (*een schat*) opgraven; 7 (*stem*) verheffen; 8 (*welstand*) bevorderen; 9 *einen ~* er eentje (een borrel) nemen, pakken; **sich ~** 1 stijgen, omhooggaan, rijzen; 2 beter worden, vooruitgaan; '**Heber** ‹*der; -s, -*› 1 hevel; 2 hefboom(sarm); '**Hebung** ‹*die; -, -en*› 1 verbetering, verhoging; 2 het lichten (*van schip*); 3 het opgraven (*van schat*); 4 (*geol*) het rijzen (*van de bodem*)

'**hecheln** ‹*h*› 1 hekelen (*ook fig*), over de hekel halen; 2 hijgen (*van honden*)

Hecht ‹*der; -(e)s, -e*› 1 (*dierk*) snoek; 2 (*sp*) snoeksprong; 3 *ein toller ~* een fantastische vent

'**Heck** ‹*das; -(e)s, -e*› 1 staart (*van een vliegtuig*); 2 achterschip; 3 achterkant van auto; '**Heckantrieb** ‹*der; -(e)s, geen mv*› achterwielaandrijving (*van auto*)

'**Hecke** ‹*die; -, -n*› heg, haag; '**Heckenschere** ‹*die; -, -n*› heggeschaar; '**Heckenschütze** ‹*der; -n, -n*› sluipschutter

'**Heckmotor** ‹*der; -s, -en*› achterin geplaatste motor; '**Heckscheibe** ‹*die; -, -n*› achterruit; '**Heckscheiben(be)heizung** ‹*die; -, -en*› achterruitverwarming

Heer ‹*das; -(e)s, -e*› 1 landmacht; 2 leger; '**Heeresabteilung** ‹*die; -, -en*› legerafdeling; '**Heeresdienst** ‹*der; -(e)s, geen mv*› krijgsdienst

'**Hefe** ‹*die; -, -n*› 1 gist; 2 droesem, bezinksel; '**Hefebrot** ‹*das; -(e)s, -e*› van gistdeeg gemaakt brood; '**Hefekuchen** ‹*der; -s, -*› van gistdeeg gemaakt(e) gebak, koek

Heft ‹*das; -(e)s, -e*› 1 heft, hecht, handvat; 2 (*fig*) heft; leiding; 3 schrift, cahier; 4 aflevering, nummer; 5 brochure; 6 boekje

'**heften** ‹*h*› 1 hechten, vastmaken, -steken; 2 rijgen; 3 (*boek*) innaaien; 4 (*ogen e.d.*) vestigen, richten; 5 *sich ~* (*an* (+ 4)) zich hechten (aan); zich vestigen (op)

'**heftig** 1 heftig; hevig; 2 driftig; 3 fel; '**Heftigkeit** ‹*die; -, geen mv*› 1 heftigheid, hevigheid; 2 drift; 3 felheid

'**Heftklammer** ‹*die; -, -n*› nietje; '**Heftmaschine** ‹*die; -, -n*› nietmachine; '**Heftpflaster** ‹*das; -s, -*› hechtpleister; '**Heftzwecke** ‹*die; -, -n*› punaise

'**Hege** ‹*die; -, geen mv*› verzorging; '**hegen** ‹*h*› 1 verzorgen; koesteren; *~ und pflegen* met veel zorg omgeven; 2 (*achting, hoop, wantrouwen e.d.*) koesteren

Hehl ‹*das*› *ich mache daraus kein ~* ik maak er geen geheim van

'**Hehler** ‹*der; -s, -*› heler; **Hehle'rei** ‹*die; -, -en*› heling

hehr hoog, verheven

'**Heide I** ‹*der; -n, -n*› heiden; **II** ‹*die; -, -n*› 1 hei(de); 2 heide(struik); '**Heidekraut** ‹*das; -(e)s, geen mv*› (*plantk*) hei(de)

'**Heidelbeere** ‹*die; -, -n*› (*plantk*) blauwe bosbes

'**Heiden...** (ook) reuze...; '**Heidenangst** ‹*die; -, -ë*› doodsangst; '**Heidengeld** ‹*das; -(e)s, geen mv*› een (hele) hoop geld; '**Heidenkrach** ‹*der; -(e)s, geen mv*›, '**Heidenlärm** ‹*der; -(e)s, geen mv*› heidens lawaai; '**heidnisch** heidens

'**heikel** 1 kieskeurig; 2 netelig, hachelijk

Heil ‹*das; -(e)s, geen mv*› 1 heil (*div bet*); 2 geluk; 3 *Schi ~!* skiërsgroet; **heil** ‹*bn*› 1 gaaf; ongedeerd; 2 genezen, gezond, beter; 3 *~ machen* (kindertaal) repareren; '**Heilanstalt** ‹*die; -, -en*› herstellingsoord; '**heilbar** geneeslijk; '**heilbringend** gelukbrengend, heilzaam

'**Heilbutt** ‹*der; -(e)s, -e*› (*dierk*) heilbot

'**heilen I** ‹*tr h*› genezen, beter maken, helen (*ook fig*); **II** ‹*intr s*› beter worden, herstellen, helen (*ook fig*)

'**heil'froh** inblij

'**heilig** heilig, gewijd; *der Heilige Abend* kerstavond (24 dec.); '**Heiligabend** ‹*der; -s, -e*› kerstavond (24 dec.); '**Heilige(r)** ‹*bn als zn*› heilige; '**heiligen** ‹*h*› heiligen; wijden; '**Heili-**

genschein ‹*der; -(e)s, -e*› stralenkrans, aureool; '**Heiligkeit** ‹*die; -, geen mv*› heiligheid; '**heiligsprechen** ‹*st.h; a-o; i*› heilig verklaren; '**Heiligsprechung** ‹*die; -, -en*› heiligverklaring; '**Heiligtum** ‹*das; -(e)s, -ër*› heiligdom; '**Heiligung** ‹*die; -, -en*› heiliging; wijding; '**Heilklima** ‹*das; -s, geen mv*› geneeskrachtig klimaat; '**Heilkunde** ‹*die; -, geen mv*›, '**Heilkunst** ‹*die; -, geen mv*› heel-, geneeskunde

'**heillos** heel erg, ongelooflijk; *eine ~e Unordnung* een vreselijke wanorde

'**Heilmethode** ‹*die; -, -n*› geneesmethode; '**Heilmittel** ‹*das; -s, -*› geneesmiddel; '**Heilpraktiker** ‹*der; -s, -*› geneeskundige (*erkend, maar zonder artsdiploma*); '**Heilquelle** ‹*die; -, -n*› geneeskrachtige bron; '**heilsam** heilzaam, weldadig

hei

'**Heilsarmee** ‹*die; -, geen mv*› Leger des Heils

'**Heilstätte** ‹*die; -, -n*› sanatorium

'**Heilung** ‹*die; -, -en*› genezing; '**Heilungsverfahren** ‹*das; -s, -*› therapie; '**Heilverfahren** ‹*das; -s, -*› geneesmethode

Heim ‹*das; -(e)s, -e*› 1 woonplaats, thuis; 2 tehuis (*div bet*); 3 herstellingsoord; 4 clubhuis; '**Heimarbeit** ‹*die; -, -en*› thuiswerk

'**Heimat** ‹*die; -, geen mv*› 1 geboorte-, vaderland; geboortestreek, -plaats; *meine ~ ist Amsterdam* ik ben in Amsterdam geboren en getogen; 2 plaats, land waar men zich thuis voelt; '**Heimathafen** ‹*der; -s, -̈*› thuishaven; '**Heimatkunst** ‹*die; -, geen mv*› volkskunst; '**Heimatland** ‹*das; -(e)s, -ër*› 1 geboorteland; 2 land waar men zich thuis voelt; '**heimatlich** 1 vaderlands, van het of zoals in het geboorteland; 2 vertrouwd; '**heimatlos** ontheemd; '**Heimatlose(r)** ‹*bn als zn*› ontheemde; '**Heimatort** ‹*der; -(e)s, -e*› woonplaats, domicilie; '**Heimatroman** ‹*der; -(e)s, -e*› streekroman; '**Heimatvertriebene(r)** ‹*bn als zn*› ontheemde

'**heimbringen** ‹*onr.h; brachte, gebracht*› naar huis begeleiden, ...brengen, thuisbrengen; '**Heimcomputer** ‹*der; -s, -*› huiscomputer

'**heimelig** gezellig, knus(jes), intiem

'**heimfahren** ‹*st.s; u-a; ä*› naar huis rijden of varen; '**Heimfahrt** ‹*die; -, -en*› terugtocht, -reis, thuisreis; '**heimführen** ‹*h*› naar huis brengen; '**heimgeben** ‹*st.h; a-e; i*› betaald zetten; '**heimgehen** ‹*st.s; i-a*› 1 naar huis gaan; 2 (*fig*) heengaan

'**heimisch** 1 inheems, binnenlands; 2 vaderlands; 3 eigen; 4 (als) thuis, op zijn gemak

'**Heimkehr** ‹*die; -, geen mv*› thuiskomst; '**heimkehren** ‹*s*› naar huis terugkeren, ...komen, thuiskomen; '**Heimkehrer** ‹*der; -s, -*› 1 terugkerend krijgsgevangene; 2 repatriant

'**Heimkino** ‹*das; -s, -s*› 1 huisbioscoop; 2 t.v.

'**heimkommen** ‹*st.s; a-o*› zie *heimkehren*

'**heimleuchten** ‹*h*› (*volkstaal*) *einem ~* iem ongezouten de waarheid zeggen

'**heimlich** 1 geheim, verborgen; 2 heimelijk, in het geheim; clandestien; '**Heimlichkeit** ‹*die; -, -en*› 1 geheim; *in aller ~* in het geheim, stilletjes; 2 verborgenheid; '**Heimlichtuer** ‹*der; -s, -*› stiekemerd; **Heimlichtue'rei** ‹*die; -, -en*› stiekem gedoe

'**Heimniederlage** ‹*die; -, -n*› (*sp*) nederlaag op eigen terrein; '**Heimreise** ‹*die; -, -n*› terugreis, thuisreis; '**Heimsieg** ‹*der; -(e)s, -e*› (*sp*) thuisoverwinning; '**Heimspiel** ‹*das; -(e)s, -e*› (*sp*) thuiswedstrijd; '**heimsuchen** ‹*h*› 1 be-, opzoeken; 2 (*fig*) teisteren, treffen; '**Heimsuchung** ‹*die; -, -en*› beproeving

'**Heimtücke** ‹*die; -, geen mv*› valsheid, geniepigheid, arglist; '**heimtückisch** 1 vals, geniepig, gemeen, arglistig; 2 (*ziekte*) verraderlijk; '**heimwärts** huiswaarts, naar huis; '**Heimweg** ‹*der; -(e)s, -e*› weg naar huis, terugkeer; *sich auf den ~ machen* op weg naar huis gaan; '**Heimweh** ‹*das; -s, geen mv*› heimwee; '**Heimwerker** ‹*der; -s, -*› doe-het-zelver; '**heimzahlen** ‹*h*› (*fig*) betaald zetten

'**Heini** ‹*der; -s, -s*› (*volkstaal*) sukkel

'**Heinzelmännchen** ‹*das; -s, -*› kabouter

'**Heirat** ‹*die; -, -en*› huwelijk; '**heiraten** ‹*h*› huwen, trouwen; '**Heiratsantrag** ‹*der; -(e)s, -̈e*› huwelijksaanzoek; '**Heiratsanzeige** ‹*die; -, -n*› 1 huwelijksaankondiging; 2 huwelijksadvertentie; '**heiratsfähig** huwbaar; '**Heiratsgesuch** ‹*das; -(e)s, -e*› huwelijksaanzoek

'**heischen** ‹*h*› eisen, vorderen, dringend verzoeken, gebieden

'**heiser** hees, schor; '**Heiserkeit** ‹*die; -, geen mv*› heesheid

heiß 1 heet (*lett en fig*); 2 vurig, driftig; 3 heftig, hevig; 4 (*telec*) *der ~e Draht* de hot-line; 5 *~e Ware: a*) gestolen goed; *b*) smokkelwaar; 6 *was ich nicht weiß, macht mich nicht ~* wat niet weet, deert niet; '**heißblütig** warmbloedig, driftig

'**heißen** ‹*st.h; ie-ie*› 1 heten; 2 noemen; 3 betekenen, beduiden; 4 bevelen, heten; 5 *das will viel, (schon) etwas ~* dat wil wat zeggen; *wie heißt das auf englisch?* hoe zegt men dat in het Engels?; *das heißt* (*d. h.*) dat is (d.i.), dat wil zeggen (d.w.z.); *es heißt* men zegt; *hier heißt es wohl mit Recht* hier mag men wel terecht zeggen

'**heißgeliebt** vurig bemind; '**heißhungerig** uitgehongerd; '**Heißsporn** ‹*der; -(e)s, -e*› driftkop, heethoofd

'**heiter** 1 (*hemel, dag*) helder; 2 (*aanblik, stemming*) licht, vrolijk, blij, opgeruimd; 3 (*iron*) *das wird ja ~!* dat wordt wat moois!; '**Heiterkeit** ‹*die; -, geen mv;*› zie *heiter*

'**heizen** ‹*h*› verwarmen, stoken; '**Heizer** ‹*der; -s, -*› stoke; '**Heizkörper** ‹*der; -s, -*› verwarmingselement; radiator; '**Heizmaterial** ‹*das; -s, -lien*› brandstof; '**Heizöl** ‹*das; -(e)s, geen mv*› huisbrandolie, stookolie; '**Heizsonne** ‹*die; -, -n*› straalkachel; '**Heizung** ‹*die; -, -en*› 1 verwarming; 2 het verwarmen; '**Heizwert** ‹*der; -(e)s, -e*› calorische waarde

Hek'tar ‹*das; -s, -e*› hectare, bunder

'**Hektik** ‹*die; -, geen mv*› gejaagdheid, jachtigheid; '**hektisch** hectisch, gejaagd, koortsachtig

Held ‹*der; -en, -en*› held; '**Heldengedicht** ‹*das; -(e)s, -e*› heldendicht, epos; '**heldenhaft** heldhaftig; '**Heldenmut** ‹*der; -(e)s, geen mv*› heldenmoed; '**heldenmütig** heldhaftig; '**Heldentat** ‹*die; -, -en*› heldendaad

'**helfen** ‹*st.h; a-o; i*› 1 helpen; *ihm ist nicht zu ~* hij is niet te helpen; *so wahr mir Gott helfe!* zo waarlijk helpe mij God Almachtig!; 2 baten; '**Helfer** ‹*der; -s, -*› helper; hulp; '**Helfershelfer** ‹*der; -s, -*› medeplichtige

hell 1 helder, hel, licht, schitterend; *es ist schon ~er Tag* klaarlichte dag; 2 levendig; 3 *~e Empörung* hevige verontwaardiging; 4 *~e Freude* grote vreugde; 5 *in ~en Flammen* in lichterlaaie; 6 *ein ~er Junge* een pientere jongen; 7 *~er Wahnsinn* klinkklare onzin; '**helläugig** met heldere ogen, scherpziend; '**hellblau** lichtblauw; '**hellblond** lichtblond

'**Helle** ‹*die; -, geen mv*› helderheid, licht, glans

'**helle**: (*der ist aber*) *~!* kien

'**Heller** ‹*der; -s, -*› *keinen roten, blutigen od. lumpigen ~* geen rooie duit; *auf ~ und Pfennig, bis auf den letzten ~* tot de laatste cent

'**hellfarbig** licht-, helkleurig; '**hellglänzend** helder schitterend; '**hellgrau** lichtgrijs; '**hellgrün** lichtgroen; '**hellhörig** 1 *~ sein* gehorig zijn (*van woning*); 2 *~ werden* zijn oren spitsen, goed luisteren; '**hellicht**: *am ~en Tag* op klaarlichte dag; '**Helligkeit** ‹*die; -, geen mv*› helderheid, glans; '**hellrot** licht-, helderrood; '**hellsehend** helderziend; '**Hellseher** ‹*der; -s, -*› helderziende; '**hellseherisch** helderziend; '**hellsichtig** scherpziend; '**hellwach** klaar wakker

Helm ‹*der; -(e)s, -e*› 1 helm; 2 koepel (*van kerktoren*); 3 roerpen; 4 steel (*van bijl, hamer*)

Hemd ‹*das; -(e)s, -en*› (over)hemd; '**hemdsärmelig** in hemdsmouwen

'**hemmen** ‹*h*› 1 remmen; 2 in-, tegenhouden, stuiten, hinderen, stremmen; 3 tegenwerken; '**Hemmschuh** ‹*der; -(e)s, -e*› 1 remschoen, -blok; 2 (*fig*) rem; '**Hemmung** ‹*die; -, -en*› 1 remming, vertraging; 2 belemmering, stremming, storing; '**hemmungslos** 1 ongeremd, ongehinderd, onbelemmerd; 2 uitbundig

Hengst ‹*der; -es, -e*› (*dierk*) hengst

'**Henkel** ‹*der; -s, -*› hengsel, oor, handvat

'**henken** ‹*h*› ophangen; '**Henker** ‹*der; -s, -*› 1 beul; 2 *zum ~!* drommel!; *daß dich der ~ hole!* de duivel hale je!; '**Henkersmahl** ‹*das; -(e)s, -e*›, '**Henkersmahlzeit** ‹*die; -, -en*› galgemaal

'**Henne** ‹*die; -, -n*› (*dierk*) hen, kip

her hierheen, hier; *nur ~ damit!* geef, spreek maar op!; (*er soll*) *gleich ~* dadelijk hierkomen; *von da ~* van die kant; *von oben ~* van boven (hierheen); *um mich ~* om mij heen; *hin und ~* heen en weer; *wo ist er ~?* waar is hij vandaan? *hinter einem ~ sein: a*) iem achterna zitten; *b*) achter een meisje aan zitten; *von alters ~, von jeher* van oudsher; *es ist schon lange, einen Monat ~* het is al lang, een maand geleden

her'ab naar beneden, neer, af; **her'ab**... naar beneden, omlaag ...; neer...; **her'abdrücken** ‹*h*› 1 neerdrukken; 2 (*prijzen*) drukken; 3 (*werkloosheid, prijsniveau, sterftecijfer*) omlaagbrengen; **her'abkommen** ‹*st.s; a-o*› 1 naar beneden komen, neerkomen; 2 aan lager wal raken; **her'ablassen** ‹*st.h; ie-a*› 1 neer-, naar beneden laten; 2 (*gordijn*) laten zakken; 3 (*etwas vom Preise*) laten vallen; 4 *sich zu einem ~* tot iem af-, neerdalen; 5 *sich ~ etwas zu tun* zich verwaardigen tot iets; **her'ablassend** minzaam; neerbuigend, uit de hoogte; **her'absehen** ‹*st.h; a-e; ie*› (*min*) *auf einen ~* op iem neerzien; **her'absetzen** ‹*h*› 1 *einen ~: a*) iem in diskrediet brengen; *b*) kleineren; *c*) degraderen; 2 verminderen, verlagen (*lonen, prijzen e.d.*); **Her'absetzung** ‹*die; -, -en*› 1 degradatie; 2 kleinering; 3 minachting; 4 vermindering, verlaging, reductie; **her'absinken** ‹*st.s; a-u*› dalen, zakken; **her'abstürzen** I ‹*h*› afgooien; II ‹*s*› naar beneden storten, vallen; **her'abziehen** I ‹*st.h; o-o*› 1 neerhalen, -trekken; 2 laten zakken; 3 *einen ~* iem naar beneden halen, vernederen; II ‹*st.s; o-o*› naar beneden gaan of trekken

her'an hierheen, nader; *nur ~!* kom maar hier!; **her'anbilden** ‹*h*› opleiden; **her'anfahren** ‹*st.s; u-a; ä*› aan komen rijden, varen; **her'angehen** ‹*st.s; i-a*› *an einen ~* naar iem toegaan; *an etwas ~* ergens aan beginnen; **her'ankommen** ‹*st.s; a-o*› 1 naderkomen, naderen; 2 *die Sache an sich ~ lassen* de dingen rustig afwachten; 3 *nichts an sich ~ lassen* zich niet laten beïnvloeden; **her'anmachen** ‹*h*› *sich an eine Dame ~* kennismaking met een dame zoeken; *sich an etwas ~* met of aan iets beginnen; **her'anreichen** ‹*h*› 1 *~ an* (+ 4) reiken tot; 2 (*fig*) *nicht ~ an* zich niet kunnen meten met; **her'anreifen** ‹*s*› rijpen, rijp worden, zich ontwikkelen; **her'anschaffen** ‹*h*› aanbrengen, -voeren; **her'antragen** ‹*st.h; u-a; ä*› 1 aandragen; 2 *an* (+ 4) voorleggen; **her'antreten** ‹*st.s; a-e; i*› 1 *an* (+ 4) *~* naderen, nadertreden, toestappen op; *an einen ~* iem benaderen; 2 (*an eine neue Sache*) *~* aanpakken; **her'anwachsen** ‹*st.s; u-a; ä*› opgroeien, zich ontwikkelen; **her'anwagen, sich** 1 zich wagen aan, het aandurven; 2 in de nabijheid durven te komen; **her'anziehen** ‹*st.h; o-o*› 1 aantrekken, -halen, -voeren; 2 erbij halen; 3 gebruik maken van; 4 *einen zu etwas ~* iem iets opdragen

her'auf... omhoog-, naar boven ...; **her'auf** 1 naar boven, naar omhoog; 2 (*volkstaal*) naar het noorden toe; **her'aufbeschwören** ‹*h*› 1 bezweren, oproepen; 2 (*onheil*) stichten; 3 (*conflict*) veroorzaken; **her'aufsetzen** ‹*h*› verhogen (*van huren, prijzen*); **her'aufziehen** I ‹*st.h; o-o*› 1 op-, omhoogtrekken, op-, omhooghalen; 2 (*zu sich*) opheffen; II ‹*st.s; o-o*› opkomen, komen opzetten (*onweer*)

her'aus... eruit...; uit...; naar buiten ...; **her'aus** (naar) buiten, (er)uit; (*zum Hause*) ~*!* eruit!; *gerade* ~ ronduit; ~ *mit der Sprache!* spreek op!; (*nur*) ~ *damit!* voor de dag ermee!; **her'ausarbeiten** ‹*h*› 1 duidelijk laten uitkomen; 2 *sich* ~ *aus* zich bevrijden uit; **her'ausbekommen** ‹*st.h; a-o*› 1 naar buiten, eruit krijgen; 2 (*geld*) terugkrijgen; 3 (*geheim*) uitvissen, erachter komen; 4 (*raadsel*) oplossen; **her'ausbilden** ‹*h*› ontwikkelen, vormen; **her'ausbrechen** I ‹*st.h; a-o; i*› uitbreken, -trekken; II ‹*st.s; a-o; i*› tot uitbarsting komen; **her'ausbringen** ‹*onr.h; brachte, gebracht*› 1 naar buiten brengen; 2 eruit halen (*vlekken*); 3 *etwas aus einem* ~ iets uit iem krijgen; 4 (*er konnte*) *kein Wort* ~ er geen woord uitkrijgen; 5 *die Lösung* ~ de oplossing vinden; 6 (*ein neues Buch*) doen verschijnen; **her'ausfahren** ‹*st.h en s; u-a; ä*› 1 naar buiten rijden of varen; 2 naar buiten, eruit vliegen, eruit stuiven; 3 *es fuhr mir so heraus* ik flapte het er zo uit; **her'ausfinden** ‹*st.h; a-u*› 1 de weg (naar buiten) vinden; 2 (*fig*) een uitweg vinden; 3 te weten komen, ontdekken; **Her'ausforderer** ‹*der; -s, -*› uitdager; **her'ausfordern** ‹*h*› 1 uitdagen; 2 provoceren, uitlokken; **Her'ausforderung** ‹*die; -, -en*› uitdaging, enz.; **her'ausführen** ‹*h*› leiden uit; **Her'ausgabe** ‹*die; -, geen mv*› 1 teruggave, restitutie; 2 uitgave (*bijv van boek*); **her'ausgeben** ‹*st.h; a-e; i*› 1 aangeven (door een raam); 2 teruggeven (*ook wisselgeld*); 3 terugbetalen; 4 publiceren (*van artikel*); **Her'ausgeber** ‹*der; -s, -*› 1 uitgever (*van krant, tijdschrift*); 2 redacteur; **her'ausgehen** ‹*st.s; i-a*› 1 uit-, naar buiten gaan; 2 (*vlekken*) eruit gaan; 3 *aus sich* ~ uitgelaten worden, zijn schuchterheid overwinnen; **her'ausgreifen** ‹*st.h; i-i*› er uitpikken; **her'aushaben** ‹*onr.h; hatte, gehabt*› 1 erachter zijn; 2 *etwas* ~ de kunst verstaan; **her'aushalten, (sich)** ‹*st.h; ie-a; ä*› (zich) erbuiten houden; **her'ausholen** ‹*h*› 1 (er) uithalen, halen uit (*lett en fig*); 2 *holt die Bücher heraus!* neem de boeken voor je!; **her'auskommen** ‹*st.s; a-o*› 1 eruit komen, uit-, naar buiten komen; 2 uitkomen, verschijnen; 3 bekend worden; 4 *dabei kommt nichts heraus* dat leidt tot niets; **her'auskriegen** zie *herausbekommen*; **her'auskristallisieren, (sich)** (*lett en fig*) (zich) kristalliseren; **her'auslesen** ‹*st.h; a-e; ie*› opmaken (uit); **her'ausmachen** ‹*h*› 1 halen uit (*knoop e.d.*); 2 *sich* ~: *a*) iets bereiken (*maatschappelijk e.d.*); *b*) groeien (*o.a. van kinderen*); mooier worden; **her'ausnehmen** ‹*st.h; a-o; i*› 1 eruit nemen; (*sp*) eruithalen; 2 *sich etwas* ~ zich iets aanmatigen; veroorloven; **her'ausragend** 1 zeer belangrijk; 2 uitblinkend; **her'ausreißen** ‹*st.h; i-i*› 1 uittrekken, -rukken, -scheuren; 2 uit de brand of uit de nood helpen; 3 *sich* ~ zich eruit redden; **her'ausrücken** ‹*h*› 1 *Geld* ~ betalen, geld geven; 2 *mit der Wahrheit* ~ de waarheid vertellen; 3 *mit der Sprache* ~ spreken; **her'ausschlagen** ‹*st.h; u-a; ä*› 1 slaan uit (*vuur, geld*); 2 halen uit (*voordeel*); **her'ausspringen** ‹*st.s; a-u*› 1 springen uit; 2 opleveren (*o.a. voordeel*); **her'ausstellen** ‹*h*› 1 buiten plaatsen, buiten zetten; 2 (*goederen*) buiten uitstallen; 3 *etwas klar* ~, *scharf* iets duidelijk, scherp uiteenzetten; *sich* ~: *es stellt sich heraus, daß* ... het blijkt, dat ...; **her'ausstreichen** ‹*st.h; i-i*› 1 wegstrepen; 2 ophemelen, in de hoogte steken; **her'austreten** 1 (*mil*) *aus dem Glied* ~ naar voren treden; 2 eruit komen; **her'auswachsen** ‹*st.s; u-a; ä*› 1 uit (iets) opgroeien of ontspruiten; 2 uitkomen; 3 *aus seinen Kleidern* ~ uit de kleren groeien

herb 1 wrang; 2 bitter, verbitterd; 3 hard (*lot*); 4 streng, strak; 5 gesloten, stug; 6 sec, dry, niet zoet (*wijn*); 7 scherp en pittig (*geur*)

her'bei hierheen, naderbij; **her'beibringen** ‹*onr.h; brachte, gebracht*› aan-, bijbrengen; **her'beiführen** ‹*h*› teweegbrengen, veroorzaken; **her'beilassen, sich** ‹*st.h; ie-a; ä*› zich verwaardigen; **her'beischaffen** ‹*h*› bezorgen, verschaffen; **her'beisehnen** ‹*h*› vurig verlangen naar; **her'beiströmen** ‹*s*› toestromen; **her'beiwünschen** ‹*h*› *etwas* ~ verlangend naar iets uitzien, naar iets verlangen; **her'beiziehen** ‹*st.h; o-o*› bijslepen; **her'beizitieren** ‹*h*› erbij halen

'herbekommen ‹*st.h; a-o*› 1 hierheen krijgen; 2 (*wo soll ich es*) vandaan halen?

'herbemühen ‹*h*› (hierheen) laten komen; *sich* ~ (hierheen) komen

'herbeordern ‹*h*› het bevel geven te komen

'Herberge ‹*die; -, -n*› herberg; logement

'herbestellen ‹*h*› laten komen, ontbieden

'herbringen ‹*onr.h; brachte, gebracht*› (hierheen, aan)brengen; vgl *hergebracht*

Herbst ‹*der; -es, -e*› herfst, najaar; **'Herbstferien** ‹*mv*› herfstvakantie; **'herbstlich** herfstachtig, herfst...

Herd ‹*der; -(e)s, -e*› 1 fornuis; 2 haard (*ook fig*)

'Herde ‹*die; -, -n*› kudde (*ook fig*), troep

'hereilen ‹*s*› aan-, toesnellen

her'ein naar binnen, binnen; **her'einbrechen** ‹*st.s; a-o; i*› 1 invallen, binnendringen; 2 aanbreken; 3 ~ *über* (+ 4) overvallen; **her'einfallen** ‹*st.s; ie-a, -*› 1 *darauf fällt niemand herein* daar loopt niemand in; 2 *auf einen Schwindler* ~ de dupe worden van een zwendelaar; 3 (*mit etwas*) ~ bedrogen uitkomen; **her'einkommen** ‹*st.s; a-o*› 1 binnenkomen; 2 (*telec*) doorkomen; **her'einlassen** ‹*st.h; ie-a; ä*› erin, binnenlaten; **her'einlegen** ‹*h*› erin laten lopen; **her'einplatzen** ‹*h*› plotseling komen binnenvallen; **her'einschauen** ‹*h*› 1 erin, naar binnen kijken; 2 een kijkje nemen; 3 bij iem aankomen; **her'einschneien** onverwachts op bezoek komen

'herfahren I ‹*st.s; u-a; ä*› 1 hierheen rijden of

varen; 2 *hinter einem* ~ achter iem aan rijden; **II** ‹*st.h; u-a; ä*› hierheen brengen (per auto, boot)

'herfallen ‹*st.s; ie-a; ä*› 1 aanvallen (*op het eten*); 2 *über einen* ~: *a*) iem overvallen, aanvallen; *b*) heftig bekritiseren; *mit Fragen über einen* ~ vragen op iem afvuren

'herführen ‹*h*› 1 hierheen brengen, leiden; 2 aanvoeren, -brengen

'Hergang ‹*der; -(e)s, geen mv*› 1 verloop; 2 toedracht

'hergeben ‹*st.h; a-e; i*› 1 geven, verstrekken; 2 aan-, op-, overgeven; 3 teruggeven; 4 (*alle krachten*) inspannen; 5 *sich zu etwas* ~ zich tot iets lenen

'hergebracht traditioneel, gewoon, van ouds gebruikelijk

'hergehen ‹*st.s; i-a*› 1 (*hinter einem*) aanlopen; 2 *lustig, scharf* ~ vrolijk, warm toegaan; 3 *über einen* ~ iem bekritiseren

'hergehören ‹*h*› (thuis) behoren, op zijn plaats zijn

'hergelaufen van de straat opgeraapt (*persoon*)

'herhaben ‹*h*› hebben van, horen van

'herhalten ‹*st.h; ie-a; ä*› 1 (*die Hand*) ophouden; 2 ~ (*als, für*) opdraaien, dienen, het ontgelden

'herholen ‹*h*› 1 hier(heen) halen; 2 (*die Sache ist*) *weit hergeholt* vergezocht

'herhören ‹*h*› luisteren

'Hering ‹*der; -s, -e*› haring (*ook van tent*)

'herkommen ‹*st.s; a-o*› 1 hier(heen) komen, aankomen; 2 vandaan komen; 3 voortspruiten; **'Herkommen** ‹*das; -s, geen mv*› 1 afkomst, afstamming, oorsprong; 2 gewoonte, gebruik; **her'kömmlich** gebruikelijk, traditioneel

'Herkunft ‹*die; -, geen mv*› 1 herkomst, oorsprong; 2 af-, herkomst, afstamming; **'Herkunftsland** ‹*das; -(e)s, -ër*› land van herkomst, oorsprong

'herlangen ‹*h*› 1 aanreiken, -geven; 2 toereikend zijn

'herlaufen ‹*st.s; ie-au; äu*› toesnellen, komen aanlopen

'herleiern ‹*h*› op-, afdreunen, afdraaien

'herleiten ‹*h*› afleiden

'hermachen, sich ‹*h*› *sich über* (+ 4) ~ overvallen, afvliegen op

her'metisch hermetisch

'hernehmen ‹*st.h; a-o; i*› 1 vandaan nemen, halen; 2 *einen* ~ iem onderhanden nemen

her'nieder naar beneden, ne(d)er

Hero'in ‹*das; -s, geen mv*› heroïne; **hero'insüchtig** verslaafd aan heroïne

Herr ‹*der; -n, -en*› 1 heer, meester; 2 (*bij het aanspreken*) mijnheer; 3 *einer Sache* ~ *werden* een zaak meester worden; *Alte ~en* (*sp*) veteranen; *meine ~en!* mijne Heren!; **'Herrchen** ‹*das; -s, -*› 1 heertje; 2 (*van hond*) baasje

'herreichen ‹*h*› aanreiken

'Herreise ‹*die; -, -n*› reis hierheen

Herrenausstatter ‹*der; -s -*› herenmodezaak

Herrenwitz ‹*der; -es, -e*› schuine mop

'Herrenbekanntschaft ‹*die; -, -en*› omgang (van vrouwen met mannen); **'Herren(be)kleidung** ‹*die; -, geen mv*› herenkleding; **'Herrendoppel** ‹*das; -s, -*› herendubbel (*tennis*); **'Herreneinzel** ‹*das; -s, -*› herenenkel (*tennis*)

'herrenlos onbeheerd; *~er Hund* zwerfhond

'Herrgott ‹*der; -s, geen mv*› 1 Heer, God, Onze-Lieve-Heer; 2 ~ *noch mal!* verdorie!

'herrichten ‹*h*› 1 klaarmaken; 2 uitdossen; 3 *sich* ~ zich opmaken, zich netjes kleden

'Herrin ‹*die; -, -nen*› 1 meesteres, gebiedster; 2 eigenares

'herrisch heerszuchtig, gebiedend, bazig

'herrlich 1 heerlijk; 2 prachtig, schitterend; **'Herrlichkeit** ‹*die; -, -en*› heerlijkheid, pracht; *in aller Pracht und* ~ in volle glorie

'Herrschaft ‹*die; -, -en*› 1 heerschappij, macht; 2 *meine ~en!* dames en heren!; **'herrschaftlich** deftig

'herrschen ‹*h*› heersen, gebieden, regeren; **'Herrscher** ‹*der; -s, -*› heerser; **'herrschsüchtig** heerszuchtig

'herrücken **I** ‹*h*› hierheen of bijschuiven, hierheen brengen; **II** ‹*s*› naderen, bijschuiven

'herrühren ‹*h*› 1 afkomstig zijn, (vandaan) komen; 2 afstammen

'hersagen ‹*h*› 1 opzeggen; 2 zo maar zeggen

'hersehen ‹*st.h; a-e; ie*› hier(heen) zien

'hersein ‹*onr.s; war, gewesen*› *hinter einem* ~ iem achternazitten

'herstellen ‹*h*› vervaardigen, maken; **'Hersteller** ‹*der; -s, -*› producent, maker; **'Herstellung** ‹*die; -, geen mv*› fabricage

Herstellungsverfahren ‹*das; -s, -*› produktiemethode

her'über hierheen, naar deze kant, erover; **her'überreichen** ‹*h*› aanreiken

her'um 1 om(heen), rond(om); *um die Stadt* ~ om de stad (heen); *rund, rings* ~ rondom, in het rond; 2 *um 9* ~ omstreeks 9 uur; 3 (*das Jahr ist noch nicht ganz*) ~ om; 4 *da* ~ in die buurt, daar ergens; 5 *um 100 Mark* ~ zo'n mark of honderd; 6 *die Reihe* ~ om de beurt; **her'um...** om...; rond...; **her'umbalgen, sich** ‹*h*› plukharen, voortdurend vechten; **her'umblättern** ‹*h*› *in einem Buch* ~ in een boek bladeren; **her'umdoktern** ‹*h*› dokteren; **her'umfahren** ‹*st.s; u-a; ä*› 1 rondrijden, -varen; 2 zich plotseling omdraaien; **her'umführen** ‹*h*› 1 rondleiden; 2 *einen an der Nase* ~ iem bij de neus nemen, voor de gek houden; **her'umgehen** ‹*st.s; i-a*› 1 rondlopen, -gaan; 2 (*um etwas*) heenlopen, -kunnen; 3 *es geht ein Gerücht herum* een gerucht doet de ronde; 4 *das geht mir im Kopfe herum* dat maalt me door het hoofd; 5 ~ *lassen* laten rondgaan, doorgeven; **her'umhorchen** ‹*h*› zijn oor te luisteren leggen; **her'umkommen** ‹*st.s; a-o*› 1 (om iets) heenkomen; 2 hierkomen; 3 *er ist viel, weit in der Welt herumgekommen* hij heeft heel wat van de wereld gezien; 4 *um etwas nicht* ~ niet buiten iets kunnen; 5 (*die Nachricht*) *kam schnell herum* werd spoedig bekend; **her'umlaufen** ‹*st.s; ie-au; äu*› 1 rondlopen; 2 *Hunde frei ~ lassen* honden los laten lopen; 3 *um einen* ~ om iem heen lopen; **her'umliegen** ‹*st.h; a-e*› hier en daar liggen, rondslingeren; **her'umlümmeln** ‹*h*› lanterfanten; **her'umlungern** ‹*h*› 1 om-, rondzwerven; 2 lanterfanten; **her'umreichen** ‹*h*› rondgeven, laten doorgaan; **her'umreißen** ‹*st.h; i-i*› 1 *das hat ihn ganz herumgerissen* dat heeft hem sterk aangegrepen; 2 *das Steuer ~: a*) het stuur omgooien; *b*) (*fig*) plotseling van koers veranderen; **her'umschlagen** ‹*st.h; u-a; ä*› 1 om(heen) slaan, om(heen) doen; 2 *sich mit einem* ~ het met iem aan de stok hebben; 3 *sich mit* (*etwas*) ~ tobben met; **her'umsitzen** ‹*st.h; a-e*› rondhangen; **her'umsprechen, sich** ‹*st.h; a-o; i*› de ronde doen (*gerucht e.d.*), overal besproken worden; **her'umstehen** ‹*st.h; a-a*› 1 wanordelijk hier en daar staan; 2 *um etwas* ~ ergens omheenstaan; 3 rondhangen; **her'umtreiben** ‹*st.h; ie-ie*› 1 heen en weer, ronddrijven; 2 *sich ~: a*) rondscharrelen; *b*) rondzwerven; **her'umwerfen** ‹*st.h; a-o; i*› 1 omwerpen, -gooien; 2 (*spullen*) laten rondslingeren; 3 (*paard*) snel wenden; 4 *das Steuer ~: a*) het stuur omgooien; *b*) (*fig*) van koers veranderen; **her'umziehen** I ‹*st.h; o-o*› 1 heen en weer trekken; 2 *eine Mauer um einen Garten* ~ een muur om een tuin zetten, bouwen; II ‹*st.s; o-o*› rondzwerven, -trekken

her'unter naar beneden, omlaag, neer, af; met ww als *malen, spielen* vlug, slordig, afschilderen, afspelen; **her'unterbringen** ‹*onr.h; brachte, gebracht*› 1 (naar) beneden brengen; 2 (*voedsel*) naar binnen, erdoor krijgen; 3 ruïneren, te gronde richten; **her'unterfallen** ‹*st.s; ie-a; ä*› neervallen, naar beneden vallen; *die Treppe* ~ van de trap vallen; **her'untergehen** ‹*st.s; i-a*› 1 naar beneden gaan, dalen, zakken; 2 (*de straat*) uitlopen; **her'unterhandeln** ‹*h*› *etwas am, vom Preise* ~ iets op de prijs afdingen; **her'unterkommen** ‹*st.s; a-o*› 1 naar beneden komen; 2 in verval, aan lager wal (ge)raken, vervallen; 3 (*door ziekte*) verzwakken, achteruitgaan; **her'unterleiern** ‹*h*› opdreunen, afdraaien; **her'untermachen** ‹*h*› 1 (*einen*) een standje, uitbrander geven; 2 kraken, afmaken; **her'unterrutschen** ‹*s*› 1 naar beneden glijden; 2 *er kann mir den Buckel* ~ hij kan naar de maan lopen; **her'unterschlucken** ‹*h*› 1 in-, doorslikken; 2 (*opmerking e.d.*) inhouden; **her'untersein** ‹*onr.s; war, gewesen*› *mit seinen Nerven* ~ op zijn van de zenuwen

her'vor naar voren, te voorschijn, voor de dag; **her'vorbrechen** ‹*st.s; a-o; i*› 1 plotseling te voorschijn komen; 2 uit-, losbarsten; **her'vorbringen** ‹*onr.h; brachte, gebracht*› 1 voortbrengen, doen ontstaan; 2 (*woorden*) uitbrengen; **her'vorgehen** ‹*st.s; i-a*› 1 *daraus geht hervor* daaruit volgt; 2 voortkomen; 3 (*fig*) tevoorschijn komen uit; **her'vorheben** ‹*st.h; o-o*› doen uitkomen, op de voorgrond plaatsen, de nadruk leggen op; **her'vorkommen** ‹*st.s; a-o*› te voorschijn komen, zich vertonen; **her'vorragen** ‹*h*› uitsteken (boven), uitblinken (in); **her'vorragend** 1 (voor)uitstekend; 2 in het oog lopend, uitstekend, uitnemend, voortreffelijk, eminent; **her'vorrufen** ‹*st.h; ie-u*› 1 terugroepen (*van toneelspeler*); 2 veroorzaken; 3 wekken (*verbazing, onbehagen*); **her'vorspringen** ‹*st.s; a-u*› 1 te voorschijn springen; 2 (voor)uitspringen; **her'vorstehen** ‹*st.h; a-a*› vooruitstaan, (voor)uitspringen; **her'vortreten** ‹*st.s; a-e; i*› 1 naar voren komen; 2 (*fig*) naar buiten treden; 3 te voorschijn komen; zichtbaar worden; 4 (*Augen*) uitpuilen; **her'vortun, sich** ‹*onr.h; tat, getan*› zich onderscheiden; **her'vorziehen** ‹*st.h; o-o*› voor de dag, te voorschijn halen

'herwagen, sich ‹*h*› hierheen durven (komen)

Herz ‹*das; -ens, -en*› 1 hart (*ook fig*); *einem etwas ans ~ legen* iem iets op het hart drukken; *am ~en liegen* ter harte gaan; *Hand aufs* ~ met de hand op het hart; (*sich*) *etwas zu ~en nehmen* iets ter harte nemen; *ein ~ und eine Seele* twee handen op een buik; 2 harten (kaartspel); 3 *sich ein ~ fassen* moed vatten; **Herz...** hart... (*van kaartspel*) harten...; **'Herzas** ‹*das; -ses, -se*› hartenaas; **'Herzattacke** ‹*die; -, -n*› hartaanval

'herzaubern ‹*h*› te voorschijn toveren

'Herzchen ‹*das; -s, -*› hartje, schatje

'herzeigen ‹*h*› laten zien, tonen

'Herzeleid ‹*das; -(e)s, geen mv*› hartzeer

'herzen ‹*h*› liefkozen, aan het hart drukken

'Herzensbrecher ‹*der; -s, -*› hartebreker; **'Herzensfreude** ‹*die; -, geen mv*› grote vreugde; **'herzens'froh** zeer blij; **'Herzensgrund** ‹*der*› *aus* ~ uit de grond van mijn (zijn enz.) hart; **'herzens'gut** ingoed; **'Herzenslust** ‹*die*› *nach* ~ naar hartelust

'herzerfreuend hartverkwikkend; **'herzerschütternd** hartverscheurend, verschrikkelijk

'Herzfehler ‹*der; -s, -*› hartafwijking; **'herzförmig** hartvormig; **'herzhaft** 1 moedig, dapper; 2 flink, ferm; 3 stevig; 4 hartig

'herziehen I ‹*st.h; o-o*› hierheen of erheen trekken, lokken; II ‹*st.s; o-o*› 1 hierheen komen, zich hier vestigen; 2 tegen iem uitvaren; *über einen* ~ iem over de hekel halen

'herzig lief, schattig, teergeliefd

'Herzinfarkt ‹*der; -(e)s, -e*› (*med*) hartinfarct

'herzinnig(lich) innig, hartelijk, hartgrondig

'Herzklappe ‹*die; -, -n*› hartklep; **'Herzklopfen** ‹*das; -s, geen mv*› hartkloppingen; **'herzkrank**: *er ist* ~ hij heeft het aan het hart; **'Herzkranzgefäß** ‹*das; -es, -e*› kransslagader

Herzlähmung ‹*die;* -, *-en*› hartverlamming
Herz-Lungenmaschine ‹*die;* -, *-n*› hart-long-machine; '**Herzleiden** ‹*das;* *-s,* -› hartkwaal
'**herzlich** 1 hartelijk; 2 ~ *gern* heel graag; '**Herzlichkeit** ‹*die;* -, *geen mv*› hartelijkheid
'**Herzliebchen** ‹*das;* *-s,* -› liefje, schatje
'**herzlos** harteloos, gevoelloos; '**Herzlosigkeit** ‹*die;* -, *-en*› harteloosheid
'**Herzog** ‹*der;* *-(e)s, -ë*› hertog; '**Herzogin** ‹*die;* -, *-nen*› hertogin; '**Herzogtum** ‹*das;* *-(e)s, -ër*› hertogdom
'**Herzpatient** ‹*der;* *-en, -en*› hartpatiënt; '**Herzschlag** ‹*der;* *-(e)s, -ë*› 1 hartslag; 2 hartverlamming; '**Herzschrittmacher** ‹*der;* *-s,* -› pace-maker; '**Herzüberwachung** ‹*die;* -, *-en*› hartbewaking; '**Herzverpflanzung** ‹*die;* -, *-en*› harttransplantatie; '**Herzversagen** ‹*das;* *-s, geen mv*› hartstilstand; '**herzzerreißend** hartverscheurend
hetero'gen heterogeen, ongelijksoortig
heterosexu'ell heteroseksueel
'**Hetze** ‹*die;* -, *-n*› 1 het jachten, gejacht; 2 hetze, lastercampagne; 3 (*jag*) jacht met honden; '**hetzen** ‹*h*› 1 jagen, achtervolgen; 2 (aan)jagen, (aan)drijven; 3 haasten, jakkeren; 4 stoken, ophitsen; 5 (*er ist*) *mit allen Hunden gehetzt* uitgeslapen, uitgekookt; '**Hetzer** ‹*der;* *-s,* -› ophitser; **Hetze'rei** ‹*die;* -, *-en*› 1 vervolging; 2 ophitserij; 3 gejakker; '**Hetzjagd** ‹*die;* -, *-en*› 1 jacht met honden; 2 klopjacht, achtervolging; 3 (*fig*) het jachten, gejacht; '**Hetzschrift** ‹*die;* -, *-en*› opruiend geschrift
Heu ‹*das;* *-(e)s, geen mv*› 1 hooi; 2 *Geld wie ~ haben* geld als water hebben
Heuche'lei ‹*die;* -, *-en*› huichelarij, veinzerij; '**heucheln** ‹*h*› huichelen, veinzen; '**Heuchler** ‹*der;* *-s,* -› huichelaar, veinze; '**heuchlerisch** huichelachtig, geveinsd
'**Heuer** ‹*die;* -, *-n*› (*scheepv*) gage; '**heuern** ‹*h*› (*scheepv*) aanmonsteren
'**Heuhaufen** ‹*der;* *-s,* -› hooiberg
'**heulen** ‹*h*› 1 loeien, gieren, brullen; 2 luid huilen, wenen
Heuler ‹*der;* *-s,* -› 1 jonge zeehond, huiler; 2 gillende keukenmeid; 3 huiltoon; '**Heulpeter** ‹*der;* *-s,* -› huilebalk
'**Heuschnupfen** ‹*der;* *-s, geen mv*› hooikoorts; '**Heuschrecke** ‹*die;* -, *-n*› (*dierk*) sprinkhaan
'**heute** 1 heden, vandaag; ~ *abend* (*usw.*) vanavond (*enz*); 2 thans, tegenwoordig; '**heutig** 1 huidig, hedendaags, tegenwoordig; 2 *die ~e Zeitung* de krant van vandaag; *der ~e Tag* (de dag van) vandaag; '**heutzutage** heden, heden ten dage, tegenwoordig
'**Hexe** ‹*die;* -, *-n*› heks (*ook fig*); '**hexen** ‹*h*› 1 toveren; 2 heksen; '**Hexenring** ‹*der;* *-(e)s, -e*› heksenkring (*van paddestoelen*); '**Hexenschuß** ‹*der;* *-schusses, geen mv*› spit (*in de rug*); **Hexe'rei** ‹*die;* -, *-en*› hekserij, toverij
hfl (*afk*) *holländischer Gulden*
hie: *hie und da* nu en dan, soms; vgl *hier*
Hieb ‹*der;* *-(e)s, -e*› 1 slag, stoot, klap; 2 steek (onder water); 3 (*volkstaal*) *auf einen ~* in een keer; *gleich auf den ersten ~* meteen de eerste keer; '**hiebfest**: *hieb- und stichfest* waterdicht (*van alibi*); '**Hiebwaffe** ‹*die;* -, *-n*› slagwapen
hier 1 hier (*op dit tijdstip*); 2 hier (*op deze plaats*); *nicht von ~ sein: a*) niet hier geboren zijn; *b*) niet goed wijs zijn; '**hierauf** hier-, daarop, toen; '**hierauf'hin** hierop; '**hier'aus** hier-, daaruit; '**hier'bei** hier-, daarbij, hierme(d)e, ingesloten; '**hier'durch** 1 hier-, daardoor; 2 bij dezen, hierbij; '**hier'für** hier-, daarvoor; '**hier'gegen** hier-, daartegen; '**hier'her** hier(heen); *bis ~* tot hiertoe, tot nu toe; '**hierher'um** hierheen, hier om, in deze omtrek; '**hier'hin** hier(heen); '**hier'in** hier(in), ingesloten; '**hier'mit** hierme(d)e, bij dezen; '**hier'nach** hier-, daarna; '**hier'neben** hiernaast; '**hier'oben** hierboven; '**hier'über** hierover, -boven, daarover; '**hier'um** 1 hier-, daarom; 2 hier-, daarvan; '**hier'unter** hier-, daaronder; '**hier'von** hier-, daarvan; '**hier'vor** hier-, daarvoor; '**hier'zu** hier-, daartoe, hier-, daarvoor; '**hierzu'lande** hier te lande
'**hiesig** van hier; *der ~e Bürgermeister* de burgemeester alhier; *am ~en Orte* alhier
'**Hilfe** ‹*die;* -, *-n*› hulp; bijstand; ondersteuning; *Erste ~* Eerste Hulp; *einem ~ leisten* iem hulp verlenen; *mit ~* (+ 2 *oder von*) met behulp van; *etwas zu ~ nehmen* zich van iets bedienen; '**Hilfeleistung** ‹*die;* -, *-en*› hulp; hulpbetoon; '**Hilferuf** ‹*der;* *-(e)s, -e*› hulpgeroep, -kreet; '**hilflos** hulpeloos; '**Hilflosigkeit** ‹*die;* -, *geen mv*› hulpeloosheid; '**hilfreich** behulpzaam, hulpvaardig; '**Hilfsarbeiter** ‹*der;* *-s,* -› ongeschoolde arbeider; '**hilfsbedürftig** hulpbehoevend; '**hilfsbereit** bereid om te helpen, hulpvaardig; '**Hilfsbereitschaft** ‹*die;* -, *geen mv*› hulpvaardigheid; '**Hilfsmaßnahmen** ‹*mv*› hulp(verlening)
'**Himbeere** ‹*die;* -, *-n*› framboos
'**Himmel** ‹*der;* *-s,* -› 1 hemel; 2 lucht; *unter freiem ~* in de open lucht; 3 *das Blaue vom ~ herunterlügen* er maar op los liegen; '**himmel'angst**: *mir ist ~* ik ben doodsbang; '**Himmelfahrt** ‹*die;* -, *geen mv*› hemelvaart; *Christi ~* Hemelvaartsdag; '**himmel'hoch** 1 hemelhoog, tot in de hemel; 2 *ich bin ihm ~ überlegen* ik ben veruit de beste; '**himmeln** ‹*h*› dwepend kijken (naar); '**himmelschreiend** ten hemel schreien; '**Himmelsgegend** ‹*die;* -, *-en*› windstreek; '**Himmelskörper** ‹*der;* *-s,* -› hemellichaam; '**Himmelsrichtung** ‹*die;* -, *-en*› windstreek; '**Himmelszelt** ‹*das;* *-(e)s, geen mv*› uitspansel; '**himmlisch** 1 hemels, goddelijk, zalig, verrukkelijk; 2 *~e Geduld* engelengeduld
hin 1 heen, toe; *bis zur Mauer ~* tot aan de muur; 2 *an der Grenze ~* langs de grens; *durch den Raum ~* dwars door het vertrek; 3 *sie weinte still vor sich ~* zij zat stilletjes te huilen; 4 *die Uhr ist ~* het horloge is stuk; *~ ist ~* weg is weg; 5 *auf die Gefahr ~* op het gevaar af; *auf*

sein Wort ~ op zijn woord afgaande; 6 *eine Fahrkarte für* ~ *und zurück* retourtje; 7 ~ *und wieder: a*) zo nu en dan, af en toe; *b*) heen en terug; *c*) heen en weer; **hin'ab** (naar)beneden, omlaag, af; *den Fluß* ~ de rivier af; **hin'an** naar boven, op; **hin'auf** naar boven, omhoog; *den Fluß* ~ de rivier op; **hin'auffahren** I ‹*st.h; u-a; ä*› naar boven brengen (*per lift, schip, voertuig*); II ‹*st.s; u-a; ä*› naar boven varen, rijden, gaan; **hin'aufgehen** ‹*st.s; i-a*› naar boven, omhoog gaan, stijgen

hin'aus naar buiten, eruit; *darüber* ~: *a*) daar overheen, daar bovenuit; *b*) bovendien, daarenboven; *zur Tür* ~ de deur uit; *auf Jahre* ~ voor jaren; *wo soll das* ~? waar moet dat heen?; **hin'ausbegleiten** ‹*h*› uitlaten (*bezoek*); **hin'ausblicken** ‹*h*› 1 naar buiten zien; 2 (*op de tuin*) uitzien; **hin'ausekeln** ‹*h*› wegpesten; **hin'ausgehen** ‹*st.s; i-a*› 1 naar buiten gaan, eruit gaan, uitgaan; 2 *mein Zimmer geht auf die Straße hinaus* komt, ziet op de straat uit; 3 *das geht über meine Kräfte hinaus* gaat boven mijn krachten; **hin'auskommen** ‹*st.s; a-o*› 1 eruit komen; 2 *über* (*etwas* (+ 4)) hoger, verder komen dan; **hin'auslaufen** ‹*st.s; ie-au; äu*› 1 naar buiten, eruit lopen; 2 uitlopen, -monden; **hin'ausragen** ‹*h*› *über einen od. etwas* ~ boven iets uitkomen, -steken; **hin'ausreichen** ‹*h*› *über* (+ 4) ~ iets overtreffen, boven iets uitsteken; **hin'ausschieben** ‹*st.h; o-o*› 1 naar buiten, eruit schuiven, duwen; 2 uitstellen; **hin'auswachsen** ‹*st.s; u-a; ä*› *über* (+ 4) ~ boven iets uitgroeien, aan iets ontgroeien; **hin'auswollen** ‹*h*› 1 naar buiten, eruit willen; 2 (*ich weiß schon*) *wo Sie* ~ waar u heen wilt; 3 *hoch* ~ hoge aspiraties hebben; **hin'ausziehen** I ‹*st.h; o-o*› 1 naar buiten trekken of slepen, eruit trekken of slepen; 2 uitstellen, rekken, op de lange baan schuiven; 3 *sich* ~ gerekt worden; II ‹*st.s; o-o*› uit-, naar buiten gaan, trekken; **hin'auszögern** ‹*h*› uitstellen

'hinbegeben, sich ‹*st.h; a-e; i*› zich erheen begeven

'Hinblick ‹*der*› *im* ~ *auf* (+ 4) met het oog op; **'hinblicken** ‹*h*› erheen kijken; **'hinbringen** ‹*onr.h; brachte, gebracht*› 1 erheen brengen; 2 (*de tijd*) doorbrengen; **'hindenken** ‹*onr.h; dachte, gedacht*› *wo denken Sie hin?* wat denkt u wel?

'hinderlich 1 hinderlijk, lastig; 2 belemmerend; **'hindern** ‹*h*› (ver)hinderen, beletten; **'Hindernis** ‹*das; -ses, -se*› hindernis; **'Hindernislauf** ‹*der; -(e)s, -ë*› wedloop met hindernissen

'hindeuten ‹*h*› *auf* (+ 4) ~ duiden, wijzen op

'hindonnern ‹*h*› neersmijten

'hindösen ‹*h*› *vor sich* ~ (zitten of liggen te) suffen

hin'durch doorheen, erdoor(heen); *durch den Wald* ~ door het bos heen; (*den ganzen Tag*) ~ door; (*Jahre*) ~ achtereen, lang

hin'ein 1 naar binnen, erin; *in den Wald* ~ het bos in; 2 *in den Tag* ~ *leben* gedachteloos, er maar op los leven; **hin'einfinden** ‹*st.h; a-u*› *sich* ~ *in* (+ 4) in iets thuisraken; **hin'einfressen** ‹*st.h; a-e; i*› *den Ärger usw. in sich* ~ ergernis e.d. opkroppen; **hin'einleben** ‹*h*› *in den Tag* ~ een onbezorgd leven leiden; **hin'einreden** ‹*h*› 1 zich mengen in; 2 *sich in Wut* ~ zich al sprekend steeds meer opwinden; **hin'einziehen** ‹*st.h; o-o*› 1 naar binnen trekken; 2 *in eine Sache mit hineingezogen werden* mede ... verwikkeld, betrokken worden in een zaak

'hinfahren ‹*st.s; u-a; ä*› 1 erheen rijden, rijden naar; 2 heenrijden (langs, over); 3 *mit der Hand* ~ *über* (+ 4) met de hand over iets strijken; **'Hinfahrt** ‹*die; -, -en*› heenreis

'hinfallen ‹*st.s; ie-a; ä*› neervallen; **'hinfällig** 1 zwak, gebrekkig (*van mensen*); 2 wankel, zwak (*gezondheid*); 3 (*Gebäude usw.*) vervallen, in verval zijnde, bouwvallig; 4 zwak, ongegrond (*beweringen*); 5 (*jur*) vervallen, nietig; **'Hinfälligkeit** ‹*die; -, geen mv*› zie *hinfällig*

hin'fort voortaan, in het vervolg, van nu af

'Hingabe ‹*die; -, geen mv*› overgave, toewijding; **'hingeben** ‹*st.h; a-e; i*› (af-, over)geven, afstaan, opofferen; *sich der Hoffnung* ~ zich vleien met de hoop; **'Hingebung** ‹*die; -, geen mv*› 1 overgave, toewijding; 2 gelatenheid, onderworpenheid

hin'gegen daarentegen, integendeel

'hingehen ‹*st.s; i-a*› 1 erheen gaan, gaan naar; 2 weggaan; 3 heengaan, overlijden; 4 verstrijken, voorbijgaan; 5 ~ *über* gaan over (van blik); 6 *das geht gerade noch hin* dat kan er nog net mee door; 7 (*so etwas kann ich nicht*) ~ *lassen* laten passeren, over mijn kant laten gaan; **'hingehören** ‹*h*› erbij behoren; **'hingelangen** ‹*s*› er komen; **'hingerissen** meeslepend, fascinerend; **'hinhalten** ‹*st.h; ie-a; ä*› 1 toesteken, aanreiken; 2 *einen* ~ iem aan het lijntje houden; 3 (*de vijand*) ophouden; **'hinhauen** I ‹*onr.h; haute/hieb, gehauen*› 1 slaan; 2 neergooien, -smijten; *den Kram* ~ het bijltje erbij neergooien; 3 neerslaan (*een tegenstander*); 4 *etwas* ~ iets vluchtig doen, maken; 5 in orde komen; 6 (*volkstaal*) *die Sache wird schon* ~ dat zal wel lukken; 7 *drei Liter hauen hin* drie liter is voldoende; 8 *sich* ~, (*volkstaal*) gaan liggen; II ‹*onr.s; haute/hieb, gehauen*› *der Länge nach* ~ languit neervallen; **'hinhören** ‹*h*› ernaar luisteren

'hinken ‹*h*› hinken, kreupel zijn; *dieser Vergleich hinkt* die vergelijking gaat mank

'hinkommen ‹*st.s; a-o*› 1 er(heen) komen; *wo kommen die Bücher hin?* waar moeten die boeken heen?; 2 *wo ist das Buch hingekommen?* waar is het boek gebleven?; *wo kämen wir hin, wenn ...?* waar blijven we, als ...?; 3 *mit seinem Geld* ~ met zijn geld uit-, rondkomen; **'hinkriegen** ‹*h*› *das krieg ich schon hin!* dat krijg ik wel voor elkaar!; **'hinlangen** zie *-reichen*;

'hinlänglich voldoende, toereikend; **'hinlegen** ‹*h*› 1 (neer)leggen; 2 *sich* ~ gaan liggen; **'hinnehmen** ‹*st.h; a-o; i*› 1 slikken, verdragen, zich laten welgevallen; 2 (*sp*) incasseren; **'hinreichen** ‹*h*› 1 aan-, overreiken, toesteken; 2 reiken tot, raken; 3 toereikend, voldoende zijn; **'hinreichend** toereikend, voldoende; **'Hinreise** ‹*die; -, -n*› heenreis; **'hinreißen** ‹*st.h; i-i*› 1 mee-, wegslepen; 2 in vervoering brengen, enthousiast maken; 3 *sich* ~ *lassen* zich laten meeslepen; **'hinrichten** ‹*h*› 1 (*einen*) terechtstellen, ter dood brengen; 2 *einem etwas* ~ voor iem iets gereed maken; **'Hinrichtung** ‹*die; -, -en*› terechtstelling; **'hinsehen** ‹*st.h; a-e; ie*› erheen of ernaar zien, kijken, opletten; **'hinsetzen** ‹*h*› 1 neerzetten, plaatsen; 2 *sich* ~ gaan zitten; **'Hinsicht** ‹*die; -, geen mv*› 1 *in dieser* ~ in dit opzicht; 2 *in* ~ *auf* (+ 4) met het oog op; **'hinsichtlich** ‹*vz*› (+ 2) met het oog op; **'Hinspiel** ‹*das; -(e)s, -e*› uitwedstrijd (*eerste van twee wedstrijden*); **'hinstellen** ‹*h*› 1 er neer-, voorzetten; 2 *etwas* ~ *als* iets voorstellen als; 3 *sich* ~ er gaan staan; **hin'tansetzen** ‹*h*› 1 verwaarlozen; 2 (*einen*) achterstellen

'hinten achter(en); *von* ~ van achteren, achter; **hinten'an** achteraan; **hinten'dran** achteraan; **hinten'drauf** achterop, van achteren erop; *was* ~ *bekommen* voor zijn broek krijgen; **hintenher'um** 1 achterom; 2 clandestien; 3 ~ *erfahren* langs een omweg te weten komen; **'hintenhin** aan de achterkant; **hinten'nach** 1 achteraan; 2 achteraf; **hinten'über** achterover

'hinter I ‹*vz* (+ 3 of + 4)› 1 achter; 2 (*eine Strecke in zwei Stunden*) ~ *sich bringen* afleggen; 3 *etwas* ~ *sich bringen* iets tot een goed eind brengen, klaarspelen; II ‹*bn*› achterst; *die* ~*e Seite* de achterkant; **Hinter'bliebene(r)** ‹*bn als zn*› nabestaande

Hinterbliebenenrente ‹*die*› weduwen- en wezenpensioen; (*Belg*) overlevingspensioen

Hinterbliebenenrente ‹*die; -, -n*› weduwen en wezenpensioen; **hinter'bringen** ‹*onr.h; hinterbrachte, hinterbracht*› *etwas* ~ iets verklappen, verraden; **hinter'drein** 1 daarna, daarop, vervolgens; 2 achterna; 3 achteraf; **hinterein'ander** achter elkaar, achtereen; **'Hintergedanke** ‹*der; -ns, -n*› bijgedachte; **hinter'gehen** ‹*st.h; i-a*› misleiden, bedriegen; **'Hintergrund** ‹*der; -(e)s, -ë*› achtergrond; **'hintergründig** 1 diepliggend; 2 achterbaks

'Hinterhalt ‹*der; -(e)s, -e*› hinderlaag; **'hinterhältig** achterbaks, stiekum

'Hinterhand ‹*die; -, geen mv*› 1 achterhand; 2 *etwas in der* ~ *haben* iets achter de hand hebben; **hinter'her** 1 acheraf, later, naderhand; 2 achterna, er achteraan; **hinter'lassen** ‹*st.h; ie-a; ä*› nalaten, vermaken, achterlaten; **Hinter'lassenschaft** ‹*die; -, -en*› nalatenschap; **Hinter'lassung** ‹*die; -, geen mv*› achter-, nalating; **hinter'legen** ‹*h*› 1 in bewaring, in depot geven, deponeren, storten; 2 opslaan; **Hinter'legung** ‹*die; -, -en*› deposito, bewaargeving, het deponeren, deponering

'Hinterlist ‹*die; -, geen mv*› (arg)list, sluwheid; **'hinterlistig** (arg)listig, sluw

'Hintermann ‹*der; -(e)s, -ër*› 1 achterman; 2 (*fig*) aanstichter; 3 zegsman

'Hintern ‹*der; -s, -*› (*volkstaal*) achterste, achterwerk

'Hinterrad ‹*das; -(e)s, -ër*› achterwiel; **'Hinterreifen** ‹*der; -s, -*› achterband; **'hinterrücks** 1 van achteren; 2 (*fig*) achterbaks; **'Hinterseite** ‹*die; -, -n*› 1 achterzijde, -kant; 2 (*volkstaal*) achterwerk; **'hintersinnig** 1 met een diepere betekenis; 2 dubbelzinnig; **'Hinterteil** ‹*das; -(e)s, -e*› 1 achterdeel; 2 achtersteven; 3 achterste; **'Hintertreffen** ‹*das*› 1 *ins* ~ *geraten, kommen* achterop raken, een achterstand oplopen; 2 *im* ~ *sein, sich im* ~ *befinden* in een nadelige positie verkeren; **hinter'treiben** ‹*st.h; ie-ie*› tegenwerken; **'Hintertreppenroman** ‹*der; -(e)s, -e*› keukenmeidenroman

'hintertückisch vals, geniepig, gemeen

'hinterwärts achterwaarts; **hinter'ziehen** ‹*st.h; o-o*› ontduiken; **Hinter'ziehung** ‹*die; -, -en*› ontduiking

'hintreiben ‹*st.h; ie-ie*› 1 erheen drijven, jagen; 2 wegdrijven

hin'über 1 naar de andere kant of overkant; 2 stuk, kapot; 3 dood; **hin'übergehen** ‹*st.s; i-a*› 1 naar de overkant gaan; 2 overlopen; 3 heengaan, overlijden; **hin'übergreifen** ‹*st.h; i-i*› 1 inbreuk maken (op); 2 overslaan (op); **hin'überreichen** ‹*h*› 1 overreiken; 2 zich tot aan de overkant uitstrekken; **hin'überwechseln** ‹*s*› (over) gaan (naar)

hin und her 1 heen en weer; 2 (*in sam*) heen en terug

hin'unter 1 naar beneden, ne(d)er, omlaag; 2 (er)af; vgl *herunter, hinab*

hin'weg weg, van hier; (*over iets*) heen; **hin'weggehen** ‹*st.s; i-a*› *über* (+ 4) ~ geen rekening houden met; **hin'wegsehen** ‹*st.h; a-e; ie*› *über* (+ 4) ~: *a*) over iets heenzien; *b*) iets door de vingers zien; **hin'wegsetzen** ‹*h*› 1 *über* (+ 4) ~ over iets heenspringen; 2 *sich über* (+ 4) ~ zich ergens niets van aantrekken; **hin'wegtäuschen** ‹*h*› (*einen über* (+ 4) *etwas*) ~ (iets voor iem) verdoezelen, (iem iets) doen vergeten

'Hinweis ‹*der; -es, -e*› 1 ver-, aanwijzing; *unter* ~ (+ 4) met verwijzing naar; 2 opmerking; 3 het wijzen op; **'hinweisen** ‹*st.h; ie-ie*› aanwijzen, erheen wijzen; *auf* (+ 4) ~ ergens op wijzen, naar iets verwijzen; **'hinwelken** ‹*s*› verwelken, wegkwijnen; **'hinwerfen** ‹*st.h; a-o; i*› 1 neergooien; *den Kram* ~ het bijltje erbij neergooien; 2 toegooien; 3 (*fig*) langs zijn neus weg, terloops zeggen; 4 snel op papier zetten, met een paar lijnen tekenen; **'hinziehen** I ‹*st.h; o-o*› 1 trekken naar, erheen trekken; 2 zich er vestigen; 3 *sich zu einem hinge-*

zogen fühlen zich tot iem aangetrokken voelen; II ‹*st.s; o-o*› 1 heengaan; 2 *sich* ~: *a*) zich uitstrekken; *b*) uitblijven, lang duren

hin'zu 1 daar-, erheen; 2 ernaartoe; 3 erbij, bovendien; **hin'zufügen** ‹*h*› erbij voegen, erbij doen; **hin'zugehören** ‹*h*› erbij (be)horen; **hin'zukommen** ‹*st.s; a-o*› erbij komen; **hin'zusetzen** ‹*h*› 1 erbij voegen, erbij doen; 2 *sich* ~ erbij gaan zitten; **Hin'zutun** ‹*das*› *ohne mein* ~ buiten mijn toedoen; **hin'zuziehen** ‹*st.h; o-o*› consulteren, raadplegen, erbij halen

'Hiobsbotschaft ‹*die; -, -en*› jobstijding

Hirn ‹*das; -(e)s, -e*› 1 hersenen; 2 brein

Hirnblutung ‹*die; -, -en*› hersenbloeding; **'Hirngespinst** ‹*das; -(e)s, -e*› hersenschim; **'hirnlos** dom; **'Hirnschlag** ‹*der; -(e)s, -̈e*› (*med*) beroerte; **'hirnverbrannt** krankzinnig, dwaas

Hirsch ‹*der; -es, -e*› (*dierk*) hert; **Hirschkuh** ‹*die; -, -ë*› hinde

'Hirse ‹*die; -, -n*› (*plantk*) gierst

Hirt ‹*der; -en, -en*› herder (*ook godsd*); **'Hirtenbrief** ‹*der; -(e)s, -e*› (*r-k*) herderlijk schrijven; **'Hirtenvolk** ‹*das; -(e)s, -ër*› herdersvolk

'hissen ‹*h*› hijsen (*zeil, vlag*)

Hi'storiker ‹*der; -s, -*› historicus

'Hitze ‹*die; -, geen mv*› 1 hitte; 2 drift; **'Hitzewelle** ‹*die; -, -n*› hittegolf; **'hitzig** 1 heet, vurig; 2 driftig, heetgebakerd; 3 (*dierk*) ritsig, bronstig, loops; **'Hitzkopf** ‹*der; -(e)s, -̈e*› driftkop, heethoofd; **'hitzköpfig** driftig, heethoofdig, heetgebakerd

Hiwi (*afk voor Hilfswilliger*) 1 helper; 2 student-assistent

'Hobby ‹*das; -s, -s*› hobby

'Hobel ‹*der; -s, -*› schaaf; **'hobeln** ‹*h*› 1 (af)schaven; 2 (*fig*) beschaven; **'Hobelspan** ‹*der; -(e)s, -ë*› houtkrul

Ho'boe ‹*die; -, -n*› (*muz*) hobo

hoch ‹(*höher, höchst*)› 1 hoog; 2 verheven, voornaam; 3 (*wisk*) *a ~ 3* a tot de derde (macht); 4 omhoog; 5 (*sie kamen 3 Mann*) ~ sterk; *ein hoher Fünfziger* een man van diep in de vijftig; ~ *hinauswollen* hogerop willen; *wenn's ~ kommt* in het ergste geval; *die hohe See* de volle zee, het ruime sop; *eine hohe Strafe* een zware straf, hoge boete; *von hohem Wuchs* groot; **hoch**... 1 hoog...; 2 zeer ...; **Hoch** ‹*das; -s, -s*› 1 toost, heildronk; *ein ~ auf einen ausbringen* op iems gezondheid drinken, op iem toosten; *ein ~ dem Jubilar!* (lang) leve de jubilaris!; 2 gebied van hoge luchtdruk; **'Hochachtung** ‹*die; -, geen mv*› hoogachting; **'hochachtungsvoll** hoogachtend; **'hochaktuell** zeer actueel

Hochamt ‹*das; -(e)s, -ër*› hoogmis; **'hochanständig** zeer fatsoenlijk, zeer netjes; **'Hochbau** ‹*der; -(e)s, -ten*› 1 hoogbouw; 2 bovengrondse werken; **'hochbegabt** zeer begaafd; **'hochbeinig** met lange benen of poten; **'hochbetagt** hoogbejaard; **'Hochbetrieb** ‹*der; -(e)s, geen mv*› grote drukte, topdrukte; **'Hochblüte** ‹*die; -, -n*› bloeitijd, -periode; **'hochbringen** ‹*onr.h; brachte, gebracht*› 1 gezond maken; 2 (*fig*) tot bloei brengen; **'Hochburg** ‹*die; -, -en*› centrum, bolwerk; **'hochdeutsch** Hoogduits; **'hochdienen, sich** ‹*h*› zich opwerken

hochdotiert goedbetaald; **'Hochdruck** ‹*der; -(e)s, geen mv*› 1 hoge druk; 2 *unter ~ arbeiten* onder hoogspanning werken

Hochdruckgebiet ‹*das; -(e)s, -e*› hogedrukgebied; **'Hochebene** ‹*die; -, -n*› hoogvlakte, plateau; **'hocher'freut** zeer verheugd; **'hocherhaben** hoogverheven; **'hochfahren** ‹*st.s; u-a; ä*› opvliegen, opschrikken; **'hochfahrend** arrogant, hautain; **'hochfliegend** 1 hoogvliegend (*lett*); 2 ambitieus, groots; **'Hochflut** ‹*die; -, -en*› 1 hoge vloed, springvloed; 2 te groot aanbod; **'Hochform** ‹*die; -, geen mv*› (*sp*) topvorm; **'Hochgarage** ‹*die; -, -n*› bovengrondse parkeergarage; **'Hochgebirge** ‹*das; -s, -*› hooggebergte; **'Hochgefühl** ‹*das; -(e)s, -e*› gevoel van trots; **'hochgehen** ‹*st.s; i-a*› 1 omhooggaan, naar boven gaan; 2 (*fig*) opvliegen, opstuiven; 3 gearresteerd worden; 4 exploderen; 5 ~ *lassen* (aan de politie) verraden; **'Hochgenuß** ‹*der; -genusses, geen mv*› intens genot; **'hochgeschätzt** hooggeacht, zeer gewaardeerd; **'hochgesteckt**: *ein ~es Ziel* een hoog gesteld doel; **'hochgestellt** hooggeplaatst; **'hochgewachsen** lang, rijzig; **'Hochglanz** ‹*der; -es, geen mv*› sterke glans; **'hochgradig** 1 hevig, in hoge mate; 2 sterk (*van oplossing*); 3 hoog (*van koorts*); **'hochhalten** ‹*st.h; ie-a; ä*› 1 omhooghouden, -brengen; 2 (*fig*) hooghouden; **'Hochhaus** ‹*das; -es, -ër*› 1 torenflat; 2 hoog flatgebouw; **'hochheben** ‹*st.h; o-o*› 1 omhoog heffen, hoog optillen; 2 (*de arm*) omhoog-, opsteken; **'hochherzig** nobel, edel, grootmoedig; **'hochinteressant** zeer interessant; **'hochklappen** ‹*h*› 1 opklappen; 2 (*kraag*) opzetten; **'hochkommen** ‹*st.s; a-o*› 1 omhoog-, opkomen; 2 *wieder ~*: *a*) weer overeind komen; *b*) er weer bovenop komen; **'Hochkonjunktur** ‹*die; -, -en*› (*handel*) hoogconjunctuur; **'hochkrempeln** ‹*h*› opstropen (*mouwen*); **'hochleben** ‹*h*› *einen ~ lassen* 'lang zal hij leven' zingen; **'Hochleistungssport** ‹*der; -(e)s, geen mv*› topsport; **'hochmodern** zeer modern; **'hochmodisch** volgens de laatste mode; **'Hochmut** ‹*der; -(e)s, geen mv*› hoogmoed; **'hochmütig** hoogmoedig, trots; **'hochnäsig** verwaand, aanmatigend; **'hochnehmen** ‹*st.h; a-o; i*› 1 *einen ~*: *a*) iem afzetten, te veel laten betalen; *b*) iem voor de gek houden; *c*) iem arresteren; 2 *ein Kind ~* een kind op de arm nemen; **'Hochofen** ‹*der; -s, -̈*› hoogoven; **'hochqualifiziert** hoog gekwalificeerd; **'Hochrechnung** ‹*die; -, -en*› computerberekening, -prognose op basis van eerste gegevens; **'hochreißen** ‹*st.h; i-i*› 1 omhoogtrekken, (*luchtv*) optrekken; 2 *sich ~* zich met alle kracht oprichten; '**Hochsaison** ‹*die; -, geen mv*› hoogseizoen; '**hochschätzen** ‹*h*› hoogschatten, -achten; '**hochschlagen** ‹*st.h; u-a; ä*› **1** opslaan (*van kraag*); **2** oplaaien (*van vlammen*); '**hochschrauben** ‹*h*› **1** opdrijven (*van prijzen*); **2** opschroeven (*van eisen*); **3** *hochgeschraubt* gekunsteld, aanstellerig; '**Hochschulabschluß** ‹*der; -abschlusses, -abschlüsse*› doctoraal examen; '**Hochschule** ‹*die; -, -n*› hogeschool, universiteit

Hochschule: *pädagogische* ~ pedagogische academie, PABO; (*Belg*) normaalinstituut, normaalschool; *Staatliche pädagogische* ~ (*Belg*) rijksnormaalschool; '**Hochschulreife** ‹*die; -, geen mv*› recht tot toelating tot het tertiair onderwijs (*o.a. VWO-diploma*)

Hochschulunterricht: *pädagogische* ~ pedagogisch onderwijs; (*Belg*) normaalonderwijs; '**Hochspannung** ‹*die; -, -en*› hoogspanning; '**hochspielen** ‹*h*› veel ophef maken van; '**Hochsprache** ‹*die; -, -n*› standaardtaal (*algemeen beschaafd*); '**Hochsprung** ‹*die; -, -ë*› **1** het hoogspringen; **2** sprong

höchst **1** hoogst, zeer, ten hoogste; **2** ten zeerste, ten hoogste; **3** *am ~en* het hoogst

'**Hochstapelei** ‹*die; -, -en*› oplichterij; '**Hochstapler** ‹*der; -s, -*› gentleman-oplichter

'**hochstehend** **1** hoogstaand, voornaam, hooggeplaatst; **2** opstaand (*rand, kraag*); '**hochstellen** ‹*h*› **1** ergens bovenop zetten; **2** hoog zetten (*verwarming e.d.*); **3** opslaan (*van kraag*)

'**höchstens** hoogstens, op zijn hoogst

Höchstfall ‹*der*› *im ~* op zijn hoogst

'**Höchstgeschwindigkeit** ‹*die; -, -en*› maximumsnelheid

'**Hochstimmung** ‹*die; -, -en*› blijde, feestelijke stemming

'**Höchstleistung** ‹*die; -, -en*› **1** record; **2** topprestatie; **3** maximumvermogen (*van machine*); '**höchstwahrscheinlich** hoogstwaarschijnlijk

'**Hochtour** ‹*die; -, -en*› **1** tocht door het hooggebergte; **2** (*die Industrie arbeitet, läuft*) *auf ~en* op volle toeren; '**hochtrabend** hoogdravend; '**hochverschuldet** met schulden zeer bezwaard; '**Hochwasser** ‹*das; -s, geen mv*› **1** hoogwater; **2** overstroming; '**hochwertig** van zeer goede kwaliteit; '**Hochwild** ‹*das; -(e)s, geen mv*› grof wild; '**Hochwürden** (*aanspreektitel*) pastoor, kapelaan, pater, (*prot*) hoogeerwaarde heer

'**Hochzeit** ‹*die; -, -en*› bruiloft; huwelijk; '**Hochzeits**... huwelijks...; bruilofts...; '**Hochzeitsfeier** ‹*die; -, -n*›, '**Hochzeitsfest** ‹*das; -(e)s, -e*› bruilofts-, huwelijksfeest; '**Hochzeitsgesellschaft** ‹*die; -, -en*› bruiloftspartij; '**Hochzeitskleid** ‹*das; -(e)s, -er*› trouwjapon; '**Hochzeitsreise** ‹*die; -, -n*› huwelijksreis; '**Hochzeitstag** ‹*der; -(e)s, -e*› bruilofts-, trouwdag

'**hochziehen** ‹*st.h; o-o*› **1** omhoogtrekken; **2** optrekken (*muur e.d.*); **3** *jmdn ~* iem voor de gek houden; **4** (*onweer*) naderbij komen

'**hocken** ‹*h*› **1** gehurkt zitten, hurken; **2** (*fig*) hokken; zitten, zijn; '**Hocker** ‹*der; -s, -*› kruk (*om op te zitten*)

'**Höcker** ‹*der; -s, -*› **1** bult; **2** knobbel; **3** hobbel

'**Hockey** ‹*das; -s, geen mv*› (*sp*) hockey

Hockeyschläger ‹*der; -s, -*› hockeystick

'**Hode** ‹*der; -n, -n*› of ‹*die; -, -n*›, '**Hoden** ‹*der; -s, -*› zaad-, teelbal; '**Hodensack** ‹*der; -(e)s, -̈e*› balzak

Hof ‹*der; -(e)s, -ë*› **1** het hof; **2** hofhouding; **3** (binnen)plaats; **4** hofstede, hoeve; **5** erf; **6** kring (*om zon of maan*)

'**hoffähig** beschaafd, goede manieren hebbend

'**hoffärtig** hovaardig, hoogmoedig, ijdel

'**hoffen** ‹*h*› hopen; *das will ich ~!* dat hoop ik!; '**hoffentlich** hopelijk; '**Hoffnung** ‹*die; -, -en*› **1** hoop; verwachting; *einem ~en machen: a*) iem hoop geven; *b*) iem voorspiegelen; *sich keine ~en machen* zich geen illusies maken; *seiner ~ Ausdruck geben* de hoop uitspreken; *sich ~ auf etwas machen* hoop op iets hebben; *~ auf einen setzen* zijn hoop op iem vestigen; **2** *guter ~ sein* in blijde verwachting zijn; '**Hoffnungslauf** ‹*der; -(e)s, -ë*› (*sp*) herkansing; '**hoffnungslos** hopeloos; '**hoffnungsvoll** **1** hoopvol, vol goede moed; **2** veelbelovend

'**Hofhaltung** ‹*die; -, geen mv*› hofhouding

'**Hofhund** ‹*der; -(e)s, -e*› waakhond

ho'fieren ‹*h*› (*een meisje*) het hof maken

'**höfisch** hoofs, ridderlijk

'**höflich** beleefd, hoffelijk; '**Höflichkeit** ‹*die; -, -en*› beleefd-, hoffelijkheid

'**Hofmarschall** ‹*der; -s, -ë*› hofmaarschalk

'**Höhe** ‹*die; -, -n*› **1** hoogte; *auf der ~ von Köln* ter hoogte van Keulen; **2** heuvel, berg; **3** toppunt (*fig*); **4** *eine Summe in ~ von* ter grootte van ...; *sich in die ~ richten* zich oprichten; **5** *Preise in die ~ treiben* prijzen omhoog-, opdrijven

'**Hoheit** ‹*die; -, -en*› **1** grootheid, verhevenheid; **2** hoogheid; **3** soevereiniteit; '**hoheitlich** soeverein; '**Hoheitsgebiet** ‹*das; -(e)s, -e*› grondgebied, territorium; '**Hoheitsgewässer** ‹*das; -s, -*› territoriale wateren; '**hoheitsvoll** **1** statig; **2** uit de hoogte; '**Hoheitszeichen** ‹*das; -s, -*› nationaal embleem

'**Höhenflug** ‹*der; -(e)s, -ë*› **1** hoogtevlucht (*o.a. van zweefvliegtuig*); **2** hoge vlucht; '**Höhenlage** ‹*die; -, -n*› hoogteligging; '**Höhenluft** ‹*die; -, geen mv*› berglucht; '**Höhenluftkurort** ‹*der; -(e)s, -e*› herstellingsoord in de bergen; '**Höhensonne** ‹*die; -, -n*› hoogtezon; '**Höhenunterschied** ‹*der; -(e)s, -e*› hoogteverschil

Höhenzug ‹*der; -(e)s, -ë*› bergketen

'**Höhepunkt** ‹*der; -(e)s, -e*› hoogte-, toppunt

'**höher** hoger; *~e Schule* v.w.o.-school

hohl hol; *~er Kopf* leeghoofd

'**Höhle** ‹*die; -, -n*› **1** hol; **2** holte; **3** grot

'**Hohlkopf** ‹*der; -(e)s, -ë*› leeghoofd

'**Hohlmaß** ‹*das; -es, -e*› inhoudsmaat; '**Hohlraum** ‹*der; -(e)s, -ë*› holle ruimte

'Hohlsaum ‹*der; -(e)s, -ë*› ajourzoom
Hohn ‹*der; -(e)s, geen mv*› hoon, smaad, spot; **'höhnen** ‹*h*› honen, krenken; **'Hohngelächter** ‹*das; -s, geen mv*› hoongelach; **'höhnisch** smadelijk, honend; **'Hohnrede** ‹*die; -, -n*› spot-, smaadrede
hold 1 (toe)genegen, toegedaan, vriendelijk; 2 lief(lijk), bevallig, lieftallig
Holding ‹*die; -, -s*›, **Holdinggesellschaft** ‹*die; -, -en*› holding; **'holdselig** liefelijk, bekoorlijk, bevallig
'holen ‹*h*› 1 halen; 2 *sich einen Schnupfen* ~ een verkoudheid oplopen
'Holländer ‹*der; -s, -*› 1 Hollander, Nederlander; 2 vliegende hollander; 3 Hollandse kaas; **'Holländerin** ‹*die; -, -nen*› Hollandse; Nederlandse; **'holländisch** Hollands; Nederlands
'Hölle ‹*die; -, -n*› 1 hel; 2 *einem die ~ heiß machen* iem het vuur na aan de schenen leggen; **'Höllen'angst** ‹*die; -, -ë*› dodelijke angst; **'Höllenlärm** ‹*der; -(e)s, geen mv*› hels lawaai
'Höllentempo ‹*das; -s, -s*› noodgang; **'höllisch** 1 hels, duivels; 2 *~e Angst* dodelijke angst; 3 *~ kalt* verduiveld koud
'holp(e)rig 1 oneffen, hobbelig; 2 stuntelig, stotterend, gebrekkig; **'holpern** ‹*h*› 1 strompelen; 2 (*fig*) met horten en stoten rijden; 3 hobbelen, schokken
Ho'lunder ‹*der; -s, -*› (*plantk*) vlier
Holz ‹*das; -es, -ër*› 1 hout; 2 bos; 3 stuk hout; 4 *an ~ klopfen* (iets) afkloppen; **'Holzart** ‹*die; -, -en*› houtsoort
Holzblasinstrument ‹*das; -(e)s, -e*› houten blaasinstrument; **'Holzbündel** ‹*das; -s, -*› takkenbos; **'Hölzchen** ‹*das; -s, -*› houtje, stokje
'holzen ‹*h*› (*sp*) ruw spelen; **Holze'rei** ‹*die; -, -en*› (*sp*) kloppartij
'hölzern 1 houten; 2 (*fig*) houterig, stijf; **'holzhaltig** niet houtvrij (papier); **'Holzhammer** ‹*der; -s, -̈*› 1 houten hamer; 2 *er hat eins mit dem ~ abgekriegt* hij is getikt; **'holzig** houtig, stokk(er)ig; **'Holzklotz** ‹*der; -es, -ë*› 1 houtblok(je); 2 lomperik; **'Holzkohle** ‹*die; -, geen mv*› houtskool; **'Holzschneidekunst** ‹*die; -, geen mv*› houtsnijkunst; **'Holzschnitt** ‹*der; -(e)s, -e*› houtsnede; **'Holzschuh** ‹*der; -(e)s, -e*› klomp; **'Holzweg** ‹*der*› *auf dem ~ sein* op de verkeerde weg zijn, het mis hebben
Homo (*afk*) ‹*der; -s, -s*› homo
homo'gen homogeen
Homonym ‹*das; -s, -e*› homoniem
Homö'opath ‹*der; -en, -en*› homeopaat
homo'phil homofiel
'Homosexualität ‹*die; -, geen mv*› homoseksualiteit; **'homosexuell** homoseksueel
'Honig ‹*der; -s, -e*› honing; **'Honigbirne** ‹*die; -, -n*› suikerpeer; **'Honigkuchen** ‹*der; -s, -*› ontbijtkoek; **'Honigwabe** ‹*die; -, -n*› honingraat
Hono'rar ‹*das; -s, -e*› honorarium
Honorati'oren ‹*mv*› notabelen
hono'rieren ‹*h*› honoreren
'Hopfen ‹*der; -s, -*› 1 (*plantk*) hop; 2 *an, bei ihm ist ~ und Malz verloren* dat is bij hem boter aan de galg
'hoppeln ‹*h*› 1 huppelen; 2 hobbelen
Hops ‹*der; -es, -e*› sprong(etje)
hops weg, dood; *~ gehen: a*) stukgaan; *b*) failliet gaan; *c*) sterven
'hopsen ‹*h*› springen; **'Hopser** ‹*der; -s, -*› sprongetje
Hörapparat ‹*der; -(e)s, -e*› gehoorapparaat
'hörbar hoorbaar; **'Hörbehinderte(r)** ‹*bn als zn*› gehoorgestoorde; **'Hörbereich** ‹*der; -(e)s, -e*› gehoorafstand
'horchen ‹*h*› luisteren; **'Horcher** ‹*der; -s, -*› luisteraar, luistervink; **'Horchposten** ‹*der; -s, -*› luisterpost
'Horde ‹*die; -, -n*› horde, troep
'hören ‹*h*› 1 horen; *schwer* ~ slecht horen; 2 luisteren; gehoorzamen; *~ auf einen Rat, Namen usw.* luisteren naar een raadgeving, naam enz.; 3 *Musik, Radio* ~ naar muziek, de radio luisteren; 4 *eine Vorlesung* ~ college lopen; **'Hörensagen** ‹*das*› *vom* ~ van horen zeggen; **'Hörer** ‹*der; -s, -*› 1 (toe)hoorder; 2 (radio)-luisteraar; 3 hoorn (*van telefoon*); **'Hörerschaft** ‹*die; -, geen mv*› toehoorders; **'Hörfolge** ‹*die; -, -n*› serie radioprogramma's; **'Hörfunk** ‹*der; -s, geen mv*› radio; **'Hörgerät** ‹*das; -(e)s, -e*› gehoorapparaat
Hori'zont ‹*der; -(e)s, -e*› 1 horizon; 2 *das geht über meinen ~* dat gaat mijn begrip te boven; **horizon'tal** horizontaa; **Horizon'tale** ‹*die; -, -n*› 1 horizontale lijn; 2 (*volkstaal*) *sich in die ~ begeben* plat gaan
Hor'mon ‹*das; -s, -e*› hormoon
Horn I ‹*das; -(e)s, -ër*› 1 hoorn (*div bet*); 2 bergspits, naald; 3 halvemaantje (*een broodje*); 4 (*fig*) *einem die Hörner bieten od. zeigen* iem de tanden laten zien; *sich die Hörner abstoßen, ablaufen* door schade en schande wijs worden; *mit einem in ein, in dasselbe, das gleiche ~ blasen, stoßen* met iem een lijn trekken, het eens zijn; **II** ‹*das; -(e)s, -e*› hoorn (*stofnaam*); **'hornartig** hoornachtig; **'Hörnchen** ‹*das; -s, -*› 1 horentje; 2 halvemaantje (*gebak*); **'hörnern** hoornen, van hoorn; **'Hornhaut** ‹*die; -, -ë*› 1 hoornvlies; 2 eelt; **'hornig** 1 hoornachtig; 2 eeltig
Hor'nisse ‹*die; -, -n*› horzel
Hor'nist ‹*der; -en, -en*› hoornist, hoornblazer
'Hornvieh ‹*das; -(e)s, -viecher*› 1 hoornvee; 2 ezel, stommeling
Horos'kop ‹*das; -s, -e*› horoscoop
hor'rend 1 verschrikkelijk; 2 zeer hoog
'Horror ‹*der; -s, geen mv*› afkeer, afschuw; **'Horrorfilm** ‹*der; -(e)s, -e*› griezelfilm
'Hörsaal ‹*der; -(e)s, -säle*› collegezaal; **'Hörspiel** ‹*das; -(e)s, -e*› luister-, hoorspel
Horst ‹*der; -es, -e*› 1 roofvogelnest; 2 (*mil*) vliegbasis; 3 (*geol*) horst; **'horsten** ‹*h*› nestelen, wonen (*van roofvogels*)

Hort ‹*der; -(e)s, -e*› 1 schat; 2 toevluchtsoord; 3 kinderdagverblijf; '**horten** ‹*h*› oppotten, een voorraad aanleggen van

'**Hörverständnis** ‹*das; -ses, geen mv*› luistervaardigheid; '**Hörweite** ‹*die; -, -n*› 1 gehoorsafstand; 2 bereik van de stem

'**Höschen** ‹*das; -s, -*› broekje; '**Hose** ‹*die; -, -n*› 1 broek; pantalon; (*fig*) *die ~n (gestrichen) voll haben* in z'n broek gedaan hebben; 2 (water-, wind)hoos; 3 *sich auf die ~n setzen* studeren; *Jacke wie ~* lood om oud ijzer; '**Hosenanzug** ‹*der; -(e)s, -ë*› broekpak; '**Hosenbein** ‹*das; -(e)s, -e*› broekspijp

Hosenboden ‹*der*› *sich auf den ~ setzen* flink gaan studeren; '**Hosenschlitz** ‹*der; -es, -e*› gulp; '**Hosentasche** ‹*die; -, -n*› broekzak; '**Hosenträger** ‹*der; -s, -*› bretel

Hospi'tal ‹*das; -s, -e of -ër*› ziekenhuis

Hospi'tant ‹*der; -en, -en*› toehoorder (*bij college*); **hospi'tieren** ‹*h*› als toehoorder college lopen

Hosteß ‹*die; -, Hostessen*› hostess (*div bet*)

'**Hostie** ‹*die; -, -n*› hostie

Ho'tel ‹*das; -s, -s*› hotel

HR (*afk*) *Hessischer Rundfunk*

'**Hub** ‹*der; -(e)s, -ë*› 1 slag van zuiger (*van motor, pomp, stoommachine*); 2 het heffen, het tillen

'**hüben** aan deze kant, hier; *~ und drüben* hier en ginds; *~ wie drüben* overal

'**Hubraum** ‹*der; -(e)s, -ë*› cilinderinhoud

hübsch 1 aardig, leuk; 2 (*iron*) *das ist ja ~* dat is een vervelende zaak

'**Hubschrauber** ‹*der; -s, -*› helikopter

Hucke ‹*die*› *die ~ voll kriegen* op z'n donder krijgen; *einem die ~ voll lügen* iem van alles voorliegen

Hude'lei ‹*die; -, -en*› 1 slordig werk, knoeiwerk; 2 last, moeite

Huf ‹*der; -(e)s, -e*› hoef

'**Hüfte** ‹*die; -, -n*› heup; '**hüftwackelnd** heupwiegend

'**Hügel** ‹*der; -s, -*› heuvel; '**hügelig**, '**hüglig** heuvelachtig, heuvelig

Huhn ‹*das; -(e)s, -ër*› 1 kip, hoen; 2 *da lachen ja die Hühner* dat is toch te gek; *ein dummes ~* stomme trut; '**Hühnchen** ‹*das; -s, -*› 1 kippetje; 2 *mit einem ein ~ zu rupfen haben* een appeltje met iem te schillen hebben; '**Hühnerauge** ‹*das; -s, -n*› eksteroog, likdoorn; '**Hühnerbrühe** ‹*die; -, -n*› kippesoep, -bouillon; '**Hühnerstall** ‹*der; -(e)s, -ë*› kippenhok; '**Hühnersuppe** ‹*die; -; -*› kippesoep; '**Hühnerzucht** ‹*die; -, geen mv*› kippenfokkerij

Huld ‹*die; -, geen mv*› 1 minzaamheid, gunst; 2 genade

'**huldigen** ‹*h*› 1 (*einem*) hulde bewijzen; 2 huldigen; recht laten wedervaren, hulde doen; 3 *dem Alkohol, dem Spiel ~* graag drinken, graag spelen; '**Huldigung** ‹*die; -, -en*› 1 (in)huldiging; 2 hulde; 3 ovatie

'**huldreich** goedgunstig, genadig

'**Hülle** ‹*die; -, -n*› 1 omhulsel, verpakking; 2 hoes (*van grammofoonplaat*); 3 *die fleischliche, irdische, leibliche ~* het lichaam; *die sterbliche ~* het stoffelijk omhulsel; 4 *~n* kleren; 5 *in ~ und Fülle* in overvloed, bij de vleet; '**hüllen** ‹*h*› *~ in* (+ 4) hullen in (*lett en fig*)

'**Hülse** ‹*die; -, -n*› 1 huls; 2 peul, schil, dop; '**Hülsenfrucht** ‹*die; -, -ë*› peulvrucht

hu'man humaan, menslievend, menselijk

Humaniora ‹*mv*› (*Belg*) humaniora; **Huma'nismus** ‹*der; -, geen mv*› humanisme; **humani'tär** humanitair, menslievend

Humanmedizin ‹*die; -, geen mv*› geneeskunde

'**Hummel** ‹*die; -, -n*› 1 (*dierk*) hommel; 2 *wilde ~* uitgelaten, dartel ding (meisje)

'**Hummer** ‹*der; -s, -*› (zee)kreeft; '**Hummercocktail** ‹*der; -s, -s*› krabcocktail

Hu'mor ‹*der; -s, geen mv*› 1 humor; 2 *bei gutem ~ sein* goed gemutst zijn; **humo'ristisch, hu'morvoll** humoristisch

'**humpeln** ‹*h*› hinken

'**Humpen** ‹*der; -s, -*› grote beker, bokaal

Hund ‹*der; -(e)s, -e*› 1 (*dierk en fig*) hond; 2 *ein dicker ~: a*) een ongelofelijke brutaliteit; *b*) een stomme fout, flater; 3 *auf den ~ kommen* aan lager wal raken, *vor die ~e gehen* te gronde gaan, *hier liegt der ~ begraben* daar zit 'm de kneep; '**hundeelend** zeer ellendig; '**Hundefraß** ‹*der; -es, geen mv*› (*fig*) hondevoer; '**Hundehütte** ‹*die; -, -n*› 1 hondehok; 2 (*fig*) krot; '**Hundekälte** ‹*die; -, geen mv*› beestachtige koude; '**Hundekuchen** ‹*der; -s, -*› hondebrood; '**Hundeloch** ‹*das; -(e)s, -ër*› krot; '**Hundemarke** ‹*die; -, -n*› 1 hondepenning; 2 (*volkstaal*) politiepenning; '**hundemüde** zo moe als een hond

'**hundert** honderd; *einige ~* een paar honderd; '**Hundert** ‹*das; -(e)s, -e*› honderd(tal); *~e von Menschen* honderden mensen; *zu ~en* bij honderden; '**Hunderter** ‹*der; -s, -*› 1 honderdtal; 2 briefje van honderd (*mark enz*); '**Hundertfünffund'siebziger** ‹*der; -s, -*› homo(seksueel); '**Hundertmarkschein** ‹*der; -(e)s, -e*› briefje van 100 DM; '**Hundertschaft** ‹*die; -, -en*› eenheid van honderd man (*politie, militairen*); '**hundertste**: *vom H~n ins Tausendste kommen* van de hak op de tak springen; '**hunde'schlecht** ellendig slecht; '**Hundestaupe** ‹*die; -, geen mv*› hondeziekte; '**Hundewetter** ‹*das; -s, geen mv*› hondeweer; '**Hundezwinger** ‹*der; -s, -*› kenne; '**Hündin** ‹*die; -, -nen*› (*dierk*) teef; '**hündisch** 1 honds; 2 vuil, kruiperig; 3 slaafs; *~er Gehorsam* slaafse gehoorzaamheid; '**hundsgemein** ingemeen; '**hundsmise'rabel** beroerd slecht; '**hundsmüde** zo moe als een hond

'**Hüne** ‹*der; -n, -n*› reus; '**hünenhaft** reusachtig

'**Hunger** ‹*der; -s, geen mv*› 1 honger (*ook fig*); 2 *~ auf Erdbeeren* trek in aardbeien; '**Hungerlohn** ‹*der; -(e)s, -ë*› hongerloon; '**hungern** ‹*h*› honger hebben, honger lijden; *mich hungert, es hungert mich* ik heb honger; '**Hungerstreik** *‹der; -(e)s, -s›* hongerstaking; **'Hungertod** *‹der; -, geen mv›* hongerdood; **'hungrig** hongerig

'Hunne *‹der; -n, -n›* 1 Hun; 2 (*fig*) woesteling

'Hupe *‹die; -, -n›* claxon; **'hupen** *‹h›* claxonneren

'hüpfeln *‹h›* hippelen, huppelen; **'hüpfen** *‹s›* 1 huppelen; 2 *das ist gehüpft wie gesprungen* dat is lood om oud ijzer; **'Hüpfer** *‹der; -s, -›* sprongetje

'Hürde *‹die; -, -n›* 1 horde (*div bet*); 2 obstakel; 3 gevlochten omheining; **'Hürdenlauf** *‹der; -(e)s, -ë›* hordenloop

'Hure *‹die; -, -n›* hoer, snol; **'Hurensohn** *‹der; -(e)s, -ë›* (smerige) schoft; **'Hurenviertel** *‹das; -s, -›* hoerenbuurt

'hurtig vlug, snel, gauw

hun

Hu'sarenstreich *‹der; -(e)s, -e›* huzarenstukje

husch! 1 voort! vlug! plots!; 2 *im H~* in een oogwenk; *komme auf einen H~ herein* kom of wip even binnen; **'huschen** *‹h›* glippen, wegglijden

'hüsteln *‹h›* kuchen

'Husten *‹der; -s, geen mv›* hoesten; *den ~ haben* verkouden zijn, hoesten; **'husten** *‹h›* 1 hoesten; 2 *ich huste darauf* daar heb ik maling aan; 3 *ich huste dir etwas!* je kunt me nog meer vertellen!

Hut I *‹der; -(e)s, -ë›* 1 hoed; 2 *~ ab!* daar neem ik mijn petje voor af!; *da ging mir doch der ~ hoch!* dat was me toch te bar!; *das ist ein alter ~* dat is oud nieuws; **II** *‹die; -, geen mv› auf der ~ sein* op zijn hoede zijn; *(etwas, einen) in seine ~ nehmen* onder zijn hoede nemen; **'Hutablage** *‹die; -, -n›* hoedeplank

'hüten *‹h›* 1 hoeden, passen op; 2 weiden; *das Bett ~* het bed houden; 3 *er wird sich schwer ~* hij zal er wel voor wachten (dat te doen); *sich vor* (+ 3) *~* zich in acht nemen, zich wachten voor; **'Hüter** *‹der; -s, -›* 1 hoeder, wachter, oppasser; 2 beschermer; 3 *~ des Gesetzes* politie

'Hütte *‹die; -, -n›* 1 hut; 2 alpenhut; 3 hoogovenbedrijf, smelterij; 4 glasfabriek; **'Hüttenwerk** *‹das; -(e)s, -e›* hoogovenbedrijf, smelterij

'Hütung *‹die; -, -en›* 1 het behoeden, het bewaken; 2 het hoeden, het weiden (*van vee*)

'hutzelig 1 verschrompeld; 2 gerimpeld; **'Hutzelmännchen** *‹das; -s, -›* 1 kabouter; 2 verschrompeld oud mannetje; **'hutzlig** 1 verschrompeld; 2 gerimpeld

Hy'äne *‹die; -, -n›* hyena

Hya'zinthe *‹die; -, -n›* hyacint

Hy'drant *‹der; -en, -en›* brandkraan

Hydro'technik *‹die; -, geen mv›* waterbouwkunde

Hygi'ene *‹die; -, geen mv›* 1 hygiëne; 2 gezondheidsleer; **hygi'enisch** hygiënisch

'Hymne *‹die; -, -n›*, **'Hymnus** *‹der; -, Hymnen›* hymne, lofzang

Hyp'nose *‹die; -, -n›* hypnose; **hypnoti'sieren** *‹h›* hypnotiseren

Hypokrit *‹der; -en, -en›* hypocriet, huichelaar

Hypo'thek *‹die; -, -en›* hypotheek; **Hypothe'karkredit** *‹der›* (*Belg*) woningkrediet; **Hypo'thekenbank** *‹die; -, -en›* hypotheekbank; **Hypo'thekenzins** *‹der; -es, -en›* hypotheekrente

I i

i 1 bah!; 2 ~ *bewahre!* ~ *wo!* geen kwestie van
i.A., **I.A.** (*afk*) *im Auftrag(e)* in opdracht
i'ahen ‹*h*› balken
ich ik
Ide'al ‹*das; -s, -e*› ideaal
ide'al ideaal; **ideali'sieren** ‹*h*› idealiseren; **Idea'lismus** ‹*der; -, geen mv*› idealisme; **Idea'list** ‹*der; -en, -en*› idealist
I'dee ‹*die; -, -n*› 1 idee; (*eine*) *fixe* ~ idee-fixe; 2 denkbeeld; 3 *keine* ~! geen kwestie van; 4 (*eine*) ~ iets, een beetje; een tikje
ide'ell ideëel, gedacht
identifi'zieren ‹*h*› identificeren; **i'dentisch** (*mit*) identiek (aan); **Identi'tät** ‹*die; -, geen mv*› identiteit
Ideolo'gie ‹*die; -, -n*› ideologie; **ideo'logisch** ideologisch
Idi'ot ‹*der; -en, -en*› idioot; **Idio'tie** ‹*die; -, -n*› idiotisme, zwakzinnigheid; **idi'otisch** idioot
I'dol ‹*das; -s, -e*› idool
I'dyll ‹*das; -s, -e*› idylle
IG (*afk*) 1 *Interessen-Gemeinschaft*; 2 *Industriegewerkschaft*
'Igel ‹*der; -s, -*› egel
Igno'ranz ‹*die; -, geen mv*› onwetendheid
igno'rieren ‹*h*› ignoreren, negeren
IHK (*afk*) *Industrie- und Handelskammer*
ihm hem, het
ihn hem
'ihnen hun, ze
'Ihnen u, aan u
ihr 1 jullie, gij; 2 (aan) haar; 3 haar, hun
Ihr uw
'ihrer'seits 1 van haar kant; 2 van hun kant
'Ihrer'seits van uw krant
'ihret'halben, **'ihret'wegen** 1 harentwege, om harentwil(le), om haar; 2 hunnentwege, om hunnentwil(le), om hen
'Ihret'halben, **'Ihret'wegen** om uwentwil(le), om u
'ihret'willen: *um* ~ 1 harentwege, om harentwil(le), om haar; 2 hunnentwege, om hunnentwil(le), om hen
'Ihret'willen: *um* ~ om uwentwil(le), om u
'ihrige (*der, die, das*) 1 (de, het) hare; 2 (de, het) hunne
'Ihrige (*der, die, das*) (de, het) uwe
I'kone ‹*die; -, -n*› icoon
'illegal illegaal, onwettig
Illusi'on ‹*die; -, -en*› illusie; **illu'sorisch** illusoir, denkbeeldig
Illustrati'on ‹*die; -, -en*› illustratie; **illu'strieren** ‹*h*› illustreren; **Illu'strierte** ‹*die; -n, -n*› geïllustreerd tijdschrift
'Iltis ‹*der; -ses, -se*› bunzing
im: *in dem* in de, in het
imagi'när imaginair, denkbeeldig
'Imbiß ‹*der; -sses, -sse*› 1 kleine maaltijd; hapje; 2 snackbar; **'Imbißstube** ‹*die; -, -n*› snackbar, cafetaria
Imitati'on ‹*die; -, -en*› imitatie, nabootsing; **imi'tieren** ‹*h*› imiteren
'Imker ‹*der; -s, -*› imker, bijenhouder
Immatrikulati'on ‹*die; -, -en*› inschrijving (*van studenten*); **immatriku'lieren** ‹*h*› inschrijven (*hogeschool, universiteit*)
im'mens immens, onmetelijk
'immer 1 altijd, immer; steeds, aanhoudend, al maar door; *auf, für* ~ voor altijd; (*es wird*) ~ *heller* steeds lichter; 2 *was er auch* ~ *tut* wat hij ook doet; 3 ~ *mit der Ruhe!* kalm aan!; 4 ~ *wenn er kommt* telkens als hij komt; ~ *wieder* telkens weer; 5 *wer* (*wo*) ~ wie (waar) ook; **'immer'dar** altijd, steeds, voortdurend; **'immer'hin** 1 altijd, in ieder geval; 2 nu goed, mijnentwege; 3 toch; 4 *sie mögen* ~ *lachen* laat ze maar lachen; **'immer'zu** voortdurend, onophoudelijk
Immi'grant ‹*der; -en, -en*› immigrant; (*Belg*) inwijkeling; **Immigrati'on** ‹*die; -, -en*› immigratie; **immi'grieren** ‹*s*› immigreren
Immo'bilien ‹*mv*› onroerende goederen; (*Belg*) immobiliën; **Immo'bilienhändler** ‹*der; -s, -*› (*Belg*) zakenkantoor; **Immo'bilienmakler** ‹*der; -s, -*› (*Belg*) immobiliënagentschap, immobiliënvennootschap
im'mun 1 (*staatk*) onschendbaar; 2 (*med*) immuun
Imperia'lismus ‹*der; -, geen mv*› imperialisme
imperti'nent impertinent, onbeschaamd
'impfen ‹*h*› 1 enten, oculeren; 2 inenten
'Impfling ‹*der; -s, -e*› iem die gevaccineerd wordt; **'Impfschein** ‹*der; -(e)s, -e*› vaccinatiebewijs; **'Impfstoff** ‹*der; -(e)s, -e*› entstof, vaccin; **'Impfung** ‹*die; -, -en*› 1 enting; 2 inenting, vaccinatie
impli'zieren ‹*h*› impliceren
impo'nieren ‹*h*› (*einem*) imponeren
Im'port ‹*der; -(e)s, -e*› import, invoer; **Impor'teur** ‹*der; -s, -e*› importeur; **Im'portgeschäft** ‹*das; -(e)s, -e*› 1 import-transactie; 2 importfirma; **impor'tieren** ‹*h*› importeren
impo'sant imposant, indrukwekkend
Impo'tenz ‹*die; -, geen mv*› impotentie
imprägʼnieren ‹*h*› impregneren
Impressio'nismus ‹*der; -, geen mv*› impressionisme; **impressio'nistisch** impressionistisch
Improvisati'on ‹*die; -, -en*› improvisatie; **improvi'sieren** ‹*h*› improviseren
Im'puls ‹*der; -es, -e*› impuls (*div bet*); **impul'siv** impulsief
im'stande in staat
in I ‹*vz* (+ 3 of + 4)› 1 in; *im Zimmer sein, hin und her gehen* in de kamer zijn, heen en weer

lopen; 2 aan; *der Besuch in Berlin* het bezoek aan Berlijn; 3 bij; *im vor'aus* bij voorbaat; 4 binnen; *in kurzem* binnenkort; 5 met; *in der Arbeit begriffen* met het werk bezig; 6 naar; *in die Schule usw.* (*gehen*) naar school enz.; *in die Schweiz reisen* naar Zwitserland reizen; 7 onder; *etwas in Worte fassen* iets onder woorden brengen; 8 op; *im ersten Stock* (*wohnen*) op de eerste verdieping; *im Alter von ... Jahren* op ...jarige leeftijd; *in freundlichem Tone* (*reden*) op vriendelijke toon; *in einen verliebt* op iem verliefd; *in dieser Weise* op deze manier; 9 over; (*heute*) *in vierzehn Tagen* over veertien dagen; 10 per; (*30 km*) *in der Stunde* per uur; 11 te; *in Utrecht* te Utrecht; 12 voor; *in Geschäften reisen* voor zaken reizen; 13 *zonder vz; in Kürze, in Bälde* binnenkort; *eine Krawatte in Schwarz* een zwarte das; (*der Wagen*) *kam ins Rollen* begon te rijden; *das hat es in sich* dat is nog niet zo eenvoudig; II ‹*bw*› *das ist in* dat is in (in de mode)

In'angriffnahme ‹*die; -, geen mv*› terhandneming

In'anspruchnahme ‹*die; -, geen mv*› 1 inbeslagneming; 2 rekwisitie; 3 gebruikmaking

'Inbegriff ‹*der; -(e)s, geen mv*› 1 zuivere belichaming; 2 prototype, ideale voorbeeld; 3 summum; **'inbegriffen** inbegrepen, inclusief

Inbe'triebnahme ‹*die; -, geen mv*› 1 inbedrijfstelling; 2 ingebruikneming; **Inbe'triebsetzung** ‹*die; -, geen mv*› inbedrijfstelling

'Inbrunst ‹*die; -, geen mv*› vuur, gloed, innigheid; **'inbrünstig** vurig, innig, met vuur

in'dem I ‹*vw*› 1 daar, doordat; 2 terwijl, toen; II ‹*bw*› in-, ondertussen

in'des, in'dessen I ‹*bw*› in-, ondertussen; II ‹*vw*› evenwel, nochtans

'Index ‹*der; -(e)s, -e of Indizes*› index

Indi'aner ‹*der; -s, geen mv*› Indiaan

'Indien ‹*das; -s, -*› India

'Indigo ‹*der of das; -s, geen mv*› indigo (*kleurstof*)

Indikati'on ‹*die; -, -en*› indicatie, aanwijzing

'indirekt indirect

'indiskret indiscreet; **Indiskreti'on** ‹*die; -, -en*› indiscretie

indispo'niert niet gedisponeerd

Individua'lismus ‹*der; -, geen mv*› individualisme; **Individuali'tät** ‹*die; -, -en*› individualiteit; **individu'ell** individueel; **Indi'viduum** ‹*das; -s, Individuen*› individu, enkeling

In'diz ‹*das; -es, Indizien*› indicium, teken, aanwijzing

indoktri'nieren ‹*h*› indoctrineren

indo'lent indolent, lusteloos, slap, traag

Indo'nesien ‹*das; -s, geen mv*› Indonesië

Indukti'on ‹*die; -, -en*› (*elektr, fil*) inductie

industriali'sieren ‹*h*› industrialiseren; **Indu'strie** ‹*die; -, -n*› industrie, nijverheid; **Indu'strieanlage** ‹*die; -, -n*› fabriekscomplex; **Indu'striegebiet** ‹*das; -(e)s, -e*› industriegebied; **Indu'striegewerkschaft** ‹*die; -, -en*› industriebond; **industri'ell** industrieel; **Industri'elle(r)** ‹*bn als zn*› industrieel; **Indu'strie- und Handelskammer** ‹*die; -, -n*› kamer van koophandel en fabrieken

inein'ander in elkaar, ineen

Inem'pfangnahme ‹*die; -, geen mv*› ontvangst

in'fam 1 infaam, eerloos; 2 schandelijk

'Infanterie ‹*die; -, -n*› infanterie

infan'til infantiel

Infekti'on ‹*die; -, -en*› infectie, besmetting; **Infekti'onskrankheit** ‹*die; -, -en*› infectieziekte; **infekti'ös** besmettelijk

Infil'trant ‹*der; -en, -en*› infiltrant; **infiltrati'on** ‹*die; -, -en*› infiltratie; **infil'trieren** ‹*h*› infiltreren

infi'zieren ‹*h*› infecteren, besmetten

Inflati'on ‹*die; -, -en*› inflatie; **inflatio'när** inflatoir; **Inflati'onsrate** ‹*die; -, -n*› inflatiepercentage; **infla'torisch** inflatoir

in'folge ‹*vz* (+ 2) ook met *von*› ten gevolge (van); **infolge'dessen** dientengevolge, daardoor

Infor'matik ‹*die; -, geen mv*› informatica; **Infor'matiker** ‹*der; -s, -*› informaticus

Informati'on ‹*die; -, -en*› informatie; **Informati'onsträger** ‹*der; -s, -*› informatiedrager

informa'tiv, informa'torisch informatief

infor'mell informeel

infor'mieren ‹*h*› informeren, inlichten; *informiert sein* ingelicht, op de hoogte zijn; *sich ~* informeren

'Infrastruktur ‹*die; -, -en*› infrastructuur

Infusi'on ‹*die; -, -en*› (*med*) infuus

In'gangsetzung ‹*die; -, geen mv*› het aan-de-gang-brengen

Ingeni'eur ‹*der; -s, -e*› 1 ingenieur (ir.); 2 afgestudeerd h.t.s.'er (ing.)

ingeni'ös ingenieus, vindingrijk

Ingredi'enz ‹*die; -, -en*› ingrediënt, bestanddeel

'Ingwer ‹*der; -s, -*› 1 gember; 2 gemberlikeur

'Inhaber ‹*der; -s, -*› 1 bezitter, eigenaar; 2 houder, toonder; 3 drager (*van onderscheiding*); 4 ~ *eines Rekords* houder van een record; 5 (*Belg*) uitbater; **'Inhaberaktie** ‹*die; -, -n*› aandeel aan toonder

Inhaf'tierung ‹*die; -, -en*› inhechtenisneming

inha'lieren ‹*h*› inhaleren, inademen

'Inhalt ‹*der; -(e)s, -e*› inhoud; **'inhaltlich** wat de inhoud betreft; **'Inhaltsangabe** ‹*die; -, -n*› inhoudsopgave; **'inhalt(s)leer, 'inhalt(s)los** 1 ledig; 2 waardeloos, onbeduidend; **'Inhaltsverzeichnis** ‹*das; -ses, -se*› inhoud(sopgave); register

'inhuman 1 onmenselijk; 2 meedogenloos

Initi'ale ‹*die; -, -n*› initiaal, beginletter

Initia'tive ‹*die; -, -n*› 1 initiatief; *die private ~* het particulier initiatief; *aus eigner ~* op eigen initiatief; 2 (*staatk*) recht van initiatief; **Initi'ator** ‹*der; -s, -en*› initiatiefnemer

Injekti'on ‹*die; -, -en*› injectie

Inkarnati'on ‹*die; -, geen mv*› incarnatie

inklu'sive ‹*vz*› (+ 2) inclusief, inbegrepen
'inkonsequent inconsequent
'inkorrekt incorrect, onjuist, verkeerd
In'kraftsetzung ‹*die; -, geen mv*›; **In'krafttreten** ‹*das; -s, geen mv*› het inwerkingtreden
'Inland ‹*das; -(e)s, geen mv*› binnenland; **'Inlandgeschäft** ‹*das; -(e)s, -e*› binnenlandse handel; **'inländisch** binnenlands, inheems; **'Inlandsmarkt** ‹*der; -(e)s, -ë*› binnenlandse markt
in'mitten ‹*vz* (+ 2)› te midden van
'innehaben ‹*onr.h; hatte, gehabt*› 1 bezitten; 2 innemen (*plaats*); **'innehalten** ‹*st.h; ie-a; ä*› 1 *einen Termin* zich houden aan een tijdstip; 2 *bei einer Arbeit* ~ ophouden, rusten, niet werken
'innen binnen, aan de binnenkant, van binnen; **'Innen**... binnen ...; **'Innenarchitekt** ‹*der; -en, -en*› binnenhuisarchitect; **'Innenausstattung** ‹*die; -, -en*› woninginrichting; **'Inneneinrichtung** ‹*die; -, -en*› woninginrichting; **'Innenminister** ‹*der; -s, -*› minister van Binnenlandse Zaken; **'Innenpolitik** ‹*die; -, geen mv*› binnenlandse politiek; **'innenpolitisch** de binnenlandse politiek betreffend; **'Innenraum** ‹*der; -(e)s, -ë*› binnen-, inwendige ruimte; **'Innenseite** ‹*die; -, -n*› binnenkant; **'Innenstadt** ‹*die; -, -ë*› binnenstad
'inner 1 binnenst; 2 inwendig; *~e Medizin* interne geneeskunde; 3 (*fig*) innerlijk; 4 binnenlands; *Minister des Inneren* Minister van Binnenlandse Zaken; 5 *im ~en Herzen* in het diepst, in de grond van het hart; **'Innerafrika** ‹*das; -s, geen mv*› Centraal-Afrika; **'innerdeutsch** in Duitslan; **'Innere(s)** ‹*bn als zn*› het binnenste, inwendige, hart(je), midden, diepste; **Inne'reien** ‹*mv*› ingewanden en inwendige organen; **'innerhalb** I ‹*bw*› aan de binnenkant, (van) binnen; II ‹*vz* (+ 2)› binnen; ~ *von 2 Jahren* binnen twee jaar; **'innerlich** 1 innerlijk; 2 inwendig; **'innerstädtisch** binnenstads...
'innewerden ‹*st.s; u-o; i*› constateren, zich realiseren; **'innewohnen** ‹*h*› zich bevinden in, zijn in, eigen zijn (aan)
'innig innig, hartelijk, teder
Innovati'on ‹*die; -, -en*› innovatie
'Innung ‹*die; -, -en*› vakvereniging
'inoffiziell inofficieel
'Insasse ‹*der; -n, -n*› 1 bewoner (*van een bejaardenhuis e.d.*); 2 inzittende (*van auto*)
insbe'sondere in het bijzonder, vooral
'Inschrift ‹*die; -, -en*› op-, inschrift, inscriptie
In'sekt ‹*das; -(e)s, -en*› insekt; **In'sektenbekämpfungsmittel** ‹*das; -s, -*› insektenbestrijdingsmiddel; **In'sektenfresser** ‹*der; -s, -*› insekteneter
'Insel ‹*die; -, -n*› eiland; **'Inselgruppe** ‹*die; -, -n*› eilandengroep
Inseminati'on ‹*die; -, -en*› inseminatie
Inse'rat ‹*das; -(e)s, -e*› advertentie; *ein ~ aufgeben* een advertentie plaatsen; **inse'rieren** ‹*h*› adverteren
insge'heim in het geheim, heimelijk
insge'samt 1 gezamenlijk, allen (te zamen); 2 in totaal; 3 over het geheel genomen
in'sofern I ‹*bw*› in zover(re); II ‹*vw*› indien, voor zover
in'soweit I ‹*bw*› in zover(re); II ‹*vw*› voor zover
Inspekti'on ‹*die; -, -en*› 1 inspectie; 2 beurt (*van auto in garage*); (*Belg*) automobielinspectie; **In'spektor** ‹*der; -s, -en*› 1 inspecteur; 2 opzichter
Inspirati'on ‹*die; -, -en*› inspiratie; **inspi'rieren** ‹*h*› inspireren
inspi'zieren ‹*h*› inspecteren
Installa'teur ‹*der; -s, -e*› 1 installateur; 2 loodgieter; **instal'lieren** ‹*h*› installeren
In'standbesetzer ‹*der; -s, -*› kraker; **in'standhalten** ‹*st.h; ie-a; ä*› onderhouden; **In'standhaltung** ‹*die; -, geen mv*› onderhoud
'inständig 1 dringend, nadrukkelijk; 2 smekend
in'standsetzen ‹*h*› 1 in staat stellen; 2 (weer) in orde brengen, herstellen; **In'standsetzung** ‹*die; -, -en*› 1 het in staat stellen; 2 herstel
In'stanz ‹*die; -, -en*› instantie; *in erster ~* in eerste aanleg of instantie; *in letzter ~* in hoogste instantie; **In'stanzenweg** ‹*der*› *auf dem ~* langs de hiërarchieke weg
In'stinkt ‹*der; -(e)s, -e*› instinct
Insti'tut ‹*das; -(e)s, -e*› instituut, instelling; **Instituti'on** ‹*die; -, -en*› institutie, instelling
instru'ieren ‹*h*› instrueren, onderrichten; **Instrukti'on** ‹*die; -, -en*› instructie; **instruk'tiv** instructief, leerzaam, leerrijk
Instru'ment ‹*das; -(e)s, -e*› instrument
insze'nieren ‹*h*› ensceneren (*lett en fig*); **Insze'nierung** ‹*die; -, -en*› enscenering
in'takt intact, onaangeroerd, onbeschadigd
Integrati'on ‹*die; -, -en*› integratie; **inte'grieren** ‹*h*› integreren
Integri'tät ‹*die; -, geen mv*› integriteit
Intel'lekt ‹*der; -(e)s, geen mv*› intellect, verstand; **Intellektu'elle(r)** ‹*bn als zn*› intellectueel
intelli'gent intelligent; **Intelli'genz** ‹*die; -, -en*› 1 intelligentie; 2 de intellectuelen
Inten'dant ‹*der; -en, -en*› 1 toneeldirecteur; 2 directeur van radio- of televisieomroep
Intensi'tät ‹*die; -, -en*› intensiteit; **inten'siv** intensief, krachtig; **Inten'sivstation** ‹*die; -, -en*› intensive-care-afdeling
Intenti'on ‹*die; -, -en*› intentie, bedoeling
interes'sant interessant, belangwekkend; **Inter'esse** ‹*das; -s, -n*› 1 belangstelling, interesse; ~ *an* (+ 3) *für etwas haben* belangstelling voor iets hebben; 2 belang; 3 vraag; belangstelling; **Inter'essengebiet** ‹*das; -(e)s, -e*› belangengebied, -sfeer; **Inte'ressengemeinschaft** ‹*die; -, -en*› belangengemeenschap; **Interes'sent** ‹*der; -en, -en*› geïnteresseerde, belanghebbende, gegadigde; **interes'sieren** ‹*h*› 1 interesseren; 2 *einen an einem Geschäft ~*

iem in, bij een zaak betrekken; *sich ~ für* (ook) belangstelling hebben voor; **interes'siert** geïnteresseerd; ~ *sein an* (+ 3): *a*) belang hebben bij; *b*) belangstelling hebben voor

Interjekti'on ‹*die; -, -en*› interjectie

in'tern intern; inwendig; binnen ...

Inter'nat ‹*das; -(e)s, -e*› internaat, kostschool

internatio'nal internationaal

Inter'nierungslager ‹*das; -s, -*› interneringskamp

Inter'nist ‹*der; -en, -en*› (*med*) internist

interpel'lieren ‹*h*› interpelleren

Inter'pret ‹*der; -en, -en*› 1 verklaarder; 2 vertolker; **Interpretati'on** ‹*die; -, -en*› interpretatie; **Interpre'tieren** ‹*h*› interpreteren

interprovin'ziell, interregio'nal (*Belg*) intergewestelijk

Interpunkti'on ‹*die; -, -en*› interpunctie

interve'nieren ‹*h*› interveniëren, tussenbeide komen; **Interventi'on** ‹*die; -, -en*› interventie (*div bet*)

'Interview ‹*das; -s, -s*› interview; **inter'viewen** ‹*h*› interviewen; **Inter'viewer** ‹*der; -s, -*› interviewer

in'tim 1 intiem; *mit einer ~ sein* met iem geslachtsverkeer hebben; 2 *ein ~es Lokal* een gezellige gelegenheid; **In'timbereich** ‹*der; -(e)s, -e*› 1 (*anat*) genitale streek; 2 privacy; **Intimi'tät** ‹*die; -, -en*› intimiteit

'intolerant id., onverdraagzaam

Intonati'on ‹*die; -, -en*› intonatie

Intri'gant ‹*der; -en, -en*› intrigant; **In'trige** ‹*die; -, -n*› intrige

introdu'zieren ‹*h*› introduceren

introver'tiert introvert

Intuiti'on ‹*die; -, -en*› intuïtie; **intui'tiv** intuïtief, bij intuïtie

'intus: *einen ~ haben* te veel op hebben

Inva'lide ‹*der; -n, -n*› invalide; **Invalidi'tät** ‹*die; -, geen mv*› invaliditeit

Invasi'on ‹*die; -, -en*› (*mil*) invasie

Inven'tar ‹*das; -s, -e*› 1 inventaris; 2 boedelbeschrijving; 3 *lebendes und totes ~* levende en dode have; **inventari'sieren** ‹*h*› inventariseren; **Inven'tur** ‹*die; -, -en*› inventarisatie

inve'stieren ‹*h*› investeren; ~ *in* (+ 3 of + 4) investeren in; **Investiti'on** ‹*die; -, -en*› investering; **Investiti'onsbank** ‹*der; -, -en*› (*Belg*) investeringsmaatschappij; **In'vestor** ‹*der; -s, -en*› belegger

'inwendig inwendig, (van) binnen

inwie'fern, inwie'weit in of voor hoever(re)

'Inzucht ‹*die; -, geen mv*› inteelt

in'zwischen intussen, ondertussen

i.R. (*afk*) *im Ruhestand* gepensioneerd

I'rak (der) Irak

I'ran (der) Iran, Perzië

'irden aarden, stenen; *~es Geschirr* aardewerk, steengoed; **'irdisch** aards

'Ire ‹*der; -n, -n*› Ier

'irgend 1 ergens; ~ *ein Haus* het een of ander huis; ~ *etwas*, ~ *was* wat (ook), het een of ander; 2 *wenn ich ~ kann* als ik maar enigszins kan; *ist es ~ erlaubt?* is het misschien ook geoorloofd?; **'irgends** ergens; **'irgend'wann** op de een of andere tijd, wanneer ook; **'irgend-was** het een of ander, wat ook; **'irgend'wel-cher, 'irgend'wer** de een of ander, wie ook; **'irgend'wie** op de een of andere manier, hoe dan ook, ergens; **'irgend'wo** ergens, waar ook; **'irgend'woher** van de een of andere plaats, ergens vandaan; **'irgendwo'hin** ergens heen, waarheen ook

'Irland ‹*das; -s, geen mv*› Ierland (Eire)

Iro'nie ‹*die; -, geen mv*› ironie

irratio'nal, irratio'nell irrationeel

'irre 1 verdwaald; op een dwaalspoor; 2 gek; dwaas; 3 waan-, krankzinnig; 4 onzeker; 5 in de war; suf; 6 *ich bin ~ an ihm* ik kan niet wijs uit hem worden; 7 ~ *werden an einem* aan iem gaan twijfelen; 8 enorm, ontzettend; *~s Geld verdienen* ontzettend veel geld verdienen; *das ist ja ~!* dat is al te gek!; **'Irre(r)** ‹*bn als zn*› krankzinnige; gek; **'Irre** ‹*die*› *in die ~ führen* op een dwaalspoor brengen

'irreal irreëel, niet-werkelijk

'irreführen ‹*h*› op een dwaalspoor brengen, misleiden; **'Irreführung** ‹*die; -, geen mv*› misleiding; **'irregehen** ‹*st.s; i-a*› 1 (ver)dwalen, op de verkeerde weg raken of zijn; 2 zich vergissen, het mis hebben; **'irreleiten** ‹*h*› misleiden; **'irremachen** ‹*h*› van de wijs brengen; **'irren** ‹*h*› 1 dwalen, zwerven; 2 afdwalen; 3 zich vergissen; *sich ~* zich vergissen, het mis hebben; **'Irrenanstalt** ‹*die; -, -en*› psychiatrisch ziekenhuis

'Irrfahrt ‹*die; -, -en*› zwerftocht, omzwerving; **'Irrgarten** ‹*der; -s, -̈*› doolhof, labyrint

'irrig verkeerd, onjuist

Irritati'on ‹*die; -, -en*› irritatie; **irri'tieren** ‹*h*› 1 irriteren; 2 van de wijs brengen

'Irrlehre ‹*die; -, -n*› dwaalleer; **'Irrlicht** ‹*das; -(e)s, -er*› dwaallicht; **'Irrsinn** ‹*der; -(e)s, geen mv*› krankzinnigheid, waanzin; **'irrsinnig** krank-, waanzinnig; **'Irrtum** ‹*der; -(e)s, -̈er*› dwaling, vergissing, abuis; *im ~ sein* zich vergissen; **'irrtümlich** abusievelijk

'Irrung ‹*die; -, -en*› vergissing, dwaling, misverstand

'Irrweg ‹*der; -(e)s, -e*› dwaalweg

'Islam ‹*der; - of -s, geen mv*› islam; **Isla'mit** ‹*der; -en, -en*› islamiet

'Island ‹*das; -(e)s, geen mv*› IJsland

Isolati'on ‹*die; -, -en*› isolatie

Iso'lierband ‹*das; -(e)s, -ër*› isolatieband; **iso'lieren** ‹*h*› isoleren; **Iso'lierflasche** ‹*die; -, -n*› thermosfles; **Iso'liertheit** ‹*die; -, geen mv*› isolement; **Iso'lierung** ‹*die; -, -en*› isolering; **Iso'lierzelle** ‹*die; -, -n*› isoleercel

'Israel ‹*das; -s, geen mv*› Israël; **Isra'eli** ‹*der; -s, -s*› Israëli; **isra'elisch** Israëlisch, van, uit, in Israël; **Israe'lit** ‹*der; -en, -en*› Israëliet; **israe'litisch** israëlitisch

I'talien ‹*das; -s, geen mv*› Italië; **Itali'ener** ‹*der; -s, -*› Italiaan; **itali'enisch** Italiaans
'I-Tüpfelchen ‹*das; -s, -*› puntje op de i
i.V. (*afk*) *in Vertretung*
IWF (*afk*) ‹*der; -(s), geen mv*› *Internationaler Währungsfonds* Internationaal Monetair Fonds

Jj

j ‹*das; -, -*› (*spr:* jot) (*klank, letter*) j
ja **1** ja; **2** immers, toch; **3** in ieder geval; **4** ~ *freilich* ja zeker; (*ich glaube*) ~ van wel; *wenn er ~ noch kommen sollte* als hij toch nog mocht komen; *tu das ~ nicht!* doe dat in geen geval!; *das ist ~ richtig, aber* ... dat is wel waar, maar ...; *es ist ~ wahr* het is waar ook; *da bist du ~ schon wieder zurück!* ben je daar nu alweer?; *da kommt er ~* daar komt hij al aan
Jacht ‹*die; -, -en*› (*scheepv*) jacht
'Jacke ‹*die; -, -n*› **1** (colbert)jasje; **2** damesvest; **3** *einem die ~ voll hauen* iem een pak slaag geven; *das ist ~ wie Hose* dat is lood om oud ijzer; **'Jackenkleid** ‹*das; -(e)s, -er*› deux-pièces, mantelpakje
Jac'kett ‹*das; -s, -e of -s*› colbert(jasje)
Jagd ‹*die; -, -en*› jacht (*div bet*); *hohe ~* jacht op grof wild; *niedere ~* jacht op klein wild; **'Jagdaufseher** ‹*der; -s, -*› (*Belg*) jachtwachter; **'jagdberechtigt** jachtrecht bezittend; **'Jagdbomber** ‹*der; -s, -*› jachtbommenwerper; **'Jagdfrevel** ‹*der; -s, -*› stroperij; **'jagdgerecht** volgens de regelen van de jacht; **'Jagdhüter** ‹*der; -s, -*› jachtopziener; **'Jagdrennen** ‹*das; -s, -*› (*sp*) het hindernisrennen, steeple-chase; **'Jagdrevier** ‹*das; -s, -e*› jachtterrein, -veld; **'Jagdschein** ‹*der; -(e)s, -e*› **1** jachtakte; (*Belg*) jachtvergunning; **2** (*volkstaal*) bewijs van ontoerekenbaarheid; **'Jagdschutz** ‹*der; -es, geen mv*› wildbescherming; **'Jagdspringen** ‹*das; -s, geen mv*› (*sp*) springwedstrijd; **'Jagdstaffel** ‹*die; -, -n*› (*luchtv*) squadron jagers; **'Jagdtasche** ‹*die; -, -n*› weitas; **'Jagdzeug** ‹*das; -(e)s, -e*› jachttuig, -gerei
'jagen ‹*h*› **1** jagen, vervolgen; **2** jacht maken op; **3** op jacht gaan, zijn; **4** jachten, rennen; **'Jäger** ‹*der; -s, -*› jager (*ook mil*); **Jäge'rei** ‹*die; -, geen mv*› **1** jacht, jagerij; **2** de jagers; **3** jachtwezen
jäh **1** steil (*afgrond*); **2** plotseling, onverwacht; **3** heftig (*toorn*)
Jahr ‹*das; -(e)s, -e*› jaar; *bei ~en sein* op jaren zijn; *in die ~e* (*kommen*) op jaren; (*ein Mann*) *in mittleren ~en* van middelbare leeftijd; **jahr'aus, jahr'ein** jaar in, jaar ui; **'jähren, sich** ‹*h*› een jaar geleden zijn; **'Jahresabschluß** ‹*der; -abschlusses, -abschlüsse*› **1** (*handel*) jaarrekening; **2** afsluiting van het (school)jaar; **'Jahresbericht** ‹*der; -(e)s, -e*› jaarverslag; **'Jahresbestleistung** ‹*die; -, -en*› (*sp*) beste prestatie, rekord in een jaar; **'Jahresende** ‹*das; -s, -n*› **1** einde van het jaar; **2** oudejaarsdag; **'Jah-**

resfrist ‹*die; -, geen mv*› jaartermijn; *binnen, nach* ~ binnen een jaar (tijd), na verloop van een jaar; *vor* ~ een jaar geleden; **'Jahresgehalt** ‹*das; -(e)s, -ër*› (*Belg*) jaarwedde; **'Jahreswechsel** ‹*der; -s, -*› jaarwisseling; *den* ~ *feiern* Oud en Nieuw vieren; **'Jahreszahl** ‹*die; -, -en*› jaartal; **'Jahreszeit** ‹*die; -, -en*› jaargetijde, seizoen; **Jahr'fünft** ‹*das; -(e)s, -e*› (tijdperk van) 5 jaar; **'Jahrgang** ‹*der; -(e)s, -ë*› 1 jaargang; 2 (*mil*) lichting; 3 (*er ist*) ~ *1965* van, geboren in 1965; **Jahr'hundert** ‹*das; -(e)s, -e*› eeuw; **Jahr'hundertwende** ‹*die; -, -n*› eeuwwisseling; **'jährlich** jaarlijks; **'Jährling** ‹*der; -s, -e*› eenjarig dier, jaarling; **'Jahrmarkt** ‹*der; -(e)s, -ë*› jaarmarkt; **Jahr'tausend** ‹*das; -(e)s, -e*› (tijdperk van) 1000 jaar, millennium; **Jahr'zehnt** ‹*das; -(e)s, -e*› (tijdperk van) 10 jaar, decennium

'Jähzorn ‹*der; -s, geen mv*› drift, opvliegendheid; **'jähzornig** driftig, opvliegend

'Jammer ‹*der; -s, geen mv*› 1 ellende, (bitter) verdriet; 2 gejammer, weeklacht; 3 (*es ist*) *ein* ~ treurig; *das ist der alte* ~*!* het is het oude liedje; **'Jammergeschrei** ‹*das; -s, geen mv*› jammerklacht, gejammer; **'Jammergestalt** ‹*die; -, -en*› jammerlijk figuur; **'Jammerlappen** ‹*der; -s, -*› sukkel; **'jämmerlich** 1 jammerlijk, ellendig, erbarmelijk; 2 armzalig, bedroefd; 3 zeer, erg; **'jammern** ‹*h*› 1 jammeren; klagen, lamenteren (*über* (+ 4) over); 2 *es jammert mich, mich jammert* … ik heb met … te doen; **'jammer'schade** (erg) jammer, doodjammer; **'Jammertal** ‹*das; -(e)s, geen mv*› tranendal; **'jammervoll** jammerlijk, ellendig, erbarmelijk

Ja'paner ‹*der; -s, -*› Japanner; **ja'panisch** Japans

Jas'min ‹*der; -s, -e*› (*plantk*) jasmijn

'Jastimme ‹*die; -, -n*› stem voor

'jauchzen ‹*h*› juichen, jubelen; **'Jauchzer** ‹*der; -s, -*› juichkreet

jaulen ‹*h*› janken (*van hond*)

ja'wohl ja, jawel

'Jazzband ‹*die; -, s*› jazzband

je 1 ooit; 2 ~ *und* ~ steeds, (ook) soms, van tijd tot tijd; 3 ~ *zwei* (*und zwei*) twee aan twee; *auf* ~ (*drei Mann*) op elke; 4 ~ *Kilogramm* per kilo; ~ *Tag* per dag; 5 ~ *nach* (*den Umständen*) al naar; ~ *nachdem* dat hangt ervan af; 6 ~ *mehr und mehr* hoe langer hoe meer; ~ *länger* ~ *lieber* hoe langer hoe liever

Jeans ‹*mv*› spijkerbroek

'jeden'falls 1 in alle geval, stellig; 2 hoogstwaarschijnlijk

'jeder, **'jede**, **'jedes** 1 ieder, elk, iedereen; 2 *ohne jeden Zweifel* zonder enige twijfel; 3 (*er besuchte mich*) *jeden zweiten Tag* om de andere dag; 4 *alle und jede* alle; *über alles und jedes* (*sprechen*) over alles en nog wat; **'jederlei** allerlei; **'jedermann** ieder(een); **'jeder'zeit** steeds, te allen tijde; **'jedes'mal** telkens, iedere keer

je'doch echter, maar, evenwel, toch

'jeglich elk, ieder; **'jegliches** (ook) alles

'je'her: *von* ~ van ouds(her)

'jemals ooit, te eniger tijd

'jemand iemand

'jener, **'jene**, **'jenes** die, dat, gene, gindse; **'jenseitig** aan gene zijde, aan de overkant; **'jenseits** ‹*vz*› (+ 2) aan gene, aan de andere zijde, aan de overkant; **'Jenseits** ‹*das; -, geen mv*› hiernamaals; *ins* ~ *befördern* naar de andere wereld helpen, sturen

Jesu'it ‹*der; -en, -en*› jezuïet

jetten ‹*h*› per straalvliegtuig vliegen

'jetzig tegenwoordig, van thans, huidig; **jetzt** nu, thans, tegenwoordig; **'Jetztzeit** ‹*die; -, geen mv*› het heden

'jeweilig van het (gegeven), van dat ogenblik; *die* ~*e Politik* de politiek van het ogenblik; **'jeweils** telkens, op een gegeven ogenblik; *die* ~ *herrschende Politik* de politiek van het ogenblik

'jobben ‹*h*› een tijdelijk baantje hebben; **'Jobber** ‹*der; -s, -*› (*Belg*) jobstudent

Joch ‹*das; -(e)s, -e*› 1 juk (*alle bet*); 2 bergrug

'Jockei ‹*der; -s, -s*› (*sp*) jockey

Jod ‹*das; -(e)s, geen mv*› jodium

'jodeln ‹*h*› jodelen

'Joga ‹*der of das; -(s), geen mv*› yoga

'Jogginganzug ‹*der; -(e)s, -ë*› joggingpak; (*Belg*) jogging

'Joghurt ‹*der of das; -(s), -(s)*› yoghurt

Jo'hannisbeere ‹*die; -, -n*› aalbes

'johlen ‹*h*› joelen, schreeuwen, blèren

Joint ‹*der; -s, -s*› joint, stickie

'Jolle ‹*die; -, -n*› (*scheepv*) jol

jong'lieren ‹*h*› jongleren

'Joppe ‹*die; -, -n*› jopper, jekker

Jot ‹*das; -, -*› (*klank, letter*) j

Journa'listik ‹*die; -, geen mv*› journalistiek

jovi'al joviaal, blijmoedig, opgeruimd; **Joviali'tät** ‹*die; -, geen mv*› jovialiteit

'Jubel ‹*der; -s, geen mv*› 1 gejubel, gejuich; 2 feestvreugde; **'jubeln** ‹*h*› jubelen, juichen; **Jubelpaar** ‹*das; -(e)s, -e*› jubilerend paar; **Jubi'lar** ‹*der; -s, -e*› jubilaris; **Jubi'läum** ‹*das; -s, Jubiläen*› jubileum; **jubi'lieren** ‹*h*› 1 jubileren; 2 jubelen, juichen

juch! hoezee! hoera!

'Juchten ‹*der of das; -s, geen mv*›, **'Juchtenleder** ‹*das; -s, geen mv*› juchtleer

'juchzen ‹*h*› juichen; **'Juchzer** ‹*der; -s, -*› juichkreet

'jucken ‹*h*› 1 jeuken; *es juckt mich* ik heb jeuk; 2 *ihn juckt das Fell* hij wil een pak slaag hebben; **sich** ~ zich krabben; **'Jucken** ‹*das; -s, geen mv*› jeuk

'Jude ‹*der; -n, -n*› jood; **'Jüdin** ‹*die; -, -nen*› jodin; **'jüdisch** joods

'Judo ‹*das; -(s), geen mv*› judo

'Jugend ‹*die; -, geen mv*› jeugd (*abstr en concr*); *von* ~ *auf* van jongs af aan; **'Jugendamt** ‹*das; -(e)s, -ër*› (gemeentelijk) bureau voor jeugdzaken; (*Belg*) jeugdbescherming; '**Jugendarbeit** ‹*die; -, geen mv*› jeugdwerk; '**jugendfrei** toegang voor alle leeftijden; '**Jugendgericht** ‹*das; -(e)s, -e*› kinderrechter; (*Belg*) jeugdrechtbank; '**Jugendherberge** ‹*die; -, -n*› jeugdherberg; '**Jugendhilfe** ‹*die; -, -n*› kinderbescherming; (*Belg*) jeugdbescherming; '**Jugendleiter** ‹*der; -s, -*› (*Belg*) monitor; '**Jugendleiterin** ‹*die; -, -nen*› (*Belg*) monitrice; '**jugendlich** jeugdig; jong, fris; jeugd ...; '**Jugendliche(r)** ‹*bn als zn*› jongere; jeugdig persoon (14-18 jaar); '**Jugendrichter** ‹*der; -s, -*› (*Belg*) jeugdrechter; '**Jugendschutz** ‹*der; -es, geen mv*› kinderbescherming; (*Belg*) jeugdbijstand; '**Jugendstil** ‹*der; -(e)s, geen mv*› Jugendstil; '**Jugendstreich** ‹*der; -(e)s, -e*› guitenstreek, jeugdige dwaasheid; '**Jugendzeit** ‹*die; -, geen mv*› jeugd

jung ‹(*jünger, jüngst*)› jong (*alle bet*); '**Jungdemokrat** ‹*der; -en, -en*› (*pol*) jonge liberalen (van FDP)

'**Junge** I ‹*der; -n, -n*› 1 (*volkstaal ook Jungs, Jungens*) jongen; 2 boer (*in kaartspel*); II (*das ~, die Jungen, ein Junges*) jong (*van dier*); '**Jüngelchen** ‹*das; -s, -*› jongetje, ventje, kereltje; '**jungenhaft** jongensachtig; '**Jungenjahre** ‹*mv*› jongensjaren

'**Jünger** ‹*der; -s, -*› discipel, volgeling; '**Jüngerschaft** ‹*die; -, geen mv*› discipelen, volgelingen

'**Jungfer** ‹*die; -, -n*› *alte* ~ oude vrijster; '**jüngferlich** 1 maagdelijk; 2 preuts; '**Jungfernfahrt** ‹*die; -, -en*› eerste reis (*van schip*)

'**Jungfrau** ‹*die; -, -en*› 1 maagd; 2 jonkvrouw; 3 (*astron*) Maagd; '**jungfräulich** 1 maagdelijk; 2 kuis, rein; '**Jungfräulichkeit** ‹*die; -, geen mv*› maagdelijkheid

'**Junggeselle** ‹*der; -n, -n*› vrijgezel; '**Junglehrer** ‹*der; -s, -*› beginnend leraar; '**Jüngling** ‹*der; -s, -e*› jongeman, jongeling; '**Jungsozialist** ‹*der; -en, -en*› jonge socialist (van SPD)

jüngst I ‹*bn*› jongst, laatst; *der Jüngste Tag, das Jüngste Gericht* de jongste dag, het Jongste of Laatste Oordeel; II ‹*bw*› laatst, onlangs

'**Jungtier** ‹*das; -(e)s, -e*› jong dier, jong

'**Juni** ‹*der; -(s), geen mv*› juni

'**Junior** ‹*der; -s, Juni'oren*› 1 pupil; (*Belg*) miniem; 2 adspirant; (*Belg*) cadet

'**Jura**: ~ *studieren* rechten studeren

Ju'rist ‹*der; -en, -en*› 1 jurist, rechtsgeleerde; 2 student in de rechten; **Juriste'rei** ‹*die; -, geen mv*› juristerij; **ju'ristisch** juridisch; *~e Person* rechtspersoon

'**Juso** (*afk*) ‹*der; -s, -s*› *Jungsozialist*

Ju'stiz ‹*die; -, geen mv*› justitie; **Ju'stizbehörde** ‹*die; -, -n*› rechterlijke macht; **Ju'stizkanzlei** ‹*die; -, -en*› griffie; **Ju'stizpflege** ‹*die; -, geen mv*› rechtspleging; **Ju'stizrat** ‹*der; -(e)s, -ë*› raadsheer, rechter, (ook eretitel); **Ju'stizverwaltung** ‹*die; -, -en*› 1 rechtsbedeling; 2 rechterlijke macht; **Ju'stizwesen** ‹*das; -s, geen mv*› rechtswezen

Ju'wel I ‹*der of das; -s, -en*› 1 juweel; 2 kleinood; II ‹*das; -s, -e*› juweel (*persoon*); **Juwe'lier** ‹*der; -s, -e*› juwelier

Jux ‹*der; -es, -e*› scherts, grap; *sich einen ~ machen* een grap uithalen; *aus ~* voor de lol; '**juxen** ‹*h*› gekheid maken

Kk*k*

Ka'bale ‹*die; -, -n*› intrige, list

Kaba'rett ‹*das; -s, -e*› cabaret; **Kabaret'tist** ‹*der; -en, -en*› cabaretier

'Kabel ‹*das; -s, -*› kabel; **'Kabelfernsehen** ‹*das; -s, geen mv*› kabeltelevisie

'Kabeljau ‹*der; -s, -e en -s*› kabeljauw

Ka'bine ‹*die; -, -n*› 1 cabine; 2 (*scheepv*) hut; 3 badhokje

Kabi'nett ‹*das; -s, -e*› kabinet

'Kachel ‹*die; -, -n*› (geglazuurde) tegel; **'kacheln** ‹*h*› betegelen; **'Kachelofen** ‹*der; -s, -̈*› tegel-, faiencekachel

'Kacke ‹*die; -, geen mv*› kak; (*fig*) (*das ist*) *alles ~* waardeloos; **'kacken** ‹*h*› kakken

'Kader ‹*der; -s, -*› kader

Ka'dett ‹*der; -en, -en*› (*mil*) cadet

'Käfer ‹*der; -s, -*› kever, tor

'Kaffee, Kaf'fee ‹*der; -s, -s*› koffie; *~ aufbrühen, bereiten, kochen* zetten; (*fig*) *das ist kalter ~* dat is ouwe koek; **'Kaffeebohne** ‹*die; -, -n*› koffieboon; **'Kaffeekanne** ‹*die; -, -n*› koffiekan, -pot; **'Kaffeeklatsch** ‹*der; -(e)s, geen mv*› koffievisite; **'Kaffeemaschine** ‹*die; -, -n*› koffiezetapparaat; **'Kaffeesatz** ‹*der; -es, geen mv*› koffiedik; **'Kaffeewärmer** ‹*der; -s, -*› theemuts

'Käfig ‹*der; -s, -e*› kooi; hok

kahl kaal (*alle bet*); **'Kahlkopf** ‹*der; -(e)s, -̈e*› kaalkop; **'kahlköpfig** kaalhoofdig; **'Kahlschlag** ‹*der; -(e)s, geen mv*› kaalslag

Kahn ‹*der; -(e)s, -ë*› 1 bootje, roeiboot; 2 aak; 3 (*volkstaal*) schuit (*ook grote schoen e.d.*)

Kai ‹*der; -s, -e en -s*› kade, wal, kaai

'Kaiman ‹*der; -s, -e*› kaaiman

'Kaiser ‹*der; -s, -*› keizer; **'kaiserlich** keizerlijk; **'Kaiserreich** ‹*das; -(e)s, -e*› keizerrijk; **'Kaiserschnitt** ‹*der; -(e)s, -e*› keizersnede

'Kajak ‹*der of das; -s, -s*› kajak (*boot*)

Ka'jüte ‹*die; -, -n*› kajuit, hut

'Kakadu ‹*der; -s, geen mv*› kakatoe (*papegaai*)

Ka'kao ‹*der; -s, -s*› cacao; chocola; *einen durch den ~ ziehen* iem erdoor halen

'kakeln ‹*h*› kakelen (*ook fig*)

'Kakerlak ‹*der; -s en -en, -en*› (*dierk*) kakkerlak

Kak'tee ‹*die; -, -n*›, **'Kaktus** ‹*der; - of -ses, Kakteen of -se*› cactus

Kalami'tät ‹*die; -, -en*› calamiteit

'Kalauer ‹*der; -s, -*› flauwe mop

Kalb ‹*das; -(e)s, -ër*› 1 kalf; 2 pummel, groentje; **'kalben** ‹*h*› kalven; **'Kalbfleisch** ‹*das; -es, geen mv*› kalfsvlees; **'Kalbsbraten** ‹*der; -s, -*› (gebraden) kalfsvlees; **'Kalbsbries** ‹*das; -es, -e*› kalfszwezerik; **'Kalbsleberwurst** ‹*die; -, -ë*› kalfsleverworst; **'Kalbsmedaillon** ‹*das; -s, -*› kalfsoester

Ka'lender ‹*der; -s, -*› kalender

Ka'liber ‹*das; -s, -*› kaliber (*lett en fig*)

Kalk ‹*der; -(e)s, -e*› kalk; *der ~ rieselt schon bei ihm* hij begint al af te takelen; **'kalken** ‹*h*› kalken; **'kalkhaltig** kalkhoudend; **'kalkig** 1 kalkhoudend; 2 vol kalk; **'Kalkstein** ‹*der; -(e)s, -e*› kalksteen

Kal'kül ‹*das of der; -s, -e*› (*fig*) berekening; **Kalkulati'on** ‹*die; -, -en*› calculatie; (prijs)-berekening; **kalku'lierbar** voorspelbaar; **kalku'lieren** ‹*h*› calculeren

'Kalme ‹*die; -, -n*› windstilte

Kalo'rie ‹*die; -, -n*› calorie

kalt ‹(*kälter, kältest*)› koud, koel (*ook fig*); *mir ist ~* ik heb het koud; (*etwas*) *~ stellen* op een koude, koele plaats zetten, koud zetten; **'Kaltblüter** ‹*der; -s, -*› koudbloedig dier; **'kaltblütig** 1 koudbloedig; 2 koelbloedig

'Kälte ‹*die; -, -n*› 1 koude; 2 kilte, koelheid; **'Kälteeinbruch** ‹*der; -(e)s, -ë*› inval van kou

'Kaltfront ‹*die; -, -en*› koufront; **'kaltherzig** koud, ongevoelig, harteloos; **'Kaltluft** ‹*die; -, geen mv*› koude lucht; **'kaltmachen** ‹*h*› vermoorden, koud maken; **'Kaltmiete** ‹*die; -, -n*› huurprijs exclusief verwarmingskosten; **'kaltschnäuzig** gevoelloos, meedogenloos; **'kaltstellen** ‹*h*› 1 (*fig*) uitrangeren; 2 (*sp*) *einen Gegner ~* een tegenstander uitschakelen (door mandekking)

Kalvi'nismus ‹*der; -, geen mv*› calvinisme

'Kalzium ‹*das; -s, geen mv*› calcium

Ka'mel ‹*das; -(e)s, -e*› 1 kameel; 2 (*fig*) stommeling, ezel

'Kamera ‹*die; -, -s*› camera

Kame'rad ‹*der; -en, -en*› kameraad; **Kame'radin** ‹*die; -, -nen*› vriendin, kameraad; **Kame'radschaft** ‹*die; -, -en*› kameraadscha; **kame'radschaftlich** kameraadschappelijk

'Kameramann ‹*der; -(e)s, -ër en -leute*› cameraman

Ka'mille ‹*die; -, -n*› (*plantk*) kamille

Ka'min ‹*der; -s, -e*› 1 schoorsteen; 2 open haard, schouw; *am ~* bij de open haard; **Ka'minfeuer** ‹*das; -s, -*› haardvuur

Kamm ‹*der; -(e)s, -ë*› kam (*alle bet*); **'kämmen** ‹*h*› kammen

'Kammer ‹*die; -, -n*› 1 kleine kamer; 2 kamer (*van rechtbank, volksvertegenwoordiging, hart, vuurwapen*)

'Kämmerei ‹*die; -, -en*› gemeentekas; **'Kämmerer** ‹*der; -s, -*› gemeenteontvanger

'Kammerorchester ‹*der; -s, -*› kamerorkest; **'Kammerspielensemble** ‹*das; -s, -s*› (*Belg*) kamergezelschap

Kam'pagne ‹*die; -, -n*› campagne

Kampf ‹*der; -(e)s, -ë*› 1 strijd (*alle bet*), gevecht; 2 (*sp*) wedstrijd; **'kampfbereit** gevechtsklaar; **'kämpfen** ‹*h*› vechten, strijden (*alle bet*)

'Kampfer ‹*der; -s, geen mv*› kamfer

'Kämpfer ‹*der; -s, -*› 1 strijder (*alle bet*); 2 voorvechter, ijveraar; **'kämpferisch** wat de strijdlust, inzet betreft; **'kampffähig** in staat om te vechten; **'Kampfflugzeug** ‹*das; -(e)s, -e*› gevechtsvliegtuig; **'Kampfhahn** ‹*der; -(e)s, -ë*› (*fig*) kemphaan; **'Kampfhandlung** ‹*die; -, -en*› gevechtshandeling, -actie; **'Kampfhubschrauber** ‹*der; -s, -*› gevechtshelikopter; **'Kampfkraft** ‹*die; -, geen mv*› gevechtskracht; **'kampflos** zonder strijd; **'Kampflust** ‹*die; -, geen mv*› strijdlust; **'kampflustig** strijdlustig; **'Kampfmaßnahme** ‹*die; -, -n*› actie; **'Kampfplatz** ‹*der; -es, -ë*› arena, strijdperk; **'Kampfrichter** ‹*der; -s, -*› kamprechter; **'Kampfstoffe** ‹*mv*› *biologische, chemische ~* biologische, chemische wapens; **'kampfunfähig**: *~ machen* buiten gevecht stellen

Ka'muffel ‹*das; -s, -*› ezel, domkop

Ka'nadier ‹*der; -s, -*› Canadees; **ka'nadisch** Canadees

Ka'naille ‹*die; -, -n*› schoft, schooier

Ka'nal ‹*der; -s, -ë*› 1 kanaal; 2 gracht; (*Belg*) rei; 3 riool; 4 *den ~ voll haben* stomdronken zijn; **Ka'naldeckel** ‹*der; -s, -*› riooldeksel; **Kanalisati'on** ‹*die; -, -en*› 1 kanalisatie; 2 riolering; **kanali'sieren** ‹*h*› 1 kanaliseren; 2 rioleren

Ka'narienvogel ‹*der; -s, -̈*› kanarie

Ka'narisch: *~e Inseln* Canarische eilanden

Kan'dare ‹*die; -, -n*› 1 gebitstang; 2 *einen an die ~ nehmen* iem streng aanpakken

Kande'laber ‹*der; -s, -*› 1 kandelaber; 2 straatlantaarn (met armen)

Kandi'dat ‹*der; -en, -en*› kandidaat; **Kandi'datin** ‹*die; -, -nen*› kandidate; **Kandida'tur** ‹*die; -, -en*› kandidatuur; **kandi'dieren** ‹*h*› zich kandidaat stellen

'Kandis ‹*der; -, geen mv*› kandij(suiker)

'Känguruh ‹*das; -s, -s*› (*dierk*) kangoeroe

Ka'ninchen ‹*das; -s, -*› konijn(tje); **Ka'ninchenbau** ‹*der; -(e)s, -e*› konijnehol

Ka'nister ‹*der; -s, -*› bus, kan, blik

'Kännchen ‹*das; -s, -*› kannetje

'Kanne ‹*die; -, -n*› 1 kan, pot; kruik; 2 *es gießt wie mit, aus ~n* het regent, dat het giet

Kanni'bale ‹*der; -n, -n*› kannibaal; **kanni'balisch** 1 kannibaals; 2 wreed

'Kanon ‹*der; -s, -s*› canon

Kano'nade ‹*die; -, -n*› kanonnade; **Ka'none** ‹*die; -, -n*› 1 kanon; 2 (*pop*) pistool, revolver, blaffer; 3 (*sp*) crack; 4 *das ist unter aller ~* dat is beneden alle kritiek; **Ka'nonenboot** ‹*das; -(e)s, -e*› kanonneerboot; **Ka'nonendonner** ‹*der; -s, geen mv*› kanongebulder; **Ka'nonenfutter** ‹*das; -s, geen mv*› kanonnevlees; **Ka'no'nier** ‹*der; -s, -e*› kanonnier

Kan'tate ‹*die; -, -n*› cantate

'Kante ‹*die; -, -n*› 1 kant, rand (*van tafel, stoel, ski enz*); 2 boord, rand (*van stoffen*); 3 *auf die hohe ~ legen* opzij leggen; **'kanten** ‹*h*› op z'n kant zetten, kantelen; **'kantig** kantig, met scherpe kanten, hoekig

Kan'tine ‹*die; -, -n*› kantine

Kan'ton ‹*der; -s, -e*› kanton

Kanto'rei ‹*die; -, -en*› kerkkoor

Ka'nu ‹*das; -s, -s*› kano

'Kanzel ‹*die; -, -n*› 1 kansel (*ook fig*); 2 cockpit; **Kanz'lei** ‹*die; -, -en*› 1 kanselarij, griffie, secretarie; 2 kantoor (*van advocaat, notaris*); **'Kanzler** ‹*der; -s, -*› kanselier

Kap ‹*das; -s, -s*› kaap

ka'pabel capabel, in staat, geschikt, bekwaam

Kapazi'tät ‹*die; -, -en*› 1 capaciteit; 2 autoriteit; 3 ‹*mv*› produktiemiddel

Ka'pelle ‹*die; -, -n*› kapel (*alle bet*); **Ka'pellmeister** ‹*der; -s, -*› 1 dirigent; 2 (*mil*) kapelmeester

'Kaper ‹*der; -s, -*› 1 (*hist*) kaperschip; 2 kaper; **'kapern** ‹*h*› 1 kapen; 2 *sich einen Mann ~* een man aan de haak slaan

'Kapern ‹*mv*› kappertjes

ka'pieren ‹*h*› begrijpen, snappen

kapi'tal ‹*bn*› kapitaal, enorm

Kapi'tal ‹*das; -s, -e en -ien*› 1 kapitaal; 2 *~ aus etwas schlagen* munt uit iets slaan; **Kapita'lismus** ‹*der; -, geen mv*› kapitalisme; **Kapita'list** ‹*der; -en, -en*› kapitalist; **kapita'listisch** kapitalistisch; **kapi'talkräftig** kapitaalkrachtig; **Kapi'talmarkt** ‹*der; -(e)s, -ë*› kapitaalmarkt

Kapi'talverbrechen ‹*das; -s, -*› zeer ernstig misdrijf

Kapi'tän ‹*der; -s, -e*› 1 (*scheepv*) kapitein; 2 (*luchtv*) gezagvoerder; 3 (*sp*) aanvoerder

Ka'pitel ‹*das; -s, -*› 1 kapittel; 2 hoofdstuk; (*fig*) *das ist ein ~ für sich* dat is een hoofdstuk apart; 3 *ein trauriges, schwieriges usw ~* een droevige, moeilijke zaak; **ka'piteln** ‹*h*› kapittelen, de les lezen

Kapitulati'on ‹*die; -, -en*› capitulatie, overgave; **kapitu'lieren** ‹*h*› capituleren

Ka'plan ‹*der; -s, -ë*› kapelaan

'Kappe ‹*die; -, -n*› 1 muts; pet; 2 dop; deksel; 3 (*bouwk*) kap; 4 neus (*van schoen*); 5 *etwas geht auf meine ~* iets is voor mijn rekening; *etwas auf seine ~ nehmen* iets voor zijn verantwoording nemen

'kappen ‹*h*› 1 kappen; 2 (af)toppen, (be)snoeien (*lett en fig*)

Kapri'ole ‹*die; -, -n*› capriool, bokkesprong

'Kapsel ‹*die; -, -n*› 1 kapsel; 2 foedraal, huls; 3 capsule

ka'putt 1 kapot, stuk; (*fig*) *~ (sein)* kapot, gebroken; 2 (*die Firma ist*) *~* failliet

Ka'puze ‹*die; -, -n*› kap, capuchon; **Kapu'ziner** ‹*der; -s, -*› kapucijn

Kara'biner ‹*der; -s, -*› karabijn

Ka'raffe ‹*die; -, -n*› karaf

Karambo'lage ‹*die; -, -n*› carambole, botsing; **karambo'lieren** ‹*h*› 1 caramboleren; 2 botsen

Kara'mel ‹*der; -s, geen mv*› karamel; **Kara'melbonbon** ‹*das; -s, -s*› karamel (*toffee*)

Ka'rat ‹*das; -(e)s, -e*› karaat; **ka'rätig** ...karaats

Kara'wane ‹*die; -, -n*› karavaan

kar

Kar'dangelenk ‹*das; -(e)s, -e*› cardankoppeling; **Kar'danwelle** ‹*die; -, -n*› cardanas

Kardi'nal ‹*der; -s, -ë*› kardinaal (*r-k en dierk, cul*); **Kardi'nalfehler** ‹*der; -s, -*› kardinale, grootste fout; **Kardi'nalpunkt** ‹*der; -(e)s, -e*› hoofd-, kardinaal punt; **Kardi'nalzahl** ‹*die; -, -en*› hoofdgetal, -telwoord

Kardio'loge ‹*der; -n, -n*› cardioloog, hartspecialist

Ka'renz ‹*die; -, -en*› 1 ontbering; 2 zie *~zeit*; **Ka'renzzeit** ‹*die; -, -en*› wachttijd (*waarin geen uitkering plaats heeft*)

Kar'freitag ‹*der; -(e)s, geen mv*› Goede Vrijdag

karg karig, schraal; *~ an Worten* karig met woorden

Karga'deur, **Karga'dor** ‹*der; -s, -e*› cargadoor

'kargen ‹*h*› zuinig, spaarzaam zijn; **'kärglich** karig; armoedig

Ka'ribik ‹*die; -, geen mv*› Caribische Zee

ka'riert geruit; *red nicht so ~* praat niet zo'n onzin

'Karies ‹*die; -, geen mv*› (*med*) cariës

Karika'tur ‹*die; -, -en*› karikatuur; **kari'kieren** ‹*h*› karikaturiseren

karita'tiv charitatief

Kar'kasse ‹*die; -, -n*› karkas, geraamte

'Karner ‹*der; -s, -*› knekelhuis

'Karneval ‹*der; -s, -e en -s*› carnaval; **Karneva'list** ‹*der; -en, -en*› carnavalsgek

Kar'nickel ‹*das; -s, -*› 1 (*dierk*) konijn(tje); 2 *das ~ sein* de zondebok zijn, de sigaar zijn

'Kärnten ‹*das*› Karinthië

'Karo ‹*das; -s, -s*› 1 ruit; 2 ruiten (*bij kaartspel*)

Ka'rosse ‹*die; -, -n*› karos, koets; **Karosse'rie** ‹*die; -, -n*› carrosserie, koetswerk

Ka'rotte ‹*die; -, -n*› peen, wortel

'Karpfen ‹*der; -s, -*› karper

'Karre ‹*die; -, -n*› 1 kar; handkar; kruiwagen; 2 kar (*oude auto, fiets*); 3 zaak, aangelegenheid; *die ~ aus dem Dreck schieben, ziehen* de zaak opknappen

Kar'ree ‹*das; -s, -s*› carré

'Karren ‹*der; -s, -*› 1 vgl *Karre* 1, 2; 2 (*ich lasse mich nicht*) *vor seinen ~ spannen* voor zijn karretje spannen; **'karren** ‹*h*› karren: *a*) kruien; *b*) rijden

Karri'ere ‹*die; -, -n*› carrière

Kar'samstag ‹*der; -(e)s, geen mv*› Paaszaterdag

'Karte ‹*die; -, -n*› 1 kaart (*div bet*); *~n spielen* kaarten; (*fig*) *die ~n aufdecken*, (*offen*) *auf den Tisch legen* open kaart spelen, *nach der ~ essen* à la carte eten; (*sp*) (*einem die gelbe, rote ~*) *zeigen* geven; 2 kaartje; biljet; ticket; 3 (visite)kaartje; 4 (*fig*) *alle ~n in der Hand haben* alle troeven in handen hebben; **Kar'tei** ‹*die; -, -en*› kaartsysteem, cartotheek

Kar'tell ‹*das; -s, -e*› kartel

'Kartenhaus ‹*das; -es, -ër*› 1 kaartenhuis; 2 (*scheepv*) kaartenhut; **'Kartenspiel** ‹*das; -(e)s, -e*› kaartspel; **'Kartenverkauf** ‹*der; -(e)s, geen mv*› kaartverkoop

Kar'toffel ‹*die; -, -n*› 1 aardappel; 2 kokkerd (*neus*); 3 knol (*gat in kous; groot horloge*); **Kar'toffelbrei** ‹*der; -(e)s, geen mv*› aardappelpuree; **Kar'toffelkäfer** ‹*der; -s, -*› coloradokever; **Kar'toffelklöße** ‹*mv*› aardappelknoedel, -bal; **Kar'toffelpuffer** ‹*der; -s, -*› aardappelpannekoek; **Kar'toffelsalat** ‹*der; -(e)s, -e*› aardappelsalade

Kar'ton ‹*der; -s, -s*› 1 karton; 2 kartonnen doos

Karto'thek ‹*die; -, -en*› cartotheek, kaartregister

Kar'tusche ‹*die; -, -n*› (*mil*) kardoes

Karus'sell ‹*das; -s, -s en -e*› draaimolen

Kar'woche ‹*die; -, -n*› stille, goede week

karzino'gen carcinogeen, kankerverwekkend

Karzi'nom ‹*das; -s, -e*› kankergezwel

ka'schieren ‹*h*› verbergen, verhelen

'Käse ‹*der; -s, -*› 1 kaas; 2 onzin, flauwekul; **'Käsebrot** ‹*das; -(e)s, -e*› boterham met kaas; **'Käseglocke** ‹*die; -, -n*› kaasstolp; **'Käsekuchen** ‹*der; -s, -*› kwarktaart

Kase'matte ‹*die; -, -n*› (*mil*) kazemat, bunker

'käsen ‹*h*› kazen, kaas maken; **'Käserei** ‹*die; -, -en*› kaasmakerij

Ka'serne ‹*die; -, -n*› kazerne; **Ka'sernenhof** ‹*der; -(e)s, -ë*› binnenplaats van de kazerne

'käsig 1 kaasachtig; 2 heel bleek

Ka'sino ‹*das; -s, -s*› 1 casino; 2 (*mil*) mess

Kas'kade ‹*die; -, -n*› waterval

'Kasko ‹*der; -s, -s*› casco; **'Kaskoversicherung** ‹*die; -, -en*› cascoverzekering, all-riskverzekering

'Kasper ‹*der; -s, -*› Jan Klaassen

'Kasse ‹*die; -, -n*› 1 kas; *~ machen* de kas opmaken; *volle ~n machen* een kasstuk zijn; 2 kassa; 3 ziekenfonds; *~ machen* in de ziektewet lopen; 4 spaarbank; 5 *zur ~ gebeten werden* moeten betalen; *gegen, per ~* contant; *getrennte ~ führen* elk voor zichzelf betalen; **'Kassenarzt** ‹*der; -(e)s, -ë*› fondsarts; **'Kassenbon** ‹*der; -s, -s*› kassabon; **'Kassenbrille** ‹*die; -, -n*› ziekenfondsbril(letje); **'Kassenerfolg** ‹*der; -(e)s, -e*› (*theat*) kasstuk; **'Kassenmitglied** ‹*das; -(e)s, -er*› (*Belg*) mutualist; **'Kassenobligation** ‹*die; -, -en*› (*Belg*) kasbon; **'Kassenpatient** ‹*der; -en, -en*› fondspatiënt; (*Belg*) mutualist, mutualiste; **'Kassenschlager** ‹*der; -s, -*› (*theat*) kasstuk; **'Kassensturz** ‹*der; -es, geen mv*› *~ machen* de kas opmaken; **'Kassenzettel** ‹*der; -s, -*› kassabon

Kas'sette ‹*die; -, -n*› cassette; **Kas'settenrecorder** ‹*der; -s, -*› cassetterecorder

Kas'siber ‹*der; -s, -*› gesmokkeld briefje

kas'sieren ‹*h*› 1 incasseren; 2 zich toeëigenen; in beslag nemen; 3 (*volkstaal*) arresteren; **Kas'sierer** ‹*der; -s, -*› kassier; **Kas'siererin** ‹*die; -, -nen*› caissière

Ka'stanie ‹*die; -, -n*› kastanje

'Kästchen ‹*das; -s, -*› 1 kistje; doosje; bakje; 2 hokje, vakje (*op papier e.d.*)

'Kaste ‹*die; -, -n*› kaste, stand

ka'steien ‹*h*› kastijden, tuchtigen
Ka'stell ‹*das; -s, -e*› fort, citadel
'Kasten ‹*der; -, -̈*› 1 kist, bak, (vierkante) doos; *ein ~ Bier* een krat bier; 2 kast; 3 lade (*van tafel*); 4 (*sp*) doel; 5 (*sp*) springkast; 6 (*mil*) arrest, bak; 7 bak (*van bestelauto*); 8 (*fig*) kast (*gebouw, auto, schip, tv enz*); 9 *etwas auf dem ~ haben* iets in z'n mars hebben
ka'strieren ‹*h*› castreren
'Kasus ‹*der; -, -*› 1 geval; 2 naamval; **'Kasusendung** ‹*die; -, -en*› naamvalsuitgang
Kat ‹*der; -s, -s*› (*afk*) 1 katalysator; 2 auto met katalysator
Kata'log ‹*der; -(e)s, -e*› 1 catalogus; 2 (was)-lijst; **katalogi'sieren** ‹*h*› catalogiseren
Kataly'sator ‹*der; -s, -en*› katalysator; **Kataly'satorauto** ‹*das; -s, -s*› auto met katalysator
katapul'tieren ‹*h*› 1 (*luchtv*) met katapult lanceren; 2 wegschieten, -slingeren
Ka'taster ‹*der of das; -s, -*› kadaster; **Ka'tasteramt** ‹*das; -(e)s, -ër*› kadaster (*het gebouw*)
katastro'phal catastrofaal; **Kata'strophe** ‹*die; -, -n*› catastrofe, ramp; **Kata'strophenschäden** ‹*mv*› (*Belg*) rampenschade
Kate'chese ‹*die; -, -n*› catechese; **Kate'chismus** ‹*der; -, Katechismen*› catechismus
Katego'rie ‹*die; -, -n*› categorie, soort, klasse
'Kater ‹*der; -s, -*› kater (*lett en fig*)
Kathe'drale ‹*die; -, -n*› kathedraal, domkerk
Ka'theter ‹*der; -s, -*› (*med*) catheter
Katho'lik ‹*der; -en, -en*› katholiek; **Katho'likin** ‹*die; -, -nen*› katholieke vrouw; **ka'tholisch** katholiek; **Katholi'zismus** ‹*der; -, geen mv*› katholicisme
'Kätzchen ‹*das; -s, -*› katje (*ook plantk*); **'Katze** ‹*die; -, -n*› kat, poes; *das war für die ~* dat was tevergeefs; *die ~ aus dem Sack lassen* zijn mond voorbijpraten; **'katzenartig** 1 katachtig; 2 (*fig*) vals; **'Katzenauge** ‹*das; -s, -n*› 1 katteoog; 2 katoog (*edelsteen*); 3 reflector; **'Katzenbuckel** ‹*der; -s, -*› kromme rug; **'Katzendreck** ‹*der; -(e)s, geen mv*› 1 kattepoep; 2 *das ist kein ~* dat is niet mis; **'Katzenjammer** ‹*der; -s, geen mv*› (*fig*) kater, katterigheid
'Kauderwelsch ‹*das; -(s), geen mv*› koeterwaals
'kauen ‹*h*› 1 kauwen (*lett en fig*); 2 *an den Nägeln ~* op z'n nagels bijten; 3 pruimen
'kauern, (sich) ‹*h*› (neer)hurken
Kauf ‹*der; -(e)s, -ë*› koop; *zum ~ anbieten, stehen* te koop aanbieden, zijn; *das muß man mit in ~ nehmen* dat moet men op de koop toe nemen; **'kaufen** ‹*h*› 1 kopen; 2 omkopen; 3 (*was*) *kaufe ich mir dafür?* heb ik daaraan?; **'Käufer** ‹*der; -s, -*› koper, klant; **'Kaufhalle** ‹*die; -, -n*› warenhuis; **'Kaufhaus** ‹*das; -es, -̈er*› warenhuis; **'Kaufkraft** ‹*die; -, geen mv*› koopkracht; **'kaufkräftig** koopkrachtig; **'Kaufleute** ‹*mv*› kooplieden; **'käuflich** 1 te koop; *~ erwerben* aankopen; 2 omkoopbaar; **'kauflustig** kooplustig; **'Kaufmann** ‹*der; -(e)s, -leute*› koopman, handelaar; *er ist ~* (ook) hij is in de handel; **'kaufmännisch** commercieel, handels...; *~er Angestellter* commercieel, administratief medewerker; *~e Lehre* handelsopleiding; **'Kaufvertrag** ‹*der; -(e)s, -ë*› koopcontract
'Kaugummi ‹*der; -s, geen mv*› kauwgom
kaum nauwelijks, amper; *er wird es ~ tun* ik denk niet, dat hij het doet; *ich glaube ~* ik denk van niet
kau'sal causaal, oorzakelijk
'Kautabak ‹*der; -s, -e*› pruimtabak
Kauti'on ‹*die; -, -en*› borg(som), borgtocht
'Kautschuk ‹*der; -s, -e*› rubber
Kauz ‹*der; -es, -ë*› 1 uil; 2 *ein sonderbarer od. ein wunderlicher ~* een rare kerel, snoeshaan
Kava'lier ‹*der; -s, -e*› 1 gentleman, heer; *ein ~ am Steuer* een heer in het verkeer; 2 vriend; begeleider; **Kavalle'rie** ‹*die; -, -n*› cavalerie; ruiterij; **Kavalle'rist** ‹*der; -en, -en*› cavalerist
'Kaviar ‹*der; -s, -e*› kaviaar
keck 1 koen, gedurfd, stoutmoedig; 2 kwiek, vlot; *ein ~es Hütchen* een vlot hoedje; 3 onheus, vrijpostig
'Kegel ‹*der; -s, -*› 1 kegel; *~ schieben, spielen* kegelen; 2 *mit Kind und ~* met het gehele gezin; **'Kegelbahn** ‹*die; -, -en*› kegelbaan; **'kegelförmig** kegelvormig; **'Kegelkugel** ‹*die; -, -n*› kegelbal; **'kegeln** ‹*h*› kegelen, rollen; **'Kegler** ‹*der; -s, -*› kegelaar
'Kehle ‹*die; -, -n*› 1 keel, hals, strot; *in die falsche ~ kommen* in het verkeerde keelgat komen; *aus voller ~* uit volle borst, luidkeels; 2 groef; **'kehlen** ‹*h*› uithalen (*van vissen*); **'Kehlkopf** ‹*der; -(e)s, -ë*› strottehoofd; **'Kehllaut** ‹*der; -(e)s, -e*› keelklank
'Kehraus ‹*der; -, geen mv*› 1 slotdans; 2 *den ~ machen* opruimen (*na feest e.d.*)
'Kehre ‹*die; -, -n*› 1 scherpe bocht (*van weg*); 2 draai, wending (*turnen*); **'kehren I** ‹*h*› 1 vegen; 2 keren, wenden; *einem den Rücken ~* iem de rug toedraaien; *alle Dinge zum besten ~* alles ten goede keren; *sich ~ an* (+ 4) zich storen aan; **II** ‹*s*› om-, terugkeren; *in sich ~* tot zichzelf inkeren
'Kehricht ‹*der; -(e)s, geen mv*› 1 afval, veegsel, vuilnis; 2 (*volkstaal*) *das geht ihn einen feuchten ~ an* dat gaat hem geen bliksem aan
'Kehrseite ‹*die; -, -n*› 1 keerzijde (*lett en fig*); 2 achterkant
kehrt: (*mil*) *Abteilung kehrt!* rechtsom keert!; **'kehrtmachen** ‹*h*› rechtsomkeert maken; **'Kehrtwendung** ‹*die; -, -en*› (*fig*) ommekeer
'keifen ‹*h*› kijven
Keil ‹*der; -(e)s, -e*› 1 wig; 2 spie (*kleding en techn*); 3 peluw
'Keile ‹*mv*› pak slaag
'keilen ‹*h*› 1 kloven, splijten; 2 *einen für den Verein ~* iem voor de vereniging winnen; 3 achteruitslaan (*van paard e.d.*); 4 *sich ~* vechten
'Keiler ‹*der; -s, -*› ever(zwijn)

Keile'rei ‹*die;* -, *-en*› vecht-, kloppartij

'Keilhose ‹*die;* -, *-n*› skibroek; **'Keilriemen** ‹*der; -s,* -› (*techn*) V-snaar

Keim ‹*der;* -(*e*)*s, -e*› kiem; *~e treiben* (ont)kiemen, uitlopen; *im ~ ersticken* in de kiem smoren; **'keimen** ‹*h*› (ont)kiemen, uitlopen; **'keimfrei** kiemvrij, steriel; **'Keimträger** ‹*der; -s,* -› bacillen-, virusdrager

kein (*keine, kein*) geen; *keiner* geen een, niemand; *keiner* (*keine, kein*(*e*)*s*) *von beiden* geen van beide(n); (*Geld habe ich*) *keins; ~ bißchen* helemaal niets; helemaal geen; **'keinerlei** generlei, geen (enkele); **'keiner'seits** van geen enkele zijde, van niemand; **'keines'falls, keines'wegs** in geen geval, geenszins; **'keinmal** nooit, geen enkele maal

Keks ‹*der of das; - en -es, - en -e*› biscuit(je)

Kelch ‹*der;* -(*e*)*s, -e*› kelk (*alle bet*), beker; **'Kelchblatt** ‹*das;* -(*e*)*s, -ër*› kelkblad

'Kelle ‹*die;* -, *-n*› 1 troffel (*van metselaar*); 2 soeplepel; 3 (*spoorw*) vertrekstaf

'Keller ‹*der; -s,* -› kelder; **'Kellerassel** ‹*die;* -, *-n*› (*dierk*) pissebed

'Kellner ‹*der; -s,* -› kelner, ober; **'Kellnerin** ‹*die;* -, *-nen*› kelnerin, serveerster; **'kelnern** ‹*h*› als kelner werken

'Kelter ‹*die;* -, *-n*› wijnpers; **Kelter'ei** ‹*die;* -, *-en*› wijnpersbedrijf; **'keltern** ‹*h*› (wijn) persen

'Kennel ‹*der; -s,* -› kennel, hondenfokkerij

'kennen ‹*onr. h; kannte, gekannt*› kennen; *sie ~ sich* zij kennen elkaar; *einen nicht mehr kennen wollen* iem negeren; *er kennt sich nicht vor Wut* hij is buiten zichzelf van woede; **'kennenlernen** ‹*h*› leren kennen; **'kennenswert** waard gekend te worden; **'Kenner** ‹*der; -s,* -› kenner; **'Kennerauge** ‹*das; -s, -n*›, **'Kennerblick** ‹*der;* -(*e*)*s, -e*›, **'Kennermiene** ‹*die;* -, *-n*› kennersblik

'kenntlich herkenbaar; *~ machen* kenbaar maken

'Kenntnis ‹*die;* -, *-se*› kennis; (*einen von etwas in ~*) *setzen* stellen; *nach meiner ~* voor zover ik weet; *~ von etwas haben* ergens van op de hoogte zijn; *~ von etwas nehmen, etwas zur ~ nehmen* nota van iets nemen; **'Kenntnisnahme** ‹*die;* -, *geen mv*› kennisneming; **'Kenntnisse** ‹*mv*› kennis

'Kennwort ‹*das;* -(*e*)*s, -ër*› 1 titel, opschrift, motto; 2 (*mil*) wachtwoord; **'Kennzahl** ‹*die;* -, *-en*› (*telec*) netnummer; **'Kennzeichen** ‹*das; -s,* -› 1 kenteken (*van auto e.d.*); 2 kenmerk; **'kennzeichnen** ‹*h*› kenmerken, karakteriseren; **'kennzeichnend** kenmerkend, typisch; **'Kennziffer** ‹*die;* -, *-n*› kengetal

'kentern I ‹*h*› kenteren; II ‹*s*› (*scheepv*) kapseizen

Ke'ramik ‹*die;* -, *-en*› keramiek (*kunst en produkt*)

'Kerbe ‹*die;* -, *-n*› kerf, keep

'Kerbel ‹*der; -s,* -› kervel

'kerben ‹*h*› kerven, inkepen

'Kerbholz: (*er hat*) *viel auf dem ~* heel wat op z'n kerfstok

'Kerker ‹*der; -s,* -› kerker

Kerl ‹*der;* -(*e*)*s, -e en -s*› 1 kerel, vent; *ein ganzer ~* een flinke vent; 2 *sie ist ein netter ~* zij is een aardige meid; **'Kerlchen** ‹*das; -s,* -› kereltje, ventje

Kern ‹*der;* -(*e*)*s, -e*› 1 kern; 2 pit (*van appels, kersen, noten e.d.*); **'Kernenergie** ‹*die;* -, *geen mv*› kernenergie; **'Kernfach** ‹*das;* -(*e*)*s, -ër*› hoofdvak; **'Kernfrage** ‹*die;* -, *-n*› kernprobleem; **'Kernfusion** ‹*die;* -, *-en*› kernfusie; **'Kerngehäuse** ‹*das; -s,*-› klokhuis; **'kerngesund** kerngezond; **'kernig** 1 vol pitten; 2 pittig, krachtig; **'Kernkraft** ‹*die;* -, *geen mv*› kernenergie; **'Kernkraftwerk** ‹*das;* -(*e*)*s, -e*› kerncentrale; **'kernlos** 1 zonder pitten; 2 (*fig*) futloos, slap; **'Kernobst** ‹*das;* -(*e*)*s, geen mv*› pitvruchten; **'Kernpunkt** ‹*der;* (*e*)*s, -e*› kern, hoofdpunt; **'Kernreaktor** ‹*der; -s, -en*› kernreactor; **'Kernspaltung** ‹*die;* -, *-en*› kernsplitsing; **'Kernstück** ‹*das;* -(*e*)*s, -̈e*› (*fig*) kern, hoofdpunt; **'Kerntruppen** ‹*mv*› kern-, keurtroepen; **'Kernwaffe** ‹*die;* -, *-n*› kern-, atoomwapen; **'Kernwaffengegner** ‹*der; -s,* -› tegenstander van kernwapens; **'Kernwaffenversuch** ‹*der;* -(*e*)*s, -e*› test met kernwapens

'Kerze ‹*die;* -, *-n*› 1 kaars; 2 bougie (*van motor*); **'kerzengerade** kaarsrecht; **'Kerzenleuchter** ‹*der; -s,* -› kandelaar; **'Kerzenlicht** ‹*das;* -(*e*)*s, -er*› kaarslicht

keß 1 aardig, leuk, vlot; 2 een beetje brutaal

'Kessel ‹*der; -s,* -› 1 ketel (*div bet*); 2 keteldal; 3 (*fig*) omsingeld gebied

'Kette ‹*die;* -, *-n*› 1 ketting; keten; 2 slinger (*van bloemen*); 3 reeks, aaneenschakeling, keten; **'ketten** ‹*h*› ketenen, boeien; **'Kettenarmband** ‹*das;* -(*e*)*s, -ër*› schakelarmband; **'Kettenfahrzeug** ‹*das;* -(*e*)*s, -e*› rupsvoertuig; **'Kettenreaktion** ‹*die;* -, *-en*› kettingreactie; **'Kettensäge** ‹*die;* -, *-n*› kettingzaag

'Ketzer ‹*der; -s,* -› ketter

'keuchen ‹*h*› hijgen; **'Keuchhusten** ‹*der; -s, geen mv*› kinkhoest

'Keule ‹*die;* -, *-n*› 1 knots; 2 bout (*van geslacht vee, wild*)

keusch kuis; **'Keuschheit** ‹*die;* -, *geen mv*› kuisheid

Kfz, KFZ (*afk*) *Kraftfahrzeug*

kg (*afk*) *Kilogramm*

KG (*afk*) *Kommanditgesellschaft*

'kichern ‹*h*› giechelen

'kicken ‹*h*› 1 schoppen (*bal*); 2 voetballen; **'Kicker** ‹*der; -s,* -› voetballer

'Kiebitz ‹*der; -es, -e*› kievi(e)t; **'kiebitzen** ‹*h*› toekijken (*bij kaarten e.d.*)

'Kiefer I ‹*der; -s,* -› kaak; II ‹*die;* -, *-n*› den, pijnboom; **'Kieferhöhle** ‹*die;* -, *-n*› kaakholte

'kiefern grenen; **'Kiefernholz** ‹*das; -es, geen mv*› denne-, grenehout; **'Kiefernzapfen** ‹*der; -s,* -› denne-, pijnappel

Kiel ‹*der;* -(*e*)*s, -e*› (*scheepv*) kiel; **'kielholen** ‹*h*› (*scheepv en fig*) kielhalen

'Kiemen ‹*mv*› kieuwen

Kies ‹*der; -es, -e*› 1 kiezel, grind; 2 (*volkstaal*) poen; **'Kiesel** ‹*der; -s, -*› kiezelsteen(tje); **'Kieselstein** ‹*der; -(e)s, -e*› kiezelsteen; **'Kiesgrube** ‹*die; -, -n*› grindgroeve; **'kiesig** kiezel-, grindachtig

Kiez ‹*der; -es, -e*› rosse buurt

kikeri'ki! kukeleku!

'Killer ‹*der; -s, -*› killer, moordenaar

'Kilo ‹*das; -s, -(s)*› kilo

Kilo'meter ‹*der; -s, -*› kilometer; **Kilo'metergeld** ‹*das; -(e)s, -er*› kilometervergoeding; **Kilo'meterstein** ‹*der; -(e)s, -e*› kilometerpaal

'Kimme ‹*die; -, -n*› vizierklep (*van geweer*)

Ki'mono ‹*der; -s, -s*› kimono

Kind ‹*das; -(e)s, -er*› kind; *von ~ auf* van jongs af; **'Kindbett** ‹*das; -(e)s, geen mv*› kraambed; **'Kinderermäßigung** ‹*die; -, -en*› reductie voor kinderen; **'Kindergarten** ‹*der; -s, -̈*› kleuterschool; **'Kindergärtnerin** ‹*die; -, -nen*› kleuterleidster; **'Kindergeld** ‹*das; -(e)s, geen mv*› kinderbijslag; **'Kinderheim** ‹*das; -(e)s, -e*› kindertehuis; **'Kinderkrankheit** ‹*die; -, -en*› kinderziekte; **'Kinderkriegen** ‹*das*› *das ist zum ~* dat is om gek van te worden; **'Kinderkrippe** ‹*die; -, -en*› crèche; **'Kinderlähmung** ‹*die; -, geen mv*› kinderverlamming; **'kinderleicht** doodgemakkelijk; **'kinderlieb** van kinderen houdend; **'kinderlos** kinderloos; **'Kindermädchen** ‹*das; -s, -*› kindermeisje; **'Kinderschutz** ‹*der; -es, geen mv*› kinderbescherming (*inz van overheidswege*); **'Kinderspiel** ‹*das; -(e)s, -e*› kinderspel (*lett en fig*); **'Kinderspielzeug** ‹*das; -(e)s, -e*› kinderspeelgoed; **'Kinderstube** ‹*die; -, -n*› kinderkamer; *er hat eine gute ~ gehabt* hij heeft goede manieren; **'Kindertagestätte** ‹*die; -, -n*› kinderdagverblijf, crèche; (*Belg*) peutertuin; **'Kinderteller** ‹*der; -s, -*› kindermenu (*in restaurant*); **'kindertümlich** op voor een kind begrijpelijke wijze; **'Kinderwagen** ‹*der; -s, -*› kinderwagen; **'Kinderzeit** ‹*die; -, -en*› jeugd, kinderjaren

'Kindes... kinder...; **'Kindesalter** ‹*das; -s, geen mv*› kinderleeftijd, jeugdige leeftijd; **'Kindesbeine** ‹*mv*› *von ~n an* van kindsbeen af; **'kindesgemäß** kinderlijk; **'Kindeskind** ‹*das; -(e)s, -er*› kleinkind; **'Kindesmißhandlung** ‹*die; -, -en*› kindermishandeling

'kindhaft kinderlijk; **'Kindheit** ‹*die; -, geen mv*› kinderjaren, eerste jeugd; *von ~ an, auf* van kindsaf; **'kindisch** 1 kinderachtig; 2 kinds; **'kindlich** kinderlijk

'Kinkerlitzchen ‹*mv*› flauwekul, onzin

Kinn ‹*das; -(e)s, -e*› kin; **'Kinnhaken** ‹*der; -s, -*› hoekslag op de kin

'Kino ‹*das; -s, -s*› bioscoop; **'Kinogänger** ‹*der; -s, -*› bioscoopbezoeker

Ki'osk ‹*der; -(e)s, -e*› kiosk

'Kippe ‹*die; -, -n*› 1 peuk(je); 2 vuilnisbelt

'kippeln ‹*h*› waggelen, wippen

'kippen I ‹*intr s*› kantelen, omkiepen; (om)vallen; **II** ‹*tr h*› 1 (om)kantelen, omkiepen; 2 kiepen, (neer)gooien, (neer)gieten; 3 *einen ~* er een (een borrel) achteroverslaan; **'Kipper** ‹*der; -s, -*› 1 kipper: *a*) kipauto; *b*) kipwagon; 2 kiptoestel; **'Kippschalter** ‹*der; -s, -*› (*elektr*) tuimelschakelaar; **'Kippwagen** ‹*der; -s, -*› kipauto

'Kirche ‹*die; -, -n*› 1 kerk; 2 *die ~ im Dorf lassen* niet overdrijven; **'Kirchen...** kerk...; kerkelijk(e) ...; **'Kirchenälteste(r)** ‹*bn als zn*› ouderling; **'Kirchenbuch** ‹*das; -(e)s, -ër*› kerkelijk register; **'Kirchendiener** ‹*der; -s, -*› koster; **'Kirchenglocke** ‹*die; -, -n*› kerkklok; **'Kirchenmaus** ‹*die*› *arm wie eine ~* zo arm als een kerkrat, straatarm; **'Kirchenrat** ‹*der; -(e)s, -ë*› 1 kerkeraad; 2 lid van de kerkeraad; **'Kirchensteuer** ‹*die; -, -n*› kerkelijke belasting, bijdrage; **'Kirchentag** ‹*der; -(e)s, -e*› kerkelijk congres; **'Kirchenvorstand** ‹*der; -(e)s, -ë*› (*Belg*) kerkfabriek; **'Kirchgang** ‹*der; -(e)s, -ë*› kerkgang; **'Kirchgänger** ‹*der; -s, -*› kerkganger; **'kirchlich** 1 kerkelijk; 2 kerks; **'Kirchturm** ‹*der; -(e)s, -ë*› kerktoren

'Kirmes ‹*die; -, -sen*› kermis

'kirre tam, mak, gedwee, handelbaar

Kirsch ‹*der; -es, geen mv*› kirsch, kersenbrandewijn; **'Kirschbaum** ‹*der; -(e)s, -ë*› kerseboom; **'Kirsche** ‹*die; -, -n*› kers; **'Kirschkern** ‹*der; -(e)s, -e*› kersepit; **'Kirschwasser** ‹*das; -s, -*› kirsch, kersenbrandewijn

'Kissen ‹*das; -s, -*› kussen; **'Kissenbezug** ‹*der; -(e)s, -ë*›, **Kissenüberzug** ‹*der; -(e)s, -ë*› kussensloop

'Kiste ‹*die; -, -n*› 1 kist; *eine ~ Zigarren* een kistje sigaren; 2 (*luchtv*) kist, toestel; 3 kast; oud schip, oude auto, wagen; *eine alte ~* bak (*auto*); 4 zaak, geval

Kitsch ‹*der; -es, geen mv*› kitsch; **'kitschig** kitscherig

Kitt ‹*der; -(e)s, -e*› 1 kit; 2 stopverf

'Kittchen ‹*das; -s, -*› bak, nor, gevangenis

'Kittel ‹*der; -s, -*› 1 kiel; 2 jasschort; 3 (stof)jas

'kitten ‹*h*› 1 kitten; 2 lijmen

'Kitzel ‹*der; -s, -*› 1 kriebeling, kitteling; 2 jeuk; 3 (*fig*) streling; 4 lust, verlangen, zin; **'kitz(e)lig** 1 kriebelig, gevoelig (voor kietelen); 2 netelig, lastig; **'kitzeln** ‹*h*› 1 kietelen; 2 (*fig*) strelen (*gehemelte, ijdelheid*); 3 *es kitzelt mich, das zu tun* ik heb zin om dat te doen; **'Kitzler** ‹*der; -s, -*› (*anat*) kittelaar, clitoris

'Kladde ‹*die; -, -n*› kladboek, -schrift

kladdera'datsch! krak! pats! klets!

'klaffen ‹*h*› 1 (*fig*) gapen (*wonde, afgrond*), wijd openstaan; 2 *hier ~ tiefe Gegensätze* hier zijn, heersen tegenstellingen

'kläffen ‹*h*› keffen, blaffen (*lett en fig*)

'klagbar (*jur*) vervolgbaar; **'Klage** ‹*die; -, -n*› 1 klacht; *Grund zur ~* reden tot klagen; 2 (*jur*) klacht, eis; *~ auf* eis tot; *~ über etwas, einen führen* over iets, iem klagen; *~ erheben* klagen, een beschuldiging inbrengen, (ook) een rechtsvordering, eis instellen; *die ~ fallen las-*

sen van verdere vervolging afzien; '**Klagelied** ‹*das; -(e)s, -er*› klaaglied; '**klagen** ‹*h*› 1 klagen, zich beklagen; jammeren, treuren; 2 (*jur*) een rechtsvordering aanhangig maken; ~ *auf* een eis tot … instellen; '**klagend**: *die ~e Partei* de eisende partij; '**Kläger** ‹*der; -s, -*› 1 (*jur*) klager; 2 eiser; '**kläglich** I ‹*bn*› 1 jammerlijk (*geschreeuw*); 2 treurig (*einde, resultaat*); 3 beklagenswaardig, treurig (*aanblik, toestand*); 4 smadelijk, jammerlijk (*nederlaag*); 5 minderwaardig (*gedrag*); 6 onbeduidend (*rol*); II ‹*bw*› ~ *scheitern, versagen usw.* jammerlijk mislukken; '**klaglos** zonder te klagen

Kla'mauk ‹*der; -s, geen mv*› (*volkstaal*) herrie

klamm 1 klam; 2 stijf (*van kou*)

Klamm ‹*die; -, -en*› diepe kloof (*met beek*)

'**Klammer** ‹*die; -, -n*› 1 wasknijper; 2 klem; 3 (*med*) kram; 4 paperclip; 5 (*typ*) haakje; *in ~n* tussen haakjes; '**klammern** ‹*h*› 1 klemmen; 2 (*med*) krammen; 3 *sich* ~ zich vastklemmen, -klampen

'**klamm'heimlich** stiekem, zeer in 't geheim

Kla'motte ‹*die; -, -n*› (*theat*) klucht; **Kla'motten** ‹*mv*› 1 oude plunje, kleren; 2 oude rommel

'**Klampfe** ‹*die; -, -n*› gitaar

Klang ‹*der; -(e)s, -ë*› klank, geluid; '**Klangfarbe** ‹*die; -, -n*› timbre, klankkleur; '**klanglich** klank…, wat de klank betreft; '**klanglos** klankloos, dof; *sang- und* ~ met de stille trom; '**klangvoll** 1 mooi van klank; 2 (*fig*) klinkend

'**Klappbett** ‹*das; -(e)s, -en*› opklapbed; '**Klappbrücke** ‹*die; -, -n*› ophaal-, basculebrug

'**Klappe** ‹*die; -, -n*› 1 klep; 2 vliegemepper; 3 schuif; 4 (*pop*) bed; 5 smoel, bek; '**klappen** ‹*h*› 1 kleppen, slaan; 2 lukken; '**Klappentext** ‹*der; -es, -e*› flaptekst

'**Klapper** ‹*die; -, -n*› 1 ratel; 2 rammelaar; '**klapper'dürr** broodmager; '**klapperig** gammel; wrak; '**Klapperkasten** ‹*der; -s, -̈*› rammelkast; '**klappern** ‹*h*› klapperen, rammelen; '**Klapperschlange** ‹*die; -, -n*› ratelslang; '**Klapperstorch** ‹*der; -(e)s, -ë*› ooievaar

'**Klappfahrrad** ‹*das; -(e)s, -ër*› vouwfiets; '**Klappfenster** ‹*das; -s, -*› tuimelraam; '**Klappmesser** ‹*das; -s, -*› knipmes; '**Klapprad** ‹*das; -(e)s, -ër*› vouwfiets; '**Klappstuhl** ‹*der; -(e)s, -ë*› klap-, vouwstoel; '**Klapptisch** ‹*der; -(e)s, -e*› klaptafel

Klaps ‹*der; -es, -e*› tik (*lett en fig*); klap(je); '**Klapsmühle** ‹*die; -, -n*› (*volkstaal*) gekkenhuis

klar 1 helder, klaar (*water, hemel*); 2 duidelijk; *~er Fall!* duidelijke zaak!; (*etwas*) ~ *und deutlich* (*sagen*) in alle duidelijkheid; *ich bin mir darüber* (*nicht*) ~, (*nicht*) *im ~en: a*) het is me (niet) duidelijk; *b*) ik ben het er met mijzelf (niet) over eens; *sich* (*etwas*) ~ *machen* zich duidelijk voorstellen; *über etwas im ~en sein* iets duidelijk, helder inzien; ~ *wie dicke Tinte, wie Kloßbrühe* zo klaar als een klontje; 3 helder; scherp (*blik, verstand, geest*); *einen ~en Kopf behalten* nuchter, helder blijven (denken); 4 *das ist doch* ~, (*na*) ~ vanzelfsprekend, natuurlijk; *alles ~?* alles okay, in orde?; *das geht* ~ dat komt in orde; 5 ~ *zum Gefecht* klaar, gereed voor de strijd; '**Kläranlage** ‹*die; -, -n*› waterzuiveringsinstallatie; '**klären** ‹*h*› 1 klaren; 2 ophelderen; 3 zuiveren; 4 oplossen (*probleem, crisis*); 5 (*sp*) de bal wegwerken; 6 *sich ~: a*) ophelderen; opgehelderd worden; *b*) duidelijk worden

'**Klare(r)** ‹*bn als zn*› borrel, jenever

'**klargehen** ‹*st.s; i-a*› in orde komen

'**Klarheit** ‹*die; -, geen mv*› 1 helderheid; 2 duidelijkheid; vgl *klar*

Klari'nette ‹*die; -, -n*› (*muz*) klarinet

'**klarkommen** ‹*st.s; a-o*› overweg kunnen; '**klarlegen** ‹*h*› duidelijk maken, aantonen; '**klarmachen** ‹*h*› duidelijk maken; '**Klarsichtpackung** ‹*die; -, -en*› cellofaanverpakking; '**klarstellen** ‹*h*› duidelijk maken; verklaren; '**Klartext** ‹*der; -(e)s, -e*› (*fig*) *im* ~ duidelijk gezegd

'**Klärung** ‹*die; -, -en*› 1 zuivering; 2 opheldering; 3 oplossing

'**Klasse** ‹*die; -, -n*› 1 klas; *erste, zweite* ~ eerste, tweede klas; *ein Spieler usw.* (*von*) *erster* ~ een eerste klas speler enz.; 2 klasse (*div bet*); *er ist* ~ hij is geweldig; '**klasse** (*volkstaal*) prima, geweldig; '**Klassenarbeit** ‹*die; -, -en*› proefwerk, repetitie; '**Klassenkamerad** ‹*der; -en, -en*› klasgenoot; '**Klassenkameradin** ‹*die; -, -nen*› klasgenote; '**Klassenlehrer** ‹*der; -s, -*› klasseleraar; '**Klassenlehrerin** ‹*die; -, -nen*› klasselerares; '**Klassenlotterie** ‹*die; -, -n*› loterij in klassen; '**Klassenspiegel** ‹*der; -s, -*› plattegrond (*van klas*); '**Klassensprecher** ‹*der; -s, -*› klassevertegenwoordiger; '**Klassensprecherin** ‹*die; -, -nen*› klassevertegenwoordigster; '**Klassentreffen** ‹*das; -s, -*› reünie (*van een klas*); '**Klassenzimmer** ‹*das; -s, -*› schoollokaal

klassifi'zieren ‹*h*› classificeren

'**Klassik** ‹*die; -, geen mv*› 1 klassieke periode; 2 klassieke stijl; 3 kunst en kultuur van Griekse of Romeinse oudheid; '**Klassiker** ‹*der; -s, -*› klassiek schrijver; ‹*mv*› klassieken; '**klassisch** klassiek

Klatsch ‹*der; -(e)s, -e*› 1 klap, tik; 2 geklets; '**klatschen** ‹*h*› 1 (in de handen) klappen; 2 kletsen, babbelen; 3 verklappen; klikken; 4 gooien, kletsen; 5 kletteren (*van regen*); '**klatsch(e)'naß** kletsnat; **Klatsche'rei** ‹*die; -, -en*› 1 geklets; 2 kwaadsprekerij; '**Klatschmohn** ‹*der; -(e)s, -e*› klaproos; '**Klatschspalte** ‹*die; -, -n*› roddelkolom (*in krant*)

'**Klauberei** ‹*die; -, -en*› haarkloverij

'**Klaue** ‹*die; -, -n*› 1 klauw (*lett en fig*); 2 hoef; '**klauen** ‹*h*› gappen, jatten

'**Klause** ‹*die; -, -n*› 1 kloostercel; 2 bergpas, -engte; 3 (kleine) kamer, woning; 4 kluizenaarshut

'Klausel ‹*die; -, -n*› clausule (*beding, bepaling*)

'Klausner ‹*der; -s, -*› kluizenaar

Klau'sur ‹*die; -, -en*›, **Klau'surarbeit** ‹*die; -, -en*› schriftelijk tentamen; **Klau'surtagung** ‹*die; -, -en*› besloten vergadering

Klavia'tur ‹*die; -, -en*› toetsenbord

Kla'vier ‹*das; -s, -e*› piano; **Kla'vierhocker** ‹*der; -s, -*› pianokruk; **Kla'vierstunde** ‹*die; -, -n*› pianoles

Klavi'zimbel ‹*das; -s, -*› klavecimbel

'Klebeband ‹*das; -(e)s, geen mv*› plakband; **'Klebemittel** ‹*das; -s, -*› plakmiddel; **'kleben** ‹*h*› 1 kleven, plakken; 2 (*am Geld*) ~ gehecht zijn; 3 *einem eine* ~ iem een klap geven; **'Klebepflaster** ‹*das; -s, -*› pleister; **'Kleber** ‹*der; -s, -*› lijm; **'Klebestreifen** ‹*der; -s, -*› plakban; **'klebrig** kleverig, plakkerig; **'Klebstoff** ‹*der; -(e)s, -e*› lijm

'kleckern ‹*h*› 1 morsen, knoeien (*bij het eten*); 2 traag, moeizaam verlopen

Klecks ‹*der;-es, -e*› 1 (inkt-, verf-, enz.)vlek; 2 klets, klodder (*eten e.d.*); **'klecksen** ‹*h*› 1 vlekken maken; 2 klodderen; **Kleckse'rei** ‹*die; -, -en*› geklad, geknoei

Klee ‹*der; -s, geen mv of -sorten*› (*plantk*) klaver; *über den grünen ~ loben* ophemelen; **'Kleeblatt** ‹*das; -(e)s, -ër*› klaverblad (*alle bet*)

Kleid ‹*das; -(e)s, -er*› 1 jurk, japon; 2 (*fig*) kleed; 3‹*mv*› *~er* (ook) kleding, kleren; *~er machen Leute* kleren maken de man; **'kleiden** ‹*h*› 1 kleden, aankleden; 2 (*das*) *kleidet dich* (*nicht, gut usw.*) dat staat je ...; 3 *etwas in Worte* ~ iets onder woorden brengen; **'Kleiderablage** ‹*die; -, -n*› garderobe; **'Kleiderbügel** ‹*der; -s, -*› kleerhanger; **'Kleiderständer** ‹*der; -s, -*› kapstok; **'Kleidung** ‹*die; -, geen mv*› kleding; *in voller* ~ met kleren en al; **'Kleidungsstück** ‹*das; -(e)s, -ë*› kledingstuk

'Kleie ‹*die; -, geen mv*› zemelen

klein 1 klein (*div bet*); *ein ~ wenig* een klein beetje; *~ aber oho!* klein maar dapper; *bis ins Kleinste* tot in de kleinste details; (*das ist*) *mir ein Kleines* voor mij een kleinigheid; ~ (*schreiben*) met een kleine letter; 2 bekrompen (*denken, geest*); 3 eenvoudig; onbeduidend; 4 laag; *das Gas* (*auf*) *~ stellen* laag zetten; 5 *sich ~ machen* bukken; *um ein ~es zu kurz* een tikje te kort; *von ~ auf* van jongs af (aan); *~ von einem denken* min over iem denken; *~ machen* plassen; *von ~ auf* van jongs af aan; **'Kleinarbeit** ‹*die; -, -en*› minutieus werk; **'Kleinbauer** ‹*der; -n, -n*› kleine boer, keuterboer; **'Kleinbetrieb** ‹*der; -(e)s, -e*› kleinbedrijf; **'Kleinbürger** ‹*der; -s, -*› (de) kleine burgerman; **'kleinbürgerlich** kleinburgerlijk; **'Kleinbus** ‹*der; -ses, -se*› minibus; **'Kleinchen** ‹*das; -s, -*› hummel; **'kleindrehen** ‹*h*› laag zetten (*gas, verwarming*); **'Kleine(r, -s)** ‹*bn als zn*› 1 kleintje (*div bet*); *die ~n* (ook) de kinderen; 2 (*eine hübsche*) ~ meisje; 3 *na, Kleiner?* zo, jongen?; *hallo, du kleiner!* hallo, jij daar!; **'Kleingeld** ‹*das; -(e)s, geen mv*› kleingeld; **'kleingewachsen** klein; **'kleingläubig** kleingelovig; kleinmoedig; **'Kleingolf** ‹*das; -(e)s, geen mv*› (*sp*) midget-golf; **'Kleinhändler** ‹*der; -s, -*› detaillist; **'Kleinholz** ‹*das; -es, geen mv*› 1 gehakte houtjes; 2 *~ machen* (*aus einem, etwas*): *a*) in elkaar slaan; stuk maken; *b*) gehakt van iem maken; **'Kleinigkeit** ‹*die; -, -en*› kleinigheid, bagatel; **'Kleinigkeitskrämer** ‹*der; -s, -*› muggezifter; **'kleinjährig** minderjarig; **'kleinkariert** 1 met een klein ruitje; 2 (*fig*) kleingeestig, bekrompen; **'Kleinkind** ‹*das; -(e)s, -er*› kleuter (3-6 jaar); **'Kleinkraftrad** ‹*das; -(e)s, -ër*› lichte motorfiets; **'Kleinkram** ‹*der; -(e)s, geen mv*› 1 rommel, spullen; 2 rompslomp, onbenulligheden; **'kleinkriegen** ‹*h*› 1 kleinkrijgen; 2 opmaken; **'Kleinkunst** ‹*die; -, geen mv*› 1 kunstnijverheid; 2 cabaret, kleinkunst; **'kleinlaut** schuchte; **'kleinlich** 1 kleingeestig, bekrompen; 2 krenterig; **'Kleinmut** ‹*der; -, geen mv*› kleinmoedigheid; **'kleinmütig** kleinmoedig, bevreesd

'Kleinod ‹*das; -(e)s, -e en Kleinodien*› kleinood

'Kleinschreibung ‹*die; -, geen mv*› het schrijven met een kleine letter

Kleinst... minimum ..., zeer kleine, kleinste

'Kleinstadt ‹*die; -, -ë*› kleine stad (minder dan 20.000 inw.); provinciestad; **'Kleinstädter** ‹*der; -s, -*› (*fig*) provinciaal; **'kleinstädtisch** bekrompen

'kleinstellen ‹*h*› laag zetten (*gas, verwarming*)

Kleinstlebewesen ‹*das; -s, -*› micro-organisme; **'kleinstmöglich** minima(a)l(e)

'Kleintier ‹*das; -(e)s, -e*› klein dier; **'Kleinverdiener** ‹*der; -s, -*› iem met klein inkomen; **'Kleinwagen** ‹*der; -s, -*› kleine auto

'Kleister ‹*der; -s, -*› 1 stijfsel, plaksel; 2 brij; **'kleistern** ‹*h*› stijfselen, plakken

'Klemme ‹*die; -, -n*› klem; **'klemmen** ‹*h*› 1 klemmen; 2 knellen; 3 (*volkstaal*) gappen; 4 *sich hinter etwas* ~ zich ergens in vastbijten

'Klempner ‹*der; -s, -*› loodgieter

'Klepper ‹*der; -s, -*› klepper, paard, knol

kleri'kal klerikaal, kerkelijk; **'Kleriker** ‹*der; -s, -*› geestelijke; **'Klerus** ‹*der; -, geen mv*› clerus, geestelijkheid

'Klette ‹*die; -, -n*› (*plantk*) klit, klis

Klette'rei ‹*die; -, -en*› geklauter, klimpartij; **'Klettereisen** ‹*das; -s, -*› klimijzer, -spoor; **'Kletterer** ‹*der; -s, -*› klimmer; **'Klettergerüst** ‹*das; -(e)s, -e*› klimrek; **'klettern** ‹*h*› klauteren, klimmen; klimmen, stijgen (*prijzen, temperatuur enz*); **'Kletterpflanze** ‹*die; -, -n*› klimplant

'Klettverschluß ‹*der; -sses, -̈sse*› klitteband

'klicken ‹*h*› (*van geluid*) klikken

Kli'ent ‹*der; -en, -en*› cliënt

'Klima ‹*das; -s, -s en Kli'mate*› 1 klimaat; 2 sfeer; **'Klimaanlage** ‹*die; -, -n*› air-conditioning; **kli'matisch** klimatisch

Klim'bim ‹*der; -s, geen mv*› 1 rommel; 2 onzin

'klimmen ‹*st.s; o-o*› klimmen

'klimpern ‹*h*› 1 tingelen; 2 tokkelen; 3 rinkelen

'Klinge ‹*die; -, -n*› 1 kling, lemmet, staal, degen; *über die ~ springen lassen* over de kling jagen; *die ~n kreuzen* de degens kruisen; 2 (scheer)mes

'Klingel ‹*die; -, -n*› bel; **'klingeln** ‹*h*› 1 bellen; aanbellen; *nach* (*der Sekretärin usw.*) *~* om ... bellen; *es klingelt* er wordt gebeld; 2 (*das Telephon*) *klingelt* rinkelt, gaat; (*der Wecker*) *klingelt* loopt af, ratelt; 3 pingelen (*van benzinemotor*); 4 *es klingelt bei ihm* hem gaat een licht op

'klingen ‹*st.h; a-u*› 1 klinken; 2 *die Ohren ~ mir* mijn oren tuiten; *~der Gewinn* geldelijk voordeel

'Klinik ‹*die; -, -en*› kliniek; **'klinisch** klinisch

'Klinke ‹*die; -, -n*› 1 deurkruk; 2 (*techn*) pal; **'klinken** ‹*h*› de klink, deurkruk bewegen

'Klinker ‹*der; -s, -*› klinker (*een steen*)

klipp: *~ und klar* heel duidelijk

Klipp ‹*der; -s, -e en -s*› clip, klem

'Klippe ‹*die; -, -n*› klip (*lett en fig*); (*eine ~*) *um'gehen, um'schiffen, über'winden* omzeilen

klirr! ring! rink!; **'klirren** ‹*h*› 1 rammelen, rinkelen, kletteren; 2 kraken (*van kou*); *~de Kälte* ijzige kou; *bei ~dem Frost* als het vriest, dat het kraakt

Kli'schee ‹*das; -s, -s*› cliché

'Klitoris ‹*die; -, - en Kli'torides*› kittelaar, clitoris

'klitsch(e)naß kletsnat; **'klitschig** 1 klef; 2 glibberig

'klittern ‹*h*› samenflansen

Klo ‹*das; -s, -s*› W.C.; *auf ~ müssen* naar de W.C. moeten

Klo'ake ‹*die; -, -n*› 1 riool; 2 (*dierk*) cloaca

'Kloben ‹*der; -s, -*› blokhout; **'klobig** 1 zwaar, massief; 2 plomp, lomp

'Klopapier ‹*das; -s, geen mv*› W.C.-papier

'klopfen ‹*h*› 1 kloppen; *es, man klopft* er wordt geklopt; slaan, tikken; 2 kloppen (*van motor*); 3 (*der Specht*) *klopft* hamert; **'Klopfer** ‹*der; -s, -*› (deur)klopper; **'Klopfjagd** ‹*die; -, -en*› klopjacht

'Klöppel ‹*der; -s, -*› 1 klopper; klepel; 2 klos (*van kantwerker*); **'Klöppelarbeit** ‹*die; -, -en*› kantwerk; **'klöppeln** ‹*h*› kantklossen

Klops ‹*der; -es, -e*› balletje (*gehakt*)

Klo'sett ‹*das; -s, -s of -e*› closet, W.C.

Kloß ‹*der; -es, -ë*› 1 klont, kluit; 2 bal (*van deeg, vlees*); **'Klößchen** ‹*das; -s, -*› balletje (*in de soep*)

'Kloster ‹*das; -s, -̈*› klooster

Klotz ‹*der; -es, -ë*› 1 blok (*ook fig*); 2 lomperd, lummel; **'klotzig** 1 enorm, zeer; 2 lomp, onbehouwen

Klub ‹*der; -s, -s*› 1 club, vereniging; 2 clubhuis

'Klubgarnitur ‹*die; -, -en*› bankstel; **'Klubsessel** ‹*der; -s, -*› fauteuil

'kluckern ‹*h*› klokken (*bij het drinken*)

Kluft I ‹*die; -, -ë*› kloof; spleet; afgrond; **II** ‹*die; -, -en*› 1 uniform; 2 pak, kleding

klug ‹*klüger, klügst*› 1 wijs, verstandig; *nicht ~ werden können aus* niet wijs kunnen worden uit; (*nun bin ich*) *so ~ wie vorher* nog even wijs; (*er ist nicht*) *recht ~* niet goed wijs; 2 knap, slim

Klüge'lei ‹*die; -, -en*› haarkloverij

'Klugheit ‹*die; -, geen mv*› 1 wijsheid, verstand; 2 schranderheid

'Klugredner ‹*der; -s, -*›, **Klugscheißer** ‹*der; -s, -*› betweter

'Klümpchen ‹*das; -s, -*› 1 stukje, brokje; 2 klontje, klonter; 3 snoepje; **'Klumpen** ‹*der; -s, -*› 1 klomp, brok; 2 kluit (*boter, aarde*); **'Klumpfuß** ‹*der; -es, -ë*› klompvoet; **'klumpig, 'klumprig, 'klümprig** klonterig

'Klüngel ‹*der; -s, -*› kliek

km/h, km/st (*afk*) *Kilometerstunde* ‹*die*› km/u

'knabbern ‹*h*› 1 knabbelen; 2 knagen

'Knabe ‹*der; -n, -n*› jongen; **'knabenhaft** jongensachtig

'knacken ‹*h*› 1 kraken; 2 (*vlo*) dooddrukken; 3 knakken; 4 (*raadsel*) oplossen; 5 (*code*) breken; **'Knacker** ‹*der; -s, -*› *alter ~* ouwe knakker; **'knackig** 1 knappend, bros; 2 sexy; **Knacks** ‹*der; -es, -e*› 1 knak; 2 barst; 3 knauw; **'knacksen** ‹*h*› kraken, knakken; **'Knackwurst** ‹*die; -, -ë*› knakworst

Knall ‹*der; -(e)s, -e*› 1 knal, slag, klap; 2 (*er hat*) *einen ~* een tik; 3 (*auf*) *~ und Fall: a*) op stel en sprong; *b*) op staande voet; **'knallen** ‹*h*› 1 knallen (*div bet*); 2 klappen (*met de zweep*); 3 *einem eine ~* iem een mep geven; *gleich knallt's* je krijgt zo een mep; **'Knallfrosch** ‹*der; -es, -ë*› voetzoeker; **'knallhart** keihard

'knallig 1 opvallend; 2 (*Farben*) schreeuwend, hard; 3 enorm, zeer

'Knallkörper ‹*der; -s, -*› stuk vuurwerk

knapp 1 krap, schaars; 2 nauw(sluitend), krap; 3 klein, gering, krap (*overwinning, nederlaag*); 4 net (aan), op het nippertje, amper, nauwelijks, nog geen; *~ 20* (*Minuten usw.*) amper, nauwelijks; *vor einer ~en Stunde* een klein uur geleden; 5 *~ vor der Abfahrt usw.* vlak voor het vertrek; 6 kort; *in ~en Worten* kort gezegd; 7 *mit ~er Not* ternauwernood; *~ mit der Zeit sein* weinig tijd hebben; *bei ihnen geht es ~ her* ze moeten zuinig doen

'Knappe ‹*der; -n, -n*› 1 schildknaap; 2 mijnwerker

'knapphalten ‹*st.h; ie-a; ä*› *einen mit Geld ~* iem kort houden; **'Knappheit** ‹*die; -, geen mv*› schaarste

'Knappschaft ‹*die; -, -en*› organisatie van mijnwerkers

'Knarre ‹*die; -, -n*› 1 ratel; 2 geweer

'knarren ‹*h*› knarsen, kraken

Knast ‹*der; -(e)s, -ë*› 1 knoest; 2 gevangenisstraf; 3 (*volkstaal*) bak, bajes

'Knaster ‹*der; -s, -*› 1 (*volkstaal*) tabak; 2 (*fig*) brompot

'knattern ‹*h*› knetteren

'**Knäuel** ‹*der of das; -s, -*› kluwen (*lett en fig*)

Knauf ‹*der; -(e)s, -ë*› knop

'**Knauser** ‹*der; -s, -*› vrek, gierigaard; '**knauserig** krenterig, gierig; '**knausern** ‹*h*› gierig, krenterig zijn

'**knautschen** ‹*h*› kreuken, verkreukelen; '**Knautschzone** ‹*die; -, -n*› kreukelzone (*van een auto*)

'**Knebel** ‹*der; -s, -*› 1 knevel, prop; 2 spanstok; '**knebeln** ‹*h*› knevelen

Knecht ‹*der; -(e)s, -e*› knecht; '**knechten** ‹*h*› knechten, onderdrukken

'**kneifen** ‹*st.h; i-i*› 1 knijpen; 2 knellen; 3 *er hat gekniffen* hij heeft zich gedrukt; '**Kneifer** ‹*der; -s, -*› lorgnet; '**Kneifzange** ‹*die; -, -n*› nijptang

'**Kneipe** ‹*die; -, -n*› kroeg, tent; '**kneipen** ‹*h*› pimpelen, zuipen

'**Knete** ‹*die; -, geen mv*› poen

'**kneten** ‹*h*› 1 kneden; 2 masseren

Knick ‹*der; -(e)s, -e*› 1 knik; 2 barst, knak; 3 bocht, buiging (*in weg*); '**knicken** ‹*h*› 1 knikken; 2 breken; 3 buigen

'**knickern** ‹*h*› gierig, krenterig zijn; '**knickrig** krenterig, gierig

Knicks ‹*der; -es, -e*› 1 korte kniebuiging; 2 knik; 3 knak, barst; '**knicksen** ‹*h*› een lichte kniebuiging maken

Knie ‹*das; -s, -*› knie (*div bet*); (*fig*) *in die ~ gehen* door de knieën gaan; *mit weichen ~n* (*fig*) met knikkende knieën; *ihm wurden die ~ weich* hij werd bang; *einen auf, in die ~ zwingen* op de knieën krijgen; '**Kniebeuge** ‹*die; -, -n*› kniebuiging; '**Kniehose** ‹*die; -, -n*› kniebroek; '**Kniekehle** ‹*die; -, -n*› knieholte; **knien** ‹*h*› knielen; '**Kniescheibe** ‹*die; -, -n*› (*anat*) knieschijf; '**Knieschoner** ‹*der; -s, -*› kniebeschermer; '**Kniestrumpf** ‹*der; -(e)s, -ë*› kniekous

Kniff ‹*der; -(e)s, -e*› 1 kneep; 2 kunstgreep, truc; 3 vouw; '**kniff(e)lig** 1 lastig, ingewikkeld; 2 netelig; '**kniffen** ‹*h*› vouwen

Knilch ‹*der; -es, -e*› onaangename vent

Knips ‹*der; -es, -e*› knip; '**knipsen** ‹*h*› 1 knippen (*geluid*); 2 fotograferen; 3 uit-, aanknippen (*lamp*)

Knirps ‹*der; -es, -e*› 1 dreumes, peuter; 2 opvouwbare paraplu (merknaam)

'**knirschen** ‹*h*› knarsen, kraken; *mit den Zähnen ~* knarsetanden

'**knistern** ‹*h*› knetteren, knappen, kraken; (van papier) ritselen

'**Knitter** ‹*der; -s, -*› kreuk, kreukel; '**knitterfest**, '**knitterfrei** kreukvrij; '**knitterig** verkreukeld; '**knittern** ‹*h*› 1 kreuken; 2 verkreukelen

'**knobeln** ‹*h*› dobbelen

'**Knoblauch** ‹*der; -(e)s, geen mv*› knoflook; '**Knoblauchzehe** ‹*die; -, -n*› teentje knoflook

'**Knöchel** ‹*der; -s, -*› 1 enkel; 2 knokkel

'**Knochen** ‹*der; -s, -*› been, bot, knook; (*er hat*) *keinen Mumm in den ~* geen fut in zijn lijf; *die müden ~* de vermoeide leden; (*das*) *steckt ihm in den ~* zit hem in het bloed; *er ist nur noch Haut en ~* het is bij hem vel over been; '**Knochenarbeit** ‹*die; -, geen mv*› heel zwaar werk; '**knochendürr** mager als een geraamte; '**knochen'hart** bikkelhard; '**Knochenmark** ‹*das; -(e)s, geen mv*› beendermerg; '**knochen'trokken** kurkdroog; '**knöchern** benen, van been; '**knochig** benig, knokig

'**Knödel** ‹*der; -s, -*› (meel)bal, knoedel

'**Knolle** ‹*die; -, -n*› knol; '**Knollengewächs** ‹*das; -es, -e*› knolgewas; '**knollig** knolvormig

Knopf ‹*der; -(e)s, -ë*› 1 knoop; 2 knop; 3 vreemde snuiter; '**Knopfdruck** ‹*der; -(e)s, geen mv*› druk op de knop; '**knöpfen** ‹*h*› knopen; '**Knopfloch** ‹*das; -(e)s, -ër*› knoopsgat

'**Knorpel** ‹*der; -s, -*› kraakbeen

'**knorrig** 1 knoestig; 2 nors, onbehouwen

'**Knospe** ‹*die; -, -n*› (blad-, bloem-, vrucht)-knop; '**knospen** ‹*h*› knoppen krijgen, uitlopen

'**Knoten** ‹*der; -s, -*› 1 knoop (*ook plantk, scheepv*); 2 knooppunt; 3 haarwrong; 4 knobbel; '**knoten** ‹*h*› knopen, een knoop leggen; '**Knotenpunkt** ‹*der; -(e)s, -e*› knooppunt; '**knotig** 1 knoestig; 2 lomp, onbehouwen

Knuff ‹*der; -(e)s, -ë*› por, stomp

'**knüllen** ‹*h*› 1 verkreuken, verfrommelen; 2 kreuken (*stof*)

'**Knüller** ‹*der; -s, -*› 1 sensationeel artikel, boek; 2 succesnummer, kasstuk

'**knüpfen** ‹*h*› 1 knopen, (ver)binden; 2 strikken (das); 3 aanhalen (band); 4 *sich ~* zich verbinden, geknoopt, verbonden worden; *daran knüpft sich* daar sluit bij aan

'**Knüppel** ‹*der; -s, -*› 1 knuppel; 2 stuurknuppel; 3 (versnellings)pook; 4 pummel; '**knüppelhart** keihard; '**knüppeln** ‹*h*› slaan, knuppelen; '**Knüppelschaltung** ‹*die; -, geen mv*› vloerschakeling (*in auto*)

'**knurren** ‹*h*› 1 knorren, brommen; 2 rommelen (*in de buik*); '**knurrig** knorrig, brommerig

'**knusp(e)rig** 1 knappend, bros, croquant; 2 jong, aantrekkelijk; '**knuspern** ‹*h*› knabbelen

Knust ‹*der; -(e)s, -e en -ë*› kap(je)

'**Knute** ‹*die; -, -n*› knoet (*lett en fig*)

'**knutschen** ‹*h*› knuffelen

k.o. (*afk*) *knock-out* 1 knock-out; 2 (*ich war völlig*) *~* (*fig*) uitgeteld, doodop, doodmoe

koa'lieren, koali'sieren ‹*h*› een coalitie aangaan; **Koali'tion** ‹*die; -, -en*› coalitie

'**Kobold** ‹*der; -(e)s, -e*› kobold, (boze) kabouter

'**Kobra** ‹*die; -, -s*› (*dierk*) cobra

Koch ‹*der; -(e)s, -ë*› kok; '**Koch**..., '**koch**... kook; '**Kochbuch** ‹*das; -(e)s, -ër*› kookboek; '**kochen** ‹*h*› 1 koken; 2 (*koffie, thee*) zetten; '**kochendheiß** kokendheet; '**Kocher** ‹*der; -s, -*› kook(toe)stel

'**Köcher** ‹*der; -s, -*› (pijl)koker

'**kochfertig** panklaar; '**kochfest** kookecht; '**Kochherd** ‹*der; -(e)s, -e*› fornuis; '**Köchin** ‹*die; -, -nen*› kokkin; '**Kochlöffel** ‹*der; -s, -*› pollepel; '**Kochnische** ‹*die; -, -n*› kitchenette;

'Kochplatte ‹*die; -, -n*› kookplaat; **'Kochsalz** ‹*das; -es, -e*› keukenzout; **'Kochtopf** ‹*der; -(e)s, -ë*› (kook)pan, (kook)pot

'Kode ‹*der; -s, -s*› code

'Köder ‹*der; -s, -*› (lok)aas, lokmiddel; **'ködern** ‹*h*› 1 lokken; 2 (*fig*) *einen* ~ iem strikken

ko'dieren ‹*h*› coderen; **Ko'dierung** ‹*die; -, -en*› codering

Kodi'zill ‹*das; -s, -e*› codicil (*toevoegsel bij testament*)

Koexi'stenz ‹*die; -, geen mv*› coëxistentie

Koffe'in ‹*das; -s, geen mv*› cafeïne

'Koffer ‹*der; -s, -*› koffer; **'Kofferradio** ‹*das; -s, -s*› draagbare radio; **'Kofferraum** ‹*der; -(e)s, -ë*› kofferruimte (*auto*)

'Kognak ‹*der; -s, -s*› cognac; **'Kognakschwenker** ‹*der; -s, -*› cognacglas

Kohl ‹*der; -(e)s, geen mv*› 1 (*plantk*) kool; 2 onzin, flauwekul; 3 (*das ist*) *aufgewärmter* ~ (*fig*) ouwe koek; **'Kohldampf** ‹*der; -(e)s, geen mv*› grote trek; **'Kohle** ‹*die; -, -n*› 1 (steen)kool; 2 houtskool; 3 *wie auf* (*glühenden*) *~n sitzen, stehen* op hete kolen zitten; 4‹*mv*› het geld, de poen; **'Kohleförderung** ‹*die; -, geen mv*› kolenwinning; **'kohlen** ‹*h*› 1 verkolen; 2 kolen innemen, bunkeren; 3 (*fig*) onzin praten; **'Kohlenbergwerk** ‹*das; -(e)s, -e*› kolenmijn; **'Kohleneimer** ‹*der; -s, -*› kolenkit; **'Kohlengrube** ‹*die; -, -n*› kolenmijn; **'Kohlenhalde** ‹*die; -, -n*› berg steenkool; **'Kohle(n)hydrat** ‹*das; -(e)s, -e*› koolhydraat; **'Kohle(n)kasten** ‹*der; -s, -̈*› kolenbak, -kist; **'Kohle(n)monoxyd, 'Kohle(n)monoxid** ‹*das; -s, geen mv*› koolmonoxyde; **'Kohlenrevier** ‹*das; -s, -e*› kolendistrict, -gebied; **'Kohlensäure** ‹*die; -, geen mv*› koolzuur; **'Kohlenstoff** ‹*der; -(e)s, geen mv*› koolstof; **'Kohlepapier** ‹*das; -s, geen mv*› carbonpapier; **'Köhler** ‹*der; -s, -*› 1 kolenbrander; 2 (*dierk*) koolvis; **'Kohlezeichnung** ‹*die; -, -en*› houtskooltekening; **'Kohlkopf** ‹*der; -(e)s, -̈e*› (*plantk*) kool; **'Kohlmeise** ‹*die; -, -n*› koolmees; **'kohl(pech)'raben'schwarz** pikzwart; **Kohl'rabi** ‹*der; -(s), -(s)*› koolrabi; **'Kohlrübe** ‹*die; -, -n*› koolraap; **'kohl'schwarz** gitzwart

'Koitus ‹*der; -, - en -se*› coïtus

'Koje ‹*die; -, -n*› kooi, (slaap)hut

Ko'jote ‹*der; -n, -n*› coyote

Koka'in ‹*das; -s, geen mv*› cocaïne

ko'kett koket; **koket'tieren** ‹*h*› koketteren

Ko'kon ‹*der; -s, -s*› cocon

'Kokosmatte ‹*die; -, -n*› kokosmat; **'Kokosnuß** ‹*die; -, …nüsse*› kokosnoot; **'Kokospalme** ‹*die; -, -n*› kokospalm

Koks ‹*der; -es, -e*› 1 cokes; 2 cocaïne; 3 bolhoed; 4 onzin; **'koksen** ‹*h*› 1 cocaïne gebruiken; 2 slapen; **'Kokser** ‹*der; -s, -*› cocaïneverslaafde

'Kolben ‹*der; -s, -*› 1 kolf (*alle bet*); 2 zuiger (*van machine, motor*); 3 neus

Kolk ‹*der; -(e)s, -e*› kolk (*diep gat*)

Kollabora'teur ‹*der; -s, -e*› collaborateur; (*Belg*) inciviek; **kollaboratio'nistisch** (*Belg*) inciviek; **Kollaborati'on** ‹*die; -, geen mv*› collaboratie

Kol'laps ‹*der; -es, -e*› (*med*) collaps, flauwte

Kol'leg ‹*das; -s, -s*› college

Kol'lege ‹*der; -n, -n*› collega; **kollegi'al** collegiaal

Kol'legium ‹*das; -s, Kollegien*› college

Kol'lekte ‹*die; -, -n*› collecte; **Kollekti'on** ‹*die; -, -en*› collectie; **Kollek'tiv** ‹*das; -s, -e*› collectief; **kollek'tiv...** collectieve ..., gemeenschappelijke

'Koller ‹*der; -s, -*› woedeuitbarsting, -aanval

'kollern I ‹*h en s*› rollen; II ‹*h*› rommelen (*van maag*)

kolli'dieren ‹*h*› 1 botsen (*lett en fig*); *mit den Gesetzen* ~ in conflict komen met de wetten; 2 samenvallen (*colleges e.d.*)

Kol'lier ‹*das; -s, -s*› collier

Kollisi'on ‹*die; -, -en*› 1 botsing; 2 conflict; **Kollisi'onskurs** ‹*der; -es, geen mv*› (*fig*) tot botsingen leidend gedrag, handelen

Köln ‹*das*› Keulen; **'Kölner** ‹*der; -s, -*› Keulenaar; **'kölnisch** Keuls; **'Kölnischwasser, Kölnisch Wasser** ‹*das; -s, geen mv*› eau de cologne

koloni'al koloniaal; **Kolonia'lismus** ‹*der; -, geen mv*› kolonialisme; **Koloni'alwarengeschäft** ‹*das; -(e)s, -e*› kruidenierszaak; **Koloni'alwarenhändler** ‹*der; -s, -*› kruidenier; **Kolo'nie** ‹*die; -, -n*› 1 kolonie; 2 nederzetting; **Kolonisati'on** ‹*die; -, -en*› kolonisatie; **koloni'sieren** ‹*h*› koloniseren

Ko'lonne ‹*die; -, -n*› 1 colonne; 2 groep (arbeiders); 3 file; ~ *fahren* in file rijden

kolo'rieren ‹*h*› kleuren

Kolo'rit ‹*das; -(e)s, -e*› koloriet, kleurschakering

Ko'loß ‹*der; Kolosses, Kolosse*› kolos; **kolos'sal** kolossaal

Kolpor'tage ‹*die; -, -n*› colportage; **kolpor'tieren** ‹*h*› colporteren

Ko'lumne ‹*die; -, -n*› 1 kolom; 2 column; **Kolum'nist** ‹*der; -en, -en*› columnist

'Koma ‹*das; -s, -s en -ta*› coma

'Kombi ‹*der; -(s), -s*› stationcar; **Kombinati'on** ‹*die; -, -en*› combinatie; **Kom'bine** ‹*die; -, -n en -s*› combine, maaidorser; **kombi'nieren** ‹*h*› combineren; **'Kombiwagen** ‹*der; -s, -*› stationcar; **'Kombizange** ‹*die; -, -n*› combinatietang; **Kom'büse** ‹*die; -, -n*› (*scheepv*) kombuis

Ko'met ‹*der; -en, -en*› komeet, staartster

Kom'fort ‹*der; -es, geen mv*› comfort; **komfor'tabel** comfortabel, geriefelijk

'Komik ‹*die; -, geen mv*› komische kunst, het komische; **'Komiker** ‹*der; -s, -*› komiek; **'komisch** 1 komisch; 2 vreemd, merkwaardig; **'komischer'weise** vreemd genoeg

Komi'tee ‹*das; -s, -s*› comité

'Komma ‹*das; -s, -s en -ta*› komma

Komman'dant ‹*der; -en, -en*› commandant;

Kommandan'tur ‹*die; -, -en*› bureau van de commandant; **Kommandeur** ‹*der; -s, -e*› 1 commandant; 2 commandeur; **komman'dieren** ‹*h*› commanderen, bevelen; **Komman'ditgesellschaft** ‹*die; -, -en*› commanditaire vennootschap; **Kom'mando** ‹*das; -s, -s*› commando; **Kom'mandobrücke** ‹*die; -, -n*› (*scheepv*) commandobrug; **Kom'mandostelle** ‹*die; -, -n*› commandopost

'kommen ‹*st.s; a-o*› 1 komen; 2 aankomen; 3 klaarkomen (*het orgasme bereiken*); 4 (*er kommt*) *geflogen, gegangen, geritten* aanvliegen, aanlopen, aanrijden; (*er kam*) *und sagte,* (*er kam*) *zu sagen* zeggen; *es kam* (*ganz anders*) het ging; *ihm kam ein Gedanke* hij kreeg een idee; *wie es gerade kommt* al naar het uitkomt; *einem grob ~, frech ~* onbehouwen, brutaal tegen iem zijn; (*iron*) *es kommt noch besser* het wordt nog mooier; 5 *wir kamen auf ihn zu sprechen* het gesprek kwam op hem; (*wie kommst du*) *darauf?* erbij?; ***in*** *die Schule ~* op school komen; *er soll mir nur* ***damit*** *~!* dat moest hij eens durven!; *~ Sie gut* ***nach*** *Hause!* wel thuis!; *kommst du mir* ***so****?* begin je op die manier?; *da kam es* ***über*** *mich* toen greep het mij aan; ***um*** *sein Geld usw. ~* zijn geld enz. verliezen; *nicht* ***von*** *der Stelle, vom Fleck ~* niet opschieten, niet vorderen; ***zu*** *Kräften ~* op krachten komen; *zu Schaden ~* schade ondervinden; *zu Geld ~* aan geld komen; *zu sich ~* tot zichzelf komen, bijkomen; *zur Vernunft ~* tot rede komen; **'kommend** komend, aanstaand; *der ~e Mann* de coming man

Kommen'tar ‹*der; -s, -e*› commentaar; **Kommen'tator** ‹*der; -s, Kommenta'toren*› commentator; **kommen'tieren** ‹*h*› (be)commentariëren, commentaar geven

Kom'merz ‹*der; -es, geen mv*› handel, commercie; **kommerzi'ell** commercieel, handels…

Kommili'tone ‹*der; -n, -n*› medestudent; **Kommili'tonin** ‹*die; -, -nen*› medestudente

Kom'miß ‹*der; Kommisses, geen mv*› (*mil*) dienst

Kommis'sar ‹*der; -s, -e*› 1 commissaris; 2 inspecteur van politie; **Kommissari'at** ‹*das; -(e)s, -e*› commissariaat

Kommissi'on ‹*die; -, -en*› commissie (*alle bet*); **Kommissio'när** ‹*der; -s, -e*› commissionair

Kom'mode ‹*die; -, -n*› commode, ladenkast

Kommo'dore ‹*der; -s, -n en -s*› commodore

kommu'nal gemeentelijk, gemeente …; **Kommu'nalbehörde** ‹*die; -, -n*› gemeentelijke overheid; **Kommu'nalverwaltung** ‹*die; -, -en*› gemeentelijke administratie; **Kommu'nalwahlen** ‹*mv*› gemeenteraadsverkiezingen

Kom'mune ‹*die; -, -n*› 1 gemeente; 2 commune

Kommunikati'on ‹*die; -, -en*› communicatie; **Kommunikationsstörung** ‹*die; -, -en*› communicatiestoornis

Kommuni'on ‹*die; -, -en*› (*r-k*) communie

Kommu'nismus ‹*der; -, geen mv*› communisme; **Kommu'nist** ‹*der; -en, -en*› communist; **kommu'nistisch** communistisch

kommuni'zieren ‹*h*› communiceren

Komödi'ant ‹*der; -en, -en*› komediant; **Ko'mödie** ‹*die; -, -n*› komedie, blijspel

Kompag'non ‹*der; -s, -s*› compagnon

kom'pakt compact

Kompa'nie ‹*die; -, -n*› (*mil*) compagnie

'Komparativ ‹*der; -s, -e*› vergrotende trap

'Kompaß ‹*der; Kompasses, Kompasse*› kompas

Kom'pendium ‹*das; -s, Kompendien*› compendium

Kompensati'on ‹*die; -, -en*› compensatie; **kompen'sieren** ‹*h*› compenseren

kompe'tent competent, bevoegd; **Kompe'tenz** ‹*die; -, -en*› competentie, bevoegdheid

Kompilati'on ‹*die; -, -en*› compilatie

kom'plett compleet, volledig; **komplet'tieren** ‹*h*› completeren, aanvullen

Kom'plex ‹*der; -es, -e*› complex; **kom'plex** ‹*bn*› complex; **Komplexi'tät** ‹*die; -, geen mv*› complexiteit; **Komplikati'on** ‹*die; -, -en*› complicatie

Kompli'ment ‹*das; -(e)s, -e*› compliment; **komplimen'tieren** ‹*h*› complimenteren

Kom'plize ‹*der; -n, -n*› medeplichtige; **kompli'zieren** ‹*h*› ingewikkeld maken; **kompli'ziert** gecompliceerd, ingewikkeld

Kom'plott ‹*das; -(e)s, -e*› komplot

Kompo'nente ‹*die; -, -n*› component

kompo'nieren ‹*h*› componeren; **Kompo'nist** ‹*der; -en, -en*› componist

Kompositi'on ‹*die; -, -en*› compositie

Kom'post ‹*der; -es, -e*› compost, mengmest

Kom'pott ‹*das; -(e)s, -e*› compote

Kom'presse ‹*die; -, -n*› kompres, omslag; **Kompressi'on** ‹*die; -, -en*› compressie; **Kom'pressor** ‹*der; -s, Kompres'soren*› compressor

kompri'mieren ‹*h*› comprimeren

Kompro'miß ‹*der; o; Kompromisses, …sse*› compromis; **kompro'mißbereit** tot compromissen bereid; **kompromit'tieren** ‹*h*› compromitteren

Kondensati'on ‹*die; -, -en*› condensatie; **Konden'sator** ‹*der; -s, Kondensa'toren*› condensator; **konden'sieren** ‹*h*› condenseren; **Kon'densmilch** ‹*die; -, geen mv*› gecondenseerde melk, koffiemelk

Konditi'on ‹*die; -, -en*› conditie; **Konditi'onsmangel** ‹*der; -s, -̈*› (*sp*) conditietekort, -gebrek; **konditi'onsschwach, konditi'onsstark** (*sp*) een zwakke, sterke conditie hebben

Kon'ditor ‹*der; -s, Kondi'toren*› banketbakker; **Kondito'rei** ‹*die; -, -en*› banketbakkerszaak

Kondo'lenz ‹*die; -, -en*› condoleantie; **kondo'lieren** ‹*h*› (*einem*) condoleren (*zu* met)

Kon'dom ‹*das of der; -s, -e en -s*› condoom

'Kondor ‹*der; -s, -e*› (*dierk*) condor

Kon'fekt ‹*das; -(e)s, -e*› fijne suikerwaren

Konfekti'on ‹*die; -, geen mv*› confectie

kon

Konfe'renz... conferentie...; **konfe'rieren** ‹*h*› confereren, beraadslagen
Konfessi'on ‹*die;* -, *-en*› 1 confessie, geloofsbelijdenis; 2 kerkgenootschap; **konfessio'nell** confessioneel; **Konfessi'onsschule** ‹*die;* -, *-n*› confessionele school
Konfir'mand ‹*der; -en, -en*› (*prot*) aannemeling; **Konfirmati'on** ‹*die;* -, *-en*› bevestiging als lidmaat (van een kerk)
konfis'zieren ‹*h*› confisqueren
Konfi'türe ‹*die;* -, *-n*› confiture
Kon'flikt ‹*der;* -(*e*)*s*, *-e*› conflict
Konföderati'on ‹*die;* -, *-en*› confederatie, bond
kon'form conform, overeenstemmend, gelijkluidend; ~ *gehen, sein* gelijkluidend zijn; ~ *gehen mit* akkoord gaan met, instemmen met
Konfrontati'on ‹*die;* -, *-en*› confrontatie; **konfron'tieren** ‹*h*› confronteren
kon'fus 1 confuus, verlegen; 2 verward; **Konfusi'on** ‹*die;* -, *-en*› confusie, verwarring
Konglome'rat ‹*das;* -(*e*)*s*, *-e*› conglomeraat
Kongregati'on ‹*die;* -, *-en*› (*r-k*) congregatie
Kon'greß ‹*der; Kongresses, Kongresse*› congres; **Kon'greßhalle** ‹*die;* -, *-n*› congreszaal; **Kon'greßteilnehmer** ‹*der; -s,* -› congresganger
Kongru'enz ‹*die;* -, *-en*› congruentie
Koni'fere ‹*die;* -, *-n*› conifeer (*naaldboom*)
'König ‹*der;* -(*e*)*s*, *-e*› 1 koning; 2 heer (in het kaartspel); **'Königin** ‹*die;* -, *-nen*› 1 koningin; 2 vrouw (in het kaartspel); **'königlich** 1 koninklijk; 2 (*fig*) vorstelijk; **'Königreich** ‹*das;* -(*e*)*s*, *-e*› koninkrijk; **'Königtum** ‹*das; -s, -ër*› koningschap
'konisch konisch, taps, kegelvormig
Konjugati'on ‹*die;* -, *-en*› vervoeging; **konju'gieren** ‹*h*› (*gramm*) vervoegen; **Konjunkti'on** ‹*die;* -, *-en*› voegwoord; **'Konjunktiv** ‹*der; -s, -e*› aanvoegende wijs; **Konjunk'tur** ‹*die;* -, *-en*› conjunctuur; **konjunk'turabhängig** conjunctuurgevoelig; **Konjunk'turaufschwung** ‹*der;* -(*e*)*s*; *-ë*› opgaande conjunctuur; **Konjunk'turbelebung** ‹*die;* -, *-en*› opleving van de conjunctuur; **konjunktu'rell** conjunctureel; **konjunk'turempfindlich** conjunctuurgevoelig; **Konjunk'turrückgang** ‹*der;* -(*e*)*s*, *-ë*› dalende conjunctuur
kon'kret concreet; **konkreti'sieren** ‹*h*› concretiseren
Konkur'rent ‹*der; -en, -en*› concurrent; **Konkur'renz** ‹*die;* -, *-en*› 1 concurrentie; *einem ~ machen* iem beconcurreren; 2 (de) concurrenten; 3 wedstrijd; *außer ~ starten* buiten mededinging starten; **konkur'renzfähig** concurrerend; **Konkur'renzfähigkeit** ‹*die;* -, *geen mv*› concurrentiepositie; **Konkur'renzkampf** ‹*der;* -(*e*)*s*, *-ë*› concurrentiestrijd; **konkur'rieren** ‹*h*› concurreren
Kon'kurs ‹*der; -es, -e*› bankroet, faillissement; ~ *machen, in ~ gehen od. geraten* failliet gaan; *seinen ~ anmelden* z'n faillissement aanvragen; *den ~ über einen verhängen* iem failliet verklaren; **Kon'kursverwalter** ‹*der; -s,* -› curator
'können ‹*onr. h*› 1 kunnen; *ich kann nichts dafür* ik kan er niets aan doen; *wenn es sein kann* als het kan; 2 *auswendig* ~ van buiten kennen; *Französisch* ~ Frans kennen; **'Können** ‹*der; -s,* -› wie wat kan
'Konnex ‹*der; -es, -e*› 1 connectie; 2 verband, samenhang
konse'quent consequent; **Konse'quenz** ‹*die;* -, *-en*› consequentie
konserva'tiv conservatief
Konserva'torium ‹ *o; -s, Konservatorien*› conservatorium
Kon'serve ‹*die;* -, *-n*› 1‹*mv*› conserven; *eine ~ öffnen* een blik(je) openmaken; 2 ingeblikte muziek, soft-ware; **Kon'servenbüchse** ‹*die;* -, *-n*› conservenblik(je); **Kon'servendose** ‹*die;* -, *-n*› conservenblik(je); **konser'vieren** ‹*h*› conserveren; **Konser'vierungsmittel** ‹*das; -s,* -› (*Belg*) bewaarmiddel
Konsignati'on ‹*die;* -, *-en*› consignatie
konsi'stent consistent
Konsi'storium ‹*das; -s, Konsistorien*› (*prot*) consistorie
Kon'sole ‹*die;* -, *-n*› console
konsoli'dieren ‹*h*› consolideren
Konso'nant ‹*der; -en, -en*› medeklinker
Kon'sorten ‹*mv*› consorten
Kon'sortium ‹*das; -s, Konsortien*› consortium
konspi'rieren ‹*h*› conspireren, samenzweren
kon'stant constant, standvastig; **Kon'stanz** ‹*die;* -, *geen mv*› constantheid
konsta'tieren ‹*h*› constateren; **Konsta'tierung** ‹*die;* -, *-en*› constatering
Konstellati'on ‹*die;* -, *-en*› constellatie
Konsternati'on ‹*die;* -, *-en*› consternatie; **konster'niert** geconsterneerd, onthutst
konstitu'ieren ‹*h*› constitueren, instellen; **Konstituti'on** ‹*die;* -, *-en*› constitutie; **konstitutio'nell** constitutioneel
konstru'ieren ‹*h*› construeren; **Konstruk'teur** ‹*der; -s, -e*› constructeur; **Konstrukti'on** ‹*die;* -, *-en*› constructie; **konstruk'tiv** constructief, opbouwend
'Konsul ‹*der; -s, -n*› consul; **Konsu'lat** ‹*das;* -(*e*)*s*, *-e*› consulaat
Konsultati'on ‹*die;* -, *-en*› 1 (*med*) consult; consultatie; 2 gemeenschappelijk overleg (*politiek*); **konsul'tieren** ‹*h*› consulteren
Kon'sum I ‹*der; -s, geen mv*› consumptie, verbruik; **II** ‹*der; -s, -s*› coöperatieve winkel; **Konsu'ment** ‹*der; -en, -en*› consument; **Kon'sumgüter** ‹*mv*› consumptiegoederen; **konsu'mieren** ‹*h*› consumeren
Kon'takt ‹*der;* -(*e*)*s*, *-e*› contact (*alle bet*); ~ *herstellen* contact tot stand brengen; *geschäftliche ~e* zakenrelaties; **kon'taktarm** contactarm; **kon'takten** ‹*h*› 1 als contactpersoon optreden; 2 contact leggen; **kon'taktfreudig** gesteld op contact met anderen

kontempla'tiv contemplatief, beschouwend

'Konter ‹*der; -s, -*› (*sp*) counter, tegenstoot; **'Konterbande** ‹*die; -, geen mv*› contrabande; **'kontern** ‹*h*› 1 (*sp*) counteren, terugstoten; 2 van repliek dienen

'Konto ‹*das; -s, -s en Konten en Konti*› rekening (*bij bank e.d.*); (*fig*) *das geht auf sein ~: a*) dat is zijn schuld; *b*) dat is voor zijn rekening; *etwas auf dem ~ haben* iets op z'n geweten hebben (*fig*); **'Kontoauszug** ‹*der; -(e)s, -̈e*› rekeningafschrift (*van bank*); **'Kontoinhaber** ‹*der; -s, -*› rekeninghouder; **Kontokor'rent** ‹*das; -s, -e*› rekening-courant; **'Kontonummer** ‹*die; -, -n*› rekeningnummer

Kon'tor ‹*das; -s, -e*› kantoor

'Kontra ‹*das; -s, -s*› 1 tegenstand; 2 (*sp*) doublet; *einem ~ geben* iem lik op stuk geven; **Kontra'hent** ‹*der; -en, -en*› tegenstander

Kon'trakt ‹*der; -(e)s, -e*› contract; **kon'traktbrüchig**: *~ werden* zich aan contractbreuk schuldig maken; **kon'traktlich, kon'traktmäßig** contractueel

kon'trär contrair, tegenstrijdig

Kon'trast ‹*der; -es, -e*› contrast; **kontra'stieren** ‹*h*› contrasteren

Kon'troll ... controle ...; **Kon'trollarzt** ‹*der; -es, -ë*› controlerend geneesheer; **Kon'trolle** ‹*die; -, -n*› controle; **Kontrol'leur** ‹*der; -s, -e*› controleur; **kontrol'lieren** ‹*h*› controleren

kontro'vers controversieel; **Kontro'verse** ‹*die; -, -n*› controverse

Kon'tur ‹*die; -, -en*› omtrek, omlijning, contour

Konventi'on ‹*die; -, -en*› conventie, overeenkomst, verdrag; **konventio'nell** conventioneel

konver'gieren ‹*h*› convergeren, samenlopen

Konversati'on ‹*die; -, -en*› conversatie; **konver'sieren** ‹*h*› converseren

Kon'voi ‹*der; -s, -s*› konvooi

Konzen'trat ‹*das; -(e)s, -e*› concentraat; **Konzentrati'on** ‹*die; -, -en*› concentratie; **Konzentrati'onslager** ‹*das; -s -*› concentratiekamp; **Konzentrati'onsschwäche** ‹*die; -, -n*› het zich moeilijk kunnen concentreren; **konzen'trieren** ‹*h*› concentreren

Kon'zept ‹*das; -(e)s, -e*› concept, ontwerp, schets, klad; *aus dem ~ kommen* van de wijs raken; *das paßte ihm nicht ins ~* dat was (voor hem) een streep door de rekening

Kon'zern ‹*der; -s, -e*› concern

Kon'zert ‹*das; -(e)s, -e*› concert; *ins ~ gehen* naar het concert gaan; **konzer'tieren** ‹*h*› concerteren; **konzer'tiert**: *~e Aktion* gemeenschappelijke actie van o.a. regering, werkgevers en werknemers

Konzessi'on 1 concessie; *~en machen* concessies doen; 2 concessie, vergunning; **konzes'siv** toegevend

Kon'zil ‹*das; -s, -e en -ien*› concilie

konzi'pieren ‹*h*› concipiëren, ontwerpen

Kooperati'on ‹*die; -, -en*› coöperatie; **kooperа'tionsbereit** bereid tot coöperatie; **koope'rieren** ‹*h*› coöpereren

Koordinati'on ‹*die; -, -en*› coördinatie; **koordi'nieren** ‹*h*› coördineren

Kopf ‹*der; -(e)s, -ë*› 1 kop, hoofd; 2 krop (*sla*), struik (*andijvie*); 3 *den ~ für einen hinhalten* zijn nek voor iem uitsteken; *viel Köpfe, viel Sinne* zoveel hoofden, zoveel zinnen; *der ~ schwindelt ihm* hij is duizelig; *ich weiß nicht, wo mir der Kopf steht* mijn hoofd loopt om; *einem den ~ verdrehen* iem het hoofd op hol brengen; *er hat den ~ verloren* hij is zijn hoofd, de kluts kwijt; (*fig*) *einem den ~ waschen* iem de mantel uitvegen; *~* ***an*** *~ stehen* mannetje aan mannetje staan; *nicht* ***auf*** *den ~ gefallen sein* niet op zijn achterhoofd gevallen zijn; (*fig*) *sich auf den ~ stellen* het onmogelijke doen; *den ~ nicht* ***danach*** (*stehen*) *haben* er geen zin in hebben; *seinen ~ durchsetzen* zijn zin doorzetten; *von ~ bis Fuß* van top tot teen; *~ haben* verstand hebben; *sie hat ihren eignen ~, ihren ~ für sich* ze is koppig; *Stroh* ***im*** *~ haben* dom zijn; *~ hoch!* kop op!; (*das will*) *mir nicht in den ~* er bij mij niet in; *das ist ihm in den ~ gestiegen* dat is hem naar het hoofd gestegen; *im ~ rechnen* uit het hoofd rekenen; ***mit*** *dem ~ an od. gegen die Wand rennen* met het hoofd tegen de muur lopen; *mit dem ~ durch die Wand wollen* het onmogelijke willen; ***über*** *meinen ~ hinweg* buiten mij om; *es geht* ***um*** *~ und Kragen* zijn leven is ermee gemoeid; ***zu*** *~e steigen* naar het hoofd stijgen; *den ~ zumachen* zwijgen; **Kopf-an-Kopf-Rennen** ‹*das; -s, -*› nek-aan-nek-race; **'Kopfarbeit** ‹*die; -, -en*› hoofd-, hersenwerk; **'Kopfball** ‹*der; -(e)s, -ë*› (*sp*) kopbal; **'kopfballstark** (*sp*) sterk in de lucht; **'Köpfchen** ‹*das; -s, -*› kopje, hoofdje; *~ haben* verstand, hersens hebben; *immer ~!* goed nadenken!; **'köpfen** ‹*h*› 1 onthoofden; 2 toppen, kappen (*planten*); 3 het kopje van een ei afslaan; 4 koppen (*voetbal*); **'Kopfgeld** ‹*das; -(e)s, geen mv*› beloning (*voor iemands arrestatie*); **'Kopfhörer** ‹*der; -s, -*› hoofd-, koptelefoon; **'Kopfkissen** ‹*das; -s, -*› hoofdkussen; **'kopflastig** topzwaar; **'Kopflaus** ‹*die; -, -̈e*› hoofdluis; **'kopflos** 1 de kluts kwijt; 2 *~e Angst* radeloze angst; 3 zonder hoofd; **'Kopfnicken** ‹*das; -s, -*› hoofdknik; **'Kopfrechnen** ‹*das; -s, geen mv*› het hoofdrekenen; **'kopfscheu** kopschuw; **'Kopfschmerzen** ‹*mv*› hoofdpijn; **'Kopfschmuck** ‹*der; -(e)s, geen mv*› hoofdversiering, -tooisel; **'Kopfschütteln** ‹*das; -s, geen mv*› hoofdschudden; **'kopfstehen** ‹*st.h; a-a*› 1 (*fig*) paf staan; 2 op het hoofd staan; **'Kopfsteinpflaster** ‹*das; -s, geen mv*› kinderhoofdjes; **'Kopfstoß** ‹*der; -es, -ë*› kopstoot (*voetbal*); **'Kopfstütze** ‹*die; -, -n*› hoofdsteun (*in auto*); **'Kopftuch** ‹*das; -(e)s, -ër*› hoofddoek; **kopf'über** voorover, hals-over-kop; **'Kopfverletzung** ‹*die; -, -en*› verwonding aan het hoofd; **'Kopfwäsche** ‹*die; -, geen mv*› 1 het haarwassen; 2 uitbrander, standje; '**Kopfweh** ‹*das;* -(*e*)*s, geen mv*› hoofdpijn; '**Kopfweide** ‹*die;* -, *-n*› knotwilg; '**Kopfzahl** ‹*die;* -, *geen mv*› aantal personen; '**Kopfzerbrechen** ‹*das; -s, geen mv*› hoofdbreken

Ko'pie ‹*die;* -, *-n*› kopie; **ko'pieren** ‹*h*› kopiëren; **Ko'pierer** ‹*der; -s,* -› kopieerapparaat; **Ko'piergerät** ‹*das;* -(*e*)*s, -e*› kopieerapparaat

'**Kopilot** ‹*der; -en, -en*› tweede piloot, co-piloot

'**Koppel I** ‹*das; -s,* -› koppelriem; **II** ‹*die;* -, *-n*› 1 koppel (*honden, ossen, patrijzen*); 2 omheind stuk land, kamp; '**koppeln** ‹*h*› koppelen; '**Kopplung** ‹*die;* -, *-en*› koppeling

'**Kopula** ‹*die;* -, *-s*› copula, koppelwerkwoord; **kopula'tiv** 1 verbindend; 2 (*gramm*) aaneenschakelend; **kopu'lieren** ‹*h*› copuleren (*div bet*)

Ko'ralle ‹*die;* -, *-n*› koraal; **Ko'rallenriff** ‹*das;* -(*e*)*s, -e*› koraalrif

Ko'ran ‹*der; -s, -e*› koran

Korb ‹*der;* -(*e*)*s, -ë*› 1 korf, mand; 2 doelpunt (*bij korfbal*); 3 *einen ~ bekommen* een blauwtje lopen; *einem einen ~ geben* een blauwtje laten lopen; '**Korbball** ‹*der;* -(*e*)*s, geen mv*› (*sp*) korfbal; '**Körbchen** ‹*das; -s,* -› 1 (*fig*) bed(je); 2 cup (*van bh*); 3 mandje; '**Korbmöbel** ‹*mv*› rieten meubels

Kord ‹*der;* -(*e*)*s, -e*› ribfluweel, corduroy

'**Kordel** ‹*die;* -, *-n*› draad, touw, koord

'**Kordhose** ‹*die;* -, *-n*› corduroy broek

Kor'don ‹*der; -s, -s*› cordon

Ko'rinthe ‹*die;* -, *-n*› krent; **Ko'rinthenbrot** ‹*das;* -(*e*)*s, -e*› krentenbrood

Kork ‹*der;* -(*e*)*s, -e*› kurk; '**korken** kurken, van kurk; '**Korkenzieher** ‹*der; -s,* -› kurketrekker

Kormo'ran ‹*der; -s, -e*› aalscholver

Korn I ‹*das;* -(*e*)*s, -ër*› 1 korrel (*div bet*); 2 koren, graan; 3 *einen aufs ~ nehmen: a*) (*fig*) iem op de korrel nemen; *b*) (*fig*) iem voortdurend in de gaten houden; 4 *etwas aufs ~ nehmen: a*) (*fig*) iets op de korrel nemen; *b*) op iets mikken; **II** ‹*der;* -(*e*)*s, geen mv*› brandewijn, jenever; '**Kornähre** ‹*die;* -, *-n*› korenaar; '**Kornblume** ‹*die;* -, *-n*› korenbloem; '**Kornbranntwein** ‹*der;* -(*e*)*s, -e*› brandewijn, jenever; '**Körnchen** ‹*das; -s,* -› korreltje, greintje; '**körnen** ‹*h*› 1 korrels krijgen; 2 tot korrels maken; '**körnig** gekorreld, korrelig; '**Kornkammer** ‹*die;* -, *-n*› korenschuur

'**Körper** ‹*der; -s,* -› lichaam (*div bet*); '**körperbehindert** lichamelijk gehandicapt; '**Körpergewicht** ‹*das;* -(*e*)*s, -e*› lichaamsgewicht; '**körperlich** lichamelij; '**Körpermaße** ‹*mv*› (iemands) maat; '**Körperpflege** ‹*die;* -, *geen mv*› lichaamsverzorging; '**Körperschaft** ‹*die;* -, *-en*› vereniging; rechtspersoon; (rechtspersoonlijkheid bezittend) lichaam; *gesetzgebende ~* wetgevend lichaam, (*Belg*) legislatuur; '**Körperschaftssteuer** ‹*die;* -, *-n*› vennootschapsbelasting; '**Körperstrafe** ‹*die;* -, *-n*› lichamelijke straf, lijfstraf; '**Körperverletzung** ‹*die;* -, *-en*› (het toebrengen van) lichamelijk letsel

Korporati'on ‹*die;* -, *-en*› corporatie

Korps ‹*das;* -, -› 1 corps; 2 (*mil*) korps

korpu'lent corpulent

kor'rekt correct; **Kor'rektheit** ‹*die;* -, *geen mv*› correctheid; **Korrek'tur** ‹*die;* -, *-en*› correctie, verbetering

Korrespon'dent ‹*der; -en, -en*›, **Korrespon'dentin** ‹*die;* -, *-nen*› correspondent(e); **Korrespon'denz** ‹*die;* -, *-en*› correspondentie

'**Korridor** ‹*der; -s, -e*› corridor, gang

korri'gieren ‹*h*› corrigeren, verbeteren

Korrosi'on ‹*die;* -, *-en*› corrosie

korrum'pieren ‹*h*› omkopen

kor'rupt corrupt (bedorven; omkoopbaar); **Korrupti'on** ‹*die;* -, *-en*› corruptie

Kor'sett ‹*das; -es, -e en -s*› korset

'**Korso** ‹*der; -s, -s*› corso

Kor'vette ‹*die;* -, *-n*› (*scheepv*) korvet

Kory'phäe ‹*die;* -, *-n*› coryfee

'**koscher** 1 koosjer; 2 (*fig*) pluis

'**Kosename** ‹*der; -ns, -n*› troetelnaam

Kos'metik ‹*die;* -, *geen mv*› kosmetiek; **Kos'metikerin** ‹*die;* -, *-nen*› schoonheidsspecialiste; **Kos'metikkoffer** ‹*der; -s,* -› beauty-case

Kosmo'naut ‹*der; -en, -en*› kosmonaut, ruimtevaarder; '**Kosmos** ‹*der;* -, *geen mv*› kosmos, heelal

Kost ‹*die;* -, *geen mv*› kost, spijs, voedsel; *~ und Logis* kost en inwoning

'**kostbar** kostbaar; '**Kostbarkeit** ‹*die;* -, *-en*› kostbaarheid

'**kosten** ‹*h*› 1 kosten (*alle bet*); *koste es, was es wolle* (*fig*) tegen elke prijs; *sich* (*den Urlaub usw*) *etwas ~ lassen* veel geld voor (...) uitgeven; 2 proeven

'**Kosten** ‹*mv*› 1 (on)kosten; *das geht auf meine ~* dat is voor mijn rekening; 2 *auf ~ seiner Gesundheit* ten koste van ...; *einen in ~ stürzen, setzen* iem op kosten jagen; 3 *auf seine ~ kommen* (*fig*) aan zijn trekken komen; '**Kostenaufwand** ‹*der;* -(*e*)*s, geen mv*› (on)kosten; '**Kostenfrage** ‹*die;* -, *-n*› kwestie van kosten, geldkwestie; '**kostenlos** kosteloos, gratis; '**kostenpflichtig** met kosten verbonden; '**Kostenpunkt** ‹*der;* -(*e*)*s; -e*› (de) kosten, prijs; '**Kostensparend** kostenbesparend; '**Kostenvoranschlag** ‹*der;* -(*e*)*s, -ë*› begroting, raming

'**köstlich** kostelijk (*ook fig*), heerlijk; '**Köstlichkeit** ‹*die;* -, *-en*› kostelijkheid, iets heerlijks; *~en* lekkernijen, delicatessen

'**Kostprobe** ‹*die;* -, *-n*› 1 een beetje om te proeven; 2 (*fig*) voorproefje

'**kostspielig** kostbaar, (zeer) duur

Ko'stüm ‹*das; -s, -e*› 1 kostuum; 2 mantelpak; **Ko'stümball** ‹*der;* -(*e*)*s, -ë*› gekostumeerd bal

Kot ‹*der;* -(*e*)*s, geen mv*› 1 modder, slijk, vuil, drek; 2 uitwerpselen, excrementen

Kote'lett ‹*das; -es, -s*› kotelet, karbonade; **Kote'letten** ‹*mv*› bakkebaarden

'**Kotflügel** ‹*der; -s,* -› spatbord

kop

'kotig modderig, vuil
'kotzen ‹*h*› braken, overgeven, kotsen
KPD (*afk*) ‹*die; -, geen mv*› *Kommunistische Partei Deutschlands*
'Krabbe ‹*die; -, -n*› **1** (*dierk*) krab; **2** garnaal; **3** vrolijk meisje
'krabbeln I ‹*s*› kruipen; **II** ‹*h*› kriebelen
krach! krak!
Krach ‹*der; -(e)s, -e en -s*› **1** krak, gekraak; **2** krach, bankroet; **3** (*fig*) botsing, strijd; **4** ruzie; **5** lawaai, herrie; **6** knal; **'krachen** ‹*h*› **1** kraken; **2** springen, scheuren; **3** bulderen (*kanonnen*); knallen (*schoten*); **'Krachmacher** ‹*der; -s, -*› herrieschopper; **'Krachsalat** ‹*der; -(e)s, -e*› ijsbergsla
'krächzen ‹*h*› krassen, knarsen
Kraft ‹*die; -, -ë*› kracht (*alle bet*); *bei Kräften sein* sterk, krachtig zijn; *mit aller ~ schreien* uit alle macht schreeuwen; *zu Kräften kommen* op krachten komen; *in ~ treten* in werking treden; *in, außer ~ setzen* in, buiten werking stellen; *in ~ sein, bleiben* van kracht zijn, blijven; *nach Kräften* naar mijn (zijn enz.) beste vermogen
kraft ‹*vz* (+ 2)› **1** krachtens; **2** uit hoofde van
'Kraftakt ‹*der; -(e)s, -e*› krachttoer; **'Kraftanstrengung** ‹*die; -, -en*› krachtsinspanning; **'Kraftaufwand** ‹*der; -(e)s, geen mv*› lichamelijke inspanning; **'Kraftausdruck** ‹*der; -(e)s, -ë*› krachtterm; **'Kraftbrühe** ‹*die; -, -n*› (krachtige) bouillon; **'Kraftfahrer** ‹*der; -s, -*› automobilist; **'Kraftfahrzeug** ‹*das; -(e)s, -e*› motorvoertuig; **'Kraftfahrzeugsteuer** ‹*die; -, -n*› motorrijtuigenbelasting; (*Belg*) rijtax, inschrijvingstaks; **'Kraftfutter** ‹*das; -s, geen mv*› krachtvoe(de)r
'kräftig 1 krachtig, sterk, stevig, machtig, versterkend; **2** (*fig*) flink, fors; **'kräftigen** ‹*h*› (ver)sterken, krachtig maken
'kraftlos krachteloos; **Kraftmeie'rei** ‹*die; -, geen mv*› krachtvertoon; **'Kraftprobe** ‹*die; -, -n*› krachtproef; **'Kraftprotz** ‹*der; -es, -e*› krachtpatser; **'Kraftrad** ‹*das; -(e)s, -ër*› tweewielig motorvoertuig (*bromfiets, motor, scooter*); **'Kraftstoff** ‹*der; -(e)s, -e*› (motor)brandstof; **'Kraftstoffverbrauch** ‹*der; -(e)s, geen mv*› brandstofverbruik; **'kraftstrotzend** een en al kracht, gespierd; **'Kraftverkehr** ‹*der; -s, geen mv*› gemotoriseerd verkeer; **'kraftvoll** vol kracht, krachtig, krachtdadig; **'Kraftwagen** ‹*der; -s, -*› auto; **'Kraftwerk** ‹*das; -(e)s, -e*› elektrische centrale
'Kragen ‹*der; -s, -*› **1** kraag; (*fig*) *einen beim ~ nehmen* iem onder handen nemen; **2** boord (van hemd); vgl *Kopf*; **'Kragenweite** ‹*die; -, -n*› halswijdte, boordmaat
'Krähe ‹*die; -, -n*› kraai; **'krähen** ‹*h*› kraaien; **'Krähenfüße** ‹*mv*› kraaiepootjes
'Krake ‹*der; -n, -n*› grote inktvis
Kra'keel ‹*der; -s, geen mv*› (ge)krakeel
kra'keelen ‹*h*› krakelen, kijven
'krakeln ‹*h*› hanepoten schrijven
'Kralle ‹*die; -, -n*› (grijp)klauw; nagel; *einem die ~n zeigen* zijn tanden laten zien; **'krallen** ‹*h*› grijpen, krabben; *sich ~* zich vastgrijpen, -klemmen; **'krallig** met scherpe klauwen, nagels gewapend
Kram ‹*der; -(e)s, geen mv*› **1** spullen, boel, rommel; *der ganze ~* de hele rommel; **2** handel, zaak, aangelegenheid; **3** *das paßt in seinen ~* dat komt in zijn kraam te pas; *den ~ satt haben, den ~ hinschmeißen* er schoon genoeg van hebben; **'kramen** ‹*h*› zoeken, snuffelen, rommelen
'Krämer ‹*der; -s, -*› bekrompen iemand, kruidenier
'Krampe ‹*die; -, -n*› kram; **'krampen** ‹*h*› krammen
Krampf ‹*der; -(e)s, -ë*› kramp; **'Krampfader** ‹*die; -, -n*› spatader; **'krampfartig** krampachtig; **'krampfen** ‹*h*› **1** krampachtig (samen)trekken; **2** vastklemmen; **'krampfhaft** (*lett en fig*) krampachtig
Kran ‹*der; -(e)s, -e en -ë*› hijskraan; **'Kranführer** ‹*der; -s, -*› kraandrijver; **'Kranich** ‹*der; -(e)s,-e*› kraanvogel
krank ‹(*kränker, kränkst*)› ziek; *~ feiern* ziek thuis blijven (*van werk*); **'kränkeln** ‹*h*› sukkelen, ziekelijk zijn; **'kranken** ‹*h*› ziek zijn; *~ an* (+ 3) lijden aan
'kränken ‹*h*› **1** krenken, grieven, beledigen; **2** *sich ~* zich gekwetst voelen
'Krankenanstalt ‹*die; -, -en*› ziekenhuis; **'Krankengeld** ‹*das; -(e)s, -er*› ziekengeld; **'Krankenhaus** ‹*das; -es, -ër*› ziekenhuis; **'Krankenkasse** ‹*die; -, -n*› ziekenfonds; **'Krankenpfleger** ‹*der; -s, -*›, **'Krankenpflegerin** ‹*die; -, -nen*› verpleegkundige; **'Krankenschein** ‹*der; -(e)s, -e*› lidmaatschapskaart (van ziekenfonds); **'Krankenschwester** ‹*die; -, -n*› verpleegkundige, verpleegster; **'Krankenträger** ‹*der; -s, -*› (*Belg*) ambulancier; **'Krankenversicherung** ‹*die; -, -en*› ziekteverzekering; **'Krankenwagen** ‹*der; -s, -*› ziekenwagen; **'krankfeiern** ‹*h*› ziek thuis blijven (*van werk*); **'krankhaft** ziekelijk (*vooral fig*); **'Krankheit** ‹*die; -, -en*› ziekte; **'Krankheitsbild** ‹*das; -(e)s, -er*› ziektebeeld; **'Krankheitserreger** ‹*der; -s, -*› ziekteverwekker; **'krankheitshalber** wegens ziekte; **'Krankheitsherd** ‹*der; -(e)s, -e*› ziektehaard; **'Krankheitsverlauf** ‹*der; -(e)s, geen mv*› ziekteverloop; **'kränklich** ziekelijk, sukkelend
'Kränkung ‹*die; -, -en*› krenking
Kranz ‹*der; -es, -ë*› **1** krans; **2** (*fig*) ring; **'Kranzniederlegung** ‹*die; -, -en*› kranslegging
kraß 1 grof (*leugen*); **2** schril (*tegenstelling*); **3** ernstig (*geval*)
'Krater ‹*der; -s, -*› krater
'kratzbürstig nijdig, kribbig, kattig
'Krätze ‹*die; -, -n*› schurft
'Kratzeisen ‹*das; -s, -*› voetschrapper; **'kratzen** ‹*h*› **1** krabben; **2** kriebelen; **3** krassen (*op*

viool, van pen); 4 *das kratzt mich nicht* dat raakt mij niet; '**Kratzer** ‹*der; -s, -*› 1 kras, schram; 2 krabber; '**kratzfest** krasbestendig; '**Kratzfuß** ‹*der; -es, geen mv*› buiging

Kraul ‹*das; -s, geen mv*› (*sp*) crawl(slag); '**kraulen** ‹*h*› 1 krauwen; 2 (*sp*) crawlen

kraus 1 kroes, krullend; 2 verward (*gedachten e.d.*); 3 *die Stirn ~ ziehen* het voorhoofd fronsen; *die Nase ~ ziehen* z'n neus optrekken; '**Krause** ‹*die; -, -n*› krul (*in haar*); '**kräuseln** ‹*h*› 1 krullen, kroezen; 2 fronsen, rimpelen (*voorhoofd*); 3 *die Lippen ~* de lippen optrekken; 4 (doen) rimpelen (*water*); 5 kringelen (*rook*); 6 plooien (*stof*); 7 *sich ~*: *a*) rimpelen, kabbelen; *b*) kroezen

'**Krauseminze** ‹*die; -, -n*› (*plantk*) kruizemunt

'**krausen** zie *kräuseln*; '**Kraushaar** ‹*das; -(e)s, -e*› krul-, kroeshaar; '**Krauskohl** ‹*der; -s, geen mv*› boerenkool; '**Krauskopf** ‹*der; -es, -ë*› 1 krullekop, -bol; 2 (*fig*) warhoofd

Kraut ‹*das; -(e)s, -ër*› 1 kruid, plant; 2 kool; 3 (wortel)lof; 4 tabak; 5 vruchtenstroop; *wie ~ und Rüben durcheinander* ordeloos door elkaar; '**Kräuterbutter** ‹*die; -, geen mv*› kruidenboter; '**Kräuterkäse** ‹*der; -s, -*› kruidenkaas; '**Kräutertee** ‹*der; -s, -s*› kruidenthee

Kra'wall ‹*der; -s, -e*› 1 rel, opstootje; 2 herrie

Kra'watte ‹*die; -, -n*› (strop)das

Kreati'on ‹*die; -, -en*› creatie (*mode*)

krea'tiv creatief; **Kreativi'tät** ‹*die; -, geen mv*› creativiteit

Krea'tur ‹*die; -, -en*› creatuur (*ook ong*); schepsel

Krebs ‹*der; -es, e*› 1 kanker; 2 kreeft (*sterrenbeeld*); 3 kreeft (*dier*); '**krebsartig** kankerachtig; '**krebserregend**, '**krebserzeugend** kankerverwekkend; '**Krebsforschung** ‹*die; -, geen mv*› kankeronderzoek; '**Krebsgeschwulst** ‹*die; -, -ë*›, '**Krebsgeschwür** ‹*das; -(e)s, -e*› kankergezwel; '**krebsig** door kanker aangetast; '**Krebskranke(r)** ‹*die*(*m*)*; -n, -n*› kankerpatiënt; '**krebs'rot** zo rood als een kreeft; '**Krebsvorbeugung** ‹*die; -, geen mv*›, '**Krebsvorsorge** ‹*die; -, geen mv*› kankerpreventie

'**Kredit I** ‹*das; -s, -s*› credit, creditzijde; **II** ‹*der; -(e)s, -e*› krediet, lening; **Kre'ditanstalt** ‹*die; -, -en*› kredietinstelling; **Kre'ditbank** ‹*die; -, -en*› (*Belg*) kredietinstelling; **kre'ditfähig** solide, kredietwaardig; **Kre'ditinstitut** ‹*das; -(e)s, -e*› (*Belg*) kredietinstelling; **Kre'ditkauf** ‹*der; -(e)s, -ë*› koop op krediet; '**Kreditor** ‹*der; -s, Kredi'toren*› crediteur, schuldeiser; **kre'ditwürdig** kredietwaardig

'**Kreide** ‹*die; -, -n*› krijt; *bunte ~* gekleurd krijt; '**kreide'bleich** doodsbleek, wit als een doek; '**kreiden** 1 met krijt tekenen, schrijven; 2 krijten (*pomerans van biljartkeu*); '**kreide'weiß** krijtwit, doodsbleek

kre'ieren ‹*h*› creëren

Kreis ‹*der; -es, -e*› 1 cirkel, kring (*ook fig*); 2 district; 3 (stroom)circuit; 4 *immer weitere ~e ziehen* steeds grotere omvang aannemen

'**kreischen** ‹*h*› 1 krijsen, gillen; 2 knarsen

'**Kreisel** ‹*der; -s, -*› 1 tol; 2 verkeersplein; '**Kreiselkompaß** ‹*der; -sses, -sse*› gyrokompas; '**kreiseln** ‹*h*› tollen, draaien; '**Kreiselverdichter** ‹*der; -s, -*› turbocompressor

'**kreisen** ‹*h*› cirkelen, (in kringen) ronddraaien

'**kreisförmig** cirkel-, kringvormig; '**Kreislauf** ‹*der; -(e)s, -ë*› 1 kringloop; 2 bloedsomloop; '**Kreislaufversagen** ‹*das; -s, geen mv*› (*van bloedsomloop*) collaps; '**kreisrund** cirkelrond; '**Kreissäge** ‹*die; -, -n*› cirkelzaag; '**Kreisstadt** ‹*die; -, -ë*› hoofdplaats van een district; '**Kreisverkehr** ‹*der; -s, geen mv*› rondgaand verkeer (*op een rotonde*)

Krema'torium ‹*das; -s, Krematorien*› crematorium

Kreml ‹*der; -(s), geen mv*› Kremlin

'**Krempe** ‹*die; -, -n*› (opstaande) rand (*van een hoed*)

'**Krempel** ‹*der; -s, geen mv*› oude rommel

'**krempeln** ‹*h*› op-, omslaan (*mouwen e.d.*)

kre'pieren ‹*s*› creperen, verrekken

Kreppapier ‹*das; -s, geen mv*› crêpepapier

'**Kreppsohle** ‹*die; -, -n*› spekzool

'**Kresse** ‹*die; -, -n*› tuin-, waterkers

kreuz: *~ und quer* kris kras

'**Kreuz** ‹*das; -es, -e*› 1 kruis (*div bet*); 2 lendenen; 3 klaveren (*kaartspel*); 4 verkeersplein, kruising; 5 *einen aufs ~ legen* iem bedriegen; *zu ~e kriechen* zich onderwerpen

kreuz... zeer ... (*kreuzbrav, kreuzehrlich usw.*)

'**kreuzen** ‹*h*› kruisen (*armen*); *sich ~* indruisen tegen

'**Kreuzer** ‹*der; -s, -*› (*scheepv*) kruiser; '**Kreuzfahrer** ‹*der; -s, -*› (*hist*) kruisvaarder; '**Kreuzfahrt** ‹*die; -, -en*› 1 (*hist*) kruistocht; 2 (*scheepv*) cruise; '**Kreuzfeuer** ‹*das; -, geen mv*› kruisvuur; *einen unter ~ nehmen* vragen op iem afvuren

'**kreuzigen** ‹*h*› kruisigen; '**Kreuzigung** ‹*die; -, -en*› kruisiging

'**Kreuzritter** ‹*der; -s, -*› (*hist*) kruisridder; '**Kreuzschlüssel** ‹*der; -s, -*› kruissleutel; '**Kreuzspinne** ‹*die; -, -n*› kruisspin; '**Kreuzstich** ‹*der; -(e)s, -e*› kruissteek

'**Kreuzung** ‹*die; -, -en*› kruising

'**Kreuzverhör** ‹*das; -s, -e*› kruisverhoor; '**Kreuzweg** ‹*der; -(e)s, -e*› kruisweg; '**kreuzweise** kruisgewijs, kruiselings; '**Kreuzworträtsel** ‹*das; -s, -*› kruiswoordpuzzel, -raadsel; '**Kreuzzeichen** ‹*das; -s, -*› kruisteken; '**Kreuzzug** ‹*der; -(e)s, -ë*› kruistocht

'**kribb(e)lig** prikkelbaar, kribbig

'**kribbeln** ‹*h*› 1 kriebelen; 2 krioelen

'**kriechen** ‹*st.h; o-o*› 1 kruipen (*ook fig*); 2 *auf den Leim ~* in de val lopen; '**Kriecher** ‹*der; -s, -*› kruiper (*ook fig*); '**kriecherisch** kruiperig; '**Kriechspur** ‹*die; -, -en*› rijstrook voor langzaam rijdend zwaar verkeer (*op stijgende autoweg*)

Krieg ‹*der; -(e)s, -e*› oorlog; *in den ~ ziehen* ten strijde trekken; *der kalte ~* de koude oorlog;

'kriegen ‹*h*› krijgen (*alle bet*); *Kriegen spielen* krijgertje spelen; *einen* ~ iem te pakken krijgen; *das werden wir schon* ~ dat krijgen we wel voor elkaar; *etwas satt* ~ ergens schoon genoeg van krijgen; *es mit der Angst* ~ bang worden; **'Krieger** ‹*der; -s, -*› krijger, krijgsman, soldaat; **'kriegerisch** 1 oorlogszuchtig; krijgshaftig; 2 oorlogs…, militair; **'kriegführend** oorlogvoerend; **'Kriegführung** ‹*die; -, geen mv*› oorlogvoering; **'kriegsähnlich** op oorlog lijkend; **'Kriegsausbruch** ‹*der; -(e)s, geen mv*› het uitbreken van de oorlog; **'Kriegsbeil** ‹*das; -(e)s, -e*› *das* ~ *ausgraben, begraben* (*fig*) de strijdbijl opgraven, begraven; **'kriegsbeschädigt** oorlogsinvalide; **'Kriegsdienst** ‹*der; -(e)s, geen mv*› militaire dienst; **'Kriegsdienstverweigerer** ‹*der; -s, -*› dienstweigeraar; **'Kriegsentschädigung** ‹*die; -, -en*› oorlogsschadevergoeding; **'Kriegserklärung** ‹*die; -, -en*› oorlogsverklaring; **'Kriegsfuß** ‹*der*› voet van oorlog (*lett en fig*); **'Kriegsgefahr** ‹*die; -, -en*› oorlogsgevaar, -risico; **'Kriegsgefangene(r)** ‹*bn als zn*› krijgsgevangene; **'Kriegsgericht** ‹*das; -(e)s, -e*› krijgsraad; **'Kriegshandlung** ‹*die; -, -en*› oorlogshandeling; **'Kriegslist** ‹*die; -, -en*› krijgslist; **'Kriegsmarine** ‹*die; -, -n*› marine; **'Kriegsmaschine** ‹*die; -, -n*› (*fig*) oorlogsmachinerie; **'Kriegsminister** ‹*der; -s, -*› minister van oorlog; **'Kriegsopfer** ‹*das; -s, -*› oorlogsslachtoffer; **'Kriegspfad** ‹*der; -(e)s, geen mv*› oorlogspad; **'Kriegsschauplatz** ‹*der; -es, -ë*› oorlogstoneel; **'Kriegsschiff** ‹*das; -(e)s, -e*› oorlogsschip; **'Kriegsstärke** ‹*die; -, geen mv*› oorlogssterkte; **'Kriegsverbrechen** ‹*das; -s, -*› oorlogsmisdrijf; **'Kriegsverbrecher** ‹*der; -s, -*› oorlogsmisdadiger; **'Kriegszustand** ‹*der; -(e)s, -ë*› oorlogstoestand; staat van oorlog

'Krimi ‹*der; -s, -s*› misdaadfilm, -roman; **Krimi'nalbeamte(r)** ‹*bn als zn*› rechercheur; **Krimi'nalfall** ‹*der; -(e)s, -ë*› misdaadzaak; **Krimi'nalfilm** ‹*der; -(e)s, -e*› misdaadfilm; **kriminali'sieren** ‹*h*› criminaliseren; **Krimina'list** ‹*der; -en, -en*› rechercheur; **Kriminali'tät** ‹*die; -, geen mv*› criminaliteit; **Krimi'nalkommissar** ‹*der; -s, -e*› inspecteur bij de recherche; **Krimi'nalpolizei** ‹*die; -, geen mv*› recherche; **Krimi'nalroman** ‹*der; -s, -e*› misdaadroman; **krimi'nell** crimineel; **Krimi'nelle(r)** ‹*bn als zn*› crimine(e)l(e), misdadiger

'Krimskrams ‹*der; -es, geen mv*› rommel

'Kringel ‹*der; -s, -*› 1 kransje, krakeling; 2 kring

'kringeln, sich ‹*h*› 1 kringelen; 2 *sich vor lachen* ~ zich rot lachen

'Kripo (*afk*) ‹*die; -, geen mv*› *Kriminalpolizei*

'Krippe ‹*die; -, -n*› 1 krib(be); 2 crèche

'Krise ‹*die; -, -n*› crisis; **'kriseln** ‹*h*› *es kriselt* er dreigt een crisis; **'krisenfest** bestand tegen crises; **'Krisengebiet** ‹*das; -(e)s, -e*› crisisgebied; **'krisenhaft** crisis…, crisisachtig; **'Krisenherd** ‹*der; -(e)s, -e*› crisishaard; **'Krisenstab** ‹*der; -(e)s, -ë*› crisisstaf

Kri'stall I ‹*der; -s, -e*› kristal; **II** ‹*das; -s, geen mv*› kristal(glas); **kri'stallen** kristallen, van kristal; **kristalli'sieren** ‹*h*› kristalliseren; **kri'stallklar** kristalhelder

Kri'terium ‹*das; -s, Kriterien*› criterium (*ook sp*)

Kri'tik ‹*die; -, -en*› kritiek; ~ *üben an* (+ 3) kritiek uitoefenen op; **'Kritiker** ‹*der; -s, -*› criticus; **kri'tiklos** kritiekloos, zonder kritiek; **'kritisch** 1 kritisch; 2 hachelijk, kritiek; **kriti'sieren** ‹*h*› (be)kritiseren

'krittelig vitterig; **'kritteln** ‹*h*› vitten; *sich* ~ zich ergeren

Kritze'lei ‹*die; -, -en*› gekras, gekrabbel; **'kritzelig** knoeierig, onleesbaar; **'kritzeln** ‹*h*› 1 krassen (op papier); 2 krabbelen; **'kritzlig** knoeierig, onleesbaar

Kro'kette ‹*die; -, -n*› croquet(je)

Kroko'dil ‹*das; -s, -e*› (*dierk*) krokodil; **Kroko'dilstränen** ‹*mv*› krokodilletranen

'Krokus ‹*der; -, - en -se*› krokus

'Krone ‹*die; -, -n*› 1 kroon (*div bet en fig*); 2 krans; 3 kruin, top; 4 *das setzt allem die* ~ *auf!* dat is het toppunt!; **'krönen** ‹*h*› 1 kronen; 2 bekronen; *von Erfolg gekrönt* met succes bekroond; **'Kronenkorken** ‹*der; -s, -*› kroonkurk; **'Kronleuchter** ‹*der; -s, -*› kroonluchter; **'Kronprinz** ‹*der; -en, -en*› kroonprins; **'Kronprinzessin** ‹*die; -, -nen*› kroonprinses; **'Krönung** ‹*die; -, -en*› 1 kroning; 2 bekroning; **'Kronzeuge** ‹*der; -n, -n*› kroongetuige

Kropf ‹*der; -(e)s, -ë*› krop (*van vogel*)

'Kröte ‹*die; -, -n*› 1 (*dierk*) pad; 2 (*fig*) loeder; *die kleine* ~ dat nest; 3 ~*n* poen

'Krücke ‹*die; -, -n*› 1 kruk (*ook fig*); *an* ~*n gehen* op krukken lopen; 2 handgreep

Krug ‹*der; -(e)s, -ë*› kruik, kan

'Krume ‹*die; -, -n*› kruim(el)

'Krümel ‹*der; -s, -*› 1 kruimel; 2 peuter; **'krümelig** kruimelig; **'krümeln** ‹*h*› kruimelen

krumm 1 krom; 2 krom, niet in de haak; 3 ~*e Finger machen* gappen, stelen; *keinen Finger* ~ *machen: a*) niets uitvoeren; *b*) ergens geen vinger naar uitsteken; *sich* ~ *und schief lachen* zich krom lachen; **'krümmen** ‹*h*› 1 krommen, buigen; 2 *sich* ~: *a*) zich krommen, zich buigen, zich kronkelen; *b*) krimpen (*van pijn*); *sich* ~ *und winden* (*fig*) zich in allerlei bochten wringen; *sich vor Lachen* ~ zich krom lachen; **'krummliegen** ‹*st.h; a-e*› kromliggen; **'krummnehmen** ‹*st.h; a-o; i*› kwalijk nemen; **'Krümmung** ‹*die; -, -en*› kromming, bocht

'Krüppel ‹*der; -s, -*› verminkte, invalide, onvolwaardige; (*einen*) *zum* ~ *schlagen* iem ongelukkig slaan; **'krüppelhaft, 'krüppelig** mismaakt, vergroeid

'Kruste ‹*die; -, -n*› korst (*div bet*); **'krustig** korstig

Kruzi'fix ‹*das; -es, -e*› crucifix, kruisbeeld

'kryptisch cryptisch

Krypto'gramm ‹*das; -s, -e*› cryptogram
'Kübel ‹*der; -s, -*› bak, kuip, tobbe
Ku'bik cc (*cilinderinhoud*); **Ku'bikmeter** ‹*das of der; -s, -*› kubieke meter
'Kubus ‹*der; -, Kuben*› kubus
'Küche ‹*die; -, -n*› 1 keuken (*ook fig*); 2 *warme, kalte* ~ warme, koude gerechten
'Kuchen ‹*der; -s, -*› koek, taart, gebak
'Küchenabfälle ‹*mv*› keukenafval
'Kuchenblech ‹*das; -(e)s, -e*› bakblik
'Küchenfee ‹*die; -, -n*› keukenprinses
'Kuchenform ‹*die; -, -en*› bakvorm
'Kuchengabel ‹*die; -, -n*› gebakvorkje
'Küchengerät ‹*das; -(e)s, -e*› keukengereedschap
'Küchenherd ‹*der; -(e)s, -e*› fornuis; **'Küchenmaschine** ‹*die; -, -n*› huishoudelijk apparaat
'Kuchenteller ‹*der; -s, -*› gebakschaal
'Kuckuck ‹*der; -s, -e*› 1 (*dierk*) koekoek; 2 deurwaarderszegel; 3 *da ist der ~ los* daar staat de hele boel op z'n kop; (*das Geld ist*) *zum* ~ naar de bliksem; *zum ~!* voor de drommel!; *geh, scher dich zum ~!* loop naar de bliksem!; (*das*) *weiß der ~!* Joost mag het weten!; **'Kuckucksei** ‹*das; -(e)s, -er*› 1 koekoeksei; 2 (*fig*) koekoeksjong; **'Kuckucksuhr** ‹*die; -, -en*› koekoeksklok
'Kuddelmuddel ‹*der of das; -s, geen mv*› warboel
'Kufe ‹*die; -, -n*› 1 kuip, vat; 2 (glij)ijzer (*van schaats, slee e.d.*)
'Kugel ‹*die; -, -n*› 1 kogel; 2 bol; 3 knikker; (*fig*) *eine ruhige ~ schieben* een rustig leventje leiden; **'kugelfest** kogelvrij; **'kugelförmig** kogel-, bolvormig; **'Kugelgelenk** ‹*das; -(e)s, -e*› kogelgewricht; **'kugelig** kogelvormig, bolrond; **'Kugellager** ‹*das; -s, -*› kogellager; **'kugeln I** ‹*h*› 1 kogelen, rollen; 2 *sich* ~ op de grond rollen; *sich ~ vor Lachen* zich slap lachen; **II** ‹*s*› rollen; (*das ist*) *zum Kugeln* om je slap te lachen; **'Kugelschreiber** ‹*der; -s, -*› ball-point, balpen; **'kugelsicher** kogelvrij; **'Kugelstoßen** ‹*das; -s, geen mv*› (*sp*) het kogelstoten
Kuh ‹*die; -, -ë*› 1 koe; 2 (*fig*) *dumme* ~ domme gans; **'Kuhblume** ‹*die; -, -n*› paardebloem; **'Kuhfladen** ‹*der; -s, -*› koeiestront; **'Kuhfuß** ‹*der; -es, -ë*› koevoet, breekijzer; **'Kuhhandel** ‹*der; -s, geen mv*› koehandel (*fig*); **'Kuhhaut** ‹*die; -, -ë*› koehuid; *das geht auf keine ~!* dat is ongehoord!
kühl 1 koel, fris; 2 (*fig*) koel; *einen ~en Kopf behalten* het hoofd koel houden; **'Kühlanlage** ‹*die; -, -n*› koelinrichting; **'Kühlbox** ‹*die; -, -en*› koelbox; **'Kühle** ‹*die; -, geen mv*› 1 koelheid, frisheid, koelte; 2 onhartelijkheid, koelte; **'kühlen** ‹*h*› (af)koelen; **'Kühler** ‹*der; -s, -*› 1 koeler; 2 radiateur; **'Kühlschrank** ‹*der; -(e)s, -ë*› koelkast; **'Kühltruhe** ‹*die; -, -n*› diepvrieskist; **'Kühlung** ‹*die; -, -en*› 1 (af)koeling; 2 koelinstallatie
'Kuhmilch ‹*die; -, geen mv*› koemelk; **'Kuhmist** ‹*der; -(e)s, geen mv*› koemest
kühn 1 koen, gewaagd, stout(moedig); 2 origineel, gedurfd; **'Kühnheit** ‹*die; -, -en*› koenheid enz.; vgl *kühn*
'Kuhstall ‹*das; -(e)s, -ë*› koeiestal
'Küken ‹*das; -s, -*› 1 (*dierk*) kuiken; 2 kippetje, meisje
ku'lant coulant, tegemoetkomend
'Kuli ‹*der; -s, -s*› 1 koelie; 2 balpen
kuli'narisch culinair
Ku'lisse ‹*die; -, -n*› 1 coulisse; *einen Blick hinter die ~n werfen* achter de schermen kijken; 2 (*fig*) achtergrond, omlijsting (*vooral bij sportevenementen*); 3 (*fig*) schijn
'Kulleraugen ‹*mv*› ~ *machen* grote ogen opzetten
'kullern ‹*h en s*› rollen
kulmi'nieren ‹*h*› culmineren
Kult ‹*der; -(e)s, -e*› cultus; **kulti'vieren** ‹*h*› cultiveren; **kulti'viert** (ook) beschaafd, welopgevoed
Kul'tur ‹*die; -, -en*› 1 cultuur, verbouw; 2 kweek, cultuur (*van bacteriën*); 3 cultuur, beschaving; **kultu'rell** cultureel; **Kul'turpalast** ‹*der; -(e)s, -ë*› cultureel centrum (in *DDR*); **Kul'turpflanze** ‹*die; -, -n*› cultuurplant; **Kul'turstufe** ‹*die; -, -n*› trap van beschaving; **Kul'turvolk** ‹*das; -(e)s, -ër*› cultuurvolk, beschaafd volk
'Kultus ‹*der; -, Kulte*› cultus; *mit etwas ~ treiben* iets verafgoden; **'Kultusminister** ‹*der; -s, -*› minister van onderwijs en cultuur (*in deelstaat*)
'Kümmel ‹*der; -s, -*› 1 karwij, komijn; 2 kummel (*een likeur*); **'Kümmelkäse** ‹*der; -s, -*› komijnekaas
'Kummer ‹*der; -s, geen mv*› kommer, verdriet; **'kümmerlich** ellendig, armzalig, behoeftig; **'kümmern** ‹*h*› 1 aangaan, raken; *was kümmert's mich?* wat kan mij het schelen; 2 *sich um* (*einen od. etwas*) ~ zich bekommeren om, zich bezighouden met; (ook) zorgen voor; 3 zich bemoeien met; *kümmere dich um deine eigenen Angelegenheiten* bemoei je met je eigen zaken; 4 slecht groeien; **'kummervoll** kommer-, zorgvol, treurig
Kum'pan ‹*der; -s, -e*› makker, kameraad
'Kumpel ‹*der; -s, - en -s*› 1 kompel, mijnwerker; 2 kameraad, makker
kumu'lieren ‹*h*› ophopen, cumuleren
kund bekend, openbaar; ~ *tun* kond doen, doen weten; *sich ~ tun* zich openbaren
'kündbar opzegbaar
'Kunde I ‹*die; -, -n*› bericht, tijding; **II** ‹*der; -n, -n*› 1 klant, cliënt; *Dienst am Kunden* service; 2 kornuit, kerel; **'künden** ‹*h*› bekendmaken; **'Kundendienst** ‹*der; -(e)s, -e*› 1 klantenservice; 2 service-afdeling; **'Kundenkreis** ‹*der; -es, -e*› klantenkring, clientèle; **'Kundgabe** ‹*die; -, geen mv*› bekendmaking; **'kundgeben** ‹*st.h; a-e; i*› bekendmaken; **'Kundgebung** ‹*die; -, -en*› demonstratie, betoging
'kundig 1 kundig, ervaren; 2 *einer Fremdsprache ~ sein* een vreemde taal meester zijn

'**kündigen** ‹*h*› 1 opzeggen; 2 *einem, einen* ~ iem ontslaan; '**Kündigung** ‹*die; -, -en*› 1 opzegging; 2 ontslag; '**Kündigungsfrist** ‹*die; -, -en*› opzeggingstermijn

'**Kundin** ‹*die; -, -nen*› klant, cliënte; '**Kundschaft** ‹*die; -, -en*› 1 clientèle, klanten; *~!* volk!; 2 bericht; 3 verkenning; '**kundschaften** ‹*h*› op verkenning uitgaan; '**Kundschafter** ‹*der; -s, -*› verkenner

'**kundtun** ‹*onr. h*› bekendmaken; '**kundwerden** ‹*onr. s*› bekend worden

'**künftig** ‹*bn*› toekomstig, aanstaand; ‹*bw*› in het vervolg; '**künftig'hin** voortaan, in het vervolg

Kunst ‹*die; -, -ë*› 1 kunst; 2 kunst; het kunnen; 3 *ich bin mit meiner ~ am Ende* ik weet niet, hoe het verder moet; *was macht die ~?* hoe gaat het?; '**Kunstakademie** ‹*die; -, -n*› kunstacademie; '**Kunstdünger** ‹*der; -s, -*› kunstmest; '**Kunsteis** ‹*das; -es, geen mv*› kunstijs; '**Kunsteislauf** ‹*der; -(e)s, geen mv*› het kunstrijden op de schaats; **Künste'lei** ‹*die; -, -en*› gekunsteldheid; '**Kunstfaser** ‹*die; -, -n*› kunstvezel; '**Kunstfreund** ‹*der; -(e)s, -e*› kunstminnaar, -vriend; '**Kunstgegenstand** ‹*der; -(e)s, -ë*› kunstvoorwerp; '**kunstgerecht** volgens de regels van de kuns; '**Kunstgeschichte** ‹*die; -, geen mv*› kunstgeschiedenis; '**Kunstgewerbe** ‹*das; -s, geen mv*› kunstnijverheid; '**kunstgewerblich** (*Belg*) artisanaal; '**Kunstgriff** ‹*der; -(e)s, -e*› kunstgreep; '**Kunstherz** ‹*das; -ens, -en*› (*med*) kunsthart; '**Kunstkenner** ‹*der; -s, -*› kunstkenner; '**Kunstkniff** ‹*der; -(e)s, -e*› kunstgreep; '**Künstler** ‹*der; -s, -*› kunstenaar, artiest; '**Künstlerin** ‹*die; -, -nen*› kunstenares, artieste; '**künstlerisch** artistiek, kunst; '**künstlich** 1 kunst; *~es Bein, Gebiß, ~e Niere usw.* kunstbeen, -gebit, -nier enz.; 2 kunstmatig (*beademing, meer enz*); 3 gekunsteld; '**kunstlos** eenvoudig, zonder versieringen; '**Kunstmaler** ‹*der; -s, -*› kunstschilder; '**kunstreich** 1 kunst-, vindingrijk, kunstig; 2 kunstvaardig, bedreven; '**Kunstreiter** ‹*der; -s, -*› kunstrijder, schoolrijder; '**Kunstsammlung** ‹*die; -, -en*› kunstverzameling; '**Kunstseide** ‹*die; -, -n*› kunstzijde, rayon; '**kunstsinnig** kunstzinnig, artistiek; '**Kunstspringen** ‹*das; -s, geen mv*› het schoonspringen (*zwemsport*); '**Kunststoff** ‹*der; -(e)s, -e*› kunststof (*bijv plastic*); '**Kunststück** ‹*das; -(e)s, -e*› 1 kunststuk, toer; 2 kunstje, truc; '**Kunstturnen** ‹*das; -s, geen mv*› kunstturnen; '**kunstvoll** met veel kunst, kunstig, vernuftig; '**Kunstwerk** ‹*das; -(e)s, -e*› kunstwerk

'**kunterbunt** 1 kakelbont; 2 bont door elkaar, rijk gevarieerd; 3 ongeordend, rommelig

'**Kupfer** ‹*das; -s, -*› 1 koper; 2 koperen vaatwerk; 3 kopergeld; '**Kupfererz** ‹*das; -es, -e*› kopererts; '**kupferfarben**, '**kupferfarbig** koperkleurig; '**kupfern** koperen; '**Kupferschmied** ‹*der; -(e)s, -e*› koperslager; '**Kupferstich** ‹*der; -(e)s, -e*› kopergravure

'**Kuppe** ‹*die; -, -n*› 1 ronde bergtop; 2 kop (*van lucifer, speld, spijker*); 3 vingertop

'**Kuppel** ‹*die; -, -n*› koepel

Kuppe'lei ‹*die; -, -en*› koppelarij; '**kuppeln** ‹*h*› koppelen, bij elkaar brengen; '**Kuppler** ‹*der; -s, -*› koppelaar; '**Kupplerin** ‹*die; -, -nen*› koppelaarster; '**Kupplung** ‹*die; -, -en*› 1 (*techn*) koppeling; 2 het (aan)koppelen; '**Kupplungspedal** ‹*das; -(e)s, -e*› koppelingspedaal

Kur ‹*die; -, -en*› 1 (*med*) kuur; 2 (*fig*) *einen in die ~ nehmen* iem onder handen nemen

Kür ‹*die; -, -en*› (*sp*) vrij gekozen oefeningen

Ku'rator ‹*der; -s, Kura'toren*› curator

'**Kurbel** ‹*die; -, -n*› 1 kruk, zwengel; 2 slinger; '**Kurbelwelle** ‹*die; -, -n*› krukas

'**Kürbis** ‹*der; -ses, -se*› (*plantk*) pompoen

'**kuren** ‹*h*› een kuur doen

küret'tieren ‹*h*› (*med*) curetteren

'**Kurfürst** ‹*der; -en, -en*› (*hist*) keurvorst; '**Kurfürstentum** ‹*das; -(e)s, -ër*› keurvorstendom

'**Kurgast** ‹*der; -(e)s, -ë*› (*med*) kuur-, badgast; '**Kurhaus** ‹*das; -es, -ër*› badhotel, kurhaus

'**Kurie** ‹*die; -, -n*› (*r-k*) curie

Ku'rier ‹*der; -s, -e*› koerier, ijlbode

ku'rieren ‹*h*› cureren, genezen

kuri'os curieus, zonderling; **kuri'oserweise** merkwaardigerwijze; **Kuriosi'tät** ‹*die; -, -en*› curiositei; **Kuri'osum** ‹*das; -s, Kuriosa*› curiosum

'**Kurort** ‹*der; -(e)s, -e*› kuuroord, badplaats

'**Kurpfuscher** ‹*der; -s, -*› kwakzalver

Kurs ‹*der; -es, -e*› 1 koers (*alle bet*); 2 cursus; (*Belg*) leergang; *einen ~ besuchen, mitmachen* een cursus volgen; *ein ~ für* een cursus in; 3 (*sp*) parcours; 4 *außer ~ setzen* buiten omloop stellen; *hoch im ~ stehen* hoog in aanzien zijn; geliefd, gezien zijn; '**Kursanstieg** ‹*der; -(e), -e*› koersstijging; '**Kursbuch** ‹*das; -(e)s, -ër*› spoorboekje

'**Kürschner** ‹*der; -s, -*› bont-, pelswerker

kur'sieren ‹*h*› in omloop zijn, circuleren

kur'siv cursief

'**Kursnotierung** ‹*die; -, -en*› beurs-, koersnotering; '**Kursrückgang** ‹*der; -(e)s, -ë*› koersdaling; '**Kursschwankung** ‹*die; -, -en*› koersschommeling; '**Kurssteigerung** ‹*die; -, -en*› koersstijging; '**Kurssturz** ‹*der; -es, -ë*› koersval, sterke koersdaling

'**Kursus** ‹*der; -, Kurse*› cursus; *der ~ in, für* de cursus in; *einen ~ besuchen, mitmachen* een cursus volgen

'**Kurswagen** ‹*der; -s, -*› doorgaand rijtuig

'**Kurve** ‹*die; -, -n*› 1 bocht; *aus der ~ getragen, geschleudert werden* uit de bocht vliegen; 2 curve, kromme lijn; 3 lijn, lichaamsvorm; '**kurven** ‹*s*› in bochten rijden, vliegen; '**kurvenfest** vastliggend in de bocht (*van auto*); '**kurvenreich** vol bochten, bochtig (*weg*)

kurz ‹(*kürzer, kürzest*)› 1 kort; *ein ~es Gedächtnis haben* kort van geheugen zijn; 2 beknopt; 3 kortom; 4 *~ vorbei kommen* even-

(tjes) langs komen; ~ *nach zehn* even over tienen (*ich kam*) ~ *nach ihm* vlak na hem; *in, binnen ~em* binnenkort; *in kürzester Zeit* in de kortst mogelijke tijd; *seit ~em* sedert kort; ~ *und gut* kortom; ~ *und schmerzlos* (*fig*) zonder pijn en moeite; *über ~ oder lang, über lang oder* ~ vroeg of laat; *vor ~em* onlangs, kort geleden; *den kürzeren ziehen* aan het kortste eind trekken; '**Kurzarbeit** ‹*die; -, geen mv*› arbeidstijdverkorting; '**kurzarbeiten** ‹*h*› korter werken; '**kurzärm(e)lich** met korte mouwen; '**kurzatmig** kortademig; '**Kurze** ‹*bn als zn*› 1 (*volkstaal*) kortsluiting; 2 borreltje

'**Kürze** ‹*die; -, geen mv*› 1 kortheid; 2 korte duur; 3 bondigheid; 4 *in* ~ binnenkort; *in aller* ~ heel in het kort, in een paar woorden; '**kürzen** ‹*h*› 1 korter maken; in-, verkorten; 2 korten, verminderen, verlagen (*uitgaven, salaris e.d.*); 3 *sich die Zeit* ~ de tijd doden

'**kurzerhand** onmiddellijk, zonder aarzeling

'**Kurzfassung** ‹*die; -, -en*› verkorte versie; '**Kurzform** ‹*die; -, -en*› 1 verkorte vorm; 2 afkorting; '**kurzfristig** op korte termijn; '**kurzgefaßt** kort; '**Kurzgeschichte** ‹*die; -, -en*› kort verhaal; '**kurzgeschnitten** kortgeknipt (*haar*); '**kurzhaarig** kortharig; '**kurzhalten** ‹*h*› (*fig*) kort houden; '**kurzhin** eenvoudigweg; '**kurzlebig** 1 korte tijd levend; 2 van korte duur

kur

'**kürzlich** recent, onlangs

'**Kurzparker** ‹*der; -s, -*› kortparkeerder; '**Kurzschluß** ‹*der; -schlusses, -schlüsse*› kortsluiting; '**Kurzschrift** ‹*die; -, geen mv*› stenografie; '**kurzsichtig** 1 bijziend; 2 kortzichtig; '**Kurzstreckenlauf** ‹*der; -(e)s, -ë*› (*sp*) sprint, korte afstandsloop; '**kurztreten** ‹*st.h; a-e; i*› kalm aan doen

'**kurzum** kortom

'**Kürzung** ‹*die; -, -en*› 1 ver-, af-, inkorting; 2 korting, verlaging (*van lonen, uitgaven e.d.*)

'**Kurzwaren** ‹*mv*› fournituren; '**kurz'weg** kortweg; '**Kurzweil** ‹*die; -, geen mv*› tijdverdrijf, vermaak; '**Kurzwelle** ‹*die; -, -n*› korte golf; '**Kurzwort** ‹*das; -(e)s, -ër*› letterwoord; '**kurzzeitig** kort durend, van korte duur

kusch! koest!

'**kuschelig** lekker zacht (*van trui, stoffen e.d.*); '**kuscheln, sich** ‹*h*› behaaglijk gaan liggen, zich neervlijen

'**kuschen, sich** ‹*h*› 1 (*van hond*) rustig gaan liggen; 2 gehoorzamen, zich koest houden

Ku'sine ‹*die; -, -n*› nicht

Kuß ‹*der; Kusses, Küsse*› kus, zoen; '**küssen** ‹*h*› kussen, zoenen; *sich* ~ elkaar kussen; '**Kußhand** ‹*die; -, -ë*› kushand; *mit* ~ heel graag

'**Küste** ‹*die; -, -n*› kust; '**Küstenfahrt** ‹*die; -, geen mv*› kustvaart; '**Küstengewässer** ‹*mv*› kustwateren; '**Küstenschutz** ‹*der; -es, geen mv*› kustverdediging, kustbeveiliging; '**Küstenstreifen** ‹*der; -s, -*› kuststrook; '**Küstenwache** ‹*die; -, -n*› kustwacht

'**Küster** ‹*der; -s, -*› koster

'**Kutsche** ‹*die; -, -n*› 1 koets, rijtuig; 2 oude auto, vehikel; '**Kutscher** ‹*der; -s, -*› koetsier; **kut'schieren** ‹*s*› rijden, karren

'**Kutte** ‹*die; -, -n*› (monniks)pij

'**Kutter** ‹*der; -s, -*› kotter

Ku'vert ‹*das; -(e)s, -s of -e*› het couvert

kW (*afk*) ‹*das; -s, -*› *Kilowatt*

KZ (*afk*) ‹*das; -(s), -*› *Konzentrationslager*

L l *l*

l. (*afk*) links

'labb(e)rig 1 slap; 2 flauw (*van smaak*); 3 flauw, naar (*gevoel*)

'Labe ‹*die; -, geen mv*› lafenis, verkwikking; **'laben** ‹*h*› laven, verkwikken, verfrissen

la'bil labiel, onstandvastig, wankel

La'bor ‹*das; -s, -e en -s*› het lab(oratorium); **Labo'rant** ‹*der; -en, -en*› laborant

'Labsal ‹*das; -(e)s, -e*› lafenis, verkwikking

'Lache ‹*die; -, -n*› 1 plas (*water, bloed e.d.*); 2 poel

'lächeln ‹*h*› glimlachen; **'Lächeln** ‹*das; -s, geen mv*› glimlach, lachje

'lachen ‹*h*› lachen (*über* om); *aus vollem Halse* ~ schateren van het lachen; *sich krank, krumm, schief, einen Bruch* ~ zich dood, krom, een kriek lachen; *sich vor Lachen biegen* dubbel liggen van het lachen; *ich lachte in mich hinein* ik moest in mezelf lachen; *daß ich nicht lache!* laat me niet lachen!; *das wäre ja gelacht!* dat zou belachelijk zijn; **'Lacher** ‹*der; -s, -*› 1 lacher; 2 lachbui

'lächerlich belachelijk, bespottelijk; **'Lächerlichkeit** ‹*die; -, -en*› belachelijkheid

'Lachmöwe ‹*die; -, -n*› lach-, kap-, kokmeeuw; **'Lachmuskel** ‹*der; -s, -n*› lachspier

Lachs ‹*der; -es, -e*› zalm

'Lachsalve ‹*die; -, -n*› lachsalvo

'Lachsschinken ‹*der; -s, -*› fijne gerookte ham

Lack ‹*der; -(e)s, -e*› 1 lak; 2 *der ~ ist ab* het mooie is eraf; **'lacken** ‹*h*› lakken; **lack'ieren** ‹*h*› 1 lakken; 2 spuiten (*van auto e.d.*); 3 (*fig*) verlakken, beetnemen; **Lackiere'rei** ‹*die; -, -en*› 1 lakkerij; 2 spuiterij

'Lackleder ‹*das; -s, geen mv*› lakleer; **'Lackschaden** ‹*der; -s, -̈*› lakschade

'Lade ‹*die; -, -n*› 1 la(de); 2 vensterluik; **'Ladefähigkeit** ‹*die; -, geen mv*› laadvermogen; **'Ladegewicht** ‹*das; -(e)s, geen mv*› maximum toelaatbaar laadgewicht

'Laden ‹*der; -s, -̈*› 1 winkel; 2 (venster)luik; 3 *den ~ zumachen* de zaak sluiten; *den ~ schmeißen* het zaakje opknappen; (*den ganzen*) ~ *hinschmeißen, hinwerfen* het bijltje erbij neer leggen; *der ~ klappt* dat zaakje is in orde

'laden ‹*st.h; u-a; ä*› 1 laden; 2 (*er hat*) *schwer geladen* zich flink laten vollopen; (*sich etwas auf den Hals*) ~ halen; 3 uitnodigen, vragen (*voor eten e.d.*); 4 *einen vor Gericht ~* iem dagvaarden

'Ladenangestellte(r) ‹*bn als zn*› winkelbediende; **'Ladenbesitzer** ‹*der; -s, -*› winkelier; **'Ladendiebstahl** ‹*der; -(e)s, -ë*› winkeldiefstal; **'Ladengehilfe** ‹*der; -n, -n*› winkelbediende; **'Ladengehilfin** ‹*die; -, -nen*› winkeljuffrouw; **'Ladenhüter** ‹*der; -s, -*› (*fig*) winkeldochter; **'Ladeninhaber** ‹*der; -s, -*› winkelier; **'Ladenkette** ‹*die; -, -n*› grootwinkelbedrijf; **'Ladentisch** ‹*der; -es, -e*› toonbank

'Ladeplatz ‹*der; -es, -ë*› laad-, los-, aanlegplaats; **'Laderampe** ‹*die; -, -n*› goederenperron; laadplatform; **'Laderaum** ‹*der; -(e)s, -̈e*› laadruimte

'Ladung ‹*die; -, -en*› 1 lading; 2 dagvaarding

'Lage ‹*die; -, -n*› 1 ligging; 2 houding; 3 toestand, situatie, positie, omstandigheden; *Herr der ~ sein* de situatie meester zijn; *nach ~ der Dinge* de omstandigheden in aanmerking genomen; 4 laag; 5 rondje (*bier e.d.*); 6 (*mil*) salvo; 7 *in der ~ sein,* (*etwas zu tun*) in staat, in de gelegenheid zijn

'Lagebericht ‹*der; -(e)s, -e*› overzicht van de toestand

'Lagen (*sp*) (*200 m*) ~ wisselslag; (*4 x 100 m*) ~ wisselslag estafette; **'Lagenschwimmen** ‹*das; -s, geen mv*› (*sp*) wisselslag; **'Lagenstaffel** ‹*die; -, -n*› (*sp*) wisselslagestafette

'Lager ‹*das; -s, -*› 1 kamp (*lett en fig*); 2 legerplaats; 3 leger; rustplaats, bed; 4 magazijn; opslagruimte; *auf, am ~ haben* voorradig hebben; *auf ~ nehmen, legen* opslaan, in voorraad nemen; 5 (*techn*) lager; 6 laag (*gesteente, erts e.d.*); **'Lagerbestand** ‹*der; -(e)s, -ë*› magazijnvoorraad; **'Lagerbier** ‹*das; -(e)s, -e*› lagerbier; **'Lagerfeuer** ‹*das; -s, -*› kampvuur; **'Lagerhaus** ‹*das; -es, -ër*› pakhuis, magazijn, entrepot, veem; **'lagern** ‹*h*› 1 opslaan (*van goederen*); 2 opgeslagen zijn; 3 liggen; 4 leggen; neerleggen; 5 liggen, voorkomen (*olie e.d.*); 6 legeren; kamperen; 7 *sich ~* gaan liggen; **'Lagerplatz** ‹*der; -es, -ë*› 1 legerplaats; 2 opslagplaats; **'Lagerraum** ‹*der; -(e)s, -ë*› opslagplaats; magazijn; **'Lagerstätte** ‹*die; -, -n*› lig-, vindplaats (*van ertsen, aardolie e.d.*); **'Lagerung** ‹*die; -, geen mv*› 1 legering; 2 ligging; 3 het opslaan, opslag; 4 (kogel)lager; **'Lagerverwalter** ‹*der; -s, -*› magazijnmeester

lahm 1 lam, verlamd; 2 kreupel; 3 (dood)op; 4 slap, zwak (*persoon, discussie, protest, uitvlucht, verklaring*); 5 *ein ~er Witz* een flauwe mop; *~er Geschäftsgang* kwijnende handel; **'lahmen** ‹*h*› 1 kreupel zijn (*in het bijzonder van paarden*); 2 niet opgaan (*bewijs*); **'lähmen** ‹*h*› verlammen; **'Lahmheit** ‹*die; -, geen mv*› 1 lamheid; 2 sloomheid; **'lahmlegen** ‹*h*› 1 (*fig*) verlammen; 2 lam leggen (*verkeer, industrie*); **'Lähmung** ‹*die; -, -en*› verlamming

Laib ‹*der; -(e)s, -e*› 1 (*dial*) rond of ovaal brood; 2 ronde kaas

Laich ‹*der; -(e)s, -e*› kuit (*van vis*); **'laichen** ‹*h*› kuit schieten

'Laie ‹*der; -n, -n*› leek; **'laienhaft** als een leek, dillettantisch

La'kai ‹*der; -en, -en*› lakei (*lett en fig*)
'Laken ‹*das; -s, -*› (bedde)laken
la'konisch laconiek
La'kritze ‹*die; -, -n*› drop
'lallen ‹*h*› 1 lallen; 2 stamelen, lallen
La'metta ‹*das; -s, geen mv*› 1 metaalvezels (ter versiering van kerstboom); 2 (*iron*) lintjes, medailles
Lamm ‹*das; -(e)s, -ër*› lam; **'Lammfleisch** ‹*das; -es, geen mv*› lamsvlees; **'lamm'fromm** zo mak als een lam
'Lampe ‹*die; -, -n*› lamp; *einen auf die ~ gießen* er eentje pakken; **'Lampenfieber** ‹*das; -s, geen mv*› plankenkoorts; **'Lampenschirm** ‹*der; -(e)s, -e*› lampekap
Land ‹*das; -(e)s, -ër en (dichterlijk) -e*› 1 land; *aus aller Herren Länder(n)* uit alle landen; *außer ~es* buitenslands; 2 deelstaat; 3 *auf dem ~e* buiten; **'Landarbeit** ‹*die; -, -en*› veldarbeid; **'Landarzt** ‹*der; -es, -ë*› plattelandsdokter; **land'auf, land'ab** overal, in het hele land; **'Landbevölkerung** ‹*die; -, -en*› plattelandsbevolking; **'Landebahn** ‹*die; -, -en*› landingsbaan; **land'ein, land'einwärts** landinwaarts; **'landen** ‹*h en s*› 1 landen (*an, auf, in* (+ 3)); 2 meren, aanleggen; 3 aan land zetten, naar de wal brengen; 4 belanden, terechtkomen; 5 *wir sind wieder zu Hause gelandet* wij zijn weer thuis aangekomen; **'Landepiste** ‹*die; -, -n*› landingsbaan; **'Landeplatz** ‹*der; -es, -̈e*› landingsplaats
Länd'rei ‹*die; -, -en*› landerij
'Länderkampf ‹*der; -(e)s, -ë*› internationale wedstrijd, interland(wedstrijd); **'Länderparlamente** ‹*mv*› parlementen van de deelstaten; **'Länderspiel** ‹*das; -(e)s, -e*› internationale wedstrijd
'Landesebene ‹*die*› *auf ~* op het niveau van de deelstaat; **'landeseigen** 1 inheems, inlands; 2 tot deelstaat behorend; **'Landesfarben** ‹*mv*› nationale kleuren; **'Landesfürst** ‹*der; -en, -en*› landsheer; **'Landesgrenze** ‹*die; -, -n*› landsgrens; **'Landeshauptstadt** ‹*die; -, -̈e*› 1 hoofdstad (des lands); 2 hoofdstad van een deelstaat; **'Landeskunde** ‹*die; -, geen mv*› kennis van land en volk; **'Landesmeister** ‹*der; -s, -*› landskampioen; **'Landesminister** ‹*der; -s, -*› minister van een deelstaat; **'Landesparlament** ‹*das; -(e)s, -e*› parlement van een deelstaat; **'Landespolizei** ‹*die; -, geen mv*› politie van een deelstaat; **'Landesregierung** ‹*die; -, -en*› regering van een deelstaat; **'Landessitte** ‹*die; -, -n*› volksgebruik; **'Landessprache** ‹*die; -, -n*› landstaal; **'Landestelle** ‹*die; -, -n*› landingsplaats, -terrein; **'Landestracht** ‹*die; -, -en*› nationale klederdracht; **'landesüblich** in het land gebruikelijk, gewoon; **'Landeswährung** ‹*die; -, -en*› nationale valuta; **'landesweit** in het hele land; **'landfremd** vreemd (in het land); **'Landgemeinde** ‹*die; -, -n*› plattelandsgemeente; **'Landgericht** ‹*das; -(e)s, -e*› arrondissementsrechtbank; **'Landgewinnung** ‹*die; -, -en*› landaanwinning; **'Landhaus** ‹*das; -es, -ër*› landhuis; **'Landkarte** ‹*die; -, -n*› landkaart; **'landläufig** gebruikelijk, gewoon, gangbaar
ländlich landelijk
'Landmann ‹*der; -(e)s, -leute*› agrariër, boer; **'Landmaschine** ‹*die; -, -n*› landbouwmachine; **'Landmesser** ‹*der; -s, -*› landmeter; **'Landschaft** ‹*die; -, -en*› 1 landschap; 2 streek; 3 *die politische ~* de politieke situatie; **'landschaftlich** van het landschap, landschaps..., landschappelijk; **'Landschaftspflege** ‹*die; -, geen mv*› (*Belg*) landschapszorg; **'Landschaftsschutzgebiet** ‹*das; -(e)s, -e*› beschermd natuurgebied; **'Landsitz** ‹*der; -es, -e*› buiten(verblijf), landgoed; **'Landsmann** ‹*der; -(e)s, -leute*› landgenoot; **'Landsmännin** ‹*die; -, -nen*› landgenote; **'Landstraße** ‹*die; -, -en*› provinciale weg; (*Belg*) steenweg; **'Landstreicher** ‹*der; -s, -*› landloper, zwerver; **'Landstreifen** ‹*der; -s, -*› landstrook; **'Landstreitkräfte** ‹*mv*› landstrijdkrachten; **'Landstrich** ‹*der; -(e)s, -e*› landstreek; **'Landtag** ‹*der; -(e)s, -e*› 1 landdag; 2 parlement van een deelstaat; **'Landtagsabgeordnete(r)** ‹*bn als zn*› parlementslid in een deelstaat; **'Landtagswahl** ‹*die; -, -en*› deelstaatverkiezingen
'Landung ‹*die; -, -en*› landing; **'Landungsbrükke** ‹*die; -, -n*› aanlegsteiger; **'Landungssteg** ‹*der; -(e)s, -e*› aanlegsteiger; **'Landungsstelle** ‹*der; -(e)s, -e*› landingsplaats
'landwärts landwaarts; **'Landweg** ‹*der; -(e)s, -e*› 1 veldweg; 2 *auf dem ~ (zurückkehren)* over land; **'Landwein** ‹*der; -(e)s, -e*› landwijn; **'Landwirt** ‹*der; -(e)s, -e*› landbouwer, agrarier, boer; **'Landwirtschaft** ‹*die; -, geen mv*› 1 boerenbedrijf; 2 landbouw; **'landwirtschaftlich** landbouw..., agrarisch
lang I ‹*bn; länger, längst*› lang; *des ~en und breiten* lang en breed; (*es ist*) *so breit wie ~* zo lang als het breed is; *längere Zeit* tamelijk lang; *seit ~em* sedert lang; *seit längerem* sedert geruime tijd; *vor ~em, vor ~er Zeit* lang geleden; II ‹*bw; vz*› (+ 4) (*er ging*) *den Fluß ~* langs de rivier; *wo ging er ~?* welke kant ging hij uit?; **'langatmig** langdradig, lang van stof; **'lange** ‹(*länger, am längsten*)› lang; lange tijd; (*er*) *macht, braucht ~* heeft lang werk; (*was soll ich*) *~ sagen?* nog veel zeggen?; *ich hab' es ~ gemerkt* ik heb het al lang gemerkt
'Länge ‹*die; -, -n*› 1 lengte; *der ~ nach hinfallen* languit (neer)vallen; *der ~ nach* (*falten, durchschneiden*) in de lengte; 2 lengte, duur; *auf die ~* op den duur; 3 saai gedeelte (*in boek, toneelstuk*)
'langen ‹*h*› 1 voldoende, toereikend zijn; *jetzt langt mir's!* nu is het genoeg!; 2 reiken, komen tot; 3 halen (uit), grijpen (naar); 4 *er langte ihm eine* hij gaf hem een draai om zijn oren
'Langeweile ‹*die; -, geen mv*› *vor, aus ~ od. Langeweile* uit verveling; **'Langfinger** ‹*der; -s, -*› zakkenroller; **'langfristig** 1 langlopend;

2 op lange termijn; '**langgehen** ‹*st.s; i-a*› 1 *am Fluß ~* langs de rivier gaan, lopen; 2 (*ich weiß nicht mehr*) *wie 's langgeht* hoe het verder moet; '**langge'zogen** langgerekt; '**langhaarig** langharig; '**langjährig** lang-, veeljarig, al jaren lang; '**Langlauf** ‹*der; -(e)s, geen mv*› (*sp*) Langlauf; '**Langläufer** ‹*der; -s, -*› beoefenaar van Langlauf; '**langlebig** 1 langlevend; 2 duurzaam

'**länglich** langwerpig; *~ rund* langwerpig rond

'**Langmut** ‹*die; -, geen mv*› lankmoedigheid; '**langmütig** lankmoedig, geduldig

längs ‹*vz* (+ 2) *of* (+ 3)› langs; '**Längsachse** ‹*die; -, -n*› lengteas

'**langsam** I ‹*bn*› langzaam; *immer* (*schön*) *~!* rustig aan!; II ‹*bw*› langzamerhand

'**Langschläfer** ‹*der; -s, -*› langslaper, luilak; '**Langspielplatte** ‹*die; -, -n*› langspeelplaat, LP

'**längsschiffs** langsscheeps; '**Längsschnitt** ‹*der; -(e)s, -e*› lengtedoorsnede; '**Längsseite** ‹*die; -, -n*› lange kant (*van tafel e.d.*); '**längsseits** ‹*bw; vz*› (+ 2) langszij

längst al lang, sedert lang; *~ nicht* lang niet; '**längstens** 1 op zijn langst, hoogstens; 2 op z'n laatst, uiterlijk

'**Langstreckenflug** ‹*der; -(e)s, -ë*› (*luchtv*) lange-afstandsvlucht; '**Langstreckenlauf** ‹*der; -(e)s, -ë*› (*sp*) lange-afstandsloop; '**Langstreckenrakete** ‹*die; -, -n*› lange-afstandsraket; '**Langstreckler** ‹*der; -s, -*› lange-afstandloper

Lan'guste ‹*die; -, -n*› langoest, zeekreeft

'**Langweile** ‹*die; -, geen mv*› zie *Langeweile*; '**langweilen** ‹*h*› vervelen; '**langweilig** vervelend; '**Langweiligkeit** ‹*die; -, -en*› vervelendheid, saaiheid; '**Langwelle** ‹*die; -, -n*› lange golf (*LW*); '**langwierig** langdurig

'**Lanze** ‹*die; -, -n*› lans

Lap'palie ‹*die; -, -n*› kleinigheid, bagatel

'**Läppchen** ‹*das; -s, -*› 1 vodje; 2 (oor)lelletje

'**Lappe** ‹*der; -n, -n*› Lap(lander)

'**Lappen** ‹*der; -s, -*› 1 lap, doek; 2 vod, lor, lomp; 3 *einem durch die ~ gehen* iem ontsnappen

'**läppern** ‹*h*› 1 lebberen; 2 *das, es läppert sich* het komt met stukjes en beetjes bij elkaar

'**lappig** 1 slap; 2 onnozel

'**läppisch** 1 flauw, kinderachtig; 2 onvolwassen

Lari'fari ‹*das; -s, geen mv*› onzin, geklets, larie

Lärm ‹*der; -(e)s, geen mv*› 1 lawaai; *ruhestörender ~* burengerucht; 2 drukte; 3 *~ schlagen* alarm slaan (*lett en fig*); '**Lärmbelästigung** ‹*die; -, -en*› geluidshinder; '**lärmen** ‹*h*› lawaai maken; *~d* rumoerig; '**Lärmschutzwall** ‹*der; -(e)s, -ë*› geluidswal

'**Larve** ‹*die; -, -n*› 1 larve; 2 masker

lasch slap, laks

'**Lasche** ‹*die; -, -n*› 1 lip(je) (*aan schoen, tas e.d.*); 2 (*techn*) las

'**Laschheit** ‹*die; -, -en*› slapheid, laksheid

'**Laserstrahl** ‹*der; -(e)s, -en*› laserstraal

'**lassen** ‹*st.h; ie-a; ä*› 1 laten (*div bet*); 2 *~ wir das!* laten we er niet meer over praten!; *das lasse ich mir nicht bieten, gefallen* dat neem ik niet; *er kann sich sehen ~* hij mag gezien worden; (*der Direktor*) *läßt bitten!* gaat u naar binnen!; *einen in Ruhe, Frieden ~* iem met rust laten; *ich lasse Ihnen das Buch für 20 DM* u mag het boek voor 20 DM hebben; *ich lasse dir mein Auto bis morgen* je mag mijn auto tot morgen houden; *das läßt sich denken* dat is te begrijpen; *er läßt grüßen* je (u) moet de groeten van hem hebben; *man muß es ihm ~, daß* ... men moet toegeven, dat hij ...; *etwas sein ~* iets laten, niet doen; *sein Wasser ~* urineren; *das läßt sich leicht machen* dat kan gemakkelijk gedaan worden; *hier läßt es sich leben!* hier is het aangenaam!; *von etwas* (*nicht*) *lassen können* iets (niet) kunnen opgeven

'**lässig** 1 nonchalant; 2 traag; 3 tof, klasse (*scholierentaal*); '**Lässigkeit** ‹*die; -, geen mv*› nonchalance

'**läßlich** vergeeflijk

Last ‹*die; -, -en*› 1 last (*vracht, druk*); 2 (*fig*) belasting; *er ist uns eine ~* hij is een last voor ons; *einem zur ~ werden, fallen* iem lastig vallen, een last voor iem worden; *einem etwas zur ~ legen* iem iets ten laste leggen; (*die Kosten*) *gehen zu ~en* (*des Käufers*) komen ten laste van; *zu ~en* (ook) ten koste van; '**Lastauto** ‹*das; -s, -s*› vrachtauto; '**lasten** ‹*h*› drukken, wegen; '**lastenfrei** vrij van lasten, onbezwaard

'**Laster** I ‹*das; -s, -*› ondeugd, zonde; II ‹*der; -s, -*› vrachtauto

'**Lästerer** ‹*der; -s, -*› lasteraar, kwaadspreker

'**lasterhaft** verdorven, slecht, onzedelijk; '**Lasterhaftigkeit** ‹*die; -, geen mv;*› zie *lasterhaft*

'**lästerlich** (gods)lasterlijk, schandelijk; '**Lästermaul** ‹*das; -(e)s, -ër*› lasteraar(ster), kwaadspre(e)k(st)er; '**lästern** 1 lasteren (*God*); 2 roddelen; '**Lästerung** ‹*die; -, -en*› 1 laster, smaad; 2 roddel

'**Lastfahrer** ‹*der; -s, -*› vrachtwagenchauffeur

'**lästig** lastig, hinderlijk, naar; '**Lästigkeit** ‹*die; -, geen mv*› lastigheid, hinderlijkheid

'**Lastkahn** ‹*der; -(e)s, -ë*› vrachtschip (*bijv rijnaak*); '**Lastkraftwagen** ‹*der; -s, -*› vrachtauto; '**Lastwagen** ‹*der; -s, -*› vrachtwagen; '**Lastzug** ‹*der; -(e)s, -ë*› vrachtwagencombinatie

La'tein ‹*das; -s, geen mv*› Latijn; **la'teinisch** Latijns; *das Lateinische* het Latijn

late'ral lateraal, zijdelings

La'terne ‹*die; -, -n*› lantaarn; **La'ternenpfahl** ‹*der; -(e)s, -ë*› lantaarnpaal

'**Latschen** ‹*der; -s, -*› slof (*oude schoen, pantoffel*); '**latschen** ‹*h*› sloffen; '**latschig** slungelig

'**Latte** ‹*die; -, -n*› 1 lat; 2 ‹*mv*› (ook) de ski's; 3 *lange ~* lang eind (*persoon*); *eine ~ von Schulden haben* veel schulden hebben; '**Lattenkiste** ‹*die; -, -n*› krat (*voor verpakking*); '**Lattenschuß** ‹*der; -schusses, -schüsse*› (*sp*) schot tegen de (doel)lat; '**Lattenzaun** ‹*der; -(e)s, -̈e*› schutting, hek

Latz ‹*der; -es, -ë of -e*› 1 bovenstuk, -deel (*van kledingstuk*); 2 klep (*aan broek*)

'Lätzchen ‹*das; -s, -*› slabbetje

lau 1 lauw; 2 zacht, aangenaam (*weer, lucht*); 3 (*fig*) slap, besluiteloos

Laub ‹*das; -(e)s, geen mv*› loof, gebladerte; **'Laubbaum** ‹*der; -(e)s, -ë*› loofboom

'Laube ‹*die; -, -n*› 1 tuinhuisje; 2 loge; 3 galerij

'Laubfrosch ‹*der; -es, -ë*› boomkikvors; **'Laubhüttenfest** ‹*das; -(e)s, geen mv*› Loofhuttenfeest; **'Laubkäfer** ‹*der; -s, -*› bladkever; **'Laubsäge** ‹*die; -, -n*› figuurzaag

Lauch ‹*der; -(e)s, -e*› 1 look; 2 prei

'Lauer ‹*die*› *auf der ~ liegen* op de loer liggen; **'lauern** ‹*h*› 1 loeren; 2 (met ongeduld) wachten; 3 *eine ~de Gefahr* een dreigend gevaar

Lauf ‹*der; -(e)s, -ë*› 1 loop; het lopen (*ook van machines e.d.*); 2 verloop, route, loop (*van rivier e.d.*); 3 loop (*van wapens*); 4 (*sp*) wedstrijd; 5 (*sp*) ronde, serie; 6 poot (*van sommige dieren*); 7 *der ~ der* (*Welt, Geschichte, Dinge*) de loop van de (...); *den Dingen ihren* (*freien*) *~ lassen* de zaken op hun beloop laten; (*seinen Tränen, Gedanken*) *freien ~ lassen* de vrije loop laten; *im ~* op een draf(je); **'Laufbahn** ‹*die; -, -en*› loopbaan; **'Laufbursche** ‹*der; -n, -n*› loopjongen; **'laufen** ‹*st.s; ie-au; äu*› 1 lopen (*div bet*); 2 (hard)lopen; 3 lekken, druipen, lopen; 4 geldig zijn (*van biljet e.d.*); 5 aanstaan (*van radio, TV*); 6 lopen, aan de gang zijn; 7 (*der Film*) *läuft* (*schon 10 Wochen*) draait; (*der Film*) *läuft im 2. Programm* wordt op het 2e net uitgezonden; **'laufend** 1 lopend; *das ~e Band* de lopende band; 2 doorlopend, continu; 3 *~ steigen usw.* voortdurend stijgen enz.; 4 *auf dem ~en sein, bleiben, halten über* (+ 4) op de hoogte zijn, blijven, houden van; **'laufenlassen** ‹*st.h; ie-a; ä*› laten lopen, vrijlaten; **'Läufer** ‹*der; -s, -*› 1 loper (*alle bet*); 2 hardloper; 3 middenveldspeler; 4 skiër; 5 schaatser; **Laufe'rei** ‹*die; -, -en*› geloop; **'Läuferin** ‹*die; -, -nen*› 1 (hard)loopster; 2 skiester; 3 schaatsenrijdster; **'Lauffeuer** ‹*das; -s, geen mv*› (*fig*) lopend vuurtje; **'Laufgitter** ‹*das; -s, -*› babybox; **'läufig** loops; **'Laufmasche** ‹*die; -, -n*› ladder (*in kous*); **'Laufpaß** ‹*der*› *einem den ~ geben* iem de bons geven; **'laufruhig** stil (*van motor, machine*); **'Laufschritt** ‹*der; -(e)s, geen mv*› *im ~* in looppas; **'Laufstall** ‹*der; -(e)s, -ë*› box (*voor koeien*)

'Lauge ‹*die; -, -n*› loog; **'laugen** ‹*h*› logen

'Lauheit ‹*die; -, geen mv*› slapheid, besluiteloosheid

'Laune ‹*die; -, -n*› 1 humeur, stemming; *bei ~, in guter ~ sein* goedgehumeurd zijn; (*das*) *macht ~* brengt er de stemming in; 2 gril, nuk, kuur; **'launenhaft** 1 humeurig, nukkig, wispelturig; 2 *~es Wetter* grillig weer; **'launig** grappig, leuk, humoristisch; **'launisch** humeurig, wispelturig, grillig

Laus ‹*die; -, -ë*› 1 luis; 2 *ihm ist eine ~ über die Leber gelaufen, gekrochen* hij heeft een rotbui

'Lausbub ‹*der; -en, -en*› kwajongen

'lauschen ‹*h*› luisteren

'lauschig behaaglijk, knus, intiem

'Lausejunge ‹*der; -n, -n*› kwajongen; **'Lausekerl** ‹*der; -(e)s, -e*› schoft

'lausen ‹*h*› 1 luizen; 2 *ich denke, mich laust der Affe!* ik stond gewoon paf!

'lausig 1 onaangenaam, naar; 2 *die paar ~en Pfennige* die paar onnozele centen; *~e Zeiten* slechte tijden; *~ kalt* bar koud

Laut ‹*der; -(e)s, -e*› geluid, klank; (*er gab*) *keinen ~ von sich* geen kik

laut I ‹*bn en bw*› 1 luid, hard (*muziek, spreken, zuigen enz*); *etwas ~ sagen, lesen* iets hardop zeggen, lezen; 2 *~ werden* bekend worden; *es wurden Stimmen ~* er gingen stemmen op; 3 druk, rumoerig (*straat e.d.*); **II** ‹*vz* (+ 2), *soms* (+ 3)› volgens, blijkens

'Laute ‹*die; -, -n*› (*muz*) luit

'lauten ‹*h*› 1 luiden; *das Urteil lautet auf einen Monat Freiheitsstrafe* het vonnis luidt een maand gevangenisstraf; *die Papiere lauten auf den Namen ...* de papieren staan op naam van ...; 2 uitspreken, articuleren; *ein Wort falsch ~* een woord fout uitspreken

'läuten ‹*h*› 1 luiden (*van klok*); 2 bellen; 3 (*von*) *etwas ~ hören* (*fig*) de klok horen luiden

'lauter I ‹*bn*› 1 louter, zuiver; 2 echt, oprecht, eerlijk; **II** ‹*bw*› louter, enkel, alleen

'läutern ‹*h*› louteren, zuiveren, verbeteren; **'Läuterung** ‹*die; -, -en*› loutering enz.

'lauthals luid(keels); **'lautlos** geluidloos, zwijgend, sprakeloos; **'Lautlosigkeit** ‹*die; -, geen mv*› stilte; **'Lautsprecher** ‹*der; -s, -*› luidspreker; **'lautstark** heel hard; **'Lautstärke** ‹*die; -, geen mv*› geluidssterkte, volume

'Lava ‹*die; -, Lven*› lava

la'vieren ‹*h*› laveren

La'wine ‹*die; -, -n*› lawine

lax laks, slap, week; **'Laxheit** ‹*die; -, -en*› laksheid; **la'xieren** ‹*h*› laxeren, purgeren

Laza'rett ‹*das; -(e)s, -e*› militair hospitaal

'leasen ‹*h*› leasen; **'Leasing** ‹*das; -s, -s*› leasing

'lebbar leefbaar

Lebe'hoch ‹*das; -s, -s*› toost, hoera

'leben ‹*h*› 1 leven; 2 wonen; 3 *lebe wohl!* vaarwel!; (*einen*) (*hoch*) *~ lassen* een toost op iem uitbrengen; **'Leben** ‹*das; -s, -*› leven; *am ~ bleiben, sein* in leven blijven, zijn; (*das tue, esse ich*) *für mein ~ gern* dolgraag; *mit dem ~ davonkommen* het er levend afbrengen; **'lebend** levend; (*ich kenne hier*) *keine ~e Seele* geen sterveling; *die ~en Sprachen* de levende talen; **le'bendig** 1 levend; *bei ~em Leibe* in levenden lijve; 2 levendig, opgewekt; **Le'bendigkeit** ‹*die; -, geen mv*› levendigheid; **'Lebensalter** ‹*das; -s, -*› leeftijd, ouderdom; **'Lebensart** ‹*die; -, -en*› leefwijze; *er hat keine ~* weet zich niet te gedragen; **'lebensbejahend** optimistisch; **'Lebensbejahung** ‹*die; -, geen mv*› levensaanvaarding, optimisme; **'Lebensdauer** ‹*die; -, geen mv*› levensduur; **'lebensfähig** levensvatbaar; '**lebensfremd** wereldvreemd; '**lebensfroh** levenslustig, vrolijk, opgewek; '**Lebensführung** ‹*die; -, -en*› levenswijze; '**Lebensgefahr** ‹*die; -, geen mv*› levensgevaar; (*einen*) *unter eigner* ~ (*retten*) met levensgevaar; '**lebensgefährlich** levensgevaarlijk; '**Lebensgefährte** ‹*der; -,n, -n*› levensgezel; '**Lebensgefährtin** ‹*die; -, -nen*› levensgezellin; '**Lebenshaltung** ‹*die; -, -en*› 1 levensonderhoud; 2 levensstandaard; '**Lebenshaltungskosten** ‹*mv*› kosten van levensonderhoud; '**Lebensjahr** ‹*das; -(e)s, -e*› levensjaar; *im 18.* ~ op 18-jarige leeftijd; '**lebenskräftig** vol levenskracht; '**lebenslang** zijn (haar) leven lang; '**lebenslänglich** levenslang; '**lebenslustig** levenslustig, opgewekt; '**Lebensmittel** ‹*das; -s, -*› levensmiddel; '**Lebensmittelgeschäft** ‹*das; -(e)s, -e*› levensmiddelenwinkel; '**lebensnotwendig** van levensbelang; '**lebenspendend** leven schenkend; '**Lebensregel** ‹*die; -, -n*› maxime, devies; '**Lebensstandard** ‹*der; -s, -s*› levensstandaard; '**Lebensumstände** ‹*mv*› levensomstandigheden; '**Lebensunterhalt** ‹*der; -(e)s, geen mv*› levensonderhoud; '**Lebensversicherung** ‹*die; -, -en*› levensverzekering; '**Lebensweise** ‹*die; -, -n*› leefwijze; '**lebenswichtig** van vitaal belang, van levensbelang; '**Lebenszeit** ‹*die; -, geen mv*› levensduur; *auf* ~ voor het (gehele) leven

'**Leber** ‹*die; -, -n*› 1 lever; 2 *frisch, frei von der* ~ *weg sprechen, reden* ronduit, vrijuit spreken; '**leberfarben**, '**leberfarbig** leverkleurig; '**Leberfleck** ‹*der; -(e)s, -e*› moedervlek; '**Leberkäse** ‹*der; -s, geen mv*› leverkaas; '**Leberwurst** ‹*die; -, -ë*› leverworst

'**Lebewesen** ‹*das; -s, -*› levend wezen, organisme

Lebe'wohl ‹*das; -(e)s, -e en -s*› vaarwel, afscheid

'**lebhaft** 1 levendig (*ook fig*), opgewekt; 2 levendig, druk (*ook fig*); 3 sterk, krachtig (*kleuren*); '**Lebhaftigkeit** ‹*die; -, geen mv;*› zie *lebhaft*; '**Lebkuchen** ‹*der; -s, -*› peperkoek; '**leblos** levenloos, dood; '**Lebtag** ‹*der*› *mein* ~, *meine* ~*e* mijn leven lang, van mijn leven; '**Lebzeiten** ‹*mv*› *bei od. zu seinen* ~ bij zijn leven

'**lechzen** ‹*h*› snakken, smachten

leck lek

Leck ‹*das; -(e)s, -s*› lek

'**lecken** ‹*h*› 1 likken; *leck mich* (*am Arsch*)! lik m'n reet!; 2 lekken, lek zijn

'**lecker** lekker; '**Leckerbissen** ‹*der; -s, -*› lekkernij; '**Leckermaul** ‹*das; -(e)s, -ër*› lekkerbek

'**Leder** ‹*das; -s, -*› 1 leer, leder (*ook voetbal*); 2 zeem(lap); *vom* ~ *ziehen* van leer trekken; '**lederartig** leerachtig; '**Lederhandschuh** ‹*der; -(e)s, -e*› leren handschoen; '**ledern I** ‹*bn*› 1 leren; 2 (*fig*) droog, saai; **II** ‹*ww; h*› zemen, lappen

'**ledig** 1 ongehuwd; 2 *er ist seiner Sorgen* ~ hij is van zijn zorgen bevrijd; '**Ledige(r)** ‹*bn als zn*› ongehuwde; '**lediglich** enkel (en alleen), slechts

leer 1 leeg; ~ *ausgehen* niets krijgen; ~*e Ausreden* kale uitvluchten; ~*e Behauptungen* nietszeggende beweringen; ~*es Gerede* gezwam; ~*e Hoffnungen* ijdele verwachtingen; ~*e Phrasen* holle frases; *ein* ~*er Kopf* een leeghoofd; ~*e Worte* nietszeggende woorden; ~*es Zimmer* (ook) ongemeubileerde kamer; 2 ~ *laufen* stationair lopen (*motor*); onbelast lopen (*machine*); '**Leere** ‹*die; -, geen mv*› leegte (*lett en fig*); *ins* ~ *starren* voor zich uit staren; '**leeren** ‹*h*› 1 legen; 2 lichten (*brievenbus*); 3 *sich* ~ leeglopen (*vat, zaal*); '**Leergut** ‹*das; -(e)s, -̈er*› (*Belg*) leeggoed; '**Leerlauf** ‹*der; -(e)s, geen mv*› 1 het stationair draaien (*van motor*); ~ in z'n vrij (*motor*); 2 verspilde energie, tijd; (*sp*) dode fase; '**leerlaufen** ‹*st.s; ie-au; äu*› leeglopen; '**Leerung** ‹*die; -, -en*› 1 het legen, lediging; 2 lichting; '**Leerzimmer** ‹*das; -s, -*› ongemeubileerde kamer

le'gal legaal, wettig; **legali'sieren** ‹*h*› legaliseren

'**Legebatterie** ‹*die; -, -n*› legbatterij (*voor kippen*)

'**legen** ‹*h*› leggen; (*sp*) *einen* ~ iem onderuit halen; (*erwten*) zaaien; (*aardappelen*) poten; *einen in Fesseln* ~ iem in de boeien slaan; *Gewicht, Wert auf* (+ 4) ~ waarde aan iets hechten; *Feuer* ~ brand stichten; **sich** ~ gaan liggen; bedaren (*wind, toorn*); *sich schlafen legen* gaan slapen; *sich auf* (+ 4) ~ (ook) zich op iets toeleggen

legen'där legendarisch; **Le'gende** ‹*die; -, -n*› legende

le'ger (*spr* leezjee) 1 ongedwongen; 2 nonchalant; 3 luchtig

Le'gierung ‹*die; -, -en*› legéring

Legi'on ‹*die; -, -en*› legioen; **Legio'när** ‹*der; -s, -e*› legioensoldaat

Legisla'tive ‹*die; -, -n*› wetgevende vergadering; (*Belg*) legislatuur; **Legisla'tur** ‹*die; -, -en*› wetgeving, wetgevend lichaam; **Legisla'turperiode** ‹*die; -, -n*› zittingsperiode; (*Belg*) legislatuur

legi'tim legitiem, wettig; **Legitimati'on** ‹*die; -, -en*› legitimatie; **legiti'mieren** ‹*h*› 1 legitimeren; 2 wettigen

Le'guan ‹*der; -s, -e*› leguaan

Lehm ‹*der; -(e)s, -e*› leem; '**lehmig** leemachtig

'**Lehne** ‹*die; -, -n*› (arm-, rug)leuning; '**lehnen** ‹*h*› leunen; (*der Stock*) *lehnt an der Wand* staat tegen de muur; *er lehnt das Fahrrad an od. gegen die Wand* hij zet de fiets tegen de muur; *sich an, auf, über* (+ 4) *etwas* ~ tegen, op, over iets leunen; *sich aus dem Fenster* ~ zich uit het raam buigen

'**Lehramt** ‹*das; -(e)s, -ër*› leraarsbetrekking; '**Lehranstalt** ‹*die; -, -en*› onderwijsinrichting; '**Lehrbuch** ‹*das; -(e)s, -ër*› leerboek; '**Lehre** ‹*die; -, -n*› 1 leer (*van Newton enz*); 2 leer, lering, les; 3 leer(tijd); '**lehren** ‹*h*› 1 leren, bijbrengen; 2 onderwijzen, doceren; *ich werde dich ~!* ik zal je leren!; '**Lehrer** ‹*der; -s, -*› 1 leraar, docent; 2 leermeester; '**Lehrerkollegium** ‹*das; -s, -kollegien*› docentenkorps; '**Lehrerkonferenz** ‹*die; -, -en*› leraars-, docentenvergadering; '**Lehrgang** ‹*der; -(e)s, -̈e*› leergang, cursus; '**Lehrgeld** ‹*das; -(e)s, -er*› *~ zahlen* leergeld betalen; '**lehrhaft** 1 lerend; 2 schoolmeesterachtig; '**Lehrling** ‹*der; -s, -e*› 1 leerling; 2 leerlinge (*in het leerlingenstelsel*); '**lehrreich** leerrijk, -zaam; '**Lehrstelle** ‹*die; -, -n*› opleidingsplaats (*van leerling in bedrijf*); '**Lehrvertrag** ‹*der; -(e)s, -ë*› leerovereenkomst (*tussen leerling en bedrijf*); '**Lehrzeit** ‹*die; -, -en*› leertijd

Lei ‹*die; -, -en*› (lei)rots, lei

Leib ‹*der; -(e)s, -er*› 1 lijf; (*etwas*) ***am** eigenen ~ erfahren* aan den lijve ondervinden; *am ganzen ~ zittern* over het hele lichaam bibberen; *einem **auf** den ~ rücken: a*) zich aan iem opdringen; *b*) iem ter verantwoording roepen; *gut **bei** ~e sein* er welgedaan uitzien; *die Krankheit steckte ihm schon lange **im** ~* hij had die ziekte al lang onder de leden; ***zu** ~e gehen, rücken* iem te lijf gaan; 2 buik; 3 *mit ~ und Seele* met hart en ziel; '**Leibarzt** ‹*der; -es, -̈e*› lijfarts; '**Leibeigene(r)** ‹*bn als zn*› lijfeigene; '**Leibesfrucht** ‹*die; -, -ë*› ongeboren vrucht; '**Leibeskräften** ‹*mv*› *aus ~* uit alle macht; '**Leibgericht** ‹*das; -(e)s, -e*› lievelingsgerecht; '**leibhaft, leib'haftig** 1 in levenden lijve; 2 in eigen persoon; '**leiblich** 1 lichamelijk, stoffelijk; 2 eigen; *mein ~er Bruder* mijn eigen broer; '**Leibwache** ‹*die; -, -n*› lijfwacht; '**Leibwächter** ‹*der; -s, -*› lijfwacht; '**Leibwäsche** ‹*die*› ondergoed

'**Leiche** ‹*die; -, -n*› lijk; '**Leichenbegängnis** ‹*das; -ses, -se*› begrafenis; '**Leichenbestattung** ‹*die; -, -en*› teraardebestelling

'**Leichenhaus** ‹*das; -es, -ër*› lijkenhuis; '**Leichenschau** ‹*die; -, -en*› lijkschouwing; '**Leichenschauhaus** ‹*das; -es, -ër*› lijkenhuis; '**Leichenschmaus** ‹*der; -es, -ë*› begrafenismaal; '**Leichnam** ‹*der; -es, -e*› lijk

leicht 1 licht (*div bet*); 2 *~übertrieben usw*. lichtelijk overdreven enz.; 3 (ge)makkelijk; 4 *ein ~er Fehler* een klein foutje; 5 *~en Herzens, Sinnes* onbezorgd, opgewekt; '**Leichtathlet** ‹*der; -en, -en*› atleet; '**Leichtathletik** ‹*die; -, geen mv*› atletiek; '**Leichtathletin** ‹*die; -, -nen*› atlete; '**leichtbekleidet** lichtgekleed; '**leichtentzündlich** licht ontvlambaar; '**Leichter** ‹*der; -s, -*› (*scheepv*) lichter; '**leichtfallen** ‹*st.s; ie-a; ä*› gemakkelijk afgaan; '**leichtfertig** licht(vaardig, -zinnig); '**Leichtfertigkeit** ‹*die; -, geen mv;*› zie *leichtfertig*; '**leichtfüßig** lichtvoetig, vlug, snel; '**Leichtgewichtler** ‹*der; -s, -*› (*sp*) lichtgewicht; '**leichtgläubig** lichtgelovig; '**leichtherzig** luchthartig; **leicht'hin** licht, luchtigjes, gemakkelijk, losjes; '**Leichtigkeit** ‹*die; -, geen mv*› licht-, vlug-, gemakkelijkheid; *mit ~* met gemak; '**leichtlebig** zorgeloos, luchthartig; '**leichtnehmen** ‹*st.h; a-o; i*› iets luchtig, gemakkelijk opnemen; '**Leichtsinn** ‹*der; -(e)s, geen mv*› lichtzinnigheid; '**leichtsinnig** 1 lichtzinnig, onbezonnen; 2 (sterker) roekeloos; '**leichtverderblich** bederfelijk; '**leichtverletzt** lichtgewond; '**leichtverständlich** gemakkelijk te begrijpen

leid leed; *es tut mir ~* het spijt me; *er tut mir ~* ik heb met hem te doen; *es tut einem ~* (*so etwas zu sehen*) het is pijnlijk; *etwas ~ sein* ergens genoeg van hebben; **Leid** ‹*das; -(e)s, geen mv*› 1 leed; smart, droefenis, verdriet; *Lieb* (*Freud*) *und ~* lief (vreugde) en leed; 2 kwaad; *einem ein ~* (*an*)*tun* iem kwaad doen; 3 *sich ein ~*(*s*) *antun* zelfmoord plegen; '**Leideform** ‹*die; -, geen mv*› (*gramm*) lijdende vorm; '**leiden** ‹*st.h; i-i*› 1 lijden; 2 *der Wagen, das Haus hat sehr gelitten* de wagen, het huis is flink beschadigd; 3 *einen* (*nicht*) *~ können, mögen* iem (niet) mogen; *einen od. etwas nicht ~ können* iem of iets niet kunnen uitstaan; 4 *wohl, sehr gelitten sein* graag gezien zijn; '**Leiden** ‹*das; -s, -*› 1 lijden; 2 ziekte, kwaal; '**leidend** ziekelijk; '**Leidenschaft** ‹*die; -, -en*› hartstocht; '**leidenschaftlich** 1 hartstochtelijk; 2 *~ gern schwimmen, essen, angeln usw*. enorm, zeer graag zwemmen, eten, vissen e.d.; '**Leidensgefährte** ‹*der; -n, -n*› lotgenoot; '**Leidensgeschichte** ‹*die; -, -n*› 1 lijdensgeschiedenis; 2 het lijdensverhaal (*van Christus*)

'**leider**! helaas! jammer genoeg!; *~ Gottes!* helaas!

'**leidig** naar, ellendig, vervelend; *ein ~er Trost* een schrale troost

'**leidlich** tamelijk, goed, redelijk, vrij behoorlijk, nogal

'**leidsam** lijdzaam, geduldig

'**Leidtragende(r)** ‹*bn als zn*› 1 gedupeerde; 2 rouwende

'**leidvoll** droevig, treurig, vol leed

'**Leidwesen** ‹*das*› *zu meinem ~* tot mijn leedwezen, spijt

'**Leier** ‹*die; -, -n*› 1 zwengel; 2 lier; 3 *die alte ~* het oude liedje; '**Leierkasten** ‹*der; -s, -̈*› klein draaiorgel; '**leiern** ‹*h*› 1 draaien (*draaiorgel, slinger, zwengel e.d.*); 2 opdreunen (*gebed, gedicht e.d.*)

'**Leiharbeiter** ‹*der; -s, -*›, '**Leiharbeitnehmer** ‹*der; -s, -*› uitzendkracht; '**Leiharbeitfirma** ‹*die; -, -firmen*› uitzendbureau; '**Leihbibliothek** ‹*die; -, -en*› leesbibliotheek; '**Leihe** ‹*die; -, -n*› lommerd; '**leihen** ‹*st.h; ie-ie*› 1 lenen; 2 *sich etwas ~* iets lenen; 3 *Hilfe ~* hulp verlenen; '**Leihgebühr** ‹*die; -, -en*› kosten (*voor het lenen van boeken e.d.*); '**Leihhaus** ‹*das; -es, -̈er*› bank van lening, lommerd; '**Leihmutter** ‹*die; -, -n*› draagmoeder; '**Leihwagen** ‹*der; -s, -*› huurwagen, -auto; '**leihweise** bij wijze van lening, ter, in leen

Leim ‹*der; -(e)s, -e*› lijm; *aus dem ~ gehen: a)* loslaten, stukgaan; *b)* (*fig*) uit raken, beëindigd worden (*vriendschap e.d.*); *auf den ~ gehen od. kriechen* (*fig*) ergens inlopen; '**leimen** ‹*h*› 1 lijmen; 2 *einen ~* iem erin laten lopen; '**leimig** 1 lijmachtig; 2 kleverig (*ook fig*)

Lein ‹*der; -(e)s, -e*› vlas

'**Leine** ‹*die; -, -n*› lijn; touw; *einen an der* (*kurzen*) *~ haben, halten* iem kort houden

'**Leinen** ‹*das; -s, -*› linnen

'**Leinsaat** ‹*die; -, geen mv*›, '**Leinsamen** ‹*der; -s, -*› lijnzaad; '**Leinwand** ‹*die; -, -ë*› 1 linnen(goed), lijnwaad; 2 doek (*van schilder*); 3 het witte doek; *auf die ~ bringen* vertonen; 4 projectiescherm

'**leise** 1 zacht, zachtjes; 2 stil (*motor*); 3 licht; 4 licht (*regen, geur, slaap, twijfel*); zwak (*wind*); gering (*hoop*); 5 *ich habe nicht die ~ste Ahnung* ik heb geen flauw idee; '**Leisetreter** ‹*der; -s, -*› bangerd

'**Leiste** ‹*die; -, -n*› 1 lijst; strip (*van metaal etc gemaakt*); 2 zelfkant, rand; 3 (*anat*) lies

'**Leisten** ‹*der; -s, -*› leest; (*fig*) *über einen ~ schlagen* over één kam scheren

'**leisten** ‹*h*› 1 presteren, tot stand brengen; 2 *einen Dienst ~* een dienst bewijzen; *Widerstand ~* tegenstand bieden; (*hulp, bijstand*) verlenen; *gute Arbeit ~* goed werk leveren; (*gezelschap*) houden; (*voldoening*) verschaffen; *eine Zahlung ~* betalen; 3 *sich etwas ~* zich iets veroorloven; *auf* (+ 4) *leiste ich mir einen Schnaps* daarop neem ik een borrel

'**Leistenbruch** ‹*der; -(e)s, -ë*› liesbreuk

'**Leistung** ‹*die; -, -en*› 1 prestatie; 2 het vermogen (*van motor*); 3 uitkering, betaling, bijdrage; '**Leistungsbilanz** ‹*die; -, -en*› lopende rekening van de betalingsbalans; '**leistungsfähig** 1 in staat veel te presteren, produktief; 2 met groot vermogen; '**Leistungsfähigkeit** ‹*die; -, geen mv*› 1 prestatievermogen, capaciteit; 2 produktievermogen, capaciteit, produktiviteit; '**leistungsorientiert** prestatiebewust; '**leistungsschwach** weinig presterend; zwakke prestaties leverend; '**Leistungssport** ‹*der; -(e)s, -e*› wedstrijdsport; '**leistungsstark** veel presterend; zeer goede prestaties leverend

'**Leitartikel** ‹*der; -s, -*› hoofdartikel; '**Leitbild** ‹*das; -(e)s, -er*› ideaal voorbeeld; '**leiten** ‹*h*› 1 leiden; 2 leiden, voeren, brengen; 3 geleiden (*stroom, warmte e.d.*); '**leitend** leidend; *~e Angestellte* ‹*mv*› leidinggevend personeel; *die ~en Kreise* de toonaangevende kringen; '**Leiter I** ‹*der; -s, -*› 1 leider, directeur; 2 (*elektr*) geleider; **II** ‹*die; -, -n*› ladder; '**Leitfaden** ‹*der; -s, -̈*› leidraad; '**Leitgedanke** ‹*der; -ns, -n*› hoofdgedachte; '**Leithammel** ‹*der; -s, -*› aanvoerder, raddraaier; '**Leitlinie** ‹*die; -, -n*› 1 richtlijn, principe; beleidslijn; 2 (*wisk*) richtlijn; '**Leitplanke** ‹*die; -, -n*› vangrail; '**Leitsatz** ‹*der; -es, -ë*› 1 principe, uitgangspunt, grondbeginsel; 2 stelling (*bijv bij voordracht*); '**Leitspruch** ‹*der; -(e)s, -ë*› motto; '**Leitstelle** ‹*die; -, -n*› centrale, hoofdbureau; '**Leitung** ‹*die; -, -en*› 1 leiding (*voor water enz*); 2 lijn (*telefoon*); *die ~ ist unterbrochen* de verbinding is verbroken; *die ~ ist besetzt* het toestel is in gesprek; 3 leiding; het leiden; 4 bestuur; directie

Lekti'on ‹*die; -, -en*› les; *einem eine ~ erteilen* iem de les lezen

'**Lektor** ‹*der; -s, Lek'toren*› 1 lector (*van uitgeverij*); 2 docent (in Dld. aan hogeschool)

Lek'türe ‹*die; -, -n*› 1 lectuur; 2 het lezen

'**Lende** ‹*die; -, -n*› lende; '**lendenlahm** 1 lendelam; 2 (*fig*) zwak

'**lenkbar** 1 bestuurbaar; 2 gewillig, meegaand; '**lenken** ‹*h*› 1 besturen (*auto e.d.*); 2 sturen; 3 mennen (*paard*); 4 leiden (*gesprek, onderhandeling, economie*); 5 beïnvloeden, beheersen; 6 *die Aufmerksamkeit auf etwas ~* de aandacht op iets vestigen; '**Lenker** ‹*der; -s, -*› 1 stuur; 2 bestuurder; '**Lenkflugkörper** ‹*der; -s, -*› geleid projectiel; '**Lenkrad** ‹*das; -(e)s, -̈er*› stuur (*van auto*); '**Lenkradschaltung** ‹*die; -, -en*› stuurversnelling; '**Lenkradschloß** ‹*das; -sser, -̈sser*› stuurslot; '**lenksam** meegaand, gewillig; '**Lenkstange** ‹*die; -, -n*› stuur (*van fiets, bromfiets, motor*); '**Lenkung** ‹*die; -, -en*› 1 besturing, het besturen; 2 leiding, het leiden; 3 stuurinrichting

Lenz ‹*der; -es, -e*› (*dichterlijk*) lente (*lett en fig*)

Leo'pard ‹*der; -en, -en*› luipaard

'**Lerche** ‹*die; -, -n*› leeuwerik

'**lernbegierig** leergierig; '**lernbehindert** zwak begaafd; '**lerneifrig** leergierig; '**lernen** ‹*h*› leren; *das lernt sich schnell* dat is snel te leren; *Bäcker ~* voor bakker leren; '**Lernende(r)** ‹*bn als zn*› leerling(e); '**Lernschwester** ‹*die; -, -n*› leerling-verpleegster

'**Lesart** ‹*die; -, -en*› 1 leeswijze; 2 variant, lezing; '**lesbar** leesbaar (*te begrijpen*)

'**Lesbierin** ‹*die; -, -nen*› lesbienne; '**lesbisch** lesbisch

'**Lese** ‹*die; -, -n*› (wijn)oogst; '**Lesebrille** ‹*die; -, -n*› leesbril; '**lesen** ‹*st.h; a-e; ie*› 1 lezen; *das Buch liest sich leicht* het boek is makkelijk te lezen; 2 oogsten; verzamelen; 3 schiften, selecteren; 4 college geven; 5 behandelen (*wetsvoorstel*); '**lesenswert** lezenswaardig; '**Lesepublikum** ‹*das; -s, geen mv*› lezerspubliek; '**Leser** ‹*der; -s, -*› lezer; '**Leseratte** ‹*die; -, -n*› boekenwurm; '**Leserbrief** ‹*der; -(e)s, -e*› ingezonden brief; '**leserlich** leesbaar, duidelijk; '**Lesestoff** ‹*der; -(e)s, -e*› leesstof, lectuur; '**Lesung** ‹*die; -, -en*› 1 lezing, behandeling (*van wetsontwerp*); 2 lezing, variant; 3 schriftlezing

letzt 1 laatst(e); 2 uiterst(e); *mit ~er Kraft* met uiterste krachtsinspanning; (*das ist doch*) *das Letzte!* het toppunt!; *sein Letztes hergeben* het uiterste doen; 3 slechtst(e); *von der ~en Sorte* van de slechtste soort; (*das Spiel war wirklich*) *das Letzte* om te huilen; 4 *am ~en Samstag* afgelopen zaterdag; *bis ins ~e* (*kennen*) tot in alle details; *in ~er Woche, ~es Jahr* verleden week, verleden jaar; *das wäre noch das Letzte!* daar komt al helemaal niets van in!; *der ~e Schrei* het allernieuwste; *die ~e Neuheit* het nieuwste snufje; *ein Letztes möchte ich noch sagen* één ding zou ik nog willen zeggen; *der ~e Sinn, Grund* de eigenlijke, diepste zin, reden; **Letzt**: *zu guter ~* ten langen leste, uiteindelijk; '**letztendlich** uiteindelijk; '**letztenmal**: *zum ~* voor het laatst; '**letztens** 1 laatst, onlangs; 2 ten laatste; '**letztere(r, -s)** 1 laatstgenoemde; 2 de laatste (van twee); 3 *letztere(s)* het, de laatste; '**letztgenannt** laatstgenoemd; '**letzthin** 1 ten slotte; 2 onlangs, kortgeleden, laatst; '**letztjährig** van het laatste jaar; '**letztlich** uiteindelijk; '**letztmalig** van de laatste maal; '**letztmals** de laatste maal, voor het laatst; '**letztwillig** testamentair

'**Leuchtboje** ‹*die; -, -n*› lichtboei; '**Leuchtbuchstabe** ‹*der; -ns, -n*› neonletter; '**Leuchte** ‹*die; -, -n*› licht, lamp; '**leuchten** ‹*h*› 1 lichten, schijnen; 2 schitteren, stralen (*kleuren, ogen*); *ein ~des Beispiel* een lichtend voorbeeld; 3 *einem ~* iem bijlichten; '**Leuchter** ‹*der; -s, -*› luchter, kandelaar; '**Leuchtfarbe** ‹*die; -, -n*› lichtgevende verf; '**Leuchtfeuer** ‹*das; -s, -*› sein-, kustvuur, baak; '**Leuchtschiff** ‹*das; -(e)s, -e*› lichtschip; '**Leuchtturm** ‹*der; -(e)s, -ë*› vuurtoren

'**leugnen** ‹*h*› loochenen, ontkennen

'**Leumund** ‹*der; -(e)s, geen mv*› reputatie, naam; '**Leumundszeugnis** ‹*das; -ses, -se*› bewijs van goed zedelijk gedrag

'**Leutchen** ‹*mv*› luitjes; mensen; '**Leute** ‹*mv*› 1 mensen (*div bet*); 2 personeel; 3 mannen; 4 familie(leden); 5 *Gerüchte unter die ~ bringen* geruchten verspreiden; *Kleider machen ~* kleren maken de man

'**Leutnant** ‹*der; -s, -s en -e*› tweede luitenant, (*in Belg*) onderluitenant

'**leutselig** vriendelijk, minzaam

'**Lexikon** ‹*das; -s, Lexika en Lexiken*› 1 encyclopedie; 2 woordenboek

Lezi'thin ‹*das; -s, -e*› (*biol*) lecithine

Li'ane ‹*die; -, -n*› (*plantk*) liaan, liane

Li'belle ‹*die; -, -n*› 1 waterpas; 2 (*dierk*) libel

libe'ral 1 liberaal; 2 vrijzinnig; **Libe'rale(r)** ‹*bn als zn*› liberaal; **liberali'sieren** liberaliseren

'**Libero** ‹*der; -s, -s*› (*sp*) libero, vrije verdediger

Licht ‹*das; -(e)s, -er*› 1 licht (*ook fig*); 2 kaars; 3 *das ~ der Welt erblicken* het levenslicht aanschouwen; ***bei** ~e besehen, betrachtet* op de keper beschouwd; *einen **hinters** ~ führen* iem misleiden; ***ins** rechte ~ rücken, setzen, stellen* in het juiste licht plaatsen; **licht** 1 licht (*niet donker*); licht (*van kleuren*); 2 dun; (*der Wald, sein Haar wird*) *~er* dunner; *eine ~e Stelle* (*im Wald*) open plek; 3 helder (*ogenblik*); 4 (*techn*) *~e Weite* binnenwerkse breedte; '**Lichtbild** ‹*das; -(e)s, -er*› pasfoto; '**Lichtblick** ‹*der; -(e)s, -e*› (*fig*) lichtpunt(je); '**lichtempfindlich** (licht)gevoelig; '**lichten** ‹*h*› 1 helder, licht maken; 2 verlichten; 3 (*die Reihen, den Wald*) dunnen; 4 *den Anker, ein Schiff ~* het anker, een schip lichten; 5 licht, helder worden; 6 *sich ~: a*) helder worden; *b*) dunner worden; (*Nebel*) optrekken; '**Lichter** ‹*der; -s, -*› (*scheepv*) lichter; '**Lichterglanz** ‹*der; -es, geen mv*› schijnsel; '**lichter'loh**: *~ brennen* in lichterlaaie staan; '**Lichthupe** ‹*die; -, -n*› lichtsignaalschakelaar; '**Lichtmaschine** ‹*die; -, -n*› dynamo; '**Lichtmast** ‹*der; -(e)s, -e of -en*› lichtmast; '**Lichtpunkt** ‹*der; -(e)s, -e*› lichtpunt; '**Lichtschalter** ‹*der; -s, -*› lichtschakelaar; '**Lichtschranke** ‹*die; -, -n*› foto-elektrische beveiliging; '**Lichtspielhaus** ‹*das; -es, -ër*› bioscoop; '**Lichtung** ‹*die; -, -en*› open plek (*in het bos*); '**lichtvoll** helder

Lid ‹*das; -(e)s, -er*› (oog)lid

lieb 1 lief; *am ~ sten* het liefst; *ach du ~e Zeit!* Lieve hemel!; 2 vriendelijk, aardig; 3 *seine ~e Not haben* heel wat te stellen hebben; *~er Vater!;* beste vader! *den ~en, langen Tag* de godganse dag; *mein Lieb* mijn lief(je); *meine Lieben!* beste mensen; '**liebäugeln** ‹*h*› *mit einem ~* met iem flirten; '**liebbehalten** ‹*st.h; ie-a; ä*› (blijven) houden van; '**Liebchen** ‹*das; -s, -*› liefje; '**Liebe** ‹*die; -*› 1 liefde; *~ auf den ersten Blick* liefde op het eerste gezicht; *tun Sie mir die ~!* doet u mij het genoegen!; 2 *eine ~ ist der anderen wert* de ene dienst is de andere waard; **Liebe'lei** ‹*die; -, -en*› flirt, avontuurtje; '**lieben** ‹*h*› 1 liefhebben, houden van; *was sich liebt, das neckt sich* wie van elkaar houden, plagen elkaar; *ich liebe es nicht, wenn …* ik houd er niet van, als …; 2 (*sich*) ~ (*volkstaal*) vrijen, de liefde bedrijven; 3 *~d gern* heel graag, dolgraag; '**liebenswert** beminnenswaardig, beminnelijk; '**liebenswürdig** vriendelijkheid, aardig; '**Liebenswürdigkeit** ‹*die; -, -en*› 1 beminnelijkheid, vriendelijkheid; 2 (*iron*) vriendelijk woord; '**lieber** ‹*bw*› liever; '**Liebesbeziehung** ‹*die; -, -en*› liefdesrelatie; '**Liebesbrief** ‹*der; -(e)s, -e*› liefdesbrief; '**Liebespaar** ‹*das; -(e)s, -e*› verliefd paar, stel; '**liebevoll** liefdevol; '**liebgewinnen** ‹*st.h; a-o*› lief krijgen; '**liebhaben** ‹*onr.h*› liefhebben, houden van; '**Liebhaber** ‹*der; -s, -*› 1 minnaar; 2 liefhebber; 3 amateur; **Liebhabe'rei** ‹*die; -, -en*› liefhebberij; '**liebkosen** ‹*h*› liefkozen; '**lieblich** 1 lieflijk, bekoorlijk; 2 heerlijk; '**Lieblichkeit** ‹*die; -, -en*› liefelijkheid enz.; '**Liebling** ‹*der; -s, -e*› lieveling; '**lieblos** liefde-, harteloos; '**Liebreiz** ‹*der; -es, geen mv*› bekoorlijkheid; '**Liebschaft** ‹*die; -, -en*› korte (liefdes)verhouding; avontuurtje; '**Liebste(r)** ‹*bn als zn*› liefste, geliefde

Lied ‹*das; -(e)s, -er*› 1 lied; 2 (*er kann*) *ein ~ davon singen* erover meepraten

'**liederlich** 1 slordig, slonzig; 2 schandelijk, slecht, minnetjes; 3 losbandig, liederlijk; '**Liederlichkeit** ‹*die; -, -en*› zie *liederlich*

Liefe'rant ‹*der; -en, -en*› leverancier; '**liefer-**

bar leverbaar; '**Lieferer** ‹*der; -s, -*› leverancier; '**Lieferfrist** ‹*die; -, -en*› lever-, leveringstijd; '**liefern** ‹*h*› 1 leveren; *ins Haus* ~ thuisbezorgen; 2 *einen ans Messer* ~ iem te gronde richten; 3 *sich heftige Auseinandersetzungen* ~ hevig met elkaar vechten; 4 *er ist geliefert* hij is verloren; '**Lieferschein** ‹*der; -(e)s, -e*› afleveringsbewijs, reçu; '**Liefertermin** ‹*der; -(e)s, -e*› tijdstip van (af)levering; '**Lieferung** ‹*die; -, -en*› 1 (af)levering, leverantie; 2 aflevering, deel (*van boek*); '**Liefer(ungs)bedingungen** ‹*mv*› leveringsvoorwaarden; '**Liefer(ungs)-zeit** ‹*die; -, -en*› lever-, leveringstijd; '**Lieferwagen** ‹*der; -s, -*› bestelwagen

'**Liege** ‹*die; -, -n*› 1 ligstoel; 2 stretcher; '**liegen** ‹*st.h; a-e*› liggen (*div bet*); *wie die Dinge nun einmal* ~ zoals de zaken nu eenmaal staan; ***an*** *der Spitze* ~ op kop liggen; (*das liegt*) ***auf*** *der Hand* voor de hand; *die tägliche Erzeugung liegt* ***bei*** (*9600 t*) de dagelijkse produktie is, bedraagt ongeveer; *das liegt bei ihm* dat ligt aan hem; *in Führung, im Rückstand* ~ voor, achter staan; *das Zimmer liegt* ***nach*** *dem Garten zu* de kamer ziet op de tuin uit; *es liegt* ***nahe*** het ligt voor de hand; ***vorn*** ~ de leiding hebben; (*offen*) ***zu*** *Tage* ~ duidelijk zijn; '**liegenlassen** ‹*st.h; ie-a; ä*› laten liggen; '**Liegenschaft** ‹*die; -, -en*› onroerend goed; '**Liegeplatz** ‹*der; -es, -ë*› lig-, ankerplaats; '**Liegesitz** ‹*der; -es, -e*› slaapstoel (*in auto, trein*); '**Liegewagen** ‹*der; -s, -*› (*spoorw*) ligrijtuig (*met couchettes*); '**Liegewiese** ligweide, zonneweide

'**Liese** ‹*die; -, -n*› *dumme* ~ domme gans

Lift ‹*der; -(e)s, -e en -s*› lift; '**liften** ‹*h*› 1 verhogen; 2 een face-lifting geven

'**Liga** ‹*die; -, Ligen*› 1 liga; 2 (*sp*) divisie

li'ieren ‹*h*› liëren, nauw verbinden

Li'kör ‹*der; -s, -e*› likeur

'**lilafarben**, '**lilafarbig** lila(kleurig)

'**Lilie** ‹*die; -, -n*› lelie

Lilipu'taner ‹*der; -s, -*› lilliputter

'**Limit** ‹*das; -s, -s of -e*› limiet; **limi'tieren** ‹*h*› limiteren

'**Limo** ‹*die of das; -, -(s)*›, **Limo'nade** ‹*die; -, -n*› limonade; **Li'mone** ‹*die; -, -n*› citroen, limoen

lind 1 zacht, mild (*weer, lucht e.d.*); 2 zacht

'**Linde** ‹*die; -, -n*› linde

'**lindern** ‹*h*› verzachten, verlichten; '**Linderung** ‹*die; -, -en*› verzachting, leniging

Line'al ‹*das; -s, -e*› liniaal

line'ar... lineair, lijn..., eendimensionaal

'**Linie** ‹*die; -, -n*› 1 lijn (*alle betekenissen*); *auf die gleiche* ~ (*stellen*) op één lijn; 2 linie; *auf der ganzen* ~ over de hele linie; 3 (*pol*) koers, lijn; 4 *in erster, zweiter* ~ in de eerste, tweede plaats, instantie; '**Linienflug** ‹*der; -(e)s, -̈e*› lijnvlucht; '**Linienrichter** ‹*der; -s, -*› (*sp*) grensrechter; '**linientreu** trouw aan de partijlijn; '**Linienverkehr** ‹*der; -s, geen mv*› lijndienst

li'nieren ‹*h*› liniëren

linke(r, -s) 1 linker; *die linke Hand* de linkerhand; 2 (*pol*) links; 3 *mit dem linken Fuß, Bein zuerst aufstehen* met het verkeerde been uit bed stappen; '**Linke** ‹*die; -n, -n*› 1 linkerhand; 2 linkse (*boxen*); 3 (*pol*) links; '**linkisch** links, onhandig; **links** 1 links, linkerkant; 2 (*pol*) links; ~ *stehen* links zijn; 3 links(handig); '**Linksabbieger** ‹*der; -s, -*› links afslaand verkeer; '**Linksaußen** ‹*der; -s, -*› (*sp*) linksbuiten; '**linksgerichtet** linksgericht; '**linkshändig** links(handig); '**links(he)rum** linksom; naar links; '**Linksruck** ‹*der; -(e)s, -e*› (*pol*) ruk naar links; '**linksseitig** aan de linkerzijde; '**linksum**! linksom!

'**Linse** ‹*die; -, -n*› 1 (*plantk*) linze; 2 lens

'**Lippe** ‹*die; -, -n*› lip; '**Lippenbekenntnis** ‹*das; -sses, -sse*› lippendienst; '**Lippenstift** ‹*der; -(e)s, -e*› lippenstift

liqui'dieren ‹*h*› 1 liquideren; 2 in rekening brengen (*kosten*)

'**lispeln** ‹*h*› lispelen

List ‹*die; -, -en*› list

'**Liste** ‹*die; -, -n*› lijst; '**Listenpreis** ‹*der; -es, -e*› catalogusprijs

'**listig** listig

Lita'nei ‹*die; -, -en*› 1 litanie; 2 klaagzang

'**Liter** ‹*das of der; -s, -*› liter

lite'rarisch literair, letterkundig; **Litera'tur** ‹*die; -, -en*› literatuur, letterkunde

'**literweise** per liter; met liters

'**Litfaßsäule** ‹*die; -, -n*› aanplakzuil

Litur'gie ‹*die; -, Litur'gien*› liturgie

'**Live-Sendung** ‹*die; -, -en*› directe uitzending

Li'vree ‹*die; -, -n*› livrei

Li'zenz ‹*die; -, -en*› licentie, vergunning; **Li'zenzspieler** ‹*der; -s, -*› contractspeler

Lkw, **LKW** (*afk*) ‹*der; -, -s*› *Lastkraftwagen* vrachtauto

Lob ‹*das; -(e)s, geen mv*› lof, loftuiting; '**loben** ‹*h*› 1 loven, prijzen; 2 *das lobe ich mir!* dat bevalt me!; *da lob ich mir* ... ik heb liever ...; '**lobenswert**, '**lobenswürdig** prijzenswaardig; '**Lobgesang** ‹*der; -(e)s, -ë*› lofzang; '**löblich** loffelijk; '**lobpreisen** ‹*h*› loven en prijzen; '**Lobrede** ‹*die; -, -n*› lofrede; '**Lobspruch** ‹*der; -(e)s, -ë*› lof(spraak), -rede, -tuiting

Loch ‹*das; -(e)s, -ër*› 1 gat (*div bet*); 2 hol (*van vos e.d.*); 3 krot; 4 bak, bajes; 5 hole (*golfspel*); 6 *auf dem letzten* ~ *pfeifen: a*) op apegapen liggen; *b*) haast geen geld meer hebben; *einem ein* ~, *Löcher in den Bauch fragen* iem de oren van z'n hoofd vragen; '**lochen** ‹*h*› 1 doorboren; 2 ponsen; 3 knippen (*kaartjes*); '**Locher** ‹*der; -s, -*› perforator; '**löcherig** vol gaten, doorboord; '**Lochkarte** ‹*die; -, -n*› ponskaart; '**Lochstreifen** ‹*der; -s, -*› ponsband; '**Lochung** ‹*die; -, -en*› 1 perforatie; 2 het knippen; '**Lochzange** ‹*die -, -n*› 1 gaten-, perforeertang; 2 (*spoorw*) kniptang

'**Löckchen** ‹*das; -s, -*› krulletje, lokje; '**Locke** ‹*die; -, -n*› krul, lok

'**locken** ‹*h*› lokken; *an sich* ~ tot zich lokken

'**Lockenkopf** ‹*der; -(e)s, -ë*› krullebol; '**Lockenwickler** ‹*der; -s, -*› krulspeld

'**locker** 1 los (*schroef, bout, tand*); 2 los, rul (*grond, aarde*); luchtig (*brood, deeg*); losjes (*weefsel*); 3 slap (*touw*); 4 ontspannen; ongedwongen; 5 losbandig; *ein ~er Vogel* een losbol; 6 soepel (*voorschriften*); '**lockerlassen** ‹*st.h; ie-a; ä*› *nicht ~* het niet opgeven, niet loslaten; '**lockermachen** ‹*h*› *bei einem Geld ~* van iem geld los weten te krijgen; '**lockern** ‹*h*› 1 los(ser) maken; 2 verslappen; verminderen; ontspannen; 3 versoepelen (*voorschriften e.d.*); 4 *die Zügel ~* (*fig*) de teugels laten vieren; 5 *sich ~: a)* losgaan, -raken; *b)* losser worden (*vriendschap*); *c)* minder worden

'**lockig** gekruld

'**Lockspeise** ‹*die; -, -n*› lokspijs, -aas; '**Lockung** ‹*die; -, -en*› (ver)lokking, verleiding; '**Lockvogel** ‹*der; -s, -̈*› lokvogel (*ook fig*)

'**Loden** ‹*der; -s, -*› loden (*dichte wollen stof*)

'**lodern** ‹*h*› 1 (op)vlammen; 2 branden, gloeien

'**Löffel** ‹*der; -s, -*› 1 lepel; 2 (*volkstaal en jag*) oor; *einem ein paar hinter die ~ geben* iem een draai om z'n oren geven; '**löffeln** ‹*h*› oplepelen; '**Löffelreiher** ‹*der; -s, -*› (*dierk*) lepelaar; '**löffelweise** bij lepels (vol); '**Löffler** ‹*der; -s, -*› (*dierk*) lepelaar

'**Logbuch** ‹*das; -(e)s, -ër*› logboek

'**Loge** ‹*die; -, -n*› loge

'**Logenbruder** ‹*der; -s, -̈*› vrijmetselaar

'**Logik** ‹*die; -, geen mv*› logica

Lo'gis ‹*das; -, -*› logies

'**logisch** logisch

'**Lohe** ‹*die; -, -n*› vlam, gloed; '**lohen** ‹*h*› 1 (op)vlammen; 2 looien (*huiden*)

Lohn ‹*der; -(e)s, -ë*› 1 loon; 2 beloning; '**Lohnausfall** ‹*der; -(e)s, -ë*› loonderving; '**lohnen** ‹*h*› 1 (de moeite) waard zijn; 2 *einem ~* iem belonen; '**lohnend** 1 lonend, winstgevend; 2 de moeite waard; '**Lohnerhöhung** ‹*die; -, -en*› loonsverhoging; '**Lohnfortzahlung** ‹*die; -, geen mv*› doorbetaling van het loon; '**Lohnkürzung** ‹*die; -, -en*› 1 korting op het loon; 2 (loon)inhouding; '**Lohnskala** ‹*die; -, -skalen*› loonschaal; (*Belg*) barema; '**Lohntüte** ‹*die; -, -n*› loonzakje; '**Löhnung** ‹*die; -, -en*› 1 uitbetaling van het loon; 2 loon; 3 soldij, wedde

Lok ‹*die; -, -s*› *Lokomotive* locomotief

lo'kal ‹*bn*› lokaal, plaatselijk; **Lo'kal** ‹*das; -s, -e*› 1 café; 2 (eenvoudig) restaurant; 3 lokaal, ruimte, zaal; **lokali'sieren** ‹*h*› lokaliseren; **Lokali'tät** ‹*die; -, -en*› lokaliteit

Lokomo'tive ‹*die; -, -n*› locomotief; **Lokomo'tivführer** ‹*der; -s, -*› machinist

'**Lokus** ‹*der; - en -ses, - en -se*› plee, WC

'**London** ‹*das*› Londen; '**Londoner I** ‹*der; -s, -*› Londenaar; **II** ‹*bn*› Londens

'**Lorbeer** ‹*der; -s, -en*› 1 laurier(boom); 2 lauwerkrans; lauwertak; 3 lauwer (*fig*)

'**Lore** ‹*die; -, -n*› lorrie

Los ‹*das; -es, -e*› 1 lot; *das Große ~ ziehen* de hoofdprijs winnen; 2 noodlot

los 1 los (*niet vast*); 2 *einen od. etwas ~ sein, werden* van iem of iets af zijn, raken, iem of iets kwijt zijn, raken; 3 *was ist hier, mit dir usw. ~?* wat is er hier, met jou enz. aan de hand?; 4 *in dieser Stadt ist viel ~* in deze stad is veel te beleven; 5 *mit ihm ist heute nichts ~* met hem is het niks vandaag; *damit ist nicht viel ~* dat is niks; 6 *~!* vooruit! schiet op!; 7 (*sp*) *fertig-~!* klaar-af!; '**losballern** ‹*h*› erop los schieten, knallen

'**lösbar** oplosbaar; op te lossen

'**losbrechen** ‹*st.s; a-o; i*› 1 los-, afbreken; 2 losbarsten (*onweer e.d.*)

'**Löscharbeit** ‹*die; -, -en*› blussingswerk; '**Löschblatt** ‹*das; -(e)s, -ër*› vloeiblad; '**löschen** ‹*h*› 1 blussen (*brand, kalk*); 2 uitdoen (*licht*); 3 lessen (*dorst*); 4 aflossen (*schuld*); 5 doorhalen (*in het handelsregister e.d.*); 6 lossen (*goederen*); 7 afvloeien, droogmaken (*van papier*); 8 wissen, uitvegen (*op band*); '**Löscher** ‹*der; -s, -*› 1 blusapparaat, blusser; 2 vloeiblok, vloeier; '**Löschpapier** ‹*das; -(e)s, -e*› vloeipapier; '**Löschung** ‹*die; -, -en*› het blussen enz.; vgl *löschen*

'**losdonnern** 1 ‹*s*› wegscheuren, -racen; 2 ‹*h*› losbarsten (*fig*); '**losdrehen** ‹*h*› losdraaien

'**lose** 1 los, niet vast; 2 niet verpakt, los; 3 luchthartig; 4 *ein ~er Streich* een gemene streek

'**Lösegeld** ‹*das; -(e)s, -er*› losgeld, -prijs

'**losen** ‹*h*› loten, trekken

'**lösen** ‹*h*› 1 losmaken; af-, losscheuren; 2 verbreken (*verloving*); 3 ontbinden (*huwelijk*); 4 oplossen (*probleem, rekensom*); 5 (*chem*) oplossen; 6 opzeggen (*contract, verdrag*); 7 kopen, nemen (*kaartje*); **sich** ~ 1 losgaan, -raken; 2 ~ *von, aus* zich losmaken van, uit; 3 (*chem*) oplossen; 4 oplossen, opgelost worden (*problemen e.d.*)

'**losfahren** ‹*st.s; u-a; ä*› 1 wegrijden, -varen; vertrekken; 2 ~ *auf* afrijden op; '**losgehen** ‹*onr.s*› 1 beginnen; 2 afgaan (*wapen*); 3 *auf einen ~* op iem afstormen; 4 vertrekken; weggaan; '**loskommen** ‹*st.s; a-o*› 1 loskomen, -raken; 2 vrijkomen; 3 *auf einen ~* op iem afkomen; '**loskriegen** ‹*h*› 1 loskrijgen; 2 er van af komen; '**loslassen** ‹*st.h; ie-a; ä*› 1 loslaten (*lett en fig*); 2 los-, vrijlaten; '**loslegen** ‹*h*› beginnen, van wal steken

'**löslich** oplosbaar; *~er Kaffee* oploskoffie

'**loslösen** ‹*h*› losmaken; losweken

'**losplatzen** ‹*s*› 1 uit-, losbarsten; 2 het uitproesten (van het lachen); '**losreißen** ‹*st.h; i-i*› 1 losscheuren, -rukken; 2 *sich ~* zich losrukken; '**lossagen** ‹*h*› *sich von einem od. etwas ~* met iem of iets breken; '**lossausen** 1 wegscheuren,-racen; 2 wegrennen; '**losschicken** ‹*h*› 1 *einen ~* iem eropuit sturen; 2 (weg)sturen; '**losschießen I** ‹*st.h; o-o*› 1 beginnen te schieten; 2 *schieß nur los!* begin maar!; **II** ‹*st.s; o-o*› *auf einen* op iem toeschieten; '**losschlagen** ‹*st.h; u-a; ä*› 1 losslaan; 2 (*waren*) van de hand doen, verkopen; 3 de oorlog beginnen, aanvallen; **4** *aufeinander* ~ op elkaar inslaan, met elkaar vechten; **'lossprechen** ‹*st.h; a-o; i*› (*von etwas*) vrijspreken; ontheffen; **'lossteuern** ‹*h*› afstevenen, afgaan; **'losstürzen** ‹*s*› afstormen; **'lostrennen** ‹*h*› lostornen

'Losung ‹*die; -, -en*› **1** wachtwoord, parool; **2** leus, parool; **3** (*prot*) dagelijks bijbelvers

'Lösung ‹*die; -, -en*› **1** oplossing (*alle bet*); **2** ontbinding (*huwelijk, contract e.d.*)

'loswerden ‹*st.s; u-o; i*› **1** *einen od. etwas* ~ (van) iem of iets afkomen; **2** kwijtraken; verliezen (*geld*); **'losziehen 1** lostrekken; **2** erop uittrekken; **3** er vandoor gaan; **4** *gegen od. über einen* ~ tegen iem uitvaren

Lot ‹*das; -(e)s, -e*› **1** (*meetk*) loodlijn; **2** schiet-, paslood; *im* ~ *stehen* loodrecht staan; **3** (*scheepv*) dieplood; **4** soldeer(sel); **5** (*fig*) *im* ~ *sein* in orde zijn; (*fig*) *ins* ~ *bringen* in orde maken; **'loten** ‹*h*› loden, peilen

'löten ‹*h*› solderen; **'Lötkolben** ‹*der; -s, -*› soldeerbout

'Lotos ‹*der; -, -*› (*plantk*) lotus

'Lotse ‹*der; -n, -n*› loods; **'lotsen** ‹*h*› loodsen

Lotte'rie ‹*die; -, -n*› loterij; **'Lotto** ‹*das; -s, -s*› **1** (loterij) lotto; **2** kienspel

'Löwe ‹*der; -n, -n*› leeuw; **'Löwenbändiger** ‹*der; -s, -*› leeuwentemmer; **'Löwenklaue** ‹*die; -, -n*› (*plantk*) leeuweklauw; **'Löwenmaul** ‹*das; -(e)s, -ër*› leeuwebek (*ook plantk*); **'Löwenzahn** ‹*der; -(e)s, -ë*› paardebloem; **'Löwin** ‹*die; -, -nen*› leeuwin

Luchs ‹*der; -es, -e*› (*dierk*) lynx; **'luchsen** ‹*h*› zeer scherp opletten

'Lücke ‹*die; -, -n*› **1** leemte, hiaat, lacune; **2** opening, gat; bres; **3** tekort; **'Lückenbüßer** ‹*der; -s, -*› noodhulp; invaller; **'lückenhaft** onvolledig, gebrekkig; **'lückenlos** volmaakt, volledig

'Luder ‹*das; -s, -*› **1** loeder, kreng; **2** *armes* ~ arme drommel; **3** (lok)aas

Luft ‹*die; -, -ë*› lucht (*alle bet*); *dicke* ~ gevaar; *seinem Herzen* ~ *machen* zijn hart luchten; *da bleibt mir die* ~ *weg* ik sta gewoon paf; *halt die* ~ *an!* houd je mond!; ***an*** *die* ~ *hängen* luchten; *an die* ~ *gehen* naar buiten gaan; *an die* ~ *setzen: a*) de deur uitzetten; *b*) ontslaan; ***in*** (*fig*) *in die* ~ *gehen* woedend worden; *das liegt in der* ~ dat zit in de lucht; *in* ~ *zerfließen, zergehen* in rook opgaan; **'Luftabwehr** ‹*die; -, -en*› (*mil*) luchtafweer; **'Luftangriff** ‹*der; -(e)s, -e*› luchtaanval; **'Luftballon** ‹*der; -s, -s of -e*› luchtballon; **'Luftblase** ‹*die; -, -n*› luchtbel; **'Lüftchen** ‹*das; -s, -*› luchtje, zuchtje; **'Luftdruck** ‹*der; -(e)s, -ë*› luchtdruk; **'luftdurchlässig** luchtdoorlatend; **'lüften** ‹*h*› **1** luchten, ventileren; **2** (*geheim*) ontsluieren; **3** (*hoed*) afnemen; **4** optillen; oplichten (*sluier*); **'Luftfahrt** ‹*die; -, geen mv*› luchtvaart; **'luftig** luchtig; *auf* ~*er Höhe* hoog in de lucht; **'Luftikus** ‹*der; -, -se*› luchthartig mens; **'Luftkampf** ‹*der; -es, -ë*› luchtgevecht; **'Luftkrankheit** ‹*die; -, geen mv*› luchtziekte; **'Luftkurort** ‹*der; -(e)s, -e*› luchtkuuroord; **'Luftlandetruppen** ‹*mv*› luchtlandingstroepen; **'luftleer** luchtledig; **'Luftlinie** ‹*die; -, -n*› *in* ~ *50 km* 50 km hemelsbreed; **'Luftloch** ‹*das; -(e)s, -ër*› **1** luchtgat; **2** (*luchtv*) luchtzak; **'Luftmatratze** ‹*die; -, -n*› luchtbed; **'Luftpirat** ‹*der; -en, -en*› luchtpiraat, kaper; **'Luftpostleichtbrief** ‹*der; -(e)s, -e*› (*Belg*) aërogramm; **'Luftraum** ‹*der; -, -ë*› luchtruim; **'Luftschloß** ‹*das; -schlosses, -schlösser*› luchtkasteel; **'Luftschutz** ‹*der; -es, geen mv*› luchtbescherming; **'Luftschutzkeller** ‹*der; -s, -*› schuilkelder; **'Luftstreitkräfte** ‹*mv*› luchtstrijdkrachten; **'Luftstützpunkt** ‹*der; -(e)s, -e*› (*mil*) vliegbasis; **'Lüftung** ‹*die; -, -en*› **1** luchtverversing, ventilatie; **2** het optillen; het oplichten; **'Luftverschmutzung** ‹*die; -, -en*› luchtvervuiling; (*Belg*) luchtbezoedeling; **'Luftwaffe** ‹*die; -, -n*› luchtmacht; **'Luftweg** ‹*der; -(e)s, -e*› **1** *auf dem* ~ per vliegtuig; **2** (*med*) ‹*mv*› luchtwegen; **'Luftwiderstand** ‹*der; -(e)s, geen mv*› luchtweerstand; **'Luftzug** ‹*der; -(e)s, geen mv*› tocht, trek

Lug ‹*der*› ~ *und Trug* leugen en bedrog

'Lüge ‹*die; -, -n*› leugen; *eine fromme* ~ een leugentje om bestwil; *einen* ~*n strafen* iem logenstraffen

'lugen ‹*h*› kijken

'lügen ‹*st.h; o-o*› liegen, jokken; **'lügenhaft** leugenachtig; **'Lügner** ‹*der; -s, -*› leugenaar; **'lügnerisch** leugenachtig, vals

'Luke ‹*die; -, -n*› **1** (*scheepv*) luik(gat); **2** raampje

lukra'tiv lucratief, winstgevend

'Lümmel ‹*der; -s, -*› lummel, vlegel

Lump ‹*der; -en, -en*› schoft, smeerlap

'lumpen ‹*h*› *sich nicht* ~ *lassen* zich niet laten kennen, royaal zijn

'Lumpen ‹*der; -s, -*› **1** lomp, vod, lor; **2** *einen aus den* ~ *schütteln* iem uitkafferen; **'Lumpengesindel, 'Lumpenpack** ‹*das; -s, geen mv*› gespuis, tuig; **Lumpe'rei** ‹*die; -, -en*› **1** gemene streek; **2** bagatel; **'lumpig 1** gemeen, laag; **2** armzalig (*geld*)

'Lunge ‹*die; -, -n*› long; *aus voller* ~ luidkeels; (*er hat es*) *auf, mit der* ~ aan zijn longen; **'Lungenentzündung** ‹*die; -, -en*› longontsteking

'lungern ‹*h*› lanterfanten, rondhangen

'Lunte ‹*die; -, -n*› lont; ~ *riechen* lont ruiken

'Lupe ‹*die; -, -n*› loep

'lupfen ‹*h*›, **'lüpfen** ‹*h*› **1** optillen; oplichten; **2** (*sp*) met een boog schieten (*bal*)

Lurch ‹*der; -(e)s, -e*› amfibie

Lust ‹*die*› lust, trek, zin

Lust ‹*die; -, -ë*› **1** lust; plezier, genoegen; *seine* ~ *an* (+ 3) *haben* plezier in iets hebben; *mit* ~ *und Liebe* met genoegen; **2** zin; trek; (*ich habe*) *keine Lust dazu* er geen zin in; ~ *auf* (*ein Eis*) zin, trek in ijs; *ganz wie du* ~ *hast* net zoals je wilt; **3** lust, begeerte (*seksueel*); **4** (*Belg*) goesting; '**Lustbarkeit** ‹*die;* -, *-en*› vermakelijkheid

'**Lüster** ‹*der; -s, -*› luster, kroon

'**lüstern** ‹*bn*› 1 wellustig, wulps; 2 ~ *nach etwas sein* enorm veel trek in iets hebben

'**Lustgarten** ‹*der; -s, ¨*› park, lusthof

'**lustig** 1 lustig, vrolijk, grappig, plezierig; 2 *sich ~ über einen machen* iem uitlachen; '**Lustigkeit** ‹*die;* -, *-en*› vrolijkheid, plezier

'**Lüstling** ‹*der; -s, -e*› wellusteling

'**lustlos** lusteloos (*ook beursterm*); '**Lustmolch** ‹*der;* -(*e*)*s, -e*› wellusteling; '**Lustspiel** ‹*das;* -(*e*)*s, -e*› (*theat*) blijspel; '**lustwandeln** ‹*h*› wandelen

Luthe'raner ‹*der; -s, -*› lutheraan; '**lutherisch** luthers

'**lutschen** ‹*h*› zuigen; *Eis* ~ ijs likken; '**Lutscher** ‹*der; -s, -*› 1 lolly; 2 speen

luxuri'ös luxueus, weelderig; '**Luxus** ‹*der;* -, *geen mv*› luxe, weelde, pracht; '**Luxushotel** ‹*das; -s, -s*› luxehotel

'**Lymphe** ‹*die;* -, *-n*› lymfe; '**Lymphknotern** ‹*der; -s, -*› lymf(e)klier

'**Lyrik** ‹*die;* -, *geen mv*› poëzie, lyriek; '**Lyriker** ‹*der; -s, -*› lyricus, dichter

lus

Mmm

M *Mark*

Mä'ander ‹*der; -s, -*› meander

Maar ‹*das;* -(*e*)*s, -e*› maar (kratermeer)

'**machbar** te doen, realiseerbaar

'**Mache** ‹*die;* -, *geen mv*› *das ist* ~ dat is schijn, is voorgewend; *etwas in der ~ haben* ergens aan werken

'**machen** ‹*h*› 1 maken (*div bet*); 2 doen; *so wird's gemacht* zo doe je dat; *nichts zu ~: a*) niets aan te doen; *b*) geen denken aan; neen! *Examen* ~ examen doen; *einem Freude* ~ iem plezier doen; ***ins*** *Bett, in die Hose* ~ het in zijn bed, zijn broek doen; *in Textilien usw.* ~ in textiel enz. doen (handelen); *einen lachen usw.* ~ doen lachen enz; 3 (*bed*) opmaken; 4 *Licht* ~ het licht aandoen; *Feuer* ~ vuur aanmaken; 5 (*koffie, thee*) zetten; 6 veroorzaken (*moeite, werk e.d.*); 7 *was macht die Arbeit usw.?* hoe gaat het met het werk enz.; (*2 und 3*) *macht 5* is vijf *mach nicht so lange!* schiet op!; *mach's gut!* het beste!; (*große Augen*) ~ opzetten; *das macht* (*das Wetter usw.*) dat komt door ...; *das macht Spaß* dat is leuk; *lassen Sie mich nur ~!* laat mij maar begaan!; (*das*) *macht nichts* hindert niets; *wird gemacht, ~ wir!* komt in orde!; **sich** ~: *die Sache macht sich* het komt in orde; *das läßt sich* ~ dat is te doen; (*das Wetter*) *macht sich* wordt goed; *sich* ***an*** *etwas* ~ iets beginnen; *sich* ***auf*** *den Weg ~, sich auf die Beine* ~ zich op weg begeven; *sich* ***aus*** *dem Staube* ~ zich uit de voeten maken; *ich mache mir nichts daraus: a*) ik geef er niets om; *b*) ik trek me er niets van aan; '**Machenschaften** ‹*mv*› intriges, machinaties; '**Macher** ‹*der; -s, -*› 1 maker, aanstoker; 2 krachtig leider, manager

Macht ‹*die;* -, *-¨e*› 1 macht, heerschappij, gezag; (*die ~*) *ergreifen* grijpen; 2 macht, vermogen; kracht; 3 mogendheid; '**Machtbefugnis** ‹*die;* -, *-sse*› bevoegdheid, wettig gezag; '**Machtbereich** ‹*der;* -(*e*)*s, -e*› invloedssfeer; machtsgebied; '**Machtergreifung** ‹*die;* -, *-en*› machtsovername; '**Machthaber** ‹*der; -s, -*› machthebber; '**mächtig** 1 machtig; 2 krachtig (*klap, stem, slag, schot*); 3 groot, imposant; 4 enorm, reusachtig; 5 *e.r Sache ~ sein: a*) machtig zijn; *b*) beheersen; '**Machtlosigkeit** ‹*die;* -, *geen mv*› machteloosheid; '**Machtmittel** ‹*das; -s, -*› machtsmiddel; '**Machtstellung** ‹*die;* -, *-en*› machtspositie

'**Machwerk** ‹*das;* -(*e*)*s, -e*› maaksel, knoeiwerk

'**Macke** ‹*die;* -, *-n*› 1 mankement, fout; 2 tic

'Mädchen ‹*das; -s, -*› 1 meisje; 2 (dienst)meisje; 3 ~ *für alles* manusje-van-alles; 4 *ein spätes, altes* ~ een oude vrijster; **'mädchenhaft** meisjesachtig
'Made ‹*die; -, -n*› made
'Mädel ‹*das; -s, - en -s*› meisje
'madig vol maden; (*fruit*) aangestoken; (*einen od. etwas*) ~ *machen* zwart maken; *einem etwas* ~ *machen* iems plezier in iets bederven
Maga'zin ‹*das; -s, -e*› 1 magazijn (*div bet*); 2 magazine
Magd ‹*die; -, -ë*› (dienst)meid, -maagd
'Magen ‹*der; -s, - en -̈*› maag; (*er hat es*) *mit dem* ~ aan zijn maag; **'Magenbeschwerden** ‹*mv*› maagklachten; **'Magenknurren** ‹*das; -s, geen mv*› maagrommeling; **'Magenleiden** ‹*das; -s,-*› maagkwaal; **'Magenverstimmung** ‹*die; -, geen mv*› indigestie
'mager 1 mager (*lett en fig*); 2 karig, schraal; **'Magermilch** ‹*die; -, geen mv*› magere melk
Ma'gie ‹*die; -, geen mv*› magie, toverkunst
Magi'strat ‹*der; -(e)s, -e*› magistraat; stedelijke overheid, het stadsbestuur; (*Belg*) schepencollege
Mag'nat ‹*der; -en, -en*› magnaat
Mag'net ‹*der; -(e)s, -e*› magneet; **Mag'netband** ‹*das; -(e)s, -ër*› magneetband; **Mag'netfeld** ‹*das; -(e)s, -er*› magnetisch veld; **magneti'sieren** ‹*h*› magnetiseren; **Magne'tismus** ‹*der; -, geen mv*› magnetisme; **Mag'netscheibe** ‹*die; -, -n*› magneetschijf
Maha'goni ‹*das; -s, geen mv*› mahonie
'Mähdrescher ‹*der; -s, -*› maaidorser, combine; **'mähen** ‹*h*› 1 maaien; 2 blaten; **'Mäher** ‹*der; -s, -*› maaimachine
Mahl ‹*das; -(e)s, -e en -ër*› maal(tijd)
'mahlen ‹*onr.h; mahlte, gemahlen*› 1 malen; 2 (*wielen*) doordraaien, -slippen
'Mahlzeit ‹*die; -, -en*› maaltijd; (*gesegnete*) ~! eet smakelijk; ~! mooie boel!, 't is me wat moois!
'Mahnbrief ‹*der; -(e)s, -e*› maanbrief
'Mähne ‹*die; -, -n*› 1 manen (*van dier*); 2 lange haren (*van mens*)
'mahnen ‹*h*› 1 manen (*wegen etwas* om iets); 2 (*einen an* (+ 4) *etwas*) ~ herinneren; 3 (*einen zu etwas*) ~ aanmanen; **'Mahnmal** ‹*das; -(e)s, -e*› gedenkteken; **'Mahnung** ‹*die; -, -en*› (aan)maning, waarschuwing, herinnering; **'Mahnverfahren** ‹*das; -s, -*› gerechtelijke aanmaning
'Mähre ‹*die; -, -n*› oud of slecht paard, knol
Mai ‹*der; -, geen mv*› mei; **'Maifeier** ‹*die; -, -n*› 1 mei-viering; **'Maiglöckchen** ‹*das; -s, -*› lelietje van dalen
'Mailand ‹*das*› Milaan
Mais ‹*der; -es, -e*› maïs; **'Maiskolben** ‹*der; -s, -*› maïskolf
Maje'stät ‹*die; -, -en*› majesteit; **maje'stätisch** majestueus, vorstelijk; (*Belg*) majestatisch; **Maje'stätsbeleidigung** ‹*die; -, geen mv*› majesteitsschennis

Ma'jor ‹*der; -s, -e*› majoor
majori'sieren ‹*h*› overstémmen (*ook fig*); **Majori'tät** ‹*die; -, -en*› meerderheid
Ma'juskel ‹*die; -, -n*› hoofdletter
'Makel ‹*der; -s, -*› smet, (schand)vlek
Mäke'lei ‹*die; -, -en*› vitterij, gevit
'makellos vlekkeloos, onberispelijk
'mäkeln ‹*h*› aanmerken, vitten; (~) *an* op
Make-'up ‹*das; -s, -s*› make up
Makka'roni ‹*mv*› macaroni
'Makler ‹*der; -s, -*› makelaar; **'Maklergebühr** ‹*die; -, -en*› makelaarscourtage; **Maklergeschäft** ‹*das; -(e)s, -e*› (*Belg*) zakenkantoor
Ma'krele ‹*die; -, -n*› makreel
'Makroökonomie ‹*die; -, geen mv*› macro-economie
Mal I ‹*das; -(e)s, -e en -ër*› 1 vlek; 2 moedervlek; 3 (gedenk-, grens-, herkennings-, merk)-teken; 4 (*sp*) honk; **II** ‹*das; -(e)s, -e*› maal, keer; *ein* ~ *ums, übers andere* keer op keer; *mit einem* ~ opeens; *zu wiederholtem* ~*e* herhaaldelijk; *mit einem* ~ opeens; *von* ~ *zu* ~ telkens, keer op keer
mal I 1 keer (*2 ~ 9*); 2 (*formaat*) *25 ~ 30: 25* bij 30; II eens; (*es ist*) ~ *nicht anders* nu eenmaal enz.; ~ ..., ~ ... nu eens, dan weer; (*wenn das*) ~ (*gut geht*) maar
'malen ‹*h*› 1 schilderen; 2 (af)schilderen; 3 (*gezicht, lippen, wenkbrauwen*) verven; **'Maler** ‹*der; -s, -*› schilder; **Male'rei** ‹*die; -, -en*› 1 ‹*geen mv*› schilderkunst; 2 schilderstuk, schilderij; **'malerisch** 1 schilderachtig; 2 van een, als schilder
'malmen ‹*h*› fijnmalen, -wrijven
'malnehmen ‹*st.h; a-o; i*› vermenigvuldigen
ma'lochen ‹*h*› zwoegen, hard werken
Mal'teser ‹*bn*› ~ *Hilfsdienst* uit vrijwilligers bestaande hulporganisatie, t.b.v. gezondheidszorg, rampendienst en E.H.B.O.
malträ'tieren ‹*h*› maltraiteren, mishandelen
Malversati'on ‹*die; -, -en*› malversatie
Malz ‹*das; -es, geen mv*› mout
'Malzeichen ‹*das; -s, -*› vermenigvuldigingsteken
'Mammut ‹*das; -s, -e en -s*› mammoet
Mam'sell ‹*die; -, -en en -s*› buffetjuffrouw
man ‹*vnw*› men; je
'Management ‹*das; -s, geen mv*› management; **ma'nagen** ‹*h*› 1 handig klaarspelen; 2 (*artiest, voetballer enz*) managen; **'Manager** ‹*der; -s, -*› manager; **'Managerin** ‹*die; -, -nen*› vrouwelijke manager
manch sommig, menig; ~ *einer* menigeen; ~ *liebes Mal* menig keer; **'manche** 1 menig(e); 2 ‹*mv*› sommige(n), verscheidene(n), veel, velen; **'mancher** 1 menig(e); 2 menigeen; **mancher'lei** allerlei, velerlei, verschillende; **'mancherorts** op verschillende plaatsen; **'manches** menig(e); *so* ~ *Mal* menig keer, vaak; (*ich habe*) *so manches Buch* menig, heel wat ...; (*ich habe*) ~ (*zu erzählen*) heel wat; **'manchmal** soms, af en toe

Man'dant ‹*der; -en, -en*› cliënt (*van advocaat*)
Manda'rine ‹*die; -, -n*› (*vrucht*) mandarijn, mandarijntje
Man'dat ‹*das; -(e)s, -e*› mandaat
'Mandel ‹*die; -, -n*› amandel; **'mandelförmig** amandelvormig
Ma'nege ‹*die; -, -n*› piste, manege
Man'gan ‹*das; -s, geen mv*› mangaan
'Mangel I ‹*die; -, -n*› mangel (*ook fig*); **II** ‹*der; -s, -̈*› 1 gebrek; gemis; tekort; *aus ~ an* (+ 3) bij gebrek aan; 2 tekortkoming; onvolkomenheid; 3 gebrek, nood; armoede; **'mangelfrei** vrij van gebreken; **'mangelhaft 1** gebrekkig, onvolmaakt; 2 (*op school*) onvoldoende; **'mangeln** ‹*h*› 1 ontbreken; *es mangelt mir an Geld* het ontbreekt mij aan geld; 2 mangelen (*wasgoed*)
'Mängelrüge ‹*die; -, -n*› (*handel*) reclame, klacht
'mangels ‹*vz* (+ 2), *soms* (+ 3)› bij gebrek aan; **'Mangelware** ‹*die; -, geen mv*› schaars artikel
Ma'nier ‹*die; -, -en*› 1 manier, wijze, trant; 2 gekunsteldheid; 3 manier, omgangsvorm; **manie'riert** gemaniëreerd, gekunsteld; **ma'nierlich** behoorlijk
Manifestati'on ‹*die; -, -en*› manifestatie; **manifes'tieren, (sich)** ‹*h*› (zich) manifesteren
Mani'küre ‹*die; -, -n*› manicure; **mani'küren** ‹*h*› manicuren
Manipulati'on ‹*die; -, -en*› manipulatie; **manipu'lieren** ‹*h*› manipuleren
'Manko ‹*das; -s, -s*› deficit, tekort, manco
Mann I ‹*der; -(e)s, -ër*› 1 man (*alle bet*); *~ für ~* man na man; *der schwarze ~* de boeman; *der ~ auf der Straße* de gewone man; *ein ~ von Wort* een man van zijn woord; *ein ~ ein Wort* een man een man, een woord een woord; 2 *alle ~ an Deck!* alle hens aan dek!; **II** ‹*der; -(e)s, -en*› (*hist*) vazal, leenman; **'mannbar 1** (*meisje*) huwbaar; 2 (*jongen*) geslachtsrijp; **'Männchen** ‹*das; -s, -*› mannetje, ventje, kereltje; *~ machen* opzitten (*van hond*); **'Manndeckung** ‹*die; -, geen mv*› (*sp*) mandekking; **'Männerchor** ‹*der; -(e)s, -ë*› mannenkoor; **'Männersache** ‹*die; -, -n*› mannenaangelegenheid; **'Mannesalter** ‹*das*› *im besten ~* in de kracht van z'n leven; **'mannhaft** manhaftig, -moedig; **'Mannhaftigkeit** ‹*die; -, geen mv*› manhaftigheid, enz.
'mannigfach, 'mannigfaltig veelvuldig, verschillend; **'Mannigfaltigkeit** ‹*die; -, -en*› veelvuldigheid, verscheidenheid
'Männlein ‹*das; -s, -*› mannetje; **'männlich** mannelijk; **'Männlichkeit** ‹*die; -, geen mv*› mannelijkheid; **'Mannsbild** ‹*das; -(e)s, -er*› manspersoon
'Mannschaft ‹*die; -, -en*› 1 manschappen, bemanning; 2 (*sp*) ploeg, team, elftal; 3 (*sp*) koppel; **'mannschaftlich** als ploeg, team, elftal; **'Mannschaftsführer** ‹*der; -s, -*› (*sp*) ploegleider; **'Mannschaftskamerad** ‹*der; -en, -en*› ploeg-, teamgenoot; **'Mannschaftskapitän** ‹*der; -s, -e*› (*sp*) aanvoerder; **'Mannschaftsrennen** ‹*das; -s, -*› (*sp*) ploegenwedstrijd
'Mannschaftssport ‹*der; -(e)s, -sportarten*› teamsport; **'Mannschaftswertung** ‹*die; -, -en*› (*sp*) (ploegen)klassement
'mannstoll manziek
Ma'növer ‹*das; -s, -*› 1 manoeuvre; *im ~* op manoeuvre; *ins ~ ziehen* op manoeuvre gaan; 2 list, slinkse handelwijze, manoeuvre; **manö'vrieren** ‹*h*› manoeuvreren
Man'sarde ‹*die; -, -n*› dak-, zolderkamer
Man'schette ‹*die; -, -n*› manchet (*ook techn*)
'Mantel ‹*der; -s, -̈*› 1 mantel, (over)jas; 2 (*techn*) mantel; 3 buitenband; 4 (*mil*) huls; **'Manteltarif** ‹*der; -(e)s, -e*› secundaire arbeidsvoorwaarden (bij C.A.O.)
Manu'al ‹*das; -s, -e*› (*toetsenbord*) manuaal
manu'ell manueel
Manufak'turwaren ‹*mv*› manufacturen
Manus'kript ‹*das; -(e)s, -e*› 1 manuscript; 2 handschrift
'Mappe ‹*die; -, -n*› 1 map; 2 (akten)tas
'Märchen ‹*das; -s, -*› 1 sprookje; 2 leugen, fabeltje; **'Märchenbuch** ‹*das; -(e)s, -ër*› sprookjesboek; **'märchenhaft** sprookjesachtig
'Marder ‹*der; -s, -*› marter
'Märe ‹*die; -, -n*› 1 mare, tijding; 2 sage
'Marge ‹*die; -, -n*› marge
Marge'rite ‹*die; -, -n*› margriet
margi'nal marginaal, rand...
Ma'rienbild ‹*das; -(e)s, -er*› Mariabeeld; **Ma'rienkäfer** ‹*der; -s, -*› lieveheersbeestje
Ma'rine ‹*die; -, -n*› marine
mari'nieren ‹*h*› marineren
Mario'nette ‹*die; -, -n*› marionet
mari'tim maritiem
Mark I ‹*das; -(e)s, geen mv*› 1 merg; *bis ins ~*; 2 kern, pit (*ook fig*), kracht; (*er hat*) *~ in den Knochen* is zeer sterk; 3 (*einen*) *bis aufs ~* (*quälen*) tot het uiterste; *müde bis ins ~* doodmoe; *einem das ~ aus den Knochen saugen* iem uitbuiten; (*das hat ihn*) *bis ins ~* (*getroffen*) diep; **II** ‹*die; -, -en*› mark, grensgewest; **III** ‹*die; -, - en Markstücke*› mark (geldstuk)
'Marke ‹*die; -, -n*› 1 merk(teken); 2 plak-, postzegel; 3 kaartje; bon (*voor levensmiddelen, garderobe e.d.*); fiche; 4 penning; 5 merk; soort; 6 niveau, peil; (*sp*) rekord; 7 *das ist eine ~!* dat is me d'r een!; **'Markenartikel** ‹*der; -s, -*› merkartikel; **'Markenname** ‹*der; -ns, -n*› merknaam; **'Markenzeichen** ‹*das; -s, -*› handelsmerk
'markerschütternd hartverscheurend
'Marketing ‹*das; -s, geen mv*› marketing
'Markgraf ‹*der; -en, -en*› markgraaf
mar'kieren ‹*h*› 1 markeren, aanduiden, -geven; 2 (*volkstaal*) doen alsof, spelen; 3 (*sp*) *einen Spieler ~* een speler dekken; 4 benadrukken; **Mar'kierung** ‹*die; -, -en*› markering
'markig pittig, kernachtig, krachtig
Mar'kise ‹*die; -, -n*› markies, zonnescherm

man

'Markknochen ‹*der; -s, -*› mergpijp, -been
'Markstein ‹*der; -(e)s, geen mv*› (*fig*) mijlpaal
'Markstück ‹*das; -(e)s, -e*› mark (geldstuk)
Markt ‹*der; -(e)s, -ë*› markt; **'Marktanteil** ‹*der; -(e)s, -e*› marktaandeel; **'Marktbude** ‹*die; -, -n*› marktkraam; **'marktfähig** goed verkoopbaar; **'Marktflecken** ‹*der; -s, -*› marktplaats(je); **'Marktforschung** ‹*die; -, geen mv*› marktonderzoek; **'Marktführer** ‹*der; -s, -*› marktleider; **'marktgängig** goed verkoopbaar, gangbaar; **'Marktlage** ‹*die; -, geen mv*› marktsituatie, -positie; **'Marktlücke** ‹*die; -, -n*› gat in de markt; **'Marktordnung** ‹*die; -, -en*› 1 marktregeling; 2 marktreglement; **'marktorientiert** marktgericht; **'Marktplatz** ‹*der; -es, -ë*› markt(plein); **'Marktwirtschaft** ‹*die; -, geen mv*› markteconomie
Marme'lade ‹*die; -, -n*› jam; **Marme'ladenglas** ‹*das; -(e)s, -ër*› jampotje
'Marmor ‹*der; -s, -e*› marmer; **'Marmorblock** ‹*der; -(e)s, -ë*› blok marmer; **'Marmorbruch** ‹*der; -(e)s, -ë*› marmergroeve; **'marmorn** marmeren
Ma'rone ‹*die; -, -n*› (grote) eetbare kastanje
Ma'rotte ‹*die; -, -n*› gril, kuur
Mar'quis ‹*der; -, -*› markies
Mars ‹*der; -es, -e*› (*scheepv*) mars
marsch! mars! ~, *fort!* maak dat je weg komt!
Marsch I ‹*der; -es, -ë*› mars (*ook muz*); (*einen*) *in ~ setzen* in actie brengen, ergens op afsturen; *einem den ~ blasen: a*) iem eens zeggen, waar het op staat; *b*) iem wegjagen; **II** ‹*die; -, -en*› mars, marsgrond
'Marschall ‹*der; -s, -ë*› maarschalk
'marschbereit 1 klaar om op mars te gaan; 2 klaar voor vertrek
'Marschflugkörper ‹*der; -s, -*› kruisraket
mar'schieren ‹*h*› marcheren
'Marschland ‹*das; -(e)s, geen mv*› marsland, vgl *Marsch* **II**; **'Marschroute** ‹*die; -, -n*› 1 marsroute; 2 (*fig*) richting, gedragslijn
'Marssegel ‹*das; -s, -*› (*scheepv*) marszeil
'Marter ‹*die; -, -n*› 1 marteling, foltering; 2 kwelling; **'martern** ‹*h*› 1 martelen, folteren; 2 kwellen
'Martinshorn ‹*das; -(e)s, -ër*› sirene van brandweer, politie, ziekenauto
'Märtyrer ‹*der; -s, -*› martelaar; **'Märty(re)rin** ‹*die; -, -nen*› martelares; **'Martyrertum** ‹*das; -(e)s, geen mv*› martelaarschap
Mar'xismus ‹*der; -, geen mv*› marxisme
Marzi'pan ‹*das; -(e)s, -e*› marsepein
'Masche ‹*die; -, -n*› 1 maas (*van net*); 2 steek (*bij breien*); 3 ladder (*in kous*); 4 truc, handigheid; 5 oplossing; **'Maschendraht** ‹*das; -(e)s, geen mv*› ijzergaas; **'maschenfest** laddervrij (*van kous*)
Ma'schine ‹*die; -, -n*› machine (*alle bet*); **ma'schinegeschrieben** getypt; **maschi'nell** machinaal; **Ma'schinenbau** ‹*der; -(e)s, geen mv*› 1 machinebouw; 2 werktuigbouwkunde; **Ma'schinenbauingenieur** ‹*der; -(e)s, -e*› werktuigbouwkundig ingenieur; **Ma'schinengewehr** ‹*das; -(e)s, -e*› mitrailleur, machinegeweer; **Ma'schinenschaden** ‹*der; -s, -̈*› machinedefect; **Ma'schinenschlosser** ‹*der; -s, -*› machinebankwerker; **Ma'schinenschreiberin** ‹*die; -, -nen*› typiste; **Ma'schinensprache** ‹*die; -, -n*› computertaal; **Maschine'rie** ‹*die; -, -n*› machinerie; **ma'schineschreiben** typen, tikken
'Maser ‹*die; -, -n*› vlam (*in hout*)
'Masern ‹*mv*› mazelen
'Maske ‹*die; -, -n*› masker; (*fig*) *unter der ~ ...* onder het mom van ...; **'Maskenball** ‹*der; -(e)s, -ë*› gemaskerd bal; **mas'kieren** ‹*h*› maskeren
Mas'kotte ‹*die; -, -n*› mascotte
masku'lin mannelijk
Maso'chismus ‹*der; -, geen mv*› masochisme
Maß ‹*das; -es, -e*› 1 maat; (*Kleidung*) *nach ~* op maat, naar maat; 2 mate; graad; *in hohem ~e* in hoge mate; *in dem ~e, wie ...* naarmate ...; 3 proportie, hoeveelheid; omvang; *weder ~ noch Ziel kennen* geen grenzen kennen; *ohne ~ und Ziel* mateloos, grenzeloos; *das rechte, richtige ~ halten* de perken niet te buiten gaan; (*das geht*) *über jedes ~* (*hinaus*) gaat alle perken te buiten
Mas'saker ‹*das; -s, -*› bloedbad, slachting; **massa'krieren** ‹*h*› afmaken, afslachten
'Maßanzug ‹*der; -(e)s, -ë*› maatkostuum
'Masse ‹*die; -, -n*› 1 massa; 2 massa, menigte; 3 boel, hoop; 4 boedel (*bij faillissement*)
'Maßen ‹*mv*› *in od. mit ~* met mate; *über die, über alle ~* buitengewoon, zeer
'Massenarbeitslosigkeit ‹*die; -, geen mv*› massawerkloosheid; **'Massenaufgebot** ‹*das; -s, geen mv*› inzet van een enorm aantal mensen (bijv. politie); **'massenhaft** massaal, in massa's; **'Massenkarambolage** ‹*die; -, -en*› kettingbotsing; **'Massenkundgebung** ‹*die; -, -en*› massademonstratie; **'Massenmedien** ‹*mv*› massamedia; **'Massenveranstaltung** ‹*die; -, -en*› massamanifestatie; **'massenweise** in massa's, bij hopen
Mas'seur ‹*der; -s, -e*› masseur; **Mas'seurin** ‹*die; -, -nen*› masseuse
'Maßgabe ‹*die*› *nach ~* (*seiner Kräfte*) naar de mate; *nach ~* volgens, naar; *mit der ~* met dien verstande; **'maßgebend** 1 beslissend; bepalend; 2 bindend; 3 toonaangevend; **'maßgeblich** zie *-gebend*; **'maßgerecht** naar maat, op maat (*ook fig*); **'maßgeschneidert** op maat
mas'sieren ‹*h*› 1 masseren; 2 samentrekken, concentreren (*Truppen*)
'massig 1 omvangrijk, massaal; 2 veel
'mäßig matig; **'mäßigen** ‹*h*› 1 matigen, beteugelen; 2 verminderen; 3 *sich ~: a*) zich matigen; *b*) bedaren; **'Mäßigung** ‹*die; -, -en*› matiging
mas'siv 1 massief; 2 zwaar; 3 onbeschoft; **Mas'siv** ‹*das; -s, -e*› (berg)massief

'**Maßkrug** ‹*der; -*(*e*)*s, -ë*› bierpul (inhoud: één liter)

Maß'liebchen ‹*das; -s, -*› madeliefje

'**maßlos** mateloos, verregaand; '**Maßlosigkeit** ‹*die; -, -en*› mateloosheid

'**Maßnahme** ‹*die; -, -n*› maatregel; *~n treffen, ergreifen* maatregelen nemen, treffen

'**maßregeln** ‹*h*› (disciplinair) straffen; '**Maßregelung** ‹*die; -, -en*› het disciplinair bestraffen

'**Maßstab** ‹*der; -*(*e*)*s, -ë*› 1 maatstaf; 2 schaal; *in großem usw. ~* op grote enz. schaal; grootschalig; 3 maat-, duimstok; meetlint e.d.; '**maßstabgerecht**, '**maßstabgetreu** op schaal

'**maßvoll** 1 gematigd; 2 bescheiden

Mast I ‹*der; -es, -e*(*n*)› 1 (*scheepv*) mast; 2 paal; II ‹*die; -, geen mv*› het mesten

'**Mastdarm** ‹*der; -*(*e*)*s, -ër*› endeldarm

'**mästen** ‹*h*› (vet)mesten

Masturbati'on ‹*die; -, -en*› masturbatie; **mastur'bieren** ‹*h*› masturberen

'**Mastvieh** ‹*das; -*(*e*)*s, geen mv*› slachtvee

Match ‹*das of der; -*(*e*)*s, -s of -e*› match, wedstrijd; '**Matchball** ‹*der; -*(*e*)*s, -ë*› (*sp*) matchpoint

Materi'al ‹*das; -s, -ien*› materiaal; materieel; **materiali'sieren** ‹*h*› materialiseren; **Materia'lismus** ‹*der; -, geen mv*› materialisme; **Ma'terie** ‹*die; -, -n*› materie; **materi'ell** materieel; stoffelijk

'**Mathe** ‹*die; -, geen mv*›, **Mathema'tik** ‹*die; -, geen mv*› wiskunde; **Mathe'matiker** ‹*der; -s, -*› wiskundige

'**Matjeshering** ‹*der; -s, -e*› maatjesharing

Ma'tratze ‹*die; -, -n*› matras

Mä'tresse ‹*die; -, -n*› maîtresse

Ma'trikel ‹*die; -, -n*› register

'**Matrix** ‹*die; -, Ma'trizes en Ma'trizen*› matrix

Ma'trize ‹*die; -, -n*› matrijs

Ma'trose ‹*der; -n, -n*› matroos

Matsch ‹*der; -*(*e*)*s, geen mv*› 1 modder; natte sneeuw; 2 brij

matsch 1 rot, bedorven; 2 bekaf; '**matschig** 1 brijig; 2 modderig; 3 papperig; '**Matschwetter** ‹*das; -s, geen mv*› smerig, nat weer

matt 1 mat, moe, lusteloos; 2 mat, dof (*kleur, ogen, papier, metaal enz*); 3 zwak (*protest, licht*); 4 (*handel*) flauw, lusteloos; 5 (schaak)-mat

'**Matte** ‹*die; -, -n*› 1 alpenweide; 2 (vloer)mat

Mat'thäus ‹*der*› Mattheüs

'**Mattheit** ‹*die; -, geen mv*› matheid, lusteloosheid; dofheid

mat'tieren ‹*h*› matteren

'**Mattscheibe** ‹*die; -, -n*› 1 matglazen plaat; matglas; 2 (*volkstaal*) beeldscherm

'**Mätzchen** ‹*das; -s, -*› 1 onzin, gekheid; 2 truc

'**mauen** ‹*h*› miauwen

'**Mauer** ‹*die; -, -n*› muur (*ook sp*); '**Mauerassel** ‹*die; -, -n*› pissebed; '**mauern** ‹*h*› 1 metselen; 2 (*sp*) massaal verdedigen; '**Mauerstein** ‹*der; -*(*e*)*s, -e*› metselsteen

Maul ‹*das; -*(*e*)*s, -ër*› 1 muil (*van dieren*); 2 mond; bek, smoel; *ein ungewaschenes ~ haben* ruw in de mond zijn; *das ~ halten* z'n bek houden; '**Maulbeerbaum** ‹*der; -*(*e*)*s, -ë*› moerbeiboom; '**Mäulchen** ‹*das; -s, -*› mondje, bekje, snoetje; '**maulen** ‹*h*› mopperen; pruilen, mokken; '**Maulesel** ‹*der; -s, -*› muilezel; '**Maulkorb** ‹*der; -*(*e*)*s, -ë*› muilkorf; '**Maultier** ‹*das; -*(*e*)*s, -e*› muildier; '**Maul- und 'Klauenseuche** ‹*die; -, geen mv*› mond- en klauwzeer; '**Maulwurf** ‹*der; -*(*e*)*s, -ë*› mol

'**Maure** ‹*der; -n, -n*› Moor

'**Maurer** ‹*der; -s, -*› metselaar; **Maure'rei** ‹*die; -, geen mv*› 1 het metselen; 2 metselaarsvak; '**Maurerhandwerk** ‹*das; -*(*e*)*s, geen mv*› metselaarsvak

'**maurisch** Moors

Maus ‹*die; -, -ë*› 1 (*alle bet*) muis; 2 lieveling, snoesje; 3 (*volkstaal*) *Mäuse* geld; '**mauscheln** ‹*h*› 1 (*min*) joods spreken; 2 brabbelen; 3 rommelen, knoeien; '**Mäuschen** ‹*das; -s, -*› 1 muisje; 2 lieveling; '**mäuschen'still** muis-, doodstil; '**Mausefalle, Mäusefalle** ‹*die; -, -n*› muizeval; '**mausen** ‹*h*› gappen, stelen

'**Mauser** ‹*die; -, geen mv*› rui; *in der ~ sein* (*lett*) ruien; '**mausern, sich** 1 ruien; 2 (in zijn voordeel) veranderen; *~ zu* worden tot, zich ontwikkelen tot

'**mausetot** zo dood als een pier

'**mausfarben**, '**mausfarbig** muiskleurig

'**mausig**: *sich ~ machen* gewichtig doen

Maut ‹*die; -, -en*› 1 tol, tolgeld; 2 tolkantoor

m. a. W. *mit anderen Worten*

Max ‹*der*› *strammer ~* uitsmijter (*eiergerecht*)

Maxi'malgewicht ‹*das; -*(*e*)*s, -e*› maximumgewicht; **Maxi'malstrafe** ‹*die; -, -n*› maximumstraf

Mayon'naise ‹*die; -, -n*› mayonaise

Mä'zen ‹*der; -s, -e*› mecenas, begunstiger

Md. *Milliarde*(*n*)

Me'chanik ‹*die; -, -en*› 1 mechanica, werktuigkunde; 2 mechaniek; **Me'chaniker** ‹*der; -s, -*› 1 monteur, technicus; 2 werktuigkundige; **mechani'sieren** ‹*h*› mechaniseren; **Mechani'sierung** ‹*die; -, geen mv*› mechanisatie; **Mecha'nismus** ‹*der; -, Mechanismen*› mechanisme

'**Meckerer** ‹*der; -s, -*› kankeraar, vitter; '**meckern** ‹*h*› 1 blaten; 2 vitten, kankeren

'**Medienkonzern** ‹*der; -*(*e*)*s, -e*› mediaconcern; '**Medienlandschaft** ‹*die; -, -en*› mediawereld

Meditati'on ‹*die; -, -en*› meditatie, overpeinzing; **medi'tieren** ‹*h*› mediteren

Medi'zin ‹*die; -, -en*› 1 medicijn, geneesmiddel; 2 medicijnen, geneeskunde; **Medi'ziner** ‹*der; -s, -*› 1 medicus; 2 medisch student; **medi'zinisch** geneeskundig, medisch; **Medi'zinmann** ‹*der; -*(*e*)*s, -ër*› medicijnman; **Medi'zinstudent** ‹*der; -en, -en*› medisch student

Meer ‹*das; -*(*e*)*s, -e*› zee (*lett en fig*); '**Meeraal** ‹*der; -*(*e*)*s, -e*› zeeaal; '**Meerenge** ‹*die; -, -n*›

zeeëngte; '**Meeresgrund** ‹*der; -(e)s, geen mv*› zeebodem; '**Meeresspiegel** ‹*der; -s, geen mv*› zeespiegel; '**Meerjungfrau** ‹*die; -, -en*› zeemeermin; '**Meerrettich** ‹*der; -s, -e*› mierikwortel; '**Meerschaum** ‹*der; -(e)s, geen mv*› meerschuim; '**Meerschweinchen** ‹*das; -s, -*› cavia

Mega'phon ‹*das; -s, -e*› megafoon

Mehl ‹*das; -(e)s, -e*› meel; bloem; '**mehlig** 1 meelachtig; 2 melig; '**Mehlschwitze** ‹*die; -, -n*› bloemsaus, roux; '**Mehlspeise** ‹*die; -, -n*› meelkost, -spijs; '**Mehlsuppe** ‹*die; -, -n*› bloem-, meelpap

mehr meer; ~ *od. minder*, ~ *od. weniger* min of meer; *immer* ~ hoe langer hoe meer; **Mehr** ‹*das; -, geen mv*› 1 extra hoeveelheid, surplus; 2 meerderheid (van stemmen); **Mehr**... meer...; extra ...; hoger(e) ...; groter(e) ...; '**Mehrarbeit** ‹*die; -, geen mv*› 1 extra werk; 2 overwerk; '**Mehraufwand** ‹*der; -(e)s, geen mv*› hogere, extra uitgaven, kosten; '**Mehrbetrag** ‹*der; -(e)s, -ë*› extra bedrag; '**mehrdeutig** dubbelzinnig, voor verschillende uitleggingen vatbaar

'**mehren** ‹*h*› vermeerderen; *sich* ~ toenemen; '**mehrere** verscheidene, meer dan één; (*ich habe noch*) *~s zu tun* allerlei dingen te doen; '**mehrer'lei** velerlei; '**mehrerseits** van verschillende kanten

'**mehrfach** meervoudig; veelvoudig, vaak, herhaaldelijk; '**Mehrheit** ‹*die; -, -en*› meerderheid; '**mehrheitlich** voor het merendeel, in meerderheid, meerderheids...; met meerderheid van stemmen; '**mehrjährig** meerjarig; '**Mehrkosten** ‹*mv*› extra, bijkomende kosten; '**mehrmalig** herhaald; '**mehrmals** herhaaldelijk; meermaals; '**mehrseitig** van verscheidene bladzijden; '**mehrsprachig** meertalig; '**mehrstöckig** van verscheidene verdiepingen; '**mehrstufig** met verscheidene fasen, trappen; '**mehrteilig** meerdelig

'**Mehrung** ‹*die; -, -en*› vermeerdering

'**Mehrwahlfragen** ‹*mv*› multiple-choice-vragen; '**Mehrwegflasche** ‹*die; -, -n*› retourfles; '**Mehrwegverpackung** ‹*die; -, -en*› retourverpakking; '**Mehrwert** ‹*der; -(e)s, -e*› meer-, overwaard; '**Mehrwertsteuer** ‹*die; -, geen mv*› belasting op de toegevoegde waarde; (*afk BTW*); '**Mehrzahl** ‹*die; -, geen mv*› 1 meerderheid; 2 meervoud; '**Mehrzweck**... multifunctioneel ..., ... voor verschillende doeleinden

'**meiden** ‹*st.h; ie-ie*› mijden

'**Meile** ‹*die; -, -n*› mijl; '**Meilenstein** ‹*der; -(e)s, -e*› mijlpaal

'**Meiler** ‹*der; -s, -*› 1 kolenmeiler; 2 kernreactor

mein mijn, van mij; *die Meinen* de mijnen; *das Meine* het mijne; *gedenke ~!* gedenk mijner! *ach du ~!* lieve hemel!

'**Meineid** ‹*der; -(e)s, -e*› meineed; '**meineidig** meinedig

'**meinen** ‹*h*› 1 menen; 2 menen, denken; *was ~ Sie dazu?* hoe denkt u daarover? *das will ich ~!* dat zou ik denken! nou en of! *ich meine ja nur!* ik dacht maar zo!; 3 bedoelen; *wie ~ Sie?* hoe bedoelt u?; 4 zeggen

'**meiner** van, over mij; mijner; de, het mijne; '**meiner'seits** mijnerzijds, van mijn kant

'**meinet'halben**, '**meinet'wegen** mijnentwege, voor mij; *~!* voor mijn part!; '**meinet'willen**: *um ~* om mijnentwille, voor mij

'**Meinige**, '**meinige** ‹*der; v; o; -en, -en*› de, het mijne; vgl *mein; die Meinigen* de mijnen

'**Meinung** ‹*die; -, -en*› 1 mening; *meiner ~ nach* volgens mijn mening; (*ich bin*) *der ~* van mening; *seine ~ ändern* van mening veranderen; (*sie sind*) *e.r ~* het eens; *ganz meine ~!* zo denk ik er ook over!; 2 oordeel, dunk; achting; '**Meinungsäußerung** ‹*die; -, -en*› meningsuiting; '**Meinungsaustausch** ‹*der; -es, -e*› gedachtenwisseling; '**meinungsbildend** opinievormend; '**Meinungsforschung** ‹*die; -, geen mv*› opinieonderzoek; '**Meinungsfreiheit** ‹*die; -, geen mv*› vrijheid van meningsuiting; '**Meinungsumfrage** ‹*die; -, -n*› opinieonderzoek; '**Meinungsverschiedenheit** ‹*die; -, -en*› 1 verschil van mening; 2 ruzie, woordenwisseling

'**Meise** ‹*die; -, -n*› mees; (*volkstaal*) *eine ~ haben* niet goed snik zijn

'**Meißel** ‹*der; -s, -*› beitel; '**meißeln** ‹*h*› beitelen

meist 1 meest; 2 meestal, het meest; '**meistens**, '**meisten'teils** meestal

'**Meister** ‹*der; -s, -*› 1 meester (*div bet*); *e.r Sache ~ (sein, werden)* iets meester ...; *seiner selbst nicht ~ (sein)* zichzelf niet meester; 2 meester; baas, patroon; *seinen ~ machen* z'n vakdiploma halen; 3 (*sp*) kampioen; '**Meisterarbeit** ‹*die; -, -en*› meesterstuk, -werk; '**Meisterbrief** ‹*der; -(e)s, -e*› vakdiploma; '**meisterhaft** meesterlijk; '**Meisterin** ‹*die; -, -nen*› kampioene; '**meistern** ‹*h*› de baas worden, onder de knie krijgen, aankunnen; (*een situatie*) meester worden; (*moeilijkheden*) overwinnen; '**Meisterprüfung** ‹*die; -, -en*› examen voor vakdiploma; '**Meisterschaft** ‹*die; -, -en*› 1 meesterschap; 2 (*sp*) kampioenschap; '**Meistertitel** ‹*der; -s, -*› 1 meestertitel; 2 (*sp*) kampioenstitel

'**Meldeamt** ‹*das; -(e)s, -ër*› 1 bevolkingsbureau; 2 aanmeldingsbureau; '**Meldefrist** ‹*die; -, -en*› aanmeldingstermijn; '**Meldegänger** ‹*der; -s, -*› ordonnans; '**melden** ‹*h*› 1 melden, berichten, mededelen; 2 (*bezoek*) aandienen; 3 *Feuer ~* brandalarm slaan; 4 (*einen bei der Polizei*) ~ aangeven; (*du hast nichts*) *zu ~* te vertellen, te zeggen; **sich** ~ 1 zich aangeven; 2 zich melden (*ook mil*); 3 zich aanmelden, zich opgeven; 4 zich vervoegen, zich presenteren; 5 zich voordoen; 6 zich aankondigen; 7 de telefoon aannemen; 8 *sich ~* de vinger opsteken (*op school*); 9 *sich zu Wort ~* het woord vragen; '**Meldepflicht** ‹*die; -, geen mv*› 1 (aan)meldingsplicht; 2 aangifteplicht;

'**Meldeschluß** ‹*der; -schlusses, geen mv*› sluiting van de termijn van aanmelding; '**Meldewesen** ‹*das; -s, -*› berichtendienst; '**Meldezettel** ‹*der; -s, -*› inschrijvingsformulier (*bij hotelverblijf*); '**Meldung** ‹*die; -, -en*› 1 melding, aanmelding; 2 mededeling, bericht

me'liert gemêleerd

'**Melkanlage** ‹*die; -, -n*› melkmachine; '**melken** ‹*h*› 1 melken; 2 *einen* ~ iem uitmelken

melodi'ös, me'lodisch melodieus, melodisch

Me'lone ‹*die; -, -n*› 1 meloen; 2 bolhoed

Mem'bran, Mem'brane ‹*die; -, -(e)n*› membraan

Me'moiren ‹*mv*› memoires

Me'nage ‹*die; -, -n*› olie-en-azijnstel

'**Menge** ‹*die; -, -n*› 1 menigte, massa; 2 hoeveelheid, kwantiteit; 3 *eine* ~ (ook) een hoop, veel; (*er hat Geld*) *die* ~ een hele hoop; *jede* ~ (*Arbeit usw.*) een hoop ..., ... bij de vleet

'**mengen** ‹*h*› (ver)mengen; *sich in* (+ 4) ~ zich met iets bemoeien, in iets mengen

'**mengenmäßig** kwantitatief

'**Mennige** ‹*die; -, geen mv*› menie

Mensch I ‹*der; -en, -en*› 1 mens; 2 man, vent; II ‹*das; -es, -er*› 1 het mens; 2 slet; '**Menschenaffe** ‹*der; -n, -n*› mensaap; '**menschenfeindlich** 1 mensenschuw; 2 onmenselijk; '**menschenfreundlich** menslievend; '**Menschengedenken**: *seit* ~ sinds mensenheugenis; '**Menschengeschlecht** ‹*das; -(e)s, geen mv*› mensdom; '**Menschengestalt** ‹*die; -, -en*› menselijke gestalte; '**menschenleer** leeg, eenzaam, verlaten; '**Menschenmasse, Menschenmenge** ‹*die; -, -n*› mensenmenigte; '**menschenmöglich** ter wereld mogelijk; *das ~e tun* alles doen, wat men kan; '**Menschenopfer** ‹*das; -s, -*› slachtoffer; '**Menschenrechtsverletzung** ‹*die; -, -en*› schending van de mensenrechten; '**Menschenschlag** ‹*der; -(e)s, geen mv*› slag mensen, soort; '**Menschenseele** ‹*die; -, -n*› 1 menselijke ziel; 2 *keine* ~ geen sterveling; '**Menschenskind**! lieve hemel!; '**Menschensohn** ‹*der; -(e)s, geen mv*› (*bijb*) Mensenzoon; '**Menschentum** ‹*das; -(e)s, geen mv*› mensdom; **menschen'unwürdig** mensonwaardig; '**Menschenverstand**: *der gesunde* ~ het gezond verstand; '**Menschheit** ‹*die; -, geen mv*› mensheid, mensdom; '**menschlich** 1 menselijk; 2 als mens; '**Menschlichkeit** ‹*die; -, -en*› menselijkheid

Menstruati'on ‹*die; -, -en*› menstruatie; **menstru'ieren** ‹*h*› menstrueren

Men'sur ‹*die; -, -en*› 1 studentenduel; 2 afstand bij het schermen; 3 maatglas

men'tal mentaal; **Mentali'tät** ‹*die; -, -en*› mentaliteit

'**Mentor** ‹*der; -s, -en*› mentor; studiebegeleider; (*Belg*) monitor; **Mentorin** ‹*die; -, -nen*› mentrix, studiebegeleidster; (*Belg*) monitrice

Me'nü ‹*das; -s, -s*› menu

Meridi'an ‹*der; -s, -e*› meridiaan

'**merkbar** merk-, waarneembaar, duidelijk

'**Merkblatt** ‹*das; -(e)s, -ër*› blad met aanwijzingen

'**merken** ‹*h*› 1 (be)merken; *sich nichts ~ lassen* niets laten merken; 2 *sich etwas ~: a*) iets onthouden; *b*) noteren; 3 *wohl gemerkt!* let wel!; '**Merkfähigkeit** ‹*die; -, geen mv*› opmerkingsgave; '**merklich** merk-, waarneembaar; aanmerkelij; '**Merkmal** ‹*das; -(e)s,-e*› kenmerk; kenteken

'**merkwürdig** merkwaardig, vreemd, raar; '**merkwürdiger'weise** merkwaardigerwijze

me'schugge mesjoche, gek

Meß... 1 meet...; 2 mis...

'**Meßband** ‹*das; -(e)s, -ër*› meetlint; '**meßbar** meetbaar; '**Meßbecher** ‹*der; -s, -*› maatbeker; '**Meßbuch** ‹*das; -(e)s, -ër*› misboek, missaal

'**Messe** ‹*die; -, -n*› 1 mis; 2 jaarbeurs; 3 (*scheepv*) mess, messroom; '**Messegelände** ‹*das; -s, -*› jaarbeursterrein

'**messen** ‹*st.h; a-e; i*› 1 meten; 2 (scherp, nauwkeurig) aan-, bekijken; 3 *sich mit einem* ~ zich met iem meten

'**Messer** I ‹*das; -s, -*› 1 mes; 2 (*Kampf*) *bis aufs* ~ op leven en dood; *einen ans* ~ *liefern* iem aan de vijand overleveren; II ‹*der; -s, -*› 1 (op)meter; 2 meter, meetinstrument; '**Messergriff** ‹*der; -(e)s, -e*› heft van een mes; '**Messerklinge** ‹*die; -, -n*› lemmet; '**Messerscheide** ‹*die; -, -n*› messchede; '**Messerschnitt** ‹*der; -(e)s, -e*› messnede; '**Messerstecher** ‹*der; -s, -*› messetrekker; '**Messerstecherei** ‹*die; -, -en*› steekpartij

'**Messestand** ‹*der; -(e)s, -ë*› jaarbeursstand

'**Meßgerät** ‹*das; -(e)s, -e*› meetinstrument

'**Meßgewand** ‹*das; -(e)s, -ër*› (*r-k*) misgewaad

'**Messing** ‹*das; -s, -e*› messing

'**Messung** ‹*die; -, -en*› meting

'**Meßverfahren** ‹*das; -s, -*› meetmethode

Mes'tize ‹*der; -n, -n*› mesties (een halfbloed)

Me'tall ‹*das; -s, -e*› metaal; **Me'tallarbeiter** ‹*der; -s, -*› metaalbewerker; **me'tallartig** metaalachtig; **me'tallen** metalen; **Me'taller** ‹*der; -s, -*› metaalarbeider (*als vakbondslid*); **Me'tallermüdung** ‹*die; -, geen mv*› metaalmoeheid; **Me'tallfassung** ‹*die; -, -en*› metalen montuur (*van bril*); **me'tallisch** 1 metaalachtig; 2 van metaal; 3 metalliek

Me'tapher ‹*die; -, -n*› metafoor, overdrachtelijke uitdrukking; **meta'phorisch** metaforisch, figuurlijk

Metaphy'sik ‹*die; -, geen mv*› metafysica

Meta'stase ‹*die; -, -n*› (*med*) uitzaaiing; **metasta'sieren** ‹*h*› (*med*) metastaseren, uitzaaien

Mete'or ‹*der of das; -s, -e*› meteoor; **Meteo'rit** ‹*der; -en en -s, -e(n)*› meteoriet; **Meteoro'loge** ‹*der; -n, -n*› meteoroloog

'**Meter** ‹*das of der; -s, -*› meter; '**Meterband** ‹*das; -(e)s, -ër*› meetlint, centimeter; '**meterhoch** metershoog; '**meterlang** meterslang; '**Metermaß** ‹*das; -es, -e*› 1 duimstok; 2 meetlint, centimeter; '**meterweise** bij de meter

Me'thode ‹*die; -, -n*› methode; **Me'thodik** ‹*die; -, -en*› methodiek
Me'tier ‹*das; -s, -s*› beroep, vak
'Metrik ‹*die; -, -en*› metriek, versleer; **'metrisch** 1 metrisch; 2 metriek
'Mieder ‹*das; -s, -*› 1 korset; 2 keurslijfje; **'Miederwaren** ‹*mv*› foundations
Mief ‹*der; -(e)s, geen mv*› 1 muffe of benauwde lucht; 2 (*fig*) benauwde atmosfeer; 3 stank; **'miefen** ‹*h*› 1 stinken; 2 *es mieft hier* (*ook*) het is hier benauwd
'Miene ‹*die; -, -n*› 1 gezichtsuitdrukking, gezicht; *keine ~ verziehen* geen spier vertrekken; 2 *~ machen zu* aanstalten maken om ...
mies 1 ellendig, slecht, miserabel; 2 gemeen, vuil
'miesmachen ‹*h*› 1 (*etwas, einen*) iets aan te merken hebben op; 2 *einem etwas ~* iets voor iem verpesten
'Mietauto ‹*das; -s, -s*› huurauto; **'Miete I** ‹*die; -, -n*› 1 huur, huurprijs; *kalte ~* huur exclusief verwarming; *warme ~* huur inclusief verwarming; 2 (het) huren; **II** ‹*die; -, -n*› 1 stapel, mijt; 2 kuil (*bijv voor aardappelen*); **'Mieteinnahmen** ‹*mv*› huuropbrengst; **'mieten** ‹*h*› huren; **'Mieter** ‹*der; -s, -*› huurder; **'Mieterschutz** ‹*der; -es, geen mv*› huurbescherming; **'Mietertrag** ‹*der; -(e)s, -ë*› huuropbrengs; **'Mietling** ‹*der; -(e)s, -e*› huurling
'Mietskaserne ‹*die; -, -n*› mensenpakhuis
'Mietvertrag ‹*der; -(e)s, -ë*› huurcontract; **'Mietwagen** ‹*der; -s, -*› huurauto
'Mieze ‹*die; -, -n*› 1 poes; 2 (*volkstaal*) meisje
Mi'gräne ‹*die; -, -n*› migraine
Migrati'on ‹*die; -, -en*› migratie
'Mikroelektronik ‹*die; -, geen mv*› micro-elektronica; **'Mikroprozessor** ‹*der; -s, -en*› microprocessor; **Mikro'skop** ‹*das; -s, -e*› microscoop
'Milbe ‹*die; -, -n*› (*dierk*) mijt
Milch ‹*die; -, geen mv*› 1 melk; 2 (*plantk*) melksap; 3 hom; **'milchartig** melkachtig; **'Milchbar** ‹*die; -, -s*› melksalon; **'Milchbart** ‹*der; -(e)s, -ë*› melkmuil; **'Milchbrei** ‹*der; -(e)s, -e*› pap; **'Milchhaut** ‹*die; -, -ë*› velletje (op melk); **'Milchstraße** ‹*die; -, geen mv*› melkweg; **'Milchsuppe** ‹*die; -, -n*› pap; **'Milchwirtschaft** ‹*die; -, geen mv*› zuivelsector
mild, 'milde 1 mild; 2 zacht, mild; **'Milde** ‹*die; -, geen mv*› mildheid enz., vgl *mild*; **'mildern** ‹*h*› 1 (*straf, vonnis; pijn*) verzachten, verlichten; 2 matigen; 3 (*uitdrukking*) verzachten; 4 *sich ~* minder worden; **'Milderung** ‹*die; -, -en*› verzachting enz.; **'Milderungsgrund** ‹*der; -(e)s, -ë*› verzachtende omstandigheid
Mili'tär I ‹*das; -s, geen mv*› 1 krijgsmacht; 2 leger; *beim ~ sein* in dienst zijn; *zum ~ müssen* in dienst moeten; **II** ‹*der; -s, -s*› hoog officier; **Mili'tärakademie** ‹*die; -, -n*› militaire academie; **Militärgericht** ‹*das; -(e)s, -e*› (*Belg*) auditoraat; *oberste ~* Hoog Militair Gerechtshof, (*Belg*) krijgshof; **Mili'tärgericht** ‹*das; -(e)s, -e*› krijgsraad; **Mili'tärgewalt** ‹*die; -, geen mv*› 1 het militaire gezag; 2 militair geweld; **mili'tärisch** militair; **Militari'sierung** ‹*die; -, geen mv*› militarisering; **Milita'rismus** ‹*der; -, geen mv*› militarisme; **Mili'tärputsch** ‹*der; -es, -e*› militaire staatsgreep; **Mili'tärzeit** ‹*die; -, geen mv*› diensttijd
Mi'liz ‹*die; -, -en*› militie, volksleger
Milliar'där ‹*der; -s, -e*› miljardair; **Milli'arde** ‹*die; -, -n*› miljard
Milli'on ‹*die; -, -en*› miljoen; **Millio'när** ‹*der; -s, -e*› miljonair; **milli'onenschwer** schatrijk; **milli'onstel, milli'ontel** miljoenste; **Milli'onstel, Milli'ontel** ‹*das; -s, -*› het miljoenste
Milz ‹*die; -, -en*› milt
'mimen ‹*h*› toneelspelen; voorwenden, doen alsof
'Mimik ‹*die; -, geen mv*› mimiek, gebarenspel
Mi'mose ‹*die; -, -n*› 1 (*plantk*) mimosa; 2 (*fig*) kruidje-roer-mij-niet; **mi'mosenhaft** erg teer, zeer gevoelig, angstig
'minder minder; **'Minder...** minder(e) ...; geringer(e) ...; lager(e) ...; **'minderbemittelt** minvermogend, (*Belg*) minderbedeeld; **'Minderheit** ‹*die; -, -en*› minderheid; **'minderjährig** minderjarig; **'Minderjährigkeit** ‹*die; -, geen mv*› minderjarigheid; **'mindern** ‹*h*› verminderen; **'Minderung** ‹*die; -, -en*› vermindering; **'minderwertig** minderwaardig, inferieur; **'Minderzahl** ‹*die; -, geen mv*› minderheid
'mindest minst, geringst; *nicht das ~e* niet het minst; *nicht im ~en* niet in het minst; *er hätte zum ~en* (*mal anrufen können*) hij had op z'n minst; **'Mindest...** minimum...; **'mindestens** 1 minstens; 2 op zijn minst; **'Mindestlohn** ‹*der; -(e)s, -ë*› minimumloon; **'Mindestmaß** ‹*das; -es, geen mv*› 1 minimumlengte; 2 minimum; **'Mindestpreis** ‹*der; -es, -e*› minimumprijs
'Mine ‹*die; -, -n*› 1 (*mijnb*) mijn; 2 (*mil*) mijn; 3 stift (*van ballpoint, potlood*); 4 *alle ~n springen lassen* alles in het werk stellen; **'Minenräumboot** ‹*das; -(e)s, -e*› ; **'Minensuchboot** ‹*das; -(e)s, -e*› mijnenveger; **'Minensuchgerät** ‹*das; -(e)s, -e*› mijndetector
Mine'ral ‹*das; -s, -e en -ien*› mineraal; **mine'ralisch** mineraal; **Mine'ralöl** ‹*das; -(e)s, -e*› minerale olie, aardolie; **Mine'ralwasser** ‹*das; -s, -̈*› 1 bronwater; 2 mineraalwater
Minia'tur ‹*die; -, -en*› miniatuur
'Minigolf ‹*das; -s, geen mv*› (*sp*) midget-golf
mini'mal minimaal, uiterst gering, uiterst laag
Mi'nister ‹*der; -s, -*› minister; **Ministerialrat** ‹*der; -(e), -s*› (*Belg*) bestuurssecretaris; **ministeri'ell** ministerieel; **Mini'sterium** ‹*das; -s, Ministerien*› ministerie; **Mi'nisterpräsident** ‹*der; -en, -en*› minister-president, premier
'Minne ‹*die; -, geen mv*› min, liefde; **'Minnesang** ‹*der; -(e)s, -ë*› minnezang; **'Minnesänger, 'Minnesinger** ‹*der; -s, -*› minnezanger

Minori'tät ‹*die; -, -en*› minderheid

'Minus ‹*das; -, geen mv*› 1 het ontbrekende, het tekort; 2 minpunt

Mi'nuskel ‹*die; -, -n*› kleine letter

'Minuspunkt ‹*der; -(e)s, -e*› minpunt; **'Minuszeichen** ‹*das; -s, -*› minus-, minteken

Mi'nute ‹*die; -, -n*› minuut; *in letzter* ~ op het laatste moment; **'...minutig, ...'minütig:** *fünf*~ vijf minuten durend; **'...minutlich, ...'minütlich:** *fünf*~ om de vijf minuten; **minuzi'ös** minutieus

'Minze ‹*die; -, -n*› (*plantk*) munt

Mio(.) *Million(en)*

mir (3 van *ich*) aan of voor mij; mij; *von ~ aus* wat mij betreft; *~ nichts, dir nichts* zonder zich om iem of iets te bekommeren; *mir ist ...* ik voel me ...; *wie du ~, so ich dir* leer om leer

Misan'throp ‹*der; -en, -en*› misantroop, mensenhater

Misch... 1 meng...; 2 gemengd ...; **'mischbar** mengbaar; **'Mischehe** ‹*die; -, -n*› gemengd huwelijk; **'mischen** ‹*h*› 1 mengen, vermengen; 2 (*kaarten*) schudden; 3 *sich* ~ zich vermengen; 4 *sich in etwas* ~ zich in iets mengen, met iets bemoeien; **'Mischfutter** ‹*das; -s, geen mv*› mengvoe(de)r; **'Mischling** ‹*der; -s, -e*› 1 halfbloed; 2 (*biol*) kruising; **'Mischmasch** ‹*der; -es, -e*› mengelmoes; **'Mischung** ‹*die; -s, -en*› 1 mengsel; melange, mixtuur; 2 mengeling

Mi'sere ‹*die; -, -n*› misère, ellende

miß'achten 1 overtreden, zich niet houden aan; 2 minachten, geringschatten; **'Mißachtung** ‹*die; -, geen mv*› minachting enz.

'Mißbehagen ‹*das; -s, geen mv*› onbehagen; **miß'billigen** ‹*h*› afkeuren; **Miß'billigung** ‹*die; -, -en*› afkeuring; **'Mißbrauch** ‹*der; -(e)s, -ë*› misbruik; ~ *treiben mit* misbruik maken van; **miß'brauchen** ‹*h*› misbruiken; **'mißbräuchlich** verkeerd; ongeoorloofd; **miß'deuten** ‹*h*› misduiden, verkeerd uitleggen

'missen ‹*h*› missen

'Mißerfolg ‹*der; -(e)s, -e*› fiasco, mislukking

'Missetat ‹*die; -, -n*› misdaad

miß'fallen ‹*st.h; ie-a; ä*› mishagen; niet bevallen; **'Mißfallen** ‹*das; -s, geen mv*› misnoegen; **'Mißgeburt** ‹*die; -, -en*› 1 misvormd wezen; gedrocht; 2 (*schn*) misbaksel; **'Mißgeschick** ‹*das; -(e)s, -e*› tegenspoed, ongeluk(kig lot); **'mißgestalt(et)** misvormd; **'Mißgriff** ‹*der; -(e)s, -e*› misgreep, vergissing, fout; *einen ~ machen, tun* (*fig*) een misgreep doen; **'Mißgunst** ‹*die; -, geen mv*› afgunst, nijd

'mißgünstig afgunstig, jaloers; **miß'handeln** ‹*h*› mishandelen

Missi'on ‹*die; -, -en*› missie (*alle bet*); **Missio'nar** ‹*der; -s, -e*› missionaris, zendeling

'Mißklang ‹*der; -(e)s, -ë*› (*fig*) wanklank; **'Mißkredit** ‹*der; -, geen mv*› diskrediet; **'mißlich** hachelijk, netelig; **'mißliebig** niet erg gezien, niet populair; **miß'lingen** ‹*st.s; a-u*› mislukke; **'Mißmut** ‹*der; -(e)s, geen mv*› mismoedigheid; **'mißmutig** mismoedig; **miß'raten** I ‹*st.s; ie-a; ä*› mislukken; slecht uitvallen; II ‹*bn*› mislukt; (*Kind*) bedorven; **'Mißstand** ‹*der; -(e)s, -ë*› misstand, wantoestand; **'Mißstimmung** ‹*die; -, -en*› ontstemming; **'Mißton** ‹*der; -(e)s, -ë*› wanklank; **miß'trauen** ‹*h*› (*einem*) wantrouwen; **'Mißtrauen** ‹*das; -s, geen mv*› wantrouwen, argwaan; (~ *gegen einen*) *hegen* koesteren; **'Mißtrauensantrag** ‹*der; -(e)s, -ë*›, **'Mißtrauensvotum** ‹*das; -s, -voten en -vota*› motie van wantrouwen; **'mißtrauisch** wantrouwend, achterdochtig; **'Mißverhältnis** ‹*das; -ses, -se*› wanverhouding; **'mißverständlich** onduidelijk; **'Mißverständnis** ‹*das; -ses, -se*› misverstand; **'mißverstehen** ‹*st.h; a-a*› verkeerd begrijpen; *in nicht mißzuverstehender Weise* op ondubbelzinnige wijze; **'Mißwirtschaft** ‹*die; -, geen mv*› wanbeheer

Mist ‹*der; -(e)s, geen mv*› 1 mest; 2 (*das*) *ist nicht auf seinem ~ gewachsen* is niet van hem zelf; 3 rommel, troep, rotzooi; 4 ~ (*reden, schreiben*) onzin; ~ *machen, bauen: a*) geintjes maken; *b*) ruzie, drukte maken; *c*) fouten maken; *d*) slecht werk afleveren; 5 (*so ein*) ~*!* verdomme!; **'misten** ‹*h*› mesten; **'Mistkerl** ‹*der; -(e)s, -e*› smeerlap; **'Miststück** ‹*das; -(e)s, -e*› smeerlap; **'Mistvieh** ‹*das; -s, -viecher*› 1 smeerlap; 2 rotbeest; **'Mistweib** ‹*das; -(e)s, -er*› rotwijf; **'Mistwetter** ‹*das; -s, geen mv*› rotweer; **'Mistzeug** ‹*das; -(e)s, geen mv*› troep, rotzooi

mit I ‹*vz*› (+ 3) met; **bij**: *einen ~ Namen* (*nennen*) iem bij zijn naam; **in**: *~ einem Wort* in één woord; ~ *Dank* (*annehmen*) in dank; ~ *einem Male, ~ einmal* ineens; **onder**: ~ *Protest* onder protest; **op**: ~ *einem Male, ~ einmal* opeens; ~ *zwanzig Jahren* op twintigjarige leeftijd; *einen ~ etwas bewirten* iem op iets onthalen; **over**: *ich bin ~ ihm zufrieden* over hem; **te**: ~ *Recht* terecht; ~ *Unrecht* ten onrechte; ~ *knapper, genauer Not* ternauwernood; **van**: ~ *etwas versehen* van iets voorzien; *einen ~ etwas verschonen* iem van iets verschonen; **zonder vz**: ~ *nichten* volstrekt niet; (*ein Mann*) ~ *Namen P.* genaamd P.; II ‹*bw*› 1 me(d)e, ook; ~ *dabeisein* meedoen; 2 (*ich fahre usw.*) ~ mee; 3 ~ (*der Beste usw.*) één van de

'mitarbeiten ‹*h*› me(d)e-, samenwerken; **'Mitarbeiter** ‹*der; -s, -*› medewerker; **'Mitarbeiterin** ‹*die; -, -nen*› medewerkster

'mitbekommen ‹*st.h; a-o*› 1 meekrijgen; 2 opvangen, horen; 3 begrijpen; 4 meemaken

'Mitbestimmung ‹*die; -, geen mv*› medezeggenschap

'mitbeteiligt betrokken in (*een zaak*)

'Mitbewerber ‹*der; -s, -*› 1 mededinger, concurrent; 2 medesollicitant

'Mitbringsel ‹*das; -s, -*› cadeautje

mitein'ander met elkaar, samen

'mitempfinden ‹*st.h; a-u*› ‹*h*› meevoelen, -leven

'Mitesser ‹*der; -s, -*› vetpuistje, meeëter
'mitgehen ‹*st.s; i-a*› 1 meegaan; 2 (*fig*) *mit* ... ~ zich door ... laten meeslepen; 3 *etwas ~ heißen, lassen* iets gappen, meenemen; **'mitgenommen** 1 gehavend (*ook fig*); beschadigd; 2 (*das Ereignis usw. hat ihn sehr*) ~ aangegrepen, geschokt; (*die Krankheit hat sie sehr*) ~ aangepakt; verzwakt; vgl *mitnehmen*; **'mitgerechnet** meegerekend
'Mitgift ‹*die; -, -en*› bruidsschat, huwelijksgift; **'Mitglied** ‹*das; -(e)s, -er*› lid
'Mitgliederschaft ‹*die; -, geen mv*› de leden; **'Mitgliedsbeitrag** ‹*der; -(e)s, -ë*› contributie; (*Belg*) lidgeld; **'Mitgliedschaft** ‹*die; -, -en*› lidmaatschap; ~ *in e.r Partei* lidmaatschap van een partij; **Mitgliedschaftsbuch** ‹*das; -(e)s, -bücher*› (*Belg*) lidboekje; **Mitgliedskarte** ‹*die; -, -n*› (*Belg*) lidkaart
'mithaben ‹*onr.h*› meehebben
'mithalten ‹*st.h; ie-a; ä*› 1 meedoen; 2 vol-, uithouden
'Mitherrschaft ‹*die; -, geen mv*› medeheerschappij
'Mithilfe ‹*die; -, geen mv*› hulp, steun
mit'hin derhalve, bijgevolg, dus
'mithören ‹*h*› 1 meeluisteren; 2 toevallig horen
'Mitinhaber ‹*der; -s, -*› 1 medeëigenaar; 2 firmant, associé, compagnon
'Mitkämpfer ‹*der; -s, -*› medestrijder
'mitkommen ‹*st.s; a-o*› 1 meekomen; 2 meegaan; 3 (*op school*) meekunnen; 4 het kunnen bijhouden, bijbenen
'mitkriegen ‹*h*› 1 meekrijgen; 2 begrijpen; 3 horen;
mitlaufen ‹*st.s; ie-au; äu*› 1 meelopen; 2 (*etwas*) ~ *lassen* pikken; **'Mitläufer** ‹*der; -s, -*› meeloper
'Mitleid ‹*das; -(e)s, geen mv*› medelijden; **'Mitleidenschaft** ‹*die*› *in ~ gezogen werden: a*) (eveneens) schade toebrengen; *b*) mede de nadelige gevolgen ondervinden; **'mitleiderregend** meelijwekkend; **'mitleidig** medelijdend; **'mitleid(s)los** zonder medelijden, gevoelloos; **'mitleid(s)voll** vol medelijden
'mitmachen ‹*h*› 1 meedoen; 2 mee-, doormaken; 3 *er macht nicht mehr lange mit* hij zal het niet lang meer maken
'mitmischen ‹*h*› 1 meedoen; 2 (*sp*) een belangrijke rol spelen
'Mitnahme ‹*die; -, geen mv*› het meenemen; **'mitnehmen** ‹*st.h; a-o; i*› 1 meenemen (*div bet*); 2 havenen, schaden; 3 aangrijpen, schokken; vgl *mitgenommen*
mit'nichten volstrekt niet
'mitrauchen ‹*h*› 1 *eine* ~ er ook een roken; 2 meeroken
'mitreden ‹*h*› 1 meespreken, -praten; 2 (*du hast hier*) *nicht mitzureden* niets te zeggen
mit'samt ‹*vz* (+ 3)› benevens, samen met
'mitschneiden ‹*st.h; i-i*› (*op beeld-, geluidsband*) opnemen
'mitschreiben ‹*st.h; ie-ie*› opschrijven, bijhouden
'Mitschuld ‹*die; -, geen mv*› medeschuld, -plichtigheid; **'mitschuldig** medeschuldig, -plichtig; **'Mitschuldige(r)** ‹*bn als zn*› medeschuldige, -plichtige
'mitschwingen ‹*st.h; a-u*› 1 meezwaaien, -slingeren; 2 meeklinken
'mitsollen ‹*onr.h*› mee moeten
'mitspielen ‹*h*› 1 meespelen, -doen; 2 *da spielen* (*andere Faktoren*) *mit* daar spelen ... een rol; 3 (*einem*) *übel* (*usw.*) ~ te pakken nemen; toetakelen; **'Mitspieler** ‹*der; -s, -*› medespeler
'Mitsprache ‹*die; -, geen mv*› inspraak; **'Mitspracherecht** ‹*das; -(e)s, geen mv*› recht op inspraak; **'mitsprechen** ‹*st.h; a-o; i*› 1 meespreken, -praten; 2 (*fig*) meetellen, een rol spelen
'mittag: *gestern* ~ gisteren tussen de middag; **'Mittag** ‹*der; -(e)s, -e*› 1 middag; rond twaalf uur; 2 middagpauze; ~ *machen* pauzeren, middagpauze houden; 3 middageten; *zu ~ essen* het middagmaal gebruiken; **'mittägig** middag...; **'mittäglich** iedere middag, middag...; **'mittags** 1 's middags; 2 tussen de middag
'Mittäter ‹*der; -s, -*› mededader, -plichtige; **'Mittäterschaft** ‹*die; -, geen mv*› medeplichtigheid
'Mitte ‹*die; -, -n*› 1 midden (*div bet*); 2 (*fig*) middenweg; 3 *ab durch die ~!* maak dat je wegkomt!; 4 centrum (*ook pol*)
'mitteilen ‹*h*› 1 meedelen; 2 *sich einem* ~ openhartig over zichzelf praten; **'mitteilsam** mededeelzaam; **'Mitteilung** ‹*die; -, -en*› mededeling
'Mittel ‹*das; -s, -*› 1 middel; 2 het gemiddelde; *im* ~ gemiddeld; 3 ‹*mv*› (geld)middelen; **'Mittel...** midden..., middel...; **'mittelalt** belegen (*van kaas*); **'Mittelalter** ‹*das; -s, geen mv*› middeleeuwen; **'mittelalterlich** middeleeuws; **'mittelbar** indirect; **'Mittelbetrieb** ‹*der; -(e)s, -e*› middelgroot bedrijf; **'Mittelfeld** ‹*das; -(e)s, geen mv*› (*sp*) middenveld; **'mittelfristig** van, op middellange termijn; **'Mittelgebirge** ‹*das; -s, -*› middelgebergte; **'Mittelgewichtler** ‹*der; -s, -*› (*sp*) middengewicht; **'mittelgut** ‹*bn*› van gemiddelde kwaliteit; **'Mittelklasse** ‹*die; -, -en*› middenklasse; **'Mittellinie** ‹*die; -, -n*› (*sp*) middenlijn; **'mittellos** zonder middelen, onbemiddeld; **'Mittellosigkeit** ‹*die; -, geen mv*› onbemiddeldheid; **'mittelmäßig** middelmatig; **'Mittelmäßigkeit** ‹*die; -, -en*› middelmatigheid; **'Mittelmeer** ‹*das; -(e)s, geen mv*› Middellandse Zee; **'Mittelpunkt** ‹*der; -(e)s, -e*› middelpunt; centrum; **'mittels** ‹*vz* (+ 2)› door middel van, door; **'Mittelschicht** ‹*die; -, -en*› middengroep; **'Mittelschule** ‹*die; -, -n*› mavoschool; **'mittelschwer** 1 middelmatig zwaar; 2 niet al te moeilijk; **'Mittelsmann** ‹*der; -(e)s, -leute en -ër*› bemiddelaar, tussenpersoon; **'Mittelstadt** ‹*die; -, -ë*› middelgrote stad; **'Mittelstand** ‹*der; -(e)s, geen mv*› 1

middenstand; 2 midden-en kleinbedrijf; **'mittelständisch** 1 middenstands…; 2 ~*e* (*Unternehmen*) kleine en middelgrote; **'Mittelstreckenläufer** ‹*der; -s, -*› hardloper op de middenafstand; **'Mittelstreckenrakete** ‹*die; -, -n*› middellange-afstandsraket; **'Mittelstreifen** ‹*der; -s, -*› middenberm; **'Mittelstufe** ‹*die; -, -n*› middelste klassen (klas 8, 9 en 10 van Duits gymnasium); **'Mittelstürmer** ‹*der; -s, -*› (*sp*) mid(den)voor, spits; **'Mittelwert** ‹*der; -(e)s, -e*› gemiddelde waarde

'mitten midden; **mitten'drin** (er)middenin; **mitten'durch** (er)middendoor

'Mitternacht ‹*die; -, geen mv*› middernacht; **'mitternächtlich** middernachtelijk

'mittler ‹*bn*› 1 middelste; 2 middelgroot; 3 middelbaar; *von ~er Größe, in ~en Jahren, ~en Alters* van middelbare grootte, op middelbare leeftijd; 4 gemiddeld; 5 *~e Reife* mavo-diploma; **'Mittler** ‹*der; -s, -*› bemiddelaar; **'mittler'weile** ondertussen, inmiddels

'mittschiffs midscheeps; **'Mittsommernacht** ‹*die; -, -ë*› midzomernacht; **'mittwegs** halfweg; **'Mittwoch** ‹*der; -(e)s, -e*› woensdag

mit'unter van tijd tot tijd, nu en dan

'mitverantwortlich medeverantwoordelijk

'Mitverschulden ‹*das; -s, geen mv*› medeschuld

Mitwelt ‹*die; -, geen mv*› tijdgenoten

'mitwirken ‹*h*› meewerken, zijn/haar/hun medewerking verlenen; **'Mitwirkende(r)** ‹*bn als zn*› (*theat*) speler

'Mitwissen: (*mit, ohne*) ~ medeweten; **'Mitwisser** ‹*der; -s, -*› medeweter, ingewijde

'mitzählen ‹*h*› meetellen

'mitziehen I ‹*st.h; o-o*› meetrekken, -slepen; **II** ‹*st.s; o-o*› meegaan, -trekken

'Möbel ‹*das; -s, -*› meubel (*ook fig*); **'Möbeltischler** ‹*der; -s, -*› meubelmaker; **'Möbelwagen** ‹*der; -s, -*› verhuiswagen

mo'bil 1 mobiel; ~ *machen* mobiliseren; 2 (*volkstaal*) opgewekt, levendig

Mobili'ar ‹*das; -s, -e*› inboedel

Mo'bilien ‹*mv*› roerende goederen

mobili'sieren ‹*h*› 1 mobiliseren; 2 (*geld, kapitaal*) beschikbaar maken; **Mobili'sierung** ‹*die; -, -en*› mobilisatie

Mobili'tät ‹*die; -, geen mv*› mobiliteit; **Mo'bilmachung** ‹*die; -, -en*› mobilisatie

möb'lieren ‹*h*› meubileren

Modali'tät ‹*die; -, -en*› (*jur, tlk*) modaliteit; **Mo'dalverb** ‹*das; -(e)s, -en*› modaal (hulp)-werkwoord

'Mode ‹*die; -, -n*› 1 mode; *in ~ sein, kommen* in de mode zijn, komen; (*aus der ~*) *kommen* gaan; *das ist* (*große*) ~ dat is in; 2 (*fig*) mode, gewoonte

'Model ‹*das; -s, -s*› fotomodel; **Mo'dell** ‹*das; -s, -e*› 1 model (*lett en fig*); 2 fotomodel; ~ *stehen* poseren; 3 maquette; **model'lieren** ‹*h*› 1 modelleren, vormen; 2 boetseren; 3 ontwerpen; **'modeln** ‹*h*› 1 een bepaalde vorm geven; 2 een andere vorm geven, veranderen

'Modenarr ‹*der; -en, -en*› modegek, fat; **'Mode(n)schau** ‹*die; -, -en*› modeshow

'Moder ‹*der; -s, geen mv*› verrotting, vermolming

Mode'rator ‹*der; -s, Modera'toren*› 1 gespreksleider bij een forum, panel e.d.; 2 (*telec*) presentator; **mode'rieren** ‹*h*› 1 gespreksleider zijn bij een forum, panel e.d.; 2 (*telec*) presenteren

'mod(e)rig muf, rottig

'modern ‹*s en h*› vergaan, (ver)rotten

mo'dern modern; **moderni'sieren** ‹*h*› moderniseren; **Moderni'sierung** ‹*die; -, -en*› modernisering

Modifikati'on ‹*die; -, -en*› modificatie; **modifi'zieren** ‹*h*› modificeren

'modisch naar de mode, modieus

'Modul I ‹*der; -s, -n*› (*natuurk, wisk*) moduul; **II** ‹*das; -s, -e*› (*techn*) modul; **Modulati'on** ‹*die; -, -en*› modulatie; **modu'lieren** ‹*h*› moduleren

'Mofa ‹*das; -s, -s*› lichte bromfiets, snorfiets

Moge'lei ‹*die; -, -en*› 1 kleine oneerlijkheid, leugen; bedriegerij; 2 het spieken; **'mogeln** ‹*h*› 1 vals spelen; 2 spieken; 3 (*sich, etwas zwischen, in etwas*) ~ smokkelen

'mögen ‹*onr.h*› 1 houden van, lusten; 2 *einen* ~ mogen, aardig vinden; 3 *ich mag nicht* (*spielen usw.*) ik wil niet …; 4 mogen, kunnen; *er mag kommen* hij mag, kan komen; 5 kunnen, mogelijk of waarschijnlijk zijn; *er mag krank sein* hij kan wel ziek zijn; *er mochte* (*20 Jahre alt sein*) hij was vermoedelijk …; (*es*) *mag sein* het kan zijn; 6 mogen (*toegevend*); *mag es auch regnen* … al regent het …; *wie kompliziert diese Computer auch sind* ~ hoe ingewikkeld deze computers ook zijn; *er mag noch so reich sein*, … hij mag nog zo rijk zijn, …; 7 *ich möchte, wir möchten* … ik zou, wij zouden graag (willen) …; *man möchte meinen* … men zou menen…; 8 *sage ihm, er möge/möchte bald kommen* zeg hem, dat hij gauw komt; *er mag sehen,* (*wie er das schafft*) hij moet maar zien …; *er mag sich hüten* laat hij maar voorzichtig zijn; *wer mag das gewesen sein* wie kan dat geweest zijn?

'Mogler ‹*der; -s, -*› bedrieger; valsspeler; spieker

'möglich mogelijk; *nicht ~!* hoe is het mogelijk! *wenn* ~ zo mogelijk; *so bald wie* ~ zo spoedig mogelijk; *das Mögliche, alles Mögliche tun* al het mogelijke doen; vgl *möglichst*; **'möglichen'falls** als het mogelijk is; **'möglicher'weise** mogelijkerwijze, misschien; **'Möglichkeit** ‹*die; -, -en*› 1 mogelijkheid; *nach* ~ zoveel mogelijk; 2 kans; **'möglichst**: ~ *bald, schnell usw.* zo gauw, snel enz. mogelijk; (*ich habe mein*) *~es getan* al het mogelijke gedaan; zoveel mogelijk

Mohamme'daner ‹*der; -s, -*› mohammedaan; **mohamme'danisch** mohammedaans

Mohn ‹*der; -(e)s, -e*› 1 klaproos, papaver; 2 maanzaad

Mohr ‹*der; -en, -en*› neger, Moriaan, Moor
'Möhre ‹*die; -, -n*› wortel, peen
mo'kieren ‹*h*› *sich* ~ (*über* (+ 4)) zich vrolijk maken
Molch ‹*der; -(e)s, -e*› salamander
'Mole ‹*die; -, -n*› pier, havenhoofd
Mole'kül ‹*das; -s, -e*› molecule
Molke'rei ‹*die; -, -en*› zuivelfabriek
'mollig 1 mollig; 2 behaaglijk; warm
Mo'ment I ‹*der; -(e)s, -e*› moment, ogenblik; *~!, ~ mal!* een ogenblikje!; *im* (~) op het; II ‹*das; -(e)s, -e*› 1 gezichtspunt, kenmerk, factor; 2 (*natuurk*) moment; **momen'tan** 1 huidig; 2 op het ogenblik; 3 kortstondig
'Monat ‹*der; -(e)s, -e*› maand; **'monatlich** maandelijks; **'Monatsbinde** ‹*die; -, -n*› maandverband; **'Monatsblutung** ‹*die; -, -en*› menstruatie; **'Monatserste(r)** ‹*bn als zn*› eerste van de maand; **Monatsgehalt** ‹*das; -(e)s, Gehälter*› (*Belg*) maandwedde; **'Monatsheft** ‹*das; -(e)s, -e*› maandblad; **'Monatsrate** ‹*die; -, -n*› maandelijkse termijn
Mönch ‹*der; -(e)s, -e*› monnik
Mond ‹*der; -(e)s, -e*› maan; *den ~ anbellen* tegen de maan blaffen, machteloos razen; *auf, hinter dem ~e leben* van niets op de hoogte zijn
mon'dän mondain
'Mondfinsternis ‹*die; -, -sse*› maansverduistering
'mond'hell helder door de maan verlicht
mondi'al mondiaal
'Mondkalb ‹*das; -(e)s, -ër*› stommeling; **'mondlos** maanloos; **'Mondphase** ‹*die; -, -n*› maangestalte; **'Mondschein** ‹*der; -(e)s, geen mv*› maneschijn
mone'tär monetair; **Mo'neten** ‹*mv*› poen, duiten
Mo'nokel ‹*das; -s, -*› monocle
Mono'log ‹*der; -(e)s, -e*› monoloog
Mono'pol ‹*das; -s, -e*› monopolie; **monopoli'sieren** ‹*h*› monopoliseren; **Mono'polstellung** ‹*die; -, -en*› monopoliepositie
mono'ton monotoon, eentonig
'Monster ‹*das; -s, -*› monster
Mon'stranz ‹*die; -, -en*› (*r-k*) monstrans
mon'strös monstrueus, monsterachtig
'Monstrum ‹*das; -s, Monstren en Monstra*› monster
Mon'sun ‹*der; -s, -e*› moesson
Mon'tage ‹*die; -, -n*› 1 montage; 2 assemblage
'montags maandags
Mon'tanindustrie ‹*die; -, geen mv*› mijnindustrie; kolen- en staalindustrie
Mon'teur ‹*der; -s, -e*› monteur; **mon'tieren** ‹*h*› 1 monteren; 2 assembleren; **Mon'tierer** ‹*der; -s, -*› monteur
monumen'tal monumentaal
Moor ‹*das; -(e)s, -e*› moeras, veen; **'Moorbad** ‹*das; -(e)s, -ër*› modderbad; **'moorig** veenachtig, moerassig
Moos I ‹*das; -es, -e*› 1 mos; 2 *das hat ~ angesetzt* dat is achterhaald; II ‹*das; -es, -e en -ër*› moeras, veen; III ‹*das; -es, geen mv*› poen, duiten; **'moosbewachsen** met mos begroeid; **'moosig** 1 met mos begroeid; 2 moerassig
Mop ‹*der; -s, -s*› zwabber
'Moped ‹*das; -s, -s*› bromfiets
Mops ‹*der; -es, -ë*› 1 mopshond; 2 (kleine) dikzak
'mopsen ‹*h*› 1 gappen; 2 *sich* ~ zich vervelen
'mopsig 1 dik (en klein); 2 saai
Mo'ral ‹*die; -, -en*› 1 moraal; 2 moreel; **mo'ralisch** moreel
morali'sieren ‹*h*› moraliseren; **Mo'ralpredigt** ‹*die; -, -en*› zedenpreek
Mo'rast ‹*der; -(e)s, -e en -ë*› 1 moeras; 2 modder; **mo'rastig** moerassig, drassig
mor'bid 1 ziek(elijk); 2 (*fig*) ziek, verrot
Mord ‹*der; -(e)s, -e*› moord; *das ist ja der reine ~! a*) dat is een vreselijk karwei!; *b*) dat is levensgevaarlijk!; **'morden** ‹*h*› moorden; **'Mörder** ‹*der; -s, -*› moordenaar; **'Mördergrube** ‹*die*› *aus seinem Herzen keine ~ machen* van zijn hart geen moordkuil maken; **'mörderisch** 1 moorddadig; 2 moorden; **'Mordfall** ‹*der; -(e)s, -ë*› 1 geval van moord; 2 (*jur*) moordzaak; **'Mordkommission** ‹*die; -, -en*› afdeling moordzaken (*van de politie*)
Mords..., **mords...** enorm(e) ..., ontzettend(e) ..., reusachtig(e) ...; **'Mordshunger** ‹*der; -s, geen mv*› honger als een paard; **'Mordskerl** ‹*der; -(e)s, -e*› reuzekerel; **'mordsmäßig** verschrikkelijk, erg; **'Mordsschwein** ‹*das*› *~ haben* reusachtig zwijnen (boffen); **'Mordsspaß** ‹*der; -es, geen mv*› reuzeplezier
'Mordtat ‹*die; -, -en*› moord; **'Mordverdacht** ‹*der; -(e)s, geen mv*› *unter ~ stehen* verdacht worden van moord; **'Mordversuch** ‹*der; -(e)s, -e*› poging tot moord
'Morgen ‹*der; -s, -*› 1 morgen, ochtend; *heute morgen* vanmorgen; *am frühen ~* in, op de vroege morgen; 2 morgen (*oude landmaat*); **'morgen** ‹*bw*› morgen; *~ früh, ~ abend* morgenvroeg, morgenavond; **'Morgenandacht** ‹*die; -, en*› 1 morgengebed; 2 morgenwijding; **'Morgenausgabe** ‹*die; -, -n*› ochtendeditie; **'morgendlich** morgen..., ochtend...; **'Morgenfrische** ‹*die; -, geen mv*› morgenkoelte; **'Morgengrauen** ‹*das; -s, -*› ochtendschemering; **'Morgenkaffee** ‹*der; -s, s*› 1 ontbijt; 2 koffie bij het ontbijt; **'Morgenmuffel** ‹*der; -s, -*› wie last heeft van morgenziekte; **'Morgenrock** ‹*der; -(e)s, -ë*› ochtendjas; **'morgens** 's morgens; **'Morgenstern** ‹*der; -(e)s, -e*› 1 morgenster, Venus; 2 (*hist*) goedendag (een strijdknots); **'Morgenstunde** ‹*die; -, -n*› ochtenduur; *~ hat Gold im Munde* de morgenstond heeft goud in de mond; **'morgig** van morgen
Mor'mone ‹*der; -n, -n*› (*godsd*) mormoon
Mor'phin ‹*das; -s, geen mv*› morfine
'Morphium ‹*das; -s, geen mv*› morfine
morsch 1 half vergaan, vermolmd, verrot; 2 gammel, bouwvallig; **'Morschheit** ‹*die; -, geen mv*› zie *morsch*

'morsen ‹*h*› seinen (met morsetekens)
'Mörser ‹*der; -s, -*› 1 vijzel; 2 (*mil*) mortier
Mortali'tät ‹*die; -, geen mv*› sterfte(cijfer), mortaliteit
'Mörtel ‹*der; -s, -*› mortel, specie; **'mörteln** ‹*h*› (be)pleisteren
Mosa'ik ‹*das; -s, -e(n)*› mozaïek
Mo'schee ‹*die; -, -n*› moskee
'Mosel I ‹*die; -*› (*riv*) Moezel; II ‹*der; -s, -*› moezel(wijn)
Mos'kito ‹*der; -s, -s*› muskiet
mos'lemisch moslems, moslims
Most ‹*der; -(e)s, -e*› 1 most, vruchtesap; 2 (*südd.*) vruchtenwijn
Mo'tette ‹*die; -, -n*› (*muz*) motet
Mo'tiv ‹*das; -s, -e*› motief; **Motivati'on** ‹*die; -, -en*› motivatie; **moti'vieren** ‹*h*› motiveren; **Moti'vierung** ‹*die; -, -en*› motivering
'Moto-'Cross ‹*das; -, -e*› (*sp*) motorcross
'Motor, Mo'tor ‹*der; -s, ...'toren*› motor
'Motorfahrzeug, Mo'torfahrzeug ‹*das; -(e)s, -e*› motorvoertuig; **'Motorhaube** ‹*die; -, -n*› motorkap
Mo'torik ‹*die; -, -en*› 1 motoriek; 2 ritme
motori'sieren ‹*h*› motoriseren
Mo'torenöl, 'Motoröl ‹*das; -(e)s, -e*› motorolie; **'Motorpanne, Mo'torpanne** ‹*die; -, -n*› motorstoring; **'Motorrad** ‹*das; -(e)s, -ër*› motor(rijwiel); **'Motorradfahrer** ‹*der; -s, -*› motorrijder; **'Motorradrennen** ‹*das; -s, -*› motorrace; **'Motorroller** ‹*der; -s, -*› scooter
Motte ‹*die; -, -n*› 1 (*dierk*) mot; 2 levenslustig meisje; 3 wie wel van een lolletje houdt; *du kriegst die ~n!* nou nog mooier
'mottenecht, 'mottenfest motecht; **'Mottenfraß** ‹*der; -es, geen mv*› motgaatjes, (de) mot
'motzen ‹*h*› 1 kankeren, mopperen; 2 mokken
'Möwe ‹*die; -, -n*› meeuw
MP(i) ‹*die; -, -s*› *Maschinenpistole*
Mrd. *Milliarde(n)*
'Mucke ‹*die; -, -n*› gril, kuur; (*die Sache hat*) *ihre ~* zijn moeilijkheden
'Mücke ‹*die; -, -n*› 1 mug; 2 (*eine*) *~ machen* 'm smeren, verdwijnen
'mucken ‹*h*› 1 tegensputteren; 2 mokken
'Mückenstich ‹*der; -(e)s, -e*› muggebeet
'Mucker ‹*der; -s, -*› 1 geniepigerd, stiekemerd; 2 stuk chagrijn
Mucks ‹*der; -es, -e*› kik; *keinen ~ sagen, tun, von sich geben* geen kik geven; **'mucksen** ‹*h*› *nicht ~* geen kik geven; **'mucksmäuschen-'still** muisstil
'müde moe, vermoeid; *etwas ~ sein* iets moe, zat zijn; *ich bin es ~!* ik ben het zat!; **'Müdigkeit** ‹*die; -, geen mv*› moeheid, vermoeidheid
Muff ‹*der; -(e)s, -e*› 1 (handen)mof; 2 ‹*geen mv*› muffe lucht
'Muffe ‹*die; -, -n*› (*techn*) mof, sok
'Muffel ‹*der; -s, -*› 1 stuk chagrijn; 2 iem die ergens niets van moet hebben; **'muffelig** 1 chagrijnig; 2 muf ruikend; **'muffeln** ‹*h*› 1 chagrijnig zijn; 2 lopen te mopperen; 3 muf ruiken; **'muffig** 1 chagrijnig; 2 muf, muf ruikend; 3 kleinburgerlijk, bekrompen
'Mühe ‹*die; -, -n*› moeite; last; *sich ~ geben, machen* moeite doen; *verlorene ~* vergeefse moeite; *seine ~ haben* moeite hebben; *es hat, macht ~* kost moeite; *mit ~ und Not* met grote moeite, ternauwernood; **'mühelos** gemakkelijk, zonder moeite
'muhen ‹*h*› loeien, bulken
'mühen, sich 1 zich moeite geven, zich inspannen; 2 *~ um* zich bekommeren om; **'mühevoll** moeilijk; **'Mühewaltung** ‹*die; -, -en*› moeite
'Mühle ‹*die; -, -n*› 1 molen; (*das ist*) *Wasser auf seine ~* koren op zijn molen; *die ~ der Verwaltung* de ambtelijke molens; 2 molenspel; **'Mühlenflügel** ‹*der; -s, -*› molenwie; **'Mühlrad** ‹*das; -(e)s, -ër*› molenrad
'Mühsal ‹*die; -, -e*› moeite, last, beslommering; **'mühsam** moeizaam, moeilijk, lastig; **'mühselig** moeizaam, moeilijk; **'Mühseligkeit** ‹*die; -, -en*› lasten, beslommering
'Mulde ‹*die; -, -n*› 1 bak, trog, vat; 2 kuil, kom, inzinking; 3 (duin)pan
Müll ‹*der; -(e)s, geen mv*› vuilnis, afval; **'Müllabfuhr** ‹*die; -, -en*› 1 vuilnisophaaldienst; 2 vuil(nis)afvoer; **'Müllablagerung** ‹*die*› het storten van vuilnis; **'Müllbeutel** ‹*der; -s, -*› vuilniszak
'Mullbinde ‹*die; -, -n*› zwachtel
'Müllcontainer ‹*der; -s, -*› afval-, vuilcontainer; **'Mülldeponie** ‹*die; -, -n*› vuilnisstortplaats
'Müller ‹*der; -s, -*› molenaar; **'Müllfahrer** ‹*der; -s, -*› vuilnisman; **'Müllkippe** ‹*die; -, -n*› vuilstortplaats, vuilnisbelt; **'Müllschlukker** ‹*der; -s, -*› vuilnisstortkoker (in flat); **'Mülltonne** ‹*die; -, -n*› vuilnisvat; **'Müllverwertung** ‹*die; -, -en*› afval-, vuilverwerking
Mulm ‹*der; -(e)s, geen mv*› (hout)molm; **'mulmig** 1 vermolmd; 2 bedenkelijk, gevaarlijk; 3 onbehaaglijk, naar
'Multi ‹*der; -s, -s*› multinational
multifunktio'nal multifunctioneel; **multikultu'rell** multicultureel
Multiplikati'on ‹*die; -, -en*› vermenigvuldiging; **multipli'zieren** ‹*h*› vermenigvuldigen
'Mumie ‹*die; -, -n*› mummie
Mumm ‹*der; -s, geen mv*› energie, fut, pit; moed
Mumps ‹*der; -es, geen mv*› (*med*) bof
Mund ‹*der; -(e)s, -ër*› 1 mond; 2 *wie auf den ~ geschlagen* als met stomheid geslagen; **'Mundart** ‹*die; -, -en*› streektaal, tongval, dialect; **'mundartlich** dialectisch
'Mündel ‹*das; -s, -*› pupil
'munden ‹*h*› smaken
'münden ‹*h*› 1 *~ in* uitmonden in (*lett en fig*); 2 (*straat, weg*) *~ in, auf* uitkomen in, op
'mundfaul niet erg spraakzaam; **'mundfertig** welbespraakt; **'mundgerecht** 1 hapklaar; 2 smakelijk; **'Mundgeruch** ‹*der; -(e)s, geen mv*› slechte adem

'mündig mondig, meerderjarig; **'Mündigkeit** ‹*die; -, geen mv*› mondigheid enz.; **'mündigsprechen** ‹*st.h; a-o; i*› (*einen*) mondig of meerderjarig verklaren; **Mündigsprechung** ‹*die; -, geen mv*› (*Belg*) ontvoogding
'mündlich mondeling
'Mundschutz ‹*der; -es, -e*› 1 (*med*) mondmasker; 2 (*sp*) mondbeschermer; **'mundtot:** *einen ~ machen* iem de mond snoeren
'Mündung ‹*die; -, -en*› monding
'Mundvoll ‹*der; -, -*› mondvol; **'Mundwerk** ‹*das; -(e)s, geen mv*› mondwerk, mond; **'Mundwinkel** ‹*der; -s, -*› mondhoek; **'Mund-zu-'Mund-Beatmung** ‹*die; -, geen mv*› mond-op-mond-beademing; **'Mund-zu-'Nase-Beatmung** ‹*die; -, geen mv*› mond-op-neusbeademing
Muniti'on ‹*die; -, geen mv*› munitie; **munitio'nieren** ‹*h*› van munitie voorzien
'munkeln ‹*h*› mompelen, fluisteren
'Münster ‹*das; -s, -*› dom(kerk), kathedraal
'munter 1 opgewekt, vrolijk, levendig, monter; 2 flink, gezond; 3 wakker; *schon ~?* al wakker?; **'Munterkeit** ‹*die; -, geen mv*› opgewektheid enz.
'Münze ‹*die; -, -n*› 1 munt; *etwas in bare, klingende ~ umsetzen* munt uit iets slaan; 2 (gedenk)penning; **'münzen** ‹*h*› munten, geld slaan; **'Münzfälscher** ‹*der; -s, -*› valsemunter; **'Münzfernsprecher** ‹*der; -s, -*› telefoonautomaat; **'Münzstätte** ‹*die; -, -n*› munt (het gebouw); **'Münztankstelle** ‹*die; -, -n*› pompstation met tank-, pompautomaat; **'Münzwechsler** ‹*der; -s, -*› wisselautomaat
'mürbe 1 mals, zacht (*van vlees*); 2 bros (*van gebak*); 3 half vergaan, vermolmd; 4 murw
'murksen ‹*h*› knoeien, prutsen
'Murmel ‹*die; -, -*› knikker; **'murmeln** ‹*h*› 1 mompelen, prevelen; 2 murmelen, zacht ruisen; 3 knikkeren
'murren ‹*h*› morren, mopperen, tegensputteren; **'mürrisch** nors, korzelig, wrevelig
Mus ‹*das; -es, -e*› moes, brij
'Muschel ‹*die; -, -n*› 1 schelp; 2 mossel; **'muschelförmig** schelpvormig
'Muse ‹*die; -, -n*› muze
'Muselman ‹*der; -en, -en*› muzelman, moslem
Mu'seum ‹*das; -s, Museen*› museum; **Mu'seumswärter** ‹*der; -s, -*› suppoost
Mu'sik ‹*die; -, geen mv*› 1 muziek; *in ~* (*setzen*) op muziek; 2 muziekkorps; **Musi'kalien** ‹*mv*› (gedrukte of geschreven) muziek; **musi'kalisch** muzikaal; **Musi'kant** ‹*der; -en, -en*› muzikant; **Mu'sikbox** ‹*die; -, -en*› jukebox; **'Musiker** ‹*der; -s, -*› musicus; **Musiko'loge** ‹*der; -n, -n*› musicoloog; **'musisch** kunstzinnig, met gevoel voor kunst; **musi'zieren** ‹*h*› musiceren
Mus'kat ‹*der; -(e)s, -e*› muskaat, notemuskaat; **Mus'katblüte** ‹*die; -, -n*› foelie; **Muska'teller** ‹*der; -s, -*› muskaatwijn; **Mus'katnuß** ‹*die; -, geen mv*› nootmuskaat
'Muskel ‹*der; -s, -n*› spier; **'muskelig** gespierd; **'Muskelkater** ‹*der; -s, geen mv*› spierpijn; **Muskelpaket** ‹*das; -(e)s, -e*› spierbundel; **'Muskelzerrung** ‹*die; -, -en*› spierverrekking; **Muskula'tur** ‹*die; -, -en*› spierstelsel; **musku'lös** gespierd, krachtig, sterk
Muß ‹*das; -, geen mv*› het moeten, dwang; (*es ist*) *ein ~* noodzakelijk
'Muße ‹*die; -, geen mv*› vrije tijd; *in, mit ~* op zijn gemak
'Mußehe ‹*die; -, -n*› gedwongen huwelijk, moetje
'müssen ‹*onr.h; muß, mußte, gemußt*› 1 moeten; *muß das sein?* moet dat nou? *ich muß mal* ik moet even naar het toilet; *er müßte denn* (*sehr schnell gefahren sein*) tenzij hij ..., of hij moet ...; *so müßte es immer sein* zo zou het altijd moeten zijn; 2 hoeven
'Mußestunde ‹*die; -, -n*› vrij uur, vrije tijd
'müßig 1 nietsdoen, werkeloos; *~ gehen* niets doen; 2 nodeloos, nutteloos; overbodig; **'Müßiggang** ‹*der; -(e)s, geen mv*› het nietsdoen; *~ ist aller Laster Anfang* ledigheid is des duivels oorkussen; **'Müßiggänger** ‹*der; -s, -*› leegloper, nietsdoener
'Muster ‹*das; -s, -*› 1 monster, staal; 2 voorbeeld; toonbeeld; 3 patroon, model; **'Muster...** 1 model...; 2 monster..., stalen ...; **'Musterbeispiel** ‹*das; -(e)s, -e*› voorbeeld bij uitnemendheid; **'Musterbetrieb** ‹*der; -(e)s, -e*› modelbedrijf; **'mustergültig, 'musterhaft** voorbeeldig; **'Musterknabe** ‹*der; -n, -n*› modeljongen
'mustern ‹*h*› 1 monsteren, grondig onderzoeken, onderzoekend aankijken; 2 (*mil*) keuren; 3 inspecteren; 4 (*scheepv*) aanmonsteren
'Musterpaß ‹*der; -passes, -pässe*› (*sp*) pass op maatŋ; **WMusterprozeß** ‹*der; -prozesses, -prozesse*› proefproces; **'Mustersammlung** ‹*die; -, -en*› collectie monsters of stalen; **'Musterschüler** ‹*der; -s, -*› modelleerling
'Musterung ‹*die; -, -en*› 1 (*mil*) keuring; 2 (*mil*) inspectie; 3 patroon, dessin
Mut ‹*der; -(e)s, geen mv*› 1 moed; (*einem*) *~ machen* moed geven; *nur ~!* kop op!; 2 *frischen, frohen, guten ~es sein* welgemoed zijn; *frohen ~es* blijmoedig, goedgestemd
Mutati'on ‹*die; -, -en*› mutatie
'mutig moedig, dapper; **'mutlos** moedeloos; **'Mutlosigkeit** ‹*die; -, geen mv*› moedeloosheid
'mutmaßen ‹*h*› vermoeden, gissen; **'mutmaßlich** vermoedelijk, waarschijnlijk; **'Mutmaßung** ‹*die; -, -en*› vermoeden
'Muttchen ‹*das; -s, -*› moesje, moedertje; **'Mutter I** ‹*die; -, -ër*› 1 moeder; *leibliche ~* eigen moeder; *ledige ~* ongehuwde moeder; *werdende ~* aankomende moeder; 2 moedermaatschappij, -bedrijf; **II** (*techn*) moer; **'Mütterberatungsstelle** ‹*die; -, -n*› consultatiebureau voor zuigelingenzorg; **'Mutterboden** ‹*der; -s, -̈*› (bovenste laag losse) teelaarde; **'Mütterchen** ‹*das; -s, -*› moedertje, moeder

de vrouw, oudje; '**Muttererde** ‹*die; -, geen mv*› zie *Mutterboden*; '**Mutterfreuden** ‹*mv*› ~ *entgegensehen* in blijde verwachting zijn; ~ *genießen* moedervreugde smaken; '**Mutterkuchen** ‹*der; -s, -*› nageboorte, placenta; '**Mutterleib** ‹*der; -(e)s, -e*› moederschoot; '**mütterlich** 1 moederlijk; 2 van moederszijde; '**mütterlicherseits** van moederszijde; '**mutterlos** moederloos; '**Muttermal** ‹*das; -(e)s, -e*› moedervlek; **Mutterschaftsgeld** ‹*das; -(e)s, geen mv*› moederschapsuitkering; **Mutterschaftsurlaub** ‹*der; -(e)s, -e*› (*Belg*) bevallingsverlof; '**Mutterschutz** ‹*der; -es, geen mv*› moeder(schaps)zorg; '**mutter'seelenal'lein** moederziel alleen; '**Muttersöhnchen** ‹*das; -s, -*› moederskindje; '**Muttersprache** ‹*die; -, -n*› moedertaal; '**Mutterstelle** ‹*die*› (*fig*) *bei, an einem ~ vertreten* voor iem een tweede moeder zijn; '**Mutterwitz** ‹*der; -es, geen mv*› 1 natuurlijk gezond verstand; 2 gezonde humor; 3 gevatheid; '**Mutti** ‹*die; -, -s*› 1 mama, moeder; 2 (*volkstaal*) vrouw, echtgenote

'**mutvoll** moedig, vol moed; '**Mutwille** ‹*der; -ns, geen mv*› opzet; moedwil; (*an einem*) *seinen ~n auslassen* zijn moedwil botvieren; '**mutwillig** moedwillig, opzettelijk

'**Mütze** ‹*die; -, -n*› 1 muts; 2 pet; 3 *etwas od. eins auf die ~ bekommen* op zijn donder krijgen

MwSt. (*afk*) ‹*die; -, geen mv*› *Mehrwertsteuer* BTW

'**Myrrhe** ‹*die; -, -n*› mirre

'**Myrte** ‹*die; -, -n*› mirt(e)

mysteri'ös mysterieus

My'sterium ‹*das; -s, Mysterien*› 1 mysterie; 2 mysteriespel

Mystifikati'on ‹*die; -, -en*› mystificatie; '**Mystik** ‹*die; -, geen mv*› mystiek; '**mystisch** mystiek

'**mythenhaft**, '**mythisch** mythisch; '**Mythos**, '**Mythus** ‹*der; -, Mythen*› mythe

mut

Nn*n*

'**Nabel** ‹*der; -s, -*› navel; '**Nabelschnur** ‹*die; -, -en*› navelstreng

nach I ‹*vz* (+ 3)› 1 na (*tijd*); 2 naar (*richting*); 3 al naar, naar gelang van; 4 *wenn es ~ mir ginge* als ik het voor het zeggen had; 5 bij (*~ dem Gewicht verkaufen*); 6 om (*er schickt ~ dem Arzt*); *der Reihe ~* om de beurt; 7 op (*ein Zimmer*) *~ Süden* op het zuiden; 8 over (*ein Viertel ~ neun*); 9 *~ Hause kommen* thuiskomen; 10 van (*ein Mann ~ der Uhr*); *dem Namen ~ kennen* van naam kennen; *~ Noten singen* van het blad zingen; 11 volgens (*~ den Angaben, den Angaben ~*); 12 (*Handlungen*) *~ Par.2* als bedoeld in art.2; II ‹*bw*› na; *ihm ~!* hem (achter)na!; ~ *und* ~ langzamerhand, geleidelijk aan; ~ *wie vor* nog altijd; ~ *wie vor steigen* blijven stijgen

'**nachäffen** ‹*h*› naäpen, nadoen

'**nachahmen** ‹*h*› 1 nadoen, -bootsen; 2 namaken; '**nachahmenswert** navolgenswaard(ig); '**Nachahmung** ‹*die; -, -en*› nabootsing; namaak

'**nacharbeiten** ‹*h*› 1 (*het verzuimde*) inhalen; 2 (*iets van een voorbeeld*) namaken; 3 nabewerken; verbeteren

'**Nachbar** ‹*der; -n of -s, -n*› buur (*alle bet*); buurman; '**Nachbarschaft** ‹*die; -, -geen mv*› 1 buren; 2 nabuurschap; 3 buurt, omgeving

'**nachbessern** ‹*h*› achteraf verbeteren

'**Nachbildung** ‹*die; -, -en*› namaak(sel), kopie

'**nachbleiben** ‹*st.s; ie-ie*› 1 achterblijven; 2 nablijven

nach'dem 1 nadat; 2 *je ~* al naargelang

'**nachdenken** ‹*onr.h*› ~ (*über* (+ 4)) nadenken (over); '**nachdenklich** 1 nadenkend; bedachtzaam, bezonnen; 2 peinzend

'**Nachdruck** I ‹*der; -(e)s, geen mv*› nadruk; klem; (*e.r Forderung u.ä.*) *~ verleihen* kracht bijzetten; II ‹*der; -(e)s, -e*› 1 nadruk; 2 bijdruk, nieuwe oplage; '**nachdrücklich** nadrukkelijk, met klem

nachein'ander 1 na elkaar; 2 (*drei Tage*) ~ aaneen, achter elkaar

'**nachempfinden** ‹*st.h; a-u*› (*einem*) navoelen, zich iems gevoelens indenken; *einem etwas ~* iets met iem meevoelen

'**Nachen** ‹*der; -s, -*› schuitje, bootje

'**nacherzählen** ‹*h*› navertellen

'**Nachexamen** ‹*das; -s, -s of -examina*› herexamen

'**Nachfahre** ‹*der; -n, -n*› nazaat, nakomeling

'**nachfahren** ‹*st.s; u-a; ä*› achternarijden

'nachfassen ‹*h*› steviger, opnieuw beetpakken; (*Fußball*) in tweede instantie pakken

'Nachfolge ‹*die; -, geen mv*› op-, navolging; **'nachfolgen** ‹*s*› 1 (*einem*) navolgen, volgen; 2 opvolgen; **'nachfolgend** (na)volgend; **'Nachfolger** ‹*der; -s, -*› 1 opvolger; 2 volgeling

'nachforschen ‹*h*› (*e.r Person od. Sache*) naspeuren, -vorsen, onderzoek doen naar; **'Nachforschung** ‹*die; -, -en*› navorsing, onderzoek(ing)

'Nachfrage ‹*die; -, -n*› 1 navraag, verzoek om inlichting; ~ *halten* doen; 2 (*handel*) vraag; **'nachfragen** ‹*h*› vragen, informeren

'nachfühlen ‹*h*› navoelen; meevoelen

'nachfüllen ‹*h*› bij-, aanvullen

'nachgeben ‹*st.h; a-e; i*› 1 (*einem, seinem Zorn usw.*) ~ toegeven aan; *nicht* ~ niet toegeven; 2 meegeven, buigen, wijken; 3 (*touw*) loslaten; scheuren; 4 (*einem an Fleiß usw.*) *nichts* ~ niet onderdoen voor; 5 (*koersen, prijzen*) dalen

'Nachgebühr ‹*die; -, -en*› strafport

'Nachgeburt ‹*die; -, geen mv*› nageboorte

'nachgehen ‹*st.s; i-a*› 1 volgen, achternagaan; 2 nagaan, onderzoeken, controleren; 3 (*genoegens*) najagen; 4 (*zijn werk*) verrichten, doen; (*beroep*) uitoefenen; 5 *es geht mir nach* het laat me niet los; 6 (*uurwerk*) achterlopen

'nachgiebig 1 toegevend; 2 soepel

'Nachhall ‹*der; -(e)s, geen mv*› nagalm

'nachhallen ‹*h*› nagalmen, -klinken

'nachhängen ‹*st.h; i-a*› 1 (+ 3) zich overgeven aan, bezighouden met; 2 met weemoed denken aan

nachhelfen ‹ *st.h; a-o; i*› (*einem*) een handje helpen

nach'her 1 later, naderhand, daarna; 2 straks; *bis~!* tot straks

'Nachhilfestunden ‹*mv*› bijles(sen)

'nachhinken ‹*s*› 1 achteraankomen, de laatste zijn; 2 niet meekomen

'Nachholbedarf ‹*der; -(e)s, geen mv*› 1 (*handel*) inhaalvraag; 2 inhaalbehoefte; **'nachholen** ‹*h*› 1 inhalen, alsnog doen; 2 achteraf halen; 3 bij halen; **'Nachholspiel** ‹*das; -(e)s, -e*› (*sp*) inhaalwedstrijd

'Nachklang ‹*der; -(e)s, -ë*› naklank, -galm; herinnering

'Nachkomme ‹*der; -n, -n*› nakomeling; **'nachkommen** ‹*st.s; a-o*› 1 achternalopen; 2 volgen, nakomen; 3 *nicht* ~ *können* het niet kunnen bijhouden; 4 (*bevel*) opvolgen; 5 (*belofte, verplichting*) nakomen; **'Nachkommenschaft** ‹*die; -, geen mv*› nakomelingscha; **'Nachkömmling** ‹*der; -s, -e*› nakomertje

'Nachkriegszeit ‹*die; -, geen mv*› naoorlogse tijd

'Nachlaß ‹*der; -lasses, -lasse en -lässe*› 1 nalatenschap, erfenis; 2 nagelaten werken; 3 (*handel*) korting; **'nachlassen** ‹*st.h; ie-a; ä*› 1 minder worden, afnemen; verslappen; 2 losser maken; (*teugels*) vieren; 3 (*einem eine Schuld, Strafe*) ~ kwijtschelden; 4 reductie, korting geven; (*zehn Prozent vom Preis*) ~ laten vallen, afhalen; **'Nachlassenschaft** ‹*die; -, -en*› nalatenschap; **'nachlässig** 1 nonchalant; 2 onverschillig; **'Nachlässigkeit** ‹*die; -, -en*› slordigheid enz.

'nachlaufen ‹*st.s; ie-au; äu*› (*einem, e.r Sache*) ~ (achter)nalopen (*lett en fig*)

'nachlesen ‹*st.h; a-e; ie*› na-, overlezen

'nachmachen ‹*h*› 1 namaken; 2 nadoen

'nachmittag ‹*bw*› *gestern* ~ gistermiddag; *heute* ~ vanmiddag; **'Nachmittag** ‹*der; -s, -e*› middag; *am* ~ 's middags; in de middag; **'nachmittags** 's middags

'Nachnahme ‹*die; -, -n*› rembours; *gegen* ~ onder rembours

'nachprüfbar te controleren; **'nachprüfen** ‹*h*› controleren, verifiëren; **'Nachprüfung** ‹*die; -, -en*› 1 controle; 2 herexamen, -tentamen

'Nachrede ‹*die; -, -n*› 1 narede, nawoord; 2 *böse, üble, schlechte, niederträchtige* ~ *über einen führen* van iem kwaadspreken; **'nachreden** ‹*h*› 1 napraten; 2 (*einem*) *Böses, Übles* ~ kwaadspreken van

'Nachricht ‹*die; -, -en*› tijding, bericht; nieuws; **'Nachrichten** ‹*mv*› (het) nieuws, nieuwsberichten; (*tv*) journaal; **'Nachrichtenagentur** ‹*die; -, -en*› nieuwsagentschap; **'Nachrichtendienst** ‹*der; -(e)s, -e*› 1 nieuwsagentschap; 2 inlichtingendienst, geheime dienst; **'Nachrichtensatellit** ‹*der; -en, -en*› communicatiesatelliet; **'Nachrichtensendung** ‹*die; -, -en*› nieuwsuitzending; **'Nachrichtensprecher** ‹*der; -s, -*› (*telec*) nieuwslezer; **'Nachrichtentechnik** ‹*die; -, -en*› communicatietechniek

'nachrücken ‹*s*› promotie maken

'Nachruf ‹*der; -(e)s, -e*› het in memoriam

'nachrüsten ‹*h*› 1 een bewapeningsachterstand inlopen; 2 achteraf uitrusten

'nachsagen ‹*h*› 1 nazeggen; 2 *einem etwas* ~ van iem iets beweren

'nachschauen ‹*h*› nakijken

'nachschlagen **I** ‹*st.h; u-a; ä*› (*eine Stelle in einem Buch*) opzoeken; **II** ‹*st.s*› (*einem*) aarden naar; **'Nachschlagewerk** ‹*das; -(e)s, -e*› naslagwerk

'Nachschlüssel ‹*der; -s, -*› valse sleutel, loper

'Nachschrift ‹*die; -, -en*› 1 naschrift, postscriptum; 2 dictaat (van college)

'Nachschub ‹*der; -(e)s, -ë*› 1 (*mil*) bevoorrading; ravitaillering; 2 nieuwe voorraden

'nachsehen ‹*st.h; a-e; ie*› 1 (*einem*) nazien, -kijken; 2 (*etwas*) ~ nakijken; ~ *ob* ... (*ook*) kijken of ...; 3 (*einem etwas*) ~ door de vingers zien; **'Nachsehen** ‹*das*› *das* ~ *haben* ernaar kunnen fluiten, het nakijken hebben

'nachsetzen ‹*h*› (*einem Dieb*) ~ achtervolgen

'Nachsicht ‹*die; -, geen mv*› toegevendheid, geduld, inschikkelijkheid; welwillendheid; consideratie; ~ *üben* toegevend enz. zijn; **'nachsichtig** toegevend, geduldig

'nachsinnen ‹*st.h; a-o*› (+ 3 *of über* (+ 4)) nadenken, peinzen (over) '**nachsitzen** ‹*st.h; a-e*› na-, schoolblijven

'**Nachsommer** ‹*der; -s, -*› nazomer; '**Nachsorge** ‹*die; -, geen mv*› nazorg; '**Nachspeise** ‹*die; -, -en*› nagerecht, dessert

'**Nachspiel** ‹*das; -(e)s, -e*› 1 naspel (*div bet*); 2 (*fig*) nasleep; staartje; '**nachspielen** ‹*h*› 1 naspelen; 2 (*sp*) tijd bijtellen, in blessuretijd spelen

'**nachsprechen** ‹*st.h; a-o; i*› (*einem*) napraten, -doen; (*einem etwas*) nazeggen

nächst I ‹*bn*› 1 naast; 2 volgend; aanstaand; (*meine*) *~en* (*Verwandten*) naaste; *in den ~en Tagen* de komende dagen; *das ~e* (*Haus*) het dichtstbij gelegen; *in ~er Nähe* heel dicht in de buurt; *der ~e bitte!* wie volgt! *fürs ~e* (*sind wir versehen*) voorlopig; vgl *Nächste*(*r*); II ‹*vz* (+ 3)› 1 naast, na; 2 vlakbij; '**nächstbest** eerstbest, de eerste de beste; '**Nächste(r)** ‹*bn als zn*› naaste, medemens

'**nachstehen** ‹*st.h; a-a*› *einem in, an* (+ 3) *~ in ...* onderdoen voor; '**nachstehend** (na)volgend, onderstaand

'**nachstellen** ‹*h*› 1 achteruitzetten; 2 (*techn*) bijstellen; 3 (*einem*) (achter)nazitten; 4 (*einem Mädchen*) ~ nalopen

'**Nächstenliebe** ‹*die; -, geen mv*› naastenliefde

'**nächstens** eerstdaags, binnenkort, spoedig

nacht ‹*bw*› *heute ~* vannacht; **Nacht** ‹*die; -, ¨e*› nacht; *über ~, die ~ über bleiben* 's nachts blijven; *bei ~* 's nachts; *eines ~s* op een nacht; *in der ~* 's nachts; *bei ~ und Nebel* heimelijk, stilletjes; *über ~* plotseling, geheel onverwacht; *gute ~!* welterusten!; '**Nachtdienst** ‹*der; -(e)s, -e*› nachtdienst

'**Nachteil** ‹*der; -(e)s, -e*› 1 nadeel; 2 schade; '**nachteilig** nadelig; *~ behandeln* benadelen

'**Nachtigall** ‹*die; -, -en*› nachtegaal

'**nächtigen** ‹*h*› overnachten

'**Nachtisch** ‹*der; -es, geen mv*› nagerecht, dessert

'**nächtlich** 1 nachtelijk; 2 's nachts

'**Nachtlokal** ‹*das; -s, -e*› nachtclub

'**Nachtrag** ‹*der; -(e)s, -ë*› bijvoegsel, aanvulling; aanhangsel; '**nachtragen** ‹*st.h; u-a; ä*› 1 nadragen; 2 (*etwas*) ~ later bijvoegen; 3 *einem etwas ~* wrok jegens iem koesteren over iets, iets niets vergeten; '**nachträglich** 1 later bijgevoegd; 2 achteraf, alsnog

'**nachtrauern** 1 met weemoed terugdenken aan; 2 treuren om

'**nachtreten** ‹*st.h; a-e; i*› (*sp*) natrappen

nachts 's nachts, in de nacht; '**Nachtschicht** ‹*die; -, -en*› nachtploeg; '**Nachtschwärmer** ‹*der; -s, -*› nachtbraker; '**nachtsüber** de hele nacht door; 's nachts; '**Nachttopf** ‹*der; -(e)s, -ë*› po

'**nachtun** ‹*onr.h*› (*einem*) nadoen

'**Nachtwächter** ‹*der; -s, -*› 1 nachtwacht; 2 (*fig*) suffer(d); '**nachtwandeln** ‹*h*› slaapwandelen; '**Nachtzeug** ‹*das; -(e)s, geen mv*› nachtgoed

'**nachvollziehbar** te begrijpen

'**Nachwahl** ‹*die; -, -en*› aanvullende verkiezing

'**Nachwehen** ‹*mv*› naweeën (*lett en fig*)

'**Nachweis** ‹*der; -es, -e*› bewijs; '**nachweisbar** aantoonbaar; '**nachweisen** ‹*st.h; ie-ie*› 1 aantonen, bewijzen; 2 (*einem eine Arbeitsstelle, ein Zimmer u.ä.*) ~ opgeven; '**nachweislich** zoals is aangetoond, bewezen; aantoonbaar

'**Nachwelt** ‹*die; -, geen mv*› nageslacht

'**nachwerfen** ‹*st.h; a-o; i*› 1 nagooien; 2 erbij doen, extra inwerpen (*in automaat*)

'**nachwirken** ‹*h*› nawerken, doorwerken; '**Nachwirkung** ‹*die; -, -en*› nawerking, doorwerking

'**Nachwort** ‹*das; -(e)s, -e*› nawoord, narede

'**Nachwuchs** ‹*der; -es, geen mv*› kinderen, het jonge geslacht 1 opgroeiende generatie (*algem*); 2 aankomende krachten; jong personeel; (*sp*) jeugd; *kaufmännischer ~* aankomende kooplieden; *akademischer ~* jonge academici; '**Nachwuchsspieler** ‹*der; -s, -*› (*sp*) jeugdspeler

'**nachzahlen** ‹*h*› na-, bijbetalen

'**nachzählen** ‹*h*› natellen

'**nachziehen** I ‹*st.s; o-o*› (*einem*) volgen; II ‹*st.h*› 1 naslepen; trekken met (*been*); 2 (*schroeven e.d.*) vaster aandraaien; 3 (*lijnen*) na-, overtrekken

'**Nachzügler** ‹*der; -s, -*› 1 achteraankomer, achterblijver; 2 (*fig*) nakomertje

'**Nacken** ‹*der; -s, -*› 1 nek; 2 *den ~ beugen* zich onderwerpen; *einem den ~ beugen* iem onderwerpen; *einem im ~ sitzen: a*) iem op de hielen zitten; *b*) iem hard aanpakken; '**Nackenschlag** ‹*der; -(e)s, -ë*› nekslag (*ook fig*)

nackt 1 naakt, bloot, kaal (*alle bet*); 2 naakt, onverbloemd (*waarheid, feiten*); *mit ~en Worten* zonder er doekjes om te winden; 3 *das ~e Leben* (*retten*) het vege lijf

'**Nadel** ‹*die; -, -n*› 1 naald (*alle bet*); 2 speld; 3 (*wie*) *auf ~n sitzen* op hete kolen zitten; '**Nadelholz** ‹*das; -es, geen mv*› naaldhout; '**Nadelkissen** ‹*das; -s, -*› speldenkussen; '**Nadelloch** ‹*das; -(e)s, -ër*› oog van de (een) naald; '**Nadelöhr** ‹*das; -(e)s, -e*› oog van de (een) naald; '**Nadelspitze** ‹*die; -, -n*› naalde-, speldepunt; '**Nadelstich** ‹*der; -(e)s, -e*› 1 naaldsteek; 2 speldeprik

'**Nagel** ‹*der; -s, ¨*› 1 nagel; (*sich*) *die Nägel schneiden* (zijn) nagels knippen; 2 spijker; 3 (*sein Studium usw.*) *an den ~ hängen* opgeven; 4 (*die Arbeit*) *brannte mir auf den Nägeln* was zeer dringend; '**nagelfest**: *niet- und ~* 1 spijkervast; 2 muurvast; '**Nagelhaut** ‹*die; -, ¨e*› nagelriem; '**Nägelkauen** ‹*das; -s, geen mv*› het nagelbijten; '**Nagellackentferner** ‹*der; -s, -*› remover; '**nageln** ‹*h*› spijkeren; '**nagelneu** fonkelnieuw; '**Nagelschere** ‹*die; -, -n*› nagelschaar

'**nagen** ‹*h*› (*an* (+ 3)) knagen (aan); '**Nagetier** ‹*das; -(e)s, -e*› knaagdier

nah, '**nahe** (*näher, nächst*) na, nabijgelegen, naburig; dichtbij; *es liegt nahe* (*ook*) het ligt voor de hand; (*er ist*) ~ ***an*** (*die*) *dreißig* dichtbij de dertig; ~ *am Weinen sein* bijna beginnen te huilen; (*wir waren*) ~ *daran zu verzweifeln* de wanhoop nabij; ~ ***beim*** *Bahnhof* dicht bij het station; ***von*** ~ *und fern* van heinde en ver; ~*e* (*Freunde, Verwandte*) nauwe, naaste; *e.r Ohnmacht* ~ *sein* op het punt staan flauw te vallen; *die* ~*e Zukunft* de nabije toekomst; '**Nahaufnahme** ‹*die; -, -en*› close-up, opname van dichtbij; '**Nähe** ‹*die; -, geen mv*› nabijheid (*alle bet*); (*bleib in der*) ~*!* buurt; *ganz in der* ~ vlakbij; *aus nächster* ~ van heel dichtbij; '**nahe'bei** dichtbij; '**nahelegen** ‹*h*› 1 *einem etwas* ~ iem iets nadrukkelijk aanraden; 2 *etwas* ~ iets doen ontstaan; '**naheliegen** ‹*st.h; a-e*› (*fig*) voor de hand liggen; '**nahen** ‹*s*›, **sich nahen** ‹*h*› (+ 3) naderen

'**nähen** ‹*h*› 1 naaien; 2 (*wond*) hechten

näher 1 nader; *Näheres, das Nähere* nadere bijzonderheden; *bis auf Näheres* tot nader order; 2 dichterbij, naderbij; 3 (*weg*) korter; '**näherbringen** ‹*onr.h*› (*einem etwas*) bijbrengen

'**Naherholungsgebiet** ‹*das; -(e)s, -e*› recreatiegebied vlakbij (een grote stad)

'**Näherin** ‹*die; -, -nen*› naaister

'**näherkommen** ‹*st.s; a-o*› 1 (*einem*) nader komen tot; 2 (*e.r Sache*) benaderen, dichterbij komen; '**näherliegen** ‹*st.h; a-e*› meer voor de hand liggen; '**nähern** ‹*h*› (+ 3) 1 nader brengen bij, doen naderen tot; 2 *sich einem, einem Dinge* ~ iem, iets naderen; '**nähertreten** ‹*st.s; a-e; i*› 1 (*einem*) in nader contact komen met; 2 *einem Vorschlag* ~ een voorstel (nader) bekijken

'**nahestehen** ‹*st.h; a-a*› (*einem*) vertrouwd of bevriend zijn met

'**nahe'zu** bijna, nagenoeg

'**Nähkasten** ‹*der; -s, -ë*› naaidoos; '**Nähmaschine** ‹*die; -, -n*› naaimachine

Nah'ost het Nabije Oosten

'**Nährboden** ‹*der; -s, -̈*› voedingsbodem; '**nähren** ‹*h*› 1 voeden; *sich* ~ *von* zich voeden met; *jem.s Hoffnung* ~ iems hoop voeden; 2 (*hoop, verdenking, wens*) koesteren; '**nahrhaft** voedzaam; '**Nährmittel** ‹*das; -s, -*› voedings-, levensmiddel; '**Nahrung** ‹*die; -, geen mv*› voedsel (*ook fig*); '**Nahrungsmangel** ‹*der; -s, -̈*› gebrek aan voedsel; '**Nahrungsmittel** ‹*das; -s, -*› voedings-, levensmiddel; '**Nährwert** ‹*der; -(e)s, -e*› voedingswaarde

Naht ‹*die; -, -ë*› naad (*div bet*); *aus den od. aus allen Nähten platzen: a*) te dik worden; *b*) (*fig*) uit z'n voegen barsten; '**nahtlos** naadloos

'**Nahverkehr** ‹*der; -s, geen mv*› 1 streekverkeer, -vervoer; 2 buurtverkeer

'**Nähzeug** ‹*das; -(e)s, geen mv*› 1 naaigerei; 2 naaiwerk

'**Nahziel** ‹*das; -(e)s, -e*› doel op korte termijn

na'iv naïef

'**Name** ‹*der; -ns, -n*› naam (*alle bet*); *im* ~*n* (+ 2) namens; *sich einen* ~*n machen* naam maken; '**namenlos** 1 naamloos, zonder naam; 2 enorm; '**namens** I ‹*bw*› genaamd; II ‹*vz* (+ 2)› namens, uit naam van; '**Namensaktie** ‹*die; -, -n*› aandeel op naam; '**Namensschild** ‹*das; -(e)s, -er*› naambordje; '**Namensvetter** ‹*der; -s, -n*› naamgenoot

'**namentlich** 1 voornamelijk, vooral, in het bijzonder, met name; 2 hoofdelijk (*stemming*)

'**Namenverzeichnis** ‹*das; -ses, -se*› naamlijst

'**namhaft** 1 van naam, vermaard, beroemd; 2 aanzienlijk, belangrijk; 3 ~ *machen* (*ook*) noemen

'**nämlich** ‹*bw*› namelijk, te weten

Napf ‹*der; -(e)s, -ë*› nap, bak, kom

'**Narbe** ‹*die; -, -n*› 1 litteken; 2 nerf; '**narben** ‹*h*› 1 ontharen; 2 *sich* ~ een litteken nalaten

Nar'kose ‹*die; -, -n*› narcose

Narr ‹*der; -en, -en*› 1 nar, gek, dwaas; *einen zum* ~*en haben, halten* iem voor de gek houden; 2 carnavalsvierder, gek; 3 *einen* ~*en an einem gefressen haben* met iem weglopen, dwepen; '**narren** ‹*h*› *einen* ~ iem voor de gek houden; '**Narrenstreich** ‹*der; -(e)s, -e*› dwaze streek; '**Närrin** ‹*die; -, -nen*› 1 gekkin, zottin; 2 malle; '**närrisch** 1 gek, dwaas; 2 potsierlijk, grappig

Nar'zisse ‹*die; -, -n*› narcis

'**naschen** ‹*h*› snoepen

'**Näschen** ‹*das; -s, -*› neusje

'**Nascher** ‹*der; -s, -*›, '**Näscher** ‹*der; -s, -*› snoeper; **Nasche'rei** ‹*die; -, geen mv*› het snoepen; **Näsche'reien** ‹*mv*› snoep, snoepgoed; '**naschhaft** snoepachtig, snoeperig

'**Nase** ‹*die; -, -n*› neus (*div bet*); *die* ~ (*voll haben von*) z'n buik; (*fig*) *einem etwas* ***auf*** *die* ~ *binden* iem iets aan zijn neus hangen; *einem eins auf die* ~ *geben* iem op zijn nummer zetten; *immer der* ~ ***nach*** steeds rechtdoor; ***pro*** ~ per persoon; '**näseln** ‹*h*› door de neus spreken; '**Nasenbein** ‹*das; -(e)s, -e*› neusbeen; '**Nasenbluten** ‹*das; -s, geen mv*› 1 neusbloeding; 2 bloedneus; '**Nasenlänge** ‹*die; -, -n*› neuslengte; '**Nasenloch** ‹*das; -(e)s, -ër*› neusgat; '**Nasentropfen** ‹*mv*› neusdruppels; '**naseweis** wijsneuzig; *der N*~ de wijsneus; '**Nashorn** ‹*das; -(e)s, -ër*› neushoorn

naß (*nässer en nasser, nässest en nassest*); **Naß** ‹*das; Nasses, geen mv*› nat; vocht; '**Nässe** ‹*die; -, geen mv*› nat(tig)heid, vochtigheid; '**nässen** ‹*h*› 1 nat maken; *das Bett* ~ het in zijn bed doen; 2 (*wond*) dragen; '**naßkalt** kil, nat en koud

Nati'on ‹*die; -, -en*› natie; **Natio'nalhymne** ‹*die; -, -n*› volkslied; **Nationali'sierung** ‹*die; -, -en*› nationalisatie; **Nationa'lismus** ‹*der; -, geen mv*› nationalisme; **Nationali'tät** ‹*die; -, -en*› nationaliteit; **Natio'nalmannschaft** ‹*die; -, -en*› (*sp*) nationaal team, nationale ploeg; **Natio'nalsozialismus** ‹*der; -, geen mv*› nationaal-socialisme; **Natio'nalsozialist** ‹*der; -en, -en*› nationaal-socialist

'**Natter** ‹*die; -, -n*› adder; '**Natternbrut** ‹*die; -, -en*› addergebroed

Na'tur ‹*die; -, -en*› 1 natuur; 2 natuur, aard, karakter; *es liegt in der ~ der Sache, daß ...* het volgt uit de aard der zaak, dat ...; 3 (*das ist*) ~ echt; **naturali'sieren** ‹*h*› naturaliseren; **Naturali'sierung** ‹*die; -, -en*› naturalisatie; **Natura'lismus** ‹*der; -, geen mv*› naturalisme; **Na'turereignis** ‹*das; -ses, -se*› natuurverschijnsel; **Na'turfreund** ‹*der; -(e)s, -e*› natuurliefhebber; **na'turgegeben** natuurlijk, van nature; **na'turgemäß** natuurlijk; **na'turgetreu** natuurgetrouw; **Na'turgewalten** ‹*mv*› natuurkrachten; **Na'turheilkunde** ‹*die; -, geen mv*› natuurgeneeskunde; **Na'turheilverfahren** ‹*das; -s, -*› natuurgeneeswijze; **Na'turkatastrophe** ‹*die; -, -n*› natuurramp; **Na'turlandschaft** ‹*die; -, -en*› 1 natuurlijk landschap; 2 natuurgebied; **na'türlich** natuurlijk (*alle bet*); **Na'turpark** ‹*der; -s, -s*› landschapspark; **na'turrein** zuiver, natuurlijk; **Na'turschutz** ‹*der; -es, geen mv*› natuurbeschermin; **Na'turschutzgebiet** ‹*das; -(e)s, -e*› natuurreservaat; **na'turwidrig** tegen-, onnatuurlijk; **Na'turwissenschaften** ‹*mv*› natuurwetenschappen

Navigati'on ‹*die; -, geen mv*› navigatie; **navi'gieren** ‹*h*› navigeren

'Nazi ‹*der; -s, -s*› nationaal-socialist, nazi; **Na'zismus** ‹*der; -, geen mv*› nationaal-socialisme

Ne'apel Napels

'Nebel ‹*der; -s, -*› mist; nevel; (*fig*) *sich in ~ auflösen* in rook opgaan; **'Nebelbank** ‹*die; -, -ë*› mistbank; **'Nebelglocke** ‹*die; -, -n*› 1 dichte mist boven een stad; 2 (*scheepv*) mistklok; **'nebelhaft** vaag, onduidelijk; **'Nebelhorn** ‹*das; -(e)s, -ër*› misthoorn; **'nebelig** mistig; nevelig; **'nebeln** ‹*h*› *es nebelt* het mist, het is mistig; **'Nebelscheinwerfer** ‹*der; -s, -*› mistlamp; **'Nebelschlußleuchte** ‹*die; -, -en*› mistachterlicht; **'Nebelschwaden** ‹*der; -s, -*› nevelsliert

'neben ‹*vz*› naast: *a*) (+ 3) ~ *einem stehen, sitzen, wohnen usw.*; ~ (*seinem Gehalt*) naast, bij; ~ *ihm* (ook) vergeleken met hem; *b*) (+ 4) sich ~ einen setzen; **'Nebenabsicht** ‹*die; -, -en*› bijbedoeling; **neben'an** hier-, daarnaast; **'Nebenausgaben** ‹*mv*› kleinere uitgaven; bijkomende kosten; **'Nebenausgang** ‹*der; -(e)s, -ë*› zijuitgang; **'Nebenbau** ‹*der; -(e)s, -ten*› bijgebouw; **'Nebenbedeutung** ‹*die; -, -en*› bijbetekenis; **neben'bei** 1 bovendien; 2 daarnaast; 3 terloops; ~ *bemerkt* tussen haakjes opgemerkt; **'Nebenbemerkung** ‹*die; -, -en*› zijdelingse opmerkin; **'nebenberuflich** als bijverdienste; **'Nebenbeschäftigung** ‹*die; -, -en*› bijbaantje; **'Nebenbuhler** ‹*der; -s, -*› rivaal; **'nebenein'ander** naast elkander; **'nebenein'anderstellen** ‹*h*› 1 naast elkaar zetten; 2 met elkaar vergelijken; **'Nebeneinkommen** ‹*das; -s, -*›, **'Nebeneinkünfte** ‹*mv*›, **'Nebeneinnahme** ‹*die; -, -n*› bijverdienste(n); **'Nebenerwerb** ‹*der; -(e)s, geen mv*› bijverdienste; **'Nebenfach** ‹*das; -(e)s, -ër*› 1 bijvak; 2 zijvak; **'Nebenfluß** ‹*der; -flusses, -flüsse*› zijrivier; **'Nebengeräusch** ‹*das; -es, -e*› bijgeluid; **'Nebengeschmack** ‹*der; -(e)s, geen mv*› bijsmaak; **'Nebengleis** ‹*das; -es, -e*› zijspoor; **neben'her** 1 bovendien, tevens; 2 daarnaast; 3 terloops; 4 (*er fährt*) ~ ernaast; **neben'hin** terloops; **'Nebenkosten** ‹*mv*› bijkomende kosten; **'Nebenmann** ‹*der; -(e)s, -ër en -leute*› buurman; **'Nebenprodukt** ‹*das; -(e)s, -e*› bijprodukt; **'Nebenraum** ‹*der; -(e)s, -̈e*› vertrek ernaast, zijvertrek; **'Nebenrolle** ‹*die; -, -n*› bijrol; **'Nebensache** ‹*die; -, -n*› bijzaak; **'nebensächlich** bijkomstig, van ondergeschikt belang; (*das ist*) ~ bijzaak; **'Nebensatz** ‹*der; -es, -ë*› bijzin; **'Nebenstelle** ‹*die; -, -n*› filiaal, bijkantoor; **'Nebenstraße** ‹*die; -, -n*› 1 zijstraat; 2 secundaire weg; **'Nebenstrecke** ‹*die; -, -n*› 1 (*spoorw*) zijlijn; lokale lijn; 2 alternatieve route (niet via hoofdwegen); **'Nebenwirkung** ‹*die; -, -en*› bijwerking; **'Nebenzimmer** ‹*das; -s, -*› 1 kamer ernaast; 2 zijkamer; **'Nebenzweck** ‹*der; -(e)s, -e*› bijbedoeling

'neblig mistig, nevelig

nebst ‹*vz* (+ 3)› benevens, met

'necken ‹*h*› plagen; **'neckisch** 1 plagerig, plagend; 2 koket

'Neffe ‹*der; -n, -n*› neef (*kind van broer of zus*)

'negativ, nega'tiv negatief

'Neger ‹*der; -s, -*› neger

'nehmen ‹*st.h; a-o; i*› 1 nemen (*div bet*); 2 (*einem etwas*) ~ ontnemen; 3 berekenen, (*prijs*) vragen; 4 *sich das Leben* ~ zich van het leven beroven; *das lasse ich mir nicht ~!* dat doe ik beslist!; *wie man's nimmt!* het is maar hoe je het opvat!; *einen beim Wort* ~ iem aan zijn woord houden; *etwas **an** sich* ~ zich iets toeëigenen, iets wegnemen; ***mit** sich* ~ meenemen; *einen **zu** sich* ~ iem bij zich in huis nemen, opnemen; *etwas zu sich* ~ iets gebruiken (*eten of drinken*)

Neid ‹*der; -(e)s, geen mv*› nijd, afgunst, naijver; **'neiden** ‹*h*› misgunnen; **'neidisch** afgunstig, jaloers; (~) *auf* (+ 4) op; **'neidvoll** vol jaloezie, vol afgunst

'Neige ‹*die; -, -n*› 1 rest; *ein Glas bis zur ~ leeren* tot de laatste druppel leegdrinken; 2 (*das Jahr*) *geht zur* ~ loopt ten einde; (*das Geld*) *geht auf die od. zur* ~ raakt op

'neigen ‹*h*› 1 neigen; overhellen; 2 buigen; 3 schuin zetten; 4 *er neigt zum* (*Trinken*) hij heeft neiging tot; *man neigt zu der Annahme ...* men is geneigd te veronderstellen ...; **sich** ~ 1 neigen, overhellen; 2 nijgen, een buiging maken; **'Neigung** ‹*die; -, -en*› 1 glooiing, helling; 2 buiging; 3 neiging; 4 genegenheid; 5 aanleg; 6 voorkeur, voorliefde

nein neen; *aber ~!* wel nee! ~ *so was!* nee maar! (*ich fürchte*) ~ van niet; *sein Nein* zijn neen

'Nelke ‹*die; -, -n*› 1 anjer; 2 kruidnagel

'nennen ‹*onr.h; nannte, genannt*› noemen; *sich* ~ zich noemen, heten; **'nennenswert** noemenswaardig; '**Nenner** ‹*der; -s, -*› (*rekenk*) noemer; (*verschiedene Sachen*) *auf einen* (*gemeinsamen*) ~ *bringen* onder een noemer brengen; '**Nennwert** ‹*der; -(e)s, -e*› nominale waarde

Neofa'schismus ‹*der; -, geen mv*› neofascisme

Neo'nazi ‹*der; -s, -s*› neonazi

'**Neonröhre** ‹*die; -, -n*› neonbuis

'**neppen** ‹*h*› neppen, bedriegen, afzetten

Nerv ‹*der; -s, -en*› zenuw; *einem auf die ~en gehen* op iems zenuwen werken; *die ~en verlieren* overstuur raken; *die ~en behalten* zijn kalmte bewaren; *der hat ~en!* die durft!; '**nerven** ‹*h*› *einen* ~ op iems zenuwen werken; '**Nervenarzt** ‹*der; -es, -ë*› zenuwarts; '**nervenaufreibend** zenuwslopend; '**Nervenbündel** ‹*das; -s, -*› 1 zenuwbundel; 2 (*fig*) zenuwpees; '**Nervenklinik** ‹*die; -, -en*› 1 neurologische kliniek; 2 (*volkstaal*) psychiatrische kliniek; '**nervenschwach** met zwakke zenuwen; '**nervenstärkend** zenuw(ver)sterkend; '**Nervensystem** ‹*das; -s, -e*› zenuwstelsel; '**Nervenzuckung** ‹*die; -, -en*› zenuwtrekking; '**Nervenzusammenbruch** ‹*der; -(e)s, -ë*› zenuwinzinking; '**nervig** gespierd, krachtig, degelijk; '**nervlich** wat de zenuwen betreft; **ner'vös** nerveus, zenuwachtig; **Nervosi'tät** ‹*die; -, geen mv*› nervositeit

Nerz ‹*der; -es, -e*› 1 nerts; 2 nertsbont; 3 nertsmantel

'**Nessel** ‹*die; -, -n*› 1 (brand)netel; 2 (*er hat sich*) *in die ~n gesetzt* in moeilijkheden gebracht

Nest ‹*das; -es, -er*› nest (*alle bet*)

'**nesteln** ‹*h*› 1 ~ *an* (+ 3) frunniken aan; 2 (iets) niet erg handig losmaken of bevestigen

nett 1 aardig, leuk; 2 lief, aardig; 3 vriendelijk; 4 bekoorlijk; 5 (*iron*) mooi

'**Nettobetrag** ‹*der; -(e)s, -ë*› netto bedrag

Netz ‹*das; -es, -e*› 1 net (*alle bet*); 2 (*fig*) *ins* ~ *gehen* in de val lopen; '**Netzball** ‹*der; -(e)s, -e*› (*sp*) netbal

'**netzen** ‹*h*› bevochtigen, nat maken

'**Netzhaut** ‹*die; -, -ë*› netvlies; '**Netzroller** (*bij tennis*) bal via de netband

neu 1 nieuw; 2 opnieuw; *von ~em, aufs ~e* opnieuw; 3 *der Neue* (*ein Neuer*): *a*) nieuweling; *b*) nieuwe wijn; *was gibts Neues?* wat is er voor nieuws?; '**Neuankömmling** ‹*der; -(e)s, -e*› 1 pas aangekomene; 2 nieuwkomer; '**neuartig** nieuw (in zijn soort), modern; '**Neuaufführung** ‹*die; -, -en*› hernieuwde opvoering; '**Neuauflage** ‹*die; -, -n*› 1 herdruk; 2 (*sp*) herhaling; '**Neubau** ‹*der; -(e)s, -bauten*› 1 huis enz. in aanbouw; 2 nieuw gebouw of huis; 3 ‹*geen mv*› nieuwbouw; '**Neubewertung** ‹*die; -, -en*› herwaardering; '**Neubildung** ‹*die; -, -en*› 1 (*med*) nieuwvorming; 2 (*tlk*) neologisme; 3 (*pol*) omvorming

'**neuer'dings** (in) de laatste tijd

'**Neuerer** ‹*der; -s, -*› hervormer, vernieuwer

'**neuerlich** 1 opnieuw plaatsvindend, nieuw; 2 recent

'**Neuerung** ‹*die; -, -en*› vernieuwing, hervorming

'**neuestens** laatstelijk, in de laatste tijd

'**neugebacken** (*fig*) nieuwbakken; '**neugeboren** 1 pasgeboren; 2 *wie* ~ als nieuwgeboren, als herboren; '**neugestalten** ‹*h*› reorganiseren; vernieuwen; '**Neugestaltung** ‹*die; -, -en*› reorganisatie; vernieuwing

'**Neugier(de)** ‹*die; -, geen mv*› nieuwsgierigheid; '**neugierig** nieuwsgierig; (~) *auf* (+ 4) naar

'**Neuheit** ‹*die; -, -en*› 1 nieuwheid, het nieuwe; 2 nieuwigheid; nieuw artikel, model, produkt etc.; *letzte ~!* het allernieuwste; 3 *technische* ~ (*ook*) technisch snufje; '**Neuigkeit** ‹*die; -, -en*› nieuwtje, nieuws

'**Neujahr** ‹*das; -(e)s, geen mv*› nieuwjaar; *prosit ~!* gelukkig nieuwjaar; '**Neuland** ‹*das; -(e)s, geen mv*› (*fig*) nieuw gebied, terrein; onontgonnen gebied

'**neulich I** ‹*bw*› onlangs, laatst; **II** ‹*bn*› van onlangs, jongst

'**Neuling** ‹*der; -s, -e*› nieuweling

'**neumodisch** modern, nieuwerwets

neun negen; *eine Neun* een 9; '**neunmalklug** waanwijs, betweterig; '**neunzehn** negentien; '**neunzig** negentig

'**Neuorientierung** ‹*die; -, -en*› heroriëntering; '**Neuregelung** ‹*die; -, -en*› nieuwe regeling; '**Neureiche(r)** ‹*bn als zn*› wie snel rijk geworden is; parvenu

Neuro'loge ‹*der; -n, -n*› neuroloog, zenuwarts

'**Neuschnee** ‹*der; -s, geen mv*› verse sneeuw; '**neusprachlich** van, in de moderne talen

neu'tral neutraal; **Neutrali'tät** ‹*die; -, geen mv*› neutraliteit

'**neuvermählt** pasgehuwd; '**Neuwagen** ‹*der; -s, -*› nieuwe auto; '**Neuwahl** ‹*die; -, -en*› nieuwe verkiezing; '**Neuwert** ‹*der; -(e)s, -e*› nieuwwaarde; aanschaffingswaarde; '**neuwertig** zo goed als nieuw; '**neuzeitlich** modern; '**Neuzugänge** ‹*mv*› nieuwe aanwinsten; '**Neuzulassung** ‹*die; -, -en*› nieuwe auto

nicht niet; *wenn ~, dann* ... zo niet, dan ...; ~ *mal* ... niet eens ...; ~ *doch!* alsjeblieft niet!

'**Nichtachtung** ‹*die; -, geen mv*› 1 geringschatting; 2 veronachtzaming; '**Nichtbeachtung** ‹*die; -, geen mv*› niet-inachtneming; '**Nichtbefolgung** ‹*die; -, geen mv*› niet-opvolging, niet-nakoming; '**nichtberechtigt** niet gerechtigd, onbevoegd

'**Nichte** ‹*die; -, -n*› nicht (*kind van broer of zus*)

'**Nichteinmischung** ‹*die; -, geen mv*› niet-inmenging

'**nichtig** 1 nietig; *für ~ erklären* nietig verklaren; 2 onbeduidend; 3 *null und* ~ van nul en gener waarde

'**Nichtraucher** ‹*der; -s, -*› 1 niet-roker; 2 (*spoorw*) niet roken

nichts niets; *es ist ~ damit* er komt niets van; *mir ~, dir ~* zo maar, zonder meer; *um ~ und wieder ~* volkomen zinloos; **Nichts** ‹*das; -, geen mv*› 1 het niets; 2 nietigheid; 3 (*fig*) nul

'Nichtschwimmer ‹*der; -s, -*› niet-zwemmer; **'Nichtschwimmerbecken** ‹*das; -s, -*› het ondiepe (*in zwembad*)
nichtsdesto'weniger niettemin
'Nichtsnutz ‹*der; -es, -e*› nietsnut; **'nichtsnutzig** onnut; **'Nichtstuer** ‹*der; -s, -*› nietsdoener, leegloper; **'nichtswürdig** niets-, onwaardig; **'Nichtzutreffende** ‹*das; -n, geen mv*› *~s bitte streichen* doorhalen wat niet van toepassing is
'Nickel ‹*das; -s, geen mv*› nikkel
'nicken ‹*h*› **1** knikken; **2** een dutje doen
nie nooit; *~ und nimmer* (*mehr*) nooit of te nimmer; (*es geht*) *wie noch ~* als nooit tevoren
'nieder 1 laag, lager; **2** laag, gemeen; **3** neer; **4** *~ mit ihm!* weg met ...!; *auf und ~* (*gehen*) op en af, heen en weer; **'nieder...** neer...; naar beneden; **'niederbrennen I** ‹*onr.h*› in de as leggen; **II** ‹*onr.s*› afbranden; **'Niedergang** ‹*der; -(e)s, geen mv*› verval; achteruitgang; **'niedergehen** ‹*st.s; i-a*› **1** (*vliegtuig*) landen; **2** vallen; **3** neerkomen; **4** (*onweer*) losbarsten; **5** (*bokser*) neergaan; **'niedergeschlagen** terneergeslagen, neerslachtig; **'niedergeschmettert** totaal terneergeslagen; **'niederhalten** ‹*st.h; ie-a; ä*› **1** laag houden, op de grond houden; **2** onderdrukken; **'niederhauen** ‹*st.h; hieb/haute-au*› neerslaan, afmaken; **'niederkämpfen** ‹*h*› **1** overwinnen; **2** (*gevoelens, vermoeidheid*) onderdrukken, bedwingen; **'niederkommen** ‹*st.s; a-o*› **1** neer-, naar beneden komen; **2** *mit einem Kinde ~* bevallen van een kind; **'Niederlage** ‹*die; -, -n*› **1** nederlaag; **2** depot; opslagplaats; magazijn
'Niederlande: *die ~* ‹*mv*› Nederland; **'Niederländer** ‹*der; -s, -*› Nederlander; **'niederländisch** Nederlands
'niederlassen ‹*st.h; ie-a; ä*› **1** neerlaten, laten zakken; **2** *sich ~ auf* (+ 3 *of* (+ 4)) gaan zitten op; **3** *sich ~ in* (+ 3) zich vestigen in; **'Niederlassung** ‹*die; -, -en*› **1** vestiging (*div bet*); **2** nederzetting; **'niederlegen** ‹*h*› **1** neerleggen (*lett en fig*); **2** (*die Regierung*) *~* afstand doen van; **3** (schriftelijk) vastleggen; **4** afbreken, slopen; **5** (*kind*) naar bed brengen; **sich** *~* gaan liggen, naar bed gaan; **'Niederlegung** ‹*die; -, -en*› neerlegging enz.; **'niedermachen** ‹*h*› afslachten, afmaken; **'niedermetzeln** ‹*h*› afmaken; **'niederprasseln** ‹*h*› **1** neerkletteren; **2** (*fig*) neerhagelen; **'niederreißen** ‹*st.h; i-i*› afbreken; **'Niederschlag** ‹*der; -(e)s, -ë*› **1** neerslag; **2** het neerslaan; **3** (*bij boksen*) knock-down; **4** *seinen ~ finden in* (+ 3) (*ook*) tot uiting komen in; **'niederschlagen I** ‹*st.h; u-a; ä*› **1** neerslaan (*div bet*); **2** (*proces*) opgeven, (*zaak, jur*) seponeren; **3** (*schuld, straf*) kwijtschelden; **4** (*twijfel*) opheffen, (*verdenking*) ontzenuwen; **5** *sich ~ in* (+ 3) tot uiting komen in; **6** *sich ~ auf* (+ 3) neerslaan op; **II** ‹*st.s*› neerslaan, bezinken; vgl *niedergeschlagen*; **'niederschlagsfrei** (*weerk*) geen neerslag; **'niederschmettern** ‹*h*› **1** neerslaan; **2** neersmakken; **3** (*fig*) verpletteren; **'niederschreiben** ‹*st.h; ie-ie*› neer-, opschrijven; **'Niederschrift** ‹*die; -, -en*› **1** het neer-, opschrijven; **2** (geschreven) stuk; verslag; **'niedersetzen** ‹*h*› **1** neerzetten; **2** *sich ~* gaan zitten; **'niederstimmen** ‹*h*› afstemmen, verwerpen; *er wurde niedergestimmt* zijn voorstel werd afgestemd; **'niederstrecken** ‹*h*› **1** neerleggen, doden; **2** *sich ~* zich uitstrekken, gaan liggen; **'Niedertracht** ‹*die; -, geen mv*› laag-, gemeenheid; **'niederträchtig** laag, gemeen
'Niederung ‹*die; -, -en*› **1** laagland, (laag)vlakte; **2** laagte (*ook fig*)
'niederwerfen ‹*st.h; a-o; i*› **1** (*einen, etwas*) neergooien; **2** (*tegenstander*) overwinnen; **3** (*opstand*) neerslaan; **4** *sich vor einem ~* voor iem op de knieën vallen; **5** op het ziekbed werpen
'niedlich aardig, lief, lieftallig; beeldig; (*das kann ja*) *~ werden* (*iron*) gezellig worden
'niedrig laag (*alle bet*)
'niemals nooit
'niemand ‹*2e nv: -(e)s; 3e nv: -em of -; 4e nv: -en of -*› niemand; *ein Niemand sein* een nul zijn
'Niere ‹*die; -, -n*› nier; *eine künstliche ~* een kunstnier || *das geht mir an die ~n* dat grijpt me erg aan; **'Nierenstein** ‹*der; -(e)s, -e*› niersteen; **'Nierentransplantation** ‹*die; -, -en*› niertransplantatie
'nieseln ‹*h*› motregenen; **'Nieselregen** ‹*der; -s, geen mv*› motregen
'niesen ‹*h*› niezen
'Niete ‹*die; -, -n*› **1** niet (*in loterij*); **2** (*es war eine*) *~* fiasco, flop; **3** (*er ist eine*) *~* nul; **4** klinknagel; **'nieten** ‹*h*› **1** (vast)klinken; **2** nieten; **'Niet(en)hose** ‹*die; -, -n*› spijkerbroek; **'niet- und 'nagelfest 1** spijkervast; **2** muurvast
Niko'tin ‹*das; -s, geen mv*› nicotine
'Nilpferd ‹*das; -(e)s, -e*› nijlpaard
'nimmer nooit, nimmer; **'nimmermehr** nooit, nimmer(meer); **'Nimmersatt** ‹*der; - of -(e)s, -e*› veelvraat; **'Nimmer'wiedersehen**: *auf ~* ik hoop je nooit meer te zien!
'Nippel ‹*der; -s, -*› nippel
'nippen ‹*h*› nippen
'nirgend(s) nergens; **'nirgendwo** nergens
'Nische ‹*die; -, -n*› **1** portiek; **2** nis
'Nisse ‹*die; -, -n*› neet, luizeëi
'nisten ‹*h*› nestelen; **'Nistplatz** ‹*der; -es, -̈e*› nestplaats
Ni'veau ‹*das; -s, -s*› niveau; peil; (*fig*) *~ haben* op hoog niveau staan
nivel'lieren ‹*h*› nivelleren; **Nivel'lierung** ‹*die; -, -en*› nivellering
nix zie *nichts*
'Nixe ‹*die; -, -n*› (water)nimf
'nobel 1 nobel, edel; **2** royaal; **3** sjiek, chic; deftig
No'belpreis ‹*der; -es, -e*› Nobelprijs; **No'belpreisträger** ‹*der; -s, -*› Nobelprijswinnaar
noch 1 nog; (*er wird*) *schon ~* (*kommen*) nog

nic

wel; 2 *weder reich ~ arm* (noch) rijk noch arm; '**nochmalig** herhaald; tweede; '**nochmals** nogmaals, nog eens

'**Nocken** ‹*der; -s, -*› nok; '**Nockenwelle** ‹*die; -, -n*› nokkenas

Nomi'nalwert ‹*der; -(e)s, -e*› nominale waarde

Nominati'on ‹*die; -, -en*› benoeming

'**Nominativ** ‹*der; -s, -e*› nominatief

nomi'nieren ‹*h*› 1 benoemen; 2 (*sp*) opstellen

'**Nonne** ‹*die; -, -n*› non

Non'stopflug ‹*der; -(e)s, -ë*› non-stop-vlucht

'**Noppe** ‹*die; -, -n*› 1 knoop (*in wol e.d.*); 2 nop

Nord ‹*der; -(e)s, geen mv*› 1 noorden; 2 (*Frankfurt*)- ~ Noord; **Nord**... noord...; Noord...; noordelijk(e); '**Norden** ‹*der; -s, geen mv*› noorden; '**nordisch** noords; '**nördlich** 1 noordelijk; *~e Breite* noorderbreedte; 2 ten noorden van (*~ vom Flusse, ~ des Flusses*); '**Nordlicht** ‹*das; -(e)s, -er*› noorderlicht; **Nord'ost** ‹*der; -(e)s, geen mv*›, **Nord'osten** ‹*der; -s, geen mv*› noordoost(en); **nord'östlich** 1 noordoostelijk; 2 ten noordoosten; vgl *nördlich*; '**Nordpol** ‹*der; -(e)s, geen mv*› noordpool; **Nord'west** ‹*der; -(e)s, geen mv*›, **Nord'westen** ‹*der; -s, geen mv*› noordwest(en); **nord'westlich** 1 noordwestelijk; 2 ten noordwesten; vgl *nördlich*; '**Nordwind** ‹*der; -(e)s, -e*› noordenwind

Nörge'lei ‹*die; -, -en*› gemopper, gekanker, gevit; '**nörgeln** ‹*h*› mopperen, kankeren, vitten; '**Nörgler** ‹*der; -s, -*› mopperaar, kankeraar

Norm ‹*die; -, -en*› norm; *eine ~ erfüllen* aan een norm voldoen

nor'mal normaal; **Nor'malbenzin** ‹*das; -(e)s, -e*› normale benzine; **nor'malerweise** gewoonlijk, doorgaans; **normali'sieren** ‹*h*› normaliseren; **Nor'malverbraucher** ‹*der; -s, -*› doorsneeconsument

'**normen, nor'mieren** ‹*h*› normeren; **Nor'mierung,** '**Normung** ‹*die; -, -en*› standaardisering, -satie, normalisatie; '**normwidrig** in strijd met de norm(en)

'**Norweger** ‹*der; -s, -*› Noor; '**norwegisch** Noors

not: (*Hilfe usw.*) *tut ~* is nodig; **Not** ‹*die; -, -ë*› 1 nood (*alle bet*); *~ kennt kein Gebot* nood breekt wet; *in ~, in Nöten sein* in nood verkeren; *mit genauer, knapper ~* ternauwernood; 2 noodzaak; 3 moeite; *seine liebe ~* (*mit einem haben*) veel moeite; 4 *zur ~* als het nodig is; desnoods; (*es hat keine*) *~* haast

No'tar ‹*der; -s, -e*› notaris

'**Notarzt** ‹*der; -(e)s, -ë*› arts bij ongelukken e.d.; '**Notbehelf** ‹*der; -(e)s, -e*› hulp-, redmiddel; '**Notbremse** ‹*die; -, -n*› noodrem; '**Notdurft** ‹*die; -, geen mv*› *seine ~ verrichten* zijn behoefte doen; '**notdürftig** 1 provisorisch (*reparieren usw.*); 2 gebrekkig; nauwelijks; 3 armoedig; behoeftig

'**Note** ‹*die; -, -n*› 1 (*muz*) noot; 2 aantekening, opmerking; 3 cijfer (*op school en sp*); 4 (diplomatieke) nota; 5 bankbiljet; 6 cachet; eigen karakter; vgl *Noten*; '**Noten** ‹*mv*› 1 (*geschreven of gedrukte*) muziek; 2 (*es geht*) *wie nach ~* van een leien dakje; '**Notenbank** ‹*die; -, -en*› circulatiebank; centrale bank; '**Notenblatt** ‹*das; -(e)s, -ër*› muziekblad; '**Notenständer** ‹*der; -s, -*› muzieklessenaar

'**Notfall** ‹*der; -(e)s, -ë*› geval van nood; '**notfalls** desnoods; '**notgedrungen** noodgedwongen

no'tieren ‹*h*› noteren, aantekenen; **No'tierung** ‹*die; -, -en*› notering

'**nötig** nodig; *ich brauche es ~* ik moet het nodig hebben; *für ~ halten* nodig vinden; *wenn ~* zo nodig; *er hat es nicht ~ zu* ... hij hoeft niet te ...; '**nötigen** ‹*h*› 1 noodzaken, dwingen; 2 dringend verzoeken, aandringen; 3 verkrachten; '**nötigenfalls** desnoods; '**Nötigung** ‹*die; -, -en*› 1 dwang; 2 dringend verzoek; 3 strafbare handeling

No'tiz ‹*die; -, -en*› 1 notitie, aantekening; 2 kort bericht; 3 (*handel*) notering; 4 *~ nehmen von* nota nemen van; **No'tizblock** ‹*der; -(e)s, -s*› blocnote; **No'tizbuch** ‹*das; -(e)s, -ër*› notitieboekje

'**Notlage** ‹*die; -, -n*› 1 hachelijke positie; 2 noodtoestand, -situatie; '**notlanden** ‹*h en s*› een noodlanding maken; '**Notlandung** ‹*die; -, -en*› noodlanding; '**Notmaßnahme** ‹*die; -, -n*› noodmaatregel; '**Notruf** ‹*der; -(e)s, -e*› 1 alarmnummer (*voor brandweer, politie*); 2 noodroep (*bij dieren*); 3 noodsignaal; dringende oproep; '**Notrufsäule** ‹*die; -, -n*› praatpaal; '**Notschrei** ‹*der; -(e)s, -e*› noodkreet; '**Notsignal** ‹*das; -(e)s, -e*› noodsein; '**Notstand** ‹*der; -(e)s, geen mv*› noodtoestand; '**Nottür** ‹*die; -, -en*› nooddeur, -uitgang; '**Notwehr** ‹*die; -, geen mv*› noodweer; '**notwendig** 1 noodzakelijk; 2 dringend; '**Notwendigkeit** ‹*die; -, -en*› noodzakelijkheid; '**Notzeichen** ‹*das; -s, -*› noodsein

No'velle ‹*die; -, -n*› 1 novelle; 2 wijzigingswet; aanvullingswet

No'vember ‹*der; -(s), -*› *der ~* november

Novi'tät ‹*die; -, -en*› noviteit, iets nieuws

nu nou (dan)

Nu ‹*der*› *im od. in einem ~* in een wip, oogwenk, in no time

Nu'ance ‹*die; -, -n*› nuance; **nuan'cieren** ‹*h*› nuanceren

'**nüchtern** 1 nuchter (*alle bet*); 2 saai; '**Nüchternheit** ‹*die; -, geen mv*› nuchterheid enz.

'**Nucke,** '**Nücke** ‹*die; -, -n*› nuk, kuur, gril

'**Nudel** ‹*die; -, -n*› 1 knoedel, meelbal; 2 *~n* ‹*mv*› *a*) macaroni; *b*) vermicelli; 3 (*volkstaal*) (*eine komische usw.*) *~* tante; vrouw; meid

'**Nukle'ar...**, **nukle'ar** nucleair(e) ..., kern...; atoom...

Null ‹*die; -, -en*› 1 nul (*alle bet*); 2 *gleich ~* nihil; 3 *~ Komma nichts* nul komma nul; **Null-'Null** ‹*das; -s, -(s)*› nr. 100, toilet, WC; '**Null-**

tarif ‹*der; -(e)s, -e*› gratis; *zum ~* gratis, voor niets
nume'rieren ‹*h*› nummeren
'Nummer ‹*die; -, -n*› 1 nummer (*alle bet*); 2 maat (*von Kleidung usw.*); 3 (*volkstaal*) nummertje; 4 nummerplaat, kenteken (*van auto*); 5 (*eine komische, tolle u.ä.*) ~ persoon, nummer || (*bei einem*) *eine große, gute ~ haben* in een goed blaadje staan; *das ist eine ~, einige/ein paar ~n zu groß für ihn* hij grijpt te hoog; *auf ~ Sicher gehen* het zekere voor het onzekere nemen; **'Nummernscheibe** ‹*die; -, -n*› (*telec*) kiesschijf; **'Nummernschild** ‹*das; -(e)s, -er*› nummerbord, -plaat (*van auto*); (*Belg*) inschrijvingsplaat
nun nu; nou; *wenn er ~ will, so* ... als hij nu toch wil, dan ...; *~, da es* ... nu het ...; *~?* en?; *~, das ist* ... wel(nu), dat is ...; *~ denn! ~ dann!* vooruit! kom op!; **'nun'mehr** 1 nu, thans; 2 voortaan, van nu af
nur alleen; slechts, maar; (*er sagt das*) *~ so* maar zo; *nicht ~ ..., sondern auch* niet alleen ... maar ook; *~ keine Angst* vooral niet bang zijn; *~ das nicht!* dat vooral niet!; *~, daß* ... behalve, dat ...; (*was hat er*) *~?* toch?; *~ weiter!* ga maar door!; *~ zu!* vooruit! ga je gang!; (*es regnet usw.*) *~ so* hard, flink
Nuß ‹*die; -, Nüsse*› 1 noot (*vrucht en fig*); 2 fricandeau; 3 kop; **'nußbraun** notebruin, nootkleurig; **'Nußkern** ‹*der; -(e)s, -e*› pit van een noot; **'Nußknacker** ‹*der; -s, -*› notekraker; **'Nußschale** ‹*die; -, -n*› notedop
'Nüstern ‹*mv*› neusgaten
Nut ‹*die; -, -en*› groef, sponning
'Nutte ‹*die; -, -n*› (*volkstaal*) snol, hoer, slet
'nutzbar 1 nuttig, bruikbaar; 2 vruchtbaar; **'Nutzbarkeit** ‹*die; -, geen mv*› nut, bruikbaarheid; **'nutzbringend** 1 nuttig; produktief; 2 winstgevend; **'nütze**: (*zu*) *nichts mehr ~ sein* niets waard zijn; **'Nutzeffekt** ‹*der; -(e)s, -e*› nuttig effect; rendement; **'Nutzen** ‹*der; -s, geen mv*› 1 nut; voordeel; 2 winst; profijt; *~ ziehen aus* profijt trekken van; 3 *~* (*und Lasten*) baten; 4 *von ~* (*sein*) nuttig; **'nutzen**, **'nützen** I ‹*h*› 1 gebruik maken van, gebruiken; 2 benutten; 3 exploiteren; II ‹*intr* (+ 3)› helpen, baten, van nut zijn; **'Nutzfahrzeug** ‹*das; -(e)s, -e*› bedrijfsauto; **'Nutzfläche** ‹*die; -, -n*› 1 *landwirtschaftliche ~* cultuuroppervlakte; 2 (*algem*) nuttige oppervlakte; **'Nutzlast** ‹*die; -, -en*› nuttige last; **'nützlich** 1 nuttig; 2 (*einem*) *~ sein* behulpzaam zijn; helpen; **'Nützlichkeit** ‹*die; -, geen mv*› nuttigheid, nut; **'nutzlos** nutteloos; **'Nutzlosigkeit** ‹*die; -, geen mv*› nutteloosheid; **'Nutznießer** ‹*der; -s, -*› degene die profiteert; **'Nutztier** ‹*das; -(e)s, -e*› nuttig dier, dier t.b.v. melk, slacht e.d.; **'Nutzung** ‹*die; -, geen mv*› 1 gebruikmaking, gebruik; 2 exploitatie

nul

Ooo

O'ase ‹*die; -, -n*› oase
ob I ‹*vw*› 1 of; *als ~* alsof; *und ~!* en of!; 2 *~ arm, ~ reich* ... zowel arm als (*ook*) rijk ..., arm en rijk ...; II ‹*vz* (+ 2)› wegens
'Obacht ‹*die; -, geen mv*› 1 acht, zorg, hoede; 2 *~ geben auf* (+ 4) letten of passen op; (*gib*) *~!* opgepast! let op!
'Obdach ‹*das; -(e)s, geen mv*› onderdak; **'obdachlos** dakloos, onbehuisd
Obdukti'on ‹*die; -, -en*› sectie, lijkschouwing
'oben ‹*bw*› 1 boven; 2 aan de bovenkant; 3 *die Sache steht mir bis* (*hier*) *~!* het zit me tot hier!; 4 *~ ohne* topless; 5 (*einen*) *von ~ herab* (*behandeln*) uit de hoogte; 6 (*Befehl*) *von ~* van hogerhand; **oben'an** bovenaan; **oben'auf** 1 erbovenop; 2 goedgehumeurd; **oben'drauf** erbovenop; **oben'drein** bovendien, daarenboven; **oben'erwähnt**, **oben'genannt** bovengenoemd; **oben'hin** oppervlakkig, vluchtig; **obenhin'aus**: *~ wollen* hogerop willen
'Ober ‹*der; -s, -*› ober, kelner; *Herr ~!* Ober!
'ober 1 hoger, bovenst; 2 boven; 3 *~st* bovenst, hoogst; vgl *oberst*; **'Ober...** (vaak) 1 boven...; 2 opper..., Opper...; 3 hoofd...; **'Oberarm** ‹*der; -(e)s, -e*› boven-, opperarm; **'Oberbefehl** ‹*der; -(e)s, geen mv*› opperbevel; **'Oberbefehlshaber** ‹*der; -s, -*› opperbevelhebber; **'Oberbegriff** ‹*der; -(e)s, -e*› samenvattend begrip; **'Oberbekleidung** ‹*die; -, -en*› bovenkleding; **'Ober'bürgermeister** ‹*der; -s, -*› burgemeester (*van grote stad*); **'Oberfläche** ‹*die; -, -n*› oppervlakte; oppervlak; **'oberflächlich** oppervlakkig; **'Obergeschoß** ‹*das; -geschosses, -geschosse*› bovenverdieping; **'Obergrenze** ‹*die; -, -n*› bovengrens; **'oberhalb** ‹*vz* (+ 2)› boven; **'Oberhand** ‹*die; -, geen mv*› bovenhand (*lett en fig*); **'Oberhaupt** ‹*das; -(e)s, -ër*› 1 opperhoofd; 2 hoofd (*van staat, gezin*); **'Oberhemd** ‹*das; -(e)s, -en*› overhemd
'Oberin ‹*die; -, -nen*› 1 overste (*van klooster*); 2 directrice (*van kostschool, tehuis*)
'Oberinspektor ‹*der; -s, -en*› hoofdinspecteur; **'oberirdisch** bovengronds; **'Oberkante** ‹*die; -, -n*› bovenkant; **'Oberkellner** ‹*der; -s, -*› 1 eerste kelner; 2 ober, kelner; **'Oberkiefer** ‹*der; -s, -*› bovenkaak; **'Oberkleidung** ‹*die; -, -en*› heren-, dameskleding; **'Oberkommando** ‹*das; -s, -s*› opperbevel; **'Oberkörper** ‹*der; -s, -*› bovenlichaam, -lijf; **Ober'landesgericht** ‹*das; -(e)s, -e*› gerechtshof; **'Oberlauf** ‹*der; -(e)s, -ë*› bovenloop; **'Oberleitung** ‹*die; -, -en*› 1 hoofdleiding, hoofdbestuur; 2 boven-

leiding (*van tram e.d.*); '**Oberleutnant** ‹*der; -s, -s*› eerste luitenant; '**Oberlicht** ‹*das; -(e)s, -er*› bovenlicht; '**Oberliga** ‹*die; -, -ligen*› (*sp*) eerste divisie; '**Oberlippe** ‹*die; -, -n*› bovenlip; **Ober'prima** ‹*die; -, -primen*› hoogste klasse (*van Duits gymnasium*); '**Oberschenkel** ‹*der; -s, -*› dijbeen; '**Oberschicht** ‹*die; -, -en*› bovenlaag; '**Oberschwester** ‹*die; -, -n*› hoofdverpleegkundige, -zuster

'**oberst** ‹*bn*› opperst, bovenst, hoogst

'**Oberst** ‹*der; -en en -s, -en*› kolonel; '**Oberst'leutnant** ‹*der; -s, -s*› luitenant-kolonel

'**Oberstock** ‹*der; -(e)s, -ë*› bovenverdieping; '**Oberstübchen** ‹*das*› *bei ihm ist es nicht richtig im* ~ bij hem klopt iets niet in zijn bovenkamer; **Ober'studiendirektor** ‹*der; -s, -en*› rector bij het VWO; (*Belg*) studieprefect; '**Oberstufe** ‹*die; -, -n*› bovenbouw; '**Obertasse** ‹*die; -, -n*› kopje; '**Oberteil** ‹*der; -(e)s, -e*› bovendeel; '**Oberwasser** ‹*das*› (*fig*) ~ *haben* de overhand hebben, er het beste voor staan; '**Oberweite** ‹*die; -, -n*› bovenwijdte

ob'gleich ofschoon, hoewel, al

'**Obhut** ‹*die; -, geen mv*› hoede, bescherming

'**obig** bovenstaand, -genoemd

Ob'jekt ‹*das; -(e)s, -e*› object, voorwerp; **objek'tiv** objectief, zakelijk; **Objek'tiv** ‹*das; -s, -e*› objectief (*in camera, kijker*); **Objektivi'tät** ‹*die; -, geen mv*› objectiviteit

'**obliegen** ‹*st.h; a-e*› rusten op, opgedragen zijn aan, berusten bij; '**Obliegenheit** ‹*die; -, -en*› verplichting, plicht, taak

obli'gat obligaat, verplicht, bijbehorend; **Obligati'on** ‹*die; -, -en*› obligatie; **obliga'torisch** obligatoir, verplicht

'**Obmann** ‹*der; -(e)s, -ër en Obleute*› 1 voorzitter; 2 vertrouwensman

O'boe ‹*die; -, -n*› hobo

'**Obrigkeit** ‹*die; -, -en*› overheid, openbaar gezag

ob'schon ofschoon, hoewel

Observati'on ‹*die; -, -en*› observatie, waarneming; **Observa'torium** ‹*das; -s, Observatorien*› observatorium, sterrenwacht

ob'skur obscuur: *a*) duister, vaag; *b*) verdacht

Obst ‹*das; -(e)s, geen mv*› fruit; vruchten; '**Obstbaum** ‹*der; -(e)s, -ë*› vruchtboom; '**Obstgarten** ‹*der; -s, -̈*› boomgaard; '**Obsthändler** ‹*der; -s, -*› fruithandelaar

obsti'nat obstinaat, koppig, eigenzinnig

'**Obstkonserve** ‹*die; -, -n*› vruchtenconserven; '**Obstkuchen** ‹*der; -s, -*› vruchtentaart; '**Obstmesser** ‹*das; -s, -*› fruitmesje; '**Obstsaft** ‹*der; -(e)s, -ë*› vruchtendrank; '**Obstsalat** ‹*der; -(e)s, -e*› vruchtensalade; '**Obstwein** ‹*der; -(e)s, -e*› vruchtenwijn

ob'szön obsceen, schunnig

'**Obus** ‹*der; -ses, -se*› trolleybus

ob'wohl, ob'zwar ofschoon, hoewel, al

'**Ochse** ‹*der; -n, -n*› 1 os; 2 stommeling; 3 *er steht da wie der ~ am od. vorm Berg* hij is ten einde raad; '**ochsen** ‹*h*› blokken; '**Ochsenschwanzsuppe** ‹*die; -, -n*› ossestaartsoep; '**Ochsenzunge** ‹*die; -, -n*› ossetong

od. *oder*

'**Ode** ‹*die; -, -n*› ode

'**öde** 1 woest; 2 eenzaam, verlaten; 3 doods, saai; '**Öde** ‹*die; -, -n*› 1 woestenij; 2 eenzaamheid, verlatenheid; 3 saaiheid

Ö'dem ‹*der; -s, -e*› (*med*) oedeem

'**oder** of; ~ *aber* of wel; (*du bist doch der gleichen Ansicht,*) *~?* nietwaar?

OECD (*afk*) ‹*die; -, geen mv*› O.E.S.O.

'**Ofen** ‹*der; -s, -̈*› 1 kachel; 2 oven; 3 *hinterm ~ hocken* altijd thuis zitten; *jetzt ist der ~ aus!*: *a*) mijn geduld is op; *b*) er is niets meer aan te doen; '**ofenfrisch** versgebakken, ovenvers; '**Ofenrohr** ‹*das; -(e)s, -e*› kachelpijp; '**Ofenschirm** ‹*der; -(e)s, -e*› vuur-, haardscherm

'**offen** 1 open (*div bet*); (*~e Türen*) *einrennen* intrappen; (*fig*) *auf ~er Strecke* in het open veld; *noch ~ haben* (*winkel*) nog open zijn; 2 openlijk; 3 openhartig, open; 4 (*Milch usw.*) ~ (*verkaufen*) los; 5 *~e Stelle* vacature; 6 *~er Wein*: *a*) wijn uit het vat; *b*) wijn per fles; 7 *~ gesagt, ~ gestanden* eerlijk gezegd; 8 *auf ~er Straße* (*fig*) midden op straat; 9 *Offene Handelsgesellschaft* vennootschap onder firma

'**offenbar, offen'bar** 1 klaarblijkelijk; (*fout, leugen, vergissing enz*) duidelijk; 2 ‹*bw*› blijkbaar

offen'baren ‹*h*› openbaren, onthullen; *sich ~*: *a*) zich openbaren; *b*) blijken; *er offenbarte sich als* … hij bleek … te zijn; **Offen'barung** ‹*die; -, -en*› openbaring

'**offenbleiben** ‹*st.s; ie-ie*› open blijven; '**offenhalten** ‹*st.h; ie-a; ä*› 1 openhouden; 2 *sich etwas ~* iets voorbehouden; '**Offenheit** ‹*die; -, geen mv*› open(hartig)heid; '**offenherzig** openhartig

'**offenkundig, offen'kundig** 1 blijkbaar, klaarblijkelijk; 2 duidelijk; 3 *~ werden* bekend worden

'**offenlassen** ‹*st.h; ie-a; ä*› openlaten (*lett en fig*); '**offenlegen** ‹*h*› open-, blootleggen

'**offensichtlich, offen'sichtlich** 1 blijkbaar, klaarblijkelijk; 2 duidelijk

offen'siv offensief, aanvallend; **Offen'sive** ‹*die; -, -n*› aanval, offensief; *die ~ ergreifen* tot de aanval overgaan

'**öffentlich I** ‹*bn*› 1 openbaar; 2 (*belangstelling, geheim, veiling*) publiek; 3 overheids…, van de overheid; *die ~e Hand* de overheid; *der ~e Dienst* het overheidsapparaat; 4 *~es Haus* bordeel; **II** ‹*bw*› in het openbaar; '**Öffentlichkeit** ‹*die; -, geen mv*› 1 openbaarheid; 2 publiciteit; 3 *an die ~ treten,* (*fig*) naar buiten treden; 4 publieke opinie; 5 de buitenwereld, het publiek; 6 *in der ~* (*ook*): *a*) in de pers; *b*) in het openbaar; 7 *in aller ~* ten aanschouwen van iedereen; *unter Ausschluß der ~* met gesloten deuren, in geheim comité; '**Öffentlichkeitsarbeit** ‹*die; -, geen mv*› public relations(-werk); '**öffentlichrechtlich** publiekrechtelijk

Of'ferte ‹*die;* -, *-n*› (*handel*) offerte, aanbieding

offizi'ell officieel

Offi'zier ‹*der; -s, -e*› officier; **Offi'zierskorps** ‹*das;* -, -› officierscorps

'öffnen ‹*h*› openen, opendoen; *sich* ~ opengaan, zich openen; **'Öffner** ‹*der; -s,* -› opener; **'Öffnung** ‹*die;* -, *-en*› 1 opening; 2 het openen; **'Öffnungszeit** ‹*die;* -, *-en*› openingstijd

oft (*öfter, am öftesten*) dikwijls, vaak; **'öfter, des öftern** vaak, vaker; herhaaldelijk; **'öfters** (vrij) vaak, (vrij) dikwijls, herhaaldelijk, meermalen; **'oftmals** dikwijls, vaak, herhaaldelijk

OHG *Offene Handelsgesellschaft*

'ohne ‹*vz* (+ 4)› 1 zonder; buiten; 2 *es ist nicht ganz* ~ er is wel wat van aan; *das ist nicht ~!* dat is niet gek!

ohne'dem, ohne'dies buitendien, zonder dat, toch al; **ohne'gleichen** zonder weerga, weergaloos

ohne'hin toch al, toch

'Ohnmacht ‹*die;* -, *-en*› 1 machteloosheid, onmacht; 2 flauwte, bewusteloosheid; **'ohnmächtig** 1 machteloos; 2 bewusteloos, buiten kennis; ~ *werden* bewusteloos worden, flauw vallen

o'ho! oho! *klein aber ~!* klein maar dapper!

Ohr ‹*das; -(e)s, -en*› 1 oor; *ganz ~ sein* een en al oor zijn; (*die ~en*) *aufknöpfen* openzetten; *einen an od. bei den ~en nehmen* iem bij zijn oren pakken; *sich aufs ~ legen* gaan slapen; *tauben ~en predigen* voor dovemans oren praten; *schreib dir das hinter die ~en!* knoop dat in je oor!; *einen hinter die ~en schlagen* iem om zijn oren geven; 2 (*einen*) *übers ~ hauen* iem bedriegen; *sich die Nacht um die ~en schlagen* niet naar bed gaan; *halte die ~en steif!* hou je taai!

Öhr ‹*das; -(e)s, -e*› 1 oog (*van naald*); 2 oor (*van kan e.d.*), hengsel

'Ohren... oor...; **'Ohrenarzt** ‹*der; -es, -ë*› oorarts; KNO-arts; **'ohrenbetäubend** oorverdovend; **'Ohrenentzündung** ‹*die;* -, *-en*› oorontsteking; **'Ohrenschmalz** ‹*das; -es, geen mv*› oorsmeer; **'Ohrenschmaus** ‹*der; -es, geen mv*› genot, streling voor het oor; **'Ohrenschmerzen** ‹*mv*› oorpijn; **'Ohrenschützer, -wärmer** ‹*mv*› oorwarmers

'Ohrfeige ‹*die;* -, *-n*› oorveeg, -vijg; **'ohrfeigen** ‹*h*› *einen* ~ iem om de oren slaan; *ich könnte mich ~!* ik kan me wel voor mijn kop slaan!; **'Ohrläppchen** ‹*das; -s,* -› oorlelletje; **'Ohrmuschel** ‹*die;* -, *-n*› oorschelp; **'Ohrring** ‹*der; -(e)s, -e*› oorring, oorbel

ok'kult occult, geheim, verborgen; **Okkul'tismus** ‹*der;* -, *geen mv*› occultisme

Ökolo'gie ‹*die;* -, *geen mv*› ecologie

Öko'nom ‹*der; -en, -en*› econoom; **Ökonome'trie** ‹*die;* -, *geen mv*› econometrie; **Ökono'mie** ‹*die;* -, *-n*› 1 economie; 2 zuinigheid; **öko'nomisch** 1 economisch; 2 zuinig

Ok'tanzahl ‹*die;* -, *-en*› octaangetal

Ok'tober ‹*der; -(s),* -› oktober

öku'menisch oecumenisch

Öl ‹*das; -(e)s, -e*› olie; (~) *wechseln* verversen; **'Ölbaum** ‹*der; -(e)s, -ë*› olijfboom; **'Ölbehälter** ‹*der; -s,* -› olievat; olietank, -reservoir; **'Ölbild** ‹*das; -(e)s, -er*› olieverfschilderij; **'Öldruck** ‹*der; -(e)s, geen mv*› oliedruk; **'ölen** ‹*h*› oliën, smeren; **'Ölerzeugung** ‹*die;* -, *-en*› olieproduktie; **'Ölfarbe** ‹*die;* -, *-n*› olieverf; **'Ölfaß** ‹*das; -fasses, -fässer*› olievat; **'Ölfeuerung** ‹*die;* -, *geen mv*› oliestook; **'Ölfleck** ‹*der; -(e)s , -en*› olievlek; **'Ölförderung** ‹*die;* -, *geen mv*› oliewinning; **'Ölgemälde** ‹*das; -s,* -› olieverfschilderij; **'Ölgesellschaft** ‹*die;* -, *-en*› oliemaatschappij; **'ölhaltig** oliehoudend; **'Ölheizung** ‹*die;* -, *-en*› oliestookinrichting; **'ölig** 1 olieachtig; 2 vettig; 3 zalvend

Oligo'pol ‹*das; -s, -e*› oligopolie

O'live ‹*die;* -, *-n*› olijf; **O'livenöl** ‹*das; -(e)s, -e*› olijfolie; **o'livgrün** olijfgroen

'Ölkrise ‹*die;* -, *-n*› oliecrisis; **'Ölleitung** ‹*die;* -, *-en*› olie(pijp)leiding; **'Ölmalerei** ‹*die;* -, *geen mv*› olieverfschilderij; **'Ölmeßstab** ‹*der; -(e)s, -ë*› oliepeilstok; **'Ölpest** ‹*die;* -, *geen mv*› olievervuiling, -ramp; **'Ölquelle** ‹*die;* -, *-n*› oliebron; **'Ölsardine** ‹*die;* -, *-n*› sardine in blik; **'Ölstand** ‹*der; -(e)s, -ë*› oliepeil; **'Öltank** ‹*der; -(e)s, -s of -e*› oliereservoir; **'Öltanker** ‹*der; -s,* -› olietanker; **'Ölung** ‹*die;* -, *-en*› het oliën, zalving; **'ölverschmutzt** door olie vervuild; **'Ölvorkommen** ‹*das; -s,* -› vindplaats van olie, olievoorraad; **'Ölwanne** ‹*die;* -, *-n*› (*techn*) carter; **'Ölwechsel** ‹*der; -s,* -› (*techn*) het olie verversen

Olympi'ade ‹*die;* -, *-n*› 1 olympiade; 2 Olympische Spelen; **O'lympiasieger** ‹*der; -s,* -› Olympisch kampioen; **o'lympisch** olympisch; *Olympische Spiele* Olympische Spelen

'Ölzweig ‹*der; -(e)s, -e*› olijftak

'Oma ‹*die;* -, *-s*› oma

Ome'lett ‹*das; -(e)s, -e en -s*› omelet

'Omen ‹*das; -s, Omina*› omen, voorteken

omi'nös omineus, onheilspellend

'Omnibus ‹*der; -ses, -se*› (auto)bus

'Onkel ‹*der; -s, -(s)*› 1 oom; 2 mijnheer; man

OP (*afk*) ‹*der; -(s), -(s)*› *Operationssaal*

'Opa ‹*der; -s, -s*› opa

'Oper ‹*die;* -, *-n*› opera

Opera'teur ‹*der; -s, -e*› chirurg

Operati'on ‹*die;* -, *-en*› operatie; **Operati'onssaal** ‹*der; -(e)s, -säle*› operatiekamer, OK; **Operati'onstisch** ‹*der; -(e)s, -e*› operatietafel; **opera'tiv** operatief; **ope'rieren** ‹*h*› opereren

'Opernglas ‹*das; -es, -ër*› toneelkijker; **'Opernhaus** ‹*das; -es, -ër*› operagebouw; **'Opernsänger** ‹*der; -s,* -› operazanger; **'Opernsängerin** ‹*die;* -, *-nen*› operazangeres

'Opfer ‹*das; -s,* -› 1 offer; 2 slachtoffer; **'opferbereit** bereid tot offers; **'Opferbereitschaft** ‹*die;* -, *geen mv*› bereidheid offers te brengen;

'opfern ‹*h*› offeren; opofferen; **'Opferschale** ‹*die; -, -n*› offerschaal; **'Opferstock** ‹*der; -(e)s, -ë*› offerblok; **'opferwillig** offervaardig
'Opium ‹*das; -s, geen mv*› opium; **'Opiumraucher** ‹*der; -s, -*› opiumschuiver
oppor'tun opportuun; **Opportu'nismus** ‹*der; -, geen mv*› opportunisme
Oppositi'on ‹*die; -, -en*› oppositie; **Oppositi'onsführer** ‹*der; -s, -*› oppositieleider; **Oppositi'onspartei** ‹*die; -, -en*› oppositiepartij
op'tieren ‹*h*› opteren, kiezen, besluiten
'Optik ‹*die; -, -en*› 1 optiek (*lett en fig*); 2 optica; **'Optiker** ‹*der; -s, -*› opticien
opti'mal optimaal
Opti'mismus ‹*der; -, geen mv*› optimisme; **Opti'mist** ‹*der; -en, -en*› optimist; **opti'mistisch** optimistisch
Opti'on ‹*die; -, -en*› optie
'optisch optisch; ~*e Täuschung* gezichtsbedrog
'Opus ‹*das; -, Opera*› opus, werk
O'rakel ‹*das; -s, -*› orakel; **o'rakeln** ‹*h*› orakelen, in orakeltaal spreken
o'ral mondeling; mond...
O'range ‹*die; -, -n*› sinaasappel; **o'range** ‹*bn*› oranje(kleurig); **o'range(n)farben, o'range(n)farbig** oranjekleurig; **O'rangensaft** ‹*der; -(e)s, -ë*› sinaasappelsap, jus d'orange
'Orang-'Utan ‹*der; -s, -s*› orang-oetan(g)
Ora'torium ‹*das; -s, Oratorien*› oratorium
Or'chester ‹*das; -s, -*› orkest
Orchi'dee ‹*die; -, -n*› orchidee
'Orden ‹*der; -s, -*› 1 (klooster-, ridder- enz.) orde; 2 onderscheiding; medaille, lintje; **'Ordensband** ‹*das; -(e)s, -ër*› ordelint; **'Ordensbruder** ‹*der; -s, -̈*› ordebroeder; monnik; **'Ordenskleid** ‹*das; -(e)s, -er*› ordekleed; **'Ordensschwester** ‹*die; -, -n*› kloosterlinge, non; **'Ordenstracht** ‹*die; -, -en*› ordekleed
'ordentlich 1 ordelijk; netjes; 2 ordelievend; 3 keurig, netjes; fatsoenlijk; 4 stevig, flink; behoorlijk; 5 goed; 6 gewoon
'Order ‹*die; -, -n*› order (*div bet*)
'ordern ‹*h*› (*handel*) bestellen
Ordi'nalzahl ‹*die; -, -en*› rangtelwoord
ordi'när 1 ordinair; 2 gewoon
Ordi'narius ‹*der; -, Ordinarien*› gewoon hoogleraar
'ordnen ‹*h*› 1 ordenen; 2 (*kwesties, zaken enz*) regelen; 3 *sich* ~ zich opstellen; **'Ordner** ‹*der; -s, -*› 1 ordner; 2 lid van de ordedienst; 3 suppoost (*in stadion*); **'Ordnung** ‹*die; -, -en*› 1 orde (*div bet*); (*das*) *geht* (*in* ~) komt; *alles in bester* ~*!* alles prima in orde!; *der* ~ *wegen* voor de goede orde; 2 ordening, volgorde; 3 het ordenen, het regelen; 4 systeem, stelsel; 5 *der ist in* ~*!* die is OK! een prima vent! *das finde ich* (*ganz*) *in* ~ dat vind ik prima; **'ordnungsgemäß** zoals voorgeschreven, reglementair; **'ordnungshalber** voor de goede orde; **'Ordnungshüter** ‹*der; -s, -*› (*iron*) ordebewaarder; politieman; **'ordnungsliebend** ordelievend; **'Ordnungsmaßnahme** ‹*die; -, -n*› ordemaatregel; **'Ordnungspolizei** ‹*die; -, geen mv*› geüniformeerde politie; **'Ordnungsstrafe** ‹*die; -, -n*› disciplinaire straf; **'ordnungswidrig** onreglementair; in strijd met de bepalingen; **'Ordnungswidrigkeit** ‹*die; -, -en*› (*jur*) overtreding; **'Ordnungszahl** ‹*die; -, -en*› rangtelwoord
Ordon'nanz ‹*die; -, -en*› (*mil*) ordonnans
Or'gan ‹*das; -s, -e*› orgaan
Organisati'on ‹*die; -, -en*› organisatie; **Orga'ni'sator** ‹*der; -s, -en*› organisator; **organisa'torisch** organisatorisch
or'ganisch organisch
organi'sieren ‹*h*› 1 organiseren; 2 (*volkstaal*) organiseren, gappen; **organi'siert** (*Belg*) gesyndikeerd
Orga'nismus ‹*der; -, Organismen*› organisme
Orga'nist ‹*der; -en, -en*› organist
Or'ganspende-Erklärung ‹*die; -, -en*› donorcodicil; **Or'ganspender** ‹*der; -s, -s*› (orgaan)-donor
Or'gasmus ‹*der; -, Orgasmen*› orgasme
'Orgel ‹*die; -, -n*› orgel; **'Orgelmusik** ‹*die; -, geen mv*› orgelmuziek; **'orgeln** ‹*h*› orgel spelen; **'Orgelspiel** ‹*das; -(e)s, geen mv*› orgelspel
Orien'tale ‹*der; -n, -n*› oosterling
orien'tieren ‹*h*› oriënteren; *sich* ~ zich oriënteren; *links orientiert* links georiënteerd; **Orien'tierung** ‹*die; -, -en*› 1 oriëntatie; 2 oriëntering; **Orien'tierungsjahr** ‹*das; -(e)s, -e*› (*Belg*) observatiejaar; **Orien'tierungssinn** ‹*der; -(e)s, -e*› oriënteringsvermogen; **Orien'tierungsstufe** ‹*die; -, -n*› brugjaar, -periode
origi'nal 1 origineel; oorspronkelijk; 2 zonderling; **Origi'nal** ‹*das; -s, -e*› 1 het origineel; 2 zonderling; **Origi'nalausgabe** ‹*die; -, -en*› originele uitgave; **origi'nalgetreu** natuurgetrouw; **Originali'tät** ‹*die; -, -en*› originaliteit; **origi'nell** origineel
Or'kan ‹*der; -(e)s, -e*› orkaan
Or'nat ‹*der; -(e)s, -e*› ornaat, ambtsdracht
Ornitho'loge ‹*der; -n, -n*› ornitholoog
Ort ‹*der; -(e)s, -e*› 1 plaats; dorp, oord, stad; 2 plaats, plek; *am richtigen* ~ op de juiste plaats; *an* ~ *und Stelle* ter plaatse; *vor* ~ ter plaatse; *fehl am* ~ misplaatst; **'Örtchen** ‹*das; -s, -*› W.C., toilet
'orten ‹*h*› 1 peilen; 2 (*luchtv, scheepv*) koers en positie bepalen; 3 de juiste plaats bepalen
Orthogra'phie ‹*die; -, -n*› orthografie, spelling
Ortho'päde ‹*der; -n, -n*› (*med*) orthopedist, orthopeed
'örtlich plaatselijk; ~ *verschieden* van plaats tot plaats verschillend; **'Örtlichkeit** ‹*die; -, -en*› plaatselijke toestand
Orts... plaats..., plaatselijk(e); **'Ortsangabe** ‹*die; -, -n*› opgave van plaats; **'ortsansässig** ter plaatse gevestigd, daar wonend; **'Ortsausgang** ‹*der; -(e)s, -ë*› einde van de bebouwde kom; **'Ortsbestimmung** ‹*die; -, -en*› plaatsbepaling; **'Ortschaft** ‹*die; -, -en*› plaats(je),

dorp; *geschlossene* ~ bebouwde kom; '**ortsfest** vast, niet verplaatsbaar; '**Ortsgespräch** ‹*das;* -(*e*)*s,* -*e*› (*telec*) lokaal gesprek; '**ortskundig** ter plaatse bekend; '**Ortsname** ‹*der;* -*ns,* -*n*› plaatsnaam; '**Ortsnetz** ‹*das;* -(*e*)*s,* -*e*› plaatselijk net; '**Ortsnetzkennzahl** ‹*die;* -, -*en*› (*telec*) netnummer; '**Ortsteil** ‹*der;* -(*e*)*s,* -*e*› gedeelte van een plaats; '**ortsüblich** ter plaatse gebruikelijk; '**Ortsverkehr** ‹*der;* -*s, geen mv*› lokaal verkeer

'**Ortung** ‹*die;* -, -*en*› peiling enz.; vgl *orten*

'**Ost'asien** ‹*das;* -*s, geen mv*› Oost-Azië; '**Ostblock** ‹*der;* -(*e*)*s, geen mv*› oostblok; **Osten** ‹*der;* -*s, geen mv*› 1 het oosten; *der Mittlere* ~ het Midden-Oosten, (*ook*) het Nabije Oosten; *der Nahe* ~ het Nabije Oosten, (*ook*) het Midden-Oosten; *der Ferne* ~ het Verre Oosten; 2 het oostblok

'**Osterei** ‹*das;* -(*e*)*s,* -*er*› paasei; '**Osterferien** ‹*mv*› paasvakantie; '**Osterfest** ‹*das;* -(*e*)*s,* -*e*› paasfeest; '**österlich** paas ...; '**Ostermontag** ‹*der;* -(*e*)*s, geen mv*› Paasmaandag, Tweede Paasdag; '**Ostern** ‹*das;* -, - *of mv*› Pasen; *zu* ~ met Pasen

'**Österreich** ‹*das;* -*s, geen mv*› Oostenrijk; '**Österreicher** ‹*der;* -*s,* -› Oostenrijker; '**österreichisch** Oostenrijks

Oster'sonntag ‹*der;* -(*e*)*s, geen mv*› Paaszondag, Eerste paasdag

'**Ostflüchtling** ‹*der;* -(*e*)*s,* -*e*› vluchteling uit het oostblok; '**Ostgebiete** ‹*mv*› gebied ten oosten van de Oder-Neissegrens

'**östlich** I ‹*bn*› oostelijk; ooster ...; II ‹*vz* (+ 2)› ten oosten van

'**Ostmark** ‹*die;* -, -*en*› Oostduitse mark; '**Ostpolitik** ‹*die;* -, *geen mv*› politiek t.o.v. de oostbloklanden; '**Ostpreußen** ‹*das;* -*s, geen mv*› Oost-Pruisen

Östro'gen ‹*das;* -*s,* -*e*› oestrogeen

'**Ostsee** ‹*die,* -, *geen mv*› Oostzee; '**Ostwind** ‹*der;* -(*e*)*s,* -*e*› oostenwind

'**Otter** I ‹*der;* -*s,* -› otter; II ‹*die;* -, -*n*› adder

'**out** uit

'**Outfit** ‹*das;* -(*s*), -*s*› outfit

'**Output** ‹*der en o;* -*s,* -*s*› 1 output, produktie; 2 (*computer*) output

o'val ovaal; **O'val** ‹*das;* -*s,* -*e*› het ovaal

Ovati'on ‹*die;* -, -*en*› ovatie

Ovulati'on ‹*die;* -, -*en*› ovulatie

O'xid, O'xyd ‹*das;* -(*e*)*s,* -*e*› oxyde, zuurstofverbinding

Oxydati'on ‹*die;* -, -*en*› oxydatie; **oxy'dieren** ‹*h*› oxyderen

'**Ozean** ‹*der;* -*s,* -*e*› oceaan; '**Ozeandampfer** ‹*der;* -*s,* -› oceaanboot; **Oze'anien** ‹*das;* -, *geen mv*› (*aardr*) Oceanië

O'zon ‹*der of das;* -*s, geen mv*› ozon; **O'zonloch** ‹*das;* -(*e*)*s, geen mv*› gat in de ozonlaag; **O'zonschicht** ‹*die;* -, -*en*› ozonlaag

Ppp

p.A. *per Adresse* per adres, (*afk* p.a.)

Paar ‹*das;* -(*e*)*s,* -*e*› paar; *ein* ~ *Socken, Schuhe usw.* (*lett*); *das junge* ~ (*lett*)

paar paar, enkele

'**paaren** ‹*h*› 1 laten paren (*dieren*); 2 (*etwas mit etwas*) ~ (*fig*) verbinden; 3 *sich* ~ zich paren; 4 (*etwas*) *paart sich mit* ... gaat gepaard met ...

'**paarig** gepaard, bijeenbehorend

'**Paarlauf** ‹*der;* -(*e*)*s, geen mv*› (*sp*) het kunstrijden voor paren

'**paarmal**: *ein* ~ een paar maal, een paar keer

'**Paarung** ‹*die;* -, -*en*› paring

'**paarweise** paarsgewijze, per paar

Pacht ‹*die;* -, -*en*› pacht; '**pachten** ‹*h*› pachten; (*fig*) *etwas für sich gepachtet haben* in pacht hebben; '**Pächter** ‹*der;* -*s,* -› pachter, huurder; '**Pachthof** ‹*der;* -(*e*)*s,* -*ë*› pachthoeve, -goed; '**Pachtzins** ‹*der;* -*es,* -*en*› pacht(prijs)

Pack I ‹*der;* -(*e*)*s,* -*e of* -*ë*› pak, bundel; *mit Sack und* ~ met pak en zak; II ‹*das;* -(*e*)*s, geen mv*› gepeupel, gespuis; '**Päckchen** ‹*das;* -*s,* -› 1 pakje; 2 pakket(je)

'**Packeis** ‹*das;* -*es, geen mv*› pakijs

'**Packen** ‹*der;* -*s,* -› 1 pak; 2 pak, (grote) hoeveelheid

'**packen** ‹*h*› 1 pakken, grijpen; 2 pakken; aangrijpen; ontroeren; 3 (*Kleider in den Koffer usw.*) ~ pakken; *seine Sachen* ~ z'n spullen (in)pakken; 4 (*in Papier usw.*) ~ verpakken; 5 (*den Koffer usw.*) ~ inpakken; 6 (*den Bus usw. gerade noch*) ~ halen, pakken; ***sich*** ~: *pack dich!* maak, dat je wegkomt!; '**packend** (*fig*) pakkend, boeiend; '**Packer** ‹*der;* -*s,* -› inpakker, emballeur; '**Packesel** ‹*der;* -*s,* -› pakezel (*lett en fig*); '**Packkiste** ‹*die;* -, -*n*› pakkist; '**Packpapier** ‹*das;* -*s,* -*e*› pakpapier; '**Packung** ‹*die;* -, -*en*› 1 pakje; 2 verpakking; 3 (*techn*) pakking; 4 (*med*) kompres; '**Packzettel** ‹*der;* -*s,* -› (*handel*) pakbon

Päda'goge ‹*der;* -*n,* -*n*› pedagoog; **Päda'gogik** ‹*die;* -, *geen mv*› pedagogie; **päda'gogisch** pedagogisch; ~*e Hochschule* pedagogische academie

'**Paddel** ‹*das;* -*s,* -› peddel; '**Paddelboot** ‹*das;* -(*e*)*s,* -*e*› kano; '**paddeln** ‹*h*› 1 peddelen; 2 op zijn hondjes zwemmen

'**paffen** ‹*h*› paffen, roken

'**Page** ‹*der;* -*n,* -*n*› 1 (*hist*) page; 2 piccolo

pah! ba!

Pa'ket ‹*das;* -(*e*)*s,* -*e*› pakket, pakje; **Pa'ketannahme** ‹*die;* -, *geen mv*› pakketpost (*verzen-*

ding); **Pa'ketausgabe** ‹*die; -, geen mv*› pakketpost (*ontvangst*)

Pakt ‹*der; -(e)s, -e*› pact, verdrag; **pak'tieren** ‹*h*› 1 een verdrag sluiten; 2 (*met de vijand*) heulen, collaboreren

Pa'lais ‹*das; -, -*› paleis

Pa'last ‹*der; -(e)s, -ë*› paleis

Palä'stina ‹*das; -s, geen mv*› Palestina; **Palästi'nenser** ‹*der; -s, -*› Palestijn

Pa'laver ‹*das; -s, -*› eindeloos gepraat; eindeloze onderhandelingen

Pa'lette ‹*die; -, -n*› 1 palet; 2 pallet, laadbord; 3 scala, spectrum, range

Pali'sade ‹*die; -, -n*› palissade

'Palmbaum ‹*der; -(e)s, -ë*› palmboom; **'Palme** ‹*die; -, -n*› 1 (*plantk*) palm; palmboom; 2 (*einen*) *auf die ~ bringen* woedend maken; **'Palmöl** ‹*das; -(e)s, -e*› palmolie

'Pampelmuse ‹*die; -, -n*› grapefruit, pompelmoes

Pam'phlet ‹*das; -(e)s, -e*› pamflet

'Panflöte ‹*die; -, -n*› pan(s)fluit

pa'nieren ‹*h*› paneren; **Pa'niermehl** ‹*das; -(e)s, -e*› paneermeel

'Panik ‹*die; -, geen mv*› paniek; **'panisch** panisch

'Panne ‹*die; -, -n*› 1 panne, pech; 2 storing; 3 fout; mislukking; **'Pannendienst** ‹*der; -(e)s, -e*› (*Belg*) pechdienst

'panschen ‹*h*› 1 (*wijn*) verdunnen, (*melk*) met water verdunnen; 2 (*in het water*) poedelen, plassen

'Pansen ‹*der; -s, -*› pens

'Panther ‹*der; -s, -*› (*dierk*) panter

Pan'toffel ‹*der; -s, -n*› pantoffel; (*fig*) *den ~ schwingen* de broek aan hebben, de baas zijn; *unterm ~ stehen* onder de pantoffel zitten

'Panzer ‹*der; -s, -*› 1 tank; 2 pantser; 3 harnas; 4 pantsering; **'Panzerabwehrkanone** ‹*die; -, -n*› antitankkanon; **'Panzerabwehrrakete** ‹*die; -, -n*› antitankraket; **'Panzerangriff** ‹*der; -(e)s, -e*› tankaanval; **'Panzerdivision** ‹*die; -, -en*› (*Belg*) lansiers; **'Panzerfaust** ‹*die; -, -ë*› (*mil*) pantservuist; **'Panzerglas** ‹*das; -es, geen mv*› kogelvrij glas; **'panzern** ‹*h*› pantseren; **'Panzerplatte** ‹*die; -, -n*› pantserplaat; **'Panzerschrank** ‹*der; -(e)s, -ë*› brandkast; **'Panzersperre** ‹*die; -, -n*› tankversperring; **'Panzerung** ‹*die; -, -en*› pantsering

Papa'gei ‹*der; -s en -en, -e en -en*› papegaai

'Papi ‹*der; -s, -s*› pappie

Pa'pier ‹*das; -s, -e*› 1 papier; *zu ~ bringen* op papier zetten; 2 stuk; acte; document; 3 ‹*mv*› papieren (*div bet*); 4 (*handel*) *~e* fondsen; **pa'pieren** 1 papieren; 2 *~e Sprache* boekentaal; *~er Stil* onnatuurlijke stijl; **Pa'piergeld** ‹*das; -(e)s, geen mv*› papieren geld; **Pa'piergeschäft** ‹*das; -(e)s, -e*› papierhandel, -zaak; **Pa'pierkorb** ‹*der; -(e)s, -ë*› prullenmand; (*Prospekte usw.*) *wandern* (*in den ~*) gaan; **Pa'pierkram** ‹*der; -(e)s, geen mv*› (*fig*) papierwinkel; **Papierma'ché** ‹*das; -s, geen mv*› papier-maché; **Pa'pierschlange** ‹*die; -, -n*› serpentine; **Pa'pierschnipsel** ‹*das; -s, -*›, **Pa'pierschnitzel** ‹*das; -s, -*› snipper (*papier*); **Pa'pierserviette** ‹*die; -, -n*› papieren servetje; **Pa'pierstreifen** ‹*der; -s, -*› strook papier; **Pa'piertaschentuch** ‹*das; -(e)s, -ër*› papieren zakdoek(je)

'Pappbecher ‹*der; -s, -*› papieren beker; **'Pappdeckel** ‹*der; -s, -*› 1 karton; 2 kartonnen band; **'Pappe** ‹*die; -, -n*› 1 karton; 2 pap, brij; 3 plaksel; 4 (*das ist*) *nicht von ~* niet mis, heel goed

'Pappel ‹*die; -, -n*› populier

'päppeln ‹*h*› eten geven, voeren

'pappen ‹*h*› plakken

'Pappenstiel ‹*der*› (*das ist keinen*) ~ (*wert*) cent, sikkepit; (*für einen*) ~ (*kaufen*) prikje; (*das ist kein*) ~ kleinigheid

'pappig pappig, brijig

'Pappmaché ‹*das; -s, geen mv*› papier-maché; **'Pappschachtel** ‹*die; -, -n*› kartonnen doos

Papst ‹*der; -(e)s, -ë*› paus; **'päpstlich** pauselijk; *~er* (*sein als der Papst*) roomser

Pa'rabel ‹*die; -, -n*› 1 parabel, gelijkenis; 2 (*meetk*) parabool

Pa'rade ‹*die; -, -n*› 1 parade; 2 het afweren, het pareren (*van aanval*); 3 (*sp*) save, redding (*door doelman*); **Pa'radebeispiel** ‹*das; -(e)s, -e*› schoolvoorbeeld; **Pa'radepferd** ‹*das; -(e)s, -e*› (*lett en fig*) paradepaard; **para'dieren** ‹*h*› (*lett en fig*) paraderen

Para'dies ‹*das; -es, -e*› paradijs (*alle bet*); **para'diesisch** paradijselijk

para'dox paradoxaal, (schijnbaar) tegenstrijdig

Paraf'fin ‹*das; -s, -e*› paraffine

Para'graph ‹*der; -en, -en*› 1 paragraaf; 2 artikel (*van wet*); **Para'graphenreiter** ‹*der; -s, -*› ambtenaar die zich letterlijk aan de voorschriften houdt

paral'lel parallel, evenwijdig; (~) *mit od. zu etwas* met; **Paral'lele** ‹*die; -, -n*› parallel (*alle bet*); **Parallelo'gramm** ‹*das; -s, -e*› parallellogram; **Paral'lelstraße** ‹*die; -, -n*› parallelstraat, -weg

parano'id paranoïde

'Paranuß ‹*die; -, -nüsse*› paranoot

para'phieren ‹*h*› paraferen

Para'phrase ‹*die; -, -n*› parafrase, omschrijving; **paraphra'sieren** ‹*h*› parafraseren

Para'sit ‹*der; -en, -en*› parasiet (*ook fig*)

pa'rat paraat

'Paratyphus ‹*der; -s, geen mv*› paratyfus

'Pärchen ‹*das; -s, -*› paartje

Par'füm ‹*das; -s, -e en -s*› parfum; **Parfüme'rie** ‹*die; -, -n*› 1 parfumerie(zaak); 2 parfumeriebedrijf, -fabriek; **parfü'mieren** ‹*h*› parfumeren

'Paria ‹*der; -s, -s*› paria, verstoteling

pa'rieren ‹*h*› 1 pareren; 2 (*een paard*) laten stilstaan; 3 onvoorwaardelijk gehoorzamen

Pa'ris Parijs; **Pa'riser** I ‹*der; -s, -*› 1 Parijzenaar; 2 condoom; II ‹*bn*› Parijs; **Pa'riserin** ‹*die; -, -nen*› Parijse, Parisienne

Pari'tät ‹*die; -, geen mv*› pariteit, gelijkheid; **pari'tätisch** paritair, op voet van gelijkheid

Park ‹*der; -s, -e en -s*› park (*div bet*); **'Park-and-'ride-Parkplatz** ‹*der; -(e)s, -ë*› (*Belg*) overstapparking; **'Parkanlage** ‹*die; -, -n*› park, plantsoen; **'parken** ‹*h*› parkeren

Par'kett ‹*das; -(e)s, -e*› parket (*div bet*); **Par'kett(fuß)boden** ‹*der; -s, -̈*› parketvloer

'Parkgebühr ‹*die; -, -en*› parkeertarief; **'Park(hoch)haus** ‹*das; -es, -ër*› parkeergarage; **'Parkleuchte** ‹*die; -, -n*› parkeerlicht; **'Parklücke** ‹*die; -, -n*› parkeerruimte (*tussen twee auto's*); **'Parkplatz** ‹*der; -(e)s, -ë*› 1 parkeerplaats, -terrein; 2 parkeerplaats; **'Parkscheibe** ‹*die; -, -n*› parkeerschijf; **'Parkschein** ‹*der; -(e)s, -e*› parkeerbon; **'Parkstreifen** ‹*der; -s, -*› parkeerstrook; **'Parkuhr** ‹*die; -, -en*› parkeermeter

Parla'ment ‹*das; -(e)s, -e*› parlement; **Parlamen'tarier** ‹*der; -s, -*› parlementariër; **parlamen'tarisch** parlementair; **Parla'mentsferien** ‹*mv*› (kamer)reces; **Parla'mentsmitglied** ‹*das; -(e)s, -er*› parlementslid

paro'dieren ‹*h*› parodiëren

Pa'role ‹*die; -, -n*› 1 parool, leus; 2 wachtwoord

Part ‹*der; -s, -e en -s*› 1 aandeel; portie; 2 (*muz*) stem, partij, (*theat*) rol

Par'tei ‹*die; -, -en*› 1 partij (*div bet*); *für od. gegen einen ~ ergreifen, nehmen* voor of tegen iem partij kiezen; 2 *~en* huurders, gezinnen; **Par'teichef** ‹*der; -s, -s*› partijleider; **Par'teifreund** ‹*der; -(e)s, -e*› partijgenoot; **Par'teiführer** ‹*der; -s, -*› partijleider; **Par'teigänger** ‹*der; -s, -*› partijganger; **par'teiisch** partijdig; **par'teilich** partijdig, van de partij; **Par'teilinie** ‹*die; -, -n*› partijlijn; **par'teilos** neutraal; tot geen partij behorend; **par'teimäßig** volgens de beginselen van de partij; **Par'teimitglied** ‹*das; -(e)s, -er*› partijlid; **Par'teitag** ‹*der; -(e)s, -e*› partijcongres; **par'teitreu** trouw aan de partij

Par'terre ‹*das; -s, -s*› parterre; **Par'terrewohnung** ‹*die; -, -en*› benedenhuis

Par'tie ‹*die; -, -n*› 1 partij (*div bet*); 2 deel, gedeelte; 3 (*theat*) rol

Par'tikel ‹*die; -, -n*› 1 (*gramm*) partikel; 2 deeltje, partikel

Parti'san ‹*der; -s en -en, -en*› partizaan

Parti'tur ‹*die; -, -en*› partituur

Parti'zip ‹*das; -s, -ien*› participium, deelwoord; *erstes ~* tegenwoordig deelwoord; *zweites ~* verleden deelwoord

Partizipati'on ‹*die; -, -en*› participatie; **partizi'pieren** ‹*h*› participeren, deelnemen

'Partner ‹*der; -s, -*› partner (*alle bet*); **'Partnerin** ‹*die; -, -nen*› vrouwelijke partner; **'Partnerschaft** ‹*die; -, -en*› partnership; **'Partnerstadt** ‹*die; -, -ë*› (*Belg*) zusterstad

'Party ‹*die; -, -s en Parties*› party, partijtje

Par'zelle ‹*die; -, -n*› perceel (*grond*)

Pas ‹*der; -, -*› (dans)pas, stap

Paß ‹*der; Passes, 'Pässe*› 1 pas (*div bet*); 2 pas(poort); 3 (*sp*) pass; **'Paßabfertigung** ‹*die; -, geen mv*› pas(poort)controle

Pas'sage ‹*die; -, -n*› passage (*div bet*); **Passa'gier** ‹*der; -s, -e*› passagier; *blinder ~* blinde passagier, verstekeling; **Passa'gierdampfer** ‹*der; -s, -*› passagiersboot

Pas'sant ‹*der; -en, -en*› passant

Pas'satwind ‹*der; -(e)s, -e*› passaat(wind)

'Paßbild ‹*das; -(e)s, -er*› pasfoto

'passen ‹*h*› 1 passen (*alle bet*); *~ zu* passen bij; 2 (*er*) *paßt* (*uns nicht*) bevalt; 3 (*sp*) passen, een pass geven; 4 schikken, gelegen komen; 5 *das paßt nicht hierher* dat hoort hier niet; *das könnte dir so ~!* dat zou je wel willen!; *das paßt ihm nicht in den Kram* dat komt niet in zijn kraam te pas; **sich** *~: das paßt sich nicht* dat hoort niet; **'passend** 1 passend; 2 gepast; **'Paßform** ‹*die; -, -en*› pasvorm; **'Paßhöhe** ‹*die; -, -n*› pashoogte

pas'sieren ‹*h en s*› 1 passeren; 2 gebeuren; 3 (*einem*) overkomen; 4 zeven (*spijzen*); **Pas'sierschein** ‹*der; -(e)s, -e*› doorlaatpasje; **Pas'sierschlag** ‹*der; -(e)s, -ë*› (*sp*) passeerslag

Passi'on ‹*die; -, -en*› passie (*alle bet*); **passio'niert** gepassioneerd, hartstochtelijk; **Passi'onsspiel** ‹*das; -(e)s, -e*› passiespel; **Passi'onszeit** ‹*die; -, -en*› passietijd

'passiv, pas'siv ‹*bn*› passief; *~er Widerstand* lijdelijk verzet; **'Passiv** ‹*das; -s, -e*› (*gramm*) passief, lijdende vorm

Pas'siva, Pas'siven ‹*mv*› passiva, schulden

Passivi'tät ‹*die; -, geen mv*› passiviteit

'Paßkontrolle ‹*die; -, -n*› pascontrole; **'Paßstraße** ‹*die; -, -n*› weg over een pas

'Passus ‹*der; -, -*› passus, passage

'Paßwort ‹*der; -(e)s, -ër*› wachtwoord

'Paste ‹*die; -, -n*› pasta

Pa'stell ‹*das; -(e)s, -e*› pastel(tekening), schilderij

Pa'stete ‹*die; -, -n*› 1 pastei; pasteitje; 2 pâté

pasteuri'sieren ‹*h*› pasteuriseren

'Pastor, Pa'stor ‹*der; -s, Pas'toren*› 1 dominee, predikant; 2 pastoor; **pasto'ral** pastoraal, herderlijk

'Pate ‹*der; -n, -n*› 1 peetoom; 2 petekind; **'Patenkind** ‹*das; -(e)s, -er*› petekind

Pa'tent ‹*das; -(e)s, -e*› 1 patent, octrooi; *etwas zum ~ anmelden* voor iets octrooi aanvragen; 2 benoemingsakte; bevoegdheid

pa'tent ‹*bn*› 1 patent, zeer goed; 2 keurig, aardig; flink

Pa'tentamt ‹*das; -(e)s, -ër*› octrooiraad; **pa'tentamtlich**: *~ geschützt* wettig gedeponeerd; **paten'tieren** ‹*h*› octrooieren; **Pa'tentinhaber** ‹*der; -s, -*› octrooihouder

Pater'noster I ‹*das; -s, -*› paternoster, onzevader; II ‹*der; -s, -*› paternoster (*lift*)

Patho'loge ‹*der; -n, -n*› patholoog

'Pathos ‹*das; -, geen mv*› pathos

Pa'tient ‹*der; -en, -en*› patiënt; **Pa'tientin** ‹*die; -, -nen*› patiënte

'Patin ‹*die; -, -nen*› peettante

patriar'chalisch patriarchaal

Patri'ot ‹*der; -en, -en*› patriot; **Patrio'tismus** ‹*der; -, geen mv*› patriottisme

Pa'tron ‹*der; -s, -e*› **1** patroon (*div bet*), beschermheilige; **2** (*volkstaal*) kerel; **Patro'nat** ‹*das; -(e)s, -e*› patronaat

Pa'trone ‹*die; -, -n*› patroon

Pa'tronengurt ‹*der; -(e)s, -e*› patroonriem, -gordel; **Pa'tronenhülse** ‹*die; -, -n*› patroonhuls; **Pa'tronentasche** ‹*die; -, -n*› patroontas

patrouil'lieren ‹*h*› patrouilleren

patsch! pats! klets!; **'Patsche** ‹*die; -, -n*› **1** hand, handje; **2** *in der ~ sein, sitzen od. stekken* in de knoei zitten; **'patschen** ‹*h*› **1** slaan, patsen; **2** poedelen, plassen (*in het water*); **'patsch(e)'naß** kletsnat

patt pat (*in het schaakspel*); **Patt** ‹*das; -s, -s*› pat, patstelling

'patzen ‹*h*› knoeien; **'Patzer** ‹*der; -s, -*› **1** knoeier, prutser; **2** fout(je)

'patzig onbeschoft

'Pauke ‹*die; -, -n*› **1** pauk; **2** *mit ~n und Trompeten durchfallen* zakken als een baksteen; (*einen*) *mit ~en und Trompeten* (*empfangen*) met veel bombarie; *auf die ~ hauen: a*) (*fig*) de bloemetjes buiten zetten; *b*) opscheppen, pochen; *c*) zich inspannen; **'pauken** ‹*h*› **1** op de pauken slaan; **2** blokken; **3** schermen; **4** (*auf dem Klavier*) ~ beuken; **'Pauker** ‹*der; -s, -*› **1** paukenist; **2** schoolmeester, -frik; **3** blokker

pau'schal alles bij elkaar genomen; globaal; **Pau'schale** ‹*das; -s, -*› som, bedrag ineens; **Pau'schalgebühr** ‹*die; -, -en*› vast bedrag, bedrag ineens; **Pau'schalpreis** ‹*der; -(e)s, -e*› **1** all-in prijs; **2** vooraf berekende prijs; **Pau'schalreise** ‹*die; -, -n*› all-in reis; **Pau'schalsumme** ‹*die; -, -n*› som, bedrag ineens

'Pause ‹*die; -, -n*› **1** pauze; **2** (*sp*) rust; **3** calque, doorgetrokken tekening; **'pausenlos** onafgebroken; **'Pausenstand** ‹*der; -(e)s, -ë*› (*sp*) ruststand; **pau'sieren** ‹*h*› pauzeren

'Pavian ‹*der; -s, -e*› baviaan

'Pavillon ‹*der; -s, -s*› paviljoen

Pa'zifik ‹*der; -s*› Stille Oceaan, Stille Zuidzee; **pa'zifisch**: *P~er Ozean*, zie *Pazifik*; **Pazi'fismus** ‹*der; -, geen mv*› pacifisme; **Pazi'fist** ‹*der; -en, -en*› pacifist; **pazi'fistisch** pacifistisch

PC (*afk*) ‹*der; -(s), -(s)*› *Perconalcomputer*, PC

Pech ‹*das; -(e)s, -e*› **1** pech; *~ haben* pech hebben; **2** pek, pik; **'pech'raben'schwarz**, **'pech'schwarz** pikzwart; **'Pechsträhne** ‹*die*› *in e.r ~ sein, eine ~ haben* voortdurend pech hebben; **'Pechvogel** ‹*der; -s, -̈*› pech-, ongeluksvogel

Pe'dal ‹*das; -s, -e*› pedaal

Pe'dant ‹*der; -en, -en*› pedant; pietluttige kerel; **Pedante'rie** ‹*die; -, -n*› pietluttig gedoe; **pe'dantisch** overdreven precies, pietluttig

Pedi'küre ‹*die; -, -n*› pedicure

'Pegel ‹*der; -s, -*› **1** peil; **2** peilschaal; **'Pegelstand** ‹*der; -(e)s, -ë*› waterstand

'peilen ‹*h*› peilen; **'Peilstock** ‹*der; -(e)s, -̈e*› peilstok; **'Peilung** ‹*die; -, -en*› peiling

Pein ‹*die; -, geen mv*› kwelling; pijn, smart; **'peinigen** ‹*h*› kwellen; pijnigen; **'Peiniger** ‹*der; -s, -*› kwelgeest; pijniger; **'Peinigung** ‹*die; -, -en*› pijniging; kwelling; **'peinlich** **1** (*fig*) pijnlijk; **2** ~ (*genau usw.*) uiterst, angstvallig

'Peitsche ‹*die; -, -n*› zweep; **'peitschen** ‹*h*› **1** zwepen, slaan; **2** (*schot*) knallen; **'Peitschenhieb** ‹*der; -(e)s, -e*› zweepslag

Peki'nese ‹*der; -n, -n*› pekinees (*hond*)

'Pelikan, Peli'kan ‹*der; -s, -e*› pelikaan

'Pelle ‹*die; -, -n*› **1** schil; **2** vel (*van worst*); **3** *einem auf die ~ rücken* (*fig*) op z'n lip gaan zitten; *einem auf der ~ liegen, sitzen* iem (voortdurend) lastig vallen; *einem nicht von der ~ gehen* iem blijven lastig vallen; **'pellen** ‹*h*› **1** pellen; **2** schille; **'Pellkartoffeln** ‹*mv*› in de schil gekookte aardappelen

Pelo'ton ‹*das; -s, -s*› (*sp*) peloton

Pelz ‹*der; -es, -e*› **1** pels, vacht; **2** bont; **3** bontmantel; **4** (*volkstaal*) huid, vel; **5** (*einem*) *auf den ~ rücken* iem ergens mee lastig vallen; **'Pelzfutter** ‹*das; -s, -*› bontvoering; **'pelzig** **1** pelsachtig, harig; **2** dik beslagen (*van de tong*); **3** droog, vezelig; **'Pelzjacke** ‹*die; -, -n*› bontjasje; **'Pelzmantel** ‹*der; -s, -̈*› bontjas

'Pendel ‹*das; -s, -*› slinger; **'Pendelbetrieb** ‹*der; -(e)s, -e*› pendeldienst; **'pendeln** ‹*h*› **1** slingeren, schommelen, bungelen; **2** slenteren; **3** (*zwischen zwei Orten*) ~ pendelen; **'Pendelverkehr** ‹*der; -(e)s, geen mv*› **1** pendeldienst; **2** pendelverkeer; **'Pendler** ‹*der; -s, -*› pendelaar; forens

pene'trant **1** penetrant, doordringend; **2** opdringerig

pe'nibel **1** zeer nauwkeurig; **2** penibel

'Penis ‹*der; -, -se*› penis

'Pennbruder ‹*der; -s, -̈*› landloper, zwerver

'Penne ‹*die; -, -n*› (*schooltaal*) v.w.o.-school

'pennen ‹*h*› maffen, slapen; **'Penner** ‹*der; -s, -*› landloper, zwerver

Pensi'on ‹*die; -, -en*› **1** pensioen; *in ~* (*gehen usw.*) met pensioen; **2** pension (*alle bet*); **Pensio'när** ‹*der; -s, -e*› **1** gepensioneerde; **2** pensiongast; **Pensio'nat** ‹*das; -(e)s, -e*› pensionaat, kostschool; **pensio'nieren** ‹*h*› pensioneren; **pensio'niert** (*Belg*) oprustgesteld; **Pensio'nierung** ‹*die; -, -en*› pensionering; (*Belg*) opruststelling; **Pensi'onsalter** ‹*das; -s, -*› pensioengerechtigde leeftijd; **pensi'onsberechtigt** pensioengerechtigd; **Pensi'onspreis** ‹*der; -(e)s, -e*› pensionprijs

'Pensum ‹*das; -s, Pensen en Pensa*› **1** hoeveelheid te verrichten werk, taak, portie; **2** hoeveelheid leerstof die in een bepaalde tijd behandeld of bestudeerd moet worden

'Pepmittel ‹*das; -s, -*› pepmiddel

per per; ~ *Kasse* à contant; ~ *Fuß* te voet
'Perfekt ‹*das; -(e)s, -e*› (*gramm*) perfectum, voltooid tegenwoordige tijd
per'fekt ‹*bn*› 1 perfect, volmaakt; 2 (*contract, koop, verkoop e.d.*) rond; gesloten; 3 bezegeld, een feit, definitief
Perfekti'on ‹*die; -, geen mv*› perfectie; **Perfektio'nist** ‹*der; -en, -en*› perfectionist
Perforati'on ‹*die; -, -en*› perforatie; **perfo'rieren** ‹*h*› perforeren, doorboren
Perga'ment ‹*das; -(e)s, -e*› perkament
Peri'ode ‹*die; -, -n*› 1 periode; 2 menstruatie
Periphe'rie ‹*die; -, -n*› periferie
Peri'skop ‹*das; -s, -e*› periscoop
Perkussi'on ‹*die; -, -en*› (*med*) percussie, beklopping
'Perle ‹*die; -, -n*› 1 parel (*lett en fig*); 2 kraal; 3 (ronde) capsule; 4 *~n vor die Säue werfen* paarlen voor de zwijnen gooien; **'perlen** ‹*h*› parelen (*alle bet*); **'perl(en)förmig** parelvormig; **'Perlenschnur** ‹*die; -, -en*› parelsnoer; **'Perlhuhn** ‹*das; -(e)s, -ër*› parelhoen; **'Perlmut** ‹*das; -s, geen mv*›, **'Perlmutter** ‹*die; - of n; -s, geen mv*› parelmoer; **'Perlwein** ‹*der; -(e)s, -e*› mousserende wijn; **'perlweiß** parelwit; **'Perlzwiebel** ‹*die; -, -n*› zilveruitje
Permutati'on ‹*die; -, -en*› permutatie
'Perser ‹*der; -s, -*› 1 Pers; 2 pers (*Perzisch tapijt*); **'Perserteppich** ‹*der; -s, -e*› Perzisch tapijt
Persi'flage ‹*die; -, -n*› persiflage
Per'son ‹*die; -, -en*› 1 persoon; *juristische ~* rechtspersoon; 2 personage; 3 (*volkstaal*) het mens; 4 (*eine hübsche, reizende usw.*) ~ vrouw; meisje; 5 *ich für meine ~* ik voor mij
Perso'nal ‹*das; -s, geen mv*› personeel; **Perso'nalabteilung** ‹*die; -, -en*› afdeling personeelszaken; **Perso'nalakte** ‹*die; -, -n*› conduitestaat; **Perso'nalausweis** ‹*der; -(e)s, -e*› legitimatie-, persoons-, identiteitsbewijs; (*Belg*) identiteitskaart; **Perso'nalbeschreibung** ‹*die; -, -en*› signalement; **Perso'nalbestand** ‹*der; -(e)s, -ë*› personeelssterkte; **Perso'nalcomputer** ‹*der; -s, -*› personal computer; **Perso'naleinsparung** ‹*die; -, -en*› personeelsinkrimping
Perso'nalien ‹*mv*› personalia
Perso'nalpronomen ‹*das; -s, - of -pronomina*› persoonlijk voornaamwoord
Per'son(en)beschreibung ‹*die; -, -en*› 1 persoonsbeschrijving; 2 (*jur*) signalement; **Per'sonenbeförderung** ‹*die; -, geen mv*› passagiersvervoer; **Per'sonendampfer** ‹*der; -s, -*› passagiersboot; **Per'sonenkennzahl** ‹*die; -, -en*› (*Belg*) codenummer; **Per'sonenkraftwagen** ‹*der; -s, -*› personenauto; **Per'sonenkult** ‹*der; -(e)s, -e*› persoonsverheerlijking; **Per'sonenname** ‹*der; -ns, -n*› persoonsnaam; **Per'sonenstandsregister** ‹*das; -s, -*› register van de burgerlijke stand, bevolkingsregister; **Per'sonenverkehr** ‹*der; -s, geen mv*› reizigersverkeer; **Per'sonenwaage** ‹*die; -, -n*› personenweegschaal; **Per'sonenwagen** ‹*der; -s, -*› 1 personenauto; 2 personenrijtuig (*trein*); **Per'sonenzug** ‹*der; -(e)s, -ë*› stoptrein
personifi'zieren ‹*h*› personifiëren
per'sönlich persoonlijk; (*Belg*) persoonsgebonden; **Per'sönlichkeit** ‹*die; -, -en*› 1 persoonlijkheid; 2 persoon
Perspek'tive ‹*die; -, -n*› perspectief
Pe'rücke ‹*die; -, -n*› pruik
per'vers pervers
Pessi'mismus ‹*der; -s, geen mv*› pessimisme; **Pessi'mist** ‹*der; -en, -en*› pessimist
Pest ‹*die; -, geen mv*› pest (*lett en fig*)
'Peter ‹*der; -s, -*› Peter, Pieter, Piet; *dummer ~* domoor, stommeling; *langweiliger ~* saaie Piet
Peter'silie ‹*die; -, geen mv*› peterselie
Pe'troleum ‹*das; -s, geen mv*› petroleum
Pe'tunie ‹*die; -, -n*› petunia
'petzen ‹*h*› (ver)klikken, verraden; **'Petzer** ‹*der; -s, -*› verklikker, klikspaan
Pfad ‹*der; -(e)s, -e*› pad; **'Pfadfinder** ‹*der; -s, -*› padvinder
'Pfaffe ‹*der; -n, -n*› (*min*) paap, priester
Pfahl ‹*der; -(e)s, -ë*› 1 paal; 2 staak, stijl; **'Pfahlbau** ‹*der; -(e)s, -ten*› paalwoning; **'pfählen** ‹*h*› 1 heien; 2 stutten
Pfalz ‹*die; -, -en*› 1 palts, slot; 2 *die ~* de Palts
Pfand ‹*das; -(e)s, -ër*› 1 (onder)pand; 2 statiegeld; **'Pfandbrief** ‹*der; -(e)s, -e*› pandbrief; **'pfänden** ‹*h*› beslag leggen op; **'Pfandleiher** ‹*der; -s, -*› pandjesbaas; **'Pfändung** ‹*die; -, -en*› beslaglegging
'Pfanne ‹*die; -, -n*› pan (*div bet*); (*einen*) *in die ~ hauen* in de pan hakken; **'Pfannkuchen** ‹*der; -s, -*› pannekoek
'Pfarramt ‹*das; -(e)s, -ër*› pastorie; **'Pfarrbezirk** ‹*der; -(e)s, -e*› parochie, kerspel; **Pfar'rei** ‹*die; -, -en*› parochie; **'Pfarrer** ‹*der; -s, -*› 1 dominee; 2 pastoor; **'Pfarrhaus** ‹*das; -(e)s, -̈er*› pastorie; **'Pfarrkirche** ‹*die; -, -n*› parochiekerk
Pfau ‹*der; -(e)s, -en*› pauw
'Pfeffer ‹*der; -s, -*› peper; **'Pfefferkorn** ‹*das; -(e)s, -ër*› peperkorrel; **'Pfefferkuchen** ‹*der; -s, -*› peperkoek; **'Pfefferminz** ‹*das; -es, -e*› 1 pepermunt; 2 pepermuntje; **'pfeffern** ‹*h*› 1 peperen; 2 gooien, smijten; **'Pfeffernuß** ‹*die; -, -nüsse*› pepernoot
'Pfeife ‹*die; -, -n*› 1 pijp; 2 fluit; **'pfeifen** ‹*st.h; i-i*› 1 fluiten; 2 piepen (*van muizen*); 3 doorslaan ('bekennen'); 4 ~ *auf* (+ 4) ~ maling of lak aan iets hebben; *ich werde dir was ~!* je kunt me wat!; **'Pfeifenkopf** ‹*der; -(e)s, -̈e*› pijpekop; **'Pfeifentabak** ‹*der; -s, -e*› pijptabak; **'Pfeifer** ‹*der; -s, -*› 1 (*muz*) pijper; 2 fluiter; **'Pfeifkessel** ‹*der; -s, -*› fluitketel; **'Pfeifkonzert** ‹*das; -(e)s, -e*› fluitconcert
Pfeil ‹*der; -(e)s, -*› pijl; **'Pfeiler** ‹*der; -s, -*› pijler; pilaar, stijl; **'Pfeilspitze** ‹*die; -, -n*› pijlpunt
'Pfennig ‹*der; -s, -e*› 1 pfennig (0,01 mark); 2

cent; (*sie müssen*) *mit jedem* ~ *rechnen* iedere cent omkeren

'**pferchen** ‹*h*› (*mensen, vee*) ergens in persen

Pferd ‹*das; -(e)s, -e*› 1 paard (*ook sp*); (*das beste* ~) *im* (*Stall*) van; *das* ~ *am, beim Schwanz aufzäumen* de paarden achter de wagen spannen; 2 *mit ihm kann man* ~*e stehlen* hij is overal voor te vinden; *ihn gehen die* ~*e durch* hij raakt buiten zichzelf; '**Pferdeapfel** ‹*der; -s, -̈*› paardevijg; '**Pferderennbahn** ‹*die; -, -en*› renbaan; '**Pferderennen** ‹*das; -s, -*› (*sp*) draverij, harddraverij; '**Pferde schwanz** ‹*der; -es, -ë*› paardestaart; '**Pferdestall** ‹*der; -(e)s, -ë*› paardestal; '**Pferdestärke** ‹*die; -, -n*› paardekracht (pk); '**Pferdezucht** ‹*die; -, -en*› paardenfokkerij; '**Pferdsprung** ‹*der; -(e)s, -ë*› (*sp*) paardsprong

Pfiff ‹*der; -(e)s, -e*› 1 fluittoon, gefluit, fluitje; 2 kunstje, kneep, list; 3 snufje; afwerking; chic tintje, 'wat het moet zijn'; '**Pfifferling** ‹*der; -s, -e*› 1 (*plantk*) cantharel, dooierzwam; 2 *keinen* ~ geen zier; '**pfiffig** slim, leep

'**Pfingsten** ‹*das; -s, -*› ‹*dieaak mv*› Pinksteren; '**Pfingstferien** ‹*mv*› pinkstervakantie; '**Pfingstmontag** ‹*der; -s, -e*› Tweede Pinksterdag; '**Pfingstrose** ‹*die; -, -n*› (*plantk*) pioen

'**Pfirsich** ‹*der; -(e)s, -e*› perzik (*vrucht en boom*)

'**Pflanze** ‹*die; -, -n*› 1 plant; 2 (*fig*) figuur, tante; '**pflanzen** ‹*h*› planten; '**Pflanzenfett** ‹*das; -(e)s, -e*› plantaardig vet; '**Pflanzenfresser** ‹*der; -s, -*› planteneter; '**Pflanzengift** ‹*das; -(e)s, -e*› plantegif; '**Pflanzenkunde** ‹*die; -, geen mv*› plantkunde; '**Pflanzenwuchs** ‹*der; -es, geen mv*› plantegroei; '**Pflanzer** ‹*der; -s, -*› planter; '**Pflanzgut** ‹*das; -(e)s, geen mv*› plant-, pootgoed; '**Pflanzkartoffel** ‹*die; -, -n*› pootaardappel; '**pflanzlich** plantaardig; '**Pflänzling** ‹*der; -s, -e*› stek, loot, pootplant

'**Pflaster** ‹*das; -s, -*› 1 pleister (*lett en fig*); 2 plaveisel; wegdek; bestrating; 3 (*ein teures*) ~ stad; 4 *das* ~ (*wurde ihm zu heiß unter den Füßen*) de grond; '**pflastern** ‹*h*› 1 pleisters doen op; 2 bestraten, plaveien; '**Pflasterstein** ‹*der; -(e)s, -e*› straatsteen; '**Pflasterung** ‹*die; -, -en*› 1 plaveisel; 2 bestrating

'**Pflaume** ‹*die; -, -n*› 1 pruim; 2 (*volkstaal*) vent van niks; '**Pflaumenkuchen** ‹*der; -s, -*› pruimentaart; '**Pflaumenmus** ‹*das; -es, geen mv*› pruimenmoes

'**Pflege** ‹*die; -, geen mv*› 1 verpleging; 2 verzorging; 3 onderhoud; 4 beoefening (*kunst, wetenschap*); '**Pflegebedürftige(r)** ‹*bn als zn*› hulpbehoevende; '**Pflegeeltern** ‹*mv*› pleegouders; '**Pflegeheim** ‹*das; -(e)s, -e*› verpleeghuis; '**Pflegekind** ‹*das; -(e)s, -er*› pleegkind; '**pflegeleicht** weinig onderhoud vragend, makkelijk in onderhoud; '**Pflegemutter** ‹*die; -, -̈*› pleegmoeder; '**pflegen I** ‹*zw.h*› 1 verplegen; 2 verzorgen; 3 onderhouden; 4 plegen, gewoon zijn; 5 beoefenen; doen aan (*muziek, kunst, wetenschap*); 6 (*betrekkingen, contact, relatie enz*) onderhouden; in stand houden; 7 *Freundschaft* ~ bevriend zijn (met); *Umgang* ~ omgaan (met); **II** ‹*st.h; o-o*› *Rats* ~ beraadslagen; *der Ruhe* ~ rusten; '**Pflegepersonal** ‹*das; -s, geen mv*› verplegend personeel; '**Pfleger** ‹*der; -s, -*› 1 verpleger; 2 verzorger; 3 beheerder, bewindvoerder; '**Pflegerin** ‹*die; -, -nen*› 1 verpleegster; 2 verzorgster; '**Pflegesohn** ‹*der; -(e)s, -̈e*› pleegzoon; '**Pflegetochter** ‹*die; -, -̈*› pleegdochter; '**Pflegevater** ‹*der; -s, -̈*› pleegvader; '**Pflegling** ‹*der; -s, -e*› 1 pleegkind; 2 (*jur*) voogdijkind

Pflicht ‹*die; -, -en*› 1 plicht; 2 (*scheepv*) plecht; 3 verplichte figuren (*bij kunstrijden*); '**pflichtbewußt** met plichtsbesef; '**Pflichtbewußtsein** ‹*das; -s, geen mv*› plichtsbesef; '**Pflichterfüllung** ‹*die; -, geen mv*› plichtsbetrachting; '**Pflichtfach** ‹*das; -(e)s, -ër*› verplicht vak; '**pflichtgemäß** plichtmatig, overeenkomstig zijn (mijn enz.) plicht; '**pflichtgetreu** plicht(s)getrouw; '**Pflichtlaufen** ‹*das; -s, geen mv*› (*sp*) verplichte figuren bij het kunstrijden op de schaats; '**Pflichtlektüre** ‹*die; -, -n*› verplichte lektuu; '**pflichtmäßig** plichtmatig; '**Pflichtübung** ‹*die; -, -en*› verplichte oefening; '**Pflichtverletzung** ‹*die; -, -en*› plichtsverzuim; '**Pflichtversicherte(r)** ‹*bn als zn*› verplicht verzekerde; '**Pflichtversicherung** ‹*die; -, -en*› verplichte verzekering; '**Pflichtverteidiger** ‹*der; -s, -*› (*jur*) toegevoegd raadsman

Pflock ‹*der; -(e)s, -ë*› 1 (houten) pin; 2 paaltje; 3 *einen* ~ *zurückstecken* een toontje lager zingen

'**pflöcken** ‹*h*› vastpinnen

'**pflücken** ‹*h*› plukken

Pflug ‹*der; -(e)s, -ë*› ploeg; '**pflügen** ‹*h*› 1 ploegen; 2 klieven (*de golven*); '**Pflugschar** ‹*die; -, -en*› ploegschaar

'**Pforte** ‹*die; -, -n*› 1 poort; 2 deur, ingang

'**Pförtner** ‹*der; -s, -*› portier (*ook voor maag*)

'**Pfosten** ‹*der; -s, -*› 1 post, stijl; 2 (*sp*) paal; '**Pfostenschuß** ‹*der; -schusses, -schüsse*› schot tegen de paal

'**Pfötchen** ‹*das; -s, -*› pootje

'**Pfote** ‹*die; -, -n*› poot (*lett en volkst*)

'**Pfriemen** ‹*der; -s, -*› priem, els

'**Pfropfen** ‹*der; -s, -*› kurk; stop; prop; '**pfropfen** ‹*h*› 1 ~ *in* proppen in; 2 (*fles*) kurken; 3 (*bomen*) enten

Pfuhl ‹*der; -(e)s, -e*› poel (*lett en fig*)

pfui! foei! bah!; ~ *Teufel!* alle duivels!

Pfund ‹*das; -(e)s, -e*› pond; '**Pfundskerl** ‹*der; -(e)s, -e*› reuzekerel, prima kerel; '**pfundweise** 1 per pond; 2 bij ponden tegelijk

Pfusch ‹*der; -(e)s, geen mv*› knoeiwerk; '**pfuschen** ‹*h*› knoeien, beunhazen; *einem ins Handwerk* ~: *a*) in een anders vak beunhazen; *b*) onder iems duiven schieten; '**Pfuscher** ‹*der; -s, -*› knoeier, beunhaas; '**Pfuscherarbeit** ‹*die; -, geen mv*› knoeiwerk, geknoei; **Pfusche'rei** ‹*die; -, -en*› knoeiwerk, knoeierij

'Pfütze ‹*die; -, -n*› plas
Phäno'men ‹*das; -s, -e*› fenomeen, verschijnsel
Phanta'sie ‹*die; -, -n*› 1 fantasie; 2 (*med*) *~n* koortsdromen; drogbeelden; **phanta'sieren** ‹*h*› 1 fantaseren; 2 ijlen; **Phan'tast** ‹*der; -en, -en*› fantast; dromer; **phan'tastisch** fantastisch
Phan'tom ‹*das; -s, -e*› fantoom; schijn-, drogbeeld; **Phan'tombild** ‹*das; -(e)s, -er*› montagetekening
'Pharao ‹*der; -(s), Phara'onen*› farao
'Pharmaindustrie ‹*die; -, -n*› farmaceutische industrie; **Pharma'zeut** ‹*der; -en, -en*› farmaceut; **pharma'zeutisch** farmaceutisch; **Pharma'zie** ‹*die; -, geen mv*› farmacie, artsenijkunde
'Phase ‹*die; -, -n*› 1 fase; 2 schijngestalte
Philan'throp ‹*der; -en, -en*› filantroop; **philan'thropisch** filantropisch
Philate'lie ‹*die; -, geen mv*› filatelie; **Philate'list** ‹*der; -en, -en*› filatelist
Philharmo'nie ‹*die; -, -n*› filharmonisch orkest
Phi'lister ‹*der; -s, -*› filister, bekrompen iemand
Philo'loge ‹*der; -n, -n*› filoloog, taal- en letterkundige; **Philolo'gie** ‹*die; -, -n*› filologie; **philo'logisch** filologisch
Philo'soph ‹*der; -en, -en*› filosoof, wijsgeer; **Philoso'phie** ‹*die; -, -n*› filosofie, wijsbegeerte; **philoso'phieren** ‹*h*› filosoferen; **philo'sophisch** filosofisch
'Phlegma ‹*das; -s, geen mv*› flegma; **phleg'matisch** flegmatisch, flegmatiek
Pho'netik ‹*die; -, geen mv*› fonetiek; **pho'netisch** fonetisch
Phonolo'gie ‹*die; -, geen mv*› fonologie
Phos'phat ‹*das; -(e)s, -e*› fosfaat
'Phosphor ‹*der; -s, -e*› fosfor
'Photo *usw.* zie *Foto* enz.
'Phrase ‹*die; -, -n*› frase; nietszeggende woorden; **Phraseolo'gie** ‹*die; -, -n*› fraseologie
Phy'sik ‹*die; -, geen mv*› fysica, natuurkunde; **physi'kalisch** natuurkundig, fysisch; **'Physiker** ‹*der; -s, -*› fysicus, natuurkundige; **Phy'siklehrer** ‹*der; -s, -*› natuurkundeleraar
Physiogno'mie ‹*die; -, -n*› fysionomie
Physio'loge ‹*der; -n, -n*› fysioloog; **Physiolo'gie** ‹*die; -, geen mv*› fysiologie
Physiothera'peut ‹*der; -en, -en*› fysiotherapeut; **physiothera'peutisch** fysiotherapeutisch; **Physiothera'pie** ‹*die; -, geen mv*› fysiotherapie
'physisch 1 fysiek, lichamelijk; 2 natuurkundig
Pia'nistin ‹*die; -, -nen*› pianiste
'picheln ‹*h*› pimpelen
'Picke ‹*die; -, -n*› pikhouweel; **'Pickel** ‹*der; -s, -*› 1 pikhouweel; 2 pukkel, puist
'picken ‹*h*› pikken; oppikken
'Picknick ‹*das; -s, -e en -s*› picknick
'piekfein piekfijn
piep! piep!; *~ machen* piep doen, piep zeggen
Piep ‹*der; -s, -e*› *er hat einen ~* hij is niet goed snik; *keinen ~ mehr sagen* geen kik meer geven
'Piepen ‹*mv*› 1 (*volkstaal*) centen, geld; 2 (*hundert*) ~ mark
'piepen ‹*h*› 1 piepen; 2 *bei dir piept's wohl!* ben je niet goed snik?; (*das ist*) *zum Piepen* om te gillen
'piepsen zie *piepen*; **'Piepser** ‹*der; -s, -*› 1 (*techn*) pieper; 2 piep(toon)
'piesacken ‹*h*› plagen, treiteren, pesten
Pie'tät ‹*die; -, geen mv*› piëteit; **Pie'tismus** ‹*der; -, geen mv*› piëtisme
Pig'ment ‹*das; -(e)s, -e*› pigment, kleurstof
Pik I ‹*der; -s, -e en -s*› piek, bergspits; **II** ‹*das; -s, -s*› schoppen (*in het kaartspel*); **III** *einen ~ auf einen* (*haben*) de pik op iemand
'Pike ‹*die; -, -n*› 1 piek; 2 *von der ~ auf* (*dienen*) van onder op
'Pikkolo I ‹*der; -s, -s*› piccolo, leerling-kelner; **II** ‹*das; -s, -s*› piccolo fluit
'Pilger ‹*der; -s, -*› pelgrim; **'Pilgerfahrt** ‹*die; -, -en*› pelgrimstocht, bedevaart; **'pilgern** ‹*h en s*› 1 een bedevaart doen, een pelgrimstocht maken; 2 trekken, reizen
'Pille ‹*die; -, -n*› pil; (*die bittere ~*) *versüßen od. verzuckern* vergulden
Pi'lot ‹*der; -en, -e*› 1 piloot; 2 (*sp*) coureur; **Pi'lotgemeinde** ‹*die; -, -n*› (*Belg*) pilootgemeente; **Pi'lotprojekt** ‹*das; -(e)s, -e*› proefprojekt; **Pi'lotstudie** ‹*die; -, -n*› pilot-studie
Pils ‹*das; -, -*›, **Pils(e)ner** ‹*das; -s, -*› pils
Pilz ‹*der; -es, -e*› 1 paddestoel; zwam; 2 schimmel
'Pimmel ‹*der; -s, -*› (*volkstaal*) piemel, penis
PIN ‹*die; -, -s*› Pincode, PIN-code
'pingelig kleingeestig, bekrompen
'Pinguin ‹*der; -s, -e*› pinguïn
'Pinke ‹*die; -, geen mv*› (*volkstaal*) geld, poen
'Pinkel ‹*der; -s, -*› vent; *feiner ~: a*) grootdoener, opschepper; *b*) dandy, fat
'pinkeln ‹*h*› een plasje doen, wateren; **'Pinkelpause** ‹*die; -, -n*› sanitaire stop
'Pinke'pinke ‹*die; -, geen mv*› (*volkstaal*) geld, poen
'Pinne ‹*die; -, -n*› pin; **'pinnen** ‹*h*› (vast)pinnen
'Pinscher ‹*der; -s, -*› pincher (een hond)
'Pinsel ‹*der; -s, -*› 1 penseel; kwast; 2 onnozele hals, sul; 3 (*volkstaal*) piemel, penis; **Pinse'lei** ‹*die; -, -en*› geschilder, geklad; **'pinseln** ‹*h*› 1 penselen; 2 schilderen; 3 kladden
Pin'zette ‹*die; -, -n*› pincet
Pio'nier ‹*der; -s, -e*› 1 pionier (*lett en fig*); 2 *~e* (*ook*) genietroepen
'Pipeline ‹*die; -, -s*› pijpleiding
Pi'pi ‹*das*› *~ machen* een plasje doen
Pi'rat ‹*der; -en, -en*› piraat; **Pirate'rie** ‹*die; -, -n*› 1 kaping; 2 zeeroverij
Pirsch ‹*die; -, geen mv*› (sluip)jacht
'Pisse ‹*die; -, geen mv*› pis, zeik; **'pissen** ‹*h*› pissen

Pi'stazie ‹*die; -, -n*› pistache
'Piste ‹*die; -, -n*› 1 piste (*van circus*); 2 parcours, baan; (*skisport*) piste; 3 (*luchtv*) (start-, landings)baan
Pi'stole ‹*die; -, -n*› 1 pistool; 2 *wie aus der ~ geschossen* snel, zonder te aarzelen
'pitsch(e)'naß, 'pitsch(e)'patsch(e)'naß kletsnat
'Pizza ‹*die; -, -s en Pizzen*› pizza
Pkw, PKW ‹*der; -(s), -(s)*› *Personenkraftwagen* personenauto
pla'cieren ‹*h*› (*sich*) ~ (zich) plaatsen
'placken ‹*h*› *sich* ~ zich aftobben, zwoegen
Placke'rei ‹*die; -, -en*› gezwoeg
plä'dieren ‹*h*› pleiten; **Plä'doyer** ‹*das; -s, -s*› pleidooi
'Plage ‹*die; -, -n*› plaag, kwelling; **'plagen** ‹*h*› 1 plagen, kwellen; 2 *sich* ~ zich aftobben, zwoegen; 3 *sich* ~ *mit* (*ook*) veel last hebben van
Plagi'at ‹*das; -(e)s, -e*› plagiaat, letterdieverij
Pla'kat ‹*das; -(e)s, -e*› 1 plakkaat, aanplak-, reclamebiljet; 2 affiche; **Pla'katsäule** ‹*die; -, -n*› aanplakzuil
Pla'kette ‹*die; -, -n*› 1 plaquette; 2 badge
Plan ‹*der; -(e)s, -ë*› 1 plan; 2 ontwerp; 3 plattegrond; 4 veld, strijdperk; *auf den ~ treten* ten tonele verschijnen
'Plane ‹*die; -, -n*› 1 dekzeil; 2 wagenzeil
'planen ‹*h*› plannen maken of ontwerpen; plannen; **'Planer** ‹*der; -s, -*› 1 plannenmaker; 2 planoloog
Pla'net ‹*der; -en, -en*› planeet; **plane'tarisch** planetair; **Pla'netenbahn** ‹*die; -, -en*› planeetbaan; **Pla'netensystem** ‹*das; -(e)s, -e*› zonnestelsel
'plangemäß vgl *planmäßig*
pla'nieren ‹*h*› egaliseren, vlak maken
Pla'nierraupe ‹*die; -, -n*› bulldozer
'Planke ‹*die; -, -n*› 1 (dikke) plank; 2 schutting
'plänkeln ‹*h*› schermutselen
'planlos systeemloos, zonder bepaald plan; **'Planlosigkeit** ‹*die; -, geen mv*› stelsel-, systeemloosheid; **'planmäßig** 1 stelsel-, planmatig; 2 volgens plan; 3 volgens de dienstregeling
'Planschbecken ‹*das; -s, -*› het ondiepe (bassin), pierenbad; **'planschen** ‹*h*› plassen, poedelen (in water)
'Plansoll ‹*das; -(s), -(s)*› (*hist, DDR*) verplichte produktienorm
'Planstelle ‹*die; -, -n*› formatieplaats
Plan'tage ‹*die; -, -n*› plantage
'Planung ‹*die; -, -en*› 1 planning; 2 het ontwerpen
'Planwirtschaft ‹*die; -, -en*› geleide economie
'Planziel ‹*das; -(e)s, -e*› (*hist, DDR*) economische doelstelling, streefcijfer
Plappe'rei ‹*die; -, -en*› geklets, gewauwel; **'Plapperer** ‹*der; -s, -*› kletsmajoor, -meier; **'Plappermaul** ‹*das; -(e)s, -ër*› kletskous; **'plappern** ‹*h*› kletsen; **'Plappertasche** ‹*die; -, -n*› kletskous
'plärren ‹*h*› blèren, schreeuwen; janken
plastifi'zieren ‹*h*› plastificeren
1 'Plastik ‹*das; -s, geen mv*› plastic
2 'Plastik ‹*die; -, -en*› 1 plastiek: *a*) beeldhouwkunst; *b*) kunstvoorwerp; 2 beeldende kracht; 3 (*med*) plastische operatie
'Plastikbombe ‹*die; -, -n*› plastic-, kneedbom; **'Plastikgeld** ‹*das; -(e)s, geen mv*› plastic geld (*credit cards e.d.*); **'Plastiktüte** ‹*die; -, -n*› plastic zak
'plastisch plastisch (*alle bet*)
Pla'tane ‹*die; -, -n*› (*plantk*) plataan
Pla'tin ‹*das; -s, geen mv*› platina; **pla'tinblond** platinablond
'platschen ‹*h*› 1 kletteren; 2 plassen, poedelen; **'plätschern** ‹*h*› 1 kabbelen (*van beek*); 2 klateren (*van bron*); 3 plassen, poedelen (*in water*)
platt 1 vlak; plat; 2 plat, lek (*band*); *einen Platten haben* een lekke band hebben; 3 ~ *sein* stomverbaasd zijn
Platt ‹*das; -(s), geen mv*› Platduits; **'plattdeutsch** Platduits; *das P~e* het Platduits
'Platte ‹*die; -, -n*› 1 plaat (*div bet*); 2 schotel (*met spijzen*); 3 blad (*van tafel*); 4 vlakte, plateau; 5 kale kop; 6 (*fig*) *immer dieselbe ~ ablaufen lassen* steeds hetzelfde (verhaal) vertellen; (*fig*) *eine neue ~ auflegen* over iets anders beginnen (te praten)
'plätten ‹*h*› strijken; persen
'Plattenspieler ‹*der; -s, -*› platenspeler
'Plattfisch ‹*der; -es, -e*› platvis; **'Plattform** ‹*die; -, -en*› 1 platvorm; 2 balkon (*van tram*); 3 basis, standpunt; **'Plattfuß** ‹*der; -es, -ë*› 1 platvoet; 2 (bijna) lege band
Platz ‹*der; -es, -ë*› 1 plaats (*alle bet*); *einem ~ machen* voor iem plaatsmaken; (*fig*) *fehl am ~* niet op zijn plaats; 2 plein; 3 (*sp*) veld, terrein; 4 ~ *behalten* blijven zitten; ~ *da!* opzij!; **'Platzanweiserin** ‹*die; -, -nen*› ouvreuse; **'Plätzchen** ‹*das; -s, -*› 1 plaatsje, plekje; 2 koekje; **'Platzdeckchen** ‹*das; -s, -*› placemat, placemat; **'platzen** ‹*h en s*› 1 barsten (*ook fig*); scheuren, knappen, springen, (*Reifen*) klappen; 2 ontploffen, exploderen; 3 niet doorgaan; 4 mislukken; 5 uitkomen, ontdekt worden; 6 *da platzte ihm der Kragen* toen was z'n geduld op; *einem ins Haus ~* onverwachts komen; **'Platzherren** ‹*mv*› (*sp*) thuisclub; **'Platzkarte** ‹*die; -, -n*› plaatskaartje; **'Platzmangel** ‹*der; -s, geen mv*› plaatsgebrek; **'Platzpatrone** ‹*die; -, -n*› losse flodder; **'Platzregen** ‹*der; -s, -*› plas-, stortregen; **'Platzverweis** ‹*der; -es, -e*› (*sp*) *einem ~ erteilen* iem het veld uit sturen; **'Platzwunde** ‹*die; -, -n*› door stomp geweld veroorzaakte wond
Plaude'rei ‹*die; -, -en*› praatje, causerie; **'Plauderer** ‹*der; -s, -*› 1 causeur, prater; 2 loslippig iemand; **'plauderhaft** kletserig, babbelziek; **'plaudern** ‹*h*› 1 babbelen, praten; 2 (*aus der Schule*) ~ klappen
pla'zieren ‹*h*› 1 (*sich*) ~ (zich) plaatsen; 2 (*sp*) (*bal, pass, schot*) plaatsen

'pleite bankroet, failliet

'Pleite ‹*die;* -, *-n*› 1 bankroet; ~ *machen* bankroet, failliet gaan; 2 fiasco, mislukking, flop

Ple'narsitzung ‹*die;* -, *-en*›, **Ple'narversammlung** ‹*die;* -, *-en*› plenaire, voltallige vergadering; **'Plenum** ‹*das; -s, geen mv*› plenum, voltallige vergadering

Pleo'nasmus ‹*der;* -, *pleonasmen*› (*tlk*) pleonasme

plis'sieren ‹*h*› plisseren

'Plombe ‹*die;* -, *-n*› 1 (tand-, kies)vulling; 2 loodje (*bij verzegeling*); **plom'bieren** ‹*h*› plomberen

'Plötze ‹*die;* -, *-n*› voorn

'plötzlich 1 plotseling; 2 vlug

plump 1 plomp; 2 lomp, onbehouwen, bot; 3 grof; **'Plumpheit** ‹*die;* -, *-en*› zie *plump*

'plumpsen ‹*h*› plompen, (neer)ploffen; plonzen

'Plunder ‹*der; -s, geen mv*› oude rommel

'Plünderer ‹*der; -s,* -› plunderaar; **'plündern** ‹*h*› plunderen; **'Plünderung** ‹*die;* -, *-en*› plundering

'Plural ‹*der; -s, -e*› pluralis, meervoud; **Plura'lismus** ‹*der; -s, geen mv*› pluralisme

Plus ‹*das;* -, *geen mv*› 1 plus; 2 overschot; 3 winst; 4 hoger(e) …; verhoging; toename

Plüsch ‹*der;* -(*e*)*s, -e*› pluche

'Pluspunkt ‹*der;* -(*e*)*s, -e*› pluspunt

'Plusquamperfekt ‹*das; -es, -e*› voltooid verleden tijd

Pneumo'nie ‹*die;* -, *-n*› longontsteking

Po ‹*der; -s, -s*› achterwerk, achterste, zitvlak; billen

'Pöbel ‹*der; -s, geen mv*› gepeupel, plebs

'pochen ‹*h*› 1 kloppen; slaan; 2 ~ *auf* (+ 4): *a*) pochen op; *b*) (*fig*) staan op

'Pocke ‹*die;* -, *-n*› pok; ~*n* pokken; **'pockennarbig** pokdalig, mottig

Po'dest ‹*das;* -(*e*)*s, -e*› 1 (trap)portaal, overloop; 2 verhoging, trede

'Podium ‹*das; -s, Podien*› podium; **'Podiumsdiskussion** ‹*die;* -, *-en*› het forum

Poe'sie ‹*die;* -, *-n*› poëzie; **Po'et** ‹*der; -en, -en*› poëet, dichter

Po'kal ‹*der; -s, -e*› bokaal, beker; **Po'kalspiel** ‹*das;* -(*e*)*s, -e*› (*sp*) bekerwedstrijd

'Pökel ‹*der; -s,* -› pekel; **'Pökelfleisch** ‹*das; -es, geen mv*› pekelvlees; **'pökeln** ‹*h*› pekelen, inpekelen

'Poker ‹*das; -s, geen mv*› poker

Pol ‹*der; -s, -e*› pool

po'lar polair, pool; **Po'lareis** ‹*das; -es, -er*› poolijs; **Po'largebiet** ‹*das;* -(*e*)*s, -e*› poolgebied

polari'sieren ‹*h*› polariseren; **Polari'sierung** ‹*die;* -, *-en*› polarisatie

Po'larkreis ‹*der; -es, -e*› poolcirkel; **Po'larlicht** ‹*das;* -(*e*)*s, geen mv*› noorderlicht; **Po'larstern** ‹*der;* -(*e*)*s, geen mv*› poolster

'Polder ‹*der; -s,* -› polder

'Pole ‹*der; -n, -n*› Pool

Po'lemik ‹*die;* -, *-en*› polemiek, pennestrijd; **polemi'sieren** ‹*h*› polemiseren; **Polemo'loge** ‹*der; -n, -n*› polemoloog

Po'lente ‹*die;* -, *geen mv*› politie; smerissen

Po'lice ‹*die;* -, *-n*› polis

po'lieren ‹*h*› 1 polijsten (*ook fig*); 2 (glimmend) wrijven; 3 poetsen

Poli'tik ‹*die;* -, *-en*› 1 politiek; 2 beleid; **Po'litiker** ‹*der; -s,* -› politicus; **po'litisch** politiek; **politi'sieren** ‹*h*› politiseren; **Polito'loge** ‹*der; -n, -n*› politicoloog

Poli'tur ‹*die;* -, *-en*› 1 politoer; 2 (*fig*) vernis, glans

Poli'zei ‹*die;* -, *geen mv*› 1 politie; 2 *er ist dümmer als die ~ erlaubt* hij is ongelooflijk dom; **Poli'zeiaktion** ‹*die;* -, *-en*› politiële actie; **Poli'zeiaufgebot** ‹*das;* -(*e*)*s, -e*› politiemacht; **Poli'zeibeamte(r)** ‹*bn als zn*› ambtenaar van politie; politieman; **Poli'zeichef** ‹*der; -s, -s*› hoofd van de politie; **Poli'zeidienststelle** ‹*die;* -, *-n*› politiebureau; **Poli'zeigewahrsam** ‹*der;* -(*e*)*s, geen mv*› *in* ~ in verzekerde bewaring; **poli'zeilich** politi(on)eel, van of vanwege de politie, politie…; ~ *gemeldet* bij de politie gemeld; **Poli'zeipräsidium** ‹*das; -s, -präsidien*› hoofdbureau van politie; **Poli'zeirevier** ‹*das; -s, -e*› 1 politiewijk, -district; 2 politiepost, -bureau; **Poli'zeischutz** ‹*der; -es, geen mv*› politiebescherming; **Poli'zeistreife** ‹*die;* -, *-n*› politiepatrouille; **Poli'zeistunde** ‹*die;* -, *geen mv*› sluitingsuur; **Poli'zist** ‹*der; -en, -en*› politieagent; **Poli'zistin** ‹*die;* -, *-nen*› politievrouw

'polnisch Pools

'Polohemd ‹*das;* -(*e*)*s, -en*›, **Poloshirt** ‹*das; -s, -s*› poloshirt

'Polster ‹*das* (*österr m*); *-s,* -› 1 bekleding (*van stoel, bank e.d.*); 2 kussen; 3 reserve; voorraad; **'Polsterer** ‹*der; -s,* -› stoffeerder; **'Polstermöbel** ‹*mv*› beklede meubelen; **'polstern** ‹*h*› 1 bekleden; 2 opvullen; 3 (*fig*) *gut gepolstert sein* veel geld hebben; **'Polsterung** ‹*die;* -, *-en*› 1 bekleding; 2 vulling

'Polterabend ‹*der; -s, -e*› avond voor de bruiloftsdag; **'Poltergeist** ‹*der;* -(*e*)*s, -er*› klopgeest; **'poltern** ‹*h*› 1 leven of spektakel maken; 2 stommelen; 3 bulderen, razen, tieren; 4 ratelen (*van wielen*); 5 donderen

Poly'ester ‹*der; -s,* -› polyester

Po'lyp ‹*der; -en, -en*› 1 poliep; 2 smeris

Po'made ‹*die;* -, *-n*› pommade

Pommes 'frites ‹*mv*› patates frites

Pomp ‹*der;* -(*e*)*s, geen mv*› pracht, praal

'Pompelmuse ‹*die;* -, *-n*› grapefruit

pom'pös pompeus

Pontifi'kat ‹*das; of der;* -(*e*)*s, -e*› (*r-k*) pontificaat

Pon'ton ‹*der; -s, -s*› ponton; **Pon'tonbrücke** ‹*die;* -, *-n*› ponton-, schipbrug

'Pony I ‹*das; -s, -s*› (*dierk*) pony; **II** ‹*der; -s, -s*› pony (*haar*)

'Popmusik ‹*die;* -, *geen mv*› popmuziek

Po'po ‹*der; -s, -s*› achterste, zitvlak
popu'lär populair; **Populari'tät** ‹*die; -, geen mv*› populariteit
'Pore ‹*die; -, -n*› porie
'Porno ‹*der; -s, -s*› pornofilm, -roman e.d.; **'Pornogra'phie** ‹*die; -, geen mv*› pornografie
po'rös poreus
Por'ree ‹*der; -s, -s*› prei
'Portable ‹*der en o; -s, -s*› portable, draagbare radio, televisie
Por'tal ‹*das; -s, -e*› portaal, hoofdingang
Portemon'naie ‹*das; -s, -s*› portemonnaie
Por'tier ‹*der; -s, -s*› portier
Porti'on ‹*die; -, -en*› 1 portie; 2 (*fig*) *halbe* ~ slappeling
'Porto ‹*das; -s, -s en Porti*› port(o); **'portofrei** vrij van port, franco
Por'trät ‹*das; -s, -s of das; -(e)s, -e*› portret; **porträ'tieren** ‹*h*› portretteren
Portu'giese ‹*der; -n, -n*› Portugees; **portu'giesisch** Portugees
'Portwein ‹*der; -(e)s, -e*› port (*een wijnsoort*)
Porzel'lan ‹*das; -s, -e*› porselein; **porzel'lanen** porseleinen
Po'saune ‹*die; -, -n*› 1 bazuin; 2 trombone; **po'saunen** ‹*h*› 1 bazuin blazen; 2 (*fig*) rond-, uitbazuinen
'Pose ‹*die; -, -n*› pose, houding
Positi'on ‹*die; -, -en*› 1 positie (*alle bet*); 2 (*handel*) post; 3 standpunt
'positiv, posi'tiv 1 positief; 2 zeker; **'Positiv, Posi'tiv** ‹*der; -s, -e*› (*gramm*) positief, stellende trap; **Positi'vismus** ‹*der; -, geen mv*› positivisme
'Posse ‹*die; -, -n*› klucht; **'Possen** ‹*der; -s, -*› streek, poets, grap; (*einem*) *einen* ~ *spielen* een poets bakken; ~ *reißen* grappen maken; **'Possenreißer** ‹*der; -s, -*› grappenmaker
Posses'sivpronomen ‹*das; -s, - en -pronomina*› bezittelijk voornaamwoord
pos'sierlich grappig, potsierlijk
Post ‹*die; -, -en*› 1 posterijen; 2 postkantoor; *auf* (*die* ~ *gehen*) naar; *auf die* ~ *tragen* naar het postkantoor brengen; 3 post; 4 *mit getrennter* ~ separaat; 5 *ab* (*geht*) *die* ~!: *a*) daar gaat ie!; *b*) vooruit!; **po'stalisch** postaal; **'Postamt** ‹*das; -(e)s, -ër*› postkantoor; **'Postamtsvorsteher** ‹*der; -s, -*› (*Belg*) postmeester; **'Postanweisung** ‹*die; -, -en*› postwissel; (*Belg*) postassignatie; **'Postbeamte(r)** ‹*der; -n, -n*› postbeambte; **'Postbote** ‹*der; -n, -n*› postbode
'Posten ‹*der; -s, -*› 1 post; wachtpost; ~ *stehen*: *a*) posten (*bij staking e.d.*); *b*) op post, op wacht staan; 2 betrekking; 3 partij (*waren*); 4 post (*van een rekening*); 5 positie; *auf verlorenem* ~ in verloren positie; 6 *auf dem* ~ gezond, fit
'Poster ‹*der of das; -s, -(s)*› poster
'Postfach ‹*das; -(e)s, -ër*› 1 postbus; 2 postvak(je); **'Postgebühr** ‹*die; -, -en*› porto
po'stieren ‹*h*› posteren, plaatsen
'Postkarte ‹*die; -, -n*› briefkaart; **'postlagernd** poste restante; **'Postleitzahl** ‹*die; -, -en*› postcode; **'Postpaket** ‹*das; -(e)s, -e*› postpakket; **'Postscheck** ‹*der; -s, -s*› postcheque; **'Postscheckkonto** ‹*das; -s, -s of -konten of -konti*› (post)girorekening; **'Postschließfach** ‹*das; -(e)s, -ër*› postbus; **'Postsparkasse** ‹*die; -, -n*› postspaarbank
postu'lieren ‹*h*› postuleren, vooropstellen
'postwendend per omgaande; **'Postwesen** ‹*das; -s, geen mv*› posterijen; **'Postzug** ‹*der; -(e)s, -ë*› posttrein; **'Postzustellung** ‹*die; -, -en*› postbestelling, het bezorgen (*van de post*)
po'tent 1 potent; 2 vermogend
Poten'tat ‹*der; -en, -en*› potentaat
Potenti'al ‹*das; -s, -e*› potentieel; **potenti'ell** potentieel, mogelijk
Po'tenz ‹*die; -, -en*› 1 potentie; 2 (*wisk*) macht
'Pottwal ‹*der; -(e)s, -e*› potvis
'potz Blitz!, 'potztausend! 1 drommels!; 2 sakkerloot!; 3 verdomme!
pous'sieren ‹*h*› ~ *mit* flirten, scharrelen met
Prä ‹*das; -s, geen mv*› pré, prae
Prä'ambel ‹*die; -, -n*› preambule
PR-Abteilung ‹*die; -, -en*› afdeling public relations, pr-afdeling
Pracht ‹*die; -, geen mv*› 1 pracht; staatsie, praal; 2 *das ist eine* (*wahre*) ~ (*ook*) geweldig, schitterend
'prächtig 1 prachtig; 2 prima; uitstekend; **'Prachtkerl** ‹*der; -s, -e en -s*› 1 prachtkerel; 2 pracht (*kind*); **'Prachtstück** ‹*das; -(e)s, -e*› prachtstuk, -exemplaar; **'prachtvoll** 1 prachtig; 2 prima; uitstekend
prädesti'niert gepredestineerd, voorbeschikt
Prädi'kat ‹*das; -(e)s, -e*› 1 predikaat; 2 (*gramm*) gezegde
Prä'fekt ‹*der; -en, -en*› prefect, districtshoofd
Prä'fix ‹*das; -es, -e*› (*gramm*) prefix, voorvoegsel
Prag ‹*das; -s*› Praag
'prägen ‹*h*› 1 (*munten*) slaan; 2 in-, afdrukken; 3 bepalen; 4 (*nieuwe woorden*) vormen; 5 *sich etwas ins Gedächtnis* ~ iets in zijn geheugen prenten
'Prager 1 ‹*mv*› Pragers; 2 ‹*bn*› Praags
prag'matisch pragmatisch
präg'nant pregnant, kernachtig; **Präg'nanz** ‹*die; -, geen mv*› pregnantie
'Prägung ‹*die; -, -en*› 1 aanmunting, het slaan; 2 stempeling; 3 (*fig*) karakter, stempel
'prahlen ‹*h*› ~ *mit* pralen met; pochen op; **'Prahler** ‹*der; -s, -*› praler, snoever, bluffer; **'prahlerisch** blufferig, snoevend
prakt. Arzt *praktischer Arzt*
'Praktik ‹*die; -, -en*› praktijk (*ook ong*)
prakti'kabel bruikbaar, geschikt
Prakti'kant ‹*der; -en, -en*› stagiair; **Prakti'kantin** ‹*die; -, -nen*› stagiaire
'Praktiker ‹*der; -s, -*› man uit de praktijk; **'Praktikum** ‹*das; -s, Praktika en Praktiken*› 1 practicum; 2 stage

'praktisch praktisch; *~er Arzt* huisarts
prakti'zieren ‹*h*› 1 praktijk uitoefenen (*arts*); 2 in praktijk brengen
Prä'lat ‹*der; -en, -en*› (*r-k*) prelaat
Pra'line ‹*die; -, -n*› bonbon
prall 1 strak; 2 vol; propvol; 3 stevig; dik, rond; 4 fel (*zon*)
Prall ‹*der; -(e)s, -e*› schok, stoot; slag; **'prallen** ‹*h en s*› 1 ~ (*an, auf, gegen einen od. etwas*) botsen, slaan; 2 fel stralen, branden (*zon*)
'Prämie ‹*die; -, -n*› premie; **prämi'ieren** ‹*h*› bekronen
'prangen ‹*h*› 1 prijken; 2 schitteren
'Pranger ‹*der; -s, -*› schandpaal; *an den ~ stellen* aan de kaak stellen
'Pranke ‹*die; -, -n*› 1 klauw (*van roofdier*); 2 poot, grote hand
Präpa'rat ‹*das; -(e)s, -e*› preparaat; **Präparati'on** ‹*die; -, -en*› preparatie, voorbereiding; **präpa'rieren** ‹*h*› (*sich*) ~ (zich) prepareren
Prägositi'on ‹*die; -, -en*› (*gramm*) voorzetsel
Prä'rie ‹*die; -, -n*› prairie
'Präsens ‹*das; -, Präsentia en Präsenzien*› presens, tegenwoordige tijd; **prä'sent** 1 present; 2 paraat
Prä'sent ‹*das; -(e)s, -e*› present, geschenk; **Präsentati'on** ‹*die; -, -en*› presentatie; **Präsen'tator** ‹*der; -s, Präsenta'toren*› (*telec*) presentator; **präsen'tieren** ‹*h*› presenteren
Prä'senz ‹*die; -, geen mv*› aanwezigheid
Präserva'tiv ‹*das; -s, -e*› voorbehoedmiddel
Präsi'dent ‹*der; -en, -en*› 1 president; 2 voorzitter; **Präsi'dentschaft** ‹*die; -, geen mv*› 1 presidentschap; 2 voorzitterschap; **Präsidi'algewalt** ‹*die; -, geen mv*› presidiale macht; **präsi'dieren** ‹*h*› (+ 3) presideren, voorzitten; **Prä'sidium** ‹*das; -s, Präsidien*› 1 presidium, leiding; 2 bureau
'prasseln ‹*h*› 1 knetteren, kraken; 2 kletteren; 3 regenen, hagelen (*auf einen*)
'prassen ‹*h*› brassen, zwelgen
präsum'tiv presumptief, vermoedelijk
präten'dieren ‹*h*› pretenderen; **Prätenti'on** ‹*die; -, -en*› pretentie; **prätenti'ös** pretentieus
Prä'teritum ‹*das; -s, Präterita*› (*gramm*) verleden tijd
präven'tiv preventief
'Praxis ‹*die; -, Praxen*› 1 praktijk; 2 praktijkruimte; 3 praktijkervaring; **'praxisbezogen** praktijkgericht; **'Praxisbezug** ‹*der; -(e)s, -̈e*› praktijkgerichtheid; **'praxisfern** ver van de praktijk afstaand; **'praxisnah** dicht bij de praktijk staand; overeenkomstig de praktijk; **'praxisorientiert** praktijkgericht
Präze'denzfall ‹*der; -(e)s, -ë*› precedent
prä'zis, prä'zise 1 precies; 2 nauwkeurig; **präzi'sieren** ‹*h*› preciseren; **Präzisi'on** ‹*die; -, geen mv*› precisie, nauwkeurigheid
'predigen ‹*h*› prediken, preken; **'Prediger** ‹*der; -s, -*› 1 predikant, prediker; 2 *ein ~ in der Wüste* een roepende in de woestijn; **'Predigt** ‹*die; -, -en*› preek (*lett en fig*)

pra

Preis ‹*der; -es, -e*› 1 prijs (*alle bet*); *um jeden ~* tot elke prijs; *um keinen ~* voor geen prijs, geld; *zum ~ von* tegen, voor de prijs van; (*einen ~*) *setzen auf* (+ 4) uitloven voor; 2 lof; **'Preisangabe** ‹*die; -, -n*› prijsopgave; **'Preisanhebung** ‹*die; -, -en*› prijsverhoging; **'Preisanstieg** ‹*der; -(e)s, -e*› prijsstijging; **'Preisauftrieb** ‹*der; -(e)s, -e*› prijsstijging; **'Preisausschreiben** ‹*das; -s, -*› prijsvraag; **'Preisauszeichnung** ‹*die; -, -en*› prijsvermelding; **'preisbewußt** prijsbewust; **'Preisbildung** ‹*die; -, -en*› prijsvorming; **'Preisdifferenz** ‹*die; -, -en*› prijsverschil
'Preiselbeere ‹*die; -, -n*› (rode) bosbes, vossebes
'Preisempfehlung ‹*die; -, -en*› (*unverbindliche*) ~ adviesprijs; **'preisen** ‹*st.h; ie-ie*› 1 prijzen; 2 loven; **'Preisermäßigung** ‹*die; -, -en*› korting, reductie; **'Preisfrage** ‹*die; -, -n*› 1 kwestie van prijs; 2 prijsvraag; **'preisgeben** ‹*st.h; a-e; i*› prijsgeven; **'preisgekrönt** bekroond; **'preisgünstig** voordelig; **'Preisindex** ‹*der; -es, -indizes*› prijsindex; **'Preisknüller** ‹*der; -s, -*› spotkoopje; **'Preislage** ‹*die; -, -n*› prijsniveau, -klasse; **'Preisnachlaß** ‹*der; -nachlasses, -nachlässe*› korting; **'Preisrückgang** ‹*der; -(e)s, -ë*› prijsdaling; **'Preisschild** ‹*das; -(e)s, -er*› prijskaartje, prijsje; **'Preissenkung** ‹*die; -, -en*› 1 prijsdaling; 2 prijsverlaging; **'Preissteigerung** ‹*die; -, -en*› 1 prijsverhoging; 2 prijsstijging; **'Preisstopp** ‹*der; -s, -s*› prijsstop; **'Preissturz** ‹*der; -es, -ë*› plotselinge prijsdaling; **'Preisträger** ‹*der; -s, -*› prijswinnaar; **'preistreibend** prijsopdrijvend; **'Preisüberwachung** ‹*die; -, -en*› prijscontrole; **'Preisverordnung** ‹*die; -, -en*› prijzenbeschikking; **'Preisverteilung** ‹*die; -, -en*› prijsuitreiking; **'preiswert** niet duur; voordelig; goedkoop; **'preiswürdig** prijzenswaardig
pre'kär precair, bedenkelijk, hachelijk
'Prellbock ‹*der; -(e)s, -ë*› stootblok, -bok; **'prellen** ‹*h*› 1 (*um*) bedriegen, afzetten (met); 2 *sich* (*den Fuß usw.*) ~ kneuzen; **'Preller** ‹*der; -s, -*› bedrieger, afzetter; **'Prellung** ‹*die; -, -en*› kneuzing
Pre'mier ‹*der; -s, -s*› premier, minister-president; **Pre'mierminister** ‹*der; -s, -*› zie *Premier*
'preschen ‹*s*› rennen, razen
'Presse ‹*die; -, -n*› pers (*alle bet*); **'Pressebericht** ‹*der; -(e)s, -e*› persbericht; **'Pressegespräch** ‹*das; -(e)s, -e*› persgesprek, interview; **'Pressemeldung** ‹*die; -, -en*› persbericht; **'pressen** ‹*h*› 1 persen; 2 drukken; 3 pressen, dwingen; **'Presseschau** ‹*die; -, -en*› persoverzicht; **'Pressesprecher** ‹*der; -s, -*› woordvoerder (*t.b.v. de pers*); **'Pressestelle** ‹*die; -, -n*› persbureau
'Preßkohle ‹*die; -, -n*› briket; **'Preßluft** ‹*die; -, geen mv*› samengeperste lucht; **'Preßlufthammer** ‹*der; -s, -̈*› pneumatische hamer
Pre'stige ‹*das; -, geen mv*› prestige

'Preuße ‹*der; -n, -n*› Pruis; **'Preußen** ‹*das; -s*› Pruisen

'prickeln ‹*h*› prikkelen; tintelen

Priem ‹*der; -(e)s, -e*› pruim(pje) (tabak); **'priemen** ‹*h*› pruimen; **'Priemtabak** ‹*der; -s, -e*› pruimtabak

'Priestergewand ‹*das; -(e)s, -ër*› priesterkleed, -gewaad; **'Priesterin** ‹*die; -, -nen*› priesteres; **'priesterlich** priesterlijk

Pri'märenergie ‹*die; -, -n*› primaire energie

'Primas ‹*der; -, -se en Primaten*› primaat

Pri'mat ‹*der of das; -(e)s, -e*› 1 prioriteit, voorrang; 2 primaatschap

'Primel ‹*die; -, -n*› primula, sleutelbloem

primi'tiv primitief

Prinz ‹*der; -en, -en*› prins

Prin'zeßbohne ‹*die; -, -n*› prinsessenboon; **Prin'zessin** ‹*die; -, -nen*› prinses

Prin'zip ‹*das; -s, -e en -ien*› principe, beginsel; *im* ~ in beginsel, in principe; **prinzipi'ell** 1 principieel; 2 in principe; **Prin'zipienfrage** ‹*die; -, -n*› principekwestie; **Prin'zipienreiter** ‹*der; -s, -*› beginselmaniak; **Prin'zipienreiterei** ‹*die; -, -en*› het op overdreven wijze vasthouden aan een principe

'prinzlich prinselijk

Priori'tät ‹*die; -, -en*› prioriteit

'Prise ‹*die; -, -n*› 1 snuifje, klein beetje; 2 buit

'Prisma ‹*das; -s, Prismen*› prisma; **'Prismenglas** ‹*das; -es, -ër*› prismakijker

'Pritsche ‹*die; -, -n*› 1 brits (*een slaapplaats*); 2 laadbak (*van vrachtauto*); **'Pritschenwagen** ‹*der; -s, -*› platte vrachtauto (*zonder laadbak*)

pri'vat 1 privé; 2 particulier; 3 vertrouwelijk; **Pri'vatadresse** ‹*die; -, -n*› privé-adres; **Pri'vatbesitz** ‹*der; -es, -e*› particulier bezit; **Pri'vatinitiative** ‹*die; -, -n*› particulier initiatief; **Pri'vatklage** ‹*die; -, -n*› (*jur*) civiele vordering; **Pri'vatleben** ‹*das; -s, geen mv*› privéleven; **Pri'vatmann** ‹*der; -(e)s, -männer en -leute*› particulier (persoon); **Pri'vatpatient** ‹*der; -en, -en*› particulier patiënt; **Pri'vatperson** ‹*die; -, -en*› particulier (*persoon*); **Pri'vatrecht** ‹*das; -(e)s, geen mv*› (*jur*) privaatrecht; **pri'vatrechtlich** privaatrechtelijk; **Pri'vatsache** ‹*die; -, -n*› privé-zaak; **Pri'vatschule** ‹*die; -, -n*› particuliere school; **Pri'vatwirtschaft** ‹*die; -, geen mv*› particulier bedrijfsleven; **pri'vatwirtschaftlich** van, door het particuliere bedrijfsleven

Privi'leg ‹*das; -(e)s, -ien*› privilege, voorrecht; **privile'giert** bevoorrecht

pro 1 pro; 2 per

pro'bat probaat, beproefd, uitstekend

'Probe ‹*die; -, -n*› 1 proef; (*eine* ~) *machen* nemen; (*die* ~) *aufs Exempel machen* op de som nemen; *auf, zur* ~ op proef; 2 repetitie (*voor concert enz*); 3 staal, monster; 4 bewijs, blijk; 5 proef(je), proeve, staaltje, proef...; **'Probearbeit** ‹*die; -, -en*› proefwerk; **'Probefahrt** ‹*die; -, -en*› proefrit; **'Probeflug** ‹*der; -(e)s, -̈e*› proefvlucht; **'probelaufen** ‹*st.h; ie-au; äu*› proefdraaien; **'proben** ‹*h*› 1 repeteren (*voor concert e.d.*); 2 oefenen; **'Probesendung** ‹*die; -, -en*› proefzending, monsterzending; **'Probestück** ‹*das; -(e)s, -e*› proefstuk, staal; **'probeweise** bij wijze van proef, als proef; **'Probezeit** ‹*die; -, -en*› proeftijd

pro'bieren ‹*h*› 1 proberen; 2 proeven; **Pro'bierstube** ‹*die; -, -n*› proeflokaal

Pro'blem ‹*das; -s, -e*› probleem; **Proble'matik** ‹*die; -, geen mv*› problematiek; **pro'blemlos** probleemloos

Pro'dukt ‹*das; -(e)s, -e*› produkt; **Produkti'on** ‹*die; -, -en*› produktie; **Produkti'onsanlagen** ‹*mv*› fabriek, machines; **Produkti'onsgenossenschaft** ‹*die; -, -en*› (*hist, DDR*) coöperatieve produktievereniging; *landwirtschaftliche* ~ collectieve boerderij; **Produkti'onsverfahren** ‹*das; -s, -*› produktieproces, -procédé; **produk'tiv** produktief; **Produktivi'tät** ‹*die; -, geen mv*› produktiviteit; **'Produktpalette** ‹*die; -, -n*› produktrange, produktspectrum

Produ'zent ‹*der; -en, -en*› producent; **produ'zieren** ‹*h*› 1 produceren; 2 *sich* ~: *a*) optreden; *b*) (*fig*) zich laten zien

pro'fan profaan, werelds

professio'nell professioneel

Pro'fessor ‹*der; -s, Profe'soren*› professor; hoogleraar; **Profes'sorin** ‹*die; -, -nen*› vrouwelijke professor; **Profes'sur** ‹*die; -, -en*› professoraat

'Profi ‹*der; -s, -s*› prof, professional; **'profihaft** professioneel

Pro'fil ‹*das; -s, -e*› profiel; **profi'lieren** ‹*h*› 1 profileren; 2 *sich* ~ naam maken; op de voorgrond treden; **profi'liert** 1 geprofileerd; 2 vooraanstaand; markant; 3 scherp omlijnd

Pro'fit ‹*der; -(e)s, -e*› profijt, voordeel; winst; **Pro'fitgier** ‹*die; -, geen mv*› winstbejag; **pro'fithungrig** op voordeel belust; **profi'tieren** ‹*h*› profiteren; **Pro'fitsucht** ‹*die; -, geen mv*› winstbejag

prognosti'zieren ‹*h*› voorspellen

Pro'gramm ‹*das; -s, -e*› programma; **pro'grammgemäß** volgens het programma; **Pro'grammhinweis** ‹*der; -es, -e*› programmaoverzicht; **program'mieren** ‹*h*› programmeren; **Program'mierer** ‹*der; -s, -*› programmeur; **pro'grammmäßig** volgens het programma

Progressi'on ‹*die; -, -en*› progressie; **progres'siv** progressief; **Progres'sivsteuer** ‹*die; -, -n*› progressieve belasting

Pro'jekt ‹*das; -(e)s, -e*› 1 project; 2 ontwerp; plan; **Pro'jekte(n)macher** ‹*der; -s, -*› plannenmaker; **projek'tieren** ‹*h*› projecteren

Projek'til ‹*das; -s, -e*› projectiel

Projekti'on ‹*die; -, -en*› projectie; **Projekti'onsapparat** ‹*der; -(e)s, -e*› projectietoestel; **proji'zieren** ‹*h*› projecteren

Proklamati'on ‹*die; -, -en*› proclamatie; **prokla'mieren** ‹*h*› proclameren

Pro-Kopf-Verbrauch ‹*der; -(e)s, geen mv*› consumptie per hoofd van de bevolking
Pro'kura ‹*die; -, Prokuren*› procuratie; *per ~* per procuratie; **Proku'rist** ‹*der; -en, -en*› procuratiehouder
Pro'let ‹*der; -en, -en*› proleet; **Proletari'at** ‹*das; -(e)s, -e*› proletariaat; **Prole'tarier** ‹*der; -s, -*› proletariër
Pro'log ‹*der; -(e)s, -e*› proloog
Prolongati'on ‹*die; -, -en*› prolongatie; **prolon'gieren** ‹*h*› prolongeren
Pro'mille ‹*das; -(s), -*› per mille, pro mille; **Pro'millesatz** ‹*der; -es, -ë*› promillage
Promi'nente(r) ‹*bn als zn*› 1 vooraanstaand persoon; 2 ster, groot kunstenaar; **Promi'nenz** ‹*die; -, -en*› de prominente, belangrijke, vooraanstaande personen
pro'moten ‹*h*› promoten; **Promoti'on** ‹*die; -, -en*› promotie
promo'vieren ‹*h*› promoveren; *~ mit, über* promoveren op
prompt 1 prompt; 2 vlot
Pro'nomen ‹*das; -s, - en Pronomina*› pronomen, voornaamwoord; **pronomi'nal** pronominaal, voornaamwoordelijk
pronon'cieren ‹*h*› prononceren (*lett en fig*); **pronon'ciert** geprononceerd, uitgesproken
propä'deutisch propaedeutisch
Propa'ganda ‹*die; -, geen mv*› propaganda; *~ machen, treiben, entfalten, entwickeln* propaganda maken; **Propa'ganda**... propaganda...; **Propagan'dist** ‹*der; -en, -en*› propagandist; **propa'gieren** ‹*h*› propageren
Pro'pangas ‹*das; -es, geen mv*› propaangas
Pro'peller ‹*der; -s, -*› 1 propeller; 2 scheepsschroef
'proper 1 keurig, netjes; 2 proper, helder
Pro'phet ‹*der; -en, -en*› profeet; **prophe'zeien** ‹*h*› voorspellen; **Prophe'zeiung** ‹*die; -, -en*› voorspelling
Prophy'laxe ‹*die; -, -n*› profylaxis, voorkoming
Proporti'on ‹*die; -, -en*› proportie; **proportio'nal** proportioneel, evenredig; **proportio'niert** geproportioneerd; **Pro'porz** ‹*der; -es, -e*› evenredig kiesstelsel
Propositi'on ‹*die; -, -en*› propositie, voorstel
Propst ‹*der; -(e)s, Pröpste*› 1 (*r-k*) proost; 2 (*prot*) eerste geestelijke
Propy'len ‹*das; -s, geen mv*› (*chem*) propyleen
'Prosa ‹*die; -, geen mv*› proza
Pro'saiker ‹*der; -s, -*› prozaschrijver, prozaïst; **pro'saisch** prozaïsch
'prosit! 1 proost!, prosit!, gezondheid!; 2 (*ein*) *~* (*ausbringen*) toast; 3 *~ Neujahr!* gelukkig nieuwjaar
Pro'spekt ‹*der; -(e)s, -e*› 1 prospectus; folder; 2 stadsgezicht; landschap
prost! 1 zie *prosit!*; 2 (*iron*) *na denn/dann ~* dat kan nog leuk worden!
'Prostata ‹*die; -, geen mv*› prostaat
Prostitu'ierte ‹*die; -n, -n*› prostituée, publieke vrouw; **Prostituti'on** ‹*die; -, geen mv*› prostitutie
Prote'in ‹*das; -s, -e*› proteïne
Protekti'on ‹*die; -, geen mv*› protectie; **Protektio'nismus** ‹*der; -, geen mv*› protectionisme; **Protekto'rat** ‹*das; -(e)s, -e*› protectoraat
Pro'test ‹*der; -(e)s, -e*› protest; *~ erheben, einlegen, einreichen, anmelden* protest aantekenen; **Prote'stant** ‹*der; -en, -en*› 1 protestant; 2 protesteerder; **prote'stantisch** protestants; **Protestan'tismus** ‹*der; -, geen mv*› protestantisme; **prote'stieren** ‹*h*› protesteren; **Pro'testkundgebung** ‹*die; -, -en*› protestdemonstratie; **Pro'testler** ‹*der; -s, -*› protesteerder
Pro'these ‹*die; -, -n*› (*med*) prothese
Proto'koll ‹*das; -s, -e*› 1 het protocol; 2 notulen; *das ~ führen* de notulen maken; (*etwas*) *zu ~ nehmen, geben* in de notulen opnemen, laten opnemen; 3 proces-verbaal; (~) *aufnehmen über* (+ 4) opmaken van; (*etwas*) *zu ~ nehmen* proces-verbaal maken; (*etwas*) *zu ~ geben* in het proces-verbaal laten opnemen; **Protokol'lant** ‹*der; -en, -en*› notulant; **protokol'larisch** protocollair; **Proto'kollführer** ‹*der; -s, -*› notulant; **protokol'lieren** ‹*h*› notuleren
Protz ‹*der; -en en -es, -e (n)*› opschepper, bluffer; **'protzen** ‹*h*› opscheppen, bluffen, protsen; **'Protzer** ‹*der; -s, -*› opschepper, protser, bluffer; **'protzig** opschepperig, protserig
Proveni'enz ‹*die; -, -en*› herkomst, oorsprong
proven'zalisch Provençaals
Provi'ant ‹*der; -s, geen mv*› proviand
Pro'vinz ‹*die; -, -en*› 1 provincie; 2 het platteland; **Pro'vinzbewohner** ‹*der; -s, -*› provinciaal; **Provinzi'alstände** ‹*mv*› (*Belg*) provincieraad; **provinzi'ell** provinciaal, gewestelijk; **Pro'vinzler** ‹*der; -s, -*› provinciaal
Provisi'on ‹*die; -, -en*› provisie; **provi'sorisch** provisorisch
Provokati'on ‹*die; -, -en*› provocatie; **provoka'tiv** provocerend; **provoka'torisch** provocerend; **provo'zieren** ‹*h*› 1 provoceren; 2 uitlokken
Proze'dur ‹*die; -, -en*› procedure
Pro'zent ‹*das; -(e)s, -e*› 1 procent; 2 *~e* ‹*mv*› (*ook*) aandeel; 3 *~e* ‹*mv*› korting; **-pro'zentig** ...procents, van ... procent; **Pro'zentsatz** ‹*der; -es, -ë*› percentage; **prozentu'al** procentueel
Pro'zeß ‹*der; Prozesses, Prozesse*› 1 proces; *einem den ~ machen, einen ~ gegen einen anstrengen* iem een proces aandoen; *ohne jeden ~* zonder vorm van proces; 2 *kurzen ~* (*machen*) korte metten; **prozes'sieren** ‹*h*› procederen
Prozessi'on ‹*die; -, -en*› processie
prozessu'al, prozessu'alisch processueel, proces...
'prüde preuts
Prude'lei ‹*die; -, -en*› knoeierij, gebroddel; **'prudeln** ‹*h*› 1 knoeien, broddelen; 2 borrelen, pruttelen

Prüde'rie ‹*die; -, geen mv*› preutsheid

prüfen ‹*h*› 1 toetsen; onderzoeken; 2 keuren; 3 examineren; 4 nagaan, controleren; 5 nazien, verifiëren; 6 op de proef stellen; *schwer geprüft* zwaar beproefd; 7 ~ *auf* onderzoeken, testen op; ... onderzoeken, testen van; **'Prüfer** ‹*der; -s, -*› 1 onderzoeker; toetser; 2 keurder; 3 examinator; 4 controleur; **'Prüfling** ‹*der; -s, -e*› examinandus, examenkandidaat; **'Prüfstand** ‹*der; -(e)s, -ë*› proefbank, -stand; **'Prüfstein** ‹*der; -(e)s, -e*› toetssteen; **'Prüfung** ‹*die; -, -en*› 1 toetsing; onderzoek; 2 keuring; 3 examen; *in die ~ steigen* examen gaan doen; 4 het nagaan, controle; 5 verificatie; 6 beproeving; **'Prüfungsfach** ‹*das; -(e)s, -̈er*› examenvak; **'Prüfungskommissar** ‹*der; -s, -e*› gecommitteerde; **'Prüfungszeugnis** ‹*das; -ses, -se*› diploma

'Prügel ‹*der; -s, -*› 1 stok, knuppel; 2 ‹*mv*› slaag; **Prüge'lei** ‹*die; -, -en*› kloppartij, vechtpartij; **'Prügelknabe** ‹*der; -n, -n*› zondebok; **'prügeln** ‹*h*› 1 slaan, (af)ranselen; 2 *sich ~* (met elkaar) vechten; **'Prügelstrafe** ‹*die; -, geen mv*› stokslagen (*een straf*)

Prunk ‹*der; -(e)s, geen mv*› pronk, pracht, praal; *großen ~ entfalten* grote pracht tentoonspreiden; **'prunken** ‹*h*› pronken, pralen; **'Prunksucht** ‹*die; -, geen mv*› pronk-, praalzucht; **'prunkvoll** luisterrijk, prachtig

'prusten ‹*h*› proesten

PS 1 *Postskriptum* postscriptum; 2 *Pferdestärke* paardekracht

Psalm ‹*der; -s, -en*› psalm

Pseudo'nym ‹*das; -s, -e*› pseudoniem

Psychi'ater ‹*der; -s, -*› psychiater; **Psychia'trie** ‹*die; -, -n*› 1 psychiatrie; 2 psychiatrisch ziekenhuis; **'psychisch** psychisch; **Psycho'loge** ‹*der; -n, -n*› psycholoog; **Psycho'path** ‹*der; -en, -en*› psychopaat; **Psy'chose** ‹*die; -, -n*› psychose

pubertär puberaal; **Puber'tät** ‹*die; -, geen mv*› puberteit

pu'blik publiek, openbaar

Publikati'on ‹*die; -, -en*› publikatie

'Publikum ‹*das; -s, geen mv*› publiek; **'Publikumserfolg** ‹*der; -(e)s, -e*› succes bij het publiek; **'publikumswirksam** succes hebbend bij het publiek

publi'zieren ‹*h*› publiceren; **Publi'zist** ‹*der; -en, -en*› journalist; **Publi'zistik** ‹*die; -, geen mv*› journalistiek; **Publizi'tät** ‹*die; -, geen mv*› publiciteit

Puck ‹*der; -s, -s*› puck (*ijshockeyschijf*)

'Pudel ‹*der; -s, -*› 1 poedel; 2 misser; **'pudel'nackt** spiernaakt; **'pudel'naß** kletsnat

'Puder ‹*der; -s, -*› poeder; **'Puderdose** ‹*die; -, -n*› poederdoos; **'pudern** ‹*h*› poederen

puff! pof! poef!

Puff I ‹*der; -(e)s, -e en -s*› poef (om op te zitten); **II** ‹*der; -(e)s, -ë*› stoot, duw, por; *einen ~ vertragen (können)* tegen een stootje kunnen; **III** ‹*der of das; -s, -s*› 1 bordeel; 2 triktrak (spel); **'Puffärmel** ‹*der; -s, -*› pofmouw; **'puffen** ‹*h*› 1 puffen; 2 stompen; 3 (*einen*) opporren; 4 (*mais, rijst e.d.*) poffen; **'Puffer** ‹*der; -s, -*› 1 buffer; 2 aardappelpannekoek; **'Pufferzone** ‹*die; -, -n*› bufferzone

Pulk ‹*der; -(e)s, -s*› grote groep

'Pulle ‹*die; -, -n*› 1 (*volkstaal*) fles; 2 *volle ~ (spielen)* voluit; (*fahren*) vol gas

'Pulli ‹*der; -s, -s*› pullover

Puls ‹*der; -es, -e*› pols(slag); *einem den ~ fühlen: a)* iems pols voelen; *b)* (*fig*) iem polsen; **pul'sieren** ‹*h*› pulseren, kloppen, slaan

Pult ‹*das; -(e)s, -e*› lessenaar

'Pulver ‹*das; -s, -*› 1 poeder; 2 (bus)kruit; *das ~ (auch) nicht (gerade) erfunden haben* het buskruit niet uitgevonden hebben; 3 de poeder; 4 geld, centen; **'Pulverdampf** ‹*der; -(e)s, -ë*› kruitdamp; **'Pulverform** ‹*die*› *in ~* in poedervorm; **'pulverig** poederig, poedervormig; **pulveri'sieren** ‹*h*› verpulveren; **'Pulverkaffee** ‹*der; -s, geen mv*› oploskoffie; **'pulvern** ‹*h*› 1 verpulveren; 2 (*volkstaal*) schieten; **'Pulverschnee** ‹*der; -s, geen mv*› poedersneeuw

'Puma ‹*der; -s, -s*› poema

'pummlig mollig

Pump ‹*der*› *auf ~* op de pof

'Pumpe ‹*die; -, -n*› pomp; **'pumpen** ‹*h*› 1 pompen; 2 lenen; poffen; **'Pumpstation** ‹*die; -, -en*› pompstation

Punkt ‹*der; -(e)s, -e*› 1 de punt (*div bet*); *der ~ auf dem i* het puntje op de i; (*sp*) *nach ~en siegen* winnen op punten; 2 het punt; *im ~ ...* (2) op het punt van ...; (*fig*) *der wunde ~* het tere punt; 3 precies; klokslag; *~ 3 (Uhr)* precies om, klokslag 3 uur; **'punkten** ‹*h*› 1 punten geven; 2 punten verzamelen; **'Punktgewinn** ‹*der; -(e)s, -e*› (*sp*) puntenwinst; **'punktgleich** met een gelijk aantal punten; **punk'tieren** ‹*h*› 1 (be)stippelen, uitstippelen; *punktierte Linie* stippellijn; 2 (*med*) een punctie doen

Punkti'on ‹*die; -, -en*› (*med*) punctie

'pünktlich 1 stipt; 2 nauwgezet, punctueel, precies; 3 *~ sein* (*ook*) op tijd komen; **'Pünktlichkeit** ‹*die; -, geen mv*› 1 stiptheid; 2 nauwgezetheid

'Punktniederlage ‹*die; -, -n*› (*sp*) nederlaag op punten; **'Punktrichter** ‹*der; -s, -*› (*sp*) scheidsrechter; **'Punktrunde** ‹*die; -, -n*› (*sp*) competitie; **'punktschweißen** ‹*h*› puntlassen; **'Punktsieg** ‹*der; -(e)s, -e*› overwinning op punten; **'Punktspiel** ‹*das; -(e)s, -e*› competitiewedstrijd

'Punktum: *damit ~!* daarmee uit! afgelopen!

'Punktzahl ‹*die; -, -en*› puntenaantal

Punsch ‹*der; -(e)s, -e*› punch

'Punze ‹*die; -, -n*› pons, (stalen) stempel; **'punzen** ‹*h*› 1 ponsen, stansen; 2 stempelen, reliëf maken

'pupen ‹*h*› (*volkstaal*) een wind laten

Pu'pille ‹*die; -, -n*› pupil

'Püppchen ‹*das; -s, -*› 1 popje; 2 liefje, schatje;

'Puppe ‹*die;* -, *-n*› 1 pop (*ook van rups*); 2 poppetje, liefje, schatje; **'Puppenspiel** ‹*das;* -(*e*)*s*, *-e*› poppen(kast)spel; **'Puppenspieler** ‹*der;* *-s*, -› marionettenspeler; **'Puppentheater** ‹*das;* *-s*, -› poppenkast

pur 1 puur; 2 puur, zuiver

Pü'ree ‹*das;* *-s*, *-s*› puree

pur'gieren ‹*h*› purgeren

Pu'rismus ‹*der;* -, *geen mv*› purisme

Puri'taner ‹*der;* *-s*, -› puritein; **puri'tanisch** puriteins

'Purpur ‹*der;* *-s*, *geen mv*› purper (kleur, stof, gewaad); **'purpurfarben**, **'purpurfarbig** purperkleurig; **'purpurn** purperen, purper…

'Purzel ‹*der;* *-s*, -› dreumes, kereltje; **'Purzelbaum** ‹*der;* -(*e*)*s*, *-ë*› buiteling; *einen ~ machen, schlagen od. schießen* een buiteling maken; **'purzeln** ‹*s*› duikelen, buitelen

'puschen, **'pushen** ‹*h*› pushen

'Pusselchen ‹*das;* *-s*, -› poesje, snoesje

'pusseln ‹*h*› knutselen, rommelen

'Puste ‹*die;* -, *geen mv*› adem, lucht; *aus der ~* buiten adem

'Pustel ‹*die;* -, *-n*› puistje, pukkel

'pusten ‹*h*› 1 hijgen; ademen; 2 blazen; 3 *ich puste dir was!, eins!* je kunt me wat!

'Pute ‹*die;* -, *-n*› kalkoen(se hen); **'Puter** ‹*der;* *-s*, -› kalkoen(se haan)

Putsch ‹*der;* -(*e*)*s*, *-e*› putsch, staatsgreep; **'putschen** ‹*h*› een staatsgreep uitvoeren; **Putsch'ist** ‹*der;* *-en*, *-en*› deelnemer aan staatsgreep; **'Putschversuch** ‹*der;* -(*e*)*s*, *-e*› poging tot staatsgreep

Putz ‹*der;* *-es*, *geen mv*› 1 opschik, versiering, garnering; 2 modeartikel; 3 pleisterlaag, -kalk; 4 ruzie, vechtpartij; 5 *auf den ~ hauen: a*) opscheppen; *b*) zeer uitgelaten zijn; **'putzen** ‹*h*› 1 poetsen; 2 schoonmaken; 3 mooi maken; (*kerstboom*) versieren; 4 *sich die Nase ~* z'n neus snuiten; 5 (*muur*) pleisteren; **'Putzfrau** ‹*die;* -, *-en*› schoonmaakster, werkster; **'putzig** koddig, grappig; **'Putzlappen** ‹*der;* *-s*, -› dweil; **'Putzsucht** ‹*die;* -, *geen mv*› pronkzucht; **'Putztuch** ‹*das;* -(*e*)*s*, *-ër*› poetsdoek, -lap; **'Putzwolle** ‹*die;* -, *geen mv*› poetskatoen; **'Putzwut** ‹*die;* -, *geen mv*› schoonmaakwoede

'Puzzle ‹*das;* *-s*, *-s*› puzzel

Py'jama ‹*der;* *-s*, *-s*› pyjama

Pyra'mide ‹*die;* -, *-n*› piramide; **pyra'midenförmig** piramidaal, piramidevormig

Pyro'mane ‹*der;* *-n*, *-n*› pyromaan

'Pyrrhussieg ‹*der;* -(*e*)*s*, *-e*› Pyrrusoverwinning

Qq

qm *Quadratmeter* m², vierk. m

'quabbelig 1 kwabbig; 2 slap, week; 3 mollig

'Quacksalber ‹*der;* *-s*, -› kwakzalver

Qua'drant ‹*der;* *-en*, *-en*› kwadrant

Qua'drat ‹*das;* -(*e*)*s*, *-e*› 1 kwadraat, vierkant; 2 (*eine Zahl*) *ins ~ erheben* tot de tweede macht verheffen; **qua'dratisch** ‹*bn*› vierkant; *~e Gleichung* vierkantsvergelijking; **Qua'dratlatschen** ‹*mv*› (*volkstaal*) turftrappers (grote lompe schoenen); **Qua'dratmeter** ‹*das;* *-s*, -› vierkante meter; zie *qm*; **Qua'dratwurzel** ‹*die;* -, *-n*› vierkantswortel; **Qua'dratzahl** ‹*die;* -, *-en*› tweede macht, kwadraat; **qua'drieren** ‹*h*› in het kwadraat verheffen

Quadropho'nie ‹*die;* -, *geen mv*› kwadrofonie

Quai ‹*der;* *-s*, *-s*› zie *Kai*

'quaken ‹*h*› 1 kwaken; 2 kwekken

'quäken ‹*h*› 1 jengelen; 2 jammeren; 3 hard aan staan (*radio enz*)

Qual ‹*die;* -, *-en*› 1 kwelling, pijn; 2 verdriet, ellende, narigheid; **quälen** ‹*h*› 1 kwellen, pijnigen, mishandelen; 2 treiteren; 3 *sich ~* (ook) zich af-, uitsloven; 4 *ein gequälter Gesichtsausdruck* een pijnlijk-zorgelijke trek op het gelaat; *ein gequältes Lächeln* een gedwongen lachje; **'Quäler** ‹*der;* *-s*, -› plager, kwelgeest; **Quäle'rei** ‹*die;* -, *-en*› plagerij, kwelling; **'quälerisch** kwellend; **'Quälgeist** ‹*der;* -(*e*)*s*, *-er*› kwel-, plaaggeest

Qualifikati'on ‹*die;* -, *-en*› kwalificatie (*div bet*); **Qualifikati'onsniveau** ‹*das;* *-s*, *-s*› (*DDR*) opleidingsniveau; **Qualifikati'onsspiel** ‹*das;* -(*e*)*s*, *-e*› (*sp*) kwalificatiewedstrijd; **qualifi'zieren** ‹*h*› kwalificeren (*div bet*); *sich ~: a*) (*sp*) zich kwalificeren; zich plaatsen; *b*) zich ontwikkelen, de/een geschiktheid verwerven; **qualifi'ziert** 1 bekwaam; goed opgeleid; 2 gekwalificeerd; 3 goed, degelijk; **Qualifi'zierung** ‹*die;* -, *-en*› kwalificering enz.; vgl *qualifi'zieren*

Quali'tät ‹*die;* -, *-en*› kwaliteit; **qualita'tiv** kwalitatief; **Quali'tätsarbeit** ‹*die;* -, *-en*› kwaliteitswerk

'Qualle ‹*die;* -, *-n*› (*dierk*) kwal

Qualm ‹*der;* -(*e*)*s*, *geen mv*› walm, vettige rook; **'qualmen** ‹*h*› 1 walmen, dampen; 2 paffen, roken; **'qualmig** 1 dampig; 2 rokerig

'qualvoll smartelijk, pijnlijk, martelend

Quanti'tät ‹*die;* -, *-en*› kwantiteit, hoeveelheid; **quantita'tiv** kwantitatief

'Quantum ‹*das;* *-s*, *Quanten*› quantum, hoeveelheid

Quaran'täne ‹*die; -, -n*› quarantaine
Quark ‹*der; -(e)s, geen mv*› 1 kwark; 2 bagatel, kleinigheid; 3 nonsens, onzin; '**Quarkkuchen** ‹*der; -s, -*› kwarktaart
Quart ‹*die; -, -en*› (*muz*) de kwart
'**Quarta** ‹*die; -, Quarten*› derde klasse van Duits gymnasium
Quar'tal ‹*das; -s, -e*› kwartaal
Quar'taner ‹*der; -s, -*› leerling van de derde klasse van Duits gymnasium
Quar'tett ‹*das; -(e)s, -e*› 1 kwartet; 2 kwatrijn
Quar'tier ‹*das; -s, -*› kwartier; onderdak, woning, kamers; ~ *nehmen* zijn intrek nemen; **Quar'tiermeister** ‹*der; -s, -*› kwartiermeester
Quarz ‹*der; -es, -e*› kwarts; '**Quarzuhr** ‹*die; -, -en*› 1 kwartsklok; 2 kwartshorloge
'**quasi** quasi, schijnbaar, als het ware
'**quasseln** ‹*h*› kletsen; leuteren; '**Quasselstrippe** ‹*die; -, -n*› 1 kletskous, -majoor; 2 telefoon
Quatsch ‹*der; -(e)s, geen mv*› onzin; (*ach*) ~! onzin! flauwekul!; ~ *reden* onzin vertellen; '**quatschen** ‹*h*› kletsen, leuteren, zwammen; '**Quatschkopf** ‹*der; -(e)s, -ë*› kletskous, -meier
'**Quecke** ‹*die; -, -n*› (*plantk*) kweek(gras)
'**Quecksilber** ‹*das; -s, geen mv*› kwik(zilver)
'**quecksilbern** van kwik(zilver)
'**Quellbewölkung** ‹*die; -, -en*› stapelwolken; '**Quelle** ‹*die; -, -n*› bron (*lett en fig*); '**quellen** I ‹*st.s; o-o; i*› 1 zwellen, uitzetten; 2 opwellen, ontspringen, opborrelen; 3 opstijgen (*van rook*); 4 *die Augen quollen ihm fast aus dem Kopf* z'n ogen puilden uit; II ‹*h*› in de week zetten, weken; '**Quellenangabe** ‹*die; -, -n*› bronvermelding; '**Quellenforschung** ‹*die; -, -en*› bronnenstudie; '**Quellensteuer** ‹*die; -, -n*› bronbelasting; '**Quellenverzeichnis** ‹*das; -ses, -se*› lijst van gebruikte bronnen; '**Quellgebiet** ‹*das; -(e)s, -e*› brongebied; '**Quellwasser** ‹*das; -s, geen mv*› wel-, bronwater
Quenge'lei ‹*die; -, -en*› gejengel; '**quengelig** jengelend, zeurderig; '**quengeln** ‹*h*› 1 jengelen, drenzen; 2 mopperen; '**Quengler** ‹*der; -s, -*› 1 zeurpiet, jengelaar; 2 mopperaar
'**Quentchen** ‹*das; -s, geen mv*› greintje, ziertje
quer 1 dwars, schuin; ~ *zu* dwars op; 2 (*alles geht heute*) ~ verkeerd; '**Querbalken** ‹*der; -s, -*› dwarsbalk
'**Quere** ‹*die; -, geen mv*› 1 dwarste, schuinte; 2 *einem in die ~ kommen* in iems. vaarwater komen, iem dwarsbomen; *komm mir nicht in die ~!* blijf uit m'n buurt!; vgl *Kreuz*
Que'rele ‹*die; -, -n*› conflict, geschil
querfeld'ein het veld, het land in; **Querfeld'einlauf** ‹*der; -(e)s, -ë*› veldloop, cross-country; **Querfeld'einrennen** ‹*das; -s, -*› cyclecross
'**Querflöte** ‹*die; -, -n*› dwarsfluit; '**Querkopf** ‹*der; -(e)s, -ë*› dwarskop, -ligger; '**Querlatte** ‹*die; -, -n*› (*sp*) doellat; '**querlegen, sich** ‹*h*› (*fig*) gaan dwarsliggen; '**Querlinie** ‹*die; -, -n*› dwarslijn; '**Querpaß** ‹*der; -passes, -pässe*› (*sp*) breedtepass; '**querschießen** ‹*st.h; o-o*› (*volkstaal*) tegenwerken, dwarsbomen; '**Querschiff** ‹*das; -(e)s, -e*› (*bouwk*) dwarsbeuk, -schip, transept; '**Querschnitt** ‹*der; -(e)s, -e*› dwarsdoorsnede; '**Querschnitt(s)lähmung** ‹*die; -, geen mv*› (*med*) dwarslaesie; '**Querstraße** ‹*die; -, -n*› dwarsstraat; '**Querstrich** ‹*der; -(e)s, -e*› 1 dwarsstreepje; 2 streep door de rekening; '**Quersumme** ‹*die; -, -n*› som van de cijfers; '**Quertreiber** ‹*der; -s, -*› dwarsdrijver, -ligger
Queru'lant ‹*der; -en, -en*› querulant
'**Querverbindung** ‹*die; -, -en*› dwarsverbinding
'**Quetsche** ‹*die; -, -n*› 1 pers, klem; 2 klein bedrijf (*boerderijtje, cafeetje, zaakje*)
'**quetschen** ‹*h*› 1 kneuzen; 2 persen, uitknijpen; 3 fijnstampen (*aardappels*); 4 (*die Nase an die Fensterscheibe*) ~ platdrukken; 5 *sich arg ~ müssen* dicht op elkaar gepakt staan; '**Quetschkommode** ‹*die; -, -n*› (*volkstaal*) harmonika; '**Quetschung** ‹*die; -, -en*› kneuzing
quick kwiek, vlug; **quickle'bendig** springlevend
'**quieken** ‹*h*› piepen, gillen
'**quieksen** ‹*h*› piepen, gillen
'**quietschen** ‹*h*› 1 piepen; 2 gieren, knerpen; 3 gillen; '**quietschvergnügt** heel vrolijk
'**Quinta** ‹*die; -, Quinten*› tweede klasse van Duits gymnasium; **Quin'taner** ‹*der; -s, -*› leerling van de tweede klas van Duits gymnasium
'**Quinte** ‹*die; -, -n*› (*muz*) kwint
'**Quintessenz** ‹*die; -, -en*› kwintessens, het wezen van de zaak
Quin'tett ‹*das; -(e)s, -e*› (*muz*) kwintet
Quirl ‹*der; -(e)s, -e*› 1 garde; 2 roer-, karnstok; 3 (*plantk*) krans; 4 (*fig*) draaitol, beweeglijk iemand; '**quirlen** ‹*h*› 1 klutsen, kloppen; 2 kolken (*van water*); 3 krioelen; '**quirlig** beweeglijk
quitt quitte, gelijk; *mit ihm bin ich ~* met hem ben ik quitte
'**Quitte** ‹*die; -, -n*› (*plantk*) kwee
'**quitte(n)gelb** citroengeel
quit'tieren ‹*h*› 1 kwiteren; 2 neerleggen (*ambt, functie*); (*Dienst*) verlaten; 3 ~ *mit* beantwoorden met; '**Quittung** ‹*die; -, -en*› 1 kwitantie; (*Belg*) kwijtschrift; 2 (*fig*) *die ~ bekommen* de rekening gepresenteerd krijgen; '**Quittungsblock** ‹*das; -s, -s*› kwitantieboekje
Quiz ‹*das; -, -*› quiz; '**Quizmaster** ‹*der; -s, -*› quiz-master; '**Quizsendung** ‹*die; -, -en*› quizprogramma
'**Quorum** ‹*das; -s, geen mv*› quorum (*vereist aantal leden, stemmen*)
'**Quote** ‹*die; -, -n*› quotum; '**Quotenregelung** ‹*die; -, -en*› quotaregeling
Quoti'ent ‹*der; -en, -en*› quotiënt

onb

Rrr

Ra'batt ‹*der; -(e)s, -e*› rabat, korting

Ra'batte ‹*die; -, -n*› border

Ra'battmarke ‹*die; -, -n*› spaarzegel

Ra'batz ‹*der; -es, geen mv*› 1 herrie; rumoer; 2 luid protest

Rab'biner ‹*der; -s, -*› rabbi, rabbijn

'Rabe ‹*der; -n, -n*› raaf; **'Rabenaas** ‹*das; -es, -e*› (*fig*) galgebrok; **'Rabeneltern** ‹*mv*› ontaarde ouders; **'Rabenmutter** ‹*die; -, ¨-*› ontaarde moeder; **'Rabenvater** ‹*der; -s, ¨-*› ontaarde vader

rabi'at kwaad, woedend

'Rache ‹*die; -, geen mv*› wraak; ~ *an einem üben für* wraak op iem nemen om; **'Racheakt** ‹*der; -(e)s, -e*› wraakoefening; **'rachedurstig** wraakzuchtig

'Rachen ‹*der; -s, -*› 1 muil; 2 keelholte; 3 (gapende) afgrond

'rächen ‹*h*› wreken; *sich ~ an* (+ 3) zich wreken op

'Rachenhöhle ‹*die; -, -n*› keelholte

'Rächer ‹*der; -s, -*› wreker

'Rachgier ‹*die; -, geen mv*› wraakzucht; **'rachgierig** wraakgierig, -zuchtig; **'rachsüchtig** wraakgierig, -zuchtig

'Racker ‹*der; -s, -*› rakker, guit

'rackern, sich ‹*h*› zwoegen, uitsloven

Rad ‹*das; -(e)s, -ër*› 1 wiel; 2 fiets; 3 rad

Ra'dar ‹*der of das; -s, -e*› radar

Ra'dau ‹*der; -s, geen mv*› herrie, kabaal; **Ra'daubruder** ‹*der; -s, ¨-*› herrieschopper; **Ra'daumacher** ‹*der; -s, -*› herriemaker, -schopper; **'Radauswuchtung** ‹*die; -, geen mv*› het uitbalanceren van de wielen

'Raddampfer ‹*der; -s, -*› raderboot

'radebrechen ‹*h*› radbraken (*lett en fig*)

'radeln ‹*h en s*› fietsen

'rädeln ‹*h*› uitraderen (*een patroon*)

'Rädelsführer ‹*der; -s, -*› raddraaier, belhamel

'rädern ‹*h*› *wie gerädert* als geradbraakt

'Räderwerk ‹*das; -(e)s, -e*› raderwerk

'radfahren ‹*st.h; u-a; ä*› fietsen; (*ich fahre Rad*); **'Radfahrer** ‹*der; -s, -*› wielrijder, fietser; **'Radfahrweg** ‹*der; -(e)s, -e*› rijwiel-, fietspad

ra'dieren ‹*h*› 1 uitgommen; 2 etsen; **Ra'dierer** ‹*der; -s, -*› etser; **Ra'diergummi** ‹*der; -s, -s*› gom, stuf; **Ra'diernadel** ‹*die; -, -n*› etsnaald; **Ra'dierung** ‹*die; -, -en*› radering, ets

Ra'dieschen ‹*das; -s, -*› radijs

radi'kal radicaal; **Radi'kale(r)** ‹*bn als zn*› radicaal; **Radi'kalenerlaß** ‹*der; -erlasses, geen mv*› decreet dat ambtenaren verbiedt, lid te zijn van een extreem linkse of rechtse organisatie; **Radika'lismus** ‹*der; -, geen mv*› radicalisme

'Radio ‹*das; -s, -s*› radio; ~ *hören* naar de radio luisteren; *im ~* op/over de radio

radioak'tiv radioactief; **Radioaktivi'tät** ‹*die; -, geen mv*› radioactiviteit

'Radioapparat ‹*der; -(e)s, -e*› radiotoestel

Radio'loge ‹*der; -n, -n*› radioloog

'Radius ‹*der; -, Radien*› 1 (*meetk*) straal, radius; 2 actieradius

'Radkappe ‹*die; -, -n*› wieldop (*van auto*); **'Radler** ‹*der; -s, -*› wielrijder, fietser; **'Radmutter** ‹*die; -, -n*› wielmoer; **'Radrennbahn** ‹*die; -, -en*› wielerbaan; **'Radrennen** ‹*das; -s, -*› 1 het wielrennen; 2 wielerwedstrijd; **'radschlagen** ‹*st.h; u-a; ä*› 1 pronken (van pauw e.d.); 2 een radslag maken (bij gymnastiek); **'Radspeiche** ‹*die; -, -n*› spaak; **'Radsport** ‹*der; -(e)s, geen mv*› wielersport; **'Radstand** ‹*der; -(e)s, geen mv*› wielbasis (*van auto*); **'Radtour** ‹*die; -, -en*› fietstocht; **'Radweg** ‹*der; -(e)s, -e*› rijwiel-, fietspad

RAF ‹*die*› *Rote Armee Fraktion* (een terroristische groepering)

'raffen ‹*h*› 1 pakken, grijpen, rapen; 2 doen of stoppen in; 3 opnemen (*japon*); 4 beknopt weergeven

'Raffgier ‹*die; -, geen mv*› hebzucht; **'raffgierig, 'raffig** hebzuchtig

Raffine'ment ‹*das; -s, geen mv*› geraffineerdheid; **Raffine'rie** ‹*die; -, -n*› raffinaderij; **Raffi'nesse** ‹*die; -, -n*› 1 snufje; 2 geraffineerdheid; **raffi'nieren** ‹*h*› raffineren, zuiveren; **raffi'niert** geraffineerd (*alle bet*); **Raffi'niertheit** ‹*die; -, geen mv*› geraffineerdheid, geslepenheid

'Rage ‹*die; -, geen mv*› woede; *in* (*die*) ~ *kommen* woedend worden; *in ~ bringen* woedend maken

'ragen ‹*h*› oprijzen; *über* (+ 4) *empor-, heraus-, hervorragen* boven iets uitsteken

'Rahe ‹*die; -, -n*› (*scheepv*) ra

Rahm ‹*der; -(e)s, geen mv*› room (*lett en fig*)

'Rahmen ‹*der; -s, -*› 1 lijst, raam; 2 kozijn; 3 frame (*van fiets*); 4 *aus dem ~ fallen* uit de toon vallen (*fig*); 5 kader; *im ~* in het kader; **'rahmen** ‹*h*› 1 inlijsten, encadreren; 2 romen

'Rahmenbedingung ‹*die; -, -en*› randvoorwaarde; **'Rahmenerzählung** ‹*die; -, -en*› raamvertelling; **'Rahmengesetz** ‹*das; -es, -e*› mantel-, machtigingswet; (*Belg*) eenheidswet; **'Rahmenrichtlinien** ‹*mv*› algemene richtlijnen; **'Rahmenvertrag** ‹*der; -(e)s, ¨-e*› (*Belg*) raamcontract; **'Rahmenvertragspartner** ‹*der; -s, -*› (*Belg*) raamcontractant

'rahmig romig; **'Rahmkäse** ‹*der; -s, -*› roomkaas; **'Rahmsoße** ‹*die; -, -n*› roomsaus

Rain ‹*der; -(e)s, -e*› akkergrens

'räkeln zie *rekeln*

Ra'kete ‹*die; -, -n*› 1 raket; *dreistufige ~* drie-

trapsraket; 2 vuurpijl; **Ra'ketenabschußrampe** ‹*die; -, -n*› lanceerplatform; **Ra'ketenantrieb** ‹*der; -(e)s, -e*› raketaandrijving
Ra'kett ‹*das; -(e)s, -e en -s*› (*sp*) racket
'Rallye ‹*die; -, -s*› (*sp*) rally
'Rammaschine ‹*die; -, -n*› heimachine; **'Rammbär** ‹*der; -en, -en*› heiblok; **'Rammbock** ‹*der; -(e)s, -ë*› 1 heimachine, -bok; 2 stormram
'rammdösig versuft
'Ramme ‹*die; -, -n*› heimachine, -bok
'rammeln ‹*h*› 1 rammelen, schudden; 2 *sich ~: a*) zich stoten; *b*) ravotten; vechten; 3 *gerammelt voll* stampvol
'rammen ‹*h*› 1 heien; 2 (*ein Schiff*) rammen; **'Rammgerüst** ‹*das; -(e)s, -e*› heistelling; **'Rammklotz** ‹*der; -es, -ë*› heiblok; **'Rammpfahl** ‹*der; -(e)s, -ë*› heipaal
'Rampe ‹*die; -, -n*› 1 laadperron; 2 oprit; 3 (opstaande) rand aan de voorzijde van het podium; **'Rampenlicht** ‹*das; -(e)s, geen mv*› 1 (*theat*) voetlicht; 2 (*fig*) middelpunt
rampo'niert beschadigd, ontredderd
Ramsch ‹*der; -es, geen mv*› ramsj, ongeregeld goed; *im ~ kaufen* bij de roes kopen; **'ramschen** ‹*h*› ramsjen: *a*) tegen spotprijzen opkopen; *b*) tegen spotprijzen verkopen; **'Ramschgeschäft** ‹*das; -(e)s, -e*›, **'Ramschladen** ‹*der; -s, -̈*› winkel van ongeregeld goed; **'Ramschwaren** ‹*mv*› zie *Ramsch*
'ran... zie *heran...*
Rand ‹*der; -(e)s, -ër*› 1 rand; 2 zoom, kant, boord; 3 kring (*onder het oog*); 4 *außer od. aus ~ und Band* buiten zichzelf, uitgelaten; *mit seiner Weisheit am ~e sein* aan het einde van zijn wijsheid zijn; *am ~e* (*bemerken*) terloops
randa'lieren ‹*h*› 1 herrie schoppen, tekeergaan; 2 vandalisme plegen; **Randa'lierer** ‹*der; -s, -*› 1 herrieschopper; 2 vandaal
'Randbemerkung ‹*die; -, -en*› kanttekening
'rändern ‹*h*› randen, van een rand voorzien
'Randgruppe ‹*die; -, -n*› randgroep; **'Randnotiz** ‹*die; -, -en*›, **Randvermerk** ‹*der; -(e)s, -e*› kanttekening; **'Randtief** ‹*das; -(e)s, -s*› uitloper van een lagedrukgebied
Rang ‹*der; -(e)s, -ë*› 1 rang; *alles was ~ und Namen hat* alle prominenten; 2 (*theat*) loge, balkon; 3 (*fig*) *einem den ~ ablaufen* iem de loef afsteken; 4 *... ersten ~es: a*) zeer belangrijk; *b*) vooraanstaand; **'rangältest** oudst in rang
'Range ‹*die; -, -n*› deugniet
'rangeln, sich ‹*h*› 1 stoeien; 2 klauteren; 3 zich wentelen
'Rangfolge ‹*die; -, -n*› rang-, volgorde, hiërarchie
ran'gieren ‹*h*› 1 rangeren; 2 (*fig*) staan; *an erster Stelle ~* de eerste plaats innemen
-'rangig: *erst-, zweitrangig* van de eerste, tweede rang
'Rangstufe ‹*die; -, -n*› trap, graad
rank rank, tenger
'Ränke ‹*mv*› listen, intriges
'ranken ‹*h*› 1 ranken schieten, ranken; 2 *sich ~* (zich) slingeren, zich (vast)hechten; **'Rankengewächs** ‹*das; -es, -e*› rankende klimplant
'Ränkeschmied ‹*der; -(e)s, -e*› intrigant; **'ränkesüchtig, 'ränkevoll** intrigerend, arglistig
Ra'nunkel ‹*die; -, -n*› boterbloem
'Ranzen ‹*der; -s, -*› 1 (*mil*) ransel; 2 (*op rug gedragen*) schooltas; 3 (*volkstaal*) buik
'ranzig ranzig (*van vet, boter*)
ra'pid(e) vlug, snel
'Rappe ‹*der; -n, -n*› zwart paard; *auf Schusters ~n* te voet, per pedes apostolorum
'Rappel ‹*der; -s, geen mv*› vlaag van waanzin
'rappelig nerveus, onrustig
'Rappelkasten ‹*der; -s, -̈*›, **'Rappelkiste** ‹*die; -, -n*› rammelkast; **'rappeln** ‹*h*› ratelen, rammelen
'Rappen ‹*der; -s, -*› (*Zwits*) rappen, centime
Raps ‹*der; -es, geen mv*› koolzaad
Ra'punzel ‹*die; -, -n*› (*plantk*) veldsla
rar 1 zeldzaam; 2 schaars; **Rari'tät** ‹*die; -, -en*› rariteit, curiositeit
ra'sant 1 (*mil*) bestrijkend, rasant; 2 zeer snel
rasch ras, snel, vlug
'rascheln ‹*h*› ritselen
'Rasen ‹*der; -s, -*› 1 grasveld, gazon; 2 grasmat; 3 *unterm grünen ~* (*ruhen*) onder de groene zoden
'rasen ‹*h*› 1 razen, woeden; 2 razen, hard rijden; 3 snellen, stuiven; **'rasend** razend: *a*) woedend; *b*) onstuimig
'Rasenmäher ‹*der; -s, -*› grasmaaimachine; **'Rasenplatz** ‹*der; -es, -ë*› grasveld; **'Rasensprenger** ‹*der; -s, -*› gras-, tuinsproeier
'Raser ‹*der; -s, -*› snelheidsmaniak; **Rase'rei** ‹*die; -, -en*› 1 razernij, woede; 2 zeer hard rijden
Ra'sierapparat ‹*der; -(e)s, -e*› scheerapparaat; **ra'sieren** ‹*h*› 1 scheren; 2 met de grond gelijkmaken; **Ra'sierklinge** ‹*die; -, -n*› scheermesje; **Ra'sierwasser** ‹*der; -s, -̈*› 1 pre-shave; 2 aftershave
Rä'son ‹*die; -, geen mv*› verstand, rede
'Raspel ‹*die; -, -n*› rasp; **'raspeln** ‹*h*› raspen, schrappen
'Rasse ‹*die; -, -n*› ras
'Rassel ‹*die; -, -n*› 1 ratel; 2 rammelaar; **'Rasselbande** ‹*die; -, -n*› 1 groep herrieschoppers; 2 uitgelaten groep kinderen; **'rasseln** ‹*h en s*› 1 ratelen; 2 rammelen; 3 *durch's Examen ~* zakken, stralen, sjezen
'Rassendiskriminierung ‹*die; -, geen mv*› rassendiscriminatie; **'Rassentrennungspolitik** ‹*die; -, geen mv*› apartheidspolitiek; **'Rassenunruhen** ‹*mv*› rassenonlusten
'Rassepferd ‹*das; -(e)s, -e*› raspaard; **'rasserein** raszuiver, ras..., rasecht
'rassig 1 van (goed) ras; 2 pittig; **'rassisch** van, door het ras, ras...
Ras'sismus ‹*der; -, geen mv*› racisme; **Ras'sist** ‹*bn als zn*› racist; **ras'sistisch** racistisch
Rast ‹*die; -, -en*› rust, pauze; *~ machen* uitrus-

ten, pauzeren; '**rasten** ‹*h*› (uit)rusten, stilhouden

'**Raster** ‹*der; -s, -*› raster

'**Rasthaus** ‹*das; -es, -ër*›, **Rasthof** ‹*der; -(e)s, -ë*› 1 motel; 2 wegrestaurant; '**rastlos** rusteloos, onvermoeid, onafgebroken; '**Rastlosigkeit** ‹*die; -, geen mv*› rusteloosheid, onrust; '**Rastplatz** ‹*der; -es, -ë*› 1 parkeerplaats (*langs autosnelweg*); 2 rustplaats; '**Raststätte** ‹*die; -, -n*› 1 wegrestaurant; 2 motel

Ra'sur ‹*die; -, -en*› 1 doorhaling, radering; 2 het scheren

Rat I ‹*der; -(e)s, Ratschläge*› raad, raad(geving), advies; *einen zu ~e ziehen* iem raadplegen; II ‹*der; -(e)s, -ë*› 1 raadscollege, raad; 2 raadsheer, raadslid

'**Rate** ‹*die; -, -n*› 1 termijn (*bij betaling*); 2 percentage

'**raten** ‹*st.h; ie-a; ä*› 1 raden; 2 aanraden, adviseren; '**Ratenkauf** ‹*der; -(e)s, -ë*› koop op afbetaling; '**ratenweise** in termijnen; '**Ratenzahlung** ‹*die; -, -en*› betaling in termijnen, afbetaling

'**Rathaus** ‹*das; -es, -ër*› raadhuis

Ratifikati'on ‹*die; -, -en*› ratificatie; **ratifi'zieren** ‹*h*› ratificeren, bekrachtigen

Rati'on ‹*die; -, -en*› rantsoen, portie

ratio'nal rationeel: *a*) redelijk; *b*) doelmatig; **Rationali'sierung** ‹*die; -, -en*› rationalisering; **Rationa'lismus** ‹*der; -, geen mv*› rationalisme; **ratio'nell** rationeel, doelmatig

ratio'nieren ‹*h*› rantsoeneren; **Ratio'nierung** ‹*die; -, -en*› rantsoenering

'**ratlos** radeloos; '**Ratlosigkeit** ‹*die; -, geen mv*› radeloosheid

'**ratsam** raadzaam; '**Ratsamkeit** ‹*die; -, geen mv*› raadzaamheid

'**Ratschlag** ‹*der; -(e)s, -ë*› raad(geving), advies; '**ratschlagen** ‹*h*› beraadslagen, bespreken

'**Rätsel** ‹*das; -s, -*› raadsels; ~ *raten* raadsels oplossen; '**rätselhaft** raadselachtig; '**rätseln** ‹*h*› al maar raden

'**Ratsherr** ‹*der; -n, -en*› raadslid

'**Ratte** ‹*die; -, -n*› 1 rat; 2 gemeen iemand, hufter; '**Rattenfalle** ‹*die; -, -n*› ratteval; '**Rattenfänger** ‹*der; -s, -*› rattenvanger

'**rattern** ‹*h*› 1 ratelen; 2 ronken (*van motor*)

ratze'kahl helemaal kaal

Raub ‹*der; -(e)s, geen mv*› 1 roof; 2 buit, prooi; 3 *ein ~ der Flammen* een prooi der vlammen; '**Raubbau** ‹*der; -(e)s, geen mv*› roofbouw; ~ *treiben mit* roofbouw plegen op; '**rauben** ‹*h*› 1 roven; *einem etwas ~: a*) iets van iem roven; *b*) (*fig*) iem van iets beroven; '**Räuber** ‹*der; -s, -*› rover; '**Raubgier** ‹*die; -, geen mv*› roofzucht; '**raubgierig** roofgierig, -ziek; '**Raublust** ‹*die; -, geen mv*› roofzucht; '**Raubmord** ‹*der; -(e)s, -e*› roofmoord; '**Raubzug** ‹*der; -(e)s, -ë*› rooftocht

Rauch ‹*der; -(e)s, geen mv*› rook; '**rauchen** ‹*h*› roken; '**Raucher** ‹*der; -s, -*› roker; '**Raucherabteil** ‹*das; -(e)s, -e*› rookcoupé; **Räuche'rei** ‹*die; -, -en*› rokerij; **Räucherfleisch** ‹*das; -(e)s, geen mv*› rookvlees; '**räuchern** ‹*h*› roken; '**Räucherspeck** ‹*der; -(e)s, geen mv*› rookspek; '**Rauchfahne** ‹*die; -, -n*› rookpluim; '**Rauchfleisch** ‹*das; -(e)s, geen mv*› rookvlees; '**rauchig** rokerig, vol rook; '**Rauchopfer** ‹*das; -s, -*› reukoffer; '**Rauchsäule** ‹*die; -, -n*› rookkolom, -zuil; '**Rauchschwaden** ‹*der; -s, -*› rookwolk; '**Rauchware** ‹*die; -, -n*› 1 pelswerk, pelterijen; 2 rookwaren; '**Rauchwerk** ‹*das; -(e)s, geen mv*› pelswerk, pelterijen

'**Räude** ‹*die; -, -n*› schurft; '**räudig** schurftig (*van dieren*)

'**Raufbold** ‹*der; -(e)s, -e*› vechtersbaas

'**Raufe** ‹*die; -, -n*› ruif

'**raufen** ‹*h*› 1 repelen (*vlas*); 2 *sich die Haare, das Haar* ~ zich de haren uit het hoofd trekken (*van spijt, ergernis*); 3 *sich* ~ vechten; **Raufe'rei** ‹*die; -, -en*› vechtpartij

rauh 1 ruig; 2 behaard; 3 ruw; 4 guur (*weer, wind, lucht*); 5 bar, guur (*klimaat*); 6 rauw, schor (*stem*); 7 ruw, hard (*werk*); 8 hees, schor (*keel*); '**rauhborstig** onbehouwen, lomp; '**Rauheit** ‹*die; -, -en*› ruwheid enz.; vgl *rauh*; '**Rauhfasertapete** ‹*die; -, -n*› structuurbehang; '**Rauhreif** ‹*der; -(e)s, geen mv*› rijp, rijm

Raum ‹*der; -(e)s, -ë*› 1 ruimte; plaats; 2 vertrek, kamer, lokaal, lokaliteit; 3 ruim (*in schip*); 4 gelegenheid, kans; 5 tijdruimte, -perk; 6 gebied; regio; '**Raumanzug** ‹*der; -(e)s, -ë*› ruimtepak; '**Raumaufteilung** ‹*die; -, -en*› indeling (*van gebouw bijv*); '**Raumausstatter** ‹*der; -s, -*› behanger en stoffeerder; '**Raumausstattung** ‹*die; -, -en*› interieurverzorging

'**raumen** ‹*h*› ruimen (*van wind*)

'**räumen** ‹*h*› 1 ontruimen; 2 weg-, opruimen; 3 leeghalen, -maken; 4 uit de weg ruimen; '**Räumer** ‹*der; -s, -*› 1 ruimer; 2 doorsteker

'**Raumfähre** ‹*die; -, -n*› ruimteveer; **Raumfahrer** ‹*der; -s, -*› ruimtevaarder; **Raumfahrt** ‹*die; -, geen mv*› ruimtevaart; **Raumflug** ‹*der; -(e)s, -ë*› ruimtevlucht; **Raumgestalter** ‹*der; -s, -*› binnenhuisarchitect; **Raumgestaltung** ‹*die; -, geen mv*› binnenhuisarchitectuur; **Raumkapsel** ‹*die; -, -n*› ruimtecapsule; **Raumlehre** ‹*die; -, geen mv*› geometrie

'**räumlich** ruimtelijk, qua ruimte; '**Räumlichkeit** ‹*die; -, -en*› ruimte, lokaliteit

'**Raumordnung** ‹*die; -, geen mv*› ruimtelijke ordening, planologie; '**Raumpflegerin** ‹*die; -, -nen*› schoonmaakster; '**Raumplanung** ‹*die; -, geen mv*› ruimtelijke ordening; '**Raumschiff** ‹*das; -(e)s, -e*› ruimteschip; '**Raumsonde** ‹*die; -, -n*› ruimtesonde

'**Räumung** ‹*die; -, -en*› 1 ontruiming; 2 het opruimen

'**raunen** ‹*h*› 1 ruisen, murmelen; 2 geheimzinnig fluisteren (*bos, woud*); 3 mompelen, fluisteren (*van personen*)

'Raupe ‹*die; -, -n*› 1 rups; 2 rupsband; 3 gril, kuur; dwaasheid; **'Raupenfahrzeug** ‹*das; -(e)s, -e*› rupsvoertuig

'raus! eruit!

'raus... zie *heraus...*

Rausch ‹*der; -(e)s, -ë*› 1 roes; *einen ~ haben* aangeschoten zijn; 2 (*techn*) ruis; **'rauschen** ‹*h*› ruisen (*div bet*); **'Rauschgift** ‹*das; -(e)s, -e*› verdovend middel, drug; **'Rauschgiftdezernat** ‹*das; -(e)s, -e*› narcoticabrigade; **'rauschgiftsüchtig** aan drugs verslaafd; **'Rauschgiftsüchtige(r)** ‹*bn als zn*› drugsverslaafde; **'Rauschmittel** ‹*das; -s, -*› verdovend middel, drug

'räuspern, sich ‹*h*› zijn keel schrapen, kuchen

'Rausschmeißer ‹*der; -s, -*› (*volkstaal*) uitsmijter

'Raute ‹*die; -, -n*› 1 ruit; 2 (*plantk*) wijnruit

Ra'yon ‹*der; -s, -s*› 1 rayon, kunstzijde; 2 afdeling (*in warenhuis*); **Ra'yonchef** ‹*der; -s, -s*› afdelingschef (*in warenhuis*)

Rea'genzglas ‹*das; -es, -ër*› reageerbuisje

rea'gieren ‹*h*› (*auf* (+ 4)) reageren (op); **Reakti'on** ‹*die; -, -en*› reactie

reaktio'när reactionair

reakti'vieren ‹*h*› reactiveren

Re'aktor ‹*der; -s, Reak'toren*› reactor

re'al reëel, werkelijk, zakelijk

Realisati'on ‹*die; -, -en*› zie *Realisierung*; **reali'sierbar** te realiseren, realiseerbaar; **reali'sieren** ‹*h*› 1 realiseren; 2 te gelde maken; **Reali'sierung** ‹*die; -, -en*› realisatie; **Rea'lismus** ‹*der; -, geen mv*› realisme; **Reali'tät** ‹*die; -, -en*› realiteit, werkelijkheid

Re'allohn ‹*der; -(e)s, -ë*› reëel loon; **Re'alpolitik** ‹*die; -, geen mv*› reële, zakelijke politiek; **Re'alschule** ‹*die; -, -n*› mavoschool; **Re'alwert** ‹*der; -(e)s, -e*› reële waarde

Reanimati'on ‹*die; -, -en*› reanimatie

'Rebe ‹*die; -, -n*› 1 wijnrank; 2 wijnstok

Re'bell ‹*der; -en, -en*› rebel, oproerling; **rebel'lieren** ‹*h*› rebelleren, in opstand komen; **Rebelli'on** ‹*die; -, -en*› rebellie, oproer; **re'bellisch** rebels, oproerig

'Rebhuhn ‹*das; -(e)s, -ër*› patrijs, veldhoen; **'Rebstock** ‹*der; -(e)s, -ë*› wijnstok

'Rechen ‹*der; -s, -*› hark; **'rechen** ‹*h*› harken

'Rechenanlage ‹*die; -, -n*› computer; **'Rechenaufgabe** ‹*die; -, -n*› rekensom; **'Rechenautomat** ‹*der; -en, -en*› *elektronischer ~* computer; **'Rechenbrett** ‹*das; -(e)s, -er*› telraam

'Rechenschaft ‹*die; -, geen mv*› rekenschap; *einen zur ~ ziehen* iem ter verantwoording roepen; **'Rechenschieber** ‹*der; -s, -*› rekenliniaal; **'Rechenzentrum** ‹*das; -s, -zentren*› computercentrum

Re'cherche ‹*die; -, -n*› het onderzoek; *~n* nasporingen; **Recher'cheur** ‹*der; -s, -e*› onderzoeker; **recher'chieren** ‹*h*› navorsen, onderzoeken

'rechnen ‹*h*› 1 rekenen (*alle bet*), berekenen; (*mit den Tatsachen, Umständen*) ~ rekening houden; *~ mit* rekenen op; *im Kopf ~* uit het hoofd rekenen; 2 zuinig zijn; **'Rechner** ‹*der; -s, -*› 1 rekenaar; 2 computer; **'rechnerisch** 1 door berekening verkregen; 2 rekenkundig; **'Rechnung** ‹*die; -, -en*› 1 rekening, nota, factuur; *auf eigene ~* voor eigen rekening; (*einem etwas*) *in ~ stellen* in rekening brengen; 2 berekening; 3 ~ (*ab*)*legen* rekenschap geven; 4 *auf seine ~ kommen* aan zijn trek(ken) komen; 5 *einem od. e.r Sache ~ tragen* rekening houden met iem of iets; **'Rechnungsamt** ‹*das; -(e)s, -er*› rekenkamer; **'Rechnungseinheit** ‹*die; -, -en*› munteenheid; **'Rechnungshof** ‹*der; -(e)s, -ë*› rekenkamer; (*Belg*) Rekenhof; **'Rechnungsjahr** ‹*das; -(e)s, -e*› boekjaar; **'Rechnungsposten** ‹*der; -s, -*› post (*op de rekening*); **'Rechnungsprüfung** ‹*die; -, -en*› controle van de boeken; **'Rechnungswesen** ‹*das; -s, geen mv*› bedrijfsadministratie

recht 1 rechts; *das ~e Bein* het rechterbeen; 2 (*staatk*) rechts; 3 juist, echt, waar; *auf der ~en Spur sein* op het goede spoor zijn; *ganz ~!* juist!; *kein ~es Vertrauen zu etwas haben* niet veel vertrouwen in iets hebben; *eine ~e Freude* een ware vreugde; (*es ist*) *mir ~* mij best!; *an den Rechten geraten* aan het goede adres komen; *nach dem Rechten sehen* kijken, of alles in orde is, toezicht houden; 4 heel, zeer; *~ nett* heel vriendelijk; *nun erst ~!* nu juist!; 5 gelijk; *~ haben* gelijk hebben; *~ behalten* gelijk krijgen

Recht ‹*das; -(e)s, -e*› recht; *dem ~e nach* de jure; *bestellte ~e* gevestigde rechten; *die ~e studieren* rechten studeren; (*Student*) *der ~e* in de rechten; *öffentliches ~* publiek recht; ***mit*** *~* met recht, terecht; ***im*** *~ sein* gelijk hebben; het recht aan zijn zijde hebben

'Rechte ‹*die; -n, -n*› 1 rechterhand, -zijde; *sie saß an, zu seiner ~n* ze zat aan zijn rechterkant; 2 (*staatk*) rechterzijde

'rechteckig rechthoekig

'rechtens 1 rechtmatig; 2 terecht, met recht

'rechtfertigen ‹*h*› rechtvaardigen; **'Rechtfertigung** ‹*die; -, -en*› rechtvaardiging; **'rechtgläubig** rechtzinnig, orthodox; **'Rechtgläubigkeit** ‹*die; -, geen mv*› rechtzinnigheid enz.; **'Rechthaber** ‹*der; -s, -*› betweter; **Rechthabe'rei** ‹*die; -, geen mv*› betweterij; **'rechthaberisch** betweterig, eigenwijs; **'rechtlich** 1 gerechtelijk, juridisch; 2 rechtmatig, wettelijk; 3 redelijk, rechtschapen; **'rechtlinig** rechtlijnig; **'rechtlos** rechteloos; **'rechtlos** 1 rechteloos; 2 onwettig, onrechtmatig; **'Rechtlosigkeit** ‹*die; -, geen mv*› rechteloosheid; **'rechtmäßig** rechtmatig

rechts rechts

'Rechtsanwalt ‹*der; -(e)s, -ë*› advocaat en procureur; **'Rechtsanwaltschaft** ‹*die; -, geen mv*› 1 balie; 2 advocatuur; **'Rechtsaußen** ‹*der; -s, -*› (*sp*) rechtsbuiten; **'Rechtsberater** ‹*der; -s, -*› rechtskundig adviseur; **'Rechtsbeugung** ‹*die; -, -en*› rechtsverkrachting;

'Rechtsbruch ‹*der; -(e)s, -ë*› inbreuk op het recht; **'rechtschaffen** 1 rechtschapen; 2 enorm, flink; **'Rechtschaffenheit** ‹*die; -, geen mv*› rechtschapenheid enz.; **'Rechtschreibung** ‹*die; -, -en*› spelling; **'Rechtsfall** ‹*der; -(e)s, -ë*› rechtszaak; **'Rechtsgang** ‹*der; -(e)s, -ë*› (juridische) procedure; **'rechtsgängig** draaiend in de richting van de wijzers van een klok; **'Rechtsgeschäft** ‹*das; -(e)s, -e*› rechtshandeling; **'rechtsgültig** rechtsgeldig; **'rechtshändig** rechts; **'Rechtshilfe** ‹*die; -, geen mv*› 1 rechtsbijstand; 2 rechtshulp; **'Rechtsirrtum** ‹*der; -(e)s, -ër*› rechtsdwaling; **'Rechtskraft** ‹*die; -, geen mv*› rechtsgeldigheid; **'rechtskräftig** rechtsgeldig; **'rechtskundig** rechtskundig, -geleerd; **'Rechtslage** ‹*die; -, -n*› rechtspositie; **'Rechtsordnung** ‹*die; -, -en*› rechtsorde; **'Rechtspflege** ‹*die; -, geen mv*› rechtspleging; **'Rechtsprechung** ‹*die; -, geen mv*› rechtspraak; **'Rechtssache** ‹*die; -, -n*› rechtszaak; **'Rechtsschutzversicherung** ‹*die; -, -en*› (*Belg*) tegenverzekering; **'Rechtsspruch** ‹*der; -(e)s, -ë*› vonnis; **'Rechtsstreit** ‹*der; -(e)s, geen mv*› rechtsgeding, proces; **rechts'um!** rechtsom!; **'rechtsverbindlich** bindend; **'Rechtsverbindlichkeit** ‹*die; -, geen mv*› 1 bindende kracht; 2 verbintenis; 3 verplichting; **'Rechtsverkehr** ‹*der; -s, geen mv*› het rechts rijden; **'Rechtsverletzung** ‹*die; -, -en*› rechtsverkrachting, schending van het recht; **'Rechtsweg** ‹*der; -(e)s, -e*› gerechtelijke weg; **'rechtswidrig** onwettig, in strijd met het recht of de wet; **'rechtwink(e)lig** rechthoekig; **'rechtzeitig** tijdig

Reck ‹*das; -(e)s, -e*› (*sp*) rekstok

'Recke ‹*der; -n, -n*› dapper krijger, held

'recken ‹*h*› (uit)rekken, uitstrekken, uitsteken; *sich* ~ zich uitrekken; **'Reckstange** ‹*die; -, -n*› (*sp*) rekstok

re'cyceln ‹*h*› recyclen; **Re'cycling** ‹*das; -s, geen mv*› recycling; **re'cyclingfähig** recyclebaar, geschikt voor recycling

Redakti'on ‹*die; -, -en*› redactie; **redaktio'nell** redactioneel; **Re'daktor** ‹*der; -s, Redak'toren*› uitgever, bewerker

'Rede ‹*die; -, -n*› 1 rede(voering); 2 woord, gesprek; 3 stijl, taal; 4 ***davon** ist nicht die* ~ daar is geen sprake van; *es geht die ~, daß* … er wordt gezegd, dat …; *einem ~ und Antwort stehen* iem rekenschap geven; *einen **zur** ~ stellen* iem ter verantwoording roepen; (*es ist nicht*) *der ~ wert* de moeite waard; *große ~n führen* grootspreken; **'redefertig** welbespraakt, rad; **'Redefluß** ‹*der; -flusses, geen mv*› woordenvloed; **'redegewandt** welbespraakt; **'Redegewandtheit** ‹*die; -, geen mv*› welbespraaktheid; **'Redekunst** ‹*die; -, geen mv*› 1 redekunst; 2 welsprekendheid; **'Redekünstler** ‹*der; -s, -*› redenaar

'reden ‹*h*› spreken, praten; *er läßt mit sich ~* met hem valt te praten; (*von sich*) *~ machen* doen spreken; *viel Redens von etwas machen* veel ophef van iets maken; **'Redensart** ‹*die; -, -en*› uitdrukking, zegswijze; *hohle ~en* holle frasen; **Rede'rei** ‹*die; -, -en*› geklets; **'Redeschwall** ‹*der; -(e)s, geen mv*›, **'Redestrom** ‹*der; -(e)s, geen mv*› woordenvloed; **'Redeweise** ‹*die; -, -n*› manier van spreken; **'Redewendung** ‹*die; -, -en*› 1 zinswending; 2 uitdrukking

redi'gieren ‹*h*› redigeren: *a*) bewerken; *b*) de redactie voeren van

'redlich 1 eerlijk, braaf, trouw, rechtschapen; 2 ‹*bw*› erg, behoorlijk; **'Redlichkeit** ‹*die; -, geen mv*› eerlijkheid

'Redner ‹*der; -s, -*› redenaar, spreker; **'Rednerbühne** ‹*die; -, -n*› spreekgestoelte, tribune; **'rednerisch** oratorisch, redenaars…; **'Rednerpult** ‹*das; -(e)s, -e*› spreekgestoelte

'redselig spraakzaam, praatlustig; **'Redseligkeit** ‹*die; -, geen mv*› spraakzaamheid, praatlust

Redukti'on ‹*die; -, -en*› reductie (*alle bet*)

redupli'zieren ‹*h*› redupliceren

redu'zieren ‹*h*› reduceren (*alle bet*)

'Reede ‹*die; -, -n*› rede; **'Reeder** ‹*der; -s, -*› reder; **Reede'rei** ‹*die; -, -en*› rederij

re'ell 1 reëel, werkelijk; 2 betrouwbaar, eerlijk

Reep ‹*das; -(e)s, -e*› reep, touw

'REFA-Fachmann ‹*der; -(e)s, -leute*› arbeidsanalist

Refe'rat ‹*das; -(e)s, -e*› 1 referaat, voordracht; 2 verslag; 3 afdeling

Referen'dar ‹*der; -s, -e*› aankomend hoger ambtenaar

Refe'rent ‹*der; -en, -en*› 1 referent; 2 ter zake bevoegd ambtenaar, adviseur; **Refe'renz** ‹*die; -, -en*› referentie, verwijzing, inlichting

refe'rieren ‹*h*› 1 beschrijven, een verslag geven (van); 2 een inleiding, lezing houden

reflek'tieren ‹*h*› reflecteren (*alle bet*); **Reflexi'on** ‹*die; -, -en*› 1 terugkaatsing; 2 overdenking; **refle'xiv** (*gramm*) reflexief, wederkerend; **Refle'xivpronomen** ‹*das; -s, - en -pronomina*› wederkerend voornaamwoord

Re'form ‹*die; -, -en*› hervorming; **Reformati'on** ‹*die; -, -en*› 1 reformatie; 2 hervorming, vernieuwing

Re'former ‹*der; -s, -*› hervormer, vernieuwer; **refor'mieren** ‹*h*› hervormen; **Re'formkost** ‹*die; -, geen mv*› reformvoedsel

Re'frain ‹*der; -s, -s*› refrein

Re'gal ‹*das; -s, -e*› 1 rek; stelling(kast); 2 (boeken)plank, -rek; 3 vak, schap (*in winkel*)

'rege 1 levendig, druk; 2 levendig, kwiek, opgewekt, actief

'Regel ‹*die; -, -n*› 1 regel; 2 *die monatliche ~* de menstruatie; **'Regelfall** ‹*der; -(e)s, geen mv*› normaal geval; **'Regelknopf** ‹*der; -(e)s, -̈e*› (*telec*) regelknop; **'regellos** regel-, ordeloos, ongeregeld; **'Regellosigkeit** ‹*die; -, geen mv*› vgl *regellos*; **'regelmäßig** 1 regelmatig, geregeld; 2 in de regel, gewoonlijk; 3 *~er Kunde* vaste klant; '**Regelmäßigkeit** ‹*die; -, geen mv*› regelmatigheid; '**regeln** ‹*h*› 1 regelen (*div bet*), in orde brengen, reguleren; 2 *sich* ~ in orde komen; '**regelrecht** 1 volgens de regelen; 2 regelrecht; '**Regelstudienzeit** ‹*die; -, -en*› maximale studietijd; '**Regelung** ‹*die; -, -en*› regeling; regulering; '**Regelverstoß** ‹*der; -es, -ë*› het zondigen tegen de regel; '**regelwidrig** in strijd met de regel, verkeerd

'**regen** ‹*h*› 1 bewegen; 2 wekken, gaande maken; 3 *sich* ~: *a*) zich bewegen; *b*) ontstaan, opkomen; *c*) (*man muß*) *sich* ~ de handen uit de mouwen steken; *d*) (*fig*) ontwaken

'**Regen** ‹*der; -s, geen mv*› 1 regen; *vom ~ in die Traufe* van de regen in de drop (komen); 2 (*fig*) *einen im ~ stehen lassen* iem in de kou laten staan; '**Regenanlage** ‹*die; -, -n*› sproeiinstallatie; '**Regenbogen** ‹*der; -s, -̈*› regenboog

Regenerati'on ‹*die; -, -en*› regeneratie; **regene'rieren** ‹*h*› regenereren, herscheppen, weer doen ontstaan

'**Regenfälle** ‹*mv*› regen(val); '**Regenguß** ‹*der; -gusses, -güsse*› regenbui, stortregen; '**Regenpfeifer** ‹*der; -s, -*› (*dierk*) plevier, pluvier; '**Regenpfütze** ‹*die; -, -n*› regenplas; '**Regenschauer** ‹*der; -s, -*› regenbui; '**Regenschirm** ‹*der; -(e)s, -e*› paraplu; '**Regentropfen** ‹*der; -s, -*› regendruppel; '**Regenwurm** ‹*der; -(e)s, -ër*› (*dierk*) regenworm, pier

Re'gieanweisung ‹*die; -, -en*› regie-aanwijzing

re'gieren ‹*h*› regeren; **Re'gierung** ‹*die; -, -en*› regering; **Re'gierungsantritt** ‹*der; -(e)s, -e*› aanvaarding van de regering; **Re'gierungsbezirk** ‹*der; -(e)s, -e*› (*in de Bondsrepubliek*) district van een deelstaat; **Re'gierungsbildung** ‹*die; -, -en*› kabinetsformatie; **Re'gierungschef** ‹*der; -s, -s*› regeringsleider; **re'gierungsfähig** 1 in staat te regeren; 2 (*meerderheid*) voldoende; **Re'gierungsgewalt** ‹*die; -, geen mv*› regeringsgezag, -macht; **Re'gierungsrat** ‹*der; -(e)s, -ë*› (*Belg*) regeringsraad; **Re'gierungsumbildung** ‹*die; -, -en*› kabinetswijziging; **Re'gierungsvorlage** ‹*die; -, -n*› regeringsvoorstel

Regi'ment ‹*das; -(e)s, -e of -er*› 1 regiment; 2 heerschappij, bewind

Regi'on ‹*die; -, -en*› 1 streek, gebied; 2 gewest; 3 *in höheren ~en* in hoger sferen; **regio'nal** regionaal; **Regio'nalstrukturplan** ‹*der; -(e)s, -e*› (*Belg*) gewestplan

Regis'seur ‹*der; -s, -e*› 1 regisseur; 2 (*sp*) spelbepaler

Re'gister ‹*das; -s, -*› register (*alle bet*); **Registra'tur** ‹*die; -, -en*› 1 archief; 2 (*muz*) registratuur; **regi'strieren** ‹*h*› registreren

reglemen'tarisch reglementair; **reglemen'tieren** ‹*h*› reglementeren

'**Regler** ‹*der; -s, -*› 1 regelaar; 2 regulateur

'**reglos** zie *regungslos*

'**regnen** ‹*h*› regenen (*lett en fig*); *es regnet Bindfäden, in Strömen* het regent, dat het giet; '**regnerisch** regenachtig

Regressi'on ‹*die; -, -en*› regressie; **regres'siv** regressief, terugwerkend

'**regsam** levendig, bedrijvig, beweeglijk; '**Regsamkeit** ‹*die; -, geen mv*› levendigheid enz.

regu'lär 1 regelmatig, geregeld; 2 (*sp*) *ein ~er Treffer* een geldig doelpunt; 3 normaal

Regu'lator ‹*der; -s, Regula'toren*› regulateur; **regu'lieren** ‹*h*› reguleren; **Regu'lierung** ‹*die; -, -en*› regulering

'**Regung** ‹*die; -, -en*› 1 beweging; 2 gevoel, opwelling; '**regungslos** onbeweeglijk, roerloos; '**Regungslosigkeit** ‹*die; -, geen mv*› onbeweeglijkheid enz.

Reh ‹*das; -(e)s, -e*› 1 (*dierk*) ree; 2 (*fig*) gazelle

Rehabilitati'on ‹*die; -, -en*› 1 rehabilitatie; 2 (*med*) revalidatie; **rehabili'tieren** ‹*h*› 1 rehabiliteren; 2 (*med*) revalideren

'**Rehbock** ‹*der; -(e)s, -ë*› (*dierk*) reebok; '**Rehbraten** ‹*der; -s, -*› gebraden reevlees; '**rehfarben, rehfarbig** reekleurig, vaalrood; '**Rehkeule** ‹*die; -, -n*› reebout; '**Rehkitz** ‹*das; -es, -e*› (*dierk*) reekalf; '**Rehrücken** ‹*der; -s, -*› lendestuk van een ree

'**Reibe** ‹*die; -, -n*› 1 rasp; 2 schrapper; '**Reibekuchen** ‹*der; -s, -*› pannekoek van fijngewreven aardappelen; '**reiben** ‹*st.h; ie-ie*› 1 wrijven, schuren; *sich die Augen* ~ zijn ogen (uit)wrijven; 2 raspen; **Reibe'rei** ‹*die; -, -en*› 1 wrijving; 2 wrijving, conflict; '**Reibfläche** ‹*die; -, -n*› wrijf-, strijkvlak; '**Reibkäse** ‹*der; -s, geen mv*› geraspte kaas; '**Reibung** ‹*die; -, -en*› wrijving (*lett en fig*); '**reibungslos** 1 zonder wrijving; 2 vlot

Reich ‹*das; -(e)s, -e*› rijk, gebied

reich rijk

'**reichen** ‹*h*› 1 reiken, aanreiken; 2 reiken, zich uitstrekken; 3 genoeg zijn; *es reicht!* het is genoeg!; 4 ~ *an* (+ 4) raken aan, (*ook*) evenaren; 5 (*hulp, troost*) ~ bieden; 6 (*so lange der Vorrat*) *reicht* strekt

'**reichhaltig** rijk (van inhoud), veelomvattend, goed of ruim voorzien, zeer uitgebreid; '**Reichhaltigkeit** ‹*die; -, geen mv*› rijkdom, ruime of rijke voorraad, ruime keuze; '**reichlich** 1 overvloedig, rijk(elijk); 2 nogal, tamelijk

'**Reichstag** ‹*der; -(e)s, -e*› rijksdag

'**Reichtum** ‹*der; -s, -ër*› rijkdom (*lett en fig*); '**Reichweite** ‹*die; -, -n*› 1 reikwijdte; 2 (*luchtv*) vliegbereik, actieradius; 3 bereik (*van zender*); 4 *in ~ sein* binnen het bereik zijn

reif rijp

Reif I ‹*der; -(e)s, geen mv*› rijp; **II** ‹*der; -(e)s, -e*› 1 ring; 2 diadeem

'**Reife** ‹*die; -, geen mv*› rijpheid

'**Reifen** ‹*der; -s, -*› 1 band (*op wiel enz*); 2 hoepel; 3 diadeem

'**reifen** ‹*h en s*› rijpen (*tr en intr*)

'**Reifendruck** ‹*der; -(e)s, -ë*› band(en)spanning; '**Reifenheber** ‹*der; -s, -*› bandelichter; '**Reifenpanne** ‹*die; -, -n*› lekke band; '**Reifenwechsel** ‹*der; -s, -*› het verwisselen van een band

'**Reifeprüfung** ‹*die; -, -en*› eindexamen (*vwo*); '**Reifezeit** ‹*die; -, -en*› 1 tijd van rijp worden; 2 puberteitsjaren; '**Reifezeugnis** ‹*das; -ses, -se*› einddiploma (*vwo*)

'**reiflich** rijpelijk, rijp

'**Reigen** ‹*der; -s, -*› rei, rondedans

'**Reihe** ‹*die; -, -n*› 1 rij; 2 reeks, serie; 3 *die ~n* ‹*mv*› de gelederen; 4 beurt; *der ~ nach* om de beurt; 5 *aus der ~ tanzen* niet in het gareel lopen; 6 (*sp*) *aus der zweiten ~* uit de tweede lijn; '**reihen** ‹*h*› 1 (rang)schikken, scharen; 2 rijgen (*kralen, een naad*); 3 rimpelen (*stof*); 4 *sich ~ an* (+ 4) aansluiten bij; '**Reihenbau** ‹*der; -(e)s, -ten*› (*bouwk*) rijbouw; '**Reihenfolge** ‹*die; -, -n*› volgorde, rangorde; '**reihenweise** in rijen, in serie

'**Reiher** ‹*der; -s, -*› reiger

reih'um om de beurt; *etwas ~ gehen lassen* iets rond laten gaan

Reim ‹*der; -(e)s, -e*› 1 rijm; 2 vers, rijm(pje); '**reimen** ‹*h*› 1 rijmen; 2 *sich ~* rijmen, overeenstemmen; 3 *wie reimt sich das?* hoe zit dat?; '**reimlos** rijmloos, blank; '**Reimspruch** ‹*der; -(e)s, -ë*› rijmspreuk

rein 1 rein; 2 schoon; helder; 3 zuiver; 4 *mit einem ins ~e kommen* het met iem eens worden; *mit einem im ~en sein: a*) het met iem eens zijn; *b*) iem alles betaald hebben; 5 *~ unmöglich* gewoonweg onmogelijk; 6 *ins ~e schreiben* in het net schrijven

'**rein**... zie *herein*...

'**Rein(e)machefrau** ‹*die; -, -en*› schoonmaakster

'**rein(e)weg** 1 totaal; 2 gewoon(weg)

'**Reinfall** ‹*der; -(e)s, -ë*› teleurstelling; flop; '**reinfallen** ‹*st.s; ie-a; ä*› er inlopen

'**Reingewicht** ‹*das; -(e)s, -e*› nettogewicht

'**Reinheit** ‹*die; -, geen mv*› 1 zie *rein*; 2 kuisheid

'**reinigen** ‹*h*› 1 schoonmaken, reinigen; 2 (*ook fig*) zuiveren; '**Reiniger** ‹*der; -s, -*› schoonmaakmiddel; '**Reinigung** ‹*die; -, -en*› 1 reiniging enz.; 2 schoonmaak; 3 stomerij

Reinkarnati'on ‹*die; -, -en*› reïncarnatie

'**reinlich** 1 schoon, proper, zindelijk; 2 keurig, netjes; 3 helder, duidelijk, scherp

'**reinrassig** van zuiver ras

'**Reinschrift** ‹*die; -, geen mv*› netschrift, net

Reis I ‹*der; -es, -e*› rijst; **II** ‹*das; -es, -er*› rijs, twijg, takje, loot; '**Reisbrei** ‹*der; -(e)s, -e*› rijstebrij, rijstepap

'**Reise** ‹*die; -, -n*› reis; '**Reisebericht** ‹*der; -(e)s, -e*› reisverhaal, -verslag; '**Reisebüro** ‹*das; -s, -s*› reisbureau; '**Reisebus** ‹*der; -ses, -se*› touringcar; '**reisefertig** reisvaardig; klaar voor de reis; '**reisefreudig** reislusti; '**Reiseführer** ‹*der; -s, -*› 1 reisgids, -leider; 2 reisgids (*boekje*); '**Reisegepäck** ‹*das; -(e)s, geen mv*› bagage; '**Reisegeschwindigkeit** ‹*die; -, -en*› kruissnelheid; '**Reisegesellschaft** ‹*die; -, -en*› reisgezelschap; '**reiselustig** reislustig; '**Reisemobil** ‹*das; -s, -e*› kampeerwagen, camper; '**reisen** ‹*s en h*› 1 reizen; 2 op reis gaan of zijn; '**Reisende(r)** ‹*bn als zn*› 1 reiziger, passagier; 2 handelsreiziger; '**Reiseomnibus** ‹*der; -ses, -se*› touringcar; '**Reisepaß** ‹*der; -passes, -pässe*› reispas; paspoort; '**Reiseprospekt** ‹*der; -(e)s, -e*› reisgids (*brochure*); '**Reiseutensilien** ‹*mv*› reisbenodigdheden; '**Reiseveranstalter** ‹*der; -s, -*› touroperator, reisorganisator; '**Reiseverkehr** ‹*der; -s, geen mv*› reizigersverkeer; '**Reisezeit** ‹*die; -, -en*› 1 reistijd, -duur; 2 reisseizoen; '**Reiseziel** ‹*das; -(e)s, -e*› doel van de reis, reisbestemming

'**Reisfeld** ‹*das; -(e)s, -er*› rijstveld

'**Reisholz** ‹*das; -es, geen mv*›, **Reisig** ‹*das; -s, geen mv*› rijs-, sprokkelhout

'**Reiskorn** ‹*das; -(e)s, -ër*› rijstekorrel

'**Reißaus**: *~ nehmen* ervandoor gaan

'**Reißbrett** ‹*das; -(e)s, -er*› tekenplank

'**reißen I** ‹*st.h; i-i*› 1 scheuren; 2 trekken, rukken; 3 *an sich ~* naar zich toe trekken; 4 open-, insnijden, splijten; 5 trekken (*bij gewichtsheffen*); 6 (*sp*) de lat eraf gooien (*hoogspringen*); 7 (*fig*) *sich **um** etwas ~* elkaar iets betwisten; **II** ‹*st.s; i-i*› 1 scheuren; breken, (af-) knappen; 2 (*geduld*) opraken; '**Reißen** ‹*das; -s, geen mv*› 1 het trekken (*ook sp*), het scheuren; 2 reumatiek; '**reißend** 1 (*dier*) verscheurend; 2 (*pijn*) snijdend; 3 snelstromend; 4 *~en Absatz finden* gretig aftrek vinden; '**Reißer** ‹*der; -s, -*› 1 kasstuk, succesfilm, -nummer; 2 best-seller; 3 succesartikel; '**reißerisch** op effect berekend

'**Reißfeder** ‹*die; -, -n*› trek-, tekenpen; '**reißfest** niet scheurend; '**Reißnagel** ‹*der; -s, -*› punaise; '**Reißschiene** ‹*die; -, -n*› tekenhaak; '**Reißstift** ‹*der; -(e)s, -e*› punaise; '**Reißverschluß** ‹*der; -verschlusses, -verschlüsse*› ritssluiting; '**Reißzwecke** ‹*die; -, -n*› punaise

'**Reitbahn** ‹*die; -, -en*› manege

'**reiten** ‹*st.h en s; i-i*› 1 rijden; *über den Haufen, zu Boden ~* omver, overhoop rijden; 2 berijden; '**Reiter** ‹*der; -s, -*› 1 ruiter; 2 berijder; 3 ruitertje; **Reite'rei** ‹*die; -, geen mv*› 1 ruiterij, cavalerie; 2 het gerij; '**Reitgerte** ‹*die; -, -n*› rijzweep, karwats

Reiz ‹*der; -es, -e*› 1 prikkel(ing); 2 aantrekkelijkheid; 3 charme; bekoorlijkheid; '**reizbar** prikkelbaar; '**Reizbarkeit** ‹*die; -, geen mv*› prikkelbaarheid; '**reizen** ‹*h*› 1 prikkelen (*alle bet*); opwekken; 2 tergen; 3 strelen, bekoren; 4 opbieden (*bij kaartspel*); 5 (*zur Nachahmung*) aanzetten, prikkelen; 6 *zum Widerspruch ~* tegenspraak uitlokken; '**reizend** 1 prikkelend, opwekkend; 2 charmant, bekoorlijk, aantrekkelijk, verrukkelijk, lief; *das ist ja ~* (*iron*) leuk, een mooie boel; '**reizlos** zonder bekoring, weinig aantrekkelijk; '**Reizmittel** ‹*das; -s, -*› opwekkend middel; '**Reizung** ‹*die; -, -en*› prikkeling, opwekking; '**reizvoll** bekoorlijk, aantrekkelijk; '**Reizwäsche** ‹*die; -, geen mv*› pikante lingerie

Rekapitulati'on ‹*die; -, -en*› recapitulatie; **rekapitu'lieren** ‹*h*› recapituleren

'Rekel ‹*der; -s, -*› onbehouwen vlegel
'rekeln, sich ‹*h*› 1 ongegeneerd zitten of gaan zitten; 2 zich ongegeneerd uitrekken
Reklamati'on ‹*die; -, -en*› reclamatie; bezwaarschrift
Re'klame ‹*die; -, -n*› reclame; **Re'klameartikel** ‹*der; -s, -*› reclameartikel; **Re'klamefeldzug** ‹*der; -(e)s, -ë*› reclamecampagne
rekla'mieren ‹*h*› reclameren
reklas'sieren ‹*h*› reclasseren
rekonstru'ieren ‹*h*› reconstrueren; **Rekonstrukti'on** ‹*die; -, -en*› reconstructie
Re'kord ‹*der; -(e)s, -e*› record; (*einen ~*) *aufstellen, einstellen* vestigen, evenaren; **Re'kordhalter** ‹*der; -s, -*›, **-inhaber** ‹*der; -s, -*› recordhouder; **Re'kordleistung** ‹*die; -, -en*› topprestatie, record
Re'krut ‹*der; -en, -en*› rekruut; **rekru'tieren** ‹*h*› rekruteren
rek'tal rectaal
Rektifikati'on ‹*die; -, -en*› rectificatie; **rektifi'zieren** ‹*h*› rectificeren
'Rektor ‹*der; -s, Rek'toren*› 1 rector (*van universiteit*); 2 directeur (*van mavoschool*); 3 hoofd (*van basisschool*)
Re'kurs ‹*der; -es, -e*› beroep, protest, bezwaar
Relati'on ‹*die; -, -en*› relatie, betrekking
rela'tiv ‹*bn*› relatief; **Relativi'tät** ‹*die; -, geen mv*› relativiteit; **Rela'tivpronomen** ‹*das; -s, -en -pronomina*› betrekkelijk voornaamwoord
re'laxed relaxed, ontspannen; **re'laxen** ‹*h*› relaxen, zich ontspannen
Rele'vanz ‹*die; -, geen mv*› relevantie
Religi'on ‹*die; -, -en*› religie, geloof, godsdienst; **Religi'onsbekenntnis** ‹*das; -ses, -se*› geloofsbelijdenis; **Religi'onsgemeinschaft** ‹*die; -, -en*› kerkgenootschap; **Religi'onslehre** ‹*die; -, -n*› 1 godsdienstleer; 2 godsdienstonderwijs; **Religi'onslehrer** ‹*der; -s, -*› godsdienstleraar; **religi'ös** religieus, godsdienstig
Re'likt ‹*das; -(e)s, -e*› relict, overblijfsel
'Reling ‹*die; -, -e of -s*› (*scheepv*) reling
Re'liquie ‹*die; -, -n*› relikwie
Re'medium ‹*das; -s, Remedien*› remedie (*div bet*)
Re'migrant ‹*der; -en, -en*› remigrant
Reminis'zenz ‹*die; -, -en*› reminiscentie
re'mis (*sp*) remise, onbeslist
remit'tieren ‹*h*› terugzenden (boeken)
Remou'lade ‹*die; -, -n*› remoulade, gekruide saus
Rempe'lei ‹*die; -, -en*› 1 (*sp*) het hard van de bal zetten (*van een tegenstander*); 2 het duwen; **'rempeln** ‹*h*› 1 (*sp*) *einen ~* iem hard van de bal zetten; 2 een duw, een por geven; **'Rempler** ‹*der; -s, -*› (*sp*) duw, por
Ren'dite ‹*die; -, -n*› rendement
Rene'gat ‹*der; -en, -en*› renegaat, afvallige
Reni'tenz ‹*die; -, geen mv*› renitentie, weerspannigheid, verzet
'Rennauto ‹*das; -s, -s*› raceauto; **'Rennbahn** ‹*die; -, -en*› renbaan; **'Rennboot** ‹*das; -(e)s, -e*› raceboot; **'rennen** ‹*onr.h en s; rannte, gerannt*› 1 rennen; 2 wedrennen; **'Rennen** ‹*das; -s, -*› wedren, wedstrijd, race; *das ~ gewinnen* (*fig*) het winnen; *einen aus dem ~ werfen* iem uitschakelen; **'Renner** ‹*der; -s, -*› 1 renner, renpaard; 2 artikel dat goed verkocht wordt, topper; **'Rennfahrer** ‹*der; -s, -*› 1 wielrenner; 2 auto-, motorcoureur; **'Rennrad** ‹*das; -(e)s, -ër*› racefiets; **'Rennstrecke** ‹*die; -, -n*› (*sp*) circuit; **'Rennwagen** ‹*der; -s, -*› raceauto, -wagen
renom'miert gerenommeerd, vermaard
reno'vieren ‹*h*› renoveren; **Reno'vierung** ‹*die; -, -en*› renovatie
ren'tabel rendabel, winstgevend; **Rentabili'tät** ‹*die; -, geen mv*› rentabiliteit
'Rente ‹*die; -, -n*› 1 pensioen; 2 lijfrente; 3 vaste inkomsten (*uit beleggingen*); 4 *~n* ‹*mv*› (*handel*) vastrentende waarden; **'Rentenempfänger** ‹*der; -s, -*› pensioentrekker, -ontvanger; **'Rentenversicherung** ‹*die; -, -en*› 1 pensioenverzekering; 2 lijfrenteverzekering
Ren'tier ‹*der; -s, -s*› rentenier
'Rentier ‹*das; -(e)s, -e*› (*dierk*) rendier
ren'tieren, sich ‹*h*› winst opleveren, renderen, rendabel zijn
'Rentner ‹*der; -s, -*› 1 gepensioneerde; 2 rentenier
Reorganisati'on ‹*die; -, -en*› reorganisatie; **reorgani'sieren** ‹*h*› reorganiseren
Reparati'on ‹*die; -, -en*› herstelbetaling
Repara'tur ‹*die; -, -en*› reparatie; **repara'turanfällig** reparatiegevoelig; **Repara'turwerkstatt** ‹*die; -, -ën*› werkplaats
repa'rieren ‹*h*› repareren
repatri'ieren ‹*h*› repatriëren
repe'tieren ‹*h*› repeteren; **Repetiti'on** ‹*die; -, -en*› herhaling
Replantati'on ‹*die; -, -en*› 1 (*med*) reïmplantatie; 2 replantatie
Re'plik ‹*die; -, -en*› repliek (*div bet*)
repli'zieren ‹*h*› repliceren, antwoorden
Re'port ‹*der; -(e)s, -e*› verslag
Repräsen'tant ‹*der; -en, -en*› 1 representant, vertegenwoordiger; 2 (*handel*) vertegenwoordiger; 3 afgevaardigde; **Repräsen'tantenhaus** ‹*das; -es, geen mv*› Huis van Afgevaardigden (*VS*); **Repräsen'tanz** ‹*die; -, -en*› 1 (*handel*) vertegenwoordiging; 2 ‹*geen mv*› representativiteit; **Repräsentati'on** ‹*die; -, -en*› representatie; **repräsenta'tiv** representatief; **Repräsenta'tivbefragung** ‹*die; -, -en*›, **Repräsenta'tivumfrage** ‹*die; -, -n*› opinieonderzoek; **repräsen'tieren** ‹*h*› representeren
Repres'salien ‹*mv*› repressailles
Reprodukti'on ‹*die; -, -en*› reproduktie; **reprodu'zieren** ‹*h*› reproduceren
Rep'til ‹*das; -s, -e en Reptilien*› reptiel
Repu'blik ‹*die; -, -en*› republiek; **Republi'kaner** ‹*der; -s, -*› republikein; **republi'kanisch** republikeins; **Repu'blikflucht** ‹*die; -, geen mv*› (*vroeger*) vlucht uit de DDR (*naar het Westen*)

Reputati'on ‹*die; -, -en*› reputatie
requi'rieren ‹*h*› rekwireren, vorderen
Requi'sit ‹*das; -(e)s, -en*› (*theat*) rekwisiet; **Requisiti'on** ‹*die; -, -en*› rekwisitie, vordering
Reser'vat ‹*das; -(e)s, -e*› reservaat
Re'serve ‹*die; -, -n*› 1 reserve (*alle bet*); 2 gereserveerdheid, terughoudendheid; **Re'servekanister** ‹*der; -s, -*› reservetank, -blik
reser'vieren ‹*h*› 1 reserveren; 2 (*plaats*) reserveren, bespreken; **reser'viert** gereserveerd (*alle bet*)
Resi'denz ‹*die; -, -en*› residentie; **resi'dieren** ‹*h*› resideren
Resignati'on ‹*die; -, geen mv*› resignatie: *a*) gelatenheid, berusting; *b*) het opgeven van de moed; *c*) het afstand doen; **resig'nieren** ‹*h*› resigneren; **resig'niert** geresigneerd, berustend
Resi'stenz ‹*die; -, -en*› 1 weerstand, verzet; 2 weerstands-, uithoudingsvermogen
reso'lut resoluut, vastberaden; **Resoluti'on** ‹*die; -, -en*› resolutie, besluit
Reso'nanz ‹*die; -, -en*› 1 resonantie; 2 (*fig*) weerklank; respons; **reso'nieren** ‹*h*› resoneren
resp *respektive*
respek'tabel respectabel; **respek'tieren** ‹*h*› respecteren; **respek'tierlich** respectabel; **respek'tive** respectievelijk, achtereenvolgens; **re'spektlos** respectloos, oneerbiedig, zonder respect; **Respekt'losigkeit** ‹*die; -, geen mv*› gebrek aan respect, oneerbiedigheid; **Re'spektsperson** ‹*die; -, -en*› persoon van aanzien; **Re'spekttage** ‹*mv*› respijtdagen; **re'spektvoll** eerbiedig, onderdanig
Res'sort ‹*das; -s, -s*› 1 ressort, afdeling; 2 ressort, taak, gebied; **ressor'tieren** ‹*h*› ressorteren
Res'sourcen ‹*mv*› hulpbronnen
Rest ‹*der; -(e)s, -e*› 1 rest (*div bet*); overblijfsel, -schot; *die sterblichen, die irdischen ~e* het stoffelijk overschot; 2 restant; 3 *bis auf den ~* tot de laatste druppel; 4 (*einem*) *den ~ geben* de genadeslag geven
Re'stant ‹*der; -en, -en*› 1 achterstallige schuldenaar; 2 *~en* (*ook*): *a*) achterstallige gelden; *b*) restanten, coupons
Restaurati'on ‹*die; -, -en*› restauratie, herstel; **restau'rieren** ‹*h*› restaureren, herstellen
'Restbestand ‹*der; -(e)s, -ë*› restant; **'Restbetrag** ‹*der; -(e)s, -ë*› resterend bedrag
restitu'ieren ‹*h*› restitueren, vergoeden; **Restituti'on** ‹*die; -, -en*› restitutie, vergoeding
'restlich resterend; (*Belg*) residuair
'restlos volkomen, totaal
'Restposten ‹*der; -s, -*› restant
Restrikti'on ‹*die; -, -en*› restrictie
Resul'tat ‹*das; -(e)s, -e*› resultaat; **resul'tieren** ‹*h*› resulteren, voortvloeien
Resü'mee ‹*das; -s, -s*› resumé, samenvatting; **resü'mieren** ‹*h*› resumeren, samenvatten
Re'torte ‹*die; -, -n*› retort, destilleerkolf; **Re'tortenbaby** ‹*das; -s, -s*› reageerbuisbaby
retour'nieren ‹*h*› retourneren, terugzenden
'retten ‹*h*› 1 redden; *einen vor dem Tod ~* iem van de dood redden; 2 *sich ~* zich in veiligheid brengen; *sich vor* (+ 3) *~* aan iets ontsnappen; 3 *sich nicht zu ~ wissen* geen raad meer weten; **'Retter** ‹*der; -s, -*› redder
'Rettich ‹*der; -es, -e*› rammenas
'Rettung ‹*die; -, -en*› redding; *ohne ~ verloren* reddeloos verloren; **'Rettungsdienst** ‹*der; -(e)s, geen mv*› eerste hulp bij ongelukken; **'Rettungsgürtel** ‹*der; -s, -*› zwem-, redding(s)gordel; **'rettungslos** redde-, hopeloos; **'Rettungsmannschaft** ‹*die; -, -en*› redding(s)ploeg; **'Rettungswagen** ‹*der; -s, -*› ambulance, ziekenauto; (*Belg*) klinimobiel
Re'turn ‹*der; -s, -s*› (*sp*) return
Re'tusche ‹*die; -, -n*› (*fot*) retouche; **retu'schieren** ‹*h*› retoucheren
'Reue ‹*die; -, geen mv*› berouw, spijt; **reuen** ‹*h*› berouw of spijt veroorzaken; *es reut mich* ik heb er berouw over, het spijt me; **'reuevoll** berouwvol, -hebbend; **'reuig** berouwhebbend, -vol; **'reumütig** berouwvol, -hebbend, boetvaardig
'Reuse ‹*die; -, -n*› fuik
Re'vanche ‹*die; -, -n*› revanche; **Re'vanchespiel** ‹*das; -(e)s, -e*› revanchewedstrijd; **revan'chieren, sich** ‹*h*› 1 zich revancheren, revanche nemen; 2 iets terugdoen; een attentie beantwoorden; 3 wraak nemen
Reve'renz ‹*die; -, -en*› reverentie
revi'dieren ‹*h*› herzien
Re'vier ‹*das; -s, -e*› 1 district, gebied; 2 wijk, rayon (*van kelner*); 3 afdelingsbureau (*van politie*); 4 jachtgebied
Revisi'on ‹*die; -, -en*› 1 cassatie (*van vonnis*); 2 herziening, verandering; 3 controle; **Re'visor** ‹*der; -s, Revi'soren*› 1 accountant; 2 (*typ*) corrector
revol'tieren ‹*h*› revolteren
Revoluti'on ‹*die; -, -en*› revolutie; **revolutio'när** revolutionair; **Revolutio'när** ‹*der; -s, -e*› revolutionair; **revolutio'nieren** ‹*h*› revolteren
Re'volver ‹*der; -s, -*› revolver
Rezen'sent ‹*der; -en, -en*› recensent; **rezen'sieren** ‹*h*› recenseren
Rezensi'on ‹*die; -, -en*› recensie, bespreking
Re'zept ‹*das; -(e)s, -e*› recept; **re'zeptfrei** zonder recept verkrijgbaar
Rezepti'on ‹*die; -, -en*› receptie (*in hotel enz*)
rezep'tiv 1 ontvangend, opnemend; 2 ontvankelijk
re'zeptpflichtig alleen op recept verkrijgbaar
Rezep'tur ‹*die; -, -en*› receptuur
Rezessi'on ‹*die; -, -en*› recessie
Rezipi'ent ‹*der; -en, -en*› recipiënt
Rezitati'on ‹*die; -, -en*› voordracht; **Rezita'tiv** ‹*das; -s, -e*› recitatief; **rezi'tieren** ‹*h*› voordragen, reciteren
Rha'barber ‹*der; -s, geen mv*› rabarber
Rhein ‹*der; -(e)s*› Rijn; **'rheinisch** van of aan

de Rijn, Rijn...; '**Rheinkahn** ‹*der; -(e)s, ¨e*› rijnaak

Rhe'torik ‹*die; -, geen mv*› retorica; **Rhe'toriker** ‹*der; -s, -*› retoricus

'**Rheuma** ‹*das; -s, geen mv*› reumatiek; **rheu'matisch** reumatisch

Rheuma'tismus ‹*der; -, -tismen*› reumatiek

'**Rhythmik** ‹*die; -, geen mv*› ritmiek; '**rhythmisch** ritmisc; '**Rhythmus** ‹*der; -, Rhythmen*› ritme

'**Richtantenne** ‹*die; -, -n*› (*telec*) gerichte antenne; '**Richtblei** ‹*das; -s, geen mv*› schiet-, paslood

'**richten** ‹*h*› **1** richten (*div bet*); (*Brief, Frage, sich* ~) *an* (+ 4) tot; **2** (*bed, kamer*) in orde maken; *den Tisch* ~ de tafel dekken; *sich die Haare* ~ zijn haar kammen; **3** oordelen; **4** terechtstellen; **5** *sich nach den Umständen* ~ zich naar de omstandigheden schikken; **6** *sich selbst* ~ zelfmoord plegen

'**Richter** ‹*der; -s, -*› rechter; '**richterlich** rechterlijk

'**Richtfest** ‹*das; -(e)s, -e*› het bereiken van het hoogste punt bij een bouwwerk, pannebier

'**Richtgeschwindigkeit** ‹*die; -, -en*› geadviseerde snelheid

'**richtig** **1** juist, goed; *mal* ~ *ausschlafen* eens echt uitslapen; **2** *nicht ganz* ~ *im Kopf sein* niet goed snik zijn; **3** *du bist mir der Richtige!* je bent me een mooie!; **4** (*er sagte, sie komme bestimmt bald*), *und* ~, (*da trat sie ein*) ... jawel, inderdaad; '**richtiggehend** **1** goed of precies lopend (van uurwerk); **2** (*fig*) echt, werkelijk; '**Richtigkeit** ‹*die; -, geen mv*› juistheid; *damit hat es seine* ~ dat is juist; '**richtigliegen** ‹*st.h; a-e*› (*fig*) goed zitten, het bij het juiste eind hebben; '**richtigstellen** ‹*h*› verbeteren, rectificeren; '**Richtigstellung** ‹*die; -, -en*› rectificatie, verbetering

'**Richtlinie** ‹*die; -, -n*› richtsnoer (vooral *fig*), gedragslijn; '**Richtpreis** ‹*der; -es, -e*› **1** richtprijs, adviesprijs; **2** standaardprijs; '**Richtsatz** ‹*der; -es, -ë*› normbedrag; '**Richtschnur** ‹*die; -, -en*› **1** richtkoord; **2** (*fig*) richtsnoer; '**Richtstrahler** ‹*der; -s, -*› straalzender

'**Richtung** ‹*die; -, -en*› **1** richting; **2** *in jeder* ~ (*ook*) in ieder opzicht; '**Richtungsanzeiger** ‹*der; -s, -*› richting(aan)wijzer; '**richtungweisend** richtinggevend

'**Richtwaage** ‹*die; -, -n*› waterpas

ridi'kül ridicuul, belachelijk

'**riechen** ‹*st.h; o-o*› **1** ruiken; **2** geuren; **3** stinken; **4** (*ich kann ihn*) *nicht* ~ niet luchten, niet uitstaan; '**Riecher** ‹*der; -s, -*› neus

Ried ‹*das; -(e)s, -e*› **1** (*plantk*) riet; **2** rietland, moeras

'**Riege** ‹*die; -, -n*› turnploeg

'**Riegel** ‹*der; -s, -*› **1** grendel; (*fig*) *einer Sache einen* ~ *vorschieben* ergens een eind aan maken; **2** (verbindend) dwarshout (*in vakbouw*); **3** *ein* ~ *Schokolade* een reep chocolade; **4** schoot, tong (*van slot*)

'**Riemen** ‹*der; -s, -*› riem; *sich in die* ~ *legen: a*) stevig roeien; *b*) flink aanpakken

'**Riese** ‹*der; -n, -n*› **1** reus; **2** (*volkstaal*) briefje van 1000 DM

'**rieseln** ‹*h*› **1** ruisen, vloeien; **2** druppelen; **3** motregenen; **4** (*beek*) kabbelen, murmelen; **5** neervallen; neerdwarrelen

'**Riesenarbeit** ‹*die; -, geen mv*› reuzenwerk; '**riesenartig** reusachtig; '**Riesenbau** ‹*der; -(e)s, -ten*› reusachtig bouwwerk; '**riesengroß**, '**riesenhaft** reusachtig; '**riesenstark** reusachtig sterk; '**riesig** **1** reusachtig, geweldig, kolossaal, enorm; **2** fantastisch; '**Riesin** ‹*die; -, -nen*› reuzin

'**Riesling** ‹*der; -s, -e*› riesling (*druivesoort, wijn*)

Riff ‹*das; -(e)s, -e*› rif, klip

rigo'ros rigoreus

'**Rille** ‹*die; -, -n*› **1** groef(je), voor, geul; **2** groef (*van grammofoonplaat*); '**rillen** ‹*h*› groeven, uithollen

Ri'messe ‹*die; -, -n*› (*handel*) remise

Rind ‹*das; -(e)s, -er*› **1** (*dierk*) rund; **2** rundvlees

'**Rinde** ‹*die; -, -n*› **1** schors, bast; **2** korst

'**Rinderbraten** ‹*der; -s, -*› **1** gebraden (stuk) rundvlees; **2** rosbief; '**Rinderfilet** ‹*das; -s, -s*› biefstuk (*van de haas*); ossehaas; '**Rindfleisch** ‹*das; -es, geen mv*› rundvlees; '**Rindsbraten** zie *Rinderbraten*; '**rindsledern** rundleren; '**Rindstück** ‹*das; -(e)s, -e*› biefstuk; '**Rindvieh** ‹*das; -(e)s, -viecher*› **1** rundvee; **2** (*fig*) stommeling

Ring ‹*der; -(e)s, -e*› **1** ring; **2** kring (*om haard, maan, ogen, zon*); **3** schakel, schalm; **4** syndicaat, trust, kartel; **5** bende; **6** ringweg; '**Ringbahn** ‹*die; -, -en*› ringweg; '**Ringbuch** ‹*das; -(e)s, -ër*› ringbandcahier, multomap

'**Ringel** ‹*der; -s, -*› **1** ringetje; **2** krul; **3** krakeling; '**Ringellocke** ‹*die; -, -n*› gekrulde lok, pijpekrul; '**ringeln** ‹*h*› **1** krullen, ringen maken om; **2** (zich) krullen; '**Ringelnatter** ‹*die; -, -n*› ringslang; '**Ringelreihen** ‹*der; -s, -*› rondedans; '**Ringelwurm** ‹*der; -(e)s, -ër*› (*dierk*) ringworm

'**ringen** ‹*st.h; a-u*› **1** wringen; **2** worstelen; **3** *mit den Tränen* ~ zijn tranen nauwelijks kunnen bedwingen; (*nach Atem*) ~ snakken; '**Ringer** ‹*der; -s, -*› worstelaar

'**ringförmig** ringvormig

'**Ringkampf** ‹*der; -(e)s, -ë*› **1** worsteling; **2** worstelwedstrijd; '**Ringkämpfer** ‹*der; -s, -*› worstelaar; '**Ringrichter** ‹*der; -s, -*› scheidsrechter (*bij het boksen*)

rings rondom, in het rond; '**ringsherum** rondom, in het rond

'**Ringstraße** ‹*die; -, -n*› ringweg

'**ringsum** rondom, overal in het rond

'**Rinne** ‹*die; -, -n*› **1** goot; **2** (regen)pijp; **3** sleuf; **4** (vaar)geul; '**rinnen** ‹*st.s; a-o*› **1** (langzaam) vloeien, stromen, lopen; **2** (*geld*) glijden, glippen; '**Rinnsal** ‹*das; -(e)s, -e*› stroompje, beekje; '**Rinnstein** ‹*der; -(e)s, -e*› **1** (straat)goot; **2** gootsteen; **3** trottoirband

'Rippe ‹*die;* -, -*n*› 1 rib; 2 bladnerf; 3 reep
'Rippenstoß ‹*der; -es, -ë*› stoot, por (*in de zij, ribben*); **'Rippenstück** ‹*das;* -(*e*)*s*, -*e*› ribstuk
'Risiko ‹*das; -s, -s en Risiken*› risico; *ein ~ eingehen* een risico nemen; **ris'kant** riskant; **ris'kieren** ‹*h*› riskeren
'Rispe ‹*die;* -, -*n*› 1 rist; 2 pluim (*bloeiwijze*)
Riß ‹*der; Risses, Risse*› 1 scheur; 2 scheur, barst, spleet; 3 schram; 4 breuk, scheuring; tweedracht; 5 schets, plan, tekening
'rissig 1 gescheurd; 2 gebarsten; 3 (*hand, huid, lippen*) gesprongen
Rist ‹*der; -es, -e*› 1 wreef (*van voet*); 2 rug (*van hand*)
Ritt ‹*der;* -(*e*)*s*, -*e*› rit (*op rijdier*); *auf einen, in einem ~* in één keer
'Ritter ‹*der; -s, -*› ridder; **'ritterlich** ridderlijk (*lett en fig*); **'Ritterlichkeit** ‹*die; -, geen mv*› ridderlijkheid; **'Rittersporn** ‹*der;* -(*e*)*s*, -*e*› (*plantk*) ridderspoor; **'Rittertum** ‹*das; -s, geen mv*› ridderschap
'rittlings schrijlings
Ritu'al ‹*das; -s, -e en -ien*› ritueel; **ritu'ell** ritueel
Ritz ‹*der; -es, -e*›, **'Ritze** ‹*die;* -, -*n*› spleet, kier, naad
'ritzen ‹*h*› 1 krassen; 2 schrammen, schaven
Ri'vale ‹*der; -n, -n*› rivaal; **rivali'sieren** ‹*h*› wedijveren, rivaliseren; **Rivali'tät** ‹*die; -, -en*› rivaliteit
'Roastbeef ‹*das; -s, -s*› rosbief
'Robbe ‹*die;* -, -*n*› rob, zeehond
'robben ‹*h en s*› (*mil*) kruipend voortgaan
'Robe ‹*die;* -, -*n*› 1 (staatsie)kleed, japon; 2 toga
'Roboter ‹*der; -s, -*› robot
ro'bust robuust
'röcheln ‹*h*› reutelen, rochelen
'Rochen ‹*der; -s, -*› rog
Rock I ‹*der;* -(*e*)*s*, -*ë*› 1 rok (*van vrouw*); 2 jas (*vooral van uniform*); **II** ‹*der;* -(*s*), *geen mv*› (*muz*) rock
'Rocken ‹*der; -s, -*› (spin)rokken
'rocken ‹*h*› 1 op rockmuziek dansen; 2 rockmuziek maken; **'Rocker** ‹*der; -s, -*› opgeschoten jongere
'Rockschoß ‹*der; -es, -ë*› jaspand; **'Rockzipfel** ‹*der; -s, -*› slip of tip van een rok
'Rodel ‹*der; -s, -*› slee; **'Rodelbahn** ‹*die; -, -en*› (*sp*) rodelbaan; **'rodeln** ‹*s en h*› (*sp*) rodelen; **'Rodelschlitten** ‹*der; -s, -*› slee
'roden ‹*h*› 1 rooien; 2 ontginnen; **'Rodung** ‹*die;* -, -*en*› 1 ontginning; 2 gerooid land
'Rogen ‹*der; -s, -*› (vis)kuit
'Roggen ‹*der; -s, geen mv*› rogge
roh 1 rauw; 2 ruw; 3 (*fruit*) onrijp; 4 ontveld; 5 onbeschaafd; ongemanierd; **'Rohbau** ‹*der;* -(*e*)*s*, -*ten*› ruwbouw; **'Roheit** ‹*die; -, -en*› 1 rauwheid, het rauw zijn; 2 ruwheid, ongemanierdheid, onbeschaafdheid, grofheid; **'Rohertrag** ‹*der;* -(*e*)*s*, -*ë*› bruto-opbrengst; **'Rohkost** ‹*die; -, geen mv*› rauwkost; **'Rohling** ‹*der; -s, -e*› 1 ruwe kerel, bruut; 2 onbewerkt stuk metaal; **'Rohöl** ‹*das;* -(*e*)*s*, *geen mv*› ruwe olie
Rohr ‹*das;* -(*e*)*s*, -*e*› 1 buis, pijp; 2 loop (*van wapen*); 3 (pijpe)roer; 4 riet
'Rohrammer ‹*die;* -, -*n*› rietgors, -mus, -vink
'Rohrbruch ‹*der;* -(*e*)*s*, -*ë*› leidingbreuk
'Röhrchen ‹*das; -s, -*› rietje, buisje enz.; vgl *Rohr*
'Rohrdommel ‹*die;* -, -*n*› roerdomp
'Röhre ‹*die;* -, -*n*› 1 lamp, buis (*van radio, tv*); 2 buis, pijp; 3 pijp, gang (*van hol*); 4 oven; 5 buis, tv; 6 neonbuis, T.L.-buis; 7 buisje, kokertje
'röhren ‹*h*› schreeuwen, burlen (*van hert*)
'Röhrenleitung ‹*die; -, -en*› (pijp)leiding
'Rohrflöte ‹*die;* -, -*n*› rietfluit, -pijp, schalmei
'Röhricht ‹*das; -s, -e*› riet, biezen; rietland
'Rohrsänger ‹*der; -s, -*› (*dierk*) karkiet; **'Rohrspatz** ‹*der; -en, -en*› 1 (*dierk*) rietgors; 2 (*er*) *schimpft wie ein ~* scheldt als een viswijf; **'Rohrstock** ‹*der;* -(*e*)*s*, -*ë*› rotting, rieten stok(je); **'Rohrstuhl** ‹*der;* -(*e*)*s*, -*ë*› rieten stoel; **'Rohrwasser** ‹*das; -s, geen mv*› leidingwater; **'Rohrzucker** ‹*der; -s, geen mv*› rietsuiker
'Rohstahl ‹*der;* -(*e*)*s*, -*ë*› ruw staal; **'Rohstoff** ‹*der;* -(*e*)*s*, -*e*› grondstof; **'Rohzucker** ‹*der; -s, geen mv*› ruwe, ongeraffineerde suiker
'Rokoko ‹*das; -s, geen mv*› rococo
'Rolladen ‹*der; -s, -̈*› 1 jaloezie, zonnescherm; 2 rolluik
'Rollbahn ‹*die; -, -en*› 1 (*luchtv*) start- en landingsbaan; 2 (*mil*) grote weg (*voor troepenverplaatsing*); **'Rollbraten** ‹*der; -s, -*› rollade; **'Rollbrett** ‹*das;* -(*e*)*s*, -*er*› (*sp*) skateboard
'Röllchen ‹*das; -s, -*› 1 rolletje; 2 (garen)klosje
'Rolle ‹*die;* -, -*n*› 1 rol (*div bet*); 2 scheepsrol; 3 katrol; 4 mangel; 5 (*luchtv*) rolvlucht; **'rollen** ‹*h en s*› 1 rollen; 2 mangelen (wasgoed); 3 taxiën (*vliegtuig*); 4 rijden (*auto, trein*)
'Rollenbesetzung ‹*die; -, -en*› rolbezetting; **'Rollenverteilung** ‹*die; -, -en*› rollenpatroon
'Roller ‹*der; -s, -*› 1 breker (*grote golf*); 2 autoped, step; 3 scooter; 4 rolschaats; 5 rollertje (*bij voetbal*); **'Rollerbrett** ‹*das;* -(*e*)*s*, -*er*› skateboard
'Rollfeld ‹*das;* -(*e*)*s*, -*er*› (*luchtv*) landingsterrein; **'Rollgeld** ‹*das;* -(*e*)*s*, -*er*› sleeploon, vracht; **'Rollhockey** ‹*das; -s, geen mv*› rolhockey; **'Rollkommando** ‹*das; -s, -s*› speciale eenheid, speciaal commando; **'Rollkragenpullover** ‹*der; -s, -*› coltrui
'Rollo ‹*das; -s, -s*› rouleau (rolgordijn)
'Rollschuh ‹*der;* -(*e*)*s*, -*e*› rolschaats; **'Rollschuhläufer** ‹*der; -s, -*› rolschaatser; **'Rollsplitt** ‹*der;* -(*e*)*s*, *geen mv*› steenslag, split; **'Rollstuhl** ‹*der;* -(*e*)*s*, -*ë*› rolstoel; **'rollstuhlgerecht** aangepast voor rolstoelgebruikers
Rom Rome
Ro'man ‹*der; -s, -e*› roman; **Roman'cier** ‹*der; -s, -s*›, **Ro'mandichter** ‹*der; -s, -*› romancier,

romanschrijver; **Ro'manschriftsteller** ‹*der; -s, -*› romanschrijver, romancier

Ro'mantik ‹*die; -, geen mv*› romantiek; **Ro'mantiker** ‹*der; -s, -*› romanticus

'Römer ‹*der; -s, -*› 1 Romein; 2 roemer (*wijnglas*); **'Römerbrief** ‹*der; -(e)s, geen mv*› brief (van Paulus) aan de Romeinen; **'römisch** 1 Romeins; 2 rooms; **'römisch-ka'tholisch** rooms-katholiek

Ron'dell ‹*das; -s, -e*› 1 rond bloemperk; 2 rondeel

'röntgen ‹*h*› röntgenen; **'Röntgenaufnahme** ‹*die; -, -n*›, **Röntgenbild** ‹*das; -(e)s, -er*› röntgenfoto

'rosa, **'rosafarbig**, **'rosarot** roze; **'Röschen** ‹*das; -s, -*› 1 roosje; 2 rozet; **'Rose** ‹*die; -, -n*› 1 roos (*div bet*); 2 rozet; 3 sproeier (van gieter); **'Rosenbeet** ‹*das; -(e)s, -e*› rozenperk; **'rosenfarben**, **'rosenfarbig** rooskleurig; **'Rosenkohl** ‹*der; -(e)s, geen mv*› spruitkool, spruitjes; **'Rosenmontag** ‹*der; -(e)s, geen mv*› maandag in de carnavalstijd; **'rosenrot** roze(rood); **'Rosenstock** ‹*der; -(e)s, -ë*› rozestruik; **'Rosenstrauß** ‹*der; -es, -ë*› boeket rozen; **Ro'sette** ‹*die; -, -n*› rozet; **'rosig** rooskleurig; (*alles*) *in den ~sten Farben schildern* rooskleurig voorstellen

Ro'sine ‹*die; -, -n*› 1 rozijn; 2 *er hat große ~n im Kopf* hij heeft grote plannen; **Ro'sinenbrot** ‹*das; -(e)s, -e*› krentenbrood

Rosma'rin ‹*der; -s, geen mv*› rozemarijn

Roß ‹*das; Rosses, Rosse*› 1 ros, paard; 2 rijpaard; 3 ‹*mv Rösser*› stommeling, rund; **'Roßapfel** ‹*der; -s, -̈*› paardevijg; **'Rössel** ‹*das; -s, -*› 1 paard(je); 2 paard (*schaakterm*); **'Rösselsprung** ‹*der; -(e)s, -ë*› paardesprong; **'Roßkur** ‹*die; -, -en*› paardemiddel, -kuur

Rost I ‹*der; -(e)s, geen mv*› roest; **II** ‹*der; -es, -e*› rooster; **'rostanfällig** gauw roestend; **'rostbeständig** roestvrij; **'Rostbildung** ‹*die; -, geen mv*› roestvorming

'Rostbraten ‹*der; -s, -*› geroosterd stuk vlees

'rosten ‹*h en s*› roesten

'rösten ‹*h*› 1 roosteren; 2 (*koffie*) branden; **'Röster** ‹*der; -s, -*› broodrooster

'rostfarben, **'rostfarbig** roestkleurig; **'rostig** roestig, geroest

'Röstkartoffeln ‹*mv*› gebakken aardappelen; **'Röstkastanien** ‹*mv*› gepofte kastanjes

'Rostschutzmittel ‹*das; -s, -*› roestwerend middel; **'rostsicher** roestvrij

'Röstung ‹*die; -, -en*› 1 het roost(er)en; 2 het branden; **'Röstzwiebeln** ‹*mv*› gefruite uien

rot rood; *keinen ~en Heller* geen rooie cent; *gleich sieht er ~* straks wordt hij woedend; **Rot** ‹*das; -(e)s, geen mv*› 1 rood; 2 rouge

'Rotang ‹*der; -s, -e*› rotan

'Rotarmist ‹*der; -en, -en*› militair van het Rode Leger

Rotati'on ‹*die; -, -en*› rotatie, draaiing

'Rotauge ‹*das; -s, -n*› (*dierk*) rietvoorn; **'rotbackig**, **'rotbäckig** roodwangig; **'Rotbarsch** ‹*der; -(e)s, -e*› roodbaars; **'rotblond** rossig; **'rotbraun** roodbruin; **'Rotbuche** ‹*die; -, -n*› (gewone) beuk; **'Rotdorn** ‹*der; -(e)s, -e*› rode meidoorn

'Rote(r) ‹*bn als zn*› 1 rode (*ook politiek*); 2 rode wijn

'Röte ‹*die; -, geen mv*› 1 (rode) kleur, blos; 2 roodheid

'Rötel ‹*der; -s, -*› 1 roodkrijt; 2 roodaarde

'Röteln ‹*mv*› rodehond

'röten ‹*h*› 1 rood kleuren; 2 *sich ~* rood worden

'rotfleckig roodgevlekt, roodgespikkeld; **'Rotfuchs** ‹*der; -es, -ë*› (*dierk*) 1 vos; 2 rode vos (*bont*); 3 (*paard*) roodvos

ro'tieren ‹*h*› roteren

'Rotkehlchen ‹*das; -s, -*› roodborstje; **'Rotkohl** ‹*der; -(e)s, geen mv*›, **'Rotkraut** ‹*das; -(e)s, geen mv*› rodekool

'rötlich roodachtig, rossig

'Rotschwänzchen ‹*das; -s, -*› (*dierk*) roodstaartje; **'Rotspecht** ‹*der; -(e)s, -e*› bonte specht; **'Rotstift** ‹*der; -(e)s, -e*› rood potlood; *den ~ ansetzen* snoeien, bezuinigen

'Rotte ‹*die; -, -n*› 1 bende, troep; 2 (*mil*) rot

'Rötung ‹*die; -, geen mv*› roodheid; roodkleuring

'rotwangig roodwangig; **'Rotwein** ‹*der; -(e)s, -e*› rode wijn; **'Rotwelsch** ‹*das; -(s), geen mv*› dieventaal, Bargoens; **'Rotwurst** ‹*die; -, -ë*› bloedworst

Rotz ‹*der; -es, geen mv*› 1 snot; 2 *der ganze ~* de hele troep; **'rotzen** ‹*h*› (*volkstaal*) z'n neus snuiten; **'Rotzgöre** ‹*die; -, -n*› snotmeid; **'rotzig** snotterig; **'Rotzlöffel** ‹*der; -s, -*› (*fig*) snotneus; **'Rotznase** ‹*die; -, -n*› (*lett en fig*) snotneus

Rou'lade ‹*die; -, -n*› opgerolde plak vlees gevuld met spek, uitjes, augurkjes

Rou'lett ‹*das; -(e)s, -e*›, **Rou'lette** ‹*das; -s, -s*› roulette; **rou'lieren** ‹*h*› rouleren, in omloop zijn

routi'niert geroutineerd

'Rowdy ‹*der; -s, -s*› rellenschopper; vechtersbaas

'Rübe ‹*die; -, -n*› 1 (*plantk*) raap; 2 (*rote*) ~ biet; 3 (*volkstaal*) kop, hoofd; 4 *wie Kraut und ~n* verward, door elkaar

'Rubel ‹*der; -s, -*› roebel

'Rübenzucker ‹*der; -s, geen mv*› bietsuiker

Ru'bin ‹*der; -s, -e*› robijn

Ru'brik ‹*die; -, -en*› rubriek; **rubri'zieren** ‹*h*› rubriceren

'ruchbar bekend, ruchtbaar

'ruchlos laag, snood, godvergeten; **'Ruchlosigkeit** ‹*die; -, geen mv*› laagheid enz.

Ruck ‹*der; -(e)s, -e*› 1 ruk; 2 *mit einem ~* ineens; 3 *sich einen ~ geben* zich vermannen

'Rückantwort ‹*die; -, -en*› repliek

'ruckartig met een ruk

'Rückäußerung ‹*die; -, -en*› antwoord, wederwoord; **'Rückbeförderung** ‹*die; -, -en*› terugzending; **'rückbezüglich** wederkerend, reflexief; '**Rückbildung** ‹*die; -, -en*› achteruitgang, ontaarding, degeneratie, atrofie; '**Rückblende** ‹*die; -, -n*› flashback, terugblik; '**Rückblickspiegel** ‹*der; -s, -*› achteruitkijkspiegel; '**Rückdatierung** ‹*die; -, -en*› antedatering

'**rucken** ‹*h*› rukken

'**Rücken** ‹*der; -s, -*› rug (*lett en fig*); *einem den ~ stärken od. steifen* iemand ruggesteun geven

'**rücken I** ‹*h*› **1** zetten, (ver)plaatsen; (ver)schuiven; **2** (*etwas*) ***in*** *die Ferne ~* tot later uitstellen; **II** ‹*s*› **1** zich voortbewegen, (op)trekken, marcheren; **2** schuiven; **3** (*die Zeit*) *rückt* gaat voort; **4** ***an*** *jmds Stelle ~* iems plaats innemen; *nicht* ***von*** *der Stelle ~* zich niet verroeren; *einem* ***auf*** *die Bude od. Stube ~* iem op zijn dak komen

'**Rückenflosse** ‹*die; -, -n*› rugvin; '**Rückenlage** ‹*die; -, -n*› ligging op de rug; '**Rückenlehne** ‹*die; -, -n*› rugleuning; '**Rückenmark** ‹*das; -(e)s, geen mv*› ruggemerg; '**Rückenschwimmen** ‹*das; -s, geen mv*› (*sp*) rugslag; '**Rückenwind** ‹*der; -(e)s, geen mv*› wind in de rug

'**Rückeroberung** ‹*die; -, -en*› herovering; '**Rückerstattung** ‹*die; -, -en*› teruggave, restitutie; '**Rückfahrkarte** ‹*die; -, -n*› retourbiljet; '**Rückfahrt** ‹*die; -, -en*› terugtocht, -reis, -weg; '**Rückfall** ‹*der; -(e)s, -ë*› **1** (*med*) (weder)instorting; **2** herhaling, recidive; **3** terugval; '**rückfällig**: *~ werden: a*) (*jur*) recidive plegen; *b*) in de oude fout vervallen; '**Rückfalltäter** ‹*der; -s, -*› recidivist; '**Rückflug** ‹*der; -(e)s, -̈e*› retourvlucht; '**Rückflugticket** ‹*das; -s, -s*› retourticket; '**Rückfrage** ‹*die; -, -n*› **1** wedervraag; **2** vraag om nadere inlichting; '**rückfragen** ‹*h*› **1** vragen om nadere inlichtingen; **2** (*ook*) ruggespraak houden of hebben; '**Rückführung** ‹*die; -, -en*› **1** terugbrenging; **2** repatriëring; '**Rückgabe** ‹*die; -, -n*› **1** teruggave; **2** (*sp*) terugspeelbal; '**Rückgang** ‹*der; -(e)s, -ë*› **1** achteruitgang, teruggang; **2** het afbreken (van onderhandelingen); **3** daling (van prijzen e.d.); '**rückgängig 1** teruggaand, dalend; **2** (*Verlobung*) *~ machen* verbreken, uitmaken; **3** (*einen Kauf*) *~ machen* ongedaan maken, annuleren; **4** *einen Vertrag ~ machen* een contract ontbinden; '**Rückgewinnung** ‹*die; -, -en*› terug-, herwinning; '**Rückgrat** ‹*das; -(e)s, -e*› ruggegraat (*lett en fig*)

'**ruckhaft 1** met een ruk; **2** zie *ruckweise*

'**Rückhalt** ‹*der; -(e)s, geen mv*› **1** ruggesteun; **2** terughoudendheid, reserve; *ohne ~* zie *rückhaltlos*; '**rückhaltig** zeer terughoudend, niet openhartig; '**rückhaltlos 1** zonder enige terughouding, openhartig, onverbloemd; **2** zonder voorbehoud

'**Rückhand** ‹*die; -, geen mv*› (*sp*) backhand; '**Rückkehr** ‹*die; -, geen mv*› terugkeer; '**Rückkehrhilfe** ‹*die; -, -n*› terugkeerpremie; '**Rückkopp(e)lung** ‹*die; -, -en*› terugkoppeling, feed-back; '**Rückladung** ‹*die; -, -en*› retourlading; '**Rücklage** ‹*die; -, -n*› reserve(fonds); '**rückläufig** teruglopend, achteruitgaand, dalend; '**Rücklicht** ‹*das; -(e)s, -er*› achterlicht

'**rücklings 1** ruggelings, achterover; **2** van achteren

'**Rücknahme** ‹*die; -, geen mv*› terugneming; '**Rückporto** ‹*das; -s, -s en Porti*› **1** antwoordport; **2** porto voor terugzending; '**Rückprall** ‹*der; -(e)s, -e*› terugkaatsing, -stoot; '**Rückruf** ‹*der; -(e)s, -e*› **1** terugroeping; **2** (*telec*) het terugbellen

'**Rucksack** ‹*der; -(e)s, -ë*› rugzak

'**Rückschau** ‹*die; -, geen mv*› terugblik; '**Rückschlag** ‹*der; -(e)s, -ë*› **1** terugslag, -stoot; **2** terugslag, tegenslag, -spoed; '**Rückschluß** ‹*der; -schlusses, -schlüsse*› gevolgtrekking; '**Rückschritt** ‹*der; -(e)s, -e*› **1** stap achterwaarts; **2** achteruitgang, reactie; '**Rückschrittler** ‹*der; -s, -*› reactionair; '**Rücksicht** ‹*die; -, -en*› **1** inachtneming, overweging, consideratie, toegevendheid; **2** achting, eerbied, egards; **3** discretie; **4** *~ nehmen auf* (+ 4) rekening houden met; *mit ~ auf seine Jugend* met het oog op zijn jeugd; *ohne ~ auf* zonder te letten op, ongeacht; '**Rücksichtnahme** ‹*die; -, geen mv*› **1** consideratie; **2** egards; '**rücksichtslos 1** niets ontziend; onverbiddelijk, meedogenloos; **2** hard, grof; '**Rücksichtslosigkeit** ‹*die; -, geen mv*› **1** onverbiddelijkheid, meedogenloosheid; **2** grofheid, onbeschoftheid; '**rücksichtsvoll** vol consideratie, vol egards, voorzichtig; '**Rücksiedler** ‹*der; -s, -*› repatriant; '**Rücksitz** ‹*der; -es, -e*› achterbank; '**Rückspiegel** ‹*der; -s, -*› (*van auto*) achteruitkijkspiegel; '**Rückspiel** ‹*das; -(e)s, -e*› (*sp*) return(wedstrijd); '**Rücksprache** ‹*die; -, geen mv*› ruggespraak, overleg; '**Rückstand** ‹*der; -(e)s, -ë*› **1** achterstand; (*sp*) *im ~ liegen* achterstaan; **2** (*chem*) residu, rest, overblijfsel; **3** *im ~ sein* achter, achterstallig, in verzuim of in gebreke zijn; **4** *Rückstände* ‹*mv*› (*ook*) achterstallige schuld, schulden, achterstallig loon enz.; '**rückständig 1** achtergebleven (*gebied, land*); **2** (*opvattingen*) ouderwets; **3** achterstallig; '**Rückständigkeit** ‹*die; -, geen mv*› **1** achterstalligheid, -stand; **2** achterlijkheid; '**Rückstau** ‹*der; -(e)s, -e en -s*› **1** opstuwing; **2** verkeersopstopping, file; '**Rückstrahler** ‹*der; -s, -*› reflector; '**Rücktritt** ‹*der; -(e)s, -e*› **1** het heengaan, het aftreden, ontslagneming; *der Minister hat seinen ~ erklärt od. eingereicht* de minister heeft zijn ontslag aangeboden; **2** terugtreding (*bij contract*); **3** terugtraprem; **4** (*mil*) het achterwaarts treden; '**Rücktrittbremse** ‹*die; -, -n*› terugtraprem; '**Rücktrittsgesuch** ‹*das; -(e)s, -e*› ontslagaanvrage; '**rückversichern** ‹*h*› herverzekeren; '**Rückwanderer** ‹*der; -s, -*› repatriant; '**rückwärts** achterwaarts, -uit; '**Rückwärtsgang** ‹*der; -(e)s, -ë*› achteruit (*van auto*); '**Rückweg** ‹*der; -(e)s, -e*› terugweg

'**ruckweise** met rukken, met schokken, met horten en stoten

'rückwirkend terugwerkend; **'Rückwirkung** ‹*die; -, -en*› 1 terugwerking, terugwerkende kracht; 2 reactie; **'Rückzieher** ‹*der; -s, -*› 1 (*voetbalterm*) omhaal; 2 (*biljartterm*) trekbal; 3 (*fig*) *einen ~ machen* terugkrabbelen

ruck, zuck in een mum van tijd, heel vlug

'Rückzug ‹*der; -(e)s, -ë*› terugtocht

'Rüde ‹*der; -n, -n*› 1 reu; 2 mannetjeswolf, -marter

'rüde ‹*bn*› ruw, lomp, grof

'Rudel ‹*das; -s, -*› 1 kudde, troep (*dieren*); 2 grote groep

'Ruder ‹*das; -s, -*› 1 riem, roeispaan; 2 roer; *am ~ sitzen, ans ~ kommen od. gelangen* aan het roer, het stuur zitten; **'Ruderblatt** ‹*das; -(e)s, -ër*› riemblad; **'Ruderboot** ‹*das; -(e)s, -e*› roeiboot; **'rudern** ‹*h*› roeien (*lett en fig*)

rudimen'tär rudimentair, onontwikkeld

Ruf ‹*der; -(e)s, -e*› 1 roep; geroep; 2 schreeuw, kreet; 3 reputatie, naam; *in gutem, üblem ~ stehen* een goede, slechte reputatie of naam hebben; 4 telefoonnummer; 5 oproep(ing); 6 *der ~ (des Gewissens)* de stem; 7 *~ an eine Universität* aanbieding van een leerstoel; **'rufen** ‹*st.h; ie-u*› 1 roepen; *nach einem ~* om iem roepen; 2 noemen; (*ich heiße Dorothea*) *man ruft mich aber Thea* maar ze noemen mij Thea

'Rüffel ‹*der; -s, -*› standje, uitbrander; **'rüffeln** ‹*h*› een uitbrander of standje geven

'Rufmädchen ‹*das; -s, -*› call-girl; **'Rufmord** ‹*der; -(e)s, geen mv*› (*das ist*) *~* dodelijk voor iems reputatie; **'Rufnummer** ‹*die; -, -n*› telefoonnummer; **'Rufsäule** ‹*die; -, -n*› praatpaal; **'Rufweite** ‹*die; -, geen mv*› *in ~* op gehoorafstand; **'Rufzeichen** ‹*das; -s, -*› roepnaam, -letters

'Rüge ‹*die; -, -n*› berisping, standje; *einem eine ~ erteilen* iem berispen; **'rügen** ‹*h*› berispen, laken, een standje geven

'Ruhe ‹*die; -, geen mv*› 1 rust; *lassen Sie mich* ***in*** *~!* laat me met rust!; kalmte; *immer mit der ~!* kalm aan!; bedaardheid; 2 *~!* stilte; 3 *angenehme ~!* wel te rusten!; 4 *die öffentliche ~ stören* de openbare orde, rust verstoren; 5 *lassen Sie mich damit in ~!* praat me daar niet van!; 6 *sich* ***zur*** *~ begeben, zur ~ gehen* naar bed gaan; *sich zur ~ setzen* stil gaan leven; **'Ruhegehalt** ‹*das; -(e)s, -ër*› pensioen; **'Ruhegeld** ‹*das; -(e)s, -er*› A.O.W.; **'ruhelos** rusteloos; **'ruhen** ‹*h*› 1 rusten; 2 uitrusten; *sich ~* uitrusten; 3 (*Arbeit, Verhandlungen*) stilliggen; 4 (*fig*) *der ~de Pol* de rustgevende pool; **'Ruhestand** ‹*der, -(e)s, geen mv*› *in den ~ gehen, treten od. versetzt werden* met pensioen gaan; *in den ~ versetzen* pensioneren; **'Ruheständler** ‹*der; -s, -*› gepensioneerde; **'Ruhestätte** ‹*die; -, -n*› rustplaats; **'ruhestörend** rustverstorend; **'Ruhestörung** ‹*die; -, -en*› 1 rustverstoring; 2 burengerucht; 3 *~en* ongeregeldheden; **'ruhevoll** (zeer) rustig, kalm; **'ruhig** 1 rustig (*div bet*); 2 kalm, bedaard; 3 kalm (*van markt*); 4 *sei ~!: a*) wees kalm!; *b*) wees stil!; 5 (*Sie können das*) *~ tun* gerust doen

Ruhm ‹*der; -(e)s, geen mv*› roem, glorie; **'rühmen** ‹*h*› 1 roemen, prijzen; 2 *sich eines Dinges ~* zich op iets beroemen; **'Ruhmesblatt:** *kein ~* geen uitmuntende prestatie, geen roemrijke bladzijde; **'rühmlich** 1 lof-, prijzenswaardig; 2 roemrijk; **'Rühmlichkeit** ‹*die; -, geen mv*› roemrijkheid, verdienste; **'ruhmlos** roemloos, weinig roemrijk; **'ruhmredig** blufferig, grootsprekerig, snoevend; **'ruhmreich** roemrijk; **'ruhmvoll** roemvol; **'ruhmwürdig** roemwaardig

Ruhr ‹*die; -, geen mv*› (*med*) dysenterie

'Rührei ‹*das; -(e)s, geen mv*› roerei; **'rühren** ‹*h*› 1 roeren; 2 (*sich*) *~* (zich) verroeren, (zich) bewegen; 3 ontroeren, aandoen; 4 (aan)raken; 5 voortspruiten, ontstaan, afkomstig zijn; 6 *das rührt mich nicht* dat laat me koud; 7 *keinen Finger ~* geen hand uitsteken; 8 (*mil*) *rührt euch!* op de plaats rust!; **'Rühren** ‹*das*› *ein menschliches ~ fühlen* medelijden gevoelen; **'rührend** 1 (ont)roerend; 2 lief(devol); **'rührig** 1 druk, levendig; 2 bedrijvig, actief; **'Rührkelle** ‹*die; -, -n*› pollepel; **'rührselig** licht geroerd, sentimenteel; **'Rührung** ‹*die; -, geen mv*› ontroering, aandoening

Ru'in ‹*der; -s, geen mv*› ondergang; ineenstorting; **Ru'ine** ‹*die; -, -n*› ruïne (*lett en fig*); **rui'nieren** ‹*h*› ruïneren; te gronde richten; **rui'nös** 1 bouwvallig; 2 ruïneus

'rum... zie *herum*...

'Rummel ‹*der; -s, geen mv*› 1 drukte; 2 kermis, lunapark; 3 *ich habe den ~ gründlich satt!* ik heb er schoon genoeg van!; *den ganzen ~ (kaufen)* de hele boel; **'rummeln** ‹*h*› rommelen; **'Rummelplatz** ‹*der; -es, -ë*› kermis(terrein)

Ru'mor ‹*der; -s, geen mv*› rumoer, lawaai; **ru'moren** ‹*h*› rumoer, lawaai maken

'Rumpelkammer ‹*die; -, -n*› rommelkamer; **'rumpeln** ‹*h*› 1 rommelen; 2 hotsen, hobbelen

Rumpf ‹*der; -(e)s, -ë*› 1 romp; 2 karkas

'rümpfen ‹*h*› (*neus*) optrekken

'Rumpsteak ‹*das; -s, -s*› entrecôte

rund I ‹*bn*› 1 rond; 2 *~e Augen machen* grote ogen opzetten; **II** ‹*bw*› 1 rondom, in het rond; 2 circa, ongeveer; **Rund** ‹*das; -(e)s, geen mv*› rond, kring; **'rundbäckig** bolwangig; **'Rundbau** ‹*der; -(e)s, -ten*› rotonde, rond gebouw; **'Rundblick** ‹*der; -(e)s, -e*› panorama; **'Rundbrief** ‹*der; -(e)s, -e*› rondschrijven, circulaire; **'Runde** ‹*die; -, -n*› 1 ronde; 2 rondheid; 3 rondte, kring; 4 *eine ~ (Bier geben)* een rondje; 5 (*fig*) *über die ~n kommen* het (financieel) redden; *einen über die ~n helfen* iemand helpen, steunen; *etwas über die ~n bringen* iets klaarspelen; **'runden** ‹*h*› 1 (af)ronden, rond maken; 2 (*die Teile*) *~ sich zum Ganzen* vormen een geheel; **'Rundfahrt** ‹*die; -, -en*› 1 rondvaart; 2 rondrit; **'Rundfrage** ‹*die; -, -n*› rondvraag

'Rundfunk ‹*der; -s, geen mv*› 1 radio-omroep; 2 radio; *im ~ sprechen* voor de radio spreken; ~

hören naar de radio luisteren; '**Rundfunkansager** ‹*der; -s, -*› radio-omroeper; '**Rundfunkanstalt** ‹*die; -, -en*› omroep(vereniging); '**Rundfunkempfänger** ‹*der; -s, -*› radiotoestel; '**Rundfunkgebühren** ‹*mv*› luistergeld; '**Rundfunkhörer** ‹*der; -s, -*› luisteraar; '**Rundfunksender** ‹*der; -s, -*› 1 radiozender; 2 omroepstation; '**Rundfunksprecher** ‹*der; -s, -*› omroeper; '**Rundfunkwerbung** ‹*die; -, -en*› reclame op de radio; '**Rundfunkzeitschrift** ‹*die; -, -en*› omroepblad

'**rundher'aus** ronduit, -weg; '**rundher'um** rondom, in het rond; '**rundlich** 1 rondachtig; 2 rond en dik, mollig; '**Rundreise** ‹*die; -, -n*› rondreis; '**Rundschau** ‹*die; -, geen mv*› 1 overzicht; 2 panorama, rondblik; '**Rundschreiben** ‹*das; -s, -*› circulaire; '**rund'um** rondom, in het rond; '**Rundung** ‹*die; -, -en*› ronding; '**Rundverkehr** ‹*der; -s, geen mv*› verkeer op een rotonde; '**rundweg** beslist; onomwonden; (*etwas*) ~ *ablehnen* kortweg weigeren of afwijzen

'**Rune** ‹*die; -, -n*› rune

'**runter**... zie *herunter*...

'**Runzel** ‹*die; -, -n*› rimpel, plooi, kreuk; '**runz(e)lig** rimpelig, gefronst; '**runzeln** ‹*h*› 1 rimpelen, kreuken, plooien; 2 (*voorhoofd*) fronsen

'**Rüpel** ‹*der; -s, -*› lomperd, vlegel; **Rüpe'lei** ‹*die; -, -en*› lomp-, onbehouwenheid; '**rüpelhaft** lomp, onbehouwen, vlegelachtig

'**rupfen** ‹*h*› 1 uittrekken; 2 (*gevogelte*) plukken; 3 (*einen an den Haaren*) ~ trekken; 4 afzetten

'**ruppig** 1 onbeschoft; 2 ruig, onverzorgd

'**Rüsche** ‹*die; -, -n*› ruche, plooisel

Rush ‹*der; -s, -s*› (*sp*) rush

Ruß ‹*der; -es, geen mv*› roet

'**Russe** ‹*der; -n, -n*› Rus

'**Rüssel** ‹*der; -s, -*› 1 slurf; 2 snuit (*van varken*); 3 (*volkstaal*) neus; 4 (*volkstaal*) pik, penis; 5 zuig-, steekorgaan (*van insect*)

'**rußen** ‹*h*› 1 met roet besmeren, roetig maken; 2 roeten; 3 walmen; 4 vol roet zitten; '**rußig** roetig, roetachtig, zwart van het roet

'**Rüstbalken** ‹*der; -s, -*› steigerpaal

'**rüsten** ‹*h*› 1 (*sich*) ~ (zich) gereedmaken, toerusten; 2 (*sich*) ~ (*zu*) (+ 3) (zich) voorbereiden (op, voor); 3 (zich) bewapenen

'**Rüster** ‹*die; -, -n*› (*plantk*) olm, iep

'**rüstig** krachtig, flink, stoer, kras

rusti'kal rustiek

'**Rüstung** ‹*die; -, -en*› 1 bewapening; 2 wapenuitrusting; '**Rüstungsabbau** ‹*der; -(e)s, geen mv*› bewapeningsvermindering; **Rüstungsbegrenzung, Rüstungsbeschränkung** ‹*die; -, -en*› bewapeningsbeperking; '**Rüstungsproduktion** ‹*die; -, -en*› wapenproduktie

'**Rüstzeug** ‹*das; -(e)s, geen mv*› 1 gereedschap, werktuigen; 2 uitrusting; 3 nodige kennis; kennis van zaken

'**Rute** ‹*die; -, -n*› 1 twijg; 2 roede, roe (*div bet*); 3 vishengel; 4 (*jag*) staart; 5 mannelijk lid, penis (*van dieren*); '**Rutengänger** ‹*der; -s, -*› wichelroedeloper

Rutsch ‹*der; -es, -e*› 1 het glijden, schuiven; 2 (aard)verschuiving; 3 uitstapje; 4 *in einem, auf einen ~ od. einem ~* in een keer; 5 *guten ~ ins neue Jahr!* gelukkig Nieuwjaar!; '**Rutsche** ‹*die; -, -n*› 1 glijgoot; 2 (*luchtv*) glijinstallatie; '**rutschen** ‹*s*› 1 schuiven, glijden; 2 uitglijden; 3 slippen; 4 (*volkstaal*) opschuiven; 5 (*das Essen will nicht ~*) zakken; 6 *etwas ~ lassen* iets laten schieten; '**rutschfest** anti-slip; '**rutschig** glad

'**Rüttelfalke** ‹*der; -n, -n*› torenvalk

'**rütteln** ‹*h*› 1 schudden, schokken; 2 (*der Wagen*) *rüttelt* schokt, hotst; 3 rukken, wrikken; 4 *daran darf man nicht ~* daar valt niet aan te tornen; 5 *ein gerüttelt Maß von od. an* enorm veel

Sss

Saal ‹*der; -(e)s, Säle*› zaal
Saat ‹*die; -, -en*› 1 het zaaien; 2 de zaaitijd; 3 het zaad (*ook fig*); 4 het gezaaide, het gewas; **'Saatgut** ‹*das; -(e)s, geen mv*› zaaigoed; **'Saatkartoffel** ‹*die; -, -n*› pootaardappel
'Säbel ‹*der; -s, -*› 1 sabel; 2 lul, penis; **'Säbelhieb** ‹*der; -(e)s, -e*› sabelhouw; **'säbeln** ‹*h*› onbeholpen snijde; **'Säbelrasseln** ‹*das; -s, geen mv*› sabelgekletter
Sabo'tage ‹*die; -, geen mv*› sabotage; **sabo'tieren** ‹*h*› saboteren
'Sachbearbeiter ‹*der; -s, -*› 1 persoon, die een zaak behandelt; 2 referent; 3 contactambtenaar; ter zake bevoegd ambtenaar; **'Sachberater** ‹*der; -s, -*› adviseur; **'Sachbeschädigung** ‹*die; -, -en*› materiële beschadiging; **'sachbezogen** zakelijk, ter zake doend; **'Sachbezüge** ‹*mv*› inkomsten in natura; **'Sachbuch** ‹*das; -(e)s, -ër*› (populair-)wetenschappelijk boek; **'sachdienlich** ter zake dienend
'Sache ‹*die; -, -n*› 1 zaak (*div bet*); zaakje; *zur ~* (*kommen*) ter zake; *die ~e ist die, daß* ... de zaak, het zit zo, dat ...; *gemeinsame ~* gemene zaak; 2 *~n* ‹*mv*› *a*) spullen; *b*) kleren; *c*) hapjes; *d*) drank(jes); 3 zaak; ding; (*du fragst*) *~n* dingen; *das ist so eine Sache* dat zijn zo van die dingen; 4 kwestie, zaak, aangelegenheid; 5 *nicht bei der ~ sein od. bleiben* er (met zijn gedachten) niet bij zijn; *er fuhr mit 100 ~n* hij reed (met een snelheid van) 100 km; *das ist jedermanns ~ nicht* dat kan niet iedereen; **'Sachfrage** ‹*die; -, -n*› kwestie, zaak; **'sachgemäß** 1 zakelijk, objectief; 2 doelmatig, juist; **'sachge'recht** 1 zakelijk, objectief; 2 doelmatig, juist; **'Sachkenntnis** ‹*die; -, -sse*› kennis van zaken; **'sachkundig** ter zake kundig, deskundig; **'Sachlage** ‹*die; -, geen mv*› 1 stand van zaken; 2 (ook) situatie; **'sachlich** 1 zakelijk; feitelijk; 2 objectief
'sächlich (*gramm*) onzijdig
'Sachlichkeit ‹*die; -, geen mv*› zakelijkheid
'Sachschaden ‹*der; -s, -̈*› materiële schade
sacht zacht; **sachte** 1 zachtjes; 2 kalm aan
'Sachverhalt ‹*der; -(e)s, -e*› toedracht; (ook) feiten; **'Sachversicherung** ‹*die; -, -en*› schadeverzekering; **'Sachverstand** ‹*der; -(e)s, geen mv*› kennis van zaken, deskundigheid; **'sachverständig** deskundig; **'Sachverständige(r)** ‹*bn als zn*› deskundige; **'Sachwalter** ‹*der; -s, -*› 1 zaakwaarnemer; 2 procureur; **'Sachwert** ‹*der; -(e)s, -e*› 1 reële, zakelijke waarde; 2 *~e* ‹*mv*› goederenkapitaal
Sack ‹*der; -(e)s, -ë*› zak (*alle bet*)
'Säckel ‹*der; -s, -*› beurs, buidel
'sacken ‹*h*› 1 in zakken doen; 2 zinken; 3 zakken
'Sackgasse ‹*die; -, -n*› 1 doodlopende straat, weg; 2 (*fig*) impasse; slop; **'Sackhüpfen** ‹*das; -s, geen mv*› zaklopen; **'Sackpfeife** ‹*die; -, -n*› doedelzak
Sa'dismus ‹*der; -, geen mv*› sadisme
säen ‹*h*› zaaien
'Safe ‹*der en o; -s, -s*› safe, kluis
'Safran ‹*der; -s, -e*› saffraan
Saft ‹*der; -(e)s, -ë*› 1 sap; 2 (*volkstaal*) *roter ~* bloed; 3 (*fig*) pit; fut; *ohne ~ und Kraft* zonder pit; 4 (*med*) drank(je); **'saftgrün** sappig, groen; **'saftig** 1 sappig; 2 flink, stevig; 3 pikant, schuin (*mop*); 4 hoog, pittig (*bedrag, boete*); *~e Preise* gepeperde prijzen; **'saftlos** 1 zonder sap; 2 krachteloos, slap
'sagbar zegbaar, te zeggen, uit te drukken
'Sage ‹*die; -, -n*› 1 sage; 2 *es geht die ~* men zegt
'Säge ‹*die; -, -n*› zaag; **'Sägemehl** ‹*das; -(e)s, geen mv*› zaagsel
'sagen ‹*h*› zeggen; *lassen Sie sich das gesagt sein!* houd dat voor gezegd!; *sagen wir mal* ... laten we zeggen ...; *ich muß schon ~!* nou nou!; *gesagt, getan* zo gezegd, zo gedaan; *wie gesagt* zoals ik al zei; *ich sage mir* ... ik zeg tot mijzelf ...; **'Sagen** ‹*das*› *das ~ haben* het voor het zeggen hebben
'sägen ‹*h*› 1 zagen; 2 snurken, zagen
'sagenhaft 1 legendarisch; 2 ongelofelijk, fantastisch, geweldig; **'sagenum'woben** middelpunt van sagen
'Sägespäne ‹*mv*› zaagsel; **'Sägewerk** ‹*das; -(e)s, -e*› houtzagerij
'Sahne ‹*die; -, geen mv*› 1 room; 2 slagroom; **'Sahneeis** ‹*das; -(e)s, geen mv*› roomijs(je); **'sahnig** 1 met room; 2 romig
Sai'son ‹*die; -, -s*› seizoen; **Sai'son**... seizoen...; **saiso'nal** seizoenmatig; **Sai'sonarbeit** ‹*die; -, geen mv*› seizoenwerk; **sai'sonbe'dingt** afhankelijk van, samenhangend met het seizoen; **Sai'sonbetrieb** ‹*der; -(e)s, -e*› 1 seizoenbedrijf; 2 seizoendrukte; **sai'sonmäßig** seizoen..., seizoenmatig
'Saite ‹*die; -, -n*› snaar || *gelindere ~n aufziehen* water in zijn wijn doen; *andere ~n aufziehen* uit een ander vaatje tappen
'Sakko ‹*der of das; -s, -s*› colbert(jasje)
Sakra'ment ‹*das; -(e)s, -e*› sacrament
Sakri'stei ‹*die; -, -en*› sacristie
säku'lar 1 wereldlijk; 2 honderdjarig; 3 buitengewoon; uniek
Sa'lami ‹*die; -, -(s)*› salami(worst)
Sa'lat ‹*der; -(e)s, -e*› 1 sla; 2 salade, sla; 3 rommel; warboel; 4 *der ganze ~* de hele boel; *da haben wir den ~* daar hebben we het gedonder; **Sa'lat**... sla ...; **Sa'latbesteck** ‹*das; -(e)s, -e*› slacouvert; **Sa'latkopf** ‹*der; -(e)s, -̈e*› krop sla
'Salbe ‹*die; -, -n*› 1 zalf; 2 smeersel; **'salben** ‹*h*› zalven; **'Salbung** ‹*die; -, -en*› zalving

'Saldo ‹*der; -s, -s en Salden en Saldi*› id.; (*Belg*) boni; *tegenst* mali

Salm ‹*der; -(e)s, -e*› zalm

sa'lonfähig beschaafd

sa'lopp 1 ongedwongen; 2 slordig, nonchalant

Sa'lut ‹*der; -(e)s, -e*› saluut; ~ *schießen* saluutschoten lossen; **salu'tieren** ‹*h*› (*einem*) salueren

'Salve ‹*die; -, -n*› salvo; (*eine* ~) *abgeben* afvuren

Salz ‹*das; -es, -e*› zout (*lett en fig*); *nicht das ~ zum Brot, in die od. zur Suppe verdienen* het zout in de pap niet verdienen; *einem nicht das ~ in die Suppe gönnen* erg jaloers zijn; **Salz**... zout..., zoute ...; **'salzarm** zoutarm; **'Salzbad** ‹*das; -(e)s, -ër*› zoutbad; **'Salzbergwerk** ‹*das; -(e)s, -e*› zoutmijn; **'salzen** ‹*h*› zouten; **'Salzgurken** ‹*mv*› ingemaakte augurken; **'salzhaltig** zouthoudend; **'Salzhering** ‹*der; -(e)s, -e*› zoute haring; **'salzig** zoutig, zilt; **'Salzkartoffeln** ‹*mv*› gekookte aardappelen; **'salzlos** zoutloos; **'Salznäpfchen** ‹*das; -s, -*› zoutvaatje; **'Salzsäure** ‹*die; -, geen mv*› zoutzuur; **'Salzstange** ‹*die; -, -n*› zoute stengel; **'Salzstreuer** ‹*der; -s, -*› zoutstrooier

Samen ‹*der; -s, -*› zaad; **'Samen**... zaad...; **'Samenbank** ‹*die; -, -en*› zaad-, spermabank; **'Samenerguß** ‹*der; -ergusses, -ergüsse*› zaadlozing; **'Samenspender** ‹*der; -s, -*› zaaddonor

'sämig gebonden (van soep)

'Sammelband ‹*der; -(e)s, -ë*› verzamelwerk; **'Sammelbecken** ‹*das; -s, -*› 1 (*fig*) vergaarbak; 2 reservoir; **'Sammelbüchse** ‹*die; -, -n*› collectebus; **'Sammelfahrschein** ‹*der; -(e)s, -s*› 1 groepskaartje, -plaatsbewijs; 2 strippenkaart; **'Sammellager** ‹*das; -s, -*› verzamel-, opvangkamp; **'Sammelliste** ‹*die; -, -n*› 1 verzamelstaat; 2 intekenlijst (*bij collecte*); **'sammeln** ‹*h*› 1 verzamelen; 2 concentreren, samentrekken (*van troepen*); 3 (*geld*) collecteren, inzamelen; 4 (*ervaringen, indrukken*) opdoen; (*kennis*) vergaren; **sich** ~ 1 bijeenkomen, zich verzamelen; 2 bedaren; 3 zich beheersen; 4 zich concentreren; **Sammel'surium** ‹*das; -s, -surien*› allegaartje; mengelmoes; **'Sammler** ‹*der; -s, -*› 1 verzamelaar; 2 compilator; 3 collectant; 4 accumulator; 5 vergaarbak; **'Sammlung** ‹*die; -, -en*› 1 het verzamelen; 2 verzameling; 3 het concentreren, het samentrekken (*van troepen*); 4 inzameling, collecte; 5 bundel; 6 museum; 7 kalmte; 8 concentratie

'Samstag ‹*der; -(e)s, -e*› zaterdag; **'samstags** zaterdags

Samt ‹*der; -(e)s, -e*› fluweel

samt I ‹*vz* (+ 3)› met, benevens; **II** ‹*bw*› ~ *und sonders* allemaal (zonder uitzondering)

'samtartig fluweelachtig; **'samten** fluwelen

'sämtlich alle(n), allemaal, gezamenlijk

'samt'weich fluweelzacht

Sana'torium ‹*das; -s, Sanatorien*› sanatorium

Sand ‹*der; -(e)s, geen mv*› 1 zand; 2 *im ~ verlaufen* op niets uitlopen; *etwas in den ~ setzen* iets verprutsen; **Sand**... zand...

San'dale ‹*die; -, -n*› sandaal

'sandartig zandachtig; **'Sandbank** ‹*die; -, -̈e*› zandbank

'Sandelholz ‹*das; -es, geen mv*› sandelhout

'sandfarben, 'sandfarbig zandkleurig; **'Sandfläche** ‹*die; -, -n*› zandvlakte; **'Sandgrube** ‹*die; -, -n*› 1 zandgroeve; 2 zandkuil; **'sandig** zandig; **'Sandkasten** ‹*der; -s, -̈*› zandbak; **'Sandkorn** ‹*das; -(e)s, -ër*› zandkorrel; **'Sandkuchen** ‹*der; -s, -*› cake; **'Sandmännchen** ‹*das; -s, geen mv*› zandmannetje, Klaas Vaak; **'Sandpapier** ‹*das; -s, -e*› schuurpapier; **'sandreich** zandrijk; rijk aan zand; **'sandstrahlen** ‹*h*› zandstralen; **'Sandstrand** ‹*der; -(e)s, -ë*› zandstrand; **'Sanduhr** ‹*die; -, -en*› zandloper

sanft 1 zacht; 2 zachtaardig; 3 licht

'Sänfte ‹*die; -, -n*› draagstoel

'Sanftheit ‹*die; -, geen mv*› zacht-, zachtmoedigheid; **'Sanftmut** ‹*die; -, geen mv*› zachtmoedigheid, -aardigheid; **'sanftmütig** zachtaardig, -moedig

Sang ‹*der; -(e)s, -ë*› 1 zang, gezang; 2 *mit ~ und Klang* met slaande trom; **'Sänger** ‹*der; -s, -*› zanger; **'Sängerin** ‹*die; -, -nen*› zangeres; **'sanglos**: *sang- und klanglos* met stille trom

sa'nieren ‹*h*› saneren; **Sa'nierung** ‹*die; -, -en*› sanering

sani'tär sanitair; **Sani'täreinrichtungen** ‹*mv*› sanitair; sanitaire voorzieningen

Sani'täter ‹*der; -s, -*› hospitaalsoldaat; **Sani'tätsdienst** ‹*der; -(e)s, -e*› geneeskundige dienst; **Sani'tätskasten** ‹*der; -s, -̈*› verbandkist; **Sani'tätstruppe** ‹*die; -, -n*› geneeskundige troepen; **Sani'tätswache** ‹*die; -, -n*› E.H.B.O-post; **Sani'tätswagen** ‹*der; -s, -*› ambulance, ziekenauto

Sankt Sint; *St. Peter* Sint-Pieter

Sankti'on ‹*die; -, -en*› sanctie

Sar'delle ‹*die; -, -n*› (*dierk*) ansjovis

Sar'dine ‹*die; -, -n*› (*dierk*) sardine; **Sar'dinenbüchse** ‹*die; -, -n*› blikje sardines

Sarg ‹*der; -(e)s, -ë*› doodkist

Sar'kasmus ‹*der; -, Sarkasmen*› sarcasme

Satel'lit ‹*der; -en, -en*› satelliet (*alle bet*); **Satel'litenbild** ‹*das; -(e)s, -er*› satellietfoto; **Satel'litenübertragung** ‹*die; -, -en*› uitzending via satelliet

Sa'tin ‹*der; -s, -s*› satijn

Sa'tire ‹*die; -, -n*› satire

satt 1 zat, verzadigd; (*das*) *macht* ~ vult, stilt de honger; 2 zat, dronken; 3 (*kleur*) vol, diep; 4 zelfvoldaan; 5 genoeg; *sich ~ essen* genoeg eten; *ich bin/habe es* ~ ik heb er genoeg van, ik ben het zat; *etwas ~ bekommen* genoeg van iets krijgen; ~ *sein* genoeg hebben; *sich an etwas nicht ~ sehen, hören können* naar iets niet genoeg kunnen kijken, luisteren; **'sattblau** diepblauw

'Sattel ‹*der; -s, -̈*› 1 zadel; 2 inzinking, pas;

'Sattelknecht ‹*der; -s, -e*› stalknecht; **'satteln** ‹*h*› zadelen; **'Sattelschlepper** ‹*der; -s, -*› truck, trekker; **'Sattelzug** ‹*der; -(e)s, -̈e*› truck met oplegger

'Sattheit ‹*die; -, geen mv*› 1 verzadigdheid, zatheid; 2 (*kleur*) volheid, diepte

sättigen ‹*h*› 1 verzadigen; 2 (*honger*) stillen; (*nieuwsgierigheid*) bevredigen; **'Sättigung** ‹*die; -, geen mv*› verzadiging

'sattrot dieprood; **'sattsam** voldoende, genoeg

Sa'turn ‹*der; -, geen mv*› Saturnus (*planeet, god*)

Satz ‹*der; -es, -̈e*› 1 (*tlk*) zin; 2 stelling, these; 3 (*muz*) deel (*van symfonie enz*); 4 set; stel; serie; 5 (*typ*): *a*) het zetten; *b*) het zetsel; 6 sprong; 7 bezinksel; koffiedik; 8 set (*bij tennis*); 9 tarief; percentage; **'Satzanalyse** ‹*die; -, -n*› zinsontleding; **'Satzball** ‹*der; -(e)s, -̈e*› set-point (*bij tennis*); **'Satzbau** ‹*der; -(e)s, geen mv*› zinsbouw; **'Satzteil** ‹*der; -(e)s, -e*› zinsdeel

'Satzung ‹*die; -, -en*› statuut; reglement; **'satzungsgemäß** volgens de statuten, statutair

'Satzzeichen ‹*das; -s, -*› leesteken

Sau ‹*die; -, Säue en -en*› 1 (*dierk*) zeug; 2 (*jag*) wild zwijn; 3 (*fig*) zwijn, liederlijk mens; 4 (*fig*) zwijn; **'Sauarbeit** ‹*die; -, geen mv*› rotwerk

'sauber 1 schoon; 2 zindelijk (*van kind*); 3 keurig, net; 4 (*iron*) mooi; 5 goed, prima; 6 smetteloos, onberispelijk; 7 zuiver, eerlijk; **'sauberhalten** ‹*st.h; ie-a; ä*› schoonhouden; **'Sauberkeit** ‹*die; -, geen mv*› reinheid enz.; **'säuberlich** 1 net(jes), keurig; 2 zorgvuldig; **'saubermachen** ‹*h*› schoonmaken; **'saubern** ‹*h*› 1 zuiveren (*lett en fig*); 2 reinigen; **'Säuberung** ‹*die; -, -en*› 1 zuivering; (*Belg*) epuratie; 2 reiniging

'saublöde oervervelend, oerstom

'Sauce ‹*die; -, -n*› saus

Sau'cischen ‹*das; -s, -*› saucijsje

'sau'dumm oliedom, oerstom

'sauer 1 zuur (*alle bet*); *in den sauren Apfel beißen* door de zure appel heenbijten; 2 zwaar, moeilijk; *es kam ihn ~ an* het viel hem zwaar; *das wird mir ~* dat valt me zwaar; *er läßt es sich ~ werden* hij geeft zich veel moeite; 3 boos, kwaad; onvriendelijk; 4 (*fig*) *das wird ihm ~ aufstoßen* dat zal hem opbreken; **'Sauerbraten** ‹*der; -s, -*› gemarineerd gebraden vlee; **'Sauerbrunnen** ‹*der; -s, -*› 1 koolzuurhoudende of minerale bron; 2 mineraal-, bronwater

Saue'rei ‹*die; -, -en*› 1 zwijnerij, smeerlapperij; 2 knoeiboel

'Sauerkirsche ‹*die; -, -n*› zure kers, morel; **'Sauerkraut** ‹*das; -(e)s, geen mv*› zuurkool; **'säuerlich** zuurachtig, zurig; **'säuern I** ‹*h*› zuren, zuur maken; **II** ‹*s*› zuur worden; **'Sauerstoff** ‹*der; -(e)s, geen mv*› zuurstof; **'sauerstoffhaltig** zuurstofhoudend; **'sauer'süß** zuurzoet; **'Sauerteig** ‹*der; -(e)s, -e*› zuurdeeg, -desem; **'Sauertopf** ‹*der; -(e)s, -̈e*› (*fig*) zuurpruim

'saufen ‹*st.h; o-o; äu*› 1 zuipen, drinken; 2 (*van dieren*) drinken; **'Säufer** ‹*der; -s, -*› zuiplap, dronkaard; **Saufe'rei** ‹*die; -, -en*› zuiperij, het zuipen

'Saufraß ‹*der; -es, geen mv*› (*fig*) varkenskost, hondevoer

'saugen ‹*st en zw. h; sog/saugte-gesogen/gesaugt*› zuigen (*alle bet*); (~) *an* op; **'säugen** ‹*h*› zogen; **'Sauger** ‹*der; -s, -*› 1 speen; 2 (stof)zuiger; **'Säugetier** ‹*das; -(e)s, -e*› zoogdier; **'Saugfähigkeit** ‹*die; -, geen mv*› absorptievermogen; **'Saugflasche** ‹*die; -, -n*› zuigfles; **Säugling** ‹*der; -s, -e*› zuigeling; **'Säuglingsschwester** ‹*die; -, -n*› kraamverpleegster; **'Saugnapf** ‹*der; -(e)s, -̈e*› zuignapje

'Sauhaufen ‹*der; -s, -*› bende; **'Sauhund** ‹*der; -(e)s, -e*› rotkerel, ellendeling; **'säuisch** smerig, schunnig, obsceen; **'saukalt** beestachtig koud; **'Saukerl** ‹*der; -(e)s, -e*› rotvent

'Säule ‹*die; -, -n*› 1 zuil, pilaar, kolom; 2 (*fig*) steunpilaar; 3 stoet; (*mil*) colonne

Saum ‹*der; -(e)s, -̈e*› zoom; rand

'saumäßig 1 zeer slecht; 2 erg, bar

'säumen I ‹*tr h*› 1 ómzomen; 2 omzómen; **II** ‹*intr h*› aarzelen, dralen; **'säumig** 1 langzaam, talmend; 2 nalatig; in gebreke blijvend; (*debiteur, schuldenaar, betaler*) slecht; **'Säumigkeit** ‹*die; -, geen mv*› 1 getalm; 2 nalatigheid

'saumselig 1 talmend, traag; 2 nalatig

'Sauna ‹*die; -, -s*› sauna

Säure ‹*die; -, -n*› 1 zuurheid (*ook fig*); 2 (*chem*) zuur

Saus ‹*der*› *in ~ und Braus leben* een leventje van plezier leiden; (*Belg*) brusselen

'sauschlecht bar slecht

'säuseln ‹*h*› 1 suizelen, ruisen; 2 fluisteren

'sausen ‹*h*› 1 suizen; gieren; 2 racen, stuiven; vliegen; 3 (*einen Plan*) ~ *lassen* opgeven

'Sauwetter ‹*das; -s, geen mv*› hondeweer; **'sauwohl** kiplekker

S-Bahn *Schnellbahn, Stadtbahn*

'Schabe ‹*die; -, -n*› 1 kakkerlak; 2 schraapmes; **'schaben** ‹*h*› 1 schrappen, schrapen; 2 (*kaas*) raspen; 3 (*komkommer*) schaven; **'Schaber** ‹*der; -s, -*› 1 schraper, schrapper; 2 rasp

'Schabernack ‹*der; -(e)s, -e*› lelijke poets, streek; (*einem*) *einen ~ spielen* een poets bakken

'schäbig 1 armzalig; 2 kaal, versleten; 3 gemeen, laag; 4 kleingeestig; **'Schäbigkeit** ‹*die; -, geen mv*› armzaligheid enz.

Scha'blone ‹*die; -, -n*› 1 sjablone, sjabloon; 2 schema, patroon; cliché

Schach ‹*das; -(e)s, geen mv*› schaak(spel); *~ spielen* schaken; *~ bieten od. geben* schaak geven; *~ machen* schaak zetten; *im ~ stehen* schaak staan; ~ (*dem König!*) schaak!; *~ und matt* schaakmat; *einen im od. in ~ halten* in toom houden; **'Schachbrett** ‹*das; -(e)s, -er*› schaakbord

'Schacherer ‹*der; -s, -*› sjacheraar

'Schachfeld ‹*das; -(e)s, -er*› veld (*bij schaak-*

spel); '**Schachfigur** ‹*die; -, -en*› schaakstuk; '**schach'matt** schaakmat (*ook fig*); '**Schachmeister** ‹*der; -s, -*› schaakkampioen; '**Schachspieler** ‹*der; -s, -*› schaakspeler, schaker

Schacht ‹*der; -(e)s, -ë*› schacht

'**Schachtel** ‹*die; -, -n*› 1 doos; 2 (*fig*) *alte ~* ouwe taart

'**schachteln** ‹*h*› in elkaar schuiven

'**Schachturnier** ‹*das; -s, -e*› schaaktoernooi; '**Schachzug** ‹*der; -(e)s, -ë*› schaakzet (*lett en fig*)

'**schade** jammer; *~ um ihn* jammer voor of van hem; *dazu ist er mir zu ~* daarvoor acht ik hem te goed; *dafür ist mir das zu ~* daar is mij dat te goed voor

'**Schädel** ‹*der; -s, -*› 1 schedel; 2 kop; 3 (*fig*) *sich den ~ einrennen* met het hoofd tegen de muur lopen

'**schaden** ‹*h*› (+ 3) 1 schaden, schade berokkenen; 2 benadelen; 3 *das schadet nichts* dat hindert niets; '**Schaden** ‹*der; -s, -̈*› 1 schade; (~) *erleiden, nehmen* lijden; (~) *davontragen* oplopen; (~) *zufügen* berokkenen; (~) *ersetzen* vergoeden; *durch ~ wird man klug* door schade en schande wordt men wijs; 2 beschadiging; 3 verlies; *zu ~ kommen* verlies lijden; 4 nadeel; *es wird sein ~ nicht sein* hij zal er geen nadeel bij hebben; 5 letsel; *zu ~ kommen* gewond raken, letsel oplopen; '**Schaden...** (vaak) schade..., ...van (de) schade; '**Schaden(s)ersatz** ‹*der; -es, geen mv*› schadevergoeding; '**Schaden(s)ersatzanspruch** ‹*der; -(e)s, -̈e*› eis tot schadevergoeding

'**Schadenfreude** ‹*die; -, geen mv*› leedvermaak; '**schadenfroh** vol leedvermaak

schadhaft 1 beschadigd; stuk; 2 bedorven; 3 (*tanden*) slecht; '**Schadhaftigkeit** ‹*die; -, geen mv*› slechte toestand

'**schädigen** ‹*h*› 1 schade berokkenen; 2 benadelen; 3 duperen; '**Schädiger** ‹*der; -s, -*› veroorzaker van de schade; '**Schädigung** ‹*die; -, -en*› 1 benadeling; 2 beschadiging; '**schädlich** schadelijk; nadelig; '**Schädlichkeit** ‹*die; -, geen mv*› schadelijkheid enz.; '**Schädling** ‹*der; -s, -e*› 1 schadelijk dier; 2 schadelijke plant; 3 schadelijk individu

'**schadlos** schadeloos; *sich an einem ~ halten* de schade op iem verhalen; '**Schadstoff** ‹*der; -(e)s, -e*› schadelijke stof; '**schadstoffarm** (*auto, motor*) schoon

Schaf ‹*das; -(e)s, -e*› schaap; '**Schafbock** ‹*der; -(e)s, -ë*› ram; '**Schäfchen** ‹*das; -s, -*› 1 schaapje; 2 schapewolkje; '**Schäfer** ‹*der; -s, -*› (schaap)herder; '**Schäferhund** ‹*der; -(e)s, -e*› herdershond; '**Schaffell** ‹*das; -(e)s, -e*› schapevel, schapevacht

'**schaffen** I ‹*zw.h*› 1 werken; bezig zijn; 2 brengen; vervoeren; 3 scheppen; zorgen voor; verschaffen; *Hilfe ~* hulp verschaffen; 4 *etwas ~* iets klaarspelen; *er hat es geschafft* (ook) het is hem gelukt; (*den Zug noch*) ~ halen; (*sp*) (*den Ausgleich*) ~ scoren; (*einen Rekord*) ~ vestigen; (*seinen Teller, die Kartoffeln usw.*) ~ opkunnen; 5 (*etwas aus der Welt*) ~ helpen; (*ich habe nichts damit/mit ihm*) *zu ~* te maken; (*das/er*) *macht mir* (*viel*) *zu ~* bezorgt me (veel) moeite; speelt me parten; II ‹*st.h; u-a*› scheppen; maken; in het leven roepen; '**Schaffen** ‹*das; -s, geen mv*› werk; oeuvre

'**Schaffner** ‹*der; -s, -*› conducteur; '**Schaffnerin** ‹*die; -, -nen*› conductrice

'**Schaffung** ‹*die; -, geen mv*› het scheppen

'**Schafherde** ‹*die; -, -n*› kudde schapen; '**Schafhirt** ‹*der; -en, -en*› schaapsherder; '**Schafhürde** ‹*die; -, -n*› schaapskooi; '**Schafkäse** ‹*der; -s, -*› schapekaas

Scha'fott ‹*das; -(e)s, -e*› schavot

'**Schafpelz** ‹*der; -es, -e*› schapevacht; '**Schafskopf** ‹*der; -(e)s, -ë*› 1 schapekop; 2 stommeling, schaapskop; '**Schafstall** ‹*der; -(e)s, -̈e*› schaapskooi

Schaft ‹*der; -(e)s, -ë*› 1 schacht; 2 heft, steel; 3 lade, kolf (*van geweer*); '**Schaftstiefel** ‹*der; -s, -*› hoge laars

'**Schafwolle** ‹*die; -, geen mv*› schapewol; '**Schafzucht** ‹*die; -, geen mv*› schapenteelt; '**Schafzüchter** ‹*der; -s, -*› schapenfokker

'**Schakal** ‹*der; -s, -e*› jakhals

'**Schäker** ‹*der; -s, -*› grappenmaker, guit, schalk; '**schäkern** ‹*h*› 1 gekheid maken; 2 flirten

schal 1 verschaald; 2 flauw; 3 leeg

Schal ‹*der; -s, -e en -s*› sjaal

'**Schale** ‹*die; -, -n*› 1 schaal, schotel; 2 kom; 3 schil (*van vrucht*); 4 vel (*van worst*); 5 *grüne ~* bolster; *harte ~* dop (*van noten*); 6 dop, schaal (*van ei*); 7 schelp (*van oester*); 8 schaal (*van kreeft en om iets te wegen*) || *in ~ sein* er piekfijn uitzien

'**schälen** ‹*h*› 1 schillen; 2 pellen; 3 ontdoppen; **sich** ~ vervellen

'**Schalentier** ‹*das; -(e)s, -e*› schaaldier

Schalk ‹*der; -(e)s, -e en -ë*› schalk, guit; '**schalkhaft** guitig, schalks

Schall ‹*der; -(e)s, -ë*› 1 geluid; 2 klank; 3 (*das ist*) *leerer ~, ~ und Rauch* onbelangrijk; '**Schalldämmung** ‹*die; -, -en*› geluidsisolatie; '**Schalldämpfer** ‹*der; -s, -*› 1 geluiddemper; 2 knalpot; '**Schalldämpfung** ‹*die; -, geen mv*› geluiddemping; '**schalldicht** geluiddicht

'**schallen** ‹*st. en zw. h; scholl/schallte-geschallt*› klinken, (weer)galmen, schallen; *~der Beifall* daverende toejuiching; *~des Gelächter* schaterend gelach

'**Schallgeschwindigkeit** ‹*die; -, geen mv*› geluidssnelheid; '**Schallisolierung** ‹*die; -, -en*› geluidsisolatie; '**Schallmauer** ‹*die; -, geen mv*› geluidsbarrière

'**schallos** zonder schaal of schelp

'**Schallplatte** ‹*die; -, -n*› grammofoonplaat; '**Schallplattengeschäft** ‹*das; -(e)s, -e*› 1 platenzaak; 2 ‹*geen mv*› platenbusiness; '**Schallplattenhülle** ‹*die; -, -n*› platenhoes

'schallschluckend geluiddempend; **'Schallschutz** ‹*der; -es, geen mv*› geluidwering; **'Schallwelle** ‹*die; -, -n*› geluidsgolf

Scha'lotte ‹*die; -, -n*› sjalot

'Schaltbrett ‹*das; -(e)s, -er*› schakelbord

'schalten ‹*h*› 1 schakelen (*div bet*); 2 (*schnell, richtig*) ~ snappen; 3 reageren; 4 *frei, nach Belieben ~ und walten* doen en laten wat men wil

'Schalter ‹*der; -s, -*› 1 loket; 2 schakelaar; **'Schalterbeamte(r)** ‹*bn als zn*› loketbeambte; **'Schalterhalle** ‹*die; -, -n*›, **'Schalterraum** ‹*der; -(e)s, -ë*› (loketten)hal

'Schalthebel ‹*der; -s, -*› 1 versnellingshandel; 2 schakelhefboom

'Schaltier ‹*das; -(e)s, -e*› schaaldier

'Schaltjahr ‹*das; -(e)s, -e*› schrikkeljaar

'Schalttafel ‹*die; -, -n*› schakelbord; **'Schaltung** ‹*die; -, -en*› 1 schakeling; 2 het schakelen

'Schälung ‹*die; -, geen mv*› het schillen enz.; zie *schälen*

Scha'luppe ‹*die; -, -n*› sloep

Scham ‹*die; -, geen mv*› 1 schaamte; 2 schaamdelen; **'Schambein** ‹*das; -(e)s, -e*› schaambeen; **'schämen, sich** ‹*h*› zich schamen; *sich vor einem ~* zich voor (d.i. tegenover) iem schamen; *sich für einen ~* zich voor (d.i. wegens) iem schamen; *sich e.r Sache* (+ 2) ~ zich over iets schamen; **'Schamhaar** ‹*das; -(e)s, -e*› schaamhaar; **'schamhaft** 1 beschaamd; bedeesd; 2 zedig; **'Schamhaftigkeit** ‹*die; -, geen mv*› beschaamd-, bedeesdheid; **'Schamlippe** ‹*die; -, -n*› (*anat*) schaamlip; **'schamlos** schaamteloos, onbeschaamd

'Schampon ‹*das; -s, -s*›, **Scham'pun** ‹*das; -s, -s*› shampoo; **schampu'nieren** ‹*h*› met schampoo wassen

'Schamröte ‹*die; -, geen mv*› schaamrood

'schandbar schandelijk; **'Schande** ‹*die; -, geen mv*› 1 schande; *einem ~ machen* iem schande aandoen; 2 smaad

'schänden ‹*h*› 1 schenden; 2 schandvlekken; 3 verkrachten, onteren; 4 ontsieren; **'Schänder** ‹*der; -s, -*› 1 schender; 2 verkrachter; **'schändlich** schandelijk, schandalig, erg; **'Schändlichkeit** ‹*die; -, -en*› schandaligheid

'schandmaulen ‹*h*› roddelen

'Schändung ‹*die; -, -en*› 1 schennis; 2 schending

'Schankerlaubnis ‹*die; -, -se*› (tap)vergunning; **'Schankkonzession** ‹*die; -, -en*› (tap)vergunning; **'Schanktisch** ‹*der; -es, -e*› buffet; **'Schankwirtschaft** ‹*die; -, -en*› café

'Schanze ‹*die; -, -n*› 1 schans (*div bet*); 2 (*sein Leben*) *in die ~ schlagen* op het spel zetten; **'Schanzenspringen** ‹*das; -s, geen mv*› (*sp*) schansspringen

Schar ‹*die; -, -en*› 1 schaar, groep, menigte; 2 ploegschaar; **'scharen** ‹*h*› scharen, verenigen; **'scharenweise** in scharen; massaal

scharf (*schärfer, schärfst*) 1 scherp (*div bet*); 2 fel (*licht*); 3 heet, geil; 4 ~ (*bremsen*) krachtig; 5 (*drank*) sterk; 6 ~ (*fahren*) hard, snel; 7 (*broodje*) knappend; 8 ~ *sein auf* (+ 4): *a*) (*einen*) begerig naar; (ook) willen versieren; *b*) (*einen, etwas*) gek zijn op; **'Scharfblick** ‹*der; -(e)s, geen mv*› scherpzinnigheid; **'Schärfe** ‹*die; -, -n*› 1 scherpte (*div bet*); 2 scherpheid (*div bet*); 3 scherpzinnigheid; **'schärfen** ‹*h*› scherpen, slijpen, wetten; **'Scharfmacher** ‹*der; -s, -*› 1 ophitser; 2 scherpslijper; **'Scharfrichter** ‹*der; -s, -*› scherprechter, beul; **'Scharfschießen** ‹*das; -s, geen mv*› het met scherp schieten; **'Scharfschütze** ‹*der; -n, -n*› scherpschutter; **'Scharfsinn** ‹*der; -(e)s, geen mv*› scherpzinnigheid; **'scharfsinnig** scherpzinnig

'Scharlach ‹*der; -s, geen mv*› 1 scharlaken; 2 roodvonk; **'scharlachrot** scharlakenrood

'Scharlatan ‹*der; -s, -e*› charlatan; kwakzalver

Scharm ‹*der; -(e)s, geen mv*› charme; **schar'mant** charmant

Schar'mützel ‹*das; -s, -*› schermutseling

'Schärpe ‹*die; -, -n*› sjerp

'scharren ‹*h*› 1 graven, krabben (*met poot*); 2 scharrelen, wroeten; 3 schrapen, schrappen

'Scharte ‹*die; -, -n*› 1 kerf, schaarde, breuk; beschadiging; 2 schietgat; 3 (berg)spleet

'schassen ‹*h*› (weg)jagen; de laan uitsturen

'Schatten ‹*der; -s, -*› 1 schaduw; 2 schim; 3 kring (*onder ogen*); 4 schijn (*van bewijs, gevaar, twijfel*); **'Schattenbild** ‹*das; -(e)s, -er*› schaduw(beeld), silhouet; **'schattenhaft** 1 schaduwachtig; 2 vaag; **'schattenlos** schaduwloos; **'schattenreich** schaduwrijk; **'Schattenriß** ‹*der; -risses, -risse*› 1 schaduwbeeld, silhouet; 2 vluchtige schets; **'Schattenseite** ‹*die; -, -n*› schaduwzijde (*lett en fig*); keerzijde

schat'tieren ‹*h*› 1 (af)schaduwen; 2 schakeren, nuanceren; **Schat'tierung** ‹*die; -, -en*› schakering enz.

'schattig schaduwrijk

Scha'tulle ‹*die; -, -n*› 1 bijouteriekistje; 2 geldkistje

Schatz ‹*der; -es, -ë*› 1 schat (*alle bet*); 2 vriend(in); **'schätzbar** 1 te schatten; 2 te waarderen; **'Schätzchen** ‹*das; -s, -*› schatje; **'schätzen** ‹*h*› 1 schatten; 2 waarderen; 3 vermoeden, denken; **'schätzenlernen** ‹*h*› leren waarderen; **'schätzenswert** lofwaardig

Schatzgräber ‹*der; -s, -*› schatgraver; **'Schatzmeister** ‹*der; -s, -*› 1 penningmeester; 2 thesaurier

'Schätzung ‹*die; -, -en*› 1 schatting; raming; 2 taxatie; 3 waardering, achting; **'schätzungsweise** naar schatting; **'Schätzwert** ‹*der; -(e)s, -e*› taxatiewaarde; geschatte waarde

Schau ‹*die; -, -en*› 1 tentoonstelling; 2 show (*alle bet*); 3 het schouwen, het geestelijk zien; 4 visie; gezichtspunt; 5 onderzoek, het bekijken; 6 *zur ~ stellen: a*) tentoonstellen; *b*) uitstallen; *c*) tentoonspreiden, tonen; *zur ~ tragen* tonen, tentoonspreiden; **'Schaubude** ‹*die; -, -n*› kermistent; **'Schaubühne** ‹*die; -, -n*› theater

'Schauder *‹der; -s, -›* huivering, rilling; **'schaudererregend** huiveringwekkend; **'schauderhaft** 1 huiveringwekkend; 2 verschrikkelijk; **'schaudern** *‹h›* huiveren, rillen; **'schaudervoll** huiveringwekkend

'schauen *‹h›* kijken; zien; *schau!* kijk!

'Schauer *‹der; -s, -›* 1 (hagel-, regen-, sneeuw)bui; 2 huivering, rilling; **'schauerartig:** *~e Regenfälle* (regen)buien

'Schauergeschichte *‹die; -, -n›* griezelverhaal; **'schauerlich** 1 huiveringwekkend; 2 vreselijk; **'schauern** *‹h›* huiveren, rillen; *es schauert mir od. mich, mir od. mich schauert* ik huiver; **'Schauerroman** *‹der; -(e)s, -e›* griezelroman; **'schauervoll** ijzingwekkend, afgrijselijk

'Schaufel *‹die; -, -n›* 1 schep, schop; 2 schoffel; 3 (vuilnis)blik; 4 schoep (*aan rad*); **'schaufeln** *‹h›* 1 scheppen; 2 graven; delven

'Schaufenster *‹das; -s, -›* etalage; **'Schaufensterscheibe** *‹die; -, -n›* etalageruit; **'Schaugeschäft** *‹das; -(e)s, geen mv›* showbusiness; **'Schaukasten** *‹der; -s, -›* vitrine

'Schaukel *‹die; -, -n›* schommel; **'schaukeln** *‹h›* 1 schommelen; 2 (*met stoel*) wippen; 3 wiegen; 4 (*fig*) (*wir werden*) *das Kind, die Sache schon ~* wel voor elkaar krijgen; **'Schaukelpferd** *‹das; -(e)s, -e›* hobbelpaard

'Schaulust *‹die; -, geen mv›* kijklust; **'schaulustig** nieuwsgierig; kijkgraag; **'Schaulustige(r)** *‹bn als zn›* kijklustige; nieuwsgierige

Schaum *‹der; -(e)s, -ë›* 1 schuim; 2 *Träume sind Schäume* dromen zijn bedrog; **'Schaumbad** *‹das; -(e)s, -ër›* schuimbad; **'schäumen** *‹h›* 1 schuimen; 2 mousseren; **'schäumend** 1 schuimend; 2 mousserend; **'Schaumgummi** *‹der; -s, geen mv›* schuimrubber; **'schaumig** 1 schuimend; 2 vol schuim; **'Schaumlöscher** *‹der; -s, -›* schuimblusser; **'Schaumschläger** *‹der; -s, -›* 1 garde (*in keuken*); 2 (*fig*) druktemaker; **'Schaumwein** *‹der; -(e)s, -e›* mousserende wijn

'Schaupackung *‹die; -, -en›* lege etalageverpakking; **'Schauplatz** *‹der; -es, -ë›* schouwplaats; toneel; **'Schauprozeß** *‹der; -prozesses, -prozesse›* schijnproces, showproces

'schaurig 1 ijselijk, griezelig, huiveringwekkend; 2 afschuwelijk; 3 zeer, enorm

'Schauseite *‹die; -, -n›* 1 front; voorkant; 2 (*fig*) mooie kant; **'Schauspiel** *‹das; -(e)s, -e›* 1 toneelstuk; 2 (*fig*) schouwspel; **'Schauspieldichter** *‹der; -s, -›* toneelschrijver; **'Schauspieler** *‹der; -s, -›* toneelspeler, acteur (*lett en fig*); **'Schauspielerin** *‹die; -, -nen›* toneelspeelster, actrice (*lett en fig*); **'Schauspielhaus** *‹das; -es, -ër›* schouwburg; **'Schausteller** *‹der; -s, -›* kermisreiziger, -exploitant; **'Schaustück** *‹das; -(e)s, -ë›* stuk (*van tentoonstelling, collectie*)

Scheck *‹der; -s, -s›* cheque; *ein ~ über* (*100DM*) een cheque van; *mit ~* (*bezahlen*) per cheque

'scheckig 1 gevlekt; bont; 2 *sich ~ lachen* zich rot lachen

'Scheckkarte *‹die; -, -n›* betaalpas; (*Belg*) waarborgkaart

scheel 1 scheel, loens; 2 afgunstig

'scheffeln *‹h›* vergaren

'Scheibe *‹die; -, -n›* 1 schijf, plak; 2 snee (*brood*); 3 ruit; 4 puck (*ijshockey*); 5 (*die können*) *sich von uns eine ~ abschneiden* aan ons een voorbeeld nemen; **'Scheibenbremse** *‹die; -, -n›* schijfrem; **'Scheibenwaschanlage** *‹die; -, -n›* ruitesproeier; **'scheibenweise** bij of in schijven, in sneetjes; **'Scheibenwischer** *‹der; -s, -›* ruitewisser

Scheich *‹der; -s, -e en -s›* sjeik

'Scheide *‹die; -, -n›* 1 schede; 2 scheiding, grens; **'scheiden** I *‹st.h; ie-ie›* scheiden; *wir sind geschiedene Leute* het is uit tussen ons; II *‹st.s›* scheiden, heengaan; *aus dem Amt ~* ontslag nemen; *aus dem Leben ~* sterven, overlijden; **sich** ~ (zich) scheiden, uiteengaan; **'Scheidewand** *‹die; -, -ë›* tussen-, scheidsmuur (*lett en fig*); **'Scheideweg** *‹der; -(e)s, -e›* tweesprong; **'Scheidung** *‹die; -, -en›* scheiding; **'Scheidungsklage** *‹die; -, -n›* eis tot echtscheiding

Schein *‹der; -(e)s, -e›* 1 schijn; *dem ~ nach* schijnbaar; *zum ~* voor de schijn; 2 schijnsel; 3 bewijs; document; 4 bankbiljet; **Schein ...** schijn ...; **'scheinbar** schijnbaa; **'scheinen** *‹st.h; ie-ie›* 1 schijnen, lijken; 2 schitteren; **'scheinfromm** schijnvroom, schijnheilig; **'scheinheilig** schijnheilig; **'scheintot** schijndood; **'Scheinwerfer** *‹der; -s, -›* 1 zoeklicht, schijnwerper; 2 koplamp (*van auto*)

'Scheißdreck *‹der; -(e)s, geen mv›* 1 (*fig*) troep, rotzooi; 2 *das geht ihn einen ~ an!* dat gaat hem geen donder aan!; **'Scheiße** *‹die; -, geen mv›* 1 schijt, stront; 2 (*fig*) troep, rotzooi; 3 *in der ~* (*sitzen*) in de puree, in de narigheid; *~!* verdomme! gadverdamme!; *alles ~!* het is allemaal niks!; **'scheißegal:** *das ist mir ~!* dat kan me geen moer schelen!; **'scheißen** *‹st.h; i-i›* schijten; *ich scheiße darauf!* ik heb er schijt aan!; **'Scheißer** *‹der; -s, -›* 1 vent van niks; 2 rot kerel; **'Scheißkerl** *‹der; -(e)s, -e›* rot kerel; klootzak; **'Scheißwetter** *‹das; -s, geen mv›* rot-, pokkenweer

'Scheitel *‹der; -s, -›* 1 scheiding; 2 kruin; 3 *vom ~ bis zur Sohle* van top tot teen; **'scheiteln** *‹h›* een scheiding (in het haar) maken

'Scheiterhaufen *‹der; -s, -›* brandstapel

'scheitern *‹s›* 1 schipbreuk lijden (*lett en fig*); 2 mislukken; 3 (*sp*) *am* (*Torwart*) *~* stranden op

'Schelle *‹die; -, -n›* 1 schel, bel; 2 oorveeg; 3 boei; 4 beugel, klem; **'schellen** *‹h›* bellen; *es hat geschellt* er is gebeld; **'Schellenschlitten** *‹der; -s, -›* arreslee

'Schellfisch *‹der; -es, -e›* schelvis

Schelm *‹der; -(e)s, -e›* 1 schelm, schurk; 2 deugniet; 3 *er hat den ~ im Nacken: a*) hij heeft ze achter de elleboog; *b*) hij is een grappenmaker; **'Schelmenstreich** *‹der; -(e)s, -e›* schelmstreek; **'schelmisch** schalks, guitig

'Schelte ‹*die; -, -n*› standje; **'schelten** ‹*st.h; a-o; i*› 1 schelden; 2 *einen od. auf einen* ~ iem berispen; 3 *einen* (*einen Dummkopf usw.*) ~ iem voor (...) uitmaken

'Schema ‹*das; -s, -s en -ta*› 1 schema; overzicht; 2 voorschrift, regel; **sche'matisch** 1 schematisch; 2 volgens voorschrift, de regel

'Schemel ‹*der; -s, -*› 1 kruk; 2 voetenbankje

'Schemen ‹*der; -s, -*› schim; **'schemenhaft** als een schim, schimachtig

'Schenke ‹*die; -, -n*› café

'Schenkel ‹*der; -s, -*› 1 dijbeen, dij; 2 been (*van hoek e.d.*)

'schenken ‹*h*› 1 schenken (*div bet*); geven; *etwas geschenkt bekommen* iets cadeau krijgen; 2 (in)schenken; 3 (*schuld, straf*) kwijtschelden; **'Schenkstube** ‹*die; -, -n*› gelagkamer; **'Schenktisch** ‹*der; -es, -e*› tapkast, buffet; **'Schenkung** ‹*die; -, -en*› schenking, gift; donatie

'scheppern ‹*h*› rammelen, rinkelen

'Scherbe ‹*die; -, -n*› scherf; **'Scherben** ‹*der; -s, -*› scherf

'Schere ‹*die; -, -n*› schaar; **'scheren I** ‹*st.h; o-o*› 1 scheren; 2 snoeien; 3 (*gras*) maaien; **II** ‹*zw.h*› 1 *das hat ihn im geringsten nicht geschert* dat kon hem niets schelen; *sich um etwas* ~ zich iets aantrekken van; *sich den Teufel um etwas* ~ zich ergens geen donder van aantrekken; 2 *sich* ~ weggaan, verdwijnen; *scher dich zum Teufel!* loop naar de bliksem!; **'Scherenschleifer** ‹*der; -s, -*› scharenslijper

Schere'rei ‹*die; -, -en*› 1 last, narigheid; 2 *~en* geëmmer, geharrewar, moeilijkheden

'Scherflein ‹*das; -s, -*› steentje, kleine bijdrage

'Scherge ‹*der; -n, -n*› beulsknecht

Scherz ‹*der; -es, -e*› scherts, grap, aardigheid; *ohne* ~, ~ *beiseite* zonder gekheid; *im* ~ voor de grap; **'scherzen** ‹*h*› 1 schertsen, gekheid maken; 2 (*er läßt nicht mit sich*) ~ spotten; **'scherzhaft** grappig, schertsend; **'Scherzname** ‹*der; -ns, -n*› spotnaam; **'scherzweise** schertsenderwijze, voor de grap

scheu 1 schuw, vreesachtig, bang; 2 schichtig; **Scheu** ‹*die; -, geen mv*› 1 schuwheid, vrees, schroom, angst; 2 ontzag

'Scheuche ‹*die; -, -n*› vogelverschrikker; **'scheuchen** ‹*h*› op-, weg-, verjagen

'scheuen ‹*h*› 1 schuwen, vrezen; 2 schuwen, vermijden; 3 schichtig worden (*van paard*); 4 (*keine Kosten, keine Mühe*) ~ sparen; 5 *sich* ~ *vor* (+ 3) terugschrikken voor, opzien tegen

'Scheuerlappen ‹*der; -s, -*› dweil; **'scheuern** ‹*h*› 1 schuren, wrijven; *wund* ~ stuk schuren; 2 schoonmaken; dweilen; 3 *einem eine* ~ iem een draai om z'n oren geven; **'Scheuertuch** ‹*das; -(e)s, -ër*› dweil

'Scheuklappen ‹*mv*› oogkleppen (*lett en fig*)

'Scheune ‹*die; -, -n*› schuur, loods

'Scheusal ‹*das; -s, -e*› monster, gedrocht

'scheußlich afschuwelijk, verschrikkelijk

Schi ‹*der; -s, -er en -*› ski; ~ *fahren*, ~ *laufen* skiën; vgl *Ski*

Schicht ‹*die; -, -en*› 1 laag (*lett en fig*); 2 ploeg (groep arbeiders); 3 dienst; werktijd; **'Schichtarbeit** ‹*die; -, geen mv*› het werken in ploegen; **'schichten** ‹*h*› in lagen leggen, opstapelen; **'Schichtung** ‹*die; -, -en*› 1 het in lagen leggen, het opstapelen; 2 stratificatie; structuur; **'Schichtwechsel** ‹*der; -s, -*› ploegenwisseling; **'schichtweise** 1 in lagen; 2 in ploegen

Schick ‹*der; -s, geen mv*› elegantie, chic; (*diese Dame*) *hat* ~ is zeer elegant; **schick** chic, fijn

'schicken ‹*h*› 1 sturen; zenden; 2 *nach* (...) ~ (...) laten halen; 3 *sich* ~: *a*) passen, horen; *b*) zich regelen; *c*) zich schikken (in), zich voegen (in); *d*) *sich so* ~, *daß* ...zo uitkomen, dat ...; **'schicklich** passend; betamelijk; fatsoenlijk; **'Schicklichkeit** ‹*die; -, geen mv*› gepastheid, betamelijkheid enz.

'Schicksal ‹*das; -(e)s, -e*› 1 noodlot; 2 lot; 3 *~e* ‹*mv*› lotgevallen, avonturen; **'schicksalhaft** 1 noodlottig; 2 beslissend; **'Schicksalsfrage** ‹*die; -, -n*› kwestie, die over het lot beslist; **'Schicksalsgefährte** ‹*der; -n, -n*› lotgenoot; **'Schicksalsschläge** ‹*mv*› beproevingen

'Schickung ‹*die; -, -en*› beschikking, lot

'Schiebedach ‹*das; -(e)s, -ër*› schuifdak

'schieben ‹*st.h; o-o*› 1 schuiven (*lett en fig*); (*etwas von sich*) ~ afschuiven; 2 duwen; 3 knoeien, zwendelen; 4 smokkelen; 5 *Kegel* ~ kegelen; (*einen über die Grenze*) ~ zetten; 6 *sich* ~ *a*) zich voortbewegen; *b*) (zich) schuiven; **'Schieber** ‹*der; -s, -*› 1 schuiver; 2 schuif, klep; 3 grendel; 4 zwendelaar; 5 smokkelaar; **'Schiebetür** ‹*die; -, -en*› schuifdeur; **'Schiebung** ‹*die; -, -en*› knoeierij, zwendel

'Schiedsgericht ‹*das; -(e)s, -e*› 1 scheidsgerecht; 2 arbitragecommissie; **'Schiedsrichter** ‹*der; -s, -*› scheidsrechter; **'Schiedsspruch** ‹*der; -(e)s, -ë*› scheidsrechterlijk vonnis, uitspraak, arbitrage

schief 1 scheef; 2 schuin; 3 krom; *sich* ~ *lachen* zich krom lachen; 4 verkeerd; (*die Sache*) *geht* ~ loopt verkeerd, mis; *auf die ~e Bahn geraten* op het verkeerde pad geraken; **'Schiefe** ‹*die; -, geen mv*› 1 scheefheid; 2 schuinte; 3 helling

'Schiefer ‹*der; -s, -*› 1 lei; 2 leisteen

'schiefgehen ‹*st.h; i-a*› mislopen, verkeerd lopen; **'schieflaufen** ‹*st.s; ie-au*› mislopen, verkeerd lopen; **'schiefliegen** ‹*st.h; a-e*› het mis hebben

'schielen ‹*h*› 1 scheel of loens zien; 2 gluren; 3 ~ *nach* lonken naar

'Schienbein ‹*das; -(e)s, -e*› (*anat*) scheenbeen; **'Schienbeinschoner** ‹*der; -s, -*›, **'Schienbeinschützer** ‹*der; -s, -*› (*sp*) scheenbeschermer

'Schiene ‹*die; -, -n*› 1 rail, spoorstaaf; *per* ~ per spoor; 2 spalk; 3 (*techn*) geleider; rail; **'schienen** ‹*h*› spalken; **'Schienenfahrzeug** ‹*das; -(e)s, -e*› railvoertuig; **'Schienenverkehr** ‹*der; -s, geen mv*› railverkeer; **'Schienenweg** ‹*der; -(e)s, -e*› spoorweg

schier 1 rein, zuiver; 2 schier, bijna, haast
Schieß... schiet...; '**schießen** ‹*st.h en s; o-o*› schieten (*alle bet*); *in die Höhe* ~ (ook) hard groeien; '**Schießen** ‹*das; -s, -*› 1 het schieten; 2 schietwedstrijd; **Schieße'rei** ‹*die; -, -en*› 1 geschiet; 2 schietpartij; '**Schießplatz** ‹*der; -es, -ë*› schietterrein, -baan; '**Schießpulver** ‹*das; -s, geen mv*› buskruit; '**Schießstand** ‹*der; -(e)s, -ë*› schietbaan
'**Schifahren** ‹*das; -s, geen mv*› het skiën
Schiff ‹*das; -(e)s, -e*› 1 schip (*ook van kerk*); 2 schuit, boot; '**Schiffahrt** ‹*die; -, geen mv*› scheepvaart; '**schiffbar** bevaarbaar; '**Schiff(s)bau** ‹*der; -(e)s, geen mv*› scheepsbouw; '**Schiffbruch** ‹*der; -(e)s, -ë*› schipbreuk (*lett en fig*); '**Schiffbrüchige(r)** ‹*bn als zn*› schipbreukeling; '**Schiffchen** ‹*das; -s, -*› scheepje, bootje; '**schiffen** I ‹*s*› varen; II ‹*h*› pissen; '**Schiffer** ‹*der; -s, -*› schipper; '**Schiffsagent** ‹*der; -en, -en*› cargadoor; '**Schiffsarzt** ‹*der; -(e)s, -ë*› scheepsarts; '**Schiffsbrücke** ‹*die; -, -n*› schip-, pontonbrug; '**Schiffseigner** ‹*der; -s, -*› scheepseigenaar; '**Schiffsfahrt** ‹*die; -, -en*› boottocht; '**Schiffsführer** ‹*der; -s, -*› 1 kapitein; 2 schipper; '**Schiffskörper** ‹*der; -s, -*› scheepsromp; '**Schiffsladung** ‹*die; -, -en*› scheepslading; '**Schiffsmakler** ‹*der; -s, -*› 1 scheepsmakelaar; 2 cargadoor; '**Schiffsmannschaft** ‹*die; -, -en*› (scheeps)bemanning; '**Schiffsreise** ‹*die; -, -n*› reis per schip; '**Schiffsrumpf** ‹*der; -(e)s, -ë*› scheepsromp; '**Schiffsschraube** ‹*die; -, -n*› (scheeps)schroef; '**Schiffsverkehr** ‹*der; -s, geen mv*› scheepvaartverkeer; '**Schiffswerft** ‹*die; -, -n*› scheepswerf
Schi'kane ‹*die; -, -n*› 1 chicane; pesterij; 2 (*fig*) *mit allen ~n* met alles erop en eraan; **schika'nieren** ‹*h*› chicaneren; treiteren, pesten; **schika'nös** chicanerend
'**Schikante** ‹*die; -; -n*› kant van het glijvak (van ski)
Schild I ‹*der; -(e)s, -e*› schild: *a*) ter verdediging; *b*) dekschild van schildpad; (*etwas*) *im ~e führen* in zijn schild voeren (*fig*); II ‹*das; -(e)s, -er*› 1 schild, uithangbord; 2 naamplaat (*op deur*); 3 etiket; 4 (*aan koffer*) label; 5 (prijs)kaartje; 6 (verkeers)bord; '**Schildbürger** ‹*der; -s, -*› onnozele hals; '**Schilddrüse** ‹*die; -, -n*› schildklier
'**schildern** ‹*h*› schilderen, beschrijven; '**Schilderung** ‹*die; -, -en*› schildering, beschrijving
'**Schildknappe** ‹*der; -n, -n*› schildknaap; '**Schildkröte** ‹*die; -, -n*› schildpad; '**Schildwache** ‹*die; -, -n*› schildwacht
Schilf ‹*das; -(e)s, geen mv*› (*plantk*) riet; '**schilfbewachsen** met riet begroeid; '**schilfig** rietachtig, met riet bedekt; '**Schilfrohr** ‹*das; -(e)s, -e*› (*plantk*) riet
'**schillern** ‹*h*› 1 glinsteren; 2 ~*d* weifelend
'**Schilling** ‹*der; -s, -e*› 1 schilling (*Oostenrijkse munt*); 2 shilling (*Engelse munt*)
'**schilpen** ‹*h*› sjilpen
'**Schimmel** ‹*der; -s, -*› (*dierk, plantk*) schimmel; '**schimmelig** schimmelig, beschimmeld; '**schimmeln** ‹*h*› (be)schimmelen; '**Schimmelpilz** ‹*der; -es, -e*› (*plantk*) schimmel
'**Schimmer** ‹*der; -s, geen mv*› 1 schijnsel; glans; 2 *keinen ~ (von etwas) haben* geen flauw idee hebben; *kein ~ von Hoffnung* geen sprankje van hoop; '**schimmern** ‹*h*› (zwak) schijnen, zacht of zijdeachtig glanzen
Schim'panse ‹*der; -n, -n*› chimpansee
Schimpf ‹*der; -(e)s, geen mv*› smaad, hoon, schande; '**schimpfen** ‹*h*› 1 schelden; 2 mopperen; ~ *mit* mopperen op; op z'n/haar donder geven; 3 *einen einen Feigling* ~ iem voor lafaard uitmaken; **Schimpfe'rei** ‹*die; -, -en*› 1 gescheld; 2 gemopper; '**schimpflich** smadelijk, onterend; '**Schimpfname** ‹*der; -ns, -n*› scheldnaam; '**Schimpfwort** ‹*das; -(e)s, -ër*› scheldwoord
'**schinden** ‹*st.h; a-u*› 1 villen; 2 (*einen, ein Tier, sich*) ~ afbeulen; 3 niet betalen; 4 (*sp*) *Zeit* ~ tijd rekken; '**Schinder** ‹*der; -s, -*› 1 vilder; 2 (*fig*) beul; **Schinde'rei** ‹*die; -, -en*› het afbeulen; '**Schindluder** ‹*das; -s, -*› : ~ *mit einem, etwas treiben* iem, iets schandelijk behandelen
'**Schinken** ‹*der; -s, -*› 1 ham; 2 dik boek, pil; 3 groot en lelijk schilderij; '**Schinkenbrot** ‹*das; -(e)s, -e*› boterham met ham
'**Schippe** ‹*die; -, -n*› 1 schop, schep; 2 pruilmondje; 3 *einen auf die ~ nehmen* iem voor de gek houden, beetnemen; '**schippen** ‹*h*› 1 scheppen; 2 graven
Schirm ‹*der; -(e)s, -e*› 1 paraplu; 2 parasol; 3 klep (*van pet*); 4 lampekap; 5 scherm (*div bet*); 6 beeldscherm; 7 bescherming; '**schirmen** ‹*h*› beschermen; '**Schirmherr** ‹*der; -n, -en*› beschermheer; '**Schirmherrschaft** ‹*die; -, geen mv*› beschermheerschap; '**Schirmständer** ‹*der; -s, -*› paraplubak
'**schirren** ‹*h*› *ein Pferd an den Wagen* ~ een paard voorspannen of voor een wagen spannen
Schiß ‹*der; Schisses, geen mv*› 1 schijt, stront; 2 angst; ~ *haben, kriegen* bang zijn, worden; '**Schisser** ‹*der; -s, -*› bangerik, schijterd
'**Schitour** ‹*die; -, -en*› skitocht
schizo'phren (*med*) schizofreen
'**schlabbern** ‹*h*› 1 slobberen; 2 slurpen; 3 smakken, hoorbaar eten; 4 kakelen, kletsen
Schlacht ‹*die; -, -en*› veld-, zeeslag; **Schlacht**... slag... slacht...; '**Schlachtbank** ‹*die; -, -ë*› (*lett en fig*) slachtbank; '**schlachten** ‹*h*› slachten (*lett en fig*); '**Schlachten** ‹*das; -s, geen mv*› het slachten, slachting; '**Schlachtenbummler** ‹*der; -s, -*› (*sp*) supporter die zijn ploeg overal volgt; '**Schlachter** ‹*der; -s, -*›, **Schlächter** ‹*der; -s, -*› slager; **Schlachte'rei** ‹*die; -, -en*›, **Schlächte'rei** ‹*die; -, -en*› 1 slagerij; 2 (*fig*) bloedbad, slachting; '**Schlachtfeld** ‹*das; -(e)s, -er*› slagveld; '**Schlachthaus** ‹*das; -es, -ër*›, '**Schlachthof**

sch

‹*der; -(e)s, -ë*› slachthuis, abattoir; '**Schlachtopfer** ‹*das; -s, -*› slachtoffer; '**Schlachtschiff** ‹*das; -(e)s, -e*› slagschip; '**Schlachttier** ‹*das; -(e)s, -e*› slachtdier; *~e* slachtvee; '**Schlachtung** ‹*die; -, -en*› slachting; '**Schlachtvieh** ‹*das; -(e)s, geen mv*› slachtvee

'**Schlacke** ‹*die; -, -n*› 1 slak (*afval bij smelten, verbranden*); 2 sintel

'**schlackerig** slobberig, slap hangend; '**schlakkern** ‹*h*› 1 (*zeil*) fladderen, klapperen; 2 (*knieën*) knikken; 3 slingeren

Schlaf ‹*der; -(e)s, geen mv*› slaap; (*fig*) *nicht im ~!* in de verste verte niet!; **Schlaf**... slaap...; '**Schlafanzug** ‹*der; -(e)s, -ë*› pyjama; '**Schläfchen** ‹*das; -s, -*› slaapje, dutje; '**Schläfe** ‹*die; -, -n*› slaap (*aan het hoofd*); '**schlafen** ‹*st.h; ie-a; ä*› 1 slapen; *~ gehen, sich ~ legen* gaan slapen; 2 (*mit einem Mann, e.r Frau*) ~ naar bed gaan; '**Schlafenszeit** ‹*die; -, geen mv*› bedtijd; '**Schläfer** ‹*der; -s, -*› slaper

schlaff 1 slap(jes); 2 laks; '**Schlaffheit** ‹*die; -, geen mv*› 1 slapheid; 2 laksheid

'**Schlaflosigkeit** ‹*die; -, geen mv*› slapeloosheid; '**schläfrig** slaperig; '**Schläfrigkeit** ‹*die; -, geen mv*› slaperigheid; '**Schlafrock** ‹*der; -(e)s, -ë*› ochtendjas; '**Schlafsack** ‹*der; -(e)s, -ë*› slaapzak; '**Schlaftablette** ‹*die; -, -n*› slaaptablet; '**schlaftrunken** slaapdronken; '**schlafwandeln** ‹*h*› slaapwandelen; '**Schlafzimmer** ‹*das; -s, -*› slaapkamer

Schlag ‹*der; -(e)s, -ë*› 1 slag; klap; 2 (*elektr*) schok; 3 blikseminslag; 4 deur, portier (*van auto, koets*); 5 beroerte; 6 slag, soort; 7 (duiven)til; 8 kaalslag, gekapt bos; 9 slag, het slaan (*van vogels*); 10 *mit einem ~* ineens, in een klap; (*ein*) *~ ins Wasser* mislukking; fiasco; *~ drei* (*Uhr*) klokslag drie; (*ein Mann*) *vom alten ~/alten ~es* van de oude stempel; '**Schlagabtausch** ‹*der; -es, -e*› slagwisseling; '**Schlagader** ‹*die; -, -n*› slagader; '**Schlaganfall** ‹*der; -(e)s, -ë*› beroerte, attaque; '**schlagartig** in een klap; plotseling; '**Schlagbaum** ‹*der; -(e)s, -ë*› slagboom; '**Schlagbohrer** ‹*der; -s, -*› klopboor(machine)

'**schlagen** ‹*st.h; u-a; ä*› 1 slaan; *zu Tode ~* doodslaan; *in die Flucht ~* op de vlucht slaan; 2 (*deur, raam, zeil*) klapperen; 3 (*tegenstander e.d.*) verslaan, overwinnen; 4 (*slagroom e.d.*) slaan, kloppen; 5 (*hout, bomen*) vellen; 6 (*plooien*) vormen; (*cirkel*) trekken; 7 *~ über, auf* (*Decke u.ä.*) leggen over, op; *~ um* (*papier*) doen om; 8 (*sp*) (*den Ball*) ~ schieten; 9 (*buit, prooi*) ~ grijpen, doden; 10 (***auf** den Preis*) ~ leggen; 11 (***durch** ein Sieb*) ~ roeren; (*die Zähne **in** etwas*) ~ zetten; *das schlägt nicht in mein Fach* dat behoort niet tot mijn vak; ***nach*** (*dem Vater usw.*) ~ aarden naar; (*die Zinsen*) ***zum** Kapital* ~ bij het kapitaal voegen; **sich** ~ 1 vechten; 2 strijden; 3 duelleren; 4 *er hat sich **auf** unsere Seite geschlagen* hij heeft zich bij ons aangesloten: *sich etwas **aus** dem Kopf ~* iets uit z'n hoofd zetten; *sich **in** (den Wald) ~* verdwijnen; '**schlagend** treffend, afdoend

'**Schlager** ‹*der; -s, -*› 1 (*muz*) hit, succesnummer; 2 bestseller, kasstuk, topper

'**Schläger** ‹*der; -s, -*› 1 vechtersbaas; 2 rapier (een degen); 3 tennisracket; 4 hockeystick; 5 club, golfstok; 6 slaghout; 7 bat (bij tafeltennis); **Schläge'rei** ‹*die; -, -en*› vecht-, kloppartij

'**Schlagerspiel** ‹*das; -(e)s, -e*› (*sp*) topper, topwedstrijd

'**schlagfertig** slagvaardig; '**Schlagfertigkeit** ‹*die; -, geen mv*› slagvaardigheid; '**Schlagholz** ‹*das; -(e)s, -ër*› (*sp*) slaghout; '**Schlagkraft** ‹*die; -, geen mv*› 1 stootkracht; 2 (*fig*) overtuigende kracht; '**schlagkräftig** 1 met grote stootkracht; 2 (*fig*) overtuigend; '**Schlaglicht** ‹*das; -(e)s, -er*› (vallend) licht; '**schlaglichtartig** in het kort; '**Schlagloch** ‹*das; -(e)s, -ër*› gat in het wegdek; '**Schlagring** ‹*der; -(e)s, -e*› boksbeugel; '**Schlagsahne** ‹*die; -, geen mv*› slagroom; '**Schlagseite** ‹*die; -, geen mv*› slagzij(de); '**Schlagstock** ‹*der; -(e)s, -ë*› wapenstok; '**Schlagwort** I ‹*das; -(e)s, -e*› slagzin, slogan; II ‹*das; -(e)s, -ër*› trefwoord; '**Schlagzeile** ‹*die; -, -n*› vette kop (*in een krant*); *~ machen* de voorpagina halen; *in ~n bringen* (*Belg*) blokletteren; '**Schlagzeug** ‹*das; -(e)s, -e*› (*muz*) slagwerk

'**schlaksig** slungelig

Schla'massel ‹*der of das; -s, geen mv*› ellende; gedonder

Schlamm ‹*der; -(e)s, -e of -ë*› 1 modder, slijk; 2 slib; '**schlammen** ‹*h*› slib afzetten

'**Schlampe** ‹*die; -, -n*› 1 slons; 2 slet

Schlampe'rei ‹*die; -, -en*› slordigheid; '**schlampig** slordig, onverzorgd

'**Schlange** ‹*die; -, -n*› 1 slang (*div bet*); 2 rij; *~ stehen* in de rij staan; 3 file; '**schläng(e)lig** kronkelend, bochtig, slingerend; '**schlängeln** ‹*h*› 1 een slangetje onder een woord zetten (*bij correctie*); 2 *sich ~: a*) slingeren, kronkelen; *b*) zich slingeren; *c*) zich een weg banen; '**schlangenartig** slangachtig, als een slang; '**Schlangestehen** ‹*das; -s, geen mv*› het in de rij staan

schlank 1 slank; 2 snel, vlot; '**Schlankheit** ‹*die; -, geen mv*› slankheid; '**Schlankheitskur** ‹*die; -, -en*› vermageringskuur; '**schlankweg** 1 zonder meer; 2 gewoonweg

schlapp 1 slap; 2 zie *schlappmachen*

'**Schlappe** ‹*die; -, -n*› nederlaag; echec

'**schlappen** ‹*h*› 1 sloffen; 2 slobberen

'**schlappmachen** ‹*h*› het opgeven; '**Schlappschwanz** ‹*der; -es, -ë*› slappeling

Schla'raffenland ‹*das; -(e)s, geen mv*› luilekkerland

schlau 1 slim; handig; 2 sluw; 3 *nicht ~ werden aus* niet wijs kunnen worden uit; '**Schlauberger** ‹*der; -s, -*› goochemerd

Schlauch ‹*der; -(e)s, -ë*› 1 slang (*voor gas, wa-*

sch

ter e.d.); 2 binnenband; '**Schlauchboot** ‹*das; -*(*e*)*s, -e*› rubberboot; '**schlauchen** ‹*h*› 1 door een slang laten lopen; 2 (*einen*) afbeulen; uitputten; '**schlauchlos** tubeless (*zonder binnenband*)

'**Schläue** ‹*die; -, geen mv*› 1 slimheid; 2 sluwheid

'**Schlaufe** ‹*die; -, -n*› 1 lus; 2 polsriem

'**Schlaufuchs** ‹*der; -es, -ë*› slimmerd, leperd; '**Schlauheit** ‹*die; -, -en*› sluw-, slimheid; '**Schlaukopf** ‹*der; -*(*e*)*s, -ë*›, '**Schlaumeier** ‹*der; -s, -*› slimmerd, leperd

schlecht 1 slecht; 2 bedorven (*van eten*); 3 misselijk; *mir ist ~* (*ook*) ik voel me niet goed; 4 (*grap*) misplaatst; 5 *nicht ~!* niet gek!; '**schlechtbezahlt** slecht betaald

schlechter'dings beslist; gewoonweg

'**schlechtgelaunt** slecht gehumeurd

schlecht'hin 1 eenvoudigweg, gewoon(weg); 2 bij uitstek

'**Schlechtigkeit** ‹*die; -, -en*› slechtheid

'**schlechtweg** zie *schlechthin*

'**schlecken** ‹*h*› 1 likken; 2 snoepen; '**Schleckerei** ‹*die; -, -en*› snoep, lekkers

'**Schlegel** ‹*der; -s, -*› 1 houten hamer; 2 trommelstok

'**schleichen** ‹*st.h en s; i-i*› 1 sluipen; 2 kruipen; '**schleichend** 1 sluipend; 2 (*ziekte*) slepend; '**Schleicher** ‹*der; -s, -*› 1 gluiper; 2 (*fig*) slak; '**Schleichweg** ‹*der; -*(*e*)*s, -e*› sluipweg; '**Schleichwerbung** ‹*die; -, -en*› sluikreclame

'**Schleier** ‹*der; -s, -*› 1 sluier; 2 waas; '**schleierhaft** raadselachtig, duister

Schleif... slijp...

'**Schleife** ‹*die; -, -n*› 1 lus; 2 strik; 3 S-bocht, lus; 4 meander; 5 (*luchtv*) looping

'**schleifen I** ‹*st.h; i-i*› slijpen; **II** ‹*zw.h*› 1 slepen; 2 sleuren; 3 slopen, slechten; 4 (*die Kupplung*) *~ lassen* laten slippen; '**Schleifscheibe** ‹*die; -, -n*› slijpschijf; '**Schleifstein** ‹*der; -*(*e*)*s, -e*› slijpsteen

Schleim ‹*der; -*(*e*)*s, -e*› slijm; '**Schleimabsonderung** ‹*die; -, -en*› slijmafscheiding; '**schleimen** ‹*h*› 1 slijmen; 2 slijm vormen; '**Schleimhaut** ‹*die; -, -ë*› slijmvlies; '**schleimig** 1 slijmerig; 2 (*fig*) kruiperig

'**schlemmen** ‹*h*› smullen; brassen; '**Schlemmer** ‹*der; -s, -*› smulpaap; brasser; **Schlemme'rei** ‹*die; -, -en*› smul-, braspartij

'**schlendern** ‹*h en s*› slenteren, kuieren

'**Schlendrian** ‹*der; -*(*e*)*s, geen mv*› sleur

'**Schlenker** ‹*der; -s, -*› *einen ~ machen* uitwijken; '**schlenkern** ‹*h*› 1 slingeren, zwaaien; 2 bengelen

'**schlenzen** ‹*h*› 1 (*voetbal*) schuiven, lepelen; 2 (*hockey, ijshockey*) schuiven, pushen; '**Schlenzer** ‹*der; -s, -*› (*sp*) schuiver

Schlepp ‹*der*› *in ~ nehmen* op sleeptouw nemen; *im ~ haben* op sleeptouw hebben; '**Schleppe** ‹*die; -, -n*› sleep (*aan japon*); '**schleppen** ‹*h*› 1 slepen; *sich ~* zich (voort-) slepen; 2 sleuren; 3 sjouwen; '**schleppend** slepend; traag; moeizaam; '**Schlepper** ‹*der; -s, -*› 1 sleepboot; 2 tractor; '**Schleppseil** ‹*das; -*(*e*)*s, -e*› sleepkabel; '**Schlepptau** ‹*das*› *ins ~ nehmen* op sleeptouw nemen

'**Schleuder** ‹*die; -, -n*› 1 slinger; 2 katapult; 3 centrifuge; '**Schleudergefahr** ‹*die; -, -en*› slipgevaar; '**schleudern** ‹*h*› 1 slingeren, werpen; 2 centrifugeren; 3 slippen, slingeren; *ins Schleudern geraten* in een slip raken; '**Schleuderpreis** ‹*der; -es, -e*› spot-, afbraakprijs; '**Schleudersitz** ‹*der; -es, -e*› schietstoel; (*fig*) *auf dem ~ sitzen* op de wip zitten; '**Schleuderware** ‹*die; -, geen mv*› spotgoedkoop artikel

'**schleunig** snel, spoedig, vlug; '**schleunigst** ijlings, zo spoedig mogelijk

'**Schleuse** ‹*die; -, -n*› sluis; '**schleusen** ‹*h*› 1 schutten; 2 (*fig*) loodsen

'**Schliche** ‹*mv*› listen, knepen; *einem hinter od. auf die ~kommen* iem doorhebben, door'zien

schlicht 1 eenvoudig; 2 glad; 3 bescheiden; '**schlichten** ‹*h*› 1 gladmaken, polijsten; 2 beslechten, bijleggen; bemiddelen; '**Schlichter** ‹*der; -s, -*› bemiddelaar; '**Schlichtung** ‹*die; -, geen mv*› 1 het polijsten, het gladmaken; 2 bemiddeling, bijlegging

Schlick ‹*der; -*(*e*)*s, geen mv*› slijk, slik

'**schließen** ‹*st.h; o-o*› 1 sluiten (*alle bet*); 2 eindigen; 3 *~* ***auf*** (+ 4) concluderen tot, komen tot; ***daraus*** *schließe ich* daaruit concludeer ik; *das schließt ...* ***in*** *sich* daarin ligt ... opgesloten; **sich** ~ zich sluiten, toe-, dichtgaan; *sich ~ an* (+ 4) aansluiten bij, volgen op; '**Schließer** ‹*der; -s, -*› 1 portier, conciërge; 2 huismeester; 3 cipier; '**Schließfach** ‹*das; -*(*e*)*s, -ër*› bagagekluis; '**schließlich** 1 ten slotte, uiteindelijk; 2 per slot van rekening; '**Schließung** ‹*die; -, -en*› 1 sluiting, het sluiten; 2 beëindiging

Schliff ‹*der; -*(*e*)*s, -e*› 1 het slijpen; 2 het geslepen zijn; 3 (goede) manieren; 4 (*mil*) het drillen; 5 *der letzte ~* de finishing touch, de laatste hand

schlimm 1 erg; 2 slecht; 3 zeer; pijnlijk; ontstoken; 4 zwaar(wegend); (*situatie*) netelig; '**schlimmstenfalls** in het ergste geval

'**Schlinge** ‹*die; -, -n*› 1 strik, lus, strop; 2 draagverband, mitella

'**Schlingel** ‹*der; -s, -*› lummel, deugniet

'**schlingen** ‹*st.h; a-u*› 1 slikken; 2 schrokken; 3 *~ um* doen om; slaan om; 4 vlechten

'**schlingern** ‹*h*› slingeren (*van schip*)

'**Schlingpflanze** ‹*die; -, -n*› slinger-, klimplant

Schlips ‹*der; -es, -e*› 1 (strop)das; 2 (*fig*) *einem auf den ~ treten* iem op z'n tenen trappen

'**Schlitten** ‹*der; -s, -*› slee (*alle bet*); *~ fahren* sleeën; '**schlittern** ‹*h en s*› glijden; '**Schlittschuh** ‹*der; -*(*e*)*s, -e*› schaats; *~ laufen* schaatsen(rijden); '**Schlittschuhläufer** ‹*der; -s, -*› schaatser

Schlitz ‹*der; -es, -e*› 1 gleuf; 2 spleet; 3 gulp; 4 split; '**Schlitzauge** ‹*das; -s, -n*› spleetoog

'**schloh'weiß** hagelwit, sneeuwwit (*haar*)

Schloß ‹*das; Schlosses, Schlösser*› 1 slot; 2 kasteel; 3 paleis

sch

'**Schlosser** ‹*der; -s, -*› 1 bankwerker; 2 monteur; 3 slotenmaker; **Schlosse'rei** ‹*die; -, -en*› 1 bankwerkerij; 2 slotenmakerij

Schlot ‹*der; -(e)s, -e*› schoorsteen

'**schlott(e)rig** 1 bevend, bibberend; 2 slobberig; **schlottern** ‹*h*› 1 beven, bibberen; *~de Knie* knikkende knieën; 2 slobberen (*van kleren*)

Schlucht ‹*die; -, -en*› kloof, ravijn

'**schluchzen** ‹*h*› snikken; '**Schluchzer** ‹*der; -s, -*› snik

Schluck ‹*der; -(e)s, -e*› slok, teug; '**Schluckauf** ‹*der; -s, geen mv*› hik; '**schlucken** ‹*h*› 1 slikken; 2 opslokken; 3 (*auto, motor*) gebruiken; zuipen; 4 (*water*) binnenkrijgen; 5 *den Schlucken haben* de hik hebben; '**Schlucker** ‹*der; -s, -*› 1 hik; 2 *ein armer ~* een arme sloeber of stakker; '**schluckweise** slok voor slok

'**schlud(e)rig** zeer slordig; '**schludern** ‹*h*› knoeien, slordig werken

'**Schlummer** ‹*der; -s, geen mv*› sluimering, dutje; '**schlummern** ‹*h*› sluimeren (*lett en fig*)

Schlumpf ‹*der; -(e)s, -ë*› smurf

Schlund ‹*der; -(e)s, -ë*› 1 keelgat; 2 keelholte; 3 afgrond; 4 krater; 5 mond van een kanon

'**schlüpfen** ‹*s*› 1 glippen, glijden; 2 (*aus dem Ei*) kruipen; 3 *~ aus, in* (*Kleidung, Schuhe*) (snel)-uittrekken, aantrekken; '**Schlüpfer** ‹*der; -s, -*› slip(je); '**schlüpferig** zie *schlüpfrig*

'**Schlupfloch** ‹*das; -(e)s, -ër*› 1 schuilplaats (*lett en fig*); 2 gaatje om door te kruipen (*lett en fig*)

'**schlüpfrig** 1 glad; 2 dubbelzinnig; 3 gewaagd

'**Schlupfwespe** ‹*die; -, -n*› sluipwesp; '**Schlupfwinkel** ‹*der; -s, -*› schuilhoek, -plaats

'**schlurfen** ‹*s*› sloffen

'**schlürfen** ‹*h*› 1 slurpen; 2 (iets lekkers) met kleine slokjes drinken

Schluß ‹*der; Schlusses, Schlüsse*› 1 slot, einde; 2 gevolgtrekking, conclusie; 3 *wir machen ~!* wij stoppen ermee; *~ für heute!* genoeg voor vandaag!; *mit einem ~ machen* het met iem uitmaken; *~ jetzt!, nun aber ~!* hou op!; *~ (damit)!* afgelopen! uit!; **Schluß**... slot..., eind..., laatste ...

'**Schlüssel** ‹*der; -s, -*› sleutel (*lett en fig*); '**Schlüssel**... sleutel...; '**Schlüsselbund** ‹*der of das; -(e)s, -e*› sleutelbos; '**Schlüsselfigur** ‹*die; -, -en*› sleutelfiguur; '**Schlüsselposition**, '**Schlüsselstellung** ‹*die; -, -en*› sleutelpositie; '**Schlüsselwort** ‹*das; -(e)s, -ër*› 1 codewoord; 2 sleutelwoord

'**schlußfolgern** ‹*h*› concluderen; '**Schlußfolgerung** ‹*die; -, -en*› gevolgtrekking

'**schlüssig** 1 besloten, van plan; 2 *~ werden* besluiten; 3 *sich ~ werden* het met zichzelf eens worden; 4 (*eine Folgerung*) *ist ~* juist, logisch

'**Schlußlicht** ‹*das; -(e)s, -er*› achterlicht; '**Schlußmann** ‹*der; -(e)s, -ër*› (*sp*) 1 doelman; 2 laatste loper (*bij estafette*); '**Schlußminute** ‹*die; -, -n*› (*sp*) laatste minuut; '**Schlußpfiff** ‹*das; -(e)s, -e*› (*sp*) eindsignaal; '**Schlußprüfung** ‹*die; -, -en*› eindexamen; '**Schlußpunkt** ‹*der; -(e)s, -e*› punt; '**Schlußrede** ‹*die; -, -n*› slotrede, -woord; '**Schlußrunde** ‹*die; -, -n*› 1 slotronde; 2 finale; '**Schlußstrich** ‹*der; -(e)s, -e*› eindstreep; (*fig*) *einen od. den ~ machen, ziehen unter* (+ 4) een streep zetten onder ...; '**Schlußverkauf** ‹*der; -(e)s, -ë*› opruiming

Schmach ‹*die; -, geen mv*› smaad, schande

'**schmachten** ‹*h*› smachten, snakken

'**schmächtig** tenger, schraal

'**schmachvoll** smadelijk, schandelijk

'**schmackhaft** 1 smakelijk, lekker; 2 (*fig*) smakelijk; aantrekkelijk

'**schmähen** ‹*h*› smaden, honen, schimpen; '**schmählich** smadelijk, schandelijk, erg; '**Schmährede** ‹*die; -, -n*› smaadrede; '**Schmähschrift** ‹*die; -, -en*› smaadschrift; '**Schmähung** ‹*die; -, -en*› smaad, hoon

schmal (*schmaler en schmäler*) 1 smal; 2 karig, gering, schraal; 3 mager, dun; 4 nauw; '**schmälern** ‹*h*› 1 kleiner maken, verkleinen, besnoeien; 2 benadelen; 3 *sich ~* verminderen, inkrimpen; '**Schmälerung** ‹*die; -, -en*› zie *schmälern*; '**Schmalhans** ‹*der*› schraalhans; '**Schmalheit** ‹*die; -, geen mv*› 1 smalheid, smalte; 2 schraalheid

Schmalz ‹*das; -es, -e*› 1 reuzel, vet, smout; 2 (*fig*) sentimentaliteit; 3 (*muz*) smartlap; '**schmalzen** ‹*h*›, **schmälzen** ‹*h*› met vet bereiden; '**schmalzig** 1 vet, vettig; 2 sentimenteel

Schmant ‹*der; -(e)s, geen mv*› zure room

schma'rotzen ‹*h*› parasiteren; **Schma'rotzer** ‹*der; -s, -*› parasiet; profiteur

'**Schmarre** ‹*die; -, -n*› 1 litteken; 2 schram; 3 striem

'**Schmarren** ‹*der; -s, -*› 1 meelspijs; 2 waardeloos toneel-, muziekstuk, boek

Schmatz ‹*der; -es, -e*› klapzoen; '**schmatzen** ‹*h*› 1 smakken; 2 zoenen

'**schmauchen** ‹*h*› roken

Schmaus ‹*der; -es, -ë*› heerlijk maal, feestmaal; '**schmausen** ‹*h*› smullen

'**schmecken** ‹*h*› 1 proeven; 2 smaken; *lassen Sie sich's* (*gut*) *~* eet smakelijk; 3 *~ nach* (*fig*) ruiken naar; 4 (*fig*) aanstaan

Schmeiche'lei ‹*die; -, -en*› vleierij; '**schmeichelhaft** 1 vleiend; 2 geflatteerd; '**schmeicheln** ‹*h*› 1 (*einem*) vleien; (*sich mit etwas*) *~* vleien; *sich in jem.s Gunst ~* zich door vleierij in iems gunst dringen; 2 flatteren; '**Schmeichler** ‹*der; -s, -*› vleier; '**Schmeichlerin** ‹*die; -, -nen*› vleister; '**schmeichlerisch** vleiend; vleierig

'**schmeißen** ‹*st.h; i-i*› 1 smijten, gooien; 2 *eine Runde ~* een rondje geven; 3 *die Sache od. den Laden ~* iets voor elkaar brengen

Schmelz ‹*der; -es, -e*› 1 email; 2 glazuur (*van tand*); 3 welluidendheid; 4 zachte glans; '**Schmelze** ‹*die; -, -n*› 1 het smelten; 2 gesmolten massa; '**schmelzen I** ‹*st.s; o-o; i*› smelten (*lett en fig*); II ‹*zw.h*› (doen) smelten; **Schmelze'rei** ‹*die; -, -en*› smelterij; '**Schmelzkäse** ‹*der; -s, -*› korstloze kaas; '**Schmelzofen** ‹*der; -s, -̈*› smeltoven; '**Schmelzpunkt** ‹*der; -(e)s, -e*› smeltpunt; '**Schmelzsicherung** ‹*die; -, -en*› (*elektr*) smeltzekering; '**Schmelztiegel** ‹*der; -s, -*› smeltkroes; '**Schmelzung** ‹*die; -, -en*› het smelten

Schmerz ‹*der; -es, -en*› 1 pijn; 2 smart, verdriet; 3 *mit ~en (erwarten)* met smart; '**schmerzen** ‹*h*› 1 pijn doen; 2 verdriet doen, bedroeven; '**Schmerzensgeld** ‹*das; -(e)s, -er*› smartegeld; '**Schmerzensschrei** ‹*der; -(e)s, -e*› kreet van pijn; '**schmerzhaft** pijnlijk; '**schmerzlich** smartelijk, pijnlijk; '**schmerzlindernd** pijnstillend; '**Schmerzmittel** ‹*das; -s, -*› pijnstiller; '**Schmerztablette** ‹*die; -, -n*› pijnstiller; '**schmerzvoll** 1 smartelijk; 2 pijnlijk

'**Schmetterball** ‹*der; -(e)s, -ë*› smash

'**Schmetterling** ‹*der; -s, -e*› 1 vlinder; 2 (*sp*) vlinderslag

'**schmettern** ‹*h*› 1 smijten, gooien, kwakken; 2 slaan; 3 (*sp*) smashen; 4 *einen ~* er eentje nemen; 5 schetteren; 6 kwetteren; 7 schallen

Schmied ‹*der; -(e)s, -e*› smid; '**Schmiede** ‹*die; -, -n*› smederij, smidse; '**schmiedeeisern** smeedijzeren; '**schmieden** ‹*h*› (*lett en fig*) smeden

'**schmiegen** ‹*h*› 1 leunen, vlijen; 2 *sich ~* soepel zitten; zich plooien; als gegoten zitten; 3 *sich an einen ~* zich tegen iem aanvlijen; '**schmiegsam** 1 buigzaam, soepel; 2 lenig; 3 (*fig*) meegaand, soepel

'**Schmiere** I ‹*die; -, -n*› 1 vet, smeer; 2 blubber; II *~ stehen* op de uitkijk staan; '**schmieren** ‹*h*› 1 smeren; 2 omkopen; 3 knoeien; 4 kladderen, vlekken; '**Schmierer** ‹*der; -s, -*› 1 smeerder; 2 knoeier; 3 omkoper; **Schmiere'rei** ‹*die; -, geen mv*› knoeiwerk; '**Schmierfink** ‹*der; -en, -en*› 1 smeerpoes; 2 knoeier; '**Schmiergelder** ‹*mv*› steekpenningen; '**Schmierheft** ‹*das; -(e)s, -e*› kladschrift; '**schmierig** 1 smerig, vuil (*lett en fig*); 2 vettig; '**Schmierkäse** ‹*der; -s, -*› smeerkaas

'**Schminke** ‹*die; -, -n*› 1 schmink; 2 grimeersel; '**schminken** ‹*h*› 1 schminken; 2 grimeren

schmirgeln ‹*h*› 1 polijsten; 2 schuren

Schmiß ‹*der; Schmisses, Schmisse*› 1 litteken; 2 pit, levendigheid; elan; '**schmissig** vlot, pittig

'**Schmöker** ‹*der; -s, -*› prulboek

'**schmollen** ‹*h*› pruilen, mokken

'**Schmorbraten** ‹*der; -s, -*› gestoofd vlees; '**schmoren** ‹*h*› 1 smoren (*lett en fig*); 2 stoven, sudderen; 3 (*fig*) sudderen; '**Schmortopf** ‹*der; -(e)s, -ë*› stoof-, braadpan

Schmuck ‹*der; -(e)s, geen mv*› 1 sieraad, sieraden, tooi; 2 versiering; *~ der Blumen* bloemenpracht; **schmuck** ‹*bn*› 1 mooi, fraai; 2 knap; '**schmücken** ‹*h*› 1 versieren, mooi maken; 2 (*lett en fig*) opsmukken; '**Schmuckkästchen** ‹*das; -s, -*› bijouteriedoosje; '**schmucklos** onopgesmukt, eenvoudig; '**Schmucksachen** ‹*mv*› sieraden; '**Schmuckstück** ‹*das; -(e)s, -ë*› sieraad

'**schmuddelig** vuil, smoezelig; '**schmuddeln** ‹*h*› knoeien

'**Schmuggel** ‹*der; -s, geen mv*› smokkel, het smokkelen; *~ treiben* smokkelen; '**schmuggeln** ‹*h*› smokkelen; '**Schmuggler** ‹*der; -s, -*› smokkelaar

'**schmunzeln** ‹*h*› 1 fijntjes lachen, gnuiven; 2 meesmuilen

Schmus ‹*der; -es, geen mv*› 1 mooie praatjes, mooipraterij; 2 geleuter, geklets; '**schmusen** ‹*h*› 1 mooi praten; vleien; 2 vrijen; '**Schmuser** ‹*der; -s, -*› 1 mooiprater; 2 vrijer

Schmutz ‹*der; -es, geen mv*› 1 vuil, vuiligheid; 2 (*fig*) *einen mit ~ bewerfen* met modder naar iem gooien; '**schmutzen** ‹*h*› vuil worden; '**Schmutzfink** ‹*der; -en, -en*› smeerpoes, viezerik; '**Schmutzfleck** ‹*der; -(e)s, -e*› vuile vlek; '**schmutzig** 1 vuil, vies; 2 (*fig*) smerig; 3 vuil, schunnig; '**Schmutzigkeit** ‹*die; -, -en*› vuil(ig)heid enz.

'**Schnabel** ‹*der; -s, -̈*› 1 snavel, bek; 2 tuit; 3 bek, mond; *reden wie einem der ~ gewachsen ist* geen blad voor de mond nemen

'**Schnalle** ‹*die; -, -n*› gesp; '**schnallen** ‹*h*› (vast)gespen; *den Gürtel enger ~* de buikriem aanhalen

'**schnalzen** ‹*h*› 1 (met de vingers) knippen; 2 (met de tong) klakken; 3 klappen

'**schnappen** ‹*h*› 1 *~ nach* happen naar; 2 (*sich*) *einen od. etwas ~* iem of iets pakken; (*er wurde*) *geschnappt* gepakt, gesnapt; 3 *frische Luft ~* frisse lucht scheppen; 4 (*ins Schloß*) *~* springen

Schnaps ‹*der; -es, -ë*› 1 jenever; brandewijn; 2 borrel, glaasje (jenever); '**Schnäpschen** ‹*das; -s, -*› borrel(tje)

'**schnarchen** ‹*h*› snurken, ronken

'**schnarren** ‹*h*› 1 ratelen (*van wekker*), rinkelen, zoemen; 2 (*stem*) kraken

'**schnattern** ‹*h*› 1 snateren; 2 (*fig*) snateren, kletsen; 3 bibberen

'**schnauben** ‹*zw. en (zelden) st.h; o-o*› 1 snuiven; blazen; briesen; 2 (*vor Wut u.ä.*) *~* briesen; 3 *sich ~, sich die Nase ~* zijn neus snuiten

'**schnaufen** ‹*h*› snuiven, hijgen, puffen; '**Schnaufer** ‹*der; -s, -*› 1 zucht, (diepe) ademhaling; 2 (*fig*) (*der letzte*) *~* zucht, snik

'**Schnauzbart** ‹*der; -(e)s, -ë*› snor; '**Schnauze** ‹*die; -, -n*› 1 (van dieren) bek, snuit; 2 smoel, bek; 3 tuit; 4 *ich habe die ~ voll!* ik heb er schoon genoeg van; '**schnauzen** ‹*h*› snauwen

'**Schnecke** ‹*die; -, -n*› 1 (*dierk*) slak; 2 slakkehuis (*in oor*); 3 schroef zonder einde; 4 opgerolde haarvlecht; 5 spiraalvormig gebak; '**Schneckengang** ‹*der; -(e)s, geen mv*› (*fig*) slakkegang; '**Schneckengehäuse** ‹*das; -s, -*› slakkehuis; '**Schneckentempo** ‹*das*› *im ~* met een slakkegangetje

Schnee ‹*der; -s, geen mv*› 1 sneeuw; 2 stijf geklopt eiwit; 3 cocaine; heroine; **Schnee...** sneeuw...; '**Schneeball** ‹*der; -(e)s, -ë*› sneeuwbal; '**schneebedeckt** met sneeuw bedekt; '**Schneebesen** ‹*der; -s, -*› garde (in keuken); '**Schneedecke** ‹*die; -, -n*› sneeuwlaag; '**Schneefall** ‹*der; -(e)s, -ë*› sneeuwval; '**Schneeflocke** ‹*die; -, -n*› sneeuwvlok; '**Schneegestöber** ‹*das; -s, -*› sneeuwjacht; '**Schneeglätte** ‹*die; -, geen mv*› gladheid tengevolge van sneeuwval; '**schneeig** 1 met sneeuw bedekt; 2 sneeuwwit; '**Schneeketten** ‹*mv*› sneeuwkettingen; '**Schneemann** ‹*der; -(e)s, -ër*› sneeuwpop; '**Schneematsch** ‹*der; -es, geen mv*› blubberige, modderige sneeuw; '**Schneepflug** ‹*der; -(e)s, -ë*› sneeuwploeg; '**Schneeräumer** ‹*der; -s, -*› sneeuwruimer; '**Schneeschauer** ‹*der; -s, -*› sneeuwbui; '**Schneeschaufel** ‹*die; -, -n*› sneeuwschop; '**Schneeschicht** ‹*die; -, -n*› sneeuwlaag; '**Schneesturm** ‹*der; -(e)s, -ë*› sneeuwstorm; '**Schneetreiben** ‹*das; -s, -*› sneeuwjacht; '**Schneeverhältnisse** ‹*mv*› sneeuwtoestand, -situatie; '**Schneeverwehung** ‹*die; -, -en*› opgewaaide sneeuw; '**Schneewehe** ‹*die; -, -n*› opgewaaide sneeuw; '**schneeweiß** sneeuwwit; '**Schneewetter** ‹*das; -s, geen mv*› sneeuwweer; '**Schneewirbel** ‹*der; -s, -*› sneeuwjacht; **Schnee'wittchen** ‹*das; -s, -*› Sneeuwwitje

Schneid ‹*der; -(e)s, geen mv*› moed, durf

'**Schneide** ‹*die; -, -n*› 1 snede, scherp (van mes e.d.), kling; 2 bergkam; '**Schneidebohne** ‹*die; -, -n*› snijboon; '**schneiden** ‹*st.h; i-i*› 1 snijden; 2 maaien; 3 snoeien; 4 (*haar, nagels*) knippen; 5 castreren (*dieren*); 6 zagen; 7 monteren (*een film*); 8 *Gesichter* ~ (rare) gezichten trekken; 9 *einen ~: a*) iem negeren; *b*) (*in het verkeer*) iem snijden; **sich** ~ 1 zich snijden; 2 (*meetk*) elkaar snijden; 3 elkaar kruisen; '**schneidend** 1 snijdend, scherp (*wind, kou*); 2 schel (*gefluit*); 3 bijtend (*spot*); '**Schneidepunkt** ‹*der; -(e)s, -e*› snijpunt; '**Schneider** ‹*der; -s, -*› 1 kleermaker; 2 *aus dem ~ sein* uit de problemen zijn; **Schneide'rei** ‹*die; -, -en*› kleermakerij; '**Schneiderin** ‹*die; -, -nen*› naaister; '**schneidern** ‹*h*› naaien, maken (kleding); '**Schneidezahn** ‹*der; -(e)s, -ë*› snijtand

'**schneidig** flink, kranig, energiek

'**schneien** ‹*h*› 1 sneeuwen; 2 *ins Haus ~* onverwachts op bezoek komen

'**Schneise** ‹*die; -, -n*› 1 sleuf, tra (*in bos*); 2 luchtcorridor

schnell 1 snel; gauw, vlug; *mach ~!* schiet op!; 2 hard (*rijden*); **Schnell...** (vaak) snel..., snel(le); '**Schnelläufer** ‹*der; -s, -*› hardloper; '**Schnellboot** ‹*das; -(e)s, -e*› torpedoboot; '**Schnelle** ‹*die; -, -n*› 1 snelheid; 2 *auf die ~* heel vlug; 3 (stroom)versnelling; '**schnellebig** 1 kort levend; 2 snel voorbijgaand; '**schnellen I** ‹*h tr*› 1 wegschieten; 2 omhooggooien; 3 laten terugspringen, loslaten; 4 (*fig*) afzetten, te veel laten betalen; **II** ‹*h intr*› 1 opspringen; 2 terug-, omhoogspringen; 3 *mit dem Finger ~* met de vingers knippen; 4 (*die Preise*) *~ in die Höhe* schieten omhoog; '**schnellfüßig** snel-, lichtvoetig, vlug; '**Schnellgericht** ‹*das; -(e)s, -e*› 1 snelle berechting; 2 vlug klaar gerecht; '**Schnellhefter** ‹*der; -s, -*› opbergmap; '**Schnelligkeit** ‹*die; -, geen mv*› snel-, vlugheid, vaart; '**Schnellimbiß** ‹*der; -imbisses, -imbisse*› snelbuffet, snackbar, cafetaria; '**Schnellkocher** ‹*der; -s, -*› snelkookpan; '**Schnellkurs** ‹*der; -es, -e*› spoedcursus; '**schnellstens** zo snel mogelijk; '**schnellstmöglich** zo snel mogelijk; '**Schnellstraße** ‹*die; -, -n*› autoweg; '**Schnellverfahren** ‹*das; -s, -*› 1 snelle berechting; 2 (*techn*) snelle methode; '**Schnellzug** ‹*der; -(e)s, -ë*› sneltrein

'**Schnepfe** ‹*die; -, -n*› (*dierk*) snip

'**schneuzen** ‹*h*› snuiten (van kaars, neus); *sich ~* z'n neus snuiten

'**Schnickschnack** ‹*der; -(e)s, geen mv*› 1 geleuter, gezwam, onzin; 2 tierelantijntjes (*mv*)

'**schniegeln, sich** ‹*h*› zich opdoffen

'**Schnippchen** ‹*das; -s, -*› 1 knip (*met vingers*); 2 (*fig*) *einem ein ~ schlagen* iem te slim af zijn

'**Schnippel** ‹*der of das; -s, -*› snipper; '**schnippeln** ‹*h*› (ver)snipperen; (klein-, in stukjes) snijden, knippen

'**schnippen** ‹*h*› 1 met de vingers knippen; 2 wegschieten; 3 tikken (*de as van een sigaret*)

'**schnippisch** vinnig, gehaaid

'**Schnipsel** ‹*das; -s, -*› snipper; '**schnipseln** ‹*h*› versnipperen

Schnitt ‹*der; -(e)s, -e*› 1 snede, snee; 2 het snijden, het maaien; 3 montage (*van film*); 4 snit, coupe; 5 knippatroon; 6 vorm; 7 gemiddelde; *im ~* gemiddeld; 8 het snoeien; bezuiniging; '**Schnitte** ‹*die; -, -n*› sneetje (*brood*), schijfje (*worst*), plakje (*kaas*); '**schnittfest** vast, stevig; '**Schnittfläche** ‹*die; -, -n*› snijvlak; '**schnittig** sierlijk, mooi van vorm, elegant; '**Schnittkäse** ‹*der; -s, -*› gesneden kaas; '**Schnittlauch** ‹*der; -(e)s, geen mv*› bieslook; '**Schnittlinie** ‹*die; -, -n*› snijlijn; '**Schnittmuster** ‹*das; -s, -*› knippatroon; '**Schnittpunkt** ‹*der; -(e)s, -e*› 1 (*meetk*) snijpunt; 2 kruispunt (*van wegen*); '**Schnittwunde** ‹*die; -, -n*› snijwond(je); '**Schnitzarbeit** ‹*die; -, -en*› snijwerk

'**Schnitzel I** ‹*das of der; -s, -*› snipper, afsnijsel; **II** ‹*das; -s, -*› schnitzel; '**schnitzeln** ‹*h*› 1 verspanen; 2 houtsnijden; 3 snipperen; '**schnitzen** ‹*h*› houtsnijden, beeldsnijden

'**Schnitzer** ‹*der; -s, -*› fout, blunder

Schnitze'rei ‹*die; -, -en*› 1 snijwerk; 2 beeldsnijkunst

'**schnodd(e)rig** brutaal, vrijpostig, onbeschoft

'**schnöd(e)** 1 laag, gemeen; schandelijk; 2 minachtend, smadelijk

'**Schnorchel** ‹*der; -s, -*› snorkel; '**schnorcheln** ‹*h*› snorkelen

'**Schnörkel** ‹*der; -s, -*› krul(lijn), versiering; '**schnörkeln** ‹*h*› met krullen versieren

Schnüffe'lei ‹*die;* -, *-en*› gesnuffel; '**schnüffeln** ‹*h*› 1 snuffelen; 2 snuiven; '**Schnüffler** ‹*der;* -*s*, -› snuffelaar, (politie)spion
'**Schnuller** ‹*der;* -*s*, -› (fop)speen
'**Schnulze** ‹*die;* -, *-n*› (*muz*) smartlap
'**Schnupfen** ‹*der;* -*s*, *geen mv*› verkoudheid; '**schnupfen** ‹*h*› snuiven
'**schnuppe**: *es ist ihm* ~ het laat hem koud
'**schnuppern** ‹*h*› snuffelen
Schnur ‹*die;* -, -*ë*› 1 snoer; 2 touw(tje); 3 koord; '**Schnürchen** ‹*das;* -*s*, -› 1 snoertje; 2 touwtje; 3 koordje; 4 (*fig*) *wie am:* ~ *a*) van een leien dakje; *b*) op z'n duimpje; '**schnüren** ‹*h*› 1 (vast)binden, (vast)snoeren; 2 rijgen, vast maken
'**schnurg(e)'rade** lijnrecht; kaarsrecht
'**Schnurrbart** ‹*der;* -(*e*)*s*, -*ë*› snor
'**Schnurre** ‹*die;* -, *-n*› 1 grap; 2 klucht
'**schnurren** ‹*h*› 1 snorren, gonzen; 2 ronken; 3 spinnen (*van katten*); '**Schnurrhaare** ‹*mv*› snorharen (*van dieren*)
'**Schnürriemen** ‹*der;* -*s*, -› (schoen)veter
'**schnurrig** 1 grappig, komiek; 2 vreemd
'**Schnürsenkel** ‹*der;* -*s*, -› schoenveter; '**Schnürstiefel** ‹*der;* -*s*, -› rijglaars
'**schnur'stracks** regelrecht, linea recta
'**Schober** ‹*der;* -*s*, -› 1 mijt (*van hooi, ongedorst graan, stro*); 2 veldschuur
Schock I ‹*der;* -(*e*)*s*, -*s en* -*e*› shock; **II** ‹*das;* -(*e*)*s*, - *en* -*e*› zestig stuks
'**schocken** ‹*h*› 1 schokken; 2 (*sp*) werpen; 3 (*med*) met shocktherapie behandelen
schoc'kieren ‹*h*› aanstoot geven, choqueren
'**schofel(ig)** 1 sjofel; 2 gierig; laag, min
'**Schöffengericht** ‹*das;* -(*e*)*s*, -*e*› lekenrechtbank (met beroepsrechter als voorzitter)
Schof'för ‹*der;* -*s*, -*e*› chauffeur
Schoko'lade ‹*die;* -, *-n*› chocolade; **Schoko'ladeneis** ‹*das;* -*es*, -› 1 chocoladeijs; 2 chocoladeijsje; **Schoko'ladenseite** ‹*die;* -, *-n*› gunstige kant
Scholle ‹*die;* -, *-n*› 1 schol; 2 aardkluit, klomp aarde; 3 grond; 4 ijsschots
schon 1 al; reeds; 2 wel; *das ist* ~ *wahr,* dat is wel waar, maar ...; 3 *nun rede doch* ~! zeg toch eindelijk eens iets!; 4 ~ *der Name genügte* alleen de naam al was voldoende; 5 *wie heißt er* ~? hoe heet hij ook al weer?
schön 1 mooi, fraai; *das wäre ja noch* ~*er!* nou nog mooier!; 2 knap, mooi; 3 (*kunsten*) schoon; 4 lekker (*ruiken, smaken*); 5 ~ (*brav, ruhig usw.*) heel; 6 *eines* ~*en Morgens* op een goede morgen; 7 goed; 8 fijn, aangenaam, prettig; 9 *bitte* ~! alstublieft!; *danke* ~! dank u wel!; ~*n Dank!* hartelijk bedankt!; 10 ~, *na* ~ goed, akkoord
'**Schonbezug** ‹*der;* -(*e*)*s*, -*ë*› hoes, losse overtrek
'**Schöne** ‹*die;* -*n*, *-n*› schone, knap meisje
'**schonen** ‹*h*› (*sich*) (zich) sparen, (zich) ontzien; **schonend** voorzichtig, met zachtheid
'**Schoner** ‹*der;* -*s*, -› hoes, beschermer
Schönfärbe'rei ‹*die*› *ohne* ~ onopgesmukt; ~ *treiben* iets mooier voorstellen dan het is
'**Schönheit** ‹*die;* -, *-en*› schoonheid; '**Schönheits...** schoonheids...; '**Schönheitsfehler** ‹*der;* -*s*, -› schoonheidsfout(je); '**Schönheitspflege** ‹*die;* -, *geen mv*› schoonheidsverzorging
'**Schonkost** ‹*die;* -, *geen mv*› dieetvoeding
'**schönmachen** ‹*h*› 1 mooi maken, verfraaien; 2 *sich* ~ zich mooi maken; zich opdoffen; '**Schönredner** ‹*der;* -*s*, -› mooiprater, vleier; '**Schönschrift** ‹*die;* -, *geen mv*› schoonschrift; '**Schöntuer** ‹*der;* -*s*, -› mooiprater, vleier
'**Schonung** ‹*die;* -, *-en*› 1 voorzichtigheid, zorg, het sparen; 2 consideratie; 3 jonge aanplant; '**schonungslos** meedogenloos, niets ontziend
'**Schön'wetterlage** ‹*die;* -, *-n*› periode, toestand van mooi weer
Schopf ‹*der;* -(*e*)*s*, -*ë*› 1 haardos; kuif; 2 bosje (haar); 3 *einen beim* ~ *fassen od. nehmen* iem bij de kraag pakken; (*die Gelegenheit*) *beim* ~ *fassen, nehmen, packen* aangrijpen
'**schöpfen** ‹*h*› 1 scheppen (*div bet*); 2 (*hoop, vertrouwen*) krijgen, opvatten; (*argwaan, achterdocht*) gaan koesteren; (*kracht, moed*) putten; '**Schöpfer** ‹*der;* -*s*, -› schepper; '**schöpferisch** scheppend, creatief; '**Schöpflöffel** ‹*der;* -*s*, -› scheplepel; '**Schöpfrad** ‹*das;* -(*e*)*s*, -*ër*› schepråd; '**Schöpfung** ‹*die;* -, *-en*› schepping
'**Schoppen** ‹*der;* -*s*, -› 1 glas (*kwart liter wijn*), potje (*kwart liter bier*); 2 halve liter
Schorf ‹*der;* -(*e*)*s*, -*e*› korst (*op wond*)
'**schorfig** 1 korstig; 2 ruw
'**Schornstein** ‹*der;* -*s*, -*e*› 1 schoorsteen; 2 (*das kannst du*) *in den* ~ *schreiben* wel op je buik schrijven; '**Schornsteinfeger** ‹*der;* -*s*, -› schoorsteenveger
Schoß I ‹*der;* -*es*, -*ë*› 1 schoot (*lett en fig*); 2 pand (*van jas*); **II** ‹*der; Schosses, Schosse*› loot, scheut; '**Schoßkind** ‹*das;* -(*e*)*s*, -*er*› schoot-, troetelkind
'**Schößling** ‹*der;* -*s*, -*e*› scheut, loot, spruit
'**Schote** ‹*die;* -, *-n*› 1 peul; 2 doperwt; 3 (*scheepv*) schoot
'**Schotte** ‹*der;* -*n*, *-n*› Schot
'**Schotter** ‹*der;* -*s*, -› 1 steenslag; 2 puin
'**schottisch** Schots
schraf'fiert gearceerd
schräg 1 schuin; 2 hellend; 3 cursief; **Schräg...**, **schräg...** schuin..., schuin(e) ...; '**Schräge** ‹*die;* -, *-n*› schuinte; '**schrägen** ‹*h*› schuin afwerken, afschuinen; '**Schrägheck** ‹*das;* -(*e*)*s*, -*e of* -*s*› schuin aflopende achterkant, fastback (*van auto*); '**Schrägheit** ‹*die;* -, *geen mv*› schuinte, scheefheid
'**Schramme** ‹*die;* -, *-en*› 1 schram; krab; 2 kras; '**schrammen** ‹*h*› 1 schrammen; 2 krassen
Schrank ‹*der;* -(*e*)*s*, -*ë*› kast
'**Schranke** ‹*die;* -, *-n*› 1 slag-, spoorboom; 2 balie (van rechtbank); 3 ~*n* hek, afrastering; 4 (*fig*) ~*n* grenzen; beperking(en); perk(en); *e.r*

Sache ~n setzen paal en perk aan iets stellen; (*das*) *hält sich in ~n* blijft binnen de perken
'**schränken** ‹*h*› kruisen (*de armen*)
'**schrankenlos** onbegrensd, grenzeloos
'**Schrankenwärter** ‹*der; -s, -*› overwegwachter
'**Schrankwand** ‹*die; -, -ë*› wandmeubel
'**schrappen** ‹*h*› afkrabben
'**Schraubdeckel** ‹*der; -s, -*› schroefdeksel
'**Schraube** ‹*die; -, -n*› **1** schroef (*div bet*); **2** *bei ihm ist eine ~ los od. locker* hij is niet goed snik; '**schrauben** ‹*h*› **1** schroeven; **2** (*fig*) *in die Höhe ~* opschroeven; *höher ~* verder opschroeven; **3** *sich in die Höhe ~* omhoogvliegen; '**Schrauben**... schroef...; '**Schraubenbolzen** ‹*der; -s, -*› schroefbout; '**Schraubengewinde** ‹*das; -s, -*› schroefdraad; '**Schraubenschlüssel** ‹*der; -s, -*› schroef-, moersleutel; '**Schraubenzieher** ‹*der; -s, -*› schroevedraaier
'**Schraubstock** ‹*der; -(e)s, -ë*› bankschroef; '**Schraubverschluß** ‹*der; -verschlusses, -verschlüsse*› schroefsluiting
'**Schrebergarten** ‹*der; -s, -*› volkstuintje
Schreck ‹*der; -(e)s, geen mv*› schrik; *vor ~* van schrik; '**Schrecken** ‹*der; -s, -*› **1** schrik; *der ~ fuhr ihm in die Glieder* de schrik sloeg hem om het hart; *der ~ lag ihm noch in den Gliedern* de schrik zat hem nog in de benen; *in ~ setzen* schrik aanjagen; **2** verschrikking; '**schrecken** **I** ‹*st.s; a-o; i*› doen of laten schrikken; **II** ‹*zw.h*› doen of laten schrikken; '**schreckenerregend** schrikwekkend, -barend; '**Schreckensherrschaft** ‹*die; -, -en*› schrikbewind, terreur; '**Schreckensmeldung** ‹*die; -, -en*› verschrikkelijke tijding; '**Schreckensruf** ‹*der; -(e)s, -e*› angstkreet; '**Schreckenstat** ‹*die; -, -en*› verschrikkelijke daad; '**Schreckenszeit** ‹*die; -, -en*› verschrikkelijke tijd; **Schreckgespenst** ‹*das; -(e)s, -er*› schrikbeeld; '**schreckhaft** schrikachtig; '**Schreckhaftigkeit** ‹*die; -, geen mv*› schrikachtigheid; '**schrecklich** verschrikkelijk, vreselijk; '**Schrecknis** ‹*das; -ses, -se*› verschrikking
Schrei ‹*der; -(e)s, -e*› **1** schreeuw, kreet, gil; **2** *der letzte ~* de nieuwste mode; het nieuwste snufje
Schreib... schrijf...; '**Schreibart** ‹*die; -, -en*› schrijftrant, stijl; '**Schreibbedarf** ‹*der; -(e)s, geen mv*› schrijfbehoeften; '**schreiben** ‹*st.h; ie-ie*› **1** schrijven; (*das ist ihm*) *wie auf den Leib geschrieben* op het lijf geschreven; *an* (*e.r Arbeit usw.*) *~* schrijven, bezig zijn met; (*der Name*) *schreibt sich ...* wordt ... geschreven; **2** *einen krank, gesund ~* iem (schriftelijk) ziek, gezond verklaren; **3** *sich etwas hinter die Ohren ~* iets in z'n oren knopen; '**Schreiben** ‹*das; -s, -*› schrijven; brief; '**Schreiber** ‹*der; -s, -*› **1** klerk; **2** schrijver; **Schreibe'rei** ‹*die; -, -en*› schrijverij, geschrijf; '**schreibfaul**: *~ sein*: *a*) niet graag (brieven) schrijven; *b*) te lui om (brieven) te schrijven; '**Schreibgerät** ‹*das; -(e)s, e*› schrijfgerei; '**Schreibheft** ‹*das; -(e)s, -e*› schrift; '**Schreibmaschine** ‹*die; -, -n*› schrijfmachine; '**Schreibstube** ‹*die; -, -n*› kantoor, bureau; '**Schreibtisch** ‹*der; -(e)s, -e*› bureau; '**Schreibung** ‹*die; -, -en*› schrijfwijze, spelling; '**Schreibwaren** ‹*mv*› schrijfbenodigdheden; '**Schreibzeug** ‹*das; -(e)s, geen mv*› schrijfgerei
'**schreien** ‹*st.h; ie-ie*› **1** schreeuwen; **2** gillen; *zum Schreien* om te gillen; **3** balken; '**Schreier** ‹*der; -s, -*› schreeuwer; **Schreie'rei** ‹*die; -, -en*› geschreeuw; gegil; '**schreierisch** schreeuwerig; '**Schreihals** ‹*der; -es, -ë*› schreeuwlelijk
Schrein ‹*der; -(e)s, -e*› schrijn, kist; '**Schreiner** ‹*der; -s, -*› **1** meubelmaker; **2** timmerman
'**schreiten** ‹*st.s; i-i*› **1** stappen, schrijden; **2** *schreiten zu* (+ 3) overgaan tot
Schrift ‹*die; -, -en*› **1** (hand)schrift; **2** schrift, lettertekens; **3** geschrift, publikatie; '**Schriftauslegung** ‹*die; -, -en*› exegese, bijbelverklaring; '**Schriftführer** ‹*der; -s, -*› **1** secretaris; **2** griffier; '**Schriftgelehrte(r)** ‹*bn als zn*› schriftgeleerde; '**schriftlich** **1** schriftelijk; **2** op papier; **3** (*das gebe ich dir*) *~* (*fig*) op een briefje; '**Schriftsetzer** ‹*der; -s, -*› letterzetter; '**Schriftsprache** ‹*die; -, -n*› schrijftaal; '**Schriftsteller** ‹*der; -s, -*› schrijver, auteur; '**Schriftstellerin** ‹*die; -, -nen*› schrijfster; '**schriftstellerisch** als schrijver, schrijvers ...; als schrijfster, schrijfsters ...; '**schriftstellern** ‹*h*› schrijven (*van boeken*); '**Schriftstück** ‹*das; -(e)s, -e*› geschrift, stuk, akte, papier; '**Schrifttum** ‹*das; -s, geen mv*› **1** literatuur; **2** geschriften; '**Schriftverkehr** ‹*der; -(e)s, geen mv*› correspondentie; '**Schriftwechsel** ‹*der; -s, -*› briefwisseling, correspondentie; '**Schriftzeichen** ‹*das; -s, -*› letter
schrill schril, schel; '**schrillen** ‹*h*› **1** schel of schril klinken; **2** rinkelen, gaan (*van telefoon*)
'**Schrippe** ‹*die; -, -n*› broodje
Schritt ‹*der; -(e)s, -e*› stap (*lett en fig*), schrede, pas; (*im*) *~ fahren* stapvoets rijden; *~ halten* (*mit*) gelijke tred houden (met); *auf ~ und Tritt* overal; '**Schrittempo** ‹*das*› *im ~* stapvoets; '**Schrittmacher** ‹*der; -s, -*› **1** (*sp en fig*) gangmaker; **2** (*med*) pacemaker; '**schrittweise** **I** ‹*bn*› geleidelijk; **II** ‹*bw*› stap voor stap
schroff **1** steil; **2** (*fig*) ruw, bars, bot; **3** plotseling, abrupt; **4** (*kontrast, tegenstelling*) schril, scherp
'**schröpfen** ‹*h*› **1** bloed aftappen; **2** (*fig*) *einen ~* iem afzetten
Schrot ‹*das of der; -(e)s, -e*› **1** schroot, hagel; **2** grof gemalen koren; **3** houtblok; '**schroten** ‹*h*› **1** (*koren*) grof malen; **2** (*ijzer*) tot schroot verwerken; **3** voortrollen, slepen; '**Schrotflinte** ‹*die; -, -n*› jachtgeweer
Schrott ‹*der; -(e)s, geen mv*› schroot, schrot, oud ijzer; '**schrotten** ‹*h*› tot schroot of schrot verwerken; '**Schrotthaufen** ‹*der; -s, -*› schroothoop; '**schrottreif** rijp voor de sloop, slooprijp

sch

'schrubben ‹*h*› 1 schrobben; 2 wrijven; **'Schrubber** ‹*der; -s, -*› 1 luiwagen; 2 schrobber

'Schrulle ‹*die; -, -n*› 1 gril, kuur; 2 (*fig*) *alte ~* ouwe tang; **'schrullenhaft, schrullig** grillig, zonderling

'schrump(e)lig rimpelig; **'schrumpfen** ‹*s*› 1 krimpen; 2 (ver)schrompelen; rimpelen; 3 minder worden; **'Schrumpfung** ‹*die; -, -en*› het krimpen enz.

Schrund ‹*der; -(e)s, -ë*›, **'Schrunde** ‹*die; -, -n*› scheur, kloof, barst, spleet; **'schrundig** vol scheuren, kloven enz.

Schub ‹*der; -(e)s, -ë*› 1 stoot, duw; 2 groep; 3 lading; 4 (*techn*) voortstuwingskracht; 5 la(de); **'Schubfach** ‹*das; -(e)s, -ër*› la, lade; **'Schubkarren** ‹*der; -s, -*› kruiwagen; **'Schublade** ‹*die; -, -n*› la, lade

Schubs ‹*der; -es, -e*› duw, stoot; **'schubsen** ‹*h*› stoten, duwen

'schüchtern schuchter, bedeesd, verlegen; **'Schüchternheit** ‹*die; -, geen mv*› schuchterheid

Schuft ‹*der; -(e)s, -e*› schoft

'schuften ‹*h*› zwoegen, hard werken; **Schufte'rei** ‹*die; -, geen mv*› gezwoeg

'schuftig schofterig

Schuh ‹*der; -(e)s, -e*› schoen (*alle bet*); **Schuh**... schoen...; **'Schuhcreme** ‹*die; -, -n*› schoensmeer, schoencrème; **'Schuhgeschäft** ‹*das; -(e)s, -e*› schoenenwinkel; **'Schuhgröße** ‹*die; -, -n*› schoenmaat; **'Schuhlöffel** ‹*der; -s, -*› schoenlepel; **'Schuhmacher** ‹*der; -s, -*› schoenmaker; **'Schuhriemen** ‹*der; -s, -*› schoenveter; **'Schuhwerk** ‹*das; -(e)s, geen mv*› schoeisel

'Schulabgänger ‹*der; -s, -*› schoolverlater; **'Schulabschluß** ‹*der; -abschlusses, -abschlüsse*› schoolopleiding; einddiploma; **'Schularbeiten** ‹*mv*› huiswerk; **'Schulaufgaben** ‹*mv*› huiswerk; **'Schulbank** ‹*die; -, -ë*› schoolbank; *die ~ drücken* op school zitten; **'Schulbetrieb** ‹*der; -(e)s, geen mv*› schoolgebeuren; **'Schulbildung** ‹*die; -, geen mv*› schoolopleiding

Schuld ‹*die; -, -en*› schuld; **Schuld**... schuld...; **schuld** ‹*bn*› schuldig; *ich bin od. habe nicht ~ daran!* het is mijn schuld niet!

'schulden ‹*h*› 1 schuldig, verschuldigd zijn; 2 te danken hebben; **'schuldenfrei** 1 vrij van schulden; 2 onbelast; **'Schuldenlast** ‹*die; -, -en*› schuldenlast

'Schuldgefühl ‹*das; -(e)s, -e*› schuldgevoel; **'schuldhaft** 1 schuldig; 2 door schuld, opzettelijk

'Schuldienst ‹*der; -(e)s, geen mv*› onderwijs

'schuldig 1 schuldig; *eines Verbrechens ~* aan een misdaad schuldig; (*einen*) *~ sprechen* schuldig verklaren; *für ~ befinden* schuldig verklaren; 2 (*dank enz*) verschuldigd; **'Schuldigkeit** ‹*die; -, -en*› plicht; **'schuldigsprechen** ‹*st.h; a-o; i*› schuldig verklaren

'Schuldirektor ‹*der; -s, -en*› directeur, rector

'schuldlos onschuldig; **'Schuldlosigkeit** ‹*die; -, geen mv*› onschuld; **'Schuldner** ‹*der; -s, -*› schuldenaar; **'Schuldschein** ‹*der; -(e)s, -e*› schuldbekentenis; **'Schuldspruch** ‹*der; -(e)s, -ë*› schuldigverklaring; vonnis

'Schule ‹*die; -, -n*› 1 school (*div bet*); *die ~ schwänzen* spijbelen; *höhere ~* school voor v.w.o. en/of h.a.v.o.; *staatliche höhere ~* openbare scholengemeenschap, (*Belg*) rijksmiddelbareschool, rijksmiddenschool; 2 (*eine harte*) *~* leerschool; 3 *~ machen* navolging vinden; **'schuleigen** van de school; **'schulen** ‹*h*› 1 scholen, opleiden; 2 africhten; **'Schüler** ‹*der; -s, -*› scholier, leerling; **'schülerhaft** schooljongensachtig, onbeholpen; **'Schülerin** ‹*die; -, -nen*› scholiere, leerlinge; **'Schülermitverwaltung** ‹*die; -, -en*› 1 inspraak; 2 schoolparlement, leerlingenraad; **'Schülerparlament** ‹*das; -(e)s, -e*› schoolparlement, leerlingenraad; **'Schulferien** ‹*mv*› schoolvakantie; **'Schulfreund** ‹*der; -(e)s, -e*› schoolvriend, -kameraad; **'Schulfreundin** ‹*die; -, -nen*› schoolvriendin; **'Schulfunk** ‹*der; -(e)s, geen mv*› schooluitzending, -radio; **'Schulhof** ‹*der; -(e)s, -ë*› schoolplein; binnenplaats; **'schulisch** school...; **'schulmäßig** volgens de regels van de school; schools; **'schulmeisterlich** schoolmeesterachtig; **'Schulpflicht** ‹*die; -, geen mv*› leerplicht; **'schulpflichtig** leerplichtig; **'Schulplan** ‹*der; -(e)s, -ë*› leerplan; **'Schulranzen** ‹*der; -s, -*› (op rug gedragen) schooltas

'Schulter ‹*die; -, -n*› 1 schouder; 2 *einem die kalte ~ zeigen* iem de rug toekeren; (*etwas*) *auf die leichte ~ nehmen* te licht opnemen; **'Schulter**... schouder...; **'schultern** ‹*h*› schouderen

'Schulung ‹*die; -, -en*› 1 oefening, scholing, training; 2 geoefendheid; 3 cursus; **'Schulvorstand** ‹*der; -(e)s, -ë*› schoolbestuur; **'Schulwesen** ‹*das; -s, geen mv*› schoolwezen, het onderwijs; **'Schulzeit** ‹*die; -, geen mv*› schooltijd; **'Schulzimmer** ‹*das; -s,-*› schoollokaal

'schummeln ‹*h*› 1 bedriegen; 2 vals spelen; 3 (*fig*) smokkelen

'schummerig 1 schemerig; 2 (*fig*) vaag; **'schummern** ‹*h*› 1 schemeren; 2 schaduwen

Schund ‹*der; -(e)s, geen mv*› 1 rommel; 2 troep

'schunkeln ‹*h*› 1 schommelen; 2 arm in arm heen en weer schommelen

'Schupo ‹*der; -s, -s*› politieagent

'Schuppe ‹*die; -, -n*› 1 schub; 2 schilfer (op huid); 3 *~n* roos, hoofdroos; 4 *es fiel mir wie ~n von den Augen* ik begreep het ineens

'Schuppen ‹*der; -s, -*› 1 loods; 2 keet; 3 schuur; 4 hok

'schuppig geschubd

Schups ‹*der; -es, -e*› stoot, duw; **'schupsen** ‹*h*› stoten, duwen

Schur ‹*die; -, -en*› 1 het scheren (*van schapen*); 2 het maaien; 3 het knippen (*van heg*)

'**Schüreisen** ‹*das; -s, -*› pook; '**schüren** ‹*h*› 1 oppoken; 2 aanwakkeren

'**schürfen** ‹*h*› 1 (*lett en fig*) schrammen; schaven; 2 graven; boren; '**Schürfung** ‹*die; -, -en*› ontvelling; '**Schürfwunde** ‹*die; -, -n*› schaafwonde

'**schurigeln** ‹*h*› plagen, sarren

'**Schurke** ‹*der; -n, -n*› schurk, schoelje; **Schurke'rei** ‹*die; -, -en*› schurkenstreek; '**schurkisch** schurkachtig

'**schurren** ‹*h en s*› glijden, schuiven

'**Schurwolle** ‹*die; -, geen mv*› scheerwol

Schurz ‹*der; -es, -e*› voorschoot; schort

'**Schürze** ‹*die; -, -n*› schort; voorschoot

'**schürzen** ‹*h*› 1 opnemen, iets optillen; 2 (*lip*) optrekken; 3 (*knoop*) leggen

'**Schürzenjäger** ‹*der; -s, -*› vrouwenjager

Schuß ‹*der; Schusses, Schüsse*› 1 schot; 2 scheut(je); *mit* ~ met tik (*van dranken*); 3 shot, druginjectie; 4 *in ~ kommen* op gang komen, opschieten; *in ~ sein: a*) op dreef zijn, opschieten; *b*) gezond, in orde zijn; *einem in od. vor den ~ kommen* iem tegen het lijf lopen; '**schußbereit** 1 gereed om te schieten; 2 (*van wapen*) *schietklaar*

'**Schüssel** ‹*die; -, -n*› 1 schotel, schaal; 2 schotel, gerecht; '**Schüsselwärmer** ‹*der; -s, -*› réchaud

'**Schußfeld** ‹*das; -(e)s, -er*› schootsveld; '**schußfertig** zie *schußbereit*; '**schußfrei** kogelvrij; '**Schußlinie** ‹*die; -, -n*› schiets-, schootslijn; '**Schußweite** ‹*die; -, -n*› draagwijdte, schootsafstand; *außer* ~ buiten schot; '**Schußwunde** ‹*die; -, -n*› schotwond

'**Schuster** ‹*der; -s, -*› 1 schoenmaker; 2 prutser; '**schustern** ‹*h*› 1 schoenen maken; 2 prutsen

Schutt ‹*der; -(e)s, geen mv*› 1 puin; *in ~ und Asche* in puin; 2 afval, vuil

'**Schüttelfrost** ‹*der; -(e)s, geen mv*› koude rillingen, koortsrillingen; '**schütteln** ‹*h*› 1 schudden; 2 (doen) huiveren

'**schütten** ‹*h*› 1 storten; 2 gieten; *es schüttet* het giet; 3 lozen; 4 morsen

'**schütter** dun

'**schüttern** ‹*h*› schudden, schokken; donderen

'**Schüttgut** ‹*das; -(e)s, -ër*› stortgoederen

'**Schutthalde** ‹*die; -, -n*› puinberg

Schutz ‹*der; -es, geen mv*› 1 bescherming; 2 hoede; 3 beschutting; 4 beveiliging; verdediging; '**Schutzanzug** ‹*der; -(e)s, -ë*› overall; '**Schutzblech** ‹*das; -(e)s, -e*› 1 (*techn*) schermkap; 2 spatbord; '**Schutzbrief** ‹*der; -(e)s, -e*› 1 vrijgeleide; 2 reis- en kredietbrief; '**Schutzbrille** ‹*die; -, -n*› veiligheidsbril, stofbril; '**Schutzdamm** ‹*der; -(e)s, -ë*› (binnen)-dijk

'**Schütze** ‹*der; -n, -n*› schutter (*div bet*); '**schützen** ‹*h*› (*vor* (+ 3)) beschermen; beschutten (tegen); *gesetzlich geschützt* wettig gedeponeerd; '**Schützenfest** ‹*das; -(e)s, -e*› 1 schuttersfeest; 2 (*sp*) doelpuntenfestijn; '**Schützengraben** ‹*der; -s, -̈*› loopgraaf; '**Schützenkönig** ‹*der; -s, -e*› (*sp*) topscorer; '**Schützer** ‹*der; -s, -*› beschermer

'**Schutzfarbe** ‹*die; -, -n*› ; '**Schutzfilm** ‹*der; -(e)s, -e*› beschermend laagje; '**Schutzgebiet** ‹*das; -(e)s, -e*› 1 protectoraat; 2 beschermd gebied; reservaat; '**Schutzgitter** ‹*das; -s, -*› (beschermend) traliewerk; '**Schutzheilige(r)** ‹*bn als zn*› beschermheilige; '**Schutzhelm** ‹*der; -(e)s, -e*› veiligheidshelm; '**Schutzherr** ‹*der; -n, -en*› beschermheer; '**Schutzhülle** ‹*die; -, -n*› beschermend omhulsel; hoes; omslag; '**Schutzhütte** ‹*die; -, -n*› schuilhut; '**Schutzimpfung** ‹*die; -, -en*› preventieve inenting

'**Schützling** ‹*der; -s, -e*› beschermeling

'**schutzlos** onbeschermd; weerloos; '**Schutzlosigkeit** ‹*die; -, geen mv*› weerloosheid; '**Schutzmacht** ‹*die; -, -ë*› beschermende mogendheid; '**Schutzmann** ‹*der; -(e)s, -männer en -leute*› politieagent; '**Schutzmaßnahme** ‹*die; -, -n*› veiligheidsmaatregel; '**Schutzpolizist** ‹*der; -en, -en*› politieagent; '**Schutzraum** ‹*der; -(e)s, -ë*› schuilkelder; '**Schutzschild** ‹*das; -(e)s, -er*› (*mil*) schild; '**Schutzumschlag** ‹*der; -(e)s, -ë*› boekomslag; '**Schutzwall** ‹*der; -(e)s, -ë*› beschermingswal

'**schwabbelig** wiebelend, trillend; '**schwabbeln** ‹*h*› wiebelen; trillen

schwach (*schwächer, schwächst*) 1 zwak (*div bet*); 2 dun; 3 (*koffie, thee*) slap; 4 flauw; 5 klein; gering; (*troost*) schraal; 6 slecht (*bezet, bezocht*); 7 *nicht ~ werden!* flink blijven!; '**Schwäche** ‹*die; -, -n*› 1 zwakte, zwakheid; 2 (*fig*) zwak; 3 (*fig*) zwak punt, zwakke plek; 4 (*beursterm*) flauwheid; '**Schwächeanfall** ‹*der; -(e)s, -ë*› flauwte; '**schwächen** ‹*h*› verzwakken; '**Schwachheit** ‹*die; -, -en*› zwakheid; '**Schwachkopf** ‹*der; -(e)s, -ë*› stommeling; '**schwächlich** niet sterk, teer, slap; '**Schwächling** ‹*der; -s, -e*› slappeling; '**schwachsichtig** zwak van gezicht; '**Schwachsinn** ‹*der; -(e)s, geen mv*› zwakzinnigheid; '**schwachsinnig** zwakzinnig; '**Schwächung** ‹*die; -, -en*› verzwakking

'**Schwaden** ‹*der; -s, -*› 1 damp, wasem; 2 rook; 3 sliert

'**Schwadron** ‹*die; -, -en*› (*mil*) eskadron

'**schwafeln** ‹*h*› bazelen, kletsen, onzin praten

'**Schwager** ‹*der; -s, -̈*› zwager; '**Schwägerin** ‹*die; -, -nen*› schoonzuster

'**Schwalbe** ‹*die; -, -n*› zwaluw

Schwall ‹*der; -(e)s, -e*› 1 stroom; (stort)vloed; (*lett en fig*); 2 golvende massa

Schwamm ‹*der; -(e)s, -̈*› 1 spons; 2 zwam; paddestoel; 3 schimmel; 4 ~ *drüber!* zand erover!; '**schwammig** 1 sponzig, sponsachtig; 2 voos; 3 (op)gezwollen

Schwan ‹*der; -(e)s, -ë*› zwaan

Schwang ‹*der*› *in ~ (kommen), im ~ (sein)* in zwang

'**schwanger** 1 zwanger; 2 (*fig*) *mit etwas ~ gehen* van iets zwanger gaan (*iets van plan zijn*);

schwängern ‹*h*› 1 zwanger maken; 2 vullen; '**Schwangerschaft** ‹*die; -, -en*› zwangerschap; '**Schwangerschaftsabbruch** ‹*der; -(e)s, -ë*› abortus provocatus; '**Schwangerschaftsunterbrechung** ‹*die; -, -en*› abortus provocatus

schwank dun, buigzaam

Schwank ‹*der; -(e)s, -ë*› 1 (*theat*) klucht; 2 grappig verhaal

'**schwanken** ‹*h*› 1 schommelen (*div bet*); 2 wankelen; 3 waggelen; 4 weifelen; *ins S~ geraten* onzeker worden; '**schwankend** 1 vgl *schwanken*; 2 besluiteloos; 3 wisselvallig; veranderlijk; '**Schwankung** ‹*die; -, -en*› 1 wankeling, veranderlijkheid; 2 weifeling; 3 schommeling

Schwanz ‹*der; -es, -ë*› 1 staart (*div bet*); 2 sleep; 3 herexamen; 4 penis, lul; '**schwänzeln** ‹*h*› 1 kwispelstaarten; 2 flikflooien

'**schwänzen** ‹*h*› *die Schule ~* spijbelen

Schwapp ‹*der; -(e)s, -e*› pets, klap

'**schwappen** ‹*h*› golven; klotsen

'**Schwäre** ‹*die; -, -n*› zweer, verzwering; '**schwären** ‹*h*› zweren

Schwarm ‹*der; -(e)s, -ë*› 1 zwerm; 2 school (*vissen*); 3 schaar; 4 vurige wens; 5 liefhebberij; '**schwärmen** ‹*h*› 1 zwermen; 2 uitzwermen; 3 (*mil*) tirailleren, zich verspreiden; 4 boemelen, aan de zwier zijn; 5 *~ für* dwepen met, gek zijn op; *~ von* dwepen met; dromen van; '**Schwärmer** ‹*der; -s, -*› 1 pijlstaartvlinder; 2 boemelaar; 3 dweper; 4 voetzoeker; **Schwärme'rei** ‹*die; -, -en*› 1 het boemelen; 2 het gedweep; dweperij; '**schwärmerisch** dweepziek; '**Schwärmgeist** ‹*der; -(e)s, -er*› dweper

'**Schwarte** ‹*die; -, -n*› 1 zwoerd; 2 (*iron*) vel, huid; 3 (*min*) oud boek

schwarz (*schwärzer, schwärzest*) 1 zwart; *in Schwarz* (*gekleidet*) in het zwart; 2 donker; 3 gemeen, slecht; 4 illegaal, clandestien; 5 (*etwas*) *~ ausmalen, vorstellen* somber, pessimistisch afschilderen, voorstellen; '**Schwarzarbeit** ‹*die; -, geen mv*› zwartwerk; '**schwarzarbeiten** ‹*h*› zwart werken; '**Schwarzarbeiter** ‹*der; -s, -*› zwartwerker; '**Schwarzbrot** ‹*das; -(e)s, -e*› roggebrood; '**Schwarze(r)** ‹*bn als zn*› 1 neger, zwarte; 2 negerin, zwarte; '**Schwarze** ‹*das; -n, geen mv*› 1 het zwarte; 2 *ins ~ treffen* in de roos schieten; '**Schwärze** ‹*die; -, -n*› 1 zwartheid; 2 donkere kleur; 3 zwartsel; '**schwärzen** ‹*h*› 1 zwart maken; 2 smokkelen; '**schwarzfahren** ‹*st.s; u-a; ä*› 1 zwartrijden, reizen zonder te betalen; 2 rijden zonder rijbewijs; '**Schwarzfahrer** ‹*der; -s, -*› 1 zwartrijder, clandestiene reiziger, passagier; 2 chauffeur zonder rijbewijs; '**Schwarzhändler** ‹*der; -s, -*› zwarthandelaar; '**Schwarzhörer** ‹*der; -s, -*› (*telec*) clandestiene luisteraar; '**Schwarzkünstler** ‹*der; -s, -*› tovenaar; '**schwärzlich** zwartachtig; '**Schwarzmalerei** ‹*die; -, geen mv*› pessimistische voorstelling van zaken; '**Schwarzmarkt** ‹*der; -(e)s, -̈e*› zwarte markt; '**schwarzsehen** ‹*st.h; a-e; ie*› 1 pessimistisch zijn; 2 (*telec*) zwartkijken, geen kijkgeld betalen; '**Schwarzseher** ‹*der; -s, -*› 1 zwartkijker; 2 pessimist; '**Schwarzseherei** ‹*die; -, geen mv*› pessimisme; '**schwarzseherisch** pessimistisch; '**Schwärzung** ‹*die; -, -en*› het zwartmaken; '**Schwarzwurzel** ‹*die; -, -n*› schorseneer

Schwatz ‹*der; -es, -e*› 1 gepraat; 2 praatje; '**schwatzen** ‹*h*›, **schwätzen** ‹*h*› 1 praten, kletsen, babbelen; 2 zwammen; 3 (*aus der Schule*) *~* klappen; '**Schwätzer** ‹*der; -s, -*› 1 kletsmajoor; 2 zwamneus; '**Schwätze'rei** ‹*die; -, -en*› gepraat, geklets; '**Schwätzerin** ‹*die; -, -nen*› kletskous; '**schwätzerisch** praatziek, kletserig; '**schwatzhaft** praatziek, kletserig

'**Schwebe** ‹*die*› *in der ~* (*sein*): *a*) (*jur*) hangende; *b*) onzeker; *in der ~ lassen* onzeker laten; '**Schwebebalken** ‹*der; -s, -*› evenwichtsbalk

'**schweben** ‹*h*› 1 zweven (*lett en fig*); 2 (*van proces*) hangen; 3 (*in Gefahr*) *~* verkeren; '**schwebend** 1 zwevend; 2 hangend; (*jur*) hangende zijn; 3 (*zaken*) lopend; 4 (*schuld*) vlottend

'**Schwede** ‹*der; -n, -n*› Zweed; '**Schweden** Zweden; '**schwedisch** 1 Zweeds; 2 *hinter ~en Gardinen* achter de tralies

'**Schwefel** ‹*der; -s, geen mv*› zwavel; '**schwef(e)lig** zwavelachtig, zwavelig; '**Schwefelsäure** ‹*die; -, geen mv*› zwavelzuur

Schweif ‹*der; -(e)s, -e*› (lange) staart

'**schweifen** **I** ‹*h*› uitbuigen, welven; **II** ‹*h en s*› zwerven, trekken, dolen; (*seine Blicke, Gedanken*) *~ lassen* laten dwalen

'**Schweigegebot** ‹*das; -(e)s, -e*› spreekverbod; '**Schweigegeld** ‹*das; -(e)s, -er*› zwijggeld; '**Schweigemarsch** ‹*der; -(e)s, -ë*› stille tocht; '**Schweigeminute** ‹*die; -, -n*› minuut stilte; '**schweigen** ‹*st.h; ie-ie*› zwijgen; '**Schweigen** ‹*das; -s, geen mv*› het zwijgen; '**Schweigepflicht** ‹*die; -, geen mv*› zwijgplicht; '**schweigsam** zwijgzaam, stil

Schwein ‹*das; -(e)s, -e*› 1 varken; zwijn; 2 smeerlap; schoft; 3 *~ haben* boffen, zwijnen; '**Schweinebande** ‹*die; -, geen mv*› (zwijne)troep, bende; '**Schweinebraten** ‹*der; -s, -*› (gebraden) varkensvlees, fricandeau; '**Schweinefleisch** ‹*der; -es, geen mv*› varkensvlees; '**Schweinefutter** ‹*das; -s, geen mv*› varkensvoer; '**Schweinehund** ‹*der; -(e)s, -e*› smeerlap, zwijn; **Schweine'rei** ‹*die; -, -en*› 1 zwijneboel, rotzooi; 2 gemene streek, rot streek; 3 smeerlapperij; '**Schweineschnitzel** ‹*das; -s, -*› varkensschnitzel; '**Schweinestall** ‹*der; -(e)s, -ë*› varkenshok, zwijnestal; '**Schweinezucht** ‹*die; -, geen mv*› varkensfokkerij; '**schweinisch** 1 smerig; 2 schunnig; 3 gemeen; **Schweins...** varkens...

Schweiß ‹*der; -es, geen mv*› zweet; **Schweiß...** 1 zweet...; 2 las...; '**schweißbedeckt** bezweet; '**Schweißbrenner** ‹*der; -s, -*› lasbrander;

'**Schweißbrille** ‹*die; -, -n*› lasbril; '**Schweißdrüse** ‹*die; -, -n*› zweetklier; '**schweißen** ‹*h*› lassen; '**Schweißer** ‹*der; -s, -*› lasser; '**schweißig** bezweet; '**Schweißnaht** ‹*die; -, -ë*› lasnaad; '**schweißtriefend** druipend van het zweet; '**Schweißtropfen** ‹*der; -s, -*› zweetdruppel; '**Schweißung** ‹*die; -, -en*› het lassen

Schweiz: *die* ~ Zwitserland; '**Schweizer** I ‹*der; -s, -*› Zwitser; II ‹*bn*› ~ *Käse* Zwitserse kaas; '**schweizerisch** Zwitsers

'**schwelen** ‹*h*› smeulen (*lett en fig*)

'**schwelgen** ‹*h*› zwelgen; '**schwelgerisch** zwelgend, overdadig

'**Schwelle** ‹*die; -, -n*› 1 drempel (*lett en fig*); dorpel; 2 dwarsligger, biel(s)

schwellen I ‹*st.s; o-o; i*› 1 zwellen; opzwellen; 2 wassen (*van water*); II ‹*zw. h*› doen zwellen

'**Schwellenangst** ‹*die; -, geen mv*› drempelvrees; '**Schwellung** ‹*die; -, -en*› zwelling

'**Schwemme** ‹*die; -, -n*› 1 (*fig*) vloed; overproduktie, te groot aanbod; 2 wed

'**schwemmen** ‹*h*› spoelen; *ans Land* ~ aanspoelen

'**Schwengel** ‹*der; -s, -*› 1 zwengel; 2 klepel

Schwenk ‹*der; -(e)s, -s*› 1 beweging (*van camera*); 2 (*fig*) ommezwaai; 3 zwenking; '**schwenken** ‹*h*› 1 zwaaien (met); wuiven (met); 2 zwenken; 3 omspoelen; omschudden

'**Schwenker** ‹*der; -s, -*› bolrond glas

'**Schwenkung** ‹*die; -, -en*› zwenking, zwaai, draai

schwer 1 zwaar; ~*en Herzens* met bezwaard hart; 2 moeilijk, lastig (*taak e.d.*); moeilijk (*begrijpen e.d.*); slecht (*horen*); 3 hard; moeilijk (*strijd, tijden*); hard (*werken*); 4 ernstig, zwaar (*ziekte, misdaad*); ernstig (*zaak, geval*); 5 diep (*slaap, zucht*); 6 streng (*winter*); 7 erg, zeer; *ich werde mich ~ hüten!* ik kijk wel uit!; '**Schwerarbeit** ‹*die; -, geen mv*› zwaar werk; (*Belg*) labeur; '**schwerbehindert** invalide; '**Schwerbehinderte(r)** ‹*bn als zn*› invalide; '**schwerbeschädigt** 1 zwaar beschadigd; 2 invalide; '**Schwere** ‹*die; -, geen mv*› 1 zwaarte; 2 zwaartekracht; 3 moeilijkheid; 4 ernst; 5 gestrengheid; '**schwerelos** gewichtloos; '**Schwerelosigkeit** ‹*die; -, geen mv*› gewichtloosheid; '**schwererziehbar** moeilijk opvoedbaar; '**schwerfallen** ‹*st.s; ie-a; ä*› zwaar vallen; '**schwerfällig** 1 onbeholpen, onhandig; 2 langzaam, traag; '**Schwerfälligkeit** ‹*die; -, geen mv*› onbeholpenheid enz.; vgl *schwerfällig*; '**Schwergewicht** ‹*das; -(e)s, -e*› 1 zwaargewicht (*bij boksen, worstelen*); 2 zwaartepunt, nadruk; '**Schwergewichtler** ‹*der; -s, -*› zwaargewicht; '**schwerhörig** hardhorig (*lett en fig*); '**Schwerhörigkeit** ‹*die; -, geen mv*› hardhorigheid; '**Schwerindustrie** ‹*die; -, -n*› zware industrie; '**Schwerkraft** ‹*die; -, geen mv*› zwaartekracht; '**schwerkrank** ernstig ziek

'**schwerlich** waarschijnlijk niet, wel niet; moeilijk

'**Schwermut** ‹*die; -, geen mv*› zwaarmoedigheid; '**schwermütig** zwaarmoedig; '**schwernehmen** ‹*st.h; a-o; i*› zwaar opnemen; '**Schwerpunkt** ‹*der; -(e)s, -e*› zwaartepunt; accent; '**Schwerpunktstreik** ‹*der; -(e)s, -s en -e*› staking in sleutelbedrijven; '**schwerreich** schatrijk

Schwert ‹*das; -(e)s, -er*› zwaard

'**schwertun** ‹*onr. h; tat, getan*› *sich* ~ het moeilijk hebben; moeite hebben

'**Schwerverbrecher** ‹*der; -s, -*› gevaarlijk misdadiger; '**schwerverletzt** zwaargewond; '**Schwerverletzte(r)** ‹*bn als zn*› zwaargewonde; '**schwerverständlich** moeilijk te begrijpen; '**schwerverwundet** zwaargewond; '**schwerwiegend** zwaarwegend

'**Schwester** ‹*die; -, -n*› zuster (*alle bet*)

'**Schwiegereltern** ‹*mv*› schoonouders; '**Schwiegermutter** ‹*die; -, -̈*› schoonmoeder; '**Schwiegersohn** ‹*der; -(e)s, -ë*› schoonzoon; '**Schwiegertochter** ‹*die; -, -̈*› schoondochter; '**Schwiegervater** ‹*der; -s, -̈*› schoonvader

'**Schwiele** ‹*die; -, -n*› 1 eelt; 2 striem; '**schwielig** eeltig, vereelt

'**schwierig** moeilijk, lastig; '**Schwierigkeit** ‹*die; -, -en*› moeilijkheid; probleem

'**Schwimmbad** ‹*das; -(e)s, -ër*› zwembad; '**Schwimmbecken** ‹*das; -s, -*› zwembassin; '**Schwimmeister** ‹*der; -s, -*› badmeester; '**schwimmen** ‹*st.h en s; a-o*› 1 zwemmen (*lett en fig*); 2 drijven; 3 (*fig*) ~ *in* baden in; 4 onzeker worden; haperen; '**Schwimmer** ‹*der; -s, -*› 1 zwemmer; 2 dobber; 3 vlotter; 4 drijver; '**Schwimmerbecken** ‹*das; -s, -*› het diepe (*in zwembad*); '**Schwimmerin** ‹*die; -, -nen*› zwemster; '**Schwimmflosse** ‹*die; -, -n*› zwemvin; '**Schwimmhalle** ‹*die; -, -n*› overdekt zwembad; '**Schwimmsand** ‹*der; -(e)s, geen mv*› drijfzand; '**Schwimmsport** ‹*der; -(e)s, geen mv*› zwemsport; '**Schwimmweste** ‹*die; -, -*› zwemvest

'**Schwindel** ‹*der; -s, geen mv*› 1 duizeling, duizeligheid; 2 roes; 3 bedrog; 4 oplichterij; 5 rommel; '**Schwindelanfall** ‹*der; -(e)s, -̈e*› aanval van duizeligheid; **Schwinde'lei** ‹*die; -, -en*› zwendel; bedrog; '**schwindelerregend** duizelingwekkend; '**schwindelfrei** vrij van hoogtevrees; '**Schwindelgefühl** ‹*das; -(e)s, -e*› duizeligheid; '**schwind(e)lig** duizelig; '**schwindeln** ‹*h*› 1 bedriegen, oplichten; 2 liegen, (*ook*) fantaseren; 3 duizelen; *mir schwindelt, es schwindelt mir* ik word duizelig; ~*de Höhe* duizelingwekkende hoogte

'**schwinden** ‹*st.s; a-u*› 1 slinken; 2 krimpen; 3 verdwijnen; 4 vergaan, voorbijgaan

'**Schwindler** ‹*der; -s, -*› 1 zwendelaar; 2 bedrieger

'**Schwindsucht** ‹*die; -, geen mv*› t.b.c.

'**Schwinge** ‹*die; -, -n*› 1 wan(molen); 2 vleugel; '**schwingen** ‹*st.h; a-u*› 1 zwaaien (met); 2 slingeren; 3 (*snaren*) trillen; 4 schommelen; 5 (*eine Rede*) ~ houden, afsteken; 6 *sich aufs*

Moped usw. ~ op zijn bromfiets enz. springen; '**Schwingung** ‹*die; -, -en*› 1 trilling (*lett en fig*); 2 het zwaaien, zwaai; 3 het slingeren

Schwips ‹*der*› *einen ~ haben* aangeschoten zijn

'**schwirren** ‹*h*› 1 gonzen (*lett en fig*); brommen; 2 sjirpen; 3 snorren (*van pijlen*); 4 fluiten (*van kogels e.d.*)

'**schwitzen** ‹*h*› 1 zweten (*lett en fig*); transpireren; 2 uitslaan, zweten; 3 beslaan (*van ruiten*); '**schwitzig** bezweet; transpirerend

'**schwören** ‹*st.h; o-o*› 1 zweren; ~ *auf* (*fig*) zweren bij; 2 zweren, een eed doen

schwul homoseksueel

schwül drukkend, zwoel, benauwd; '**Schwüle** ‹*die; -, geen mv*› zwoelte, drukkende hitte

'**Schwule(r)** ‹*bn als zn*› homo(seksueel)

'**schwulstig** opgezwollen

'**schwülstig** hoogdravend, bombastisch

Schwund ‹*der; -(e)s, geen mv*› 1 het verdwijnen, het wegvallen; 2 (*telec*) sluiering, fading; 3 het krimpen; 4 gewichtsverlies

Schwung ‹*der; -(e)s, -ë*› 1 vaart, gang, beweging; *in ~ kommen* op gang komen; 2 zwaai, sprong; 3 elan, vuur; 4 gloed, bezieling; 5 stapel, hoop, boel; '**schwunghaft** krachtig, levendig, energiek; '**schwunglos** krachteloos, slap; '**schwungvoll** 1 sierlijk, vol zwier, gloedvol, met verve; 2 met vaart

Schwur ‹*der; -(e)s, -ë*› eed; '**schwurbrüchig** meinedig; '**Schwurgericht** ‹*das; -(e)s, -e*› rechtbank bestaande uit drie beroepsrechters en twee leken; (*Belg*) assisen

sechs zes; *zu ~en od. zu ~t* met z'n zessen; *eine Sechs* een zes; **Sechs**... zes...; van zes ...; '**sechsfach** zesvoudig; '**sechsmonatig** zesmaands; '**sechsmonatlich** halfjaarlijks; '**Sechstagerennen** ‹*das; -s, -*› (*sp*) zesdaagse; '**sechstägig** zesdaags; '**sechste** (*der, die, das*) zesde; '**Sechstel** ‹*das; -s, -*› zesde (deel); '**sechstens** ten zesde; '**sechzehn** zestien; '**Sechzehnventiler** ‹*der; -s, -*› 16-kleps-motor, zestienklepper; '**sechziger**: *in den ~ Jahren* in de jaren zestig; '**Sechziger** ‹*der; -s, -*› zestiger

See I ‹*der; -s, -n*› meer; **II** ‹*die; -, -n*› zee; *auf hoher, offener ~* in volle zee; *an die ~ fahren* naar zee gaan; **See**... zee...; '**Seeadler** ‹*der; -s, -*› zeearend; '**Seebarsch** ‹*der; -es, -e*› zeebaars; '**Seefahrt** ‹*die; -, -en*› 1 zeevaart; 2 zeereis; '**seefest** zeevast; '**Seefunk** ‹*der; -(e)s, geen mv*› scheepsradio; '**Seehafen** ‹*der; -s, -̈*› zeehaven; '**Seeherrschaft** ‹*die; -, geen mv*› heerschappij ter zee; '**Seehund** ‹*der; -(e)s, -e*› zeehond, rob; '**Seejungfrau** ‹*die; -, -en*› 1 zeemeermin; 2 (*dierk*) waterjuffer; '**seekrank** zeeziek; '**seeländisch** 1 Seelands; 2 Zeeuws

'**Seele** ‹*die; -, -n*› 1 ziel; *eine ~ von Mensch* een goeie, brave ziel; *mit Leib und ~* met hart en ziel; 2 (*fig*) hart; *sich etwas von der ~ reden* z'n hart luchten; *einem aus der ~ sprechen* naar iemands hart spreken; 3 gemoed; 4 *keine ~* (*war zu sehen*) geen sterveling; 5 *seine ~ aushauchen* zijn laatste adem uitblazen; '**Seelenheil** ‹*das; -(e)s, geen mv*› zieleheil; '**seelenlos** zielloos; '**Seelenruhe** ‹*die; -, geen mv*› gemoedsrust; '**seelenver'gnügt** zielsvergenoegd, zielsblij; '**Seelenzustand** ‹*der; -(e)s, -ë*› zielstoestand

'**Seeleute** ‹*mv*› zeelieden, -lui

'**seelisch** psychisch; geestelijk; ziel...

'**Seelöwe** ‹*der; -n, -n*› zeeleeuw

'**Seelsorge** ‹*die; -, geen mv*› zielzorg; '**Seelsorger** ‹*der; -s, -*› zielzorger; '**seelsorgerisch** pastoraal; herderlijk

'**seemäßig** zeewaardig (*Verpackung*); '**Seemeile** ‹*die; -, -n*› zeemijl (1851,85m); '**Seenot** ‹*die; -, geen mv*› het in nood verkeren op zee; '**Seeräuber** ‹*der; -s, -*› zeerover, piraat; '**Seereise** ‹*die; -, -n*› zeereis; '**Seeschiff** ‹*das; -(e)s, -e*› zeeschip; '**Seeschlacht** ‹*die; -, -en*› zeeslag; '**Seestreitkräfte** ‹*mv*› marine, zeestrijdkrachten; '**Seetang** ‹*der; -(e)s, -e*› (*plantk*) zeewier; '**seetüchtig** zeewaardig (*van schip*); '**seeuntüchtig** niet zeewaardig; '**seewärtig** zeewaarts; '**seewärts** zeewaarts; '**Seeweg** ‹*der; -(e)s, -e*› zeeweg; '**Seezunge** ‹*die; -, -n*› (*dierk*) tong

'**Segel** ‹*das; -s, -*› zeil; *die ~ aufziehen, heißen, hissen od. setzen* de zeilen hijsen; '**Segel**... zeil...; '**Segelboot** ‹*das; -(e)s, -e*› zeilboot(je); '**Segelfahrt** ‹*die; -, -en*› zeiltocht(je); '**segelfertig** zeilklaar; '**Segelfliegen** ‹*der; -s, geen mv*› het zweefvliegen; '**Segelflug** ‹*der; -(e)s, -ë*› 1 zweefvlucht; 2 het zweefvliegen; '**Segelflugzeug** ‹*das; -(e)s, -e*› zweefvliegtuig; '**Segeljacht** ‹*die; -, -en*› zeiljacht; '**segellos** zonder zeil(en); '**segeln** ‹*h en s*› 1 zeilen (*lett en fig*); 2 varen; 3 (*luchtv*) zweven; 4 drijven (van wolken); '**Segelregatta** ‹*die; -, -regatten*› zeilwedstrijd; '**Segelschiff** ‹*das; -(e)s, -e*› zeilschip; '**Segeltuch** ‹*das; -(e)s, -e*› zeildoek

'**Segen** ‹*der; -s, -*› zegen; '**segensreich** zegenrijk, gezegend

'**Segler** ‹*der; -s, -*› 1 zeiler; 2 zeilschip; 3 zweefvliegtuig

'**segnen** ‹*h*› zegenen; '**Segnung** ‹*die; -, -en*› zegening

'**Sehbeteiligung** ‹*die; -, geen mv*› (*telec*) kijkdichtheid; '**sehen** ‹*st.h; a-e; ie*› 1 zien; kijken; *sieh da!* ziedaar!; *da sieh mal e.r an!* kijk nu eens! moet je dat zien!; *siehe Seite 20!* zie blz. 20!; *sich einem Problem gegenüber ~* zich tegenover een probleem geplaatst zien; *sich ~ lassen können* gezien mogen worden; 2 (*einen Film, ein Theaterstück, ein Spiel usw.*) ~ kijken naar; 3 ~ *auf* (*Einzelheiten usw.*) letten op; '**sehenswert**, '**sehenswürdig** bezienswaardi; '**Sehenswürdigkeit** ‹*die; -, -en*› bezienswaardigheid; '**Seher** ‹*der; -s, -*› ziener, profeet; '**seherisch** profetisch; '**Sehfehler** ‹*der; -s, -*› gezichtsstoornis; '**Sehfeld** ‹*das; -(e)s, -er*› gezichtsveld; '**Sehkraft** ‹*die; -, geen mv*› gezichtsvermogen

'Sehne ‹*die; -, -n*› 1 pees; 2 zeen
'sehnen, sich ‹*h*› *sich nach etwas ~* (vurig) naar iets verlangen
'Sehnenzerrung ‹*die; -, -en*› peesverrekking
'Sehnerv ‹*der; -(e)s, -en*› gezichtszenuw
'sehnig 1 pezig; 2 gespierd (*ook fig*); 3 zenig
'sehnlich vurig, hartstochtelijk, smachtend; **'Sehnsucht** ‹*die; -, -ë*› (vurig) verlangen; **'sehnsüchtig, 'sehnsuchtsvoll** verlangend, smachtend, vurig, met smart
'Sehorgan ‹*das; -s, -e*› gezichtsorgaan
sehr zeer, erg, heel; *danke ~!* dank u zeer!; *bitte ~!: a*) graag gedaan!; *b*) alstublieft!
'Sehrohr ‹*das; -(e)s, -e*› 1 (verre)kijker; 2 periscoop; **'Sehschärfe** ‹*die; -, geen mv*› gezichtsscherpte; **'sehschwach** slechtziend; **'Sehvermögen** ‹*das; -s, geen mv*› gezichtsvermogen; **'Sehweite** ‹*die; -, geen mv*› gezichtsafstand; **'Sehwinkel** ‹*der; -s, -*› gezichtshoek
seicht 1 ondiep; 2 (*fig*) oppervlakkig
Seide ‹*die; -, -n*› zijde, zij
'Seidel ‹*das; -s, -*› bierglas
'seiden zijden; **'Seiden...** zijde...; zijden ...; **'seidenartig** zijdeachtig; **'seiden'weich** zo zacht als zijde; **'seidig** zijdeachtig
'Seife ‹*die; -, -n*› zeep; **'seifen** ‹*h*› 1 zepen; 2 erts uitwassen; **'Seifen...** zeep...; **'Seifenblase** ‹*die; -, -n*› zeepbel; *~n machen* zeepbellen blazen; **'Seifennapf** ‹*der; -(e)s, -ë*› zeepbakje; **'Seifenwasser** ‹*das; -s, geen mv*› zeepsop; **'seifig** 1 zepig, zeepachtig; 2 klef, nattig
'seihen ‹*h*› zeven, filteren
Seil ‹*das; -(e)s, -e*› 1 touw, koord, lijn; 2 kabel; **'Seilbahn** ‹*die; -, -en*› kabelbaan, -spoorweg; **'Seiler** ‹*der; -s, -*› touwslager; **'Seilschaft** ‹*die; -, -en*› groep bergbeklimmers (*door touw verbonden*); **'Seilspringen** ‹*das; -s, geen mv*› touwtjespringen; **'seiltanzen** ‹*h*› (*seilgetanzt*) koorddansen; **'Seiltänzer** ‹*der; -s, -*› koorddanser
Seim ‹*der; -(e)s, -e*› 1 (honing)zeem; 2 stroop; **'seimig** dikkig, stroperig
sein ‹*onr.s; ich bin, du bist, er ist, wir sind, ihr seid, sie sind*› 1 zijn; *hier ist gut ~* het is hier goed; *es sei denn, daß* ... tenzij ...; *wie dem auch sei* hoe het ook zij, hoe dan ook; *was ist dir?* wat is er met je? wat scheelt je?; 2 *mir ist* (*warm u.ä.*) ik heb het ...; *mir ist* (*schlecht u.ä.*) ik voel me ...; *daran ist etwas* daar zit wel iets in; (*die Sache*) *ist die,* ... zit zo ...; *das darf* (*nicht*) *~* dat mag (niet); *das muß, soll sein* dat moet; *das muß nicht ~* (ook) dat hoeft niet; *laß das ~!* laat dat!; **Sein** ‹*das; -s, geen mv*› zijn; bestaan; *~ oder Nichtsein* to be or not to be
sein ‹*vnw*› zijn, van hem; *das Seine* het zijne; **'seiner'seits** 1 van zijn kant; 2 op zijn beurt
'seinerzeit destijds, indertijd; **'seinerzeitig** toenmalig
'seines'gleichen zijnsgelijke; *~ suchen, ~ nicht haben* ongeëvenaard zijn
'seinet'halben, 'seinet'wegen zijnentwege; **'seinet'willen:** *um ~* om zijnentwil
'seinige (*der, die, das*) de, het zijne
seit I ‹*vz* (+ 3)› sedert, sinds; *~ alters* (*her*) van oudsher; **II** ‹*vw*› sedert, sinds
seit'ab 1 zijwaarts, terzijde; 2 afgelegen
seit'dem sedert, sinds; sedert die tijd, nadien
'Seite ‹*die; -, -n*› 1 zijde, kant; ***auf*** *dieser ~* van deze kant; *auf* (*von*) *~n* (+ 2) aan (van) de kant van; *sich auf jem.s ~ schlagen* zich aan iems zijde scharen; *einen auf die ~ schaffen od. räumen* iem uit de weg ruimen; (*etwas*) *auf die ~ schaffen* pikken; (*einen*) *auf die ~ nehmen* terzijde, apart nemen; (*fig*) (*Geld*) *auf die ~ legen* opzij leggen; *einem nicht,* ***von*** *der ~ gehen* niet van iems zijde wijken; ***zu*** *beiden ~n* aan beide kanten; *einem zur ~ stehen* iem terzijde staan; *zur ~ gehen* opzij gaan; *zur ~ stehen* aan de kant staan; 2 bladzijde
'seiten: *auf ~ des Gegners* bij de of aan de kant van de tegenpartij
'Seiten... (vaak) zij...; **'Seitenansicht** ‹*die; -, -en*› 1 zijaanzicht; 2 zijgevel; **'Seitenblick** ‹*der; -(e)s, -e*› zijdelingse blik; **'Seitendekkung** ‹*die; -, geen mv*› flankdekking; **'Seiteneingang** ‹*der; -(e)s, -ë*› zij ingang; **'Seitenhieb** ‹*der; -(e)s, -e*› (*fig*) steek onder water; **'Seitenlehne** ‹*die; -, -n*› zijleuning; **'Seitenlinie** ‹*die; -, -n*› 1 (*sp*) zijlijn; 2 zijspoor, -lijn
'seitens (+ 2) van de kant van; (*ook*) door
'Seitenschiff ‹*das; -(e)s, -e*› zijschip, zijbeuk (*van kerk*); **'Seitensprung** ‹*der; -(e)s, -ë*› 1 zijsprong; 2 *einen ~ machen* een slippertje maken; **'Seitenstraße** ‹*die; -, -n*› zijstraat; **'Seitenstreifen** ‹*der; -s, -*› berm; *~ nicht befahrbar!* zachte berm!; **'Seitenwagen** ‹*der; -s, -*› zijspan (*van motor*); **'Seitenwahl** ‹*die; -, -en*› (*sp*) toss; **'Seitenwechsel** ‹*der; -s, -*› (*sp*) het wisselen van speelveldhelft; **'Seitenweg** ‹*der; -(e)s, -e*› zijweg; **'Seitenzahl** ‹*die; -, -en*› 1 aantal bladzijden; 2 cijfer van de bladzijde
seit'her sedertdien, sindsdien, tot nu toe
'seitlich I ‹*bn*› zijdelings; zij...; **II** ‹*vz* (+ 2)› naast; langs; **'seitwärts** zijwaarts, zijdelings
Se'kret ‹*das; -s, -e*› afscheiding
Sekre'tär ‹*der; -s, -e*› 1 secretaris; 2 adjunct-commies; 3 secretaire; **Sekre'tärin** ‹*die; -, -nen*› secretaresse
Sekt ‹*der; -(e)s, -e*› Duitse champagne
Sekti'on ‹*die; -, -en*› 1 sectie: *a*) snede; *b*) lijkopening ; *c*) afdeling; 2 (*van dagblad*) deel
'Sektkübel ‹*der; -s, -*›, **'Sektkühler** ‹*der; -s, -*› champagnekoeler
'Sektor ‹*der; -s, Sek'toren*› sector
Se'kunda ‹*die; -, Sekunden*› 6e en 7e klas van Duits gymnasium
sekun'där secundair, ondergeschikt
Se'kunde ‹*die; -, -n*› seconde; **Se'kundenschnelle** ‹*die; -, geen mv*› *in ~* binnen seconden; **Se'kundenzeiger** ‹*der; -s, -*› secondewijzer
sekun'dieren ‹*h*› 1 (*einem*) seconderen: *a*) helpen; *b*) secondant zijn; 2 (*muz*) begeleiden
'selber zelf

'selbig: *zu ~er Stunde, zur ~en Stunde* tezelfder ure

selbst 1 zelf; *um seiner ~ willen: a)* om zijns zelf; *b)* in z'n eigen belang; (*etwas*) *von ~ tun* uit zichzelf doen; (*das geht*) *von ~* vanzelf; 2 zelfs; **Selbst**... (vaak) zelf ..., zelf...; **'Selbstachtung** ‹*die; -, geen mv*› zelfrespect

'selbständig 1 zelfstandig; (*handel*) *sich ~ machen* voor zichzelf beginnen, een eigen bedrijf beginnen; 2 onafhankelijk; 3 (*fig*) *sich ~ machen* wegraken, weglopen e.d.; **'Selbständige(r)** ‹*bn als zn*› zelfstandige; **'Selbständigkeit** ‹*die; -, geen mv*› 1 zelfstandigheid; 2 onafhankelijkheid

'Selbstauslöser ‹*der; -s, -*› (*fot*) zelfontspanner; **'Selbstbedienung** ‹*die; -, geen mv*› zelfbediening, selfservice; **'Selbstbeherrschung** ‹*die; -, geen mv*› zelfbeheersing; **'Selbstbeteiligung** ‹*die; -, -en*› eigen risico; **'selbstbewußt** zelfbewust; **'Selbstdisziplin** ‹*die; -, geen mv*› zelfdiscipline; **'Selbstentfaltung** ‹*die; -, geen mv*› zelfontplooiing; **'Selbsterhaltung** ‹*die; -, geen mv*› zelfbehou; **'Selbsterkenntnis** ‹*die; -, geen mv*› zelfkennis; **'selbstgefällig** zelfingenomen; **'Selbstgefühl** ‹*das; -(e)s, geen mv*› gevoel van eigenwaarde; **'selbstgenügsam** 1 zelfgenoegzaam; 2 autark; **'Selbstgespräch** ‹*das; -(e)s, -ë*› alleenspraak; *~e führen* tegen zichzelf praten; **'selbsthaftend** zelfklevend; **'selbstherrlich** 1 eigenmachtig; 2 autoritair; **'Selbsthilfe** ‹*die; -, geen mv*› eigen hulp; **'Selbstjustiz** ‹*die; -, geen mv*› eigen rechter spelen; **'selbstklebend** zelfklevend; **'Selbstkostenpreis** ‹*der; -es, -e*› kostprijs; **'selbstlos** onbaatzuchtig, belangeloos; **'Selbstlosigkeit** ‹*die; -, geen mv*› onbaatzuchtigheid; **'Selbstmord** ‹*der; -(e)s, -e*› zelfmoord; **'selbstmörderisch** tot zelfmoord leidend; **'selbstsicher** zelfverzekerd; **'Selbststudium** ‹*das; -s, -studien*› zelfstudie; **'Selbstsucht** ‹*die; -, geen mv*› zelfzucht, egoïsme; **'selbstsüchtig** zelfzuchtig, egoïstisch; **'selbsttätig** 1 automatisch; 2 zelf handelend; **'Selbsttäuschung** ‹*die; -, geen mv*› zelfbedrog; **'selbstvergessen** zichzelf vergetend; **'Selbstverschulden** ‹*das; -, geen mv*› eigen schuld; **'selbstverschuldet** aan zichzelf te wijten; **'Selbstversorgung** ‹*die; -, geen mv*› zelfvoorziening; autarkie; **'selbstverständlich** vanzelfsprekend; **'Selbstverständlichkeit** ‹*die; -, -en*› vanzelfsprekendheid; **'Selbstverständnis** ‹*das; -ses, geen mv*› zelfbesef; **'Selbstverstümmelung** ‹*die; -, -en*› zelfverminking; **'Selbstverteidigung** ‹*die; -, geen mv*› zelfverdediging; **'Selbstvertrauen** ‹*das; -s, geen mv*› zelfvertrouwen; **'Selbstwählen** ‹*das; -s, geen mv*› automatisch telefoonverkeer; **'selbstzufrieden** zelfvoldaan; **'Selbstzweck** ‹*der; -(e)s, geen mv*› doel op zichzelf

selek'tieren ‹*h*› selecteren; **Selekti'on** ‹*die; -, -en*› selectie; **selek'tiv** selectief

'selig zalig, gelukzalig; *Gott habe ihn ~!* God hebbe zijn ziel!; *mein ~er Vater, mein Vater ~* mijn vader zaliger; **'Seligkeit** ‹*die; -, -en*› (geluk)zaligheid, geluk; **'seligmachend** zaligmakend

'Sellerie ‹*der; -s, -(s) of die; -, -(n)*› selderie, selderij

'selten 1 zelden; 2 zeldzaam; 3 buitengewoon; 4 (*fig*) *ein ~er Vogel* een vreemde vogel; **'Seltenheit** ‹*die; -, -en*› zeldzaamheid, rariteit

'Selterswasser ‹*das; -s, - of -̈*› mineraalwater

'seltsam vreemd, eigenaardig, zonderling; **'seltsamer'weise** vreemd of zonderling genoeg; **'Seltsamkeit** ‹*die; -, -en*› eigenaardigheid

Se'mester ‹*das; -s, -*› semester, halfjaar; *ein älteres ~* een ouderejaars (student)

Semi'nar ‹*das; -s, -e*› 1 werkcollege; 2 instituut (*van universiteit of hogeschool*); 3 seminarie; 4 seminar; **Semi'narübung** ‹*die; -, -en*› werkcollege

'Semmel ‹*die; -, -n*› kadetje, broodje

Se'nat ‹*der; -(e)s, -e*› 1 senaat; 2 regering van de deelstaten Bremen, Hamburg, West-Berlijn; **Se'nator** ‹*der; -s, Sena'toren*› 1 senator; 2 minister (in Bremen, Hamburg, West-Berlijn)

'Sendeanlage ‹*die; -, -n*› zendinstallatie; **'Sendebereich** ‹*der; -(e)s, -e*› zendbereik, ontvangstgebied; **'Sendefolge** ‹*die; -, -n*› omroepprogramma, de uitzendingen; **'senden** I ‹*onr.h*› (*sandte, gesandt*) zenden, sturen; II ‹*zw.h*› (*sendete, gesendet*) (*telec*) zenden, uitzenden; **'Sender** ‹*der; -s, -*› zender; **'Senderaum** ‹*der; -(e)s, -ë*› (*telec*) studio; **'Sendereihe** ‹*die; -, -n*› programmaserie; **'Sendeschluß** ‹*der; -schlusses, -schlüsse*› (*telec*) sluiting, einde van de uitzendingen; **'Sendezeit** ‹*die; -, -en*› zendtijd; **'Sendung** ‹*die; -, -en*› 1 zending; 2 uitzending; (*telec*) *durch die ~ führt* ... deze uitzending wordt gepresenteerd door ...; 3 opdracht

Senf ‹*der; -(e)s, -e*› mosterd

'sengen ‹*h*› zengen, schroeien, blakeren; **'sengerig** branderig, schroeierig (*ruiken*)

se'nil seniel

'Senior ‹*der; -s, Seni'oren*› 1 senior: *a)* oudste; *b)* nestor; 2 vijfenzestigplusser; **'senior** senior; **Seni'oren(wohn)heim** ‹*das; (e)s, -e*› bejaardentehuis; **Seni'orenpaß** ‹*der; -passes, -pässe*› vijfenzestig-plus-kaart

'Senke ‹*die; -, -n*› laagte, inzinking, dal

'Senkel ‹*der; -s, -*› veter

'senken ‹*h*› 1 neerlaten, laten zakken of zinken; 2 (*die Augen*) ~ neerslaan; 3 *die Stimme ~* zachter spreken; 4 (*belastingen, lonen, prijzen, tarieven enz*) verlagen; 5 (*das Haupt*) ~ buigen; **sich** *~: a)* zakken, dalen; *b)* hellen

'Senkfußeinlage ‹*die; -, -n*› steunzool; **'Senkkasten** ‹*der; -s, -̈*› caisson; **'senkrecht** 1 loodrecht; *~ zu* loodrecht op; 2 verticaal; 3 overeind (*lett en fig*); **'Senkrechtstarter** ‹*der; -s, -*› 1 verticaal opstijgend vliegtuig; 2 (*fig*) iem met een bliksemcarrière; **'Senkung** ‹*die; -, -en*› 1 inzinking; 2 het zakken, het neerlaten; 3 verzakking; 4 verlaging (*van prijzen enz*); 5 daling (*in vers*)

Senn ‹*der; -(e)s, -e*› alpenherder; **'Senne I** ‹*die; -, -n*› alpenweide; II ‹*der; -n, -n*›, **'Senner** ‹*der; -s, -*› alpenherder; **Senne'rei** ‹*die; -, -en*› alpenboerderij; **'Sennhütte** ‹*die; -, -n*› herdershut in de Alpen

Sensati'on ‹*die; -, -en*› 1 sensatie; 2 gewaarwording; **sensatio'nell** sensationeel

'Sense ‹*die; -, -n*› zeis; **'sensen** ‹*h*› (met de zeis) maaien

sen'sibel sensibel, gevoelig; **Sensibili'tät** ‹*die; -, geen mv*› sensibiliteit

sensi'tiv sensitief, zeer gevoelig

Sensuali'tät ‹*die; -, geen mv*› zinnelijkheid; **sensu'ell** sensueel, zinnelijk

sentimen'tal sentimenteel

sepa'rat separaat, afzonderlijk; **Separa'tismus** ‹*der; -, geen mv*› separatisme

Sep'tember ‹*der; -(s), -*› september

'Serie ‹*die; -, -n*› serie, reeks; **'Serien**... serie...; **'serienmäßig** 1 in serie; 2 (*der Wagen hat*) ~ ... standaard ...; **'serienreif** geschikt voor serieproduktie; **'serienweise** in serie

seri'ös serieus

Serpen'tine ‹*die; -, -n*› haarspeldbocht

Ser'vice ‹*das; -s, -*› servies, tafelgoed

'Service ‹*der of das; -, -s*› service (*ook sp*)

ser'vieren ‹*h*› serveren, opdienen; **Ser'viererin** ‹*die; -, -nen*› serveerster

Ser'viette ‹*die; -, -n*› servet

'Servolenkung ‹*die; -, -en*› stuurbekrachtiging

'Servus! goedenmorgen! goedendag!

'Sessel ‹*der; -s, -*› 1 zetel; 2 fauteuil, leunstoel; **'Sessellift** ‹*der; -(e)s, -e of -s*› stoeltjeslift

'seßhaft 1 woonachtig; 2 gevestigd; *sich ~ machen* zich (metterwoon) vestigen; 3 honkvast

Sessi'on ‹*die; -, -en*› sessie, zitting(speriode)

'setzen ‹*h*› 1 zetten; 2 plaatsen; 3 poten; 4 ~ *über: a*) springen over; *b*) (*een rivier*) oversteken; 5 (in)zetten (*bij gokken, enz*); 6 (*sp*) plaatsen; 7 stellen, aannemen; 8 stellen; *eine Frist* ~ een termijn stellen; 9 ***außer*** *Gefecht, Kraft* ~ buiten gevecht, werking stellen; ***in*** (*in kennis, in 't werk*) ~ stellen; (*Vertrauen*) *in einen* ~ in iem stellen; (*seine Hoffnung*) ~ ***auf*** vestigen op; (*fig*) *auf* (*Kooperation usw.*) ~ mikken op; ***in*** *Szene* ~ ensceneren; *in Angst, in Schrecken, in Furcht* ~ angst, schrik, vrees aanjagen; (*in Bewegung, in Verlegenheit, in Umlauf*) ~ brengen; **sich** ~ 1 gaan zitten; 2 (*van vloeistoffen*) neerslaan; 3 (*bouwk*) verzakken; 4 (*sich ein Ziel*) ~ stellen; 5 (*sp*) *sich an die Spitze* ~ op de eerste plaats komen, de leiding nemen; **Setze'rei** ‹*die; -, -en*› zetterij; **'Setzfehler** ‹*der; -s, -*› zet-, drukfout; **'Setzling** ‹*der; -s, -e*› 1 pootplant; 2 pootvis; **'Setzwaage** ‹*die; -, -*› waterpas

'Seuche ‹*die; -, -n*› epidemie; **'Seuchenherd** ‹*der; -(e)s, -e*› besmettingshaard

'seufzen ‹*h*› zuchten (*lett en fig*); **'Seufzer** ‹*der; -s, -*› zucht

Sex ‹*der; -(es), geen mv*› seks

'Sexta ‹*die; -, Sexten*› sexta, laagste klas van Duits gymnasium

sexu'al seksueel, geslachtelijk, geslachts...; **Sexuali'tät** ‹*die; -, geen mv*› seksualiteit; **Sexu'altäter** ‹*der; -s, -*› seksueel misdadiger; **Sexu'alverbrechen** ‹*das; -s, -*› zedenmisdrijf; **Sexu'alverkehr** ‹*der; -(e)s, geen mv*› geslachtsverkeer; **sexu'ell** seksueel, geslachtelijk, geslachts...

Sezessi'on ‹*die; -, -en*› secessie, afscheiding

se'zieren ‹*h*› opensnijden, ontleden

Shag ‹*der; -s, -s*› shag

Sham'poo ‹*das; -s, -s*› shampoo

Show ‹*die; -, -s*› show; **'Showgeschäft** ‹*das; -(e)s, geen mv*› show-business

sich 1 zich; *an* ~ op zich, als zodanig; 2 zichzelf; (*er dachte*) *bei* ~ bij zichzelf; *an* (*und für*) ~ op zichzelf (beschouwd); (*etwas*) *von sich aus tun* uit zichzelf doen; 3 (*die ist*) *nicht bei ~: a*) niet bij kennis, bewustzijn; *b*) niet goed snik; (*es hat nichts*) *auf* ~ te betekenen

'Sichel ‹*die; -, -n*› sikkel

'sicher 1 zeker (*div bet*); *ich bin* (*mir*) (*nicht*) *ganz* ~ ik ben er (niet) zeker van; (*sich*) *e.r Sache ~ sein* zeker van iets zijn; 2 veilig; 3 betrouwbaar (*bron, gids, vriend*); 4 (*gedrag, optreden*) zelfbewust; 5 (*blik, hand*) vast; 6 (*schutter, zwemmer*) geoefend; **'sichergehen** ‹*st.s; i-a*› zeker zijn

'Sicherheit ‹*die; -, -en*› 1 veiligheid; 2 zekerheid; 3 betrouwbaarheid; 4 waarborg, garantie, borgstelling, cautie; ~ *leisten* zekerheid stellen; **'Sicherheits**... (vaak) veiligheids...; **'Sicherheitsbeamte(r)** ‹*bn als zn*› veiligheidsagent; **'Sicherheitsdienst** ‹*der; -(e)s, -e*› veiligheidsdienst; **'Sicherheitsgründe** ‹*mv*› *aus ~n* uit veiligheidsoverwegingen; **'Sicherheitsgurt** ‹*der; -(e)s, -e*› veiligheidsgordel, -riem; **'sicherheitshalber** veiligheidshalve; **'Sicherheitsmaßnahme** ‹*die; -, -n*› veiligheidsmaatregel; **'Sicherheitsorgane** ‹*mv*› veiligheidsdienst(en); **'Sicherheitsrat** ‹*der; -(e)s, geen mv*› veiligheidsraad; **'Sicherheitsvorkehrungen** ‹*mv*› veiligheidsmaatregelen; **'Sicherheitsvorschrift** ‹*die; -, -en*› veiligheidsvoorschrift

'sicherlich zeker, stellig

'sichern ‹*h*› 1 beveiligen; 2 waarborgen, verzekeren; garanderen; 3 (*fiets*) op slot zetten; (*auto*) afsluiten; 4 (*wapen*) op veilig zetten; 5 (*bewijzen, sporen, vingerafdrukken*) vaststellen; verzamelen; 6 veilig stellen; 7 *sich etwas* ~ zich ergens van verzekeren; ergens voor zorgen; **'sicherstellen** ‹*h*› 1 in veiligheid brengen, veilig opbergen; 2 (*jur*) in beslag nemen; 3 garanderen, veilig stellen, verzekeren; 4 bewijzen; **'Sicherstellung** ‹*die; -, geen mv;*› zie *sicherstellen*; **'Sicherung** ‹*die; -, -en*› 1 het veilig stellen; 2 het verzekeren, het waarborgen;

3 (*elektr*) zekering; stop; 4 verzekering, garantie; 5 beveiliging; 6 veiligheidspal (*van wapen*); 7 borg; **'Sicherungsverwahrung** ‹*die;* -, *geen mv*› (*jur*) t.b.r.
Sicht ‹*die;* -, *geen mv*› 1 zicht; *auf* ~ op zicht; 2 gezicht; *außer* ~ uit het gezicht; uitzicht; 3 standpunt, visie; 4 (*auf kurze, lange*) ~ termijn; **'sichtbar** zichtbaar; **'sichten** ‹*h*› 1 in zicht krijgen, zien; 2 ordenen, uitzoeken (*van papieren*); schiften; **'sichtlich** zichtbaar, duidelijk; **'Sichtung** ‹*die;* -, -*en*› schifting, onderzoek; **'Sichtweite** ‹*die;* -, *geen mv*› *in, außer* ~ in het, buiten het gezicht
'sickern ‹*h*› sijpelen, lekken
sie 1 zij; ze; 2 haar; 3 hen, hun; 4 ‹*mv*› (*ook*) men, ze
Sie I u; II ‹*die;* -, -*n en* -*s*› 1 zij; 2 vrouwtje, wijfje
Sieb ‹*das;* -(*e*)*s*, -*e*› zeef; **'sieben** ‹*h*› 1 zeven; 2 (*fig*) schiften
'Sieben..., **sieben...** zeven...
'siebengescheit betweterig, waanwijs
Sieben'meter ‹*der;* -*s*, -›, **Sieben'meterwurf** ‹*der;* -(*e*)*s*, -*ë*› (*sp*) strafworp
'Sieben'sachen ‹*mv*› boeltje, spullen
'siebent: *zu* ~ met z'n zevenen; **'siebentägig** zevendaags; **'siebente** (*der, die, das*) zevende; **'siebte** zevende; **'siebzig** zeventig; *in den ~er Jahren* in de jaren zeventig; **'Siebziger** ‹*der;* -*s*, -› zeventiger, zeventigjarige
siech voortdurend ziek; ziekelijk; **'siechen** ‹*h*› sukkelen, (weg)kwijnen; **'Siechtum** ‹*das;* -*s*, *geen mv*› langdurige ziekte
'Siedehitze ‹*die;* -, *geen mv*› kookhitte
'siedeln ‹*h*› zich vestigen
'sieden ‹*st. en zw.h; o/siedete -o/gesiedet*› 1 koken (*lett en fig*); 2 (*zeep, zout*) zieden; **'siedend'heiß** kokend heet; **'Siedepunkt** ‹*der;* -(*e*)*s*, -*e*› kookpunt
'Siedler ‹*der;* -*s*, -› 1 kolonist; 2 bewoner; **Siedlung** ‹*die;* -, -*en*› 1 nederzetting; 2 vestiging; het zich vestigen; 3 stads- of woonwijk (*aan de rand van een stad*)
Sieg ‹*der;* -(*e*)*s*, -*e*› overwinning, zege; (*sp*) (*einen* ~) *erringen, davontragen* behalen
'Siegel ‹*das;* -*s*, -› 1 zegel; 2 stempel; **'siegeln** ‹*h*› (be-, ver)zegelen; **'Siegelung** ‹*die;* -, -*en*› verzegeling
'siegen ‹*h*› 1 (*über* (+ 4)) zegevieren (over), de overwinning behalen (op), overwinnen; 2 (*sp*) (*ook*) winnen; **'siegend** zegevierend; **'Sieger** ‹*der;* -*s*, -› overwinnaar; **'Siegerehrung** ‹*die;* -, -*en*› (*sp*) ceremonie protocolaire; **'Siegerin** ‹*die;* -, -*nen*› winnares; **'siegesbewußt** overtuigd van de overwinning; **'siegesfroh** blij; **'siegesgewiß** zeker van de overwinning; **'Siegesprämie** ‹*die;* -, -*n*› overwinningspremie; **'Siegestor** ‹*das;* -(*e*)*s*, -*e*› (*sp*) winnend doelpunt; **'Siegestreffer** ‹*der;* -*s*, -› (*sp*) winnend doelpunt; **'siegestrunken** in de overwinningsroes; **'sieggewohnt** aan overwinningen gewend; **'siegreich** zegevierend, overwinnend
'siezen ‹*h*› met *'Sie'* aanspreken
'Sightseeing ‹*das;* -*s*, *geen mv*› sightseeing
Sig'nal ‹*das;* -*s*, -*e*› signaal; sein; **Sig'nalflagge** ‹*die;* -, -*n*› seinvlag; **signali'sieren** ‹*h*› 1 signaleren; 2 seinen; 3 aankondigen; 4 te kennen geven; **Sig'nallampe** ‹*die;* -, -*n*› seinlamp
sig'nieren ‹*h*› (onder)tekenen; signeren
signifi'kant 1 tekenend; 2 duidelijk
'Silbe ‹*die;* -, -*n*› 1 lettergreep, syllabe; 2 (*er hat mir*) *keine* ~ (*davon gesagt*) geen woord
'Silber ‹*das;* -*s*, *geen mv*› 1 zilver; 2 zilverwerk; **'Silber...** zilver..., zilveren ...; **'Silberbarren** ‹*der;* -*s*, -› staaf of baar zilver; **'silberfarben**, **'silberfarbig** zilverkleurig; **'silberhaltig** zilverhoudend; **'Silberhochzeit** ‹*die;* -, -*en*› zilveren bruiloft; **'silberig** zilverachtig; **'Silberling** ‹*der;* -*s*, -*e*› zilverling; **'Silbermedaille** ‹*die;* -, -*n*› (*sp*) zilveren medaille; **'Silbermünze** ‹*die;* -, -*n*› zilveren munt; **'silbern** zilveren, van zilver; **'Silbertanne** ‹*die;* -, -*n*› zilverspar
Silhou'ette ‹*die;* -, -*n*› silhouet
Si'lizium ‹*das;* -*s*, *geen mv*› silicium
Sil'vester ‹*das;* -*s*, -› oudejaar(sdag); ~ *feiern* oud en nieuw vieren; **Sil'vesterabend** ‹*der;* -*s*, -*e*› oudejaarsavond; **Sil'vesterkrapfen** ‹*der;* -*s*, -› (soort) oliebol
'simpel 1 simpel, eenvoudig; 2 onnozel, simpel; **simplifi'zieren** ‹*h*› vereenvoudigen
Sims ‹*der of das;* -*es*, -*e*› 1 lijst; 2 vensterbank
Simulati'on ‹*die;* -, -*en*› simulatie; het simuleren; **simu'lieren** ‹*h*› simuleren (*alle bet*)
simul'tan simultaan, gelijktijdig
Sinfo'nie ‹*die;* -, -*n*› symfonie; **Sin'foniker** ‹*der;* -*s*, -› 1 symfonie-orkest; 2 componist van symfonieën
'singen ‹*st.h; a-u*› 1 zingen; 2 doorslaan, alles bekennen
'Single I ‹*der;* -(*s*), -(*s*)› alleenstaande; II ‹*die;* -, -(*s*)› single (grammofoonplaat)
'Singsang ‹*der;* -(*e*)*s*, *geen mv*› 1 het zingen; 2 liedje; **'Singstimme** ‹*die;* -, -*n*› 1 zangstem; 2 zangpartij
'Singular ‹*der;* -*s*, -*e*› singularis, enkelvoud
'Singvogel ‹*der;* -*s*, -̈› zangvogel
'sinken ‹*st.s; a-u*› 1 zinken; 2 dalen, zakken; 3 (*in Ohnmacht, in Schlaf*) ~ vallen; (*vor einem auf die Knie*) ~ vallen; *zu Boden, zur Erde* ~ neervallen; 4 (*das Haupt, den Mut, die Stimme*) ~ *lassen* laten zakken
Sinn ‹*der;* -(*e*)*s*, -*e*› 1 zin (*div bet*): *a*) gevoel, ontvankelijkheid; *b*) gedachte, het denken; *c*) verstand; *d*) betekenis; 2 zintuig; 3 (*ein edler, froher usw.*) ~ aard; 4 *seine ~e richten* ***auf*** (+ 4) zijn gedachten richten op; *das will mir nicht* ***aus*** *dem* ~ daar moet ik voortdurend aan denken; ***bei*** *~en sein* bij zijn verstand zijn; *~* ***für*** gevoel voor; ***in***: *was hat er im ~?* wat is hij van zins, van plan? *in jem.s* ~ (*handeln*) in iems geest; *was kommt dir in den ~?* hoe kom je erbij?; *das ist mir nie in den ~ gekommen!* daar heb ik nooit aan gedacht!; *im eigentlichen, im strengen* ~(*e*) (*des Wortes*) in de ei-

genlijke, in de letterlijke zin; *im ~e von Paragraph 9* als bedoeld in art. 9; *in dem ~e, daß* met dien verstande, dat; *das ist der langen Rede kurzer ~* daar komt het eigenlijk op neer; (*das war*) *nicht* ***nach*** *seinem ~, ihm nicht nach dem ~* niet naar zijn zin; ***von*** *~en sein* zijn hoofd kwijt zijn

'Sinnbild ‹*das; -(e)s, -er*› zinnebeeld, symbool; **'sinnbildlich** zinnebeeldig, symbolisch

'sinnen ‹*st.h; a-o*› 1 (na)denken, peinzen; *~ auf* nadenken over, zoeken naar; 2 *auf Rache u.ä. ~* op wraak e.d. zinnen

'Sinnenfreude ‹*die; -, -n*› zingenot

'Sinnesänderung ‹*die; -, -en*› verandering van mening, van gevoelens; **'Sinnesart** ‹*die; -, -en*› gezindheid, aard; **'Sinnesorgan** ‹*das; -(e)s, -e*› zintuig; **'Sinnestäuschung** ‹*die; -, -en*› zinsbedrog, -begoocheling

'sinnfällig duidelijk waarneembaar, plastisch, tastbaar

'sinngemäß 1 toepasselijk, logisch, doelmatig; 2 inhoudelijk juist; volgens de betekenis

sin'nieren ‹*h*› peinzen, mijmeren, piekeren

'sinnig 1 zinvol; 2 verstandig, doordacht

'sinnlich 1 zinnelijk; 2 (*waarneming*) zintuiglijk; *~e (Wahrnehmung)* zintuiglijke; **'Sinnlichkeit** ‹*die; -, geen mv*› zinnelijkheid enz.

'sinnlos 1 zinloos; nutteloos; 2 *~e Reden* onsamenhangend, onzinnig gepraat; 3 zeer; **'Sinnlosigkeit** ‹*die; -, geen mv*› zinloosheid enz.

'sinnreich 1 vernuftig; 2 geestig; 3 zinvol

'sinnvoll 1 zinvol; 2 weldoordacht, doelmatig; **'sinnwidrig** ongerijmd, onlogisch

'Sintflut ‹*die; -, geen mv*› 1 zondvloed; 2 (*fig*) stortvloed; **'sintflutartig**: *~e Regenfälle* zware regens

'Sippe ‹*die; -, -n*› familie; **'Sippschaft** ‹*die; -, -en*› 1 familie; (*min*) *die ganze ~* de hele familie, kliek; 2 bende, tuig

'sirren ‹*h*› 1 gonzen; 2 snorren (*van kogels*)

'Sirup ‹*der; -s, geen mv*› 1 siroop; 2 stroop

'Sitte ‹*die; -, -n*› 1 zede, gebruik, gewoonte; *andere Länder, andere ~n* 's lands wijs, 's lands eer; 2 netheid, fatsoen; 3 zedenpolitie; 4 *~n* ‹*mv*› manieren; **'Sittenlehre** ‹*die; -, -n*› zedenleer, ethica; **'sittenlos** zedeloos; **'Sittenlosigkeit** ‹*die; -, geen mv*› zedeloosheid; **'sittenstreng** streng van zeden; **'Sittenstrolch** ‹*der; -(e)s, -e*› 1 seksmaniak; 2 seksueel misdadiger; **'sittenwidrig** in strijd met de goede zeden

'Sittich ‹*der; -s, -e*› papegaai

'sittlich 1 zedelijk, moreel; 2 zedig, keurig; **'Sittlichkeit** ‹*die; -, geen mv*› zedelijkheid enz.; **'Sittlichkeitsverbrechen** ‹*das; -s, -*› zedenmisdrijf; **'Sittlichkeitsverbrecher** ‹*der; -s, -*› seksueel misdadiger

'sittsam 1 zedig, ingetogen; 2 net, keurig; **'Sittsamkeit** ‹*die; -, geen mv*› zedigheid enz.

Situati'on ‹*die; -, -en*› situatie, toestand

situ'iert gesitueerd, geplaatst; *gut, schlecht ~* (ook:) in goede, slechte omstandigheden

Sitz ‹*der; -es, -e*› 1 zitplaats; 2 plaats; 3 stoel; 4 zitting (*van stoel*); 5 zetel (*van bedrijf, regering enz*); *den ~ in ... haben* in ... gevestigd zijn; 6 pasvorm; 7 woonplaats; 8 zit(houding); 9 zetel (*in parlement, college e.d.*); **'Sitzarbeit** ‹*die; -, -en*› zittend werk; **'Sitzbad** ‹*das; -(e)s, -ër*› zitbad; **'Sitzecke** ‹*die; -, -n*› zithoek; **'sitzen** ‹*st.h; a-e*› 1 zitten (*div bet*); *einen ~ haben* dronken zijn; (*einen*) *~ lassen* laten zitten; *~ bleiben* blijven zitten; *das saß! das hat gesessen!* die zat! die was raak!; 2 *an* (*e.r Arbeit usw.*) *~* werken aan, bezig zijn met; **'sitzenbleiben** ‹*st.s; ie-ie*› 1 zitten blijven, doubleren; 2 (*deeg*) niet rijzen; **'Sitzenbleiber** ‹*der; -s, -*› zittenblijver; **'sitzend** zittend; gezeten; **'sitzenlassen** ‹*st.h; ie-a; ä*› laten zitten; **'Sitzplatz** ‹*der; -es, -ë*› zitplaats; **'Sitzstreik** ‹*der; -(e)s, -s*› sit-downstaking; **'Sitzung** ‹*die; -, -en*› zitting; vergadering; **'Sitzungsperiode** ‹*die; -, -n*› zittingsperiode; **'Sitzverteilung** ‹*die; -, -en*› zetelverdeling

Si'zilien Sicilië

'Skala ‹*die; -, -s en Skalen*› 1 schaal; 2 toonladder; 3 scala

skal'pieren ‹*h*› scalperen

Skan'dal ‹*der; -s, -e*› schandaal; **skanda'lös** schandalig, schandelijk; **Skan'dalpresse** ‹*die; -, geen mv*› roddelpers

Skandi'navien Scandinavië

Skat ‹*der; -(e)s, -e*› skaat (*kaartspel*)

'Skateboard ‹*das; -s, -s*› skateboard

'skaten ‹*h*› skaat spelen

Ske'lett ‹*das; -(e)s, -e*› skelet, geraamte

'Skepsis ‹*die; -, geen mv*› scepsis, twijfel; **'Skeptiker** ‹*der; -s, -*› scepticus; **'skeptisch** sceptisch

Ski ‹*der; -s, -(er)*› ski; vgl *Schi*; **Ski**... ski...; **'Skifahrer** ‹*der; -s, -*› skiër; **'Skilaufen** ‹*das; -s, geen mv*› het skiën; **'Skiläufer** ‹*der; -s, -*› skiër; **'Skiläuferin** ‹*die; -, -nen*› skiester

'Skinhead ‹*der; -s, -s*› skinhead

'Skizze ‹*die; -, -n*› schets; **'skizzenhaft** schetsachtig, -matig; **skiz'zieren** ‹*h*› schetsen

'Sklave ‹*der; -n, -n*› slaaf; **'Sklaven**... slaven...; **'Sklavenarbeit** ‹*die; -, -en*› slavenarbeid, -werk; **Sklave'rei** ‹*die; -, geen mv*› slavernij; **'Sklavin** ‹*die; -, -nen*› slavin; **'sklavisch** slaafs

'Skonto ‹*der of das; -s, -s*› korting (*voor contant*)

'Skooter ‹*der; -s, -*› botsauto (op kermis)

Skorpi'on ‹*der; -s, -e*› schorpioen

'Skrupel ‹*der; -s, -*› scrupule, gewetensbezwaar; **'skrupellos** gewetenloos; **Skrupel'losigkeit** ‹*die; -, geen mv*› gewetenloosheid

Skt. *Sankt* Sint, sint

Skulp'tur ‹*die; -, -en*› sculptuur

skur'ril zot, lachwekkend, koddig

'Slalomlauf ‹*der; -(e)s, -ë*› (*sp*) slalom

'Slawe ‹*der; -n, -n*› Slaaf

Slip ‹*der; -s, -s*› slipje; broekje; **'Slip-Einlage** ‹*die; -, -n*› inlegkruisje

Slum ‹*der; -s, -s*› slop

Sma'ragd ‹*der; -(e)s, -e*› smaragd; **sma'ragden** smaragden, van smaragd

Sno'bismus ‹*der; -, Snobismen*› snobisme

so 1 zo; *~!* (zie)zo; *ach ~!* zo! inderdaad! juist!; *dem ist nicht ~* dat is niet zo; *~ daß* zodat; 2 zoals, bijvoorbeeld; 3 aldus; 4 *aber ~ was!* wel, nu nog mooier! nee maar!; *~ oder ~* hoe dan ook; *~(in 10 Minuten)* ongeveer; *~ gegen acht* tegen, rond een uur of acht; *~ gegen (100 Leute)* rond de, ongeveer; *(das ist) ~ od. sowieso schon teuer genug* toch al duur genoeg; *damit ist's ~ eine Sache* dat is een vreemde zaak; *~ ein Pech usw.* wat een pech enz.; *~ (leid es mir tut)* hoezeer; *~...* hoe ... ook; *um ~ besser* des te beter; *es dauerte nicht lange, ~ kam er ...* of hij kwam; *wenn du nicht kommst, ~ gehen wir auch nicht ...* (dan) gaan wij ook niet

s.o. *sieh(e) oben* zie boven

so'bald zodra

'Socke ‹*die; -, -n*› 1 sok; 2 *sich auf die ~n machen* weggaan, vertrekken

'Sockel ‹*der; -s, -*› 1 sokkel; 2 basis

'Soda I ‹*die; -, geen mv*› 1 soda; 2 sodawater; II ‹*das; -s, geen mv*› sodawater

so'dann dan, daarop, vervolgens

so'daß zodat

'Sodbrennen ‹*das; -s, geen mv*› brandend maagzuur

so'eben zoëven, zojuist

'Sofa ‹*das; -s, -s*› sofa, canapé

so'fern als, wanneer, indien, voor zover

so'fort dadelijk, onmiddellijk; *ab ~* met ingang van heden; **So'fortbildkamera** ‹*die; -, -s*› instantcamera; **So'forthilfe** ‹*die; -, -n*› onmiddellijke hulp; **so'fortig** onmiddellijk, dadelijk; **So'fortprogramm** ‹*das; -(e)s, -e*› urgentieprogramma

'Software ‹*die; -, -s*› software

Sog ‹*der; -(e)s, -e*› 1 kielzog (*lett en fig*); 2 zuiging; 3 (*fig*) aantrekkings-, zuigkracht

sog. *sogenannt*

so'gar zelfs

'sogenannt zogenaamd

so'gleich dadelijk, aanstonds, onmiddellijk

'Sohle ‹*die; -, -n*› 1 zool; 2 bodem (*van dal, rivier, e.d.*); 3 *vom Scheitel bis zur ~* van top tot teen; *sich die ~n nach etwas ablaufen* zich voor iets het vuur uit de sloffen lopen

Sohn ‹*der; -(e)s, -ë*› zoon

'Sojabohne ‹*die; -, -n*› sojaboon

so'lang, so'lange zolang (als)

So'larenergie ‹*die; -, geen mv*› zonneënergie; **So'larzelle** ‹*die; -, -n*› zonnecel

solch 1 zulk, zo; *~ ein Wetter!* (*ook*) wat een weer!; *solch ein(e)* zo'n, zo een; *~ schönes Wetter, ~es schöne Wetter* zulk mooi weer; *~ eine Tat, eine ~e Tat* zo'n daad; 2 *als ~er* als zodanig; 3 (*Sportler usw.*) *und ~e, die ...* en zij die...; **'solchenfalls** in dat, in zo'n geval; **'solcherart** dusdanig, zodanig; **'solcher'lei** zulk, dergelijk; **'solchermaßen** zodanig

Sold ‹*der; -(e)s, geen mv*› soldij; (*Belg*) militievergoeding

Sol'dat ‹*der; -en, -en*› 1 soldaat; *bei den ~en sein* in dienst zitten; 2 pion (*schaakstuk*); **Sol'datenfriedhof** ‹*der; -(e)s, -ë*› oorlogskerkhof; **sol'datisch** van of als (een) soldaat, militair

'Söldner ‹*der; -s, -*› huursoldaat

'Sole ‹*die; -, -n*› water uit of van een zoute bron

so'lid zie *solide*

soli'darisch 1 solidair; 2 (*jur*) *~ haftend* hoofdelijk aansprakelijk; **solidari'sieren, sich** ‹*h*› zich solidair verklaren; **Solidari'tät** ‹*die; -, geen mv*› solidariteit

so'lide 1 solide, betrouwbaar; 2 solide, stevig; degelijk; *eine ~ Arbeit* een degelijk stuk werk; 3 (*kennis, opleiding*) gedegen

So'list ‹*der; -en, -en*› solist; **So'listin** ‹*die; -, -nen*› soliste

Soll ‹*das; -(s), -(s)*› 1 debet; 2 verplichte produktie(norm) (*in voormalige DDR*)

'sollen ‹*onr. h*› 1 moeten; (*das hätte er nicht*) *sagen, tun* (*usw.*) *~* moeten zeggen, doen; *ich sollte* (*eigentlich böse sein usw.*) ik zou ... moeten, ik moest ...; *was soll das?: a*) wat moet dat?; *b*) wat is de zin daarvan?; 2 moeten, beweren; *er soll* (*bereits abgereist sein usw.*) hij moet ...; *er soll* (*krank gewesen sein usw.*) men zegt, dat ...; 3 zullen (*div bet*); (*der Mörder*) *soll sterben* zal (moet) sterven; *soll ich* (*das Fenster schließen usw.?*)zal ik ...? wil ik ...?; *wir sollten* (*uns um zehn treffen*) wij zouden ...; *es soll* (*nicht wieder vorkommen usw.*) het zal ...; *es sollte ganz anders kommen* het zou heel anders uitpakken; *sollte das* (*wahr sein usw.?*) zou dat ...?; *man sollte* (*glauben, meinen usw.*) men zou ..., je zou ...; 4 *sollte* (*er noch kommen, usw.*) mocht ...; 5 (*es hat nicht*) *sein ~* mogen zijn; *was soll das heißen?* wat betekent dat?; *was soll's?* wat zou het?; *soll er doch!* hij gaat z'n gang maar!

'Söller ‹*der; -s, -*› 1 balkon; 2 zolder

'Sollzinsen ‹*mv*› debetrente

'Solo... solo...

sol'vent solvent, in staat om te betalen

so'mit 1 dus, bijgevolg; 2 hiermee

'Sommer ‹*der; -s, -*› zomer; *im ~ ...* zomers; **'Sommer...** zomer...; **'Sommerferien** ‹*mv*› zomervakantie; **'Sommerfrische** ‹*die; -, geen mv*› zomerverblijf; *in der ~* 's zomers buiten; *in die ~ gehen* naar buiten gaan; **'Sommerkleid** ‹*das; -(e)s, -er*› zomerjurk; **'sommerlich** zomerachtig, zomers, zomer...; **'Sommerpause** ‹*die; -, -n*› zomerrece; **'Sommersprosse** ‹*die; -, -n*› zomersproet; **'sommersprossig** vol zomersproeten; **'Sommertag** ‹*der; -(e)s, -e*› 1 zomerdag; 2 zomerse dag; **'Sommerurlaub** ‹*der; -(e)s, -e*› zomervakantie; **'Sommerwetter** ‹*das; -s, geen mv*› zomerweer; zomers weer

so'nach dus, derhalve, bijgevolg

'Sonder... 1 extra ...; 2 specia(a)l(e) ...; bijzon-

sma

der(e) ...; **'Sonderangebot** ‹*das; -(e)s, -e*› speciale aanbieding; **'Sonderausgabe** ‹*die; -, -n*› 1 extra-editie, extra-nummer; 2 speciale uitgave (*van boek*); 3 *~n* buitengewone uitgaven (*financieel*); **'sonderbar** zonderling, vreemd, raar; **'sonderbarer'weise** zonderling, vreemd (genoeg); **'Sonderberichterstatter** ‹*der; -s, -*› speciale verslaggever; **'Sondererlaubnis** ‹*die; -, -se*› speciale vergunning; **'Sonderfall** ‹*der; -(e)s, -ë*› bijzonder, speciaal geval; **sonder'gleichen** weergaloos; **'Sonderinteressen** ‹*mv*› particuliere belangen

'sonderlich 1 vreemd, zonderling; 2 *nicht ~* niet erg, niet bepaald

'Sonderling ‹*der; -s, -e*› zonderling

'Sondermeldung ‹*die; -, -en*› extra bericht; **'Sondermüll** ‹*das; -(e)s, geen mv*› speciaal afval; gevaarlijk afval

'sondern I ‹*h*› scheiden, afzonderen; II ‹*vw*› maar; *nicht nur ... ~ auch* niet alleen ... maar ook

'Sonderpreis ‹*der; -es, -e*› speciale prijs; **'Sonderrecht** ‹*das; -(e)s, -e*› privilege

'sonders: *samt und ~* allemaal, samen, niet een uitgezonderd

'Sonderschule ‹*die; -, -n*› school voor buitengewoon lager onderwijs; **'Sondersendung** ‹*die; -, -en*› extra-uitzending; **'Sondertelegramm** ‹*das; -s, -e*› (*Belg*) luxetelegram, postogram

'Sonderung ‹*die; -, -en*› scheiding, afzondering

'Sonderzug ‹*der; -(e)s, -ë*› extratrein

son'dieren ‹*h*› peilen (*lett en fig*)

So'nett ‹*das; -(e)s, -e*› sonnet

'Sonnabend ‹*der; -(e)s, -e*› zaterdag

'Sonne ‹*die; -, -n*› zon; *an der, in der ~* in de zon; (*schmelzen wie Schnee*) *in der ~* voor de zon; **'sonnen** ‹*h*› 1 in de zon zetten, leggen of hangen; 2 *sich ~*: *a*) zich in de zon koesteren; *b*) zonnebaden, zich zonnen; **'Sonnenanbeter** ‹*der; -s, -*› zonaanbidder; **'Sonnenaufgang** ‹*der; -(e)s, -ë*› zonsopgang; **'Sonnenbank** ‹*die; -, -ë*› zonnebank; **'Sonnenbrand** ‹*der; -(e)s, geen mv*› zonnebrand; **'Sonnenbrille** ‹*die; -, -n*› zonnebril; **'Sonnenenergie** ‹*die; -, geen mv*› zonneënergie; **'Sonnenfinsternis** ‹*die; -, -se*› zonsverduistering

'sonnengebräunt door de zon gebruind; **'sonnenklar** zonneklaar, glashelder; **'Sonnenlicht** ‹*das; -(e)s, geen mv*› zonlicht; **'Sonnenöl** ‹*das; -(e)s, -e*› zonnebrandolie; **'Sonnenpaddel** ‹*das; -s, -*› zonnepaneel; **'Sonnenschein** ‹*der; -(e)s, geen mv*› 1 zonneschijn; 2 (*fig*) het zonnetje; **'Sonnenschirm** ‹*der; -(e)s, -e*› parasol; **'Sonnenschutzcreme** ‹*die; -, -n*› zonnebrandcrème; **'Sonnenseite** ‹*die; -, -n*› zonzijde (*ook fig*); **'Sonnenstrahl** ‹*der; -(e)s, -en*› zonnestraal; **'sonnenüberflutet** zonovergoten; **'Sonnenuhr** ‹*die; -, -en*› zonnewijzer; **'Sonnenuntergang** ‹*der; -(e)s, -̈e*› zonsondergang; **'sonnenverbrannt** door de zon verbrand; **'Sonnenwärme** ‹*die; -, geen mv*› zonnewarmte; **'Sonnenzelle** ‹*die; -, -n*› zonnecel; **'sonnig** zonnig, stralend

'Sonntag ‹*der; -(e)s, -e*› zondag; **'sonntägig** zondags; **'sonntäglich** 1 zondags, iedere zondag; 2 op zijn zondags; **'Sonntags...** zondags...; **'Sonntagsfahrer** ‹*der; -s, -*› zondagsrijder

'sonn- und 'feiertags op zon- en feestdagen; **'sonn- und 'werktags** op zon- en werkdagen

sonst 1 anders; *wer ~?* wie anders?; *wie ~?* hoe anders?; *wie ~* zoals anders, altijd; 2 vroeger, voorheen; 3 overigens, verder; *~ nichts* verder niets; *~ noch etwas?* verder nog iets?; **'sonstig** 1 overig, verder, ander; *~es* (iets) anders; 2 vroeger; **'sonstjemand** iedereen, wie dan ook; **'sonstwas** iets anders; **'sonstwer** iemand anders; **'sonstwie** op een andere wijze; **'sonstwo** ergens anders, elders; **'sonstwohin** ergens anders heen

so'oft zo dikwijls

So'pran ‹*der; -s, -e*› sopraan

'Sorge ‹*die; -, -n*› 1 zorg; (*für etwas*) *~ tragen* zorgen; *das macht mir viel ~n* dat geeft mij veel zorg; 2 bezorgdheid, ongerustheid; *machen Sie sich um mich keine ~!* maak u om mij niet bezorgd!; *das ist meine geringste ~* daarover maak ik mij in het geheel niet ongerust; 3 *lassen Sie das meine ~ sein!* laat dat maar aan mij over!; **'sorgen** ‹*h*› 1 *~ für* zorgen voor; 2 *sich ~ um* zich bezorgd maken over, bezorgd zijn voor; **'sorgenfrei** vrij van zorgen, onbezorgd; **'sorgenlos** onbezorgd, rustig; **'sorgenvoll** 1 bezorgd, vol zorgen; 2 zorgelijk

'Sorgfalt ‹*die; -, geen mv*› 1 zorgvuldigheid, nauwgezetheid; 2 zorg; *~ auf* (+ 4) *verwenden* zorg aan iets besteden; **'sorgfältig** zorgvuldig, nauwlettend, met zorg; **'Sorgfältigkeit** ‹*die; -, geen mv*› zie *Sorgfalt*

'sorglich zorgzaam; **'sorglos** 1 zorgeloos, onbekommerd; 2 slordig; **'Sorglosigkeit** ‹*die; -, geen mv*› zorgeloosheid; **'sorgsam** zorgzaam, zorgvuldig, oplettend; **'Sorgsamkeit** ‹*die; -, geen mv*› zorg(vuldigheid)

'Sorte ‹*die; -, -n*› 1 soort; 2 kwaliteit; 3 slag (*von Menschen*)

sor'tieren ‹*h*› sorteren; **Sor'tierung** ‹*die; -, -en*› sortering

Sorti'ment ‹*das; -(e)s, -e*› 1 assortiment, keuze; 2 voorraad

so'sehr hoezeer

so'so zo zo

SOS-Ruf ‹*der; -(e)s, -e*› s.o.s.-signaal

'Soße ‹*die; -, -n*› 1 saus; 2 jus; **'Soßenlöffel** ‹*der; -s, -*› jus-, sauslepel

souf'flieren ‹*h*› souffleren

'sound'so 1 *~* (*viel usw.*) zo en zo; 2 die en die; **'Sound'so**: *Herr ~* Meneer Dinges

sou'pieren ‹*h*› souperen

souve'rän 1 soeverein; 2 superieur; **Souverä'ni'tät** ‹*die; -, geen mv*› soevereiniteit

so'viel: ~ *ich weiß* voor zoveel of zover ik weet; ~ *für heute* tot zover vandaag; *noch einmal* ~ nog eens zoveel

so'weit 1 zover; 2 voor zover; 3 *mir geht's* ~ *gut* met mij gaat het wel goed

so'wenig 1 zo weinig; 2 evenmin

so'wie 1 evenals, zowel als, alsmede; 2 zodra

sowie'so toch al, in elk geval

'Sowjet ‹*der; -s, -s*› sovjet; *die Sowjets* (ook) de Russen; *oberster* ~ opperste sovjet; **sow'jetisch** sovjet...; russisch(e); **'Sowjetunion** ‹*die; -*› Sovjetunie; **'Sowjetzone** ‹*die; -*› 1 (*vroeger*) Sowjetzone; 2 (de voormalige) DDR

so'wohl: ~ ... *als/wie* (*auch*) zowel ... als

sozi'al sociaal; **Sozi'al**... socia(a)l(e) ...; **Sozi'alabgaben** ‹*mv*› sociale lasten; **Sozi'alamt** ‹*das; -(e)s, -ër*› gemeentelijke sociale dienst; **Sozi'alarbeiter** ‹*der; -s, -*› maatschappelijk werker; **Sozi'alarbeiterin** ‹*die; -, -nen*› maatschappelijk werkster; **Sozi'aldemokrat** ‹*der; -en, -en*› sociaal-democraat; **sozi'algerecht** sociaal rechtvaardig; **Sozi'algesetzgebung** ‹*die; -, geen mv*› sociale wetgeving; **Sozi'alhilfe** ‹*die; -, geen mv*› bijstand; (*Belg*) stempelgeld; **Sozi'alhilfeempfänger** ‹*der; -s, -*› (*Belg*) stempelaar; **soziali'sieren** ‹*h*› socialiseren; **Sozia'lismus** ‹*der; -, geen mv*› socialisme; **Sozia'list** ‹*der; -en, -en*› socialist; **sozia'listisch** socialistisch; **Sozi'allasten** ‹*mv*› sociale lasten; **Sozi'alleistungen** ‹*mv*› sociale uitkeringen; **Sozi'alpartner** ‹*mv*› werkgevers en werknemers; **Sozi'alplan** ‹*der; -(e)s, -ë*› sociaal plan, afvloeiingsregeling; **Sozi'alstaat** ‹*der; -(e)s, -en*› verzorgingsmaatschappij; **Sozi'alversicherung** ‹*die; -, -en*› sociale verzekering; **Sozi'alwohnung** ‹*die; -, -en*› woningwetwoning

Sozio'loge ‹*der; -n, -n*› socioloog; **Sozio'login** ‹*die; -, -nen*› sociologe

'Sozius ‹*der; -, -se*› 1 vennoot, compagnon; 2 duopassagier; **'Soziussitz** ‹*der; -es, -e*› duo-(zitting)

sozu'sagen (om) zo te zeggen, zo gezegd

'Spachtel ‹*der; -s, - of die; -, -n*› 1 spatel; 2 plamuur; **'spachteln** ‹*h*› 1 spatelen, met de spatel werken; 2 plamuren

'spähen ‹*h*› 1 turen; 2 loeren, gluren; 3 ~ *nach* uitkijken naar; **'Späher** ‹*der; -s, -*› 1 verkenner; 2 spion; **'Spähtrupp** ‹*der; -s, -s*› verkenningspatrouille

'Spake ‹*die; -, -n*› spaak

Spa'lier ‹*das; -s, -e*› 1 spalier, latwerk; 2 dubbele rij; erehaag (*door mensen gevormd*)

Spalt ‹*der; -(e)s, -e*› spleet, kier; kloof; **'spaltbar** splijtbaar; **'Spalte** ‹*die; -, -n*› 1 kloof, spleet; 2 (*typ*) kolom; **'spalten** ‹*h*› (*spaltete, gespaltet od. gespalten*) 1 splijten, klieven, kloven; 2 scheiden, verdelen; 3 (*chem*) splitsen; 4 (*olie*) kraken; 5 (*atoomkernen*) splijten; 6 *sich* ~: *a*) splijten, barsten; *b*) zich splitsen; **'spaltig** gekloofd, gespleten, met kloven; **'Spaltmaterial** ‹*das; -(e)s, -ien*› splijtstof, splijtbaar materiaal; **'Spaltpilz** ‹*der; -es, -e*› 1 bacterie; 2 (*fig*) splijtzwam; **'Spaltung** ‹*die; -, -en*› 1 spleet, kloof; 2 (weg)splitsing; 3 splijting, scheuring (*in partij, kerk e.d.*); 4 (*chem*) splitsing; 5 het kraken (*van olie*); 6 (*van atoomkernen*) splijting

Span ‹*der; -(e)s, -ë*› 1 spaan(der); *wo gehobelt wird,* (*da*) *fallen Späne* waar gehakt wordt vallen spaanders; 2 *Späne machen* kapsones maken

'Spanferkel ‹*das; -s, -*› speenvarken

'Spange ‹*die; -, -n*› 1 gesp, spang; 2 sierspeld; 3 lovertje; 4 haarspeld

'Spanien Spanje; **'Spanier** ‹*der; -s, -*› Spanjaard; **'spanisch** Spaans

Spann ‹*der; -(e)s, -e*› wreef

'Spannbettuch ‹*das; -(e)s, -ër*› hoeslaken

'Spanne ‹*die; -, -n*› 1 span(ne); *eine kurze* ~ *Zeit* een spanne tijds; 2 marge; 3 handbreedte

'spannen ‹*h*› 1 spannen (*div bet*); 2 klemmen; 3 ~ *auf* gespannen kijken of luisteren naar; loeren op; wachten op; **'Spanner** ‹*der; -s, -*› spanner (*div bet*); **'Spannfeder** ‹*die; -, -n*› spanveer; **'Spannkraft** ‹*die; -, -ë*› 1 spanveerkracht; 2 (*fig*) veerkracht; **'Spannlaken** ‹*das; -s, -*› hoeslaken; **'Spannung** ‹*die; -, -en*› spanning (*div bet*); **'spannungsreich** spannen; **'Spannweite** ‹*die; -, -n*› spanwijdte

'Spanplatte ‹*die; -, -n*› spaanplaat

Spar... 1 spaar...; 2 bezuinigings...; **'Sparbüchse** ‹*die; -, -n*› spaarpot; **'Spareinlage** ‹*die; -, -n*› inleg, spaargeld; **'sparen** ‹*h*› 1 sparen; ~ *auf, für* sparen voor; *sich etwas sparen: a*) iets sparen (*Geld*); *b*) zich iets (be)sparen (*Mühe usw.*); 2 bezuinigen; (*am Essen*) ~ bezuinigen op; *mit* (*jedem Pfennig usw.*) ~ zuinig zijn met; *nicht* ~ *mit* royaal zijn met; **'Sparer** ‹*der; -s, -*› spaarder; **'Sparflamme** ‹*die; -, -n*› 1 waak-, spaarvlam; 2 (*fig*) *auf* ~ op een laag pitje

'Spargel ‹*der; -s, -*› asperge

'Sparguthaben ‹*das; -s, -*› spaartegoed; **'Sparkasse** ‹*die; -, -n*› spaarbank; **'Sparkonto** ‹*das; -s, -konten en -s en -konti*› spaarrekening

'spärlich 1 (*voedsel*) karig; schaars; schraal; 2 (*haar*) dun; 3 spaarzaam; zuinig; **'Spärlichkeit** ‹*die; -, geen mv*› schaarsheid enz.

'Sparmaßnahme ‹*die; -, -n*› bezuinigingsmaatregel; **'Sparpolitik** ‹*die; -, geen mv*› bezuinigingsbeleid

'Sparren ‹*der; -s, -*› 1 dakspar, spoor; 2 *er hat einen* ~ hij is van lotje getikt

'sparsam 1 zuinig, spaarzaam; economisch; 2 schaars, sober, karig; **'Sparsamkeit** ‹*die; -, geen mv*› zuinigheid enz.; **'Sparschwein** ‹*das; -(e)s, -e*› spaarvarken, -pot; **'Sparstrumpf** ‹*der; -(e)s, -ë*› (*fig*) oude kous

'Sparte ‹*die; -, -n*› 1 afdeling, tak, gebied (*van sport, bedrijf, wetenschap*); 2 deel, rubriek (*van krant*)

Spaß ‹*der; -es, -ë*› 1 scherts, grap, gekheid, aardigheid; *aus, zum* ~ voor de grap; ~ *beiseite!* zonder gekheid!; *seinen ~ mit einem treiben* iem voor de gek houden; 2 plezier, pret; *das macht* ~ dat is leuk; *sich einen ~ daraus machen, (einen zu erschrecken)* er plezier in hebben; *einem den ~ verderben* iems plezier bederven; **'spaßen** ‹*h*› 1 gekheid maken, schertsen; 2 (*damit*) *ist nicht zu* ~ valt niet te spotten; **'spaßeshalber** voor de grap; **'spaßhaft** grappig, aardig, leuk; **'spaßig** grappig; **'Spaßmacher** ‹*der; -s, -*›, **'Spaßvogel** ‹*der; -s, -*› grappenmaker

spät 1 laat; (*Belg*) laattijdig; *wie ~ ist es?* hoe laat is het?; 2 *bis* ~ (*in die Nacht*) tot diep; **Spät**... laat...; laat ..., late ...; **'spätabends** 's avonds laat; laat in de avond

'Spatel ‹*der; -s, -*› spatel

'Spaten ‹*der; -s, -*› spade

'später later; *früher oder* ~ vroeg of laat ...; **später'hin** later; **'spätestens** op zijn laatst; ~ *bis zum 22. Januar, bis ~ 22 Januar* uiterlijk 22 januari

'Spätlese ‹*die; -, -n*› late oogst, pluk; **'Spätling** ‹*der; -s, -e*› nakomertje, nakomelingetje; **'Spätnachrichten** ‹*mv*› laatste nieuws; **'Spätsommer** ‹*der; -s, -*› nazomer; **'Spätvorstellung** ‹*die; -, -en*› late voorstelling

Spatz ‹*der; -en, -en*› mus; *die ~en pfeifen es schon von den Dächern* het wordt al van de daken verkondigd; *mit Kanonen nach ~en schießen* met een kanon op een vlieg schieten; *lieber den ~en in der Hand als die Taube auf dem Dach* beter een vogel in de hand, dan tien in de lucht

'Spätzeit ‹*die; -, -n*› late periode

'Spätzle ‹*mv*› meelspijs

'Spätzünder ‹*der; -s, -*› (*fig*) laatbloeier

spa'zieren ‹*s*› wandelen; ~ *gehen* gaan wandelen; **spa'zierenfahren I** ‹*st.s; u-a; ä*› een ritje; een tochtje maken; **II** ‹*st.h*› 1 (*baby*) gaan wandelen met; 2 (*iemand*) ritjes, tochtjes maken met; **spa'zierenführen** ‹*h*› (*iemand*) ~ gaan wandelen met; (*hond*) uitlaten; **spa'zierengehen** ‹*st.s; i-a*› gaan wandelen; **Spa'zierfahrt** ‹*die; -, -n*› 1 rijtoer; 2 boottochtje; **Spa'ziergang** ‹*der; -(e)s, -ë*› wandeling; **Spa'ziergänger** ‹*der;--s, -*› wandelaar

Specht ‹*der; -(e)s, -e*› specht

Speck ‹*der; -(e)s, -e*› spek; **Speck**... spek...; **'speckig** 1 spekkig; 2 vettig; vies; **'Speckkuchen** ‹*der; -s, -*› spekpannekoek; **'Speckschwarte** ‹*die; -, -n*› zwoerd

Spedi'teur ‹*der; -s, -e*› expediteur; **Spediti'on** ‹*die; -, -en*› 1 expeditie, verzending; 2 expeditiebedrijf; 3 expeditieafdeling

Speer ‹*der; -(e)s, -e*› speer; spies; **'Speerwerfen** ‹*das; -s, geen mv*› (*sp*) het speerwerpen; **'Speerwurf** ‹*der; -(e)s, -ë*› 1 (*sp*) (speer)worp; 2 ‹*geen mv*› het speerwerpen

'Speiche ‹*die; -, -n*› 1 spaak; 2 spaakbeen

'Speichel ‹*der; -s, geen mv*› speeksel; **'Speicheldrüse** ‹*die; -, -n*› speekselklier; **'Speichellekker** ‹*der; -s, -*› hielenlikker, stroopsmeerder; **'speicheln** ‹*h*› kwijlen

'Speicher ‹*der; -s, -*› 1 opslagplaats; pakhuis; veem; 2 voorraadschuur; 3 silo; 4 reservoir, spaarbekken; 5 geheugen (*van computer*); 6 accu; 7 zolder; **'Speicherbecken** ‹*das; -s, -*› spaarbekken; **'speichern** ‹*h*› opslaan; **'Speicherwerk** ‹*das; -(e)s, -e*› geheugen (*van computer*)

'speien ‹*st.h; ie-ie*› 1 spuwen; 2 overgeven

'Speise ‹*die; -, -n*› 1 spijs; voedsel, eten; 2 gerecht, schotel; 3 zoetigheid (*als nagerecht*); pudding, vla; 4 specie, mortel; **'Speiseeis** ‹*das; -es, geen mv*› consumptie-ijs; **'Speisegaststätte** ‹*die; -, -n*› (eenvoudig) restaurant; eethuis, eetcafe; **'Speisekammer** ‹*die; -, -n*› provisiekamer; **'Speisekarte** ‹*die; -, -n*› menu-, spijskaart; *nach der - (essen)* à la carte; **'speisen** ‹*h*› 1 spijzen, eten; *wünsche wohl zu ~!* eet smakelijk!; 2 voeden; spijzigen; **'Speiseöl** ‹*das; -(e)s, -e*› spijsolie; **'Speisepilz** ‹*der; -es, -e*› eetbare paddestoel; **'Speiseröhre** ‹*die; -, -n*› slokdarm; **'Speisesaal** ‹*der; -(e)s, -säle*› eetzaal; **'Speisewagen** ‹*der; -s, -*› restauratiewagen; **'Speisewirtschaft** ‹*die; -, -en*› restaurant, eetgelegenheid; **'Speisezettel** ‹*der; -s, -*› 1 spijskaart; 2 menu; **'Speisung** ‹*die; -, -en*› het het voeden, de voeding

'speiübel kotsmisselijk

Spek'takel ‹*der; -s, -*› 1 spektakel; 2 lawaai; **spektaku'lär** spectaculair

'Spektrum ‹*das; -s, Spektren en Spektra*› spectrum

Spekulati'on ‹*die; -, -en*› speculatie

Speku'latius ‹*der; -, -*› speculaas

speku'lieren ‹*h*› speculeren

Spe'lunke ‹*die; -, -n*› 1 spelonk, hol; 2 kroeg

'Spende ‹*die; -, -n*› gave, gift, schenking

'spenden ‹*h*› 1 (*algem*) geven; *Blut* ~ bloed geven (*als donor*); schenken; 2 *Lob* ~ lof toezwaaien; 3 (*sacramenten*) toedienen; 4 *Beifall* ~ instemming betuigen; **'Spender** ‹*der; -s, -*› 1 gever, schenker; 2 donor; 3 donateur

spen'dieren ‹*h*› 1 (*einem etwas*) ~ spenderen, geven; 2 (*eine Runde u.ä.*) ~ geven, betalen; **Spen'dierhose** ‹*die*› *die ~n anhaben* een royale bui hebben

'Sperber ‹*der; -s, -*› sperwer

'Sperling ‹*der; -s, -e*› mus

'sperr'angel'weit wagenwijd

'Sperrbaum ‹*der; -(e)s, -ë*› slag-, sluitboom

'Sperre ‹*die; -, -n*› 1 versperring; afsluiting, sluitboom, hek; 2 controle; 3 blokkade; 4 verbod; *eine ~ über etwas verhängen* een verbod uitvaardigen over iets; in- of uitvoerverbod; 5 besmetverklaring (*ook bij staking*); 6 (*sp*) schorsing; **'sperren** ‹*h*› 1 afsluiten; *gesperrt!* afgesloten rijweg!; 2 *einem das Gas usw.* ~ bij iem het gas afsluiten; 3 (*grenzen*) sluiten; 4 (*invoer, handel, toevoer*) verbieden, blokkeren; 5 (*rekening, krediet*) blokkeren; 6 (*sp*) (*ei-*

spe

nen Gegner) ~ blokkeren, obstructie plegen tegen; 7 (*sp*) (*einen Spieler*) ~ schorsen; 8 (*verlof*) intrekken; 9 *einen ins Gefängnis* ~ iem in de gevangenis opsluiten; **sich** ~ zich verzetten, tegenstribbelen

'**Sperrfeuer** ‹*das; -s, geen mv*› spervuur; '**Sperrfrist** ‹*die; -, -n*› 1 schorsingstermijn; 2 verbodstermijn; 3 (*handel*) termijn van blokkering; '**Sperrgebiet** ‹*das; -(e)s, -e*› verboden gebied; '**Sperrgut** ‹*das; -(e)s, -ër*› 1 grofvuil; 2 goederen, die veel ruimte innemen; '**Sperrholz** ‹*das; -es, geen mv*› triplex, multiplex

'**sperrig** veel ruimte innemend

'**Sperrkette** ‹*die; -, -n*› 1 deur-, sluitketting; 2 remketting; 3 (politie)kordon; '**Sperrmauer** ‹*die; -, -n*› stuwmuur; '**Sperrmüll** ‹*der; -(e)s, geen mv*› grofvuil; '**Sperrsitz** ‹*der; -es, -e*› (*theat*) stalles; '**Sperrstunde** ‹*die; -, -n*› 1 sluitingsuur; 2 uitgaansverbod

'**Sperrung** ‹*die; -, -en*› 1 afsluiting; 2 sluiting; 3 in- of uitvoerverbod; 4 blokkering

'**sperr'weit** wagenwijd

'**Spesen** ‹*mv*› (on)kosten

Spezi'al... specia(a)l(e)...; **speziali'sieren** ‹*h*› specialiseren; *sich ~ auf* (+ 4) zich specialiseren in; **Speziali'sierung** ‹*die; -, -en*› specialisering, specialisatie; **Spezia'list** ‹*der; -en, -en*› specialist; **Speziali'tät** ‹*die; -, -en*› specialiteit; **spezi'ell** speciaal

'**Spezies** ‹*die; -, -*› soort

Spezifikati'on ‹*die; -, -en*› specificatie; **spe'zifisch** 1 specifiek; 2 *~es Gewicht* soortelijk gewicht; **spezifi'zieren** ‹*h*› specificeren

'**Sphäre** ‹*die; -, -n*› 1 hemelgewelf, uitspansel; 2 sfeer

'**spicken** ‹*h*› 1 larderen (*lett en fig*); ~ *mit* overvloedig voorzien van; (*eine*) *mit Zitaten gespickte* (*Rede*) vol met citaten; *eine gut gespickte Brieftasche* een goed gevulde portefeuille; 2 *einen* ~ iem omkopen; 3 spieken, afkijken; '**Spickzettel** ‹*der; -s, -*› spiekblaadje, -briefje

'**Spiegel** ‹*der; -s, -*› spiegel (*div bet*); '**Spiegelbild** ‹*das; -(e)s, -er*› spiegelbeeld; '**Spiegelei** ‹*das; -(e)s, -er*› spiegelei; '**spiegel'glatt** spiegelglad; '**spiegelig** spiegelend, glanzend; '**spiegeln** ‹*h*› 1 spiegelen; schitteren; 2 weerspiegelen; 3 *sich* ~ (*in* (+ 3)) zich (weer)spiegelen; *sich an einem* ~ (*lett*)

Spiel ‹*das; -(e)s, -e*› 1 spel (*div bet*); *wie im* ~ spelenderwijs; *sein ~ mit einem treiben* (*fig*) met iem spelen; *aufs ~ setzen, auf dem ~ stehen* op het spel zetten, op het spel staan; 2 wedstrijd; 3 game (*bij tennis*); 4 (*techn*) speling; 5 speelbal (*van het toeval*); 6 (*laß mich*) *aus dem* ~ erbuiten; *gewonnenes ~ haben: a*) gewonnen hebben; *b*) zijn doel bereikt hebben; *das ~ verloren geben* zich gewonnen geven; *leichtes ~ haben* weinig moeite hebben; **Spiel**... (vaak) speel...; '**Spielart** ‹*die; -, -en*› 1 speelwijze, spel; 2 speling, variëteit; '**Spielautomat** ‹*der; -en, -en*› speel-, gokautomaat; '**Spielball** ‹*der; -(e)s, -̈lle*› 1 speelbal (*lett en fig*); 2 match-point; '**Spielbeginn** ‹*der; -(e)s, -e*› begin van de wedstrijd; '**Spielbrett** ‹*das; -(e)s, -er*› dam-, schaakbord; '**spielen** ‹*h*› 1 spelen; *~d* spelenderwijs; (*etwas*) ~ *lassen* in het spel brengen, gebruiken; 2 (*den Unschuldigen usw.*) ~ uithangen; 3 (*diese Farbe*) *spielt ins Rötliche usw.* heeft een rode tint enz.; '**Spielende** ‹*das; -s, -n*› einde van de wedstrijd; '**Spieler** ‹*der; -s, -*› speler; '**Spielerin** ‹*die; -, -nen*› speelster; **Spiele'rei** ‹*die; -, -en*› 1 spel, aardigheid; 2 (*fig*) kinderspel; '**spielerisch** 1 speels, dartel, (ook) ludiek; 2 (*sp*) wat het spel betreft, qua spel; '**spielfähig** in staat te spelen; '**Spielfeld** ‹*das; -(e)s, -er*› (speel)veld; (sport)terrein; '**Spielfilm** ‹*der; -(e)s, -e*› speelfilm; '**Spielhälfte** ‹*die; -, -n*› (*sp*) (speel)helft; '**Spielhalle** ‹*die; -, -n*› amusementshal (*met speelautomaten*); '**Spielklasse** ‹*die; -, -n*› (*sp*) klasse; divisie; '**Spielleiter** ‹*der; -s, -*› 1 spelleider; 2 regisseur; '**Spielmacher** ‹*der; -s, -*› (*sp*) spelmaker, spelbepalende speler; '**Spielminute** ‹*die; -, -n*› (*sp*) minuut (*van de wedstrijd*); *in der 20. ~* in de 20e minuut; '**Spielpause** ‹*die; -, -n*› (*sp*) rust; '**Spielplan** ‹*der; -(e)s, -ë*› 1 (*theat*) speelplan; 2 schouwburg-, toneelagenda; 3 speelplan (*van loterij*); '**Spielplatz** ‹*der; -es, -̈e*› speelplaats, -terrein; '**Spielraum** ‹*der; -(e)s, -ë*› 1 speelruimte (*lett en fig*); 2 (*techn*) speling; '**Spielregel** ‹*die; -, -n*› spelregel; '**Spielsachen** ‹*mv*› speelgoed; '**Spielstand** ‹*der; -(e)s, -ë*› (*sp*) stand (*van wedstrijd*); '**Spielstein** ‹*der; -(e)s, -e*› 1 (*sp*) damschijf; 2 pion (*bij halma, monopoly enz*); '**Spielverderber** ‹*der; -s, -*› spelbreker; '**Spielvereinigung** ‹*die; -, -en*› sportclub; '**Spielwaren** ‹*mv*› speelgoed; '**Spielzeit** ‹*die; -, -en*› 1 speeltijd; 2 (*theat*) seizoen; '**Spielzeug** ‹*das; -(e)s, -e*› speelgoed

Spieß ‹*der; -es, -e*› 1 spies, piek; 2 (braad)spit

'**Spießbürger** ‹*der; -s, -*› bekrompen burgerman; '**spießbürgerlich** bekrompen, kleinburgerlijk; '**Spießbürgertum** ‹*das; -(e)s, geen mv*› bekrompenheid

'**spießen** ‹*h*› 1 spietsen; 2 prikken

'**Spießer** ‹*der; -s, -*› (*fig*) bekrompen burgerman; '**spießerisch** kleinburgerlijk, bekrompen; '**spießig** bekrompen, kleinburgerlijk

'**Spießruten** ‹*mv*› ~ *laufen* spitsroeden lopen

Spikes ‹*mv*› 1 (*sp*) spikes; 2 spijkerbanden

'**Spin** ‹*der; -s, -s*› 1 (*natuurk*) spin; 2 (*sp*) spin; effect

Spi'nat ‹*der; -(e)s, -e*› spinazie

Spind ‹*der of das; -(e)s, -e*› (kleren)kast

'**Spindel** ‹*die; -, -n*› 1 klos; 2 spil; 3 spinnewiel; '**spindel'dürr** mager als een brandhout

'**Spinne** ‹*die; -, -n*› 1 spin; 2 *pfui ~!* bah!; '**spinne'feind**: *einem ~ sein* iem niet kunnen luchten of zien

'**spinnen** ‹*st.h; a-o*› 1 spinnen; 2 fantaseren; 3 *du spinnst wohl?* ben je niet goed snik?

'**Spinnennetz** ‹*das; -es, -e*› spinneweb
'**Spinner** ‹*der; -s, -*› 1 spinner; 2 fantast; 3 gek; **Spinne'rei** ‹*die; -, -en*› 1 spinnerij; 2 gefantaseer; '**Spinnerin** ‹*die; -, -nen*› 1 spinster; 2 fantast; 3 gek, idioot
'**Spinngewebe** ‹*das; -s, -*› spinneweb; '**Spinnrad** ‹*das; -(e)s, -ër*› spinnewiel
spinti'sieren ‹*h*› piekeren; peinzen, mijmeren
Spi'on ‹*der; -s, -e*› 1 spion; 2 spionnetje (*een spiegel*); 3 kijkgat (*in deur*); **Spio'nage** ‹*die; -, -n*› spionage; **spio'nieren** ‹*h*› spioneren; **Spioniere'rei** ‹*die; -, -en*› gespioneer; **Spi'onin** ‹*die; -, -nen*› spionne
Spi'rale ‹*die; -, -n*› spiraal
Spiri'tismus ‹*der; -s, geen mv*› spiritisme
Spiritua'lismus ‹*der; -, geen mv*› spiritualisme; **spiritu'ell** spiritueel, geestelijk
Spiritu'osen ‹*mv*› sterke dranken
'**Spiritus** ‹*der; -, - en -se*› 1 spiritus; 2 adem; 3 geest; '**Spirituskocher** ‹*der; -s, -*› spiritus(toe)stel
Spi'tal ‹*das; -s, -ër*› hospitaal
spitz 1 spits, puntig, scherp; 2 pips, bleekjes; 3 hatelijk; scherp, snibbig (*Antwort u.ä.*); 4 *etwas ~ kriegen* iets in de gaten krijgen; *etwas mit ~en Fingern anfassen* iets (vies) aan het uiterste puntje met duim en wijsvinger vastpakken
Spitz ‹*der; -(e)s, -e*› keeshond
'**Spitzbart** ‹*der; -(e)s, -ë*› puntbaard, sik; '**Spitzbogen** ‹*der; -s, - of -̈*› spitsboog; '**Spitzbube** ‹*der; -n, -n*› spitsboef, schurk, schelm; '**Spitzbubenstreich** ‹*der; -(e)s, -e*› 1 schurkenstreek; 2 kwajongensstreek; '**spitzbübisch** 1 schurkachtig; 2 ondeugend
'**Spitze** ‹*die; -, -n*› 1 spits (*div bet*); 2 punt (*van mes, naald, neus, pen, sigaar*); 3 einde (*van draad, tafel*); 4 top (*van berg, boom, driehoek, vinger, vleugel*); *die ~n* ‹*mv*› de top, de leiders; 5 nok (*van dak*); 6 hoofd (*van bestuur, onderneming, stoet*); *an der ~ stehen* aan het hoofd staan; 7 steek, onaangename opmerking; 8 (*sp*) top; *die ~ halten* z'n koppositie handhaven; 9 *an der ~ stehen: a*) vooraan; *b*) bovenaan; 10 (*einem, e.r Sache*) *die ~ bieten* het hoofd bieden aan; *das ist ~!* dat is uitstekend!; hartstikke goed!; (*sie ist*) *absolute, einsame ~* geweldig goed; vgl *Spitzen*
'**Spitzel** ‹*der; -s, -*› politiespion; **Spitze'lei** ‹*die; -, -en*› spionage; '**spitzeln** ‹*h*› spioneren
'**Spitzen** ‹*mv*› kant
'**spitzen** ‹*h*› spitsen (*lett en fig*); puntig of scherp maken; (*potlood*) slijpen
'**Spitzeneinkommen** ‹*das; -s, -*› topinkomen; '**Spitzenerzeugnis** ‹*das; -ses, -se*› produkt van topkwaliteit; '**Spitzengeschwindigkeit** ‹*die; -, -en*› topsnelheid; '**Spitzengruppe** ‹*die; -, -n*› 1 kopgroep (*ook sp*); 2 topgroep; '**Spitzenkandidat** ‹*der; -en, -en*› lijstaanvoerder, -trekker; '**Spitzenklasse** ‹*die; -, -n*› 1 top, topklasse; 2 topkwaliteit; '**Spitzenkleid** ‹*das; -(e)s, -er*› kanten japon; '**Spitzenleistung** ‹*die; -, -en*› topprestatie; '**Spitzenmannschaft** ‹*die; -, -en*› topteam; topelftal; '**Spitzenpolitiker** ‹*der; -s, -*› toppoliticus; '**Spitzenposition** ‹*die; -, -en*› 1 toppositie; 2 (*sp*) koppositie; '**Spitzenreiter** ‹*der; -s, -*› (*sp*) koploper; '**Spitzenspiel** ‹*das; -(e)s, -e*› (*sp*) topper, topwedstrijd; '**Spitzenspieler** ‹*der; -s, -*› (*sp*) topspeler; '**Spitzensportler** ‹*der; -s, -*› topsporter; '**Spitzenverdiener** ‹*der; -s, -*› iem met een topinkomen; '**Spitzenzeit** ‹*die; -, -en*› (*sp*) toptijd
'**spitzfindig** spitsvondig; '**Spitzfindigkeit** ‹*die; -, -en*› spitsvondigheid
'**spitzig** 1 spits, puntig, scherp; 2 vinnig, snibbig; 3 spits, scherpzinnig
'**Spitzkehre** ‹*die; -, -n*› 1 (*skiterm*) het omkeren op de plaats; 2 haarspeldbocht; '**Spitzkohl** ‹*der; -(e)s, -e*› spitskool; '**Spitzname** ‹*der; -ns, -n*› bijnaam; '**Spitznase** ‹*die; -, -n*› puntneus, spitse neus; '**spitzwinklig** scherphoekig
Spleen ‹*der; -s, -e en -s*› 1 vreemde gewoonte; 2 (*fig*) tik
'**Spleiße** ‹*die; -, -n*› splinter, spaan; '**spleißen** ‹*st.h; i-i*› 1 splijten; 2 (*scheepv*) splitsen
splen'did 1 kostbaar; 2 vrijgevig, royaal
Splitt ‹*der; -(e)s, -e*› steenslag, split; '**Splitter** ‹*der; -s, -*› 1 splinter; 2 snipper; 3 scherf (*van projectiel*); '**splitter'faser'nackt** spiernaakt; '**splitt(e)rig** splinterig; '**splittern** ‹*h en s*› splinteren; '**splitternackt** spiernaakt; '**Splitterpartei** ‹*die; -, -en*› splinterpartij; '**splittersicher** 1 (*mil*) scherfvrij; 2 splintervrij
'**Spoiler** ‹*der; -s, -*› spoiler
'**sponsern** ‹*h*› (*sp*) sponsoren; '**Sponsor** ‹*der; -s, -s*› (*sp*) sponsor
spon'tan spontaan; **Spontani'tät** ‹*die; -, geen mv*› spontaniteit
Sporn ‹*der; -(e)s, Sporen*› 1 spoor (*van haan, ruiter*); *sich die Sporen verdient haben* zijn sporen verdiend hebben; 2 prikkel; 3 (scheeps)ram; '**spornen** ‹*h*› 1 de sporen geven; 2 (*fig*) aansporen; 3 van sporen voorzien; '**spornstreichs** spoorslags
Sport ‹*der; -(e)s, -e*› sport; **Sport**... sport...; '**Sportart** ‹*die; -, -en*› (tak van) sport; '**Sportfreund** ‹*der; -(e)s, -e*› sportliefhebber; '**Sportgericht** ‹*das; -(e)s, -e*› (*sp*) tuchtcommissie; '**Sportgröße** ‹*die; -, -n*› beroemdheid op sportgebied, crack; '**Sportler** ‹*der; -s, -*›, '**Sportlerin** ‹*die; -, -nen*› sportbeoefenaar(ster); '**sportlich** 1 sportief; 2 op sportgebied, sport...; '**sportmäßig** sportief; '**Sportmediziner** ‹*der; -s, -*› sportarts; '**Sportmeldung** ‹*die; -, -en*› sportnieuws; '**Sportplatz** ‹*der; -es, -ë*› sportterrein; '**Sportstudio** ‹*das; -s, geen mv*› (*telec*) studio sport; '**Sportverein** ‹*der; -(e)s, -e*› sportvereniging
Spott ‹*der; -(e)s, geen mv*› spot, bespotting; *seinen ~ mit etwas treiben* de spot met iets drijven; '**Spottbild** ‹*das; -(e)s, -er*› karikatuur
'**spott'billig** spotgoedkoop

Spötte'lei ‹*die;* -, *-en*› spotternij, spot; **'spötteln** ‹*h*› (*über* (+ 4)) spotten (met iets); **'spotten** ‹*h*› 1 (*über* (+ 4)) spotten (met iets), (iets) belachelijk maken; 2 *das spottet jeder Beschreibung* dat is niet te beschrijven; **'Spötter** ‹*der;* *-s,* -› spotter, spotvogel; **Spötte'rei** ‹*die;* -, *-en*› spotternij, spot; **'Spottgeld** ‹*das;* *-(e)s,* *-er*› spotprijs; **'spöttisch** spottend; **'spottlustig** spotziek; **'Spottpreis** ‹*der;* *-es,* *-e*› spotprijs

Sprach... (*vaak*) taal...; **'Sprache** ‹*die;* -, *-n*› 1 taal; *in sieben ~n schweigen* in alle talen zwijgen; 2 spraak; 3 *er will mit der ~ nicht heraus* hij wil niets zeggen; *es hat ihm die ~ verschlagen* hij kan geen woord meer uitbrengen; (*her*)*aus mit der ~!* voor de dag ermee! zeg op!; 4 *zur ~* (*bringen, kommen*) ter sprake; *die ~* (*auf etwas bringen*) het gesprek; **'Sprachfehler** ‹*der;* *-s,* -› 1 taalfout; 2 spraakgebrek; **'Sprachfertigkeit** ‹*die;* -, *-en*› taalvaardigheid; **'Sprachführer** ‹*der;* *-s,* -› taalgids (*voor vacantie e.d.*); **'sprachgestört** spraakgebrekkig; **'sprachgewandt** welbespraakt; **'Sprachgewandtheit** ‹*die;* -, *geen mv*› welbespraaktheid; **'Sprachkenntnisse** ‹*mv*› talenkennis; **'sprachkundig:** *~ sein* talen beheersen; **'Sprachlabor** ‹*das;* *-s,* *-s of -e*› talenpracticum; **Sprachlabor** ‹*das*› talenpracticum; (*Belg*) taallab, taallaboratorium; **'Sprachlehre** ‹*die;* -, *-n*› spraakkunst, grammatica; **'sprachlich** taalkundig, taal...; **'sprachlos** sprakeloos; **'Sprachlosigkeit** ‹*die;* -, *geen mv*› sprakeloosheid; **'sprachrichtig** taalkundig juist; **'Sprachrohr** ‹*das;* *-(e)s,* *-e*› 1 megafoon, scheepsroeper; 2 (*fig*) spreekbuis; **'Sprachstörung** ‹*die;* -, *-en*› spraakgebrek; **'sprachwidrig** taalkundig onjuist

Spray ‹*der of das;* *-s,* *-s*› spray; **Spray'dose** ‹*die;* -, *-n*› spuitbus; **'sprayen** ‹*h*› spuiten, sprayen

'Sprechanlage ‹*die;* -, *-n*› intercom; **'sprechen** ‹*st.h;* *a-o;* *i*› 1 spreken (*div bet*); (*ich bin nicht gut*) *auf dich zu ~* over jou te spreken; 2 praten; 3 (*gebed, vonnis, woord, zegen*) uitspreken; 4 *das spricht für, gegen ihn* dat pleit voor, tegen hem; (*einen*) *schuldig ~* schuldig verklaren; **'sprechend** sprekend; **'Sprecher** ‹*der;* *-s,* -› 1 spreker; 2 woordvoerder; **'Sprecherin** ‹*die;* -, *-nen*› 1 spreekster; 2 woordvoerster; **'Sprecherlaubnis** ‹*die;* -, *-se*› toestemming om te spreken; **'Sprechfertigkeit** ‹*die;* -, *geen mv*› spreekvaardigheid; **'Sprechfunkgerät** ‹*das;* *-(e)s,* *-e*› portofoon, mobilofoon; **'Sprechmuschel** ‹*die;* -, *-n*› microfoon (*van telefoonhoorn*); **'Sprechstunde** ‹*die;* -, *-n*› spreekuur; **'Sprechstundenhilfe** ‹*die;* -, *-n*› doktersassistente

'Spreite ‹*die;* -, *-n*› sprei

'spreiten ‹*h*› uitspreiden

'spreizbeinig wijdbeens

'Spreize ‹*die;* -, *-n*› 1 schoor, verstijvingsbalk; 2 (*sp*) spreidstand; **'spreizen** ‹*h*› 1 (uiteen)spreiden; 2 *sich ~:* *a*) deftig doen, een hoge borst opzetten; *b*) tegensputteren; 3 *gespreizt:* *a*) hoogdravend; *b*) aanstellerig; *c*) uiteengespreid; *d*) wijdbeens

'sprengen I ‹*h*› 1 opblazen; 2 (*deur*) forceren, openbreken; 3 (*boeien*) verbreken; 4 besproeien, sprenkelen; 5 (*strijkgoed*) invochten; 6 *den Rahmen ~* buiten het kader gaan; *eine Versammlung ~* een vergadering onmogelijk maken; *die Organisation ~* de organisatie ontbinden, oplossen; **II** ‹*s*› draven, rennen, galopperen; **'Sprengkörper** ‹*der;* *-s,* -› ontplofbaar voorwerp (*bom, granaat, mijn*); **'Sprengkraft** ‹*die;* -, *-ë*› explosieve kracht; **'Sprengladung** ‹*die;* -, *-en*› springlading; **'Sprengstoff** ‹*der;* *-(e)s,* *-e*› springstof; **'Sprengung** ‹*die;* -, *-en*› 1 het opblazen; 2 (be)sprenkeling enz.; vgl *sprengen*; **'Sprengwagen** ‹*der;* *-s,* -› sproeiwagen

'sprenkeln ‹*h*› 1 (be)spikkelen; 2 besproeien, sprenkelen

Spreu ‹*die;* -, *geen mv*› kaf

'Sprichwort ‹*das;* *-(e)s,* *-ër*› spreekwoord; **'sprichwörtlich** spreekwoordelijk

'sprießen I ‹*st.s;* *o-o*› ontspruiten, ontkiemen; **II** ‹*zw.h*› steunen

Spring... spring...; **'Springbrunnen** ‹*der;* *-s,* -› fontein; **'springen** ‹*st.h;* *a-u*› 1 springen (*div bet*); 2 (stuk)springen, barsten; 3 hard lopen, rennen; 4 (*viel Geld*) *~ lassen* uitgeven, stukslaan; 5 *der ~de Punkt* het punt, waarom het gaat; **'Springer** ‹*der;* *-s,* -› 1 springer; 2 springend dier; 3 paard (*een schaakstuk*); **'Springreiten** ‹*das;* *-s,* *geen mv*› paardespringen, springconcours; **'Springschanze** ‹*die;* -, *-n*› springschans (*skisport*); **'Springzeit** ‹*die;* -, *-en*› springtij

'sprinten ‹*h en s*› sprinten

Sprit ‹*der;* *-(e)s,* *-e*› 1 benzine; 2 spiritus

'Spritze ‹*die;* -, *-n*› 1 sproeier; 2 brandspuit; 3 injectie (*lett en fig*); spuitje; 4 shot (*heroïne e.d.*); 5 injectiespuit; **'spritzen** ‹*h*› 1 spuiten (*div bet*); 2 (be)sproeien; bespuiten; 3 spatten; 4 *es spritz* het motregent; **'Spritzer** ‹*der;* *-s,* -› 1 spat, spetter; 2 scheutje; **'Spritzfleck** ‹*der;* *-(e)s,* *-en*› spat; **'Spritzgebäck** ‹*das;* *-(e)s,* *-e*› sprits; **'spritzig** 1 prikkelend (*wijn*); 2 vlot, levendig; 3 (*motor, auto*) pittig, snel

'spröde 1 bros; 2 ruw (*huid, lippen*); 3 rauw (*stem*); 4 stug; 5 *~es Haar* stug haar; **'Sprödigkeit** ‹*die;* -, *geen mv*› 1 brosheid; 2 ruwheid; 3 rauwheid; 4 stugheid

Sproß ‹*der;* *Sprosses, Sprossen*› 1 spruit; 2 loot

'Sprosse ‹*die;* -, *-n*› 1 sport (*van ladder*); 2 sproet

'sprossen ‹*h en s*› ontspruiten, ontkiemen

'Sprößling ‹*der;* *-s,* *-e*› spruit, telg

Spruch ‹*der;* *-(e)s,* *-ë*› 1 spreuk; 2 uitspraak, vonnis; 3 kreet; geklets; **'Spruchband** ‹*das;* *-(e)s,* *-ër*› 1 spanddoek; 2 banderol

'Sprudel ‹*der;* *-s,* -› spuitwater; **'sprudeln I** ‹*h*› 1 (op)borrelen, (op)bruisen; 2 flonkeren; 3

spetteren (*kokend vet e.d.*); 4 parelen, fonkelen (*limonade, wijn e.d.*); 5 *von Witz ~* tintelen van geest; 6 klateren; **II** ‹*s*› *~ aus* 1 borrelend komen uit; 2 (*fig*) spuiten uit; **'Sprudelwasser** ‹*das; -s, -ër*› spuitwater

'Sprühdose ‹*die; -, -n*› spuitbus; **'sprühen** ‹*h*› 1 spatten; 2 vonken; 3 spuiten; 4 motregenen; 5 (*fig*) fonkelen; tintelen; **'Sprühregen** ‹*der; -s, geen mv*› motregen

Sprung ‹*der; -(e)s, -ë*› 1 sprong; 2 barst; 3 *auf einen ~ (kommen usw.)* heel eventjes; 4 *auf dem ~(e) sein, stehen* op het punt staan; 5 (*man kommt*) *hinter jems Sprünge* achter iems streken; 6 (*fig*) *einem auf die Sprünge helfen* iem op weg helpen; 7 (*fig*) stap; *es ist nur ein ~ bis dahin* het is maar een stap; **'Sprungbrett** ‹*das; -(e)s, -er*› springplank; **'sprunghaft** 1 met sprongen, sprongsgewijs; 2 van de hak op de tak springend; wispelturig; **'Sprungschanze** ‹*die; -, -n*› (*sp*) springschans; **'Sprungseil** ‹*das; -(e)s, -e*› springtouw; **'Sprungtuch** ‹*das; -(e)s, -ër*› 1 springzeil (bij brand); 2 trampoline; **'sprungweise** met sprongen

'Spucke ‹*die; -, geen mv*› 1 speeksel; spuug; 2 *einem bleibt die ~ weg* iem is met stomheid geslagen; **'spucken** ‹*h*› spugen, spuwen

Spuk ‹*der; -(e)s, -e*› 1 spookbeeld; 2 gespook; 3 lawaai, herrie; **'spuken** ‹*h*› spoken (*lett en fig*); **'Spukgeist** ‹*der; -(e)s, -er*› spook(geest); **'spukhaft** spookachtig

'Spülbecken ‹*das; -s, -*› spoel-, gootsteenbak

'Spule ‹*die; -, -n*› spoel

'Spüle ‹*die; -, -n*› spoel-, gootsteenbak

'spulen ‹*h*› spoelen; opwinden

'spülen ‹*h*› 1 spoelen; 2 uitspoelen; 3 afwassen; **'Spüler** ‹*der; -s, -*› 1 vaatwasmachine; 2 bordenwasser; **'Spülmaschine** ‹*die; -, -n*› vaatwasmachine; **'Spülmittel** ‹*das; -s,-*› afwasmiddel; **'Spülschüssel** ‹*die; -, -n*› afwasbak; **'Spültisch** ‹*der; -es, -e*› aanrecht; **'Spülwasser** ‹*das; -s, -*› 1 afwas-, spoel-, vaatwater; 2 (*fig*) slootwater

Spund ‹*der; -(e)s, -ë*› 1 spon, houten stop; 2 plug

Spur ‹*die; -, -en*› 1 spoor (*div bet*); *eine heiße ~* een veelbelovend spoor (*bij politieonderzoek*); *keine ~* geen spoor, helemaal niets; 2 vak, rijbaan; 3 sporing, het sporen (*van auto*); 4 een klein beetje; 5 *nicht die ~* geen zier

'spürbar merkbaar; voelbaar

'spuren ‹*h*› 1 een spoor maken (*in sneeuw*); 2 sporen (*van auto, fiets*)

'spüren ‹*h*› 1 bespeuren, gewaarworden, merken; 2 (*nach etwas*) speuren, zoeken

'Spurensicherung ‹*die; -, geen mv*› 1 technische recherche; 2 het verzamelen van de sporen

'Spürhund ‹*der; -(e)s, -e*› speurhond (*ook fig*)

'spurlos spoorloos

'Spürnase ‹*die; -, -n*› 1 (*fig*) fijne neus; 2 speurneus

'Spurrillen ‹*mv*› spoorvorming

'Spürsinn ‹*der; -(e)s, geen mv*› speurzin

Spurt ‹*der; -s, -e of -s*› (*sp*) spurt

'Spurweite ‹*die; -, -n*› spoorbreedte

'sputen, sich ‹*h*› zich spoeden, zich haasten

St. (*afk*) 1 *Sankt* Sint (st.); 2 *Stück*; 3 *Stunde*

Staat ‹*der; -(e)s, en*› 1 staat; 2 overheid; rijk; 3 staatsie, praal, pracht; 4 toilet, kleding; **'staatenlos** staatloos, zonder nationaliteit; **'Staatenlose(r)** ‹*bn als zn*› staatloze; **'staatlich** van/door de staat, van/door het rijk, staats..., overheids..., rijks...; *~es Examen* staatsexamen; *~ geprüft* met staatsdiploma; *er ist ~ angestellt* hij heeft een rijksbetrekking; *~e Subvention* overheidssubsidie

Staats... staats...; overheids...; rijks...; **'Staatsakt** ‹*der; -(e)s, -e*› plechtigheid van staatswege; **'Staatsangehörige(r)** ‹*bn als zn*› staatsburger; onderdaan; **'Staatsangehörigkeit** ‹*die; -, -en*› nationaliteit; **'Staatsanwalt** ‹*der; -(e)s, -ë*› officier van justitie; **'Staatsanwaltschaft** ‹*die; -, -en*› openbaar ministerie; **'Staatsanzeiger** ‹*der; -s, -*› staatscourant; **'Staatsbeamte(r)** ‹*bn als zn*› rijksambtenaar; **'Staatsbürger** ‹*der; -s, -*› staatsburger; **'Staatschef** ‹*der; -s, -s*› staatshoofd; **'staatseigen** (in het bezit) van de staat, staats...; **'Staatseinnahmen** ‹*mv*› inkomsten van de overheid; **'Staatsexamen** ‹*das; -s, - of -examina*› doctoraal examen; *medizinisches ~* artsexamen; **'Staatsfinanzen** ‹*mv*› overheids-, staatsfinanciën; **'Staatsführung** ‹*die; -, -en*› staatsbestuur, regering; **'Staatsgewalt** ‹*die; -, geen mv*› staatsgezag; **'Staatshaushalt** ‹*der; -(e)s, -e*› staats-, rijksbegroting; **'Staatskasse** ‹*die; -, -n*› schatkist, staatskas; **'staatsmännisch** diplomatiek; **'Staatsminister** ‹*der; -s, -*› minister van staat; **'Staatsmittel** ‹*mv*› *aus ~n* uit 's Rijks kas; **'Staatsoberhaupt** ‹*das; -(e)s, -ër*› staatshoofd; **'Staatspräsident** ‹*der; -en, -en*› president; **'Staatsrat** ‹*der; -(e)s, -ë*› 1 Raad van State; 2 (lid van de) Raad van State, staatsraad; 3 staatsraad (titel); **'staatsrechtlich** staatsrechtelijk; **'Staatssekretär** ‹*der; -(e)s, -e*› staatssecretaris; **'Staatssicherheitsdienst** ‹*der; -(e)s, -e*› binnenlandse veiligheidsdienst; **'Staatsstreich** ‹*der; -(e)s, -e*› staatsgreep

Stab ‹*der; -(e)s, -ë*› 1 staf, stok; 2 staf (*leiding*); 3 staaf; 4 polsstok; 5 stang; 6 spijl; 7 balein; **'Stabantenne** ‹*die; -, -n*› sprietantenne; **'Stäbchen** ‹*das; -s, -*› stokje, staafje; **'Stabhochsprung** ‹*der; -(e)s, geen mv*› (*sp*) het polsstokhoogspringen

sta'bil stabiel, vast, standvastig; **stabili'sieren** ‹*h*› stabiliseren; **Stabili'sierung** ‹*die; -, -en*› stabilisatie; **Stabili'tät** ‹*die; -, geen mv*› stabiliteit

'Stablampe ‹*die; -, -n*› staaflamp; **'Stabreim** ‹*der; -(e)s, -e*› stafrijm, alliteratie

'Stabsoffizier ‹*der; -s, -e*› 1 hoofdofficier; 2 stafofficier

'Stachel ‹*der; -s, -n*› 1 stekel; 2 angel (van bij);

3 tong (van gesp); 4 prikkel; '**Stachelbeere** ‹*die; -, -n*› kruisbes; '**Stacheldraht** ‹*der; -(e)s, -ë*› prikkeldraad; '**stachelig** 1 stekelig; 2 vol stekels, stekend; 3 ongeschoren; 4 (*fig*) scherp, vinnig; '**stacheln** ‹*h*› 1 steken, prikken; 2 (*fig*) prikkelen; 3 aanzetten, -sporen; '**Stachelschwein** ‹*das; -(e)s, -e*› stekelvarken

'**Stadion** ‹*das; -s, Stadien*› (*sp*) stadion

'**Stadium** ‹*das; -s, Stadien*› stadium

Stadt ‹*die; -, -ë*› stad; '**Stadtansicht** ‹*die; -, -en*› stadsgezicht; '**Stadtbahn** ‹*die; -, -en*› stadsspoor, sneltram; '**Stadtbewohner** ‹*der; -s, -*› stad(s)bewoner, stedeling; '**Stadtbummel** ‹*der; -s, -*› wandeling door de stad

'**Städtebau** ‹*der; -(e)s, geen mv*› stedebouwkunde; '**städtebaulich** stedebouwkundig; **Städtepartnerschaft** ‹*die*› wederzijdse adoptatie van gemeenten, jumelage; (*Belg*) verzustering; '**Städteplaner** ‹*der; -s, -*› stedebouwkundige; '**Städter** ‹*der; -s, -*› stedeling

'**Stadterneuerung** ‹*die; -, -en*› stadsvernieuwing; '**Stadtfahrt** ‹*die; -, -n*› stadsrit; '**Stadtgemeinde** ‹*die; -, -n*› stedelijke gemeente; '**Stadthaus** ‹*das; -es, -ër*› 1 huis in de stad; 2 stadhuis; '**Stadtinnere** ‹*das; -n, -n*› binnenstad, centrum

'**städtisch** 1 stads; *das ~e Leben* het stadsleven; 2 stedelijk, gemeentelijk; *~es Bauamt* gemeentewerken; *die ~en Behörden* het gemeentebestuur

'**Stadtkern** ‹*der; -(e)s, -e*› stadskern; '**stadtkundig** in de stad bekend; **Stadtlicht** ‹*das*› stadslicht; (*Belg*) standlicht; '**Stadtmitte** ‹*die; -, -n*› stadscentrum; '**Stadtparlament** ‹*das; -(e)s, -e*› gemeenteraad; '**Stadtplan** ‹*der; -(e)s, -ë*› plattegrond (*van de stad*); '**Stadtplaner** ‹*der; -s, -*› stedebouwkundige; '**Stadtrand** ‹*der; -(e)s, -ër*› rand van de stad; '**Stadtrat** ‹*der; -(e)s, -ë*› 1 gemeenteraad; 2 gemeenteraadslid; '**Stadtstaat** ‹*der; -(e)s, -en*› stadtstaat (bijv. *Bremen, Hamburg*); '**Stadtteil** ‹*der; -(e)s, -e*› stadswijk; '**Stadttheater** ‹*das; -s, -*› stadsschouwburg; '**Stadtväter** ‹*mv*› gemeenteraad; '**Stadtverwaltung** ‹*die; -, -en*› stadsbestuur

'**Staffel** ‹*die; -, -n*› 1 trede, sport; 2 trap, graad; 3 (*sp*) estafette; 4 (*luchtv*) squadron; '**Staffellauf** ‹*der; -(e)s, -ë*› (*sp*) estafette; '**staffeln** ‹*h*› 1 (traps-, schaalsgewijs) onderverdelen, indelen; 2 *gestaffelte Steuern* progressieve belastingen; 3 (trapsgewijs) opstapelen; **sich** ~ ‹*h*› trapsgewijze oplopen; '**Staffelung** ‹*die; -, -en*› 1 onderverdeling, indeling; 2 progressie, opklimming

Stag ‹*das; -(e)s, -e(n)*› (*scheepv*) stag

'**Stagnation** ‹*die; -, -en*› stagnatie; **stag'nieren** ‹*h*› stagneren

Stahl ‹*der; -(e)s, -ë*› staal (*een metaal*); **Stahl**... staal..., stalen...; '**stahlblau** staalblauw; '**Stahlblech** ‹*das; -(e)s, -e*› stalen plaat, staalplaat

'**stählen** ‹*h*› stalen, harden

'**stählern** stalen, van staal

'**Stahlhelm** ‹*der; -(e)s, -e*› stalen helm; '**Stahlindustrie** ‹*die; -, -n*› staalindustrie; '**Stahlwerk** ‹*das; -(e)s, -e*› staalfabriek

'**staken** ‹*h*› (*een bootje*) bomen

Sta'ket ‹*das; -(e)s, -e*› houten hek; **Sta'kete** ‹*die; -, -n*› lat; **Sta'ketenzaun** ‹*der; -(e)s, -̈e*› houten hek

'**staksig** 1 lang en dun; 2 slungelig

Stall ‹*der; -(e)s, -ë*› 1 stal; (*das beste Pferd*) *im* ~ van stal; 2 renstal; 3 hok (*lett en fig*); '**Stalldünger** ‹*der; -s, geen mv*› stalmest; '**stallen** ‹*h*› stallen

Stamm ‹*der; -(e)s, -ë*› 1 stam (*alle bet*); 2 kern, basis(groep), vaste groep; **Stamm**... (vaak) stam...; '**Stammbaum** ‹*der; -(e)s, -ë*› stamboom

'**stammeln** ‹*h*› stamelen, stotteren

'**Stammeltern** ‹*mv*› stamouders

'**stammen** ‹*h*› 1 ~ *von* afstammen van; afkomstig zijn van; 2 ~ *aus*: *a*) stammen uit, komen uit; *b*) dateren van, uit de tijd zijn van ...

'**Stammgast** ‹*der; -(e)s, -ë*› stamgast; '**Stammhalter** ‹*der; -s, -*› stamhouder

'**stämmig** 1 potig; 2 met een dikke stam

'**Stammkneipe** ‹*die; -, -n*› stamkroeg; '**Stammkunde** ‹*der; -n, -n*› vaste klant

'**Stammler** ‹*der; -s, -*› stamelaar, stotteraar

'**Stammlokal** ‹*das; -(e)s, -e*› stamcafé, -kroeg; '**Stammsitz** ‹*der; -es, -e*› 1 stamslot; 2 hoofdkantoor; oorspronkelijke zetel; 3 vaste plaats; '**Stammspieler** ‹*der; -s, -*› (*sp*) basisspeler, vaste keuze; '**Stammtisch** ‹*der; -es, -e*› stamtafel (in café); '**Stammwähler** ‹*der; -s, -*› vaste kiezer

'**Stampfe** ‹*die; -, -n*› stamper; '**stampfen I** ‹*h*› 1 stampen; 2 fijnstampen; 3 aan-, vaststampen; **II** ‹*h en s*› klossen; '**Stampfer** ‹*der; -s, -*› stamper

Stand ‹*der; -(e)s, -ë*› 1 stand (*div bet*); *unter seinem* ~ beneden zijn stand; 2 stand, staat, toestand (*van gezondheid, zaken e.d.*); 3 peil, niveau; 4 standplaats; 5 stand (*op jaarbeurs*); stalletje; kraam(pje); 6 box; 7 stander, rek; 8 kanton (*in Zwitserland*); 9 *aus dem* ~ (*schießen, springen*) vanuit stilstand; *der* ~ *der Ehe* de gehuwde staat; *einen in den* ~ *setzen* iem in staat stellen; *Name und* ~ naam en beroep; *einen schweren* ~ *haben* een harde dobber hebben

'**Standard** ‹*der; -s, -s*› standaard; richtsnoer; **standardi'sieren** ‹*h*› standaardiseren

'**Standbild** ‹*das; -(e)s, -er*› standbeeld

'**Stander** ‹*der; -s, -*› 1 standaard, commandovlag; 2 (*scheepv*) stander (*een touw*); 3 vaantje

'**Ständer** ‹*der; -s, -*› 1 standaard, stander; 2 rek (*voor fietsen*); 3 pijler, zuil; 4 steunbalk

'**Standesamt** ‹*das; -(e)s, -ër*› (bureau van de) burgerlijke stand; '**standesamtlich**: *die ~e Trauung* huwelijk voor de wet; '**Standesbeamte(r)** ‹*bn als zn*› ambtenaar van de burgerlijke stand; '**Standesbewußtsein** ‹*das;*

-(*e*)*s, geen mv*› standsbewustzijn; '**standesgemäß** volgens zijn (haar) stand; '**Standesperson** ‹*die; -, -en*› iem van (voorname) stand; '**Standesregister** ‹*das; -s, -*› register van de burgerlijke stand; '**standeswidrig** strijdig met iems stand

'**standfest** stabiel; '**standhaft** standvastig; '**Standhaftigkeit** ‹*die; -, geen mv*› standvastigheid; '**standhalten** ‹*st.h; ie-a; ä*› standhouden

'**ständig** 1 blijvend, vast, permanent; 2 voortdurend, onafgebroken

'**ständisch** naar standen, stands...

'**Standlicht** ‹*das; -(e)s, -er*› stadslicht (*van auto*); '**Standort** ‹*der; -(e)s, -e*› 1 standplaats; 2 vestigingsplaats; 3 (*mil*) garnizoen; 4 positie (*van schip, vliegtuig*); '**Standpauke** ‹*die; -, -n*› strafpreek, donderspeech; '**Standpunkt** ‹*der; -(e)s, -e*› standpunt; '**standrechtlich** standrechtelijk; '**Standspur** ‹*die; -, -en*› vluchtstrook (*van autosnelweg*); '**Standuhr** ‹*die; -, -en*› staande klok

'**Stange** ‹*die; -, -n*› 1 stang; 2 staaf; staak; 3 roede (*van gordijn, op trap*); 4 stok; 5 rol (*tabak*); 6 slof (*sigaretten*); 7 rek, kapstok; 8 *eine ~ Geld* een hoop geld; *einem die ~ halten* het voor iem opnemen; *bei der ~ halten* warm houden voor iets; *bei der ~ bleiben* voet bij stuk houden; '**Stangenbohne** ‹*die; -, -n*› (*plantk*) stok-, klimboon; '**Stangenbrot** ‹*das; -(e)s, -e*› stokbrood

Stänke'rei ‹*die; -, -en*› ruzie, gekrakeel; '**stänkern** ‹*h*› 1 ruzie zoeken; 2 zich overal mee bemoeien

'**stanzen** ‹*h*› 1 ponsen; 2 stanzen, uithakken

'**Stapel** ‹*der; -s, -*› 1 stapel; *vom ~ laufen* (*lassen*) van stapel (laten) lopen; *auf ~ legen* op stapel leggen; 2 stapel-, opslagplaats; '**Stapellauf** ‹*der; -(e)s, -ë*› tewaterlating

'**stapeln** ‹*h*› (op)stapelen, stapels (stapeltjes) maken; *sich ~* zich opeenstapelen; '**Stapelplatz** ‹*der; -es, -ë*› stapelplaats; '**Stapelware** ‹*die; -, -n*› stapelgoederen; '**stapelweise** in stapels

'**Stapfe** ‹*die; -, -n*›, '**Stapfen** ‹*der; -s, -*› voetspoor, -stap; '**stapfen** ‹*h en s*› stappen

Star I ‹*der; -(e)s, -e*› 1 (*med*) staar; 2 (*dierk*) spreeuw; II ‹*der; -s, -s*› ster (*beroemdheid*); vedette

stark (*stärker, stärkst*) 1 sterk (*div bet*); krachtig; 2 flink, groot (*bedrag, som*); 3 zwaar (*beschadigd, tabak, regen, sneeuw*); 4 hevig (*bloeden, lawaai, pijn, regen*); (*vorst*) streng; (*verkoudheid*) flink; (*koorts*) hoog; hard (*regenen, vriezen, waaien*); 5 talrijk, groot; 6 dik (*plank*); *450 Seiten ~* 450 pagina's dik; 7 krachtig (*medicijn, middel*); 8 groot (*oplage, vraag*); 9 (*eten, drinken*) veel; 10 *~ bevölkert* dicht bevolkt; 11 dik, zwaarlijvig; 12 (*das ist*) *ein ~es Stück!* ongehoord!; 13 druk (*verkeer*); 14 (*schooltaal*) blits, geweldig; 15 *sich für etwas ~ machen* zich voor iets inzetten; *~ auf die fünfzig* (*usw.*) *gehen* (*fig*) hard naar de vijftig lopen; '**starkbevölkert** dichtbevolkt

'**Stärke** ‹*die; -, -n*› 1 sterkte (*div bet*); 2 kracht; 3 sterke punt; sterke zijde; 4 hevigheid; 5 dikte; 6 stijfsel; 7 zetmeel; '**Stärkekleister** ‹*der; -s, -*› stijfselpap; '**Stärkemehl** ‹*das; -(e)s, -e*› zetmeel; '**stärken** ‹*h*› 1 sterken, versterken; 2 verstevigen; 3 stijven (*wasgoed*); 4 *sich ~* zich sterken; '**Stärkezucker** ‹*der; -s, geen mv*› druivesuiker

'**Starkleibigkeit** ‹*die; -, geen mv*› zwaarlijvigheid; '**Starkstrom** ‹*der; -(e)s, geen mv*› sterkstroom

'**Stärkung** ‹*die; -, -en*› 1 (ver)sterking; 2 het stijven; '**Stärkungsmittel** ‹*das; -s, -*› versterkend middel

starr 1 star; 2 stijf; verstijfd; 3 (*blik, oog*) starend, strak; 4 onbeweeglijk; 5 stom (*van verbazing*); 6 onbuigzaam, onverzettelijk; koppig; '**Starre** ‹*die; -, geen mv;*› zie *Starrheit*; '**starren** ‹*h*› 1 verstijven, stollen; 2 staren, turen; 3 *vor Schmutz ~* stijf staan van het vuil; *von Waffen ~* tot de tanden gewapend zijn; '**Starrheit** ‹*die; -, geen mv*› 1 starheid; 2 stijfheid, onbeweeglijkheid; 3 strakheid; 4 koppigheid; '**Starrkopf** ‹*der; -(e)s, -̈e*› stijfkop; '**Starrsinn** ‹*der; -(e)s, geen mv*› koppigheid

Start ‹*der; -(e)s, -s en -e*› 1 start; 2 lancering; '**Startautomatik** ‹*die; -, -en*› automatische choke; '**Startbahn** ‹*die; -, -en*› startbaan; '**startbereit** startklaar; '**starten** ‹*h*› 1 starten; 2 beginnen; 3 (*raket, ruimteveer*) lanceren; 4 (*einen neuen Film*) *~* brengen

'**Starterlaubnis** ‹*die; -, -se*› 1 toestemming om deel te nemen; 2 toestemming om te starten; '**startklar** startklaar; '**Startschuß** ‹*der; -schusses, -schüsse*› startschot

'**Stasi** ‹*der; -s, geen mv*› *Staatssicherheitsdienst* (*in voormalige DDR*)

'**Statik** ‹*die; -, geen mv*› statica, evenwichtsleer

Stati'on ‹*die; -, -en*› 1 station (*div bet*); 2 halte; 3 standplaats; 4 afdeling (*in ziekenhuis*); 5 (*fig*) stadium; 6 *freie ~* vrije kost en inwoning; 7 *~ machen* stoppen

statio'när 1 stationair; 2 ambulant

statio'nieren ‹*h*› stationeren, plaatsen

Stati'onsarzt ‹*der; -es, -ë*› afdelingsarts (*in ziekenhuis*); **Stati'onspfleger** ‹*der; -s, -*›, **Stati'onsschwester** ‹*die; -, -n*› hoofdverpleegkundige

Sta'tist ‹*der; -en, -en*› (*theat*) figurant

Sta'tistik ‹*die; -, -en*› statistiek; **sta'tistisch** statistisch; *Statistisches Bundesamt* Centraal Bureau voor de statistiek

Sta'tiv ‹*das; -s, -e*› statief, voetstuk

Statt ‹*die; -, geen mv*› plaats, plek; *an meiner ~* in mijn plaats; *an Zahlungs ~* bij wijze van betaling; *an Kindes ~* (*annehmen*) als kind

statt ‹*vz* (+ 2)› in plaats van; *~ daß* in plaats dat

'**Stätte** ‹*die; -, -n*› plaats; plek

'stattfinden ‹*st.h; a-u*› 1 plaatshebben, -vinden, gebeuren; 2 *nicht* ~ niet doorgaan; **'stattgeben** ‹*st.h; a-e; i*› (*e.r Bitte u.ä.*) ~ inwilligen; **'statthaben** ‹*onr.h*› plaatshebben, -vinden, gebeuren; **'statthaft** geoorloofd, toelaatbaar; **'stattlich** 1 fors, groot en sterk; 2 imposant; 3 (*aantal, bedrag*) aanzienlijk; 4 (*huis*) deftig

'Statue ‹*die; -, -n*› (stand)beeld

Sta'tur ‹*die; -, -en*› gestalte

'Status ‹*der; -, -*› status; **'Statussymbol** ‹*das; -(e)s, -e*› statussymbool

Sta'tut ‹*das; -(e)s, -en*› statuut; **statu'tarisch**, **sta'tutengemäß** statutair, volgens of in de statuten

Stau ‹*der; -(e)s, -e en -s*› 1 file, (verkeers)opstopping; 2 doodtij; 3 (op)stuwing

Staub ‹*der; -(e)s, -ë, of -e*› 1 het stof; 2 (*fig*) *in den ~ ziehen od. zerren* door de modder halen; *sich aus dem ~ machen* zich uit de voeten maken

'Staubecken ‹*das; -s, -*› stuwbekken, stuwmeer

'stauben ‹*h*› stuiven

'stäuben ‹*h*› 1 stuiven; 2 strooien; **'Stäuber** ‹*der; -s, -*› 1 stoffer; 2 brak

'Staubfaden ‹*der; -s, -̈*› meeldraad

'staubig stoffig, vol stof; **'staubsaugen** ‹*h*› (*staubsaugte, staubgesaugt*) stofzuigen; **'Staubsauger** ‹*der; -s, -*› stofzuiger; **'Staubschicht** ‹*die; -, -en*› stoflaag; **'staubtrocken** 1 kurkdroog; 2 stofdroog; **'Staubtuch** ‹*das; -(e)s, -ër*› stofdoek; **'staubwischen** ‹*h*› stof afnemen, stoffen

'Staudamm ‹*der; -(e)s, -ë*› stuwdam

'Staude ‹*die; -, -n*› heester, struik; **'Staudensellerie** ‹*der; -s, -s*› bleekselderij

'stauen ‹*h*› 1 stuwen, opstuwen (*water*); 2 stouwen (*van scheepslading*); 3 *sich ~: a*) opgestuwd worden; *b*) zich ophopen, een opstopping veroorzaken; **'Stauer** ‹*der; -s, -*› stuwadoor, stuwer, stouwer; **'Staumauer** ‹*die; -, -*› stuwmuur

'staunen ‹*h*› zich verbazen, zich verwonderen, verbaasd staan; *da staunst du* (*wohl*) daar sta je van te kijken!; **'Staunen** ‹*das; -s, geen mv*› verbazing; **'staunenswert** verbazingwekkend

'Stausee ‹*der; -s, -n*› stuwmeer; **'Stauung** ‹*die; -, -en*› 1 file, filevorming; 2 stuwing, opstuwing; 3 het stouwen (*van scheepslading*); **'Stauwasser** ‹*das; -s, -*› doodtij; **'Stauwerk** ‹*das; -(e)s, -e*› stuw

Steak ‹*das; -s, -s*› biefstuk

'stechen ‹*st.h; a-o; i*› 1 steken (*div bet*); 2 prikken; 3 graveren; 4 snijden (*stempel*); 5 een slag halen (*bij het kaartspel*); **'Stechen** ‹*das; -s, -*› 1 steek (*in de zijde*); 2 steekspel; 3 (*sp*) barrage; **'stechend** 1 scherp (*geur*); 2 stekend; **'Stechfliege** ‹*die; -, -n*› steekvlieg; **'Stechmücke** ‹*die; -, -n*› steekmug; **'Stechschritt** ‹*der; -(e)s, -e*› (*mil*) paradepas; **'Stechuhr** ‹*die; -, -n*› prikklok; **'Steckbrief** ‹*der; -(e)s, -e*› bevel tot aanhouding en voorgeleiding; **'Steckdose** ‹*die; -, -n*› stopcontact

'Stecken ‹*der; -s, -*› stok

'stecken I ‹*zw. h tr*› 1 steken; stoppen; doen; *steck das weg!* doe dat weg!; 2 poten (*aardappels, bonen*); **II** ‹*zw. soms st. intr; steckte/stak-gesteckt*› ~ (*in*) zitten, steken (in) (*lett en fig*); *wo steckt er?* waar is hij, waar zit hij?; (*der Schlüssel*) *steckt* zit in het slot; **'steckenbleiben** ‹*st.s; ie-ie*› blijven steken; **'steckenlassen** ‹*st.h; ie-a; ä*› laten zitten; **'Steckenpferd** ‹*das; -(e)s, -e*› stokpaard(je); *sein ~ reiten* op z'n stokpaard(je) zitten; **'Stecker** ‹*der; -s, -*› stekker, steker

'Steckling ‹*der; -s, -e*› (*plantk*) stek(je)

'Stecknadel ‹*die; -, -n*› speld; **'Steckschlüssel** ‹*der; -s, -*› (*techn*) dopsleutel

Steg ‹*der; -(e)s, -e*› 1 (smal)bruggetje; vlonder; 2 aanlegsteiger; 3 loopplank; 4 voetpad

'Stegreif ‹*der*› *aus dem ~* onvoorbereid

'Stehbierhalle ‹*die; -, -n*› bierhal (*waar men het bier staande drinkt*)

'stehen ‹*st.h; a-a*› 1 staan (*alle bet*); *wie steht die Sache?* hoe staat de zaak ervoor?; ***auf** Posten ~* op wacht staan; *ich stehe **für** nichts* ik sta nergens voor in; ***im** Stehen* staande; *gut **mit** einem ~* op goede voet met iem staan; ***zu** einem ~* aan iems kant staan, iem steunen; *wie stehst du dazu?* hoe sta je daartegenover?; *zur Verfügung ~* ter beschikking staan; 2 (*klok, machine, verkeer*) stilstaan; 3 *wie steht's mit ...?* hoe gaat het met ...?; *wie steht's?* hoe gaat het?; 4 *es steht **bei** dir* het hangt van jou af; *es steht mir **bis** hier!* het komt me tot hier!; *wir stehen **für** ...* wij komen op, nemen het op voor ...; ***zu** seinem Wort ~* zich aan z'n woord houden; *es steht zu* (*erwarten, hoffen usw.*) het is te ...; **sich** *~: hier steht es sich gut!* hier sta je goed!; *er steht sich gut* het gaat 'm (financieel) goed; **'stehenbleiben** ‹*st.s; ie-ie*› blijven staan; *wo sind wir stehengeblieben?* waar zijn wij gebleven? (*met gesprek, les*); **'stehend** staand; *~en Fußes* op staande voet; *~es Wasser* stilstaand water; **'stehenlassen** ‹*st.h; ie-a; ä*› laten staan; **'Steher** ‹*der; -s, -*› (*wielersport*) stayer

'Stehleiter ‹*die; -, -n*› trapleer

'stehlen ‹*st.h; a-o; ie*› stelen; *sich aus dem Hause ~* het huis uitsluipen

'Stehplatz ‹*der; -es, -ë*› staanplaats

steif 1 stijf (*lett en fig*); *~ vor Kälte* stijf van de kou; 2 (*drank*) sterk; 3 stijfjes, formeel; gedwongen; 4 *halte die Ohren ~!* hou je taai!; **'Steife** ‹*die; -, -n*› 1 stijfheid; 2 stut; **'steifen** ‹*h*› 1 stijf maken, stijven; 2 (*boom, muur*) stutten, schoren; 3 *einen in* (+ 3) ~ iem in iets stijven; **'steifhalten** ‹*st. h; ie-a; ä*› *die Ohren ~* de moed niet verliezen; **'Steifheit** ‹*die; -, geen mv*› stijfheid enz.

Steig ‹*der; -(e)s, -e*› stijgend voetpad, bergpad; **'Steigbügel** ‹*der; -s, -*› stijgbeugel (*ook anat*); **Steige** ‹*die; -, -n*› 1 (steile, smalle) trap, ladder; 2 helling; '**Steigeisen** ‹*das; -s, -*› klimijzer, -spoor; '**steigen** ‹*st.s; ie-ie*› 1 stijgen (*alle bet*); *zu Kopf* ~ naar het hoofd stijgen; 2 klimmen; *auf einen Baum* ~ in een boom klimmen; *auf einen Berg, einen Turm* ~ een berg, een toren beklimmen; (*über eine Mauer*) ~ klimmen; 3 ~ (*aus, in*) stappen (uit, in); 4 plaatsvinden; 5 *ins Examen* ~ examen gaan doen, opgaan; '**Steiger** ‹*der; -s, -*› 1 klimmer; 2 mijnopzichter

'**steigern** ‹*h*› 1 vergroten, opvoeren; 2 verhogen (*huur, prijzen, tarieven e.d.*); 3 (*gramm*) de trappen van vergelijking vormen; 4 op een veiling kopen; **sich** ~: 1 groter worden, stijgen; toenemen; 2 (*der Spieler usw.*) *steigert sich* wordt beter; '**Steigerung** ‹*die; -, -en*› 1 vergroting, opvoering; 2 verhoging; 3 (*gramm*) het vormen van de trappen van vergelijking; 4 (*sp*) verbetering van de prestaties; '**Steigerungsrate** ‹*die; -, -n*› stijgingspercentage; groeipercentage; '**Steigerungsstufe** ‹*die; -, -n*› (*gramm*) trap van vergelijking

'**Steigfähigkeit** ‹*die; -, -n*› stijg-, klimvermogen; '**Steigung** ‹*die; -, -en*› 1 stijging; 2 helling

steil 1 steil; 2 (*sp*) in de diepte, diep (*Ball, Paß spielen*); '**Steile** ‹*die; -, -n*› steilte; '**Steilhang** ‹*der; -(e)s, -ë*› steile helling; '**Steilpaß** ‹*der; -passes, -pässe*› (*sp*) dieptepass

Stein ‹*der; -(e)s, -e*› 1 steen (*alle bet*); 2 pit (*van abrikoos, kers, perzik, pruim*); 3 gal-, niersteen; 4 damschijf; 5 schaakstuk; 6 rots; 7 *mir fiel ein* ~ *vom Herzen* dat was een pak van mijn hart; (*das ist*) *nur ein Tropfen auf den, auf einen heißen* ~ een druppel op een gloeiende plaat; **Stein**... steen...; stenen...; '**stein'alt** stokoud; '**steinartig** steenachtig; '**Steinbruch** ‹*der; -(e)s, -ë*› steengroeve; '**Steinbutt** ‹*der; -(e)s, -e*› (*dierk*) tarbot; '**steinern** stenen, van steen; '**stein'hart** steenhard, hard als steen; '**Steinhauer** ‹*der; -s, -*› steenhouwer; '**steinig** steenachtig, vol stenen; '**Steinkohle** ‹*die; -, geen mv*› steenkool; '**Steinkohlen**... (steen)kool..., (steen)kolen...; '**Steinkohlenbergwerk** ‹*das; -(e)s, -e*› kolenmijn; '**Steinkohlengrube** ‹*die; -, -n*› kolenmijn; '**Steinkohlenzeche** ‹*die; -, -n*› kolenmijn; '**Steinmarder** ‹*der; -s, -*› (*dierk*) steenmarter; '**Steinmetz** ‹*der; -en, -en*› steenhouwer; '**Steinpflaster** ‹*das; -s, -*› plaveisel, straatstenen; '**stein'reich** schatrijk; '**steinreich** vol stenen; '**Steinschlag** ‹*der; -(e)s, geen mv*› 1 steenslag; 2 het neervallen van gesteente (*in de bergen*); vallend gesteente; '**Steinzeit** ‹*die; -, geen mv*› stenen tijdperk, steentijd

Steiß ‹*der; -es, -e*› 1 (*volkstaal*) zitvlak; 2 stuit; '**Steißbein** ‹*das; -(e)s, -e*› stuitbeen; '**Steißlage** ‹*die; -, -n*› (*med*) stuitligging

'**stellbar** (ver)stelbaar, te stellen, te regelen

'**Stelldichein** ‹*das; -(s), -(s)*› rendez-vous

'**Stelle** ‹*die; -, -n*› 1 plaats; plek; *an* ~ *von* in de plaats van; *an deiner* ~ in jouw plaats; *auf der* ~ *treten* pas op de plaats maken; *an erster* ~ in de eerste plaats; *zur* ~ *sein* ter plaatse, aanwezig zijn; 2 betrekking, baan; *eine freie, offene* ~ een vacature, (*Belg*) werkaanbieding; 3 instantie; *die zuständige* ~ de bevoegde instantie; 4 passage (*in boek*); 5 (*die Zahl 1000 hat vier*) ~*n* cijfers; 6 (*die amtlichen, militärischen*) ~*n* autoriteiten; 7 *nicht von der* ~ *kommen* niet opschieten; *auf der* ~ dadelijk, onmiddellijk; (*er war*) *auf der* ~ *tot* op slag dood; '**stellen** ‹*h*› 1 stellen (*div bet*); ***auf*** *die Probe* ~ op de proef stellen; ***in*** *Aussicht* ~ in het vooruitzicht stellen; ***zur*** *Debatte, zur Diskussion, zur Verfügung* ~ ter discussie, ter beschikking stellen; ***unter*** *Strafe* ~ strafbaar stellen; 2 zetten, plaatsen; 3 (*hard, warm, hoog, laag enz*) ~ zetten; 4 *den Wecker* ~ de wekker zetten; *die Uhr* ~ de klok gelijkzetten; 5 arresteren, gevangennemen; 6 *einen Bürgen, einen Vertreter* ~ voor een borg, voor een plaatsvervanger zorgen; 7 (*goederen, kandidaat, speler*) ~ leveren; ter beschikking stellen; 8 *eine Kaution* ~ een borgsom storten; 9 *einen Antrag od. ein Gesuch* ~ een verzoek indienen; 10 *seinen Mann* ~ zijn man staan; 11 *gut gestellt sein* in goeden doen of goed gesitueerd zijn; 12 (*fig*) *ganz* ***auf*** *sich gestellt sein* geheel alleen staan; *etwas* ***in*** *Abrede* ~ iets ontkennen; *etwas in Frage* ~ iets in twijfel trekken; ***vor*** *Gericht* ~ voor de rechtbank brengen; **sich** ~ 1 gaan staan (*lett en fig*); *sich hinter einen* ~ (*fig*) achter iem gaan staan; 2 (*mil*) opkomen; 3 zichzelf bij de politie aanmelden, aangeven; 4 zich verzamelen (*voor demonstratie enz*); 5 *sich* (*taub usw.*) ~ zich ... houden; *er stellt sich nur so* hij doet maar alsof; 6 (*der Minister*) *stellte sich* (*der Presse*) ... stond ... te woord; (*der Preis*) *stellt sich auf 10 Mark* bedraagt 10 mark; *sich einem Gegner* ~ het tegen een tegenstander opnemen; '**Stellenangebot** ‹*das; -(e)s, -e*› aangeboden betrekking(en), vacatures; '**Stelleninhaber** ‹*der; -s, -*› werkende; '**stellenlos** zonder betrekking, werkloos; '**Stellenvermittlung** ‹*die; -, -en*› arbeidsbemiddeling; '**Stellenwechsel** ‹*der; -s, -*› verandering van baan, betrekking; '**stellenweise** hier en daar; '**Stellenwert** ‹*der; -(e)s, -e*› (*fig*) betekenis

...**stellig**: *zwei-, dreistellige Zahl* getal van twee, drie cijfers

'**Stellung** ‹*die; -, -en*› 1 positie (*div bet*); 2 betrekking; 3 ligging; 4 houding; 5 (*mil*) stelling; 6 stand (*van schakelaar e.d.*); 7 standje (*bij geslachtsverkeer*); 8 ~ *nehmen* (*zu*) zijn standpunt bepalen (t.a.v.); (*für, gegen einen od. etwas*) ~ *nehmen* zich ... uitspreken; '**Stellungnahme** ‹*die; -, -n*› 1 standpunt; 2 oordeel; '**stellungslos** zonder betrekking, werkeloos; '**Stellungswechsel** ‹*der; -s, -*› 1 verandering van betrekking; 2 verandering van positie; 3 (*mil*) verandering van stelling

'**stellvertretend** plaatsvervangend; waarnemend; '**Stellvertreter** ‹*der; -s, -*› plaatsvervanger

'Stelzbein ‹*das; -(e)s, -e*› houten been; **'Stelze** ‹*die; -, -n*› stelt; *auf ~n gehen od. schreiten* op stelten lopen, (*fig*) hoogmoedig zijn; **'stelzen** ‹*h*› 1 op stelten lopen; 2 stijf stappen; **'Stelzvogel** ‹*der; -s, -̈*› steltloper, steltvogel
'Stemme ‹*die; -, -n*› (*sp*) stut, steun
'Stemmeisen ‹*das; -s, -*› breekijzer; steenbeitel
'stemmen ‹*h*› 1 heffen, omhoog tillen; 2 duwen; 3 (*die Hände*) *in die Seiten ~* in de zijde zetten; *die Ell(en)bogen auf den Tisch ~* met de ellebogen op de tafel steunen; 4 (*ein Loch in die Wand*) ~ hakken; 5 remmen (*bij het skiën*)
'Stempel ‹*der; -s, -*› 1 stempel (*lett en fig*); 2 (waar)merk; 3 keur; 4 zegel; 5 stamper; **'Stempelkissen** ‹*das; -s, -*› stempelkussen; **'stempeln** ‹*h*› 1 stempelen (*alle bet*); *~ gehen* een werkloosheidsuitkering halen; 2 waarmerken; 3 (*papier*) zegelen; 4 kenmerken
'Stengel ‹*der; -s, -*› 1 stengel, steel; 2 smalle voet
stenogra'phieren ‹*h*› stenograferen; **Stenoty'pistin** ‹*die; -, -nen*› stenotypiste
'Steppdecke ‹*die; -, -n*› gestikte deken
'Steppe ‹*die; -, -n*› steppe
'steppen ‹*h*› stikken, doorstikken
'Sterbefall ‹*der; -(e)s, -ë*› sterfgeval; **'Sterbehilfe** ‹*die; -, geen mv*› euthanasie; **'sterben** ‹*st.s; a-o; i*› sterven; overlijden, doodgaan; *vor Hunger ~* van de honger sterven; **'Sterben** ‹*das; -s, -*› sterven, dood; *im ~ liegen* op sterven liggen; *zum ~ langweilig* dodelijk vervelend; **'Sterbensangst** ‹*die; -, -ë*› doodsangst; **'sterbens'krank** doodziek; **'sterblich** sterfelijk; *die ~e Hülle* het stoffelijk overschot; *~ verliebt* smoorverliefd; **'Sterbliche(r)** ‹*bn als zn*› sterveling; **'Sterblichkeit** ‹*die; -, geen mv*› 1 sterfelijkheid; 2 sterfte
'Stereo... stereo...; **'Stereoanlage** ‹*die; -, -n*› stereo-installatie; **'Stereokassettenrecorder** ‹*der; -s, -*› stereocassetterecorder
stereo'typ stereotiep
ste'ril 1 steriel; 2 onvruchtbaar; **Sterilisati'on** ‹*die; -, -en*› sterilisatie; **sterili'sieren** ‹*h*› steriliseren
Stern ‹*der; -(e)s, -e*› 1 ster; 2 (*typ*) sterretje; 3 (*unter einem guten usw.*) ~ gesternte; **Stern**... ster(ren)...; **'Sternbild** ‹*das; -(e)s, -er*› sterrenbeeld; **'Sternfahrt** ‹*die; -, -en*› (*sp*) rally, sterrit; **'sternhell** helder door de sterren verlicht; **'Sternschnuppe** ‹*die; -, -n*› vallende ster; **'Sternstunde** ‹*die; -, -n*› beslissend, belangrijk uur; **'Sternwarte** ‹*die; -, -n*› sterrenwacht
Sterz ‹*der; -es, -e*› 1 staart; 2 een meelspijs
stet gestadig, constant, onafgebroken; **'stetig** gestadig, constant, onafgebroken; **'Stetigkeit** ‹*die; -, geen mv*› vastheid, bestendigheid
stets steeds, voortdurend, altijd
'Steuer I ‹*die; -, -n*› 1 belasting; (*~n*) *aufheben, einnehmen, eintreiben, erheben* afschaffen, innen, invorderen, heffen; (*etwas von der ~*) *absetzen* aftrekken; 2 (*volkstaal*) belastingdienst; **II** ‹*das; -s, -*› 1 roer (*lett en fig*); 2 stuur (*van auto*); *am ~ sitzen* achter het stuur zitten; **'Steuer**... 1 belasting...; 2 stuur...; **'Steueraufkommen** ‹*das; -s, -*› belastingopbrengst; **'steuerbegünstigt** met belastingfaciliteiten, fiscaal voordelig; **'Steuerbegünstigung** ‹*die; -, -en*› belastingfaciliteit; **'Steuerberater** ‹*der; -s, -*› belastingconsulent; **'Steuerbescheid** ‹*der; -(e)s, -e*› belastingaanslag; **'Steuerbord** ‹*das; -(e)s, geen mv*› (*scheepv*) stuurboord; **'Steuereinnehmer** ‹*der; -s, -*› ontvanger der belastingen; **'Steuererhebung** ‹*die; -, -en*› belastingheffing; **'Steuererhöhung** ‹*die; -, -en*› belastingverhoging; **'Steuererklärung** ‹*die; -, -en*› belastingaangifte; *die ~ machen* zijn aangiftebiljet invullen; **'Steuererleichterung** ‹*die; -, -en*› belastingfaciliteiten; **'Steuerfahndung** ‹*die; -, -n*› fiscale recherche; **'steuerfrei** belastingvrij; **'Steuerfreibetrag** ‹*der; -(e)s, -ë*› 1 belastingvrije voet; 2 belastingvrij bedrag; **'Steuergerät** ‹*das; -(e)s, -e*› tuner-versterker, receiver; **'Steuerhinterziehung** ‹*die; -, -en*› belastingontduiking; **'Steuerklasse** ‹*die; -, -n*› belastinggroep; **'Steuerknüppel** ‹*der; -s, -*› stuurknuppel; **'Steuerlast** ‹*die; -, -n*› belastingdruk; **'steuerlich** belasting...; *~e Belastung* belastingdruk; **'Steuermann** ‹*der; -(e)s, -ër en -leute*› stuurman, (*sp ook*) stuurvrouw
'steuern ‹*h en s*› 1 (*scheepv*) sturen; stevenen; (*fig*) *einen bestimmten Kurs ~* varen; 2 *~ auf* (+ 3) aansturen op; 3 (*auto, kraan, schip, vliegtuig*) ~ besturen; 4 ~ (+ 3) tegengaan, een eind maken aan; 5 sturen, beïnvloeden; 6 (*geluid*) regelen
'steuerpflichtig 1 belastingplichtig; 2 belastbaar
'Steuerrad ‹*das; -(e)s, -ër*› 1 (*scheepv*) stuurrad; 2 stuurwiel (*van auto*); **'Steuersenkung** ‹*die; -, -en*› belastingverlaging; **'Steuerumgehung** ‹*die; -, -en*› ontlopen van een belasting; **'Steuerung** ‹*die; -, -en*› 1 het (be)sturen; 2 besturing; 3 stuurinrichting; 4 bestrijding; **'Steuerveranlagung** ‹*die; -, -en*› belastingaanslag; **'Steuervergünstigung** ‹*die; -, -en*› belastingfaciliteit; **'Steuerzahler** ‹*der; -s, -*› belastingbetaler
'Steven ‹*der; -s, -*› (*scheepv*) steven
Stewar'deß ‹*die; -, Stewardessen*› stewardess
sti'bitzen ‹*h*› gappen, pikken
Stich ‹*der; -(e)s, -e*› 1 steek (*div bet*); *~ halten* steek houden, steekhoudend zijn; *im ~ lassen* in de steek laten; 2 gravure; 3 slag (*in het kaartspel*); **Stiche'lei** ‹*die; -, -en*› hatelijke opmerking; **'sticheln** ‹*h*› 1 priegelen (*fijn naaien*); 2 (*auf einen*) ~ hatelijke toespelingen (op iem) maken; **'stichfest** onkwetsbaar; **'Stichflamme** ‹*die; -, -n*› steekvlam; **'stichhaltig** steekhoudend; **'Stichling** ‹*der; -s, -e*› stekelbaars; **'Stichprobe** ‹*die; -, -n*› steekproef; **'Stichtag** ‹*der; -(e)s, -e*› peildatum; **'Stichwaffe** ‹*die; -, -n*› steekwapen; **'Stich-**

wahl ‹*die;* -, -*en*› herstemming; **'Stichwort** ‹*das;* -(*e*)*s*, -*ër*› 1 parool; wachtwoord; 2 trefwoord; **'stichwortartig** in trefwoorden; kort; **'Stichwunde** ‹*die;* -, -*n*› steekwond

'Stickarbeit ‹*die;* -, -*en*› borduurwerk; **'sticken** ‹*h*› borduren; **Sticke'rei** ‹*die;* -, -*en*› borduurwerk

'stickig verstikkend, om te stikken, benauwd

'Stickluft ‹*die;* -, *geen mv*› sticklucht, bedorven lucht; **'Stickmuster** ‹*das;* -*s*, -› borduurpatroon; **'Sticknadel** ‹*die;* -, -*n*› borduurnaald; **'Stickstoff** ‹*der;* -(*e*)*s*, *geen mv*› stikstof; **'Sticktuch** ‹*das;* -(*e*)*s*, -*ër*› merklap

'stieben ‹*st. en zw.*; *o*/*stiebte* - *o*/*gestiebt*› stuiven

'Stiefel ‹*der;* -*s*, -› 1 laars; 2 *einen guten od. tüchtigen* ~ *vertragen können* een stevige borrel lusten; **'stiefeln** ‹*s*› met grote stappen lopen; stappen

'Stiefeltern ‹*mv*› stiefouders; **'Stiefkind** ‹*das;* -(*e*)*s*, -*er*› stiefkind (*lett en fig*); **'Stiefmutter** ‹*die;* -, -̈› stiefmoeder; **'Stiefmütterchen** ‹*das;* -*s*, -› driekleurig viooltje

'Stiege ‹*die;* -, -*n*› 1 trap; 2 kippenladder; 3 tree; 4 kist (*voor het fruit*); 5 twintigtal

Stiel ‹*der;* -(*e*)*s*, -*e*› 1 steel; 2 stengel; **'Stielaugen** ‹*mv*› ~ *bekommen od. machen* begerig kijken; (*ook*) nieuwsgierig kijken; **'Stielpfanne** ‹*die;* -, -*n*› koekepan

Stier ‹*der;* -(*e*)*s*, -*e*› stier

stier ‹*bn*› strak

'stieren ‹*h*› staren

Stift I ‹*der;* -(*e*)*s*, -*e*› 1 stift; 2 pin; pen; 3 potlood; pen; 4 (jongste) leerling (*in hotel, zaak*); 5 dreumes; **II** ‹*das;* -(*e*)*s*, -*e en* -*er*› 1 gesticht, stichting; 2 (*prot*) seminarie; 3 sticht, stift; 4 klooster; **'stiften** 1 stichten (*brand, kerk, klooster, kloosterorde, onheil, verwarring*); *Zank* ~ ruzie maken; 2 oprichten (*vereniging*); 3 aangaan (*verbond*); 4 schenken, geven; 5 *einen Preis* ~ een prijs uitloven, instellen

stiftengehen ‹*st.s; i-a*› 'm smeren

'Stifter ‹*der;* -*s*, -› 1 stichter; 2 oprichter; 3 schenker, gever; **'Stiftung** ‹*die;* -, -*en*› 1 stichting; 2 inrichting, gesticht; 3 schenking; 4 geschenk

'Stiftzahn ‹*der;* -(*e*)*s*, -*ë*› stifttand

Stil ‹*der;* -(*e*)*s*, -*e*› stijl; *im großen* ~, *großen* ~*s* op grote schaal, grootscheeps; **'stilgerecht** in stijl; **stili'sieren** ‹*h*› stileren

still 1 stil (*alle bet*); *im* ~*en* in stilte, ongemerkt; 2 rustig; kalm; **'Stille** ‹*die;* -, *geen mv*› stilte; *in der* ~, *in aller* ~ in (alle) stilte, stilletjes; **'stille** zie *still*; **'stillegen** ‹*h*› 1 stilleggen; 2 (*bedrijf*) sluiten, (*lijn*) opheffen; **'Stillegung** ‹*die;* -, -*en*› 1 stopzetting; 2 sluiting; **'stillen** ‹*h*› 1 (*honger e.d.*) stillen; 2 (*dorst*) lessen; 3 (*nood, smart*) lenigen; 4 (*nieuwsgierigheid*) bevredigen; 5 (*verlangen*) voldoen aan; 6 zogen, de borst geven; 7 (*bloed*) stelpen; **'stillgestanden!** (*mil*) geef ... acht!; **'stillhalten** ‹*st.h; ie-a; ä*› rustig blijven; **'stilliegen** ‹*st.h; a-e*› buiten bedrijf zijn; **'stillos** stijlloos; **'stillschweigen** ‹*st.h; ie-ie*› stilzwijgen; **'Stillschweigen** ‹*das;* -*s*, *geen mv*› het stilzwijgen; **'Stillstand** ‹*der;* -(*e*)*s*, *geen mv*› stilstand; **'stillstehen** ‹*st.h; a-a*› stilstaan; **'Stillung** ‹*die;* -, -*en*› het stillen enz; vgl *stillen*

'stilvoll stijlvol; **'stilwidrig** niet in stijl

Stimm... stem...; **'Stimmabgabe** ‹*die;* -, -*n*› het uitbrengen van zijn stem; **'Stimmband** ‹*das;* -*s*, -*ër*› stemband; **'stimmberechtigt** stemgerechtigd; **'Stimmberechtigung** ‹*die;* -, *geen mv*› stemrecht; **'Stimmbruch** ‹*der;* -(*e*)*s*, -*ë*› stemwisseling; **'Stimme** ‹*die;* -, -*n*› 1 stem; 2 *sich der* ~ *enthalten* zich van stemming onthouden; **'stimmen** ‹*h*› 1 kloppen (*van kas, rekening*); 2 stemmen (*div bet*); *einen traurig* ~ iem treurig stemmen; 3 ~ *zu*: *a*) overeenstemmen met; *b*) passen bij; 4 *stimmt so!* laat maar zitten!; **'Stimmenanteil** ‹*der;* -(*e*)*s*, -*e*› stemmenpercentage; aandeel in de stemmen; **'Stimmengewirr** ‹*das;* -(*e*)*s*, *geen mv*› geroezemoes, stemmengegons; **'Stimmengleichheit** ‹*die;* -, -*en*› staking van stemmen; **Stimmenmehrheit** ‹*die;* -, -*en*› meerderheid van stemmen; **'Stimmenthaltung** ‹*die;* -, -*en*› onthouding (*bij stemming*); **'Stimmenzählung** ‹*die;* -, -*en*› het tellen van de stemmen; **'stimmfähig** stemgerechtigd; **'Stimmgabel** ‹*die;* -, -*n*› stemvork; **'Stimmlage** ‹*die;* -, -*n*› stemregister; **'stimmlos** 1 stemloos; 2 zonder stem; **'Stimmung** ‹*die;* -, -*en*› 1 stemming (*lett en fig*); (*für etwas*) *in* ~ *sein* in de stemming zijn; 2 goed humeur; vrolijke stemming; ~ *machen* voor een vrolijke stemming zorgen; **'Stimmungsbild** ‹*das;* -(*e*)*s*, -*er*› stemmingsbeeld; **'stimmungsvoll** vol stemming, plechtig; **'Stimmzettel** ‹*der;* -*s*, -› stembiljet

stimu'lieren ‹*h*› stimuleren

'stinken ‹*st.h; a-u*› stinken; (*fig*) *die Sache stinkt* er zit een luchtje aan

'stinkfaul aartslui

'stinkig 1 stinkend; 2 ~*e Laune* pestbui

'stinklangweilig stomvervelend; **'Stinklaune** ‹*die;* -, -*n*› rot-, pestbui; **'Stinkmarder** ‹*der;* -*s*, -› (*dierk*) bunzing; **'stinknormal** doodgewoon; **'stinkreich** stinkend rijk; **'stinksauer** pisnijdig; **'Stinkwut** ‹*die;* -, *geen mv*› : *eine* ~ *auf einen haben* woedend op iem zijn

Stipendi'at ‹*der;* -*en*, -*en*› stipendiaat, beursstudent; **Sti'pendium** ‹*das;* -*s*, *Stipendien*› stipendium, (studie)beurs

'stippen ‹*h*› 1 soppen (*in vloeistof*); 2 even aanraken, een tikje geven

Stirn ‹*die;* -, -*en*› 1 voorhoofd; 2 (*bouwk*) front, voorzijde; 3 (*einem, e.r Sache*) *die* ~ *bieten* het hoofd bieden aan; **'Stirnhöhlenentzündung** ‹*die;* -, -*en*› voorhoofdsholteontsteking; **'Stirnrunzeln** ‹*das;* -*s*, *geen mv*› het fronsen van het voorhoofd; **'Stirnseite** ‹*die;* -, -*n*› voorzijde

'stöbern ‹*h*› 1 stuiven (*van sneeuw*); *es stöbert*

er valt fijne droge sneeuw; 2 *nach etwas* ~ naar iets zoeken; (*in jem.s Sachen, in einem Buch*) ~ snuffelen; 3 grondig schoonmaken
'Stocher ‹*der; -s, -*› 1 pook; 2 tandestoker; **'stochern** ‹*h*› 1 poken; 2 porren, peuteren
Stock ‹*der; -(e)s, -ë*› 1 stok; 2 (biljart)keu; 3 potplant; 4 wijnstok; 5 verdieping; *im dritten* ~ op de derde verdieping; driehoog; 6 (*sp*) stick; 7 offerblok; 8 bijenkorf; 9 bergmassa; 10 stamkapitaal; 11 voorraad; **'stock'blind** stekeblind; **'stock'dumm** aarts-, oliedom; **'stock'dunkel** stik-, pikdonker
'stocken ‹*h en s*› 1 stokken, blijven steken of stilstaan; *ins ~ geraten od. kommen* blijven steken; vastlopen, stokken; 2 (*beim Reden*) ~ haperen; 3 stremmen; (*bloed*) stollen
'stock'finster stik-, pikdonker; **'Stockfisch** ‹*der; -(e)s, -e*› 1 stokvis; 2 (*volkstaal*) dooie pier, saaie kerel
...**'stöckig**: *vier~, fünf~, usw.* van vier, vijf verdiepingen
'stock'sauer spin-, pisnijdig; **'stock'steif** stokstijf; **'stock'taub** stokdoof
'Stockung ‹*die; -, -en*› 1 stilstand, stagnatie; 2 stremming (*van verkeer*); 3 hapering
'Stockwerk ‹*das; -(e)s, -e*› verdieping, etage
Stoff ‹*der; -(e)s, -e*› 1 stof (*grondstof, materie, weefsel*); 2 drank, alcohol; 3 drugs; **'Stoffadjektiv** ‹*das; -(e)s, -e*› stoffelijk bijvoeglijk naamwoord; **'stofflich** 1 stoffelijk; 2 wat de stof betreft; **'Stoffwechsel** ‹*der; -s, -*› stofwisseling
'stöhnen ‹*h*› steunen, kreunen
'Stolle ‹*die; -, -n*› kerststol, -brood; **'Stollen** ‹*der; -s, -*› 1 (open)mijngang, tunnel; 2 nop (*onder sportschoen*); 3 kerststol, -brood
'stolpern ‹*h en s*› 1 struikelen; 2 strompelen
stolz 1 trots; 2 imposant; 3 fiks; 4 hoogmoedig; **Stolz** ‹*der; -es, geen mv*› 1 trots; 2 hoogmoed; **stol'zieren** ‹*s*› pronken, trots lopen
'stopfen ‹*h*› 1 stoppen (*div bet*); 2 vullen; 3 (*het eten*) proppen; schrokken; 4 *einem den Mund od. das Maul* ~ iem de mond snoeren; 5 *gestopft voll* prop-, stampvol; **'Stopfer** ‹*der; -s, -*› stopper; **'Stopfgarn** ‹*das; -(e)s, -e*› stopgaren
Stopp ‹*der; -s, -s*› stop; het stoppen; stopzetting; **Stoppball** ‹*der; -(e)s, -ë*› (*sp*) stop-volley
'Stoppel ‹*die; -, -n*› stoppel; **'stoppelig** stekelig, borstelig
'stoppen ‹*h*› 1 stoppen; 2 stoppen, tegenhouden; 3 stopzetten; 4 (*tijd*) stoppen, opnemen; **'Stopper** ‹*der; -s, -*› stopper; **'Stoppschild** ‹*das; -(e)s, -er*› stopbord; **'Stoppuhr** ‹*die; -, -en*› stopwatch
'Stöpsel ‹*der; -s, -*› 1 stop; kurk; 2 stop, plug
Stör ‹*der; -(e)s, -e*› steur
'Störaktion ‹*die; -, -en*› storende handeling; **'störanfällig** gevoelig voor storingen
Storch ‹*der; -(e)s, -ë*› ooievaar
'stören ‹*h*› 1 storen; 2 verstoren; **'Störenfried** ‹*der; -(e)s, -e*› rustverstoorder; **'Störer** ‹*der; -s, -*› stoorder; **'Störfall** ‹*der; -(e)s, -ë*› storing; **'störfrei** storingvrij, zonder storingen
stor'nieren ‹*h*› 1 storneren; 2 annuleren
'störrisch koppig, weerbarstig, stug; **'Störrischkeit** ‹*die; -, geen mv*› zie *störrisch*
'Störsender ‹*der; -s, -*› stoorzender; **'Störung** ‹*die; -, -en*› 1 storing; 2 verstoring, stoornis; **'störungsfrei** storingvrij
'Story ‹*die; -, -s*› 1 story; 2 verhaal; 3 verslag
Stoß ‹*der; -es, -ë*› 1 stoot (*div bet*); 2 duw; 3 slag (*lett en fig, sp*); 4 schok; 5 trap; 6 *einem den letzten ~ geben* de genadeslag geven; **'Stoßdämpfer** ‹*der; -s, -*› schokbreker
'Stößel ‹*der; -s, -*› stamper (in vijzel)
'stoßen I ‹*st.h; ie-o; ö*› 1 stoten (*lett en fig*); 2 duwen; 3 schokken; 4 schoppen, trappen (een bal); 5 (fijn)stampen; 6 blazen (*op horen, trompet*); ***an*** (+ 4) ~ stoten tegen, (*ook*) grenzen aan; (*einen*) *mit der Nase **auf*** (+ 4) ~ met zijn neus op iets duwen; **II** ‹*st.s*› ~ ***an*** (+ 4) grenzen aan; *ans Land* ~ landen; ***auf** einen* ~ iem (toevallig) ontmoeten; (*auf Schwierigkeiten, Widerstand*) ~ stuiten; ***zu** einem* ~ zich bij iem voegen; **sich** ~: *sich an* (+ 3) ~ zich stoten aan (*lett en fig*); **'Stößer** ‹*der; -s, -*› stamper; **'stoßfest** schokvrij; **'Stoßgebet** ‹*das; -(e)s, -e*› schietgebed; **'Stoßkraft** ‹*die; -, geen mv*› stootkracht; **'stoßsicher** (van horloge) schokvrij; **'Stoßstange** ‹*die; -, -n*› bumper; **'Stoßtrupp** ‹*der; -s, -en en -s*› stoottroep; **'Stoßverkehr** ‹*der; -(e)s, geen mv*› spits(uur); **'stoßweise** 1 met schokken, met horten en stoten; 2 bij stapels; **'Stoßzahn** ‹*der; -(e)s, -̈e*› slagtand; **'Stoßzeit** ‹*die; -, -en*› spitsuur (*lett en fig*)
'Stotterer ‹*der; -s, -*› stotteraar; **'stott(e)rig** stotterend; **'stottern** ‹*h*› 1 stotteren; 2 onregelmatig lopen (*van motor*)
stracks 1 onmiddellijk, dadelijk; 2 regelrecht
Straf... straf...; **'Strafanstalt** ‹*die; -, -en*› strafinrichting; **'Strafantrag** ‹*der; -(e)s, -ë*› 1 (*jur*) strafvordering; ~ *stellen* vervolging instellen; 2 eis, requisitoir; **'Strafanzeige** ‹*die; -, -n*› aangifte (*van een strafbaar feit*); (*gegen einen*) ~ *erstatten* aangifte doen; **'Strafarbeit** ‹*die; -, -en*› strafwerk; **'Strafaufschub** ‹*der; -(e)s, -ë*› uitstel van straf; **'Strafaussetzung** ‹*die; -, -en*› ~ *zur Bewährung* voorwaardelijke veroordeling; **'Strafbank** ‹*die; -, -ë*› (*sp*) strafbank; **'strafbar** strafbaar; ~*e Handlung* strafbaar feit; ~ *machen* strafbaar stellen; *sich ~ machen* zich aan een strafbaar feit schuldig maken; **'Strafbarkeit** ‹*die; -, geen mv*› strafbaarheid; **'Strafbefehl** ‹*der; -(e)s, -e*› boete of hechtenis; **'Strafe** ‹*die; -, -n*› 1 straf; *zur* ~ als straf, voor straf; (*eine* ~) *verhängen* opleggen; (*eine* ~) *erleiden* ondergaan; *bei* ~ (*verboten*) op straffe; *unter ~ stellen* strafbaar stellen; 2 boete; **'Strafecke** ‹*die; -, -n*› (*hockey*) strafcorner; **'strafen** ‹*h*› straffen, bestraffen;

sto

einen Lügen ~ iem logenstraffen; **'Straferlaß** ‹*der; -erlasses, -erlässe*› kwijtschelding van straf

straff 1 strak, gespannen; 2 fors, krachtig; 3 (*fig*) straf, krachtig, streng; 4 rechtop

'Straffall ‹*der; -(e)s, -ë*› strafzaak; **'straffällig** strafbaar; ~ *werden* zich aan een strafbaar feit schuldig maken

'straffen ‹*h*› 1 strak maken, strak aantrekken, sterk spannen; 2 (*fig*) stroomlijnen; *sich ~: a*) zich oprichten; *b*) de houding aannemen; **'Straffheit** ‹*die; -, -en*› 1 strafheid, strakheid, spanning; 2 gestrengheid

'straffrei vrij van straf, ongestraft, straffeloos; **'Strafgefangene** ‹*bn als zn*› gevangene; **'strafgerichtlich** strafrechtelijk, straf; **'Strafgesetz** ‹*das; -es, -e*› strafwet; **'Strafgesetzbuch** (*StGB*) ‹*das; -(e)s, -e*› wetboek van strafrecht (W. v. Str)

'sträflich onverantwoord; onvergeeflijk

'Sträfling ‹*der; -s, -e*› strafgevangene

'straflos straffeloos, ongestraft; **'Straflosigkeit** ‹*die; -, geen mv*› straffeloosheid; **'Strafmandat** ‹*das; -(e)s, -e*› bekeuring; **'strafmildernd** (*omstandigheden*) verzachtend; **'Strafraum** ‹*der; -(e)s, -ë*› (*sp*) strafschopgebied; **'strafrechtlich** strafrechtelijk; (*Belg*) correctioneel; **'Strafstoß** ‹*der; -es, -ë*› 1 (*sp*) strafschop; 2 (*sp*) strafbal; **'Straftat** ‹*die; -, -en*› strafbaar feit, delict, misdrijf; **'Straftäter** ‹*der; -s, -*› dader; **'Strafversetzung** ‹*die; -, -en*› overplaatsing als straf; **'Strafverteidiger** ‹*der; -s, -*› (*jur*) raadsman, verdediger, advocaat; **'Strafvollstreckung** ‹*die; -, -en*› strafvoltrekking; **'Strafvollzug** ‹*der; -(e)s, -e*› tenuitvoerlegging van vrijheidsstraf; **'Strafvollzugsanstalt** ‹*die; -, -en*› strafinrichting; **'strafweise** als of bij wijze van straf, straf…; **'strafwürdig** strafwaardig, strafbaar; **'Strafwurf** ‹*der; -(e)s, -ë*› (*sp*) strafworp; **'Strafzettel** ‹*der; -s, -*› bekeuring

Strahl ‹*der; -(e)s, -en*› straal (*alle bet*); **'strahlen** ‹*h*› stralen (*alle bet*); **'strahlend** stralend; **'Strahlenkrankheit** ‹*die; -, -en*› stralingsziekte; **'Strahlflugzeug** ‹*das; -(e)s, -e*› straalvliegtuig; **'Strahlung** ‹*die; -, -en*› straling; **'Strahlungsgefahr** ‹*die; -, -en*› stralingsgevaar

'Strähne ‹*die; -, -n*› 1 haarlok, -sliert; 2 periode; **'strähnig** 1 vezelig, in strengen; 2 sprietig

Stra'min ‹*der; -s, -e*› stramien

stramm 1 strak, gespannen; 2 flink, potig, stevig; 3 flink, kranig; *~e Haltung* flinke houding; 4 *ein ~er Max* een uitsmijter (*een gerecht*); 5 (*discipline*) straf, streng; 6 inspannend, hard (*werken*); **'strammstehen** ‹*st.h; a-a*› in de houding staan

'strampeln ‹*h*› 1 trappelen; 2 (*fietsen*) trappen

Strand ‹*der; -(e)s, -ë*› strand; *an den ~ gehen* naar het strand gaan; *am ~* aan, op het strand; **'Strandbad** ‹*das; -(e)s, -ër*› strandbad; **'stranden** ‹*s en h*› stranden (*lett en fig*); **'Strandkorb** ‹*der; -(e)s, -ë*› strandstoel; **'Strandung** ‹*die; -, -en*› stranding; **'Strandvogt** ‹*der; -(e)s, -ë*› strandvoog; **'Strandwache** ‹*die; -, -n*› strandwacht, kustwacht

Strang ‹*der; -(e)s, -ë*› 1 koord, touw; 2 streng; 3 strop (*van galg*); 4 (*spoorw*) spoor, lijn; 5 *alle an einem, am gleichen od. an demselben ~ ziehen* allen hetzelfde doel nastreven

Stra'paze ‹*die; -, -n*› vermoeienis, grote inspanning; **strapa'zieren** ‹*h*› 1 te veel vermoeien, afmatten, afbeulen; *strapaziert aussehen* er afgemat, oververmoeid uitzien; 2 te veel vergen (van); 3 verslijten; *strapazierte* (*Ausreden, Redensarten*) overbekend, versleten; **strapa'zierfähig** sterk, onverslijtbaar; **strapazi'ös** inspannend, vermoeiend

'Straße ‹*die; -, -n*› 1 straat; *auf der ~* op straat; (*einen*) *auf die ~ werfen, setzen* (*fig*) op straat zetten; *auf der ~ liegen, sitzen* (*fig*) op straat staan; 2 straat, zeeëngte; 3 weg; *auf offener ~* op de openbare weg; 4 *über die ~ gehen* oversteken; **'Straßen...** (vaak) 1 straat…; 2 weg…; **'Straßenarbeiten** ‹*mv*› werkzaamheden (aan de weg); **'Straßenarbeiter** ‹*der; -s, -*› stratenmaker, wegwerker; **'Straßenbahn** ‹*die; -, -en*› tram; **'Straßenbahnhaltestelle** ‹*die; -, -n*› tramhalte; **'Straßenbau** ‹*der; -(e)s, geen mv*› 1 wegenbouw; 2 aanleg van straten; **'Straßenbelag** ‹*der; -(e)s, -ë*› wegdek; **'Straßenbenutzungsgebühr** ‹*die; -, -n*› tolgeld; **'Straßenfahrer** ‹*der; -s, -*› (*sp*) wegrenner; **'Straßenglätte** ‹*die; -, geen mv*› gladheid (*door sneeuw, ijs e.d.*); **'Straßenkampf** ‹*der; -(e)s, -ë*› straatgevecht; **'Straßenkarte** ‹*die; -, -n*› wegenkaart; **'Straßenkehrer** ‹*der; -s, -*› straatveger; **'Straßenkreuzer** ‹*der; -s, -*› slee (grote auto); **'Straßenlage** ‹*die; -, -n*› wegligging; **'Straßenmädchen** ‹*das; -s, -*› straatmadelief; tippelaarster; **'Straßenmeister** ‹*der; -s, -*› (*sp*) wegkampioen; **'Straßennetz** ‹*das; -es, -e*› wegennet; **'Straßenpflaster** ‹*das; -s, -*› straatstenen, plaveisel; **'Straßenrand** ‹*der; -(e)s, -ër*› 1 berm; *~ nicht befahrbar!* zachte berm!; 2 stoep; **'Straßenraub** ‹*der; -(e)s, geen mv*› straatroof; **'Straßenrennen** ‹*das; -s, -*› (*sp*) wegwedstrijd; **'Straßenschäden** ‹*mv*› slecht wegdek; **'Straßenschild** ‹*das; -(e)s, -er*› straatnaambord; **'Straßenschlacht** ‹*die; -, -en*› straatgevecht; **'Straßensperre** ‹*die; -, -n*› weg-, straatversperring; **'Straßenüberführung** ‹*die; -, -en*› viaduct; **'Straßenunterführung** ‹*die; -, -en*› tunnel; **'Straßenverhältnisse** ‹*mv*› toestand van de wegen; **'Straßenverkehr** ‹*der; -s, geen mv*› wegverkeer; **'Straßenwacht** ‹*die; -, -en*› (*Belg*) pechdienst

Strate'gie ‹*die; -, -n*› strategie; **stra'tegisch** strategisch

Strato'sphäre ‹*die; -, geen mv*› stratosfeer

'sträuben ‹*h*› (*haren, manen, vleugels*) overeind doen staan, opzetten; **sich** ~ zich verzetten, tegenspartelen; (*die Haare*) ~ *sich* rijzen te berge

Strauch ‹*der;* -(*e*)*s*, -*ër*› struik, heester; '**strauchartig** struik-, heesterachtig
'**straucheln** ‹*s*› 1 struikelen; 2 (*fig*) de verkeerde kant opgaan, mislukken
'**strauchig** struikachtig, met struiken begroeid
Strauß I ‹*der; -es, -e*› struisvogel; **II** ‹*der; -es, -ë*› 1 bos, boeket, ruiker (*bloemen*); 2 vederbos, pluim, kuif
'**Strebe** ‹*die;* -, -*n*› stut, schoor
'**streben** ‹*h*› 1 gaan, zich bewegen; 2 streven; '**Streben** ‹*das; -s, geen mv*› het streven; '**Streber** ‹*der; -s,* -› streber; '**streberhaft**, '**streberisch** eerzuchtig; '**strebsam** ambitieus, ijverig; '**Strebsamkeit** ‹*die;* -, *geen mv*› ambitie, ijver
'**Strecke** ‹*die;* -, -*n*› 1 traject; route; 2 baanvak; 3 afstand (*ook sp*); stuk, eind; 4 (*sp*) parcours; 5 *auf der ~ bleiben: a*) niet verder komen, blijven steken; *b*) het slachtoffer worden; *zur ~ bringen: a*) doden, vellen; *b*) (*fig*) ten val brengen; *c*) pakken, arresteren
'**strecken** ‹*h*› 1 strekken; 2 (uit)rekken; 3 (*hand, vinger*) opsteken; (*den Kopf aus dem Fenster*) ~ steken; 4 rekken; 5 (*soep, wijn*) aanlengen; 6 uitsmeren over een langere tijd, rekken; 7 (*wapens*) neerleggen; **sich** ~ 1 zich uitstrekken (*lett en fig*); 2 zich neervlijen, gaan liggen
'**Streckenarbeiter** ‹*der; -s,* -› (*spoorw*) wegwerker; '**Streckennetz** ‹*das; -es, -e*› 1 spoorwegnet; 2 luchtnet; '**Streckenwärter** ‹*der; -s,* -› (*spoorw*) baanwachter; '**streckenweise** 1 hier en daar; 2 gedurende enige tijd; 3 bij/in trajecten, gedeelten
'**Streckung** ‹*die;* -, -*en*› strekking enz.; vgl *strecken*
Streich ‹*der;* -(*e*)*s*, -*e*› 1 slag, houw; *auf einen ~* met een slag; 2 (*fig*) streek, poets; *einem einen ~ spielen* iem een poets bakken
'**streicheln** ‹*h*› strelen, aaien
'**streichen I** ‹*st.h; i-i*› 1 strijken; 2 smeren (*boter, zalf*); 3 schilderen; 4 doorstrepen, doorhalen, schrappen; 5 royeren (*als lid*); 6 (*order*) annuleren; **II** ‹*st.s*› 1 zwerven; 2 sluipen; 3 *ich habe die Nase* (*davon*) *gestrichen voll* ik heb er mijn buik van vol; '**Streicher** ‹*der; -s,* -› (*muz*) strijker; '**Streichholz** ‹*das; -es, -ër*› lucifer; '**Streichkäse** ‹*der; -s,* -› smeerkaas; '**Streichorchester** ‹*das; -s,* -› strijkorkest; '**Streichung** ‹*die;* -, -*en*› het strijken enz.; vgl *streichen*
'**Streife** ‹*die;* -, -*n*› patrouille
'**streifen** ‹*h*› 1 even, licht aanraken; 2 (*kwestie, thema enz*) even aanroeren, aanstippen; 3 (*kogel, mes e.d.*) schrammen, schampen; 4 schuiven (*van kleding, ring*); (*die Ärmel*) *in die Höhe ~* opstropen; 5 (*sein Blick*) *streifte …* gleed langs …; 6 (*plaats, stad e.d.*) even aandoen; vlak langs komen; 7 stropen (*bast, vel*); 8 (*das*) *streift* (*ans Unglaubliche*) grenst
'**Streifen** ‹*der; -s,* -› 1 strook; reep; 2 belastingstrookje, banderol; 3 streep; 4 film; '**Streifenwagen** ‹*der; -s,* -› surveillance-, patrouillewagen; '**streifenweise** in strepen, stroken of repen; '**streifig** gestreept
'**Streiflicht** ‹*das;* -(*e*)*s*, -*er*› 1 schamplicht; 2 (*fig*) *~er auf* (+ 4) *werfen* iets belichten; '**Streifschuß** ‹*der; -schusses, -schüsse*› schampschot; '**Streifzug** ‹*der;* -(*e*)*s*, -*ë*› 1 zwerftocht; 2 rooftocht
Streik ‹*der;* -(*e*)*s*, -*s*› staking; *in den ~ treten* in staking gaan; '**streiken** ‹*h*› staken; '**Streikende(r)** ‹*bn als zn*› staker; '**Streikposten** ‹*mv*› postende stakers; *~ beziehen* gaan posten; '**Streikwelle** ‹*die;* -, -*n*› stakingsgolf
Streit ‹*der;* -(*e*)*s*, -*e*› 1 woordenstrijd, twist, ruzie, geschil, conflict; 2 strijd (*met wapens*); '**streitbar** strijd-, weerbaar, dapper; '**streiten** ‹*st.h; i-i*› (rede)twisten, strijden; *sich ~: a*) twisten, kibbelen; *b*) strijden; vgl *Streit*; '**streitend** 1 strijdend; 2 (tegen)strijdig; '**Streiter** ‹*der; -s,* -› 1 strijder; 2 (*vero*) krijger; **Streite'rei** ‹*die;* -, -*en*› geruzie, twist; '**Streitfall** ‹*der;* -(*e*)*s*, -*ë*› geschil; '**Streitfrage** ‹*die;* -, -*n*› twist-, strijdvraag, kwestie; '**Streitgespräch** ‹*das;* -(*e*)*s*, -*e*› twistgesprek, dispuut; '**streitig** omstreden, betwist; *einem etwas ~ machen* iem iets betwisten; '**Streitigkeit** ‹*die;* -, -*en*› geschil; twist, onenigheid; '**Streitkräfte** ‹*mv*› strijdkrachten; '**Streitpunkt** ‹*der;* -(*e*)*s*, -*e*› twist-, geschilpunt; '**Streitsache** ‹*die;* -, -*n*› 1 twist-, geschilpunt; 2 proces; '**streitsüchtig** twistziek
streng 1 streng (*alle bet*); *aufs ~ste, ~stens* ten strengste; 2 (*kou, klimaat*) bar; 3 strikt; 4 scherp (*geur, smaak*); '**Strenge** ‹*die;* -, *geen mv*› 1 strengheid; 2 barheid; 3 scherpte; vgl *streng*; '**strenggenommen** strikt genomen
Streß ‹*der; Stresses, geen mv*› stress; '**stressen** ‹*h*› stressen; zwaar belasten
'**Stretching** ‹*das; -s, geen mv*› stretching, het doen van rekoefeningen
Streu ‹*die;* -, *geen mv*› 1 stro; 2 stroleger
'**Streubüchse** ‹*die;* -, -*n*› strooibus; '**streuen** ‹*h*› 1 strooien; 2 (*Straße*) pekelen; 3 (*das Gewehr*) *streut* spreidt; '**Streufahrzeug** ‹*das;* -(*e*)*s*, -*e*› pekel-, strooiwagen; '**Streugut** ‹*das;* -(*e*)*s*, -*ër*› strooimateriaal
'**streunen** ‹*h*› struinen, zwerven, vagebonderen; '**Streuner** ‹*der; -s,* -› zwerver, landloper
'**Streupulver** ‹*das; -s,* -› strooipoeder; '**Streusalz** ‹*das; -es, -e*› strooizout, pekel; '**Streuselkuchen** ‹*der; -s,* -› snipperkoek; '**Streuung** ‹*die;* -, -*en*› 1 het strooien; 2 spreiding
Strich ‹*der;* -(*e*)*s*, -*e*› 1 streek (*met kwast, pen, penseel, strijkstok*); 2 streep; (*einen ~ durch etwas*) *machen* halen; (*einen ~ unter etwas*) *machen, ziehen* zetten; 3 draad (*van weefsel*); 4 (land-, kust)streek; strook; 5 zwerm (*vogels*); 6 prostitutie; het tippelen; *auf den ~ gehen* tippelen; 7 doorhaling; 8 *das geht mir gegen den ~* dat staat mij tegen, stuit mij tegen de borst; (*fig*) *etwas in groben ~en zeichnen* in grote lijnen aangeven; *in od. mit knappen ~en* in korte trekken; *unter dem ~* (*ist die Arbeit*

…) alles bij elkaar genomen; (*volkstaal*) *das ist unter dem* ~ dat is bar slecht; **'stricheln** ‹*h*› fijn strepen, arceren

'Strichjunge ‹*der; -n, -n*› tippelende homoseksuele jongen; **'Strichkode** ‹*der; -s, -s*› streepjeskode; **'Strichmädchen** ‹*das; -s, -*› tippelaarster (*prostituée*); **'Strichregen** ‹*der; -s, -*› plaatselijke bui; **'Strichvogel** ‹*der; -s, -*› zwerfvogel; **'strichweise** (*weerk*) plaatselijk; hier en daar

Strick ‹*der; -(e)s, -e*› 1 (stuk) touw; strik; 2 strop (*van galg*); 3 (*fig*) strop, deugniet; (*fig*) *einem einen ~ drehen* iem de das omdoen; **'Strickarbeit** ‹*die; -, -en*› breiwerk; **'stricken** ‹*h*› 1 breien; 2 ~ *an* (+ 3) werken aan; 3 maken; in elkaar zetten; **Stricke'rei** ‹*die; -, -en*› 1 breiwerk; 2 het breien; **'Strickjacke** ‹*die; -, -n*› (gebreid) vest; **'Strickleiter** ‹*die; -, -n*› touwladder; **'Stricknadel** ‹*die; -, -n*› breinaald; **'Strickzeug** ‹*das; -(e)s, -e*› breiwerk

'Striegel ‹*der; -s, -*› roskam; **'striegeln** ‹*h*› 1 roskammen; 2 (*iem*) stevig aanpakken

'Strieme ‹*die; -, -n*› striem; **'Striemen** ‹*der; -s, -*› striem; **'striemig** vol striemen

strikt ‹*bn, bw*› 1 strikt; 2 uitdrukkelijk (*bevel*); **'strikte** ‹*bw*› strikt

'Strippe ‹*die; -, -n*› 1 (bind)touw; 2 trekker, lus (*aan schoen*); 3 lus (*in tram*); 4 (*volkstaal*) lijn, telefoon; **'strippen** ‹*h*› strippen; **'Stripperin** ‹*die; -, -nen*› stripteasedanseres

'strittig omstreden

Stroh ‹*das; -(e)s, geen mv*› stro; riet (*op dak*); **Stroh**... stro…; van stro…; **'Strohblume** ‹*die; -, -n*› strobloem; **'Strohbund** ‹*das; -(e)s, -e*› strobos, bos stro; **'strohern** strooien, van stro; **'strohgelb** strogeel; **'Strohhalm** ‹*der; -(e)s, -e*› 1 strohalm; 2 rietje (*om te drinken*); **'Strohhut** ‹*der; -(es)s, -ë*› strohoed, strooien hoed; **'strohig** 1 als van stro; 2 zonder reuk of smaak; **'Strohkopf** ‹*der; -(e)s, -ë*› stommeling, ezel; **'Strohmann** ‹*der; -(e)s, -ër*› 1 stropop; 2 (*fig*) stroman; 3 blinde (*bij het kaartspel*)

Strolch ‹*der; -es, -e*› 1 landloper, schooier; 2 schurk; **'strolchen** ‹*h en s*› zwerven

Strom ‹*der; -(e)s, -ë*› stroom (*div bet*); *mit dem* ~ met de stroom mee; *gegen od. wider den ~ schwimmen* tegen de stroom in zwemmen; **Strom**... stroom…; **'Stromabnehmer** ‹*der; -s, -*› (*elektr*) stroomgebruiker; **strom'ab(wärts)** stroomaf(waarts); **strom'auf(wärts)** stroomop(waarts)

'strömen ‹*h*› stromen; **'Stromerzeuger** ‹*der; -s, -*› dynamo, generator; **'Stromerzeugung** ‹*die; -, geen mv*› stroomproduktie, -opwekking; **'Stromkreis** ‹*der; -es, -e*› (*elektr*) stroomkring, -keten; **'Stromlinie** ‹*die; -, -n*› stroomlijn; **'Stromlinienförmig** gestroomlijnd; **'Stromschnelle** ‹*die; -, -n*› stroomversnelling; **'Stromsperre** ‹*die; -, -n*› 1 stroomloze uren; 2 stroomafsluiting; **'Stromstärke** ‹*die; -, -n*› stroomsterkte; **'Stromstoß** ‹*der; -es, -ë*› stroomstoot, impuls; **'Strömung** ‹*die; -, -en*› stroming; **'Stromverbrauch** ‹*der; -(e)s, geen mv*› stroomverbruik; **'Stromversorgung** ‹*die; -, geen mv*› stroom-, elektriciteitsvoorziening; **'Stromzähler** ‹*der; -s, -*› elektriciteitsmeter

'Strophe ‹*die; -, -n*› strofe, couplet

'strotzen ‹*h*› 1 ~ *von, vor* vol zijn, overlopen, -stromen van (*lett en fig*); 2 blaken van (*gezondheid*); 3 wemelen van (*fouten*); 4 (*volkstaal*) (*ook*) barsten van; uitpuilen van

'strubb(e)lig woest, verward; **'Strubbelkopf** ‹*der; -(e)s, -ë*› 1 woeste haardos; 2 iem met een woeste haardos

'Strudel ‹*der; -s, -*› 1 (draai)kolk, maalstroom (*lett en fig*); 2 drukte; 3 een soort gebak; **'strudeln** ‹*h*› draaien, wervelen, dwarrelen

Struk'tur ‹*die; -, -en*› structuur; **struktu'rell** structureel

Strumpf ‹*der; -(e)s, -ë*› 1 kous; 2 oude kous (*met geld*); 3 kousje (*voor gaslicht*); **'Strumpfband** ‹*das; -(e)s, -ër*› kouseband; **'Strumpfhalter** ‹*der; -s, -*› jarretelle; **'Strumpfhose** ‹*die; -, -n*› 1 panty; 2 maillot

Strunk ‹*der; -(e)s, -ë*› stronk

'struppig stoppelig, borstelig, ruig

'Struwwelpeter ‹*der; -s, -*› Piet de smeerpoets

'Stübchen ‹*das; -s, -*› kamertje; **'Stube** ‹*die; -, -n*› 1 kamer; vertrek; *die gute* ~ beste kamer; 2 *immer (he)rein in die gute ~!* kom binnen!; **'Stubenälteste(r)** ‹*bn als zn*› (*mil*) kameroudste; **'Stubenarrest** ‹*der; -(e)s, -e*› kamerarrest; **'Stubenhocker** ‹*der; -s, -*› huismus; **'Stubenmädchen** ‹*das; -s, -*› kamermeisje

Stuck ‹*der; -(e)s, geen mv*› stuc, pleisterkalk

Stück ‹*das; -(e)s, -e*› 1 stuk (*div bet*); *drei* ~ drie stuks; *das ~, pro* ~ per stuk; *in einem* ~ in een stuk door; 2 exemplaar; 3 *aus freien ~en* uit eigen beweging; *große ~e auf einen halten* veel met iem ophebben; *ein starkes* ~ een sterk staaltje

'Stuckarbeit ‹*die; -, -n*› stukadoors-, stucwerk

'Stückarbeit ‹*die; -, geen mv*› stukwerk

'Stuckarbeiter ‹*der; -s, -*› stukadoor

'Stückchen ‹*das; -s, -*› stukje

'stückeln ‹*h*› 1 in stukken delen; 2 samenflansen, -lappen; **'Stückgut** ‹*das; -(e)s, -ër*› stukgoed; **'Stückpreis** ‹*der; -es, -e*› prijs per stuk; **'stückweise** 1 per stuk; 2 stuk voor stuk; 3 en detail, in het klein; **'Stückzahl** ‹*die; -, -en*› aantal(stuks)

Stu'dent ‹*der; -en, -en*› student; ~ *der Medizin usw.* student in de medicijnen enz.; **Stu'denten**... studenten…; **Stu'dentenausweis** ‹*der; -es, -e*› collegekaart; **Stu'dentenbude** ‹*die; -, -n*› studentenkamer; **Stu'dentenfutter** ‹*das; -s, geen mv*› studentenhaver; **stu'dentenhaft** studentikoos; **Stu'dentenschaft** ‹*die; -, -en*› studenten; **Stu'dentin** ‹*die; -, -nen*› studente; **stu'dentisch** studentikoos, studenten…

'Studie ‹*die; -, -n*› studie; **'Studien**... (*vaak*) studie…; **'Studienabgänger** ‹*der; -s, -*› afgestudeerde; '**Studienanfänger** ‹*der; -s, -*› eerstejaars-student; '**Studienassessor** ‹*der; -s, -en*› volledig bevoegd aspirant-leraar bij het voortgezet onderwijs; '**Studienberater** ‹*der; -s, -*› (*Belg*) monitor; '**Studienberaterin** ‹*die; -, -nen*› (Belg) monitrice; '**Studienberatung** ‹*der; -, -en*› (*Belg*) monitoraat; '**Studiendirektor** ‹*der; -s, -en*› conrector; '**Studiengang** ‹*der; -(e)s, -ë*› studierichting; '**studienhalber** vanwege de of voor studie; '**Studienplatz** ‹*der; -es, -ë*› studieplaats; '**Studienrat** ‹*der; -(e)s, -ë*› docent, leraar bij het voortgezet onderwijs; '**Studienrätin** ‹*die; -, -nen*› docente, lerares bij het voortgezet onderwijs; '**Studienreferendar** ‹*der; -(e)s, -e*› kandidaat-leraar (in proefjaar); '**Studienzwecke** ‹*mv*› *zu -n* voor studie

stu'dieren ‹*h*› 1 studeren; 2 bestuderen; 3 instuderen; **Stu'dierende** ‹*bn als zn*› studerende

'**Studio** ‹*das; -s, -s*› 1 studio; 2 atelier

'**Studium** ‹*das; -s, Studien*› 1 studie; 2 bestudering

'**Stufe** ‹*die; -, -n*› 1 trede (*van trap*), sport (*van ladder*); 2 peil, niveau; 3 fase; 4 trap (*van raket*); 5 graad, rang; 6 *auf e.r ~ stehen, auf eine ~ stellen* op een lijn staan, stellen; '**stufen** ‹*h*› 1 treden uithakken of maken; 2 rangschikken, classificeren; *gestufte Skala* getrapte schaal; '**stufenartig** trapsgewijs; '**stufenförmig** tree-, trapvormig; '**Stufenheck** ‹*das; -(e)s, -e en -s*› sedan, model met gewone kofferruimte; '**Stufenleiter** ‹*die; -, -n*› 1 ladder (*lett en fig*); 2 opeenvolgende stadia; '**stufenweise** trapsgewijs, in etappes

'**Stufung** ‹*die; -, -en*› trapsgewijze opklimming, indeling

Stuhl ‹*der; -(e)s, -ë*› 1 stoel; 2 stoelgang; '**Stuhlbein** ‹*das; -(e)s, -e*› stoelpoot; '**Stuhlgang** ‹*der; -(e)s, geen mv*› stoelgang, ontlasting

'**Stulle** ‹*die; -, -n*› boterham

'**Stulpe** ‹*die; -, -n*› 1 manchet; 2 omgeslagen rand, omslag; 3 kap (*van handschoen, laars*)

'**stülpen** ‹*h*› 1 ~ *über* (+ 4) leggen over; zetten op; 2 binnenste buiten keren; omkeren; omslaan

'**Stulp(en)stiefel** ‹*der; -s, -*› kaplaars

'**Stülpnase** ‹*die; -, -n*› wipneus

stumm 1 stom; ~ *vor Staunen* sprakeloos van verbazing; 2 stil

'**Stummel** ‹*der; -s, -*› 1 stompje, eindje; 2 peuk(je)

'**Stummfilm** ‹*der; -(e)s, -e*› stomme film; '**Stummheit** ‹*die; -, geen mv*› 1 stomheid; 2 stilzwijgen

'**Stümper** ‹*der; -s, -*› 1 stumper, stakker; 2 knoeier; **Stümpe'rei** ‹*die; -, -en*› prul-, knoeiwerk; '**stümperhaft** 1 stumperig; 2 slordig, prullig; '**stümpern** ‹*h*› stumperig werken, knoeien

Stumpf ‹*der; -(e)s, -ë*› 1 stomp (*van arm, been, boom, tand enz*); 2 *mit ~ und Stiel ausrotten* radicaal uitroeien

stumpf 1 stomp; 2 (*mes enz; verstand*) bot; 3 dof; 4 duf; afgestompt; '**Stumpfheit** ‹*die; -, geen mv*› stompheid enz.; vgl *stumpf*; '**Stumpfsinn** ‹*der; -(e)s, geen mv*› stompzinnigheid; '**stumpfsinnig** stompzinnig, dom, stom

'**Stunde** ‹*die; -, -n*› 1 uur; *eine geschlagene ~* een vol uur; 2 les; 3 moment, ogenblik; *zur ~* op dit ogenblik; 4 *zu früher ~* vroeg; *zu später ~* laat

'**stunden** ‹*h*› uitstel (van betaling) geven

'**Stundengeld** ‹*das; -(e)s, -er*› lesgeld; '**Stundengeschwindigkeit** ‹*die; -, -en*› snelheid per uur; '**Stundenkilometer** ‹*mv*› kilometer per uur; '**stundenlang** urenlang; '**Stundenplan** ‹*der; -(e)s, -ë*› lesrooster; '**stundenweise** elk uur, per uur; '**Stundenzeiger** ‹*der; -s, -*› uurwijzer

'**stündlich** elk uur

'**Stundung** ‹*die; -, -en*› uitstel, respijt

Stupidi'tät ‹*die; -, -en*› stupiditeit

Stups ‹*der; -es, -e*› stootje, duwtje; '**stupsen** ‹*h*› een stootje geven, duwen; '**Stupsnase** ‹*die; -, -n*› wipneus

stur 1 stijf, strak; 2 onverzettelijk, onbuigzaam; 3 koppig

Sturm ‹*der; -(e)s, -ë*› 1 storm; 2 (*sp*) voorhoede; aanval; 3 aanval; 4 ~ *auf* run, stormloop op; **Sturm**... storm...; '**Sturmangriff** ‹*der; -(e)s, -e*› (*mil*) stormaanval; '**stürmen** ‹*h en s*› 1 stormen; 2 rennen, vliegen, stormen; 3 bestormen; 4 (*sp*) in de voorhoede spelen; 5 (*sp*) aanvallen

'**Stürmer** ‹*der; -s, -*› (*sp*) aanvaller, voorhoedespeler; '**stürmisch** stormachtig (*lett en fig*); '**Stürmischkeit** ‹*die; -, geen mv*› stormachtigheid

'**Sturmreihe** ‹*die; -, -n*› (*sp*) aanval, voorhoede; '**Sturmschritt** ‹*der*› *im ~* met snelle passen; '**Sturmspitze** ‹*die; -, -n*› (*sp*) spits; '**Sturmstärke** ‹*die; -, geen mv*› stormkracht (*van wind*); '**Sturmtief** ‹*das; -(e)s, -e*› stormdepressie

Sturz ‹*der; -(e)s, -ë*› 1 val (*lett en fig*); 2 (*koersen, prijzen e.d.*) sterke daling; '**Sturzbach** ‹*der; -(e)s, -ë*› 1 stortbeek; 2 (*fig*) stortvloed

'**Stürze** ‹*die; -, -n*› 1 deksel; 2 trechteropening

'**stürzen I** ‹*s*› 1 vallen; 2 (*koersen, prijzen, temperatuur*) sterk dalen, kelderen; 3 snellen, vliegen, stormen; *ins Zimmer ~* de kamer binnenstormen; 4 stromen; 5 (*rots, helling*) steil naar beneden lopen; **II** ‹*h*› 1 storten; (*einen ins Elend, ins Verderben*) ~ storten; werpen; omverwerpen; 2 kantelen; *nicht ~!* niet kantelen!; 3 omkeren; 4 *die Kasse ~* de kas opmaken; 5 ten val brengen

'**Sturzflug** ‹*der; -(e)s, -ë*› duikvlucht; '**Sturzflut** ‹*die; -, -en*› stortvloed; '**Sturzgut** ‹*das; -(e)s, -ër*› stortgoed(eren); '**Sturzhelm** ‹*der; -(e)s, -e*› valhelm; '**Sturzregen** ‹*der; -s, geen mv*› stortregen; '**Sturzsee** ‹*die; -, -n*› stortzee

'Stute ‹*die; -, -n*› (*dierk*) merrie
'Stützbalken ‹*der; -s, -*› steunbalk
'Stutzbart ‹*der; -(e)s, -ë*› kortgeknipte snor of baard
'Stütze ‹*die; -, -n*› **1** steun (*lett en fig*); stut; schoor; 2 (*fig*) steunpilaar; 3 hulp; 4 hulp in de huishouding
'stutzen ‹*h*› **1** snoeien (*boom, heg*), knotten (*wilg*); 2 couperen (*oren, staart*); 3 kortwieken (*vogel*); 4 knippen (*baard*); 5 versteld staan, raar opkijken; 6 achterdocht krijgen; 7 plotseling blijven staan (*paard*)
'stützen ‹*h*› **1** steunen (*lett en fig*); *sich ~ auf* (+ 4) steunen op (*lett*); 2 *sich ~ auf* (+ 4) (*fig*) zich baseren op; zich beroepen op; 3 stutten; schoren, schragen
'stutzig: *einen ~ machen* iems achterdocht wekken; *~ werden* achterdocht krijgen
'Stützpfeiler ‹*der; -s, -*› steunpilaar (*lett en fig*); **'Stützpunkt** ‹*der; -(e)s, -e*› **1** steunpunt; 2 (*mil*) basis; **'Stützung** ‹*die; -, -en*› steun
s.u. *sieh(e) unten!*
Sub'jekt ‹*das; -(e)s, -e*› **1** subject; 2 (*tlk*) onderwerp; 3 sujet, individu; **subjek'tiv** subjectief
su'blim subliem
submi't'tieren ‹*h*› inschrijven (*bij aanbesteding*)
subsidi'är, subsidi'arisch subsidiair
subskri'bieren ‹*h*› intekenen; **Subskripti'on** ‹*die; -, -en*› intekening
substanti'ell substantieel
'Substantiv ‹*das; -s, -e*› (*tlk*) substantief, zelfstandig naamwoord
Sub'stanz ‹*die; -, -en*› substantie: *a*) wezen; *b*) massa; *c*) werkelijke bestanddelen, grondwaarde; *d*) (gespaard) kapitaal; *das geht* (*einem*) *an die ~* dat gaat niet in je koude kleren zitten
substitu'ieren ‹*h*› substitueren
sub'til subtiel
subtra'hieren ‹*h*› (*rekenk*) aftrekken; **'Subtrakti'on** ‹*die; -, -en*› (*rekenk*) aftrekking
'subtropisch subtropisch
'Subunternehmer ‹*der; -s, -*› onderaannemer; *illegaler ~* koppelbaas
Subventi'on ‹*die; -, -en*› subsidie; (*Belg*) betoelaging; *staatliche ~* overheids-, rijkssubsidie
subventio'nieren ‹*h*› subsidiëren; (*Belg*) betoelagen
subver'siv subversief
'Suchaktion ‹*die; -, -en*› zoek-, opsporingsaktie; **'Suchbohrung** ‹*die; -, -en*› proefboring; **'Suche** ‹*die; -, -n*› **1** het zoeken; *sich auf die ~ begeben, machen, auf die ~ gehen* op zoek gaan; 2 opsporing; **'suchen** ‹*h*› **1** zoeken (*alle bet*); *er sucht in allem etwas* hij zoekt overal wat achter; 2 trachten, proberen; 3 *wir ~* wij vragen (*in advertenties*); *gesucht* gevraagd; 4 *ein gesuchter Artikel* een gewild artikel; 5 *Suchen spielen* verstoppertje spelen; (*hier hast du nichts*) *zu ~* te maken; **'Sucher** ‹*der; -s, -*› zoeker (*ook aan camera*); **Suche'rei** ‹*die; -, -en*› gezoek; **'Suchmeldung** ‹*die; -, -en*› zoek-, oproepbericht
Sucht ‹*die; -, -ë*› **1** zucht, (*ziekelijke*) neiging; *~ nach Geld* geldzucht; 2 *~ nach* (*Alkohol, Rauschgift u.ä.*) verslaafdheid aan; **'Suchtgefahr** ‹*die; -, -en*› gevaar voor verslaving; **'süchtig** **1** verslaafd; 2 *~ nach* belust o; **'Süchtige** ‹*bn als zn*› verslaafde
Sud ‹*der; -(e)s, -e*› **1** het koken; 2 kooksel; brouwsel, aftreksel
Süd ‹*der; -(e)s, geen mv*› het zuiden; **Süd...** zuid; Zuid(-)...
Su'dan, 'Sudan, (der) Soedan
Sude'lei ‹*die; -, -en*› **1** geknoei; 2 geklad; **'sud(e)lig** knoeierig; **'sudeln** ‹*h*› **1** morsen; 2 knoeien, kladden
'Süden ‹*der; -s, geen mv*› zuiden; *in den ~ fahren* naar het zuiden gaan; *von ~* uit het zuiden; **'Südfrüchte** ‹*mv*› zuidvruchten; **'südländisch** zuidelijk, van zuidelijke landen
'Sudler ‹*der; -s, -*› knoeier
'südlich zuidelijk; *~ von Paris* ten zuiden van Parijs
'sudlig knoeierig
Süd'ost I ‹*der; -(e)s, geen mv*› het zuidoosten; **II** ‹*der; -(e)s, -e*› zuidoostenwind; **Süd'osten** ‹*der; -s, geen mv*› het zuidoosten; **süd'östlich** zuidoostelijk, ten zuidoosten; **'Südsee** ‹*die; -, geen mv*› Zuidzee, Grote of Stille Oceaan; **'Südstaaten** ‹*mv*› zuidelijke staten (van VS); **'südwärts** zuidwaarts; **Süd'west I** ‹*der; -(e)s, geen mv*› het zuidwesten; **II** ‹*der; -(e)s, -e*› zuidwestenwind; **Süd'westen** ‹*der; -s, geen mv*› het zuidwesten; **süd'westlich** zuidwestelijk, ten zuidwesten; **'Südwind** ‹*der; -(e)s, -e*› zuidenwind
Suff ‹*der; -(e)s, geen mv*› het drinken; *dem ~ ergeben* verslaafd aan de drank; *im ~* in dronken toestand; **'süffig** goed drinkbaar, lekker
süffi'sant **1** zelfgenoegzaam; 2 laatdunkend
Suf'fix ‹*das; -es, -e*› (*tlk*) suffix, achtervoegsel
sugge'rieren ‹*h*› suggereren
'Suhle ‹*die; -, -n*› plas, poel
'Sühne ‹*die; -, -n*› vergelding; boete; *Schuld en ~* schuld en boete; **'Sühnegeld** ‹*das; -(e)s, -er*› zoen-, smartegeld; **'sühnen** ‹*h*› boeten (voor); **'Sühnopfer** ‹*das; -s, -*› zoenoffer
Sukzessi'on ‹*die; -, -en*› successie; **sukzes'siv** ‹*bn*› successief, geleidelijk; **sukzes'sive** ‹*bw*› successievelijk, geleidelijk
'Sülze ‹*die; -, -n*› **1** vlees of vis in aspic, gelei; 2 aspic, gelei; 3 liksteen
sum'marisch summier, kort samengevat
'Summe ‹*die; -, -n*› som (*lett en fig*); bedrag
'summen ‹*h*› **1** gonzen; zoemen; 2 *es summt mir in den Ohren* mijn oren suizen; 3 (*ein Liedchen*) *~* neuriën; **'Summer** ‹*der; -s, -*› (*elektr*) zoemer
sum'mieren ‹*h*› **1** optellen; 2 samenvatten; 3 *sich ~* oplopen, stijgen
Sumpf ‹*der; -(e)s, -ë*› **1** moeras; 2 (*fig*) zede-

loosheid, poel van verderf; **'Sumpfboden** ‹*der; -s, -*› moerasgrond; **'Sumpffieber** ‹*das; -s, geen mv*› moeraskoorts, malaria; **'sumpfig** moerassig

'Sünde ‹*die; -, -n*› 1 zonde; 2 *wie die ~* (*häßlich, hassen usw.*) zeer, enorm; **'Sündenbock** ‹*der; -(e)s, -ë*› zondebok; **'sündenfrei** vrij van zonde; **'sünd(en)los** zondeloos, vrij van zonde; **'Sündenpfuhl** ‹*der; -(e)s, -e*› poel van zonden; **'Sünder** ‹*der; -s, -*› zondaar; **'Sünderin** ‹*die; -, -nen*› zondares; **'Sündflut** ‹*die; -, -en*› zondvloed; **'sündhaft** 1 zondig; 2 zeer; schandalig; *~er Preis* schandalige prijs; **'Sündhaftigkeit** ‹*die; -, geen mv*› zondigheid; **'sündig** zondig; **'sündigen** ‹*h*› zondigen

'super fantastisch, geweldig; **'Super** ‹*das; -s, -*› super(benzine); **'Superbenzin** ‹*das; -(e)s, -e*› superbenzine; **'Superding** ‹*das; -(e)s, -er*› enorm goed ding, iets; **'superklug** al te verstandig, hoogwijs

'Superlativ ‹*der; -s, -e*› superlatief

'Supermacht ‹*die; -, -ë*› supermogendheid; **'Supermarkt** ‹*der; -(e)s, -ë*› supermarkt; **'supermodern** hypermodern; **'Superstar** ‹*der; -s, -s*› superster, -vedette; **'Supertanker** ‹*der; -s, -*› mammoettanker

'Suppe ‹*die; -, -n*› 1 soep; 2 *einem eine schöne ~ einbrocken* iem een koopje leveren; **'Suppen...** soep...; **'Suppengewürz** ‹*das; -es, -e*› soepkruiden; **'Suppengrün** ‹*das; -(e)s, geen mv*› soepgroente; **'Suppenlöffel** ‹*der; -s, -*› soeplepel; **'Suppenteller** ‹*der; -s, -*› soepbord; **'Suppenwürfel** ‹*der; -s, -*› bouillonblokje; **'suppig** soepig, dun

'Surfbrett ‹*das; -(e)s, -er*› surfplank; **'surfen** ‹*h*› 1 surfen; 2 windsurfen; **'Surfing** ‹*das; -s, geen mv*› het (wind)surfen

Surrea'lismus ‹*der; -, geen mv*› surrealisme

'surren ‹*h*› snorren, gonzen, zoemen

Surro'gat ‹*das; -(e)s, -e*› surrogaat

suspen'dieren ‹*h*› suspenderen: *a*) schorsen; *b*) uitstellen

süß 1 zoet (*div bet*); 2 lief, liefelijk; 3 beeldig, snoezig, schattig; **'Süße** ‹*die; -, -*› 1 het zoet, zoetheid; 2 liefelijkheid; 3 lieveling, schatje; **'süßen** ‹*h*› zoeten, zoet maken; **'Süßigkeiten** ‹*mv*› zoetigheid, lekkernij, lekkers, snoeperij; **'süßlich** 1 zoetachtig, zoetig; 2 (*fig*) zoetsappig; **'süß-sauer** 1 zoetzuur; 2 (*fig*) zuurzoet; **'Süßspeise** ‹*die; -, -n*› iets zoets als dessert (*pudding, vla*); **'Süßstoff** ‹*der; -(e)s, -e*› zoetstof; **'Süßwaren** ‹*mv*› zoetigheden; snoepgoed, lekkers; **'Süßwasser** ‹*das; -s, -*› zoet water

SV *Sportverein*

'Sweatshirt ‹*das; -s, -s*› sweatshirt

Sym'bol ‹*das; -s, -e*› symbool; **Sym'bolik** ‹*die; -, geen mv*› symboliek; **sym'bolisch** symbolisch; **symboli'sieren** ‹*h*› (*in*, (+ 3)) symboliseren

Sympathi'sant ‹*der; -en, -en*› sympathisant; **sym'pathisch** sympathiek

Symp'tom ‹*das; -s, -e*› symptoom; verschijnsel; **sympto'matisch** symptomatisch

Syna'goge ‹*die; -, -n*› synagoog, -goge

syn'chron synchroon, gelijktijdig; **synchroni'sieren** ‹*h*› synchroniseren (*film*)

syno'dal synodaal

syno'nym synoniem; **Syno'nym** ‹*das; -s, -e*› synoniem; **syno'nymisch** synoniem

Syn'these ‹*die; -, -n*› synthese; **Syn'thetik** ‹*das; -s, -s*› synthetische stof, synthetisch weefsel; **syn'thetisch** synthetisch

'Syphilis ‹*die; -, geen mv*› (*med*) syfilis

'Syrer ‹*der; -s, -*› Syriër; **'Syrier** ‹*der; -s, -*› Syriër; **'syrisch** Syrisch

Sy'stem ‹*das; -s, -e*› systeem, stelsel; **Sy'stem...**, **sy'stem...** systeem...; **Sy'stemanalytiker** ‹*der; -s, -*› systeemanalist; **Syste'matik** ‹*die; -, -en*› systematiek; **systemati'sieren** ‹*h*› systematiseren

Sze'narium ‹*das; -s, Szenarien*› (*theat*) scenario

'Szene ‹*die; -, -n*› 1 scène (*div bet*); 2 toneel; 3 tafereel, scène; 4 wereld (*bijv van de druggebruikers, terroristen*); 5 *hinter der ~* achter de coulissen, schermen; *in ~ gehen* opgevoerd worden; *in ~ setzen* ensceneren; *sich in ~ setzen* zich manifesteren; *die ~ beherrschen* de aandacht trekken, in de picture zijn; **'Szenenwechsel** ‹*der; -s, -*› 1 verandering van het decor; 2 (*fig*) verandering van scène, beeld, onderwerp; **Szene'rie** ‹*die; -, -n*› 1 toneelschikking; 2 landschap, panorama; **'szenisch** toneelmatig

T t *t*

'Tabak ‹*der; -s, -e*› 1 tabak; 2 (*das ist*) *starker ~* kras, sterk; **'Tabakgeruch** ‹*der; -(e)s, -ë*› tabakslucht; **'Tabakhändler** ‹*der; -s, -*› 1 tabakshandelaar; 2 sigarenwinkelier; **'Tabakpflanze** ‹*die; -, -n*› tabaksplant; **'Tabaksbeutel** ‹*der; -s, -*› tabakszak; **'Tabaksdose** ‹*die; -, -n*› tabaksdoos; **'Tabaksqualm** ‹*der; -(e)s, geen mv*› tabaksrook; **'Tabakwaren** ‹*mv*› rookwaren, tabaksartikelen

Ta'belle ‹*die; -, -n*› 1 tabel; 2 (*sp*) ranglijst; **Ta'bellenführer** ‹*der; -s, -*› (*sp*) lijstaanvoerder, koploper; **Ta'bellenstand** ‹*der; -(e)s, -̈e*› stand, klassement

Ta'blette ‹*die; -, -n*› tablet; pil(letje)

ta'bu taboe

Tacho'meter ‹*der of das; -s, -*› snelheidsmeter

'Tackling ‹*das; -s, -s*› (*sp*) tackle

'Tadel ‹*der; -s, -*› blaam, berisping, standje, verwijt; (*niemand ist*) *ohne ~* volmaakt; **'tadelfrei** onberispelijk; **'tadelhaft** laakbaar, afkeurenswaardig; **'tadellos** 1 onberispelijk, keurig; 2 smetteloos; **'Tadellosigkeit** ‹*die; -, geen mv*› onberispelijkheid enz.; **'tadeln** ‹*h*› laken, berispen, afkeuren, aanmerkingen maken; **'tadelnswert**, **'tadelnswürdig** laakbaar, afkeurenswaardig

'Tafel ‹*die; -, -n*› 1 plaat (*van hout, metaal, steen e.d.*); 2 tablet (*chocolade*); 3 tabel; 4 bord (*bijv in school*); 5 paneel (*schilderstuk op hout*); 6 lei; 7 wandplaat; 8 tafel, dis; 9 pagina (*teletekst*); **'Tafelbesteck** ‹*das; -(e)s, -e*› couvert (*mes, lepel en vork*); **'Tafelgeschirr** ‹*das; -(e)s, -e*› eetgerei, tafelservies; **'tafeln** ‹*h*› tafelen, eten, aan tafel zitten

'täfeln ‹*h*› betimmeren, lambrizeren; **'Täfelung** ‹*die; -, -en*› lambrizering, betimmering

'Tafelwasser ‹*das; -s, -̈*› mineraalwater

Taft ‹*der; -(e)s, -e*› tafzijde

Tag ‹*der; -(e)s, -e*› dag; *dieser ~e* een dezer dagen; *eines ~es* op zekere dag; *eines schönen ~es* op een goede dag; *~ der offenen Tür* open dag, open huis; *an diesem ~e* (op) die dag; *bei ~e* overdag; *jeden zweiten ~* om de andere dag; **tag'aus, tag'ein** dag in, dag uit; **'Tagebau** ‹*der; -(e)s, -e*› (*mijnb*) dagbouw; **'Tageblatt** ‹*das; -(e)s, -ër*› dagblad; **'Tagebuch** ‹*das; -(e): -ër*› 1 dagboek; 2 (*handel*) journaal; **'Tagedieb** ‹*der; -(e)s, -e*› dagdief; **'tagelang** dagenlang, dagen achtereen; **'Tagelohn** ‹*der; -(e)s, -ë*› dagloon; **'Tagelöhner** ‹*der; -s, -*› dagloner; **'Tagemarsch** ‹*der; -es, -ë*› dagmars; **'tagen** ‹*h*› 1 dag worden; 2 vergaderen; **'Tagereise** ‹*die; -, -n*› dagreis; **'Tagesanbruch** ‹*der; -(e)s, geen mv*› dageraad; *bei ~* met het aanbreken, het krieken van de dag; **'Tagesausflug** ‹*der; -(e)s, -ë*› dagtocht; **'Tagesbericht** ‹*der; -(e)s, -e*› bulletin; **'Tageseinnahme** ‹*die; -, -n*› ontvangst van een dag, dagopbrengst; **'Tagesfahrt** ‹*die; -, -en*› dagtocht; dagvaart; **'Tagesgericht** ‹*das; -(e)s, -e*› dagschotel; **'Tagesgespräch** ‹*das; -(e)s, -e*› gesprek van de dag; **'Tagesgrauen** ‹*das; -s, geen mv*› dageraad, krieken van de dag; **'tages'hell** daghelder; **'Tageskarte** ‹*die; -, -n*› dagkaart (*div bet*); **'Tageslicht** ‹*das; -(e)s, geen mv*› 1 daglicht; 2 levenslicht; 3 *ans ~ fördern* aan het licht brengen; **'Tagesordnung** ‹*die; -, -en*› 1 agenda; 2 *zur ~ übergehen* overgaan tot de orde van de dag; *an der ~ sein* aan de orde zijn; **'Tagespresse** ‹*die; -, geen mv*› dagbladpers; **'Tagesrückfahrtkarte** ‹*die; -, -n*› dagretour; **'Tagesschau** ‹*die; -, geen mv*› (*telec*) journaal; **'Tagestour** ‹*die; -, -en*› dagtocht; **'Tageszeit** ‹*die*› *zu jeder ~* op elk uur van de dag; **'Tageszeitung** ‹*die; -, -en*› dagblad; **'täglich** dagelijks; (*dreimal*) *~* per dag, daags; **tags** daags; *~ darauf, zuvor* daags daarna, tevoren; **'Tagschicht** ‹*die; -, -en*› dagploeg; **'tagsüber** 1 overdag; 2 de (ge)hele dag; **tag'täglich** dagelijks, elke dag

'Tagung ‹*die; -, -en*› 1 congres; 2 vergadering

Tai'fun ‹*der; -s, -e*› tyfoon, taifoen

'Taille ‹*die; -, -n*› 1 taille (*div bet*); 2 lijfje (*deel van jurk*); **'Taillenweite** ‹*die; -, -*› taillemaat

'Takel ‹*das; -s, -*› 1 takel; 2 takelage, -werk

Takt I ‹*der; -(e)s, -e*› 1 (*muz*) maat; 2 metrum, versmaat; 3 slag (*van motor*); 4 (*fig*) (*einen*) *aus dem ~ bringen* van de wijs, in de war brengen; **II** ‹*der; -(e)s, geen mv*› tact; **'takt'fest** (*muz*) maatvast; **'Taktgefühl** ‹*das; -(e)s, geen mv*› 1 (*muz*) maatgevoel; 2 (*fig*) *~ haben* tact bezitten; **tak'tieren** ‹*h*› 1 de maat slaan; 2 tactisch te werk gaan

'Taktik ‹*die; -, -en*› tactiek (*ook mil*); **'Taktiker** ‹*der; -s, -*› tacticus

'Taktstock ‹*der; -(e)s, -ë*› (*muz*) maat-, dirigeerstok

'taktvoll tactvol, met veel tact

Tal ‹*das; -(e)s, -ër*› dal, vallei; **tal'ab(wärts)** stroomafwaarts, naar beneden

Ta'lar ‹*der; -s, -e*› talaar, toga

tal'auf(wärts) stroomopwaarts, naar boven; **'Talbrücke** ‹*die; -, -n*› viaduct over een dal

Ta'lent ‹*das; -(e)s, -e*› talent; **talen'tiert, ta'lentvoll** talentvol, getalenteerd

'Taler ‹*der; -s, -*› daalder

'Talfahrt ‹*die; -, -en*› 1 vaart stroomafwaarts; 2 tocht of rit bergafwaarts; 3 (*fig*) inzinking, achteruitgang

'Talk-Show ‹*die; -, -s*› talkshow; praatprogramma

'Talsohle ‹*die; -, -n*› 1 dalbodem; 2 dieptepunt; **'Talsperre** ‹*die; -, -n*› stuwdam; **'Talüberführung** ‹*die; -, -en*› brug, viaduct over een

dal; **'talwärts** naar beneden, stroomafwaarts; **'Talweg** ‹*der; -(e)s, -e*› dalweg
'Tambour ‹*der; -s, -e*› tamboer; **'Tambourkorps** ‹*das; -, -*› tamboerkorps, drumband; **'Tambourmajor** ‹*der; -s, -e*› tambour-maître; **Tambu'rin** ‹*das; -s, -e*› tamboerijn
Tand ‹*der; -(e)s, geen mv*› 1 prul; 2 beuzelarij, nietigheid, bagatel
Tände'lei ‹*die; -, -en*› 1 overbodig werk; 2 het nietsdoen; 3 geflirt; **'tändeln** ‹*h*› 1 overbodig werk doen; 2 niets uitvoeren; 3 flirten
tan'gieren ‹*h*› raken
Tank ‹*der; -s, -e of -s*› tank; **'tanken** ‹*h*› tanken; **'Tanker** ‹*der; -s, -*› tankschip; **'Tankschiff** ‹*das; -(e)s, -e*› tankschip, tanker; **'Tankstelle** ‹*die; -, -n*› tank-, benzinestation; **'Tankwart** ‹*der; -(e)s, -e*› 1 pompbediende; 2 pomphouder
'Tanne ‹*die; -, -n*› 1 zilverspar; 2 (*ook*) den; **'Tannenbaum** ‹*der; -(e)s, -ë*› 1 spar; 2 denneboom; kerstboom; **'Tannenholz** ‹*das; -es, -̈er*› dennehout; **'Tannennadel** ‹*die; -, -n*› sparrenaald; **'Tannenwald** ‹*der; -(e)s, -̈er*› sparrenbos; **'Tannenzapfen** ‹*der; -s, -*› denappel; sparappel
'Tante ‹*die; -, -n*› 1 tante; 2 (*fig*) lastige tante; **Tante-Emma-Laden** ‹*der; -s, -̈*› winkel op de hoek
Tan'tieme ‹*die; -, -n*› 1 tantième; 2 *~n* ‹*mv*› royalties
Tanz ‹*der; -es, -ë*› dans; **'Tanzbar** ‹*die; -, -s*› dancing; **'Tanzbein** ‹*der*› *das ~ schwingen* een dansje maken; **'Tanzboden** ‹*der; -s, -̈*› danszaal, -vloer; **'Tanzdiele** ‹*die; -, -n*› dancing
'tänzeln ‹*h*› trippelen, huppelen
'tanzen ‹*h*› dansen; **'Tänzer** ‹*der; -s, -*› danser; **'Tänzerin** ‹*die; -, -nen*› danseres; **'tänzerisch** choreografisch, dans...; **'Tanzfläche** ‹*die; -, -n*› dansvloer; **'Tanzgruppe** ‹*die; -, -n*› dansgroep; **'Tanzkapelle** ‹*die; -, -n*› dansorkest; **'Tanzkunst** ‹*die; -, geen mv*› danskunst; **'Tanzlehrer** ‹*der; -s, -*› dansmeester, -leraar; **'Tanzlokal** ‹*das; -s, -e*› dancing; **'tanzlustig** danslustig; **'Tanzmariechen** ‹*das; -s, -*› dansmarieke; **'Tanzschritt** ‹*der; -(e)s, -e*› danspas; **'Tanzschüler** ‹*der; -s, -*› dansleerling; **'Tanzstunde** ‹*die; -, -n*› dansles
Ta'pet ‹*das*› *aufs ~ bringen, kommen* te berde, ter sprake brengen
Ta'pete ‹*die; -, -n*› behang; **Ta'petenkleister** ‹*der; -s, -*› behangersplaksel; **Ta'petenpapier** ‹*das; -s, geen mv*› behangselpapier; **Ta'petenrolle** ‹*die; -, -n*› rol behang
tape'zieren ‹*h*› behangen; **Tape'zierer** ‹*der; -s, -*› behanger
'tapfer 1 dapper; 2 flink; **'Tapferkeit** ‹*die; -, geen mv*› dapperheid, moed
'tappen ‹*h* 1 tasten; 2 tastend lopen; 3 stappen
'täppisch schutterig, stuntelig
Taps ‹*der; -es, -e*› 1 klap(je) (*met de hand*), tik; 2 lomperd, lummel
'tapsen ‹*h*› (lopen te) klossen

Ta'rif ‹*der; -s, -e*› tarief; **Ta'riferhöhung** ‹*die; -, -en*› tariefverhoging; **Ta'rifermäßigung** ‹*die; -, -en*› tariefverlaging; **ta'rifisch, ta'riflich, ta'rifmäßig** 1 volgens tarief; 2 in de, volgens de CAO; **Ta'riflohn** ‹*der; -(e)s, -̈e*› CAO-loon; **Ta'rifparteien** ‹*mv*› sociale partners; **Ta'rifpartner** ‹*mv*› sociale partners; **Ta'rifpolitik** ‹*die; -, geen mv*› loonpolitiek; **Ta'rifsatz** ‹*der; -es, -ë*› (vastgesteld) tarief; **Ta'rifverhandlungen** ‹*mv*› CAO-onderhandelingen; **Ta'rifvertrag** ‹*der; -(e)s, -̈e*› collectieve arbeidsovereenkomst, CAO
'tarnen ‹*h*› 1 camoufleren; 2 verhullen; **'Tarnfarbe** ‹*die; -, -n*› camouflagekleur, -verf, schutkleur; **'Tarnname** ‹*der; -ns, -n*› schuilnaam; **'Tarnnetz** ‹*das; -es, -e*› camouflagenet; **'Tarnung** ‹*die; -, -en*› camouflage
'Tasche ‹*die; -, -n*› 1 zak; *einem auf der ~ liegen* op iems zak leven; (*das kenne ich*) *wie meine eigene ~* als mijn broekzak; (*fig*) *einen in der ~ haben* iem in z'n zak hebben; 2 handtasje, boodschappentas; 3 *tief in die ~ greifen* diep in de beurs tasten; **'Taschenausgabe** ‹*die; -, -n*› pocket-, zakuitgave; **'Taschenbuch** ‹*das; -(e)s, -ër*› 1 zakboekje; 2 pocketboek; **'Taschendieb** ‹*der; -(e)s, -e*› zakkenroller; **'Taschengeld** ‹*das; -(e)s, geen mv*› zakgeld; **'Taschenlampe** ‹*die; -, -n*› zaklantaarn; **'Taschenmesser** ‹*das; -s, -*› zakmes; **'Taschenrechner** ‹*der; -s, -*› zakrekenmachine, pocket-calculator; **'Taschentuch** ‹*das; -(e)s, -̈er*› zakdoek; **'Taschenuhr** ‹*die; -, -en*› zakhorloge; **'Taschenwörterbuch** ‹*das; -(e)s, -̈er*› zakwoordenboek
'Täßchen ‹*das; -s, -*› kopje, kommetje
'Tasse ‹*die; -, -n*› 1 kopje; 2 *nicht alle ~n im Schrank haben* niet goed snik zijn
Tasta'tur ‹*die; - , -en*› 1 (*muz*) tastatuur, de toetsen; 2 toetsenbord; **'Taste** ‹*die; -, -n*› toets; **'tasten** ‹*h*› 1 tasten, voelen; 2 op de tast, tastend lopen; 3 intoetsen; **'Tastenbrett** ‹*das; -(e)s, -er*› toetsenbord; **'Tastendruck** ‹*der; -(e)s, geen mv*› druk op de toets
Tat ‹*die; -, -en*› daad; *in der ~* inderdaad; *auf frischer ~ ertappen* op heterdaad betrappen
tatau'ieren ‹*h*› tatoeëren
'Tatbericht ‹*der; -(e)s, -e*› rapport, verslag; **'Tatbestand** ‹*der; -(e)s, -ë*› 1 feiten, ware toedracht, feitelijke toestand; 2 elementen van een strafbaar feit; 3 feitelijke overwegingen (*in vonnis*); 4 *den ~ aufnehmen* procesverbaal opmaken; **'Tatbeweis** ‹*der; -es, -e*› feitelijk bewijs
'Tatendrang ‹*der; -(e)s, geen mv*› drang om te handelen, ondernemingslust; **'tatendurstig, 'tatenfroh** vol ondernemingslust; **'tatenlos** werkeloos, lijdzaam, passief; **'Tatenlust** ‹*die; -, geen mv*› drang om te handelen, ondernemingslust
'Täter ‹*der; -s, -*› dader
'tathaft feitelijk, werkelijk
'tätig werkzaam, actief; *~ sein an* (+ 3) bezig

zijn met, werken aan; '**tätigen** ‹*h*› verwezenlijken, bewerkstelligen, uitvoeren; (*bestelling*) plaatsen, (*boodschappen, investeringen*) doen; (*transactie*) sluiten; '**Tätigkeit** ‹*die; -, -en*› 1 bezigheid, activiteit; 2 beroep; functie; 3 bedrijvigheid; 4 werking; *außer ~ setzen* buiten werking stellen

'**Tatkraft** ‹*die; -, geen mv*› energie, wils-, werkkracht; '**tatkräftig** energiek

'**tätlich**: *~ werden* handtastelijk worden; *~er Widerstand* feitelijk verzet; '**Tätlichkeit** ‹*die; -, -en*› daad van geweld; *zu ~en kommen* tot een handgemeen komen

'**Tatort** ‹*der; -(e)s, -e*› plaats van het misdrijf

täto'wieren ‹*h*› tatoeëren

'**Tatsache** ‹*die; -, -n*› feit; *vollendete ~* voldongen feit, fait accompli; '**Tatsachenbericht** ‹*der; -(e)s, -e*› verslag, reportage; '**tatsächlich** 1 feitelijk, werkelijk; 2 in feite; inderdaad; *~?* echt waar?

'**tätscheln** ‹*h*› kleine liefkozende tikjes geven

'**Tatverdacht** ‹*der; -(e)s, geen mv*› verdenking

'**Tatze** ‹*die; -, -n*› poot, klauw

Tau I ‹*das; -(e)s, -e*› scheeps-, kabeltouw; II ‹*der; -(e)s, geen mv*› dauw

taub 1 doof; 2 verdoofd, gevoelloos; *~e Finger* dode vingers; 3 leeg, loos

'**Täubchen** ‹*das; -s, -*› duifje; '**Taube** ‹*die; -, -n*› duif (*ook fig*); '**Taubenschlag** ‹*der; -(e)s, -̈e*› duiventil; '**Taubenzüchter** ‹*der; -s, -*› duivenmelker, -houder

'**Taube(r)** ‹*bn als zn*› dove; '**Taubheit** ‹*die; -, geen mv*› doofheid enz.; vgl *taub*; '**taubstumm** doofstom; '**Taubstummheit** ‹*die; -, geen mv*› doofstomheid

'**tauchen** ‹*h en s*› 1 duiken; 2 dompelen; dopen; '**Taucher** ‹*der; -s, -*› duiker; '**Taucherausrüstung** ‹*die; -, -en*› duikuitrusting; '**Taucherkrankheit** ‹*die; -, geen mv*› duiker-, caissonziekte; '**Tauchung** ‹*die; -, -en*› 1 het duiken; 2 dompeling

'**tauen** I ‹*h*› ontdooien, doen smelten; *es taut* het dooit; II ‹*s*› wegdooien, smelten; III ‹*h*› dauwen; *es taut* het dauwt

'**Taufbecken** ‹*das; -s, -*› doopbekken, -vont

'**Taufe** ‹*die; -, -n*› 1 doop(sel); 2 doopfeest; '**taufen** ‹*h*› dopen (*iem, een schip*); '**Täufer** ‹*der; -s, -*› 1 doper; 2 doopsgezinde; '**Taufformel** ‹*die; -, -n*› doopformulier; '**Taufgelübde** ‹*das; -s, -*› doopbelofte; '**Taufkleid** ‹*das; -(e)s, -er*› doopjurk, -kleed; '**Täufling** ‹*der; -s, -e*› dopeling; '**Taufname** ‹*der; -ns, -n*› doopnaam; '**Taufpate** ‹*der; -n, -n*› peter, peetoom; '**Taufpatin** ‹*die; -, -nen*› meter

'**taufrisch** 1 bedauwd; 2 heerlijk fris, heel vers

'**Taufschein** ‹*der; -(e)s, -e*› doopbewijs, -akte

'**taugen** ‹*h*› deugen; *zu etwas ~* voor iets geschikt zijn; '**Taugenichts** ‹*der; -(es), -e*› nietsnut; '**tauglich** 1 deugdelijk, geschikt; 2 bruikbaar

'**Tauklettern** ‹*das; -s, geen mv*› het touwklimmen

'**Taumel** ‹*der; -s, geen mv*› 1 duizeligheid, duizeling; 2 roes; '**taumelig** duizelig, wankelend; '**taumeln** ‹*h*› 1 wankelen, waggelen; 2 duizelen; 3 zwijmelen; 4 dartelen

Tausch ‹*der; -es, geen mv*› ruil, verwisseling; *im ~ für* ... in ruil voor ...; '**tauschen** ‹*h*› ruilen, (om)wisselen; *den Platz ~* van plaats verwisselen; *Küsse ~* elkaar kussen

'**täuschen** ‹*h*› 1 bedriegen, misleiden, op een dwaalspoor brengen; 2 *sich in einem ~* zich in iem vergissen; '**täuschend** 1 bedriegelijk; 2 *~e Ähnlichkeit* sprekende gelijkenis; '**Täuscher** ‹*der; -s, -*› bedrieger, misleider

'**Tauschgeschäft** ‹*das; -(e)s, -e*›, '**Tauschhandel** ‹*der; -s, geen mv*› ruil(handel); '**Tauschmittel** ‹*das; -s, -*› ruilmiddel

'**Täuschung** ‹*die; -, -en*› 1 misleiding, bedrog; 2 vergissing; *sich einer ~ hingeben* zich een illusie maken

'**Tauschvertrag** ‹*der; -(e)s, -̈e*› ruilovereenkomst; '**Tauschwert** ‹*der; -(e)s, -e*› ruilwaarde; '**Tauschzentrale** ‹*die; -, -n*› ruilbeurs

'**tausend** duizend; *einige ~* (*Besucher*) een paar duizend; *viel(e) ~* (*Blumen*) duizenden; *T~e von Menschen* duizenden mensen; *die Verluste gehen in die T~e* de verliezen bedragen vele duizenden; '**Tausend** ‹*das; -s, -e*› duizendtal; vgl *tausend*; '**Tausender** ‹*der; -s, -*› 1 briefje van duizend; 2 berg van 1000 m hoogte; '**tausendfach**'**tausendfältig** duizendvoud(ig); '**tausendste** (*der, die, das*) duizendste; vgl *hundertste*; '**Tausendstel** ‹*das; -s, -*› duizendste (deel)

'**Tautropfen** ‹*der; -s, -*› dauwdroppel

'**Tauwerk** ‹*das; -(e)s, geen mv*› touwwerk, want

'**Tauwetter** ‹*das; -s, geen mv*› dooi(weer)

'**Tauziehen** ‹*das; -s, geen mv*› touwtrekken

Ta'verne ‹*die; -, -n*› taveerne, herberg

'**Taxe** ‹*die; -, -n*› 1 heffing, recht; 2 taxatie, schatting; 3 taxatieprijs; 4 taxi

'**taxfrei** vrij van kosten

'**Taxi** ‹*das; -s, -s*› taxi

ta'xieren ‹*h*› taxeren; **Ta'xierung** ‹*die; -, -en*› schatting, taxatie

'**Taxifahrer** ‹*der; -s, -*› taxichauffeur; '**Taxistand** ‹*der; -(e)s, -̈e*› taxistandplaats

'**Taxwert** ‹*der; -(e)s, -e*› taxatiewaarde

Team ‹*das; -s, -s*› team; '**Teamchef** ‹*der; -s, -s*› (*sp*) trainer; '**Teamgeist** ‹*der; -(e)s, geen mv*› teamgeest; '**Teamwork** ‹*das; -s, geen mv*› teamwork

'**Technik** ‹*die; -, -en*› techniek; '**Techniker** ‹*der; -s, -*› technicus; '**Technikum** ‹*das; -s, Technika en Techniken*› hogere technische school, HTS; '**technisch** technisch; *~er Ausdruck* technische term, vakterm; *Höhere Technische Lehranstalt* (*HTL*) hogere technische school, HTS; **Technolo'gie** ‹*die; -, -n*› technologie; **techno'logisch** technologisch

'**Teckel** ‹*der; -s, -*› dashond, teckel

'**Teddybär** ‹*der; -en, -en*› teddybeer

TEE *Trans-Europ-Express*

Tee ‹*der; -s, -s*› 1 thee; 2 tea-party, theevisite, thee; *zum ~ bitten* op de thee vragen; '**Teebeutel** ‹*der; -s, -*› theezakje, -builtje; '**Teebüchse** ‹*die; -, -n*› theebus, -doos; '**Teekanne** ‹*die; -, -n*› theepot; '**Teekessel** ‹*der; -s, -*› theeketel; '**Teelöffel** ‹*der; -s, -*› theelepeltje

Teer ‹*der; -(e)s, -e*› teer; '**teeren** ‹*h*› 1 teren; 2 asfalteren; '**teerig** 1 teerachtig; 2 geteerd, vol teer

'**Teeservice** ‹*das; -s, -*› theeservies; '**Teetasse** ‹*die; -, -n*› theekopje; '**Teewärmer** ‹*der; -s, -*› theemuts

Teich ‹*der; -(e)s, -e*› 1 vijver; 2 *der große ~* (*ook*) de wijde plas

Teig ‹*der; -(e)s, -e*› deeg, beslag; '**teigig** 1 zacht als deeg, brijig; 2 melig (*van peer*); '**Teigwaren** ‹*mv*› deegwaren (*vermicelli, macaroni e.d.*)

Teil I ‹*der; -(e)s, -e*› 1 deel, gedeelte (*div bet*); *er hat sein(en) ~ weg: a*) hij heeft zijn deel gehad; *b*) hij is er slecht aan toe; *zum ~* gedeeltelijk, ten dele; *zum größten ~* voor het grootste deel, voor het merendeel; 2 aandeel, portie (*fig*) *einem sein(en) ~ geben* iem zijn portie geven; 3 (*jur*) partij; *klagender ~* eisende partij; II ‹*das; -(e)s, -e*› 1 (*techn*) onderdeel; 2 stuk, exemplaar; 3 *ein gut ~* heel wat; '**Teilabkommen** ‹*das; -s, -*› deelakkoord; '**teilbar** deelbaar; '**Teilbereich** ‹*der; -(e)s, -e*› deelgebied; '**Teilbetrag** ‹*der; -(e)s, -ë*› gedeelte (*van een bedrag*); '**Teilchen** ‹*das; -s, -*› 1 deeltje; 2 gebakje; '**teilen** I ‹*h*› 1 delen; 2 verdelen; 3 *wir sind geteilter Ansicht od. Meinung* wij verschillen van mening; II *sich ~* 1 *sich etwas ~* iets (met, onder) elkaar delen; *sich in die Kosten usw. ~* de kosten enz. delen; 2 zich splitsen; 3 uiteenlopen (*meningen*); '**Teiler** ‹*der; -s, -*› deler (*ook rekenk*); '**Teilgebiet** ‹*das; -(e)s, -e*› deelgebied, klein gebied; '**teilhaben** ‹*onr. h*› *~ an* (+ 3) deelnemen in, deelhebben aan; '**Teilhaber** ‹*der; -s, -*› vennoot; '**teilhaftig**: *einer Sache ~ werden* iets deelachtig worden, iets krijgen; '**Teillösung** ‹*die; -, -en*› gedeeltelijke oplossing; '**Teilnahme** ‹*die; -, geen mv*› (*an* (+ 3)) 1 deelneming, het deelnemen, het meedoen; 2 deelneming, medeleven; 3 belangstelling; '**teilnahmslos** ongeïnteresseerd, onverschillig; '**teilnahmsvoll** vol belangstelling, belangstellend; '**teilnehmen** ‹*st.h; a-o; i*› *~ an* (+ 3): *a*) deelnemen aan; *b*) deelnemen in, delen in; '**Teilnehmer** ‹*der; -s, -*› deelnemer; '**Teilnehmerzahl** ‹*die; -, -en*› aantal deelnemers

teils deels, ten dele; *teils… teils* deels… deels

'**Teilschaden** ‹*der; -s, -̈*› gedeeltelijke schade; '**Teilstrecke** ‹*die; -, -n*› 1 baanvak; 2 traject; 3 (*sp*) etappe; '**Teilstück** ‹*das; -(e)s, -e*› onderdeel, kleiner deel; '**Teilung** ‹*die; -, -en*› 1 deling; 2 verdeling; '**Teilungszeichen** ‹*das; -s, -*› (*rekenk*) 1 deelteken; 2 breukstreep; '**teilweise** gedeeltelijk; '**Teilzahlung** ‹*die; -, -en*› 1 termijn; 2 betaling in termijnen, afbetaling; '**Teilzeitarbeit** ‹*die; -, geen mv*› 1 parttimewerk, deeltijdwerk; 2 part-timebaan, deeltijdbaan; '**Teilzeitbeschäftigung** ‹*die; -, -en*› deeltijd-, part-timebaan; '**Teilzeitkraft** ‹*die; -, -ë*› part-timemedewerker

Teint ‹*der; -s, -s*› teint, gelaatskleur

'**T-Eisen** ‹*das; -s, -*› T-balk

Telefax ‹*das; -, -(e)*› telefax, fax

Tele'fon ‹*das; -s, -e*› telefoon; **Tele'fonanruf** ‹*der; -(e)s, -e*› telefoontje, telefoongesprek; **Tele'fonanschluß** ‹*der; -anschlusses, -anschlüsse*› telefoonaansluiting; **Tele'fonapparat** ‹*der; -(e)s, -e*› telefoontoestel; **Tele'fonbuch** ‹*das; -(e)s, -ër*› telefoongids; **Tele'fongebühren** ‹*mv*› telefoonkosten; **Tele'fongespräch** ‹*das; -(e)s, -e*› telefoongesprek; **telefo'nieren** ‹*h*› telefoneren, opbellen; **tele'fonisch** telefonisch; **Telefo'nistin** ‹*die; -, -nen*› telefoniste; **Tele'fonkabine** ‹*die; -, -n*› telefooncel; **Tele'fonkarte** ‹*die; -, -n*› (*Belg*) telecard; **Tele'fonnetz** ‹*das; -es, -e*› telefoonnet; **Tele'fonnummer** ‹*die; -, -n*› telefoonnummer; **Tele'fonseelsorge** ‹*die; -, geen mv*› (*Belg*) tele-onthaal; **Tele'fonzelle** ‹*die; -, -n*› telefooncel; **Tele'fonzentrale** ‹*die; -, -n*› telefooncentrale

Tele'graf ‹*der; -en, -en*› telegraaf; **Tele'grafenamt** ‹*das; -(e)s, -ër*› telegraafkantoor; **Tele'grafenstange** ‹*die; -, -n*› telegraafpaal; **Telegra'fie** ‹*die; -, geen mv*› telegrafie; **telegra'fieren** ‹*h*› telegraferen

Tele'gramm ‹*das; -s, -e*› telegram; **Tele'grammadresse** ‹*die; -, -n*› ; **Tele'grammanschrift** ‹*die; -, -en*› telegramadres; **Tele'grammgebühren** ‹*mv*› telegramkosten

'**Telekommunikation** ‹*die; -, geen mv*› telecommunicatie

Tele'matik ‹*die; -, geen mv*› telematica

Tele'phon *usw.* zie *Telefon* enz.

Tele'skop ‹*das; -s, -e*› telescoop

'**Teller** ‹*der; -s, -*› 1 (etens)bord; 2 schaal; 3 handpalm; 4 sneeuwkrans (*van skistok*)

'**Tempel** ‹*der; -s, -*› tempel

tempera'mentvoll temperamentvol, met veel temperament

Tempera'tur ‹*die; -, -en*› 1 temperatuur; 2 verhoging (*van lichaamstemperatuur*); **Tempera'turschwankung** ‹*die; -, -en*› temperatuurschommeling; **Tempera'tursteigerung** ‹*die; -, -en*› temperatuurverhoging; **Tempera'tursturz** ‹*der; -es, -ë*› sterke daling van de temperatuur

tempe'rieren ‹*h*› 1 temperen, matigen; 2 op temperatuur brengen; **Tempe'rierung** ‹*die; -, -en*› 1 tempering, matiging; 2 het op temperatuur brengen

'**Tempo** ‹*das; -s, -s en Tempi*› tempo; snelheid; *~ 100* maximumsnelheid 100 km per uur; *ein bißchen ~ machen* opschieten; '**Tempolimit** ‹*das; -s, -s*› snelheidsbeperkin; '**Temposünder** ‹*der; -s, -*› snelheidsovertreder

'**Tempus** ‹*das; -, -pora*› (*gramm*) tempus, tijd

Ten'denz ‹*die; -, -en*› tendens; **tendenzi'ös** tendentieus; **ten'dieren** ‹*h*› tenderen; (*die Kurse*) *tendierten nach oben, nach unten* toonden neiging tot stijgen, tot dalen

'Tenne ‹*die; -, -n*› dorsvloer, deel

'Tennis ‹*das; -, geen mv*› tennis; ~ *spielen* tennissen; **'Tennishalle** ‹*die; -, -n*› overdekte tennisbaan; **'Tennishemd** ‹*das; -(e)s, -en*› tennisshirt; **'Tennismeister** ‹*der; -s, -*› tenniskampioen; **'Tennisplatz** ‹*der; -es, -ë*› tennisbaan; **'Tennisschläger** ‹*der; -s, -*› tennisracket; **'Tennisschuh** ‹*der; -(e)s, -e*› tennisschoen; **'Tennisturnier** ‹*das; -s, -e*› tennistoernooi; **'Tennisverein** ‹*der; -(e)s, -e*› tennisvereniging, -club

'Tenor I ‹*der; -s, geen mv*› teneur; **II** ‹*der; -s, -̈e*› tenor

'Teppich ‹*der; -s, -e*› tapijt, vloerkleed; **'Teppichboden** ‹*der; -s, -̈*› vast tapijt; **'Teppichfliese** ‹*die; -, -n*› tapijttegel; **'Teppichkehrer** ‹*der; -s, -*›, **'Teppichkehrmaschine** ‹*die; -, -n*› rolveger; **'Teppichklopfer** ‹*der; -s, -*› mattekklopper

Ter'min ‹*der; -s, -e*› **1** tijdstip, bepaalde dag of tijd; **2** zittingsdag, rechtszitting; **3** afspraak

'Terminal I ‹*der of das; -s, -s*› terminal; **II** ‹*das; -s, -s*› terminal (*van computer*)

ter'mingemäß, ter'mingerecht op tijd, op het afgesproken tijdstip; **Ter'minkalender** ‹*der; -s, -*› agenda; **Ter'minplan** ‹*der; -(e)s, -ë*› tijdschema

Ter'mite ‹*die; -, -n*› termiet

Terpen'tin ‹*das; -s, geen mv*› terpentijn

Ter'rain ‹*das; -s, -s*› terrein

Ter'rasse ‹*die; -, -n*› terras; **ter'rassenförmig** terrasvormig

territori'al, Territori'al... territoriaal; **Territori'algewässer** ‹*mv*› territoriale wateren

'Terror ‹*der; -s, geen mv*› terreur; **terrori'sieren** ‹*h*› terroriseren; **Terror'ismus** ‹*der; -, geen mv*› terrorisme; **Terror'ist** ‹*der; -en, -en*› terrorist

'Tertia ‹*die; -, Tertien*› vierde en vijfde klas van Duits gymnasium

terti'är tertiair

Terz ‹*die; -, -en*› **1** (*muz*) terts; **2** (*sp*) driekaart

Test ‹*der; -(e)s, -e of -s*› test

Testa'ment ‹*das; -(e)s, -e*› testament; *das Alte und Neue* ~ (*lett*); **testamen'tarisch** testamentair, bij testament; **Testa'mentserbe** ‹*der; -n, -n*› testamentair erfgenaam; **Testa'mentseröffnung** ‹*die; -, -en*› opening van het testament; **Testa'mentsvollstrecker** ‹*der; -s, -*› executeur-testamentair

'Testbild ‹*das; -(e)s, -er*› testbeeld; **'testen** ‹*h*› testen; **'Testfall** ‹*der; -(e)s, -ë*› test-case; **'Testpilot** ‹*der; -en, -en*› testpiloot; **'Testverfahren** ‹*das; -s, -*› testmethode

'teuer 1 duur; **2** dierbaar; **'Teuerung** ‹*die; -, -en*› duurte, dure tijd; **'Teuerungsausgleich** ‹*der; -(e)s, -e*› duurtecompensatie; (*Belg*) indexaanpassing; **'Teuerungswelle** ‹*die; -, -n*› duurtegolf; **'Teuerungszulage** ‹*die; -, -n*›, **'Teuerungszuschlag** ‹*der; -(e)s, -̈e*› duurtetoeslag

'Teufel ‹*der; -s, -*› **1** duivel; **2** *der arme* ~ de arme drommel; **3** *da ist der* ~ *los* de hele boel staat daar op stelten; *pfui* ~! foei!, bah!; *das müßte **mit** dem* ~ *zugehen* dat zou wel heel toevallig zijn, dan moest het wel heel gek lopen; (*sein ganzes Vermögen ist*) ***zum*** ~ naar de maan; **'Teufelin** ‹*die; -, -nen*› *eine* ~ *sein* een felle zijn; **'Teufelsbraten** ‹*der; -s, -*› galgebrok; **'Teufelskerl** ‹*der; -(e)s, -e*› donderstraal; **'Teufelskreis** ‹*der; -es, -e*› vicieuze cirkel; **'Teufelslärm** ‹*der; -(e)s, geen mv*› hels lawaai; **'Teufelsstreich** ‹*der; -(e)s, -e*› duivelse streek; **'teuflisch** duivels

Text ‹*der; -es, -e*› **1** tekst; **2** *nur weiter im* ~! (ga maar) verder!; **'Textausgabe** ‹*die; -, -n*› tekstuitgave; **'Textbuch** ‹*das; -(e)s, -ër*› tekstboek(je); **'Texter** ‹*der; -s, -*› tekstschrijver

Tex'tilfabrik ‹*die; -, -en*› textielfabriek; **Tex'tilien** ‹*mv*› textiel

'Textkritik ‹*die; -, -en*› tekstkritiek; **'Textteil** ‹*der; -(e)s, -e*› tekstgedeelte; **'Textverarbeitung** ‹*die; -, -en*› tekstverwerking; **'Textverarbeitungsgerät** ‹*das; -(e)s, -e*› tekstverwerker

The'ater ‹*das; -s, -*› **1** theater, schouwburg; *ins* ~ *gehen* naar de schouwburg gaan; *zum od. ans* ~ *gehen* bij het toneel gaan; **2** (*fig*) komedie; ~ *machen* komedie spelen, zich aanstellen; *ein* ~ *machen* zich aanstellen; *so ein* ~! wat een drukte!; **The'ater...** toneel...; **The'aterakademie** ‹*die; -, -n*› toneelschool; **The'aterbesuch** ‹*der; -(e)s, -e*› schouwburg-, theaterbezoek; **The'aterdichter** ‹*der; -s, -*› toneelschrijver; **the'aterhaft** toneelachtig, wat het toneel betreft; **The'aterkritiker** ‹*der; -s, -*› toneelcriticus; **The'aterstück** ‹*das; -(e)s, -e*› toneel-, theaterstuk; **The'atervorstellung** ‹*die; -, -en*› toneel-, theatervoorstelling; **thea'tralisch** theatraal

'Theke ‹*die; -, -n*› **1** toonbank; **2** buffet, tapkast

'Thema ‹*das; -s, Themen*› thema; onderwerp

Theo'loge ‹*der; -n, -n*› theoloog; **Theolo'gie** ‹*die; -, -n*› theologie

theo'retisch theoretisch; **theoreti'sieren** ‹*h*› theoretiseren; **Theo'rie** ‹*die; -, -n*› theorie

Thera'peut ‹*der; -en, -en*› therapeut; **Thera'pie** ‹*die; -, -n*›

Ther'malbad ‹*das; -(e)s, -ër*› bad(plaats) met warme bronnen; **Ther'malquelle** ‹*die; -, -n*›, **'Therme** ‹*die; -, -n*› therme, warme bron

'Thermik ‹*die; -, geen mv*› thermiek

'Thermosflasche ‹*die; -, -n*› thermosfles

Thermo'stat ‹*der; -(e)s of -en, -e(n)*› thermostaat

'These ‹*die; -, -n*› these, stelling

Thron ‹*der; -(e)s, -e*› troon; **'Thronanwärter** ‹*der; -s, -*› troonopvolger; troonpretendent; **'Thronbesteigung** ‹*die; -, -en*› troonsbeklimming, troonsbestijging; **'thronen** ‹*h*› tronen,

thr

zetelen; '**Thronentsagung** ‹*die;* -, *-en*› troonsafstand; '**Thronerbe** ‹*der; -n, -n*› erfgenaam van de troon; '**Thronfolge** ‹*die;* -, *-n*› troonopvolging; '**Thronfolger** ‹*der; -s,* -› troonopvolger; '**Thronverzicht** ‹*der; -(e)s, geen mv*› troonsafstand; '**Thronwechsel** ‹*der; -s,* -› troonopvolging

'**Thunfisch** ‹*der; -(e)s, -e*› tonijn

Tick ‹*der; -(e)s, -s*› 1 tik; 2 tic, aanwensel; 3 tikje, ietsje; '**ticken** ‹*h*› tikken

'**Tie-Break** ‹*der of das; -s, -s*› (*sp*) tie-break

tief 1 diep; 2 laag; 3 (*ich beklage ihn*) *aufs ~ste* ten zeerste; *im ~sten Winter* in het hartje van de winter; *das läßt ~ blicken* dat geeft te denken; **Tief** ‹*das; -s, -e*› 1 (*weerk*) depressie, lagedrukgebied; 2 diep, vaargeul; 3 dieptepunt; '**tiefäugig** met diepliggende ogen, hologig; '**Tiefausläufer** ‹*der; -s,* -› (*weerk*) uitloper van een depressie; '**Tiefbau** ‹*der; -(e)s, geen mv*› het bouwen op of in de grond; '**Tiefbauingenieur** ‹*der; -s, -e*› civiel-ingenieur; '**tiefdringend** doordringend, diepgaand; '**Tiefdruckgebiet** ‹*das; -(e)s, -e*› depressie; '**Tiefe** ‹*die;* -, *-n*› diepte; '**Tiefebene** ‹*die;* -, *-n*› laagvlakte; '**Tiefenmesser** ‹*der; -s,* -› dieptemeter; '**Tiefenpsychologie** ‹*die;* -, *geen mv*› dieptepsychologie; '**Tiefenwirkung** ‹*die;* -, *-en*› dieptewerking; '**Tiefflieger** ‹*der; -s,* -› laagvliegend vliegtuig; '**Tiefgang** ‹*der; -(e)s, geen mv*› diepgang; '**Tiefgarage** ‹*die;* -, *-n*› ondergrondse garage; '**tiefgehend** diepgaand; '**tiefgreifend** ingrijpend, diepgaand; '**tiefgründig** 1 laag, diep; 2 (*fig*) diepzinnig, -gaand; '**Tiefkonjunktur** ‹*die;* -, *-en*› ongunstige conjunctuur, malaise; '**Tiefkühlfach** ‹*das; -(e)s, -ër*› diepvriesvak; '**Tiefkühlkost** ‹*die;* -, *geen mv*› diepvrieseten; '**Tiefkühltruhe** ‹*die;* -, *-n*› diepvrieskist; '**Tieflader** ‹*der; -s,* -› dieplader; '**Tiefland** ‹*das; -(e)s, -ër*› laagland; '**tiefliegend** diepgelegen, diepliggend; '**Tiefmoor** ‹*das; -(e)s, -e*› laagveen; '**Tiefpunkt** ‹*der; -(e)s, -e*› dieptepunt; '**Tiefsee** ‹*die;* -, *-n*› diepzee; '**Tiefseebombe** ‹*die;* -, *-n*› dieptebom; '**Tiefsinn** ‹*der; -(e)s, geen mv*› 1 diepzinnigheid; 2 diep gepeins; 3 zwaarmoedigheid; '**tiefsinnig** 1 diepzinnig; 2 peinzend; 3 zwaarmoedig; '**Tiefsinnigkeit** ‹*die;* -, *geen mv*› zie *-sinn*; '**Tiefstand** ‹*der; -(e)s, geen mv*› 1 lage stand; 2 dieptepunt; laag peil; '**Tiefsttemperatur** ‹*die;* -, *-en*› minimumtemperatuur; '**tiefunglücklich** diepongelukkig

'**Tiegel** ‹*der; -s,* -› smeltkroes

'**Tiekholz** ‹*das; -es, -ër*› teakhout

Tier ‹*das; -(e)s, -e*› 1 dier, beest; 2 *ein großes, hohes ~* een hoge piet; '**Tierart** ‹*die;* -, *-en*› diersoort; '**Tierarzt** ‹*der; -es, -ë*› dierenarts; '**Tierbändiger** ‹*der; -s,* -› dierentemmer; '**Tierchen** ‹*das; -s,* -› diertje; '**Tierepos** ‹*das;* -, *-epen*› dierenepos; '**Tierfabel** ‹*die;* -, *-n*› dierenfabel; '**Tierfreund** ‹*der; -(e)s, -e*› dierenvriend; '**Tiergarten** ‹*der; -s, -̈*› dierentuin; '**Tiergattung** ‹*die;* -, *-en*› diersoort; '**tierhaft** dierlijk; '**Tierheilkunde** ‹*die;* -, *geen mv*› diergeneeskunde; '**Tierheim** ‹*das; -(e)s, -e*› dierenasiel; '**tierisch** 1 dierlijk; 2 (*fig*) beestachtig; '**Tierkreis** ‹*der; -es, geen mv*› (*astron*) dierenriem; '**Tierpark** ‹*der; -(e)s, -s*› dierenpark; '**Tierquäler** ‹*der; -s,* -› dierenkweller; '**Tierreich** ‹*das; -(e)s, geen mv*› dierenrijk; '**Tierschau** ‹*die;* -, *-s*› 1 dierententoonstelling; 2 menagerie; '**Tierschutz** ‹*der; -es, geen mv*› dierenbescherming; '**Tierschutzverein** ‹*der; -(e)s, -e*› vereniging tot bescherming van dieren; '**Tierversuch** ‹*der; -(e)s, -e*› dierproef; '**Tierwelt** ‹*die;* -, *geen mv*› dierenwereld

'**Tiger** ‹*der; -s,* -› tijger; '**Tigerfell** ‹*das; -(e)s, -e*› tijgervel; '**tigern** ‹*h*› 1 (*mil*) tijgeren; 2 tippelen, lopen

'**tilgbar** aflosbaar (*schuld*); '**tilgen** ‹*h*› 1 delgen, tenietdoen; 2 schrappen, verwijderen; 3 uitwissen (*schande*); 4 aflossen (*schulden*); '**Tilgung** ‹*die;* -, *-en*› aflossing enz., zie *tilgen*; '**Tilgungsrate** ‹*die;* -, *-n*›, **Tilgungssumme** ‹*die;* -, *-n*› aflossing(sbedrag)

'**Tinte** ‹*die;* -, *-n*› 1 inkt; 2 (*er sitzt*) *in der ~* in de knoei; *das ist klar wie dicke ~* zo klaar als een klontje; '**Tintenfisch** ‹*der; -(e)s, -e*› inktvis; '**Tintenklecks** ‹*der; -es, -e*› inktvlek; '**Tintenkuli** ‹*der; -s, -s*› ballpoint (*met inkt gevuld*)

'**Tippelbruder** ‹*der; -s, -̈*› landloper; '**tippeln** ‹*h*› 1 stippelen; 2 lopen, tippelen; 3 zwerven (als landloper)

'**tippen** ‹*h*› 1 tikken; 2 typen, tikken; 3 wedden (*o.a. toto, lotto*); 4 *auf etwas ~* iets vermoeden, denken; 5 tippen

'**Tippfehler** ‹*der; -s,* -› tikfout; '**Tippfräulein** ‹*das; -s,* -› typiste

Tisch ‹*der; -es, -e*› 1 tafel; *am ~ sitzen* aan de tafel zitten; *bei ~ sitzen* aan tafel zitten (*om te eten*); *sich zu ~ setzen* aan tafel gaan; *zu ~ bitten* verzoeken aan tafel te gaan; 2 (*fig*) *reinen ~* (*mit etwas*) *machen* schoon schip maken; '**Tischbein** ‹*das; -(e)s, -e*› tafelpoot; '**Tischbesteck** ‹*das; -(e)s, -e*› lepel, vork en mes; couvert; '**Tischblatt** ‹*das; -(e)s, -ër*› tafelblad; '**Tischdame** ‹*die;* -, *-n*› tafeldame; '**Tischdecke** ‹*die;* -, *-n*› tafelkleed; '**tischfertig** gebruiksklaar; '**Tischgebet** ‹*das; -(e)s, -e*› tafelgebed; '**Tischgedeck** ‹*das; -(e)s, -e*› tafelgoed, -linnen; '**Tischgeschirr** ‹*das; -(e)s, -e*› vaatwerk, servies; '**Tischgesellschaft** ‹*die;* -, *-en*› tafelgezelschap; '**Tischherr** ‹*der; -n, -en*› tafelheer; '**Tischlein'deckdich** ‹*das;* -, *geen mv*› tafeltje-dek-je; '**Tischler** ‹*der; -s,* -› 1 meubelmaker; 2 timmerman (*voor deuren, kozijnen, ramen*); '**Tischnachbar** ‹*der; -n, -n*› tafelbuur; '**Tischordnung** ‹*die;* -, *-en*› tafelschikking; '**Tischrede** ‹*die;* -, *-n*› tafelrede, toost; '**Tischtennis** ‹*das;* -, *geen mv*› (*sp*) tafeltennis; '**Tischtuch** ‹*das; -(e)s, -̈er*› tafellaken

'**Titel** ‹*der; -s,* -› 1 titel; 2 post (*op begroting*); '**Titelbogen** ‹*der; -s, -̈*› titelblad; '**Titelgeschichte** ‹*die;* -, *-n*› omslagverhaal; '**Titelsei-**

te ‹*die;* -, *-n*› voorpagina; '**Titelverteidiger** ‹*der;* -*s*, -› (*sp*) titelverdediger, kampioen

Titula'tur ‹*die;* -, *-en*› titulatuur

Toast ‹*der;* -*es*, -*e of* -*s*› 1 toost, sneetje geroosterd brood; 2 toost (*heildronk*); '**toasten** ‹*h*› toosten: *a*) een toost uitbrengen; *b*) roosteren; '**Toaster** ‹*der;* -*s*, -› broodrooster

'**toben** ‹*h*› razen, woeden, tieren; '**Tobsucht** ‹*die;* -, *geen mv*› razernij, dolheid; '**tobsüchtig** razend, aan razernij lijdend

'**Tochter** ‹*die;* -, -̈› 1 dochter; 2 dochtermaatschappij; '**Tochterfirma** ‹*die;* -, *-firmen*› dochtermaatschappij; '**Tochtergesellschaft** ‹*die;* -, *-en*› dochtermaatschappij

Tod ‹*der;* -(*e*)*s*, *geen mv*› dood; *eines natürlichen ~es sterben* een natuurlijke dood sterven; ***auf*** *den ~ krank sein, krank liegen* doodziek zijn; *auf den ~ verwundet sein* levensgevaarlijk gewond zijn; *sich* ***zu*** *~e arbeiten, lachen, schämen* zich doodwerken, -lachen, -schamen; *zu ~e erschrocken* dodelijk geschrokken; '**tod'blaß, tod'bleich** doosbleek; '**todbringend** dodelijk; '**tod'ernst** zeer ernstig; '**Todesahnung** ‹*die;* -, *-en*› voorgevoel van de (naderende) dood; '**Todesangst** ‹*die;* -, *-ë*› doodsangst; '**Todesanzeige** ‹*die;* -, *-n*› 1 overlijdensadvertentie; 2 rouwkaart, overlijdensbericht; '**Todesausgang** ‹*der*› *mit ~* met dodelijke afloop; '**Todesbotschaft** ‹*die;* -, *-en*› doodstijding; '**Todesfall** ‹*der;* -(*e*)*s*, -̈*e*› sterfgeval; '**Todesfurcht** ‹*die;* -, *geen mv*› doodsvrees; '**Todesgedanke** ‹*der;* -*ns*, -*n*› gedachte aan de dood, doodsgedachte; '**Todesgefahr** ‹*die;* -, *geen mv*› doodsgevaar; *Achtung!* ~ levensgevaarlijk; '**Todeskandidat** ‹*der;* -*en*, -*en*› wie ten dode opgeschreven is; '**Todesnot** ‹*die;* -, *-ë*› doodsangst, -nood; '**Todesopfer** ‹*das;* -*s*, -› slachtoffer, dode; '**Todesstille** ‹*die;* -, *geen mv*› doodse stilte; '**Todesstoß** ‹*der;* -*es*, -*ë*› doodsteek, genadestoot; '**Todesstrafe** ‹*die;* -, *-n*› doodstraf; '**Todesstunde** ‹*die;* -, *-n*› sterf-, doodsuur; '**Todestag** ‹*der;* -(*e*)*s*, -*e*› sterfdag; '**Todesursache** ‹*die;* -, *-n*› doodsoorzaak; '**Todesverachtung** ‹*die;* -, *geen mv*› doodsverachting; '**todfeind**: *einander ~ sein* doodsvijanden zijn; '**Todfeind** ‹*der;* -(*e*)*s*, -*en*› doodsvijand; '**todgeweiht** ten dode opgeschreven; '**tod'krank** doodziek; '**tödlich** dodelijk; *Körperverletzung mit ~em Ausgang* lichamelijk letsel, de dood ten gevolge hebbend; *~er Unfall* ongeval met dodelijke afloop; '**Todsünde** ‹*die;* -, *-n*› doodzonde

toi, toi, toi! 1 veel succes!; 2 afkloppen! (*om onheil te bezweren*)

Toi'lette ‹*die;* -, *-n*› toilet; **Toi'lettenartikel** ‹*der;* -*s*, -› toiletartikel; **Toi'lettenfrau** ‹*die;* -, *-en*› toiletjuffrouw; **Toi'lettenpapier** ‹*das;* -(*e*)*s*, *geen mv*› toilet-, closetpapier

tole'rant tolerant; **Tole'ranz** ‹*die;* -, *-en*› tolerantie; **tole'rieren** ‹*h*› tolereren

toll 1 geweldig, fantastisch; 2 dol, dwaas, gek; 3 ontzettend, enorm; '**tollen** ‹*h*› 1 ravotten; 2 uitgelaten zijn, dartelen; '**tollkühn** roekeloos, doldriest; '**Tollwut** ‹*die;* -, *geen mv*› hondsdolheid, rabiës; *von ~ befallen* aan hondsdolheid lijdend; '**tollwütig** dol, razend

'**Tolpatsch** ‹*der;* -*es*, -*e*› onhandig iemand, kluns; '**tolpatschig** onhandig

'**Tölpel** ‹*der;* -*s*, -› onhandig iemand, kluns; **Tölpe'lei** ‹*die;* -, *-en*› onhandigheid; '**tölpelhaft** onhandig

To'mate ‹*die;* -, *-n*› tomaat; **To'matensoße** ‹*die;* -, *-n*› tomatensaus; **To'matensuppe** ‹*die;* -, *-n*› tomatensoep

Ton I ‹*der;* -(*e*)*s*, -*ë*› 1 toon (*lett en fig*), klank; geluid; (*fig*) *einen anmaßenden ~ anschlagen* een hoge toon aanslaan; 2 tint; 3 klemtoon; 4 (*volkstaal*) *dicke od. große Töne reden* opscheppen, pochen; 5 *keinen ~ von sich geben* zwijgen; *keinen ~ von sich hören lassen* niets van zich laten horen; *einen* ***in*** *allen Tönen loben* iem in alle toonaarden loven; **II** ‹*der;* -(*e*)*s*, -*e*› klei, leem; '**tonangebend** toon(aan-) gevend, leidend; '**Tonarm** ‹*der;* -(*e*)*s*, -*e*› toonarm (*van platenspeler*); '**Tonart** ‹*die;* -, *-en*› 1 toonaard; 2 toon; 3 kleisoort; '**Tonausfall** ‹*der;* -(*e*)*s*, -*ë*› (*telec*) het wegvallen van het geluid; '**Tonband** ‹*das;* -(*e*)*s*, -*ër*› geluidsband; '**Tonbandaufnahme** ‹*die;* -, *-n*› bandopname; '**Tonbandgerät** ‹*das;* -(*e*)*s*, -*e*› bandrecorder

'**tönen** ‹*h*› 1 luiden, klinken; 2 verven, kleuren; *getöntes Glas* getint glas

'**tönern** van klei, lemen, aarden

'**Tonfall** ‹*der;* -(*e*)*s*, *geen mv*› 1 toonval; 2 toon; '**Tonfilm** ‹*der;* -(*e*)*s*, -*e*› geluidsfilm; '**Tonhöhe** ‹*die;* -, *-n*› toonhoogte; '**Toningenieur** ‹*der;* -*s*, -*e*› geluidsingenieur; '**Tonkamera** ‹*die;* -, -*s*› geluidscamera; '**Tonkopf** ‹*der;* -(*e*)*s*, -*ë*› toonkop, geluidskop; '**Tonkrug** ‹*der;* -(*e*)*s*, -*ë*› stenen kruik; '**Tonleiter** ‹*die;* -, *-n*› toonladder; '**tonlos** toonloos; '**Tonmeister** ‹*der;* -*s*, -› geluidstechnicus; '**Tonmixer** ‹*der;* -*s*, -› geluidmixer

'**Tönnchen** ‹*das;* -*s*, -› tonnetje, vaatje; '**Tonne** ‹*die;* -, *-n*› ton (*div bet*); '**tonnenweise** bij tonnen

'**Tonpfeife** ‹*die;* -, *-n*› stenen of Goudse pijp; '**Tonqualität** ‹*die;* -, *-en*› geluidskwaliteit; '**Tonsignal** ‹*das;* -(*e*)*s*, -*e*› geluidssignaal; '**Tonspur** ‹*die;* -, *-en*› geluidsspoor; '**Tonstörung** ‹*die;* -, *-en*› geluidsstoring (*op radio, tv*); '**Tontaube** ‹*die;* -, *-n*› (*sp*) kleiduif; '**Tonträger** ‹*der;* -*s*, -› 1 geluidsband; 2 cassette; 3 grammofoonplaat; 4 CD

'**Tönung** ‹*die;* -, *-en*› nuance, tint, schakering

'**Tonware** ‹*die;* -, *-n*› aardewerk; '**Tonzeichen** ‹*die;* -, -› 1 (*muz*) noot; 2 klemtoonteken; '**Tonziegel** ‹*der;* -*s*, -› stenen dakpan

Topf ‹*der;* -(*e*)*s*, -*ë*› 1 pot; 2 pan; 3 po; 4 (*alles*) *in einen ~ werfen* over een kam scheren; '**Töpfchen** ‹*das;* -*s*, -› 1 potje; 2 po, potje; 3 pannetje

'**Töpfer** ‹*der;* -*s*, -› pottenbakker; **Töpfe'rei**

‹*die; -, -en*› 1 pottenbakkerij; 2 aardewerk; **'töpfern I** ‹*h*› aardewerk maken, pottenbakken; **II** ‹*bn*› aarden; **'Töpferscheibe** ‹*die; -, -n*› pottenbakkersschijf; **'Töpferware** ‹*die; -, -n*› aardewerk

'Topfgucker ‹*der; -s, -*› pottekijker; **'Topfkuchen** ‹*der; -s, -*› tulband; **'Topfpflanze** ‹*die; -, -n*› potplant

Tor I ‹*der; -en, -en*› dwaas, gek; **II** ‹*das; -(e)s, -e*› 1 poort; 2 hek; 3 (sluis)deur; 4 (*sp*) goal, doel; 5 doelpunt; *ein ~ schießen, erzielen* een doelpunt maken; 6 (*bij slalom*) doorgang, poortje; **'Torbogen** ‹*der; -s, -̈*› overwelfde poort; **'Torchance** ‹*die; -, -n*› (doelrijpe) kans, scoringskans; **'Tordifferenz** ‹*die; -, -en*› (*sp*) doelsaldo

Torf ‹*der; -(e)s, -e*› turf

'Torflügel ‹*der; -s, -*› vleugel (van poort); **'Torfolge** ‹*die; -, -n*› (*sp*) scoreverloop; **'Torheit** ‹*die; -, -en*› dwaasheid, zotheid; **'Torhüter** ‹*der; -s, -*› (*sp*) doelverdediger, -man

'töricht dwaas, zot

'Torjäger ‹*der; -s, -*› (*sp*) goaltjesdief

'torkeln ‹*h en s*› wankelen, waggelen

'Torlatte ‹*die; -, -n*› (*sp*) doellat; **'Torlinie** ‹*die; -, -n*› (*sp*) doellijn; **'Tormann** ‹*der; -(e)s, -ër en -leute*› (*sp*) doelman, -verdediger; **'Tormöglichkeit** ‹*die; -, -en*› (doelrijpe) kans, scoringskans

Tor'nister ‹*der; -s, -*› 1 ransel; 2 (op de rug gedragen) schooltas

'Torraum ‹*der; -(e)s, -ë*› (*sp*) doelgebied

'Torschluß: *kurz vor ~* op het laatste ogenblik, op het nippertje; **'Torschuß** ‹*der; -schusses, -schüsse*› (*sp*) doelschot; **'Torschütze** ‹*der; -n, -n*› doelpuntenmaker; **'Torschützenkönig** ‹*der; -(e)s, -e*› (*sp*) topscorer

'Törtchen ‹*das; -s, -*› taartje, gebakje; **'Torte** ‹*die; -, -n*› taart; **'Tortenboden** ‹*der; -s, -̈*› taartbodem; **'Tortenheber** ‹*der; -s, -*› taartschep

Tor'tur ‹*die; -, -en*› tortuur (*div bet*)

'Torverhältnis ‹*das; -ses, -se*› (*sp*) doelgemiddelde; **'Torwart** ‹*der; -(e)s, -e*› (*sp*) doelverdediger

'tosen ‹*h*› razen, loeien, gieren; *~ der Beifall* daverend applaus

tot 1 dood; 2 (*fig, ook*) doods, uitgestorven

to'tal totaal; helemaal; **totali'tär** totalitair; **Totali'tät** ‹*die; -, geen mv*› totaliteit; **To'talschaden** ‹*der*› *~ haben* total loss zijn

'totarbeiten, sich ‹*h*› zich dood-, kapotwerken; **'totärgern, sich** ‹*h*› zich doodergeren

'Tote(r) ‹*bn als zn*› dode; **'töten** ‹*h*› doden; **'Totenbahre** ‹*die; -, -n*› lijkbaar; **'Totenbett** ‹*das; -(e)s, -en*› doods-, sterfbed; **'totenblaß** doodsbleek; **'Totenblässe** ‹*die; -, geen mv*› dodelijke bleekheid; **'totenbleich** doodsbleek; **'Totenehrung** ‹*die; -, -en*› 1 herdenking van een dode; 2 dodenherdenking; **'Totenfarbe** ‹*die; -, -n*› doodskleur; **'Totenfeier** ‹*die; -, -n*› 1 begrafenisplechtigheid, rouwdienst; 2 herdenking van een dode; 3 dodenherdenking; **'Totenglocke** ‹*die; -, -n*› doodsklok; **'Totengräber** ‹*der; -s, -*› doodgraver; **'Totenkopf** ‹*der; -(e)s, -ë*› doodshoofd, -kop; **'Totenkranz** ‹*der; -es, -ë*› rouwkrans; **'Totenkult** ‹*der; -(e)s, -e*› dodencultus; **'Totenmesse** ‹*die; -, -n*› (*r-k*) uitvaart, requiem(mis); **'Totenschein** ‹*der; -(e)s, -e*› overlijdensakte; **'Totensonntag** ‹*der; -(e)s, geen mv*› laatste zondag van het kerkelijk jaar; **'Totenstille** ‹*die; -, geen mv*› doodse stilte; **'totlachen, sich** ‹*h*› zich doodlachen, rot lachen

'Toto ‹*der; -s, -s*› toto

'Totschlag ‹*der; -(e)s, geen mv*› doodslag; **'totschlagen** ‹*st.h; u-a, ä*› 1 doodslaan; 2 *seine Zeit ~* de tijd doden; **'Totschläger** ‹*der; -s, -*› 1 moordenaar; 2 ploertendoder; **'totstellen, sich** ‹*h*› zich dood houden; **'Tötung** ‹*die; -, -en*› het doden, doding; *fahrlässige ~* dood door schuld

Tour ‹*die; -, -en*› 1 uitstapje, tochtje; *auf ~ gehen* op pad gaan, een tochtje gaan maken; *auf ~ sein* op pad zijn, een tochtje maken; 2 streek, truc; 3 wending, draai (*bij het dansen*); 4 (*techn*) omwenteling, toer; 5 *auf ~en bringen* op gang brengen; **'Tourenzahl** ‹*die; -, -en*› toerental, aantal omwentelingen; **'Tourenzähler** ‹*der; -s, -*› toerenteller

Tou'rismus ‹*der; -, geen mv*› toerisme; **Tou'rist** ‹*der; -en, -en*› toerist; **Tou'ristik** ‹*die; -, geen mv*› toeristenindustrie, -branche; **Tou'ristikunternehmen** ‹*das; -s, -*› reisorganisatie

Trab ‹*der; -(e)s, geen mv*› draf; *in scharfem ~* in gestrekte draf; *einen auf ~ bringen* iem achter de vodden zitten; *auf ~ sein: a*) druk bezig zijn; *b*) onderweg zijn; *einen in ~ halten* iem geen rust gunnen

Tra'bant ‹*der; -en, -en*› maan; kunstmaan, satelliet

'traben ‹*h en s*› draven; **'Traber** ‹*der; -s, -*› (hard)drave; **'Trabrennbahn** ‹*die; -, -en*› drafrenbaan; **'Trabrennen** ‹*das; -s, -*› (*sp*) harddraverij

Tracht ‹*die; -, -en*› 1 kleding, klederdracht; 2 vracht, last; 3 *eine ~ Prügel* een pak slaag

'trachten ‹*h*› 1 trachten, streven; 2 (*einem nach dem Leben*) *~* staan

'trächtig 1 drachtig; 2 (*fig*) vruchtbaar

Traditi'on ‹*die; -, -en*› traditie; **traditio'nell** traditioneel

'Tragbahre ‹*die; -, -n*› draagbaar, brancard; **'tragbar** 1 draagbaar, te dragen; 2 aanvaardbaar; 3 draaglijk

'Trage ‹*die; -, -n*› draagbaar, brancard

'träge 1 traag, langzaam; 2 lui, sloom

'tragen ‹*st.h; u-a; ä*› 1 dragen; 2 verduren, dragen; 3 *an etwas ~* onder iets lijden, gebukt gaan; 4 *das Eis trägt noch nicht* het ijs houdt nog niet; 5 *für etwas Sorge ~* ergens voor zorgen; 6 opleveren, opbrengen; 7 *Bedenken ~* bezwaren hebben; **sich** ~ 1 (*der Stoff*) *trägt sich gut* blijft goed in het dragen; 2 *sich mit*

Plänen ~ met plannen rondlopen; **'Träger** ‹*der; -s, -*› 1 drager; 2 (*bouwk*) draagbalk, ligger; 3 schouderbandje; 4 verantwoordelijke (instantie, organisatie); **'Trägerrakete** ‹*die; -, -n*› draagraket; **'tragfähig** draagkrachtig; **'Tragfähigkeit** ‹*die; -, geen mv*› draagvermogen; **'Tragfläche** ‹*die; -, -n*› (*luchtv*) vleugel, draagvlak; **'Tragflügelboot** ‹*das; -(e)s, -e*› draagvleugelboot; **'Traggestell** ‹*das; -(e)s, -e*› draagstel

'Trägheit ‹*die; -, geen mv*› 1 traagheid; 2 sloomheid

'Tragik ‹*die; -, geen mv*› tragiek; **'Tragiker** ‹*der; -s, -*› 1 treurspeldichter; 2 treurspelspeler; **Tragiko'mödie** ‹*die; -, -n*› tragikomedie; **'tragisch** tragisch; *etwas ~ nehmen* iets sericus opvatten, ergens een drama van maken

'Tragkraft ‹*die; -, geen mv*› draagkracht

Tra'gödie ‹*die; -, -n*› tragedie

'Tragriemen ‹*der; -s, -*› draagriem; **'Tragtier** ‹*das; -(e)s, -e*› lastdier; **'Tragweite** ‹*die; -, geen mv*› 1 draagwijdte; 2 (*van vuurwapen*) dracht

'Trainer ‹*der; -s, -*› trainer; **trai'nieren** ‹*h*› trainen; **'Training** ‹*das; -s, -*› training

Trakt ‹*der; -(e)s, -e*› 1 vleugel of gedeelte van een gebouw; 2 reeks bij elkaar horende gebouwen; 3 reeks straten

trak'tieren ‹*h*› 1 *einen mit Schlägen ~* iem op slagen trakteren; 2 *einen mit Vorwürfen ~* iem verwijten maken; 3 plagen

'trällern ‹*h*› neuriën

Tramp ‹*der; -s, -s*› 1 zwerver, landloper; 2 tramp, schip van de wilde vaart

'trampeln ‹*h*› 1 trappelen (*van ongeduld; als teken van bijval*); 2 stampvoeten; 3 stampen; 4 klossen

'trampen ‹*h*› liften

'Trampfahrt ‹*die; -, -en*› (*scheepv*) wilde vaart; **'Trampschiff** ‹*das; -(e)s, -e*› tramp, schip van de wilde vaart

Tran ‹*der; -(e)s, -e*› (vis)traan

'Träne ‹*die; -, -n*› traan; *einem keine ~ nachweinen* geen traan om iem laten; *in ~n aufgelöst sein od. zerfließen* in tranen badend; *zu ~n gerührt* tot tranen bewogen; **'tränen** ‹*h*› tranen; **'Tränendrüse** ‹*die; -, -n*› traanklier; **'Tränengas** ‹*das; -es, geen mv*› traangas

'tranig 1 tranig, vettig; 2 (*volkstaal*) sloom

Trank ‹*der; -(e)s, geen mv*› drank

'Tränke ‹*die; -, -n*› drenk-, drinkplaats; **'tränken** ‹*h*› 1 drenken, laten drinken; 2 doordrenken, drenken, (laten) doortrekken

Transakti'on ‹*die; -, -en*› transactie

Trans'fer ‹*der; -s, -s*› transfer; **Trans'ferliste** ‹*die; -, -n*› (*sp*) transferlijst; **Trans'fersumme** ‹*die; -, -n*› (*sp*) transferbedrag

transfor'mieren ‹*h*› transformeren

Transfusi'on ‹*die; -, -en*› (bloed)transfusie

Tran'sit ‹*der; -(e)s, -e*› transito; **Tran'sitgüter** ‹*mv*› doorvoerwaren; **Tran'sithandel** ‹*der; -s, geen mv*› transitohandel, doorvoerhandel; **Tran'sitverkehr** ‹*der; -s, geen mv*› transitoverkeer

transpa'rent transparant; **Transpa'rent** ‹*das; -(e)s, -e*› 1 transparant; 2 spandoek

Transpirati'on ‹*die; -, -en*› transpiratie; **transpi'rieren** ‹*h*› transpireren

Trans'port ‹*der; -(e)s, -e*› transport; **Trans'porter** ‹*der; -s, -*› 1 transportschip; 2 transportvliegtuig; 3 bestelwagen, (kleine) vrachtwagen; **trans'portfähig** transporteerbaar, vervoerbaar; **transpor'tieren** ‹*h*› transporteren; **Trans'portmittel** ‹*das; -s, -*› transportmiddel, vervoermiddel; **Trans'portunternehmen** ‹*das; -s, -*› transportonderneming, expeditiebedrijf

Tra'pez ‹*das; -es, -e*› 1 (*meetk*) trapezium; 2 trapeze

'trappeln ‹*h*› trippelen

Tra'ra ‹*das; -s, geen mv*› heisa, drukte; *mit großem ~* met veel tamtam

Tras'se ‹*das; -s, -s*› tracé

Tratsch ‹*der; -es, geen mv*› geroddel, geklets; *Klatsch und ~* geklets en geroddel; **'tratschen** ‹*h*› roddelen, kletsen

'Tratte ‹*die; -, -n*› (*handel*) traite, getrokken wissel

'Traube ‹*die; -, -n*› 1 druiventros; 2 druif; 3 (*plantk*) tros; 4 zwerm; drom; **'Traubenernte** ‹*die; -, -n*› druivenoogst, -pluk; **'Traubenpresse** ‹*die; -, -n*› druivenpers; **'Traubensaft** ‹*der; -(e)s, -ë*› druivesap; **'Traubenzucker** ‹*der; -s, geen mv*› druivesuiker

'trauen ‹*h*› 1 (*einem*) vertrouwen; *einem nicht über den Weg ~* iem voor geen cent vertrouwen; (*ich konnte*) *meinen Augen kaum ~* mijn ogen nauwelijks geloven; 2 (*einen*) in de echt verbinden, trouwen; **sich** ~ wagen, durven

'Trauer ‹*die; -, geen mv*› 1 rouw; 2 rouwkleding; 3 droefheid, verdriet; **'Traueranzeige** ‹*die; -, -n*› doodsbericht; **'Trauerbotschaft** ‹*die; -, -en*› droeve tijding; **'Trauerbrief** ‹*der; -(e)s, -e*› rouwbrief; **'Trauerfall** ‹*der; -(e)s, -ë*› sterfgeval; **'Trauerfeier** ‹*die; -, -n*› rouwplechtigheid, -dienst; **'Trauergefolge** ‹*das; -s, -*› rouwstoet; **'Trauergeleit** ‹*das; -(e)s, -e*› lijk-, rouwstoet; **'Trauergesang** ‹*der; -(e)s, -ë*› treurzang; **'Trauergottesdienst** ‹*der; -(e)s, -e*› rouwdienst; **'Trauerhaus** ‹*das; -es, -ër*› sterfhuis; **'Trauermusik** ‹*die; -, geen mv*› treurmuziek; **'trauern** ‹*h*› 1 treuren, bedroefd zijn; 2 rouw dragen, rouwen; **'Trauernachricht** ‹*die; -, -en*› droevige tijding; **'Trauerrede** ‹*die; -, geen mv*› lijkrede; **'Trauerspiel** ‹*das; -(e)s, -e*› treurspel; **'Trauerweide** ‹*die; -, -n*› (*plantk*) treurwilg

'Traufe ‹*die*› *vom Regen in die ~ kommen* van de regen in de drup komen; **'träufe(l)n I** ‹*h*› druppelen; **II** ‹*s*› druppelen, druppen

'traulich knus, gezellig

Traum ‹*der; -(e)s, -ë*› droom; *Träume sind Schäume* dromen zijn bedrog; *der ~ ist aus!* het is voorbij!; *das fällt mir im ~ nicht ein* daar denk ik in de verste verte niet aan; '**Traumbild** ‹*das; -(e)s, -er*› droombeeld; '**Traumdeutung** ‹*die; -, -en*› droomuitlegging; '**träumen** ‹*h*› 1 dromen; 2 mijmeren; '**Träumer** ‹*der; -s, -*› dromer; **Träume'rei** ‹*die; -, -en*› dromerij; '**träumerisch** dromerig; '**traumhaft** 1 als in een droom; 2 fantastisch; '**Traumwelt** ‹*die; -, -en*› droomwereld

'**traurig** 1 treurig, bedroefd, droevig; triest; 2 (*rest*) pover; (*omstandigheden*) miserabel; '**Traurigkeit** ‹*die; -, -en*› treurigheid, droefheid

'**Trauring** ‹*der; -(e)s, -e*› trouwring; '**Trauschein** ‹*der; -(e)s, -e*› huwelijksakte

traut 1 lief, geliefd; 2 knus, intiem, gezellig

'**Trauung** ‹*die; -, -en*› huwelijksvoltrekking; '**Trauzeuge** ‹*der; -n, -n*› getuige (*bij een huwelijk*)

'**Travellerscheck** ‹*der; -s, -s*› reischeque

'**Trecker** ‹*der; -s, -*› trekker, tractor

'**Treff** ‹*der; -s, -s*› 1 bijeenkomst, ontmoeting; 2 ontmoetingsplaats; '**treffen** ‹*st.h; a-o; i*› 1 treffen, raken; 2 (*fig*) kwetsen; 3 ontmoeten, (aan)treffen; 4 juist, goed raden; 5 *eine Entscheidung* ~ een beslissing nemen; *eine Auswahl* ~ een keuze doen; *Anstalten* ~ aanstalten maken; 6 *treffen auf: a*) toevallig ontmoeten; *b*) ondervinden; *c*) stuiten op; **sich** ~ 1 elkaar treffen, ontmoeten; 2 *es traf sich* het gebeurde; '**Treffen** ‹*das; -s, -*› 1 het treffen, gevecht; 2 ontmoeting, bijeenkomst; 3 (*sp*) wedstrijd, ontmoeting; '**treffend** 1 treffend, raak (*antwoord, opmerking*); 2 treffend; juist (*oordeel*); '**Treffer** ‹*der; -s, -*› 1 prijs (*in loterij*); 2 treffer (*raak schot*); 3 (*sp*) doelpunt; 4 bestseller

'**trefflich** voortreffelijk

'**Treffpunkt** ‹*der; -(e)s, -e*› plaats van samenkomst, ontmoetingspunt

'**treffsicher** trefzeker

'**Treibeis** ‹*das; -es, geen mv*› drijfijs; '**treiben** ‹*st.h; ie-ie*› 1 drijven (*div bet*); 2 slaan of boren in; 3 doen aan, beoefenen, zich toeleggen op; 4 telen, kweken; 5 groeien; 6 gisten; 7 *ein Handwerk* ~ een ambacht uitoefenen; *Knospen* ~ uitbotten, knoppen krijgen; *Sabotage* ~ sabotage plegen; *ein gefährliches Spiel* ~ een gevaarlijk spelletje spelen; *Wurzeln* ~ wortel schieten; 8 (*volkstaal*) *was treibst du denn jetzt?* wat doe je tegenwoordig?, wat voer je uit?; *sie treibt es mit anderen Männern* zij houdt het met andere mannen; *einen* ***zur*** *Eile* ~ iem tot haast aandrijven; *es zu bunt, zu toll* ~ het te bont maken; 9 (*die Preise*) ***in*** *die Höhe* ~ opdrijven; '**Treiben** ‹*das; -s, geen mv*› 1 het (voort)drijven; 2 drijfjacht; 3 het groeien, het uitbotten; 4 gedoe, doen en laten, bezigheid, bedrijvigheid, drukte; 5 het kweken, teelt; '**Treiber** ‹*der; -s, -*› drijver; '**Treibhaus** ‹*das; -es, -ër*› broeikas; '**Treibholz** ‹*das; -es, geen mv*› drijfhout; '**Treibjagd** ‹*die; -, -en*› drijfjacht; '**Treibstoff** ‹*der; -(e)s, -e*› (motor)brandstof; '**Treibstoffverbrauch** ‹*der; -(e)s; geen mv*› brandstofverbruik

'**trennbar** scheidbaar; '**Trennbarkeit** ‹*die; -, geen mv*› scheidbaarheid; '**trennen** ‹*h*› 1 scheiden; 2 lostornen; **sich** ~ 1 zich splitsen; 2 scheiden, uiteengaan; 3 afscheid nemen; '**Trennschärfe** ‹*die; -, geen mv*› (*telec*) selectiviteit; '**Trennung** ‹*die; -, -en*› 1 scheiding; 2 splitsing; '**Trennungsstrich** ‹*der; -(e)s, -e*› afbrekingsteken; '**Trennungszeichen** ‹*das; -s, -*› afbrekingsteken

'**Treppe** ‹*die; -, -n*› trap; '**Treppenabsatz** ‹*der; -es, -ë*› overloop, trapportaal; '**Treppengeländer** ‹*das; -s, -*› trapleuning

'**Tresen** ‹*der; -s, -*› 1 tapkast; 2 toonbank

Tre'sor ‹*der; -s, -e*› 1 kluis; 2 brandkast

'**Tresse** ‹*die; -, -n*› tres, galon

'**Tretauto** ‹*das; -s, -s*› trapauto; '**Treteimer** ‹*der; -s, -*› pedaalemmer

'**treten I** ‹*st.h; a-e; i*› 1 trappen; 2 (*fig*) *einen in den Schmutz* ~ iem door de modder halen; 3 *einen* ~ iem manen; 4 (*die Schuhe*) *schief* ~ scheef lopen; 5 *auf der Stelle* ~ (*fig*) pas op de plaats maken; 6 ***daneben*** ~ een misstap doen; **II** ‹*st.s*› 1 stappen, treden; 2 (*der Schweiß*) *tritt ihm* ***auf*** *die Stirn* komt op zijn voorhoofd; (*die Augen*) ~ ***aus*** *ihren Höhlen* puilen uit de kassen; (*die Tränen*) ~ *ihm* ***in*** *die Augen* komen in z'n ogen; *einem zu nahe* ~ iem krenken, beledigen; (*der Fluß*) *tritt* ***über*** *die Ufer* treedt buiten haar oevers; *bitte,* ~ *Sie näher!* komt U maar!

'**Tretmine** ‹*die; -, -n*› landmijn; '**Tretmühle** ‹*die; -, -n*› tredmolen

treu trouw; '**treudoof** naïef; '**Treue** ‹*die; -, geen mv*› trouw; *auf Treu und Glauben* op goed vertrouwen; *die* ~ *brechen* ontrouw worden; '**treuer'geben** zeer toegenegen, innig verbonden; '**Treuhänder** ‹*der; -s, -*› trustee; '**Treuhandgesellschaft** ‹*die; -, -en*› trustmaatschappij; '**treuherzig** trouwhartig; '**treulich** (ge)trouw, getrouwelijk; '**treulos** trouweloos, ontrouw

Tribu'nal ‹*das; -s, -e*› tribunaal; **Tri'büne** ‹*die; -, -n*› tribune

Tri'but ‹*der; -(e)s, -e*› tribuut, schatting

'**Trichter** ‹*der; -s, -*› 1 trechter; 2 *auf den* (*richtigen*) ~ *kommen* erachter komen; '**trichterförmig** trechtervormig

Trick ‹*der; -s, -e of -s*› truc, handigheid, foefje; '**Trickfilm** ‹*der; -(e)s, -e*› trucfilm; '**Trickkiste** ‹*die; -, -n*› trukendoos; '**trickreich** getruct, handig; '**tricksen** ‹*h*› trucs gebruiken

Trieb ‹*der; -(e)s, -e*› 1 drift, instinct; 2 drang, neiging; 3 loot, spruit; '**Triebachse** ‹*die; -, -n*› (*techn*) drijfas; '**triebartig** instinctief; '**Triebfeder** ‹*die; -, -n*› drijfveer; '**triebhaft** instinctief, instinctmatig; '**Triebkraft** ‹*die; -, -̈e*› 1 drijfkracht; 2 groeikracht; 3 impuls; '**Triebleben** ‹*das; -s, geen mv*› (*psych*) driftleven; '**Triebmensch** ‹*der; -en, -en*› impulsief iemand; '**Triebstange** ‹*die; -, -n*› drijfstang; '**Triebverbrecher** ‹*der; -s, -*› seksuele misdadiger; '**Triebwagen** ‹*der; -s, -*› motorwagen;

'Triebwerk ‹*das;* -(*e*)*s*, -*e*› (*techn*) 1 drijfwerk; 2 motor
'triefen ‹*st. en zw.; triefte en troff, getrieft*› druipen; druipnat zijn; **'Triefnase** ‹*die;* -, -*n*› druipneus; **'triefnaß** druipnat
'triftig afdoend; gegrond
Tri'kot I ‹*das;* -*s*, -*s*› 1 tricot; 2 sportshirt; (*sp*) *das gelbe* ~ de gele trui; II ‹*der of das;* -*s*, -*s*› tricot (*weefsel*); **Triko'tagen** ‹*mv*› tricotgoederen; **'Trikotwerbung** ‹*die;* -, -*en*› (*sp*) shirtreclame
'trillern ‹*h*› 1 trillers maken; 2 tierelieren; 3 kwinkeleren; 4 fluiten
'Trimm-dich-Pfad ‹*der;* -(*e*)*s*, -*e*› trimbaan; **'trimmen** ‹*h*› 1 trimmen (*div bet*); 2 *einen auf etwas* ~ iem iets leren, bijbrengen; *einen für etwas* ~ iem voor iets klaarstomen
'trinken ‹*st.h; a-u*› drinken; *einen* ~ *gehen* een pilsje, borrel gaan drinken; *eins über den Durst* ~ te diep in het glaasje kijken; **'Trinker** ‹*der;* -*s*, -› drinker (*div bet*); **'Trinkgeld** ‹*das;* -(*e*)*s*, -*er*› fooi; **'Trinkhalle** ‹*die;* -, -*n*› 1 drinkhal (*voor bronwater in badplaats*); 2 consumptietent (*kiosk, tent voor frisdrank, koffie, melk enz*); **'Trinkhalm** ‹*der;* -(*e*)*s*, -*e*› rietje (*om mee te drinken*); **'Trinklied** ‹*das;* -(*e*)*s*, -*er*› drinklied; **'Trinkspruch** ‹*der;* -(*e*)*s*, -̈*e*› toost, heildronk; **'Trinkwasser** ‹*das;* -*s*, *geen mv*› drinkwater; **'Trinkwasserschutzgebiet** ‹*das;* -(*e*)*s*, -*e*› waterwingebied
'trippeln ‹*h*› trippelen, trappelen
trist triest, treurig
Tritt ‹*der;* -(*e*)*s*, -*e*› 1 (voet)stap, pas; 2 voetspoor; 3 trap, schop; 4 trapje; 5 (*fig*) *einen* ~ *kriegen* ontslagen worden; 6 (*mil*); ~ *halten!* ~ *gefaßt* in de pas!; 7 *einen falschen* ~ *tun* zijn voet verstuiken; *auf Schritt und* ~ overal; **'Trittbrett** ‹*das;* -(*e*)*s*, -*er*› 1 treeplank; 2 trede, opstapje (van rijtuig); **'trittfest** 1 stabiel; 2 slijtvast; **'Trittleiter** ‹*die;* -, -*n*› trapleer
Tri'umph ‹*der;* -(*e*)*s*, -*e*› triomf; **trium'phal** triomfantelijk; **Trium'phator** ‹*der;* -*s*, -*en*› triomfator; **Tri'umphbogen** ‹*der;* -*s*, -̈› triomf-, ereboog; **triump'hieren** ‹*h*› triomferen, zegevieren; ~*d* (*ook*) triomfantelijk; **Tri'umphzug** ‹*der;* -(*e*)*s*, -*ë*› triomftocht
trivi'al triviaal, alledaags
'trocken 1 droog (*ook fig*); 2 droog, sec (*van wijn e.d.*); **'Trockenbatterie** ‹*die;* -, -*n*› (*elektr*) droge batterij; **'Trockendock** ‹*das;* -*s*, -*s*› droogdok; **'Trockenfrüchte** ‹*mv*› gedroogde vruchten; **'Trockenfutter** ‹*das;* -*s*, *geen mv*› droog voer; **'Trockengemüse** ‹*das;* -*s*, -› gedroogde groente; **'Trockenhaube** ‹*die;* -, -*n*› droogkap; **'Trockenheit** ‹*die;* -, *geen mv*› droogte; **'trockenlegen** ‹*h*› 1 drooggleggen (*ook fig*); 2 een schone luier geven (*een baby*); **'Trockenlegung** ‹*die;* -, -*en*› drooglegging; **'Trockenmilch** ‹*die;* -, *geen mv*› melkpoeder; **'Trockenobst** ‹*das;* -(*e*)*s*, *geen mv*› gedroogd fruit; **'Trockenrasierer** ‹*der;* -*s*, -› elektrisch scheerapparaat; **'trocknen** I ‹*h*› (af)drogen; II ‹*s*› drogen
'Troddel ‹*die;* -, -*n*› kwast
'Trödel ‹*der;* -*s*, -› 1 oude rommel; 2 uitdragerij; **'Trödelbude** ‹*die;* -, -*n*› uitdragerij
Tröde'lei ‹*die;* -, -*en*› getreuzel
'Trödelhändler ‹*der;* -*s*, -› uitdrager, opkoper; **'Trödelmarkt** ‹*der;* -(*e*)*s*, -*ë*› rommelmarkt
'trödeln ‹*h*› 1 slenteren; 2 talmen, treuzelen; **'Trödler** ‹*der;* -*s*, -› 1 uitdrager; 2 treuzelaar
Trog ‹*der;* -(*e*)*s*, -*ë*› trog, bak
Troll ‹*der;* -(*e*)*s*, -*e*› troll, demon, boze geest
'trollen ‹*s*› 1 (rond)slenteren; 2 (*jag*) draven; 3 *sich* ~ ophoepelen, afdruipen
'Trombe ‹*die;* -, -*n*› (wind-, zand-, water)hoos
'Trommel ‹*die;* -, -*n*› trommel, trom; *die* ~ *rühren od. schlagen:* *a*) trommelen; *b*) (*fig*) de trom roeren; **'Trommelfell** ‹*das;* -(*e*)*s*, -*e*› 1 trommelvel; 2 (*anat*) trommelvlies; **'trommeln** ‹*h*› trommelen; **'Trommelschlag** ‹*der;* -(*e*)*s*, -*ë*› trommelslag; **'Trommelwirbel** ‹*der;* -*s*, -› tromgeroffel; **'Trommler** ‹*der;* -*s*, -› tamboer, trommelaar
Trom'pete ‹*die;* -, -*n*› trompet; **trom'peten** ‹*h*› 1 trompetten; 2 (*fig*) rondbazuinen; 3 zijn neus hard snuiten; **Trom'petenschall** ‹*der;* -(*e*)*s*, *geen mv*› trompetgeschal; **Trom'petenstoß** ‹*der;* -*es*; -*ë*› trompetsignaal, -stoot; **Trom'peter** ‹*der;* -*s*, -› 1 trompettist; 2 (*mil*) trompetter, hoornblazer
'Tropenfieber ‹*das;* -*s*, *geen mv*› tropenkoorts; **'Tropenklima** ‹*das;* -*s*, *geen mv*› tropisch klimaat; **'Tropenkoller** ‹*der;* -*s*, *geen mv*› tropenkolder; **'Tropenkrankheit** ‹*die;* -, -*en*› tropische ziekte; **'Tropenpflanze** ‹*die;* -, -*n*› tropische plant
Tropf I ‹*der;* -(*e*)*s*, -*ë*› sukkel, sul; II ‹*der;* -(*e*)*s*, -*e*› (*med*) infuus; **'tröpfeln** ‹*h of s*› druppelen; **'tropfen** I ‹*h tr*› druppelen; II ‹*s intr*› druppelen; **'Tropfen** ‹*der;* -*s*, -› 1 druppel; *ein* ~ *auf einen heißen Stein* een druppel op een gloeiende plaat; 2 *steter* ~ *hölt den Stein* de aanhouder wint; **'tropfenweise** druppelsgewijze; **'Tropfsteinhöhle** ‹*die;* -, -*n*› druipsteengrot
Tro'phäe ‹*die;* -, -*n*› trofee
Troß ‹*der; Trosses, Trosse*› 1 (*mil*) trein, tros; 2 gevolg; 3 aanhangers
Trost ‹*der;* -(*e*)*s*, *geen mv*› 1 troost; *ein schwacher, magerer* ~ een schrale troost; 2 *er ist nicht bei* ~(*e*) hij is niet goed snik, niet goed wijs; **'trostbedürftig** troostbehoevend; **'trösten** ‹*h*› troosten; **'Tröster** ‹*der;* -*s*, -› trooster; **'tröstlich** troostend; **'trostlos** 1 troosteloos; 2 ontroostbaar, wanhopig; **'Trostlosigkeit** ‹*die;* -, *geen mv*› troosteloosheid, wanhopige toestand; **'Trostpreis** ‹*der;* -*es*, -*e*› troostprijs; **'Trostspruch** ‹*der;* -(*e*)*s*, -̈*e*› troostwoord; **'Tröstung** ‹*die;* -, -*en*› 1 vertroosting, troost; 2 *gestärkt mit den* ~*en der röm.-kath. Kirche* gesterkt door het H. Sacrament der Zieken
Trott ‹*der;* -(*e*)*s*, -*e*› 1 draf; 2 sleur; (*alles geht*) *seinen alten* ~ op de oude voet, in de oude

sleur; **'Trottel** ‹*der; -s, -*› (*fig*) sukkel; **'trotteln**, **'trotten** ‹*s*› sjokken, voortsukkelen

Trotz ‹*der; -es, geen mv*› 1 koppigheid, eigenzinnigheid; *einem ~ bieten* iem trotseren; 2 (*den Warnungen*) *zum ~* ten spijt

trotz ‹*vz* (+ 2)› 1 ondanks, ... (ten) spijt; 2 ~ *alledem* toch, nochtans, met dat al; **'trotz'dem** toch, desondanks

'trotzen ‹*h*› (*einer Sache*) ~ trotseren; **'trotzig** 1 koppig; 2 stug (*antwoord*); 3 tartend, uitdagend; 4 fier, trots; **'Trotzkopf** ‹*der; -(e)s, -̈e*› stijf-, dwarskop; **'trotzköpfig** stijfkoppig, dwars

'trüb(e) 1 troebel (*bier, water*); 2 triest, droefgeestig (*weer*); 3 betrokken (*lucht*); 4 somber; 5 wazig; 6 dof, mat (*spiegel, oog*); 7 droevig, treurig (*bestaan, blik*); 8 somber, droefgeestig (*gedachten*); **'Trübe** ‹*die; -, geen mv*› troebelheid enz., zie *trübe*

'Trubel ‹*der; -s, geen mv*› verwarring, drukte

'trüben ‹*h*› 1 troebel maken; 2 doen betrekken, dof maken, verdonkeren; 3 bedroeven; 4 benevelen (*blik*); 5 verstoren (*gemoedsrust*); **sich** ~ 1 troebel worden (*vloeistoffen*); 2 dof worden; 3 betrekken, donker worden (*hemel, lucht*); 4 minder goed worden (*verhouding*); 5 verward raken, zich verduisteren (*geest e.d.*); **'Trübheit** ‹*die; -, geen mv*› zie *Trübe*; **'Trübnis** ‹*die; -, geen mv*› droefheid, droefenis; **'Trübsal** ‹*die; -, -e*› 1 droefenis; 2 ellende; **'trübselig** 1 treurig, triest, somber; 2 jammerlijk, ongelukkig; **'Trübsinn** ‹*der; -(e)s, geen mv*› droefgeestigheid, zwaarmoedigheid; **'trübsinnig** triest, droefgeestig, zwaarmoedig; **'Trübung** ‹*die; -, -en*› 1 (ver)troebeling; 2 beneveling; 3 verstoring

'trudeln ‹*h*› 1 rollen; 2 slenteren; 3 heel rustig rijden of varen; tuffen; 4 tollen, dwarrelen

'Trüffel ‹*die; -, -n*› truffel (*alle bet*)

Trug ‹*der; -(e)s, geen mv*› 1 bedrog, bedriegerij; 2 *Lug und ~* leugen en bedrog; **'Trugbild** ‹*das; -(e)s, -er*› drogbeeld, (hersen)schim

'trügen ‹*st.h; o-o*› 1 bedriegen, misleiden; *der Schein trügt* schijn bedriegt; 2 (*das kann nicht*) ~ missen; **'trügerisch** 1 bedrieglijk; 2 verraderlijk

'Truggestalt ‹*die; -, -en*› schim, spookgestalte, drogbeeld; **'Trugschluß** ‹*der; -schlusses, -schlüsse*› 1 verkeerde gevolgtrekking; 2 drogreden, sofisme

'Truhe ‹*die; -, -n*› kist

Trumm ‹*das; -(e)s, -ër*› stuk, stomp, eind

'Trümmer ‹*mv*› 1 puin; puinhopen; *in ~ legen* volledig verwoesten; 2 brokstukken; wrakstukken; *die Scheiben gingen in ~* de ruiten gingen aan diggelen; **'Trümmerfeld** ‹*das; -(e)s, -er*› grote puinhoop; **'Trümmerhaufen** ‹*der; -s, -*› puinhoop, ruïne

Trumpf ‹*der; -(e)s, -ë*› troef; *das ist jetzt ~* dat is nu van belang; **'trumpfen** ‹*h*› (af)troeven (*ook fig*); **'Trumpfkarte** ‹*die; -, -n*› troefkaart

Trunk ‹*der; -(e)s, geen mv*› 1 dronk; 2 het drinken; **'trunken** dronken (*ook fig*); **'Trunkenbold** ‹*der; -(e)s, -e*› dronkaard; **'Trunkenheit** ‹*die; -, geen mv*› dronkenschap; **'Trunksucht** ‹*die; -, geen mv*› drankzucht

Trupp ‹*der; -s, -s*› groep; **'Truppe** ‹*die; -, -n*› 1 (*mil*) troep; 2 (*theat*) gezelschap, troep; 3 leger; **'Truppenabbau** ‹*der; -(e)s, geen mv*› troepenvermindering; **'Truppenansammlung** ‹*die; -, -en*› troepenconcentratie; **'Truppenbetreuung** ‹*die; -, geen mv*› (*mil*) welzijnszorg; **'Truppenschau** ‹*die; -, -en*› parade; **'Truppenteil** ‹*der; -(e)s, -e*› (*mil*) (leger)onderdeel; **'Truppenübungsplatz** ‹*der; -es, -ë*› oefenterrein; **'Truppenverschiebung** ‹*die; -, -en*› troepenverplaatsing; **'truppweise** troepsgewijze

'Truthahn ‹*der; -(e)s, -ë*› kalkoense haan

tschüs! dag!, tot ziens!

'T-Shirt ‹*das; -s, -s*› T-shirt

'Tube ‹*die; -, -n*› tube

Tuch ‹*das; -(e)s, -ër en -e*› 1 doek; *wie das rote ~ wirken* werken als een rode lap op een stier; 2 laken; 3 sjaal; 4 hoofddoek; 5 zakdoek; 6 (*scheepv*) zeil

'tüchtig 1 bekwaam, knap; 2 handig, geschikt; 3 flink; ~ *arbeiten* flink, hard werken; ~ *essen* goed eten; **'Tüchtigkeit** ‹*die; -, geen mv*› bekwaamheid enz.

'Tücke ‹*die; -, -n*› 1 arglist, boosaardigheid; 2 valse streek; geniepigheid; 3 boosaardige speling; 4 kuur, nuk

'tuckern ‹*h en s*› tuffen

'tückisch 1 gemeen, geniepig; 2 verradelijk, gevaarlijk; (*ziekte*) kwaadaardig

'Tüftelarbeit ‹*die; -, -en*› peuterwerk, geknutsel; **Tüfte'lei** ‹*die; -, -en*› peuterwerk, geknutsel; **'tüfteln** ‹*h*› knutselen; dokteren; **'Tüftler** ‹*der; -s, -*› 1 peuteraar, knutselaar; 2 pietlut

'Tugend ‹*die; -, -en*› deugd; **'Tugendbold** ‹*der; -(e)s, -e*› toonbeeld van deugd; **'tugendhaft** deugdzaam, braaf

Tüll ‹*der; -s, -e*› tule (*een weefsel*)

'Tülle ‹*die; -, -n*› tuit

'Tulpe ‹*die; -, -n*› 1 tulp; 2 bierglas met een voet; **'Tulpenblüte** ‹*die; -, geen mv*› tulpentijd; **'Tulpenfeld** ‹*das; -(e)s, -er*› 1 tulpenveld; 2 (*mv ook*) bloembollenvelden; **'Tulpenzwiebel** ‹*die; -, -n*› tulpenbol

'tummeln, sich ‹*h*› 1 ravotten; 2 voortmaken; **'Tummelplatz** ‹*der; -es, -ë*› 1 speelplaats, -weide; 2 (*fig*) centrum

'Tümpel ‹*der; -s, -*› plas, poel

Tu'mult ‹*der; -(e)s, -e*› 1 tumult, rumoer, opschudding; 2 oploop, oproer

tun ‹*st.h; tat - getan*› doen; *alles an seinen Platz ~* alles op z'n plaats zetten of leggen; (*das Wetter*) *tut auch etwas dazu* werkt ook mee; *einen Schrei ~* een gil geven; *tu doch nicht so!* stel je niet zo aan!; *er bekam es mit der Angst zu ~* hij werd erg bang; (*ich habe immer*) *zu ~* mijn bezigheden; *damit ist es nicht getan* daar heeft men niets aan; **sich** ~ 1 *sich* *schwer* ~ het zichzelf moeilijk maken; 2 *da tut sich was!* er is daar wat aan de hand!; **Tun** ‹*das; -s, geen mv*› activiteiten; *sein ~ und Lassen, ~ und Treiben* zijn doen en laten, zijn handel en wandel

'Tünche ‹*die; -, -n*› 1 witkalk; 2 kalklaag; 3 (*fig*) schijn; **'tünchen** ‹*h*› witten, kalken; sausen

'Tundra ‹*die; -, Tundren*› toendra

'Tuner ‹*der; -s, -*› tuner (*alle bet*)

'Tunichtgut ‹*der; - of -(e)s, -e*› deugniet

'Tunke ‹*die; -, -n*› 1 jus, saus; 2 *in der ~ sitzen* in de rats zitten, 'm knijpen; **'tunken** ‹*h*› dopen (in), soppen

'tunlich 1 doenlijk, te doen, mogelijk; 2 *~st* zo mogelijk; *~st bald* zo spoedig mogelijk

'Tunnel ‹*der; -s, -*› tunnel

'Tüpfchen ‹*das; -s, -*›, **'Tüpfel** ‹*der of das; -s, -*›, **'Tüpfelchen** ‹*das; -s, -*› 1 stip, punt; 2 vlekje

'tüpfeln ‹*h*› (be)spikkelen, stippelen

'tupfen ‹*h*› 1 tikken; aanstippen, even aanraken; 2 betten; 3 stippelen; **'Tupfen** ‹*der; -s, -*› stip, vlekje; **'Tupfer** ‹*der; -s, -*› 1 stip, vlek; 2 dot watten

Tür ‹*die; -, -en*› (*fig*) deur; *offene ~en einrennen* open deuren intrappen; (*fig*) *einer Sache ~ und Tor öffnen* de deur wijd openzetten voor iets; *zwischen ~ und Angel* inderhaast; **'Türangel** ‹*die; -, -n*› deurhengsel

'Turban ‹*der; -s, -e*› tulband

Turbu'lenz ‹*die; -, -en*› turbulentie

'Türgriff ‹*der; -(e)s, -e*› deurknop

'Türke ‹*der; -n, -n*› Turk

'Türkette ‹*die; -, -n*› deurketting

'türkisch Turks

'Türklinke ‹*die; -, -n*› deurklink, -kruk

Turm ‹*der; -(e)s, -ë*› 1 toren (*div bet*); 2 kasteel (*in schaakspel*)

'türmen ‹*h*› 1 opstapelen, opeenhopen; 2 ervandoor gaan, 'm smeren; 3 weggaan zonder te betalen; 4 *sich ~* zich opstapelen

'Turmfalke ‹*der; -n, -n*› torenvalk; **'Turmhahn** ‹*der; -(e)s, -ë*› torenhaan; **'turmhoch** torenhoog; **'Turmuhr** ‹*die; -, -en*› torenklok

'Turnanzug ‹*der; -(e)s, -ë*› 1 gymnastiekpak(je); 2 turnpak(je); **'turnen** ‹*h*› 1 turnen; 2 gymmen; 3 klauteren; **'Turner** ‹*der; -s, -*› turner; **'Turngerät** ‹*das; -(e)s, -e*› 1 turntoestel; 2 gymnastiektoestel; **'Turnhalle** ‹*die; -, -n*› gymnastieklokaal

Tur'nier ‹*das; -s, -e*› toernooi; **Tur'nierplatz** ‹*der; -es, -ë*› toernooiveld

'Turnlehrer ‹*der; -s, -*› gymnastiekleraar; **'Turnsaal** ‹*der; -(e)s, Säle*› gymnastiekzaal; **'Turnschuh** ‹*der; -(e)s, -e*› gymschoen; **'Turnstunde** ‹*die; -, -n*› gymnastiekles; **'Turnübung** ‹*die; -, -en*› gymnastiekoefening; **'Turnunterricht** ‹*der; -(e)s, geen mv*› gymnastiekonderwijs

'Turnus ‹*der; -, -se*› 1 cyclus; *in dreijährigem ~* om de drie jaar; 2 rooster, toerbeurt; *im ~* bij toerbeurt; **'turnusgemäß** volgens rooster; **'turnusmäßig** 1 regelmatig; 2 volgens rooster

'Turnverein ‹*der; -(e)s, -e*› 1 gymnastiekvereniging; 2 turnvereniging

'Türöffner ‹*der; -s, -*› deuropener; **'Türöffnung** ‹*die; -, -en*› deuropening; **'Türpfosten** ‹*der; -s, -*› deurpost, -stijl; **'Türrahmen** ‹*der; -s, -*› deurkozijn; **'Türspalt** ‹*der; -(e)s, geen mv*› kier, spleet van de deur

'Turteltaube ‹*die; -, -n*› tortelduif

Tusch ‹*der; -es, -e*› fanfare

'Tusche ‹*die; -, -n*› *chinesische ~* Oostindische inkt

'tuscheln ‹*h*› fluisteren, smoezen

'Tute ‹*die; -, -n*› toeter

'Tüte ‹*die; -, -n*› 1 zak; 2 kluns; 3 blaaspijpje

'tuten ‹*h*› toeteren

TÜV ‹*der; -, geen mv*› (*afk*) *Technischer Überwachungsverein* technische (auto)keuringsdienst

T'V (*afk*) 1 *Tennisverein*; 2 *Turnverein*; 3 *Television = Fernsehen*; **T'V-Werbung** ‹*die; -, geen mv*› televisiereclame

Typ ‹*der; -s, -en*› 1 type (*div bet*); 2 knul; **'Type** ‹*die; -, -n*› 1 (*volkstaal*) type (mens); 2 (*typ*) letter; **'typisch** typisch, typerend, kenmerkend; **typi'sieren** ‹*h*› 1 typeren; 2 indelen in typen; **Typi'sierung** ‹*die; -, -en*› 1 typering; 2 indeling in typen; **'Typus** ‹*der; -, Typen*› type

Ty'rann ‹*der; -en, -en*› tiran, dwingeland; **Tyran'nei** ‹*die; -, -en*› tirannie; **tyranni'sieren** ‹*h*› tiranniseren

Uuu

u. (*afk*) *und*
u. a. (*afk*) **1** *unter anderem, unter anderen* onder andere(n), o.a.; **2** *und andere(s)* en andere, e.a.
u. ä. (*afk*) *und ähnliche(s)* en dergelijke
u. A. w. g. (*afk*) *um Antwort wird gebeten* verzoeke antwoord
'U-Bahn ‹*die; -, -en*› zie *Untergrundbahn*
'übel 1 slecht; ~ *dran sein* er slecht aan toe zijn; **2** onwel, naar, onpasselijk, misselijk; *mir wird* ~ ik word niet goed; *dabei wird einem* ~ je wordt er misselijk van; **3** *ein übler Bursche* een nare kerel; **4** *~e Laune* boze bui; *nicht* ~ niet kwaad; **'Übel** ‹*das; -s, -*› **1** het kwaad; **2** kwaal; **3** euvel; **'Übelkeit** ‹*die; -, -en*› misselijkheid, onpasselijkheid; **'übelnehmen** ‹*st.h; a-o; i*› kwalijk nemen; **'übelriechend** onaangenaam ruikend; **'Übeltat** ‹*die; -, -en*› misdrijf, euveldaad; **'Übeltäter** ‹*der; -s, -*› boosdoener
'üben ‹*h*› **1** oefenen; **2** studeren (*o.a. piano*), instuderen (*een lied*); **3** oefenen (*geduld, gerechtigheid*); **4** betrachten (*zijn plicht*); **5** *Kritik an einem* ~ op iem kritiek uitoefenen
'über I ‹*vz* (+ 3 of + 4)› **1** ***boven****: das Bild hängt* ~ *dem Schrank* het schilderij hangt boven de kast; (*fig: er steht*) ~ *mir* boven mij; **2** ***over****: die Brücke* ~ *den Rhein* de brug over de Rijn; *es läuft mir eiskalt* ~ *den Rücken* een koude rilling loopt over mijn rug; *~s Jahr* over een jaar; (*es sind*) ~ *1000 Personen* (*anwesend*) meer dan 1000 personen; **3** ***aan****:* ~ *Tische* (*wurde Politik getrieben*) aan tafel; **4** ***door****:* ~ *dem Spiel vernachlässigt er seine Geschäfte* door het spel verwaarloost hij zijn zaken; **5** ***door****:* ~ *den Bezirksinspektor* door bemiddeling van (via) de districtsinspecteur; **6** ***gedurende****:* ~ *eine lange Zeitspanne* (*hinweg*) gedurende een lang tijdsverloop; *den ganzen Tag* ~ gedurende de hele dag; ~ *Nacht: a*) gedurende de nacht; *b*) plotseling; **7** ***met****: er fährt* ~ *Weihnachten in die Schweiz* hij gaat met Kerstmis naar Zwitserland; **8** ***onder****:* ~ *der Arbeit einschlafen* onder het werk in slaap vallen; **9** ***op****:* (*er macht*) *Schulden* ~ *Schulden* schulden op schulden; **10** ***zonder*** ‹*vz*› *ich ließ es* ~ *mich ergehen* ik verdroeg, duldde het; (*er ist*) ~ *alle Berge* ervandoor; *ein Glas* ~ *den Durst trinken* te diep in het glaasje kijken; *einmal* ~ *das andere* keer op keer; **II** ‹*bw*› ~ *die Hälfte* meer dan de helft; *die Mauer ist* ~ *drei Meter hoch* de muur is meer dan drie meter hoog; *einem* ~ *sein* iem de baas zijn; *das ist mir* ~ ik heb er genoeg van, ik ben het zat; ~ *und* ~ door en door, geheel en al
über'all overal
über'altert te oud, zeer verouderd
'Überangebot ‹*das; -(e)s, -e*› te groot aanbod
über'anstrengen ‹*h*› te veel vergen van; *sich* ~*: a*) zich te veel inspannen; *b*) zich overwerken
über'antworten ‹*h*› **1** overdragen; **2** overleveren
über'arbeiten I ‹*h*› **1** opnieuw bewerken; **2** herzien, omwerken; *sich* ~ zich overwerken; **II** ‹*h*› overwerken; **Über'arbeitung** ‹*die; -, -en*› **1** omwerking; **2** overspanning
über'aus zeer, bijzonder, buitengewoon
über'backen ‹*st.h; u-a; ä*› licht, even bakken
'überbeanspruchen ‹*h*› **1** te veel vragen of vergen van; **2** (*techn*) overbelasten; **'Überbeanspruchung** ‹*die; -, -en*› (*techn*) overbelasting
'überbehalten ‹*st.h; ie-a; ä*› overhouden
'überbelasten ‹*h*› (*techn*) overbelasten
'überbelegt: *~e Klassen* overvolle (school)klassen
'Überbeschäftigung ‹*die; -, geen mv*› overspannen arbeidsmarkt
'überbewerten overwaarderen; **'Überbewertung** ‹*die; -, -en*› overwaardering
über'bieten ‹*st.h; o-o*› **1** hoger bieden dan, afmijnen; **2** hoger inzetten (*in het spel*); **3** overtreffen (*in ijver, in prestatie*); **4** *einander* ~ tegen elkaar opbieden; **sich** ~ met elkaar wedijveren
'überbleiben ‹*st.s; ie-ie*› overblijven; **'Überbleibsel** ‹*das; -s, -*› overblijfsel, rest
überblenden ‹*h*› faden
'Überblick ‹*der; -(e)s, -e*› overzicht; **über'blicken** ‹*h*› over'zien
über'bringen ‹*onr.h; a-a*› overbrengen, overhandigen; **Über'bringer** ‹*der; -s, -*› overbrenger, brenger; **Über'bringung** ‹*die; -, -en*› overbrenging
über'brücken ‹*h*› (*fig*) overbruggen; **Über'brückungskredit** ‹*der; -(e)s, -e*› overbruggingskrediet
über'bürden ‹*h*› overladen; **Über'bürdung** ‹*die; -, geen mv*› overlading
über'dachen ‹*h*› overkappen; *die überdachte Tribüne* de overdekte tribune
über'dauern ‹*h*› overleven
über'denken ‹*onr.h*› overdenken, -peinzen
'überdeutlich overduidelijk
über'dies bovendien, daarenboven
'Überdosis ‹*die; -, -dosen*› te grote dosis
'Überdruß ‹*der; -drusses, geen mv*› verveling, afkeer; *bis zum* ~ tot vervelens toe; **'überdrüssig:** *ich bin seiner od. ihn* ~ ik heb genoeg van hem
Über'eignung ‹*die; -, -en*› eigendomsoverdracht
über'eilen ‹*h*› overijlen, -haasten
über'ein overeen, akkoord

überein'anderlegen ‹*h*› over elkaar leggen; **über'einanderliegen** ‹*st.h; a-e*› over elkaar liggen; **über'einanderschlagen** ‹*st.h; u-a; ä*› over elkaar slaan

über'einklingen ‹*h*› overeenstemmen; **über'einkommen** ‹*st.s; a-o*› overeenkomen; **Über'einkommen** ‹*das; s, -*›, **Über'einkunft** ‹*die; -, -künfte*› overeenkomst, contract; **über'einstimmen** ‹*h*› overeenstemmen, -komen; *ich stimme vollkommen mit Ihnen überein* ik ben het volkomen met u eens; **über'einstimmend** overeenstemmend, -komstig, eensluidend; **Über'einstimmung** ‹*die; -, -en*› overeenstemming, -komst

'überempfindlich overgevoelig

über'essen, sich ‹*st.h; a-e; i*› zich overeten, te veel eten; **'überessen** ‹*st.h; a-e; i*› (*sich etwas*) zich tegeneten

'überfahren 1‹*st.h; u-a; ä*› overvaren, -brengen, -zetten; 2‹*s*› overvaren, -steken

über'fahren ‹*st.h; u-a; ä*› 1 over'rijden, -varen; 2 over (*een grenslijn, de finish*) varen

'Überfahrt ‹*die; -, -en*› overvaart, -tocht

'Überfall ‹*der; -(e)s, -ë*› overval; **'überfallen** ‹*st.h; ie-a; ä*› overvallen; (*Schlaf*) *überfiel mich* overmande mij

'überfällig 1 vervallen (*wissel*); 2 over tijd (*schip*); 3 (*diese Maßnahme*) *war seit langem* ~ was reeds lang noodzakelijk

'überfliegen ‹*st.s; o-o*› overvliegen

über'fliegen ‹*st.h; o-o*› 1 vliegen over; 2 zeer haastig lezen; 3 snel overwegen

'überfließen ‹*st.s; o-o*› 1 overlopen, buiten de oevers treden; 2 overlopen, -vloeien

über'fließen ‹*st.h; o-o*› overstromen

über'flügeln ‹*h*› overvleugelen

'Überfluß ‹*der; -flusses, geen mv*› overvloed; *zum ~: a*) bovendien; *b*) tot overmaat van ramp; **'überflüssig** overbodig, -tollig

über'fordern ‹*h*› 1 overvragen, te veel vragen; 2 (*fig*) over'drijven

'Überforderung ‹*die; -, geen mv*› overbelasting

über'fragen ‹*h*› te veel vragen

'überführen ‹*h*› overbrengen, -zetten, transporteren

über'führen ‹*h*› 1 *einen einer Schuld* ~ het overtuigend bewijs van iems schuld leveren; 2 (*den Markt*) overvoeren

'Überführung ‹*die; -, -en*› overbrenging

über'führung ‹*die; -, -en*› 1 het leveren van overtuigend bewijs (van schuld); 2 viaduct

über'füllt overvol, stampvol

'Übergabe ‹*die; -, geen mv*› 1 overgave (*van vesting*); 2 overhandiging (*van brief*); 3 aflevering (*van waren*); 4 overdracht

'Übergang ‹*der; -(e)s, -ë*› 1 overtocht (*over een rivier*); 2 rivierovergang; 3 bergpas; 4 (*muz*) overgang; 5 overgangsperiode; 6 (*jur*) overdracht; **'Übergangsbestimmung** ‹*die; -, -en*› overgangsbepaling

über'geben ‹*st.h; a-e; i*› 1 overgeven, overhandigen; 2 (aan iem iets) opdragen, overlaten; 3 *dem Druck* ~ in druk geven; 4 *der Öffentlichkeit* ~ openbaar maken; 5 *dem Verkehr* ~ voor het verkeer openstellen; 6 *dem Betrieb* ~ in bedrijf stellen; 7 *sich* ~ overgeven, braken

'übergehen ‹*st.s; i-a*› 1 overgaan (*div bet*), overlopen; 2 *die Augen gingen ihm über* z'n ogen schoten vol tranen

über'gehen ‹*st.h; i-a*› 1 (iem iets) over het hoofd zien, overslaan, passeren (*ook bij promotie*); 2 (*een rekening*) nazien, doorlopen

'übergeordnet (*in rang*) geplaatst boven, hoger

'übergeschnappt niet goed snik

'übergießen ‹*st.h; o-o*› erover gieten; overgieten (in iets anders)

über'gießen ‹*st.h; o-o*› begieten

'übergreifen ‹*st.h; i-i*› 1 ~ *in* (+ 4) inbreuk maken op; 2 (*fig*) *in jmds. Gebiet* ~ op iems terrein komen; 3 *das Feuer griff auf das Nachbarhaus über* de vlammen sloegen over naar het belendende perceel; 4 *ineinander* ~ (ook) in elkaar grijpen; **'Übergriff** ‹*der; -(e)s, -e*› 1 inbreuk; 2 inmenging; 3 het eigenmachtig optreden

'überhaben ‹*onr. h; hatte, -gehabt*› 1 om-, aanhebben (*jas e.d.*); 2 *ich hab' es über: a*) ik heb er meer dan genoeg van; *b*) ik heb het over

über'handnehmen ‹*st.h; a-o; i*› veld winnen, hand over hand toenemen

'Überhang ‹*der; -(e)s, -ë*› 1 voorhangsel, draperie; 2 overhangende rots; 3 overschot, teveel

'überhängen ‹*zw.h*› omslaan, omdoen

über'hängen ‹*zw.h*› 1 over iets heen hangen of doen; 2 overhellen

über'häufen ‹*h*› overladen, -stelpen; **Über'häufung** ‹*die; -, -en*› overlading

über'haupt 1 *die Miete ist hier ~ niedrig* de huur is hier over het algemeen, over het geheel laag; 2 *wenn ich ~ reise* als ik tenminste op reis ga; 3 *eine Änderung ist ~ nicht notwendig* een verandering is helemaal, hoegenaamd niet nodig; 4 *worüber sollte er sich ~ ängstigen?* trouwens, waarover zou hij zich eigenlijk ongerust maken?; 5 *weißt du ~, mit wem du's zu tun hast?* weet je eigenlijk wel, wie je voor je hebt?; 6 *er gab sich ~ Mühe, recht heiter auszusehen* hij deed in alle opzichten moeite ...; 7 (soms niet te vertalen dan door klemtoon) (*manche vergessen*), *daß sie ~ Pflichten haben* dat zij plichten hebben

über'heben ‹*st.h; o-o*› 1 *einen eines Dinges ~: a*) iem van iets ontheffen of ontslaan; *b*) iem iets besparen; 2 *sich* ~ zich vertillen; 3 *sich eines Dinges* ~ zich op iets laten voorstaan; 4 *sich über einen* ~ zich boven iem verheven voelen; **über'heblich** aanmatigend, arrogant; **Über'heblichkeit** ‹*die; -, geen mv*› aanmatiging, arrogantie

über'hitzen ‹*h*› 1 oververhitten; 2 (*fig*) *überhitzt* bovenmatig, overdreven; *überhitzte Konjunktur* overspannen conjunctuur

über'höhen ‹*h*› 1 ophogen; 2 in hoogte overtreffen, uitsteken boven; 3 meer betekenis ge-

ven (aan); 4 *überhöhte Geschwindigkeit* te grote snelheid; **Über'höhung** ‹*die; -, -en*› 1 ophoging; 2 verheffing
'überholen ‹*h*› overhalen, overheen halen
über'holen ‹*h*› 1 inhalen, passeren; 2 reviseren, grondig nakijken (*machine, motor*); *general überholt* geheel gereviseerd; 3 opknappen (*auto*); 4 herzien; 5 *das ist überholt: a*) dat is uit de tijd; *b*) dat is door de feiten achterhaald; **Über'holmanöver** ‹*das; -s, -*› inhaalmanoeuvre; **Über'holung** ‹*die; -, -en*› 1 het inhalen; 2 revisie
über'hören ‹*h*› 1 overhoren, laten zeggen; 2 niet horen; 3 *eine spöttische Bemerkung* ~ doen alsof men ... niet hoort
'überirdisch bovenaards
'überjährig meer dan een jaar oud; overjarig
'überklug waanwijs, erg wijs
'überkommen ‹*st.s; a-o*› (er) overkomen
über'kommen I ‹*st.h; a-o*› 1 erven (*ambt, recht*); 2 *etwas überkommt einem* iets valt iem ten deel; 3 *Angst überkommt einen* angst maakt zich van iem meester; II ‹*bn*› traditioneel, overgeleverd
'überlassen ‹*st.h; ie-a; ä*› 1 (er) overlaten; 2 overlaten, laten staan
über'lassen ‹*st.h; ie-a; ä*› 1 overlaten, afstaan; 2 (*sich seinen Gedanken*) overgeven
'Überlast ‹*die; -, -en*› 1 te zware last; 2 (*fig*) overlast, moeite, hinder; **über'lasten** ‹*h*› overladen, overbelasten
'überlaufen ‹*st.s; ie-au; äu*› overlopen
über'laufen ‹*st.h; ie-au; äu*› 1 vluchtig doorlezen; 2 *ein Schauder überläuft mich, mich überläuft es* (*kalt*) er gaat een (koude) rilling door m'n leden; 3 *dieser Beruf ist* ~ te veel mensen oefenen dit beroep uit; 4 *einen ~: a*) iem overlopen (*te vaak bezoeken*); *b*) *einen* ~ iem laten staan
'Überläufer ‹*der; -s, -*› overloper
'überlaut zeer luid, luidkeels
über'leben ‹*h*› 1 overleven; 2 *überlebter Greis* afgeleefde grijsaard; **'Überlebende(r)** ‹*bn als zn*› overlevende
'überlegen ‹*h*› 1 eroverheen leggen; 2 *einen* ~ iem over de knie leggen
über'legen I ‹*h*› overleggen, -wegen, -denken; (*etwas*) *hin und her* ~ lang en breed overwegen; II ‹*bn*› 1 superieur, 'uitmuntend boven, beter; *er ist ihm an Begabung* ~ hij heeft een betere aanleg; 2 de overmacht hebbend, sterker; 3 hautain, uit de hoogte; **Über'legenheit** ‹*die; -, geen mv*› 1 superioriteit; 2 overmacht, meerderheid
über'legt 1 bedachtzaam, bezonnen; 2 zorgzaam
Über'legung ‹*die; -, -en*› overleg, -weging
'überleiten ‹*h*› geleidelijk overbrengen, overleiden
'überlesen ‹*st.h; a-e; ie*› doorlezen
über'lesen ‹*st.h; a-e; ie*› eroverheen lezen
über'liefern ‹*h*› overleveren (*div bet*)
über'listen ‹*h*› verschalken, te slim af zijn
über'machen ‹*h*› 1 overmaken (*geld*); 2 vermaken (*bij testament*)
über'malen ‹*h*› 1 be-, over'schilderen; 2 retoucheren
'Übermaß ‹*das; -es, geen mv*› 1 overmaat; 2 overdaad
'Übermensch ‹*der; -en, -en*› supermens; **'übermenschlich** bovenmenselijk
über'mitteln ‹*h*› zenden, doen toekomen; overbrengen (*groeten, bericht e.d.*); **Über'mitt(e)lung** ‹*die; -, -en*› overmaking enz.; vgl *übermitteln*
Über'müdung ‹*die; -, geen mv*› oververmoeidheid
'Übermut ‹*der; -(e)s, geen mv*› 1 uitgelatenheid; 2 baldadigheid; 3 overmoed, vermetelheid; **'übermütig** overmoedig, vermetel
über'nachten ‹*h*› overnachten; **Über'nachtung** ‹*die; -, -en*› overnachting
'Übernahme ‹*die; -, -n*› 1 overneming; 2 ~ *eines Amtes, einer Erbschaft* aanvaarding van een ambt, erfenis
'übernehmen ‹*st.h; a-o; i*› omslaan
über'nehmen ‹*st.h; a-o; i*› 1 overnemen (*in beheer enz*); 2 zich belasten met; 3 aannemen (*leverantie, werk*); 4 aanvaarden (*ambt, verantwoording*); 5 *sich im Essen* ~ te veel eten
'überordnen ‹*h*› *ein Ding einem andern* ~ iets stellen boven iets anders; vgl *übergeordnet*
'überproportional buiten (alle) proportie
über'prüfen ‹*h*› (nauwkeurig) controleren, nazien, verifiëren; **Über'prüfung** ‹*die; -, -en*› 1 controle, verificatie; 2 herziening, revisie
über'quer overdwars; **über'queren** ‹*h*› (*een straat*) oversteken
über'ragen ‹*h*› uitsteken boven; *einen an Verstand u.ä.* ~ in verstand e.d. iem overtreffen; **über'ragend** buitengewoon, superieur
über'raschen ‹*h*› verrassen; **Über'raschung** ‹*die; -, -en*› verrassing
über'reden ‹*h*› (*einen zu etwas*) overreden; **Über'redung** ‹*die; -, geen mv*› overreding
'überregional landelijk (*dagblad*)
über'reichen ‹*h*› 1 overhandigen, uitreiken; 2 aanreiken, -geven
über'reizen ‹*h*› overprikkelen
'Überrest ‹*der; -(e)s, -e*› rest; *die irdischen od. sterblichen ~e* het stoffelijk overschot
über'rieseln ‹*h*› 1 overstromen; 2 bevloeien; 3 (*fig*) beschijnen, schijnen op
'überrinnen ‹*st.s; a-o*› overvloeien, -lopen
'Überrock ‹*der; -(e)s, -ë*› overjas
'Überrollbügel ‹*der; -s, -*› rolbeugel (*in auto*)
über'rollen onder de voet lopen
über'rumpeln ‹*h*› overrompelen, verrassen
über'runden ‹*h*› (*sp*) *einen* ~ een ronde voorsprong op iem krijgen, iem lappen
über'sät *mit*, (*fig*) bezaaid met; **über'sättigen** ‹*h*› oververzadigen
'Überschallflugzeug ‹*das; -(e)s, -e*› supersonisch vliegtuig; **'Überschallgeschwindigkeit** ‹*die; -, geen mv*› supersonische snelheid

ube

über'schaubar te overzien, overzichtelijk
'überschäumen ‹*s*› schuimend overlopen
über'schicken ‹*h*› overzenden, -sturen
über'schießen ‹*st.h; o-o*› 1 (er) overheen schieten; 2 *das Ziel* ~ z'n doel voorbijschieten
'Überschlag ‹*der; -(e)s, -ë*› 1 overslag, raming; 2 (*sp*) handstand-overslag; *freier* ~ salto; **'überschlagen** ‹*st.h; u-a; ä*› 1 overspringen (*van vonk*); 2 *die Beine* ~ de benen over elkaar slaan
über'schlagen ‹*st.h; u-a; ä*› 1 overslaan, over het hoofd zien; 2 ramen, begroten; 3 overwegen; **sich** ~ 1 overslaan (*van stem*); 2 over de kop slaan; 3 snel op elkaar volgen
'überschnappen ‹*s*› 1 uitschieten (*van een slot*); 2 overslaan; vgl *übergeschnappt*
über'schneiden, sich ‹*st.h; i-i*› 1 elkaar snijden; 2 elkaar overlappen
'überschreiben ‹*st.h; ie-ie*› 1 schrijven boven; 2 overschrijven, transporteren (*een bedrag*)
über'schreiben ‹*st.h; ie-ie*› 1 *einem ein Gut* ~ een bezitting op iems naam laten zetten; 2 volschrijven (*blad*); 3 van een titel voorzien
'Überschreibung ‹*die; -, -en*› het overschrijven
über'schreibung ‹*die; -, -en*› overschrijving, opgave (*per brief*); vgl *über'schreiben*
über'schreiten ‹*st.h; i-i*› 1 *einen Fluß* ~ een rivier overtrekken; 2 *die Grenze, den Kredit* ~ de grens, het krediet over'schrijden; 3 *das Gesetz* ~ de wet overtreden; 4 oversteken; **Über'schreitung** ‹*die; -, -en*› over'schrijding, -treding
'Überschrift ‹*die; -, -en*› 1 opschrift, titel; 2 adres
'Überschuß ‹*der; -schusses, -schüsse*› overschot
'überschütten ‹*h*› overgieten, -storten
über'schütten ‹*h*› 1 over'gieten, bedekken; 2 *mit Vorwürfen* ~ met verwijten overstelpen; 3 *mit Ehre* ~ met eer overladen
'Überschwang ‹*der; -(e)s, geen mv*› overvloed
'überschwappen ‹*h*› eroverheen klotsen
über'schwemmen ‹*h*› (*lett en fig*) overstromen, -'spoelen; **Über'schwemmung** ‹*die; -, -en*› overstroming
'überschwenglich 1 overvloedig; 2 overdreven, uitbundig
'Übersee ‹*die*› *nach* ~ overzee
über'sehbar overzienbaar, te overzien; **über'sehen** ‹*st.h; a-e; ie*› 1 over'zien; 2 over het hoofd zien, niet zien
über'senden ‹*onr.h*› toezenden
über'setzbar vertaalbaar
'übersetzen I ‹*h*› overzetten; II ‹*s*› overvaren
über'setzen ‹*h*› vertalen; overbrengen; **Über'setzer** ‹*der; -s, -*› vertaler; **Über'setzung** ‹*die; -, -en*› 1 vertaling; 2 (*techn*) transmissie
'Übersicht ‹*die; -, -en*› overzicht, resumé; **'übersichtlich** overzichtelijk, duidelijk, helder
'übersiedeln, über'siedeln ‹*s*› verhuizen; **Über'siedler** ‹*der; -s, -*› (*Belg*) inwijkeling; **'Übersied(e)lung, Über'sied(e)lung** ‹*die; -, -en*› verhuizing
'übersinnlich bovenzinnelijk, bovennatuurlijk
'überspannen ‹*h*› (uit)spannen over
über'spannen 1 te strak spannen; 2 (*bouwk*) overwelven; 3 *etwas mit Leinwand* ~ ergens linnen overheen spannen; 4 *überspannte Forderungen* overdreven eisen; **Über'spanntheit** ‹*die; -, geen mv*› overdrevenheid, geëxalteerdheid; **Über'spannung** ‹*die; -, -en*› overspanning (*div bet*)
über'spielen ‹*h*› 1 verdoezelen; 2 (*sp*) *den Gegner* ~ de tegenstander overklassen, te slim af zijn
über'spitzt overdreven, -trokken, opgeblazen
über'sprechen ‹*st.h; a-o; i*› nasynchroniseren
'überspringen ‹*st.s; a-u*› overspringen
über'springen ‹*st.h; a-u*› 1 springen over; 2 *er übersprang 2.20 m* hij sprong 2,20 m; 3 *eine Klasse* ~ een klas overslaan
'übersprudeln overlopen (*lett en fig*)
über'standen zie *über'stehen*
'überstehen ‹*st.h; a-a*› (voor)uitsteken
über'stehen ‹*st.h; a-a*› door'staan, te boven komen; *das hätten wir überstanden!* goddank, dat is voorbij!
'übersteigen ‹*st.s; ie-ie*› 1 overklimmen; 2 buiten de oevers treden
über'steigen ‹*st.h; ie-ie*› overtreffen
über'stellen ‹*h*› *einen dem Gericht, der Polizei* ~ iem aan het gerecht, aan de politie overleveren
über'stimmen ‹*h*› 1 overstemmen (*div bet*); 2 (*snaar*) te hoog stemmen
'überstreifen ‹*h*› *sich* (+ 3) *etwas* ~ iets aantrekken
'überströmen ‹*h*› 1 overlopen; 2 (*fig*) overvloeien van; 3 (*fig*) *auf einen* ~ op iem overgaan
über'strömen ‹*h*› 1 overstromen; 2 (*fig*) vervullen
'überstülpen ‹*h*› over (iets) heen zetten
'Überstunde ‹*die; -, -n*› overuur, overwerk
'überstürzen ‹*h*› overstorten
über'stürzen ‹*h*› over'haasten; **sich** ~ 1 zich overhaasten; 2 overslaan (*van golven*); 3 *die Ereignisse* ~ *sich* de gebeurtenissen volgen snel op elkaar; **Über'stürzung** ‹*die; -, -en*› overijling, -haasting
über'tönen ‹*h*› overklinken, -stemmen
'Übertrag ‹*der; -(e)s, -ë*› transport (van een bedrag)
über'tragbar 1 over te brengen; 2 vertaalbaar; 3 *nicht* ~ (abonnement) strikt persoonlijk; 4 (*eine Krankheit ist*) ~ besmettelijk
'übertragen ‹*st.h; u-a; ä*› 'overdragen, -brengen, transporteren
über'tragen ‹*st.h; u-a; ä*› 1 overboeken, -schrijven, transporteren; 2 *einem etwas* iets iem 'overdragen; 3 opdragen; 4 (*etwas auf einen anderen*) doen overgaan; 5 vertalen; 6 (*telec*) uitzenden; 7 overbrengen (*een ziekte*);

sich ~ overgaan, overgedragen worden; *über'tragene Bedeutung* overdrachtelijke betekenis

Über'tragung ‹*die; -, -en*› 1 overbrenging; 2 transport, overboeking; 3 overdracht; 4 vertaling; 5 (*telec*) uitzending

über'treffen ‹*st.h; a-o; i*› overtreffen

über'treiben ‹*st.h; ie-ie*› over'drijven

'übertreten ‹*st.s; a-e; i*› 1 terechtkomen (in), overgaan (naar); 2 overgaan (*tot een andere godsdienst, partij*); 3 buiten de oevers treden

über'treten ‹*st.h; a-e; i*› overtreden (*wet*)

Über'tretung ‹*die; -, -en*› overtreding

über'trieben overdreven

'Übertritt ‹*der; -(e)s, -e*› overgang; vgl *übertreten*

'übertun ‹*st.h; a-a*› 'omdoen, -slaan

über'völkert overbevolkt, overvol

über'vorteilen ‹*h*› afzetten, oplichten; **Über'vorteilung** ‹*die; -, -en*› afzetterij, oplichterij

über'wachen ‹*h*› bewaken, waken over

über'wachsen ‹*st.h; u-a; ä*› geheel begroeien, be-, overdekken; eroverheen groeien

Über'wachung ‹*die; -, -en*› bewaking, toezicht, controle

über'wältigen ‹*h*› overmeesteren, -weldigen, -mannen

'überwechseln ‹*s*› 1 *auf die andere Straßenseite* ~ (een straat) oversteken; 2 overgaan (*naar iets anders*)

'Überweg ‹*der; -(e)s, -e*› ~ *für Fußgänger* oversteekplaats voor voetgangers

über'weisen ‹*st.h; ie-ie*› 1 (*med*) verwijzen (naar); 2 (*auf* (+ 4)) overmaken, -schrijven (op)

Über'weisung ‹*die; -, -en*› 1 overschrijving, -making; 2 verwijzing; **Über'weisungsschein** ‹*der; -(e)s, -e*› (*med*) verwijsbriefje

'überwerfen ‹*st.h; a-o; i*› overgooien, omslaan

über'werfen, sich ‹*st.h; a-o*› *sich mit einem* ~ met iem in conflict komen of ruzie krijgen

Über'wertung ‹*die; -, -en*› te hoge taxatie

über'wiegen ‹*st.h; o-o*› overheersen, het overwicht hebben, overwegend zijn; **über'wiegend** I ‹*bn*› overgroot; II ‹*bw*› overwegend, voornamelijk

über'winden ‹*st.h; a-u*› 1 overwinnen; 2 uit de weg ruimen; 3 te boven komen (*een verlies*); **über'windlich** 1 overwinnelijk; 2 overkomelijk; **Über'windung** ‹*die; -, -en*› (zelf)overwinning

über'wintern ‹*h*› overwinteren

über'zählen ‹*h*› (na)tellen

'überzählig overtollig, te veel, overcompleet

über'zeugen ‹*h*› overtuigen; **Über'zeugung** ‹*die; -, -en*› overtuiging

'überziehen ‹*st.h; o-o*› *einem eins* ~ iem slaan, een klap geven

über'ziehen ‹*st.h; o-o*› 1 overtrekken, bekleden; 2 *ein Bett frisch* ~ een bed verschonen; 3 *Wolken* ~ *den Himmel* wolken bedekken de hemel; 4 *seinen Kredit, sein Konto, sein Guthaben* ~ zijn krediet overschrijden; 5 *der Himmel überzieht sich* de hemel betrekt

'Überzieher ‹*der; -s, -*› overjas

'Überzug ‹*der; -(e)s, -ë*› overtrek, hoes

'üblich gebruikelijk, gewoon; **'üblicher'weise** zoals gebruikelijk is

'U-Boot ‹*das; -(e)s, -e*› *Unterseeboot* onderzeeër

'übrig 1 overig, over(blijvend); *alles ~e* al het overige; *im ~en* voor het overige; 2 *ein ~es tun* nog meer doen (dan nodig is); 3 *für einen etwas ~ haben* voor iem iets over hebben; **'übrigbehalten** ‹*st.h; ie- a; ä*› overhouden; **'übrigbleiben** ‹*st.s; ie-ie*› overblijven; **'übrigens** 1 overigens, bovendien; 2 trouwens; **'übriglassen** ‹*st.h; ie-a; ä*› overlaten

'Übung ‹*die; -, -en*› oefening; ~ *macht den Meister* oefening baart kunst; *aus der* ~ *kommen* de vaardigheid verliezen; **'Übungshang** ‹*der; -(e)s, -ë*› oefenhelling (*voor skiërs*)

u.dgl.(m.) (*afk*) *und dergleichen* (*mehr*) en dergelijke (e.d.)

u.E. (*afk*) *unseres Erachtens* onzes inziens

'Ufer ‹*das; -s, -*› 1 oever, wal; 2 kust; **'uferlos** 1 oeverloos; 2 (*fig*) onbegrensd, onoverzienbaar, eindeloos; **'Ufermauer** ‹*die; -, -n*› kademuur; **'Uferverbindung** ‹*die; -, -en*› oeververbinding

U-haft *Untersuchungshaft* voorarrest, voorlopige hechtenis

Uhr ‹*die; -, -en*› uurwerk, horloge, klok; uur (*in tijdmeldingen*); *wieviel ~ ist es?* hoe laat is het?; (*fig*) *wissen was die ~ geschlagen hat* weten hoe laat het is; **'Uhrengeschäft** ‹*das; -(e)s, -e*› horlogezaak; **'Uhrkette** ‹*die; -, -n*› horlogeketting; **'Uhrmacher** ‹*der; -s, -*› horlogemaker; **'Uhrzeiger** ‹*der; -s, -*› wijzer (*op horloge of klok*); *im Sinne des ~s* in de richting van de wijzers van de klok; **'Uhrzeit** ‹*die; -, -en*› tijdstip

'Uhu ‹*der; -s, -s*› (*dierk*) oehoe

UKW (*afk*) *Ultra'kurzwelle*; **UKW-Sender** ‹*der; -s, -*› ultrakortegolfzender, FM-zender

Ulk ‹*der; -(e)s, -e*› grap, gekheid, lol; **'ulken** ‹*h*› grappen of gekheid maken; **'ulkig** grappig, komiek

'Ulme ‹*die; -, -n*› olm, iep

Ulti'matum ‹*das; -s, Ultimaten of -s*› ultimatum

'Ultra'kurzwellensender ‹*der; -s, -*› zie *UKW-Sender*

'Ultraschall ‹*der; -(e)s, geen mv*› ultrasone trillingen; **'Ultraschallwelle** ‹*die; -, -n*› ultrasone golf

um ‹*vw*› 1 om; 2 hoe, des te; 3 des, zoveel

u.M. (*afk*) *unter dem Meeresspiegel* onder de zeespiegel

ü.M. (*afk*) *über dem Meeresspiegel* boven de zeespiegel

um I ‹*vz* (+ 4)› 1 ***om***: (*er ist immer*) ~ *mich* om of bij me; ~ *6 Uhr herum* om ongeveer zes uur; 2 ***aan***: (*das hat er nicht*) ~ *dich* (*verdient*) aan jou; 3 ***na***: *ein Jahr ums andere verging* het ene jaar na het andere verliep; 4 ***met***: *wie steht's ~ Ihre Gesundheit?* hoe staat het met uw gezondheid?; *es ist mir leid ~ ihn* ik heb met hem te doen; 5 ***van***: (*er weiß nicht*) *~ die Reise* van de reis; 6 ***voor***: *es ist mir leid ~ ihn* het spijt me voor hem; 7 ***zonder*** ‹*vz*› *es ist eine schöne Sache ~ die Liebe* de liefde is me ook wat moois; *~ zwei cm länger* twee cm langer; *~ so besser* des te beter; II ‹*bw*› om; *dieser Weg ist ~* deze weg is om; *~ und ~* aan alle kanten, geheel en al

'umändern ‹*h*› (geheel) veranderen, vermaken

'umarbeiten ‹*h*› omwerken (*boek e.d.*)

um'armen ‹*h*› omarmen, omhelzen

'Umbau ‹*der; -(e)s, -e of -ten*› 1 verbouwing (*van de coulissen*); 2 verandering; 3 houten beschutting; 4 reorganisatie

'umbauen ‹*h*› ver-, ombouwen, veranderen

um'bauen ‹*h*› om'bouwen, inbouwen

'umbehalten ‹*st.h; ie-a; ä*› omhouden

'umbenennen ‹*onr.h*› een andere naam geven

'umbesetzen ‹*h*› anders bezetten

'umbetten ‹*h*› 1 verbedden; 2 verleggen (*rivier*)

'umbiegen ‹*st.h; o-o*› 1 ombuigen, enigszins wijzigen, een draai geven; 2 *rechts ~* rechts afslaan

'umblättern ‹*h*› (bladen) omslaan

'umblicken, sich ‹*h*› omkijken, -zien

'umbrechen I ‹*st.h; a-o; i*› 1 omverhalen, -werpen, vellen; 2 omploegen; II ‹*st.s; a-o; i*› instorten, omvallen

'umbringen ‹*onr.h*› ombrengen, vermoorden

'Umbruch ‹*der; -(e)s, -ë*› 1 ontginning, het omploegen, het scheuren; 2 omgeploegd land; 3 (*fig*) wijziging, ommekeer, ingrijpende verandering

'umbuchen ‹*h*› overboeken

'umdenken ‹*onr. h*› op een andere wijze (gaan) denken

'umdisponieren ‹*h*› anders disponeren

um'drängen ‹*h*› omstuwen, om (iets of iem) heendringen

'umdrehen ‹*h*› omdraaien, -keren; **'Umdrehung** ‹*die; -, -en*› omdraaiing, -wenteling

'umfahren I ‹*st.h; u-a; ä*› omverrijden; II ‹*st.s; u-a; ä*› 'omvaren, -rijden

um'fahren ‹*st.h; u-a; ä*› om iets heen varen of rijden

'umfallen ‹*st.s; ie-a; ä*› 1 omvallen; 2 flauwvallen; 3 *tot ~* dood neervallen; 4 van mening of standpunt veranderen

'Umfang ‹*der; -(e)s, -ë*› 1 omvang, uitgebreidheid, uitgestrektheid; 2 omtrek; 3 *in gewissem ~* in zekere mate, tot op zekere hoogte

um'fangen ‹*st.h; i-a; ä*› 1 omhelzen, omarmen; 2 omvatten

'umfangreich omvangrijk

um'fassen ‹*h*› 1 omvatten, omhelzen; 2 omsingelen, insluiten; 3 omvatten, inhouden; **um'fassend** 1 omvangrijk; 2 veelomvattend

um'flort omfloerst (*blik*)

um'fluten ‹*h*› om'spoelen, -golven

'umformen ‹*h*› 1 vervormen, veranderen; 2 (*elektr*) omzetten; **'Umformung** ‹*die; -, -en*› (*elektr*) het omzetten

'Umfrage ‹*die; -, -n*› rondvraag, enquête; *eine ~ veranstalten* een enquête instellen

um'frieden ‹*h*› omheinen

'Umgang ‹*der; -(e)s, geen mv*› 1 omgang, het omgaan met; 2 processie, omgang; 3 parcours (*ruitersport*); **'umgänglich** gezellig of prettig in de omgang; **'Umgangsformen** ‹*mv*› manieren; **'Umgangssprache** ‹*die; -, -n*› omgangstaal

um'garnen ‹*h*› in het net vangen, omstrikken

'umgeben ‹*st.h; a-e; i*› 1 rondgeven, geven (*kaarten*); 2 omdoen (*mantel*)

um'geben ‹*st.h; a-e; i*› omgeven, -ringen; **Um'gebung** ‹*die; -, geen mv*› omgeving

'Umgegend ‹*die; -, -en*› omstreken, omgeving

'umgehen ‹*st.s; i-a*› 1 rondgaan; 2 ronddraaien; 3 omlopen; 4 om-, voorbijgaan (*van tijd*); verlopen; 5 spoken

um'gehen ‹*st.h; i-a*› 1 om iets (heen) lopen; 2 (*mil*) een omtrekkende beweging maken; 3 ontwijken; 4 misleiden; 5 ontduiken

'umgehend per omgaande, onmiddellijk

Um'gehung ‹*die; -, -en*› 1 (*mil*) een omtrekkende beweging; 2 vermijding, ontduiking; *unter ~ der Regierung* buiten de regering om; **Um'gehungsstraße** ‹*die; -, -n*› rondweg

'Umgemeindung ‹*die; -, -en*› gemeentelijke herindeling

'umgestalten ‹*h*› wijzigen, veranderen, hervormen, reorganiseren

'umgießen ‹*st.h; o-o*› overgieten

'umgraben ‹*st.h; u-a; ä*› omspitten

um'grenzen ‹*h*› 1 omgrenzen; 2 afbakenen

'umgruppieren ‹*h*› hergroeperen

'umgucken, sich ‹*h*› 1 omkijken; 2 rondkijken

'Umhang ‹*der; -(e)s, -ë*› schoudermantel, cape; **'umhängen** ‹*h*› 1 omhangen, aandoen; 2 verhangen; **'Umhängetuch** ‹*das; -(e)s, -ër*› omslagdoek

'umhauen ‹*st.h*› 1 omhakken; 2 (*fig*) *etwas haut einen um* iets brengt iem van zijn stuk

um'hegen ‹*h*› 1 omheinen; 2 (*fig*) met zorgen omgeven

um'her rond, om, heen en weer, hier en daar; *rings ~, rund ~* rondom, in het rond; **um'herblicken** ‹*h*› rondkijken, -zien; **um'herfahren** ‹*st.h en s; u-a; ä*› rondvaren, -rijden; **um'hergehen** ‹*st.s; i-a*› heen en weer lopen, rondlopen; **um'herkönnen** ‹*onr. h*› *nicht ~* wel moeten; **um'herlaufen** ‹*st.s; ie-au; äu*› heen en weer lopen, draven; **um'herliegen** ‹*st.h; a-e*› hier en daar liggen, rondslingeren; **um'herstehen** ‹*st.h; a-a*› hier en daar staan, rondhangen

'umhören ‹*h*› *sich nach etwas ~* naar iets informeren

um'hüllen ‹*h*› omhullen, wikkelen, inpakken

'Umkehr ‹*die; -, geen mv*› 1 terugtocht; 2 om-

mekeer, verandering, kentering; **'umkehren I** ‹*h*› 1 omkeren, -draaien; 2 binnenste buiten keren; **II** ‹*s*› omkeren
'umkippen I ‹*h*› omkiepen, -gooien; **II** ‹*s*› 1 omvallen, omkieperen; 2 flauwvallen; 3 van mening of standpunt veranderen
um'klammern ‹*h*› omklemmen
'umklappen I ‹*h*› omklappen, openslaan; **II** ‹*s*› 1 omvallen; 2 (*fig*) bakzeil halen
'Umkleidekabine ‹*die; -, -n*› kleedhokje; **'umkleiden, sich** ‹*h*› zich omkleden of verkleden; **'Umkleideraum** ‹*der; -(e)s, -ë*› kleedkamer
'umknicken I ‹*h*› knikken, ombuigen; **II** ‹*s*› omknikken; *mit dem Fuß ~* omzwikken
'umkommen ‹*st.s; a-o*› 1 omkomen, om het leven komen; 2 verloren gaan
'Umkreis ‹*der; -es, -e*› omtrek, omgeving; **um'kreisen** ‹*h*› 1 zich bewegen, draaien (rond)-om; 2 omgeven
'umkrempeln ‹*h*› 1 omslaan (*broekspijpen, mouwen*); 2 totaal veranderen; 3 *die ganze Wohnung ~* het hele huis ondersteboven halen
'umladen ‹*st.h; u-a; ä*› overladen
'Umland ‹*das; -(e)s, geen mv*› omgeving
'Umlauf ‹*der; -(e)s, -ë*› omloop, circulatie; **'Umlaufbahn** ‹*die; -, -en*› baan; **'Umlaufdauer** ‹*die; -, geen mv*› omlooptijd; **'umlaufen I** ‹*st.h; ie-au; äu*› om(ver)lopen; **II** ‹*s*› 1 rondlopen, circuleren; 2 een omweg maken; 3 omlopen (*van de wind*); 4 de ronde doen (*gerucht*); 5 in omloop zijn, circuleren (*geld*); **'Umlaufzeit** ‹*die; -, -en*› omlooptijd
'umlegen ‹*h*› 1 omdoen, omslaan (*jas*); 2 verleggen (*leiding*); 3 (*sp*) op de grond gooien (iem); 4 anders leggen; 5 omslaan (*kosten*); 6 vermoorden; **'Umlegung** ‹*die; -, -en*› 1 om-, verlegging; 2 omslag
'umleiten ‹*h*› omleggen (*verkeer*); **'Umleitung** ‹*die; -, -en*› wegomlegging
'umlernen ‹*h*› iets anders gaan leren
'umliegend omliggend, omgelegen, omringend
'ummodeln ‹*h*› vervormen
um'nachten ‹*h*› verduisteren, in duisternis hullen; *geistig umnachtet* krankzinnig; **Um'nachtung** ‹*die; -, -en*› verstandsverbijstering
'umnennen ‹*onr.h*› anders noemen
'umorganisieren ‹*h*› reorganiseren
'umpacken ‹*h*› overpakken, anders verpakken
'umpflanzen ‹*h*› over-, verplanten, verpoten
um'rahmen ‹*h*› omlijsten
um'ranken omranken, met ranken omgeven
'Umrechnungskurs ‹*der; -es, -e*› omrekeningskoers
'umreißen ‹*st.h; i-i*› 1 omrukken, omverhalen; 2 afbreken, slopen
um'reißen ‹*st.h; i-i*› schetsen, in grote lijnen aangeven
um'ringen ‹*h*› omringen, -geven
'Umriß ‹*der; Umrisses, Umrisse*› omtrek, contour; schets; **'Umrißzeichnung** ‹*die; -, -en*› schetstekening
um'runden ‹*h*› rond om (iets) heen rijden, lopen enz., cirkelen om
'umsatteln ‹*h*› 1 omzadelen; 2 (*van beroep, studierichting*) veranderen, switchen
'Umsatz ‹*der; -es, -ë*› 1 omzet, aftrek; 2 omzetting; **'Umsatzsteigerung** ‹*die; -, -en*› omzetstijging
um'säumen ‹*h*› omzomen
'umschalten ‹*h*› 1 om-, overschakelen; 2 (*van beroep, studierichting*) veranderen
'Umschau ‹*die; -, geen mv*› *~ halten: a*) inspectie houden; *b*) rondkijken; **'umschauen, sich** ‹*h*› 1 omkijken; 2 rondkijken; 3 *sich ~ nach* uitkijken naar
'Umschlag ‹*der; -(e)s, -ë*› 1 omslag, enveloppe; 2 kaft (*van boek*); 3 (*med*) kompres, omslag; 4 het overladen, overslag (*van goederen*); 5 het omslaan (*van het weer*); 6 opslag (*van kledingstuk*); **'umschlagen I** ‹*st.h; u-a; ä*› 1 omhakken, vellen; 2 omslaan (*een bladzijde*); 3 overslaan, overladen (*goederen*); **II** ‹*st.s; u-a; ä*› omslaan
um'schleiern ‹*h*› omsluieren
um'schließen ‹*st.h*› 1 omsluiten; 2 omvatten
'umschlingen ‹*st.h; a-u*› omslaan, omslingeren
um'schlingen ‹*st.h; a-u*› omhelzen
'umschnallen ‹*h*› omgespen
'umschreiben ‹*st.h; ie-ie*› 1 herschrijven; 2 *eine Hypothek ~* een hypotheek overschrijven
um'schreiben ‹*st.h; ie-ie*› omschrijven
'Umschrift ‹*die; -, -en*› randschrift (*op munt*)
'Umschuldung ‹*die; -, -en*› verandering van kredieten op basis van gunstige voorwaarden
'umschulen ‹*h*› 1 herscholen; 2 naar een andere school sturen; **'Umschulung** ‹*die; -, -en*› 1 herscholing; 2 overplaatsing (*naar een andere school*)
'umschütten ‹*h*› 1 overgieten; 2 omgooien
um'schwärmen ‹*h*› omzwermen, zwermend omgeven; *umschwärmt werden* in de smaak vallen (*van personen*)
'Umschweif ‹*der; -(e)s, -e*› omweg, afdwaling; *ohne ~e* zonder omwegen, zonder omhaal
'Umschwung ‹*der; -(e)s, -ë*› 1 (om)draaiing, omwenteling; 2 ommekeer, kentering
'umsehen, sich ‹*st.h; a-e; ie*› 1 omkijken; 2 rondkijken; 3 *sich ~ nach* uitzien naar
'Umsehen ‹*das*› *im ~* in een ommezien
'umseitig, 'umseits aan de ommezijde
'umsetzen ‹*h*› 1 verzetten, verplaatsen; 2 verplanten, verpoten; 3 omzetten
'Umsicht ‹*die; -, geen mv*› 1 omzichtigheid, voorzichtigheid; 2 tact; **'umsichtig** 1 omzichtig, voorzichtig; 2 tactvol
'umsiedeln ‹*h*› 1 verhuizen; 2 een andere woonplaats geven; **'Umsiedler** ‹*der; -s, -*› geëvacueerde
um'sonst 1 gratis, voor niets; 2 (te)vergeefs
'umspringen I ‹*st.h; a-u*› om-, omverspringen; **II** ‹*s*› 1 omslaan (*van de wind*); 2 *mit einem ~* met iem omspringen
'Umstand ‹*der; -(e)s, -ë*› 1 omstandigheid; 2 toestand; 3 staat; 4 *die näheren Umstände* de

bijzonderheden; 5 *Umstände machen* onnodige drukte maken; 6 *einem Umstände machen* iem last veroorzaken; 7 (*sie ist*) *in anderen, in gesegneten Umständen* in verwachting; 8 *unter Umständen* eventueel, soms; *unter keinen Umständen* in geen geval, onder geen beding; **'umständlich** omstandig, omslachtig; **'umstandshalber** wegens omstandigheden; **'Umstandskleid** ‹*das; -(e)s, -er*› positiejapon; **Umstandskrämer** ‹*der; -s, -*› pietlut

'umstehend: *auf der ~en Seite, umstehend* aan ommezijde; *die Umstehenden* de omstanders

'Umsteigekarte ‹*die; -, -n*› overstapje; **'umsteigen** ‹*st.s; ie-ie*› overstappen

'umstellen ‹*h*› 1 anders neerzetten, verplaatsen; 2 (*sp*) de opstelling wijzigen; 3 reorganiseren; 4 *sich ~* (*auf*) zich omschakelen (op)

um'stellen ‹*h*› insluiten, omsingelen

'Umstellung ‹*die; -, -en*› 1 het verplaatsen; 2 reorganisatie; 3 omschakeling, aanpassing

Um'stellung ‹*die; -, -en*› omsingeling, insluiting

'umstimmen ‹*h*› 1 anders stemmen; 2 (*fig*) tot andere gedachten brengen

'umstoßen ‹*st.h; ie-o; ö*› 1 omgooien, omstoten; 2 doen mislukken (*een plan*)

um'stritten omstreden, betwist

'umstrukturieren ‹*h*› herstructureren; **'Umstrukturierung** ‹*die; -, -en*› herstructurering

'Umsturz ‹*der; -es, -ë*› 1 omverwerping; 2 omwenteling, revolutie; **'umstürzen I** ‹*h*› om(ver)werpen, omhalen; **II** ‹*s*› omvallen, omstoten; **'Umstürzler** ‹*der; -s, -*› revolutionair

'umtaufen ‹*h*› herdopen

'Umtausch ‹*der; -(e)s, geen mv*› 1 het ruilen; 2 het wisselen; **'umtauschen** ‹*h*› 1 ruilen; 2 wisselen

'Umtrieb ‹*der; -(e)s, -e*› 1 omwenteling; 2 drukte

'Umtrunk ‹*der; -(e)s, geen mv*› drankje, borreltje; *einen ~ halten* een drankje nuttigen

'umwälzen ‹*h*› 1 omwentelen, omrollen; 2 omverwerpen; **'Umwälzung** ‹*die; -, -en*› 1 ingrijpende verandering, ommekeer; 2 omwenteling, revolutie

'umwandeln ‹*h*› 1 (geheel) veranderen; 2 omzetten; 3 (*handel*) converteren; **'Umwandlung** ‹*die; -, -en*› 1 verandering; 2 omzetting; 3 (*handel*) conversie

'umwechseln ‹*h*› om-, inwisselen, omruilen

'Umweg ‹*der; -(e)s, -e*› omweg (*lett en fig*)

'umwehen ‹*h*› omwaaien

'Umwelt ‹*die; -, -en*› milieu, wereld rondom ons; (*Belg*) leefmilieu; **'umweltfreundlich** vriendelijk voor het milieu; **'Umweltkammer** ‹*die; -, -n*› (*Belg*) milieurechtbank; **'umweltschädlich** schadelijk voor het milieu; **'Umweltschutz** ‹*der; -es, geen mv*› milieubeheer, -bescherming; **'Umweltverschmutzung** ‹*die; -, geen mv*› milieuverontreiniging

'umwenden ‹*onr.*› **I** ‹*h*› 1 omwenden, omkeren; 2 binnenste buiten keren; 3 omslaan (*blad*); **II** ‹*s*› om-, terugkeren

'umwerfen ‹*st.h; a-o; i*› 1 omgooien; 2 omslaan (*een jas*); 3 (iem) van zijn stuk brengen

'umwerten ‹*h*› herwaarderen; **'Umwertung** ‹*die; -, -en*› herwaardering

um'wogen ‹*h*› omgolven, omspoelen

um'zäunen ‹*h*› omheinen; **Um'zäunung** ‹*die; -, -en*› (om)heining

'umziehen I ‹*st.h; o-o*› 1 om-, omvertrekken; 2 *sich ~* zich verkleden; **II** ‹*s*› verhuizen

um'ziehen ‹*st.h; o-o*› 1 omgeven, omringen; 2 *der Himmel ist mit Wolken umzogen* het is bewolkt

um'zingeln ‹*h*› omsingelen

um'zirkeln ‹*h*› omcirkelen

'Umzug ‹*der; -(e)s, -ë*› 1 verhuizing; 2 optocht; **'Umzugskosten** ‹*mv*› verhuiskosten

UN (*afk*) ‹*mv*› *United Nations* (*Vereinte Nationen*)

unab'änderlich onveranderlijk

'unabgeklärt 1 troebel; 2 onduidelijk

'unabgemacht onbeslist, niet uitgemaakt

'Unabhängigkeit ‹*die; -, geen mv*› onafhankelijkheid

unab'kömmlich onmisbaar

unab'lässig onophoudelijk, voortdurend

unab'löslich onaflosbaar

unab'sehbar onafzienbaar

'unabsichtlich onopzettelijk, zonder opzet

'unab'weisbar, unab'weislich onafwijsbaar, onvermijdelijk, gebiedend

'unachtsam onachtzaam, achteloos, slordig; **'Unachtsamkeit** ‹*die; -, -en*› onachtzaamheid

'unähnlich ongelijk, niet gelijkend

unan'fechtbar onbetwistbaar, onaantastbaar

un'angebracht ongepast, misplaatst

'unangemessen 1 ongepast; 2 ondoelmatig

'unangenehm onaangenaam, onplezierig

'unangesehen niet in aanzien, niet gezien

unan'nehmbar onaannemelijk

Unan'nehmlichkeit ‹*die; -, -en*› onaangenaamheid

'unansehnlich 1 onooglijk; 2 onaanzienlijk

'unanständig onfatsoenlijk, onbehoorlijk, onnet

unan'wendbar niet toepasselijk, onbruikbaar

'unappetitlich onappetijtelijk, onsmakelijk

'Unart ‹*die; -, -en*› 1 (on)hebbelijkheid, ongemanierdheid; 2 ondeugendheid; **'unartig** 1 stout, ondeugend; 2 onbeleefd

'unaufdringlich 1 rustig, onopvallend; 2 bescheiden

'unauffällig onopvallend

'unaufgefordert 1 ongevraagd; 2 uit eigen beweging

'unaufgeklärt onopgehelderd

unauf'haltbar onweerstaanbaar; **unauf'haltsam** 1 onweerstaanbaar; 2 onafgebroken

unauf'hörlich onophoudelijk, aanhoudend

unauf'löslich onoplosbaar, niet op te lossen

'unaufmerksam onoplettend

unaus'bleiblich onvermijdelijk

'unausgebildet 1 niet geheel ontwikkeld; 2 onontwikkeld, onbeschaafd

'unausgefüllt niet ingevuld, blanco
'unausgesetzt onafgebroken, onophoudelijk
unaus'löslich onaflosbaar, onafkoopbaar
unaus'stehlich 1 onuitstaanbaar; 2 onverdraaglijk
unaus'weichlich onvermijdelijk
'unbändig 1 onbeteugelbaar; onbedwingbaar, ontembaar; 2 buitensporig
'unbeabsichtigt onopzettelijk
'unbeachtet on(op)gemerkt; **'unbeachtlich** niet van belang
unbe'antwortbar niet te beantwoorden; **unbe'antwortet** onbeantwoord
unbe'aufsichtigt zonder toezicht, onbeheerd
'unbedacht(sam) onnadenkend, onbezonnen, onbedachtzaam
unbe'denklich zonder bezwaar, gerust
'unbedeutend onbeduidend, onbelangrijk
'unbedingt 1 onvoorwaardelijk; 2 beslist, absoluut
'unbefähigt 1 onbekwaam, ongeschikt; 2 onbevoegd
'unbefangen 1 onbevooroordeeld; 2 onbevangen, ongedwongen; **'Unbefangenheit** ‹*die; -, -en*› onbevooroordeeldheid enz.; zie *unbefangen*
'unbefleckt onbevlekt, onbesmet, zuiver
'unbefristet voor onbepaalde tijd
unbe'grenzt onbegrensd, grenzeloos, onbeperkt
'unbegründet ongegrond, ongemotiveerd
'Unbehagen ‹*das; -s, geen mv*› (gevoel van) onbehagen
'unbehelligt ongehinderd, ongemoeid
'unbehindert onbelemmerd, ongehinderd
unbe'irrbar niet van de wijs te brengen; **'unbeirrt** zonder zich van de wijs te laten brengen, kalm, vastberaden
'unbekleidet ongekleed
'unbekümmert 1 zorgeloos, zonder zorgen; 2 zonder er zich iets van aan te trekken
'unbelästigt ongehinderd, ongemoeid
'unbelebt levenloos, onbezield, doods
unbe'lehrbar hardleers
'unbeliebt niet populair, niet geliefd
'unbemittelt onvermogend
'unbenutzt ongebruikt, niet (goed) besteed
'unbeobachtet onopgemerkt; *in einem ~en Augenblick* in een onbewaakt ogenblik
'unbequem 1 ongemakkelijk, ongeriefelijk; 2 niet gemakkelijk, lastig (*mens*); **'Unbequemlichkeit** ‹*die; -, -en*› ongemak, ongerief, last
'unberechtigt onbevoegd, onrechtmatig
'unberichtigt 1 niet gecorrigeerd; 2 onvereffend
'unberücksichtigt: *etwas ~ lassen* iets niet in aanmerking nemen, iets buiten beschouwing laten, met iets geen rekening houden
'unberührt 1 onaangeroerd; 2 ongerept; 3 onverlet; 4 onbeslapen (*van bed*); 5 *das ließ ihn ~* dat maakte geen indruk op hem
'unbeschädigt onbeschadigd, ongedeerd
'unbescholten onbesproken van gedrag; **'Unbescholtenheitszeugnis** ‹*das; -ses, -se*› bewijs van goed zedelijk gedrag
'unbeschrankt onbewaakt (*van overweg*)
'unbeschränkt onbeperkt, onbegrensd
'unbeschreiblich onbeschrijfelijk
'unbeschwert onbezorgd, onbekommerd
unbe'siegbar onoverwinnelijk; **'unbesiegt** onoverwonnen
'unbesoldet onbezoldigd
'unbesonnen onbezonnen, onbesuisd
'unbeständig onbestendig, ongedurig, onstandvastig, veranderlijk
'unbestechlich onomkoopbaar, integer
'unbestellt 1 niet besteld; 2 onbebouwd
'unbestimmt onbestemd, onbepaald, vaag, niet vast, onzeker
'unbestritten onbetwist
'unbeteiligt niet betrokken, niet geïnteresseerd
'unbetont onbeklemtoond, zonder klemtoon
un'beugsam 1 onbuigzaam; 2 halsstarrig
'unbewaffnet ongewapend; *das ~e Auge* het blote oog
'unbeweglich 1 onbeweeglijk; 2 onroerend (*van goederen*)
'unbewegt onbewogen (*ook fig*)
'unbewirtschaftet 1 onbebouwd (grond); 2 niet in exploitatie (*bedrijf*); 3 (*van berghut*) zonder bediening
unbe'wohnbar onbewoonbaar
'unbewußt onbewust
'unbezeugt: *sich nicht ~ lassen* zich niet onbetuigd laten
'Unbilden ‹*mv*› *die ~ des Wetters* het barre weer
'Unbill ‹*die; -, geen mv*› 1 onrecht, krenking; 2 onaangenaamheid
'unbotmäßig 1 opstandig; 2 ongehoorzaam
'unbrauchbar onbruikbaar, nutteloos
und 1 en; 2 *sie gingen zwei ~ zwei* zij liepen twee aan twee; *na ~?* nou, en?; *du mußt! ~ kostet es mein Leben!* je moet, al zou het me ook mijn leven kosten!
'Undank ‹*der; -(e)s, geen mv*› ondank
un'denkbar ondenkbaar; **un'denklich** onheuglijk
'undicht niet dicht, lek
'Unding ‹*das; -(e)s, -e*› 1 onding; 2 onmogelijkheid
undurch'dringlich ondoordringbaar
undurch'führbar niet uit te voeren
'undurchlässig 1 ondoordringbaar; 2 niets doorlatend
'undurchscheinend ondoorschijnend
'unecht onecht, nagemaakt, vals
'unehelich onwettig, buitenechtelijk
'Unehre ‹*die; -, geen mv*› oneer, schande; **'unehrenhaft** eerloos; **'unehrlich** oneerlijk, vals
'uneigennützig belangeloos, onbaatzuchtig
'uneigentlich oneigenlijk, figuurlijk

'uneingeschränkt onbeperkt, onbegrensd
'uneinig onenig, oneens
'uneinträglich onvoordelig
'unempfänglich (*für*) onontvankelijk voor, onvatbaar (voor)
'unempfindlich (*gegen*) ongevoelig, onverschillig (voor)
un'endlich oneindig
unent'behrlich onontbeerlijk, onmisbaar
unent'geltlich kosteloos, gratis
'unentrinnbar onontkoombaar
'unentschieden 1 onbeslist, onuitgemaakt; 2 besluiteloos; 3 ~ *spielen* gelijkspelen; (*sp*) *das Unentschieden* het gelijke spel
'unentschlossen besluiteloos, weifelend
unent'wegt 1 onverzettelijk; 2 vastberaden; 3 onvermoeid, onverdroten; 4 onafgewend; 5 recht door zee
uner'bittlich onverbiddelijk
'unerfahren onervaren, onbedreven
uner'forschlich ondoorgrondelijk
'unerfreulich onaangenaam, onverkwikkelijk
'unergiebig niet winstgevend, weinig vruchtbaar
'unerheblich onbelangrijk, onbetekenend
uner'hört ongehoord, fabelachtig
uner'klärlich onverklaarbaar
uner'läßlich 1 onvermijdelijk, beslist nodig, noodzakelijk; 2 onvergeeflijk
'unerledigt onafgedaan
uner'meßlich onmetelijk, enorm
uner'müdlich onvermoeid, onvermoeibaar
'unerquicklich onverkwikkelijk, onaangenaam
uner'reichbar 1 onbereikbaar, ongenaakbaar; 2 niet te evenaren
uner'sättlich onverzadigbaar
uner'schütterlich 1 onwankelbaar, onwrikbaar; 2 onverstoorbaar
uner'schwinglich niet op te brengen, niet te betalen
uner'setzbar, uner'setzlich 1 niet te vervangen; 2 onherstelbaar
uner'träglich ondraaglijk, onuitstaanbaar, onduldbaar
uner'weichlich onvermurwbaar
'unerwünscht ongewenst
'unfähig (*zu*) 1 onbekwaam; 2 ongeschikt; 3 niet in staat
'Unfall ‹*der; -(e)s, -ë*› ongeval, ongeluk; **Unfallflucht** ‹*die*› ~ *begehen* na een ongeluk doorrijden; **'Unfallhilfe** ‹*die; -, geen mv*› eerste hulp bij ongelukken; **'Unfallstelle** ‹*die; -, -n*› plaats van het ongeval
un'faßbar, un'faßlich onbegrijpelijk
un'fehlbar onfeilbaar; stellig, onvermijdelijk
'unfein 1 niet fijn; 2 onbeschaafd, ordinair
'unfern niet ver van
'Unflat ‹*der; -(e)s, geen mv*› viezigheid, vuiligheid
'unflätig vuil, vies, obsceen
'unförmig mismaakt, wanstaltig
'unförmlich vorm(e)loos, plomp
'unfrei 1 onvrij; 2 lijfeigen
'unfreundlich 1 onvriendelijk; 2 nors, onaangenaam
'Unfriede(n) ‹*der; -ns, geen mv*› onvrede, tweedracht, onenigheid
'Unfug ‹*der; -(e)s, geen mv*› 1 onbetamelijkheid, -heden, ongepastheid; 2 baldadigheid; 3 kattekwaad; 4 misbruik; *mit etwas ~ treiben* misbruik van iets maken; 5 *großer* ~ verstoring van de openbare orde; 6 *~!* onzin! dwaasheid!
'unfügsam onhandelbaar
'Ungarn ‹*das; -s, geen mv*› Hongarije
'ungastlich ongastvrij (*ook fig*)
unge'achtet I ‹*bn*› niet geacht; II ‹*vz* (+ 2)› ~ *seiner Schmerzen* ondanks, niettegenstaande zijn pijn(en); III ‹*vw*› ~ *er nicht stark war* niettegenstaande hij enz.
unge'ahndet ongestraft
unge'ahnt onvermoed, onverwacht
'ungebärdig 1 ongemanierd; 2 weerbarstig
'ungebeten ongevraagd, ongenood
'ungebildet 1 onbeschaafd; 2 onontwikkeld; 3 ruw, onbehouwen
unge'bührend, unge'bührlich 1 onbetamelijk, onbehoorlijk, ongepast; 2 onredelijk
'ungebunden 1 ongebonden: *a*) niet gebonden; *b*) losbandig; 2 *die ~e Rede* het proza
'ungeduldig ongeduldig
'ungeeignet (*zu*) ongeschikt (voor)
unge'fähr 1 ongeveer; 2 *von* ~ bij toeval
unge'fährdet buiten of zonder gevaar, veilig
'ungefärbt 1 ongeverfd, ongekleurd; 2 onopgesmukt; 3 oprecht
'ungefügig onhandelbaar, weerbarstig
'ungehalten boos, verstoord
'ungehemmt onbelemmerd, vrij
'Ungeheuer ‹*das; -s, -*› monster; **'ungeheuer** 1 reusachtig, ontzaglijk, enorm, geweldig; 2 monsterachtig, monstrueus; **'ungeheuerlich** zie *ungeheuer*
'ungehobelt 1 onbeschaafd, ruw; 2 onbehouwen, lomp
'ungehörig onbehoorlijk, ongepast
'ungeklärt 1 onopgehelderd; 2 *aus ~er Ursache* door onbekende oorzaak
'ungekünstelt ongekunsteld
'ungelegen ongelegen
'ungelenk, 'ungelenkig 1 niet buigzaam, niet soepel, stijf; 2 onhandig, links
'ungelernt ongeschoold; **'Ungelernte(r)** ‹*bn als zn*› ongeschoolde
'ungemächlich 1 hinderlijk, lastig; 2 niet op zijn gemak
unge'mein ongemeen
'ungemütlich 1 ongezellig; 2 onbehaaglijk; 3 onaangenaam; 4 (*das kann*) ~ *werden* gevaarlijk worden; 5 (*er wird*) ~ nijdig
'ungenau onnauwkeurig, onjuist
unge'nießbar 1 onbruikbaar (oneetbaar, ondrinkbaar); 2 ongenietbaar

'ungenügend onvoldoende
'ungeordnet ongeregeld
'ungeprüft 1 niet onderzocht; 2 niet beproefd
'ungerade oneven
'ungerecht onrechtvaardig, onbillijk
'ungereimt 1 rijmloos; 2 ongerijmd, dwaas
'ungesagt niet gezegd; *etwas ~ lassen* over iets zwijgen
'ungesalzen niet gezouten, flauw
'Ungeschick ‹*das; -(e)s, geen mv*›, **'Ungeschicklichkeit** ‹*die; -, geen mv*› 1 onhandigheid; 2 gebrek aan tact; **'ungeschickt** 1 onhandig; 2 niet erg tactisch; 3 ongelegen
'ungeschliffen 1 ongeslepen, niet scherp; 2 ruw (*diamant*); 3 onbeschaafd, lomp (*mens*)
'ungeschminkt 1 ongeschminkt, niet opgemaakt; 2 onopgesmukt; 3 ongezouten
'ungeschoren 1 (*einen*) *~ lassen* met rust, ongemoeid laten; 2 *~ davonkommen* er zonder kleerscheuren afkomen
'ungesichert 1 niet beveiligd; 2 niet op veilig gesteld (*vuurwapen*)
'ungesittet onbeschaafd, ongemanierd
'ungesotten ongekookt, rauw
'ungestüm onstuimig, heftig
'ungesund ongezond
'ungetrübt 1 onbewolkt, helder (*lucht*); 2 ongestoord (*geluk e.d.*); 3 zuiver (*klanken e.d.*)
'Ungetüm ‹*das; -(e)s, -e*› monster, gedrocht
'ungewandt onhandig
'ungewaschen 1 ongewassen, vuil; 2 *halt dein ~es Maul!* hou je brutale bek!
'ungewiß onzeker, ongewis
'ungewöhnlich 1 ongewoon, ongebruikelijk; 2 *~ groß* buitengewoon groot
'ungewohnt ongewoon, waaraan men niet gewend is
'Ungeziefer ‹*das; -s, geen mv*› ongedierte
'ungezogen 1 ongemanierd, onhebbelijk, brutaal; 2 stout, ondeugend
'ungezwungen ongedwongen, natuurlijk, losjes, gemakkelijk
'ungläubig ongelovig; **'unglaubwürdig** niet geloofwaardig
'ungleich 1 ongelijk, verschillend; 2 ongelijkmatig (*stemming*); 3 *~ besser* veel beter; **'ungleichaltrig** verschillend in leeftijd; **'ungleichartig** ongelijksoortig; **'Ungleichheit** ‹*die; -, -en*› ongelijkheid enz.; vgl *ungleich*
'Unglück ‹*das; -(e)s, Unglücksfälle*› 1 ongeluk, ongeval; 2 pech, tegenslag, tegenspoed; 3 *zu allem ~* tot overmaat van ramp; **'unglücklich** ongelukkig; **'unglückselig** ongelukkig, rampzalig; **'Unglücksfall** ‹*der; -(e)s, -fälle*› ongeluk, ongeval; **'Unglücksrabe** ‹*der; -n, -n*› pechvogel
'Ungnade ‹*die; -, geen mv*› ongenade; **'ungnädig** 1 ongenadig, onbarmhartig; 2 onvriendelijk, onwelwillend
'ungültig ongeldig, nietig
'Ungunst ‹*die; -, geen mv*› 1 ongunst, ongenade; 2 *zu meinen ~en* in mijn nadeel; **'ungünstig** ongunstig

ung

'ungut 1 slecht, niet goed; 2 onaangenaam; 3 *nichts für ~!* neemt u mij niet kwalijk!
un'haltbar 1 onhoudbaar (*bal, toestand, vesting*); 2 niet houdbaar (*bewering*)
'Unheil ‹*das; -(e)s, geen mv*› onheil, ramp; **un'heilbar** ongeneeslijk; onherstelbaar; **'unheilbringend** onheilbrengend, noodlottig; **'Unheilstifter** ‹*der; -s, -*› onheilstichter
'unheimlich 1 akelig, griezelig, onheilspellend, naar, eng; 2 reusachtig, enorm, erg
'unhöflich onbeleefd, onheus
'Unhold ‹*der; -(e)s, -e*› 1 boze geest, demon, duivel; 2 monster; 3 onverlaat, onguur individu
'Uni ‹*die; -, -s*› *Universität* universiteit; unief (*Belg*)
Uni'form ‹*die; -, -en*› uniform; **unifor'mieren** ‹*h*› uniformeren; **unifor'miert** (ook) in uniform; **Uniformi'tät** ‹*die; -, geen mv*› uniformiteit
Uni'on ‹*die; -, -en*› unie
univer'sal, Univer'sal... universeel, algemeen, standaard...; **Universali'tät** ‹*die; -, geen mv*› universaliteit; **Univer'salzange** ‹*die; -, -n*› combinatietang
Universi'tät ‹*die; -, -en*› universiteit
un'käuflich 1 onomkoopbaar; 2 niet te koop
'Unke ‹*die; -, -n*› 1 (*dierk*) vuurpad; 2 (*fig*) ongeluksprofeet
'unkenntlich onherkenbaar; **'Unkenntlichkeit** ‹*die; -, geen mv*› onherkenbaarheid; *bis zur ~* zodanig, dat het onherkenbaar is
'Unkenntnis ‹*die; -, geen mv*› onwetendheid
'Unkenruf ‹*der; -(e)s, -e*› ongeluksvoorspelling
'unkeusch onkuis
'unklar 1 onhelder, onduidelijk, troebel, duister; 2 nevelig; 3 *das ist mir völlig ~* daar begrijp ik niets van; 4 *im ~en über* (+ 4) *sein* in het onzekere omtrent ...
'Unkosten ‹*mv*› (on)kosten
'Unkraut ‹*das; -(e)s, -ër*› onkruid
'unkündbar 1 onopzegbaar; 2 niet aflosbaar
'unkundig onkundig, onwetend
'unlauter 1 onzuiver, onrein, onedel; 2 unfair; 3 *~er Wettbewerb* oneerlijke concurrentie
'unleidlich ondraaglijk, onuitstaanbaar
'unlenkbar onbestuurbaar; **'unlenksam** niet volgzaam, onhandelbaar
'unleserlich onleesbaar, niet te ontcijferen
'unleugbar onloochenbaar, onbetwistbaar
'unlieb 1 onaangenaam; 2 liefdeloos
'unlösbar 1 zie *unlöslich*; 2 (*die katholische Ehe*) *ist ~* is onontbindbaar; **'unlöslich** 1 onoplosbaar; 2 onontwarbaar; 3 onlosmakelijk
'Unlust ‹*die; -, geen mv*› 1 onlust, onbehagen; 2 tegenzin; 3 (*handel*) lusteloosheid
'unmanierlich ongemanierd, onbeschaafd
'Unmaß ‹*das; -es, geen mv*› overmaat, het teveel; **'unmäßig** onmatig, buitensporig
'Unmenge ‹*die; -, -n*› enorme menigte of hoeveelheid
'Unmensch ‹*der; -en, -en*› onmens, monster

'**unmenschlich** onmenselijk, barbaars; verbazend, enorm
'**unmißverständlich** niet mis te verstaan, onmiskenbaar
'**unmittelbar** onmiddellijk, rechtstreeks, direct
'**unmöbliert** ongemeubileerd
'**Unmöglichkeit** ‹*die;* -, *-en*› onmogelijkheid; *ein Ding der* ~ iets onmogelijks
'**Unmut** ‹*der;* -(*e*)*s, geen mv*› wrevel, ontstemming; '**unmutig** wrevelig, ontstemd
'**unnachahmlich** onnavolgbaar, weergaloos
'**unnachgiebig** niet buigbaar, niet meegevend; ontoegevend
'**unnachsichtig** 1 ontoegevend; 2 ~*e Strenge* onverbiddelijke strengheid
un'nahbar ongenaakbaar, ontoegankelijk
'**unnatürlich** onnatuurlijk, (ook) gemaakt
'**unnötig** onnodig, nodeloos
'**unnütz** nutteloos, overbodig
'**unordentlich** on-, wanordelijk, slordig; '**Unordnung** ‹*die;* -, *geen mv*› wanorde, ongeregeldheid, verwarring
'**unparlamentarisch** onparlementair
'**unparteiisch** onpartijdig; '**Unparteiische(r)** ‹*bn als zn*› 1 onpartijdige; 2 scheidsrechter
'**unpäßlich** onpasselijk, onwel, ongesteld; '**Unpäßlichkeit** ‹*die;* -, *geen mv*› onpasselijkheid
'**unqualifiziert** (*Belg*) laaggeschoold
'**unrasiert** ongeschoren
'**Unrast** ‹*die;* -, *geen mv*› onrust, rusteloosheid
'**Unrat** ‹*der;* -(*e*)*s, geen mv*› 1 vuil, vuilnis, afval, drek; 2 ~ *wittern* onraad bespeuren
'**unrecht** 1 verkeerd (*deur*); 2 ongeschikt, ongelegen (*tijd*); 3 onrechtvaardig, verkeerd (*handelen*); 4 (*er hat*) ~ ongelijk; ~ *geben* geen gelijk geven; ~ *bekommen* geen gelijk krijgen; 5 *das geht mit ~en Dingen zu* dat is niet in de haak
'**Unrecht** ‹*das;* -(*e*)*s, geen mv*› 1 onrecht, ongelijk; 2 onrechtvaardigheid; 3 *im* ~ *sein* ongelijk hebben; *ins* ~ *setzen* in het ongelijk stellen
'**unredlich** 1 oneerlijk; 2 niet rechtschapen
'**unregelmäßig** onregelmatig, ongeregeld
'**unregierbar** onbestuurbaar (van land, stad)
'**unrein** onrein (*ook fig*), onzindelijk, onzuiver
'**unrichtig** onjuist, verkeerd, foutief
'**Unruhe** ‹*die;* -, *geen mv*› 1 ongerustheid, onrust; 2 ~*n* onlusten, troebelen; '**unruhig** onrustig, ongerust, druk; '**Unruhstifter** ‹*der;* -*s*, -› onruststoker, stokebrand
'**unsachgemäß** niet op de juiste wijze
'**unsachlich** niet objectief, niet zakelijk
un'säglich onzegbaar, onuitsprekelijk, verbazend
'**unsauber** vuil, vies (*ook fig*): *ein ~es Geschäft* een smerig zaakje
unschädlich onschadelijk; '**Unschädlichmachung** ‹*die;* -, *geen mv*› 1 het onschadelijk maken; 2 neutralisering (*vergif*)
'**unschätzbar** onschatbaar, niet te schatten
'**unscheinbar** onopvallend
'**unschicklich** ongepast, onbehoorlijk
'**unschlüssig** besluiteloos, weifelachtig, weifelend
'**unschön** lelijk, niet mooi
'**Unschuld** ‹*die;* -, *geen mv*› onschuld; *die gekränkte* ~ *spielen* de beledigde onschuld spelen; *eine* ~ *vom Lande* een onnozel meisje; '**unschuldig** onschuldig; '**Unschuldsmiene** ‹*die;* -, *-n*› onschuldig gezicht; *mit* ~ (ook) met een uitgestreken gezicht
'**unselig** onzalig, noodlottig, ellendig
'**unser** ons, onze; *dieser Garten ist* ~ deze tuin is van ons; *die Unseren* de onzen; *es od. wir waren* ~ *sechs* we waren met z'n zessen
'**unsereiner**, '**unsereins** mensen als wij
'**unserige** zie *unsrige*
'**unsicher** 1 onzeker, twijfelachtig; 2 onvast, twijfelachtig; 3 onvast (*handel*); 4 onveilig; '**Unsicherheit** ‹*die;* -, *geen mv*› onzekerheid enz.; vgl *unsicher*
'**Unsinn** ‹*der;* -(*e*)*s, geen mv*› onzin, nonsens; '**unsinnig** 1 onzinnig, bespottelijk, dwaas; 2 *sich* ~ *freuen* geweldig blij zijn
'**Unsitte** ‹*die;* -, *-n*› verkeerde, slechte gewoonte
'**unsportlich** niet sportief
'**unsrige** (*der, die, das*) de, het onze; *die Unsrigen* de onzen
'**unstatthaft** ongeoorloofd, niet toelaatbaar
'**unsterblich** onsterfelijk
'**Unstern** ‹*der;* -(*e*)*s, geen mv*› 1 ongelukkig gesternte; 2 ongeluk; 3 ongeluksvogel
'**unstet** onrustig, rusteloos
'**Unstimmigkeit** ‹*die;* -, *-en*› 1 onenigheid, meningsverschil; 2 geschil
'**unstörbar** 1 onverstoorbaar; 2 onveranderlijk
'**unstreitig** onbetwistbaar, ontegenzeggelijk
'**Unsumme** ‹*die;* -, *-n*› enorm bedrag
'**unsympathisch** onsympathiek
'**untadelig** onberispelijk, onlaakbaar
'**Untat** ‹*die;* -, *-en*› wandaad, onmenselijke daad
'**untätig** 1 niets uitvoerend, werkeloos; 2 geen hand, geen vinger uitstekend
'**untauglich** ondeugdelijk, ongeschikt
'**unten** beneden, onder: *von* ~ *auf* van onder op (*ook fig*); *weiter* ~ verderop, lager; ~ *herum* onderlangs; *bei einem* ~ *durch sein* eruit liggen; '**unten'an** onderaan; '**unten'durch** (er)onderdoor; '**unten'her** van beneden; '**unten'hin** naar beneden
'**unter I** ‹*vz* (+ 3) *of* (+ 4)› 1 ***onder***: ~ *anderem* onder andere; *Gefängnis nicht* ~ *einem Jahr* gevangenisstraf van minstens 1 jaar; *einen* ~ *die Erde bringen* iems. dood verhaasten; 2 ***aan***: *bis unters Dach* tot aan het dak (toe); *eine Tochter* ~ *die Haube bringen* een dochter aan de man brengen; 3 ***beneden***: (*das ist*) ~ *aller Kritik*, ~ *aller Kanone* beneden alle kritiek; 4 ***op***: ~ *der Bedingung* op voorwaarde; 5 ***zonder vz***: *der Kranke läßt alles* ~ *sich* de zieke laat alles lopen; (*ich sitze*) ~ *ihm* lager dan hij

(*op school*); II ‹*bn*› onderste, lager; *das ~e Stockwerk* de benedenverdieping; *der ~e Teil* het onderste deel, het benedengedeelte; vgl *unterst*
'Unterausschuß ‹*der; -ausschusses, -ausschüsse*› subcommissie
unter'bauen ‹*h*› funderen
'Unterbekleidung ‹*die; -, geen mv*› onderkleding
'unterbesetzt onderbezet
'Unterbewertung ‹*die; -, -en*› 1 onvoldoende waardering; 2 te lage taxatie
'Unterbewußtsein ‹*das; -s, geen mv*› onderbewustzijn
unter'bieten ‹*st.h; o-o*› 1 *einen ~* een lagere prijs vragen dan een ander; 2 *einen Preis ~* tegen een lagere prijs verkopen; 3 (*sp*) *einen Rekord ~* onder een record blijven, een record verbeteren
unter'binden ‹*st.h; a-u*› 1 (*med*) afbinden; 2 (*fig*) tegengaan, verhinderen, belemmeren
unter'bleiben ‹*st.s; ie-ie*› niet gebeuren, niet plaatshebben, achterwege blijven
unter'brechen ‹*st.h; a-o; i*› 1 onderbreken, in de rede vallen; 2 schorsen (*vergadering*); 3 verbreken; 4 tot stilstand brengen (*het verkeer*); **Unter'brechung** ‹*die; -, -en*› 1 onderbreking, interruptie; 2 schorsing; 3 verbreking
unter'breiten ‹*h*› voorleggen
'unterbringen ‹*onr. h*› 1 bergen, plaatsen; 2 huisvesten, onderbrengen, onder dak brengen; 3 aan een betrekking helpen; 4 beleggen (*geld*); **'Unterbringung** ‹*die; -, -en*› het onder dak brengen enz.; vgl *unterbringen*
unter'drücken ‹*h*› onderdrukken
'unterdrücken ‹*h*› onderduwen
Unter'drücker ‹*der; -s, -*› onderdrukker; **Unter'drückung** ‹*die; -, geen mv*› onder-, verdrukking
unterein'ander onder elkander, onderling
'Untereinteilung ‹*die; -, -en*› onderverdeling
'unterentwickelt onderontwikkeld, achtergebleven
'unterernährt ondervoed; **'Unterernährung** ‹*die; -, geen mv*› ondervoeding
unter'fangen, sich ‹*st. h; i-a; ä*› zich verstouten, wagen, durven; **Unter'fangen** ‹*das; -s, -*› waagstuk, (gedurfde) onderneming
'unterfassen ‹*h*› (iem) onder een arm vatten, een arm geven; *sich ~* elkaar een arm geven
unter'führen ‹*h*› onder (iets) door leiden; **Unter'führung** ‹*die; -, -en*› onderdoorgang, tunnel (*onder spoorlijn*)
'Untergang ‹*der; -(e)s, geen mv*› ondergang
unter'geben I ‹*st.h; a-a; i*› (*dichterlijk*) onderwerpen, ondergeschikt maken; II ‹*bn*› ondergeschikt; **Unter'gebene(r)** ‹*bn als zn*› ondergeschikte; **Unter'gebenheit** ‹*die; -, geen mv*› onderdanigheid
'untergefaßt, **'untergehakt** gearmd, arm in arm
'untergehen ‹*st.s; i-a*› 1 ondergaan; 2 ten onder of te gronde gaan; 3 vergaan (*van schip*)
'untergeordnet 1 ondergeschikt, lager; 2 *dem Ministerium ~ sein* ressorteren onder het ministerie
'Untergeschoß ‹*das; -geschosses, -geschosse*› souterrain
'untergliedern ‹*h*› onderverdelen
'untergraben ‹*st.h; u-a; ä*› ondergraven, -spitten
unter'graben ‹*st.h; u-a; ä*› ondermijnen
'Untergrund ‹*der; -(e)s, geen mv*› 1 ondergrond; 2 (*fig*) fundament; 3 ondergrondse, illegaliteit, verzet(sbeweging); **'Untergrundbahn** ‹*die; -, -en*› ondergrondse, metro; **'Untergrundbewegung** ‹*die; -, -en*› de ondergrondse verzetsbeweging, illegaliteit
'unterhaken ‹*h*› een arm geven
'unterhalb ‹*vz* (+ 2)› beneden, onder
'Unterhalt ‹*der; -(e)s, geen mv*› 1 levensonderhoud; 2 alimentatie; *den ~ bestreiten* in het onderhoud voorzien
'unterhalten ‹*st.h; ie-a; ä*› eronder houden; *~ unter* (+ 4) houden onder
unter'halten ‹*st.h; ie-a; ä*› 1 onder'houden; 2 onder'houden, amuseren; 3 *sich mit einem ~* (*über* (+ 4)) zich met iem onderhouden; **unter'haltend**, **unter'haltsam** onderhoudend, gezellig, amusant
'Unterhaltsbeitrag ‹*der; -(e)s, -ë*› 1 alimentatie; 2 toelage voor levensonderhoud; **'Unterhaltsberechtigte(r)** ‹*bn als zn*› wie recht heeft op alimentatie of op een toelage voor levensonderhoud
Unter'haltung ‹*die; -, -en*› 1 conversatie, gesprek; 2 amusement, ontspanning; 3 onderhoud (*van gebouw, wegen*)
Unter'haltungselektronik ‹*die; -, geen mv*› consumentenelektronika; **Unter'haltungsmusik** ‹*die; -, geen mv*› amusementsmuziek
unter'handeln ‹*h*› *über* (+ 4) *~* over ... onderhandelen; **Unter'händler** ‹*der; -s, -*› onderhandelaar; **Unter'handlung** ‹*die; -, -en*› onderhandeling
unter'höhlen ‹*h*› ondermijnen
'Unterhose ‹*die; -, -n*› onderbroek, slip
'unterirdisch 1 onderaards, -gronds; 2 (*fig*) ondergronds, in het geheim
unter'jochen ‹*h*› onderwerpen
'Unterkiefer ‹*der; -s, -*› onderkaak
'unterkommen ‹*st.s; a-o*› 1 onderdak vinden; 2 *~ bei* een baan krijgen bij; **'Unterkommen** ‹*das; -s, -*› 1 onderkomen, onderdak; 2 betrekking
'unterkriegen ‹*h*› eronder krijgen (*ook fig*)
Unter'kühlung ‹*die; -, -en*› onderkoeling
'Unterkunft ‹*die; -, -ë*› onderkomen, onderdak; *freie ~* vrije huisvesting; *~ und Verpflegung* kost en inwoning
'Unterlage ‹*die; -, -n*› 1 onderlegger; 2 onderlaag; 3 *~n* bewijsstukken, bescheiden

unt

'Unterlaß ‹*der*› *ohne* ~ zonder ophouden
unter'lassen ‹*st.h; ie-a; ä*› (na)laten; **Unter'lassung** ‹*die; -, -en*› verzuim, het nalaten
'Unterlauf ‹*der; -(e)s, -ë*› benedenloop; **'unterlaufen** ‹*st.s; ie-au; äu*› 1 gaan schuilen; 2 insluipen (*van fouten*)
'unterlegen ‹*ww.h*› 1 leggen onder; 2 (*einem etwas*) ~ toeschrijven
unter'legen ‹*bn*› minder, zwakker; *einem* ~ *sein* iems mindere zijn; **Unter'legenheit** ‹*die; -, geen mv*› het in de minderheid, het minder, zwakker zijn
'unterliegen ‹*st.h; a-e; ie*› 1 onderliggen; 2 ten grondslag liggen
unter'liegen ‹*st.s; a-e; ie*› (+ 3) 1 bezwijken, zwichten; 2 onderdoen (voor), het onderspit delven, (*sp*) verliezen (van); 3 *das unterliegt keinem Zweifel* dat lijdt geen twijfel
unter'malen ‹*h*› 1 (*een schilderij*) aanzetten; 2 *mit Musik* ~ muzikaal illustreren; **Unter'malung** ‹*die; -, -en*› 1 grond, fond; 2 *musikalische* ~ muzikale illustratie
unter'mauern ‹*h*› 1 metselwerk onder iets aanbrengen; 2 staven (met bewijzen, feiten)
'Untermensch ‹*der; -en, -en*› verdierlijkte mens
'Untermiete ‹*die; -, -n*› *zur* ~ *wohnen* onderhuurder zijn; **'Untermieter** ‹*der; -s, -*› onderhuurder
unter'nehmen ‹*st.h; a-o; i*› 1 ondernemen; 2 wagen; **Unter'nehmen** ‹*das; -s, -*› onderneming; **Unter'nehmer** ‹*der; -s, -*› ondernemer; **Unter'nehmung** ‹*die; -, -en*› onderneming
'unterordnen ‹*h*› 1 onder'schikken, ondergeschikt maken; 2 stellen of plaatsen onder (*een ander*); **'Unterordnung** ‹*die; -, -en*› 1 het ondergeschikt maken; 2 (*gramm*) onderschikking; 3 (*dierk*) onder-, suborde
unter'reden, sich ‹*h*› met elkaar spreken; **Unter'redung** ‹*die; -, -en*› gesprek, onderhoud
'Unterricht ‹*der; -(e)s, geen mv*› onderwijs, onderricht; **unter'richten** ‹*h*› 1 onderwijzen, onderwijs of les geven; 2 *einen von* (+ 3), *über* (+ 4) ~ iem op de hoogte stellen van iets, over iets inlichten; *sich über etwas* ~ zich van iets op de hoogte stellen; (*gut*) *unterrichtet* welingelicht; **'Unterrichtsanstalt** ‹*die; -, -en*› onderwijsinrichting; **'Unterrichtsfilm** ‹*der; -(e)s, -e*› schoolfilm; **'Unterrichtsstunde** ‹*die; -, -n*› lesuur; **'Unterrichtswesen** ‹*das; -s, geen mv*› onderwijs; **Unter'richtung** ‹*die; -, -en*› 1 onderrichting, onderwijzing; 2 inlichting
unter'sagen ‹*h*› verbieden; **Unter'sagung** ‹*die; -, -en*› verbod
'Untersatz ‹*der; -es, -ë*› 1 onderzetter, plaat, blad; 2 voetstuk, voet
unter'schätzen ‹*h*› onderschatten
unter'scheiden ‹*st.h; ie-ie*› 1 onderscheiden, onderscheid maken; 2 waarnemen; 3 *sich* ~ verschillen, zich onderscheiden; **Unter'scheidung** ‹*die; -, -en*› onderscheiding; **Unter'scheidungsgabe** ‹*die; -, -n*› onderscheidingsvermogen
'Unterschenkel ‹*der; -s, -*› onderbeen
'unterschieben ‹*st.h; o-o*› schuiven onder
unter'schieben ‹*st.h; o-o*› 1 onderschuiven (kind, testament); 2 (*einem eine Absicht*) ~ toedichten
'Unterschied ‹*der; -(e)s, -e*› onderscheid, verschil; **'unterschiedlich** 1 verschillend; 2 respectievelijk; **'unterschiedslos** zonder onderscheid
'unterschlagen ‹*st.h; u-a; ä*› over elkaar slaan (*armen, benen*)
unter'schlagen ‹*st.h; u-a; ä*› 1 verduisteren (*geld, testament*); 2 onderscheppen (*brief*); 3 (*belangrijke feiten opzettelijk*) niet noemen; **Unter'schlagung** ‹*die; -, -en*› 1 verduistering; 2 onderschepping; 3 verzwijging
'Unterschlupf ‹*der; -(e)s, -ë*› schuilplaats
unter'schreiben ‹*st.h; ie-ie*› 1 ondertekenen; 2 onderschrijven
'Unterschrift ‹*die; -, -en*› handtekening, ondertekening; *die* ~ *leisten* zijn handtekening zetten
'Unterseeboot ‹*das; -(e)s, -e*› duikboot
unter'setzen 1 steunen; 2 (*mit etwas*) *untersetzt* vermengd
unter'setzt gedrongen, kort en breedgebouwd
'unterst onderst, laagst; *zu* ~ het onderst, het laagst
unter'stehen ‹*st.h; a-a*› 1 (+ 3) staan, ressorteren onder; 2 *sich* ~ wagen, durven
'unterstellen ‹*h*› 1 zetten of plaatsen onder; 2 (tijdelijk) opbergen; 3 stallen (*fiets*)
unter'stellen ‹*h*› veronderstellen
'Unterstellraum ‹*der; -(e)s, -ë*› stalling
Unter'stellung ‹*die; -, -en*› 1 het plaatsen, neerzetten; 2 *eine böswillige* ~ een verdachtmaking
unter'streichen ‹*st.h; i-i*› onderstrepen
'Unterstufe ‹*die; -, -n*› 1 lagere trap of graad; 2 onderbouw, lagere klassen
unter'stützen ‹*h*› (onder)steunen; **Unter'stützung** ‹*die; -, -en*› steun, ondersteuning, hulp, bijstand; *staatliche* ~ rijkssubsidie
Unter'stützungsempfänger ‹*der; -s, -*› steuntrekker; (*Belg*) stempelaar; **Unter'stützungsgeld** ‹*das; -(e)s, -er*› (*Belg*) stempelgeld
unter'suchen ‹*h*› onderzoeken, nagaan; **Unter'suchung** ‹*die; -, -en*› 1 onderzoek(ing); 2 enquête; 3 wetenschappelijk onderzoek; **Unter'suchungsausschuß** ‹*der; -ausschusses, -ausschüsse*› commissie van onderzoek, enquêtecommissie (*pol*); **Unter'suchungshaft** ‹*die; -, geen mv*› voorlopige hechtenis, voorarrest; **Unter'suchungsrichter** ‹*der; -s, -*› 1 rechter van instructie; 2 rechter-commissaris; 3 (*Belg*) onderzoeksrechter; **Unter'suchungsverfahren** ‹*das; -s, -*› gerechtelijk onderzoek
'untertan ‹*bn*› onderdanig, -worpen; **'Unter-**

tan ‹*der; -s en -en, -en*› onderdaan; **'untertänig** onderdanig, -worpen, nederig
'Untertasse ‹*die; -, -n*› schoteltje (*onder kopje*); *fliegende* ~ vliegende schotel
'untertauchen ‹*h en s*› 1 onderdompelen; 2 onderduiken (*ook fig*)
'Unterteil ‹*das; -(e)s, -e*› onderste gedeelte
unter'teilen ‹*h*› onderverdelen (*bijv* schaal)
'Untertitel ‹*der; -s, -*› 1 *mit deutschen* ~ *n* met Duitse ondertiteling; 2 (*Belg*) voettitel; **'untertiteln** ‹*h*› ondertitelen
unter'wandern ‹*s*› 1 penetreren, langzamerhand de overhand krijgen; 2 infiltreren; **Unter'wanderung** ‹*die; -, -en*› 1 penetratie; 2 infiltratie
'Unterwäsche ‹*die; -, geen mv*› ondergoed; *die* ~ *wechseln* zich verschonen
unter'wegs onderweg, op weg
Unter'weisung ‹*die; -, -en*› onderwijs, onderricht, instructie
'Unterwelt ‹*die; -, geen mv*› onderwereld
unter'werfen ‹*st.h; a-o; i*› onderwerpen
'unterwertig minderwaardig
unter'würfig onderworpen, -danig, nederig
unter'zeichnen ‹*h*› ondertekenen; **Unter'zeichnung** ‹*die; -, -en*› onder-, handtekening
'Unterzeug ‹*das; -(e)s, geen mv*› ondergoed
'unterziehen ‹*st.h; o-o*› aantrekken onder
unter'ziehen ‹*st.h; o-o*› *etwas einer gründlichen Besichtigung* ~ iets grondig inspecteren; *sich einer Prüfung* ~ zich aan een examen onderwerpen; *sich einer Operation* ~ een operatie ondergaan
'Untiefe ‹*die; -, -n*› 1 ondiepte; 2 onpeilbare diepte, afgrond (*ook fig*)
un'tilgbar 1 onverdelgbaar, onuitroeibaar; 2 onaflosbaar
'Untreue ‹*die; -, geen mv*› 1 ontrouw; 2 (soms) trouweloosheid
'untüchtig onbekwaam, ondegelijk, ongeschikt
'Untugend ‹*die; -, -en*› verkeerde gewoonte
'unüberlegt onbedacht, onbezonnen
unüber'sehbar onafzienbaar, niet te overzien; **'unübersichtlich** onoverzichtelijk
'unüblich ongebruikelijk
unum'gänglich onvermijdelijk
unum'schränkt onbeperkt
unum'stößlich onomstotelijk
'unumwunden onomwonden
unver'antwortlich 1 onverantwoordelijk (*persoon of daad*); 2 onvergeeflijk (*daad*)
'unverbindlich 1 niet verplichtend, niet bindend, zonder verbinding; 2 vrijblijvend (prijzen); 3 niet erg vriendelijk, niet erg beleefd
unver'bürgt niet gewaarborgd
unver'daulich onverteerbaar; **unver'daut** onverteerd
unver'drossen onverdroten, onvermoeid
unver'fänglich eenvoudig, natuurlijk
unver'froren driest, brutaalweg
unver'hofft onverhoopt, onverwacht
unver'hohlen onverholen, ronduit
unver'hüllt 1 onverholen; 2 naakt, onbedekt
unver'käuflich onverkoopbaar
unver'kennbar 1 onmiskenbaar; 2 onloochenbaar, klaarblijkelijk
unver'letzlich onschendbaar, onaantastbaar; **'unverletzt** ongekwetst, ongedeerd, heelhuids
'unvermittelt opeens, onverwachts
'Unvermögen ‹*das; -s, geen mv*› 1 onvermogen, onmacht; 2 insolventie; **'unvermögend** onbemiddeld, arm
'unvernehmlich 1 onmerkbaar; 2 onverstaanbaar
'unverrichteter'dinge onverrichter zake
'unverschämt 1 onbeschaamd, brutaal, onbeschoft; 2 buitengewoon, erg veel; **'Unverschämtheit** ‹*die; -, -en*› brutaliteit enz.
unver'sehens onvoorzien, onverwachts
unver'sehrt ongedeerd, onbeschadigd
unver'söhnlich onverzoenlijk
'unverständlich onverstaanbaar, onbegrijpelijk; **'Unverständnis** ‹*das; -ses, geen mv*› onbegrip
unver'träglich 1 onverdraagzaam, twistziek; 2 onverenigbaar (met)
unver'wechselbar karakteristiek, typerend
unver'weilt onverwijld, onmiddellijk
unver'wundbar onkwetsbaar
unver'wüstlich 1 onverwoestbaar; 2 onverstoorbaar (*humeur*); 3 onverslijtbaar (*stof*)
'unverzagt onversaagd, onbevreesd
unver'zinslich 1 renteloos; 2 niet rentegevend
unver'züglich onverwijld
unvoll'endet onvoltooid
unvoll'ständig onvolledig, incompleet
'unvorhergesehen onvoorzien
unvor'stellbar 1 niet voorstelbaar; 2 reusachtig, enorm
'unvorteilhaft 1 onvoordelig; 2 schadelijk
'unwahrscheinlich 1 onwaarschijnlijk; 2 buitengewoon, enorm veel
'unwegsam onbegaanbaar, ongebaand
un'weigerlich 1 zonder tegenspraak; 2 blindelings; 3 ~*er Gehorsam* absolute gehoorzaamheid
'unweit I ‹*vz* (+ *2*) *of met von*› niet ver van; II ‹*bw*› niet ver hier vandaan
'Unwesen ‹*das; -s, geen mv*› 1 onbetamelijkheden; 2 wanorde; 3 *sein* ~ *treiben: a*) huishouden (*fig*); *b*) actief zijn, bezig zijn
'unwesentlich niet essentieel, onbelangrijk
'Unwetter ‹*das; -s, geen mv*› noodweer
'unwichtig onbelangrijk, onbeduidend
unwider'ruflich onherroepelijk
unwider'sprechlich ontegenzeggelijk
unwider'stehlich onweerstaanbaar
'Unwille ‹*der; -ns, geen mv*› 1 misnoegen, wrevel; 2 *mit* ~*n* (ook) met tegenzin; **'unwillig** 1 misnoegd, wrevelig, ontstemd; 2 *etwas* ~ *tun* iets met tegenzin doen
unwill'kürlich onwillekeurig

'unwirklich onwerkelijk, onwezenlijk, irreëel

'unwirksam 1 niet effectief; 2 zonder uitwerking; 3 *für ~ erklären* nietig verklaren

'unwirsch nors, stuurs, bars

'unwirtlich ongastvrij, onherbergzaam

'unwissentlich onwetend, onopzettelijk

'unwohl niet goed, ongesteld

'Unzahl ‹*die; -, geen mv*› zeer groot aantal

un'zählbar, un'zählig ontelbaar, talloos

'unzeitgemäß niet in overeenstemming met de geest van de tijd

unzer'brechlich onbreekbaar

unzer'trennlich onafscheidelijk, onscheidbaar

'Unzucht ‹*die; -, geen mv*› ontucht; **'unzüchtig** ontuchtig, onkuis

'unzufrieden: *~ sein mit* ontevreden zijn over

'unzugänglich 1 ontoegankelijk; 2 (*fig*) ongenaakbaar; **'unzulänglich** niet toereikend; **'Unzulänglichkeit** ‹*die; -, -en*› 1 het niet toereikend zijn, gebrekkigheid; 2 *die ~en des Menschen* de tekortkomingen van de mens

'unzulässig ontoelaatbaar, ongeoorloofd

'unzurechnungsfähig ontoerekeningsvatbaar

'unzureichend ontoereikend, onvoldoend(e)

'unzutreffend onjuist, niet ter zake dienend

un'zweifelhaft ongetwijfeld

'üppig 1 welig (plantengroei); 2 weelderig (*div bet*); 3 overvloedig (maal); **'Üppigkeit** ‹*die; -, geen mv*› weligheid, weelderigheid enz.

'uralt eeuwenoud, overoud

U'ran ‹*das; -s, geen mv*› uranium; **U'ranerz** ‹*das; -es, geen mv*› uraniumerts; **U'ranlager** ‹*das; -s, -*› vindplaats van uranium; **U'ranvorkommen** ‹*das; -s, -*› aanwezigheid van uranium

'uraufführen ‹*h*› voor de allereerste maal opof uitvoeren; **'Uraufführung** ‹*die; -, -en*› (wereld)première

'urbar: *~ machen* ontginnen; **'Urbarmachung** ‹*die; -, -en*› ontginning

'Urbewohner ‹*der; -s, -*› oorspronkelijke bewoner; **ur'eigentümlich** 1 zeer eigenaardig; 2 zuiver, oorspronkelijk; **'Ureinwohner** ‹*der; -s, -*› oorspronkelijke bewoner; **'Urenkel** ‹*der; -s, -*› achterkleinzoon, -kleinkind; **'Urenkelin** ‹*die; -, -nen*› achterkleindochter; **urge'mütlich** echt gezellig, oergezellig; **'Urgestein** ‹*das; -(e)s, -e*› primair gesteente; **'Urgroßeltern** ‹*mv*› overgrootouders; **'Urgroßmutter** ‹*die; -, -̈*› overgrootmoeder; **'Urgroßvater** ‹*der; -s, -̈*› overgrootvader; **'Urheber** ‹*der; -s, -*› 1 veroorzaker, dader, bewerker; 2 aanstichter; 3 maker, schepper, geestelijke vader; **'Urheberrecht** ‹*das; -(e)s, -e*› auteursrecht (*in algemene zin*)

U'rin ‹*der; -s, geen mv*› urine; **uri'nieren** ‹*h*› urineren

ur'komisch oerkomiek, allergrappigst

'Urkunde ‹*die; -, -n*› oorkonde, (wettig) stuk, bewijsstuk, document, akte; **'Urkundenfälschung** ‹*die; -, -en*› valsheid in geschrifte; **'urkundlich** 1 wettig, authentiek; 2 schriftelijk, met de stukken (*iets bewijzen*)

'urlangweilig stierlijk vervelend

'Urlaub ‹*der; -(e)s, -e*› vakantie, verlof; *in ~ fahren, ~ machen, auf ~ gehen* met vakantie gaan; **'Urlauber** ‹*der; -s, -*› vakantieganger; **'Urlaubsreif**: *~ sein* aan vakantie toe zijn

'Urne ‹*die; -, -n*› 1 urn; 2 stembus

ur'plötzlich 1 heel plotseling; 2 op stel en sprong

'Ursache ‹*die; -, -n*› 1 oorzaak; 2 *wir haben ~ anzunehmen, daß ...* wij hebben reden aan te nemen, dat ...; **'ursächlich** oorzakelijk

urspr (*afk*) *ursprünglich* oorspronkelijk

'Ursprung ‹*der; -(e)s, -ë*› oorsprong, herkomst; **ur'sprünglich** oorspronkelijk; **'Ursprungsland** ‹*das; -(e)s, -ër*› land van herkomst

'Urteil ‹*das; -(e)s, -e*› 1 (*jur*) vonnis, arrest; 2 oordeel (*mening*); **'urteilen** ‹*h*› oordelen; **'Urteilsbegründung** ‹*die; -, -en*› (*jur*) motivering van het vonnis; **'Urteilseröffnung** ‹*die; -, -en*› (*jur*) openbaarmaking van het vonnis, uitspraak; **'Urteilsspruch** ‹*der; -(e)s, -ë*› (*jur*) vonnis; **'Urteilsverkündung** ‹*die; -, -en*› (*jur*) uitspraak; **'Urteilsvollstrekkung** ‹*die; -, -en*› (*jur*) voltrekking van het vonnis

'Urtext ‹*der; -(e)s, -e*› oorspronkelijke tekst, oertekst; **'Urtrieb** ‹*der; -(e)s, -e*› primitieve drift

'urtümlich 1 oorspronkelijk, ongerept, origineel; 2 natuurlijk, onbedorven

'Urutenkel ‹*der; -s, -*› achter-achterkleinkind; **'Ururgroßeltern** ‹*mv*› betovergrootouders

'Urwald ‹*der; -(e)s, -ër*› oerwoud

'urwüchsig 1 natuurlijk, onbedorven; ongekunsteld; 2 oorspronkelijk, ongerept, origineel

'Urzeit ‹*die; -, -en*› oertijd

'Usus ‹*der; -, geen mv*› gebruik, gewoonte

usw. (*afk*) *und so weiter* enzovoort (enz.)

Uten'silien ‹*mv*› benodigdheden, gereedschappen

Uto'pie ‹*die; -, -n*› utopie, droombeeld

U'V-Strahlen ‹*mv*› ultraviolette stralen

u. zw. (*afk*) *und zwar* en wel

Vvv

vag vaag
Vaga'bund ‹*der; -en, -en*› vagebond, landloper
'vage vaag; onduidelijk
Va'gina ‹*die; -, Vaginen*› vagina, schede
Va'kanz ‹*die; -, -n*› vacature
vakzi'nieren ‹*h*› vaccineren
Va'luta ‹*die; -, Valuten*› 1 valuta, munteenheid; 2 valuta, deviezen
Va'nille ‹*die; -, geen mv*› vanille
Vari'ante ‹*die; -, -n*› variant
Variati'on ‹*die; -, -en*› variatie; **Varie'tät** ‹*die; -, -en*› variëteit, verscheidenheid; **vari'ieren** ‹*h*› variëren
Va'sall ‹*der; -en, -en*› vazal
'Vase ‹*die; -, -n*› vaas
Vase'line ‹*die; -, geen mv*› vaseline
'Vater ‹*der; -s, -̈*› vader; **'Vaterland** ‹*das; -(e)s, geen mv*› vaderland; **'vaterländisch** vaderlands; **'väterlich** vaderlijk; **'Vaterschaft** ‹*die; -, geen mv*› vaderschap; **'Vaterstadt** ‹*die; -, -ë*› vader-, geboortestad; **Vater'unser** ‹*das; -s, -*› het onzevader; **'Vati** ‹*der; -s, -s*› pappie, papa
v. Chr. (*afk*) *vor Christo, vor Christus*
Vege'tarier ‹*der; -s, -*› vegetariër; **Vegetati'on** ‹*die; -, -en*› vegetatie, plantengroei; **vege'tieren** ‹*h*› vegeteren
Vehe'menz ‹*die; -, geen mv*› vehementie
'Veilchen ‹*das; -s, -*› (*plantk*) viooltje; **'veilchenblau** 1 vioolblauw; 2 (*fig*) stomdronken
'Vene ‹*die; -, -n*› (*anat*) ader
Ve'nedig ‹*das; -s*› Venetië
Ven'til ‹*das; -s, -e*› 1 ventiel; 2 klep; **Ventilati'on** ‹*die; -, -en*› ventilatie; **venti'lieren** ‹*h*› ventileren
'Venusberg ‹*der; -(e)s, -e*› (*anat*) venusheuvel
ver'abfolgen ‹*h*› 1 afgeven, afleveren; 2 toedienen, geven
ver'abreden afspreken; *sich verabreden mit* een afspraak maken met; *verabredet sein* een afspraak hebben; **Ver'abredung** ‹*die; -, -en*› afspraak
ver'abreichen ‹*h*› 1 geven; 2 (*med*) toedienen
ver'abscheuen ‹*h*› 1 verafschuwen, verfoeien; 2 een afkeer, afschuw hebben van; **ver'abscheuenswert** afschuwelijk, verfoeilijk
ver'abschieden ‹*h*› 1 ontslaan, ontslag geven; 2 (*mil ook*) demobiliseren; 3 aannemen (*wetsontwerp*); 4 afscheid nemen van; **sich** ~ afscheid nemen; **Ver'abschiedung** ‹*die; -, -en*› 1 ontslag; 2 aanvaarding (*van wetsontwerp*)
ver'achten ‹*h*› 1 verachten; 2 *das ist nicht zu* ~ dat is niet te versmaden; **ver'achtenswert** verachtelijk; **ver'ächtlich** 1 verachtelijk (*blik, vent*), minachtend (*gebaar*); 2 geringschattend; **Ver'achtung** ‹*die; -, geen mv*› minachting
ver'albern ‹*h*› voor de gek houden
verallge'meinern ‹*h*› generaliseren; **Verallge'meinerung** ‹*die; -, -en*› generalisering
ver'alten ‹*s*› verouderen; **ver'altet** verouderd, ouderwets, uit de tijd
ver'änderlich veranderlijk; onbestendig; **ver'ändern** ‹*h*› 1 veranderen; 2 *sich* ~: *a*) veranderen, anders worden; *b*) van betrekking veranderen; *c*) van beroep veranderen; **Ver'änderung** ‹*die; -, -en*› verandering
ver'ängstigen ‹*h*› bang, angstig maken
ver'ankern ‹*h*› verankeren
ver'anlagt: *musikalisch ~ sein* een aanleg voor muziek hebben; *künstlerisch* ~ artistiek aangelegd; **Ver'anlagung** ‹*die; -, -en*› 1 aanslag (*belasting*); 2 aanleg, talent
ver'anlassen ‹*h*› 1 aanleiding geven tot; 2 veroorzaken, teweegbrengen, bewerken; 3 *einen zu etwas* ~ iem ergens toe brengen; 4 *das Nötige* ~ de nodige maatregelen nemen; 5 *ich sehe mich veranlaßt* ik zie mij genoodzaakt; **Ver'anlassung** ‹*die; -, -en*› 1 aanleiding, beweegreden; 2 *auf* ~ (+ 2): *a*) op last van; *b*) op verzoek van; *c*) op initiatief
ver'anschaulichen ‹*h*› aanschouwelijk maken
ver'anschlagen ‹*h*› ramen, aanslaan; **Ver'anschlagung** ‹*die; -, -en*› raming enz.
ver'anstalten ‹*h*› 1 op touw zetten, organiseren; 2 *eine Lotterie, eine Versammlung* ~ een loterij, een vergadering houden; **Ver'anstalter** ‹*der; -s, -*› organisator; **Ver'anstaltung** ‹*die; -, -en*› 1 het organiseren, het houden (van); 2 manifestatie; (*in der Großstadt*) *gibt es allerlei ~en* is van alles te doen (*concerten, sportevenementen, tentoonstellingen enz*)
ver'antworten ‹*h*› verantwoorden; **ver'antwortlich** 1 verantwoordelijk; 2 (*jur*) aansprakelijk; **Ver'antwortung** ‹*die; -, -en*› 1 verantwoording; *zur ~ ziehen* ter verantwoording roepen; 2 verantwoordelijkheid; **Ver'antwortungsbewußtsein** ‹*das; -s, geen mv*› verantwoordelijkheidsbesef; **ver'antwortungslos** onverantwoordelijk
ver'äppeln ‹*h*› in de maling nemen
ver'arbeiten ‹*h*› 1 verwerken (*ook geestelijk*); 2 verdragen; 3 afwerken; **Ver'arbeitung** ‹*die; -, -en*› ver-, afwerking
ver'argen ‹*h*› (*einem etwas*) kwalijk nemen
ver'ärgern ‹*h*› (*einen*) nijdig of kwaad maken
ver'arschen ‹*h*› in de maling nemen, verneuken
ver'arzten ‹*h*› medisch behandelen
ver'ästeln, sich ‹*h*› zich vertakken
ver'ausgaben ‹*h*› uitgeven; *sich* ~: *a*) al zijn geld uit geven; *b*) alles geven, zich leegrijden enz.

ver'auslagen ‹*h*› voorschieten
ver'äußern ‹*h*› 1 verkopen; 2 overdragen
Verb ‹*das; -s, -en*› werkwoord
ver'bal verbaal
Ver'band ‹*der; -(e)s, -ë*› 1 (*med*) verband; 2 bond, federatie, unie; 3 verbinding; 4 formatie; **Ver'band(s)kasten** ‹*der; -s, -̈*› verbandtrommel; **Ver'bandzeug** ‹*das; -(e)s, geen mv*› verbandmiddelen
ver'bannen ‹*h*› (ver)bannen; **Ver'bannte(r)** ‹*bn als zn*› banneling(e)
verbarrika'dieren ‹*h*› (ver)barricaderen
ver'bauen ‹*h*› 1 verbouwen (*hout, stenen, geld*); 2 verkeerd bouwen; 3 onmogelijk maken
ver'beißen ‹*st.h; i-i*› 1 *sich ~ in* (+ 3); (*lett en fig*) zich vastbijten in; 2 (*sich*) *die Schmerzen ~* z'n pijn verbijten; (*sich*) *etwas nicht ~ können* iets niet kunnen inhouden (*lachen, tranen*)
ver'bergen (sich) ‹*st.h; a-o; i*› (zich) verbergen
ver'bessern ‹*h*› 1 verbeteren; 2 corrigeren; 3 (*cijfers op school*) ophalen; 4 *sich ~: a*) een beter betaalde baan krijgen; *b*) zich corrigeren; **Ver'besserung** ‹*die; -, -en*› 1 verbetering; 2 correctie; 3 promotie; **ver'besserungsfähig** te verbeteren, voor verbetering vatbaar
ver'beugen, sich ‹*h*› een buiging maken; **Ver'beugung** ‹*die; -, -en*› buiging
ver'beulen ‹*h*› (in)deuken
ver'biegen ‹*st.h; o-o*› om-, ver-, krombuigen
ver'bieten ‹*st.h; o-o*› 1 verbieden; 2 ontzeggen
ver'billigen ‹*h*› goedkoper maken, in prijs doen dalen; *sich ~* goedkoper worden; **ver'billigt** goedkoper; (*tarief*) gereduceerd; **Ver'billigung** ‹*die; -, -en*› prijsverlaging
ver'binden ‹*st.h; a-u*› 1 verbinden (*div bet*); 2 *einem die Augen ~* iem blinddoeken; 3 *sich ~* zich verbinden (*ook chem*); 4 *sich zu etwas ~* zich tot iets verplichten; vgl *verbunden*
ver'bindlich 1 beleefd, vriendelijk; 2 bindend (*advies, overeenkomst*); 3 *~(st)en Dank!* dank u zeer!; **Ver'bindlichkeit** ‹*die; -, -en*› 1 verplichting; verbintenis; 2 het bindend zijn; 3 beleefdheid
Ver'bindung ‹*die; -, -en*› 1 verbinding; (*sich mit einem in ~*) *setzen* stellen; 2 contact; 3 relatie; 4 samenhang, verband; 5 *in ~ mit* (ook) samen, te zamen met; 6 studentencorps; 7 het verbinden; **Ver'bindungsstudent** ‹*der; -en, -en*› corpsstudent
ver'bissen 1 verbeten; 2 verbitterd; **Ver'bissenheit** ‹*die; -, geen mv*› 1 verbetenheid; 2 verbitterdheid
ver'bitten, sich ‹*st.h; a-o*› *sich etwas ~* van iets verschoond wensen te blijven; *das verbitte ich mir!* (ook) dat duld ik niet!
ver'bittern ‹*h*› 1 bitter maken; 2 vergallen; **Ver'bitterung** ‹*die; -, geen mv*› verbitterdheid
ver'blassen ‹*s*› verbleken (*lett en fig*)
Ver'bleib ‹*der; -(e)s, geen mv*› verblijfplaats; **ver'bleiben** ‹*st.s; ie-ie*› 1 verblijven; 2 blijven; 3 resteren, overblijven; 4 *im Amt ~* aanblijven (*bijv van minister*); 5 (*etwas*) *~* afspreken, overeenkomen
ver'bleichen ‹*st.s; i-i*› verbleken
ver'bleit: *~es Bezin* loodbenzine
ver'blenden ‹*h*› 1 verblinden; 2 blinderen
ver'bleuen ‹*h*› afranselen
ver'blichen 1 verbleekt; 2 (*fig*) overleden
ver'blöden ‹*s*› 1 dement worden; 2 geestelijk afstompen
ver'blüffen ‹*h*› verbluffen, overbluffen
ver'blühen ‹*s*› 1 uitbloeien; 2 'm smeren
ver'blümen ‹*h*› verbloemen
ver'bluten ‹*s*› doodbloeden
ver'bohren, sich 1 *sich in eine Arbeit ~* zich vastbijten in werk; 2 *sich in eine Meinung ~* star vasthouden aan een mening; vgl *verbohrt*; **ver'bohrt** 1 (*fig*) vastgeroest; 2 stijfkoppig
ver'borgen I ‹*h*› uitlenen; **II** ‹*bn*› 1 verborgen; 2 *im ~en* in het geheim, in stilte; **Ver'borgenheit** ‹*die; -, geen mv*› verborgenheid
Ver'bot ‹*das; -(e)s, -e*› verbod; **ver'boten** verboden; **Ver'botsschild** ‹*das; -(e)s, -er*› verbodsbord
Ver'brauch ‹*der; -(e)s, geen mv*› 1 verbruik; 2 consumptie; **ver'brauchen** ‹*h*› 1 verbruiken; 2 opgebruiken; 3 consumeren; 4 (*benzine*) gebruiken; **Ver'braucher** ‹*der; -s, -*› verbruiker, consument; **Ver'braucheraufklärung** ‹*die; -, geen mv*› consumentenvoorlichting; **Ver'braucherverband** ‹*der; -(e)s, -ë*› consumentenbond; **Ver'brauchsartikel** ‹*der; -s, -*› verbruiksartikel; **Ver'brauchsgegenstand** ‹*der; -(e)s, -ë*› verbruiksartikel; **Ver'brauchsgüter** ‹*mv*› consumptiegoederen; **Ver'brauch(s)steuer** ‹*die; -, -n*› verbruiksbelasting; accijns; **ver'braucht** 1 versleten; 2 (*lucht*) muf
ver'brechen ‹*st.h; a-o; i*› misdoen, misdrijven; **Ver'brechen** ‹*das; -s, -*› misdrijf, misdaad; **Ver'brecher** ‹*der; -s, -*› misdadiger; **ver'brecherisch** misdadig
ver'breiten (sich) ‹*h*› 1 (zich) verspreiden; 2 (zich) verbreiden; 3 (zich) uitbreiden (*van ziekte*); 4 *sich ~ über* (+ 4) uitweiden over
ver'breitern ‹*h*› verbreden; **Ver'breiterung** ‹*die; -, -en*› verbreding
Ver'breitung ‹*die; -, geen mv*› verspreiding enz.; vgl *verbreiten*
ver'brennen ‹*onr. h*› 1 verbranden; 2 cremeren; **Ver'brennung** ‹*die; -, -en*› verbranding
ver'briefen ‹*h*› schriftelijk vastleggen
ver'bringen ‹*onr. h*› 1 doorbrengen; 2 (*leven*) slijten; 3 *~ in* (+ 4) overbrengen naar
ver'brüdern ‹*h*› verbroederen
ver'brühen, sich ‹*h*› *sich die Hand ~* zijn (haar) hand verbranden
ver'buchen ‹*h*› boeken
ver'bummeln ‹*h*› verlummelen (*z'n tijd*)
ver'bunden 1 verbonden; 2 *ich bin Ihnen sehr ~* ik ben U zeer verplicht
ver'bünden ‹*h*› verbinden, verenigen

Ver'bundenheit ‹*die; -, geen mv*› verbondenheid
Ver'bündete(r) ‹*bn als zn*› bondgenoot
Ver'bundglasscheibe ‹*die; -, -n*› (voor)ruit van gelaagd glas
ver'bürgen ‹*h*› waarborgen, garanderen; *sich ~ für* instaan voor, waarborg blijven voor
ver'büßen ‹*h*› 1 boeten (voor); 2 (*een straf*) ondergaan, uitzitten
ver'buttern ‹*h*› verkwisten (*geld*)
Ver'dacht ‹*der; -(e)s, geen mv*› verdenking, argwaan; *~ hegen* verdenking koesteren; *~ schöpfen* argwaan krijgen; *einen in od. im ~ haben* iem verdenken; *im ~ stehen* verdacht worden van; *in ~ geraten, kommen* zich verdacht maken; *den ~ auf einen lenken, richten* iem verdenken; **ver'dächtig** verdacht; *des Diebstahls ~* verdacht van diefstal; **ver'dächtigen** ‹*h*› in verdenking brengen, verdacht maken; **Ver'dächtigte(r)** ‹*bn als zn*› verdachte; **Ver'dächtigung** ‹*die; -, -en*› verdachtmaking
ver'dammen ‹*h*› 1 verdoemen; 2 veroordelen; 3 vervloeken, verwensen; vgl *verdammt*; **Ver'dammnis** ‹*die; -, geen mv*› verdoemenis; **ver'dammt** 1 verdoemd; 2 *zur Arbeitslosigkeit ~ sein* tot werkloosheid gedoemd zijn; 3 verdomd; 4 *~ (noch mal)!* verdomme!; **Ver'dammung** ‹*die; -, -en*› 1 verdoeming; 2 veroordeling; 3 vervloeking
ver'dampfen I ‹*h*› (laten) verdampen; II ‹*s*› verdampen
ver'danken ‹*h*› *einem etwas ~* iem iets te danken hebben
ver'dattert beteuterd
ver'dauen ‹*h*› 1 verteren (*spijzen*); 2 (*geestelijk, psychisch*) verwerken; **ver'daulich** verteerbaar, te verteren; **Ver'dauung** ‹*die; -, geen mv*› spijsvertering; **Ver'dauungsbeschwerden** ‹*mv*› gestoorde spijsvertering
Ver'deck ‹*das; -(e)s, -e*› 1 dek (*scheepv*); 2 kap (*van auto*); **ver'decken** ‹*h*› 1 bedekken; 2 toedekken, (af)sluiten; 3 verbergen
ver'denken ‹*onr. h*› kwalijk nemen
Ver'derb ‹*der; -(e)s, geen mv*› ondergang, verderf; **ver'derben** I ‹*st.h; a-o; i*› 1 bederven (*div bet*); 2 *es mit einem ~* er bij iem uitliggen; 3 *sich den Magen ~* zijn maag van streek brengen; II ‹*st.s*› bederven; **ver'derblich** 1 bederfelijk, aan bederf onderhevig; 2 verderfelijk, verderfbrengend; **Ver'derbnis** ‹*die; -, geen mv*› 1 bederf; 2 verdorvenheid; 3 ontaarding; **ver'derbt** be-, verdorven, ontaard
ver'deutlichen ‹*h*› verduidelijken
ver'deutschen ‹*h*› 1 in het Duits vertalen; 2 verduitsen; 3 uitleggen
ver'dichten ‹*h*› 1 verdichten, samenpersen (*van damp, gas*); 2 condenseren, indampen (*van vloeistof*); *sich ~: a*) dichter worden; *b*) (*fig*) sterker worden, toenemen; **Ver'dichtung** ‹*die; -, -en*› 1 verdichting, compressie; 2 condensatie
Ver'dienst I ‹*der; -es, -e*› verdienste (*loon*); II ‹*das; -es, -e*› verdienste (*verdienstelijkheid*); **Ver'dienstausfall** ‹*der; -(e)s, -ë*› derving van inkomsten; **ver'dienstvoll** (zeer) verdienstelijk
ver'dient 1 welverdiend; 2 verdienstelijk
ver'dingen ‹*st.h; a-u*› 1 verhuren; 2 aanbesteden (*werk*)
ver'donnern veroordelen
ver'donnert onthutst
ver'doppeln ‹*h*› verdubbelen
ver'dorben 1 verdorven; 2 (*fig*) verdorven; **Ver'dorbenheit** ‹*die; -, geen mv*› 1 bederf; 2 verdorvenheid
ver'dorren ‹*s*› verdorren, verdrogen
ver'drängen ‹*h*› 1 verdringen (*alle bet*); 2 (*scheepv*) water verplaatsen; **Ver'drängung** ‹*die; -, -en*› 1 verdringing; 2 (*scheepv*) waterverplaatsing
ver'drehen ‹*h*› 1 verdraaien (*lett en fig*); 2 *die Augen ~* met de ogen rollen; 3 *einem den Kopf ~* iem het hoofd op hol jagen; **ver'dreht** 1 verdraaid; 2 stapelgek, getikt; **Ver'drehung** ‹*die; -, -en*› verdraaiing
ver'dreifachen ‹*h*› verdrievoudigen
ver'dreschen ‹*h*› afranselen
ver'drießen ‹*st.s; o-o*› 1 verdrieten; 2 *sich etwas nicht ~ lassen* zich iets niet laten ontnemen; **ver'drießlich** 1 nors, korzelig, wrevelig, ontstemd; 2 onaangenaam, naar, vervelend; **Ver'drießlichkeit** ‹*die; -, -en*› onaangenaamheid
ver'drossen 1 lusteloos; 2 misnoegd; **Ver'drossenheit** ‹*die; -, geen mv*› 1 lusteloosheid; 2 misnoegdheid
ver'drücken ‹*h*› 1 verkreuken; 2 (*volkstaal*) verorberen; 3 *sich ~* 'm smeren, ervandoor gaan
Ver'druß ‹*der; Verdrusses, Verdrusse*› ergernis, narigheid
ver'duften ‹*h*› verdwijnen, 'm smeren
ver'dunkeln ‹*h*› 1 donker maken; 2 (*ramen*) verduisteren; 3 (*fig*) verbergen; **Ver'dunk(e)lung** ‹*die; -, geen mv*› verduistering
ver'dünnen ‹*h*› verdunnen
ver'dunsten ‹*s*› verdampen
ver'dursten ‹*s*› verdorsten, versmachten
ver'düstern ‹*h*› 1 verdonkeren, donker maken; 2 *sich ~* donker worden, versomberen
ver'dutzt verbouwereerd, verbluft
ver'ebben ‹*s*› wegebben
ver'ehelichen ‹*h*› *sich ~* trouwen, huwen
ver'ehren ‹*h*› 1 vereren (*alle bet*); 2 het hof maken; 3 schenken, geven; **Ver'ehrer** ‹*der; -s, -*› vereerder, enz.; **ver'ehrt** geacht; *Verehrter!* mijn waarde!; **Ver'ehrung** ‹*die; -, geen mv*› 1 verering; 2 bewondering, eerbied; **ver'ehrungsvoll** eerbiedig; **ver'ehrungswürdig** eerbiedwaardig
ver'eidigen ‹*h*› beëdigen; **Ver'eidigung** ‹*die; -, -en*› beëdiging
Ver'ein ‹*der; -(e)s, -e*› vereniging; **ver'einbar**

verenigbaar; **ver'einbaren** ‹*h*› 1 overeenkomen; 2 overeenbrengen; 3 afspreken; **Ver'einbarkeit** ‹*die; -, geen mv*› verenigbaarheid; **Ver'einbarung** ‹*die; -, -en*› 1 overeenkomst; *~en treffen* overeenkomsten sluiten; 2 afspraak; **ver'einen** ‹*h*› verenigen; vgl *vereint*
ver'einfachen ‹*h*› vereenvoudigen
ver'einheitlichen ‹*h*› eenheid brengen in, gelijk maken; **Ver'einheitlichung** ‹*die; -, geen mv*› uniformering, unificatie
ver'einigen ‹*h*› 1 verenigen; 2 verzoenen; *sich ~: a*) zich verenigen; *b*) samenkomen; **Ver'einigung** ‹*die; -, -en*› 1 vereniging (*alle bet*); 2 verbinding; fusie; 3 samenkomst
Ver'einsamung ‹*die; -, geen mv*› vereenzaming
Ver'einshaus ‹*das; -es, -ër*› verenigingsgebouw
ver'eint 1 verenigd; 2 *mit ~en Kräften* met vereende krachten
ver'eisen I ‹*s intr*› bevriezen; II ‹*h tr*› (*med*) bevriezen
ver'eiteln ‹*h*› verijdelen
ver'eitern ‹*s*› veretteren
ver'elenden ‹*s*› tot armoede vervallen; **Ver'elendung** ‹*die; -, geen mv*› verpaupering
ver'enden ‹*s*› sterven; creperen
ver'enge(r)n ‹*h*› vernauwen
ver'erben ‹*h*› *einem etwas ~* iem iets vermaken; *sich ~* overgaan, -erven; **ver'erblich** (over)erfelijk; **Ver'erbung** ‹*die; -, geen mv*› overerving, erfelijkheid
ver'fahren I *a*) ‹*st.h; u-a; ä*› verrijden; **sich ~** verkeerd rijden; *b*) ‹*st.s*› 1 handelen; 2 *mit einem ~* iem behandelen; II ‹*bn*› in het honderd gelopen; **Ver'fahren** ‹*das; -s, -*› 1 handelwijze, manier van doen, methode; 2 procédé; 3 (*jur*) proces, rechtsgeding, zaak; procedure
Ver'fall ‹*der; -(e)s, geen mv*› 1 verval; 2 vervaltijd; 3 ondergang; **ver'fallen** ‹*st.s; ie-a; ä*› 1 vervallen (*div bet*); 2 *einem ~* onder de invloed van iem raken; 3 *dem Alkohol usw. ~* verslaafd raken aan de alcohol e.d.; 4 *~ auf* (*einen Gedanken usw.*) komen op
ver'fälschen ‹*h*› vervalsen
ver'fangen ‹*st.h; i-a; ä*› 1 helpen, baten; 2 *sich ~* ‹*in* (+ 3)› verward raken
ver'fänglich netelig, pijnlijk, lastig
ver'färben (sich) ‹*h*› verbleken, van kleur verschieten
ver'fassen ‹*h*› schrijven, opstellen; **Ver'fasser** ‹*der; -s, -*› schrijver, auteur; **Ver'fassung** ‹*die; -, -en*› 1 gesteldheid, conditie; 2 gemoedstoestand; 3 grondwet; 4 redactie; **ver'fassunggebend** constituerend; **Ver'fassungseid** ‹*der; -, geen mv*› eed op de grondwet; **Ver'fassungsfeindlich** tegen de grondwet gericht; **ver'fassungsgemäß** grondwettig; **Ver'fassungsgericht** constitutioneel hof; **ver'fassungsmäßig** zie *-gemäß*; **ver'fassungsrechtlich** staatsrechtelijk; **Ver'fassungsschutz** ‹*der; -es, geen mv*› *Bundesamt für ~* Binnenlandse Veiligheidsdienst; **ver'fassungswidrig** in strijd met de grondwet
ver'faulen ‹*s*› verrotten, vergaan
ver'fechten ‹*st.h; o-o; i*› 1 voorstaan, bepleiten, verdedigen; 2 opkomen, strijden voor; **Ver'fechter** ‹*der; -s, -*› voorstander, verdediger, voorvechter, pleitbezorger
ver'fehlen ‹*h*› 1 missen (*div bet*); 2 (*einen*) ~ mislopen; *sich ~* elkaar mislopen; *seinen Beruf ~* zijn carrière mislopen; 3 *den Weg ~* de verkeerde weg nemen; 4 *das Thema verfehlt haben* het onderwerp niet goed begrepen en uitgewerkt hebben; **ver'fehlt** 1 verkeerd; 2 mislukt; **Ver'fehlung** ‹*die; -, -en*› misstap
ver'feinden ‹*h*› *sich ~ mit* vijanden van elkaar worden; *verfeindet sein* in vijandschap leven
ver'feinern (sich) ‹*h*› verfijnen
ver'fertigen ‹*h*› vervaardigen, fabriceren
ver'festigen ‹*h*› 1 vastmaken; 2 verstevigen; *sich ~* steviger worden
ver'feuern ‹*h*› verstoken (*hout, kolen*)
ver'filmen ‹*h*› verfilmen
ver'filzen ‹*s*› 1 vervilten, viltig worden; 2 (*fig*) in elkaar verstrengelen
ver'finstern ‹*h*› verduisteren; *sich ~: a*) donker worden, verduisteren; *b*) versomberen; **Ver'finsterung** ‹*die; -*› verduistering enz.; vgl *verfinstern*
ver'flachen ‹*h*› 1 vlak of plat maken; 2 *sich ~: a*) vlak worden; *b*) (*fig*) vervlakken
ver'flechten ‹*st.h; o-o; i*› 1 ineenvlechten; 2 *in* (+ 4) *verflochten werden* in iets verwikkeld raken; **Ver'flechtung** ‹*die; -, -en*› 1 samenvlechting; 2 verwikkeling
ver'fließen ‹*st.s; o-o*› 1 verlopen, voorbijgaan; 2 vervloeien; 3 vervagen
ver'flixt 1 drommels, verduiveld, vervloekt; 2 zeer, erg; 3 lastig, gecompliceerd
ver'flossen 1 afgelopen, voorbij; 2 vroeger
ver'fluchen ‹*h*› vervloeken, verwensen
ver'flüchtigen ‹*h*› 1 doen vervliegen; 2 *sich ~: a*) vervliegen; *b*) (stilletjes) verdwijnen; *c*) over-, voorbijgaan
Ver'fluchung ‹*die; -, -en*› vervloeking
ver'flüssigen ‹*h*› 1 vloeibaar maken; 2 liquide, te gelde maken, realiseren
Ver'folg: *im, in* (+ 2) in het verloop
ver'folgen ‹*h*› 1 vervolgen (*div bet*); 2 volgen (*div bet*); 3 achtervolgen; 4 (*doel*) nastreven; op het oog hebben; (*bedoeling*) hebben; 5 uitwerken (*ideeën*); 6 (*eine bestimmte*) *Politik ~* politiek, beleid voeren; **Ver'folger** ‹*der; -s, -*› vervolger enz.; **Ver'folgung** ‹*die; -, -en*› 1 vervolging; 2 achtervolging
ver'frachten ‹*h*› 1 vervrachten; 2 (*fig*) brengen
ver'fremden ‹*s*› vervreemden
ver'fressen I ‹*ww; st.h; a-e; i*› (*sein Geld*) ~, (*fig*) opeten; II ‹*bn*› gulzig; vraatzuchtig; **Ver'fressenheit** ‹*die; -, geen mv*› gulzigheid; vraatzucht
ver'froren 1 verkleumd; 2 kouwelijk

ver'frühen, sich vroeger komen; **ver'früht** te vroeg, voorbarig

ver'fügbar 1 beschikbaar; 2 voorhanden; **ver'fügen** ⟨*h*⟩ 1 bepalen, vaststellen, opleggen; 2 ~ *über* beschikken over; 3 *sich ~ an od. auf* (+ 4) zich begeven naar, gaan naar; **Ver'fügung** ⟨*die; -, -en*⟩ 1 beschikking, besluit; 2 *zur ~ stehen* ter beschikking staan

ver'führbar verleidbaar, te verleiden; **ver'führen** ⟨*h*⟩ verleiden; **Ver'führer** ⟨*der; -s, -*⟩ verleider; **ver'führerisch** verleidelijk; **Ver'führung** ⟨*die; -, -en*⟩ verleiding

Ver'gabe ⟨*die; -, -n*⟩ toekenning; het verlenen

ver'gaffen, sich ⟨*h*⟩ *sich ~ in* (+ 4) verliefd worden op

ver'gällen ⟨*h*⟩ vergallen

ver'gammeln I ⟨*h*⟩ verlummelen; II ⟨*s*⟩ bederven (*van voedsel*)

ver'gangen verleden, verlopen, voorbij; **Ver'gangenheit** ⟨*die; -, -en*⟩ 1 het verleden; 2 geschiedenis; 3 (*gramm*) verleden tijd; **ver'gänglich** vergankelijk

ver'gasen ⟨*h en s*⟩ vergassen (*alle bet*); **Ver'gaser** ⟨*der; -s, -*⟩ carburateur

ver'geben ⟨*st.h; a-e; i*⟩ 1 vergeven; 2 (weg)geven, schenken; 3 toekennen; verlenen; 4 (*sp*) (*penalty*) missen; 5 (*die Stelle ist*) ~ bezet; 6 *sich* ~ verkeerd geven (*bij kaarten*); 7 *sich etwas* (*nicht*) ~ aan zijn waardigheid (niets) tekort doen; **ver'gebens** (te)vergeefs; **ver'geblich** vergeefs, nutteloos, vruchteloos; **Ver'gebung** ⟨*die; -, -en*⟩ 1 vergiffenis; 2 toewijzing

ver'gegenwärtigen, sich ⟨*h*⟩ zich voorstellen

ver'gehen ⟨*st.s; i-a*⟩ 1 voorbijgaan, verlopen (*van tijd*); 2 vergaan; *vor Angst* ~ vergaan van angst; 3 overgaan, verdwijnen (*pijn*); 4 *sich* ~ verkeerd lopen; 5 *sich ~ gegen* zondigen tegen; 6 *sich an einem Mädchen* ~ zich aan een meisje vergrijpen; **Ver'gehen** ⟨*das; -s, -*⟩ 1 het voorbijgaan; 2 misdrijf

ver'gelten ⟨*st.h; a-o; i*⟩ vergelden; *Gleiches mit Gleichem* ~ met gelijke munt terugbetalen; **Ver'geltung** ⟨*die; -, geen mv*⟩ vergelding

verge'sellschaften ⟨*h*⟩ socialiseren

ver'gessen ⟨*st.h; a-e; i*⟩ vergeten; **sich** ~ zijn zelfbeheersing verliezen; **Ver'gessenheit** ⟨*die; -, geen mv*⟩ 1 vergetelheid; 2 vergeetachtigheid; **ver'geßlich** vergeetachtig; **Ver'geßlichkeit** ⟨*die; -, geen mv*⟩ vergeetachtigheid

ver'geuden ⟨*h*⟩ verkwisten; verspillen; **Ver'geudung** ⟨*die; -, -en*⟩ verkwisting, verspilling

verge'waltigen ⟨*h*⟩ 1 geweld aandoen; 2 verkrachten; **Verge'waltigung** ⟨*die; -, -en*⟩ 1 geweldpleging; 2 verkrachting

verge'wissern, sich ⟨*h*⟩ *sich eines Dinges, über* (+ 4) ~ zich van iets vergewissen, verzekeren

ver'gießen ⟨*st.h; o-o*⟩ 1 vergieten (*bloed, tranen*); 2 morsen

Ver'giftung ⟨*die; -, -en*⟩ vergiftiging

ver'gilben ⟨*s*⟩ geel worden

Ver'gißmeinnicht ⟨*das; -(e)s, -e*⟩ vergeet-mij-nietje

ver'gittern ⟨*h*⟩ traliën

ver'glasen ⟨*h*⟩ 1 beglazen; 2 glazig worden

Ver'gleich ⟨*der; -(e)s, -e*⟩ 1 vergelijking; *im ~ mit od. zu* in vergelijking met; 2 vergelijk, schikking; compromis; **ver'gleichbar** vergelijkbaar, te vergelijken; **ver'gleichen** ⟨*st.h; i-i*⟩ 1 vergelijken; 2 *sich* ~ het eens worden, tot overeenstemming komen; **ver'gleichsweise** vergelijkenderwijze, relatief

ver'gletschern ⟨*h*⟩ vergletsjeren

ver'glimmen ⟨*st.s; o-o*⟩ langzaam uitdoven

ver'glühen ⟨*s*⟩ 1 uitgloeien; 2 verbranden

ver'gnügen ⟨*h*⟩ (*sich*) ~ (zich) vermaken; **Ver'gnügen** ⟨*das; -s, -*⟩ genoegen, vermaak, plezier; ~ *machen* genoegen doen; *sein ~ an etwas finden, haben* plezier in iets hebben; **ver'gnügenshalber** voor (mijn enz.) plezier, genoegen; **ver'gnüglich** 1 genoeglijk, prettig; 2 blij; **ver'gnügt** vergenoegd, blij, vrolijk; **Ver'gnügung** ⟨*die; -, -en*⟩ vermaak, amusement; **Ver'gnügungsfahrt** ⟨*die; -, -en*⟩ uitstapje; **Ver'gnügungspark** ⟨*der; -s, -s*⟩ amusementspark; pretpark; **Ver'gnügungsreise** ⟨*die; -, -n*⟩ plezierreis

ver'golden ⟨*h*⟩ vergulden (*lett en fig*); **Ver'goldung** ⟨*die; -, -en*⟩ 1 het vergulden; 2 verguldsel

ver'gönnen ⟨*h*⟩ (ver)gunnen, toestaan

ver'göttern ⟨*h*⟩ verafgoden (*meest fig*)

ver'graben ⟨*st.h; u-a; ä*⟩ begraven (*schat e.d.*)

ver'grämen ⟨*h*⟩ 1 wegjagen; 2 opjagen

ver'grämt verbitterd, door verdriet verteerd

ver'graut vergrijsd

ver'greifen, sich ⟨*st.h; i-i*⟩ 1 misgrijpen; 2 *sich ~ in* (*einer Sache*) een verkeerde (...) kiezen; 3 *sich ~ an* (+ 3) zich vergrijpen aan

ver'griffen uitverkocht (*boeken, goederen*)

ver'gröbern ⟨*h*⟩ vergroven, grover maken

ver'größern ⟨*h*⟩ 1 vergroten (*div bet*); 2 uitbreiden; **Ver'größerung** ⟨*die; -, -en*⟩ 1 vergroting; 2 uitbreiding; **Ver'größerungsglas** ⟨*das; -es, -ër*⟩ vergrootglas

ver'gucken ⟨*h*⟩ verkijken

ver'günstigt verminderd, verlaagd (*prijzen*); **Ver'günstigung** ⟨*die; -, -en*⟩ 1 korting; 2 faciliteit, voordeel

ver'güten ⟨*h*⟩ 1 vergoeden; 2 veredelen; **Ver'gütung** ⟨*die; -, -en*⟩ vergoeding

ver'haften ⟨*h*⟩ arresteren, in hechtenis nemen; **ver'haftet** 1 gearresteerd; 2 (*mit*) *einer Sache ~ sein* met iets nauw verbonden zijn; **Ver'haftete(r)** ⟨*bn als zn*⟩ arrrestant(e); **Ver'haftung** ⟨*die; -, -en*⟩ arrestatie

ver'hallen ⟨*s*⟩ wegsterven (*geluid*)

ver'halten I ⟨*st.h; ie-a; ä*⟩ 1 inhouden (*zijn adem*); 2 onderdrukken; 3 beteugelen; **sich** ~ 1 zich verhouden; *verhält sich zu* staat tot, verhoudt zich tot; 2 zich gedragen, zich houden; 3 *die Sache verhält sich so, damit verhält es sich so* de zaak zit zo; II ⟨*bn*⟩ 1 ingehouden (*adem*); 2 onderdrukt (*pijn*); 3 rustig, kalm; **Ver'halten** ⟨*das; -s, geen mv*⟩ 1 gedrag; houding; 2 gedrag; handelwijze; **Ver'haltenskodex** ‹*der; -es, -e*› gedragscode

Ver'hältnis ‹*das; -ses, -se*› 1 verhouding; *im ~ zu* in verhouding tot; *im umgekehrten ~ stehen zu* omgekeerd evenredig zijn aan; 2‹*mv*› *a*) omstandigheden; *b*) milieu, afkomst; *c*) *er lebt in guten ~sen* hij is in goeden doen; *d*) *über seine ~se* (*leben*) boven zijn stand; **ver'hältnismäßig** 1 evenredig; 2 naar verhouding; 3 tamelijk; **Ver'hältniswahl** ‹*die; -, -en*› evenredige verkiezing; **Ver'hältniswort** ‹*das; -(e)s, -ër*› voorzetsel

ver'handeln ‹*h*› 1 onderhandelen (over); 2 versjacheren; 3 behandelen (*voor de rechtbank*); **Ver'handlung** ‹*die; -, -en*› 1 onderhandeling; 2 (*jur*) behandeling van een zaak, zitting; (*jur*) *zur ~ stehen* behandeld worden; **Ver'handlungs**... onderhandelings..., ... van onderhandeling

ver'hangen bewolkt

ver'hängen ‹*zw. h*› 1 *ein Fenster ~* een raam bedekken; 2 *eine Strafe über einen ~* iem een straf, boete opleggen; *eine Sperre ~* iets blokkeren, verbieden; *Ausnahmezustand ~* staat van beleg afkondigen; *Elfmeter ~* een strafschop geven, toekennen; **Ver'hängnis** ‹*das; -ses, -se*› (nood)lot; **ver'hängnisvoll** noodlottig; **Ver'hängung** ‹*die; -, -en*› zie *verhängen*

ver'harmlosen ‹*h*› bagatelliseren

ver'härmt door verdriet getekend

ver'harren ‹*h*› *~ an, bei, auf* (+ 3) blijven bij; *~ in* (+ 3) volharden in

ver'harschen ‹*s*› 1 (*wonde*) verkorsten, droog worden; 2 (*sneeuw*) hard worden, verijzen

ver'härten ‹*h en s*› verharden; *sich ~* hard worden (*lett en fig*)

ver'haspeln ‹*h*› in de war maken

ver'haßt gehaat

ver'hätscheln ‹*h*› vertroetelen, verwennen

Ver'hau ‹*der of das; -(e)s, -e*› versperring

ver'hauen ‹*h*› 1 afranselen; 2 verknoeien; 3 *sich ~* de plank misslaan, zich vergissen

ver'heddern ‹*h*› in de war maken; *sich ~* in de war raken

ver'heeren ‹*h*› verwoesten; **ver'heerend** 1 verwoestend; 2 verschrikkelijk; 3 afschuwelijk

ver'hehlen ‹*h*› verbergen, verhelen

ver'heilen ‹*s*› helen (*van wond*)

ver'heimlichen ‹*h*› verzwijgen

ver'heiraten ‹*h*› *~ an* (+ 4) uithuw(elijk)en aan, ten huwelijk geven; *sich ~* trouwen; **Ver'heiratete(r)** ‹*bn als zn*› gehuwde

ver'heißen ‹*st.h; ie-ei*› toezeggen, beloven; **ver'heißungsvoll** veelbelovend

ver'heizen ‹*h*› verstoken

ver'helfen ‹*st.h; a-o; i*› *einem zu etwas ~* iem aan iets helpen

ver'herrlichen ‹*h*› verheerlijken

ver'hetzen ‹*h*› op-, aanhitsen

ver'heult behuild

ver'hexen ‹*h*› beheksen, betoveren

ver'hindern ‹*h*› (*etwas*) verhinderen, beletten

ver'hohlen ‹*bn*› verholen; vgl *verhehlen*

ver'höhnen ‹*h*› bespotten, honen, uitjouwen

ver'hökern ‹*h*› verpatsen, verkopen

Ver'hör ‹*das; -(e)s, -e*› verhoor; *ein ~ mit einem anstellen, einen ins ~ nehmen od. einen einem ~ unterziehen* iem een verhoor afnemen; **ver'hören** ‹*h*› 1 verhoren, ondervragen; 2 *sich ~* verkeerd horen; verkeerd verstaan

ver'hüllen ‹*h*› bedekken, omhullen

ver'hungern ‹*s*› verhongeren

ver'hunzen ‹*h*› 1 verknoeien, bederven; 2 afmaken, kraken (*door kritiek*)

ver'hüten ‹*h*› verhoeden, verhinderen, voorkomen; *verhütend* (ook) preventief; **Ver'hütung** ‹*die; -, -en*› voorkoming; **Ver'hütungsmittel** ‹*das; -s, -*› voorbehoedmiddel

ver'hutzelt verschrompeld, uitgedroogd

verifi'zieren ‹*h*› verifiëren

ver'innerlichen ‹*h*› verinnerlijken

ver'irren, sich ‹*h*› verdwalen; **Ver'irrung** ‹*die; -, -en*› 1 het verdwalen; 2 dwaling

ver'jähren ‹*s*› verjaren

ver'jubeln ‹*h*› er doorjagen, verkwisten (*geld*)

ver'jüngen ‹*h*› 1 verjongen; 2 *sich ~*: *a*) jonger worden; *b*) smal of dun uitlopen

ver'juxen ‹*h*› erdoor jagen, verkwisten (*geld*)

ver'kabeln ‹*h*› (*elektr*) aansluiten (*aan kabel*)

ver'kalken ‹*s*› 1 verkalken; 2 geestelijk aftakelen; 3 (*fig*) vastroesten, verstarren

verkalku'lieren, sich ‹*h*› zich verrekenen

Ver'kalkung ‹*die; -, geen mv*› 1 verkalking; 2 seniele aftakeling

ver'kannt miskend; vgl *verkennen*

Ver'kauf ‹*der; -(e)s, -ë*› verkoop; *zum ~* te koop; *zum ~ kommen* verkocht (gaan) worden; **ver'kaufen** ‹*h*› verkopen; *zu ~* te koop; *sich gut ~* goed verkocht worden; *einen für dumm ~* denken dat iem een sukkel is; **Ver'käufer** ‹*der; -s, -*› verkoper; **Ver'käuferin** ‹*die; -, -nen*› verkoopster; **ver'käuflich** 1 verkoopbaar; 2 te koop; **Ver'kaufs**... verkoop...; **Ver'kaufsleiter** ‹*der; -s, -*› verkoopleider, sales manager; **Ver'kaufsschlager** ‹*der; -s, -*› verkoopsucces, best-seller; **Ver'kaufsstand** ‹*der; -(e)s, -ë*› 1 stand; 2 stalletje

Ver'kehr ‹*der; -(e)s, geen mv*› 1 verkeer; *starker* (~) druk; 2 omgang, verkeer; 3 circulatie, omloop; 4 *der geschäftliche ~* de handel; 5 geslachtsverkeer; **ver'kehren** ‹*h*› 1 verkeren, omgaan; 2 *bei einem ~* komen; 3 (*bus, trein*) rijden; 4 veranderen, verkeren; 5 *geschlechtlich mit einem/einer ~* geslachtsgemeenschap met iem hebben; vgl *verkehrt*; **Ver'kehrs**... verkeers...; **Ver'kehrsablauf** ‹*der; -(e)s, -̈e*› verkeersstroom, -verloop; **Ver'kehrsampel** ‹*die; -, -n*› verkeerslicht; **Ver'kehrsaufkommen** ‹*das; -s, -*› *starkes ~* grote verkeersdrukte; **Ver'kehrsbehinderung** ‹*die; -, -en*› belemmering van het het verkeer; **Ver'kehrsbetrieb** ‹*der; -(e)s, -e*› (openbaar) vervoerbedrijf; **ver'kehrsgerecht**: *sich ~ verhalten* zich aan de verkeersregels houden; **ver'kehrsgünstig**

gunstig t.o.v. het verkeer (gelegen); **Ver'kehrsinsel** ‹*die; -, -n*› vluchtheuvel; **Ver'kehrsmeldung** ‹*die; -, -en*› verkeersinformatie (*op de radio*); **Ver'kehrsnetz** ‹*das; -es, -e*› verkeers-, wegennet; **Ver'kehrsopfer** ‹*das; -s, -*› verkeersslachtoffer; **Ver'kehrsordnung** ‹*die; -, -en*› verkeersreglement; **ver'kehrsreich** druk; **Ver'kehrsschild** ‹*das; -(e)s, -er*› verkeersbord; **Ver'kehrsstauung** ‹*die; -, -en*› verkeersopstopping; **Ver'kehrsstockung** ‹*die; -, -en*› verkeersopstopping; **Ver'kehrsstörung** ‹*die; -, -en*› verkeersstagnatie; **Ver'kehrsstraße** ‹*die; -, -n*› verkeersweg; **Ver'kehrssünder** ‹*der; -s, -*› verkeersovertreder; **Ver'kehrsteilnehmer** ‹*der; -s, -*› weggebruiker; ~ *aus entgegengesetzter Richtung* tegenligger; **Ver'kehrsverein** ‹*der; -(e)s, -e*› vereniging voor vreemdelingenverkeer (VVV); **Ver'kehrsverhältnisse** ‹*mv*› verkeerssituatie; **ver'kehrswidrig**: *~es Verhalten* het zich niet houden aan de verkeersregels; **Ver'kehrszeichen** ‹*das; -s, -*› verkeersteken, -bord

ver'kehrt 1 verkeerd; 2 omgekeerd; 3 averechts; 4 (*das ist*) *gar nicht mal so* ~ nog niet zo gek; **ver'kehrtherum** 1 verkeerd (om); 2 binnenste buiten

ver'keilen ‹*h*› (*techn*) (vast)spieën; **sich** ~ zich boren (in), in elkaar vast raken

ver'kennen ‹*onr. h*› 1 miskennen; 2 niet inzien; **Ver'kennung** ‹*die; -, geen mv*› miskenning

ver'ketten ‹*h*› 1 met kettingen vastmaken; 2 (*fig*) verbinden; 3 *sich* ~ samenvallen, -lopen; **Ver'kettung** ‹*die; -, -en*› samenloop

ver'ketzern ‹*h*› verketteren

ver'kitten ‹*h*› met kit dichtmaken, kitten

ver'klagen ‹*h*› aanklagen; *einen ~ auf* (+ 4) een eis tot ... tegen iem instellen; **Ver'klagung** ‹*die; -, -en*› (aan)klacht

ver'klammern ‹*h*› 1 verbinden; 2 krammen

ver'klären ‹*h*› 1 verheerlijken; 2 met een bovenaardse glans omgeven; 3 idealiseren; 4 *sich* ~ van vreugde of geluk stralen

ver'klatschen ‹*h*› verraden, verklikken

verklausu'lieren ‹*h*› door clausules beperken

ver'kleben ‹*h*› dichtplakken

verkleckern ‹*h*› verkwisten, verspillen

verklecksen ‹*h*› volsmeren

ver'kleiden ‹*h*› 1 verkleden; 2 *sich* ~ zich verkleden; 3 betimmeren; 4 bekleden; **Ver'kleidung** ‹*die; -, -en*› verkleding enz.; zie *verkleiden*

ver'kleinern ‹*h*› 1 verkleinen (*alle bet*); 2 *sich* ~ kleiner worden; 3 kleineren; **Ver'kleinerungswort** ‹*das; -(e)s, -ër*› verkleinwoord

ver'kleistern ‹*h*› 1 dichtplakken; 2 (*fouten, tegenstellingen e.d.*) verdoezelen, bedekken

ver'klemmen, sich ‹*h*› klem raken

ver'klingen ‹*st.s; a-u*› 1 wegsterven; 2 (*fig*) voorbijgaan

ver'kloppen ‹*h*› 1 een pak slaag geven; 2 (*iets*) verpatsen

ver'knacken ‹*h*› (*volkstaal*) veroordelen

ver'knacksen ‹*h*› *sich den Fuß* ~ zijn voet verstuiken

ver'knallen ‹*h*› 1 verschieten (*munitie*); 2 *sich ~ in* (+ 4) verliefd worden op

ver'knappen ‹*s*› 1 schaars maken; 2 *sich* ~ schaars worden; 3 verminderen

ver'kneifen ‹*st.h; i-i*› 1 *sich das Lachen, den Schmerz* ~ zijn lachen, pijn verbijten; 2 *sich eine Bemerkung* ~ een opmerking onderdrukken

ver'knöchern ‹*h*› 1 verbenen, tot been worden; 2 (*fig*) verstarren, vastroesten

ver'knoten ‹*h*› 1 met een knoop vastmaken; 2 *sich* ~ in de knoop raken

ver'knüpfen ‹*h*› 1 verbinden (*lett en fig*); *verknüpft mit* gepaard gaan met; 2 vastknopen

ver'kochen ‹*h en s*› verkoken

ver'kohlen I ‹*h*› 1 verkolen; 2 *einen* ~ iem iets wijsmaken; **II** ‹*s*› verkolen

ver'kommen ‹*st.s; a-o*› 1 verkommeren; 2 verlopen, aan lager wal geraken; 3 in verval raken; 4 bederven (*levensmiddelen*); **Ver'kommenheit** ‹*die; -, geen mv*› 1 verval, verwaarlozing; 2 verdorvenheid

ver'korken ‹*h*› kurken

ver'korksen ‹*h*› bederven

ver'körpern ‹*h*› belichamen, personifiëren

ver'krachen ‹*s*› 1 op de fles gaan; 2 *sich* ~ ruzie krijgen; *verkracht mit* ruzie hebben met; **ver'kracht** 1 failliet; 2 mislukt

ver'kraften ‹*h*› (*fig*) aankunnen, verwerken

ver'krampfen, sich ‹*h*› zich krampachtig samentrekken; **ver'krampft** 1 krampachtig; 2 verwrongen (*gezicht*); **Ver'krampfung** ‹*die; -, -en*› 1 krampachtige samentrekking; 2 (*fig*) krampachtigheid; 3 kramp

ver'kriechen, sich ‹*st.h; o-o*› (*in, hinter, unter,* (+ 3 of + 4)) wegkruipen, zich verbergen (*in, achter, onder*)

ver'krümeln ‹*h*› 1 verkruimelen; 2 *sich* ~ onopvallend vertrekken

ver'krümmen ‹*h*› krom maken of buigen; *sich* ~ krom worden

ver'krüppeln ‹*s*› vergroeien, kromgroeien; **ver'krüppelt** 1 invalide; 2 kromgegroeid, misvormd

ver'kümmern ‹*s*› wegkwijnen

ver'künden, ver'kündigen ‹*h*› 1 verkondigen; 2 afkondigen; 3 uitspreken (*vonnis*); **Ver'künd(ig)ung** ‹*die; -, -en*› vgl verkündigen

ver'kupfern ‹*h*› verkoperen

ver'kuppeln ‹*h*› (*lett en fig*) koppelen (aan)

ver'kürzen ‹*h*› 1 korter maken, verkorten; *die Zeit* ~ de tijd korten; 2 (*sp*) verkleinen (*achterstand*)

ver'lachen ‹*h*› uitlachen

ver'laden ‹*st.h; u-a; er verlädt*› 1 ver-, inladen; 2 ~ *in, auf* (+ 4) laden in, op; 3 belazeren; **Ver'laderampe** ‹*die; -, -n*› laadperron; **Ver'ladung** ‹*die; -, -en*› het verladen, het verzenden

Ver'lag ‹*der; -(e)s, -e*› uitgeverij

ver

ver'lagern ‹*h*› 1 verplaatsen (*lett en fig*); 2 *sich* ~ zich verplaatsen

Ver'lagsanstalt ‹*die; -, -en*› uitgeverij; **Ver'lagsbuchhandlung** ‹*die; -, -en*› boekhandel-uitgeverij; **Ver'lagsrecht** ‹*das; -(e)s, -e*› auteursrecht

Ver'landung ‹*die; -, -en*› 1 aanlanding, -slibbing; 2 het dichtgroeien (*van plassen, sloten*)

ver'langen ‹*h*› verlangen: *a*) vragen, wensen; *b*) eisen, vorderen; *c*) (*prijs*) vragen; ~ *nach: a*) verlangen naar; *b*) vragen om

ver'längern ‹*h*› 1 verlengen (*div bet*); langer maken; 2 prolongeren; 3 verdunnen; **Ver'längerung** ‹*die; -, -en*› 1 verlenging (*alle bet*); 2 prolongatie; 3 verdunning; **Ver'längerungsschnur** ‹*die; -, -en*› (*elektr*) verlengsnoer

ver'läppern ‹*h*› verspillen, verkwisten

ver'lassen I ‹*st.h; ie-a; ä*› 1 verlaten (*alle bet*); 2 *sich* ~ *auf* (+ 4) vertrouwen op, rekenen op; II ‹*bn*› verlaten; **Ver'lassenheit** ‹*die; -, geen mv*› verlatenheid, eenzaamheid

ver'läßlich betrouwbaar; **Ver'läßlichkeit** ‹*die; -, geen mv*› betrouwbaarheid

ver'lästern ‹*h*› belasteren

Ver'laub ‹*der*› *mit* ~ met uw permissie

Ver'lauf ‹*der; -(e)s, geen mv*› 1 verloop; 2 loop, verloop (*rivier e.d.*); 3 *einen* ~ *nehmen* verlopen, aflopen; **ver'laufen** ‹*st.s; ie-au; äu*› 1 lopen; 2 verlopen; 3 (*fig*) *im Sande* ~ op niets uitlopen; **sich** ~ ‹*h*› 1 verkeerd lopen, verdwalen; 2 (*menigte*) uiteengaan; 3 wegstromen

ver'laust vol luizen

ver'lautbaren ‹*h*› bekendmaken

ver'lauten ‹*h*› verluiden; *es verlautet* men zegt, men beweert; *nichts* ~ *lassen* niets vertellen

ver'leben ‹*h*› doorbrengen

verle'bendigen ‹*h*› verlevendigen

ver'legen I ‹*ww; h*› 1 verplaatsen, elders vestigen; 2 verschuiven, uitstellen; 3 onvindbaar wegleggen; 4 afsnijden (*de pas*); 5 leggen (*tapijt*); 6 uitgeven (*boeken e.d.*); 7 *sich auf* (+ 4) ~: *a*) zich toeleggen op; *b*) het proberen met; II ‹*bn en bw*› verlegen; **Ver'legenheit** ‹*die; -, geen mv*› verlegenheid

Ver'leger ‹*der; -s, -*› uitgever (*van boeken e.d.*)

Ver'legung ‹*die; -, -en*› 1 het verplaatsen; 2 het uitstel(len); 3 het leggen

ver'leiden ‹*h*› bederven, vergallen

Ver'leih ‹*der; -(e)s, -e*› 1 het uitlenen, het verhuren, verhuur; 2 verhuurbedrijf; **ver'leihen** ‹*st.h; ie-ie*› 1 verlenen; 2 uitlenen; 3 verhuren; **Ver'leiher** ‹*der; -s, -*› 1 verhuurder; 2 uitlener; **Ver'leihung** ‹*die; -, -en*› vgl *verleihen*

ver'leimen ‹*h*› lijmen

verleiten ‹*h*› verleiden

ver'lernen ‹*h*› verleren

ver'lesen ‹*st.h; a-e; ie*› 1 voorlezen; 2 aflezen; 3 uitzoeken; 4 *sich* ~ verkeerd lezen

ver'letzbar kwetsbaar; **ver'letzen** ‹*h*› 1 verwonden; *sich* ~: *a*) zich bezeren, zich verwonden; *b*) (*sp*) geblesseerd raken; 2 krenken, beledigen; 3 beledigen (*de smaak*); 4 verzaken (*z'n plicht*); 5 overtreden (*een wet*); 6 schenden (*van grens enz*); **ver'letzlich** kwetsbaar; **Ver'letzte(r)** ‹*bn als zn*› gewonde; **Ver'letzung** ‹*die; -, -en*› 1 verwonding; 2 schending; 3 (*sp*) blessure; 4 overtreding; 5 belediging

ver'leugnen ‹*h*› verloochenen

ver'leumden ‹*h*› (be)lasteren, kwaadspreken van; **ver'leumderisch** lasterend, lasterlijk; **Ver'leumdung** ‹*die; -, -en*› laster, belastering

ver'lieben, sich ‹*h*› *sich in einen* ~ op iem verliefd worden; **ver'liebt**: *in einen* ~ op iem verliefd; **Ver'liebtheit** ‹*die; -, geen mv*› verliefdheid

ver'lieren ‹*st.h; o-o*› 1 verliezen; *hoch* ~ veel verliezen; ~ *gegen* verliezen van; 2 *den Faden* ~ de draad kwijtraken; *einen in der Menge* ~ iem in de menigte kwijtraken; 3 *die Nerven* ~ zenuwachtig worden; **sich** ~ ‹ + 3 of + 4› 1 verdwijnen; 2 verzinken (*in gepeins*), geheel opgaan (in); 3 *sich in Einzelheiten* ~ te veel in details afdalen; **Ver'lierer** ‹*der; -s, -*› verliezer

Ver'lies ‹*das; -es, -e*› (onderaardse) kerker

ver'loben ‹*h*› verloven; *sich* ~ zich verloven; **Ver'lobte(r)** ‹*bn als zn*› verloofde; **Ver'lobung** ‹*die; -, -en*› verloving; **Ver'lobungsring** ‹*der; -(e)s, -e*› verlovingsring

ver'locken ‹*h*› verlokken, verleiden; **ver'lokkend** 1 verlokkend, verleidelijk; 2 (*aanbieding*) aantrekkelijk

ver'logen leugenachtig

ver'lohnen ‹*h*› *es verlohnt* (*die Mühe*) *nicht, es verlohnt sich nicht* het loont de moeite niet

ver'loren 1 verloren; 2 *du hast hier nichts* ~ jij hebt hier niets te zoeken; 3 vergeefs; 4 ~ *geben* opgeven; 5 (*in gedachten*) verzonken; **ver'lorengehen** ‹*st.s; i-a*› verloren gaan, zoekraken

ver'löschen ‹*st.s; o-o; i*› 1 uitdoven, uitgaan; 2 (*fig*) verbleken; verdwijnen

ver'losen ‹*h*› verloten

ver'löten ‹*h*› solderen

ver'lottern, ver'ludern I ‹*s*› verloederen; II ‹*h*› erdoor jagen, verkwisten

ver'lumpt haveloos

Ver'lust ‹*der; -(e)s, -e*› verlies; **ver'lustbringend** 1 nadelig; 2 verliesgevend

ver'machen ‹*h*› vermaken, nalaten

Ver'mächtnis ‹*das; -ses, -se*› 1 legaat; 2 erfenis

ver'mählen, sich ‹*h*› huwen, trouwen; **Ver'mählung** ‹*die; -, -en*› huwelijk

ver'markten ‹*h*› 1 op de markt brengen; 2 vercommercialiseren

ver'masseln ‹*h*› bederven, verpesten

ver'massen ‹*h*› massificeren

ver'mauern ‹*h*› dichtmetselen

ver'mehren ‹*h*› vermeerderen, vergroten, vermenigvuldigen

ver'meidbar te vermijden; **ver'meiden** ‹*st.h; ie-ie*› (ver)mijden, voorkomen; **ver'meidlich** te vermijden

ver'meinen ‹*h*› menen, onderstellen; **ver'meintlich** vermeend, gewaand, zogenaamd

ver'mengen ⟨*h*⟩ 1 vermengen, mengen; 2 (*fig*) door elkaar halen, verwarren
ver'menschlichen ⟨*h*⟩ 1 vermenselijken; 2 beschaven
Ver'merk ⟨*der; -(e)s, -e*⟩ 1 aantekening; 2 paraaf; **ver'merken** ⟨*h*⟩ 1 noteren, aantekenen; 2 *am Rande* ~ terloops opmerken; 3 *einem etwas übel* ~ iem iets kwalijk nemen; 4 nota nemen van
ver'meßbar meetbaar, te meten; **ver'messen I** ⟨*st.h; a-e; i*⟩ meten, opmeten; *sich* ~: *a*) verkeerd meten; *b*) zich verstouten; **II** ⟨*bn*⟩ vermetel, stoutmoedig; **Ver'messer** ⟨*der; -s, -*⟩ op-, landmeter; **Ver'messung** ⟨*die; -, -en*⟩ (op)meting
ver'miesen ⟨*h*⟩ verpesten
ver'mieten ⟨*h*⟩ verhuren; **Ver'mieter** ⟨*der; -s, -*⟩ verhuurder
ver'mindern ⟨*h*⟩ 1 verminderen; 2 verlagen
ver'minen ⟨*h*⟩ mijnen leggen (in)
ver'mischen ⟨*h*⟩ ver-, dooreenmengen; *sich* ~ zich vermengen; *vermischte Nachrichten* gemengde berichten, diversen
Ver'mischtes ⟨*bn als zn*⟩ gemengde berichten
ver'missen ⟨*h*⟩ 1 missen; 2 vermissen
ver'mitteln ⟨*h*⟩ 1 bemiddelen; 2 *einem Arbeit usw.* ~ iem aan werk helpen; 3 tot stand brengen; 4 (*beeld*) geven; **Ver'mittler** ⟨*der; -s, -*⟩ bemiddelaar; **Ver'mittlung** ⟨*die; -, -en*⟩ 1 bemiddeling; 2 het bezorgen (van); 3 telefooncentrale; **Ver'mittlungsgebühr** ⟨*die; -, -en*⟩ bemiddelingskosten
ver'möbeln ⟨*h*⟩ afranselen
ver'modern ⟨*s*⟩ vergaan, verrotten
ver'möge ⟨*vz* (+ 2)⟩ krachtens, volgens
ver'mögen ⟨*onr. h*⟩ vermogen, kunnen; **Ver'mögen** ⟨*das; -s, -*⟩ vermogen; **ver'mögend** vermogend, welgesteld; **Ver'mögen(s)steuer** ⟨*die; -, -n*⟩ vermogensbelasting; **Ver'mögensverhältnisse** ⟨*mv*⟩ vermogensomstandigheden, financiële positie; **Ver'mögenswert** ⟨*der; -(e)s, -e*⟩ waarde van het vermogen
ver'morschen ⟨*s*⟩ vermolmen, vergaan
ver'mummen ⟨*h*⟩ vermommen
ver'murksen ⟨*h*⟩ bederven, verknoeien
ver'muten ⟨*h*⟩ vermoeden; **ver'mutlich** vermoedelijk; **Ver'mutung** ⟨*die; -, -en*⟩ vermoeden; *aller* ~ *nach* naar alle waarschijnlijkheid
ver'nachlässigen ⟨*h*⟩ verwaarlozen
ver'nageln ⟨*h*⟩ dichtspijkeren
ver'nähen ⟨*h*⟩ 1 dichtnaaien; 2 hechten
ver'narben ⟨*s*⟩ 1 helen (*lett en fig*); 2 een litteken worden; **ver'narbt** met of vol littekens
ver'narren ⟨*h*⟩ *sich* ~ *in* (+ 4) verliefd worden op; *vernarrt sein in* (ook) weg zijn van
ver'naschen ⟨*h*⟩ 1 versnoepen; 2 (*een meisje*) versieren; 3 (*sp*) (*de tegenstander*) inmaken
ver'nebeln ⟨*h*⟩ 1 een nevelgordijn leggen; 2 benevelen; 3 versluieren
ver'nehmbar 1 verneem-, verstaanbaar, duidelijk; 2 te ondervragen; **ver'nehmen** ⟨*st.h; a-o; i*⟩ 1 vernemen; 2 horen, verstaan; 3 verhoren; **Ver'nehmen** ⟨*das*⟩ *dem* ~ *nach* naar verluidt; **Ver'nehmung** ⟨*die; -, -en*⟩ verhoor; **ver'nehmungsfähig** in staat verhoord te worden
ver'neigen, sich ⟨*h*⟩ een buiging maken
ver'neinen ⟨*h*⟩ 1 ontkennen; 2 afwijzen, niet aanvaarden; **verneinend** ontkennend; negatief
ver'nichten ⟨*h*⟩ 1 vernietigen (*lett en fig*); vernielen, verwoesten; 2 verdelgen; **Ver'nichtungspotential** ⟨*das; -(e)s, -e*⟩ arsenaal van vernietigingswapens
ver'nickeln ⟨*h*⟩ vernikkelen
ver'niedlichen ⟨*h*⟩ 1 als vrij onschuldig voorstellen; 2 (iets) lieflijk voorstellen
ver'nieten ⟨*h*⟩ (*techn*) klinken
Ver'nunft ⟨*die; -, geen mv*⟩ 1 rede, verstand; ~ *annehmen* naar rede luisteren; (*einen*) *zur* ~ *bringen* tot rede brengen; 2 gezond verstand; **ver'nünftig** 1 verstandig; 2 behoorlijk; **ver'nünftiger'weise** verstandig; redelijkerwijs; **Ver'nünftigkeit** ⟨*die; -, geen mv*⟩ verstandigheid
ver'öden ⟨*s*⟩ eenzaam of doods worden
ver'öffentlichen ⟨*h*⟩ 1⟨*in* (+ 3)⟩ publiceren; 2 openbaar maken; 3 uitgeven (*van boek*); 4 uitvaardigen (*van wet*); **Ver'öffentlichung** ⟨*die; -, -en*⟩ publikatie enz.; vgl *veröffentlichen*
ver'ordnen ⟨*h*⟩ 1 (*med*) voorschrijven; 2 verordenen, gelasten, bepalen; instellen; **Ver'ordnung** ⟨*die; -, -en*⟩ 1 verordening, overheidsbesluit; 2 instelling; 3 (*med*) voorschrift
ver'pachten ⟨*h*⟩ verpachten; **Ver'pachtung** ⟨*die; -, -en*⟩ verpachting
ver'packen ⟨*h*⟩ verpakken; inpakken; **Ver'packung** ⟨*die; -, -en*⟩ verpakking
ver'passen ⟨*h*⟩ 1 missen (*bal, bus enz*); 2 laten voorbijgaan (*gelegenheid*); 3 geven (*injectie, draai om de oren*)
ver'patzen ⟨*h*⟩ bederven, verknoeien
ver'pennen, sich ⟨*h*⟩ zich verslapen
ver'petzen ⟨*h*⟩ verraden, verklikken
ver'pfänden ⟨*h*⟩ verpanden (*lett en fig*)
ver'pfeifen ⟨*h*⟩ verraden, verklikken
ver'pflanzen ⟨*h*⟩ 1 verplanten, overplanten; 2 (*med*) overplanten, transplanteren
ver'pflegen ⟨*h*⟩ verzorgen; **Ver'pflegung** ⟨*die; -, -en*⟩ 1 verzorging; 2 kost, voeding; 3 proviand; **Ver'pflegungssatz** ⟨*der; -es, ¨-e*⟩ rantsoen
ver'pflichten ⟨*h*⟩ 1 verplichten; 2 engageren; 3 contracteren; 4 *einen zu Dank* ~ iem aan zich verplichten; **sich** ~ zich verbinden; *ich fühle mich ihm* (*zu Dank*) *verpflichtet* ik ben hem zeer verplicht; **Ver'pflichtung** ⟨*die; -, -en*⟩ 1 verplichting; *eine* ~ *eingehen* een verplichting aangaan; 2 verbintenis
ver'pfuschen ⟨*h*⟩ verknoeien, bederven
ver'plappern ⟨*h*⟩ *sich* ~ zijn mond voorbijpraten
ver'plaudern ⟨*h*⟩ verpraten
ver'plempern ⟨*h*⟩ verknoeien, verkwisten
ver'pönt 1 ontoelaatbaar; 2 uit den boze

ver'prassen ‹*h*› verbrassen
ver'prügeln ‹*h*› een pak slaag geven, afranselen
ver'puffen ‹*s*› 1 (zwak) ontploffen; 2 (*fig*) verloren gaan; mislukken
ver'pulvern ‹*h*› verpulveren, verkwisten
ver'puppen, sich ‹*h*› zich verpoppen
Ver'putz ‹*der; -es, -e*› pleisterlaag; **ver'putzen** ‹*h*› 1 berapen, bepleisteren (*een muur*); 2 verorberen; 3 opmaken, verkwisten
ver'quicken ‹*h*› samensmelten
ver'quollen 1 gezwollen; 2 kromgetrokken
ver'rammeln ‹*h*› barricaderen
ver'rannt 1 bekrompen, hardnekkig vasthoudend aan eigen mening; 2 (*fig*) vastgelopen
Ver'rat ‹*der; -(e)s, geen mv*› verraad; **ver'raten** ‹*st.h; ie-a; ä*› verraden; **Ver'räter** ‹*der; -s, -*› verrader; **ver'räterisch** verraderlijk
ver'rauchen I ‹*h*› verroken; II ‹*s*› 1 in rook opgaan; 2 (*fig*) bekoelen
ver'rauschen ‹*s*› voorbijgaan, vervliegen
ver'rechnen ‹*h*› verrekenen; **Ver'rechnung** ‹*die; -, -en*› 1 verrekening; 2 clearing (*tussen banken*); 3 misrekening
ver'recken ‹*s*› verrekken, creperen
ver'regnen ‹*s*› verregenen
ver'reiben ‹*st.h; ie-ie*› inwrijven, wrijven op
ver'reisen ‹*s*› op reis gaan
ver'reißen ‹*st.h; i-i*› 1 afkraken, afmaken (*in recensie*); 2 (*stuur*) omgooien
ver'renken ‹*h*› 1 verzwikken, verrekken; 2 *den Hals ~* (*um alles zu sehen*) zijn hals uitrekken; **Ver'renkung** ‹*die; -, -en*› verzwikking enz.
ver'rennen ‹*onr. h*› *sich ~: a*) de verkeerde kant opgaan; *b*) vastlopen (*fig*)
ver'richten ‹*h*› verrichten, doen; **Ver'richtung** ‹*die; -, -en*› 1 verrichting; 2 bezigheid
ver'riegeln ‹*h*› grendelen
ver'ringern ‹*h*› verkleinen, verminderen
ver'rinnen ‹*st.s; a-o*› 1 (*im Sand*) ~ weglopen, -zakken; 2 (*tijd*) verstrijken
ver'rohen ‹*s*› verwilderen, verruwen
ver'rollen I ‹*h*› *einen ~* iem een flink pak slaag geven; II ‹*s*› wegrollen, verdwijnen
ver'rosten ‹*s*› verroesten
ver'rotten ‹*s*› verrotten
ver'rucht laaghartig, snood, godvergeten; **Ver'ruchtheit** ‹*die; -, -en*› laaghartigheid
ver'rücken ‹*h*› verplaatsen, verschuiven
ver'rückt (*meest fig*) gek, krankzinnig, dol, mal; **Ver'rückte(r)** ‹*bn als zn*› gek; **Ver'rücktheit** ‹*die; -, -en*› gekheid; **Ver'rücktwerden** ‹*das*› *das ist* (*ja*) *zum ~!* dat is om gek van te worden!
Ver'ruf ‹*der*› *in ~ kommen od. geraten* een slechte reputatie krijgen; *in ~ bringen* een slechte reputatie bezorgen, belasteren; **ver'rufen** ‹*bn*› slecht bekend staand, berucht
ver'rußt vol roet
ver'rutschen ‹*h*› verschuiven
Vers ‹*der; -es, -e*› 1 vers, couplet; 2 vers, dichtregel
ver'sachlichen I ‹*h*› zakelijk maken; II ‹*s*› zakelijk worden
ver'sacken ‹*s*› 1 wegzakken; 2 zinken (*van schip*); 3 (*fig*) doorzakken; 4 verzakken
ver'sagen ‹*h*› 1 weigeren; *den Gehorsam ~* weigeren te gehoorzamen; 2 weigeren (*van motor, remmen*); 3 ketsen; 4 falen; 5 *sich etwas ~* zich iets ontzeggen; **Ver'sagen** ‹*das; -s, -*› weigering enz.; **Ver'sager** ‹*der; -s, -*› 1 mislukkeling; 2 (*van boek, film enz*) flop, fiasco; **Ver'sagung** ‹*die; -, -en*› weigering enz.; vgl *versagen*
ver'salzen ‹*h*› verzouten
ver'sammeln ‹*h*› verzamelen, vergaren, bijeenroepen; *sich ~* bijeenkomen; **Ver'sammlung** ‹*die; -, -en*› vergadering
Ver'sand ‹*der; -(e)s, geen mv*› 1 verzending; 2 expeditie-afdeling; 3 postorderbedrijf; **ver'sandbereit** ter verzending gereed; **ver'sanden** ‹*h en s*› verzanden (*lett en fig*); **ver'sandfertig** ter verzending gereed; **Ver'sandhandel** ‹*der; -s, geen mv*› postorderbedrijf, -bedrijven; **Ver'sandhaus** ‹*das; -es, -ër*› postorderbedrijf; **Ver'sandung** ‹*die; -, geen mv*› verzanding
ver'sauen ‹*h*› 1 smerig maken; 2 verknoeien
ver'sauern ‹*s*› verzuren (*lett en fig*)
ver'saufen ‹*h*› verzuipen (*z'n geld, verstand*)
ver'säumen ‹*h*› 1 verzuimen; 2 missen (*bus, trein, tram*); 3 (*fig*) voorbij laten gaan (*gelegenheid*); **Ver'säumnis** ‹*das; -ses, -se*› verzuim
ver'schachelt 1 in elkaar geschoven; 2 dicht op elkaar gebouwd
ver'schachern ‹*h*› versjacheren, verkwanselen
ver'schaffen ‹*h*› verschaffen; bezorgen
ver'schalen ‹*h*› 1 bekisten; 2 betimmeren
ver'schämt 1 beschaamd; 2 verlegen, bedeesd
ver'schandeln ‹*h*› ontsieren
ver'schanzen ‹*h*› verschansen
ver'schärfen ‹*h*› 1 verscherpen; 2 verergeren; 3 opvoeren (het tempo); 4 *sich ~* verscherpen, scherper worden, zich toespitsen
ver'scharren ‹*h*› onder de grond stoppen, (haastig) begraven
ver'schätzen, sich ‹*h*› verkeerd schatten
ver'scheiden ‹*st.s; ie-ie*› overlijden, sterven
ver'schenken ‹*h*› 1 weggeven, schenken (*alle bet*); 2 *sich einem ~* zich aan iem geven
ver'scherzen, sich ‹*h*› verliezen, verspelen
ver'scheuchen ‹*h*› weg-, verjagen, verdrijven
ver'scheuern ‹*h*› verpatsen
ver'schicken ‹*h*› ver-, afzenden, sturen
ver'schiebbar verplaats-, verschuifbaar; **Ver'schiebebahnhof** ‹*der; -(e)s, -ë*› rangeerstation; **ver'schieben** ‹*st.h; o-o*› 1 verschuiven; 2 uitstellen; 3 veranderen; 4 clandestien verkopen; 5 *sich ~: a*) veranderen; *b*) verschuiven; *c*) uitgesteld worden
ver'schieden verschillend, ongelijk; **ver'schiedenartig** verschillend, uiteenlopend; **Ver'schiedenartigkeit** ‹*die; -, geen mv*› verscheidenheid; **ver'schiedene** verschillende; **ver-**

'schiedener'lei verschillend; **Ver'schiedenes** ‹*das*› 1 het een en ander; verscheidene/enige dingen; 2 diversen; **Ver'schiedenheit** ‹*die; -, -en*› verscheidenheid; verschil

ver'schiedentlich meermalen, herhaaldelijk

ver'schießen I ‹*st.h; o-o*› 1 verschieten; 2 (*penalty*) missen; II ‹*st. s*› 1 verschieten

ver'schiffen ‹*h*› verschepen

ver'schimmeln ‹*s*› beschimmelen

ver'schlafen I ‹*st.h; ie-a; ä*› verslapen (*tijd e.d.*); *sich ~* zich verslapen; II ‹*bn*› 1 slaperig; 2 (*fig*) dromerig, stil

Ver'schlag ‹*der; -(e)s, -ë*› 1 afschutting, schot; 2 afgeschoten ruimte, kamertje; 3 schuur, hok; **ver'schlagen** I ‹*st.h; u-a; ä*› 1 dichtspijkeren; 2 afschieten (*een ruimte*); 3 verkeerd slaan (*een bal*); 4 *das verschlug ihm den Atem* dat benam hem de adem; II ‹*bn*› 1 sluw, listig, geraffineerd, geslepen; 2 *~es Wasser* lauw water

ver'schlampen ‹*h*› 1 verliezen; 2 verslonzen; 3 verwaarlozen

ver'schlechtern ‹*h*› verslechteren, verergeren

ver'schleiern ‹*h*› 1 sluieren; 2 bemantelen; 3 camoufleren; **ver'schleiert** 1 gevoileerd (*stem*); 2 omfloerst (*blik*); 3 gecamoufleerd; 4 bedekt

verschleimt vol slijm

Ver'schleiß ‹*der; -es, -e*› slijtage, het slijten; **ver'schleißen** I ‹*st.s; i-i (intr)*› (ver)slijten; II ‹*st.h; i-i (tr)*› (ver)slijten; **ver'schleißfest** slijtvast

ver'schleppen ‹*h*› 1 wegvoeren, deporteren; 2 ontvoeren; 3 wegslepen; 4 weg-, zoekmaken; 5 overbrengen (*een ziekte*); 6 rekken; 7 *eine verschleppte Grippe* een verwaarloosde griep; **Ver'schleppte(n)** ‹*mv*› gedeporteerden

ver'schleudern ‹*h*› 1 weggooien, verspillen (*geld, tijd*); 2 onder de prijs verkopen (*waren*)

ver'schließbar (af)sluitbaar; **ver'schließen** ‹*st.h; o-o*› 1 (af)sluiten; 2 wegsluiten; **sich** ~ 1 *sich in sich selbst* ~ in zichzelf gekeerd zijn; 2 *sich* (*einer Sache*) ~ niets willen weten van

ver'schlimmbessern ‹*h*› erger maken dan het was

ver'schlimmern ‹*h*› verergeren

ver'schlingen ‹*st.h; a-u*› 1 ineenstrengelen, verstrengelen; 2 verslinden (*lett en fig*)

ver'schlissen versleten

ver'schlossen 1 gesloten (*alle bet*), op slot; 2 gesloten, in zichzelf gekeerd

ver'schlucken ‹*h*› 1 inslikken (*alle bet*); 2 (*fig*) verslinden, opslokken; 3 dempen (*geluid*); 4 onderdrukken (*o.a. toorn*)

ver'schlungen ineengestrengeld

Ver'schluß ‹*der; Verschlusses, Verschlüsse*› 1 afsluiting; 2 sluiting; 3 grendel, slot; 4 (*fot*) sluiter

ver'schlüsseln ‹*h*› coderen

ver'schmachten ‹*s*› versmachten (van)

ver'schmähen ‹*h*› versmaden

ver'schmelzen ‹*st.h en s; o-o; i*› 1 versmelten; 2 samensmelten

ver'schmerzen ‹*h*› (*einen Verlust*) te boven komen

ver'schmieren ‹*h*› 1 versmeren; 2 insmeren (met); 3 volsmeren, -kladden; 4 dichtsmeren

ver'schmitzt 1 sluw, geslepen, listig; 2 (*sie lächelte*) fijntjes, ondeugend

ver'schmutzen I ‹*h*› bevuilen, verontreinigen; II ‹*s*› vervuilen; **Verschmutzung** ‹*die; -, -en*› vervuiling, verontreiniging; **Ver'schmutzungseinheit** ‹*die; -, -en*› (*Belg*) inwonersequivalent

ver'schnaufen, sich ‹*h*› uitblazen, op adem komen; **Ver'schnaufpause** ‹*die; -, -en*› adempauze

ver'schneiden ‹*st.h; i-i*› 1 snoeien; 2 verknippen; 3 versnijden (*wijn*); 4 castreren

ver'schneit onder-, ingesneeuwd

ver'schnörkelt ‹*h*› 1 met krullen versierd; 2 (*fig*) overdreven

ver'schnupft 1 verkouden; 2 gepikeerd

ver'schnüren ‹*h*› vast-, dichtbinden; **Ver'schnürung** ‹*die; -, -en*› touw (*om een pakje*)

ver'schollen spoorloos verdwenen; vermist

ver'schonen ‹*h*› sparen, verschonen

ver'schönen ‹*h*› zie *verschönern*; **ver'schönern** ‹*h*› verfraaien, mooier maken; **Ver'schönerung** ‹*die; -, -en*› verfraaiing

Ver'schonung ‹*die; -, -en*› het sparen, verschoning

ver'schränken ‹*h*› kruisen (*armen*)

ver'schrauben ‹*h*› vast-, dichtschroeven; **Ver'schraubung** ‹*die; -, -en*› 1 het vast-, dichtschroeven; 2 schroefverbinding

ver'schrecken ‹*h*› schrik aanjagen

ver'schreiben ‹*st.h; ie-ie*› 1 voorschrijven; 2 bij testament vermaken; 3 verschrijven (inkt), volschrijven (papier); **sich** ~ 1 zich verschrijven; 2 *sich* (*einer Sache*) ~ zich geheel wijden aan; **ver'schreibungspflichtig** alleen op recept verkrijgbaar

ver'schrien 1 ~ *sein* een slechte naam hebben; 2 *als* ... ~ *sein* als ... bekend staan

ver'schroben vreemd, zonderling, eigenaardig

ver'schrotten ‹*h*› 1 tot schrot of schroot maken; 2 slopen

ver'schrumpeln ‹*s*› verschrompelen

ver'schüchtern ‹*h*› bang maken; **ver'schüchtert** schuw, angstig

ver'schulden ‹*h*› 1 schuld hebben aan; veroorzaken; 2 *verschuldet sein* in de schuld(en) zitten; 3 *sich* ~ schuld(en) maken; **Ver'schulden** ‹*das; -s, geen mv*› schuld; *ohne sein* ~ buiten zijn schuld; **Ver'schuldung** ‹*die; -, -en*› 1 schulden(last); 2 het schulden maken; 3 schuld

ver'schütten ‹*h*› 1 bedelven (*door lawine, puin*); 2 dichtgooien, dempen; 3 morsen

ver'schwägert aangetrouwd

ver'schwatzen ‹*h*› verpraten, verkletsen

ver'schweigen ‹*st.h; ie-ie*› 1 verzwijgen; 2 vgl *verschwiegen*

ver'schweißen ‹*h*› aaneenlassen

ver'schwelen ‹*s*› versmeulen

ver'schwenden 1 verspillen; 2 (*geld*) verkwisten; **Ver'schwender** ‹*der; -s, -*› verkwister; **ver'schwenderisch** 1 verkwistend; 2 kwistig, overdadig; **Ver'schwendung** ‹*die; -, -en*› verkwisting, verspilling; **Ver'schwendungssucht** ‹*die; -, geen mv*› spilzucht

ver'schwiegen 1 stilzwijgend; 2 zwijgzaam, gesloten; 3 discreet; 4 stil; **Ver'schwiegenheit** ‹*die; -, geen mv*› 1 geheimhouding; 2 stilzwijgendheid; 3 zwijgzaamheid, geslotenheid; 4 stilte

ver'schwimmen ‹*st.s; a-o*› 1 vervagen; 2 vervloeien, in elkaar overgaan (*van tinten*)

ver'schwinden ‹*st.s; a-u*› 1 verdwijnen; 2 (*ich muß*) *mal* ~ even naar het toilet; 3 (*mit einem, neben einem od. gegen einen*) ~ in het niet verzinken; **Ver'schwinden** ‹*das; -s, geen mv*› verdwijning; **ver'schwindend**: ~ *klein* uiterst, zeer klein

ver'schwistert ‹*h*› verwant

ver'schwitzen ‹*h*› 1 door transpiratie verfomfaaien of bederven; 2 vergeten

ver'schwollen (op)gezwollen

ver'schwommen 1 vaag; 2 waterig (*ogen*)

ver'schwören ‹*st.h; o-o*› 1 (*etwas*) afzweren; 2 *sich* ~ samenzweren, -spannen; **Ver'schworene(r)** ‹*bn als zn*› samenzweerder, -ster; **Ver'schwörer** ‹*der; -s, -*› samenzweerder; **Ver'schwörung** ‹*die; -, -en*› samenzwering

ver'sehen ‹*st.h; a-e; ie*› 1 (*ambt*) vervullen, (*dienst*) doen; 2 ~ *mit* voorzien van; **sich** ~ zich vergissen; **Ver'sehen** ‹*das; -s, -*› 1 vergissing, abuis; *aus* ~ bij vergissing; 2 fout; **ver'sehentlich** bij vergissing, per ongeluk

Ver'sehrte(r) ‹*bn als zn*› invalide

ver'senden ‹*onr. h*› ver-, afzenden; **Ver'sender** ‹*der; -s, -*› verzender

ver'senkbar inzinkbaar; **ver'senken** ‹*h*› 1 doen zinken; (*schip*) tot zinken brengen; 2 laten zakken; **sich** ~ *in* (+ 4) zich verdiepen in; **Ver'senkung** ‹*die; -, -en*› 1 het tot zinken brengen; 2 het laten zakken; 3 beweegbaar deel van podium

ver'sessen: ~ *auf* (+ 4) verzot op, gek op; **Ver'sessenheit** ‹*die; -, geen mv*› verzotheid

ver'setzen ‹*h*› 1 verplaatsen, verzetten; 2 verpotten, verplanten; 3 antwoorden; 4 mengen; 5 *einen* ~: *a*) iem overplaatsen; *b*) (*sp*) iem omspelen; *c*) iem laten zitten; 6 (*leerlingen*) bevorderen; 7 belenen; 8 (*einem einen Schlag u.ä.*) ~ geven; 9 (*einen*) *in Erstaunen usw.* ~ verbaasd enz. maken; 10 *sich in jemands Lage* ~ zich in iemands situatie verplaatsen; *einen in die Lage* ~, ... iem in staat stellen ...; **Ver'setzung** ‹*die; -, -en*› verplaatsing enz., vgl *versetzen*

ver'seuchen ‹*h*› besmetten; *verseucht* besmet

'Versfuß ‹*der; -es, -ë*› versvoet

Ver'sicherer ‹*der; -s, -*› verzekeraar, assuradeur; **ver'sichern** ‹*h*› verzekeren (*alle bet*); **sich** ~ (+ 2) zich (van iets of iem) verzekeren; **Ver'sicherung** ‹*die; -, -en*› verzekering; **Ver'sicherungs...** verzekerings...; **Ver'sicherungsbeitrag** ‹*der; -(e)s, -ë*› verzekeringspremie; **Ver'sicherungsgesellschaft** ‹*die; -, -en*› verzekerings-, assurantiemaatschappij; **Ver'sicherungsschein** ‹*der; -(e)s, -e*› verzekeringspolis

ver'sickern ‹*s*› wegsijpelen

ver'siegeln ‹*h*› (ver)zegelen

ver'siegen ‹*s*› 1 op-, uitdrogen; 2 uitgeput raken; *nie ~der Humor* onuitputtelijke humor

ver'siert bedreven; ervaren

ver'silbern ‹*h*› verzilveren (*alle bet*)

ver'simpeln I ‹*s*› versuffen; II ‹*h*› simpel maken

ver'sinken ‹*st.s; a-u*› ~ *in* (+ 3 of + 4) verzinken, wegzinken, opgaan in

ver'sinnbildlichen ‹*h*› verzinnebeelden, symboliseren

ver'sinnlichen ‹*h*› waarneembaar maken

Versi'on ‹*die; -, -en*› versie (*alle bet*)

ver'sippt verwant

ver'sitzen ‹*st.h; a-e*› 1 verzitten, zittend doorbrengen (*z'n tijd*); 2 stukzitten

ver'soffen verzopen, aan de drank verslaafd

ver'sohlen ‹*h*› 1 verzolen; 2 *einen* ~ *od. einem das Fell, den Hintern* ~ iem afranselen

ver'söhnen ‹*h*› verzoenen; **ver'söhnlich** 1 verzoenlijk; 2 verzoenend; **Ver'söhnung** ‹*die; -, geen mv*› verzoening

ver'sonnen in gedachten verzonken, dromerig

ver'sorgen ‹*h*› 1 verzorgen; zorgen voor; 2 ~ *mit* voorzien van; 3 bevoorraden; **Ver'sorger** ‹*der; -s, -*› 1 verzorger; 2 kostwinner; **Ver'sorgung** ‹*die; -, geen mv*› 1 verzorging; 2 voorziening; **Ver'sorgungsbetrieb** ‹*der; -(e)s, -e*› (openbaar) nutsbedrijf; **Ver'sorgungslage** ‹*die; -, geen mv*› voedselsituatie

ver'späten, sich ‹*h*› 1 te laat komen; 2 vertraging hebben

ver'speisen ‹*h*› opeten

ver'sperren ‹*h*› 1 versperren; 2 op slot doen, afsluiten; 3 *einem die Aussicht* ~ iem het uitzicht benemen

ver'spielen ‹*h*› 1 verspelen (*alle bet*); 2 (*es bei einem*) *verspielt haben* verbruid hebben

ver'spielt speels

ver'spotten ‹*h*› bespotten; **Ver'spottung** ‹*die; -, geen mv*› bespotting

ver'sprechen ‹*st.h; a-o; i*› 1 beloven; 2 *hiervon verspreche ich mir viel* hiervan verwacht ik veel; **sich** ~ zich verspreken; **Ver'sprechen** ‹*das; -s, -*› belofte; **Ver'sprecher** ‹*der; -s, -*› verspreking; **Ver'sprechung** ‹*die; -, -en*› belofte

ver'sprengen ‹*h*› 1 uit elkaar slaan (*troepen*); 2 (ver)sproeien

ver'spritzen ‹*h*› 1 doen wegspatten; 2 verstuiven (*vloeistof*); 3 volspatten

ver'sprochenermaßen volgens belofte

ver'sprühen ‹*h*› (ver)sproeien, verstuiven

ver'spüren ‹*h*› (be)speuren, (ge)voelen

ver'staatlichen ‹*h*› nationaliseren, naasten

ver'städtern ‹*s*› verstedelijken; **Verstädterung** ‹*die; -, -en*› verstedelijking, urbanisatie

Ver'stand ‹*der; -(e)s, geen mv*› verstand; **ver'standesmäßig** verstandelijk; **ver'ständig** verstandig, bezonnen; **ver'ständigen** ‹*h*› 1 *einen von od. über etwas* ~ iem van iets in kennis stellen; *die Polizei* ~ de politie waarschuwen; 2 *sich* ~ *können* zich verstaanbaar kunnen maken; 3 *sich miteinander* ~ het met elkaar eens worden; **Ver'ständigung** ‹*die; -, -en*› 1 het in kennis stellen; het waarschuwen; 2 het zich verstaanbaar maken; 3 gesprek; communicatie; 4 overeenkomst; vergelijk; 5 toenadering; **ver'ständlich** 1 duidelijk; 2 verstaanbaar; 3 begrijpelijk; **Ver'ständlichkeit** ‹*die; -, geen mv*› 1 duidelijkheid; 2 verstaanbaarheid; 3 begrijpelijkheid; **Ver'ständnis** ‹*das; -ses, -se*› 1 begrip; 2 gevoel; **ver'ständnislos** niet begrijpend; **ver'ständnisvoll** begrijpend, vol begrip

ver'stärken ‹*h*› versterken; **Ver'stärker** ‹*der; -s, -*› versterker

ver'stäuben ‹*h of s*› verstuiven

ver'staubt 1 stoffig; 2 verouderd

ver'stauchen ‹*h*› (*med*) verstuiken; **Ver'stauchung** ‹*die; -, -en*› (*med*) verstuiking

ver'stauen ‹*h*› opbergen; verstouwen

Ver'steck ‹*das; -(e)s, -e*› schuilplaats, -hoek; **ver'stecken** ‹*h*› 1 verbergen; 2 *sich neben, vor einem* ~ *müssen* niet in iems schaduw kunnen staan; vgl *versteckt*; **Ver'steckenspielen** ‹*das; -s, geen mv*›; **Ver'steckspiel** ‹*das; -(e)s, geen mv*› verstoppertje; **ver'steckt** 1 verborgen; 2 bedekt; 3 stiekem

ver'stehen ‹*st.h; a-a*› 1 verstaan; 2 begrijpen (*Wie soll ich das*) ~ opvatten?; 3 (*ein Handwerk*) ~ verstand hebben van; *von nichts, viel usw.* ~ geen, veel enz. verstand hebben van; 4 (*es*) ~ *zu* ... kunnen ...; **sich** ~ 1 *a*) elkaar verstaan, begrijpen; *b*) het eens zijn; 2 *sich zu etwas* ~ zich tot iets bereid verklaren; 3 *sich auf* (+ 4) ~ verstand van iets hebben; 4 (*das*) *versteht sich* (*von selbst*) dat spreekt (vanzelf); 5 *der Preis versteht sich* ... de prijs is ...; 6 *sich als* ... ~ zich ... vinden

ver'steifen I ‹*s*› verstijven, stijf worden; II ‹*h*› (*bouwk*) verstijven (*versterken*); **sich** ~ ‹*h*› 1 stijf worden; 2 (*fig*) sterker worden

ver'steigen, sich ‹*st.h; ie-ie*› 1 bij het klimmen verdwalen; 2 (*fig*) *er verstieg sich zu der Behauptung* hij ging zover te beweren ...

Ver'steigerer ‹*der; -s, -*› veilingmeester; **ver'steigern** ‹*h*› veilen, bij opbod verkopen; **Ver'steigerung** ‹*die; -, -en*› verkoping, veiling

ver'steinern ‹*s*› 1 verstenen; 2 verstijven

ver'stellen ‹*h*› 1 verplaatsen; 2 verzetten; 3 verstellen; 4 veranderen; 5 versperren, blokkeren; 6 *sich* ~ veinzen, doen alsof; **Ver'stellung** ‹*die; -, -en*› verplaatsing, enz.; vgl *verstellen*

ver'steuern ‹*h*› 1 belasting betalen (over); 2 aangeven

ver'stiegen overdreven; **Ver'stiegenheit** ‹*die; -, en*› overdrevenheid

ver'stimmen ‹*h*› ontstemmen; **ver'stimmt** 1 ontstemd; 2 (*maag*) van streek

ver'stockt 1 koppig, eigenzinnig; 2 verstokt

ver'stohlen verstolen, heimelijk

ver'stopfen ‹*h*› 1 dichtstoppen; 2 verstoppen; 3 stoppen; 4 *sich* ~ verstopt raken; 5 *die Straßen sind verstopft* de straten zijn propvol, verstopt; **Ver'stopfung** ‹*die; -, -en*› het dicht-, toestoppen enz.

ver'storben overleden; *der* ~*e* wijlen de ...; **Ver'storbene(r)** ‹*bn als zn*› overledene

ver'stört 1 ontsteld; 2 verward; 3 ontstemd; **Ver'störtheit** ‹*die; -, geen mv*› 1 schrik, ontsteltenis; 2 ontstemming

Ver'stoß ‹*der; -es, -ë*› 1 overtreding (van); 2 vergrijp (tegen); 3 fout (tegen); **ver'stoßen** ‹*st.h; ie-o; ö*› 1 verstoten; 2 ~ *gegen* overtreden; *das verstößt gegen die guten Sitten* dat is strijdig met de goede zeden

ver'streichen I ‹*st.h; i-i*› 1 voegen (*muur*); 2 dichtmaken (*scheur*); II ‹*st.s*› verstrijken

ver'streuen ‹*h*› ver-, uit-, rondstrooien; *kleine Häuschen liegen verstreut* kleine huisjes liggen verspreid

ver'stricken ‹*h*› 1 opbreien; 2 *einen in ein Gespräch* ~ iem bij een gesprek betrekken; (*einen in einen Streit*) ~ wikkelen; 3 verstrikken, verwarren, verwikkelen; 4 *sich* ~ *in* (+ 4) verstrikt raken in

ver'stümmeln ‹*h*› verminken (*alle bet*)

ver'stummen ‹*s*› verstommen (*alle bet*)

Ver'such ‹*der; (e)s, e*› 1 poging; 2 proef; **ver'suchen** ‹*h*› 1 proberen; 2 proeven; 3 beproeven; 4 in verzoeking brengen; **Ver'suchsanstalt** ‹*die; -, -en*› proefstation; **Ver'suchsschule** ‹*die; -, -n*› (*Belg*) pilootschool; **ver'suchsweise** bij wijze van proef; op proef

ver'sucht 1 *sich* ~ *fühlen* zich geneigd voelen; 2 ~*er Mord* poging tot moord

Ver'suchung ‹*die; -, -en*› 1 verzoeking, verleiding, bekoring; 2 beproeving

ver'sumpfen ‹*s*› 1 moerassig, een moeras worden; 2 (geestelijk) afstompen; 3 boemelen

ver'sündigen ‹*h*› *sich* ~ *an* (+ 3) zondigen tegen; *sich an einem* ~ zich aan iem bezondigen

ver'sunken verzonken (*alle bet*)

ver'süßen ‹*h*› verzoeten, veraangenamen

ver'täfeln betimmeren, lambrizeren

ver'tagen ‹*h*› verdagen, uitstellen

ver'tändeln ‹*h*› verbeuzelen

ver'tauschbar verruil-, verwisselbaar; **ver'tauschen** ‹*h*› 1 verwisselen; 2 verruilen

ver'teidigen ‹*h*› (*sich*) (zich) verdedigen; **Ver'teidiger** ‹*der; -s, -*› verdediger; **Ver'teidigung** ‹*die; -, geen mv*› 1 verdediging; 2 (*sp*) (ook) achterhoede; 3 defensie; **Ver'teidigungsminister** ‹*der; -s, -*› minister van defensie

ver'teilbar ver-, uitdeelbaar; **ver'teilen I** ‹*h*› 1 verdelen; 2 uitdelen; 3 indelen; *die Kosten ~ auf* ... de kosten omslaan over ...; **II** *sich* ~ 1 zich verdelen; 2 verdeeld worden; **Ver'teiler** ‹*der*› 1 verdeler; 2 distribuant, verkoper; **Ver'teilung** ‹*die; -, geen mv*› 1 verdeling; 2 uitdeling; 3 indeling; 4 distributie

ver'teuern ‹*h*› 1 duur(der) maken, in prijs doen stijgen; 2 *sich* ~ duurder worden; **Ver'teuerung** ‹*die; -, -en*› prijsverhoging, -stijging

ver'teufeln ‹*h*› verketteren; **ver'teufelt** verduiveld, drommels

ver'tiefen ‹*h*› 1 verdiepen; 2 (*fig*) ergens dieper op ingaan; 3 *sich* ~ dieper worden; 4 *sich ~ in* (+ 4) zich verdiepen in

ver'tilgen ‹*h*› 1 verdelgen, uitroeien; 2 opeten

ver'tippen, sich ‹*h*› verkeerd tikken

ver'tonen ‹*h*› toonzetten, op muziek zetten; **Ver'tonung** ‹*die; -, -en*› compositie, toonzetting

ver'trackt 1 moeilijk, lastig; 2 ingewikkeld

Ver'trag ‹*der; -(e)s, -ë*› 1 verdrag; 2 overeenkomst; 3 contract; **ver'tragen** ‹*st.h; u-a; ä*› 1 *etwas* ~ iets verdragen; **sich** ~ 1 elkaar verdragen; 2 *sich wieder* ~ zich verzoenen; 3 *das verträgt sich nicht miteinander* dat past niet bij elkaar; 4 *sich mit einem* ~ met iem goed overweg kunnen; 5 *das verträgt sich nicht mit meiner Pflicht* dat is niet met mijn plicht overeen te brengen; **ver'traglich** contractueel; door een verdrag; **ver'träglich** 1 verdraagzaam; 2 verenigbaar; 3 *leicht* ~ licht verteerbaar; **ver'tragsbrüchig**: ~ *werden* contractbreuk plegen; **Ver'tragshotel** ‹*das; -s, -s*› contract-hotel; **ver'tragsmäßig** volgens overeenkomst; **Ver'tragsspieler** ‹*der; -s, -*› (*sp*) contractspeler

ver'trauen ‹*h*› *einem* ~ iem vertrouwen; *einem etwas* ~ iem iets toevertrouwen; **Ver'trauen** ‹*das; -s, geen mv*› vertrouwen; *einen ins ~ ziehen* iem in vertrouwen nemen; **ver'trauenerweckend** vertrouwenwekkend; **Ver'trauensarzt** ‹*der; -es, -ë*› 1 controlerend geneesheer; 2 vertrouwensarts; **Ver'trauensfrage** ‹*die; -, -n*› vertrouwenskwestie (*ook pol*); **ver'trauenswürdig** betrouwbaar; **ver'traulich** vertrouwelijk (*alle bet*)

ver'träumen ‹*h*› verdromen; **ver'träumt** dromerig

ver'traut 1 vertrouwelijk; 2 vertrouwd, intiem; **Ver'traute(r)** ‹*bn als zn*› vertrouweling(e); **Ver'trautheit** ‹*die; -, geen mv*› vertrouwdheid

ver'treiben ‹*st.h; ie-ie*› 1 verdrijven, ver-, wegjagen; 2 (*goederen*) verkopen

ver'tretbar 1 verdedigbaar; 2 verantwoord; 3 vervangbaar; **ver'treten** ‹*st.h; a-e; i*› 1 vertegenwoordigen; *einen ~: a*) iem vertegenwoordigen; *b*) iem vervangen; *c*) iem waarnemen; 2 verdedigen (*mening*); 3 innemen (*standpunt*); 4 behartigen (*belangen*); 5 voorstaan (*politiek*); 6 *einem den Weg* ~ iem de weg versperren; 7 *sich den Fuß* ~ zijn voet verstuiken; 8 *sich die Füße, Beine etwas* ~ zich een beetje vertreden

Ver'treter ‹*der; -s, -*› 1 vertegenwoordiger; 2 plaatsvervanger; (*Belg*) interimaris; 3 verdediger, aanhanger; **Ver'tretung** ‹*die; -, -en*› 1 vertegenwoordiging; 2 agentschap, agentuur; 3 vervanging; *in* ~ plaatsvervangend, namens, voor; *afk i.V.*; **ver'tretungsweise** als waarnemer, enz.

Ver'trieb ‹*der; -(e)s, -e*› 1 verkoop; 2 verkoopafdeling

Ver'triebene(r) ‹*bn als zn*› verdrevene, balling

ver'trinken ‹*st.h; a-u*› verdrinken

ver'trocknen ‹*s*› ver-, uitdrogen

ver'trödeln ‹*h*› 1 verknoeien; 2 versjacheren

ver'trösten ‹*h*› *einen* ~ iem aan het lijntje houden; *einen auf* (*später*) ~ hoop geven voor; **Ver'tröstung** ‹*die; -, -en*› mooie belofte

ver'tun ‹*onr. h*› 1 verdoen, verspillen, nutteloos uitgeven; 2 *sich* ~ zich vergissen

ver'tuschen ‹*h*› in de doofpot stoppen

ver'übeln ‹*h*› *einem etwas* ~ iem iets kwalijk nemen

ver'üben ‹*h*› 1 plegen; 2 begaan

ver'ulken ‹*h*› voor de gek houden

ver'unglimpfen ‹*h*› 1 belasteren; 2 beledigen; **Ver'unglimpfung** ‹*die; -, -en*› 1 laster, smaad; 2 belediging

ver'unglücken ‹*s*› 1 verongelukken; 2 mislukken; **Ver'unglückte(r)** ‹*bn als zn*› verongelukte, slachtoffer

ver'unreinigen ‹*h*› verontreinigen

ver'unsichern ‹*h*› 1 onzeker maken; 2 *verunsichert* onzeker; **Ver'unsicherung** ‹*die; -, geen mv*› 1 het onzeker maken; 2 het onzeker worden

ver'unstalten ‹*h*› misvormen, ontsieren

ver'untreuen ‹*h*› verduisteren (*gelden e.d.*)

ver'unzieren ‹*h*› ontsieren

ver'ursachen ‹*h*› veroorzaken; **Ver'ursachung** ‹*die; -, geen mv*› veroorzaking; oorzaak

ver'urteilen ‹*h*› veroordelen (*alle bet*); **Ver'urteilte(r)** ‹*bn als zn*› veroordeelde

ver'vielfachen 1 verveelvoudigen; 2 vermenigvuldigen

ver'vielfältigen ‹*h*› 1 vermenigvuldigen, reproduceren; 2 *sich* ~ toenemen; **Ver'vielfältigung** ‹*die; -, -en*› vermenigvuldiging, reproduktie

ver'vierfachen ‹*h*› verviervoudigen

ver'vollkommnen ‹*h*› vervolmaken, perfectioneren

ver'vollständigen ‹*h*› volledig maken, aanvullen, completeren; **Ver'vollständigung** ‹*die; -, -en*› aanvulling

ver'wachsen I ‹*st.s; u-a; ä*› 1 vergroeien (*div bet*); 2 dichtgroeien; **II** ‹*st.h*› **sich** ~ vergroeien; **III** ‹*bn*› misvormd, mismaakt

ver'wackelt (*fot*) bewogen

ver'wählen, sich ‹*h*› (*telec*) een verkeerd nummer draaien

ver'wahren 1 zorgvuldig bewaren; 2 bewaren; 3 *sich* ~ *gegen* protesteren tegen
ver'wahrlosen ‹*h*› verwaarlozen
Ver'wahrsam ‹*der*› *in* ~ *geben* in bewaring geven
Ver'wahrung ‹*die;* -, -› 1 *in* ~ *geben* in bewaring geven; *in* ~ *haben* onder zijn berusting hebben; 2 ~ *gegen etwas einlegen* verzet, protest tegen iets aantekenen
ver'waisen ‹*s*› wees worden; **ver'waist** 1 verweesd; 2 (*plaats*) verlaten, leeg
ver'walten ‹*h*› 1 administreren; 2 besturen (*staat*); 3 beheren; 4 bekleden (*ambt*); **Ver'walter** ‹*der; -s,* -› 1 administrateur; 2 rentmeester; 3 beheerder, bewindvoerder; 4 gerant, chef; 5 intendant; **Ver'waltung** ‹*die;* -, *-en*› 1 administratie; 2 bestuur, directie; (*Belg*) regie; 3 bureau, kantoor; 4 beheer; 5 overheid; **Ver'waltungsbehörde** ‹*die;* -, *-n*› 1 uitvoerende macht; 2 bestuur(slichaam), administratie; **Ver'waltungsgebühr** ‹*die;* -, *-en*› administratiekosten; **ver'waltungsmäßig** bestuurlijk; **Ver'waltungsrat** ‹*der; -(e)s, -ë*› raad van beheer; (*Belg*) beheerraad
ver'wandeln ‹*h*› 1 veranderen; *sich* ~ (zich) veranderen; 2 (*sp*) benutten (*een strafschop*); **Ver'wandlung** ‹*die;* -, *-en*› 1 verandering; 2 metamorfose
ver'wandt verwant; (*er ist*) *mit mir* ~ familie van mij; **Ver'wandte(r)** ‹*bn als zn*› (bloed)-verwandt(e); *Verwandte* ‹*mv*› (ook) familieleden; **Ver'wandtschaft** ‹*die;* -, *-en*› 1 verwantschap; 2 familie; **ver'wandtschaftlich** verwantschaps…, familie…
ver'warnen ‹*h*› vermanen, waarschuwen; **Ver'warnung** ‹*die;* -, *-en*› vgl *verwarnen*
ver'waschen 1 verwassen, in de was verkleurd; 2 (*kleur*) bleek, vervaagd; 3 onduidelijk
ver'wässern ‹*h*› verwateren (*lett en fig*)
ver'wechseln ‹*h*› 1 verwisselen; 2 verwarren; 3 *zum Verwechseln ähnlich sein* sprekend op elkaar lijken; **Ver'wechs(e)lung** ‹*die;* -, *-en*› zie *verwechseln*
ver'wegen ‹*bn*› vermetel, stout, roekeloos; **Ver'wegenheit** ‹*die;* -, *geen mv*› vermetelheid
ver'wehen I ‹*h*› 1 wegwaaien, -blazen; 2 (*het spoor*) uitwissen; II ‹*s*› 1 ver-, weg-, uiteenwaaien; 2 voorbij-, overgaan
ver'wehren ‹*h*› 1 (*einem etwas*) beletten, verbieden; 2 belemmeren
Ver'wehung ‹*die;* -, *-en*› opgewaaide sneeuw
ver'weichlichen ‹*h*› verwekelijken
ver'weigern ‹*h*› weigeren; **Ver'weigerungsfall** ‹*der*› *im* ~ bij weigering
ver'weilen ‹*h*› 1 (ver)blijven, vertoeven; 2 (*etwas länger bei etwas*) ~ stilstaan
ver'weint behuild, betraand
Ver'weis ‹*der; -es, -e*› 1 ~ (*auf*) verwijzing (naar); 2 verwijt, berisping, vermaning; **ver'weisen** ‹*st.h; ie-ie*› 1 *einen des Landes od. aus dem Lande* ~ uitwijzen, verbannen; 2 ~ *an, auf* verwijzen naar; 3 (*sp*) (*er wurde*) *auf den zweiten Platz verwiesen* naar de tweede plaats teruggedrongen; 4 (*sp*) *einen Spieler des Platzes, vom Platz* ~ een speler uit het veld sturen
ver'welken ‹*s*› verwelken, verleppen
ver'weltlichen ‹*h*› verwereldlijken
ver'wendbar bruikbaar; **ver'wenden** ‹*onr. h*› 1 gebruiken, aanwenden; 2 *Arbeit, Mühe, Sorgfalt usw.* ~ *auf* werk, moeite, zorg enz. besteden aan; 3 *sich für einen* ~ voor iem opkomen; **Ver'wendung** ‹*die;* -, *geen mv*› gebruik, aanwending; **ver'wendungsfähig** bruikbaar
ver'werfen ‹*st.h; a-o; i*› verwerpen, afwijzen; **ver'werflich** verwerpelijk
ver'wertbar bruikbaar; **ver'werten** ‹*h*› 1 gebruiken, gebruik maken van; 2 verwerken, produktief maken
ver'wesen ‹*s*› 1 vergaan, verrotten; 2 in staat van ontbinding overgaan; **Ver'wesung** ‹*die;* -, *geen mv*› 1 bederf, verrotting; 2 ontbinding; *in* ~ *übergehen* tot ontbinding overgaan
ver'wetten ‹*h*› verwedden
ver'wickeln ‹*h*› 1 in de war brengen, verwarren; 2 (*einen*) ~ *in* (+ 4) verwikkelen in; 3 *sich* ~: *a*) verward raken; *b*) ingewikkeld worden
ver'wildern ‹*s en h*› verwilderen
ver'winden ‹*st.h; a-u*› 1 te boven komen, over … heenkomen; 2 verkroppen
ver'wirken ‹*h*› verbeuren, verliezen, verspelen
ver'wirklichen ‹*h*› 1 verwerkelijken, verwezenlijken; 2 *sich* ~ verwezenlijkt worden
ver'wirren ‹*h*› 1 in de war brengen, verwarren; 2 met elkaar verwarren, dooreenhaspelen
ver'wischbar uitwisbaar; **ver'wischen** ‹*h*› 1 uitwissen; wegvegen; 2 *sich* ~ vervagen
ver'wittern ‹*s*› verweren
ver'witwet weduwnaar of weduwe (geworden); **Ver'witwete(r)** ‹*bn als zn*› 1 weduwnaar; 2 weduwe
ver'wöhnen ‹*h*› verwennen; **Ver'wöhntheit** ‹*die;* -, *geen mv*› verwendheid
ver'worfen verworpen, veracht
ver'worren verward (*alle bet*); **Ver'worrenheit** ‹*die;* -, *geen mv*› verwarde toestand, verwarring
ver'wundbar kwetsbaar (*lett en fig*); **Ver'wundbarkeit** ‹*die;* -, *geen mv*› kwetsbaarheid; **ver'wunden** ‹*h*› 1 verwonden; 2 (*fig*) kwetsen
ver'wunderlich (ver)wonderlijk, bevreemdend; **ver'wundern** ‹*h*› verwonderen, verbazen
Ver'wundete(r) ‹*bn als zn*› gewonde; **Ver'wundung** ‹*die;* -, *-en*› verwonding
ver'wünschen ‹*h*› verwensen, vervloeken
ver'wüsten ‹*h*› verwoesten, vernielen
ver'zagen ‹*h*› versagen, moedeloos worden; **Ver'zagtheit** ‹*die;* -, *geen mv*› versaagdheid
ver'zählen ‹*h*› *sich* ~ zich vertellen
ver'zahnen ‹*h*› 1 (*techn*) vertanden; 2 (*fig*) *miteinander* ~ met elkaar verbinden; 3 *sich* ~ in elkaar grijpen; **Ver'zahnung** ‹*die;* -, *-en*› 1 vertanding; 2 tandwerk; 3 het verbonden zijn

ver'zapfen ‹*h*› 1 tappen (*div bet*); 2 *Dummheiten* ~ onzin verkopen
ver'zärteln ‹*h*› vertroetelen, verwennen
ver'zaubern ‹*h*› betoveren
ver'zäunen ‹*h*› omheinen
ver'zehnfachen ‹*h*› vertienvoudigen
Ver'zehr ‹*der; -(e)s, geen mv*› verbruik, consumptie; **ver'zehren** ‹*h*› 1 (op)eten, verorberen; 2 verbruiken; 3 verteren; 4 verteren, doen vergaan; 5 **sich** ~: *sich vor Gram* ~ van verdriet verteerd worden
ver'zeichnen ‹*h*› 1 vertekenen (*lett en fig*); 2 registreren; 3 noteren; (ook) constateren; 4 (*succes*) boeken; 5 melding maken van (*o.a. sterfgevallen*); **Ver'zeichnis** ‹*das; -ses, -se*› 1 lijst, opgave; 2 register, index, catalogus, tabel
ver'zeihen ‹*st.h; ie-ie*› (*einem etwas*) vergeven; ~ *Sie!* neemt u mij niet kwalijk! pardon!; **ver'zeihlich** vergeeflijk; **Ver'zeihung** ‹*die; -, geen mv*› vergeving, vergiffenis; (*ich bitte um*) ~*!* neemt u mij niet kwalijk!
ver'zerren ‹*h*› 1 vertrekken, verwringen; 2 vervormen; 3 vertekenen; *verzerrt* vertekend
ver'zetteln ‹*h*› 1 op kaarten van een kaartsysteem registreren; 2 verspillen; 3 *sich* ~ zich teveel met bijzaken bezighouden
Ver'zicht ‹*der; -(e)s, -e*› het afstand doen (van); ~ *leisten auf* (+ 4) afstand doen van; *unter* ~ *auf* bij gelijktijdig afzien van; **ver'zichten** ‹*h*› 1 ~ *auf* (+ 4) afzien van; 2 *ich verzichte!* mij niet gezien!
ver'ziehen I ‹*st.h; o-o*› 1 vertrekken (*gezicht*); 2 verwennen, bederven (*kinderen*); 3 (*bal*) verkeerd raken, schieten; II ‹*s*› verhuizen; **sich** ~ ‹*h*› 1 (*mond*) ver-, scheeftrekken; 2 kromtrekken (*van hout*); 3 verdwijnen; 4 wegtrekken (*onweer, pijn*); 5 *verzieh dich!* donder op!
ver'zieren ‹*h*› 1 ver-, opsieren; 2 garneren; 3 illustreren; **Ver'zierung** ‹*die; -, -en*› 1 ver-, opsiering; 2 ornament; 3 garnering; 4 tooi; 5 illustratie
ver'zinsbar rentegevend; **ver'zinsen** ‹*h*› 1 *ein Kapital* ~ rente betalen van een kapitaal; 2 *sich* ~ rente geven, opbrengen; **ver'zinslich** rentegevend; **Ver'zinsung** ‹*die; -, geen mv*› 1 rente; 2 rendement
ver'zögern ‹*h*› 1 vertragen; 2 uitstellen; 3 *sich* ~ vertraagd worden; **Ver'zögerung** ‹*die; -, geen mv*› vertraging
ver'zollen ‹*h*› 1 invoerrechten betalen van, inklaren; 2 aangeven (*bij de douane*); **Ver'zollung** ‹*die; -, geen mv*› 1 betaling van rechten; inklaring; 2 het aangeven
ver'zücken ‹*h*› verrukken, in vervoering of extase brengen; **ver'zückt** in extase, in vervoering, verrukt; **Ver'zückung** ‹*die; -, -en*› vervoering, extase
Ver'zug ‹*der; -(e)s, geen mv*› 1 vertraging, achterstand; *in* ~ *geraten* achter raken; *im* ~ *sein* achter zijn; 2 *ohne* ~ onverwijld; 3 *es ist Gefahr im* ~ er dreigt gevaar
ver'zweifeln ‹*h*› 1 vertwijfelen; ~ *an* (+ 3) wanhopen aan; 2 (*nur*) *nicht* ~*!* moed houden!; **ver'zweifelt** 1 wanhopig; 2 zeer; enorm; **Ver'zweiflung** ‹*die; -, geen mv*› wanhoop, vertwijfeling
ver'zweigen, sich ‹*h*› zich vertakken; **Ver'zweigung** ‹*die; -, -en*› 1 vertakking; 2 aftakking
ver'zwickt gecompliceerd, lastig
Vesti'bül ‹*das; -s, -e*› vestibule, hal
Veteri'närmedizin ‹*die; -, geen mv*› diergeneeskunde
'Vetter ‹*der; -s, -n*› neef (*zoon van oom of tante*)
vgl (*afk*) *vergleiche* vergelijk, vgl
v.H., vH (*afk*) *vom Hundert* ten honderd, procent
'via ‹*vz*› via, over, langs
Vi'brator ‹*der; -s, -en*› vibrator; **vi'brieren** ‹*h*› vibreren, trillen
'Video ‹*das; -s, geen mv*› video; **'Videoband** ‹*das; -(e)s, -ër*› videoband; **'Videoclip** ‹*der; -s, -s*› videoclip; **'Videofilm** ‹*der; -(e)s, -e*› videofilm; **'Videogerät** ‹*das; -(e)s, -e*› videorecorder; **'Videokamera** ‹*die; -s, -s*› videocamera; **'Videoplatte** ‹*die; -, -n*› beeldplaat; **'Videotext** ‹*der; -(e)s, geen mv*› teletekst; **'Videothek** ‹*die; -, -en*› videotheek
Viech ‹*das; -(e)s, -er*› 1 vee; 2 beest
Vieh ‹*das; -(e)s, geen mv*› 1 vee; 2 beest (*lett en fig*); 3 *du* ~*!* vuile schoft!; **'Viehbestand** ‹*der; -(e)s, -ë*› veestapel; **'Viehzucht** ‹*die; -, geen mv*› veeteelt; **'Viehzüchter** ‹*der; -s, -*› veefokker
viel veel; *die* ~*en Menschen!* wat een mensen!; ~ *od. um* ~*es schöner* veel mooier; *in* ~*em* in velerlei opzicht
'vielartig veelsoortig; **'vielbedeutend** veelbetekenend, zeer belangrijk; **'vielbefahren** druk bereden (*straat*); **'vielbeschäftigt** veel bezigheden hebbende, met bezigheden overladen; **'vielbesucht** druk bezocht; **'vieldeutig** 1 voor verschillende uitleggingen vatbaar; 2 dubbelzinnig
vieler'lei velerlei; **vieler'orts** op veel plaatsen
'vielfach 1 veelvoudig, -vuldig; 2 dikwijls; **'Vielfache(s)** ‹*das; -n, geen mv*› veelvoud; **'Vielfalt** ‹*die; -, geen mv*› 1 menigvuldigheid; 2 variatie; **'vielfältig** 1 veel-, menigvuldig; 2 gevarieerd; **'Vielfältigkeit** ‹*die; -, geen mv*› veel-, menigvuldigheid, verscheidenheid; **'vielfarbig** veelkleurig, bont; **'Vielfraß** ‹*der; -es, -n*› (*lett en fig*) veelvraat; **'vielgereist** bereisd; **'Vielheit** ‹*die; -, -en*› veelheid, veelvuldigheid, menigte
viel'leicht 1 misschien, wellicht; 2 ongeveer; 3 soms
'vielmals dikwijls, vaak; *danke* ~*!* dank u zeer!
viel'mehr 1 veeleer, integendeel; 2 liever gezegd; 3 *nicht sosehr ... als* ~ niet zozeer ... als wel
'vielseitig veelzijdig (*lett en fig*); **'vielsilbig** meerlettergrepig; **'vielsprachig** veeltalig;

'**vielstöckig** met veel verdiepingen; '**Vielwisser** ‹*der; -s, -*› veelweter
'**Vielzahl** ‹*die; -, geen mv*› groot aantal
vier 1 vier; *zu ~t, zu ~en* met z'n vieren, vier aan vier; *wir waren unser ~* wij waren met z'n vieren; 2 *alle ~e (von sich) strecken* languit gaan liggen; *auf allen ~en* op handen en voeten; *in seinen ~ Wänden bleiben* thuis blijven; '**vierblätt(e)rig** vierbladig; *~es Kleeblatt* klavertjevier; '**Viereck** ‹*das; -(e)s, -e*› vierhoek, -kant; '**viereckig** vierhoekig, -kant(ig); '**viereinhalb** vier en een half; '**Vierer** ‹*der; -s, -*› 1 cijfer; 2 (*sp*) de vier; '**vierfach** viervoudig, -maal; '**Vierfüßer** ‹*der; -s, -*› viervoetig dier, viervoeter; '**Viergespann** ‹*das; -(e)s, -e*› vierspan, quadriga; '**Vierkantig** vierzijdig, met vier kanten; '**Vierling** ‹*der; -(e)s, -e*› vierling; '**Vierradantrieb** ‹*der; -(e)s, geen mv*› vierwielaandrijving; '**vierräd(e)rig** vierwielig; '**vierschrötig** stoer, robuust, potig; '**vierseitig** vierzijdig; '**viersilbig** vierlettergrepig; '**Viersitzer** ‹*der; -s, -*› vierpersoonsauto; '**vierspurig**: *~e Fahrbahn* rijbaan met vier rijstroken; '**vierstellig** (getal) van vier cijfers; '**vierstökkig** van vier verdiepingen
viert: (*wir sind*) *zu ~* met z'n vieren
'**Viertel** ‹*das; -s, -*› 1 vierde (deel), kwart; 2 kwartier; *~ nach zwölf od. ~ eins* kwart over twaalf; *~ vor eins od. drei ~ eins* kwart voor een; 3 wijk; 4 kwart liter (*wijn*); 5 125 gram; '**Vierteldrehung** ‹*die; -, -en*› kwartslag; '**Vierteljahr** ‹*das; -(e)s, -e*› kwartaal, drie maanden, trimester; '**vierteln** ‹*h*› in vieren delen; '**Viertelpfund** ‹*das; -(e)s, geen mv*› 125 gram; **Viertel'stunde** ‹*die; -, -n*› kwartier (*15 minuten*)
'**viertens** ten vierde
'**vierzig** veertig; *in den ~er Jahren* in de jaren veertig; '**Vierziger** ‹*der; -s, -*› veertiger, veertigjarige; *in den ~n sein* in de veertig zijn
Vi'kar ‹*der; -s, -e*› vicaris
'**Villenviertel** ‹*das; -s, -*› villawijk
Vio'line ‹*die; -, -n*› viool
'**Viper** ‹*die; -, -n*› (*dierk*) adder
Virtu'ose ‹*der; -n, -n*› virtuoos
Vi'sage ‹*die; -, -en*› facie, smoel
Visi'on ‹*die; -, -en*› visioen
Visitati'on ‹*die; -, -en*› visitatie, inspectie
Vi'site ‹*die; -, -n*› (*med*) visite; **visi'tieren** ‹*h*› visiteren; onder- of doorzoeken
'**Visum** ‹*das; -s, Visa*› visum; '**Visumzwang** ‹*der; -(e)s, geen mv*› visumplicht
vi'tal vitaal (*alle bet*); **Vitali'tät** ‹*die; -, geen mv*› vitaliteit
Vita'min ‹*das; -s, -e*› vitamine; **Vita'minmangel** ‹*der; -s, geen mv*› vitaminegebrek, tekort
Vitri'ol ‹*das; -s, -e*› (*chem*) vitriool
'**Vize**... vice...; '**Vizekanzler** ‹*der; -s, -*› vicekanselier; '**Vizemeister** ‹*der; -s, -*› (*sp*) nr. 2, 2e
v.J. (*afk*) *vorigen Jahres* van het vorige jaar
VN (*afk*) *Vereinte Nationen*

'**Vogel** ‹*der; -s, ¨*› 1 vogel (*lett en fig*); 2 *den ~ abschießen* allen overtreffen; 3 *lustiger ~* vrolijke klant; 4 *er hat einen ~* hij is niet goed snik; '**Vogel**... vogel...; '**vogelfrei** vogelvrij; *für ~ erklären* vogelvrij verklaren
'**vögeln** ‹*h*› naaien, neuken
'**Vogelperspektive** ‹*die; -,-en*› *aus der ~* in vogelperspectief; '**Vogelscheuche** ‹*die; -, -en*› (*lett en fig*) vogelverschrikker; **Vogel-'Strauß-Politik** ‹*die; -, geen mv*› struisvogelpolitiek; '**Vogelzug** ‹*der; -(e)s, -ë*› vogeltrek
Vogt ‹*der; -(e)s, -ë*› voogd
Vo'kabel ‹*die; -, -n*› woord (*van vreemde taal*); **Vokabu'lar** ‹*das; -s, -e*› vocabulaire; woordenlijst
Vo'kal ‹*der; -s, -e*› klinker
'**Vokativ** ‹*der; -s, -e*› (*tlk*) vocatief
Volk ‹*das; -(e)s, -ër*› 1 volk; 2 menigte, volk; 3 (*jag*) vlucht; koppel; 4 volk, zwerm (*bijen*); **Völkerkunde** ‹*die; -, geen mv*› volkenkunde, etnologie; '**Völkerrecht** ‹*das; -(e)s, geen mv*› volkenrecht; '**völkerrechtlich** volkenrechtelijk; '**Völkerschaft** ‹*die; -, -en*› volk(sstam), natie; '**Völkerverständigung** ‹*die; -, geen mv*› het aankweken van wederzijds begrip bij de volkeren; '**Völkerwanderung** ‹*die; -, -en*› volksverhuizing; '**völkisch** nationaal, volks...; **Volks**... volks...; '**Volksabstimmung** ‹*die; -, -en*›, **Volksentscheid** ‹*der; -(e)s, -e*› volksstemming, referendum; (*Belg*) volksraadpleging; '**Volksbefragung** ‹*die; -, -en*› referendum; '**Volksbegehren** ‹*das; -s, -*› verzoek, een referendum te houden; '**Volksbücherei** ‹*die; -, -en*› openbare bibliotheek; '**Volkseinkommen** ‹*das; -s, -*› nationaal inkomen; '**Volksfeind** ‹*der; -(e)s, -e*› volksvijand; '**Volksgruppe** ‹*die; -, -n*› nationale minderheid; '**Volksherrschaft** ‹*die; -, geen mv*› volksheerschappij, democratie; '**Volksküche** ‹*die; -, -n*› gaarkeuken, centrale keuken; '**volkskundlich** folkloristisch; '**Volkstracht** ‹*die; -, -en*› volksdracht, nationale dracht; '**volkstümlich** 1 populair; 2 overeenkomstig de volksaard; *~er Brauch* volksgebruik; '**Volkswirt** ‹*der; -(e)s, -e*› econoom; '**Volkswirtschaft** ‹*die; -, -en*› economie; '**Volkswirtschaftler** ‹*der; -s, -*› econoom; '**volkswirtschaftlich** economisch; '**Volkszugehörigkeit** ‹*die; -, -en*› nationaliteit
voll 1 vol (*alle bet*); *~ von Menschen, ~ Menschen* vol mensen; 2 *er ist ~* hij is dronken; *ich bin bis obenhin ~* ik kan niet meer (eten); 3 *ich habe die Nase ~ (davon)* ik heb er mijn buik van vol; 4 *die Züge fahren um ~ und halb ab* de treinen vertrekken op de hele en de halve uren; *es schlägt ~* het slaat een heel uur; 5 volledig, totaal, helemaal; *~ und ganz* geheel en al; 6 *aus dem ~en* uit een ruime beurs; uit ruime voorraad; **voll**..., **Voll**... 1 vol..., vol(le)...; 2 volledig(e)...; '**Vollakademiker** ‹*der; -s, -*› afgestudeerd academicus (*drs, ir, mr*)

'vollauf volop
'vollaufen ‹*st.s; ie-au; äu*› vollopen
'Vollbad ‹*das;* -(*e*)*s,* -*ë*› kuipbad
'Vollbart ‹*der;* -(*e*)*s,* -*ë*› volle baard
'vollbeschäftigt: ~ *sein* 1 volop werk hebben; 2 een volledige betrekking hebben; **'Vollbeschäftigung** ‹*die;* -, -*en*› 1 volledige werkgelegenheid; 2 full-time job
'Vollbesitz ‹*der*› *im* ~ in het bezit
'Vollblut ‹*das;* -(*e*)*s,* -*e*›, **'Vollblüter** ‹*der;* -*s,* -› volbloed (*paard*); **'vollblütig** volbloedig
voll'bringen ‹*onr. h*› volbrengen
voll'enden ‹*h*› voltooien; **voll'endet** 1 voltooid; 2 volmaakt; 3 volledig; 4 ~*e Tatsache* voldongen feit; **'vollends** 1 volkomen, geheel, totaal; 2 ook nog; **Voll'endung** ‹*die;* -, *geen mv*› 1 voltooiing; 2 volmaaktheid
'voller vol van
'Volleyball ‹*der;* -(*e*)*s, geen mv*› volleybal
voll'führen ‹*h*› volbrengen, uitvoeren
'Vollgas ‹*das;* -*es, geen mv*› 1 plankgas, vol gas; 2 (*fig*) ~ *geben: a*) zich haasten; *b*) ervandoor gaan
'Vollgefühl ‹*das;* -(*e*)*s, geen mv*› *im* ~ in het volle besef van, in het gelukkig gevoel van
'vollgepfropft, **'vollgestopft** volgepropt, -gestopt
'vollgültig ten volle geldig, volledig
'Vollgummireifen ‹*der;* -*s,* -› massieve band
'Vollidiot ‹*der;* -*en,* -*en*› volslagen idioot
'völlig volledig, vol, volkomen, geheel, totaal
'volljährig meerderjarig; **'Volljährigkeit** ‹*die;* -, *geen mv*› meerderjarigheid
'Volljurist ‹*der;* -*en,* -*en*› meester in de rechten
'Vollkaskoversicherung ‹*die;* -, -*en*› all-risk verzekering
voll'kommen 1 volkomen, -maakt; 2 volledig; **Voll'kommenheit** ‹*die;* -, *geen mv*› volmaaktheid
'vollmachen ‹*h*› 1 volmaken (*div bet*); 2 vuil maken; 3 *die Hose* ~ het in zijn broek doen
'Vollmacht ‹*die;* -, -*en*› volmacht; *in* ~ bij volmacht
'Vollmilch ‹*die;* -, *geen mv*› volle melk; **'Vollmilchkäse** ‹*der*› volvette kaas; **'Vollmilchschokolade** ‹*die;* -, *geen mv*› melkchocolade
'Vollmond ‹*der;* -(*e*)*s,* -*e*› 1 volle maan; 2 kale kop
'Vollpension ‹*die;* -, *geen mv*› volledig pension
'vollpfropfen ‹*h*› volproppen, volstoppen
'vollschlagen ‹*st.h; u-a; ä*› *sich den Bauch, den Wanst* ~ zich de buik, de pens volvreten
'vollschlank volslank
'vollständig volledig; **'Vollständigkeit** ‹*die;* -, *geen mv*› volledigheid
'vollstimmig volstemmig
voll'streckbar (*jur*) uitvoerbaar; **voll'strekken** ‹*h*› 1 voltrekken; 2 (*strafschop*) nemen (en scoren); **Voll'strecker** ‹*der;* -*s,* -› voltrekker, uitvoerder; **Voll'streckung** ‹*die;* -, -*en*› voltrekking
'volltönend 1 (helder) klinkend; 2 rijk (*rijm*)
'Vollverpflegung ‹*die;* -, *geen mv*› volledige verzorging (*in hotel e.d.*)
'Vollversammlung ‹*die;* -, -*en*› plenaire vergadering
'vollwertig volwaardig
'vollzählig voltallig
voll'ziehen ‹*st.h; o-o*› 1 voltrekken, uitvoeren; 2 *sich* ~ plaatshebben, plaatsvinden; 3 ~*de Gewalt* uitvoerende macht
Voll'zug ‹*der;* -(*e*)*s, geen mv*› het voltrekken, uitvoering
Volon'tär ‹*der;* -*s,* -*e*› volontair
Vo'lumen ‹*das;* -*s,* - *en Volumina*› 1 volume; 2 omvang; hoeveelheid
vom *von dem* 1 van de; van het; 2 door de; door het
von ‹*vz*› (+ 3) 1 **van**: ~ *alleine* vanzelf; ~ ... *aus* vanuit ...; ~ ... *an* vanaf ...; ~ *da an* van toen af; 2 **door**: (*der Baum wurde*) *vom Winde umgerissen* door de wind omgerukt; 3 *reden* ~ (*einem, einer Sache*) praten over; 4 *eine Art von* ... een soort ...; *Hunderte* ~ (*Menschen usw.*) honderden; 5 ~ *neuem* opnieuw; ~ *mir aus!* voor mijn part!
vonein'ander van elkander
von'nöten nodig, van node
von'statten: ~ *gehen* 1 plaatsvinden; 2 vorderen, opschieten; 3 verlopen
vor I ‹*vz*› (+ 3 of + 4) 1 **voor**: *stehen* ~, *schützen* ~, *sich fürchten* ~, *Angst* ~, *sicher* ~ *usw.* (*lett,* (+ 3)); ~ *allen Dingen,* ~ *allem* voor alles, in de eerste plaats; 2 **boven**: (*du hast*) *den Vorzug* ~ *ihm* de voorkeur boven hem; 3 **op**: *er hat nichts* ~ *dir voraus* hij heeft niets op jou voor; 4 **van**: (*er starb*) ~ *Hunger* van honger; 5 **zonder** ‹*vz*› ~ *drei Tagen* drie dagen geleden; ~ *alters* oudtijds; 6 ~ *sich gehen* plaatsvinden, gebeuren; **II** ‹*bw*› *nach wie* ~ nog altijd
vor'ab vooraf, van te voren, eerst
vor'an 1 vooraan, voorop, aan het hoofd; 2 *anderen* ~ *sein* anderen vooruit zijn; 3 *immer langsam* ~*!* maar kalmpjes aan!; **vor'anbringen** ‹*onr. h*› vooruitbrengen; **vor'angehen** ‹*st.s; i-a*› 1 vooropgaan, -lopen; 2 voorafgaan; 3 *einem* ~ iem voorgaan; 4 *die Arbeit geht gut voran* het werk schiet goed op; 5 *mit gutem Beispiel* ~ het goede voorbeeld geven; **vor'ankommen** ‹*st.s; a-o*› 1 vooruitkomen, opschieten; 2 (*in der Schule*) *schwer* ~ moeizaam meekomen
'Voranmeldung ‹*die;* -, -*en*› 1 voorlopige aanmelding; 2 (*telec*) oproep, voorbericht
'Voranschlag ‹*der;* -(*e*)*s,* -*ë*› kostenraming
vor'anstellen ‹*h*› vooropzetten
vor'antreiben ‹*h*› bespoedigen
'Vorarbeit ‹*die;* -, -*en*› voorbereidende werkzaamheid, voorwerk; **'vorarbeiten** ‹*h*› 1 vooruitwerken; 2 voorbereidend werk doen; **'Vorarbeiter** ‹*der;* -*s,* -› voorman, ploegbaas
vor'auf voorop, -aan, -af, -uit
vor'aus vooruit: *a*) naar voren; *b*) van te voren; (*er war seinen Mitschülern*) *weit* ~ ver voor; *im* ~ bij voorbaat

vor'auseilen ‹*s*› haastig vooruitlopen; *den Tatsachen* ~ op de feiten vooruitlopen; **vor'ausgehen** ‹*st.s; i-a*› 1 vooruitgaan, -lopen; 2 voorafgaan; 3 *ihm geht der Ruf voraus ...* hij heeft de reputatie ...; **vor'ausgesetzt:** ~ *daß* aangenomen dat, mits; **vor'aushaben** ‹*onr. h; hatte, gehabt*› *einem od. vor einem etwas* ~ iets op iem voor hebben

Vor'aussage ‹*die; -, -n*› voorspelling; **vor'aussagen** ‹*h*› voorspellen

vor'ausschicken ‹*h*› 1 vooruitzenden, -sturen; 2 vooraf laten gaan, vooropstellen, beginnen met (*mededeling, opmerking e.d.*)

vor'aussehen ‹*st.h; a-e; ie*› 1 voorzien; 2 vooruitzien

vor'aussetzen ‹*h*› veronderstellen; **Vor'aussetzung** ‹*die; -, -en*› 1 veronderstelling; 2 voorwaarde; *unter der* ~ *daß* mits

Vor'aussicht ‹*die; -, -en*› 1 vermoeden; 2 *aller* ~ *nach* naar alle waarschijnlijkheid; **vor'aussichtlich** vermoedelijk, waarschijnlijk, naar het zich laat aanzien

'Vorbau ‹*der; -(e)s, -ten*› 1 (*bouwk*) uitbouw; 2 (*fig*) voorgevel, boezem

'vorbauen ‹*h*› 1 tijdig maatregelen nemen; 2 (*einem Ding*) voorkomen, verhoeden

'Vorbedacht ‹*der; -(e)s, geen mv*› opzet, bedoeling

'Vorbedeutung ‹*die; -, -en*› voorteken

'Vorbedingung ‹*die; -, -en*› (eerste) voorwaarde; ‹*mv*› voorwaarden vooraf

'Vorbehalt ‹*der; -(e)s, -e*› voorbehoud; **'vorbehalten** ‹*st.h; ie-a; ä*› 1 voorhouden; 2 *sich etwas* ~ zich iets voorbehouden

vor'bei 1 voorbij, langs; *am* (*Bahnhof*) ~ langs; 2 voorbij, over; *4 Uhr* ~ over vieren; 3 afgelopen, voorbij; *es ist* ~ *mit ihm* het is afgelopen met hem; **vor'beibringen** ‹*onr. h*› langs brengen; **vor'beigehen** ‹*st.s; i-a*› 1 voorbijgaan, passeren, komen langs; 2 *bei einem* ~ (even) bij iem langs gaan of aangaan; 3 missen; 4 overgaan (*van pijn e.d.*); 5 (*fig*) ~ *an: a*) voorbij gaan aan; *b*) langs iem heengaan; **vor'beikommen** ‹*st.s; a-o*› 1 voorbijkomen; ~ *an* (+ 3) komen langs; 2 *bei einem* ~ (even) bij iem langs gaan; 3 *nicht an der Tatsache* ~, *daß* ... er niet omheen kunnen, dat ...

Vor'beimarsch ‹*der; -es, -ë*› defilé; **vor'beireden** ‹*h*› ~ *an* langs ... heenpraten; **vor'beischauen** ‹*h*› 1 even langs komen; 2 even een kijkje nemen; **vor'beischießen** ‹*st.h; o-o*› naast schieten, missen

'vorbelastet reeds bezwaard

'Vorbemerkung ‹*die; -, -en*› opmerking vooraf

'Vorberatung ‹*die; -, -en*› voorafgaand overleg

'Vorbericht ‹*der; -(e)s, -e*› 1 voorafgaand bericht; 2 voorlopig verslag

'vorbeugen ‹*h*› 1 (*einer Sache*) voorkomen, verhinderen; 2 (*sich*) ~ (zich) vooroverbuigen; **'Vorbeugung** ‹*die; -, -en*› voorkoming, verhindering; **'Vorbeugungsmaßnahme** ‹*die; -, -n*› voorzorgsmaatregel

'Vorbild ‹*das; -(e)s, -er*› voorbeeld

'vorbilden ‹*h*› een vooropleiding geven; **'vorbildlich** voorbeeldig; **'Vorbildung** ‹*die; -, -en*› 1 voorbereidend onderwijs; 2 vooropleiding

'Vorbote ‹*der; -n, -n*› voorbode, -teken

'vorbringen ‹*onr. h*› 1 vooruit-, naar voren brengen; 2 te berde brengen, aanvoeren, uiten

'Vordach ‹*das; -(e)s, -ër*› luifel, afdak

'vordem, vor'dem 1 vroeger; 2 tevoren

'Vordergrund ‹*der; -(e)s, -ë*› voorgrond; *im* ~ *stehen* op de voorgrond staan; *in den* ~ *stellen* op de voorgrond plaatsen; *in den* ~ *rücken od. treten* op de voorgrond treden; **'vordergründig** 1 voor de hand liggend; 2 oppervlakkig

'vorderhand voorshands, voorlopig; **'Vorderhand** ‹*die; -, geen mv*› voorhand; **'Vordermann** ‹*der; -(e)s, -ër*› 1 voorman; 2 voor iem rijdende auto; 3 *einen auf* ~ *bringen* iem mores leren; **'Vorderradantrieb** ‹*der; -(e)s, geen mv*› voorwielaandrijving (*van auto*); **'Vorderteil** ‹*der of das; -(e)s, -e*› voorste deel, voorzijde

'vordrängen, sich ‹*h*› naar voren dringen

'vordringen ‹*st.s; a-u*› doordringen; **'vordringlich** 1 urgent, dringend; 2 met voorrang

'Vordruck ‹*der; -(e)s, -e*› formulier

'vorehelich voorechtelijk

'voreilen ‹*s*› vooruitsnellen; **'voreilig** 1 overijld, haastig; 2 voorbarig

'voreingenommen vooringenomen; **'Voreingenommenheit** ‹*die; -, geen mv*› vooringenomenheid

'vorenthalten ‹*st.h; ie-a; ä*› (*einem etwas*) onthouden; **'Vorenthaltung** ‹*die; -, -en*› onthouding

'Vorentscheidung ‹*die; -, -en*› voorlopige beslissing

vor'erst voorlopig

'vorerzählen ‹*h*› (*fig*) wijsmaken

'Vorfahr ‹*der; -en, -en*› voorvader

'vorfahren ‹*st.s; u-a; ä*› 1 naar voren rijden; 2 voorrijden

'Vorfahrt ‹*die; -, geen mv*› voorrang; *die* ~ *nicht beachten* geen voorrang verlenen; **'Vorfahrt(s)recht** ‹*das; -(e)s, geen mv*› voorrang; **'Vorfahrt(s)straße** ‹*die; -, -n*› voorrangsweg

'Vorfall ‹*der; -(e)s, -ë*› voorval, gebeurtenis; **'vorfallen** ‹*st.s; ie-a; ä*› voorvallen, gebeuren

'Vorfeld ‹*das; -(e)s, -er*› 1 (*mil*) voorterrein; 2 (*fig*) *im* ~ *der Konferenz* voorafgaande aan de conferentie

'vorfinden ‹*st.h; a-u*› aantreffen, vinden

'vorfristig voor de gestelde termijn; voortijdig

'vorfühlen ‹*h*› *bei einem* ~ iem polsen

'vorführen ‹*h*› 1 voorleiden; 2 demonstreren; laten zien; 3 vertonen; 4 opvoeren; **'Vorführung** ‹*die; -, -en*› voorgeleiding enz.; vgl *vorführen*

'Vorgabe ‹*die; -, -n*› (*sp*) voorgift

'Vorgang ‹*der; -(e)s, -ë*› 1 gebeurtenis, voorval; 2 (*techn*) proces, procedé; 3 (*jur*) dossier; 4 (*psych*) proces

'**Vorgänger** ‹*der; -s, -*› voorganger

'**vorgaukeln** ‹*h*› voorspiegelen, voortoveren

'**vorgeben** ‹*st.h; a-e; i*› 1 naar voren doorgeven; 2 voorgeven, een voorsprong geven; 3 voorwenden, beweren; 4 bepalen, vaststellen; '**vorgeblich** zogenaamd, beweerd

'**vorgefaßt**: *~e Meinung* vooropgezette mening; *~es Urteil* vooroordeel

'**vorgehen** ‹*st.s; i-a*› 1 naar voren gaan; 2 voorgaan; voorrang hebben; 3 vooruitgaan; 4 voorlopen; 5 (*mil*) aanvallen; 6 gebeuren; 7 optreden; 8 *gerichtlich gegen einen ~* iem gerechtelijk vervolgen; 9 *was geht in dir vor?* wat gaat er in je om?; 10 *systematisch ~* systematisch te werk gaan; 11 *vor sich gehen* plaatshebben; '**Vorgehen** ‹*das; -s, -*› 1 het optreden; 2 handelwijze; 3 het voorgaan

'**Vorgelände** ‹*das; -s, -*› voorterrein

'**Vorgelege** ‹*das; -s, -*› (*techn*) overbrenging

'**vorgerückt** 1 gevorderd (*leeftijd*); 2 *in ~er Stunde* op de late avond

'**Vorgeschmack** ‹*der; -(e)s, -e*› voorproefje

'**vorgeschritten** 1 (*leeftijd*) gevorderd; 2 *zu ~er Stunde* laat (in de avond)

'**Vorgesetzte(r)** ‹*bn als zn*› meerdere, chef

'**vorgestern** eergisteren; '**vorgestrig** van eergisteren

'**vorgreifen** ‹*st.h; i-i*› 1 (*einer Sache*) ~ vooruitlopen op; 2 *einem ~: a*) iem (met iets) voor zijn; *b*) iems beslissing niet afwachten; '**Vorgriff** ‹*der; -(e)s, -e*› voorbarigheid, het vooruitlopen

'**vorhaben** ‹*onr. h; hatte, gehabt*› 1 van plan zijn; 2 voorhebben; '**Vorhaben** ‹*das; -s, -*› plan, voornemen

'**vorhalten** ‹*st.h; ie-a; ä*› **I** ‹*tr*› 1 voorhouden; 2 *einem etwas ~* iem iets voorhouden; **II** ‹*intr*› 1 voldoende zijn; 2 duurzaam zijn, duren; '**Vorhaltung** ‹*die; -, -en*› verwijt

vor'handen 1 aanwezig; 2 voorradig

'**Vorhang** ‹*der; -(e)s, -ë*› 1 gordijn; *der Eiserne ~* het IJzeren Gordijn; 2 (*theat en fig*) doek; '**vorhängen** ‹*h; tr*› hangen voor; '**Vorhängeschloß** ‹*das; -geschlosses, -geschlösser*› hangslot

'**Vorhaut** ‹*die; -, -ë*› (*anat*) voorhuid

vor'her (van) te voren, vooraf, eerst; **vor'herbestimmen** ‹*h*› 1 vooraf bepalen; 2 voorbeschikken; **vor'hergehen** ‹*st.s; i-a*› voorafgaan; **vor'herig** voorafgaand, vroeger, vorig

'**Vorherrschaft** ‹*die; -, geen mv*› overwicht, hegemonie, suprematie; '**vorherrschen** ‹*h*› 1 de hegemonie bezitten; 2 overheersen; 3 (*mode*) heersen

Vor'hersage ‹*die; -, -n*› voorspelling; **vor'hersagen** ‹*h*› voorspellen; **vor'hersehen** ‹*st.h; a-e; ie*› voorzien

vor'hin zoëven, daarstraks, net; '**vorhinein**: *im ~* a priori, bij voorbaat, vooraf

'**Vorhof** ‹*der; -(e)s, -ë*› 1 boezem (*deel van het hart*); 2 voorhof (*div bet*); 3 voorerf

'**Vorhut** ‹*die; -, -en*› voorhoede

'**vorig** vorig, voorgaand

'**Vorjahr** ‹*das; -(e)s, -e*› het vorige jaar; '**vorjährig** van het vorig jaar

'**Vorkammer** ‹*die; -, -n*› 1 boezem (*deel van het hart*); 2 voorvertrek, wachtkamer

'**Vorkämpfer** ‹*der; -s, -*› voorvechter

'**Vorkasse** ‹*die; -, geen mv*› vooruitbetaling

'**Vorkaufsrecht** ‹*das; -(e)s, -e*› optie, recht van voorkoop

'**Vorkehrung** ‹*die; -, -en*› (voorzorgs)maatregel; (*~en*) *treffen* nemen

'**Vorkenntnisse** ‹*mv*› 1 voorkennis, reeds verworven kennis; 2 vooropleiding

'**vorknöpfen** ‹*h*› *sich einen ~* iem (geducht) onder handen nemen

'**vorkommen** ‹*st.s; a-o*› 1 voor het bord komen (*op school*); 2 voorkomen, gebeuren; 3 voorkomen, aangetroffen worden; 4 *wie kommst du mir vor?* wat moet ik van je denken?; 5 *ich komme mir vor wie ein*(*e*) ... ik voel me een ...

'**Vorkommen** ‹*das; -s, -*› 1 het voorkomen, het bestaan, aanwezigheid; 2 vindplaats (*van mineralen*); ‹*mv*› (ook hoeveelheden, voorraden)

'**Vorkommnis** ‹*das; -ses, -se*› voorval

'**Vorkriegs**... vooroorlogs..., van voor de (2de Wereld)oorlog

'**vorladen** ‹*st.h; u-a; ä*› (*jur*) dagvaarden; '**Vorladung** ‹*die; -, -en*› (*jur*) dagvaarding

'**Vorlage** ‹*die*› 1 het overleggen, het tonen; *gegen od. bei ~* (+ 2) op vertoon van; 2 (wets-)ontwerp; 3 voorbeeld, model; 4 voorovergebogen houding (*bij het skiën*); 5 (*sp*) voorzet

'**vorlagern** ‹*s*› liggen voor

'**Vorland** ‹*das; -(e)s, -e*› 1 voorland; 2 uiterwaard; 3 kwelder, schor

'**vorlassen** ‹*st.h; ie-a; ä*› 1 voor laten gaan; 2 toelaten, laten binnenkomen

'**Vorlauf** ‹*der; -(e)s, -ë*› (*sp*) serie; voorronde

'**vorlaufen** ‹*st.s; ie-au; äu*› 1 naar voren lopen; 2 vooruitlopen

'**vorläufig** voorlopig

'**vorlaut** 1 vrijpostig; 2 eigenwijs

'**vorlegen** ‹*h*› 1 leggen voor, ervoor leggen; 2 voorleggen; 3 ervoor hangen, erop doen (*een slot*); 4 opdienen, voorzetten (*spijzen*); 5 *einen Entwurf ~* een ontwerp indienen; 6 (*zijn pas*) tonen; (*diploma's*) overleggen; 7 *zur Zahlung ~* ter betaling aanbieden; 8 (*sp*) een pass geven, passen; 9 (*sp*) (*eine gute Zeit*) ~ neerzetten; (*ein hohes Tempo*) ~ aanhouden; '**Vorleger** ‹*der; -s, -*› kleedje, mat

'**vorlehnen, sich** ‹*h*› vooroverleunen

'**Vorlesung** ‹*die; -, -en*› college (*universiteit*); *~en hören* college lopen, colleges volgen

'**vorletzt** voorlaatst

'**Vorliebe** ‹*die; -, -n*› voorliefde, voorkeur

vor'liebnehmen ‹*st.h; a-o; i*› *mit etwas ~* iets voor lief nemen, tevreden zijn met iets

'**vorliegen** ‹*st.h; a-e*› 1 ervoor liggen; 2 aanwezig zijn, er zijn; 3 behandeld moeten worden (*brieven*); 4 *es liegt gegen ihn nichts vor* er is

geen aanklacht tegen hem; 5 *es liegt ein Irrtum vor* er is een vergissing in het spel; **'vorliegend** 1 *das ~e Buch* dit boek; 2 *im ~en Fall* in het onderhavige geval
vorm *vor dem*
'vormachen ‹*h*› 1 voordoen; 2 wijsmaken
'Vormacht ‹*die; -, geen mv*› hegemonie, overwicht, leidende rol
'vormalig ‹*bn*› voormalig, vroeger; **'vormals** ‹*bw*› 1 vroeger, eertijds; 2 voorheen
'Vormarsch ‹*der; -es, -ë*› opmars; *auf dem ~* in opmars
'vormerken ‹*h*› 1 noteren, opnemen; 2 aantekenen; 3 reserveren; 4 *sich ~ lassen* zich laten inschrijven; **'Vormerkung** ‹*die; -, -en*› 1 aantekening; 2 het opnemen; 3 voorlopige inschrijving
'vormittags 's morgens
'Vormonat ‹*der; -(e)s, -e*› vorige maand
'Vormund ‹*der; -(e)s, -e en -ër*› 1 voogd; 2 curator; **'Vormundschaft** ‹*die; -, -en*› 1 voogdij-(schap); 2 curatele
vorn 1 voor(aan); 2 van voren; *von ~ an* van voren af aan; 3 voor(in); 4 *nach ~* naar voren
'Vornahme ‹*die; -, geen mv*› 1 het verrichten, uitvoering; 2 het aanbrengen (*van een correctie*)
'Vorname ‹*der; -ns, -n*› voornaam
vorn'an vooraan
'vorne zie *vorn*
'vornehm 1 voornaam, aanzienlijk; 2 deftig, chic; 3 voornaam, belangrijk; 4 nobel, edel
'vornehmen ‹*st.h; a-o; i*› 1 voordoen; 2 doen, verrichten; (*wijziging*) aanbrengen; (*onderzoek*) instellen; 3 *sich etwas ~* zich iets voornemen; 4 *sich einen ~* iem onder handen nemen
'Vornehmheit ‹*die; -, geen mv*› voornaamheid
'vornehmlich voornamelijk, vooral
'vornherein: *von ~*: *a*) bij voorbaat, a priori; *b*) van meet af aan
vorn'über voorover
'vornweg, vorn'weg vooraan, voor, als eerste
'Vorort ‹*der; -(e)s, -e*› voorstad
'vorquellen ‹*st.s; o-o; i*› 1 opwellen, -borrelen; 2 uitpuilen (*van het oog*)
'Vorrang ‹*der; -(e)s, geen mv*› voorrang; **'vorrangig** de voorrang hebbend, met prioriteit
'Vorrat ‹*der; -(e)s, -ë*› voorraad; **'vorrätig** voorradig, in voorraad; **'Vorratshaltung** ‹*die; -, geen mv*› opslag
'Vorraum ‹*der; -(e)s, -ë*› vestibule, hal, portaal
'Vorrecht ‹*das; -(e)s, -e*› voorrecht
'Vorrede ‹*die; -, -n*› 1 voorbericht, -rede, -woord; 2 inleiding
'Vorredner ‹*der; -s, -*› vorige spreker
'vorrennen ‹*onr.s*› 1 vooraan rennen; 2 vooruitrennen
'vorrichten ‹*h*› 1 klaarmaken; voorbereiden; 2 (*kamer*) in orde brengen; opknappen; **'Vorrichtung** ‹*die; -, -en*› 1 toestel, inrichting; installatie; apparaat; 2 voorbereiding
'vorrücken I ‹*h*› vooruitzetten, naar voren schuiven; II ‹*s*› 1 vorderen, opschieten; 2 (*mil*) oprukken; 3 opschuiven; 4 opklimmen
'vorsagen ‹*h*› voorzeggen
'Vorsatz ‹*der; -es, -ë*› 1 voornemen, plan, bedoeling; 2 opzet; *mit ~* met opzet; **'vorsätzlich** 1 opzettelijk, expres, met opzet; 2 (*jur*) met voorbedachten rade
'Vorschau ‹*die; -, geen mv*› (*telec*) overzicht van het komende programma
'Vorschein ‹*der*› *zum ~ kommen, bringen* te voorschijn, voor de dag komen, brengen
'vorschicken ‹*h*› 1 vooruitzenden; 2 naar voren sturen
'vorschieben ‹*st.h; o-o*› 1 schuiven voor, ervoor schuiven; 2 vooruitschuiven; 3 voorwenden, voorgeven
'Vorschlag ‹*der; -(e)s, -ë*› 1 voorstel; (*einen ~*) *machen* doen; 2 voorslag (*muziek*); **'vorschlagen** ‹*st.h; u-a; ä*› 1 voorstellen; 2 (iem) voordragen (*voor betrekking*)
'vorschnell voorbarig, overijld
'vorschreiben ‹*st.h; ie-ie*› voorschrijven (*alle bet*)
'vorschreiten ‹*st.s; i-i*› voortschrijden
'Vorschrift ‹*die; -, -en*› voorschrift; *nach ~* volgens recept; *Dienst nach ~* stiptheidsactie
vor'schriftsgemäß, vor'schriftsmäßig volgens voorschrift
'Vorschub ‹*der*› *einer Sache ~ leisten* iets bevorderen, iets in de hand werken
'Vorschulung ‹*die; -, -en*› voorbereidende scholing
'Vorschuß ‹*der; -schusses, -schüsse*› voorschot
'vorschützen ‹*h*› voorgeven, -wenden
'vorschwatzen ‹*h*› *einem etwas ~* iem met z'n geleuter vervelen of ophouden
'vorschweben ‹*h*› voor de geest staan
'vorschwindeln ‹*h*› *einem etwas ~* iem wat wijsmaken
'vorsehen ‹*st.h; a-e; ie*› 1 *einen* (*zu einem Amt, für einen Posten*) *~* iem op het oog hebben; 2 van plan zijn, beogen, plannen; (*das Spiel*) *ist für den 18. vorgesehen* is op de 18e gepland; 3 rekenen op, voorzien; 4 *das ist im Vertrag vorgesehen* daarin voorziet het contract; 5 (*dafür sind 100.000DM*) *vorgesehen* uitgetrokken; **sich** ~ 1 voorzichtig zijn; 2 op zijn hoede zijn; **'Vorsehung** ‹*die; -, geen mv*› Voorzienigheid
'vorsetzen ‹*h*› 1 vooruitzetten; 2 zetten of plaatsen voor; 3 *einem etwas ~* iem iets voorzetten
'Vorsicht ‹*die; -, geen mv*› voorzichtigheid, voorzorg; *~ üben, ~ walten lassen* voorzichtig zijn; *~!* pas op! voorzichtig!; **'vorsichtig** voorzichtig; **'vorsichtshalber** voorzichtigheidshalve
'Vorsilbe ‹*die; -, -n*› (*tlk*) voorvoegsel
'vorsintflutlich (*fig*) volkomen verouderd
'Vorsitz ‹*der; -es, -e*› voorzitterschap; *den ~ führen, haben* voorzitter zijn; **'vorsitzen** ‹*st.h; a-e; i*› *einer Versammlung ~* een vergadering

voorzitten of presideren; '**Vorsitzende(r)** ‹*bn als zn*› 1 voorzitter, voorzitster; 2 *Vorsitzende des Aufsichtsrates* president-commissaris

'**Vorsorge** ‹*die; -, geen mv*› voorzorg; *zur* ~ uit voorzorg; '**vorsorgen** ‹*h*› voorzorgsmaatregelen nemen; *fürs Alter* ~ voor de oude dag zorgen; '**vorsorglich** uit voorzorg, voorzichtigheidshalve

'**Vorspann** ‹*der; -(e)s, -e*› 1 voorspan; 2 de aan het begin van een film of t.v.-uitzending verstrekte gegevens (*titel, auteur, enz*); 3 inleiding

'**Vorspiegelung** ‹*die; -, -en*› voorspiegeling; *unter ~ falscher Tatsachen* onder valse voorspiegelingen

'**Vorspiel** ‹*das; -(e)s, -e*› 1 voorspel; 2 (*sp*) voorwedstrijd

'**vorsprechen** ‹*st.h; a-o; i*› 1 voorzeggen, (*theat*) souffleren; 2 voorspreken (*als voorbeeld*); 3 *bei einem* ~ iem (voor iets) bezoeken; iem (voor iets) komen spreken

vorspringen ‹*st.s; a-u*› 1 vooruit-, voorspringen; 2 (voor)uitsteken; '**Vorsprung** ‹*der; -(e)s, -ë*› 1 voorsprong; *einen ~ vor einem gewinnen* een voorsprong op iem krijgen; 2 (voor)uitstekend gedeelte

'**Vorstand** ‹*der; -(e)s, -ë*› 1 bestuur; 2 directie; 3 bestuurder; 4 directeur; '**Vorstandsmitglied** ‹*der; -(e)s, -er*› bestuurslid; '**Vorstandssitzung** ‹*die; -, -en*› bestuursvergadering

'**vorstecken** ‹*h*› 1 voordoen; 2 (*Nadel*) opdoen; 3 (*Kopf*) vooruitsteken; '**Vorstecknadel** ‹*die; -, -n*› broche

'**vorstehen** ‹*st.h; a-a*› 1 (voor)uitsteken; 2 naar voren staan; 3 *einem Institut, einer Organisation* ~ aan het hoofd staan van een instituut, een organisatie; '**vorstehend** bovenstaand; '**Vorsteher** ‹*der; -s, -*› directeur, hoofd, chef

'**vorstellen** ‹*h*› 1 zetten of plaatsen voor; 2 naar voren zetten; 3 voorzetten (*een klok*); 4 *einen* ~ iem voorstellen; 5 voorstellen (*div bet*); 6 (*einem etwas*) ~ onder ogen brengen

'**vorstellig:** ~ *werden* 1 een bezwaarschrift indienen; 2 een verzoekschrift indienen

'**Vorstellung** ‹*die; -, -en*› 1 het voorstellen; 2 voorstelling (*div bet*); 3 vermaning; 4 protest, bezwaar, klacht

'**Vorstoß** ‹*der; -es, -ë*› 1 aanval; *ein ~ gegen* een aanval op; 2 uitsteeksel, uitstekend deel; 3 boordsel (*aan kledingstuk*); 4 ~ *in* (+ 4) poging door te dringen in; '**vorstoßen I** ‹*st.h; ie-o; ö*› naar voren stoten of duwen; **II** ‹*st.s*› 1 aanvallen; 2 oprukken; 3 ~ *in*; **III** ‹*st.s*› 1 aanvallen; 2 oprukken; 3 ~ *in* (+ 4) doordringen in

'**Vorstrafe** ‹*die; -, -n*› vroegere straf

'**vorstrecken** ‹*h*› 1 (voor)uitsteken; 2 voorschieten; 3 *sich* ~ zich naar voren buigen

'**Vortag** ‹*der; -(e)s, -e*› dag te voren, vorige dag

vor'täuschen ‹*h*› 1 voorspiegelen, voorliegen; 2 simuleren, voorwenden

'**Vorteil** ‹*der; -(e)s, -e*› 1 voordeel; 2 (*sp*) ~ *gelten lassen* de voordeelregel toepassen; '**vorteilhaft** 1 voordelig; 2 winstgevend, lucratief; 3 met winst, voordeel; 4 mooi; gunstig

'**Vortrag** ‹*der; -(e)s, -ë*› 1 voordracht; 2 lezing; '**vortragen** ‹*st.h; u-a; ä*› 1 naar voren brengen of dragen; 2 voordragen, (*muz*) ten gehore brengen; 3 verslag uitbrengen; 4 officieel meedelen; 5 uiteenzetten (iets); 6 kenbaar maken; 7 verkondigen; 8 transporteren, overbrengen (*op een nieuwe rekening*); 9 *einen Angriff* ~ een aanval doen, uitvoeren

vor'trefflich voortreffelijk, uitstekend

'**Vortritt** ‹*der; -(e)s, geen mv*› *einem den ~ lassen* iem voor laten gaan; *den ~ vor einem haben* voor iem gaan

vor'über voorbij; (*der Sommer ist*) voorbij; *die Fünfzig ~ sein* de 50 gepasseerd zijn; **vor'über...** vgl *vorbei...*; **vor'übergehen** ‹*st.s; i-a*› voorbijgaan; ~ *an* (+ 3) voorbijgaan, -lopen, lopen langs; (*fig*) voorbijgaan aan; **Vor'übergehen** ‹*das; -s, geen mv*› *im* ~ 1 in het voorbijgaan; 2 en passant, terloops; **vor'übergehend** 1 voorbijgaand; 2 tijdelijk

'**vorurteilsfrei**, '**vorurteilslos** onbevooroordeeld

'**Vorväter** ‹*mv*› voorvaderen

'**Vorverhandlung** ‹*die; -, -en*› voorbereidend overleg

'**vorverlegen** ‹*h*› vervroegen

'**vorwagen, sich** ‹*h*› naar voren durven (te) gaan

'**Vorwahl** ‹*die; -, -en*› 1 voorverkiezing; 2 (*telec*) *a*) het draaien van het netnummer; *b*) netnummer; 3 voorlopige keuze; '**Vorwahlnummer** ‹*die; -, -n*› (*telec*) netnummer

'**Vorwand** ‹*der; -(e)s, -ë*› voorwendsel, uitvlucht

'**vorwärmen** ‹*h*› voorverwarmen

'**Vorwarnung** ‹*die; -, -en*› 1 voorafgaande waarschuwing; 2 vooralarm, voorafgaand alarm

'**vorwärts** 1 voorwaarts; naar voren; 2 vooruit; '**vorwärtsbringen** ‹*onr. h*› (*fig*) vooruitbrengen; '**Vorwärtsgang** ‹*der; -(e)s, -ë*› (*versnelling*) vooruit

vor'weg 1 bij voorbaat, a priori; 2 vooruit; **Vor'wegnahme** ‹*die; -, geen mv*› anticipatie, het vooruitlopen (op) enz.; vgl *vorwegnehmen*; **vor'wegnehmen** ‹*st.h; a-o; i*› anticiperen (op), vooruitlopen (op); *gleich das Wichtigste* ~ meteen het belangrijkste maar zeggen

'**vorweisen** ‹*st.h; ie-ie*› 1 tonen, overleggen; 2 (*fig*) blijk geven van; '**Vorweisung** ‹*die; -, -en*› vertoon

'**Vorwelt** ‹*die; -, -en*› voorwereld, oertijd

'**vorwerfen** ‹*st.h; a-o; i*› 1 verwijten, voor de voeten gooien; 2 toewerpen; gooien voor

'**vorwiegen** ‹*st.h; o-o*› overheersen, overwegen; '**vorwiegend** overwegend, voornamelijk

'**Vorwissen** ‹*das; -s, geen mv*› voorkennis

'**Vorwitz** ‹*der; -es, geen mv*› 1 eigenwijsheid; 2 vrijpostigheid; 3 onbescheiden nieuwsgierigheid; '**vorwitzig** 1 eigenwijs; 2 vrijpostig

'Vorwoche ⟨*die; -, -n*⟩ vorige of voorafgaande week

'Vorwurf ⟨*der; -(e)s, -ë*⟩ 1 verwijt; 2 thema

'Vorzeichen ⟨*das; -s, -*⟩ voorteken (*alle bet*); **'vorzeichnen** ⟨*h*⟩ 1 voortekenen; 2 (*fig*) uitstippelen; afbakenen

'vorzeigen ⟨*h*⟩ tonen, laten zien; **'Vorzeigung** ⟨*die; -, geen mv*⟩ vertoon

'Vorzeit ⟨*die; -, -en*⟩ voortijd, oertijd, prehistorie; **vor'zeiten** eertijds, lang geleden; **'vorzeitig** voortijdig; **'vorzeitlich** uit de voortijd

'vorziehen ⟨*st.h; o-o*⟩ 1 naar voren trekken; (*unter der Bank*) ~ uittrekken; 2 dichttrekken (*een gordijn*); 3 vervroegen; 4 *einen* ~ iem voortrekken; 5 de voorkeur geven aan, verkiezen; *Wein dem Bier* ~ wijn boven bier verkiezen

'Vorzimmer ⟨*das; -s, -*⟩ 1 voorvertrek; 2 wachtkamer

'Vorzug ⟨*der; -(e)s, -ë*⟩ 1 voordeel; 2 goede, voortreffelijke eigenschap; 3 (*einer Sache*) *den ~ geben* de voorkeur geven aan; **vor'züglich** voortreffelijk, uitstekend; **'Vorzugsaktie** ⟨*die; -, -n*⟩ preferent aandeel; **'Vorzugspreis** ⟨*der; -es, -e*⟩ speciale prijs; **'Vorzugsrecht** ⟨*das; -(e)s, -e*⟩ recht van voorkeur, preferentie; **'Vorzugsstellung** ⟨*die; -, -en*⟩ bevoorrechte positie of plaats; **'vorzugsweise** bij voorkeur

vo'tieren ⟨*h*⟩ *a*) stemmen; *b*) goedkeuren

Vul'kan ⟨*der; -s, -e*⟩ vulkaan

VW (*afk*) ⟨*der; -(s), -s*⟩ *Volkswagen*

Www

'Waage ⟨*die; -, -n*⟩ 1 weegschaal; *sich die ~ halten* tegen elkaar opwegen; 2 Weegschaal (van de dierenriem); **'waag(e)recht** 1 horizontaal; 2 waterpas; **'Waagschale**: (*seine Worte*) *auf die ~ legen* op een goudschaaltje wegen

'wabbelig slap, week, lillig

'Wabe ⟨*die; -, -n*⟩ (honing)raat

wach 1 wakker; 2 helder, pienter; 3 levendig; **'Wachdienst** ⟨*der; -(e)s, geen mv*⟩ 1 wacht(dienst); 2 bewakingsdienst; **'Wache** ⟨*die; -, -n*⟩ 1 wacht; ~ *gehen* wacht lopen; ~ *stehen* op wacht staan; 2 politiebureau; **'wachen** ⟨*h*⟩ waken, wakker zijn; **'Wachhund** ⟨*der; -(e)s, -e*⟩ waakhond; **'Wachmann** ⟨*der; -(e)s, -̈er*⟩ bewaker

Wa'cholder ⟨*der; -s, -*⟩ jeneverbes (*boom, struik*); **Wa'cholderbeere** ⟨*die; -, -n*⟩ jeneverbes

'wachrufen ⟨*st.h; ie-u*⟩ wakker roepen (*ook fig*)

'wachrütteln ⟨*h*⟩ wakker schudden

Wachs ⟨*das; -es, -e*⟩ was

'wachsam waakzaam, oplettend; *ein ~es Auge auf einen haben* een wakend oog op iem houden; **'Wachsamkeit** ⟨*die; -, geen mv*⟩ waakzaamheid

'wachsartig wasachtig; **'Wachsbild** ⟨*das; -(e)s, -er*⟩ wassenbeeld; **'wachs'bleich** was-, doodsbleek; **'wachsen I** ⟨*st.h; u-a; ä*⟩ 1 groeien; (*das Kind ist noch*) *im Wachsen* in de groei; *der Mond ist im Wachsen* het is wassende maan; 2 groter worden, toenemen, stijgen; **II** ⟨*zw. h*⟩ in de was zetten; **'Wachsfigur** ⟨*die; -, -en*⟩ wassenbeeld(je); **'Wachskerze** ⟨*die; -, -en*⟩ waskaars; **'Wachslicht** ⟨*das; -(e)s, -er*⟩ waskaars

'Wachstube ⟨*die; -, -n*⟩ wachtlokaal

'Wachstuch ⟨*das; -(e)s, -ër*⟩ tafelzeil

'Wachstum ⟨*das; -(e)s, geen mv*⟩ groei, stijging, toename; **'Wachstumsrate** ⟨*die; -, -n*⟩ (*econ*) groeipercentage

'Wachte ⟨*die; -, -n*⟩ overhangende sneeuwmassa

'Wachtel ⟨*die; -, -n*⟩ kwartel

'Wächter ⟨*der; -s, -*⟩ bewaker, oppasser, suppoost

'Wach(t)lokal ⟨*das; -(e)s, -e*⟩ wachtlokaal; **'Wachtmeister** ⟨*der; -s, -*⟩ politieagent

'Wach(t)turm ⟨*der; -(e)s, -ë*⟩ wachttoren; **'Wach- und 'Schließgesellschaft** ⟨*die*⟩ nachtveiligheidsdienst

'wackelig 1 wankel; 2 *ein ~er Stuhl* een gammele stoel; 3 loszittend; '**wackeln** ‹*h*› 1 wankelen; 2 loszitten (*van tand*); 3 wiebelen; 4 *mit den Hüften* ~ heupwiegen

'**wacker** I ‹*bn*› wakker, flink, dapper; II ‹*bw*› stevig, krachtig, flink

'**wacklig** zie *wackelig*

'**Wade** ‹*die; -, -n*› kuit (*van het been*); '**Wadenbein** ‹*das; -(e)s, -e*› kuitbeen; '**Wadenkrampf** ‹*der; -(e)s, -ë*› kuitkramp; '**Wadenmuskel** ‹*der; -s, -n*› kuitspier

'**Waffe** ‹*die; -, -n*› 1 wapen (*ook fig*); 2 (*jag*): *a*) klauw; *b*) slagtand

'**Waffel** ‹*die; -, -n*› wafel; '**Waffeleisen** ‹*das; -s, -*› wafelijzer

'**Waffenbruder** ‹*der; -s, -̈*› wapenbroeder; '**Waffengattung** ‹*die; -, -en*› legeronderdeel; '**Waffengeklirr** ‹*das; -(e)s, geen mv*› wapengekletter; '**Waffengewalt** ‹*die; -, geen mv*› wapengeweld; '**Waffenlager** ‹*das; -s, -*› wapenmagazijn, depot; '**Waffenruhe** ‹*die; -, geen mv*› tijdelijke wapenstilstand; '**Waffenschein** ‹*der; -(e)s, -e*› wapenvergunning; '**Waffenstillstand** ‹*der; -(e)s, geen mv*› wapenstilstand; '**waffnen** ‹*h*› wapenen, bewapenen

'**Wagehals** ‹*der; -es, -ë*› waaghals; '**wagehalsig** waaghalzig; '**Wagehalsigkeit** ‹*die; -, geen mv*› waaghalzerij

'**Wagemut** ‹*der; -(e)s, geen mv*› durf, moed; '**wagemutig** koen, moedig, gedurfd

'**wagen** ‹*h*› 1 wagen, durven; 2 riskeren

'**Wagen** ‹*der; -s, -*› wagen (*div bet*)

'**wägen** ‹*st.h; o-o*› wikken, overwegen; *erst* ~, *dann wagen!* bezint eer ge begint!

'**Wagenführer** ‹*der; -s, -*› wagenbestuurder; '**Wagenheber** ‹*der; -s, -*› krik (*voor auto*); '**wagenkrank** wagenziek; '**Wagenladung** ‹*die; -, -en*› wagen-, wagonlading; '**Wagenpark** ‹*der; -(e)s, -s*› wagenpark; '**Wagenpflege** ‹*die; -, geen mv*› onderhoud van auto; '**Wagenwäsche** ‹*die; -, geen mv*› het wassen van de auto

Wag'gon ‹*der; -s, -s*› wagon

'**Wagnis** ‹*das; -ses, -se*› 1 waagstuk; 2 risico

Wahl ‹*die; -, -en*› 1 keus, keuze; *eine gute* ~ *treffen* een goede keus doen; 2 verkiezing; *direkte* ~ directe verkiezing; *sich zur* ~ *aufstellen lassen* zich kandidaat laten stellen; 3 stemming; '**Wahlausgang** ‹*der; -(e)s, geen mv*› afloop van de verkiezingen; '**wählbar** verkiesbaar; '**wahlberechtigt** kies-, stemgerechtigd; '**Wahlberechtigung** ‹*die; -, geen mv*› kiesrecht, kiesgerechtigdheid; '**Wahlbeteiligung** ‹*die; -, geen mv*› opkomst bij verkiezingen; '**Wahlbezirk** ‹*der; -(e)s, -e*› kiesdistrict; '**wählen** ‹*h*› 1 kiezen, uitzoeken; 2 *einen* ~ iem kiezen; 3 ~ *gehen* gaan stemmen; 4 het telefoonnummer draaien; 5 *sich gewählt ausdrükken* zeer verzorgd spreken; '**Wähler** ‹*der; -s, -*› kiezer; '**Wahlergebnis** ‹*das; -ses, -se*› verkiezingsuitslag; '**wählerisch** kieskeurig; '**Wählerliste** ‹*die; -, -n*› kiezersregister; '**Wählerschaft** ‹*die; -, -en*› de kiezers, kiezerskorps; '**Wahlfach** ‹*das; -(e)s, -ër*› keuzevak, facultatief vak; '**Wahlgang** ‹*der; -(e)s, -̈e*› stemming, verkiezingsronde; '**Wahlkabine** ‹*die; -, -n*› stemhokje; '**Wahlkampf** ‹*der; -(e)s, -ë*› verkiezingsstrijd; '**Wahlkampfparole** ‹*die; -, -n*› verkiezingsleus; '**Wahlkreis** ‹*der; -es, -e*› kiesdistrict, -kring; (*Belg*) kiesarrondissement; '**Wahlkundgebung** ‹*die; -, -en*› verkiezingsbijeenkomst; '**Wahlliste** ‹*die; -, -n*› kandidatenlijst; '**Wahllokal** ‹*das; -(e)s, -e*› stembureau; '**wahllos** blindelings, willekeurig; '**Wahlmann** ‹*der; -(e)s, -ër*› kiesman (bij indirecte verkiezing); '**Wahlpflicht** ‹*die; -, geen mv*› stemplicht, opkomstplicht; '**Wahlplakat** ‹*das; -(e)s, -e*› verkiezingsbiljet; '**Wahlprogramm** ‹*das; -s, -e*› (*Belg*) kiesplatform; '**Wählscheibe** ‹*die; -, -n*› kiesschijf (*van telefoon*); '**Wahlspruch** ‹*der; -(e)s, -̈e*› zinspreuk, leus; '**Wahlsystem** ‹*das; -(e)s, -e*› kiesstelsel; '**Wahlurne** ‹*die; -, -n*› stembus; '**wahlweise** naar keuze, facultatief; '**Wahlzettel** ‹*der; -s, -*› (*Belg*) kiesbrief

Wahn ‹*der; -(e)s, geen mv*› waan, illusie; '**Wahnbild** ‹*das; -(e)s, -er*›, '**Wahngebilde** ‹*das; -s, -*› waanvoorstelling, hersenschim; '**wähnen** ‹*h*› wanen, menen, geloven; '**Wahnidee** ‹*die; -, -n*› waandenkbeeld; '**Wahnsinn** ‹*der; -(e)s, geen mv*› (*lett en fig*) waanzin; '**wahnsinnig** (*lett en fig*) waanzinnig; '**wahnwitzig** (*lett en fig*) waanzinnig

'**wahr** 1 waar; 2 echt, werkelijk

'**wahren** ‹*h*› 1 behartigen, zorgen voor; 2 (*een geheim*) bewaren; (*de schijn*) ophouden; 3 in acht nemen; 4 (*recht, neutraliteit*) handhaven; **sich** ~ zich in acht nemen

'**währen** ‹*h*› (voort)duren, aanhouden

'**während** I ‹*vz* (+ 2), soms + 3› gedurende, tijdens; II ‹*vw*› terwijl

während'dem, während'dessen ondertussen

'**wahrhaben**: (*er will*) *es nicht* ~ het niet toegeven, inzien, weten

'**wahrhaft** 1 waarheidlievend, oprecht; 2 waarachtig, waarlijk, werkelijk; **wahr'haftig** waarachtig, waarlijk

'**Wahrheit** ‹*die; -, -en*› waarheid; *in* ~ (*verhält es sich so*) in werkelijkheid; '**wahrheitsgemäß**, '**wahrheitsgetreu** overeenkomstig de waarheid

'**wahrlich** waarlijk, voorwaar

'**wahrnehmbar** waarneembaar; '**wahrnehmen** ‹*st.h; a-o; i*› 1 waarnemen (*horen, ruiken, zien; merken*); 2 (*belangen*) behartigen; (*taak*) op zich nemen; (*termijn*) in acht nemen; 3 (*gelegenheid*) benutten; (*kans*) waarnemen, benutten; '**Wahrnehmung** ‹*die; -, -en*› waarneming, behartiging; '**Wahrnehmungsvermögen** ‹*das; -s, geen mv*› waarnemingsvermogen

'**wahrsagen** ‹*h*› waarzeggen; '**Wahrsagerin** ‹*die; -, -nen*› waarzegster; '**Wahrsagung** ‹*die; -, -en*› waarzegging, voorspelling

wahr'scheinlich waarschijnlijk; **Wahr'scheinlichkeit** ‹*die; -, geen mv*› waarschijnlijkheid

'Wahrung ‹*die; -, geen mv*› zorg, behartiging, handhaving enz.; vgl *wahren*

'Währung ‹*die; -, -en*› 1 valuta; 2 geldstandaard; **'Währungseinheit** ‹*die; -, -en*› munteenheid; **'Währungsfonds** ‹*der; -, -*› monetair fonds; **'Währungspolitik** ‹*die; -, geen mv*› monetaire politiek; **'Währungsreform** ‹*die; -, -en*› geldzuivering

'Wahrzeichen ‹*das; -s, -*› karakteristiek bouwwerk, symbool

'Waise ‹*die; -, -n*› wees; **'Waisenhaus** ‹*das; -es, -ër*› weeshuis; **'Waisenkind** ‹*das; -(e)s, -er*› weeskind; **'Waisenrente** ‹*die; -, -n*› wezenpensioen

Wal ‹*der; -(e)s, -e*› walvis

Wald ‹*der; -(e)s, -ër*› bos, woud; **'Waldbeere** ‹*die; -, -n*› bosbes; **'Waldbestand** ‹*der; -(e)s, -ë*› 1 bosopstand; 2 houtvoorraad; 3 *die Waldbestände,* ‹*mv*› de (gezamenlijke, onderhouden) bossen, het bosareaal; **'Waldbrand** ‹*der; -(e)s, -ë*› bosbrand; **'Walderdbeere** ‹*die; -, -n*› wilde aardbei; **'Waldhorn** ‹*das; -(e)s, -ër*› waldhoorn; **'waldig** bosrijk, bebost; **'Waldkauz** ‹*der; -es, -ë*› bosuil; **'Waldnutzung** ‹*die; -, geen mv*› bosexploitatie; **'waldreich** bosrijk; **'Waldschaden** ‹*der; -s, -̈*› schade aan bossen; **'Waldtaube** ‹*die; -, -n*› hout-, woudduif; **'Waldung** ‹*die; -, -en*› 1 bos, woud; 2 bos-, woudstreek; **'Waldweg** ‹*der; -(e)s, -e*› bosweg

'Walfang ‹*der; -(e)s, -ë*› walvisvangst; **'Walfänger** ‹*der; -s, -*› walvisvaarder; **'Walfisch** ‹*der; -es, -e*› walvis

'Walkman ‹*der; -s, -men*› walkman

'Wall ‹*der; -(e)s, -ë*› wal (*van vesting*)

'wallen ‹*h*› 1 koken, borrelen; 2 golven

'Waller ‹*der; -s, -*› pelgrim, bedevaartganger

'wallfahren ‹*zw. s*› een pelgrimstocht maken, ter bedevaart gaan; **'Wallfahrer** ‹*der; -s, -*› bedevaartganger, pelgrim; **'Wallfahrt** ‹*die; -, -en*› pelgrimstocht, bedevaart; **'wallfahrten** ‹*s*› zie *wallfahren*; **'Wallfahrtsort** ‹*der*› bedevaartsplaats

Wal'lone ‹*der; -n, -n*› Waal

'Wallung ‹*die; -, -en*› 1 het koken, het zieden; 2 het bruisen; 3 (*fig*) opwelling; 4 opwinding

'Walnuß ‹*die; -, -nüsse*› walnoot

'Walroß ‹*das; -rosses, -rosse*› walrus

'walten ‹*h*› 1 (*fig*) heersen; 2 besturen, beschikken; 3 *seines Amtes* ~ zijn ambt uitoefenen; *Gnade* ~ *lassen* genade voor recht laten gelden; *Vorsicht* ~ *lassen* voorzichtig te werk gaan; *Vernunft* ~ *lassen* het verstand laten spreken

'Walze ‹*die; -, -n*› wals; **'walzen** ‹*h*› walsen

'wälzen ‹*h*› 1 wentelen, rollen; 2 (*die Schuld*) *auf einen anderen* ~ op iem anders schuiven; 3 **sich** ~ zich wentelen; *sich vor Lachen* ~ zich krom lachen

'Walzer ‹*der; -s, -*› (*muz*) wals

'Wälzer ‹*der; -s, -*› dik boek

'Walzstahl ‹*der; -(e)s, -ë*› gewalst staal; **'Walzwerk** ‹*das; -(e)s, -e*› walserij

Wams ‹*das; -es, -ër*› (wam)buis

Wand ‹*die; -, -ë*› 1 wand, muur; *gegen eine* ~ *reden* als tegen een muur praten; 2 rotswand; 3 *in seinen vier Wänden* thuis

Wan'dale ‹*der; -n, -n*› vandaal; **Wanda'lismus** ‹*der; -, geen mv*› vandalisme

'Wandel ‹*der; -s, geen mv*› 1 verandering, wijziging; 2 levenswandel; 3 *im* ~ *der Zeiten* in de wisseling der tijden; **'wandelbar** veranderlijk, onstandvastig; **'wandeln** ‹*h en s*› 1 veranderen, wijzigen; *sich* ~ ‹*h*› veranderen; 2 schrijden, lopen, wandelen; (*fig*) *ein ~des Lexikon* een wandelend woordenboek; (*aussehen*) *wie eine ~de Leiche* als een levend lijk

'Wanderausstellung ‹*die; -, -en*› reizende tentoonstelling; **'Wanderdüne** ‹*die; -, -n*› stuifduin; **'Wanderer** ‹*der; -s, -*› trekker; **'Wanderfahrt** ‹*die; -, -en*› trektocht; **'Wanderfalke** ‹*der; -n, -n*› slechtvalk; **'Wanderkarte** ‹*die; -, -n*› wandelkaart; **'Wanderlied** ‹*das; -(e)s, -er*› trekkerslied; **'Wanderlust** ‹*die; -, geen mv*› reis-, treklust; **'wandern** ‹*s en h*› 1 een trektocht maken, trekken; 2 trekken, op de trek gaan (*van dieren*); 3 dwalen (*van blikken, gedachten*); 4 *in den Papierkorb* ~ in de prullemand terechtkomen; **'Wanderschaft** ‹*die; -, geen mv*› 1 het rondtrekken als handwerksgezel; 2 trektocht; **'Wandersport** ‹*der; -(e)s, geen mv*› wandelsport; **'Wandertrieb** ‹*der; -(e)s, geen mv*› trek-, zwerflust; **'Wanderung** ‹*die; -, -en*› 1 trektocht, voetreis; 2 (vogel)trek; 3 omzwerving; **'Wandervogel** ‹*der; -s, -̈*› trekvogel; **'Wanderweg** ‹*der; -(e)s, -e*› uitgezette wandeling

'Wandkarte ‹*die; -, -n*› wandkaart; **'Wandlaus** ‹*die; -, -ë*› wandluis; **'Wandleuchter** ‹*der; -s, -*› muurlamp

'Wandlung ‹*die; -, -en*› verandering, wijziging; ommekeer

'Wandmalerei ‹*die; -, -en*› muurschildering; **'Wandschmuck** ‹*der; -(e)s, geen mv*› wandversiering; **'Wandschrank** ‹*der; -(e)s, -̈e*› muurkast; **'Wandtafel** ‹*die; -, -n*› (school)bord; **'Wandteller** ‹*der; -s, -*› wandbord; **'Wandteppich** ‹*der; -(e)s, -e*› wandtapijt; **'Wandverputz** ‹*der; -es, geen mv*› pleisterwerk

'Wange ‹*die; -, -n*› wang

'Wankelmut ‹*der; -(e)s, geen mv*› besluiteloosheid, wankelmoedigheid; **'wankelmütig** besluiteloos, wankelmoedig

'wanken ‹*h*› 1 wankelen, waggelen; 2 (*fig*) weifelen; **'Wanken** ‹*das; -s, geen mv*› 1 het wankelen, het waggelen; 2 weifeling, onzekerheid

wann 1 wanneer; 2 *dann und* ~ nu en dan

'Wanne ‹*die; -, -n*› 1 (bad)kuip; 2 bak; trog; tobbe; kuip; 3 carter, oliecarter; **'Wannenbad** ‹*das; -(e)s, -ër*› kuipbad

Wanst ‹*der; -es, -ë*› 1 pens, buik; 2 dik-, vetzak
Want ‹*die; -, -en*› (*scheepv*) want
'**Wanze** ‹*die; -, -n*› 1 wand-, weegluis; 2 (*telec*) afluisterapparaat
'**Wappen** ‹*das; -s, -*› wapen, blazoen; '**Wappenschild** ‹*der; -(e)s, -e*› wapenschild; '**Wappenspruch** ‹*der; -(e)s, -ë*› wapenspreuk, devies; '**wappnen** ‹*h*› wapenen
'**Ware** ‹*die; -, -n*› waar, artikel(en), produkt(en); '**Warenaufzug** ‹*der; -(e)s, -ë*› goederenlift; '**Warenaustausch** ‹*der; -es, geen mv*› 1 goederenruil; 2 goederen-, handelsverkeer; '**Warenbestand** ‹*der; -(e)s, -ë*› (goederen)-voorraad, inventaris; '**Warenhaus** ‹*das; -es, -̈er*› warenhuis; '**Warenlager** ‹*das; -s, -̈*› pakhuis, magazijn; '**Warenmuster** ‹*das; -s, -*› monster, staal; '**Warenprobe** ‹*die; -, -n*› staal, monster; '**Warenumsatz** ‹*der; -es, -̈e*› omzet van goederen; '**Warenverzeichnis** ‹*das; -ses, -se*› goederenlijst; '**Warenzeichen** ‹*das; -s, -*› handels-, fabrieksmerk
warm 1 warm; *ich bin od. mir ist* ~ ik heb het warm; *er sitzt* ~ hij zit er warmpjes bij; 2 *ein warmer Bruder* een homoseksueel; '**warmblütig** warmbloedig; '**Wärme** ‹*die; -, geen mv*› warmte
'**Warme(r)** ‹*bn als zn*› flikker
'**wärmebeständig** tegen warmte bestand; '**Wärmedämmung** ‹*die; -, geen mv*› warmte-isolatie; '**Wärmeeinheit** ‹*die; -, -en*› warmte-eenheid, calorie; '**Wärmelehre** ‹*die; -, geen mv*› warmteleer; '**Wärmeleiter** ‹*der; -s, -*› warmtegeleider; '**wärmen** ‹*h*› verwarmen, warmen; *sich an der Sonne* ~ zich in de zon koesteren; '**Wärmeschutz** ‹*der; -es, geen mv*› warmte-isolatie; '**Wärmflasche** ‹*die; -, -n*› (warmwater)kruik
'**Warmfront** ‹*die; -, -en*› warmtefront; '**warmherzig** warm, hartelijk; '**Warmluft** ‹*die; -, geen mv*› hete lucht; '**Warmluftheizung** ‹*die; -, -en*› heteluchtverwarming; '**Warmwasserspeicher** ‹*der; -s, -*› boiler
'**Warnanlage** ‹*die; -, -n*› waarschuwingsinstallatie; '**Warnblinkanlage** ‹*die; -, -n*› waarschuwings-, knipperlichtinstallatie; '**Warnblinkleuchte** ‹*die; -, -n*› pechlamp; '**Warndreieck** ‹*das; -(e)s, -e*› gevarendriehoek; '**warnen** ‹*h*› waarschuwen; *ich muß dich vor* (+ 3) ... ~ ik moet je voor ... waarschuwen; *vor Taschendieben wird gewarnt!* pas op voor zakkenrollers; '**Warnlampe** ‹*die; -, -n*› 1 pechlamp; 2 waarschuwingslamp(je); '**Warnleuchte** ‹*die; -, -n*› waarschuwingslampje; '**Warnruf** ‹*der; -(e)s, -e*› 1 waarschuwende roep, stem; 2 (*biol*) alarmkreet; '**Warnschild** ‹*das; -(e)s, -er*› waarschuwingsbord; '**Warnschuß** ‹*der; -schusses, -schüsse*› waarschuwingsschot; '**Warnstreik** ‹*der; -(e)s, -s*› prikactie; '**Warntafel** ‹*die; -, -s*› waarschuwingsbord; '**Warnung** ‹*die; -, -en*› waarschuwing; '**Warnungstafel** ‹*die; -, -n*› waarschuwingsbord; '**Warnzeichen** ‹*das; -s, -*› waarschuwingsteken
'**Warte** ‹*die; -, -n*› 1 wachttoren; 2 uitkijktoren; 3 observatorium; '**Wartehäuschen** ‹*das; -s, -*› abri; '**warten** ‹*h*› 1 wachten; 2 (*techn*) onderhouden; '**Wärter** ‹*der; -s, -*› 1 oppasser; 2 gevangenbewaarder; 3 suppoost; 4 verpleger; '**Warteraum** ‹*der; -(e)s, -ë*› wachtkamer; **Warte'rei** ‹*die; -, -*› gewacht; '**Wärterin** ‹*die; -, -nen*› 1 bewaakster; 2 verpleegster; '**Wartesaal** ‹*der; -(e)s, -säle*› wachtkamer; '**Wartezimmer** ‹*das; -s, -*› wachtkamer
'**Wartung** ‹*die; -, geen mv*› (*techn*) onderhoud; '**wartungsfrei** (*techn*) onderhoudsvrij; '**wartungsfreundlich** onderhoudsvriendelijk
war'um 1 waarom; 2 ~ *nicht gar?* wel ja!
'**Warze** ‹*die; -, -n*› 1 wrat; 2 tepel
was 1 wat?; 2 wat, hetgeen; 3 wat, iets; 4 ~ *für ein?* wat voor een?; ~ *lachen Sie?* waarom lacht u?; ~ *du nicht sagst!* wat je zegt!; ~ *weiß ich?* weet ik veel!
'**Waschbär** ‹*der; -en, -en*› wasbeer; '**Waschbecken** ‹*das; -s, -*› vaste wastafel; '**Wäsche** ‹*die; -, -n*› 1 was; 2 ondergoed, lingerie; *die* ~ *wechseln* zich verschonen; '**waschecht** 1 wasecht; 2 (*fig*) rasecht; '**Wäscheklammer** ‹*die; -, -n*› wasknijper; '**Wäschekorb** ‹*der; -(e)s, -ë*› wasmand; '**Wäscheleine** ‹*die; -, -n*› waslijn; '**waschen** ‹*st.h; u-a; ä*› 1 wassen; 2 witten, wit maken (*illegaal verkregen geld, zwartgeld*); 3 *das hat sich gewaschen* dat is niet mis; **Wäsche'rei** ‹*die; -, -en*› wasserij; '**Wäscheschleuder** ‹*die; -, -n*› centrifuge; '**Wäscheschrank** ‹*der; -(e)s, -ë*› linnenkast; '**Wäschespinne** ‹*die; -, -n*› droogmolen; '**Waschhandschuh** ‹*der; -(e)s, -e*› washandje; '**Waschkorb** ‹*der; -(e)s, -ë*› wasmand; '**Waschküche** ‹*die; -, -n*› washok, -keuken; '**Waschlappen** ‹*der; -s, -*› 1 washandje; 2 (*fig*) slappeling; '**Waschmaschine** ‹*die; -, -n*› wasmachine; '**Waschmittel** ‹*das; -s, -*› wasmiddel; '**Waschpulver** ‹*das; -s, -*› waspoeder; '**Waschraum** ‹*der; -(e)s, -ë*› waslokaal; '**Waschschüssel** ‹*die; -, -n*› waskom; '**Waschung** ‹*die; -, -en*› het wassen, afwassing; '**Waschvollautomat** ‹*der; -en, -en*› wasautomaat; '**Waschwasser** ‹*das*› waswater
'**Wasser** ‹*das; -s,-*› water (afval-, goot-, mineraal-, spoelwater enz.) ‹*mv Wässer*›; *eine Flasche* ~ een fles mineraalwater; *einem nicht das* ~ *reichen können* niet aan iem kunnen tippen; (*fig*) *ein Schlag ins* ~ een slag in de lucht; ***mit** allen ~n gewaschen: a*) gehaaid, uitgekookt; *b*) van alle markten thuis; '**Wasserarm** ‹*der; -(e)s, geen mv*› rivierarm; '**Wasserball** ‹*der; -(e)s, geen mv*› (*sp*) waterpolo; '**Wasserbau** ‹*der; -(e)s, geen mv*› waterbouwkunde; '**Wasserbauingenieur** ‹*der; -s, -e*› waterbouwkundig ingenieur; '**Wasserbauten** ‹*mv*› waterbouwkundige werken; '**Wasserbecken** ‹*das; -s, -*› waterbekken, bassin; '**Wasserbehälter** ‹*der; -s, -*› waterreservoir; '**Wässerchen** ‹*das; -s, -*› watertje; '**Wasserdampf** ‹*der; -(e)s, geen mv*› waterdamp; '**wasserdicht** waterdicht,

waterproof; '**Wasserdruck** ‹*der; -(e)s, -ë*› waterdruk; '**Wassereimer** ‹*der; -s, -*› wateremmer; '**Wasserenthärter** ‹*der; -s, geen mv*› waterontharder; '**Wasserfall** ‹*der; -(e)s, -ë*› waterval; '**Wasserfarbe** ‹*die; -, -n*› waterverf; '**Wasserfläche** ‹*die; -, -n*› watervlakte, -oppervlak; '**Wasserflut** ‹*die; -, -en*› overstroming; '**Wassergehalt** ‹*der; -(e)s, -e*› watergehalte; '**wassergekühlt** watergekoeld; '**Wasserglätte** ‹*die; -, geen mv*› aquaplaning; '**Wassergraben** ‹*der; -s, -̈*› greppel, sloot; '**Wasserhahn** ‹*der; -(e)s, -̈e*› waterkraan; '**Wasserhuhn** ‹*das; -(e)s, -ër*› meerkoet; '**wässerig** 1 waterig; 2 (*fig*) slap, laf, flauw; '**Wasserjungfer** ‹*die; -, -n*› libel; '**Wasserkanne** ‹*die; -, -n*› water-, lampetkan; '**Wasserkarte** ‹*die; -, -n*› hydrografische kaart; '**Wasserkessel** ‹*der; -s, -*› waterketel; '**Wasserklosett** ‹*das; -(e)s, -s*› watercloset, W.C.; '**Wasserkraftwerk** ‹*das; -(e)s, -e*› waterkrachtcentrale; '**Wasserkühlung** ‹*die; -, geen mv*› waterkoeling; '**Wasserlache** ‹*die; -, -n*› waterplas, -poel; '**Wasserlauf** ‹*der; -, geen mv*› waterloop; '**Wasserleitung** ‹*die; -, -en*› waterleiding; '**Wassermelone** ‹*die; -, -n*› watermeloen; '**Wassermenge** ‹*die; -, -n*› 1 waterhoeveelheid; 2 watermassa; '**Wassermühle** ‹*die; -, -n*› watermolen; '**wässern** ‹*h*› 1 water geven, (be)sproeien; 2 (*ogen*) wateren; '**Wasserpflanze** ‹*die; -, -n*› waterplant; '**Wasserpfütze** ‹*die; -, -n*› waterplas; '**Wasserpokken** ‹*mv*› waterpokken; '**Wasserpolizei** ‹*die; -, geen mv*› waterpolitie; rivierpolitie; '**Wasserquelle** ‹*die; -, -n*› waterwel; '**Wasserrad** ‹*das; -(e)s, -ër*› waterrad; '**Wasserratte** ‹*die; -, -n*› (*lett en fig*) waterrat; '**Wasserreinigung** ‹*die; -, geen mv*› waterreiniging; '**Wasserrinne** ‹*die; -, -n*› greppel, goot; '**Wasserrohr** ‹*das; -(e)s, -e*› waterleiding(buis); '**Wasserrose** ‹*die; -, -n*› waterlelie; '**Wasserrutschbahn** ‹*die; -, -en*› waterglijbaan; '**Wasserschaden** ‹*der; -s, -̈*› waterschade; '**wasserscheu** ‹*bn*› waterschuw; '**Wasserschlauch** ‹*der; -(e)s, -ë*› 1 waterzak (*van leer*); 2 (*plantk*) blaasjeskruid; 3 waterslang; '**Wasserschutzgebiet** ‹*das; -(e)s, -e*› waterwingebied; '**Wasserschutzpolizei** ‹*die; -, geen mv*› waterpolitie; rivierpolitie; '**Wasserski** ‹*der*› ~ *laufen* waterskiën; '**Wassersportler** ‹*der*› watersporter; '**Wasserstand** ‹*der; -(e)s, -ë*› waterstand, -peil; '**Wasserstandsmeldungen** ‹*mv*› (*telec*) de waterstanden; '**Wasserstelle** ‹*die; -, -n*› drinkplaats; '**Wasserstoff** ‹*der; -(e)s, geen mv*› (*chem*) waterstof; '**Wasserstoffbombe** ‹*die; -, -n*› waterstofbom, H-bom; '**Wasserstrahl** ‹*der; -s, -en*› waterstraal; '**Wasserstraße** ‹*die; -, -n*› waterweg; '**Wassertank** ‹*der; -(e)s, -s*› watertank; '**Wassertiefe** ‹*die; -, geen mv*› waterdiepte, diepgang; '**wassertreten** ‹*st.h; a-e; i*› watertrappen; '**Wassertropfen** ‹*der; -s, -*› waterdroppel; '**Wasseruhr** ‹*die; -, -en*› 1 wateruurwerk; 2 watermeter; '**Wasserumlauf** ‹*der; -(e)s, -ë*› watercirculatie; '**Wasserverdrängung** ‹*die; -, -en*› waterverplaatsing; '**Wasserversorgung** ‹*die; -, geen mv*› watervoorziening; '**Wasserwaage** ‹*die; -, -n*› waterpas; '**Wasserweg** ‹*der; -(e)s, -e*› waterweg; *auf dem* ~ te water; '**Wasserwelle** ‹*die; -, -n*› watergolf (*in het haar*); '**Wasserwerfer** ‹*der; -s, -*› waterkanon; '**Wasserwerk** ‹*das; -(e)s, -e*› 1 pompstation; 2 waterleidingbedrijf; '**Wasserwirtschaft** ‹*die; -, geen mv*› waterhuishouding; '**Wasserwirtschaftsamt** ‹*das; -(e)s, -ër*› waterschap; '**Wasserzeichen** ‹*das; -s, -*› watermerk

'**waten** ‹*h*› waden

'**watscheln** ‹*h*› waggelen, schommelen

Watt ‹*das; -(e)s, -en*› wad

'**Watte** ‹*die; -, -n*› 1 watje, watten (*mv*); 2 *du hast wohl ~n in den Ohren?* ben je doof?; '**Wattebausch** ‹*der; -(e)s, -ë*› dot watten

'**Wattenmeer** ‹*das; -(e)s, -e*› Waddenzee

wat'tieren ‹*h*› watteren

WC ‹*das; -(s), -(s)*› (*Eng*) *water-closet* W.C.

'**weben** ‹*zw. en st. h; o-o*› weven; '**Weber** ‹*der; -s, -*› wever; **Webe'rei** ‹*die; -, -en*› weverij; '**Webfehler** ‹*der; -s, -*› weeffout; '**Webmaschine** ‹*die; -, -n*› weefmachine; '**Webstuhl** ‹*der; -(e)s, -ë*› weefgetouw

'**Wechsel** ‹*der; -s, -*› 1 (ver)wisseling, verandering; 2 (*handel*) wissel; 3 wissel (*vast pad van wild*); '**wechselbar** (ver)wisselbaar; '**Wechselbeziehung** ‹*die; -, -en*› wederkerige of onderlinge betrekking; '**Wechselfälle** ‹*mv*› wisselvalligheden; '**Wechselgeld** ‹*das; -(e)s, geen mv*› wisselgeld; '**Wechseljahre** ‹*mv*› overgangsjaren; '**Wechselkurs** ‹*der; -es, -e*› wisselkoers; '**Wechselmünze** ‹*die; -, -n*› kleingeld; '**wechseln** ‹*h*› 1 wisselen; 2 ~ *zu, in* gaan naar; 3 wisselen, omwisselen, verwisselen; (*die Stelle, das Thema, den Beruf*) ~ veranderen van; *die Farbe* ~ van kleur veranderen; *Öl* ~ olie verversen; '**wechselseitig** wederzijds, -kerig, onderling; '**Wechselspannung** ‹*die; -, geen mv*› (*techn*) wisselspanning; '**Wechselsprechanlage** ‹*die; -, -n*› intercom; '**Wechselstrom** ‹*der; -(e)s, geen mv*› wisselstroom; '**Wechselstube** ‹*die; -, -n*› wisselkantoor; '**wechselweise** afwisselend, beurtelings

Weck ‹*der; -(e)s, -e*› langwerpig brood(je)

'**Wecke** ‹*die; -, -n*› zie *Weck*

'**wecken** ‹*h*› 1 wekken, wakker maken; 2 wekken, opwekken

'**Wecken I** ‹*der; -s, -*› zie *Weck*; **II** ‹*das; -s, geen mv*› het wekken, (*mil*) reveille; '**Wecker** ‹*der; -s, -*› 1 wekker; 2 *einem auf den ~ gehen* op iems zenuwen werken

'**Wedel** ‹*der; -s, -*› 1 bosje veren, haar (*als waaier of plumeau*); 2 bosje stro, takken; '**wedeln** ‹*h*› 1 kwispelstaarten; 2 waaieren; 3 (*sp*) met de ski's de bewegingen van de slalom maken

'**weder**: ~ *Geld noch Gut* noch geld noch goed

Weg ‹*der; -(e)s, -e*› 1 weg; (*er war*) *auf dem be-*

sten~e, sich zu ruinieren goed op weg om enz.; 2 *auf dem ~ der Besserung* aan de beterhand; *auf gütlichem ~e* in der minne; *auf halbem ~e* halverwege; *etwas in die ~e leiten* iets voorbereiden, op gang brengen, met iets beginnen; (*einem*) *nicht über den ~ trauen* voor geen cent vertrouwen

weg ‹*bw*› 1 weg; 2 kwijt, verloren; 3 *Hände ~!, Finger ~!* handen thuis!, afblijven!; *in einem ~* aan een stuk door; (*er war*) *ganz ~: a*) geheel buiten zichzelf, een en al verrukking; *b*) smoor verliefd

'**wegarbeiten** ‹*h*› wegwerken; '**wegbegeben, sich** ‹*st.h; a-e; i*› zich verwijderen; '**wegbekommen** ‹*st.h; a-o*› 1 eruitkrijgen (*vlekken*); 2 (*fig*) begrijpen; '**Wegbereiter** ‹*der; -s, -*› wegbereider; '**wegbleiben** ‹*st.s; ie-ie*› wegblijven; '**wegblicken** ‹*h*› de andere kant opkijken

'**Wegelagerer** ‹*der; -s, -*› straatrover

wegen ‹*vz* (+ 2), soms + 3› 1 wegens; 2 om wille van; 3 ~ *uns* (*kannst du ruhig dahin gehen*) wat ons betreft; *von ~!* in geen geval!, geen sprake van!

'**wegfahren** ‹*st.h en s; u-a; ä*› vertrekken, wegrijden, -varen; '**wegfallen** ‹*st.s; ie-a; ä*› weg-, vervallen; '**wegfaulen** ‹*s*› wegrotten; '**wegfegen** ‹*h*› 1 weg-, afvegen; 2 wegwaaien, wegvagen; '**weggehen** ‹*st.s; i-a*› 1 weg-, heengaan; 2 van de hand gaan (*waren*); '**Weggenosse** ‹*der; -n, -n*› reisgenoot; '**weghaben** ‹*onr. h; hatte, gehabt*› 1 *man will ihn ~* ze willen hem kwijt; 2 (*volkstaal*) *er hat sein Fett, sein*(*en*) *Teil weg* hij heeft zijn portie gekregen; *er hat seine Strafe weg* hij heeft z'n verdiende loon; 3 *die Ruhe ~* rustig zijn of blijven; '**weghören** ‹*h*› niet luisteren; '**wegkommen** ‹*st.s; a-o*› 1 wegkomen; 2 weggaan, vertrekken; 3 wegraken; 4 (*über* (+ 4)) heenkomen; 5 (*er ist*) *gut dabei weggekommen* er goed van afgekomen; '**wegkriegen** ‹*h*› 1 wegkrijgen; 2 er uitkrijgen, verwijderen (*een vlek*); 3 doorhebben; '**weglassen** ‹*st.h; ie-a; ä*› 1 weglaten; 2 laten (weg)gaan; 3 uitlaten; '**weglaufen** ‹*st.h; ie-au; äu*› weglopen; '**weglegen** ‹*h*› wegleggen, opruimen; '**wegmachen** ‹*h*› 1 wegmaken, verwijderen; 2 wegdoen; 3 *sich ~* zich uit de voeten maken, verdwijnen; '**wegnehmen** ‹*st.h; a-o; i*› 1 wegnemen, -halen; 2 afpakken; 3 wegnemen, ontvreemden; 4 *viel Platz ~* veel plaats innemen; '**wegradieren** ‹*h*› uitschrappen, uitgommen; '**wegräumen** ‹*h*› 1 weg-, opruimen; 2 (*fig*) uit de weg ruimen; '**wegschaffen** ‹*h*› wegdoen, -ruimen, -brengen; '**wegscheren, sich** ‹*h*› *scher dich weg!* hoepel op!; '**wegschicken** ‹*h*› wegsturen; '**wegschmeißen** ‹*st.h; i-i*› wegsmijten, -gooien; '**wegschütten** ‹*h*› weggieten; weggooien; '**wegschwimmen** ‹*st.s; a-o*› 1 wegzwemmen; 2 wegdrijven; '**wegsehen** ‹*st.h; a-e; ie*› de blik afwenden, de andere kant opkijken; '**wegsetzen** ‹*h*› 1 wegzetten, ergens anders neerzetten; 2 opbergen; '**wegstecken** ‹*h*› 1 wegdoen, -bergen; 2 (*fig*) incasseren; '**wegstellen** ‹*h*› wegzetten; '**wegstoßen** ‹*st.h; ie-o; ö*› 1 wegduwen; 2 wegtrappen; '**Wegstrecke** ‹*die; -, -n*› weggedeelte, traject; '**wegstreichen** ‹*st.h; i-i*› 1 wegstrijken; 2 schrappen; '**wegtreten** ‹*st.s; a-e; i*› 1 wegtrappen, -schoppen (*bal*); 2 (*mil*) ~ *lassen* laten inrukken; '**wegtun** ‹*st.h; a-a*› 1 wegdoen; 2 opbergen; 3 verbergen; '**Wegweiser** ‹*der; -s, -*› wegwijzer; '**wegwenden** ‹*onr. en zw. h*› afwenden, afkeren; '**wegwerfen** ‹*st.h; a-o; i*› 1 wegwerpen, -gooien; 2 *~d* geringschattend, minachtend; '**Wegwerfware** ‹*die; -, -n*› wegwerpartikel; '**wegwischen** ‹*h*› wegvegen; '**Wegzehrung** ‹*die; -, geen mv*› proviand; '**wegziehen I** ‹*st.h; o-o*› 1 wegtrekken; 2 (*sp*) *einem die Beine ~* iem onderuithalen; **II** ‹*s*› wegtrekken, -gaan, verhuizen

Weh ‹*das; -(e)s, geen mv*› 1 pijn; 2 verdriet; **weh I** pijn, zeer; (*der Zahn tut mir*) ~ pijn, zeer; *mir tut der Kopf ~* (*ook*) ik heb hoofdpijn; **II** zie *Wehe*

'**wehe** wee (*als uitroep*); ~ *dir, wenn du ...!* wee je gebeente, als je ...!

'**Wehe I** ‹*die; -, -n*› wee; **II** ‹*die; -, -n*› 1 opgewaaide sneeuw; 2 opgewaaid zand; '**wehen** ‹*h*› 1 waaien; 2 wapperen, fladderen

'**Wehgeschrei** ‹*das; -(e)s, geen mv*› gejammer; '**Wehklage** ‹*die; -, -n*› wee-, jammerklacht; '**wehklagen** ‹*h*› weeklagen, jammeren; '**wehleidig** 1 huilerig, sentimenteel; 2 kleinzerig

'**Wehmut** ‹*die; -, geen mv*› weemoed; '**wehmütig** weemoedig

Wehr I ‹*die*› *sich zur ~ setzen* zich te weer stellen; **II** ‹*das; -(e)s, -e*› waterkering, stuw, dam; '**Wehrdienst** ‹*der; -(e)s, geen mv*› militaire dienst; '**Wehrdienstpflichtige(r)** ‹*der*› (*Belg*) milicien; '**wehrdiensttauglich** goedgekeurd voor de militaire dienst; '**Wehrdienstverweigerer** ‹*der; -s, -*› dienstweigeraar; '**Wehrdisziplinaranwalt** ‹*der; -(e)s, -e*› auditeur-militair; (*Belg*) krijgsauditeur

'**wehren** ‹*h*› 1 *einem etwas ~* iem iets beletten; 2 *sich ~: a*) zich verdedigen, zich verweren; *b*) zich verzetten

'**Wehrersatzbehörde** ‹*die; -, -n*› (*Belg*) militieraad; '**Wehrersatzdienst** ‹*der; -(e)s, -e*› vervangende dienstplicht

'**wehrlos** weerloos; '**Wehrlosigkeit** ‹*die; -, geen mv*› weerloosheid

'**Wehrmacht** ‹*die; -, geen mv*› Duitse strijdkrachten (*1933-'45*)

'**Wehrpflicht** ‹*die; -, geen mv*› dienstplicht; (*Belg*) militie; '**Wehrpflichtgesetz** ‹*das; -es, -e*› (*Belg*) militiewet

Weh'wehchen ‹*das; -s, -*› (*scherts*) pijn

Weib ‹*das; -(e)s, -er*› 1 vrouw; 2 wijf; '**Weibchen** ‹*das; -s, -*› vrouwtje, wijfje; '**weibisch** verwijfd, wekelijk; '**weiblich** vrouwelijk; '**Weiblichkeit** ‹*die; -, geen mv*› vrouwelijkheid; '**Weibsbild** ‹*das; -(e)s, -er*› (*min*) vrouw, het mens

weich 1 week, zacht; 2 teer; 3 mals (*vlees*); 4 slap (*boord*); 5 zacht (*water*); 6 week (*ijzer*); 7 week, gevoelig (*hart*); 8 teergevoelig (*mens*); '**Weiche** ‹*die; -, -n*› 1 zachtheid, teerheid; 2 zijde, flank; 3 wissel (*in rails*); '**weichen** I ‹*zw. h en s*› weken (*tr en intr*); II ‹*st.h; i-i*› 1 wijken, weggaan; 2 zwichten

'**Weichensteller** ‹*der; -s, -*› wisselwachter

'**weichgekocht** zacht gekookt; '**weichherzig** week-, teerhartig; '**Weichkäse** ‹*der; -s, -*› zachte kaas; '**weichlich** wekelijk, slap, verwijfd; '**Weichling** ‹*der; -s, -e*› wekeling, slappeling; '**Weichspüler** ‹*der; -s, -*›, '**Weichspülmittel** ‹*das; -s, -*› wasverzachter; '**Weichteil** ‹*der; -(e)s, -e*› week deel; '**Weichtier** ‹*das; -(e)s, -e*› weekdier

'**Weide** ‹*die; -, -n*› 1 (*plantk*) wilg; 2 weide, weiland; '**Weideland** ‹*das; -(e)s, geen mv*› weiland; '**weiden** ‹*h*› 1 weiden, hoeden; 2 grazen; *sich ~ an* (+ 3) zich in iets verlustigen; '**Weidenkätzchen** ‹*das; -s, -*› wilgekatje; '**Weideplatz** ‹*der; -es, -ë*› weide, weiland

'**weidlich** flink, behoorlijk, geducht, danig

'**weigern, sich** ‹*h*› weigeren; '**Weigerung** ‹*die; -, -en*› weigering; '**Weigerungsfall** ‹*der*› *im ~* in geval van weigering

'**Weihe** ‹*die; -, -n*› 1 (in)wijding; 2 ingebruikneming; 3 consecratie (*van kerk*); '**weihen** ‹*h*› 1 wijden; 2 inwijden, officieel in gebruik nemen; 3 consacreren (kerk); 4 (*einem etwas*) ~ opdragen

'**Weiher** ‹*der; -s, -*› vijver

'**weihevoll** plechtig, vol wijding

'**Weihnachten** ‹*mv*› Kerstmis; *frohe ~!* prettige kerstdagen!; *zu ~* met Kerstmis; '**weihnachten** ‹*h*› *es weihnachtet* Kerstmis nadert; '**Weihnachtsabend** ‹*der; -(e)s, -e*› kerstavond (*24 december*); '**Weihnachtsbaum** ‹*der; -(e)s, -ë*› kerstboom; '**Weihnachtsbescherung** ‹*die; -, -en*› het geven van geschenken op kerstavond; '**Weihnachtsfeier** ‹*die; -, -n*› kerstviering; '**Weihnachtsfest** ‹*das*› kerstfeest; '**Weihnachtsmann** ‹*der; -(e)s, -ër*› kerstman(netje); '**Weihnachtsstollen** ‹*der; -s, -*› kerststol; '**Weihnachtstag** ‹*der; -(e)s, -e*› kerstdag

'**Weihrauch** ‹*der; -(e)s, geen mv*› wierook

'**Weihung** ‹*die; -, -en*› wijding; '**Weihwasser** ‹*das; -s, geen mv*› wijwater

weil omdat, daar

'**Weilchen** ‹*das; -s, -*› poosje, tijdje; '**Weile** ‹*die; -, -n*› 1 poos; 2 *gut Ding will ~ haben* langzaam gaat zeker

'**weilen** ‹*h*› vertoeven, verblijven

'**Weiler** ‹*der; -s, -*› gehucht

Wein ‹*der; -(e)s, -e*› 1 wijn; 2 wijnstok; 3 druiven; '**Weinbau** ‹*der; -(e)s, geen mv*› wijnbouw; '**Weinberg** ‹*der; -(e)s, -e*› 1 wijnberg; 2 wijngaard; '**Weinbergschnecke** ‹*die; -, -n*› wijngaardslak; '**Weinbrand** ‹*der; -(e)s, -̈e*› (Duitse) cognac; '**Weinbrennerei** ‹*die; -, -en*› destilleerderij

'**weinen** ‹*h*› huilen; '**weinerlich** huilerig

'**Weinernte** ‹*die; -, -n*› wijnoogst; '**Weinessig** ‹*der; -(e)s, geen mv*› wijnazijn; '**Weingarten** ‹*der; -s, -̈*› wijngaard; '**Weingegend** ‹*die; -, -en*› wijnstreek; '**Weingeist** ‹*der; -(e)s, geen mv*› spiritus; '**Weinglas** ‹*das; -es, -ër*› wijnglas; '**Weingut** ‹*das; -(e)s, -ër*› (bezitting bestaande uit) wijngaarden; '**Weinhändler** ‹*der; -s, -*› wijnkoper, -handelaar; '**Weinhandlung** ‹*die; -, -en*› wijnhandel; '**Weinjahr** ‹*das; -(e)s, -e*› wijnjaar; '**Weinkarte** ‹*die; -, -n*› wijnkaart; '**Weinkeller** ‹*der; -s, -*› wijnkelder; '**Weinkrampf** ‹*der; -(e)s, -ë*› huilbui; '**Weinkraut** ‹*das; -(e)s, geen mv*› wijnzuurkool; '**Weinlese** ‹*die; -, -n*› wijnoogst, het druivenplukken; '**Weinprobe** ‹*die; -, -n*› wijnproef; '**Weinranke** ‹*die; -, -n*› wijnrank; '**Weinrebe** ‹*die; -, -n*› wijnstok; '**Weinstock** ‹*der; -(e)s, -ë*› wijnstok; '**Weinstube** ‹*die; -, -n*› wijnlokaal; '**Weintraube** ‹*die; -, -n*› druif

'**weise** I ‹*bn*› wijs, verstandig; II ‹*bw*› wijselijk; '**Weise(r)** ‹*bn als zn*› wijze

'**Weise** ‹*die; -, -n*› 1 manier, wijze; *auf diese od. in dieser ~* op deze wijze, manier; 2 *in der ~,* (*daß*) zodanig; 3 (*muz*) wijs, melodie

'**Weisel** ‹*der; -s, -*› (bijen)koningin

'**weisen** ‹*st.h; ie-ie*› 1 wijzen; *einem die Tür ~* iem de deur wijzen; 2 *einen von der Schule ~* iem van school verwijderen

'**Weisheit** ‹*die; -, geen mv*› wijsheid; *ich bin mit meiner ~ am Ende* weet niet meer hoe het verder moet; '**Weisheitszahn** ‹*der; -(e)s, -ë*› verstandskies; '**weismachen** ‹*h*› (*einem etwas*) wijsmaken

weiß 1 wit; (*er hat*) *eine ~e Weste* een schone lei; 2 blank

'**weissagen** ‹*h*› voorspellen; '**Weissagung** ‹*die; -, -en*› voorspelling

'**Weißbrot** ‹*das; -(e)s, -e*› wittebrood; '**Weiße** ‹*die; -, -n*› witheid, wit; '**weißen** ‹*h*› witten; '**Weiße(r)** ‹*bn als zn*› blanke; '**Weißfisch** ‹*der; -(e)s, -e*› witvis; '**weißglühend** witgloeiend; '**Weißkohl** ‹*der; -(e)s, -e*› (*plantk*) witte kool; '**weißlich** witachtig; '**Weißling** ‹*der; -s, -e*› 1 koolwitje (*een vlinder*); 2 wijting (*een vis*); 3 albino; '**Weißwein** ‹*der; -(e)s, -e*› witte wijn

'**Weisung** ‹*die; -, -en*› 1 instructie, opdracht, (*mil*) consigne; 2 (*jur*) aanwijzing

weit 1 wijd, ruim, uitgestrekt; *im ~esten Sinne* in de ruimste zin; *~ und breit* wijd en zijd; 2 ver; *eine ~e Entfernung* een grote afstand; (*er kam*) *von ~ her* van ver weg; *von ~em* van verre; 3 verreweg, veruit, veel; *bei ~em besser* veel beter; *bei ~em nicht so gut* lang niet zo goed; *damit ist es nicht ~ her* dat is niet veel bijzonders; *das Weite suchen* ervandoor gaan; **weit'ab** veraf, ver van; '**weitaus** verreweg, veel; '**weitbekannt** alom bekend; '**Weitblick** ‹*der; -(e)s, -e*› 1 ver uitzicht; 2 vooruitziende blik; '**Weite** ‹*die; -, -n*› 1 uitgestrektheid; 2 wijdte, omvang; 3 verte: *in die ~ ziehen* de wijde wereld ingaan; 4 (*sp*) afstand; '**weiten** ‹*h*› wijder maken; *sich* ~ zich verwijden, wijder worden, ruimer of groter worden

'**weiter** 1 verder (verwijderd); 2 wijder, uitgestrekter, ruimer; 3 verder, voorts: *niemand, nichts* ~ niemand, niets meer; ~ *nichts?* anders niets?; 4 *bis auf ~es* tot nader order; *er weiß nicht mehr* ~ hij weet geen uitweg meer; '**weiterarbeiten** ‹*h*› doorwerken; '**weiterbilden** ‹*h*› bijscholen; *sich* ~ verder studeren; '**Weiterbildung** ‹*die; -, geen mv*› bijscholing; '**weiterentwickeln** ‹*h*› verder ontwikkelen; '**Weiterentwicklung** ‹*die; -, -en*› verdere ontwikkeling; '**weitererzählen** ‹*h*› verder vertellen, doorvertellen; '**weiterfahren** ‹*st.s; u-a; ä*› verder rijden of varen, doorrijden, -varen; '**Weiterfahrt** ‹*die; -, geen mv*› vertrek (van bus, tram) van een halte; '**weiterführen** ‹*h*› 1 verder voeren, verder brengen; 2 (*das Geschäft*) voortzetten; '**weitergeben** ‹*st.h; a-e; i*› 1 doorgeven; 2 doorberekenen (*kosten e.d.*); '**weitergehen** ‹*st.s; i-a*› 1 verder gaan, voortgaan; 2 voortduren; *die Sache kann so nicht ~!* zo kan het niet langer!; 3 doorlopen; '**weiterhin** 1 verder, voorts; 2 voortaan; 3 ~ *warm* aanhoudend warm (*weer*); '**weiterkommen** ‹*st.s; a-o*› 1 verder komen; 2 vooruitkomen (in de wereld); '**weiterlaufen** ‹*st.s; ie-au; äu*› doorlopen (*lett en fig*); '**weiterleiten** ‹*h*› 1 verder leiden; 2 doorzenden, doorgeven; '**weitermachen** ‹*h*› doorgaan, doorwerken; '**Weiterreise** ‹*die; -, geen mv*› voortzetting van de reis; '**weiterreisen** ‹*s*› doorreizen; '**weitersagen** ‹*h*› verder vertellen; '**weiterschicken** ‹*h*› doorsturen; '**weiterverbreiten** ‹*h*› verder verspreiden; '**weiterzahlen** ‹*h*› doorbetalen

'**weitgehend** I ‹*bn*› verstrekkend, omvangrijk, groot; *~e Vollmachten* uitgebreide volmachten; II ‹*bw*› zoveel mogelijk; '**weitgereist** bereisd; '**weitgreifend** verstrekkend; '**weither** ver weg, van verre; '**weithin** 1 ver; van verre, uit de verte; 2 in belangrijke mate; ~ *unbekannt* vrij onbekend; '**weitläufig** 1 breedvoerig; 2 groot, ruim; 3 *~e Verwandte* verre bloedverwanten; '**Weitläufigkeit** ‹*die; -, geen mv*› omhaal; '**weiträumig** zeer ruim; '**weitreichend** 1 verreikend, uitgestrekt; 2 verstrekkend (*gevolgen*); '**Weitschuß** ‹*der; -schusses, -schüsse*› (*sp*) afstandsschot; '**weitschweifig** omstandig, omslachtig; '**Weitsicht** ‹*die; -, geen mv*› 1 verziende blik; 2 (*fig*) vooruitziende blik; '**weitsichtig** 1 verziend; 2 (*fig*) vooruitziend; '**Weitsprung** ‹*der; -(e)s, geen mv*› (*sp*) het verspringen; '**weittragend** verdragend, verstrekkend; '**weitverbreitet** 1 wijdverbreid; 2 (*boek, krant enz*) veel gelezen; 3 (*plant*) op vele plaatsen voorkomend; '**weitverzweigt** wijdvertakt; '**Weitwinkelobjektiv** ‹*das; -(e)s, -e*› groothoeklens

'**Weizen** ‹*der; -s, geen mv*› tarwe; '**Weizenbrot** ‹*das; -(e)s, -e*› tarwebrood; '**Weizenkorn** ‹*das; -(e)s, -ër*› tarwekorrel; '**Weizenmehl** ‹*das; -(e)s, geen mv*› tarwemeel

welch welk, wat; ~ *schönes Wetter!* wat een mooi weer!; '**welcher** ('**welche**, '**welches**) I ‹*vrag vnw*› welke, welk; wie; II ‹*betr vnw*› welke, die, dat; *der Mann, welcher das sagt* de man die dat zegt; III ‹*onbep vnw*› (*ich habe kein Geld*), *hast du welches?* heb jij het?

welk 1 verwelkt, verlept; 2 rimpelig (*huid*); '**welken** ‹*s*› 1 verwelken; 2 rimpelig worden; 3 verleppen

'**Wellblech** ‹*das; -(e)s, -e*› gegolfd plaatstaal; '**Wellblechbaracke** ‹*die; -, -n*› barak van gegolfd plaatstaal

'**Welle** ‹*die; -, -n*› 1 golf (*alle bet*); 2 (*mil*) aanvalsgolf; 3 (*sp*) zwaai (*aan rek*); 4 (*techn*) as; 5 (*fig*) *das hat hohe ~n geschlagen* dat heeft veel deining veroorzaakt; '**wellen** ‹*h*› 1 golven; 2 onduleren; 3 *sich* ~ golven; *gewellt* gegolfd, golvend; '**Wellenbad** ‹*das; -(e)s, -ër*› golfslagbad; '**Wellenbereich** ‹*der; -(e)s, -e*› (*telec*) golfbereik; '**Wellenbrecher** ‹*der; -s, -*› golfbreker; '**wellenförmig** golvend, golfvormig; '**Wellengang** ‹*der; -(e)s, geen mv*› golfslag; '**Wellenlänge** ‹*die; -, -n*› 1 golflengte; 2 (*techn*) aslengte; '**Wellenlinie** ‹*die; -, -n*› golflijn; '**Wellenreiten** ‹*das; -s, geen mv*› (*sp*) surfen

'**wellig** golvend

'**Wellpappe** ‹*die; -, geen mv*› golfkarton

'**Welschkohl** ‹*der; -(e)s, -e*› savooiekool

Welt ‹*die; -, -en*› wereld (*alle bet*); *auf die* ~ (*kommen*) ter wereld; *aus aller* ~ overal vandaan, uit de hele wereld; *in alle* ~ (*exportieren, liefern*) over de hele wereld; (*Schwierigkeiten*) *aus der ~ schaffen od. räumen* uit de wereld helpen; *wie in aller ~ ist das möglich?* hoe is dat in vredesnaam mogelijk?

'**Weltall** ‹*das; -(e)s, geen mv*› heelal

'**weltanschaulich** wereldbeschouwelijk; '**Weltanschauung** ‹*die; -, -en*› wereldbeschouwing; '**weltbekannt** 1 overal bekend; 2 in de hele wereld of alom bekend; '**weltberühmt** wereldberoemd; '**Weltbestleistung** ‹*die; -, -en*› wereldrecord; '**Weltbestzeit** ‹*die; -, -en*› wereldrecordtijd; '**Weltbild** ‹*das; -(e)s, geen mv*› wereldbeeld; '**Welterfolg** ‹*der; -(e)s, -e*› wereldsucces; '**weltfremd** wereldvreemd; '**Weltgeschichte** ‹*die; -, geen mv*› 1 wereldgeschiedenis; 2 *da hört doch die ~ auf!* dat is toch al te gek; '**Welthandel** ‹*der; -s, geen mv*› wereldhandel; '**Weltherrschaft** ‹*die; -, geen mv*› wereldheerschappij; '**Weltkarte** ‹*die; -, -n*› wereldkaart; '**Weltklasse** ‹*die; -, -n*› 1 ~ *sein* van wereldformaat zijn; (*produkt*) topklasse zijn; 2 (*sp*) wereldklasse, -top; '**weltklug** wereldwijs; '**Weltkrieg** ‹*der; -(e)s, -e*› wereldoorlog; '**weltlich** 1 werelds (*eer, genot*); 2 wereldlijk, profaan; '**weltmännisch** van of als een man van de wereld; '**Weltmarkt** ‹*der; -(e)s, -ë*› wereldmarkt; '**Weltmeer** ‹*das; -(e)s, -e*› wereldzee, oceaan;

'**Weltmeister** ‹*der; -s, -*› wereldkampioen; '**Weltmeisterschaft** ‹*die; -, -en*› wereldkampioenschap; '**weltoffen 1** met open ogen voor de dingen van de wereld; **2** internationaal ingesteld; '**Weltrang** ‹*der*› *von* ~ met wereldfaam

'**Weltraum** ‹*der; -(e)s, geen mv*› wereldruim; '**Weltraumfahrer** ‹*der; -s, -*› ruimtevaarder; '**Weltraumfahrt** ‹*die; -, geen mv*› ruimtevaart; '**Weltraumforschung** ‹*die; -, geen mv*› ruimteonderzoek; '**Weltraumkapsel** ‹*die; -, -n*› ruimtecapsule

'**Weltreich** ‹*das; -(e)s, -e*› wereldrijk; '**Weltrekord** ‹*der; -(e)s, -e*› wereldrecord; '**Weltrekordler** ‹*der; -s, -*› wereldrecordhouder; '**Weltruf** ‹*der; -(e)s, geen mv*› wereldberoemdheid; *von* ~ wereldberoemd; '**Weltspitze** ‹*die; -, geen mv*› **1** wereldelite; **2** (*sp*) wereldtop; '**Weltstadt** ‹*die; -, -ë*› wereldstad; '**Weltteil** ‹*der; -(e)s, -e*› **1** werelddeel, continent; **2** deel van de wereld; '**weltumfassend** wereldomvattend; '**Weltverbesserer** ‹*der; -s, -*› wereldhervormer; '**weltverloren 1** in zichzelf gekeerd; **2** eenzaam; '**weltweit** wereldwijd, mondiaal; over de hele wereld; '**Weltwunder** ‹*das; -s, -*› wereldwonder

wem ‹*3e nvl van wer*› (aan of voor) wie

wen ‹*4e nvl van wer*› wie

'**Wende** ‹*die; -, -n*› **1** wending, (omme)keer, keerpunt; **2** (*sp*) keerpunt; '**Wendekreis** ‹*der; -es, -e*› **1** keerkring; **2** draaicirkel (*van auto*)

'**Wendeltreppe** ‹*die; -, -n*› wenteltrap

'**wenden** ‹*zw. en onr. h*› **1** keren, wenden, draaien; (*einem den Rücken*) ~ toekeren, toedraaien; **2** ~ *an, auf* (+ 4) besteden aan; **3** *bitte wenden!*, (*b.w!*) zie ommezijde! **sich** ~ zich omdraaien; (*der Wind*) *hat sich gewendet* is gedraaid; *sich an einen* ~ zich tot iem wenden; '**Wendepunkt** ‹*der; -(e)s, -e*› **1** keerpunt; **2** (*meetk*) buigpunt

'**wendig 1** beweeglijk, goed manoeuvreerbaar; **2** (*fig*) vlot, zich gemakkelijk aanpassend, plooibaar

'**Wendung** ‹*die; -, -en*› **1** wending, (omme)keer, draai, kromming; **2** (zins)wending, zegswijze

'**wenig 1** weinig; *mit ~en Worten* met een paar woorden; **2** *ein* ~ een beetje; '**weniger 1** minder; **2** (*er ist*) *nichts* ~ *als* (*dumm*) allesbehalve; **3** *10* ~ *3* 10 min 3; '**Wenigkeit** ‹*die; -, geen mv*› **1** geringheid, kleine hoeveelheid; **2** kleinigheid, bagatel; '**wenigste** (*der, die, das*) **1** de, het minste; **2** *die ~n Menschen* (*denken an so etwas*) maar heel weinig mensen; **3** (*das wird*) *in den ~n Fällen gelingen* maar heel zelden lukken; '**wenigstens 1** minstens; **2** tenminste, althans

wenn 1 als, wanneer, indien, zo; **2** ~ ... *auch*, ~ ... *gleich*, ~ ... *schon* ofschoon, hoewel, ook al, al; **3** ~ *auch noch so wenig* hoe weinig ook; **4** *na* ~ *schon!* voor mijn part!; **5** ~ *schon, denn schon!* als het dan moet, dan moet het maar, vooruit dan maar!; **6** ~ *er doch käme!* kwam hij maar!

wenn'gleich, '**wennschon** hoewel, ofschoon

wer 1 wie; ~ *war da?* wie was er?; **2** iemand; *ist* ~ *da gewesen?* is er iem geweest?; *er ist* ~ hij is iem, hij betekent wat

'**Werbeabteilung** ‹*die; -, -en*› reclameafdeling; '**Werbeagentur** ‹*die; -, -en*› reclamebureau; '**Werbeangebot** ‹*das; -(e)s, -e*› reclameaanbieding; '**Werbeberater** ‹*der; -s, -*› reclameadviseur; '**Werbebüro** ‹*das; -s, -s*› reclamebureau; '**Werbefachmann** ‹*der; -(e)s, -leute*› reclame-expert; '**Werbefeldzug** ‹*der; -(e)s, -ë*› reclamecampagne; '**Werbefernsehen** ‹*das; -s, geen mv*› reclameuitzending (op TV; STER); '**Werbegeschenk** ‹*das; -(e)s, -e*› relatiegeschenk; '**Werbekosten** ‹*mv*› reclamekosten; '**werben** ‹*st.h; a-o; i*› **1** werven, aanwerven; **2** reclame maken; **3** ~ *um* dingen, streven naar; '**Werbeslogan** ‹*der; -s, -s*› reclameslogan, -leus; '**Werbespot** ‹*der; -s, -s*› (*telec*) reclamespot; '**Werbespruch** ‹*der; -(e)s, -ë*› reclameslogan, -leus; '**Werbetrommel**: *die* ~ *rühren* reclame maken; '**Werbezweck**: *zu ~en* voor reclamedoeleinden; '**Werbung** ‹*die; -, -en*› (aan)werving; '**Werbungskosten** ‹*mv*› verwervingskosten

'**Werdegang** ‹*der; -(e)s, geen mv*› **1** ontwikkeling(sgang), wordingsproces; **2** loopbaan

'**werden** ‹*onr. s; u-o, i*› **1** worden, ontstaan; **2** zullen; **3** *wird's bald?* komt er nog iets van?; (*die Zeit*) *wird mir lang* valt me lang; *damit wird nichts* daar komt niets van; '**Werden** ‹*das; -s, geen mv*› het ontstaan, wording

'**werfen** ‹*st.h; a-o; i*› **1** werpen, gooien, smijten; **2** (*worstelterm*) *einen* ~ iem leggen; **3** *einem Vorwürfe an den Kopf* ~ iem verwijten naar het hoofd slingeren; **4** (*er hat*) *ein Auge auf sie geworfen* een oogje op haar; '**Werfer** ‹*der; -s, -*› werper, (*honkbal*) pitcher

Werft ‹*die; -, -en*› (scheeps)werf, helling

Werk ‹*das; -(e)s, -e*› **1** werk (*div bet*); *sich ans* ~ *machen* aan het werk gaan; *ins* ~ *setzen* in het werk stellen; **2** fabriek; **3** vestingwerk; '**Werkarzt** ‹*der; -es, -ë*› bedrijfsarts

'**werkeln** ‹*h*› **1** knutselen; **2** klusjes doen; **3** bezig zijn

'**werken** ‹*h*› **1** zwoegen, ploeteren; **2** werken

'**Werken** ‹*das; -s, geen mv*› handvaardigheid (een schoolvak)

'**Werkgelände** ‹*das; -s, -*› fabrieksterrein; '**Werkhalle** ‹*die; -, -n*› fabriekshal

'**Werksarzt** ‹*der; -es, -ë*› bedrijfsarts

'**Werkschule** ‹*die; -, -n*› bedrijfsschool; '**Werksdirektor** ‹*der; -s, -en*› fabrieksdirecteur; '**Werksführung** ‹*die; -, -en*› bedrijfsleiding; '**Werksgelände** ‹*das; -s, -*› fabrieksterrein; '**Werksmannschaft** ‹*die; -, -en*› bedrijfselftal, bedrijfsteam; (*Belg*) corporatief

'**Werkstatt** ‹*die; -, -ën*› ; '**Werkstätte** ‹*die; -, -n*› **1** werkplaats; **2** garage (*voor reparaties enz*); **3** atelier; '**Werkstillegung** ‹*die; -, -en*› sluiting van een fabriek; '**Werkstoff** ‹*der; -(e)s, -e*› grondstof, materiaal; '**Werkstudent** ‹*der; -en, -en*› werkstudent; '**werktags** op werkdagen; '**werktätig**: *~e Frauen* werkende vrouwen; '**Werkunterricht** ‹*der; -(e)s, geen mv*› handvaardigheid (*een schoolvak*); '**Werkzeug** ‹*das; -(e)s, -e*› 1 werktuig, instrument; 2 gereedschap; '**Werkzeugkasten** ‹*der; -s, -̈*› gereedschapskist

'**Wermut** ‹*der; -(e)s, geen mv*› vermout (*een drank*)

wert ‹*bn*› 1 waard; 2 waard(ig); 3 dierbaar; **Wert** ‹*der; -(e)s, -e*› 1 waarde, prijs; *im ~ von* ter waarde van; 2 (*handel*) *~e* effecten; '**Wertachtung** ‹*die; -, geen mv*› achting, waardering; '**Wertangabe** ‹*die; -, geen mv*› 1 aangifte van de waarde; 2 aangegeven waarde; '**Wertarbeit** ‹*die; -, -en*› kwaliteitswerk; '**wertbeständig** waardevast; '**Wertbeständigkeit** ‹*die; -, geen mv*› waardevastheid, stabliliteit; '**Wertbestimmung** ‹*die; -, -en*› waardebepaling, taxatie; '**Wertbrief** ‹*der; -(e)s, -e*› brief met aangegeven waarde; '**werten** ‹*h*› 1 schatten, waarderen; 2 beoordelen; 3 (*sp*) punten geven voor; '**Wertgegenstand** ‹*der; -(e)s, -ë*› voorwerp van waarde; '**wertlos** waardeloos; '**wertmäßig** wat de waarde betreft; '**Wertpaket** ‹*das; -(e)s, -e*› pakket met aangegeven waarde; '**Wertpapier** ‹*das; -(e)s, -e*› waardepapier; '**Wertsachen** ‹*mv*› voorwerpen van waarde; '**Wertschätzung** ‹*die; -, geen mv*› waardering; '**Wertstück** ‹*das; -(e)s, -e*› waardevol stuk; '**Wertung** ‹*die; -, -en*› 1 waardering, schatting; 2 beoordeling; 3 (*sp*) klassement; '**Werturteil** ‹*das; -(e)s, -e*› waardeoordeel; '**wertvoll** 1 kostbaar, waardevol; 2 (*fig*) waardevol; '**Wertzeichen** ‹*das; -s, -*› postzegel

'**Wesen** ‹*das; -s, -*› 1 het wezen, essentie; 2 natuur, aard, inborst, karakter; 3 manier van doen, gedrag; 4 het wezen, schepsel, ding; 5 *sein ~ treiben* huishouden, tekeergaan; *viel ~s* (*von etwas machen*) veel drukte of ophef; '**Wesensart** ‹*die; -, -en*› aard, karakter; '**wesensfremd** wezensvreemd; '**Wesenszug** ‹*der; -(e)s, -ë*› karakteristieke trek; '**wesentlich** 1 essentieel, wezenlijk; 2 in de grond van de zaak; 3 aanmerkelijk, belangrijk; 4 *im ~en: a*) in de grond, in wezen; *b*) kort gezegd; 5 *Wesentliches vom Unwesentlichen trennen* hoofdzaken van bijzaken onderscheiden

'**weshalb** waarom, om welke reden, weshalve

'**Wespe** ‹*die; -, -n*› wesp

'**wessen** 1 wiens; 2 welk, waarvan

'**Weste** ‹*die; -, -n*› vest; *eine reine, saubere, weiße ~ haben* van onbesproken gedrag zijn

'**Westen** ‹*der; -s, geen mv*› westen

'**Westentasche** ‹*die; -, -n*› vestzak; *den kenne ich wie meine* (*eigene, linke*) *~* hem ken ik door en door

'**westlich** 1 westelijk; 2 westers; '**Westmächte** ‹*mv*› Westelijke mogendheden; '**westwärts** westwaarts; '**Westwind** ‹*der; -(e)s, -e*› westenwind

wes'wegen waarom, om welke reden

'**Wettbewerb** ‹*der; -(e)s, -e*› 1 concurrentie, mededinging; *in ~ treten* gaan concurreren; 2 wedstrijd, concours; 3 *einen ~ ausschreiben* een prijsvraag uitschrijven; '**Wettbewerber** ‹*der; -s, -*› concurrent; '**wettbewerbsfähig** concurrerend; '**Wettbewerbsverzerrung** ‹*die; -, -en*› concurrentievervalsing

'**Wette** ‹*die; -, -n*› 1 weddenschap; *darauf geh' ich jede ~ ein!* ik verwed er alles onder!; *was gilt die ~?* waarom gewed?; 2 *um die ~* (*schreien*) om het hardst

'**Wetteifer** ‹*der; -s, geen mv*› wed-, naijver; '**wetteifern** ‹*h*› wedijveren

'**wetten** ‹*h*› (ver)wedden

'**Wetter** ‹*das; -s, -*› 1 weer; 2 noodweer; 3 *bei einem gut ~ machen* iem gunstig trachten te stemmen; '**Wetteramt** ‹*das; -(e)s, -ër*› meteorologisch instituut; '**Wetteraussichten** ‹*mv*› weersverwachting; '**Wetterbericht** ‹*der; -(e)s, -e*› 1 weeroverzicht; 2 weerbericht; '**wetterbeständig** zie *wetterfest*; '**Wetterfahne** ‹*die; -, -n*› windwijzer, weerhaan (*ook fig*); '**wetterfest** weervast, tegen weer en wind bestand; '**Wetterhahn** ‹*der; -(e)s, -ë*› weerhaan; '**Wetterkarte** ‹*die; -, -n*› weerkaart; '**Wetterlage** ‹*die; -, geen mv*› weersgesteldheid; '**wetterleuchten** ‹*h*› weerlichten; '**wettern** ‹*h*› tekeergaan, razen, tieren; '**Wettersatellit** ‹*der; -en, -en*› weersatelliet; '**Wetterseite** ‹*die; -, -n*› wind-, regenkant; '**Wettersturz** ‹*der; -es, -ë*› plotselinge weersverandering; '**Wetterumschlag** ‹*der; -(e)s, -ë*› plotselinge weersverandering; '**Wetterumschwung** ‹*der; -(e)s, -ë*› plotselinge weersverandering; '**Wetterverhältnisse** ‹*mv*› weersomstandigheden; '**Wettervorhersage** ‹*die; -, -n*› weerbericht, weersverwachting; '**Wetterwarte** ‹*die; -, -n*› meteorologisch station

'**Wettfahrt** ‹*die; -, -en*› race, wedstrijd; '**Wettkampf** ‹*der; -(e)s, -ë*› wedstrijd; '**Wettkämpfer** ‹*der; -s, -*› deelnemer aan een wedstrijd; '**Wettlauf** ‹*der; -(e)s, -ë*› wedloop; '**Wettläufer** ‹*der; -s, -*› hardloper; '**wettmachen** 1 goedmaken, compenseren; 2 iets terugdoen, zich revancheren; '**Wettrennen** ‹*das; -s, -*› wedren, race; '**Wettrüsten** ‹*das; -s, geen mv*› bewapeningswedloop; '**Wettsegeln** ‹*das; -s, geen mv*› zeilwedstrijd

'**wetzen** ‹*h*› 1 wetten, slijpen, scherpen; 2 hollen, rennen

'**Wichse** ‹*die; -, -n*› 1 schoensmeer; 2 boenwas; 3 klappen, slaag; '**wichsen** ‹*h*› 1 (*schoenen*) poetsen; 2 (*vloer*) boenen; 3 *einem eine ~* iem een draai om zijn oren geven

Wicht ‹*der; -(e)s, -e*› 1 dwerg; kereltje; 2 schurk, booswicht; 3 *ein armer ~* een arme drommel; '**Wichtelmännchen** ‹*das; -s, -*› kabouter

'**wichtig** 1 belangrijk; 2 (*etwas*) *~ nehmen* au sérieux nemen; 3 *sich ~ nehmen* een hoge dunk van zichzelf hebben; '**Wichtigkeit** ‹*die; -,* *geen mv*› gewicht, belang; '**Wichtigtuer** ‹*der; -s, -*› iem die gewichtig doet; **Wichtigtue'rei** ‹*die; -, geen mv*› gewichtigdoenerij; '**wichtigtuerisch** gewichtig doende

'**Wickel** ‹*der; -s, -*› 1 kluwen (*garen*), wikkel, rolletje (*tabak*), knot (*wol*); 2 papillot; 3 krulspeld; 4 luier; 5 (*med*) kompres, omslag; 6 (*plantk*) schicht; 7 (*volkstaal*) *einen beim ~ kriegen* iem te pakken krijgen, bij de lurven pakken; '**Wickelkommode** ‹*die; -, -n*› babycommode; '**wickeln** ‹*h*› 1 (in)wikkelen; 2 zwachtelen; 3 (*een kind*) een luier aan-, omdoen; 4 op een kluwen winden; 5 *die Haare ~* krulspelden zetten; 6 rollen, maken (*sigaren*); 7 (*einen um den Finger*) ~ winden; '**Wickler** ‹*der; -s, -*› krulspeld

'**Widder** ‹*der; -s, -*› 1 (*dierk*) ram; 2 (*astron*) Ram

'**wider** ‹*vz* (+ 4)› tegen, in strijd met; *das geht mir ~ den Strich* dat staat mij tegen, dat stuit mij tegen de borst

wider'fahren ‹*st.s; u-a; ä*› overkomen, gebeuren; (*einem etwas*) *~ lassen* doen wedervaren

'**widergesetzlich** strijdig met de wet

'**Widerhaken** ‹*der; -s, -*› weerhaak

'**Widerhall** ‹*der; -(e)s, geen mv*› weerklank, echo (*lett en fig*); '**widerhallen** ‹*h*› weerklinken, weergalmen

wider'legen ‹*h*› weerleggen; **Wider'legung** ‹*die; -, -en*› weerlegging, dementi

'**widerlich** 1 weerzinwekkend, walgelijk, afschuwelijk; 2 verschrikkelijk

'**widernatürlich** tegennatuurlijk

'**widerrechtlich** onrechtmatig, wederrechtelijk

'**Widerrede** ‹*die; -, -n*› tegenspraak; *Rede und ~* rede en tegenrede

'**Widerruf** ‹*der; -(e)s, -e*› herroeping, opzegging; (*bis*) *auf ~* tot wederopzeggens; **wider'rufen** ‹*st.h; ie-u*› 1 herroepen (*bevel*); 2 terugnemen (*belediging, beschuldiging*); 3 tegenspreken (*bericht*); 4 annuleren (*order*)

'**Widersacher** ‹*der; -s, -*› tegenstander, tegenstrever; vijand

'**Widerschein** ‹*der; -(e)s, -e*› weerschijn

wider'setzen, sich ‹*h*› zich verzetten, tegenspartelen; *sich einem ~* zich tegen iem verzetten; '**widersetzlich** weerspannig

'**Widersinn** ‹*der; -(e)s, geen mv*› onzin, ongerijmdheid; '**widersinnig** onzinnig, absurd, ongerijmd

'**widerspenstig** weerspannig, -barstig

'**widerspiegeln** ‹*h*› weerspiegelen

wider'sprechen ‹*st.h; a-o; i*› 1 tegenspreken; 2 *das widerspricht* (*meinem Gefühl*) dat is in strijd met ...; '**Widerspruch** ‹*der; -(e)s, -ë*› 1 tegenspraak: *das steht im ~ mit od. zu ...* dat is in tegenspraak, in strijd met ...; 2 verzet, protest; 3 tegenstrijdigheid; 4 *~ erheben: a*) bezwaar maken; *b*) protesteren; '**widersprüchlich** tegenstrijdig; '**widerspruchslos** zonder tegenspraak; '**widerspruchsvoll** vol tegenstrijdigheden

'**Widerstand** ‹*der; -(e)s, -ë*› tegen-, weerstand, verzet; '**widerständig** weerbarstig; '**Widerstandsbewegung** ‹*die; -, -en*› verzetsbeweging; '**widerstandsfähig** 1 in staat weerstand te bieden; 2 taai, stevig; '**Widerstandsfähigkeit** ‹*die; -, geen mv*› weerstandsvermogen; '**Widerstandsgruppe** ‹*die; -, -n*› verzetsgroep; '**Widerstandskämpfer** ‹*der; -s, -*› verzetsstrijder; '**widerstandslos** weerloos, zonder tegenstand; **wider'stehen** ‹*st.h; a-a*› (+ 3) weerstaan, zich verzetten tegen, weerstand bieden

wider'streben ‹*h*› weerstreven, -staan; (*etwas*) *widerstrebt mir* staat me tegen

'**Widerstreit** ‹*der*› 1 strijd; 2 tegenstelling

'**widerwärtig** 1 walgelijk, weerzinwekkend; 2 zeer onaangenaam, akelig; '**Widerwärtigkeit** ‹*die; -, -en*› 1 walgelijkheid, iets walgelijks, iets akeligs; 2 *~en* (*ook*) tegenspoed

'**Widerwille** ‹*der; -ns, geen mv*› afkeer, hekel; '**widerwillig** 1 onwillig; 2 met tegenzin

'**Widerwort** ‹*das; -(e)s, -e*› wederwoord, tegenspraak

'**widmen** ‹*h*› wijden, opdragen; '**Widmung** ‹*die; -, -en*› opdracht (*in boek*)

'**widrig** 1 tegen(over)gesteld; 2 naar, akelig, weerzinwekkend; 3 *~er Wind* tegenwind

wie 1 hoe; 2 wat; 3 als; 4 zoals; 5 toen; 6 *~ man sagt* naar men zegt; 7 *~ du mir, so ich dir* leer om leer

wieder 1 weer, wederom, nog eens; *~ und* (*immer*) *~* steeds weer, steeds opnieuw; 2 *hin und ~* nu en dan, af en toe; 3 *nie ~* nooit meer

Wieder'anpfiff ‹*der; -(e)s, -e*› (*sp*) hervattingssignaal; **Wieder'aufbau** ‹*der; -(e)s, geen mv*› wederopbouw, herbouw; **Wieder'aufbereitung** ‹*die; -, geen mv*› opwerking (*van splijtstof*); **Wieder'aufleben** ‹*das; -, geen mv*› herleving; (*econ*) opleving; **Wieder'aufnahme** ‹*die; -, geen mv*› 1 hervatting; 2 (*jur*) revisie; heropening; '**wiederaufnehmen** ‹*st.h; a-o; i*› 1 hervatten; 2 (*jur*) heropenen; **Wieder'aufstieg** ‹*der; -(e)s, geen mv*› nieuwe opbloei, herleving; '**wiederbekommen** ‹*st.h; a-o*› terugkrijgen; '**wiederbeleben** ‹*h*› 1 doen herleven; 2 reanimeren; **Wieder'einführung** ‹*die; -, geen mv*› wederinvoering; '**wiedererhalten** ‹*st.h; ie-a; ä*› terugkrijgen; '**wiedererkennen** ‹*onr. h*› herkennen; *sich ~ in* (+ 3) zichzelf in iets herkennen; '**wiedererobern** ‹*h*› heroveren; '**wiedereröffnen** ‹*h*› heropenen; '**Wiedererstattung** ‹*die; -, -en*› vergoeding, teruggave, restitutie; '**wiederfinden** ‹*st.h; a-u*› terug-, hervinden; '**Wiedergabe** ‹*die; -, -n*› 1 het teruggeven; 2 weergave; 3 vertolking; 4 reproduktie; '**wiedergeben** ‹*st.h; a-e; i*› 1 teruggeven; 2 weergeven; 3 vertolken; '**Wiedergeburt** ‹*die; -, geen mv*› wedergeboorte; '**wiedergewinnen** ‹*st.h; a-o*› terug-, herwinnen; **Wieder'gutmachung**

‹*die; -, geen mv*› 1 het weer goedmaken; 2 schadeloosstelling, herstelbetalingen; **wieder'herstellen** ‹*h en s*› 1 herstellen; 2 restaureren; **Wieder'herstellung** ‹*die; -, -en*› 1 herstel; 2 restauratie; **'wiederholen I** ‹*h*› terughalen; **II** ‹*h*› herhalen; *eine Klasse* ~ doubleren, blijven zitten; (*wedstrijd*) overspelen; **wieder'holt** herhaaldelijk; **Wieder'holung** ‹*die; -, -en*› herhaling; **'wiederkäuen** ‹*h*› herkauwen (*ook fig*); **'Wiederkäuer** ‹*der; -s, -*› herkauwer; **'Wiederkehr** ‹*die; -, geen mv*› terugkeer, -komst; **'wiederkehren** ‹*s*› 1 terugkeren, -komen; 2 zich herhalen; **'wiederkommen** ‹*st.s; a-o*› terugkomen; **'wiedersehen** ‹*st.h; a-e; ie*› weer-, terugzien; (*auf*) ~! tot ziens!; **'Wiedertäufer** ‹*der; -s, -*› wederdoper; **'wiederum** 1 opnieuw, nog eens; 2 anderzijds, van mijn (zijn enz.) kant; **'wiedervereinigen** ‹*h*› herenigen; **'Wiederverkäufer** ‹*der; -s, -*› wederverkoper; **'Wiederverkaufswert** ‹*der; -(e)s, -e*› inruilwaarde; **'Wiedervermieter** ‹*der; -s, -*› onderverhuurder; **'wiederverwenden** ‹*zw. en onr. h*› hergebruiken; recyclen; **'Wiederverwendung** ‹*die; -, geen mv*› hergebruik; recycling; **'wiederverwerten** ‹*h*› recyclen; **'Wiederverwertung** ‹*die; -, geen mv*› recycling; **'Wiederwahl** ‹*die; -, -en*› herkiezing, herverkiezing; **'wiederwählen** ‹*h*› herkiezen

'Wiege ‹*die; -, -n*› 1 wieg; 2 (*fig*) wieg, bakermat

'wiegen I ‹*h*› 1 wiegen; 2 wiegelen, schommelen; *den Kopf bedenklich* ~ het hoofd bedenkelijk schudden; **II** ‹*st.h; o-o*› wegen

'wiehern ‹*h*› 1 hinniken; 2 schateren, gieren (*van het lachen*)

Wien ‹*das*› Wenen

'Wiese ‹*die; -, -n*› weide (nl. hooiland)

'Wiesel ‹*das; -s, -*› (*dierk*) wezel; **'wieselflink** zo vlug als water

'Wiesenblume ‹*die; -, -n*› weidebloem

wieso? hoezo? hoe dat? hoe komt het, dat ...?

'wieterbefördern ‹*h*› doorsturen; verder vervoeren

wie'viel, 'wieviel hoeveel?; **wie'vielte, 'wievielte** (*der, die, das*) de, het hoeveelste

wie'weit in hoever(re)

wie'wohl hoewel

wild 1 wild (*div bet*); 2 woest (*niet in cultuur gebracht*); 3 ~ *werden* woedend worden; 4 onstuimig, woest (zee); 5 ongebreideld (*fantasie*); 6 (*er ist*) *ganz* ~ *auf das Auto* gek op die auto; *halb so* ~! kalm aan!; **Wild** ‹*das; -(e)s, geen mv*› 1 wild; 2 wildbraad; **'Wildbestand** ‹*der; -(e)s, -ë*› wildstand; **'Wildbraten** ‹*der; -s, geen mv*› wildbraad; **'Wilddieb** ‹*der; -(e)s, -e*› stroper; **Wilde(r)** ‹*bn als zn*› 1 wilde; 2 (*fig*) wildeman; **'Wildente** ‹*die; -, -n*› (*dierk*) wilde eend

'Wilderer ‹*der; -s, -*› stroper; **'wildern** ‹*h*› stropen

'wildfremd wildvreemd; **'Wildgans** ‹*die; -, -̈e*› wilde of grauwe gans; **'Wildgehege** ‹*das; -, geen mv*› wildpark; **'Wildhüter** ‹*der; -s, -*› jachtopziener; **'Wildleder** ‹*das; -s, geen mv*› peau de suède; **'Wildnis** ‹*die; -, -se*› wildernis; **'Wildschwein** ‹*das; -(e)s, -e*› wild zwijn; **'Wildwuchs** ‹*der; -es, geen mv*› wildgroei

'Wille ‹*der; -ns, -n*›, **'Willen** ‹*der; -s, -*› wil; *aus freiem ~n* vrijwillig; *beim besten ~n nicht* met de beste wil van de wereld niet; *einem zu ~n sein* iem ter wille zijn

'willen: *um des Friedens* ~ ter wille van de vrede; *um Himmels* ~ om 's hemelswil; *um seiner selbst* ~ ter wille van hemzelf; **'willenlos** willoos

'willens: ~ *sein* van plan, voornemens zijn; **'Willenserklärung** ‹*die; -, -en*› wilsverklaring; *eine* ~ *abgeben* zijn wil verklaren; **'Willenskraft** ‹*die; -, geen mv*› wilskracht; **'willensschwach** zwak van wil; **'willensstark** wilskrachtig, energiek; **'Willensverfügung** ‹*die; -, -en*› wilsbeschikking

will'fahren ‹*zw. h*› *einer Bitte* ~ een verzoek inwilligen; *einem Wunsche* ~ aan een wens voldoen

'willfährig gewillig, gedwee, volgzaam

'willig gewillig, bereidwillig, inschikkelijk

'willigen ‹*h*› *in* (+ 4) ~ in iets toestemmen

will'kommen ‹*bn*› welkom; **Will'kommen** ‹*das; -s, geen mv*› welkom, welkomstgroet, verwelkoming; *ein fröhliches* ~! hartelijk welkom!; **Will'kommensgruß** ‹*der; -es, -ë*› welkomstgroet

'Willkür ‹*die; -, geen mv*› 1 willekeur; 2 eigenmachtigheid; **'willkürlich** 1 willekeurig; 2 eigenmachtig

'wimmeln ‹*h*› wemelen, krioelen

'wimmern ‹*h*› klagen, jammeren, kermen

'Wimper ‹*die; -, -n*› wimper, ooghaar; *mit den ~n zucken* met de ogen knipperen; (*fig*) *er zuckte nicht mit der* ~ hij vertrok geen spier; **'Wimperntusche** ‹*die; -, -n*› mascara

Wind ‹*der; -(e)s, -e*› 1 wind; 2 ~ *machen* opscheppen, opsnijden; (*fig*) *einem* ~ *vormachen* iem wat wijsmaken; (*fig*) ~ *bekommen von* de lucht krijgen van; ***in** den* ~ *reden* vergeefs praten; **Windbüchse** ‹*die; -, -n*› windbuks

'Winde ‹*die; -, -n*› 1 windas, lier, haspel; 2 (*plantk*) winde

'Windel ‹*die; -, -n*› luier; **'Windelhöschen** ‹*das; -s, -*› luierbroekje

'winden ‹*st.h; a-u*› 1 winden, ophijsen; 2 winden, wikkelen, draaien; 3 vlechten; 4 *einem etwas aus den Händen* ~ iem iets uit de handen wringen; 5 *sich* ~: *a*) (zich) kronkelen, zich krommen; *b*) zich een weg banen; *c*) ineenkrimpen (*van pijn, angst e.d.*)

'Windenergie ‹*die; -, geen mv*› windenergie; **'Windeseile** ‹*die*› *in od. mit* ~ vliegensvlug; **'Windhose** ‹*die; -, -n*› windhoos; **'Windhund** ‹*der; -(e)s, -e*› windhond; **'windig** 1 winderig; 2 *ein ~er Kerl* een onbetrouwbare kerel; *eine ~e Ausrede* een uitvlucht, een flauw smoesje;

'**Windjacke** ‹*die; -, -n*› windjack; '**Windjammer** ‹*der; -s, -*› windjammer; '**Windkanal** ‹*der; -s, -ë*› windtunnel; '**Windmacher** ‹*der; -s, -*› opschepper; '**Windmühle** ‹*die; -, -n*› windmolen; '**Windrichtung** ‹*die; -, -en*› windrichting; '**Windschatten** ‹*der; -s, geen mv*› 1 luwte; 2 (*sp*) slipstream; '**Windschirm** ‹*der; -(e)s, -e*› windscherm; '**windschlüpfig**, '**windschnittig** gestroomlijnd; '**Windschutzscheibe** ‹*die; -, -n*› voorruit (*van auto*); ·'**Windstärke** ‹*die; -, -n*› windkracht; '**windstill** windstil; '**Windstille** ‹*die; -, -n*› windstilte; '**Windstoß** ‹*der; -es, -ë*› 1 windvlaag; 2 rukwind; '**Windsurfer** ‹*der; -s, -*› (wind)surfer; '**Windsurfing** ‹*das; -s, geen mv*› windsurfen

'**Windung** ‹*die; -, -en*› 1 winding, kronkeling, kromming; 2 wringing; 3 schroefdraad

Wink ‹*der; -(e)s, -e*› wenk, teken

'**Winkel** ‹*der; -s, -*› 1 hoek; 2 hoekje; 3 (*mil*) chevron, armstreep; 4 winkelhaak, geodriehoek; '**Winkeladvokat** ‹*der; -en, -en*› advocaat voor duistere, louche zaken; '**Winkeleisen** ‹*das; -s, -*› hoekijzer; '**winkelförmig** hoekvormig; '**winkelig** 1 hoekig; 2 bochtig, kronkelig (*straten*); 3 met veel stegen en sloppen (*stadswijk*); 4 hokkig (*huis*); '**Winkelzüge** ‹*mv*› 1 slimme, slinkse streken, foefjes; draaierijen; 2 handigheidjes

'**winken** ‹*h*› 1 wenken; (*dem Kellner, einer Taxe*) ~ een teken geven; 2 zwaaien, wuiven; (*das Glück*) *winkt ihm* lacht hem toe; '**Winker** ‹*der; -s, -*› richtingaanwijzer (*van auto*); '**winke'winke**: *mach mal ~!* zwaai eens (*met je handje*)!

'**winklig** zie *winkelig*

'**winseln** ‹*h*› 1 janken, huilen; 2 kermen

'**Winter** ‹*der; -s, -*› winter; '**Winterabend** ‹*der; -(e)s, -e*› winteravond; '**winterfest** 1 tegen de kou bestand; 2 (*plantk*) winterhard; '**winterlich** winters; '**Wintermantel** ‹*der; -s, -̈*› wintermantel, -jas; '**Wintermonat** ‹*der; -(e)s, -e*› wintermaand; '**Winterreifen** ‹*der; -s, -*› winterband; '**Winterschlaf** ‹*der; -(e)s, geen mv*› winterslaap; '**Winterschlußverkauf** ‹*der; -(e)s, -ë*› winteropruiming; '**Wintersport** ‹*der; -(e)s, geen mv*› wintersport; '**Wintersportler** ‹*der; -s, -*› wintersportbeoefenaar

'**Winzer** ‹*der; -s, -*› wijnbouwer

'**winzig** heel klein, gering, nietig, onbeduidend

'**Wipfel** ‹*der; -s, -*› top, kruin (*van boom*)

'**Wippe** ‹*die; -, -n*› wip; '**wippen** ‹*h*› wippen

wir wij

'**Wirbel** ‹*der; -s, -*› 1 werveling, draaiing, (d)warreling; 2 draaikolk; 3 roffel (*op de trom*); 4 (*anat*) wervel; 5 kruin (*van hoofd*); 6 (*fig*) drukte; opschudding; '**wirbellos** ongewerveld; '**wirbeln** ‹*h*› 1 draaien, (d)warrelen, wervelen; 2 kringelen (*rook*); 3 wervelen (*van danseres*); 4 roffelen, een roffel slaan; '**Wirbelsäule** ‹*die; -, -n*› wervelkolom; '**Wirbelsturm** ‹*der; -(e)s, -ë*› wervelstorm; '**Wirbeltier** ‹*das; -(e)s, -e*› gewerveld dier; '**Wirbelwind** ‹*der; -(e)s, -e*› wervelwind (*fig*)

'**wirken** ‹*h*› 1 werken (*div bet*); 2 machinaal breien; 3 *sie wirkte* (*zehn Jahre jünger*) *als sie war* zij zag er ... uit, dan zij was; *er wirkt lächerlich* hij maakt een bespottelijke indruk; (*als Geistlicher, als Lehrer*) ~ werkzaam zijn; 4 invloed uitoefenen op

'**wirklich** 1 werkelijk, wezenlijk; 2 inderdaad; 3 (*ich weiß es*) ~ *nicht* echt niet; '**Wirklichkeit** ‹*die; -, -en*› werkelijkheid; '**wirklichkeitsfremd** onwerkelijk, ver van de werkelijkheid staand; '**wirklichkeitsnah** 1 de werkelijkheid benaderend, natuurgetrouw; 2 realistisch

'**wirksam** 1 doeltreffend, effectief; 2 ~ *werden* van kracht worden; '**Wirksamkeit** ‹*die; -, geen mv*› doeltreffendheid, effectiviteit

'**Wirkung** ‹*die; -, -en*› 1 werking; 2 uitwerking, effect; 3 *mit ~ vom 1. Dez.* ingaande 1 dec.; '**Wirkungsbereich** ‹*der; -(e)s, -e*› 1 ambtsgebied, ressort; 2 werkkring; '**Wirkungskreis** ‹*der; -es, -e*› werkkring, invloedssfeer; '**wirkungslos** zonder effect; '**Wirkungslosigkeit** ‹*die; -, geen mv*› gemis aan uitwerking; '**wirkungsvoll** 1 doeltreffend, effectief; 2 indrukwekkend

wirr 1 verward, rommelig; *ein ~er Kopf* een warhoofd; 2 verward, warrig; ~ *im Kopf* in de war; '**Wirren** ‹*mv*› troebelen, onlusten; '**Wirrkopf** ‹*der; -(e)s, -ë*› warhoofd; '**Wirrnis** ‹*die; -, -se*› chaos, verwarring, warboel; '**Wirrsal** ‹*das; -(e)s, -e*› chaos, warboel; '**Wirrwarr** ‹*der; -s, geen mv*› 1 verwarring, chaos, warboel, janboel; 2 wirwar; 3 geroezemoes (*van stemmen*)

'**Wirsing** ‹*der; -s, -e*› savooiekool

Wirt ‹*der; -(e)s, -e*› 1 gastheer; 2 caféhouder; 3 kamerverhuurder; '**Wirtin** ‹*die; -, -nen*› 1 gastvrouw; 2 caféhoudster; 3 kamerverhuurster; '**wirtlich** gastvrij, vriendelijk; huishoudelijk

'**Wirtschaft** ‹*die; -, -en*› 1 economie; 2 bedrijfsleven; 3 café; 4 huishouding, het huishouden; 5 (klein) boerenbedrijf; 6 *eine heillose* ~ een vreselijke janboel; (*das ist mir*) *eine schöne* ~ een mooie boel, geschiedenis; *eine polnische* ~ huishouden van Jan Steen; '**wirtschaften** ‹*h*› 1 bezig zijn (*in het huishouden*); 2 huishouden; 3 (*fig*) *gut* ~ goed boeren, zaken doen; 4 *zugrunde* ~ te gronde richten; '**Wirtschafter** ‹*der; -s, -*› 1 topman uit het bedrijfsleven; 2 rentmeester, beheerder; 3 bordeelhouder; '**Wirtschafterin** ‹*die; -, -nen*› huishoudster; '**Wirtschaftler** ‹*der; -s, -*› econoom; '**wirtschaftlich** 1 economisch; 2 spaarzaam, zuinig; 3 efficiënt; 4 huishoudelijk; '**Wirtschaftlichkeit** ‹*die; -, geen mv*› 1 zuinigheid; 2 efficiency; '**Wirtschaftsabkommen** ‹*das; -s, -*› handelsverdrag; '**Wirtschaftsaufschwung** ‹*der; -(e)s, -ë*› economische opleving; '**Wirtschaftsberater** ‹*der; -s, -*› economisch adviseur; '**Wirtschaftsblock** ‹*der; -(e)s, -ë*› economisch blok; '**Wirtschaftsgebäude** ‹*das; -s, -*› stal, schuur enz.; '**Wirtschaftshilfe** ‹*die; -, -n*› economische hulp, steun; '**Wirtschaftshochschule** ‹*die; -, -n*› economische hogeschool; '**Wirtschaftskrise** ‹*die; -, -n*› economische crisis; '**Wirtschaftslage** ‹*die; -, -n*› economische toestand; '**Wirtschaftslehre** ‹*die; -, geen mv*› economie, economische wetenschap; '**Wirtschaftsministerium** ‹*das; -s, -rien*› ministerie van economische zaken; '**Wirtschaftspolitik** ‹*die; -, geen mv*› economisch beleid; '**wirtschaftspolitisch** het economische beleid betreffend; '**Wirtschaftsprüfer** ‹*der; -s, -*› accountant; '**Wirtschaftsraum** ‹*der; -(e)s, -ë*› 1 economisch gebied; 2 *W...räume* keuken, schuur enz.; '**Wirtschaftsverband** ‹*der; -(e)s, -ë*› bedrijfsorganisatie; '**Wirtschaftszweig** ‹*der; -(e)s, -e*› bedrijfstak

'**Wirtshaus** ‹*das; -es, -ër*› 1 café, restaurant; 2 herberg; '**Wirtsleute** ‹*mv*› 1 hospes en hospita; 2 caféhouder enz. en diens vrouw; vgl *Wirt*; '**Wirtsstube** ‹*die; -, -n*› gelagkamer

Wisch ‹*der; -es, -e*› prul, vod, schriftstuk

'**wischen** ‹*h*› 1 vegen, wissen; *Staub* ~ stof afnemen; 2 *einem eine* ~ iem een draai om z'n oren geven; '**Wischer** ‹*der; -s, -*› 1 ruitewisser (*van auto*); 2 inktlap; 3 lichte verwonding; '**Wischlappen** ‹*der; -s, -*› wrijflap, stofdoek

'**wispern** ‹*h*› fluisteren

'**Wißbegier(de)** ‹*die; -, geen mv*› weetgierigheid; '**wißbegierig** weetgierig

'**wissen** ‹*onr. h*› weten; *weiß Gott!, weiß der Himmel!* God mag het weten! *einen etwas ~ lassen* iem iets laten weten; *nicht daß ich wüßte!* niet dat ik weet!; *was weiß ich?* weet ik veel?; '**Wissen** ‹*das; -s, geen mv*› weten, kennis; *meines ~s* voor zover ik weet, bij mijn weten; *mit ~ der Eltern* met medeweten van de ouders; *nach bestem ~ und Gewissen* naar eer en geweten

'**Wissenschaft** ‹*die; -, -en*› wetenschap; '**Wissenschaftler** ‹*der; -s, -*› wetenschapper, beoefenaar van de wetenschap; '**wissenschaftlich** wetenschappelijk

'**Wissensdrang** ‹*der; -(e)s, geen mv*›, '**Wissensdurst** ‹*der; -(e)s, geen mv*› weetgierigheid, dorst naar kennis; '**wissenswert** wetenswaardig

'**wissentlich** welbewust, willens en wetens

'**wittern** ‹*h*› 1 ruiken; 2 (*fig*) de lucht krijgen van, vermoeden; (*gevaar, onraad*) bespeuren; '**Witterung** ‹*die; -, geen mv*› 1 weersgesteldheid, weer; 2 reuk; ~ *von etwas haben* iets vermoeden; (*fig*) *eine gute ~ für etwas haben* een fijne neus voor iets hebben; '**Witterungsverhältnisse** ‹*mv*› weersgesteldheid

'**Witwe** ‹*die; -, -n*› weduwe; '**Witwengeld** ‹*das; -(e)s, geen mv*› weduwenpensioen; '**Witwenrente** ‹*die; -, geen mv*› weduwenpensioen; '**Witwer** ‹*der; -s, -*› weduwnaar

Witz ‹*der; -es, -e*› 1 mop; *~e reißen* moppen vertellen; *ein fauler ~* een flauwe mop; *ein schlechter ~* een misplaatste grap; 2 geestigheid; 3 *mach keine ~e!* vertel nou geen onzin! *das ist der ~ dabei, daran!* daar zit hem de kneep! *das ist der ganze ~!* dat is het hele eieren eten!; '**Witzbold** ‹*der; -(e)s, -e*› grappenmaker; '**witzeln** ‹*h*› ~ *über* (+ 4) grapjes of spottende opmerkingen maken over; '**Witzfigur** ‹*die; -, -en*› schertsfiguur; '**witzig** ‹*h*› geestig, humoristisch

WM ‹*die*› (*afk*) *Weltmeisterschaft*

wo 1 waar; 2 indien, zo; 3 ergens; 4 *am Tage, ~* op de dag, dat; 5 *ach ~!, i ~!* kom nou!

wo'anders ergens anders; **wo'anders'hin** ergens anders heen

wo'bei waarbij

'**Woche** ‹*die; -, -n*› week; *in der ~* doordeweeks; '**Wochenbett** ‹*das; -s, geen mv*› kraambed; '**Wochenblatt** ‹*das; -(e)s, -ër*› weekblad; '**Wochenende** ‹*das; -s, -n*› weekend, weekeinde; *übers ~* met het weekend; '**Wochenendhaus** ‹*das; -es, -ër*› weekendhuis(je); '**wochenlang** wekenlang; '**Wochentag** ‹*der; -(e)s, -e*› weekdag; '**wochentags** op weekdagen, door-de-weeks; '**wöchentlich** wekelijks; '**Wochenzeitung** ‹*die; -, -en*› weekblad; '**Wöchnerin** ‹*die; -, -nen*› kraamvrouw

wo'durch waardoor; **wo'für** waarvoor

'**Woge** ‹*die; -, -n*› (grote) golf

wo'gegen 1 waartegen; 2 terwijl

'**wogen** ‹*h*› 1 golven, deinen; 2 op en neer gaan (*boezem, strijd*); 3 (*scheepv*) slingeren

wo'her vanwaar, waarvandaan; ~ *weißt du das?* hoe weet je dat?; (*aber*) ~ *denn!* hoe kom je daar nou bij!

wo'hin 1 waar(heen); 2 ergens heen

wohin'gegen terwijl

wo'hinter waarachter

wohl 1 wel; (*er wird*) *noch ~ kommen* nog wel komen; ~ *bekomm's!* wel bekome het u; *sich ~ fühlen* zich wel, op zijn gemak voelen; *lebe ~!* vaarwel; 2 goed; *mir ist nicht ~* ik voel me niet goed; *er tut ~ daran* hij doet daar goed aan; *ihm ist nicht ~* hij is niet goed snik; 3 *mir ist nicht ~ dabei* ik krijg daarbij een onbehaaglijk gevoel; ~ *oder übel* goedschiks of kwaadschiks; *du bist ~ krank?* ben je soms ziek?; (*er hat Sie*) ~ *nicht verstanden* zeker niet verstaan; **Wohl** ‹*das; -(e)s, geen mv*› welzijn; *auf Ihr ~!, zum ~!* op uw gezondheid!, prosit!, proost!; *das öffentliche ~* het algemeen welzijn

wohl'an welaan, welnu

wohl'auf 1 ~ *sein* goed gezond zijn; 2 *~!* welaan!, komaan!

'**Wohlbefinden** ‹*das*› welzijn, goede gezondheid; '**Wohlbehagen** ‹*das; -s, geen mv*› welbehagen, welgevallen, genoegen; '**wohlbehalten** in goede staat; '**wohlbekannt** welbekend; '**wohlbeleibt** corpulent; '**Wohlergehen** ‹*das; -s, geen mv*› welzijn; '**Wohlfahrt** ‹*die; -, geen mv*› 1 welvaart; 2 bijstand, sociale zorg; '**Wohlfahrtsamt** ‹*das; -(e)s, -ër*› bureau voor sociale zaken; '**Wohlfahrtspflege** ‹*die; -, geen mv*› sociale zorg, maatschappelijk werk; '**Wohlfahrtspfleger** ‹*der; -s, -*› sociaal werker; '**Wohlfahrtspflegerin** ‹*die; -, -nen*› sociaal werkster; '**Wohlfahrtsstaat** ‹*der; -(e)s, -en*› verzorgingsstaat; '**Wohlfahrtsunterstützung** ‹*die; -, -en*› uitkering op grond van de bijstandswet; '**Wohlgefallen** ‹*das; -s, geen mv*› welgevallen, -behagen; *sein ~ an* (+ 3) *haben* welgevallen in iets hebben, behagen in iets scheppen; '**wohlgefallig** welgevallig, aangenaam; '**wohlgemerkt** wel te verstaan; '**wohlgemut** welgemoed, opgeruimd; '**wohlgeraten** **1** goedgelukt; **2** goedgeaard, welgemanierd; '**Wohlgeruch** ‹*der; -(e)s, -ë*› aangename geur; '**Wohlgeschmack** ‹*der; -(e)s, geen mv*› aangename smaak; '**wohlgesinnt** welgezind; '**wohlgezielt** goed gericht; '**wohlhabend** welgesteld

'**wohlig** behaaglijk, weldadig, lekker

'**Wohlklang** ‹*der; -(e)s, -ë*› welluidendheid; '**wohllautend** welluidend; '**Wohlsein** ‹*das; -(e)s, geen mv*› welzijn; '**Wohlstand** ‹*der; -, geen mv*› welvaart, -stand; '**Wohlstandsgesellschaft** ‹*die; -, -en*› welvaartsstaat

'**Wohltat** ‹*die; -, -en*› weldaad; '**Wohltäter** ‹*der; -s, -*› weldoener; '**wohltätig** **1** wel-, liefdadig; **2** heilzaam; '**Wohltätigkeit** ‹*die; -, -en*› liefdadigheid; '**Wohltätigkeitsverein** ‹*der; -(e)s, -e*› liefdadigheidsvereniging; (*Belg*) weldadigheidsinstelling; '**Wohltätigkeitszweck** ‹*der; -(e)s, -e*› liefdadig doel

'**wohltuend** weldoend, -dadig, aangenaam; '**wohltun** ‹*onr. h*› weldoen, weldaden bewijzen; '**wohlunterrichtet** goed geïnformeerd, welingelicht; '**Wohlverhalten** ‹*das; -s, geen mv*› goed gedrag; '**Wohlwollen** ‹*das; -s, geen mv*› welwillendheid; '**wohlwollend** welwillend

'**Wohnanhänger** ‹*der; -s, -*› caravan; '**wohnen** ‹*h*› **1** wonen; **2** logeren; **3** (*fig*) huizen, zetelen; '**Wohngebäude** ‹*das; -s, -*› woongebouw; '**Wohngeld** ‹*das; -(e)s, geen mv*› huursubsidie; '**Wohngemeinschaft** ‹*die; -, -en*› commune, woongemeenschap; '**wohnhaft** woonachtig; '**Wohnhaus** ‹*das; -es, -ër*› woonhuis

'**wohnlich** geriefelijk, comfortabel; '**Wohnlichkeit** ‹*die; -, geen mv*› geriefelijkheid, comfort; '**Wohnmobil** ‹*das; -(e)s, -e*› kampeerwagen, camper; (*Belg*) mobilhome; '**Wohnort** ‹*der; -(e)s, -e*› zie *Wohnsitz*; '**Wohnraum** ‹*der; -(e)s, -ë*› **1** woonvertrek; **2** ‹*geen mv*› woonruimte; '**Wohnsitz** ‹*der; -es, -e*› woonplaats, domicilie; *~ N.* gevestigd te N.; *seinen ~ nehmen od. aufschlagen* zich vestigen; *seinen ~ ändern, wechseln* van woonplaats of woning veranderen; *seinen ~ nach N. verlegen* in N. gaan wonen; '**Wohnstube** ‹*die; -, -n*› woonkamer

'**Wohnung** ‹*die; -, -en*› woning; '**Wohnungsamt** ‹*das; -(e)s, -ër*› gemeentelijk huisvestingsbureau; '**Wohnungsbau** ‹*der; -(e)s, geen mv*› woningbouw; '**Wohnungsmangel** ‹*die; -, geen mv*› woningnood; '**Wohnungssuche** ‹*die; -n, -n*› het zoeken van een woning; '**Wohnungswesen** ‹*das; -s, geen mv*› volkshuisvesting

'**Wohnviertel** ‹*das; -s, -*› woonwijk; '**Wohnwagen** ‹*der; -s, -*› **1** caravan; **2** woonwagen; '**Wohnzimmer** ‹*das; -s, -*› huis-, woonkamer

'**wölben** ‹*h*› welven; *sich ~ über* (+ 3) zich welven boven; *sich ~ über* (+ 4) zich welven over; '**Wölbung** ‹*die; -, -en*› **1** welving; **2** kromming

Wolf ‹*der; -(e)s, -ë*› wolf

'**Wolke** ‹*die; -, -n*› **1** wolk; **2** *er war wie aus allen ~n gevallen* hij was teleurgesteld; *in den ~n schweben* niet met beide benen op de grond staan; '**wölken, sich** ‹*h*› betrekken; '**Wolkenbruch** ‹*der; -(e)s, -ë*› wolkbreuk; '**Wolkenhimmel** ‹*der; -s, geen mv*› bewolkte hemel; '**Wolkenkratzer** ‹*der; -s, -*› wolkenkrabber; '**wolkenlos** onbewolkt; '**wolkig** **1** bewolkt, betrokken, wolkig; **2** gevlekt; **3** (*fig*) vaag; **4** (*fig*) verward

'**Wolldecke** ‹*die; -, -n*› wollen deken; '**Wolle** ‹*die; -, geen mv*› **1** wol; *reine ~* zuiver wol; **2** *mit einem in die ~ geraten* ruzie met iem krijgen; *sich in die ~ geraten* elkaar in het haar vliegen

'**wollen I** ‹*onr. h*› (*ich will, du willst, er will; wollte; gewollt*) **1** willen; **2** zullen; **3** *ich will nichts gesagt haben!* ik heb niets gezegd!; *er will es nicht gewesen sein* hij beweert dat hij het niet geweest is; *man will ihn gesehen haben* men zegt, beweert hem gezien te hebben; (*dagegen*) *ist nichts zu ~* is niets te beginnen; *das will mir nicht gefallen* dat bevalt me niet; *das will nichts sagen, bedeuten, heißen* dat heeft niets te betekenen; *so etwas will gelernt sein* zo iets moet je leren; **II** ‹*bn*› wollen, van wol

'**Wollkleid** ‹*das; -(e)s, -er*› wollen jurk of japon

'**Wollust** ‹*die; -, -ë*› **1** wellust; **2** (*fig*) genot; '**wollüstig** wellustig

wo'mit **1** waarmee; **2** ergens mee

wo'möglich misschien, wellicht

wo'nach **1** waarnaar; **2** waarna, -op

wo'neben waarnaast

'**Wonne** ‹*die; -, -n*› zaligheid, (hoog) genot; '**wonnevoll** **1** uiterst gelukkig; **2** verrukkelijk; '**wonnig** **1** heerlijk, zalig; **2** schattig

wor'an waaraan; **wor'auf** **1** waarop; **2** waarop, waarna; **wor'aus** waaruit; **wor'ein** waarin; **wor'in** waarin

Wort ‹*das; -(e)s, Wörter* (*losse woorden*) *en Worte* (*in zinsverband*)› **1** woord; **2** citaat, uitspraak; **3** *einem das ~ abschneiden* iem in de rede vallen; **4** *ein ~ gab das andere* het ene woord lokte het andere uit; *das große ~* (*führen*) het hoogste woord; *viele ~e machen* iets met veel omhaal zeggen; *einem das ~ reden* voor iem opkomen, pleiten; *am ~ sein* aan het woord zijn; *einem **aufs** ~ glauben* iem op zijn woord geloven; *einen **beim** ~ nehmen* iem aan zijn woord houden; ~ ***für*** ~ woord voor woord; *in ~en* voluit, in letters; ***mit*** *einem* ~ in een woord; *ich bitte* ***ums*** ~ ik vraag het woord; *mit seinem Anliegen* ***zu*** *~e kommen* met zijn verzoek voor de dag komen; *nicht zu ~ kommen* niet aan het woord komen; *sich zum ~ melden* het woord vragen; '**Wortart** ‹*die; -, -en*› woordsoort; '**Wortbedeutung** ‹*die; -, -en*› woordbetekenis; '**Wortbildung** ‹*die; -, -en*› woordvorming; '**wortbrüchig**: ~ *werden* zijn woord breken; '**Wörtchen** ‹*das; -s, -*› woordje; '**Wörterbuch** ‹*das; -(e)s, -ër*› woordenboek; '**Wörterverzeichnis** ‹*das; -ses, -se*› woordenlijst; '**Wortfolge** ‹*die; -, geen mv*› woordschikking; '**Wortführer** ‹*der; -s, -*› woordvoerder; '**wortgenau** woordelijk, letterlijk; '**wortgetreu** woordgetrouw, letterlijk; '**wortkarg** stil, zwijgzaam, weinig spraakzaam; '**Wortlaut** ‹*der; -(e)s, geen mv*› woordelijke inhoud, tekst; *nach dem ~ (des Gesetzes)* volgens de termen; '**wörtlich** woordelijk; '**wortlos** I ‹*bn*› zwijgend; II ‹*bw*› zonder een woord te spreken, zwijgend; '**wortreich** woordenrijk; breedsprakig; '**Wortschatz** ‹*der; -es, geen mv*› woordenschat; '**Wortschwall** ‹*der; -(e)s, geen mv*› woordenvloed; '**Wortsinn** ‹*der*› *im besten ~e* in de beste zin des woords; '**Wortspiel** ‹*das; -(e)s, -e*› woordspeling; '**Wortstellung** ‹*die; -, -en*› woordschikking; '**Wortverzeichnis** ‹*das; -ses, -se*› woordregister, woordenlijst; '**Wortwahl** ‹*die; -, geen mv*› woordkeus; '**Wortwechsel** ‹*der; -s, -*› 1 woordenwisseling; 2 (levendige, pittige) discussie; '**wortwörtlich** woordelijk, letterlijk

wor'über waarover, -boven; **wor'um** om wat, waarom; **wor'unter** waaronder

wo'von waarvan; **wo'vor** waarvoor; **wo'zu** waarvoor, waartoe; **wo'zwischen** waartussen

wrack ‹*bn*› 1 onbruikbaar; 2 slecht

Wrack ‹*das; -(e)s, -s en -e*› wrak

'**Wucher** ‹*der; -s, geen mv*› woeker; **Wuche'rei** ‹*die; -, geen mv*› woeker; '**Wucherer** ‹*der; -s, -*› woekeraar; '**wucherisch** woekerachtig; '**wuchern** ‹*h*› 1 woekeren (*lett en fig*); 2 voortwoekeren; '**Wucherung** ‹*die; -, -n*› (*med*) woekering; '**Wucherzinsen** ‹*mv*› woekerrente

Wuchs ‹*der; -es, geen mv*› 1 groei, wasdom; 2 groeikracht; 3 gestalte, bouw

Wucht ‹*die; -, -en*› 1 gewicht, zwaarte, last, druk; 2 kracht; 3 pak slaag; 4 *das ist eine ~!* dat is fantastisch!; '**wuchten** ‹*h*› 1 iets zwaars tillen; 2 hard werken; 3 (*sp*) *den Ball ins Tor ~* de bal in het doel knallen; '**wuchtig** 1 zwaar; 2 hard (*klap*); 3 imposant, indrukwekkend; 4 krachtig (*persoonlijkheid*)

'**wühlen** ‹*h*› woelen (*ook fig*), wroeten, graven; '**Wühler** ‹*der; -s, -*› 1 opruier; 2 harde werker; **Wühle'rei** ‹*die; -, -en*› 1 het onrust stoken, opruiing; 2 het harde werken; '**Wühlmaus** ‹*die; -, -ë*› woelmuis

Wulst ‹*der; -es, -ë of die; -, -ë*› 1 dikte, verdikking; 2 wrong (*ornament; haarwrong*); '**wulstig** opgezwollen, opgezet, opgeblazen, dik

wund 1 gewond, gekwetst; 2 stuk; *sich ~ liegen* doorliggen; *sich die Füße ~ laufen* zijn voeten doorlopen; *sich die Lippen ~ beißen* zijn lippen stuk bijten; 3 (*fig*) *der ~e Punkt* het tere punt; *sich den Mund ~ reden* honderd uit praten; '**Wunde** ‹*die; -, -n*› wond (*lett en fig*)

'**Wunder** ‹*das; -s, -*› 1 wonder; 2 *da wirst du dein (blaues) ~ erleben!* dan zul je eens wat zien!; 3 *das nimmt mich ~* dat verwondert me; '**wunderbar** 1 wonderbaar; 2 wonderbaarlijk; 3 prachtig, schitterend; heerlijk; '**Wunderding** ‹*das; -(e)s, -e*› wonder, wonderlijk ding; '**Wunderdoktor** ‹*der; -s, -en*› wonderdokter; '**wunder'hübsch** alleraardigst, allerliefst; '**Wunderkind** ‹*das; -(e)s, -er*› wonderkind; '**wunderlich** 1 wonderlijk, vreemd, zonderling; 2 grillig; *ein ~er Heiliger, Geselle od. Kauz* een rare vent, een zonderling; '**wundern** ‹*h*› verwonderen, verbazen; *es sollte mich ~, wenn ...* het zou mij verwonderen, verbazen als ...; *sich ~ über* (+ 4) zich over iets verwonderen; *da wirst du dich aber ~!* daar zul je van opkijken; '**wundersam** raadselachtig, wonderbaarlijk; '**wunderschön** prachtig; '**wundervoll** prachtig

'**Wundfieber** ‹*das; -s, geen mv*› wondkoorts; '**Wundpflaster** ‹*das; -s, -*› wondpleister

Wunsch ‹*der; -es, -ë*› 1 wens, verlangen; *auf ~* desgewenst; 2 *auf vielfachen ~* op veelvuldig verzoek; '**Wunschbild** ‹*das; -(e)s, -er*› ideaal

'**Wünschelrute** ‹*die; -, -n*› wichelroede

'**wünschen** ‹*h*› wensen, verlangen; '**wünschenswert** wenselijk; '**wunschgemäß** volgens uw wens; '**Wunschkonzert** ‹*das; -(e)s, -e*› verzoekprogramma; '**Wunschliste** ‹*die; -, -n*› verlanglijstje; '**wunschlos** zonder wensen; (*volkstaal*) *~ glücklich* volmaakt gelukkig; '**Wunschzettel** ‹*der; -s, -*› verlanglijstje

'**Würde** ‹*die; -, -n*› 1 waardigheid, rang; 2 *das ist unter aller ~* dat is beneden peil; '**Würdenträger** ‹*der; -s, -*› waardigheidsbekleder; '**würdevoll** waardig, statig, defti; '**würdig** 1 waardig, deftig; 2 *eines Dinges ~ sein* iets waard zijn; '**würdigen** ‹*h*› 1 naar waarde schatten, waarderen; gunstig beoordelen; 2 *einen keines Blickes ~* iem met geen blik verwaardigen; '**Würdigkeit** ‹*die; -, geen mv*› waardigheid; '**Würdigung** ‹*die; -, -en*› 1 waardering; 2 (waarderende) bespreking, recensie; 3 eerbiediging

Wurf ‹*der; -(e)s, -ë*› 1 worp; 2 gooi; 3 plooi (*van mantel*); 4 *einen großen ~ tun* veel succes hebben; '**Würfel** ‹*der; -s, -*› 1 dobbelsteen; 2 kubus; 3 (vierkant) blokje; 4 klontje (suiker); 5 ruit (*als dessin*); '**würfelförmig** geruit, in blokjes; '**würfeln** ‹*h*› 1 dobbelen; 2 in vierkantjes, in blokjes delen; 3 *durcheinander ~* (rommelig) door elkaar gooien; '**Würfelspiel** ‹*das; -(e)s, -e*› dobbelspel; '**Würfelzucker** ‹*der; -s, geen mv*› klontjessuiker

'**Wurfsendung** ‹*die; -, -en*› huis-aan-huis bezorgd, te bezorgen drukwerk

'**würgen** ‹*h*› 1 wurgen; 2 kokhalzen; 3 *hinunter~* met moeite naar binnen werken; '**Würger** ‹*der; -s, -*› wurger, worger

Wurm I ‹*der; -(e)s, -ër*› 1 worm; 2 houtworm; 3 *da ist der ~ drin!* daar klopt iets niet!, dat zit niet goed!; II ‹*das; -(e)s, -ër*› wurm, kind; '**Würmchen** ‹*das; -s, -*› wormpje, wurmpje

'**wurmen** ‹*h*› hinderen, kwellen, knagen (*fig*); *es wurmt mich* het ergert me, het zit me dwars

'**wurmig** wormstekig, vol wormen; '**wurmstichig** wormstekig

'**Wurscht** ‹*die*› *das ist mir ~* dat laat me koud; dat interesseert me geen klap

Wurst ‹*die; -, -ë*› 1 worst; 2 *das ist mir ~* dat laat me koud, dat interesseert me geen klap; *es geht jetzt um die ~* nu gaat de beslissing vallen; *~ wider ~* leer om leer; '**Wurstbrot** ‹*das; -(e)s, -e*› boterham met worst; '**Würstchen** ‹*das; -s, -*› 1 slappeling; 2 worstje; '**Würstchenbude** ‹*die; -, -n*› worstkraampje

'**wursteln** ‹*h*› klungelen, langzaam en slordig werken

'**Wurstfinger** ‹*mv*› worstvingers; '**Wurstpelle** ‹*die; -, -n*› worstvel(letje); '**Wurstwaren** ‹*mv*› verschillende soorten worst

'**Würze** ‹*die; -, -n*› 1 kruiderij, specerij; 2 aroma (vloeistof); 3 (*fig*) aantrekkelijkheid

'**Wurzel** ‹*die; -, -n*› wortel (*alle bet*); *~ schlagen od. fassen* wortel schieten; '**wurzeln** ‹*h*› 1 wortelen, wortel schieten; 2 (*fig*) zijn oorsprong vinden; '**Wurzelziehen** ‹*das; -s, geen mv*› worteltrekking

'**würzen** ‹*h*› kruiden (*lett en fig*); '**würzig** kruidig, gekruid, geurig, pikant; '**Würznelke** ‹*die; -, -n*› kruidnagel

'**Wuschelhaar** ‹*das; -(e)s, -e*› ruig kroeshaar; '**wuschelig** kroezig; '**Wuschelkopf** ‹*der; -(e)s, -ë*› (ruige) kroeskop

Wust ‹*der; -(e)s, geen mv*› warboel, rommel

wüst 1 woest; 2 wanordelijk, verward; 3 liederlijk, losbandig; 4 *ein ~es Durcheinander* een chaos, een vreselijke warboel; '**Wüste** ‹*die; -, -n*› woestijn; **Wüste'nei** ‹*die; -, -en*› woestenij; '**Wüstensand** ‹*der; -(e)s, geen mv*› woestijnzand; '**Wüstenschiff** ‹*das; -(e)s, -e*› kameel, het schip der woestijn; '**Wüstheit** ‹*die; -, geen mv*› woestheid, enz. vgl *wüst*

Wut ‹*die; -, geen mv*› woede, razernij; *in ~ geraten* woedend worden; *in ~ bringen* woedend maken; *~ auf einen haben* woedend op iem zijn; *vor ~ schäumen, knirschen* knarsetanden van woede; *die ~ packte ihn* hij werd driftig; '**Wutanfall** ‹*der; -(e)s, -ë*› woedeaanval; '**wüten** ‹*h*› woeden, razen, tieren; tekeergaan; '**wütend** 1 woedend, razend, woest; 2 verschrikkelijk; '**wutentbrannt** in woede ontstoken; '**Wüterich** ‹*der; -s, -e*› 1 woestaard, woesteling; 2 wreedaard; 3 tiran, dwingeland; '**Wutgeschrei** ‹*das; -(e)s, geen mv*› woedend geschreeuw; '**wutschäumend** schuimbekkend of ziedend van woede; '**wutschnaubend** zie *wutschäumend*; '**wutverzerrt** van woede verwrongen

Xx*x*

X: *einem ein ~ für ein U vormachen* iem knollen voor citroenen verkopen
'x-beliebig willekeurig
'x-mal duizendkeer, ontelbare keren, x-maal
'x-te: *das x-te Mal, zum x-tenmal* de zoveelste keer

Yy*y*

'Yacht ‹*die*; -, *-en*› jacht
'Yen ‹*der*; -(*s*), -› yen
'Yoghurt ‹*der en o*; -(*s*), -(*s*)› yoghurt
'Yuppie ‹*der*; *-s*, *-s*› yuppie, yuppy

Zzz

Z. 1 *Zahl;* 2 *Zeile*
zack 1 *~!* pats!; 2 *~!* vlug!, schiet op!
'Zacke ‹*die;* -, *-n*› 1 tand (*van eg, kam, kroon, vork, zaag*); 2 punt, spits; 3 kanteel; 4 ijskegel; **'zacken** ‹*h*› (uit)tanden, uitschulpen; vgl *gezackt;* **'Zackenlinie** ‹*die;* -, *-n*› zigzaglijn; **'zackig** 1 puntig; 2 zigzag; 3 energiek, kranig; 4 (*muz*) pittig
zag 1 schuchter, bedeesd; 2 weifelend; **'zagen** ‹*h*› schromen; **'zaghaft** 1 schuchter, bedeesd; 2 weifelend; **'Zaghaftigkeit** ‹*die;* -, *geen mv*› schuchterheid enz.
zäh 1 taai (*alle bet*); 2 dik vloeibaar, stroperig; 3 traag; 4 volhardend; **'Zäheit** ‹*die;* -, *geen mv*› taaiheid (*alle bet*); **'zähflüssig** 1 dik vloeibaar, stroperig; 2 stroef; 3 (*verkeer*) langzaam rijdend
Zahl ‹*die;* -, *-en*› 1 getal; *an der ~* in getal; *in großer ~* in groten getale; 2 aantal; 3 cijfer; *in die roten ~en geraten* in de rode cijfers komen; **'zahlbar** betaalbaar
'zählbar telbaar
'zählebig taai
'zahlen ‹*h*› betalen
'zählen ‹*h*› 1 tellen (*alle bet*); 2 meetellen; 3 *~ zu* (+ 3) gerekend worden tot; behoren tot; 4 *auf einen ~* op iem rekenen
'zahlenmäßig numeriek; **'Zahlenmaterial** ‹*das;* -(*e*)*s, -ien*› cijfermateriaal; **'Zahlenschloß** ‹*das; -schlosses, -schlösser*› cijferslot
'Zahler ‹*der;* -*s,* -› betaler
'Zähler ‹*der;* -*s,* -› 1 teller (*alle bet*); 2 meter (*voor gas, snelheid enz*); 3 (*sp*) punt
'Zahlkarte ‹*die;* -, *-n*› stortingsformulier; **'zahllos** talloos, ontelbaar; **'zahlreich** talrijk; **'Zahlstelle** ‹*die;* -, *-n*› 1 kassa; 2 betaalkantoor; **'Zahltag** ‹*der;* -(*e*)*s, -e*› 1 betaaldag; 2 vervaldag; **'Zahlung** ‹*die;* -, *-en*› betaling; (*eine ~*) *leisten* doen
'Zählung ‹*die;* -, *-en*› telling; *eine ~ vornehmen* een telling houden
'Zahlungsanweisung ‹*die;* -, *-en*› betalingsopdracht; **'Zahlungsaufschub** ‹*der;* -(*e*)*s, geen mv*› uitstel van betaling; **'Zahlungsbedingungen** ‹*mv*› betalingsvoorwaarden; **'Zahlungsbefehl** ‹*der;* -(*e*)*s, -e*› dwangbevel; **'Zahlungseinstellung** ‹*die;* -, *-en*› staking van betaling; **'Zahlungserleichterung** ‹*die;* -, *-en*› gemakkelijke betalingsvoorwaarden; **'zahlungsfähig** in staat om te betalen, solvent; **'Zahlungsfähigkeit** ‹*die;* -, *geen mv*› solvabiliteit; **'Zahlungsfrist** ‹*die;* -, *-en*› 1 betalingstermijn; 2 uitstel van betaling; **'zahlungskräftig** betaalkrachtig; **'Zahlungsmittel** ‹*das;* -*s,* -› betaalmiddel; **'zahlungsunfähig** niet in staat om te betalen, insolvent; **'Zahlungsverkehr** ‹*der;* -(*e*)*s, geen mv*› betalingsverkeer; *bargeldloser ~* giroverkeer; **'Zahlungsverzug** ‹*der*› *in ~ geraten sein* achterstallig zijn
'Zählwerk ‹*das;* -(*e*)*s, -e*› teller
'Zahlwort ‹*das;* -(*e*)*s, -ër*› telwoord
zahm 1 tam, mak; 2 (*fig*) gedwee, zacht; **'zähmbar** tembaar; **'zähmen** ‹*h*› 1 temmen (*lett en fig*); 2 *sich ~* zich intomen; **'Zahmheit** ‹*die;* -, *geen mv*› tamheid, makheid; **'Zähmung** ‹*die;* -, *geen mv*› temming, het temmen
Zahn ‹*der;* -(*e*)*s, -ë*› 1 tand (*alle bet*); *die dritten Zähne* kunstgebit; (*fig*) *sich die Zähne an einer Sache ausbeißen* zijn tanden op iets breken; (*fig*) *einem auf den ~ fühlen* iem aan de tand voelen; 2 kies; 3 hoog tempo; **'Zahnarzt** ‹*der;* -*es, -ë*› tandarts; **'Zahnarzthelferin** ‹*die;* -, *-nen*› tandartsassistente; **'Zahnärztin** ‹*die;* -, *-nen*› vrouwelijke tandarts; **'zahnärztlich** tandheelkundig; **'Zahnbelag** ‹*der;* -(*e*)*s, -ë*› tandaanslag; plak, plaque; **'Zahnbürste** ‹*die;* -, *-n*› 1 tandenborstel; 2 (*iron*) snor; **'Zahncreme** ‹*die;* -, *-n*› tandpasta; **'Zähneklappern** ‹*das;* -*s, geen mv*› het klappertanden; **'Zähneknirschen** ‹*das;* -*s, geen mv*› tandengeknars
'zähneknirschend tandenknarsend; **'zahnen** ‹*h*› tanden krijgen; **'zähnen** ‹*h*› 1 tanden; 2 kartelen; **'Zahnfäule** ‹*die;* -, *geen mv*› het bederf, cariës; **'zahnig** getand, ingekorven; **'Zahnklempner** ‹*der;* -*s,* -› (*volkstaal*) smoelsmid; **'Zahnlücke** ‹*die;* -, *-n*› opening tussen de tanden; **'Zahnmedizin** ‹*die;* -, *geen mv*› tandheelkunde; **'Zahnpflege** ‹*die;* -, *geen mv*› tandverzorging; **'Zahnrad** ‹*das;* -(*e*)*s, -̈er*› (*techn*) tandrad; **'Zahnradbahn** ‹*die;* -, *-en*› tandradbaan; **'Zahnschmelz** ‹*das;* -*es, geen mv*› tandglazuur; **'Zahnschmerzen** ‹*mv*› kiespijn; **'Zahnstocher** ‹*der;* -*s,* -› tandestoker; **'Zahntechniker** ‹*der;* -*s,* -› tandtechnicus; **'Zahnwechsel** ‹*der;* -*s,* -› wisseling van de tanden; **'Zahnweh** ‹*das;* -(*e*)*s, geen mv*› tand-, kiespijn
'Zange ‹*die;* -, *-n*› tang (*alle bet*)
Zank ‹*der;* -(*e*)*s, geen mv*› twist, ruzie; **'Zankapfel** ‹*der;* -*s,* -̈› twistappel; **'zanken** ‹*h*› 1 *einen ~: a*) tegen iem opspelen; *b*) iem op zijn kop geven; 2 *sich* (*mit einem*) *~* ruzie hebben, maken; **'Zänker** ‹*der;* -*s,* -› ruziemaker; **Zanke'rei** ‹*die;* -, *-en*› geharrewar, getwist; **'zänkisch** twistziek; **'Zanksucht** ‹*die;* -, *geen mv*› twistzucht; **'zanksüchtig** twistziek
'Zäpfchen ‹*das;* -*s,* -› 1 pennetje enz., zie *Zapfen;* 2 (*anat*) huig; 3 (*med*) zetpil; **'Zapfen** ‹*der;* -*s,* -› 1 pen, pin; 2 wig; 3 plug; 4 tap; 5 denneappel; **'zapfen** ‹*h*› tappen; (*benzine*) tanken; **'Zapfenstreich** ‹*der;* -(*e*)*s, -e*› (*mil*) taptoe; **'Zapfsäule** ‹*die;* -, *-n*› benzinepomp

'zappeln ‹*h*› spartelen

Zar ‹*der; -en, -en*› tsaar

zart 1 teer; **2** tenger; **3** zacht; fijn; (*kleuren*) zacht; **4** (*vlees*) mals; **5** fijn-, teergevoelig; **6** ~ (*mit einem umgehen*) voorzichtig, zacht; **'zartbesaitet** teerbesnaard; **'zartfühlend 1** tactvol; **2** teer-, fijngevoelig; **'Zartgefühl** ‹*das; -(e)s, geen mv*› **1** tact; **2** fijngevoeligheid; **'Zartheit** ‹*die; -, -en*› teerheid enz.; vgl *zart*; **'zärtlich 1** liefkozend; **2** liefdevol; **3** te(d)er, innig; **4** aanhalig; **'Zärtlichkeit** ‹*die; -, -en*› **1** tederheid; **2** liefkozing; *~en austauschen* elkaar liefkozen

Zä'sur ‹*die; -, -en*› cesuur (*alle bet*)

'Zauber ‹*der; -s, -*› **1** toverij; *~ treiben* aan toverij doen; **2** betovering; **3** bekoring, charme; **4** *den ~ kennen wir!* dat kennen we!; **'Zauber...** tover...; **Zaube'rei** ‹*die; -, -en*› **1** toverij, tovenarij, toverkunst; **2** goochelkunst; **3** betovering; **'Zauberer** ‹*der; -s, -*› **1** tovenaar; **2** goochelaar; **'Zauberformel** ‹*die; -, -n*› toverformule; **'zauberhaft** toverachtig; fantastisch; **'Zauberin** ‹*die; -, -nen*› **1** tovenares, tovenaarster; **2** goochelaarster; **'zauberisch 1** toverachtig; **2** betoverend; **'Zauberkraft** ‹*die; -, -ë*› toverkracht; **'Zauberkunst** ‹*die; -, -ë*› **1** toverkunst; **2** goochelkunst; **'Zauberkünstler** ‹*der; -s, -*› goochelaar; **'Zauberkunststück** ‹*das; -(e)s, -ë*› goocheltoer; **'zaubern** ‹*h*› **1** toveren; **2** goochelen; **'Zaubertrick** ‹*der; -(e)s, -s*› goocheltruc

'Zauderer ‹*der; -s, -*› draler, talmer, treuzelaar; **'zauderhaft** aarzelend, dralend, weifelend; **'zaudern** ‹*h*› dralen, aarzelen, talmen; *mit ~den Schritten* schoorvoetend

Zaum ‹*der; -(e)s, -ë*› toom, teugel; **'zäumen** ‹*h*› **1** tomen; **2** (*fig*) beteugelen

Zaun ‹*der; -(e)s, -ë*› **1** omheining, hek, schutting, afrastering; **2** *lebender ~: a*) heg; *b*) rij mensen; **3** (*etwas*) *vom ~e brechen* uitlokken; **'Zaungast** ‹*der; -(e)s, -ë*› clandestiene toeschouwer; **'Zaunkönig** ‹*der; -s, -e*› (*dierk*) winterkoninkje

'zausen ‹*h*› **1** trekken aan, plukken aan; **2** (*haar*) in de war brengen; **3** (*botten*) afkluiven; **4** (*van wind*) doen schudden

z. B. *zum Beispiel* bijvoorbeeld, bijv.

ZDF *Zweites Deutsches Fernsehen*

'Zebra ‹*das; -s, -s*› zebra; **'Zebrastreifen** ‹*der; -s, -*› zebra, oversteekplaats voor voetgangers

'Zechbruder ‹*der; -s, -̈*› drinkebroer; **'Zeche** ‹*die; -, -n*› **1** vertering, gelag, rekening; (*fig*) *die ~ (be)zahlen* het gelag betalen; **2** mijn; **'zechen** ‹*h*› drinken, pimpelen; **Zeche'rei** ‹*die; -, -en*› drinkpartij, -gelag; **'Zechkumpan** ‹*der; -s, -e*› kroegkameraad; **Zechprelle'rei** ‹*die; -, -n*› oplichterij

'Zecke ‹*die; -, -n*› teek

'Zeder ‹*die; -, -n*› ceder

Zeh ‹*der; -(e)s, -en*›, **'Zehe** ‹*die; -, -n*› **1** teen; **2** teentje (*knoflook*); **'Zehenspitze** ‹*die; -, -n*› punt van de teen; *auf ~n gehen* op zijn tenen lopen

Zehn..., **zehn...** tien...; **'Zehner** ‹*der; -s, -*› **1** tiental; **2** tien-pfennigstuk; **'zehnfach** tienvoudig; **'Zehnkampf** ‹*der; -(e)s, geen mv*› (*sp*) tienkamp; **'Zehnpfennigstück** ‹*das; -(e)s, -e*› tien-pfennigstuk; **'zehn'tausend** tienduizend; **'zehnte** (*der, die, das*) de, het tiende; **'Zehntel** ‹*das; -s, -*› tiende (deel); **'Zehntelliter** ‹*das; -s, -*› deciliter

'zehren ‹*h*› **1** teren, verteren; *~ von* (+ 3) teren op; **2** vermageren; **3** (*fig*) *~ an* (+ 3) knagen aan

'Zeichen ‹*das; -s, -*› **1** teken (*alle bet*); **2** kenteken, -merk; **3** handels-, fabrieksmerk; **4** leesteken; **5** *unser ~* ons kenmerk (*brief*); **'Zeichen...** teken...; **'Zeichenfeder** ‹*die; -, -n*› tekenpen; **'Zeichensetzung** ‹*die; -, -en*› interpunctie; **'Zeichensprache** ‹*die; -, -n*› teken-, gebarentaal; **'Zeichenstift** ‹*der; -(e)s, -e*› tekenpotlood; **'Zeichentrickfilm** ‹*der; -(e)s, -e*› tekenfilm

'zeichnen ‹*h*› **1** tekenen; **2** (onder)tekenen; **3** merken (linnengoed); **4** inschrijven op, intekenen op; *eine Anleihe, Aktien ~* op een lening, aandelen inschrijven, intekenen; *30 Mark ~* voor 30 mark intekenen; **'Zeichner** ‹*der; -s, -*› **1** tekenaar; **2** intekenaar; **'zeichnerisch 1** van een tekenaar; teken...; **2** wat de tekening betreft; **'Zeichnung** ‹*die; -, -en*› **1** tekening; **2** ondertekening; **3** intekening, inschrijving; **4** het merken

'Zeigefinger ‹*der; -s, -*› wijsvinger; **'zeigen** ‹*h*› **1** wijzen; aanwijzen; (*einem die Tür*) *~* wijzen; *auf einen ~* naar iem wijzen; **2** laten zien; tonen; **3** (*die Uhr, das Thermometer usw.*) *zeigt auf ...* geeft ... aan, staat op ...; (*die Ampel*) *zeigt Grün* staat op groen; **4** *dem werde ich's ~!* die zal ik z'n vet geven!; **5** bewijzen; **sich ~** ‹*h*› **1** zich tonen; **2** blijken; *es zeigte sich daß* ... het bleek, dat ...; *er zeigte sich als* ... hij bleek een ... te zijn; **'Zeiger** ‹*der; -s, -*› **1** wijzer (*van klok e.d.*); **2** kompasnaald

'zeihen ‹*st.h; ie-ie*› betichten; *einen eines Vergehens ~* iem van een vergrijp betichten

'Zeile ‹*die; -, -n*› **1** regel; **2** rij (*huizen, planten*); **'zeilenweise** per regel, regel voor regel

'Zeisig ‹*der; -(e)s, -e*› **1** (*dierk*) sijsje; **2** *ein lockerer ~* een losbol

Zeit ‹*die; -, -en*› tijd; *höchste ~* hoog tijd; *du liebe ~!* lieve hemel!; *er läßt sich ~* hij neemt de tijd; (*es ist*) ***an** der ~ zu handeln* tijd om te ...; ***auf** ~* tijdelijk; ***bei** ~* bijtijds; ***in** dieser ~: a*) toen, in die tijd; *b*) ondertussen; *in letzter ~* (in) de laatste tijd; *in nächster ~* binnenkort; ***mit** der ~ gehen* met zijn tijd meegaan; *diese ~;* ***über** od. hindurch* gedurende die tijd; ***zur** ~ Luthers* in de tijd van Luther; *zur ~* thans, op het ogenblik; *zu jeder ~* te allen tijde; *zu gegebener ~* te zijner tijd; *zu gleicher ~* tegelijkertijd, tevens; *zur rechten ~* op het juiste moment, precies op tijd; (*alles*) *zu seiner ~* op zijn tijd; *zur ~ und Unzeit* te pas en te onpas; **Zeit... 1** tijd..., tijds...; **2** hedendaags(e) ...

zeit ‹*vz* (+ 2)› gedurende

'Zeitabschnitt ‹*der; -(e)s, -e*› tijdperk, -vak, periode; **'Zeitabstand** ‹*der; -(e)s, -ë*› tussenpoos, interval; **'Zeitalter** ‹*das; -s, -*› tijdperk; **'Zeitangabe** ‹*die; -, -n*› tijdopgave; **'Zeitansage** ‹*die; -, -n*› (*telec*) tijdmelding; **'Zeitaufwand** ‹*der; -(e)s, geen mv*› opoffering van tijd; **'zeitaufwendig** tijdrovend; **'zeitbedingt** met de tijd samenhangend; **'Zeitbombe** ‹*die; -, -n*› tijdbom; **'Zeitdauer** ‹*die; -, geen mv*› tijdsduur; **'Zeitersparnis** ‹*die; -, -se*› tijdbesparing; **'Zeitfahren** ‹*das; -s, -*› (*sp*) tijdrit; **'Zeitfrage** ‹*die; -, -en*› 1 actuele kwestie; 2‹*geen mv*› kwestie van tijd; **'zeitgebunden** tijdgebonden; **'zeitgemäß** van deze tijd; actueel, modern; **'Zeitgenosse** ‹*der; -n, -n*› tijdgenoot; **'zeitgenössisch** contemporain, hedendaags; **'Zeitgeschehen** ‹*das; -s, geen mv*› het actuele gebeuren; **'Zeitgeschmack** ‹*der; -(e)s, geen mv*› smaak van de tijd; **'zeitgleich** 1 gelijktijdig; 2 gelijk van duur; **'Zeitgutschrift** ‹*die; -, -en*› (*sp*) bonificatie

'zeitig vroegtijdig, vroeg, bijtijds

'zeitigen ‹*h*› 1 doen rijpen; 2 opleveren; 3 ten gevolge hebben

'Zeitkarte ‹*die; -, -n*› abonnement (*openbaar vervoer*); **'Zeitlang** ‹*die*› *eine ~* een tijdlang, een poos; **'Zeitlauf** ‹*der; -s, -läufe*› tijdsomstandigheden; **zeit'lebens** mijn (zijn enz.) hele leven lang; **'zeitlich** 1 vergankelijk, aards, werelds; 2 chronologisch, tijds…; qua tijd; **'zeitlos** 1 tijdeloos; niet aan mode onderhevig; 2 van blijvende waarde of betekenis, tijdloos; **'Zeitlupe** ‹*die; -, geen mv*› (*van film e.d.*) slow-motion; **'Zeitmangel** ‹*der; -s, geen mv*› tijdgebrek; **'zeitmäßig** periodiek; **'Zeitmesser** ‹*der; -s, -*› chronometer; **'zeitnah** actueel, van deze tijd; **'Zeitnehmer** ‹*der; -s, -*› (*sp*) tijdopnemer; **'Zeitplan** ‹*der; -(e)s, -̈e*› tijdschema; tijdpad; **'Zeitpunkt** ‹*der; -(e)s, -e*› tijdstip; **'Zeitraffer** ‹*der; -s, geen mv*› versnelde weergave (*van film e.d.*); **'zeitraubend** tijdrovend; **'Zeitraum** ‹*der; -(e)s, -ë*› periode, tijdsbestek; **'zeitschnell**: (*sp*) *der ~ere, ~ste* (*Läufer*) de snelste; **'Zeitschrift** ‹*die; -, -en*› tijdschrift; **'Zeitspanne** ‹*die; -, -n*› periode; **'zeitsparend** tijdbesparend

'Zeitung ‹*die; -, -en*› krant, nieuwsblad; **'Zeitungs**… krante(n)…; **'Zeitungsausschnitt** ‹*der; -(e)s, -e*› knipsel; **'Zeitungsmeldung** ‹*die; -, -en*› krantebericht; **'Zeitungsstand** ‹*der; -(e)s, -ë*› krantenstalletje; **'Zeitungsträger** ‹*der; -s, -*› krantenbezorger

'Zeitunterschied ‹*der; -(e)s, -e*› tijdsverschil; **'Zeitvergeudung** ‹*die; -, -en*› tijdverspilling; **'Zeitverlust** ‹*der; -(e)s, -e*› tijdverlies; **'Zeitverschwendung** ‹*die; -, -en*› zie *Zeitvergeudung*; **'Zeitvertreib** ‹*der; -(e)s, -e*› tijdverdrijf; **'zeitweilig** tijdelijk, voorlopig; **'zeitweise** ‹*bw*› 1 een tijdlang; 2 soms; 3 tijdelijk; **'Zeitwert** ‹*der; -(e)s, -e*› dagwaarde; **'Zeitwort** ‹*das; -(e)s, -ër*› werkwoord; **'Zeitzeichen** ‹*das; -s, -*› tijdsein; **'Zeitzündung** ‹*die; -, -en*› tijdontsteking

zele'brieren ‹*h*› 1 vieren; 2 (*een mis*) opdragen

'Zelle ‹*die; -, -n*› cel (*alle bet*); **'Zellteilung** ‹*die; -, -en*› celsplitsing

Zelt ‹*das; -(e)s, -e*› 1 tent; 2 kraam, tent; **Zelt**… tent…; **'zelten** ‹*h*› 1 in tenten wonen; 2 kamperen; **'Zeltlager** ‹*das; -s, -*› tentenkamp; **'Zeltler** ‹*der; -s, -*› kampeerder; **'Zeltplatz** ‹*der; -es, -ë*› camping; **'Zeltstange** ‹*die; -, -n*›, **'Zeltstock** ‹*der; -(e)s, -ë*› tentstok

Ze'ment ‹*der; -(e)s, -e*› cement

zen'sieren ‹*h*› censeren, beoordelen; **'Zensor** ‹*der; -s, -en*› censor, beoordelaar; **Zen'sur** ‹*die; -, -en*› 1censuur; 2cijfer (op rapport)

Zenti'meter ‹*das; -s, -*› centimeter

'Zentner ‹*der; -s, -*› 50 kg; **'zentnerschwer** (*fig*) loodzwaar

zen'tral centraal; **Zen'tral**… centraal…, centrale …; **Zen'tralbank** ‹*die; -, -en*› centrale bank; **Zen'trale** ‹*die; -, -n*› 1centrale (*div bet*); 2 hoofdkantoor; 3 (*Belg*) dispatching; **Zen'tralheizung** ‹*die; -, -en*› centrale verwarming; **zentrali'sieren** ‹*h*› centraliseren; **Zen'tralkomitee** ‹*das; -s, -s*› centraal comité; **Zen'tralstelle** ‹*die; -, -n*› centraal bureau, centrale, hoofdkantoor

zen'trieren ‹*h*› centreren

zentrifu'gal centrifugaal, middelpuntvliedend; **Zentri'fuge** ‹*die; -, -n*› centrifuge

'Zentrum ‹*das; -s, Zentren*› centrum (*alle bet*)

'Zepter ‹*das; -s, -*› scepter

zer… 1stuk…; 2ver…; 3uitelkaar…, uiteen…; 4fijn…

zer'beißen ‹*st.h; i-i*› stukbijten; **zer'beulen** ‹*h*› vol deuken en builen slaan; **zer'bomben** ‹*h*› plat-, stukbombarderen; **zer'brechen** I ‹*st.h; a-o; i*› 1 breken; 2 verbreken; II ‹*st.s*› 1 breken; 2 *~ an* (+ 3) (*fig*) ten onder gaan; **zer'brechlich** 1 breekbaar; 2 broos, zwak, teer; **zer'bröckeln** ‹*h*› 1 verbrokkelen; 2 verkruimelen; 3 (*fig*) afbrokkelen; **zer'drücken** ‹*h*› 1 stuk-, plat-, fijndrukken; 2 kreuken

Zeremo'nie, Zere'monie ‹*die; -, -n*› ceremonie

zer'fahren 1 stukgereden; 2 verstrooid; **Zer'fall** ‹*der; -(e)s, geen mv*› verval; **zer'fallen** ‹*st.s; ie-a; ä*› 1 uiteenvallen; 2 vervallen; 3 (*lichaam*) vergaan; 4 *mit einem ~ sein* ruzie met iem hebben; 5 *in* (*Phasen, Teilen usw.*) *~* bestaan uit; **zer'fasern** ‹*h*› 1 uiteenrafelen; 2 (*fig*) ontwarren; **zer'fetzen** ‹*h*› in flarden scheuren; **zer'fleischen** ‹*h*› verscheuren; **zer'fließen** ‹*st.s; o-o*› 1 vloeibaar worden, smelten; 2 vervloeien (*inkt, kleuren*); 3 vervagen; 4 (*in/vor Tränen*) ~ wegsmelten; **zer'furcht** doorgroefd; **zer'gehen** ‹*st.s; i-a*› 1 wegsmelten; 2 (*tablet*) oplossen; 3 smelten; **zer'gliedern** ‹*h*› 1 ontleden; 2 analyseren; **zer'kleinern** ‹*h*› 1 kleinmaken; 2 fijnmalen; **zer'klopfen** ‹*h*› stuk-, fijnkloppen; **zer'klüftet** vol spleten; **zer'knallen** ‹*s*› (doen) knallen, klappen; **zer'knautschen** ‹*h*› verkreuken; **zer-**

'knicken ‹*h*› knakken; **zer'knirscht 1** vermorzeld; 2 (*fig*) berouwvol; **zer'knittern** ‹*h*› verkreuken, verfrommelen; **zer'knüllen** ‹*h*› verkreuken, verfrommelen; **zer'kochen I** ‹*s*› verkoken; **II** ‹*h*› laten verkoken; **zer'kratzen** ‹*h*› stukkrabben; *zerkratzt* (ook) vol krassen; **zer'lassen** ‹*st.h; ie-a; ä*› laten smelten; **zer'legbar 1** uit elkaar te nemen; 2 ontleedbaar; **zer'legen** ‹*h*› 1 uit elkaar halen; 2 ontleden, analyseren; 3 in stukjes verdelen, trancheren; **zer'löchert** vol gaten; **zer'lumpt** haveloos; **zer'malmen** ‹*h*› verbrijzelen; **zer'martern** ‹*h*› pijnigen; **zer'mürben** ‹*h*› 1 murw maken; 2 afmatten; **zerpflücken** ‹*h*› 1 uit elkaar plukken; 2 stukplukken; **zer'platzen** ‹*s*› 1 uiteenspatten, stukspringen; 2 (*lett en fig*) ontploffen; **zer'quetschen** ‹*h*› stuk-, fijndrukken, verbrijzelen

'Zerrbild ‹*das; -(e)s, -er*› 1 vertekend beeld; 2 karikatuur

zer'reden ‹*h*› doodpraten (*een onderwerp*); **zer'reiben** ‹*st.h; ie-ie*› 1 fijn-, stukwrijven; 2 vernietigen; **zer'reißen I** ‹*st.h; i-i*› 1 ver-, stukscheuren; 2 verbreken; **II** ‹*st.s*› scheuren; **'Zerreißprobe** ‹*die; -, -n*› (*fig*) beproeving, krachtproef

'zerren ‹*h*› 1 rukken, (hard) trekken; 2 sleuren; 3 (*med*) verrekken

zer'rinnen ‹*st.s; a-o*› 1 verstrijken, voorbijgaan (*tijd*); 2 wegsmelten; 3 (*geld*) door de vingers glijden; 4 *wie gewonnen, so zerronnen* zo gewonnen, zo geronnen; **zer'rissen 1** gescheurd, kapot; 2 haveloos; 3 ontredderd; 4 (*fig*) verscheurd, verdeeld; **Zer'rissenheit** ‹*die; -, geen mv*› verscheurdheid

'Zerrung ‹*die; -, -en*› verrekking (*van pees, spier*)

zer'rütten ‹*h*› 1 schokken, ondermijnen; 2 ontredderen; 3 ontwrichten; **Zer'rüttung** ‹*die; -, geen mv*› ontwrichting, ontreddering enz.; zie *zerrütten*; **zer'sägen** ‹*h*› in stukken zagen; **zer'schellen** ‹*s*› 1 ~ *an* (+ 3) te pletter slaan op, tegen; 2 (*Plan u.ä.*) schipbreuk lijden; **zer'schlagen** ‹*st.h; u-a; ä*› 1 stukslaan, in stukken slaan; 2 (*mil*) vernietigen; 3‹*bn*› doodop, geradbraakt; 4 **sich** ~ mislukken, niet doorgaan; (*Hoffnungen, Pläne*) ~ *sich* (*ook*) lijden schipbreuk; **zer'schmettern** ‹*h*› verbrijzelen, verpletteren; **zer'schunden** ontveld, met schaafwonden; **zer'setzen** ‹*h*› 1 (*chem*) ontleden; oplossen; 2 (*fig*) ondermijnen, ontwrichten; 3 *sich ~: a*) vergaan; tot ontbinding overgaan; *b*) oplossen; **zer'spalten** ‹*h*› 1 splijten, kloven; 2 (*fig*) verdelen, scheuren; **zer'splittern** ‹*h*› 1 versplinteren (*lett en fig*); 2 (*fig*) versnipperen; **Zer'splitterung** ‹*die; -, -en*› 1 versplintering; 2 versnippering; **zer'springen** ‹*st.s; a-u*› barsten, springen; **zer'stampfen** ‹*h*› fijn-, stukstampen; **zer'stäuben** ‹*h*› verstuiven; **Zer'stäuber** ‹*der; -s, -*› verstuiver, vaporisator; **zer'stieben** ‹*st.s; o-o*› ver-, uiteenstuiven

zer'stören ‹*h*› verwoesten, vernietigen (*lett en fig*); **Zer'störer** ‹*der; -s, -*› torpedobootjager; **zer'störerisch** 1 vernielend; 2 vernielzuchtig; **Zer'störung** ‹*die; -, -en*› verwoesting, vernieling; **Zer'störungswut** ‹*die; -, geen mv*› vernielzucht

zer'streuen ‹*h*› 1 verstrooien, verspreiden; 2 verstrooien, afleiding brengen; 3 uiteendrijven; 4 uit de weg ruimen (*bezwaren*), wegnemen (*angst*), opheffen (*twijfel*); **sich** ~*:* 1 zich ontspannen; 2 uiteengaan; **Zer'streuung** ‹*die; -, geen mv*› 1 verstrooiing; 2 verspreiding; **zer'stückeln** ‹*h*› verbrokkelen, in stukjes breken, snijden enz.; **zer'teilen** ‹*h*› 1 verdelen; 2 ontleden; 3 uiteendrijven (wolken); **sich** ~ 1 oplossen (*mist*); 2 breken (*wolken*)

Zertifi'kat ‹*das; -(e)s, -e*› certificaat; diploma

zer'trampeln ‹*h*› stuk-, vertrappen; **zer'treten** ‹*st.h; a-e; i*› 1 vertrappen; 2 doodtrappen; 3 plattrappen; **zer'trümmern** ‹*h*› verbrijzelen, -nielen, -woesten; kort en klein slaan; **zer'wühlen** ‹*h*› stuk-, omwoelen, omwroeten; **zer'zaust** verward

'Zeter: ~ *und Mord*(*io*) (*schreien*) moord en brand

'zetern ‹*h*› 1 tekeergaan; 2 jammeren

'Zettel ‹*der; -s, -*› 1 briefje; blaadje; papiertje; 2 formulier; 3 kaart, fiche (*van kaartsysteem*)

Zeug ‹*das; -(e)s, -e*› 1 stof, goed; 2 kleren, kleding; 3 gereedschap, gerei; 4 spullen, boel, dingen; 5 rommel; 6 (*fig*) *albernes od. dummes ~ reden* zwammen; *das ~ zu etwas haben* de capaciteiten voor iets hebben; *sich* (*für einen*) *ins ~ legen* zich (voor iem) enorm inspannen

'Zeuge ‹*der; -n, -n*› getuige; **'zeugen** ‹*h*› 1 verwekken (*kinderen*); 2 veroorzaken; 3 getuigen; **'Zeugenaussage** ‹*die; -, -en*› getuigenverklaring; **'Zeugenstand** ‹*der; -(e)s, ⸚e*› getuigenbank; **'Zeugenvernehmung** ‹*die; -, -en*› getuigenverhoor; **'Zeugin** ‹*die; -, -nen*› getuige; **'Zeugnis** ‹*das; -ses, -se*› 1 getuigenis; 2 attest; 3 (school)rapport; 4 diploma; 5 getuigschrift; **'Zeugung** ‹*die; -, -en*› verwekking (*van kind*); **'Zeugungsakt** ‹*der; -(e)s, -e*› geslachtsdaad

z. H. *zu Händen* ter attentie van, t.a.v.

'Zicke ‹*die; -, -n*› 1 geit; 2 trut; **'zickig** truttig

'Zickzack ‹*der; -(e)s, -e*› zigzag

'Ziege ‹*die; -, -n*› 1 geit; 2 trut

'Ziegel ‹*der; -s, -*› 1 baksteen; 2 dakpan; **'Ziegeldach** ‹*das; -(e)s, -ër*› pannendak; **Ziege'lei** ‹*die; -, -en*› steenfabriek; **'ziegelrot** steenrood; **'Ziegelstein** ‹*der; -(e)s, -e*› baksteen

'Ziegen... geite...; **'Ziegenkäse** ‹*der; -s, -*› geitekaas; **'Ziegenpeter** ‹*der; -s, geen mv*› (*med*) bof

'Zieheltern ‹*mv*› pleegouders

'ziehen I ‹*st.h of s; o-o*› 1 trekken (*div bet*); *die Aufmerksamkeit auf sich ~* de aandacht trekken; (*alle Register*) ~ opentrekken; 2 fokken (*vee e.d.*); 3 kweken (*bloemen, groente*); 4 *es* *zieht* het tocht; 5 (*balans*) opmaken; 6 effect sorteren; indruk maken; 7 (*schaakspel*) zetten; 8 *es zieht mich* (*immer wieder*) *nach* ... ik verlang ... naar; 9 ***aus*** *dem Verkehr* ~ uit de roulatie nemen; (*fig*) ***in*** *den Dreck, Schmutz* ~ door de modder sleuren; *in die Länge* ~ slepende houden, rekken; *einen ins Vertrauen* ~ iem in vertrouwen nemen; ***nach*** *sich* ~ tot gevolg hebben; *schlimme Folgen nach sich* ~ ernstige gevolgen hebben; (*den Hut*) ***vor*** *einem* ~ voor iem afnemen; ***zu*** *Freunden* ~ bij vrienden intrekken; II *sich* ~ 1 (*grens, weg enz*) lopen; 2 *sich in die Länge* ~ maar voortduren (*gesprek*); 3 kromtrekken; **'Ziehharmonika** ‹*die; -, -s*› trekharmonika; **'Ziehung** ‹*die; -, -en*› trekking

Ziel ‹*das; -(e)s, -e*› 1 doel (*div bet*); (*fig*) *über das* ~ *hinausschießen, -gehen* zijn doel voorbij schieten; *sich ein* ~ *setzen od. stecken* zich een doel stellen; *am* ~ *sein* zijn doel bereikt hebben; 2 (*sp*) finish, eindstreep; (*Belg*) eindmeet; 3 (*handel*) krediet; **'zielbewußt** doelbewust; **'Zieldatum** ‹*das; -s, -daten*› streefdatum; **'zielen** ‹*h*› 1 (*auf* (+ 4)) mikken; 2 *das zielt auf ihn* dat slaat op hem, is op hem gemunt; **'Zielgerade** ‹*die; -, -n*› (*sp*) laatste rechte deel van de baan voor de finish; **'Ziellinie** ‹*die; -, -n*› 1 aankomstlijn; 2 finish; **'ziellos** doelloos; **'Zielscheibe** ‹*die; -, -n*› 1 schietschijf; 2 mikpunt (*ook fig*); **'Zielsetzung** ‹*die; -, -en*› doelstelling; **'zielsicher** doelbewust; **'Zielsprache** ‹*die; -, -en*› doeltaal; **'zielstrebig** 1 doelbewust; 2 vastberaden

'ziemen, sich ‹*h*› passen, gepast zijn

'Ziemer ‹*der; -s, -*› bullepees

'ziemlich 1 tamelijk, vrij; 2 behoorlijk, aanzienlijk; 3 *so* ~ *fertig* zo goed als klaar

Zier ‹*die; -, -en*› sieraad; **'Zierat** ‹*der; -(e)s, -e*› sieraad, versiering; **'Zierde** ‹*die; -, -n*› 1 versiering; 2 (*fig*) sieraad; **zieren** ‹*h*› 1 sieren; 2 *sich* ~ zich aanstellen; **Ziere'rei** ‹*die; -, -en*› aanstellerij, gemaaktheid; **'Zierleiste** ‹*die; -, -n*› 1 sierlijst; 2 sierrand; 3 sierstrip; **'zierlich** 1 sierlijk; 2 elegant; 3 fijn gebouwd; **'Zierpflanze** ‹*die; -, -n*› sierplant; **'Zierpuppe** ‹*die; -, -n*› modepop

'Ziffer ‹*die; -, -n*› 1 cijfer; 2 nummer (*in advertentie*); **'Zifferblatt** ‹*das; -(e)s, -ër*› wijzerplaat

zig zeer veel; *schon* ~ *mal* al vele keren

Ziga'rette ‹*die; -, -n*› sigaret; **Ziga'retten...** sigaretten...; **Ziga'rettenkippe** ‹*die; -, -en*› sigarettenpeuk(je); **Ziga'rettenpapier** ‹*das; -(e)s, geen mv*› sigarettenpapier; vloeitje; **Ziga'rettenstummel** ‹*der; -s, -*› peuk(je)

Zi'garre ‹*die; -, -n*› sigaar; **Zi'garren...** sigare...

Zi'geuner ‹*der; -s, -*› zigeuner; **zi'geunern** ‹*h*› rondzwerven

'Zimbel ‹*die; -, -n*› (*muz*) 1 hakkebord; 2 cimbaal (*een orgelregister*); 3 ‹*mv*› bekkens

'Zimmer ‹*das; -s, -*› kamer, vertrek; **'Zimmer...** 1 kamer...; 2 timmer(mans)...; **Zimme'rei** ‹*die; -, -en*› timmerwerkplaats; **'Zimmereinrichtung** ‹*die; -, -en*› kamerinrichting; **'Zimmerer** ‹*der; -s, -*› timmerman; **'Zimmerhandwerk** ‹*das; -(e)s, geen mv*› timmermansvak; **'Zimmermädchen** ‹*das; -s, -*› kamermeisje; **'Zimmermann** ‹*der; -(e)s, -leute*› timmerman; **'zimmern** ‹*h*› 1 timmeren; 2 (*fig*) opbouwen; **'Zimmerpflanze** ‹*die; -, -n*› kamerplant; **'Zimmerwerkstatt** ‹*die; -, -ën*› timmerwerkplaats

'zimperlich 1 overgevoelig; 2 preuts; 3 *nicht* ~ ... flink, stevig ...; niet kinderachtig

Zimt ‹*der; -(e)s, geen mv*› 1 kaneel; 2 rommel; 3 boel; 4 onzin; **'Zimtstange** ‹*die; -, -n*› pijp kaneel

Zink ‹*das; -(e)s, geen mv*› zink

'Zinke ‹*die; -, -n*› tand (*van hark, kam, vork*)

'zinken zinken, van zink

Zinn ‹*das; -(e)s, geen mv*› tin; **Zinn...** tin..., tinnen...

'Zinne ‹*die; -, -n*› tinne: *a*) kanteel; *b*) bovenrand van gebouw

'zinnern tinnen, van tin

Zins ‹*der; -es, -en*› 1 ~*en* ‹*mv*› rente; *auf* ~ *anlegen* op rente zetten; 2 heffing; 3 pacht; **Zins..., zins...** rente...; **'Zinseszinsen** ‹*mv*› samengestelde interest; **'zinsfrei** renteloos; **'Zinsfuß** ‹*der; -es, -ë*› rentevoet; **'Zinssatz** ‹*der; -es, -ë*› rentevoet; **'Zinssenkung** ‹*die; -, -en*› renteverlaging

Zio'nismus ‹*der; -, geen mv*› zionisme

'Zipfel ‹*der; -s, -*› 1 punt, slip, tip; 2 eindje, stukje; **'Zipfelmütze** ‹*die; -, -n*› slaap-, puntmuts

'zirka circa, ongeveer

'Zirkel ‹*der; -s, -*› 1 passer; 2 kring, gezelschap; 3 cirkel, kring; **'zirkeln** ‹*h*› 1 precies uitmeten; 2 passen en meten; **'Zirkelschluß** ‹*der; -schlusses, -schlüsse*› cirkelredenering, vicieuze cirkel

Zirku'lar ‹*das; -s, -e*› circulaire, rondschrijven; **Zirkulati'on** ‹*die; -, -en*› 1 circulatie; 2 bloedsomloop; **zirku'lieren** ‹*h*› circuleren

'Zirkus ‹*der; -es, -se*› 1 circus; 2 (*fig*) drukte

'Zirpe ‹*die; -, -n*› (*dierk*) krekel; **'zirpen** ‹*h*› tsjirpen

'zischeln ‹*h*› 1 fluisteren; 2 mompelen

'zischen ‹*h*› 1 sissen (*alle bet*); 2 (*gans*) blazen; **'Zischlaut** ‹*der; -(e)s, -e*› sisklank

Zita'delle ‹*die; -, -n*› citadel

Zi'tat ‹*das; -(e)s, -e*› citaat; **zi'tieren** ‹*h*› 1 citeren; 2 ontbieden

Zitro'nat ‹*das; -(e)s, -e*› sukade

Zi'trone ‹*die; -, -n*› citroen; **Zi'tronen..., zi'tronen...** citroen...; **Zi'tronensaft** ‹*der; -(e)s, -ë*› citroensap

'Zitrusfrucht ‹*die; -, -ë*› citrusvrucht

'zitt(e)rig beverig; **'zittern** ‹*h*› sidderen, trillen, beven, bibberen; **'Zittern** ‹*das; -s, geen mv*› siddering; het beven

'Zitze ‹*die; -, -n*› tepel

zi'vil 1 civiel, burgerlijk; 2 (*prijs*) redelijk; **Zi'vil** ‹*das; -s, geen mv*› 1 burgerstand; 2 burgerkleding; *in* ~ in burger; **Zi'vilbevölkerung** ‹*die; -, geen mv*› burgerbevolking; **Zi'vildienst** ‹*der; -(e)s, -e*› (*mil*) vervangende dienstplicht; **Zi'vildienstleistende(r)** ‹*bn als zn*› (*mil*) iem die vervangende dienstplicht doet; **Zi'vilehe** ‹*die; -, -en*› burgerlijk huwelijk; **Zi'vilflugzeug** ‹*das; -(e)s, -e*› verkeersvliegtuig

Zivilisati'on ‹*die; -, -en*› civilisatie, beschaving; **zivili'siert** beschaafd, geciviliseerd

Zivi'list ‹*der; -en, -en*› burger, niet militair

Zi'vilkleidung ‹*die; -, geen mv*› burgerkleding; **Zi'vilpersonen** ‹*mv*› burgers; **Zi'vilrecht** ‹*das; -(e)s, geen mv*› burgerlijk recht, civielrecht

'Zofe ‹*die; -, -n*› kamermeisje, kamenier

'Zögerer ‹*der; -s, -*› 1 talmer, draler; 2 weifelaar; **'zögerlich** aarzelend, voorzichtig; **'zögern** ‹*h*› 1 talmen, aarzelen; 2 weifelen

'Zögling ‹*der; -s, -e*› 1 leerling van een internaat; 2 pupil

Zöli'bat ‹*das of der; -(e)s, geen mv*› celibaat

Zoll I ‹*der; -(e)s, -ë*› 1 invoerrecht; 2 tol; 3 douane; II ‹*der; -(e)s, -*› duim (*ongev 2,5 cm*); **Zoll**... douane...; **'Zollabfertigung** ‹*die; -, -en*› 1 douanecontrole; 2 inklaring; 3 uitklaring; **'Zollamt** ‹*das; -(e)s, -ër*› douanekantoor; **'Zollangelegenheiten** ‹*mv*› douaneformaliteiten; **'Zollbeamte(r)** ‹*bn als zn*› douanebeambte; **'Zollbreit** ‹*der*› *keinen ~ weichen* geen duimbreed wijken

'zollen ‹*h*› (*respect, erkenning, waardering*) schenken; hebben; (*bijval, dank*) betuigen

'Zollerklärung ‹*die; -, -en*› douaneverklaring; **'zollfrei** vrij van (douane)rechten; **'Zollgrenze** ‹*die; -, -n*› tolgrens; **'Zollgut** ‹*das; -(e)s, -ër*› aan rechten onderhevig goed; **'zollhoch** een duim hoog, duimdik; **'Zollkontrolle** ‹*die; -, -n*› douanecontrol; **'zollpflichtig** aan invoerrechten onderhevig; **'Zollstock** ‹*der; -(e)s, -ë*› duimstok; **'Zolltarif** ‹*der; -(e)s, -e*› 1 douanetarief; 2 toltarief

'Zone ‹*die; -, -n*› 1 zone (*alle bet*); 2 *die* ~ de voormalige DDR; **'Zonengrenze** ‹*die; -, -n*› 1 zonegrens; 2 (*vroeger*) grens tussen de BRD en de DDR

Zoo ‹*der; -(s), -s*› dierentuin

Zoo'loge ‹*der; -n, -n*› zoöloog, dierkundige; **zoo'logisch** zoölogisch; *~er Garten* dierentuin

Zopf ‹*der; -(e)s, -ë*› 1 vlecht; 2 een luxe broodje

Zorn ‹*der; -(e)s, geen mv*› toorn, drift; woede; **'Zorn(es)ausbruch** ‹*der; -(e)s, -ë*› woedeuitbarsting; **'zornig** toornig, woedend

'Zote ‹*die; -, -n*› schuine mop; **'zotig** obsceen, schunnig

'Zottel ‹*die; -, -n*› 1 bosje haar; 2 kwast; **'zott(el)ig** ruig, verward

'zotteln ‹*h*› slenteren

z. T. *zum Teil* gedeeltelijk

zu I ‹*vz* (+ 3)› 1 ***te***: *zum* ... om te ...; *~ jeder Zeit* te allen tijde, altijd; ***ten***: (*~ Ende gehen*); ***ter***: *einem ~r Seite stehen* iem ter zijde staan; 2 ***tot***: (*von Tag ~ Tag; ~r Hilfe bereit*); 3 ***aan***: (*~ Tisch gehen*); 4 ***bij***: (*~ Dutzenden*); (*komm ~ mir!*); 5 ***in***: (*~ Anfang*); 6 ***met***: *~ zweit* met z'n tweeën; (*~ Ostern*); 7 ***naar***: (*~m Direktor*), (*~r Kirche*), (*~r Schule*); ***naar, tot***: (*sich ~ einem wenden*); (*die Augen ~ einem aufschlagen*); 8 ***op***: *~r Zeit* op het ogenblik; (*~ derselben Stunde*); *~ Boden* (*liegen*) op de grond; (*die Nacht*) *vom Freitag zum Samstag* van vrijdag op zaterdag; 9 ***over***: (*~ einem Thema sprechen*); 10 ***tegen***: (*~ 2 Mark das Dutzend*); 11 ***voor***: (*~r Hälfte*); 12 ***zonder vz***: *~m Fenster hinaus* het raam uit; *~r Zeit* tegenwoordig; *~ Mittag, ~ Abend essen* het middagmaal, het avondmaal gebruiken; *~ Hause* thuis; *sich ~ Tode lachen* zich doodlachen; (*es geht ihm*) *nicht ~m besten* niet al te best; (*sp*) *vier ~ zwei* vier-twee, 4-2; II ‹*bw*› toe, te; *ab und ~* af en toe; (*die Tür ist*) ~ toe, dicht; *~ haben* gesloten zijn (*van zaak*); *nach Norden ~* in noordelijke richting; *nur ~! immer ~!* vooruit maar!; *~ groß usw.* te groot enz.; III ‹*vw*› (*das Haus*) *ist ~ verkaufen* is te koop

zu... (vaak) 1 toe...; 2 dicht...

zualler'erst in de eerste plaats; **zualler'letzt** in de laatste plaats

'Zubehör ‹*das; -(e)s, -e*› 1 toebehoren; *mit allem ~* met alles wat ertoe behoort; 2 accessoires; 3 onderdelen; hulpstukken

'zubereiten ‹*h*› (toe)bereiden

'zubilligen ‹*h*› 1 toekennen, toestaan; 2 (*mildernde Umstände*) ~ rekening houden met

'zubinden ‹*st.h; a-u*› dichtbinden

'zublinzeln ‹*h*› knipoogjes geven

'zubringen ‹*onr. h*› 1 doorbrengen (*tijd*); 2 dichtkrijgen; 3 aanbrengen; aanvoeren; 4 (*in eine Ehe*) meebrengen; **'Zubringer** ‹*der; -s, -*› 1 brenger; 2 transportband; 3 pendelbus; (verbindings)bus (*naar vliegveld e.d.*); 4 verbindingsweg tussen stad en autosnelweg; toegangsweg; **'Zubringerdienst** ‹*der; -(e)s, -e*› pendeldienst; verbinding; **'Zubringerstraße** ‹*die; -, -n*› vgl *Zubringer* (*4*)

Zucht ‹*die; -, -en*› 1 het fokken; 2 teelt, het kweken; 3 opbrengst, oogst; 4 tucht; 5 soort; **'Zuchtbulle** ‹*der; -n, -n*› fokstier; **'züchten** ‹*h*› 1 fokken; 2 kweken, telen; **'Züchter** ‹*der; -s, -*› 1 fokker; 2 kweker, teler; **'Zuchthaus** ‹*das; -(e)s, -ër*› tuchthuis; **'Zuchthengst** ‹*der; -es, -e*› dek-, fokhengst

'züchtigen ‹*h*› tuchtigen, kastijden; **'Züchtigung** ‹*die; -, -en*› tuchtiging, kastijding

'zuchtlos tuchteloos; **'Zuchttier** ‹*das; -(e)s, -e*› fokdier

'Züchtung ‹*die; -, -en*› 1 het fokken; 2 het kweken, teelt; **'Zuchtvieh** ‹*das; -(e)s, geen mv*› fokvee

zuck! vlug!, vooruit!, hup!

'zuckeln ‹*h*› sukkelen, sjokken

'zucken ‹*h*› 1 (*met de lippen e.d.*) trekken; 2 ophalen (*de schouders*); 3 stuiptrekken; 4 flitsen (*van bliksem*); 5 flakkeren (*vlammen*); 6 (*oogleden*) knipperen; 7 *es zuckt mir* (*in den Gliedern*) ik heb last van reumatiek; *es zuckt mir in den Fingern* (*fig*) mijn vingers, handen jeuken; *ohne mit der Wimper zu* ~ zonder een spier te vertrekken

'zücken ‹*h*› trekken (*dolk, mes, pistool e.d.*); te voorschijn halen (*portefeuille e.d.*)

'Zucker ‹*der; -s, -*› suiker; **'Zucker**... suiker...; **'Zuckerdose** ‹*die; -, -n*› suikerpot; **'Zuckererbse** ‹*die; -, -n*› peultje (een groentesoort); **'zuckerhaltig** suikerhoudend; **'zuck(e)rig** 1 vol suiker zittend; 2 suikerzoet; **'zuckerkrank** suikerziek; **'Zuckerkrankheit** ‹*die; -, geen mv*› suikerziekte; **'zuckern** ‹*h*› 1 suikeren; 2 (*vruchten*) konfijten; **'Zuckerrohr** ‹*das; -(e)s, geen mv*› suikerriet; **'Zuckerrübe** ‹*die; -, -n*› suikerbiet

'Zuckung ‹*die; -, -en*› (stuip)trekking

'zudecken ‹*h*› 1 toedekken; afdekken; 2 (*einen mit Fragen u.ä.*) ~ overladen

zu'dem bovendien, daarenboven

'zudenken ‹*onr. h*› (*einem etwas*) ~ toedenken

'zudrehen ‹*h*› 1 dichtdraaien; 2 (*einem den Rücken*) ~ toekeren, -draaien

'zudringlich opdringerig

'zudrücken ‹*h*› dicht-, toedrukken, dicht-, toeduwen; (*fig*) *ein Auge* ~ een oogje dichtknijpen

'zueignen ‹*h*› 1 opdragen; 2 (*sich etwas*) ~ toeeigenen

zuein'ander naar, bij of tot elkaar

'zuerkennen ‹*onr. h*› 1 toekennen; 2 (*jur*) toewijzen

zu'erst 1 eerst; 2 in de eerste plaats; *gleich* ~ onmiddellijk bij het begin

'zufahren ‹*st.s; u-a; ä*› 1 ~ *auf* (+ 4) toerijden naar; 2 (*volkstaal*) *fahr zu!* rij toch door!

'Zufahrt ‹*die; -, -en*› 1 toegang(sweg, -straat); 2 route, weg (ergens naar toe); **'Zufahrtsstraße** ‹*die; -, -n*› toegangsweg

'Zufall ‹*der; -(e)s, -ë*› toeval; *durch* ~ bij toeval; **'zufallen** ‹*st.s; ie-a; ä*› 1 dichtvallen; 2 toe-, ten deel vallen; **'zufällig** toevallig; **'zufälliger'weise** toevalligerwijs, bij toeval; **'Zufälligkeit** ‹*die; -, -en*› toevalligheid, toeval; **'Zufallstreffer** ‹*der; -s, -*› toevalstreffer

'zufassen ‹*h*› 1 meehelpen; 2 beet-, vastpakken

'zufliegen ‹*st.s; o-o*› 1 dichtslaan (van deur); 2 *auf* ... ~ op ... afvliegen; 3 (*fig*) toewaaien, toegewaaid komen

'zufließen ‹*st.s; o-o*› (+ 3) 1 stromen naar; 2 (*fig*) gaan, vloeien naar

'Zuflucht ‹*die; -, -ë*› toevlucht; **'Zufluchtsort** ‹*der; -(e)s, -e*› toevluchtsoord

'Zufluß ‹*der; -flusses, -flüsse*› 1 het toestromen, toevloed (*lett en fig*); 2 watertoevoer; 3 zijrivier

'zuflüstern ‹*h*› toefluisteren

zu'folge ‹*vz* (+ 3) *of* (+ 4)› volgens, op grond van

zu'frieden tevreden; (~ *sein*) *mit* met of over; **'zufriedengeben, sich** ‹*h*› 1 tevreden zijn; 2 *sich* ~ *mit: a*) zich tevredenstellen met; *b*) genoegen nemen met; *c*) berusten in; **Zu'friedenheit** ‹*die; -, geen mv*› tevredenheid; **zu'friedenlassen** ‹*st.h; ie-a; ä*› met rust laten; **zu'friedenstellen** ‹*h*› tevredenstellen

'zufrieren ‹*st.s; o-o*› 1 dichtvriezen; 2 (*ruiten*) bevriezen

'zufügen 1 (er) bijvoegen; 2 (*schade*) berokkenen; 3 (*nederlaag*) toebrengen

'Zufuhr ‹*die; -, -en*› aan-, toevoer; **'zuführen** ‹*h*› 1 toevoeren (naar); aanvoeren; 2 bezorgen; **'Zuführung** ‹*die; -, -en*› toevoer

Zug ‹*der; -(e)s, -ë*› 1 trein; 2 trek (*div bet*); 3 tocht (*div bet*); 4 stoet; 5 haal; streek (*met penseel*); 6 zwerm (*insekten*); school (*vissen*); 7 zet (*bij dammen, schaken*); *am ~e sein* (*lett en fig*) aan zet zijn; (*einen* ~) *machen* doen; 8 teug; *auf einen, in einem* ~ in een teug; 9 (*techn*) (trek)kracht; 10 slag (*bij het roeien*); 11 trekkoord; 12 afdeling, richting (*van onderwijs*); 13 *der* ~ *der Zeit* de geest des tijds; (*da*) *ist* ~ *drin* zit gang in; 14 ***in*** *einem* ~ aan een stuk; *in od. mit großen Zügen* in grote trekken; *in* ~ *kommen* op dreef komen; *im ~e* (+ 2) in het kader (van); gelijktijdig met; *in vollen Zügen genießen* met volle teugen genieten; *in den letzten Zügen liegen* op sterven liggen; 15 ~ ***um*** ~ zonder onderbreking; ***zum*** *~e kommen* aan bod komen

'Zugabe ‹*die; -, -n*› 1 toevoeging; 2 toegift

'Zugang ‹*der; -(e)s, -ë*› 1 toegang (*lett en fig*); 2 ingang; 3 toename, aanwas; 4 *a*) nieuwe aanwinst; *b*) nieuwe speler; *c*) nieuwe patiënt; **'zugänglich** 1 toegankelijk (*alle bet*); 2 voor anderen openstaand; **'Zugangsstraße** ‹*die; -, -n*› toegangsweg

'Zugbrücke ‹*die; -, -n*› ophaalbrug

'zugeben ‹*st.h; a-e; i*› 1 toegeven (*div bet*); 2 toevoegen (aan); erbij doen; 3 een toegift geven; 4 toestaan

zu'gegen aanwezig

'zugehen ‹*st.s; i-a*› 1 dichtgaan; 2 toegaan, verlopen; 3 gebeuren, gaan; 4 (*einem etwas*) ~ *lassen* doen toekomen; 5 (*auf einen*) ~ toe-, afgaan; 6 *mir ist* ... *zugegangen* ik heb ... ontvangen; 7 *dem Ende* ~ het einde naderen; 8 *tüchtig* ~ stevig doorstappen, -lopen

'zugehören ‹*h*› toebehoren; **'zugehörig** bijbehorend; **'Zugehörigkeit** ‹*die; -, geen mv*› 1 het toebehoren; 2 saamhorigheid; 3 lidmaatschap

'zugeknöpft 1 (*lett*) toegeknoopt; 2 (*fig*) gesloten, gereserveerd

'Zügel ‹*der; -s, -*› teugel (*lett en fig*) toom; (*seinem Zorn u.ä.*) *die* ~ *schießen lassen* de vrije teugel laten; **'zügellos** (*fig*) teugel-, tomeloos, ongebreideld; **'zügeln** ‹*h*› 1 de teugel aandoen; 2 (*fig*) beteugelen, intomen

'zugereist: ~ *kommen* aankomen; **'Zugereiste(r)** ‹*bn als zn*› vreemdeling

'zugesellen ‹*h*› 1 *sich einem* ~ zich bij iem voegen; 2 *sich* (*einer Sache*) ~ komen bij
'Zugeständnis ‹*das; -ses, -se*› concessie
'zugestehen ‹*st.h; a-a*› 1 erkennen, toegeven; 2 toestaan; 3 toekennen
'zugetan toegedaan
'Zugführer ‹*der; -s, -*› 1 (*spoorw*) hoofdconducteur; 2 (*mil*) pelotonscommandant
'zugießen ‹*st.h; o-o*› 1 bijgieten; 2 dichtgieten
'zugig tochtig
'zügig vlot
'Zugkraft ‹*die; -, -ë*› 1 trekkracht; 2 aantrekkingskracht; **'zugkräftig** in trek, in de smaak vallend
zu'gleich tegelijk(ertijd), tevens
'Zugluft ‹*die; -, geen mv*› tocht; **'Zugmaschine** ‹*die; -, -n*› tractor; **'Zugmittel** ‹*das; -s, -*› (*fig*) trekpleister; **'Zugnummer** ‹*die; -, -n*› 1 treinnummer; 2 nummer dat publiek trekt; **'Zugpferd** ‹*das; -(e)s, -e*› trekpaard
'zugreifen ‹*st.h; i-i*› 1 toegrijpen, -tasten; 2 aanpakken; 3 ingrijpen, optreden; **'Zugriff** ‹*der; -(e)s, -e*› 1 greep, het toegrijpen, -tasten; 2 het aanpakken; 3 greep; 4 (*computer*) toegang
zu'grunde: ~ *gehen* te gronde gaan; ~ *legen* als grondslag nemen; ~ *liegen* ten grondslag liggen
'Zugtier ‹*das; -(e)s, -e*› trekdier
'zugucken ‹*h*› toekijken
'Zugunglück ‹*das; -(e)s, -e*› treinongeluk
zu'gunsten ‹*vz* (+ 2)› ten gunste van
zu'gute 1 ~ *halten: a*) te goed houden (geld); *b*) niet kwalijk nemen; ~ *kommen* (*lassen*) ten goede (laten) komen; 2 *sich etwas* ~ *halten, tun auf* (+ 4) zich op iets laten voorstaan
zuguter'letzt ten langen laatste
'Zugverbindung ‹*die; -, -en*› treinverbinding; **'Zugverkehr** ‹*der; -(e)s, geen mv*› treinverkeer; **'Zugvogel** ‹*der; -s, -̈*› trekvogel; **'Zugwind** ‹*der; -(e)s, -e*› tocht, trek; **'Zugzwang** ‹*der; -(e)s, -ë*› *unter* ~ *stehen* (*fig*) voor het blok staan; moeten handelen
'zuhaben ‹*onr. h*› gesloten zijn (van zaak)
'zuhalten ‹*st.h; ie-a; ä*› 1 dichthouden; 2 (*auf*) ~ op iets afgaan, aanhouden
'Zuhälter ‹*der; -s, -*› souteneur, pooier
'zuhängen ‹*h*› hangen voor, bedekken
'zuhauen ‹*st.h; haute -, -gehauen*› 1 dichtslaan; 2 bewerken; 3 toeslaan, erop los slaan
zu'hauf 1 massaal; 2 bij de vleet; veel
Zu'hause ‹*das; -s, geen mv*› thuis
'zuheilen ‹*s*› dicht gaan (*van wonden*)
Zu'hilfenahme ‹*die; -, geen mv*› *unter* ~ *von* met behulp van
zu'hinterst helemaal achteraan, het laatst
zu'höchst helemaal bovenaan, het hoogst
'zuhören ‹*h*› (*einem*) ~ (naar iem) luisteren; **'Zuhörer** ‹*der; -s, -*› toehoorder; luisteraar; **'Zuhörerschaft** ‹*die; -, geen mv*› toehoorders, gehoor
zu'innerst in het binnenste, in het diepst
'zujauchzen ‹*h*›, **'zujubeln** ‹*h*› toejuichen, toejubelen
'zukehren ‹*h*› keren naar; (*einem den Rücken*) toekeren
'zukitten ‹*h*› dichtkitten
'zuklinken ‹*h*› sluiten (deur)
'zuknallen ‹*h*› hard dichtslaan
'zuknöpfen ‹*h*› dichtknopen; vgl *zugeknöpft*
'zuknoten ‹*h*› dichtknopen
'zukommen ‹*st.s; a-o*› 1 toekomen; *das kommt ihm nicht zu* daar heeft hij geen recht op; 2 ~ *auf* (+ 4) toe-, afkomen op; 3 (*einem etwas*) ~ *lassen* doen toekomen
'zukriegen ‹*h*› dichtkrijgen
'Zukunft ‹*die; -, geen mv*› 1 toekomst; *ruhig in die* ~ *blicken* de toekomst rustig tegemoet zien; 2 (*gramm*) toekomende tijd; 3 *in* ~ in de toekomst, voortaan, in het vervolg; *in nächster* ~ in de naaste toekomst; **'zukünftig** 1 toekomstig; 2 voortaan; **'Zukünftige(r)** ‹*bn als zn*› aanstaande; **'Zukunftsaussichten** ‹*mv*› toekomstperspectieven; **'Zukunftshoffnung** ‹*die; -, -en*› hoop op de toekomst; **'zukunftsträchtig** veelbelovend; **'zukunftsweisend** op de toekomst gericht; vooruitstrevend
'zulächeln ‹*h*› *einem* ~ tegen iem glimlachen
'Zulage ‹*die; -, -n*› 1 toelage, -slag; 2 tegemoetkoming
'zulangen ‹*h*› 1 voldoende zijn; 2 toetasten; **'zulänglich** voldoende
'zulassen ‹*st.h; ie-a; ä*› 1 toelaten; 2 (*motorvoertuig*) een kenteken afgeven voor; 3 toestaan; 4 dichtlaten; **'zulässig** toelaatbaar; **'Zulassung** ‹*die; -, -en*› 1 toelating; 2 vergunning; 3 kentekenbewijs; **'Zulassungsbeschränkung** ‹*die; -, -en*› numerus fixus; **'Zulassungspapiere** ‹*mv*› kentekenbewijs; **'Zulassungsprüfung** ‹*die; -, -en*› toelatingsexamen
'Zulauf ‹*der; -(e)s, geen mv*› toeloop; **'zulaufen** ‹*st.s; ie-au; äu*› 1 ~ (*lassen*) (laten) bijlopen, toevoegen; 2 *auf einen* ~ naar iem toe-, op iem aflopen; 3 *einem* ~ bij iem aanlopen; 4 flink doorlopen
'zulegen ‹*h*› 1 erbij doen; toevoegen; 2 *Geld* ~ geld moeten toeleggen; 3 het tempo verhogen; 4 er een schepje bovenop doen; 5 *sich etwas* ~ iets aanschaffen
zu'leide: *einem etwas* ~ *tun* iem kwaad doen
'zuleiten ‹*h*› 1 leiden naar; 2 toezenden
zu'letzt 1 het laatst; (*er kam*) ~ als laatste; 2 eindelijk, ten slotte; 3 in de laatste plaats
zu'liebe: *mir* ~ terwille van mij
'Zulieferbetrieb ‹*der; -(e)s, -e*› toeleveringsbedrijf; **'Zulieferer** ‹*der; -s, -*› toeleveringsbedrijf
zum *zu dem*
'zumachen ‹*h*› 1 dichtdoen, sluiten; 2 *mach zu!* (*ook*) vooruit!, schiet op!
zu'mal 1 vooral; 2 ~ (*da*) ..., temeer daar ...
'zumauern ‹*h*› toe-, dichtmetselen
zu'meist 1 meestal, het meest; 2 voor het merendeel

'zumessen ‹*st.h; a-e; i*› 1 toemeten; 2 afpassen, doseren; 3 (*fig*) toeschrijven
zu'mindest 1 op z'n minst, minstens; 2 tenminste, in elk geval
'zumutbar wat gevergd kan worden; redelijk
zu'mute: *mir ist ... ~* ik voel me ...
'zumuten ‹*h*› *einem etwas ~* iets van iem vergen; **'Zumutung** ‹*die; -, -en*› 1 onbehoorlijke eis, ongerechtvaardigd verlangen; 2 onbehoorlijkheid
zu'nächst I ‹*bw*› 1 allereerst, in de eerste plaats; 2 eerst, aanvankelijk; 3 voorlopig; II ‹*vz* (+ 3)› *~ dem Hause, dem Hause ~* vlak bij het huis
'zunähen ‹*h*› dichtnaaien
'Zunahme ‹*die; -, -n*› toename, stijging
'Zuname ‹*der; -n, -n*› 1 achter-, familienaam; 2 bijnaam
'Zündanlage ‹*die; -, -n*› ontsteking; **'zündbar** ontbrandbaar, ontvlambaar; **'Zündblättchen** ‹*das; -s, -*› klappertje; **'zünden** ‹*h*› 1 ontbranden, -vlammen; 2 ont-, aansteken; 3 (*bliksem*) inslaan; 4 (*motor*) aanslaan; 5 *bei ihm hat's gezündet* hij snapt het
'Zunder ‹*der; -s, -*› 1 tonder, tondel; *es brennt wie ~* het is zeer brandbaar; *trocken wie ~* kurkdroog; 2 slaag; klappen
'Zünder ‹*der; -s, -*› 1 (*mil*) ontstekingsmechanisme; 2 aansteker; **'Zündholz** ‹*das; -es, -ër*› lucifer; **'Zündkerze** ‹*die; -, -n*› bougie; **'Zündschlüssel** ‹*der; -s, -*› contactsleuteltje; **'Zündschnur** ‹*die; -, -ë*› lont; **'Zündspule** ‹*die; -, -n*› bobine; **'Zündstoff** ‹*der; -(e)s, -e*› 1 ontvlambare stof; 2 (*fig*) conflictstof; **'Zündung** ‹*die; -, -en*› ontsteking (*van motor*); *die ~ einschalten* het contact aanzetten
'zunehmen ‹*st.h; a-o; i*› 1 toenemen; 2 wassen (*van maan*); 3 erbij nemen; 4 dikker worden, aankomen; 5 meerderen (*bij het breien*); **'zunehmend** in toenemende mate, steeds
'zuneigen ‹*h*› neigen, overhellen naar; *sich einem ~* zich tot iem aangetrokken voelen; *sich dem Ende ~* ten einde lopen; **'Zuneigung** ‹*die; -, geen mv*› genegenheid
Zunft ‹*die; -, -ë*› gilde; **'zünftig** 1 tot een gilde behorend, gilde...; 2 vakkundig; 3 bekwaam; 4 goed; 5 flink
'Zunge ‹*die; -, -n*› 1 tong (*alle bet*); 2 *es brennt mir auf der ~* het brandt mij op de lippen; 3 taal; **'züngeln** ‹*h*› 1 de tong heen en weer bewegen; 2 lekken (*van vlammen*); **'zungenfertig** welbespraakt, rad van tong; **'Zungenschlag** ‹*der; -(e)s, -ë*› 1 klik met de tong; 2 lichte spraakstoornis; **'Zungenspitze** ‹*die; -, -n*› punt van de tong; **'Zungenwurst** ‹*die; -, -ë*› tongeworst; **'Zünglein** ‹*das; -s, -*› 1 tongetje; 2 *das ~ an der Waage* wat de doorslag geeft
zu'nichte teniet; *~ machen: a*) tenietdoen; *b*) vernietigen, te gronde richten; *c*) verijdelen; *~ werden* tenietgaan; op niets uitlopen
zu'nutze: *sich etwas ~ machen* zich iets ten nutte maken
zu'oberst bovenaan, geheel boven
'zuordnen ‹*h*› 1 toevoegen; 2 samen-, bijvoegen; 3 rangschikken (onder)
'zupacken ‹*h*› 1 vast-, beetpakken; 2 aanpakken, helpen
zu'paß: *~ kommen* van pas, te pas komen
'zupfen ‹*h*› 1 trekken; 2 plukken; 3 (*gitaar, snaren*) tokkelen op; 4 (*katoen, wol*) uitpluizen
'zupressen ‹*h*› dichtdrukken
zuprosten ‹*h*› *einem ~* op iems gezondheid drinken
zur *zu der*
'zuraten ‹*st.h; ie-a; ä*› aanraden
'zurechnen ‹*h*› 1 tellen bij; 2 rekenen tot; 3 *einem etwas ~* iem iets toeschrijven; **'zurechnungsfähig** toerekeningsvatbaar
zu'rechtbiegen ‹*st.h; o-o*› rechtbuigen (*lett en fig*); **zu'rechtbringen** ‹*onr. h*› tot stand brengen; **zu'rechtfinden, sich** ‹*st.h; a-u*› 1 de weg vinden; zich redden; *ich finde mich schon zurecht!* ik vind het wel!; 2 wennen; **zu'rechtkommen** ‹*st.s; a-o*› 1 op tijd komen; 2 (*mit einem*) *~* overweg kunnen; 3 *mit etwas ~* iets aankunnen; **zu'rechtlegen** ‹*h*› 1 klaarleggen; 2 *sich* (*eine Ausrede u.ä.*) *~* bedenken; **zu'rechtmachen** ‹*h*› 1 gereedmaken, (*den Salat*) *~* aanmaken; (*das Bett*) *~* opmaken; 2 *sich ~: a*) zich aankleden; *b*) zich opmaken; **zu'rechtrücken** ‹*h*› 1 goed zetten, op zijn (hun) plaats zetten; 2 rechtzetten; goed doen (*een das*); **zu'rechtsetzen** ‹*h*› 1 goed zetten; 2 *sich ~* goed gaan zitten; **zu'rechtweisen** ‹*st.h; ie-ie*› terechtwijzen
'zureden ‹*h*› *einem ~: a*) iem (bemoedigend enz.) toespreken; *b*) er bij iem op aandringen; *c*) iem trachten te overreden; **'Zureden** ‹*das; -s, geen mv*› 1 aandrang; 2 overreding
'zureichen ‹*h*› 1 voldoende zijn; 2 aanreiken; **'zureichend** toereikend, voldoende
'zureiten I ‹*st.h; i-i*› africhten (*paard*); II ‹*st.s*› (*auf einen*) *~* toerijden
'zurichten ‹*h*› 1 klaar-, gereedmaken; 2 (*spijzen*) bereiden; 3 bewerken; 4 (*einen, etwas*) *~* toetakelen
'zuriegeln ‹*h*› grendelen
'zürnen ‹*h*› *einem ~* boos op iem zijn
zu'rück 1 terug; 2 naar achteren; achteruit; 3 *hinter anderen ~ sein* bij anderen achter zijn; **zu'rück...** terug...; **zu'rückbehalten** ‹*st.h; ie-a; ä*› 1 achterhouden; 2 inhouden; **zu'rückberufen** ‹*st.h; ie-u*› terugroepen; **zu'rückbleiben** ‹*st.s; ie-ie*› 1 achterblijven; (~) *hinter* bij; 2 achterlopen (*klok*); 3 overblijven (*litteken, schade enz*); 4 *hinter* (*den Erwartungen*) *~* niet beantwoorden aan; **zu'rückbringen** ‹*onr. h*› terugbrengen; **zu'rückdrängen** ‹*h*› terugdringen; **zu'rückdrehen** ‹*h*› 1 terugdraaien; 2 achteruitzetten; **zu'rückerobern** ‹*h*› heroveren; **zu'rückerstatten** ‹*h*› vergoeden; **zu'rückfahren** I ‹*st.h; u-a; ä*› terugbrengen; II ‹*st.s*› 1 terugrijden, -varen; 2 terugdeinzen

zu'rückfallen ‹*st.s; ie-a; ä*› 1 terugvallen; 2 *in den alten Fehler* ~ weer in de oude fout vervallen; **zu'rückfinden** ‹*st.h; a-u*› 1 terugvinden; 2 de terugweg vinden; 3 *zu sich selbst* ~ weer zichzelf worden; 4 terugkeren naar; **zu'rückführen** ‹*h*› 1 terugbrengen, -geleiden; 2 ~ *auf* (+ 4) herleiden tot; toeschrijven aan; **Zu'rückgabe** ‹*die; -, geen mv*› teruggave; **zu'rückgeben** ‹*st.h; a-e; i*› 1 teruggeven; 2 (*sp*) terugspelen; **Zu'rückgebliebene(r)** ‹*bn als zn*› 1 achtergeblevene; 2 geestelijk gehandicapte; **zu'rückgehen** ‹*st.s; i-a*› 1 teruggaan; 2 achteruitgaan; 3 dalen; zakken (*water*); slinken (*buil*); verminderen, teruglopen; 4 ~ *auf* (+ 4) teruggaan tot, afkomstig zijn van, afstammen van; **zu'rückgezogen** teruggetrokken; **zu'rückgreifen** ‹*st.h; i-i*› 1 teruggrijpen, -gaan; 2 ~ *auf* (+ 4) zijn toevlucht nemen tot; een beroep doen op; **zu'rückhalten** ‹*st.h; ie-a; ä*› 1 tegenhouden; 2 (*einen*) *von/vor etwas* ~ van iets weerhouden; 3 (*etwas*) ~ (achter)houden; 4 (*gevoelens e.d.*) inhouden; 5 *mit ...* ~ ... voor zich houden; 6 *sich* ~ zich bedwingen; **zu'rückhaltend** terughoudend; **Zu'rückhaltung** ‹*die; -, geen mv*› terughoudendheid; **zu'rückkehren** ‹*s*› terugkeren; **zu'rückkommen** ‹*st.s; a-o*› (*auf* (+ 4)) terugkomen (op); **zu'rücklassen** ‹*st.h; ie-a; ä*› achterlaten; *einen* (*hinter sich*) ~ iem achter zich laten; **Zu'rücklassung** ‹*die; -, geen mv*› achterlating; **zu'rücklegen** ‹*h*› 1 opzij leggen, sparen; 2 bewaren; 3 (*afstand, traject, weg e.d.*) afleggen; 4 terugleggen; 5 (*hoofd*) laten rusten; 6 *sich* ~ achterover gaan liggen; achteruit gaan leunen; **zu'rücklehnen, sich** ‹*h*› achteroverleunen; **zu'rückliegen** ‹*st.h; a-e*› 1 (*10 Tage usw.*) ~ geleden zijn; 2 (*sp*) achter staan; **zu'rückmelden, sich** ‹*h*› zich (weer) melden; **Zu'rücknahme** ‹*die; -, geen mv*› 1 terugneming; 2 herroeping, intrekking; **zu'rücknehmen** ‹*st.h; a-o; i*› 1 terugnemen; 2 intrekken; 3 terugtrekken (*troepen*); **zu'rückpfeifen** ‹*st.h; i-i*› terugfluiten (*lett en fig*); **zu'rückprallen** ‹*s*› 1 terugspringen, -kaatsen; 2 terugslaan (*van golven*); 3 terugdeinzen; **zu'rückreichen** ‹*h*› teruggaan (in het verleden); **zu'rückrufen** ‹*st.h; ie-u*› 1 terugroepen; 2 (*telec*) terugbellen; **zu'rückschauen** ‹*h*› terugzien, achter zich zien; **zu'rückschicken** ‹*h*› terugzenden, -sturen; **zu'rückschieben** ‹*st.h; o-o*› terug-, opzij-, wegduwen; **zu'rückschlagen** ‹*st.h; u-a; ä*› 1 terugslaan; 2 (*gordijn*) openschuiven; 3 (*aanval*) afslaan; **zu'rückschrecken I** ‹*st.h; a, -geschreckt*› terugschrikken, -deinzen; **II** ‹*zw. h*› afschrikken; **zu'rücksehen** ‹*st. h; a-e; ie*› ~ *auf* terugzien op; **zu'rücksehnen** ‹*h*› *sich* ~ *nach* terugverlangen naar; **zu'rücksenden** ‹*onr. h*› terugzenden; **zu'rücksetzen** ‹*h*› 1 terugzetten; 2 (*auto*) achteruitrijden; 3 achteruitzetten, wegzetten; 4 (*einen*) ~ achterstellen; 5 (*einen*) ~ in rang verlagen; 6 *sich* ~ meer naar achteren gaan zitten; **Zu'rücksetzung** ‹*die; -, -en*› 1 terugplaatsing; 2 achterstelling; 3 verlaging in rang; **zu'rücksinken** ‹*st.s*› 1 achterover-, terugzakken; 2 ~ *in* (+ 4) weer vervallen in; **zu'rückspielen** ‹*h*› (*sp*) terugspelen (*bal*); **zu'rückspringen** ‹*st.s; a-u*› 1 terugspringen; 2 achteruitspringen; **zu'rückstecken** ‹*h*› 1 terugzetten, -doen; 2 achteruitzetten; 3 (*fig*) inbinden; 4 (*fig*) ~ *müssen* een stapje terug moeten doen; **zu'rückstehen** ‹*st.h en s; a-a*› 1 naar achteren staan; 2 ~ (*hinter* (+ 3)) achterstaan (bij), onderdoen (voor); **zu'rückstellen** ‹*h*› 1 terugzetten; 2 (*fig*) opzij zetten; 3 naar achteren zetten; 4 (*mil*) uitstel geven; 5 uitstellen, opschorten; **zu'rückstrahlen** ‹*h*› 1 terugstralen; 2 terugkaatsen; **zu'rücktreten** ‹*st.s; a-e; i*› 1 achteruitgaan; 2 aftreden; *von einem Amt* ~ ontslag nemen; 3 (*vom Kauf*) ~ afzien; 4 (*fig*) naar de achtergrond verdwijnen; **zu'rücktun** ‹*onr. h*› 1 terugdoen, -brengen, -zetten; 2 (*einen Schritt*) ~ achteruit doen; **zu'rückweisen** ‹*st.h; ie-ie*› 1 van de hand wijzen; 2 weigeren; 3 terugsturen; 4 (*fig*) *einen in seine Grenzen* ~ iem op zijn nummer zetten; **zu'rückwerfen** ‹*st.h; a-o; i*› 1 terugwerpen; 2 terugkaatsen; 3 (*einen*) ~ (*fig*) achteruitzetten; op een achterstand zetten; **zu'rückziehen** ‹*st.h of s; o-o*› 1 terugtrekken (*alle bet*); *sich* ~ zich terugtrekken; 2 intrekken; 3 terugnemen

'Zuruf ‹*der; -(e)s, -e*› toeroep, kreet

'zurüsten ‹*h*› toerusten, voorbereiden, uitrusten

zur'zeit thans, op het ogenblik, momenteel

'Zusage ‹*die; -, -n*› toezegging, belofte; **'zusagen** ‹*h*› 1 beloven, toezeggen; 2 bevallen, aanspreken; 3 ja zeggen (*op uitnodiging*)

zu'sammen 1 samen; 2 in totaal; **zu'sammen...** 1 samen...; 2 bijeen..., bij elkaar ...; 3 aan elkaar ...; **Zu'sammenarbeit** ‹*die; -, geen mv*› samenwerking; **zu'sammenarbeiten** ‹*h*› samenwerken; **zu'sammenballen** ‹*h*› 1 een bal maken van; 2 *sich* ~ samenpakken (*van wolken*); zich opeenhopen; zich concentreren; **zu'sammenbasteln** ‹*h*› in elkaar knutselen; **zu'sammenbauen** ‹*h*› monteren, in elkaar zetten; **zu'sammenbeißen** ‹*st.h; i-i*› (*fig*) *die Zähne* ~ z'n tanden op elkaar zetten; **zu'sammenbrechen** ‹*st.s; a-o; i*› 1 instorten (*div bet*); 2 ineen-, in elkaar zakken; 3 (*zaak, firma e.d.*) te gronde, failliet gaan; 4 volkomen ontregeld worden (*verkeer*); **Zu'sammenbruch** ‹*der; -(e)s, -ë*› 1 ineenstorting; 2 faillissement; 3 mislukking; 4 (*med*) inzinking; **zu'sammendrängen** ‹*h*› 1 samen-, opeendringen; 2 samenvatten; **zu'sammenfahren** ‹*st.s; u-a; ä*› 1 tegen elkaar botsen; 2 (*van schrik*) ineenkrimpen; **zu'sammenfallen** ‹*st.s; ie-a; ä*› 1 instorten; 2 ~ (*mit* (+ 3)) samenvallen (met); 3 ineenzakken (*van deeg*); 4 in elkaar schrompelen; **zu'sammenfassen** ‹*h*› samenvatten; **zu'sammenfinden** ‹*st.h; a-u*› 1 (bijeen)vinden; 2 *sich* ~ elkaar ontmoeten; **zu'sammen-**

flicken ‹*h*› 1 oplappen; 2 in elkaar flansen; **zu'sammenführen** ‹*h*› bijeenbrengen; **zu'sammengehen** ‹*onr. s*› 1 samengaan; 2 krimpen (*van stoffen*); **Zu'sammengehörigkeit** ‹*die; -, geen mv*› saamhorigheid; **Zu'sammenhalt** ‹*der; -(e)s, geen mv*› 1 vastheid, samenhang; 2 verbondenheid; **zu'sammenhalten** ‹*st.h; ie-a; ä*› 1 samen-, bij elkaar houden; 2 houden (*gelijmde stukken*); 3 elkaar trouw blijven; **Zu'sammenhang** ‹*der; -(e)s, -ë*› samenhang, verband; *im ~ mit* in verband met; **zu'sammenhängen** ‹*st.h; i-a*› 1 aan elkaar hangen; 2 (*fig*) samenhangen, verband houden; **zu'sammenhängend** samenhangend; **zu'sammenhanglos** onsamenhangend; **zu'sammenhauen** ‹*onr.h.; haute -, -gehauen*› 1 kort en klein slaan; 2 *einen ~* iem in elkaar slaan; 3 in elkaar flansen; **zu'sammenklappen** I ‹*h*› 1 dichtklappen, dichtdoen; 2 opvouwen; II ‹*s*› (*med*) afknappen, instorten; **zu'sammenkleben** I ‹*s*› aan elkaar vastkleven; II ‹*h*› vastplakken, -lijmen; **zu'sammenkommen** ‹*st.s; a-o*› samen-, bijeenkomen; **Zu'sammenkunft** ‹*die; -, -ë*› samen-, bijeenkomst; **zu'sammenläppern, sich** ‹*h*› met kleine beetjes bij elkaar komen; **zu'sammenlaufen** ‹*st.s; ie-au; äu*› 1 samenlopen, te hoop lopen; 2 samenkomen; 3 in elkaar lopen (*van kleuren*); 4 krimpen (*van stoffen*); 5 schiften (*van melk*); *das Wasser läuft mir im Munde zusammen* ik watertand; **zu'sammenleben** ‹*h*› samenleven; **zu'sammenlegen** ‹*h*› 1 bij elkaar leggen; 2 opvouwen; 3 combineren; 4 geld bij elkaar leggen; **zu'sammenliegen** ‹*st.h; a-e*› naast elkaar liggen; **zu'sammennehmen** ‹*st.h; a-o; i*› 1 bij elkaar nemen; 2 (*kracht, moed e.d.*) vergaren, verzamelen; 3 *sich ~: a*) zich beheersen, zich vermannen; *b*) opletten; **zu'sammenpferchen** ‹*h*› (*fig*) samenpersen; **Zu'sammenprall** ‹*der; -(e)s, -e*› botsing; **zu'sammenprallen** ‹*h*› (*mit*) botsen (op); **zu'sammenraffen** ‹*h*› 1 bijeenschrapen (*geld*); 2 bijeengraaien; 3 *sich ~* zich vermannen; **zu'sammenrechnen** ‹*h*› bij elkaar rekenen; **zu'sammenreimen** ‹*h*› (*fig*) *sich ~* rijmen; **zu'sammenreißen** ‹*st.h; i-i*› *sich ~* zich vermannen; **zu'sammenrotten, sich** ‹*h*› samenscholen; **zu'sammenrücken** ‹*h en s*› bij elkaar schuiven, opschuiven; **zu'sammenschießen** ‹*st.h; o-o*› 1 stukschieten; 2 neerschieten; **zu'sammenschlagen** ‹*st.h; u-a; ä*› 1 kort en klein slaan; 2 (*einen*) ~ in elkaar slaan; 3 tegen elkaar slaan; 4 (*handen*) in elkaar slaan; 5 omslaan; **zu'sammenschließen, sich** ‹*st.h; o-o*› 1 zich aaneensluiten; 2 fuseren; **Zu'sammenschluß** ‹*der; -schlusses, -schlüsse*› 1 aaneensluiting; 2 fusie; **zu'sammenschmelzen** I ‹*st.h; o-o; i*› samensmelten; II ‹*st.s*› wegsmelten, slinken (*lett en fig*); **zu'sammenschnüren** ‹*h*› 1 samenbinden; 2 dichtsnoeren (*de keel*); **zu'sammenschreiben** ‹*st.h; ie-ie*› 1 aan elkaar schrijven; 2 bij elkaar schrijven; 3 (*onzin*) neerschrijven; **zu'sammenschrumpfen** ‹*s*› 1 verschrompelen; 2 slinken; **zu'sammensetzen** ‹*h*› 1 in elkaar zetten; 2 samenstellen; 3 bij elkaar zetten; 4 *sich ~* bij elkaar gaan zitten; 5 *sich ~ aus* samengesteld zijn of bestaan uit; **Zu'sammensetzung** ‹*die; -, -en*› 1 samenstelling; 2 bouw; **zu'sammensinken** ‹*st.s; a-u*› in elkaar zakken; **zu'sammenstecken** ‹*h*› 1 vastspelden; 2 (*Köpfe*) ~ bij elkaar steken; 3 *immer ~* altijd bij elkaar zitten; **zu'sammenstehen** ‹*st.h; a-a*› 1 bij elkaar staan; 2 elkaar helpen, bijstaan; **zu'sammenstellen** ‹*h*› 1 samenstellen, maken; 2 monteren; 3 bij elkaar zetten; **Zu'sammenstellung** ‹*die; -, -en*› 1 het samenstellen; 2 het monteren; 3 overzicht; **zu'sammenstimmen** ‹*h*› 1 overeenstemmen; 2 met elkaar kloppen; 3 bij elkaar passen; **Zu'sammenstoß** ‹*der; -es, -ë*› 1 botsing (*lett en fig*); 2 aanrijding; 3 aanvaring; **zu'sammenstoßen** I ‹*st.h; ie-o; ö*› tegen elkaar stoten; II ‹*st.s*› 1 botsen; in aanvaring komen; 2 aan elkaar grenzen; 3 *mit einem ~* met iem in conflict komen; **zu'sammenstreichen** ‹*st.h; i-i*› 1 sterk inkorten; 2 (*begroting e.d.*) schrappen in, verlagen; **Zu'sammensturz** ‹*der; -es, -ë*› in(een)storting; **zu'sammenstürzen** ‹*s*› instorten; **zu'sammentragen** ‹*st.h; u-a; ä*› bijeenbrengen, vergaren; **zu'sammentreffen** ‹*st.s; a-o; i*› 1 samenvallen; 2 *mit einem ~* iem ontmoeten; **Zu'sammentreffen** ‹*das; -s, geen mv*› 1 ontmoeting; 2 het samenvallen; 3 de samenloop; **zu'sammentreten** ‹*st.h; a-e; i*› bijeenkomen; **Zu'sammentritt** ‹*der; -(e)s, -e*› bijeenkomst; **zu'sammentrommeln** ‹*h*› optrommelen; **zu'sammentun** ‹*onr. h*› 1 bij elkaar doen; 2 *sich ~* zich verenigen, zich aaneensluiten; **zu'sammenwachsen** ‹*st.s; u-a; ä*› 1 aaneengroeien; 2 (*fig*) naar elkaar toe groeien; **zu'sammenwickeln** ‹*h*› inpakken; **zu'sammenwirken** ‹*h*› samenwerken; **zu'sammenzählen** ‹*h*› optellen; **zu'sammenziehen** I ‹*st.h; o-o*› 1 samentrekken (*div bet*); 2 (*wenkbrauwen*) fronsen; 3 optellen; II *sich ~* 1 dichttrekken (*van wond*); 2 krimpen; 3 zich samenpakken (*van wolken*); 4 komen opzetten (*van onweer*); **zu'sammenzucken** ‹*s*› ineenkrimpen

'Zusatz ‹*der; -es, -ë*› 1 toevoeging; 2 toevoegsel; 3 bijvoegsel, bijlage, aanhangsel; **'zusätzlich** 1 extra; aanvullend; 2 bovendien nog; **'Zusatzzahl** ‹*die; -, -en*› reservegetal (*bij lotto*)

zu'schanden stuk, kapot

'zuschauen ‹*h*› toezien, toekijken; *einem ~* naar iem kijken; **'Zuschauer** ‹*der; -s, -*› toeschouwer; **'Zuschauerraum** ‹*der; -(e)s, -̈e*› (*theat*) zaal

'zuschicken ‹*h*› toezenden, sturen

'zuschieben ‹*st.h; o-o*› 1 dichtschuiven; 2 (*einem etwas*) ~ toeschuiven; *einem die Schuld ~* de schuld op iem schuiven

'zuschießen I ‹*st.h; o-o*› toe-, bijleggen (*geld*); II ‹*st.s*› (*auf einen*) ~ toeschieten

'**Zuschlag** ‹*der; -(e)s, -ë*› 1 toeslag, bijbetaling; 2 toewijzing (*op veiling*); 3 opcenten; (*Belg*) opcentiemen; '**zuschlagen I** ‹*st.h; u-a; ä*› 1 dichtslaan; 2 toeslaan; 3 gunnen, toewijzen (*bij aanbesteding*); toewijzen (*op veiling*); 4 *auf den Preis 10 %* ~ de prijs met 10% verhogen; **II** ‹*st.s*› toe-, dichtslaan
'**zuschließen** ‹*st.h; o-o*› op slot doen
'**zuschmeißen** ‹*st.h; i-i*› dichtsmijten
'**zuschnallen** ‹*h*› dichtgespen
'**zuschnappen I** ‹*h*› 1 toehappen; 2 bijten; **II** ‹*s*› 1 dichtklappen; 2 in het slot vallen
'**zuschneiden** ‹*st.h; i-i*› 1 (*fig*) ~ *auf* afstemmen op; 2 knippen
'**zuschneien** ‹*s*› dichtsneeuwen
'**zuschreiben** ‹*st.h; ie-ie*› 1 erbij schrijven; 2 *einem eine Summe* ~ een som op iems rekening boeken; 3 (*fig*) *einem etwas* ~ iets (aan) iem toeschrijven
'**Zuschrift** ‹*die; -, -en*› 1 brief; 2 antwoord
zu'schulden: *sich etwas* ~ *kommen lassen* zich aan iets schuldig maken
'**Zuschuß** ‹*der; Zuschusses, Zuschüsse*› 1 toelage, subsidie; 2 bijdrage
'**zuschütten** ‹*h*› 1 erbij gieten, bijgieten; 2 dichtgooien
'**zusehen** ‹*st.h; a-e; ie*› 1 toekijken (*div bet*); 2 (*dem Spiel usw.*) ~ kijken naar; 3 afwachten; 4 aanzien; 5 opletten, erop toezien; '**zusehends** zichtbaar, zienderogen
'**zusetzen** ‹*h*› 1 toevoegen; 2 toeleggen (*geld*); 3 (*einem mit Bitten usw.*) ~ voortdurend lastig vallen; 4 *einem* ~ iem het vuur na aan de schenen leggen; 5 (*die Krankheit hat ihm sehr*) *zugesetzt* aangepakt
'**zusichern** ‹*h*› verzekeren; '**Zusicherung** ‹*die; -, -en*› verzekering
'**Zuspeise** ‹*die; -, -n*› toespijs, toetje
'**zuspielen** ‹*h*› toespelen (*lett en fig*)
'**zuspitzen** ‹*h*› 1 aanpunten, puntig maken; 2 *seine Reden, Worte* ~ zich scherp uitdrukken; 3 (*fig*) *sich* ~ zich toespitsen
'**zusprechen** ‹*st.h; a-o; i*› 1 toespreken; 2 *einem Mut* ~ iem moed inspreken; 3 *einem Trost* ~ iem troosten; 4 (*jur*) toewijzen; '**Zuspruch** ‹*der; -(e)s, geen mv*› 1 goede raad, troost, vriendelijke woorden; 2 toeloop (*van winkel*); 3 waardering; goede ontvangst
'**Zustand** ‹*der; -(e)s, -ë*› 1 toestand, situatie; 2 staat
zu'stande: ~ (*bringen, kommen*) tot stand
'**zuständig** 1 bevoegd, competent; 2 betrokken; verantwoordelijk; 3 ~ *sein für* (+ 4) gaan over; '**Zuständigkeit** ‹*die; -, -en*› bevoegdheid enz.
zu'statten: ~ *kommen* van pas komen
'**zustecken** ‹*h*› (*einem etwas*) ~ toestoppen
'**zustehen** ‹*st.h; a-a*› recht hebben op
'**zusteigen** ‹*st.s*› (onderweg) instappen
'**zustellen** ‹*h*› 1 afsluiten; 2 bezorgen; '**Zustellung** ‹*die; -, -en*› bezorging
'**zusteuern I** ‹*h*› bijdragen; **II** ‹*s*› *dem Hafen* ~ op de haven aansturen; (*auf etwas*) ~ aansturen
'**zustimmen** ‹*h*› 1 *einem* ~ het met iem eens zijn; 2 *einer Sache* ~ met iets instemmen; '**Zustimmung** ‹*die; -, -en*› 1 instemming; 2 goedkeuring
'**zustoßen** ‹*st.s; ie-o; ö*› overkomen, gebeuren
'**zustreben** ‹*h*› *einem Ziel* ~ op een doel afgaan
'**Zustrom** ‹*der; -(e)s, geen mv*› 1 toevloed; (*van mensen*) toeloop; 2 (*weerk*) toevoer; '**zuströmen** ‹*s*› 1 toestromen; 2 stromen naar
zu'tage te voorschijn; ~ *treten* aan het licht komen; *offen* ~ *liegen* voor iedereen duidelijk zijn
'**Zutat** ‹*die; -, -en*› 1 ingrediënt; 2 bijvoegsel
zu 'teil: ~ *werden* ten deel vallen
'**zuteilen** ‹*h*› 1 opdragen, geven (*werk*); 2 distribueren; 3 toewijzen; '**Zuteilung** ‹*die; -, -en*› 1 het opdragen; 2 distributie; 3 toewijzing, rantsoen
zu'tiefst diep, ten zeerste
'**zutragen** ‹*st.h; u-a; ä*› 1 dragen naar; 2 verder vertellen; 3 *sich* ~ zich toedragen
'**zuträglich** 1 voordelig; 2 gunstig; 3 gezond
'**zutrauen** ‹*h*› 1 *einem etwas* ~ iem tot iets in staat achten; 2 *sich etwas* ~ iets aandurven; 3 (*seiner Gesundheit zuviel*) ~ vergen van; '**Zutrauen** ‹*das; -s, geen mv*› vertrouwen; '**zutraulich** 1 vol vertrouwen; 2 vertrouwelijk; 3 (*van dier*) niet schuw
'**zutreffen** ‹*st.h; a-o; i*› 1 juist zijn, kloppen; 2 ~ *auf* (+ 4) van toepassing zijn op; ~ *für* (+ 4) gelden voor; '**zutreffend** 1 juist; 2 raak; *nicht Zutreffendes bitte streichen!* doorhalen wat niet van toepassing is
'**Zutritt** ‹*der; -(e)s, geen mv*› 1 toegang; 2 (*chem*) toetreding
'**zutun** ‹*onr. h*› 1 dichtdoen; 2 erbij doen; '**Zutun** ‹*das; -s, geen mv*› toedoen
zu'ungunsten ‹*vz* (+ 2)› ten nadele van
'**zuverlässig** betrouwbaar; '**Zuverlässigkeit** ‹*die; -, geen mv*› betrouwbaarheid
'**Zuversicht** ‹*die; -, geen mv*› 1 het (vaste) vertrouwen; 2 overtuiging; '**zuversichtlich** vol vertrouwen; '**Zuversichtlichkeit** ‹*die; -, geen mv*› het (vaste) vertrouwen
zu'vor 1 eerst; 2 tevoren; (*im Jahr*) ~ ervoor
zu'vorderst helemaal vooraan
zu'vorkommen ‹*st.s; a-o*› 1 (*einer Sache*) ~ voorkomen; 2 (*einem*) ~ voor zijn
zu'vortun ‹*onr. h*› *es einem in* (+ 3) ~ iem in iets overtreffen
'**Zuwachs** ‹*der; -es, -ë*› (*an* (+ 3)) 1 toename, groei; 2 vermeerdering; 3 stijging; '**zuwachsen** ‹*st.s; u-a; ä*› 1 dichtgroeien; 2 ten deel vallen, toevallen; '**Zuwachsrate** ‹*die; -, -n*› groeipercentage
'**Zuwanderer** ‹*der; -s, -*› nieuwe bewoner; immigrant; '**zuwandern** ‹*s*› komen wonen; zich vestigen; '**Zuwanderung** ‹*die; -, -n*› immigratie; vestiging
zu'wege: ~ *bringen* tot stand brengen

'zuwehen I ‹*h*› toewaaien; II ‹*s*› dichtwaaien
zu'weilen soms, somtijds
'zuweisen ‹*st.h; ie-ie*› 1 opdragen; 2 toewijzen; **'Zuweisung** ‹*die; -, -en*› 1 het opdragen; 2 toewijzing
'zuwenden ‹*onr. h*› 1 toekeren, -wenden, keren naar; 2 doen toekomen; 3 (*einem sein Vertrauen*) ~ schenken; *einer Sache seine Aufmerksamkeit* ~ zijn aandacht op iets richten; *sich dem Studium* ~ zich aan de studie wijden; *sich einer Frage* ~ zich met een probleem gaan bezighouden; **'Zuwendung** ‹*die; -, -en*› 1 schenking, gift; 2 uitkering; 3 aandacht; toewijding
'zuwerfen ‹*st.h; a-o; i*› 1 dichtgooien; 2 toewerpen (*een blik*)
zu'wider ‹*vz* (+ 3)› 1 tegen, in strijd met; 2 *er ist mir* ~ ik heb een hekel aan hem; (*eine Speise*) *ist mir* ~ staat mij tegen; **zu'widerhandeln** ‹*h*› (*einer Sache*) ~ handelen in strijd met; **Zu'widerhandlung** ‹*die; -, -en*› overtreding; **zu'widerlaufen** ‹*h*› (+ 3) indruisen tegen, niet stroken met
'zuzählen ‹*h*› erbij tellen
zu'zeiten bij tijden, somtijds
'zuziehen I ‹*st.h; o-o*› 1 trekken naar; 2 raadplegen, erbij halen; 3 dichttrekken; 4 *sich* (*eine Krankheit, einen Schnupfen, eine Verletzung usw.*) ~ oplopen; II ‹*st.s*› zich vestigen
'Zuzug ‹*der; -(e)s, geen mv*› 1 toevloed; 2 stroom nieuwe bewoners; 3 versterking; **'Zuzügler** ‹*der; -s, -*› later of nieuw aangekomene; nieuwe bewoner; **'zuzüglich** ‹*vz* (+ 2)› vermeerderd met
Zwang ‹*der; -(e)s, -ë*› 1 dwang; *unter dem* ~ (+ 2) gedwongen door; 2 geweld; 3 druk
'zwängen ‹*h*› (*sich, etwas*) ~ persen, duwen
'zwanghaft dwangmatig; **'zwanglos** 1 ongedwongen; 2 onregelmatig; **'Zwangsarbeit** ‹*die; -, geen mv*› dwangarbeid; **'Zwangsentlassung** ‹*die; -, -en*› gedwongen ontslag; **'Zwangsernährung** ‹*die; -, geen mv*› het gedwongen voedsel toedienen; **'Zwangsherrschaft** ‹*die; -, -en*› dwingelandij; **'Zwangsjacke** ‹*die; -, -n*› dwangbuis; **'zwangsläufig** onvermijdelijk, noodzakelijk; **'Zwangsmaßnahme** ‹*die; -, -n*› dwangmaatregel; **'Zwangsräumung** ‹*die; -, -en*› gedwongen ontruiming; **'Zwangsversteigerung** ‹*die; -, -en*› openbare verkoping, executoriale verkoop; **'zwangsweise** 1 gedwongen; 2 gerechtelijk
'Zwanziger ‹*der; -s, -*› twintigjarige; (*er ist*) *in den ~n* in de twintig; *in den zwanziger Jahren* in de jaren twintig
zwar weliswaar, wel; *und* ~ en wel
Zweck ‹*der; -(e)s, -e*› 1 doel, doeleinde; *zu diesem* ~ met dat doel; *zum ~e* (+ 2) ten behoeve van; *zu welchem ~?* met welk doel?, waartoe?; 2 *das hat keinen* ~ dat heeft geen zin; 3 bedoeling; **'Zweckbau** ‹*der; -(e)s, -ten*› 1 utiliteitsbouw; 2 utiliteitsgebouw; **'zweckdienlich** 1 nuttig, geschikt; 2 ter zake dienend
'Zwecke ‹*die; -, -n*› 1 pin; 2 punaise
'zweckentsprechend doelmatig, -treffend; **'zwecklos** 1 zinloos, nutteloos; 2 doelloos; **'zweckmäßig** doelmatig; **'Zweckmäßigkeit** ‹*die; -, geen mv*› doelmatigheid
zwecks ‹*vz* (+ 2)› ten behoeve van, voor
zwei 1 twee; *einer von euch ~en* een van jullie tweeën; (*ein Vater*) *~er Kinder* van twee kinderen; *zu ~en, zu ~t* met z'n tweeën; twee aan twee; 2 *alle ~ Tage* om de andere dag; **Zwei**..., **zwei**... twee...; **'Zweibettzimmer** ‹*das; -s, -*› tweepersoonskamer; **'zweideutig** dubbelzinnig (*beide bet*); **'zweieinhalb** tweeënhalf; **'Zweier** ‹*der; -s, -*› 1 tweepfennigstuk; 2 lijn, bus, tram twee; **'zweier'lei** tweeërlei; **'zweifach** tweevoudig, dubbel
'Zweifel ‹*der; -s, -*› twijfel; ~ *bekommen* beginnen te twijfelen; ~ *hervorrufen* twijfel doen rijzen; *keinen ~ über* (+ 4) *aufkommen lassen* er niet aan twijfelen; **'zweifelhaft** 1 twijfelachtig, onzeker; 2 *ich bin noch* ~ ik weet nog niet zeker ...; 3 dubieus; **'zweifellos** ongetwijfeld, buiten twijfel; **'zweifeln** ‹*h*› (*an* (+ 3)) twijfelen (aan); **'Zweifelsfall** ‹*der; -(e)s, -ë*› twijfelgeval; *im* ~ in geval van twijfel; **'zweifelsfrei** onomstotelijk (*bewijs*); buiten twijfel; **'zweifelsohne** zonder twijfel, ongetwijfeld; **'Zweifler** ‹*der; -s, -*› twijfelaar
'Zweifüßer ‹*der; -s, -*› tweevoetige
Zweig ‹*der; -(e)s, -e*› 1 tak (*lett en fig*); twijg; 2 aftakking; 3 zijtak; 4 *er kommt auf keinen grünen* ~ hij zal het niet ver brengen; **'Zweiggeschäft** ‹*das; -(e)s, -e*› filiaal
'zweiglied(e)rig tweeledig
'Zweigstelle ‹*die; -, -n*› filiaal; (*Belg*) bijhuis
'Zweikampf ‹*der; -(e)s, -ë*› tweegevecht, duel; **'zweimal** tweemaal; **'zweimalig** tweevoudig; tweemaal voorkomend; **Zwei'markstück** ‹*das; -(e)s, -e*› tweemarkstuk; **'zweimonatlich** tweemaandelijks; **'Zweirad** ‹*das; -(e)s, -er*› fiets, rijwiel; **'zweiräderig, 'zweirädrig** tweewielig; **'zweireihig** 1 in twee rijen; 2 met twee rijen knopen; **'zweischneidig** 1 tweesnijdend; 2 (*fig*) dubieus; **'zweiseitig** tweezijdig; bilateraal; **'zweisilbig** tweelettergrepig; **'Zweisitzer** ‹*der; -s, -*› tweezitter, tweepersoons auto, rijtuig, boot; **'zweisitzig** tweepersoons ...; **'zweisprachig** tweetalig; **'zweispurig** met 2 rijstroken, tweebaans; **'zweistellig** 1 van twee cijfers; 2 met twee decimalen; 3 (*sp*) ~ *gewinnen* met dubbele cijfers winnen; **'zweistöckig** van twee verdiepingen, met twee etages; **'zweistündig** twee uur durend
'Zweitbeste(r) ‹*bn als zn*› op een na de beste; **'zweite** 1 (*der, die, das*) tweede; 2 *~r Vorsitzender* vice-voorzitter; 3 (*aus*) *~r Hand* tweedehands; 4 *im Zweiten* op het 2e net; 5 *jeden ~n Tag* om de andere dag
'Zweiteilung ‹*die; -, -en*› verdeling in tweeën
'Zweitel ‹*das; -s, -*› tweede (deel), helft
'zweitgrößt op een na de grootste; **'zweitklassig** tweederangs; **'zweitletzt** voorlaatst;

'Zweitschrift ‹*die; -, -en*› 1 doorslag; 2 afschrift; **'Zweitwagen** ‹*der; -s, -*› tweede auto
'zweizeilig tweeregelig
'Zwerchfell ‹*das; -(e)s, -e*› (*anat*) middenrif
Zwerg ‹*der; -(e)s, -e*› 1 dwerg; 2 kabouter; **Zwerg**... dwerg...; **'zwerg(en)haft** dwergachtig; **'Zwerggestalt** ‹*die; -, -n*› dwerggestalte; **'Zwerghuhn** ‹*das; -(e)s, -ër*› krielkip
'Zwetsche, 'Zwetschge ‹*die; -, -n*› kwets (*een blauwe pruim*)
'zwicken ‹*h*› 1 knijpen; 2 knellen, pijn doen; **'Zwickmühle** ‹*die*› *sich in einer ~ befinden* in de knoei, in de knel, in het nauw zitten
'Zwieback ‹*der; -(e)s, -ë en -e*› geroosterd brood (verpakt), beschuit
'Zwiebel ‹*die; -, -n*› 1 ui; 2 (bloem)bol; 3 knol (*groot horloge*); 4 knoet(je), knot(je) (*in het haar*); **'Zwiebelgewächs** ‹*das; -es, -e*› bolgewas
'zwiebeln ‹*h*› treiteren, pesten
'Zwiebelsuppe ‹*die; -, -n*› uiesoep
'zwiefach, 'zwiefältig tweevoudig, dubbel; **'Zwiegespräch** ‹*das; -(e)s, -e*› dialoog
'Zwielicht ‹*das; -(e)s, geen mv*› schemering; **'zwielichtig** verdacht, duister
'Zwiespalt ‹*der; -(e)s, -e en -ë*› 1 tweespalt, verdeeldheid; 2 tweestrijd; conflict; **'zwiespältig** 1 onenig, verdeeld; 2 *~e Gefühle* tegenstrijdige gevoelens; 3 *ein ~er Mensch* een gespleten iem; **'Zwietracht** ‹*die; -, geen mv*› tweedracht
'Zwilling ‹*der; -s, -e*› tweeling; **'Zwillingsbruder** ‹*der; -s, -̈*› tweelingbroer; **'Zwillingsschwester** ‹*die; -, -n*› tweelingzuster
'Zwinge ‹*die; -, -n*› 1 klemtang, schroefklem; lijmtang; 2 stalen ring; 3 rubberdop; 4 stalen punt (*aan bergstok*)
'zwingen ‹*st.h; a-u*› 1 dwingen; 2 (*etwas*) ~ bolwerken, klaarspelen; **'zwingend** 1 dringend; 2 overtuigend
'Zwinger ‹*der; -s, -*› 1 kooi; 2 kennel
'zwinkern ‹*h*› met de ogen knipperen
Zwirn ‹*der; -(e)s, -e*› garen; draad; **'Zwirnsfaden** ‹*der; -s, -̈*› garen, draad
'zwischen ‹*vz* (+3) *of* (+4)› tussen; **'Zwischen**... (vaak) tussen...; **'Zwischenabkommen** ‹*das; -s, -*› tussentijds akkoord; **'Zwischenbemerkung** ‹*die; -, -en*› terloops gemaakte opmerking; **zwischen'durch** 1 (er)tussendoor; 2 tussentijds; **'Zwischenergebnis** ‹*das; -ses, -se*› 1 voorlopig resultaat; 2 tussenstand; **'Zwischenfall** ‹*der; -(e)s, -ë*› incident; **'Zwischenfrage** ‹*die; -, -n*› tussenvraag; interruptie; **'Zwischenlandung** ‹*die; -, -en*› tussenlanding; **'zwischenliegend** tussenliggend, -gelegen; **'Zwischenlösung** ‹*die; -, -en*› voorlopige oplossing; **'Zwischenmahlzeit** ‹*die; -, -en*› 1 tussenmaaltijd; 2 twaalfuurtje; **'zwischenmenschlich** intermenselijk; **'Zwischenpause** ‹*die; -, -n*› pauze; **'Zwischenprüfung** ‹*die; -, -en*› tentamen; **'Zwischenruf** ‹*der; -(e)s, -e*› interruptie; **'Zwischenrunde** ‹*die; -, -n*› (*sp*) voorronde; **'Zwischenspiel** ‹*das; -(e)s, -e*› intermezzo; **'zwischenstaatlich** internationaal; **'Zwischenstufe** ‹*die; -, -n*› tussenfase; **'Zwischenzeit** ‹*die; -, -en*› tussentij; **'zwischenzeitlich** tussentijds
Zwist ‹*der; -es, -e*› twist, onenigheid, geschil; **'Zwistigkeit** ‹*die; -, -en*› twist, onenigheid
'zwitschern ‹*h*› sjilpen; *wie die alten sungen, so ~ die Jungen* zo de ouden zongen, piepen de jongen
zwo twee
zwölf twaalf; **Zwölf** ‹*die; -, -en*› 1 (het getal) twaalf; 2 bus, lijn, tram twaalf
Zyan'kali ‹*das; -s, geen mv*› cyaankali
Zy'klon ‹*der; -s, -e*› cycloon, wervelstorm
'Zyklus ‹*der; -, Zyklen*› cyclus
Zy'linder ‹*der; -s, -*› 1 cilinder; 2 hoge hoed
'Zyniker ‹*der; -s, -*› cynicus; **'zynisch** cynisch; **Zy'nismus** ‹*der; -, geen mv*› cynisme
'Zyste ‹*die; -, -n*› cyste (*zak-, blaasgezwel*)
z. Z., z. Zt. *zur Zeit*, zie *zurzeit*